Langenscheidts Kontextwörterbuch Französisch-Deutsch

Ein neues Wörterbuch
zum Schreiben, Lernen, Formulieren

Von
Peter Ilgenfritz
Nicole Stephan-Gabinel
Gertraud Schneider

Mit einer Einführung v
Franz Josef Hausmar

LANGENSCHEIDT

BERLIN · MÜNCHEN · WIEN · ZÜRICH · NEW YORK

Inhaltsverzeichnis

	Seite
Vorwort	3
Einführung	5
Was ist und was soll ein Kontextwörterbuch?	
Erklärung der im Wörterbuch verwendeten Zeichen und Abkürzungen	10
Französisch-deutsches Kontextwörterbuch A–Z	11

Auflage: 5. 4. 3. 2. 1. | *Letzte Zahlen*
Jahr: 1993 92 91 90 89 | *maßgeblich*

© 1989 Langenscheidt KG, Berlin und München
Druck: Druckhaus Langenscheidt, Berlin-Schöneberg
Printed in Germany · ISBN 3-468-20155-9

Vorwort

„Langenscheidts Kontextwörterbuch Französisch-Deutsch" ist ein völlig neues und neuartiges zweisprachiges Wörterbuch. Es wurde für alle diejenigen entwickelt, die die französische Sprache immer wieder aktiv verwenden müssen – beim Schreiben von Aufsätzen und Briefen, bei der Bearbeitung von Textaufgaben, bei der Vorbereitung eines mündlichen Vortrags oder bei der Übersetzung eines Textes in die Fremdsprache, um einige wichtige Anlässe zu nennen.

Mit der Herausgabe eines solchen Wörterbuches kommt der Langenscheidt-Verlag einem langgehegten Wunsch maßgeblicher Fachdidaktiker nach. Wer sich mit einer Fremdsprache beschäftigt, erkennt sehr bald, daß eine korrekte und eindeutige sprachliche Äußerung nicht nur die Kenntnis der betreffenden Wörter und grammatischen Regeln voraussetzt, sondern auch die Beherrschung der gängigen Wortverbindungen. Die nachfolgende Einführung von Franz Josef Hausmann stellt hierzu anschauliche Beispiele aus der deutschen und französischen Sprache vor.

Mit dem vorliegenden Kontextwörterbuch haben sich Verfasser und Verlag das Ziel gesetzt, alle wichtigen gebräuchlichen Wortverbindungen der französischen Sprache – Kollokationen genannt – zusammenzustellen und in einer klaren Konzeption, die auf die praktischen Bedürfnisse des Benutzers ausgerichtet ist, darzubieten. Ausgangspunkt jedes Stichwortartikels ist dabei immer ein französisches Substantiv, zu dem dann die typischen Kombinationen mit Verben und Adjektiven gegeben werden.

Dieser lexikographische Ansatz – das französische Substantiv an seinem alphabetischen Platz – bietet den bestmöglichen Zugang zu jedweder Kollokation: im Regelfall ist uns z. B. eine Sache gegenwärtig, über die wir etwas aussagen wollen und zu der wir das passende Verb oder Adjektiv suchen, viel seltener ist das Umgekehrte der Fall. Das Kontextwörterbuch listet daher etwa 3500 der wichtigsten französischen Substantive mit ihrer deutschen Entsprechung auf. Auf sie folgen dann die typischen französischen Wortkombinationen mit den zugehörigen Adjektiven und Verben – insgesamt über 20 000 Kollokationen. Dabei wird den verbalen Wortkombinationen jeweils ein vollständiger Beispielsatz beigegeben, der die Verwendung dieser Kollokation in ihrem typischen Kontext veranschaulicht.

Das Kontextwörterbuch ist durchgehend zweisprachig französisch-deutsch angelegt. Nicht nur den Stichwörtern (Substantiven) am Beginn eines Artikels wird eine Übersetzung beigegeben, auch jede französische Wortverbindung wird mit der deutschen Entsprechung versehen. Dies ermöglicht dem Benutzer erst die präzise Übersetzung; gleichzeitig führt sie ihm auf einprägsame Weise die unterschiedliche Ausdrucksweise beider Sprachen vor Augen.

Aufgrund seiner zweisprachigen Anlage, der Fülle des Beispielmaterials und seiner übersichtlichen lexikographischen Konzeption ist das Kontextwörterbuch zugleich auch als Lernwörterbuch der französischen Sprache anzusehen.

VERFASSER UND VERLAG

Was ist und was soll ein Kontextwörterbuch?
Franz Josef Hausmann

1. Wie frei ist der Wortgebrauch?

Der Gebrauch der Wörter erscheint uns in der Muttersprache in vieler Hinsicht als frei. Adjektive wie *schön* oder *nützlich,* Verben wie *erkennen* oder *verstehen* sind auf zahllose Substantive anwendbar, und wenn wir einen Satz mit „Die Gräfin ..." beginnen, so ist der theoretisch mögliche Kontext unabsehbar, von „... *aalte sich* in der Sonne" über „... *gefiel* ihm ausnehmend gut" bis hin zu „... *zwitscherte,* daß sie ihn liebe". Zwar gibt es Kontexte, die uns sonderbar vorkommen, etwa wenn jemand von „farblosen grünen Ideen" spricht oder von der „schwarzen Milch der Frühe", doch rührt das Seltsame solcher Ausdrucksweise von unserer Welterfahrung her und nicht von der Sprache. Ideen haben eigentlich keine Farben, Milch ist eigentlich nicht schwarz. Sprachlich gesehen bestärken solche Kontexte nur die Erfahrung, daß Wortgebrauch frei ist. In der Sprache ist offenbar auch das möglich, was es in der Welt gar nicht gibt.

Und doch ist die Vorstellung von der Freiheit des Wortgebrauchs eine Illusion. Sie ist nämlich nur die halbe Wahrheit. Die andere Hälfte der Wahrheit, die Unfreiheit des Wortgebrauchs, wird uns bewußt, wenn wir auf Fehler stoßen. Da schreibt jemand: „Für die Therapie wird dies Folgen tragen müssen". Nein, sagen wir, es muß heißen *Folgen haben* oder *Folgen zeitigen* oder *Folgen nach sich ziehen,* wobei die Folgen als Ergebnisse oder Konsequenzen zu verstehen sind. *Die Folgen tragen müssen* ist zwar ebenfalls richtiges Deutsch, aber man bezieht es auf Personen, welche man mit der Verantwortung belastet (sie haben für etwas geradezustehen). Das ist in diesem Kontext nicht gemeint.

In einem Roman finden wir den Satz: „Sie fand, er habe plumpe, dabei aber gleichzeitig unumstößliche Manieren". Die *unumstößlichen Manieren* kommen uns seltsam vor. Sagt man das? Eine *unumstößliche Tatsache, Entscheidung,* ein *unumstößliches Gesetz, unumstößliche Prinzipien* ja, aber *unumstößliche Manieren?* Bei näherer Untersuchung erweist sich das Buch als Übersetzung und gewiß als keine gute.

Die Kombinierbarkeit der Wörter, ihre Fähigkeit, miteinander Verbindungen (oder Fügungen) einzugehen, ist demnach begrenzter als es uns bewußt ist. Was man alles *nicht* sagen kann, das sagen wir in der Regel auch nicht, da wir unsere Muttersprache ja beherrschen, und es bleibt deshalb für unser Bewußtsein im Dunkeln. Beim muttersprachlichen Wortgebrauch ist es, als gingen wir in schwindelnder Höhe nachtwandlerisch über einen schmalen Grat, ohne Bewußtsein der Abgründe links und rechts. Der Weg erscheint uns leicht und ungefährlich; alles ist selbstverständlich.

Ganz anders der Fremdsprachler, der unweigerlich und ständig in Absturzgefahr ist. Wir wollen uns das klar machen mit Hilfe eines Tests. Wäre der

Wortgebrauch frei, so müßten gleichbedeutende Wörter (sogenannte Synonyme) die gleichen Wortverbindungen eingehen können. *Angst* und *Furcht* sind Synonyme. Sie haben aber keineswegs die gleichen Kombinationspartner. Man sagt *Angst ausstehen* aber nicht *Furcht ausstehen,* man sagt *Angst kriegen* aber nicht *Furcht kriegen,* man sagt *panische Angst* aber nicht *panische Furcht.* Umgekehrt sagt man (oder schreibt man) *Furcht hegen* aber nicht *Angst hegen.*

Die Gefahr danebenzutappen ist also bereits innersprachlich angelegt. In ihrem ganzen Ausmaß tritt sie aber erst beim Sprachvergleich hervor. Nehmen wir ein Beispiel. Wollen wir im Deutschen von einem Junggesellen sagen, daß er dies in hohem Grade ist (und nicht etwa nur zufällig oder vorübergehend), so benutzen wir das Adjektiv *eingefleischt: ein eingefleischter Junggeselle.* Andere Sprachen sagen es anders. Französisch heißt es *célibataire endurci* (verhärtet), englisch *confirmed bachelor* (erklärt), niederländisch *verstokte vrijgezel* (verstockt), spanisch *solterón empedernido* (versteint), italienisch *scapolo impenitente* (verstockt).

Daß man im Deutschen sagt *eingefleischter Junggeselle,* ist offenbar recht zufällig, denn theoretisch könnte es auch lauten: *erklärter, harter, hartgesottener, sturer, unheilbarer, unverbesserlicher, verstockter Junggeselle.* Und im Französischen könnte es theoretisch heißen: *célibataire impénitent, invétéré, incorrigible, incurable, indécrottable.* Man sagt aber nicht so. In zahllosen Fällen ist die Analyse der Wirklichkeit bereits bindend versprachlicht. Viel Freiheit bleibt da nicht mehr. Im Französischen muß ich das Geld von der Bank „zurückziehen" *(retirer de l'argent),* während ich es im Deutschen *abhebe (*enlever, *ôter de l'argent).* So hebe ich auch den Hörer ab, den ich im Französischen „vom Haken nehme" *(décrocher le téléphone).*

Daraus ergibt sich, daß man viele Wörter überhaupt nicht von einer Sprache in die andere übersetzen kann, ohne den Kontext zu kennen, den Kombinationspartner. Daß man im Deutschen den Säugling, die Blutung, den Schmerz, den Durst, den Hunger und die Begierde *stillt,* ist reiner Zufall. Im Französischen braucht man jedes Mal ein anderes Verb *(allaiter, arrêter, apaiser, étancher, assouvir, satisfaire).*

Sollte nun der Eindruck entstanden sein, von einer Sprache zur anderen sei *alles* anders, so muß wieder auf den Anfang verwiesen werden. Auch von Sprache zu Sprache gibt es viele Wörter, die in einem breiten Anwendungsbereich übereinstimmen. Wer als Deutscher gelernt hat, daß *nützlich* auf Französisch *utile* heißt und *angenehm agréable,* der wird damit zahllose richtige Wortverbindungen erzeugen können. Der Wortgebrauch ist also teils frei (Gott sei Dank!), teils gebunden (leider!). Der gebundene Teil (und nur dieser) ist Gegenstand eines Kontextwörterbuchs. Wir wollen uns nun fragen, was ein solches Wörterbuch leisten kann. Dazu müssen wir zuerst wissen, wie überhaupt Texte und Kontexte produziert werden.

2. Die Rolle der Wortarten beim Formulieren

Von welcher Wortart wird beim Formulieren von Sätzen ausgegangen? Wählt der Schreiber eines Textes zuerst das Substantiv, das Verb oder das Adjektiv? Und welche Kontextprobleme stellen sich bei der Wahl der einen oder anderen Wortart?

Das Adjektiv ist zweifellos häufig Ausgangspunkt der Satzproduktion, z. B. *Das ist ja lachhaft!* = *C'est ridicule! Ich finde ihn schön* = *Je le trouve beau.* Die

Kontextprobleme sind in diesem Fall gering. Gelegentlich muß man allerdings die passende Ergänzung kennen: *schwerkrank = gravement malade, schwerverletzt = grièvement blessé, dumm wie Bohnenstroh = bête comme ses pieds.*

Das Verb ist ebenfalls häufig das zuerst gewählte Wort des Satzes, z. B. *Ich fragte ihn: Was geht Dich das an? = Je lui ai demandé: Qu'est-ce que ça te regarde?* Viele Verben bringen schwerwiegende Kontextprobleme mit sich. Dabei handelt es sich aber vornehmlich um Probleme der Konstruktion, d. h. um solche der Wahl von anzuschließenden Präpositionen, Kasus, Modi u. ä., deren Lösung man in der Regel in den allgemeinen einsprachigen Wörterbüchern (zum Teil auch in den Grammatiken) findet. Lexikalische Kontextprobleme treten allerdings bei der Wahl des Adverbs auf: *sehnlichst wünschen = désirer ardemment.*

Der wichtigste Ausgangspunkt schriftlichen Formulierens aber ist das Substantiv, denn in den Substantiven (den Nomina) sind die Dinge und Begriffe dieser Welt versprachlicht, über die und zu denen es etwas zu sagen gibt.

Man kann das testen, indem man sich bei der Analyse von Sätzen fragt: Worüber wird hier in erster Linie gesprochen? Nehmen wir zwei Sätze aus dem Wörterbuchartikel des Verbs *délivrer: Maintenant vous voilà délivré de tous vos soucis. En France, on ne délivre pas les permis de conduire comme ça, c'est difficile à obtenir.* Beide Male drücken die Substantive den thematischen Ausgangspunkt des Satzes aus. Geredet wird von Sorgen und Führerscheinen. Die Wahl des Verbs *délivrer* ist von diesen Substantiven abhängig und nicht umgekehrt: *Seiner Sorgen ledig = délivré de ses soucis. Einen Führerschein ausgeben = délivrer un permis de conduire.* Die in der Sprachwissenschaft viel beschworene Abhängigkeit aller anderen Satzglieder vom Verb gilt nur aus der Sicht grammatischer Satzkonstruktion. Beim Formulieren von Texten ist es umgekehrt. Oft ist die Wahl aller anderen Satzglieder von der des themaführenden Substantivs abhängig. Hat man einmal dieses Substantiv gewählt, so können schwerwiegende Kontextprobleme auftreten, die aber nicht die Konstruktion betreffen, sondern die lexikalische Kombination. Wir sagen *können*, weil, wie wir bereits wissen, nur ein Teil des Wortgebrauchs gebunden ist. Der freie Wortgebrauch wirft keine Probleme auf: *regarder le permis de conduire, casser le téléphone, un célibataire dynamique, seine lächerliche Angst* sind fest kombinierbar. Zum Ausdruck bestimmter Verhältnisse aber ist die Formulierung bereits vorgegeben *(den Aufzug holen = appeler l'ascenseur, schütteres Haar = le cheveu rare)* oder zumindest eingeschränkt: *eine Lücke füllen, schließen = combler, remplir* aber nicht **fermer une lacune;* (am Telefon) *eine Nummer wählen = composer* aber nicht **choisir un numéro.*

Diese vorgegebenen Formulierungen (die man in der Wortforschung Kollokationen nennt) sind sinnvollerweise Gegenstand eines Kontextwörterbuchs (im Sinne eines Kollokationswörterbuchs).

3. Was ist und was soll ein Kontextwörterbuch?

Das Kontextwörterbuch beschreibt den gebundenen Wortgebrauch so, wie er beim Formulieren von Texten benötigt wird. Es enthält eine große Zahl von üblichen Wortverbindungen (Kollokationen), die der Fremdsprachler eigens lernen oder für das Anfertigen von Texten nachschlagen muß. Die Kollokationen, die sich aus Substantiv und Verb, Substantiv und Adjektiv, Substantiv und Substantiv bzw. Verb und Adverb, Adjektiv und Adverb zusammensetzen, sind Halbfertigprodukte des Formulierens. Das Kontextwörterbuch behandelt sie im Artikel des Wortes, von dem die Formulierung ausgeht (der sogenannten Kollokationsbasis). Dies ist in den meisten Fällen das Substantiv. Der Schreiber sucht zu *Haar* das passende Adjektiv *schütter*, nicht umgekehrt.

Was unterscheidet das Kontextwörterbuch vom allgemeinen einsprachigen Wörterbuch? Das allgemeine einsprachige Wörterbuch verzeichnet gebundenen Wortgebrauch mit einiger Vollständigkeit nur in den Artikeln der Verben und Adjektive, da er dort zur Ergänzung der Definition unumgänglich ist. So verzeichnet z. B. der *Dictionnaire pratique du français* (Langenscheidt) *retirer de l'argent* im Artikel *retirer*, nicht aber im Artikel *argent* (wo lediglich *gagner* und *dépenser* aufgeführt sind). Dieses Wörterbuch ermöglicht also lediglich die Überprüfung der Wortgebrauchshypothese: sagt man *retirer de l'argent?*, eine Überprüfung, die aber auch im Kontextwörterbuch möglich ist. Fällt uns hingegen *retirer* nicht ein oder haben wir es nie gelernt, kommen wir mit dem *Dictionnaire pratique* nicht weiter.

Demgegenüber verzichtet das Kontextwörterbuch auf die Verb- und die Adjektivartikel: a) weil dies dem Ablauf des Formulierens widerspricht, b) weil diese Artikel bereits im allgemeinen einsprachigen Wörterbuch reichhaltig genug sind, c) weil für diesen Zugang kein Platz mehr zur Verfügung steht. Verb- und Adjektivartikel hätten deshalb ihre Berechtigung nur wegen der an sie gebundenen Adverbien.

Was unterscheidet das Kontextwörterbuch vom allgemeinen zweisprachigen Wörterbuch? Wird nicht der gebundene Wortgebrauch der Fremdsprache bereits hinreichend im hin-übersetzenden zweisprachigen Wörterbuch berücksichtigt? Dieses Wörterbuch hat ja den erheblichen Vorteil, daß es dem Benutzer von der ihm bekannten deutschen Formulierung aus das Nachschlagen unter dem Verb oder Adjektiv zumuten kann. Im Artikel *abheben* von *Langenscheidts Großem Schulwörterbuch Deutsch-Französisch* wird unter anderem klar gesagt, daß ihm in bezug auf das Telefon *décrocher* und in bezug auf das Geld *retirer* entspricht.

Demgegenüber hat das Kontextwörterbuch folgende Vorteile:

a) Es ordnet den gebundenen Wortgebrauch der Fremdsprache so, daß er nicht nur punktuell konsultiert, sondern auch im Blick auf das Formulieren gelernt werden kann. So kann ich mir z. B. einen Überblick darüber verschaffen, wie im Französischen von den Wörtern *colère, désespoir, difficulté, doute, opinion* usw. ausgehend jeweils formuliert wird. Ein allgemeines Wörterbuch Französisch-Deutsch hat in den entsprechenden Artikeln dafür gewöhnlich keinen Platz. Eintrag und Übersetzung von Wortverbindungen ist in diesen Artikeln notgedrungen spärlich.

b) Das Kontextwörterbuch ist auch gegenüber den hin-übersetzenden zweisprachigen Wörterbüchern vollständiger. Man mag das durch Stichproben im *Großen Schulwörterbuch Deutsch-Französisch* vergleichen. Freilich ist die Überlegenheit des Kontextwörterbuchs über die Substantivartikel des *Großen Schulwörterbuchs* (man vgl. etwa *doute* und *Zweifel*) ausgeprägter als über dessen Verb- und Adjektivartikel, die oft kollokationsreich sind.

c) Das Kontextwörterbuch vermittelt die Information in zugänglicher und herausisolierter Form. Das allgemeine zweisprachige Wörterbuch hingegen hat ja noch viele andere Informationen zu vermitteln, so daß man sich hier zu dem gebundenen Wortgebrauch erst relativ mühsam durchlesen muß.

d) Das Kontextwörterbuch bildet die Kontexte sinnfällig und lesbar ab, während das allgemeine zweisprachige Wörterbuch oft zu Verkürzungen greifen muß. So bietet sich die Wortverbindung *retirer de l'argent* im *Großen Schulwörterbuch* im Artikel *abheben* in folgender Weise dar: „*Geld: retirer*".

e) Das Kontextwörterbuch hat Platz für Beispielsätze, die sich das allgemeine zweisprachige Wörterbuch versagen muß.

Wie soll das Kontextwörterbuch im einzelnen Artikel die Wortverbindungen anordnen? Zwei Prinzipien bieten sich an, das alphabetische und das thematisch-begriffliche. Ordnet man die Kontextpartner (Adjektive und Verben getrennt) in alphabetischer Reihenfolge, so dient das vornehmlich Zwecken der Rezeption (was bedeutet *se rallier à l'opinion de qn?*) und der Verifizierung, sei es, daß man die eigene Hypothese überprüft, sei es, daß bei Korrekturarbeiten die Formulierung eines Schülers zu bewerten ist (kann man das sagen?).

Für das Erlernen des gebundenen Wortgebrauchs hingegen und als Formulierungsvorlage ist die sachliche Anordnung der alphabetischen vorzuziehen. Unter typographisch herausgehobenen Leitbegriffen kann man dann die jeweiligen Synonyme zusammenfassen, so z. B. im Artikel *colère* unter dem Leitbegriff (UNTERDRÜCKEN): *retenir, réprimer, rentrer, ravaler*. Eine sachlich-thematische Anordnung ist notwendig willkürlich, d. h. nicht vorhersehbar. Mit Hilfe der Leitbegriffe könnte dennoch die nötige Übersichtlichkeit gewährleistet werden. Einen Kompromiß mag es darstellen, daß bei grundsätzlich alphabetischer Reihenfolge Synonyme zusammengefaßt werden.

Warum fehlen im Kontextwörterbuch die bildlichen Redewendungen? Bei den Redewendungen vom Typ *donner le change à qn = jemanden hinters Licht führen* handelt es sich nicht um gebundenen Wortgebrauch, weil die Wörter darin überhaupt nicht als sie selbst gebraucht werden. Thema der obigen Redewendung ist nicht *le change* oder *das Licht*, sondern eine Täuschung. Als Formulierungshilfe gehört demnach *donner le change à qn* in den Artikel *tromper* eines Synonymwörterbuchs, im produktionsorientierten Kontextwörterbuch hat die Wendung nichts zu suchen. (Daß es möglicherweise sinnvoll ist, Kontextwörterbuch und Synonymwörterbuch zu kombinieren, bleibt davon unberührt.)

Ein Blick in das Kontextwörterbuch beweist: die Kenntnis der Kollokationen ist nicht etwa sprachlicher Luxus, sondern elementar. Banalste Alltagsdinge sind in Form von Kollokationen von der Sprache vorgegeben. In den Kollokationen ist in besonderer Weise die unverwechselbare Eigenart einer Sprache niedergelegt. Der Fremdsprachler lernt an ihnen nie aus. Daher rührt der Nutzen des Kontextwörterbuchs.

Abkürzungen

~ ersetzt das Stichwort im folgenden Artikel

adj	adjectif, *Adjektiv*
adv	adverbe, *Adverb*
aviat	aviation, *Flugwesen*
comm	commerce, *Handel*
etw	etwas, quelque chose
f	féminin, *Femininum*
F	familier, *umgangssprachlich*
fig	figuré, *bildlich, übertragen*
fpl	féminin pluriel, *Femininum Plural*
Gen	Genitiv, génitif
iron	ironique, *ironisch*
j-m	jemandem, à quelqu'un
j-n	jemanden, quelqu'un
j-s	jemandes, de quelqu'un
jur	juridique, *Rechtswesen*
m	masculin, *Maskulinum*
mar	marine, *Schiffahrt*
math	mathématiques, *Mathematik*
méd	médecine, *Medizin*
mil	militaire, *Militärwesen*
mpl	masculin pluriel, *Maskulinum Plural*
P	populaire, *volkssprachlich, derb*
par ext	par extension, *im weiteren Sinne*
péj	péjoratif, *abwertend*
pl	pluriel, *Plural*
pol	politique, *Politik*
qc	quelque chose, *etwas*
qn	quelqu'un, *jemand(en)*
rel	religion, *Religion*
subst	substantif, *Substantiv*
techn	technique, *Technik*

A

abeille f *Biene*
l'~ **bourdonne** *die Biene summt:* Par ce beau temps de printemps, les oiseaux chantent et les ~s bourdonnent. / se faire **piquer** par une ~ *von einer Biene gestochen werden:* Mon fils est allergique aux piqûres d'insectes. Nous devons strictement veiller à ce qu'il ne se fasse pas piquer par une ~ ou une guêpe.

aberration f *Verwirrung*
~ **mentale** *Geistesverwirrung:* L'accusé prétend avoir agi dans un moment d'~ mentale.

abîme m *Abgrund, Tiefe, Kluft*
~ **béant** *gähnender Abgrund* / ~ **infranchissable** *unüberwindbare Kluft* / ~ **insondable** *unergründliche Tiefe*
creuser un ~ *(fig) einen Abgrund aufreißen:* Le discours du délégué socialiste a creusé un ~ entre lui et l'aile gauche de son parti.

abomination f *Abscheu*
avoir qc, qn en ~ *Abscheu empfinden vor etw, j-m:* J'ai en ~ la manière dont vous traitez les étrangers.

abonnement m *Abonnement*
prendre un ~ (à qc) *ein Abonnement (für etw) erwerben:* Nous avons décidé de prendre un ~ au théâtre.

abri[1] m *Schutz*
être à l'~ de qc *geschützt sein vor etw; gefeit sein gegen etw:* Comme je me suis fait vacciner contre la grippe, j'espère être cette année à l'~ d'une contamination. / **mettre** qc à l'~ (de) *etw in Sicherheit bringen (vor):* Mettez le bois à l'~ de la pluie. Il faut qu'il soit sec avant d'être utilisé. / **se mettre** à l'~ (de) *Schutz suchen (vor):* Comme des nuages très sombres approchaient à grande vitesse, nous nous sommes vite mis à l'~ de l'orage.

abri[2] m *Unterstand*
~ **antiaérien** *Luftschutzkeller* / ~ **antiatomique** *Atombunker*

absence f *Abwesenheit*
~ **injustifiée** *unentschuldigtes Fehlen* / des ~s **répétées** *häufiges Fehlen*

absolution f *(rel) Absolution*
donner l'~ à qn *j-m die Absolution erteilen:* Après la confession générale, le prêtre donna l'~ au prisonnier.

abstraction f *Abstraktion*
faire ~ de qc *etw unberücksichtigt lassen:* Pour le moment, il faut faire ~ des difficultés qui pourraient éventuellement se présenter, sinon nous n'avancerons pas dans notre projet.

abus m *Mißbrauch,* pl *Mißstände*
dénoncer des ~ *Mißstände anprangern:* Voltaire n'a pas cessé de dénoncer les ~ du despotisme. / se **livrer** à des ~ *Mißbrauch treiben:* Profitant de l'anarchie régnante, les potentats locaux se livraient à toutes sortes d'~. / **remédier** à des ~ *Mißständen abhelfen:* Il faut d'abord remédier à ces ~ avant de procéder à la réorganisation.

accélérateur m *Gaspedal*
appuyer sur l'~ *auf das Gaspedal treten; Gas geben:* Appuyez sur l'~ pour que le moteur ne s'arrête pas. / **écraser, enfoncer** l'~; **pousser** l'~ à fond *das Gaspedal durchtreten; Vollgas geben:* Cela n'a pas de sens d'écraser constamment l'~, étant donné les prix de l'essence. / **lâcher** l'~ *das Gaspedal loslassen; vom Gas gehen:* Ne lâche pas si brusquement l'~, sinon je prends mal au cœur.

accent m *Akzent, Tonfall*
~ **chantant** *singender Tonfall* / ~ **faubourien** *Vorstadttonfall* / un **fort** ~ **étranger** *ein starker ausländischer Akzent* / ~ **prononcé** *starker Akzent*
mettre un ~ sur une lettre *einen Akzent auf einen Buchstaben setzen:* N'oubliez pas de mettre correctement les ~s sur les e. / **mettre, porter** l'~ sur qc *(fig) den Akzent auf etw legen:* Dans son discours inaugural, le président a mis l'~ sur l'encouragement aux exportations. / l'~ **tombe** sur *der Akzent liegt auf:* Dans ce mot, l'~ tombe sur la troisième syllabe.

accès m *Zugang*
d'un ~ **difficile** *schwer zugänglich (für Sachen und Personen)* / d'~ **facile** *leicht verständlich:* Ce livre est d'~ facile. / **libre** ~ *ungehinderter Zutritt*
avoir ~ à *Zugang haben zu:* L'espion qui a été arrêté la semaine dernière avait ~ à des dossiers secrets.

accident m *Unfall*
~ **professionnel** *Betriebsunfall* / ~ **stupide** *dummer, unnötiger Unfall* / ~ **tragique** *tragischer Unfall*
chercher l'~ *es auf einen Unfall ankommen lassen:* Pierre conduit comme un fou. On dirait qu'il cherche l'~. / **frôler** l'~ *um ein Haar*

accord

einen Unfall bauen: Ce matin, nous avons frôlé l'~ alors que nous allions à la gare. / **un ~ se produit** *ein Unfall ereignet sich:* Trois mille ~s se sont produits sur les routes départementales au cours du premier trimestre de cette année. / **provoquer** un ~ *einen Unfall bauen* (F): Si tu roules dans cet état de fatigue, tu risques de provoquer un bel ~. / **reconstituer** un ~ *einen Unfall rekonstruieren:* Comme il n'y a aucun survivant, il sera difficile de reconstituer cet ~. / **sortir** indemne d'un ~ *bei einem Unfall unverletzt bleiben:* Mes parents ont eu un ~ assez grave, mais ils en sont sortis indemnes. / **survivre** à un ~ *einen Unfall überleben:* Cinq personnes seulement ont survécu à cet ~ terrible.

accord[1] m *Abkommen*
conclure un ~ *ein Abkommen schließen:* La France et la Bulgarie ont conclu un ~ sur l'encouragement des échanges culturels. / **violer** un ~ *ein Abkommen verletzen:* En livrant des armes à l'ennemi, le pays a violé formellement les ~s de neutralité de 1954.

accord[2] m *Zustimmung, Übereinstimmung*
d'un **commun** ~ *in gegenseitigem Einverständnis, Einvernehmen* / **~ parfait** *völlige Übereinstimmung* / en **plein** ~ avec *mit voller Zustimmung (+ Gen):* Nous agissons en plein ~ avec la direction. / **donner** son ~ (à) *seine Zustimmung geben (zu):* Malheureusement, Monsieur le Président ne peut pas donner son ~ à la résiliation du contrat. / **être** d'~ *einverstanden sein:* Êtes-vous d'~? – Oui, bien sûr. / se **mettre, tomber** d'~ (sur) *sich einigen (über):* Les trois commerçants se sont mis d'~ sur les clauses du contrat.

accord[3] m *(Musik) Akkord*
plaquer, frapper un ~ *einen Akkord anschlagen, spielen:* Hélène plaqua quelques ~s sur le piano, puis commença à chanter.

accouchement m *Geburt*
~ **laborieux** *schwere Geburt (auch fig)* / ~ **prématuré** *Frühgeburt*

accueil m *Empfang, Aufnahme*
~ **bienveillant, favorable** *freundliche Aufnahme (nicht für Personen)* / faire **bon (mauvais)** ~ à qc, qn *etw, j-n gut (schlecht) aufnehmen:* Le public a fait bon ~ au deuxième roman de cet auteur. / ~ **chaleureux, cordial** *herzlicher Empfang; freundliche Aufnahme* / ~ **enthousiaste** *begeisterter Empfang* / ~ **frais, froid, glacé, glacial** *frostiger, kühler, eisiger Empfang* / ~ **triomphal** *triumphaler, begeisterter Empfang*
qc **reçoit** un ~ favorable *etw wird wohlwollend aufgenommen, findet günstige Aufnahme:* Votre demande ne manquera pas de recevoir un ~ favorable de la part du secrétaire d'État. / **réserver** un ~ (chaleureux, glacial, etc.) à qn *j-m einen (herzlichen, eisigen usw.) Empfang bereiten:* Monsieur le Président, je vous remercie de l'~ chaleureux que vous avez bien voulu me réserver.

accusation f *Anklage, Beschuldigung*
abandonner l'~ (contre qn) *(jur) die Anklage (gegen j-n) fallenlassen:* Après trois jours de délibération, le tribunal a abandonné l'~ portée contre Henri Pelletier. / **avancer** une ~ (contre qn) *(gegen j-n) eine Anschuldigung vorbringen:* Il faut me permettre de me défendre contre les ~s que ce monsieur a avancées contre moi. / se **justifier** d'une ~ *sich von einer Anschuldigung reinwaschen:* Grâce à Dieu, il a pu se justifier de cette ~. / **laver** qn d'une ~ *j-n von einer Anschuldigung, Beschuldigung reinwaschen:* Heureusement, elle a pu se laver de cette ~ infâme. / **mettre** qn en ~ *(jur) gegen j-n Anklage erheben:* Yves Durand sera mis en ~ le 3 novembre. / **porter** une ~ contre qn *gegen j-n eine Anschuldigung vorbringen:* Le gérant a porté de graves ~s contre Monsieur Duriez. / **retirer** une ~ *eine Beschuldigung zurücknehmen:* Je vous ai mal jugé, je retire toutes mes ~s.

accusé m *Angeklagter*
accabler un ~ *einen Angeklagten schwer belasten:* Les déclarations de la boulangère ont accablé l'~. Je suis sûr qu'il sera condamné. / **acquitter** un ~ *einen Angeklagten freisprechen:* Faute d'indices, le tribunal a dû acquitter l'~. / **charger** un ~ *einen Angeklagten belasten:* Les indices chargent gravement l'~. / **confronter** deux ~s *zwei Angeklagte einander gegenüberstellen:* Le deuxième jour du procès, les deux ~s furent confrontés; ils firent semblant de ne pas se connaître. / **décharger** un ~ *einen Angeklagten entlasten:* Le dernier témoin a déchargé l'~. / **déférer, traduire** un ~ *(devant un tribunal) einen Angeklagten vor Gericht stellen, bringen:* L'~ sera déféré le 8 juillet devant la Cour d'Assises. / **entendre** un ~ *einen Angeklagten vernehmen:* Le procureur général vient d'entendre l'~.

acide m *Säure*
l'~ **attaque** qc *die Säure greift etw an:* Évitez de mettre vos vêtements en contact avec l'~ chlorhydrique, car il attaque toutes les matières textiles.

acompte m *Anzahlung*
verser un ~ *eine Anzahlung leisten:* Lors de la commande de ma nouvelle voiture, j'ai dû verser un ~.

acquittement m *Freispruch*
prononcer l'~ (de qn) *den Freispruch (für j-n) verkünden:* Faute de preuves suffisantes, le tribunal a dû prononcer l'~ de Marcel Dufour.

acte[1] m *Tat, Handlung*

~ **criminel** *strafbare Handlung; Straftat* | ~ **délictueux** *Straftat* | ~ **désespéré** *Verzweiflungstat* | ~ **gratuit** *unmotivierte Handlung* | ~ **juridique** *Rechtshandlung* | ~ **prémédité** *vorsätzliche Tat* **passer** aux ~s *zur Tat schreiten:* Assez de promesses! Il est temps de passer aux ~s.

acte² m *Urkunde*
~ **authentique** *notarielle, öffentliche Urkunde* | ~ **judiciaire** *gerichtliche Urkunde* | ~ **notarié** *notariell beglaubigte Urkunde* **délivrer** un ~ de naissance *eine Geburtsurkunde ausstellen:* Il faut que je me rende à la mairie pour me faire délivrer un ~ de naissance.

action¹ f *Tat, Aktion*
~ **concertée** *Zusammenwirken; konzertierte Aktion* | ~ **éhontée** *dreiste Tat* **entrer** en ~ *in Aktion treten:* Dites-moi quand mes collaborateurs doivent entrer en ~. / **faire, accomplir** une (bonne) ~ *eine (gute) Tat vollbringen:* Les scouts sont tenus de faire chaque jour une bonne ~. / **mener** une ~ *eine Aktion durchführen:* La police mène actuellement une ~ visant à la réduction de la délinquance juvénile. / **mettre** en ~ *in die Tat umsetzen:* Le projet dont j'ai rêvé depuis une dizaine d'années, je suis sur le point de le mettre en ~. / **passer** à l'~ *zur Tat schreiten:* Vous avez assez discuté. Passez maintenant à l'~.

action² f *Aktie*
les ~s **baissent,** (F) **dégringolent** *die Aktien (-kurse) fallen:* Les ~s de l'industrie métallurgique baissent sans cesse depuis quinze jours. / **coter** des ~s en Bourse *Aktien an der Börse notieren:* Ces ~s ne sont pas cotées en Bourse. / **émettre** des ~s *Aktien (her)ausgeben:* le 1ᵉʳ janvier, la société Tourrique a émis 100 nouvelles ~s. / les ~s **(re)montent** *die Aktien(kurse) steigen:* Hier, les ~s ont encore remonté. / **souscrire** des ~s *Aktien zeichnen:* Nous avons souscrit 150 ~s des Établissements Muller au prix total de 100.000 NF.

action³ f (*jur*) *Klage*
intenter, introduire une ~ en justice *eine gerichtliche Klage einreichen, anstrengen:* Le commerçant, se sentant trompé par son partenaire, intenta une ~ en justice contre ce dernier.

activité f *Tätigkeit*
~ **débordante** *rastlose Tätigkeit* | ~ **fébrile** *hektische Betriebsamkeit* **déployer** une ~ (+ *adj*) *eine (+ adj) Tätigkeit entfalten:* En apprenant les résultats de l'analyse, il déploya une ~ fébrile.

actualité f *Aktualität*
l'~ **quotidienne** *das Tagesgeschehen*

addition f *Rechnung (im Restaurant)*

~ **salée** (F) *gesalzene, gepfefferte Rechnung* l'~ **comprend** ... *in der Rechnung ist (sind)* ... *enthalten:* L'~ comprend 15% de service. / **demander** l'~ *die Rechnung verlangen:* Avez-vous déjà demandé l'~? / **régler, payer** l'~ *die Rechnung begleichen, bezahlen:* Attendez un instant, il faut d'abord que je règle l'~.

adepte m *Anhänger*
~ **fervent, zélé** *glühender Anhänger* **faire** des ~s *Anhänger gewinnen:* Les nouvelles sectes font surtout des ~s parmi la jeunesse.

adhérent m *Mitglied*
recruter des ~s *Mitglieder werben:* Si nous voulons que notre association se développe, nous devons absolument recruter de nouveaux ~s.

adhésion f *Zustimmung*
~ **pleine et entière** *völlige Zustimmung* **donner** son ~ à qc *einer Sache zustimmen:* Le conseil d'administration a donné son ~ au projet d'augmentation de capital. / **recueillir** l'~ de qn *j-s Zustimmung erhalten:* Le député, en développant ses idées sur la situation énergétique, recueillit une large ~ auprès de l'auditoire.

adieu m *Abschied*
~ **déchirant, poignant, touchant** *herzzerreißender Abschied* **faire** ses ~x à qn *von j-m Abschied nehmen; j-m Lebewohl sagen:* Avant de partir pour les États-Unis, il fit ses ~x à toute la famille.

administration f *Verwaltung*
~ **paperassière** *Verwaltung, die einen fürchterlichen Papierkrieg führt* | ~ **sclérosée** *verknöcherte Verwaltung*

admirateur m *Bewunderer*
chaud ~; ~ **fervent** *glühender Bewunderer* | ~ **empressé** *eifriger Bewunderer*

admiration f *Bewunderung*
~ **sincère** *ehrliche, aufrichtige Bewunderung* | **vive** ~ *lebhafte Bewunderung* **exciter, soulever, susciter** l'~ *Bewunderung erregen:* Son attitude courageuse a excité l'~ de tout le village. / **porter** une ~ (+ *adj*) à qn *j-n* (+ *adv*) *bewundern:* Il porte une grande ~ aux hommes politiques de votre pays. / **remplir** qn d'~ *j-n mit Bewunderung erfüllen:* Votre expédition en Amazonie m'a rempli d'~.

adresse f *Anschrift, Adresse*
changer d'~ *umziehen:* Nous avons changé d'~. Veuillez noter: Yves et Madeleine Ratier, 93, rue des Capucins, F-75012 Paris. / **donner, mettre** l'~ *die Adresse angeben:* Nous avons oublié de mettre notre ~. / **laisser** son ~ *seine Anschrift hinterlassen:* Monsieur Lemarin est passé. Comme il ne vous a pas rencontré, il a laissé son ~. / **prendre** une ~ *eine Anschrift notieren:* Prenez mon ~: 4, rue de l'Aqueduc, 75010 Paris

adversaire

adversaire m *Gegner*
~ **acharné** *erbitterter Gegner* / ~ **intraitable, irréductible** *unnachgiebiger Gegner* / ~ **intransigeant** *unversöhnlicher Gegner* / ~s **irréconciliables** *unversöhnliche Gegner* / ~ **loyal** *fairer Gegner* / ~ **redoutable** *gefährlicher Gegner* / **rude** ~ *harter, gefährlicher Gegner* **abattre** un ~; **envoyer** au tapis un ~ *einen Gegner niederwerfen:* Le judoka italien a abattu son ~ sans difficulté. / **affronter** un ~ *sich einem Gegner stellen:* Mylène Herbez a longtemps évité toute discussion. Mais samedi dernier, elle a affronté ses ~s politiques. / **amuser** un ~ *einen Gegner hinhalten:* Le Premier Ministre amusait ses ~s en évitant habilement toute discussion sur ses affaires. / **éliminer** un ~ *einen Gegner ausschalten, kaltstellen:* Le candidat de la gauche a pu éliminer tous ses ~s.

affaire f *Sache, Angelegenheit, Affäre, Geschäft*
bonne (mauvaise) ~ *gutes (schlechtes) Geschäft* / les ~s **courantes** *die laufenden Geschäfte* / ~ **entendue** *abgemachte Sache* / ~ **épineuse** *heikle Angelegenheit* / ~s **étrangères, extérieures** (*pol*) *auswärtige Angelegenheiten* / ~ **fructueuse,** (F) **juteuse** *einträgliches Geschäft* / ~ **grave** *ernste Angelegenheit* / ~ **grosse** ~ *Riesengeschäft; dicker Auftrag* (F) / ~s **intérieures** (*pol*) *innere Angelegenheiten* / ~ **louche, véreuse** *anrüchige Geschichte; faule Sache* / **méchante, sale** ~ (F) *üble Angelegenheit* / ~ **prenante** *zeitraubende Angelegenheit* / ~s **publiques** *Staatsgeschäfte* / ~ **ténébreuse** *undurchsichtige Angelegenheit; mysteriöse Affäre* / ~ **urgente** *dringende Angelegenheit* une ~ **s'annonce, part, démarre** bien (mal) *eine Sache läßt sich gut (schlecht) an:* L'~ du Sénégal que nous avons lancée l'année dernière s'annonce bien. / **arranger** une ~ *eine Sache bereinigen:* Écoutez, j'aimerais arranger cette ~ une fois pour toutes. / **faire avancer** une ~ *eine Angelegenheit vorantreiben, voranbringen:* Si vous n'êtes pas prêt à accepter un compromis, nous ne pourrons jamais faire avancer l'~. / **classer** une ~ *eine Angelegenheit ad acta legen:* J'aimerais que nous classions définitivement cette ~ désagréable. / **connaître** son ~ *sein Geschäft, seine Sache verstehen:* Monsieur Selva viendra certainement à bout de cette tâche; il connaît son ~. / **démêler** une ~ *Licht in eine Angelegenheit bringen:* De longues discussions ont enfin permis de démêler cette ~. / **embarquer, empêtrer** qn dans une ~ (F) *j-n in eine Sache verwickeln, hineinziehen:* Le ministre a embarqué un certain nombre d'entrepreneurs dans l'~ de la ville-satellite. / **étouffer** une ~ *eine Angelegenheit vertuschen:* Les Laffitte ont voulu étouffer cette ~ de peur qu'elle ne les compromette profondément. / **faire** ~ (avec qn) (*mit j-m*) *handelseinig werden:* En moins de cinq minutes de négociation, ils avaient fait ~. / **faire une** (bonne, mauvaise, *etc.*) ~ *ein (gutes, schlechtes usw.) Geschäft machen:* En achetant ce terrain, vous avez fait une bonne ~. / **faire des** ~s avec qn (avec un pays, *etc.*) *mit j-m (mit einem Land usw.) Geschäfte machen, Handel treiben:* Grâce au rapprochement avec la Chine, il espère faire des ~s avec ce pays. / **faire son** ~ de qn, qc *sich um j-n, etw kümmern; etw in die Hand nehmen:* Ne t'inquiète pas pour le financement. J'en fais mon ~. / **intervenir, s'immiscer, s'ingérer** dans les ~s intérieures d'un pays *sich in die inneren Angelegenheiten eines Landes einmischen:* Nous n'interviendrons jamais dans les ~s intérieures d'un autre pays. / **laisser aller** une ~ *die Dinge schleifen lassen:* Au début, le nouveau président a travaillé comme un nègre, mais à présent, il laisse aller les ~s comme ses prédécesseurs. / **laisser traîner** ses ~s *seine Sachen herumliegen lassen:* Partout où il va, il laisse traîner ses ~s. / **lancer** une ~ *eine Sache ankurbeln:* Les Établissements Perrier ont lancé maintenant l'~ des antennes au Sénégal. / se **mêler** d'une ~ *sich in eine Angelegenheit einmischen:* Ne vous mêlez pas toujours des ~s de vos voisins. / **s'occuper** d'une ~ *sich um eine Sache kümmern:* Calmez-vous, je vais m'occuper de votre ~. / **plaider** une ~ *sich für eine Sache einsetzen; eine Sache (vor Gericht) vertreten:* J'ai eu la chance que le président lui-même ait plaidé mon ~. / l'~ **presse** *die Sache drängt:* Il faut que nous préparions les documents cette semaine même, l'~ presse. / **ranger** ses ~s *seine Sachen aufräumen:* Range tes ~s, s'il te plaît. / **remporter** l'~ *das Geschäft machen:* Moi, j'ai eu l'idée et lui, il a remporté l'~. / **tirer, sortir** qn d'~ *j-m aus der Klemme, Patsche helfen:* La pauvre veuve a dû vendre des terrains pour tirer d'~ son fils endetté. / **se tirer** d'~ *sich aus der Affäre ziehen:* Le mois dernier, mon partenaire s'est trouvé dans une situation difficile. Mais en fin de compte, il s'est tiré d'~. / une ~ **tourne** autour de ... *bei einer Angelegenheit dreht es sich um ..., geht es um ...:* Toute l'~ tourne autour de la question d'argent. / **tremper** dans une ~ *in eine Sache verwickelt sein:* Tout porte à croire que Samuel, malgré ses allures respectables, a trempé dans l'~ Ben Barka.

affection f *Zuneigung*
tendre ~ *innige Zuneigung*
porter de l'~ à qn *j-m Zuneigung entgegenbringen:* Elle porte une ~ toute particulière à sa petite fille. / **prendre** qn en ~; **se prendre** d'~ pour qn *j-n liebgewinnen:* Madame Bizet avait

fini par prendre en ~ cette pauvre enfant. / **répondre** à l'~ de qn *j-s Zuneigung erwidern:* Peu à peu, il commença à répondre à l'~ de son nouveau père.

affiche f *Plakat*
~ **électorale** *Wahlplakat* / ~ **publicitaire** *Werbeplakat*
coller, (ap)poser, placarder une ~ *ein Plakat anschlagen:* Six mois avant les élections, on avait déjà collé des ~s dans toute la ville.

affirmation f *Behauptung*
~ **gratuite** *willkürliche Behauptung*
avancer une ~ *eine Behauptung aufstellen:* On avance souvent l'~ selon laquelle la publicité ne sert à rien. / **rétracter** une ~ *eine Behauptung zurücknehmen:* On m'a dit qu'elle avait rétracté son ~. Est-ce vrai?

affront m *Beleidigung, Kränkung*
~ **irréparable** *nicht wiedergutzumachende Beleidigung* / ~ **sanglant** *zutiefst verletzende Kränkung*
avaler un ~ *eine Beleidigung einstecken, hinnehmen,* (F) *schlucken:* Cette fois, j'ai avalé son ~ sans mot dire. La prochaine fois, je réagirai. / **digérer** un ~ *eine Beleidigung vergessen:* Cet ~, je ne le digérerai pas de si tôt. / **essuyer, subir, souffrir** un ~ *beleidigt werden:* Mon oncle a essuyé tant d'~s qu'il en est tombé malade. / **faire** ~ à qc *verstoßen gegen etw; Mißachtung einer Sache bedeuten:* Me proposer une telle malhonnêteté, c'est faire ~ à tous mes principes. / **faire, infliger** un ~ à qn *j-n beleidigen:* Agir de la sorte, c'est faire un ~ à un ami! / **laver, réparer** un ~ *eine Kränkung tilgen:* De tels ~s ne peuvent se laver que dans le sang.

âge m *Alter*
~ **adulte** *Erwachsenenalter* / ~ **avancé** *vorgerücktes Alter* / en **bas** ~ *in zartem Alter* / **bel** ~; **jeune** ~; ~ **tendre** *Kindheit, Jugendzeit* / un **bel** ~; un ~ **respectable** *ein (ganz) schönes Alter:* 80 ans, mais c'est un bel âge! / d'un **certain** ~ *(Frau) in mittleren Jahren* / **grand** ~ *hohes Alter* / l'~ **ingrat** *die Flegeljahre* / ~ **mûr** *reifes Alter* / le **premier** ~ *das Säuglingsalter* / ~ **requis** *erforderliches Mindestalter* / **scolaire** *schulpflichtiges Alter* / le **troisième** ~ *der Lebensabend, Ruhestand* / ~ **vénérable** *ehrwürdiges Alter*
avancer en ~ *älter werden (bes. bei Kindern):* L'enfant avançait en ~ et en sagesse et faisait la joie de ses parents. / (ne pas) **donner** son ~ à qn *j-n (nicht) für so alt halten (wie er ist):* Elle fait étonnamment jeune, on ne lui donnerait pas son ~. / **donner** un certain ~ à qn *j-n so und so alt schätzen:* Quel ~ me donnez-vous? / **entrer** dans l'~ mûr *ins reifere Alter kommen:* À quarante ans, on commence à entrer dans l'~ mûr. / **faire** son ~ *so alt sein, wie man aussieht*

(oder: so alt aussehen, wie man ist): Vous avez quarante ans? Vous faites votre ~, je dirais. / **paraître** plus que son ~ *älter wirken:* Mon père n'a que cinquante-cinq ans, mais il paraît plus que son ~. / **porter** (bien) son ~ *sich gut halten (für sein Alter):* Avec ses 70 ans, alerte et entreprenant, il porte vraiment bien son ~. / **prendre** de l'~ *älter werden (bei Erwachsenen):* En prenant de l'~, on s'assagit.

agissements mpl *Machenschaften*
~ **suspects** *finstere Machenschaften*

agitation f *Geschäftigkeit*
~ **fébrile** *Hektik*

aide f *Hilfe*
~ **efficace** *tatkräftige Hilfe* / ~ **immédiate** *Soforthilfe*
appeler à l'~ *um Hilfe rufen:* Le pauvre gamin, entraîné par l'avalanche, appela à l'~ avant de disparaître sous la masse blanche. / **apporter, accorder, prêter** son ~ à qn *j-m Hilfe zukommen lassen:* Le directeur général lui-même a apporté son ~ à la pauvre femme sinistrée. / **demander** l'~ de qn *j-n um Hilfe bitten:* Le curé demande l'~ de ses paroissiens pour la construction d'une nouvelle église. / **demander** de l'~, une ~ à qn *j-n um Unterstützung bitten; j-s Beistand erbitten:* Le dictateur menacé ne tarda pas à se tourner vers les États-Unis pour leur demander une ~ financière. / **réclamer** l'~ de qn *j-n dringend um Hilfe ersuchen:* Il a réclamé mon ~, je ne peux pas la lui refuser. / **venir** en ~ à qn *j-m zu Hilfe kommen:* À chaque intervention du socialiste, le député communiste venait en ~ à celui-ci.

aiguille[1] f *Nadel*
enfiler une ~ *eine Nadel einfädeln:* Je n'arrive plus à enfiler les ~s; je crois qu'il me faut des lunettes. / **enfoncer** une ~ dans ... *eine Nadel stechen in ...:* L'acuponcteur m'a enfoncé plusieurs ~s dans la peau du dos.

aiguille[2] f *Zeiger*
une ~ **dévie** *ein Zeiger schlägt aus:* Lorsqu'on branche le courant, l'~ de l'ampèremètre dévie de quelques millimètres.

aile f *Flügel*
battre des ~s *mit den Flügeln schlagen:* L'oiseau battit faiblement des ~s sans parvenir à s'envoler. / **déployer, étendre** les ~s *die Flügel ausbreiten:* Avant que le chasseur ne soit assez proche, l'aigle déploya ses ~s et s'envola. / **donner** des ~s à qn *(fig) j-n beflügeln:* L'amour lui donna des ~s. Il se précipita dans la voiture pour aller tout de suite à Rouen. / **replier** les ~s *die Flügel anlegen:* Le vautour se posa sur le rocher et replia les ~s. / **rogner** les ~s à qn *(fig) j-m die Flügel stutzen:* Ce petit secrétaire se comporte en directeur général. Il faut qu'on lui rogne les ~s.

air

air¹ m *Luft*

~ **confiné, vicié** *verbrauchte, stickige Luft; Stubenluft* | ~ **étouffant, irrespirable** *stickige Luft* | ~ **frais, froid** *Frischluft, Kaltluft* | **grand** ~ *frische Luft* | **à l'**~ **libre; en plein** ~ *im Freien* | ~ **limpide, transparent** *klare Luft* | ~ **lourd** *schwüle Luft* | ~ **pollué** *verpestete Luft* | ~ **pur** *saubere, reine Luft* | ~ **salubre** *gesunde Luft* | ~ **vif** *frische und kalte Luft*
l'~ **arrive** (à, dans) *Luft strömt (in, zu)*: Aspiré par le piston qui descend, l'~ frais arrive au carburateur. / **aspirer** l'~ *Luft ansaugen:* Le moteur Diesel aspire l'~ dans le cylindre. / **se donner** de l'~ *(fig) sich Luft verschaffen:* En vendant son immeuble grevé de dettes, il s'est donné de l'~. / **être** dans l'~ *(fig) in der Luft liegen:* Depuis des semaines, la dispute était dans l'~. / **insuffler** de l'~ (dans) *Luft (ein)blasen (in):* Pour pratiquer la respiration artificielle, il faut insuffler de l'~ dans la bouche de l'asphyxié. / **mettre, exposer** qc à l'~ *etw an die Luft legen, lüften:* Par ce beau temps de printemps, je vais mettre nos couvertures à l'~. / **prendre** l'~ *Luft schnappen:* Vous avez vu Madame Legai? – Oui, elle est sortie prendre l'~. / **renouveler** l'~ (d'une pièce) *(ein Zimmer) durchlüften:* Le ventilateur n'est pas assez puissant pour renouveler convenablement l'~.

air² m *Miene, Aussehen, Gesichtsausdruck, Wesen*

~ **composé, contraint** *gekünsteltes, unnatürliches, steifes Wesen* | d'un ~ **connaisseur** *mit Kennermiene* | ~ **conquérant** (F) *siegessichere Miene* | ~ **coupable (innocent)** *schuldbewußte Miene (Unschuldsmiene)* | ~ **entendu** *Kennermiene* | ~ **goguenard** *spöttische, ironische Miene* | ~ **maussade** *verdrossene, griesgrämige Miene* | ~ **patibulaire** *Galgengesicht* | ~s **penchés** *affektiertes Gehabe* | ~ **pincé, pointu** *verkniffenes Gesicht* | ~ **posé** *gesetztes, ruhiges Wesen* | ~ **préoccupé** *sorgenvolle Miene* | ~ **protecteur** *Gönnermiene* | ~ **radieux** *freudestrahlende Miene* | ~ **renfrogné** *mürrische, verdrießliche Miene* | ~ **rêveur** *nachdenkliche Miene* | ~ **rusé** *spitzbübischer, schelmischer, pfiffiger Gesichtsausdruck* | ~ **soucieux** *sorgenvolle Miene* | ~ **souffrant** *Leidensmiene* | ~s **sucrés** *süßliches Getue* | ~ **vainqueur** *Siegermiene*
prendre un ~ (+ *adj*) *eine (bestimmte) Miene aufsetzen:* Chaque fois qu'on lui refuse quelque chose, elle prend son ~ offensé.

air³ m *Melodie*

~ **entraînant** *flotte Melodie* | ~ **populaire** *Volksweise*

alarme f *Alarm*

donner l'~ *Alarm schlagen:* Lorsque l'infirmière trouva le patient raide mort dans son lit, elle donna l'~.

album m *Album*

(se) **constituer** un ~ *(sich) ein Album anlegen:* Jean s'est procuré un peu d'argent en vendant les ~s de timbres que son grand-père s'était constitués.

alcool m *Alkohol*

s'**abstenir** d'~ *den Alkohol meiden; keinen Alkohol trinken:* Mon mari a eu une crise cardiaque l'année dernière. Dès lors, il doit s'abstenir d'~.

alerte f *Alarm*

~ **aérienne** *Fliegeralarm* | **fausse** ~ *falscher, blinder Alarm (auch fig)*
donner l'~ *Alarm schlagen:* Le sous-officier découvrit le premier la sentinelle abattue; il retourna sur ses pas et donna l'~. / **sonner** l'~ *Fliegeralarm geben:* À peine avait-on sonné l'~ que les premières explosions se faisaient déjà entendre du côté de la gare.

alibi m *Alibi*

~ **sérieux, valable** *hieb- und stichfestes Alibi*
fournir, invoquer un ~ *ein Alibi beibringen, liefern:* Le détenu a dû être mis en liberté parce qu'il a pu fournir un ~.

aliment m *Nahrungsmittel*

~ **complet** *Vollwertnahrung* | ~s **énergétiques** *Kraftnahrung* | ~s **lourds** *schwerverdauliche Nahrungsmittel*

allégation f *Behauptung*

~ **mensongère** *unwahre Behauptung; Vorspiegelung falscher Tatsachen*

alliance f *Allianz, Bündnis*

~ **offensive et défensive** *Schutz- und Trutzbündnis*
contracter une ~ (avec) *ein Bündnis schließen (mit):* La surprise fut grande lorsque la Russie contracta une ~ avec ses anciens ennemis. / **faire** ~ (avec) *eine Allianz eingehen, sich verbünden (mit):* Ce que je ne lui pardonnerai jamais, c'est qu'elle a fait ~ avec mes pires adversaires. / **sceller** l'~ *die Verbindung, Allianz besiegeln:* Un traité signé solennellement scella l'~ entre les anciens ennemis.

allocation f *Beihilfe*

accorder, verser, octroyer une ~ à qn *j-m eine Beihilfe gewähren:* Le gouvernement a décidé d'accorder une ~ à toutes les familles nombreuses dont le salaire ne dépasse le SMIG que de vingt pour cent. / **toucher** une ~ *eine Beihilfe erhalten:* Les personnes âgées d'au moins 70 ans toucheront cette année une ~ spéciale.

allocution f *Ansprache*

~ **radiophonique** *Rundfunkansprache* | ~ **télévisée** *Fernsehansprache*
adresser une ~ à ... *eine Ansprache halten vor ...:* On aurait pu me prévenir que je serais

obligé d'adresser une ~ aux paysans réunis. / **prononcer** une ~ *eine Ansprache halten:* Vendredi dernier, le Premier Ministre a prononcé une ~ télévisée.

alouette f *Lerche*
l'~ **grisolle, chante** *die Lerche trillert:* Chut! Entends-tu l'~ qui grisolle dans le ciel?

allumette f *Zündholz*
craquer, frotter, gratter une ~ *ein Zündholz anreißen, anstreichen, anzünden:* Henri sortit un paquet de gauloises, en retira une, craqua une ~ et alluma la cigarette, la main tremblante.

allure f *Gang(art)*
fière ~ *stolze Haltung* / ~ **majestueuse** *gravitätischer Gang* / ~ **pesante** *schwerfälliger, plumper Gang*
accélérer, forcer, presser l'~ *den Schritt, das Tempo beschleunigen:* Lorsqu'il vit les premières maisons du village, il pressa l'~.

allusion f *Anspielung*
~ **délicate, pudique** *zarte Anspielung* / ~ **transparente** *eindeutige Anspielung* / ~ **voilée** *versteckte Anspielung*

alpiniste m *Bergsteiger*
un ~ **dévisse** *ein Bergsteiger stürzt ab:* Soudain, deux des ~s suisses devant nous ont dévissé et ont été grièvement blessés.

alternative f *Alternative*
être **placé,** se **trouver** dans, devant l'~ de ... *vor die Alternative gestellt sein, zu ...:* Je suis placé dans la fâcheuse ~ de gagner plus d'argent au prix de mes loisirs, ou d'être obligé de vendre ma maison.

amabilité f *Zuvorkommenheit*
se **dépenser** en ~s envers qn *j-m gegenüber überaus zuvorkommend sein:* Voulant se concilier les faveurs de son futur beau-père, il se dépensait en ~s envers lui. / **faire** des ~s à qn *j-m gegenüber zuvorkommend sein:* Bien qu'il supporte mal cet imbécile de secrétaire général, il lui fait des ~s.

amant m *Liebhaber*
prendre un ~ *sich einen Liebhaber zulegen:* Pour se venger de son mari, elle n'avait rien trouvé de mieux que de prendre un ~.

amas m *Haufen*
~ **confus** *wüstes Durcheinander; ungeordneter Haufen*

amateur m *Amateur*
vulgaire ~ *Dilettant*

ambassadeur m *Botschafter*
rappeler l'~ *den Botschafter abberufen, zurückrufen:* La tension augmentant entre les deux États, ils ont rappelé leurs ~s respectifs.

ambiance f *Atmosphäre, Stimmung*
~ **chaleureuse; chaude** ~ *herzliche Atmosphäre* / ~ **décontractée** *zwanglose Atmosphäre* / ~ **délirante** *irre Atmosphäre* / ~ **feutrée** *gepflegte, angenehm gedämpfte Atmosphäre* / ~ **glaciale** *eisige Atmosphäre*
créer une ~ *eine Atmosphäre schaffen:* Les tapis, la lumière tamisée, le feu dans la cheminée, tout contribuait à créer une ~ chaleureuse. / **mettre** de l'~ *Stimmung machen:* Passez donc un disque. Cela mettra de l'~! / **mettre** qn dans l'~ *j-n in Stimmung bringen:* Vous prendrez bien un peu de champagne pour vous mettre dans l'~! / une ~ **règne** *eine Atmosphäre, Stimmung herrscht:* L'~ qui régnait dans la salle peut être qualifiée de tendue.

ambition f *Ehrgeiz*
~ **démesurée** *maßloser Ehrgeiz* / ~ **dévorante** *verzehrender Ehrgeiz:* Il est poussé par une ambition dévorante. / ~ **effrénée** *brennender, maßloser Ehrgeiz* / ~ **insatiable** *grenzenloser Ehrgeiz* / **noble** ~ *edle Ziele* / de **vastes** ~s *weitreichende Ambitionen*
assouvir son ~ *seinen Ehrgeiz befriedigen:* Anne Douvez vient d'être nommée chef du personnel. Cela n'assouvira guère ses ~s. / l'~ **dévore** qn *der Ehrgeiz zerfrißt j-n:* Monsieur Cornier a deux fils: l'un est un fainéant et l'autre est dévoré d'~. / **mettre** son ~ à faire qc *seinen Ehrgeiz daransetzen, etw zu tun:* Je lui fais confiance. Elle mettra son ~ à terminer le travail à la date prévue. / **nourrir** des ~s *Ambitionen hegen:* Il nourrissait en secret les plus folles ~s.

âme f *Seele*
belle, grande ~ *hochherzige Seele* / une **bonne** ~ (F) *eine treue Seele* / ~ **enfantine** *kindliches Gemüt* / ~ **immortelle** *unsterbliche Seele* / ~ **limpide,** ~ **pure** *reine Seele* / avoir une **tendre** ~ *zartbesaitet sein* / avoir l'~ **vagabonde, voyageuse** *reiselustig sein; gern reisen*
rendre l'~ *die (seine) Seele aushauchen:* Il dicta son testament, se confessa et, après avoir reçu l'absolution, rendit l'~.

amende f *Geldstrafe*
~ **carabinée** (F) *gepfefferte Geldstrafe*
coller une ~ à qn (F) *j-m eine Geldstrafe verpassen:* On m'a collé une ~ de deux cents francs pour avoir brûlé un feu rouge. / **frapper** qn d'une ~ *j-m eine Geldstrafe auferlegen:* L'accusé a été frappé d'une ~ très sévère.

ami m *Freund*
~ **dévoué, fidèle** *treuer Freund* / de **grands** ~s; des ~s **intimes** *dicke Freunde; enge Freunde* / ~s **inséparables** *unzertrennliche Freunde* / ~ **sûr** *zuverlässiger Freund* / un ~ **véritable** *ein echter Freund*
se **faire** des ~s *Freunde finden, gewinnen:* Pendant son séjour à Munich, Françoise s'était fait beaucoup d'~s. / **fréquenter** ses ~s *oft mit seinen Freunden zusammen sein:* Après une crise nerveuse, elle ne fréquentait plus ses ~s.

amie

amie f *Freundin*
bonne ~ *Freundin (Geliebte)* / ~ **intime** *Busenfreundin* / **petite** ~ *Schätzchen, Liebchen*
amitié f *Freundschaft*
~ **fidèle** *treue Freundschaft* / ~ **inaltérable, indéfectible** *unverbrüchliche Freundschaft* / ~ **sincère** *aufrichtige Freundschaft* / **solide** ~ *feste, unverbrüchliche Freundschaft* / **tendre** ~ *innige Freundschaft*
l'~ s'**attiédit** *die Freundschaft kühlt sich ab:* Les deux garçons, très amis pendant une dizaine d'années, virent leur ~ s'attiédir au moment où l'un d'eux se maria. / **cimenter** l'~ *die Freundschaft festigen:* Les dangers surmontés en commun ont cimenté leur ~. / **concevoir** de l'~ pour qn *j-n liebgewinnen:* Peu à peu, il conçut de l'~ pour Berthe. / **conquérir** l'~ de qn *j-s Freundschaft gewinnen:* Je ne sais pas comment il fait cela: partout, il conquiert tout de suite l'~ des gens. / **entretenir** l'~ *die Freundschaft erhalten:* Les petits cadeaux entretiennent l'~. / **faire** à qn l'~ (de) *j-m den Gefallen tun (zu):* Faites-nous l'~ de rester un jour de plus. / **faire des** ~s à qn *j-m Beweise der Zuneigung entgegenbringen:* Jacques ne cesse de me faire des ~s, mais je me demande si c'est sérieux. / **se lier** d'~ avec qn *mit j-m Freundschaft schließen; sich mit j-m anfreunden:* À l'époque de son séjour à Bordeaux, elle s'est liée d'~ avec la fille du maire. / **être lié** d'~ avec qn *mit j-m befreundet sein* / **montrer** son ~ à qn *j-m seine Freundschaft bezeigen:* Pierre Fischer ne manquait pas de montrer son ~ à Yvonne Moque. / **prendre** qn en ~ *j-m seine Zuneigung schenken:* Le général a pris Marcel Baccilaqui en ~ et essaie de l'encourager. / **sceller** une ~ *eine Freundschaft besiegeln:* Ils ont scellé leur ~ par un voyage à Rome.

amour m *Liebe*
~ **ardent, passionné** *glühende, heiße, leidenschaftliche Liebe* / ~ **charnel, physique** *körperliche, sinnliche Liebe* / ~ **conjugal** *Gattenliebe* / ~ **éperdu, fou** *leidenschaftliche Liebe* / ~ **fervent** *glühende, heiße Liebe* / ~ **filial** *Kindesliebe* / ~ **libre** *freie Liebe* / ~ **maternel** *Mutterliebe* / ~ **naissant** *aufkeimende Liebe* / **parfait** ~ *vollkommene Liebe* / ~ **paternel** *väterliche Liebe* / ~ **platonique** *platonische Liebe* / **premières** ~s *Jugendliebe* / ~ **sensuel** *rein sinnliche Liebe* / **tendre** ~ *innige, zärtliche Liebe*
l'~ s'**attiédit** *die Liebe kühlt sich ab:* Au bout de six ans de mariage, l'~ des époux s'était attiédi. / **avoir** l'~ de qc *etw lieben:* Mon neveu a vraiment l'~ de son métier. / **concevoir** de l'~ pour qn *von Liebe zu j-m ergriffen werden:* Au bout de trois semaines, elle conçut de l'~ pour Paul. / **éprouver, avoir** de l'~ pour qn *Liebe für j-n empfinden:* Plutôt que de l'amitié, elle éprouve de l'~ pour ce jeune violoniste. / **faire** l'~ *sich lieben, intim werden:* Un jeune couple d'anarchistes a été arrêté après avoir fait l'~ en public sur le Forum Romanum. / l'~ **naît** *die Liebe keimt auf:* Ce printemps-là, l'~ naquit entre le jeune homme et sa belle cousine. / **répondre** à l'~ de qn *j-s Liebe erwidern:* Au début, elle répondit à son ~, mais plus tard, elle se détourna de lui.

amoureux m *Liebhaber*
~ **transi** *schüchterner Liebhaber*

amour-propre m *Selbstachtung*
flatter, chatouiller l'~ de qn *j-s Selbstachtung schmeicheln:* Les honneurs flattaient son ~ au point que renoncer au pouvoir lui paraissait impossible. / **piquer** l'~ de qn *j-n bei seiner Ehre packen:* Si vous piquez son ~, il fera ce que vous lui demandez.

ampoule f *Glühbirne*
~ **grillée** *durchgebrannte Glühbirne*
changer une ~ *eine Glühbirne auswechseln:* L'~ est grillée. Il faut la changer.

amusement m *Vergnügen*
~ **frivole** *oberflächliches Vergnügen* / ~ **futile** *belangloses Vergnügen* / ~s **puérils** *kindische Vergnügungen*

amygdale f *Mandel (méd)*
(se) faire **enlever** les ~s *(sich) die Mandeln herausnehmen lassen:* Notre fille souffre souvent d'angines. Je crois qu'il faudra bientôt lui faire enlever les ~s.

an m *Jahr*
avoir ... ~s ... *Jahre alt sein:* Quel âge avez-vous? J'ai vingt-deux ~s.

analyse f *Analyse*
faire l'~ de qc *etw analysieren, untersuchen:* On lui a fait l'~ du sang et des urines, mais on n'a rien trouvé.

ancre f *Anker*
jeter l'~ *vor Anker gehen; Anker werfen:* Le «Limousin» a jeté l'~ dans le port de Lisbonne. / **lever** l'~ *den Anker lichten:* Le sous-marin atomique «Moscou» a levé l'~ et quitté le port de la Havane en direction du Groenland.

âne m *Esel*
l'~ **brait** *der Esel iaht, schreit:* Toute la nuit, le pauvre ~ brayait sous ma fenêtre.

anecdote f *Anekdote*
~ **savoureuse** *amüsante, pikante Anekdote*

anesthésie f *Narkose*
~ **générale** *Vollnarkose* / ~ **locale** *örtliche Betäubung, Lokalanästhesie*

ange m *Engel*
~ **déchu** *gefallener Engel* / ~ **exterminateur** *Würgeengel* / ~ **gardien** *Schutzengel*

angle m *Winkel*
~ **aigu** *spitzer Winkel* / ~ **droit** *rechter Winkel* /

appartement

~ **mort** *toter Winkel* / ~ **obtus** *stumpfer Winkel* / ~ **optique, visuel** *Sehwinkel, Gesichtswinkel*
angoisse f *Angst(zustand)*
~ **mortelle** *Höllenangst, Todesangst*
éprouver de l'~ *Angst(zustände) haben:* Depuis son accident, mon fils éprouve de l'~ dès qu'il se met au volant.
animal m *Tier*
~ **domestique** *Haustier* / ~ **grégaire** *Herdentier* / ~ **sauvage** *wildes Tier*
animation f *(reges) Leben*
mettre de l'~ dans ... *Bewegung, Leben bringen in ...:* L'ouverture du nouveau centre commercial a mis de l'~ dans le quartier.
année f *Jahr*
~ **bissextile** *Schaltjahr* / ~ **civile** *Kalenderjahr* / l'~ **écoulée** *das abgelaufene Jahr* / ~ **scolaire** *Schuljahr*
les ~s s'en **vont** *die Jahre gehen dahin, verstreichen:* Les ~s s'en vont et nous n'avons toujours pas de maison à nous.
anniversaire m *Geburtstag*
célébrer, fêter son ~ *seinen Geburtstag feiern:* J'ai célébré mon quarantième ~ par une très grande fête. / **souhaiter** son ~, un bon ~ à qn *j-m zum Geburtstag gratulieren:* C'est terrible, j'ai oublié de lui souhaiter son ~ et elle y tient tellement!
annonce f *Anzeige*
petites ~s *Kleinanzeigen* / ~ **publicitaire** *Reklame, Werbeanzeige*
faire insérer une ~; **mettre, passer** une ~ (dans) *eine Anzeige aufgeben (in):* Vous voulez vendre votre voiture? – Alors, faites insérer une ~ dans le journal.
antenne f *Antenne, (par ext) Sender*
~ **collective** *Gemeinschaftsantenne* / ~ **escamotable** *ausziehbare Antenne* / ~ **intérieure** *Zimmerantenne*
garder l'~ *auf Sendung bleiben:* Nous gardons l' ~ pour un reportage depuis les lieux de la catastrophe. / **(re)passer, céder** l'~ à qn *das Mikrophon an j-n übergeben:* Maintenant je passe l'~ à mes collègues de l'émission «La musique est internationale». / **rendre** l'~ au studio *ins Studio zurückgeben:* Mesdames, Messieurs, je vous remercie d'avoir écouté l'émission et je rends l'~ au studio.
antichambre f *Vorzimmer*
courir les ~s *Klinken putzen* (F): Arrivé à Milan, j'ai couru les ~s pour trouver un emploi, mais en vain. / **faire** ~ *im Vorzimmer warten:* Lassé d'avoir dû faire ~ des heures entières à la porte du ministre, Maheu décida d'aller porter ses révélations ailleurs.
antipathie f *Abneigung*
~ **invincible** *unüberwindliche Abneigung*
éprouver de l'~ pour qn *Abneigung gegen j-n empfinden:* J'éprouve une vive ~ pour notre nouveau professeur d'allemand. / **témoigner** de l'~ à qn *j-n seine Abneigung fühlen lassen:* Depuis une dizaine d'années, Monsieur Danos ne cesse de témoigner de l'~ à ses voisins.
anxiété f *Angst*
être **dévoré** d'~ *vor Angst vergehen:* Elle n'a plus de nouvelles de son fils depuis six mois et est dévorée d'~.
aperçu m *Überblick*
donner un ~ (de) *einen Überblick geben (über):* Le secrétaire général, après avoir donné un ~ de la situation financière, déclara la séance ouverte.
apéritif m *Aperitif*
prendre un ~ *einen Aperitif trinken:* Venez prendre un ~.
appareil-photo m *Fotoapparat*
armer un ~ *einen Fotoapparat aufziehen; den Verschluß spannen:* L'~ n'a pu fonctionner, puisque tu avais oublié de l'armer. / **(re)charger** un ~ *einen Film einlegen:* Inutile d'emporter l'~, il n'est pas chargé! (... es ist kein Film drin)
apparence f *Schein*
fausse ~ *falscher Eindruck* / **simple** ~ *bloßer Schein* / les ~s sont **trompeuses** *der Schein trügt:* Les établissements Dédalo paraissent bien établis, mais les ~s sont trompeuses.
sauver les ~s *den Schein wahren:* Depuis des années, les Muller n'ont plus rien à se dire, mais jusqu'ici ils ont sauvé les ~s.
apparition f *Erscheinung*
brève, courte ~ *Stippvisite:* Marguerite n'a fait qu'une courte ~ chez ses grands-parents. (... ließ sich nur kurz blicken) / ~ **éphémère** *flüchtige Erscheinung*
faire son ~ *in Erscheinung treten:* Au plus fort de la crise de l'entreprise, Maître Darrier fit son ~ à l'instar d'un deus ex machina, et il sortit la société de ses embarras.
appartement m *Wohnung*
aménager un ~ *eine Wohnung einrichten:* Nous avons acheté un ~ de trois pièces, mais nous n'avons pas encore eu l'argent pour l'aménager comme il se doit. / **arranger, réparer** un ~ *eine Wohnung (her)richten:* Avant d'emménager dans notre nouvel ~, nous devrons l'arranger sérieusement car il est en bien mauvais état. / **louer** un ~ 1. *eine Wohnung mieten;* 2. *eine Wohnung vermieten:* L'~ que nous avons loué pour notre fille appartient à un avocat marseillais. Mon frère a acheté un ~ de trois pièces qu'il veut louer à 1.500 francs par mois. / **occuper** un ~ *in einer Wohnung wohnen:* J'occupe cet ~ depuis cinq ans. On ne peut pas me mettre à la porte du jour au lendemain. / **quitter** son ~ *ausziehen:* Nous devrons quitter notre ~ ce mois même. / **ranger** un ~ *eine Wohnung aufräumen:* Je vais

appât

profiter de mes deux jours de congé pour ranger l'~. Il en a besoin. / **retourner** l'~ *die Wohnung auf den Kopf stellen:* J'ai retourné l'~ sans retrouver le livret de caisse d'épargne.

appât m *Köder*
mordre à l'~ *anbeißen:* Samedi soir, un poisson d'au moins deux kilos a mordu à l'~, mais je ne suis pas arrivé à le sortir de l'eau.

appel[1] m *Aufruf*
~ **pathétique** (en faveur de ...) *leidenschaftlicher Aufruf, dringender, aufrüttelnder Appell (etw zu tun)*
faire ~ à qn, qc *an j-n, etw appellieren:* Nous faisons ~ à votre générosité. / **lancer** un ~ à ... *einen Aufruf, Appell richten an ...:* Devant la gravité de la situation, le Président a lancé hier soir un ~ télévisé à la population, lui demandant de garder son calme. / **répondre** à un ~ (à qc) *einem Aufruf (zu etw) folgen:* Les masses populaires étaient si mécontentes qu'elles répondirent immédiatement à l'~ à la révolte.

appel[2] m (jur) *Berufung*
faire, interjeter ~ *Berufung einlegen:* Ce jugement est terriblement dur. Il faut absolument faire ~. / **juger** sans ~ *in letzter Instanz entscheiden:* Le tribunal arbitral juge sans ~.

appel de phares m *Lichthupe*
faire un ~ *die Lichthupe betätigen:* Pourquoi n'avez-vous pas fait un ~ à ce moment-là?

appendice m *Blinddarm*
enlever l'~ à qn *j-m den Blinddarm herausnehmen:* Madame Fraudet est malade. On lui a enlevé l'~. / **se faire enlever** l'~ *sich den Blinddarm herausnehmen lassen:* Avant de s'embarquer, tous les membres de l'expédition se firent enlever l'~.

appendicite f *Blinddarmentzündung*
être **opéré** de l'~ *am Blinddarm operiert werden:* Mon voyage en Inde s'est terminé à Calcutta où j'ai dû être opéré de l'~.

appétit m *Appetit*
bon, gros, robuste, solide ~ *guter, gesunder Appetit* / ~ **déréglé** *verdorbener Magen* / **fameux, rude** ~ (F) *tüchtiger Appetit* / ~ **féroce, glouton, vorace** *gewaltiger, unbändiger Appetit* / ~**immodéré** *maßloser Appetit* / ~ **insatiable** *unstillbarer Appetit* / ~ **pantagruélique** *gesegneter Appetit* / un **petit** ~ *kein großer Appetit* / **terrible** ~ *enormer Appetit*
couper l'~ à qn *j-m den Appetit verderben:* Cette mauvaise nouvelle m'a coupé l'~. / **donner** de l'~ à qn; **mettre** qn en ~ *j-m Appetit machen:* Cette longue promenade m'a donné de l'~. / **stimuler, exciter, réveiller** l'~ *den Appetit anregen:* Le médecin m'a prescrit un médicament qui stimulera mon ~.

applaudissements mpl *Beifall*
~ **chaleureux, enthousiastes** *begeisterter Applaus* / ~ **clairsemés** *spärlicher Beifall* / ~ **frénétiques** *rasender, frenetischer, tosender, stürmischer Beifall* / ~ **nourris** *lauter, anhaltender Beifall* / ~ **prolongés** *lang anhaltender, nicht enden wollender Beifall* / **vifs** ~ *lebhafter Beifall*
les, des ~ **éclatent** *Applaus bricht los, braust auf:* L'orateur avait à peine terminé son discours que les ~ éclatèrent. / **soulever** des ~ *Beifall auslösen:* Le député gaulliste fit à ce sujet une remarque qui souleva, de tous les côtés, les ~.

application f *Anwendung*
mettre qc en ~ *etw praktisch anwenden, in die Praxis umsetzen:* La théorie paraît très belle. Il faut maintenant que vous la mettiez en ~.

appréciation f *Ermessen, Beurteilung*
laisser qc à l'~ de qn *etw j-s Ermessen überlassen, in j-s Ermessen stellen:* Nous laissons le règlement de cette affaire à votre ~. / **soumettre** qc à l'~ de qn *j-m etw zur Beurteilung vorlegen:* Soumettez ce problème à l'~ du directeur.

apprenti(e) m(f) *Lehrling, Auszubildender*
former un(e) apprenti(e) *einen Lehrling ausbilden:* Pour les petites entreprises artisanales, il est à présent peu rentable de former des ~s.

apprentissage m *Lehre*
entrer en ~ chez qn, dans une entreprise *bei j-m, in einer Firma eine Lehre antreten:* Mon fils est entré en ~ chez un charpentier. / **être** en ~ chez qn, dans une entreprise *bei j-m, einer Firma in die Lehre gehen, in der Lehre sein:* Henri Russel est actuellement en ~ dans une banque. / **faire un** ~ *eine Lehre machen:* Entre 1972 et 1975, j'ai fait un ~ artisanal. / **faire l'**~ de qc *etw erlernen:* Au cours de son séjour aux USA, Henri a fait l'~ de la comptabilité moderne. / **mettre** qn en ~ chez qn, dans une entreprise *j-n zu j-m, bei einer Firma in die Lehre geben:* Nous avons mis Michèle en ~ dans une société immobilière.

approbation f *Zustimmung, Genehmigung*
donner son ~ (à) *seine Zustimmung, Einwilligung geben (zu, in):* Le patron a donné son ~ à l'introduction de l'ordinateur dans la comptabilité. / **manifester** son ~ *seine Zustimmung bekunden:* Les délégués ont manifesté leur ~ en levant la main. / **obtenir** l'~ de qn *j-s Zustimmung finden:* Avez-vous obtenu l'~ du ministre pour la réalisation de ce projet? / **soumettre** qc à l'~ de qn *j-m etw zur Genehmigung vorlegen:* Soumettez la proposition à l'~ du patron.

appui m *Unterstützung, Stütze*
solide ~ *tatkräftige Unterstützung*
chercher l'~ de qn *bei j-m Unterstützung suchen:* Jacques Villar a eu le toupet de

chercher l'~ du professeur Leclos pour la réalisation de ses idées extravagantes. / **être** l'~ de qn *j-s Halt, Stütze sein:* Ne me quittez pas, vous êtes mon ~, mon seul espoir! / **gagner** l'~ de qn *bei j-m Unterstützung finden:* Si vous voulez réussir dans cette affaire, cherchez à gagner l'~ de Madame Étiemble. / se **ménager** l'~ de qn *sich j-s Unterstützung sichern:* Nous avons pu nous ménager l'~ de Monsieur Francis. / **prendre** ~ sur qc *sich auf, an etw abstützen:* Le levier de commande de la machine prend ~ sur une butée réglable. / **prêter, accorder** son ~ à qn, qc *j-m, einer Sache seine Unterstützung gewähren:* Écoute, Marcel: tu ne peux pas prêter ton ~ à cet individu.

arbitre m *Schiedsrichter*
 prendre qn pour ~ *j-n als Schiedsrichter anrufen:* La seule possibilité de régler notre différend à l'amiable est de prendre Monsieur Dutertre pour ~.

arbre m *Baum*
 ~ **dépouillé, nu** *kahler Baum* | ~ **feuillu** *dichtbelaubter Baum* | ~ **fourchu** *gegabelter Baum* | ~ **fruitier** *Obstbaum* | **grand, gros** ~; ~ **puissant** *mächtiger Baum* | ~ **moussu** *bemooster Baum* | ~ **noueux** *knorriger Baum* | ~ **rabougri** *verkrüppelter Baum*
 abattre un ~ *einen Baum fällen:* La décision du conseil municipal de faire abattre tous les ~s de l'allée de l'Aqueduc est absolument incompréhensible. / un ~ se **dépouille** de ses feuilles *ein Baum wirft seine Blätter ab, verliert seine Blätter:* Les ~s commencent déjà à se dépouiller de leurs feuilles. / **déraciner** un ~ *einen Baum entwurzeln:* La tempête a déraciné deux ~s devant notre maison. / **greffer** un ~ *einen Baum veredeln, pfropfen:* Les deux ~s que j'ai greffés l'année dernière poussent à merveille. / **grimper** à, **monter** dans, à un ~ *auf einen Baum klettern:* Le voyou a essayé d'échapper aux agents de police en grimpant à un ~. / **rentrer** dans un ~ *an einen Baum fahren:* Monsieur Bertrand est grièvement blessé; il est rentré dans un ~ avec sa voiture.

ardeur f *Eifer, Leidenschaft*
 ~ **bouillante** *ungestüme Leidenschaft* | ~ **infatigable, inlassable** *unermüdlicher Eifer* | ~ **impétueuse** *stürmische Leidenschaft* | ~ **juvénile** *jugendlicher Eifer*

arête f *Kante*
 ~ **vive** *scharfe Kante*

argent m *Geld*
 ~ **comptant** *Bargeld* | ~ **facile** *leichtverdientes Geld* | ~ **immobilisé** *fest angelegtes Geld* | ~ **improductif** *Geld, das keine Zinsen bringt* | ~ **liquide** *Bargeld; flüssige Mittel*
 avancer de l'~ *Geld vorschießen, vorstrecken:* Je ne comprends pas ton dévouement envers Monsieur Carnelle. – Tu sais, c'est parce qu'il m'a avancé de l'~. / **changer** de l'~ *Geld wechseln (in eine andere Währung):* Pour changer de l'~, adressez-vous au bureau du camping, s'il vous plaît. / **débarrasser** qn de son ~ (F) *j-m sein Geld abknöpfen, abnehmen:* À Rome, ils l'ont vite débarrassé de son ~. / **dépenser** de l'~ *Geld ausgeben:* Au bout de trois jours, il avait dépensé tout son ~ du mois. / **emprunter** de l'~ à qn *sich bei j-m Geld leihen, borgen:* Gustave a emprunté de l'~, au nom de son frère, à trois voisins. / **faire** beaucoup d'~ *viel Geld verdienen:* Son détachement en Afrique lui a permis de faire beaucoup d'~. / **se faire** un peu d'~ *sich etw (Taschen)Geld verdienen:* J'ai travaillé pendant les vacances pour me faire un peu d'~. / l'~ **fond** *(dans les mains de qn) das Geld zerrinnt (in j-s Händen):* Ne lui prêtez rien! L'~ lui fond dans les mains. / **gagner** de l'~ *Geld verdienen:* Didier a investi dans cette affaire louche tout l'~ qu'il avait gagné chez Renault. / **jeter** l'~ par les fenêtres *(fig) das Geld zum Fenster hinauswerfen:* Je n'aime pas les gens qui jettent l'~ par les fenêtres. / **placer** de l'~ *Geld anlegen:* Mes parents ont placé leur ~ dans une société multinationale. / **prêter** de l'~ à qn *j-m Geld leihen:* Je lui ai rendu l'~ qu'il m'avait prêté. / **retirer** de l'~ *(de la banque) Geld abheben:* Avez-vous retiré de l'~ de la banque? / **retirer** de l'~ de qc *aus etw Geld herausholen:* Pierre Nadon essaie de retirer le maximum d'~ de tout ce qu'il fait. / **toucher** de l'~ *Geld bekommen:* Il a gagné au loto, mais il n'a pas encore touché son ~. / faire **valser** l'~ *mit Geld um sich werfen:* L'accusé a voulu impressionner ses diverses amies en faisant valser l'~ qu'il avait volé auparavant. / **verser** de l'~ *Geld einzahlen:* Je vais verser tout cet ~ à mon compte.

argument m *Argument*
 ~ **captieux, fallacieux, spécieux** *verfängliches Argument; Scheinargument* | ~ **concluant, décisif, déterminant** *schlagendes, ausschlaggebendes Argument* | ~ **convaincant** *überzeugendes Argument* | ~ **inconsistant, insoutenable** *unhaltbares Argument* | ~ **irréfutable, péremptoire** *unwiderlegbares, hieb- und stichfestes Argument* | ~ **percutant** *schlagendes Argument* | ~ **pertinent, solide, valable** *stichhaltiges Argument* | ~ **probant** *überzeugendes, beweiskräftiges Argument* | ~ **sophistiqué** *spitzfindiges Argument*
 apporter, fournir un ~ *ein Argument liefern:* Les ouvriers ont apporté de bons ~s à l'appui de leur demande relative à l'amélioration des conditions de travail. / **avancer** un ~ *ein Argument vorbringen:* À l'appui de sa thèse, le professeur Nodier avance trois ~s qui me paraissent douteux. / un ~ **boîte** *ein Argument*

arme

liegt schief: Je ne peux pas me ranger de votre avis. Vos ~s boîtent. / **développer, exposer** des ~s *Argumente darlegen:* Je vous conseille de développer vos ~s devant le conseil municipal. / **invoquer** un ~ *ein Argument anführen:* Les ~s que le représentant des établissements Nodier a invoqués au cours des négociations sont dignes d'être analysés à fond. / **opposer** un ~ à qc *ein Argument gegen etw vorbringen:* Il a opposé de très bons ~s aux exigences des représentants de la firme américaine. / **soupeser** des ~s *Argumente gegeneinander abwägen:* Après avoir soupesé les ~s des deux partis, je penche pour l'avis de Madame Frêle.

arme f *Waffe*

~s **atomiques, nucléaires** *Atom-, Kernwaffen* / ~s **contondantes** *stumpfe Waffen* / ~ **émoussée** (*fig*) *stumpfe Waffe* / ~ **meurtrière** *Mordwaffe; verheerende, mörderische Waffe* / ~s **tranchantes** *scharfe Waffen; Hiebwaffen* **appeler** qn aux ~s *j-n zu den Waffen rufen:* L'Assemblée, déclarant la patrie en danger, appela tous les citoyens aux ~s. / **approvisionner** une ~ *eine Waffe laden:* On dit que les ~s des soldats n'étaient pas approvisionnées de crainte que les troupes ne se révoltent. / **braquer** une ~ sur ...; **pointer, diriger** une ~ vers ... *eine Waffe richten auf ...:* Lorsque les manifestants s'approchèrent du palais, les gardes braquèrent leurs ~s sur les premiers rangs de la masse exaltée. / **déposer, rendre** les ~s; **mettre bas** les ~s *die Waffen niederlegen, strecken:* La deuxième compagnie entendit à la radio la nouvelle de l'armistice. Peu après, les soldats déposèrent les ~s. / **porter** une ~ *eine Waffe tragen:* Dans ce pays, il est défendu sous peine de mort de porter une ~. / **prendre** les ~s *zu den Waffen greifen:* Les paysans mécontents prirent les ~s et chassèrent les nobles de leurs châteaux. / **présenter** les ~s *das Gewehr präsentieren:* Les chasseurs alpins présentèrent les ~s devant la caserne.

armée f *Armee, Heer*

les ~s **célestes** (*fig*) *die himmlischen Heerscharen* / ~ **invincible** *unschlagbares Heer* / ~ **mercenaire** *Söldnerheer* / ~ **permanente, régulière** *stehendes Heer* / ~ **victorieuse** *siegreiches Heer* s'**engager** dans l'~ *sich freiwillig (zur Armee) melden:* À l'âge de vingt-cinq ans, il s'engagea dans l'~. / **être** aux ~s *im Feld stehen:* Pendant la deuxième guerre mondiale, beaucoup de femmes ont dû faire les travaux réservés généralement aux hommes, ceux-ci étant aux ~s. / **lever** une ~ *eine Armee ausheben:* La première décision du nouveau souverain fut de lever une nouvelle ~ dans la campagne avide de paix.

armistice m *Waffenstillstand*

conclure, signer un ~ *einen Waffenstillstand schließen:* Les deux pays ont enfin conclu un ~. / **violer** l'~ *den Waffenstillstand verletzen, brechen:* Depuis la conclusion de l'~, celui-ci a plusieurs fois été violé de part et d'autre.

arôme m *Duft*

exhaler un ~ *einen Duft, Geruch ausströmen:* Le liquide qu'on a trouvé auprès du cadavre exhale un fort ~ d'anis.

arrangement m *Vereinbarung*

prendre, conclure des ~s avec qn *mit j-m Vereinbarungen treffen:* Le ministre, en mission secrète à Moscou, prit des ~s de grande portée avec les dirigeants soviétiques.

arrêt[1] m *Halt, Haltestelle*

~ **facultatif** *Bedarfshaltestelle*
brûler un ~ *an einer Haltestelle nicht anhalten:* Comme personne ne voulait descendre, l'autobus brûla plusieurs ~s, rattrapant ainsi une partie du retard. / **faire** des ~s (*immer wieder*) *anhalten:* Le train a fait quelques ~s en pleine campagne.

arrêt[2] m (*jur*) *Urteil, Entscheidung*

rendre un ~ *ein Urteil fällen, eine Entscheidung treffen* (*höheres Gericht*): C'est la semaine prochaine que la Cour de cassation rendra son ~ dans l'affaire X.

arrêté m *Verordnung*

prendre un ~ (ministériel, *etc.*) *eine (ministerielle usw.) Verordnung erlassen:* La municipalité vient de prendre un ~ concernant la limitation du stationnement sur la place de l'Horloge.

arrhes fpl *Anzahlung*

verser des ~ *eine Anzahlung leisten:* Nos clients sont priés pour tout achat de verser des ~.

arrière-goût m *Nachgeschmack*

laisser un ~ *einen Nachgeschmack hinterlassen:* Ce café laisse un étrange ~.

arrière-plan m *Hintergrund*

passer à l'~ *in den Hintergrund treten:* À force de discussions, le but originel des négociations est passé à l'~.

arrogance f *Arroganz*

afficher de l'~ *Arroganz an den Tag legen:* Depuis qu'il a été promu chef de service, il affiche une ~ insupportable.

art m *Kunst*

~ **abstrait** *abstrakte Kunst* / les **beaux-**~s *die schönen Künste* / ~ **consommé; grand** ~ *vollendete, hohe Kunst* / ~ **culinaire** *Kochkunst* / ~ **décoratif** *Raumkunst* / ~s **décoratifs, industriels** *Kunstgewerbe* / ~ **figuratif (non figuratif)** *gegenständliche (abstrakte) Kunst* / les **libéraux** *die Freien Künste* / ~ **ménagers** *Hauswirtschaft* / ~ **oratoire** *Redekunst* / ~s **plastiques** *bildende Künste* / ~ **populaire** *Volkskunst* / ~ **sacré** *sakrale Kunst*

article m *(Zeitungs)Artikel*
~ **documentaire** *Tatsachenbericht* / ~ **incendiaire** *Hetzartikel* / ~ **percutant** *Artikel mit durchschlagendem Erfolg*
insérer, publier un ~ dans ... *einen Artikel setzen in ...:* Cette nouvelle technique me paraît bien intéressante pour la plupart des vignerons de notre région. Je vais insérer un ~ à ce sujet dans la «Revue du Languedoc».

ascenseur m *Aufzug, Lift*
appeler l'~ *den Aufzug holen:* Les enfants s'amusaient à appuyer sur le bouton pour appeler l'~.

ascension f *Besteigung, Aufstieg*
~ **vertigineuse** *schwindelerregender Aufstieg*
faire l'~ d'une montagne *einen Berg besteigen:* L'année dernière, nous avons fait l'~ du mont Blanc.

asile m *Asyl, Zuflucht*
accorder l'~ politique à qn *j-m politisches Asyl gewähren:* Le gouvernement a décidé d'accorder l'~ politique aux écrivains dissidents. / **chercher** ~ auprès de, chez qn *Zuflucht suchen bei j-m:* Le dissident a cherché ~ auprès du gouvernement français. / **demander** ~ à, en ... *um Asyl bitten, nachsuchen bei, in ...:* Les réfugiés hongrois ont demandé ~ en République fédérale. / **offrir** un, **prêter** ~ à qn *j-m Asyl gewähren:* Après de longues réflexions, le gouvernement mexicain a offert un ~ au dictateur expulsé. / **trouver** ~ auprès de, chez qn *Zuflucht finden bei j-m:* La famille royale, chassée du pays par les troupes révolutionnaires, a trouvé ~ auprès d'un riche fabricant américain.

aspect m *Aussehen, Anblick, Aspekt*
donner, conférer un ~ (+ *adj*) à qn, qc *j-m, einer Sache ein* (+ *adj*) *Aussehen verleihen:* Le chapeau trop grand et effiloché donnait un ~ triste à la pauvre femme. / **prendre** un certain ~ *eine gewisse Form annehmen:* Nos projets prennent peu à peu un ~ plus précis. / **présenter, avoir, offrir** un ~ (+ adj) *einen* (+ *adj*) *Anblick bieten:* Éclairé par les derniers rayons du soleil couchant, le village alpestre présentait un ~ très pittoresque. / **présenter, avoir, offrir** l'~ de (+ *subst*) *wirken, aussehen wie ...:* Vêtu d'un costume de son père, le gamin présentait l'~ d'un épouvantail. / **présenter** qc sous un ~ (+ *adj*) *etw unter einem* (+ *adj*) *Aspekt, in* (+ *adj*) *Licht darstellen:* Il a l'art de présenter ses projets sous un ~ séduisant, mais les apparences sont trompeuses.

aspirateur m *Staubsauger*
passer l'~ (dans) *staubsaugen (in):* Yvonne, passez l'~ dans la salle à manger, s'il vous plaît.

aspiration f *Verlangen*
~s **profondes** *sehnliches Verlangen*

assaut m *(An)Sturm, Angriff*

~s **furieux, terribles; violents** ~s *heftige Angriffe*
donner l'~ à qc *etw stürmen:* Les troupes chinoises donnèrent l'~ aux positions vietnamiennes. / **se lancer** à l'~ *zum Sturm ansetzen:* La première compagnie se lança à l'~ du village. / **prendre** d'~ qc *etw im Sturm nehmen; etw stürmen:* Une dizaine de terroristes prit d'~ l'ambassade turque. / **repousser** un ~ *einen Angriff abwehren:* Le cycliste belge a pu repousser l'~ de ses deux rivaux français.

assemblée f *Versammlung*
~ **annuelle** *Jahresversammlung* / **auguste** ~ *ehrwürdige Versammlung* / ~ **consultative** *beratende Versammlung* / ~ **extraordinaire** *außerordentliche Versammlung* / ~ **houleuse** *Versammlung, bei der es stürmisch zugeht* / ~ **ordinaire** *ordentliche Versammlung* / ~ **plénière** *Vollversammlung, Plenum*
convoquer une ~ *eine Versammlung einberufen:* L'~ générale a été convoquée pour le 10 octobre. / une ~ se **réunit** *eine Versammlung tritt zusammen:* L'~ générale se réunira ce soir à 20 heures dans la grande salle du congrès. / **tenir** une ~ *eine Versammlung abhalten:* L'Association nationale de l'assainissement des fleuves vient de tenir son ~ annuelle à Mulhouse. / une ~ **se tient** *eine Versammlung wird abgehalten, findet statt:* L'~ extraordinaire convoquée par le Comité des directeurs se tiendra à Genève.

assiette f *Teller*
~ **creuse** *tiefer Teller; Suppenteller* / ~ **ébréchée** *angeschlagener Teller* / ~ **plate** *flacher Teller*

assistance f *Hilfe, Beistand*
prêter ~ à qn *j-m Hilfe, Beistand leisten:* Bien que le blessé ait visiblement été dans un état grave, plusieurs automobilistes refusèrent de lui prêter ~.

association f *Verein*
s'affilier, s'inscrire à une ~ *einem Verein beitreten:* Ma conscience me défend de m'affilier à votre ~. / **constituer, former** une ~ *einen Verein gründen:* En 1923, Michèle Gaspard constitua une ~ française d'écrivains libres. / **se constituer** en ~ *einen Verein gründen:* Pour défendre leurs intérêts, les locataires lésés décidèrent de se constituer en ~. / une ~ **se constitue** *ein Verein wird gegründet:* Une ~ s'est constituée contre le service militaire obligatoire. / **engager** qn dans une ~ *j-n für einen Verein werben, gewinnen:* L'année passée, nous avons pu engager vingt nouveaux membres dans notre ~, dont huit femmes.

assurance[1] f *Selbstsicherheit*
prendre de l'~ *(Selbst)Sicherheit gewinnen:*

assurance

Depuis que Robert a terminé ses études, il a pris de l'~.

assurance² f *Versicherung*
prendre, contracter une ~ *eine Versicherung abschließen:* Nous avons eu de la veine: en janvier, nous avons pris une ~ contre le bris de glace et en avril, la grêle a brisé la moitié de nos fenêtres. / **résilier** une ~, un contrat d'~ *eine Versicherung kündigen:* J'ai résilié mon ~-vie pour en contracter une autre d'un montant bien plus élevé.

astuce f *Witz, Schläue*
lancer, faire une ~ *einen Witz, Scherz machen:* L'orateur lança une ~ pour réveiller l'attention du public. / **user** d'~ *schlau, listig vorgehen:* Vous connaissez son entêtement: pour le décider, il faudra user d'~!

atmosphère f *Atmosphäre (auch fig)*
~ **asphyxiante, étouffante, suffocante** *stickige Atmosphäre; (fig) bedrückende Atmosphäre* / ~ **confinée** *dumpfe, stickige Atmosphäre* / ~ **feutrée** *gepflegte, angenehm gedämpfte Atmosphäre* / ~ **lourde** *drückende, schwüle Luft* / ~ **orageuse** *Gewitterstimmung* / ~ **pesante** *bedrückende Atmosphäre* / ~ **relaxante** *entspannende Atmosphäre* / ~ **survoltée** *hektische Atmosphäre* / ~ **tendue** *gespannte Atmosphäre*
changer d'~ *einen Tapetenwechsel vornehmen:* Après ce travail fou, j'ai besoin de changer d'~. / **créer** une ~ *eine Atmosphäre schaffen:* Le décor du film ainsi que la musique contribuent à créer une ~ d'angoisse.

atout m *Trumpf (auch fig)*
avoir tous les ~s dans son jeu, en main *alle Trümpfe in der Hand halten, haben:* Vous ne pouvez rien entreprendre contre Monsieur Vernier. Il a tous les ~s dans son jeu. / **gaspiller** ses ~s *seine Trümpfe verspielen:* Vous devez agir avec prudence et ne pas gaspiller dès le début tous vos ~s. / **jouer** ~ *Trumpf spielen:* En jouant toujours ~, vous risquez de tromper votre partenaire. / **jouer ses** ~s *seine Trümpfe ausspielen:* Croyez-vous qu'il a déjà joué ses ~s?

attaque f *Angriff*
fausse ~; ~ **simulée** *Scheinangriff* / ~ **générale** *Großangriff* / ~ **impétueuse; rude, vigoureuse** ~ *heftiger, stürmischer Angriff* / ~ **imprévue** *Überfall, Überraschungsangriff*
appuyer une ~ *einen Angriff unterstützen:* Les députés de la droite ont appuyé l'~ des centristes. / **lancer** une ~ (contre) *einen Angriff führen (gegen):* Les radicaux de gauche ont lancé de vives ~s contre le gouvernement. / se **livrer** à des ~s contre qn *j-n angreifen:* Depuis plusieurs semaines, les journaux se livraient à des ~s contre le politicien corrompu. / **passer** à l'~ *zum Angriff übergehen:* Notre artillerie a détruit une grande partie des positions ennemies. Nous pouvons dès maintenant passer à l'~. / **repousser** une ~ *einen Angriff zurückwerfen, abwehren:* Ces trois soldats décidés ont suffi pour repousser l'~ d'une compagnie.

atteinte f *Schaden*
~ **mortelle** *sehr schwerer Schlag:* Ces accusations sont une ~ mortelle portée à son honneur. (... *haben seiner Ehre schweren Schaden zugefügt.)*
porter ~ à qc, qn *einer Sache, j-m Schaden zufügen:* La baisse des actions a porté ~ à notre entreprise.

attentat m *Attentat*
lâche ~ *niederträchtiges, gemeines Attentat*
commettre, perpétrer un ~ (contre) *ein Attentat verüben (auf):* Les terroristes irlandais ont de nouveau commis un ~ contre une caserne britannique. / **déjouer** un ~ *ein Attentat vereiteln:* Un ~ perpétré contre la personne du président a pu être déjoué au dernier moment. / un ~ est **dirigé** contre qn, qc *ein Attentat richtet sich gegen j-n, etw:* On présume que l'~ qui a fait de graves dégâts matériels était dirigé contre l'ambassadeur syrien. / **revendiquer** un ~ *sich zu einem Attentat bekennen; die Verantwortung für ein Attentat übernehmen:* L'IRA revendique cet ~.

attente f *Erwartung, Warten*
~ **anxieuse** *banges Warten* / ~ **cruelle** *qualvolles Warten* / ~ **fiévreuse** *fieberhafte Erwartung* / ~ **inquiète** *ängstliche Erwartung* / de **vaines** ~s *vergebliche Erwartungen*
répondre aux ~s de qn *j-s Erwartungen entsprechen:* Le résultat ne répond pas à mes ~s.

attention f *Aufmerksamkeit*
~ **ardente, passionnée** *gespannte Aufmerksamkeit* / avec une ~ **minutieuse, scrupuleuse** *mit größter Sorgfalt:* Soyez sûr que nous examinerons votre dossier avec une ~ scrupuleuse. / ~ **persévérante, soutenue, suivie** *anhaltende, nicht nachlassende Aufmerksamkeit* / ~ **vigilante** *besondere Aufmerksamkeit*
absorber l'~ de qn *j-s Aufmerksamkeit ganz in Anspruch nehmen:* Depuis trois mois, l'idée de ce voyage en Afrique absorbe toute son ~. / **appeler, attirer** l'~ de qn sur qc *j-s Aufmerksamkeit auf etw lenken:* Mesdames, Messieurs, permettez que j'appelle particulièrement votre ~ sur ce point important. / **apporter, prêter** de l'~ à qc, qn *einer Sache, j-m Aufmerksamkeit widmen, schenken, entgegenbringen:* Elle regrette maintenant de ne pas avoir prêté de l'~ à ses paroles. / **attirer, retenir** l'~ de qn *j-s Aufmerksamkeit auf sich lenken:* Avec ce collier, tu vas sans doute attirer l'~ de tous les invités. / **détourner** l'~

de qn *j-s Aufmerksamkeit ablenken:* Le détenu réussit à détourner l'∼ de ses gardes et s'enfuit en courant. / **éveiller** l'∼ de qn *j-s Aufmerksamkeit erregen:* Les tableaux de ce jeune peintre avaient éveillé notre ∼. /**faire** ∼ à qc *auf etw achten:* Faites ∼ aux passages imprimés en italiques. / **fixer, arrêter, accrocher, capter, captiver** l'∼ de qn *j-s Aufmerksamkeit fesseln:* Le maire, en développant ses idées sur l'avenir de la commune, fixa l'∼ surtout des jeunes. / **mériter** ∼ *Aufmerksamkeit verdienen:* Le deuxième roman de cet auteur mérite ∼. / l'∼ se **relâche** *die Aufmerksamkeit läßt nach:* Au bout de deux heures, on put constater que l'∼ des spectateurs se relâchait peu à peu.

atterrissage m *Landung*
 faire un ∼ **forcé** *notlanden:* L'appareil venait de décoller quand un début d'incendie l'obligea à faire un ∼ forcé sur l'autoroute.

attestation f *Bescheinigung*
 délivrer une ∼ à qn *j-m eine Bescheinigung ausstellen:* Demandez à votre médecin de vous délivrer une ∼. / **fournir** une ∼ *eine Bescheinigung beibringen:* Au-delà de trois jours d'absence, vous êtes tenu de fournir une ∼ du médecin.

attirance f *Anziehungskraft*
 ∼ **magique** *magische Anziehungskraft*

attitude f *Haltung*
 ∼ **décidée, ferme** *entschlossene Haltung* / ∼ **intransigeante** *unnachgiebige Haltung* / ∼ **menaçante** *drohende Haltung* / ∼ **mesquine** *schäbiges Benehmen* / ∼ **rigoriste** *übertrieben strenge Haltung*
 adopter, prendre une certaine ∼ *eine bestimmte Haltung einnehmen:* Le gérant a adopté une ∼ ferme dans cette affaire.

attributions fpl *Zuständigkeit, Kompetenz*
 empiéter sur les ∼ de qn *in j-s Kompetenz eingreifen:* Je ne souffre pas qu'on empiète sur mes ∼. / **(r)entrer** dans les ∼ de qn *in j-s Zuständigkeitsbereich fallen:* Cette affaire n'entre pas dans mes ∼.

audace f *Kühnheit*
 folle ∼ *Tollkühnheit*

audience¹ f *Audienz*
 ∼ **particulière, privée** *Privataudienz*
 accorder une ∼ à qn; **donner** ∼ à qn *j-m eine Audienz gewähren:* Le pape leur a accordé une ∼ privée. / **recevoir** qn en ∼ *j-n in Audienz empfangen:* Le président de la République recevra la délégation argentine en ∼ particulière. / **solliciter** une ∼ *um eine Audienz nachsuchen:* Plusieurs représentants d'organisations caritatives ont sollicité une ∼ de l'évêque.

audience² f *(jur) (Gerichts)Verhandlung*
 lever l'∼ *die Verhandlung schließen:* À dix heures du matin déjà, le juge d'appel leva l'∼. / **ouvrir** l'∼ *die Verhandlung eröffnen:* Le juge de paix ouvrit l'∼ en présence de tous les intéressés. / **suspendre** l'∼ *die Verhandlung aussetzen:* L'∼ fut suspendue pour quinze jours. / **tenir** ∼ *tagen, verhandeln:* Le tribunal de grande instance tient ∼ depuis deux mois déjà sans que l'affaire avance.

auditeur m *Zuhörer*
 ∼ **attentif** *aufmerksamer Zuhörer*

auditoire m *Zuhörerschaft, Publikum*
 ∼ **clairsemé** *spärliches Publikum; weniges Zuhörer* / ∼ **nombreux** ∼ *großes Publikum* / ∼ **recueilli** *andächtige Zuhörer*

augmentation de(s) prix f *Preiserhöhung*
 enrayer, freiner l'augmentation des prix *die Preiserhöhung bremsen:* Nous avons réussi à enrayer plus ou moins l'augmentation des prix des céréales.

augure m *Vorzeichen*
 ne pas être de **bon** ∼ *nichts Gutes verheißen* / ∼ **favorable** *gutes Zeichen:* Le fait qu'il ait accepté de répondre aux journalistes peut être interprété comme un ∼ favorable. / être de **mauvais** ∼ *ein schlimmes Vorzeichen, ein böses Omen sein*

aumône f *Almosen*
 demander l'∼ *um ein Almosen bitten:* Je ne demande pas l'∼. J'exige ce qui est mon droit! / **faire, donner** l'∼ à qn *j-m ein Almosen geben:* Arrivés devant l'église Notre-Dame, nous fîmes l'∼ à au moins vingt mendiants.

auréole f *Nimbus*
 entourer, nimber, parer qn d'une ∼ (de qc) *j-n mit dem (einem) Nimbus (von etw) umgeben:* Les villageois ont entouré l'ancien maire d'une ∼ d'impartialité tout à fait injustifiée.

auspices mpl *Vorzeichen*
 de **fâcheux, funestes, tristes** ∼ *schlechte Vorzeichen* / de **favorables, d'heureux** ∼ *gute Vorzeichen*

autopsie f *Obduktion*
 faire, pratiquer l'∼ (d'un cadavre) *die Obduktion (einer Leiche) vornehmen:* J'ai l'impression qu'il s'agit d'un meurtre. Je crois qu'il faut faire l'∼ du cadavre.

autorisation f *Genehmigung*
 accorder, donner à qn l'∼ (de) *j-m die Genehmigung erteilen (zu):* Monsieur le directeur m'a accordé l'∼ de sortir. / **solliciter, demander** l'∼ de qn *j-n um Erlaubnis, Genehmigung bitten:* Sollicitez l'∼ du chef de service.

autorité¹ f *Autorität*
 ∼ **absolue** *unumschränkte Gewalt*
 abdiquer son ∼ *die Autorität verlieren:* En cédant continuellement aux caprices de leur fils, les parents avaient fini par abdiquer toute ∼. / **atteindre** l'∼; **porter atteinte** à l'∼ de qn

autorité

j-s Autorität erschüttern, untergraben: Ce scandale a gravement atteint l'~ du député auprès de ses électeurs. / **compromettre** son ~ *seine Autorität aufs Spiel setzen:* Il n'a pas envie de compromettre son ~ par une telle bêtise. / **exercer** son ~ (sur qn) *die Autorität, Macht haben (über j-n):* Au XVIIe siècle, les pères exerçaient une ~ absolue sur leurs enfants, en particulier sur leurs filles. / **faire** ~ *maßgebend sein:* En linguistique, les publications de Noam Chomsky font ~. / **faire acte** d'~ *ein Machtwort sprechen:* Vos subalternes commencent à abuser de leur liberté. Vous devrez un de ces jours faire acte d'~. / **placer** qn, qc sous l'~ de qn *j-n, etw unter j-s Zuständigkeit stellen:* Monsieur Duvallier, je place la poursuite des études sous votre ~. / **prendre** de l'~ *Autorität gewinnen:* L'âge et l'expérience aidant, elle perd sa timidité et prend peu à peu l'~ qui lui manquait à ses débuts.

autorité² f *Behörde*
~ **compétente** *zuständige Behörde*

auto-stop m *Trampen, Per-Anhalter-Fahren*
faire de l'~; **pratiquer** l'~ *per Anhalter fahren; trampen:* Mon fils a l'habitude de partir en vacances en faisant de l'~. Moi, je n'ai rien contre.

avalanche f *Lawine*
déclencher une ~ *eine Lawine auslösen, lostreten (auch fig):* Sa déclaration a déclenché une ~ de protestations. / une ~ **descend** *eine Lawine geht nieder:* Une énorme ~ vient de descendre près de Chamonix. / une ~ **ensevelit** qc, qn *eine Lawine verschüttet etw, j-n:* L'~ a enseveli un chalet. / une ~ **prend, emporte** qn *eine Lawine erfaßt j-n:* Les trois skieurs ont été pris dans une ~ au moment où ils traversaient la piste. / une ~ **tombe** sur qc *eine Lawine geht nieder auf etw:* Une ~ de pierres est tombée sur la voie ferrée entre Annecy et Cluses.

avance f *Vorsprung*
une **sérieuse** ~ *ein bedeutender Vorsprung*
maintenir son ~ *seinen Vorsprung halten:* C'est seulement au prix de gros efforts que la France pourra maintenir son ~ dans le domaine scientifique. / **perdre** son ~ *seinen Vorsprung einbüßen, verlieren:* Malheureusement, nous risquons de perdre notre ~ dans le domaine de l'équipement naval. / **prendre** de l'~ sur qn *einen Vorsprung gewinnen vor j-m:* Grâce à son travail acharné pendant l'été, Jacques Depoing a pris de l'~ sur les autres candidats.

avancement m *Beförderung*
obtenir, recevoir un ~ *befördert werden:* Mon mari a abandonné l'espoir d'obtenir l'~ tant souhaité.

avantage m *Vorteil, Vorzug*
~ **appréciable, réel** *tatsächlicher, realer Vorteil* / ~s **concrets** *materielle Vorteile* / **inappréciable, précieux** ~ *unschätzbarer Vorteil* / **mince** ~ *unbedeutender, kleiner Vorteil* / ~ **palpable** *echter Vorteil* / ~ **pécuniaire** *finanzieller Vorteil* / ~ **positif** *unbestreitbarer, effektiver Vorteil* / ~ **substantiel** *wesentlicher, bedeutender Vorteil*
accorder, attribuer, consentir un ~ à qn *j-m einen Vorteil einräumen:* On nous a accordé l'~ de régler la facture avec 3% d'escompte. / **qn a** ~ **à** ... *es ist für j-n von Vorteil zu* ...: Vous aurez ~ à vous taire. / **avoir l'**~ de ... *das Vergnügen haben zu* ...: Je n'ai pas l'~ de le connaître. / ne **chercher** que son ~ *nur auf seinen Vorteil bedacht sein:* Méfiez-vous de Madame Colombier. Elle ne cherche que son ~. / **garder** son ~ *seinen Vorteil wahren:* Notre championne était bien classée lors des éliminatoires; malheureusement elle n'a pas su garder son ~. / **prendre, obtenir l'**~ sur qn *die Oberhand über j-n gewinnen:* Peu à peu, le boxeur britannique prit l'~ sur son adversaire grec. / **présenter, offrir** l'~ de ... *den Vorteil, Vorzug bieten, haben zu* ...: La dernière solution prévue présente l'~ de coûter moins cher. / **procurer** un ~ à qn *j-m einen Vorteil verschaffen:* Le ministre est accusé d'avoir procuré un ~ à son cousin. Ce dernier a ainsi obtenu un poste très élevé dans l'industrie de l'armement. / **remporter** un ~ (sur qn) *einen Vorteil (vor j-m) erringen:* Après trois ans de guerre, aucune des parties belligérantes n'avait pu remporter le moindre ~. / **tirer** ~ de qc *Nutzen ziehen aus etw:* En fin de compte, nous avons tiré ~ de cette situation, bien qu'au début, l'affaire se soit mal annoncée. / faire **valoir** ses ~s *seine Vorzüge zur Geltung bringen, ins rechte Licht rücken:* Maurizot réussira partout, car il sait faire valoir ses ~s.

avarice f *Geiz*
~ **crasse** *unglaublicher Geiz* / ~ **sordide** *fürchterlicher, schmutziger Geiz*

avenir m *Zukunft*
brillant ~ *glänzende Zukunft* / ~ **éloigné; lointain** ~ *ferne Zukunft* / dans un ~ **indéterminé** *in ferner Zukunft; eines Tages* / dans un ~ **proche** ~ *in naher Zukunft* / **sombre** ~ *düstere Zukunft*
anticiper l'~ *die Zukunft vorwegnehmen; der Zukunft vorgreifen:* Il est inutile d'anticiper l'~. Contentons-nous de ce qui est possible à présent. / **avoir** de l'~ *Zukunft haben:* Croyez-moi: Vos projets n'ont pas d'~. / **boucher, briser** l'~ de qn *j-m die Zukunft verbauen:* Ce scandale a bouché son ~. / **engager** l'~ *sich auf die Zukunft auswirken:* Cette décision est de nature à engager l'~. / **envisager** l'~ *in die Zukunft blicken, schauen:* Ce succès nous permet d'envisager l'~ avec optimisme. / **espérer**

en l'~ *auf die Zukunft bauen:* Pour la réalisation de mes projets, j'espère en l'~ et je compte sur les progrès technologiques. / **prédire** l'~ *die Zukunft vorhersagen; in die Zukunft schauen:* De nos jours, il devient de plus en plus difficile de prédire l'~. / l'~ **réserve** qc à qn *die Zukunft bringt j-m etw:* Nous ne savons pas ce que l'~ nous réserve. / **songer** à l'~ *an die Zukunft denken:* Les enfants, songez à l'~. Faites des économies.

aventure f *Abenteuer*
~ **amoureuse, galante, sentimentale** *Liebesabenteuer* / ~s **rocambolesques** *phantastische, unglaubliche Abenteuer*
une ~ **arrive** à qn *j-m passiert etw:* Est-ce que je vous ai déjà raconté l'étrange ~ qui m'est arrivée avant-hier? (... *was mir vorgestern Merkwürdiges passiert ist.*) / **chercher, courir** l'~ *auf Abenteuer ausgehen:* Frédéric Grabor a déjà 45 ans, mais il cherche toujours l'~. / **lancer** (un pays, une entreprise, *etc.*) dans une ~ (*ein Land, ein Unternehmen usw.*) *in ein Abenteuer stürzen:* Le président a lancé son pays dans une ~ extrêmement dangereuse. / **se lancer** dans une ~ *sich in ein Abenteuer stürzen:* La création d'une société était à cette époque un risque énorme. Mais Marcel Cannier se lança avec énergie dans cette ~. / **tenter** l'~ *ein Wagnis eingehen; sein Glück versuchen:* Tout le monde lui a déconseillé ce marché; mais il a tenté l'~ et il ne l'a pas regretté.

averse f *Regenschauer*
~s **locales** *örtliche Schauer* / ~ **passagère** *kurzer Regenschauer*
une ~ s'**abat** (contre, sur) *Regen prasselt (gegen, auf):* L'~ s'abattait avec violence contre les vitres. / une ~ **éclate, survient** *ein Platzregen bricht los:* Il y eut un seul coup de tonnerre et brusquement l'~ éclata. / **recevoir** une ~ *einen Regenguß abbekommen:* Lors de notre promenade de dimanche, nous avons reçu une forte ~ et avons dû nous abriter dans une grange.

aversion f *Abneigung*
avoir de l'~ pour, contre qn, qc *eine Abneigung haben gegen j-n, etw:* J'ai une ~ profonde pour cette manière de procéder. / **prendre** qn, qc en ~ *eine Abneigung gegen j-n, etw bekommen:* J'ai l'impression que le patron commence à prendre Charles Muller en ~.

avertissement m *Warnung*
~ **sévère** *ernst zu nehmende Warnung:* D'après son médecin, ce malaise a été un ~ sévère. / **donner** un ~ à qn *j-n warnen; j-m einen Wink geben:* Nous leur avions donné un ~, mais ils n'ont pas voulu nous croire. Maintenant ils sont tombés dans le piège. / **négliger** un ~ *eine Warnung in den Wind schlagen:* Ne négligez pas son ~. Il connaît la situation à fond.

aveu m *Geständnis*
(faire) des ~x **complets** *ein umfassendes, volles Geständnis (ablegen)* / ~ **franc, sincère** *offenes Geständnis* / ~ **spontané** *freiwilliges Geständnis* / **tendres** ~x *Liebesgeständnis*
arracher un ~ à qn *j-m ein Geständnis entreißen:* Ce n'est qu'après trois jours d'interrogatoire que le juge d'instruction a pu arracher un ~ au détenu. / **extorquer** un ~ à qn *von j-m ein Geständnis erpressen:* L'accusé conteste sa culpabilité en faisant valoir que ses ~x lui avaient été extorqués par la menace. / **faire** l'~ de qc *etw eingestehen, bekennen:* Marie-Carmen a fait l'~ de son amour pour un homme de 20 ans plus âgé qu'elle. / **passer** aux ~x *ein Geständnis ablegen:* J'ai l'impression que l'accusé est sur le point de passer aux ~x. / **rétracter** un ~ *ein Geständnis widerrufen:* L'accusé avait rétracté son premier ~.

avidité f *Gier*
~ **insatiable** *unersättliche Gier*

avion m *Flugzeug*
~ **commercial** *Verkehrsflugzeug* / ~ **monoplace** *einsitziges Flugzeug* / ~ **régulier** *planmäßiges Flugzeug* / ~ **supersonique** *Überschallflugzeug*
abattre, descendre un ~ *ein Flugzeug abschießen:* L'artillerie égyptienne annonce avoir abattu deux ~s ennemis. / un ~ s'**abat, tombe** *ein Flugzeug stürzt ab:* Un ~ sport biplace s'est abattu hier. Les deux personnes à bord ont été tuées. / **affréter** un ~ *ein Flugzeug chartern:* Les frais de transport sont élevés car nous avons dû affréter un ~ pour que les articles arrivent en temps voulu. / un ~ **atterrit** *ein Flugzeug landet:* L'~ en provenance de Melbourne vient d'atterrir. / un ~ **décolle** *ein Flugzeug startet:* On est arrivé trop tard. L'~ vient de décoller. / **détourner** un ~ *ein Flugzeug entführen:* Un ~ d'Aero Mexico a été détourné vers Cuba. / **piloter** un ~ *ein Flugzeug fliegen:* Monsieur Parpaing pilote son propre ~. / un ~ se **pose** *ein Flugzeug setzt auf:* L'~ en détresse réussit à se poser sur un champ de maïs de sorte que les passagers ne furent que légèrement blessés. / un ~ **prend** de l'altitude *ein Flugzeug gewinnt an Höhe:* Comme un moteur était tombé en panne, l'~ avait de la peine à prendre de l'altitude.

avis m *Meinung*
c'est un ~ **autorisé** *das kommt aus berufenem Munde* / ~ **défavorable** *abfällige Meinung* / ~ **favorable** *Befürwortung* / mon, notre **humble** ~ *meine, unsere unmaßgebliche Meinung*
changer d'~ *seine Meinung ändern:* Écoutez, vous ne pouvez pas changer d'~ du jour au lendemain. / **demander** son ~ à qn *j-n nach seiner Meinung fragen:* On ne m'a pas demandé mon ~. / **dire** son ~ *seine Meinung sagen,*

avocat

äußern: Permettez-moi de vous dire franchement mon ~. / **donner, exprimer** son ~ *seine Meinung zum Ausdruck bringen, abgeben:* Le premier orateur donna son ~ sur les perspectives financières. / **émettre** un ~ *eine Stellungnahme abgeben:* Jusqu'ici, aucun délégué n'a émis un ~ sur la situation économique. / **partager** l'~ de qn *j-s Meinung teilen:* Monsieur Lefranc partage entièrement votre ~ en ce qui concerne les possibilités de financement de l'entreprise. / les ~ sont **partagés** *die Meinungen gehen auseinander:* Sur ce point, les ~ sont très partagés. / **prendre** l'~ de qn *j-s Meinung, Urteil einholen:* Avant de lancer nos antennes sur le marché ghanéen, il est recommandé de prendre l'~ du ministre des affaires étrangères sur l'évolution probable de ce pays. / se **ranger,** se **rendre,** se **rallier** à l'~ de qn *sich j-s Meinung anschließen:* Je suis persuadé que Monsieur Barlant a raison. Je me range donc à son ~.
avocat m *(Rechts)Anwalt*
~ **marron** *Winkeladvokat*
consulter un ~ *einen (Rechts)Anwalt aufsuchen:* Avez-vous consulté un ~ pour connaître vos droits dans cette affaire? / l'~ **défend** qn *der (Rechts)Anwalt verteidigt j-n:* L'~ qui m'a défendu n'est pas habile. Ainsi nous avons perdu le procès et il me faut interjeter appel. / se **faire** l'~ de ... *(fig) sich zum Anwalt, Fürsprecher (+ Gen) machen:* Madame Daladier s'est faite l'~ des travailleurs étrangers dans notre ville. / l'~ **plaide** la cause de qn *der (Rechts)Anwalt vertritt j-s Sache:* C'est un célèbre ~ qui plaidera la cause de mon neveu.

B

baccalauréat (F **bac, bachot**) m *Abitur*
échouer au ~ *im Abitur durchfallen:* Au premier essai, mon fils a malheureusement échoué au ~. / **passer** son ~ *sein Abitur ablegen, machen:* Le temps passe terriblement vite. Notre fille vient de passer son ~. / **préparer** son ~ *sich auf das Abitur vorbereiten:* Jean travaille avec acharnement pour préparer son ~. / être **reçu** au ~; **réussir** au ~; (F) **réussir** son bac *das Abitur bestehen:* Malheureusement, votre fille n'a pas été reçue au ~.
bagages mpl *Gepäck*
apprêter ses ~ *sein Gepäck herrichten:* Revenez dans deux heures. Je n'ai pas encore apprêté mes ~. / **charger** des ~ dans ... *Gepäck einladen, tun in ...:* Aidez-moi à charger les ~ dans la voiture. / faire **enregistrer** ses ~ *sein Gepäck aufgeben:* Nos ~ pèsent trop lourd pour que nous les emportions dans le train. Je préfère les faire enregistrer. / **faire** ses, les ~ *seine Koffer packen:* J'aime bien voyager, mais j'ai horreur de faire les ~. / **plier** bagage *sein Bündel schnüren, seine Koffer packen (bes. fig):* Au point culminant de la crise, le personnel de l'ambassade fut invité à plier bagage dans les 24 heures.
baignoire f *Badewanne*
entrer dans la ~ *in die Badewanne steigen:* Est-ce que j'ai encore le temps d'entrer dans la ~?
bâillement m *Gähnen*
étouffer un ~ *ein Gähnen unterdrücken:* Elle avait du mal à étouffer un ~.
bain m *Bad*
~ **forcé, involontaire** *unfreiwilliges Bad* / ~ **médical** *medizinisches Bad*
faire **couler** un ~ *ein Bad einlaufen lassen:* Marie, s'il vous plaît, faites-moi couler un ~. Entre-temps, je vais ranger mes affaires. / **prendre** un ~ *ein Bad nehmen:* Je ne peux pas sortir, j'ai les cheveux mouillés parce que je viens de prendre un ~. / **sortir** du ~ *aus der Wanne steigen:* Michèle, sors du ~ et viens à table! / **vider** le ~ *das Badewasser ablassen:* Le bouchon coince. Je n'arrive pas à vider le ~. Tu peux m'aider, s'il te plaît?
baiser m *Kuß*
~ **affectueux** *zärtlicher Kuß* / ~ **ardent, brûlant** *leidenschaftlicher Kuß* / **doux** ~ *zarter Kuß* / **gros** ~ *dicker Kuß* / **petit** ~ *Küßchen*
dérober, ravir un ~ à qn *j-m einen Kuß rauben:* Qu'il était doux ce premier ~ dérobé en cachette à la fille du voisin! / **dévorer, couvrir, manger** qn de ~s *j-n leidenschaftlich küssen:* Les fiancés, se retrouvant après six mois de séparation, se dévorèrent de ~s. / **donner, poser, appliquer, planter** un ~ sur ... *einen Kuß drücken auf ...:* Je me souviens que ma grand-mère, au moment de notre arrivée en vacances, donnait un ~ sur le nez de chacun de ses petits-enfants.
bal m *Ball, Tanz(vergnügen)*
~ **champêtre** *Tanz im Freien* / ~ **costumé,**

masqué *Kostümball, Maskenball* / **~ populaire** *öffentliches Tanzvergnügen*
aller au ~ *auf einen Ball gehen:* Est-ce que nous irons au ~ des dentistes cette année? / **courir** les ~s *auf (allen) Bällen anzutreffen sein:* De nouveau Monsieur Brest! Vraiment, il court les ~s! / **donner** un ~ *einen Ball geben:* Les Dubost vont donner un ~ au mois de février. / **ouvrir** le ~ *den Ball eröffnen:* La musique a ouvert le ~ avec une mélodie très en vogue en ce moment.

balade f (F) *Bummel*
aller en ~; **faire** une ~ *einen Bummel machen:* As-tu envie d'aller en ~ sur les bords de la Marne?

balai m *Besen*
donner un coup de ~ *(flüchtig) zusammenkehren:* Avant de fermer le portail du jardin, le retraité donna un coup de ~ à la terrasse. / **passer** le ~ *(dans, sous) zusammenkehren (in, unter):* Lucie, passez le ~ dans la salle à manger, s'il vous plaît.

balle¹ f *Kugel (einer Feuerwaffe)*
~ perdue *verirrte Kugel*
une ~ **atteint, frappe** qn *eine Kugel trifft j-n:* Le voleur, atteint d'une ~ à la jambe gauche, renonça à fuir. / **cribler, percer** de ~s *mit Kugeln durchlöchern, durchsieben:* Le corps du truand a été repêché dans la Seine; il était criblé de ~s. / **loger** une ~ dans qc *eine Kugel in etw schießen, jagen:* On l'amena d'urgence à l'hôpital, mais c'était trop tard: il s'était logé une ~ dans la tête. / une ~ se **plante** ... *eine Kugel trifft ...:* La ~ est venue se planter au milieu de la cible. / une ~ **siffle** *eine Kugel pfeift:* Lorsque nous avons traversé la rue, les ~s sifflaient à nos oreilles, mais tous sont arrivés sains et saufs. / **tirer** à ~s *scharf schießen:* Attention, on tire à ~s ici!

balle² f *(kleiner) Ball*
attraper une ~ *einen Ball fangen:* Tiens, je vais t'expliquer le jeu: il faut que tu attrapes la ~ et la renvoies à ton partenaire. / **couper** la ~ *(Tennis) den Ball schneiden:* Le joueur anglais coupe la ~ avec une perfection telle que son adversaire n'aura pas de chances. / **échanger** des ~s *einige Bälle tauschen:* Avant de commencer la partie, ils échangèrent quelques ~s pour s'échauffer. / **jouer** à la ~ *Ball spielen:* Où sont les enfants? – Ils jouent à la ~ derrière la maison. / **lancer** une ~ *einen Ball werfen, schießen:* Le nouveau joueur a lancé la ~ avec une telle violence que ses adversaires sont restés bouche bée. / la ~ **rebondit** *der Ball prallt ab:* La ~ rebondit sur le mur et le frappa au front de sorte qu'il tomba par terre.

ballon¹ m *(großer) Ball*
attraper, saisir un ~ *einen Ball fangen:* À l'âge de deux ans environ, les enfants commencent à attraper un ~. / **envoyer, lancer** un ~ *einen Ball schießen, werfen:* À vingt mètres, il a envoyé le ~ dans les buts. / **passer** le ~ à qn *j-m den Ball zuspielen; an j-n den Ball abgeben:* Patrick lui avait si bien passé le ~ qu'il réussit à marquer un but.

ballon² m *Ballon*
gonfler un ~ *einen Ballon aufblasen, füllen:* Pour la petite fête des enfants, j'ai gonflé une dizaine de ~s. / **lancer** un ~ *einen Ballon steigen lassen:* Chaque semaine, la station météorologique lance un ~ jusque dans la stratosphère.

banalité f *Banalität*
affligeante ~ *hanebüchene Banalität*
débiter des ~s *Banalitäten von sich geben:* Mademoiselle Carretier commence à m'agacer. Elle ne fait que débiter des ~s.

bandage m *Verband*
défaire un ~ *einen Verband abnehmen:* Avant de défaire le ~, le médecin m'a fait une piqûre. / **faire** un ~ *einen Verband anlegen:* Faites un ~, mais ne serrez pas trop.

bande¹ f *Bande, Rudel*
~ armée *bewaffnete Bande:* La région est dévastée par des ~s armées.
aller en ~ *in Rudeln zusammenleben; sich zusammenrotten:* C'est un phénomène typique que les garçons, à l'âge de 6 ou 7 ans, commencent à aller en ~.

bande² f *Band, Streifen*
~ isolante *Isolierband* / **~ magnétique** *Tonband* / **~ perforée** *Lochstreifen* / **~ transporteuse** *Förderband* / **~ vierge** *Leerband*
enregistrer sur ~ *(magnétique) auf (Ton)Band aufnehmen:* J'ai enregistré sur ~ une émission de radio sur la Sibérie. / **repiquer** une ~ *(magnétique) ein (Ton)Band überspielen:* Peux-tu me repiquer cette ~ magnétique?

banditisme m *Gangstertum, Verbrechertum*
grand ~ *Schwerverbrechertum* / **~ violent** *Gewaltverbrechertum*
réprimer le ~ *das Gangstertum bekämpfen:* Le ministre de l'Intérieur vient de prendre des mesures de renforcement de la police, en vue de réprimer le ~ qui va en s'aggravant. / le ~ **sévit** *das Verbrechertum, Gangstertum herrscht:* Le ~ organisé sévit de plus en plus dans les grandes villes.

banqueroute f *Bankrott*
aller, courir à la ~ *dem Bankrott entgegengehen:* Ruiné par la guerre, aux prises avec l'anarchie, l'État allait à la ~ certaine. / **faire** ~ *Bankrott machen; bankrott gehen:* L'accusé prétend que son établissement a fait ~ à cause de la faillite inattendue de sa banque.

banquet m *Bankett*
convier, inviter qn à un ~ *j-n zu einem Bankett einladen:* Le corps diplomatique sera convié à un ~ la semaine prochaine. / **donner**

bans de mariage

un ~ *ein Bankett geben:* Le président de la République donnera un ~ en l'honneur de la famille royale britannique.

bans de mariage mpl *Aufgebot*
afficher, publier les bans (de mariage) *das Aufgebot erlassen:* Mon neveu a fait afficher hier les bans de mariage. (*... hat das Aufgebot bestellt.*) Les noces se célébreront samedi en quinze.

barbe f *Bart*
~ **chenue, fleurie, neigeuse** *weißer Bart:* Charlemagne, l'empereur à la ~ fleurie / ~ **clairsemée** *spärlicher Bartwuchs* / ~ **drue, épaisse, touffue** *dichter, starker Bart* / **fausse ~; ~ postiche** *falscher Bart* / ~ **fournie** *üppiger Bart* / ~ **hirsute** *struppiger Bart* / ~ **inculte, négligée (soignée)** *ungepflegter (gepflegter) Bart* / ~ **naissante** *Flaum*
porter, avoir une ~ *einen Bart tragen, haben:* T'as vu Billy? Il porte une ~ depuis qu'il est rentré d'Italie. / se laisser **pousser** la ~ *sich einen Bart wachsen lassen:* Didier se laisse pousser la ~ parce que tout le monde lui donne dix-sept ans au maximum.

baromètre m *Barometer*
le ~ **baisse** *das Barometer fällt:* Je vais récolter les pommes avant qu'il ne pleuve. Le ~ baisse. / le ~ **est** à la pluie (au beau, au variable, à la tempête) *das Barometer steht auf Regen (auf schön, auf veränderlich, auf Sturm):* Il sera préférable d'ajourner notre excursion. Le ~ est à la pluie. / le ~ **(re)monte** *das Barometer steigt:* Le week-end sera sans doute ensoleillé. Le ~ monte.

barrage m *Sperre*
établir un ~ *eine Sperre errichten:* La situation est devenue critique lorsque les manifestants ont commencé à établir des ~s dans les rues. / **forcer** un ~ *eine (Polizei)Sperre durchbrechen:* Le gangster a forcé le ~ et a pu s'enfuir.

barricade f *Barrikade*
dresser, élever des ~s *Barrikaden errichten:* Les étudiants en révolte ont dressé des ~s au Quartier Latin.

barrière f *Schranke, Barriere (auch fig)*
~ **infranchissable, insurmontable** *unüberwindliche Barriere*
abattre les ~s *die Barrieren niederreißen:* La réalisation de l'unité européenne permettra-t-elle d'abattre enfin les ~s et les préjugés qui séparent encore les différents peuples d'Europe? / **supprimer** les ~s douanières *die Zollschranken abbauen:* En signant les accords de Nouméa, les parties signataires se sont engagées à supprimer progressivement les ~s douanières entre leurs pays respectifs.

bas m *Strumpf*
se **déchirer** le ~ *sich den Strumpf zerreißen:* Les pieds de la table ne sont pas bien lisses. C'est la troisième fois que je m'y déchire un ~. / **enfiler, mettre** des ~ *Strümpfe anziehen:* Paul, attends un petit instant. Je suis bientôt prête. Il faut seulement que j'enfile des ~. / mon ~ a **filé** *mein Strumpf hat eine Laufmasche:* Oh, zut, mon ~ a filé! / **raccommoder** des ~ *Strümpfe stopfen:* Il faut que je raccommode vite ces ~.

base f *Grundlage*
~ **fragile** *schwache Grundlage* / ~ **juridique, légale** *Rechtsgrundlage* / ~ **solide** *feste, solide Grundlage*
être à la ~ de qc *1. einer Sache zugrunde liegen; 2. der Urheber von etw sein:* C'est la jalousie de Francine qui est à la ~ de ce drame. Philippe Granier est à la ~ de ce projet. / être **fondé, reposer** sur des ~s solides *auf solider Grundlage stehen:* Votre raisonnement n'est pas fondé sur des ~s solides. / **jeter, poser, établir** les ~s de qc *die Grundlage(n) für etw schaffen:* Hercule Berlot a jeté les ~s de la prospérité actuelle de notre usine. / **miner** les ~s *die Grundlagen erschüttern:* Ces théories minent les ~s de notre société. / **pécher** par la ~ *auf falschen Voraussetzungen beruhen:* Le programme que Monsieur Maluche a élaboré pèche par la ~. / **servir** de ~ à qc *als Grundlage für etw dienen:* Nos programmes ont servi de ~ à l'urbanisation de cette région.

bataille f *Schlacht*
~ **décisive** *Entscheidungsschlacht* / **furieuse** ~ *erbitterte Schlacht* / ~ **rangée** *offene Feldschlacht*
livrer ~ (à qn) (*j-m*) *eine Schlacht liefern:* Le 15 février, les deux armées, enfin, se livrèrent ~. / **remporter, gagner** une ~ *einen Sieg davontragen (auch fig):* Nous avons remporté une ~, mais non pas la guerre.

bateau m *Schiff*
abandonner un ~ *ein Schiff aufgeben:* Le deuxième jour, le ~ naufragé commença à couler. L'équipage l'avait abandonné quelques heures avant. / **aborder** un ~ *ein Schiff entern:* Les corsaires s'approchèrent en toute hâte du ~ et l'abordèrent. / un ~ **cale** ... mètres *ein Schiff hat ... Meter Tiefgang:* Les ~x calant plus de 7 mètres ne peuvent pas entrer dans ce port. / **capturer** un ~ *ein Schiff aufbringen, kapern:* La marine nationale a capturé un ~ de contrebandiers au large de la côte bretonne. / un ~ **chavire** *ein Schiff kentert:* Peu s'en est fallu que le ~ ne chavire. / un ~ **coule** *ein Schiff sinkt, geht unter:* Deux ~x ont coulé dans la tempête. / **couler** un ~ *ein Schiff versenken:* Le sous-marin, lors de sa première mission, a coulé trois ~x ennemis. / **échouer** un ~ *ein Schiff auf Grund setzen:* Le capitaine, ne connaissant pas la faible profondeur du passage, échoua son ~ en essayant d'entrer dans le

port. / un ~ **échoué** *ein Schiff ist auf Grund gelaufen, gestrandet:* Notre ~ a échoué près de l'île d'Elbe. / un ~ **entre** dans un port *ein Schiff läuft in einen Hafen ein:* Notre ~ entrera dans le port de Marseille vers six heures du soir. / un ~ est **lancé**, est **mis à l'eau** *ein Schiff läuft vom Stapel:* C'est sur les chantiers navals de Saint-Nazaire que vient d'être lancé notre plus récent type de ~ à moyen tonnage. / un (petit) ~ est **mis à l'eau** *ein (kleines) Schiff wird zu Wasser gelassen:* À cause du vent violent, nous avons eu des difficultés à mettre notre ~ à l'eau.

batterie f (*bes.* Auto)Batterie
(re)charger la ~ *die Batterie (auf)laden:* Si la lampe rouge s'allume, il faut recharger la ~.

bavard m *Schwätzer*
incorrigible ~ *unverbesserlicher Schwätzer* / **intarissable** ~ *fürchterlicher Schwätzer*

bavardage m *Geschwätz*
vain ~ *leeres Geschwätz, Gerede*

beauté f *Schönheit*
~ **accomplie** *vollendete Schönheit* / ~ **angélique, céleste** *überirdische Schönheit* / ~ **artificielle, empruntée, factice** (*etwa:*) *aufgedonnerte, aufgetakelte Person* / ~ **captivante** *bezaubernde Schönheit* / ~ **classique, régulière** *klassische Schönheit* / ~ **éblouissante, éclatante, radieuse, rayonnante, resplendissante** *strahlende Schönheit* / ~ **enivrante** *hinreißende, betörende Schönheit* / ~ **épanouie** *voll erblühte Schönheit* / ~ **fanée** *verblühte Schönheit* / ~ **fugace, passagère** *vergängliche Schönheit* / ~ **naissante** *aufblühende Schönheit* / ~ **idéale** *vollkommene Schönheit* / ~ **plantureuse** *üppige Schönheit* / ~ **sublime** *erhabene Schönheit*
se **(re)faire** une ~ (F) *sich noch, wieder ein bißchen schön machen, herrichten:* Attends un peu que je me fasse une ~. / **finir** en ~ *einen schönen, guten Abschluß finden:* La cérémonie avait mal commencé, mais elle a fini en ~.

bébé m *Baby*
un ~ **vagissant** *ein quäkendes Baby*
attendre un ~ *ein Kind, Baby erwarten:* Vous ne pouvez pas mettre cette femme en prison. Elle attend un ~. / **changer** un ~ *ein Baby trockenlegen:* Fais chauffer le biberon, s'il te plaît, pendant que je change Bébé! / **emmailloter** un ~ *ein Baby wickeln:* Mon mari a aussi appris à emmailloter les ~s. / le ~ **pleure** *das Baby schreit:* Le ~ de Madame Tourtin est sans doute malade. Il pleure toute la journée.

bénédiction f *Segen*
donner la ~ à qn *j-m den Segen erteilen, spenden, geben:* À la fin de l'audience privée, le pape leur donna la ~. / **recevoir** la ~ *den Segen empfangen:* Plusieurs milliers de fidèles ont reçu la ~ de l'évêque.

bénéfice m *Gewinn, Nutzen*
gros ~ *dicker, fetter Gewinn* / ~ **juteux** *saftiger Gewinn* / ~ **net** *Reingewinn* / de **sérieux** ~s *bedeutende Gewinne*
être **intéressé** aux ~s *am Gewinn beteiligt sein, teilhaben (Firmenpersonal):* Le personnel de cette entreprise est intéressé aux ~s de la maison. / **participer** aux ~s *am Gewinn beteiligt sein, werden (bes. bei Aktionären):* Les actionnaires participent aux ~s de la société. / **réaliser, faire** un ~ *einen Gewinn erzielen:* Le ~ réalisé grâce à ce marché est vraiment dérisoire. / **tirer** ~ de qc *aus etw Nutzen ziehen:* Joëlle tire un ~ certain de son intelligence.

besogne f *Arbeit*
basses ~s *niedere Arbeiten* / **belle** ~ *saubere Arbeit* / **grosse** ~ *grobe Arbeit* / **rude** ~ *saure Arbeit* / **sale** ~ *Dreckarbeit*
abattre de la ~ *flink, tüchtig arbeiten:* Je suis sûr qu'il terminera le travail demain comme prévu. Il sait abattre de la ~. / **dégrossir** la ~ *die Vorarbeit leisten:* C'est elle qui a dégrossi la ~.

besoin[1] m *Bedürfnis, Bedarf, Verlangen*
~s **élémentaires** *Grundbedürfnisse* / ~ **farouche, violent** *heftiges Verlangen* / ~ **impératif, impérieux, pressant, urgent** *dringendes Bedürfnis* / ~ **insatiable** *unstillbares Verlangen* / ~ **instant** (d'argent) *dringender Bedarf (an Geld)* / ~ **irrésistible** *unwiderstehliches Bedürfnis* / **profond** ~ (de) *inneres Bedürfnis, sehnliches Verlangen (nach)* / **vif** ~ *starkes, dringendes Bedürfnis*
avoir ~ de qc *etw brauchen:* Nous avons ~ d'un spécialiste expérimenté. / **éprouver, ressentir** le ~ de ... *den Drang, das Bedürfnis, Verlangen verspüren zu ...:* J'éprouve régulièrement le ~ de faire une excursion en montagne pour me détendre. / **être** dans le ~ *bedürftig sein:* Il avait économisé toute sa vie pour éviter d'être un jour dans le ~, à la charge de ses enfants. / **répondre** aux ~s de qn *j-s Bedürfnissen entsprechen:* Le nouvel emploi du temps répond parfaitement à mes ~s. / **satisfaire** des ~s *Bedürfnisse befriedigen:* Le gouvernement se trouve au pied du mur. Il n'arrive même plus à satisfaire les ~s les plus élémentaires de la population. / **subvenir** aux ~s de qn *für j-s Unterhalt aufkommen, sorgen:* Mon frère et moi, nous devons subvenir aux ~s de nos parents.

besoin[2] m *Notdurft*
faire ses ~s *seine Notdurft, (F) sein Geschäft verrichten:* Comme c'est désagréable! Tous ces chiens qui font leurs ~ sur le trottoir. / **satisfaire** un ~ *pressant sein kleines Geschäft machen, verrichten; austreten:* Jean-Paul a survécu à l'assassinat parce qu'il s'était éloigné du groupe pour satisfaire un ~ pressant.

bête

bête f *Tier*
~s **fauves** *wilde Tiere* | ~ **féroce** *wildes, reißendes Tier; Bestie* | la ~ **humaine** *das Tier im Menschen* | ~ **sanguinaire** *blutrünstiges Tier* | ~ **sauvage** *wildes, wild lebendes Tier* être **livré** aux ~s *den wilden Tieren (zum Fraß) vorgeworfen werden:* Les esclaves qui s'étaient révoltés furent livrés aux ~s.

bêtise f *Dummheit*
~ **consternante, effarante** *unglaubliche Dummheit* | ~ **énorme, monumentale** *bodenlose Dummheit* | être d'une **rare** ~ *seltendumm sein*
dire des ~s *Blödsinn, Unsinn,* (F) *Quatsch reden:* Depuis que Jacques fait des études politologiques, il ne fait que dire des ~s. | **faire** des ~s *Dummheiten machen:* Tu es sortie de l'âge où l'on fait des ~s de ce genre. | **faire** une **grosse** ~ *eine große Dummheit begehen, machen:* Il a fait une grosse ~: il s'est marié une troisième fois. | **rattraper** une ~ *einen Fehler wiedergutmachen:* Elle a essayé de rattraper la ~, mais en vain. La faute est irréparable.

beurre m *Butter*
~ **fondu** *Butterschmalz; zerlassene Butter* | ~ **frais** *frische Butter* | ~ **noir** *braune Butter* | ~ **rance** *ranzige Butter*
mettre, étaler du ~ sur ... *Butter streichen auf ...:* Veux-tu que je mette du ~ sur les tartines? – Non, merci.

bévue f *Fehler,* (F) *Schnitzer*
une **énorme** ~ *ein kapitaler Fehler*
commettre une ~ *einen Fehler, Schnitzer machen; einen Bock schießen:* Vous avez commis une ~ dont les conséquences pourraient être graves pour vous et votre famille.

biberon m (*Saug*)*Flasche*
donner le ~ (à un bébé) (*einem Baby*) *die Flasche geben:* On organise des cours où les futurs baby-sitters apprennent à s'occuper des bébés, les changer, leur donner le ~. | **élever** au ~ *mit der Flasche aufziehen, großziehen:* À la mort de Minou, ses chatons étaient pratiquement condamnés. Mais mon frère a eu l'idée de les élever au ~.

bicyclette f *Fahrrad*
aller à, en ~ *mit dem Fahrrad fahren; radfahren:* Depuis qu'il a eu son infarctus, il va à ~ faire ses commissions. | **enfourcher** une ~ *auf ein Fahrrad steigen:* Le curé enfourcha une ~ et se mit à la poursuite du voleur.

bien[1] m *Gutes*
faire le, du ~ *Gutes tun:* Il a fait beaucoup de ~ dans sa vie. | **faire du** ~ à qn *j-m guttun:* Ces pilules me font du ~. | **dire** du ~ de qn *j-m Gutes nachsagen:* On ne dit que du ~ de Monsieur Pruchet. | **mener** qc à ~ *etw zu einem guten Ende bringen, führen:* Le professeur Grannier a mené à ~ la restructuration de l'institut. | **vouloir** du ~ à qn *j-m wohlgesinnt sein:* C'est un homme qui vous veut du ~.

bien[2] m *Gut*
~s **immatériels (matériels)** *geistige (materielle) Güter.*

bien[3] m *Wohl*
le ~ **commun, public** *das Gemeinwohl*

bienséance f *Anstand*
choquer la ~ *den Anstand verletzen; gegen den Anstand verstoßen:* Monsieur Dubon, votre comportement choque la ~!

bienveillance f *Wohlwollen*
témoigner, montrer de la ~ envers qn *j-m Wohlwollen entgegenbringen:* Le professeur Leclerc témoigne trop de ~ envers ses étudiants.

bienvenue f *Willkommen*
souhaiter la ~ à qn *j-n willkommen heißen; j-m einen Willkommensgruß entbieten:* Chers collègues, je vous souhaite la ~ ainsi qu'à vos amis qui ont bien voulu vous accompagner.

bière f *Bier*
~ **blonde** *helles Bier* | ~ **brune** *dunkles Bier* | ~ **forte** *Starkbier*
brasser de la ~ *Bier brauen:* Nous brassons notre ~ selon les recettes qu'ont utilisées les fondateurs de la brasserie il y a deux cents ans.

bifteck m (*Beef*)*Steak*
~ **bien cuit** *gut durchgebratenes Steak* | ~ **bleu, saignant** *englisches, nicht durchgebratenes Steak:* Garçon, vous m'avez servi un ~ bien cuit; je l'avais demandé saignant.

bigoudi m *Lockenwickler*
mettre des ~s *Lockenwickler eindrehen:* Si vous mettiez quelques ~s avant de vous coucher, votre mise en plis tiendrait plus longtemps.

bijoux mpl *Schmuck*
faux ~ *unechter Schmuck*
couvrir de ~ *mit Schmuck behängen:* Les Durand ne sont pas riches, et pourtant, la femme se promène toujours couverte de ~. | **mettre** des ~ *Schmuck anlegen:* Veux-tu que je mette mes ~ ce soir?

bilan m *Bilanz*
établir, dresser, arrêter son ~ *die Bilanz aufstellen, erstellen:* Nous sommes obligés d'établir notre ~ avant la fin de ce mois. | **faire** le ~ de qc (*fig*) *in einer Sache Bilanz ziehen:* Il faut en premier lieu faire le ~ de la situation politique. | **falsifier** un ~ *eine Bilanz fälschen, frisieren:* On dit que le fondé de pouvoir de la maison Livier a falsifié le ~ ces dernières années. | **faire figurer** qc dans le ~ *etw in der Bilanz ausweisen:* Cette somme, nous la ferons figurer dans le ~ sous le titre de dépenses. | **maquiller** le ~ *die Bilanz frisieren:* On murmure que Monsieur Granisse a maquillé le ~ de sa maison.

billet[1] m *Fahrkarte, Eintrittskarte*
∼ **circulaire** *Rundreisefahrkarte* / ∼ **collectif** *Gruppenfahrschein* / ∼ **gratuit** *Freikarte* / ∼ **périmé** *abgelaufener Fahrschein* / ∼ **oblitéré, validé** *entwerteter Fahrschein*
délivrer un ∼ *eine Fahrkarte ausgeben, ausstellen; eine Eintrittskarte ausgeben:* Entre 15 heures et 17 heures les ∼s sont délivrés uniquement au guichet n°3. / **prendre** un ∼ *eine Fahrkarte kaufen:* Il faut que je prenne mon ∼ avant six heures du soir. / **présenter** son ∼ *seine Fahrkarte vorzeigen:* Entre Narbonne et Perpignan, j'ai dû présenter trois fois mon ∼ au contrôleur du train.

billet[2] m *Los*
∼ **gagnant** *Gewinnlos* / ∼ **non gagnant, perdant** *Niete*

billet (de banque) m *Geldschein*
faux ∼ *falscher Geldschein; Blüte*
changer un ∼ *einen Geldschein wechseln:* Je vais acheter un paquet de Gauloises pour changer ce billet. / **émettre** des billets de banque *Geldscheine ausgeben:* La Banque de France vient d'émettre de nouveaux billets de cent nouveaux francs. / **glisser, passer** un ∼ à qn *j-m einen Geldschein zustecken:* Mon oncle m'a glissé un billet de mille francs sans que ma tante le voie.

bise[1] f *Küßchen*
grosse ∼ (F) *dickes Bussi; Schmatz*
faire la, une ∼ à qn *j-m einen Kuß, ein Küßchen geben:* Fais la ∼ à papa.

bise[2] f *Nord(ost)wind*
∼ **aigre, âpre** *scharfer Nord(ost)wind* / ∼ **cinglante, coupante** *schneidender Nord(ost-)wind* / ∼ **glaciale** *eisiger Nord(ost)wind*

blague f *Spaß, Streich*
bonne ∼ *gelungener Streich; Schabernack* / **sale** ∼ *übler Streich* / **vaste** ∼ *aufgelegter Schwindel*
dire, raconter des ∼s *Späße, Scherze machen; Witze erzählen:* Ne dites pas de ∼s. Dites ce qui s'est passé réellement. / **faire** une ∼ à qn *j-m einen Streich spielen:* Marcel m'a fait une sale ∼. Il la regrettera.

blâme m *Tadel, Verweis*
∼ **sévère** *scharfer Verweis*
s'attirer, encourir le ∼ de qn *sich j-s Tadel, Mißbilligung zuziehen:* Par sa conduite, il s'est attiré le ∼ de ses supérieurs. / **infliger** un ∼ à qn *j-m einen Verweis erteilen:* Le capitaine lui a infligé un ∼ sévère.

blancheur f *Weiß(e)*
∼ **éblouissante, éclatante** *blendendes Weiß* / ∼ **immaculée** *makelloses Weiß*

blanc-seing m *Blankovollmacht*
donner un ∼ à qn *j-m Blankovollmacht erteilen:* Mon patron m'a donné un ∼ pour ces négociations.

blé m *Getreide*
battre le ∼ *Getreide, Korn dreschen:* Dans ce pays pauvre du tiers monde, on continue à battre le ∼ à la main. / le vent **couche** le ∼ *der Wind legt das Getreide um:* Le vent qui a soufflé ces derniers jours a couché la plus grande partie de notre ∼. / **cultiver** du ∼ *Getreide anbauen:* Le ∼ cultivé dans cette région est d'une qualité exceptionnelle.

blessé m *Verletzter, Verwundeter*
grand ∼ *Schwerverwundeter* / ∼ **grave** *Schwerverletzter* / ∼ **léger** *Leichtverletzter*
un accident *etc.* **fait** des ∼s *bei einem Unfall usw. gibt es Verletzte:* L'accident routier a fait cinq ∼s. / **retirer, sortir** un ∼ des décombres *einen Verletzten aus den Trümmern bergen:* Les pompiers ont pu sortir trois ∼s des décombres.

blessure f *Verletzung, Wunde (auch fig)*
∼ **bénigne, légère (grave)** *leichte (schwere) Verletzung* / ∼ **cruelle, cuisante** *brennende Wunde* / ∼ **mortelle** *tödliche Verletzung* / ∼ **profonde** *tiefe Wunde* / ∼ **saignante, sanglante** *blutende Wunde* / ∼ **superficielle** *oberflächliche Verletzung; Streifwunde*
recevoir une ∼ *eine Verletzung davontragen:* La cicatrice qu'il a au front est due à une ∼ qu'il a reçue dans un attentat. / **rouvrir** une ∼ *(fig) eine alte Wunde wieder aufreißen:* Taisez-vous! Il est inutile de rouvrir ces ∼s. / une (ancienne) ∼ **se rouvre** *eine (alte) Wunde bricht wieder auf (bes. fig):* Quand j'ai regardé cette photo, l'ancienne ∼ s'est rouverte. / **soigner** une ∼ *eine Verletzung versorgen; eine Wunde verbinden:* Je ne peux que soigner les plus grandes ∼s avant d'hospitaliser les deux victimes de l'accident. / **succomber** à ses ∼s *seinen Verletzungen erliegen:* Lorsque l'ambulance arriva à l'hôpital, Fauvin avait déjà succombé à ses ∼s.

bleu m *blauer Fleck*
se **faire** un ∼ *sich einen blauen Fleck holen:* Elle est tombée sur l'angle de la table et s'est fait un ∼ sur l'avant-bras.

bloc m *Block, Einheit*
faire ∼ (contre) *einen Block, eine geschlossene Front bilden (gegen):* Les employés de l'office commencent à faire ∼ contre leur patron. / **former** un ∼ *ein Ganzes, eine Einheit bilden:* Ces projets forment un ∼. Il faut les accepter ou les refuser tels quels.

blocus m *Blockade*
∼ **maritime** *Seeblockade*
décréter le ∼ *die Blockade verhängen:* Napoléon avait décrété le ∼ de l'Angleterre dans l'espoir d'affaiblir celle-ci économiquement, sinon militairement. / **faire** le ∼ de qc *etw von der Außenwelt abschneiden:* Depuis un mois, les armées ennemies font le ∼ de la province, empêchant l'arrivée des renforts et du ravitail-

bœuf

lement. / **forcer** le ~ *die Blockade durchbrechen:* Deux navires ont réussi à forcer pendant la nuit le ~ maritime. / **lever** le ~ *die Blockade aufheben:* Après la signature du traité avec les rebelles, le ~ de la région fut levé.

bœuf m *Ochse*
le ~ **mugit** *der Ochse brüllt:* Quelques heures avant le tremblement de terre, les ~s commencèrent à mugir avec violence.

bois m *Holz*
~ **dur (tendre)** *Hartholz (Weichholz)* / ~ **feuillu** *Laubholz* / ~ **mort** *dürres Holz* / ~ **noueux** *astreiches, knorriges Holz* / ~ **précieux** *Edelholz* / ~ **résineux** *Nadelholz* / ~ **veiné, veineux** *gemasertes Holz* / ~ **vermoulu** *wurmstichiges Holz*
couper du ~ *Holz hacken bzw. hauen:* Il est défendu de couper du ~ dans cette forêt. / **faire** du ~ *Holz sammeln:* J'avais perdu toute orientation; par chance, un vieux qui faisait du ~ au milieu de la forêt m'a remis sur le bon chemin. / **fendre** du ~ *Holz spalten, hacken:* Tout le samedi, j'ai fendu du ~; maintenant j'ai des courbatures. / le ~ **gonfle** *Holz quillt:* Le ~ a gonflé et a fait éclater le mur. / le ~ **joue** *Holz verzieht, wirft sich:* Prends du ~ revêtu de matière plastique, car le ~ seul jouerait. / **toucher** du ~ *(dreimal) auf Holz klopfen:* Ah! Pourvu que ça ne t'arrive jamais! Touchons du ~!

boisson f *Getränk*
~ **alcoolisée** *alkoholisches Getränk* / ~ **désaltérante** *durstlöschendes, erquickendes Getränk* / ~ **gazeuse** *kohlensäurehaltiges Getränk* / ~ **rafraîchissante** *Erfrischungsgetränk* / ~ **tonique** *stärkendes Getränk*

boîte aux lettres f *Briefkasten*
mettre qc à la ~ *etw einwerfen:* Je vais vite mettre ces lettres à la boîte.

bombe f *Bombe*
~ **atomique, nucléaire** *Atombombe* / ~ **explosive** *Sprengbombe* / ~ **incendiaire** *Brandbombe*
désamorcer une ~ *eine Bombe entschärfen:* Les habitants des maisons avoisinantes ont dû être évacués jusqu'à ce qu'on ait désamorcé la ~. / **éclater** comme une ~; **faire l'effet** d'une ~ *wie eine Bombe einschlagen:* La nouvelle éclata comme une ~ dans l'assemblée. / **lancer, lâcher, larguer** des ~s (sur) *Bomben abwerfen (auf, über):* Les avions lancèrent des ~s sur le carrefour. / **poser** une ~ *eine Bombe legen:* L'homme qui a posé la ~ appartient à l'organisation du 17 octobre.

bon m *Gutes*
avoir du ~ *sein, ihr Gutes haben:* Cette histoire, en fin de compte, a aussi du ~.

bonbon m *Bonbon*
~s **acidulés, anglais** *saure Drops* / ~ **fourré** *gefülltes Bonbon*

sucer des ~s *Bonbons lutschen:* Tu as les dents abîmées parce que tu ne cesses de sucer des ~s.

bond m *Satz, Sprung*
faire un ~ *1. einen Satz machen; 2. in die Höhe schnellen (auch fig):* Le chat, voyant le chien devant lui, fit un grand ~. Le cours des actions a fait un ~. / **se lever** d'un ~ *in die Höhe fahren; aufspringen:* Quand sa mère entra dans la chambre, il se leva d'un ~.

bonheur m *Glück*
~ **éphémère, fragile, fugitif, passager, précaire** *kurzes, vergängliches, zerbrechliches, unsicheres Glück* / ~ **ineffable** *unsagbares Glück* / ~ **insolent** *unverschämtes Glück* / ~ **intime** *inneres Glück* / ~ **parfait** *vollkommenes Glück:* Il est inutile d'aspirer au ~ parfait.
assombrir, troubler le ~ de qn *j-s Glück trüben:* Cet événement a assombri leur ~. / **courir** après le ~ *dem Glück hinterherjagen:* Ceux qui courent après le ~ ne l'atteignent pas. / **faire** le ~ de qn *j-s (ganzes) Glück sein:* Antoine fait le ~ de ses parents. / **ne pas faire** le ~ *nicht glücklich machen:* L'argent ne fait pas le ~. / **porter** ~ à qn *j-m Glück bringen:* Votre intervention m'a porté ~. / **rayonner** de ~ *vor Glück strahlen:* Lorsqu'il apprit la nouvelle, il rayonna de ~. / **savourer** son ~ *sein Glück genießen, auskosten:* Juliette, après avoir gagné à la loterie, savoure son ~.

bonjour m *Gruß*
dire ~ à qn *j-m guten Tag sagen:* Je viendrai tout à l'heure, je vais seulement dire ~ à Madame Guiche. / **donner** le ~ à qn de la part de qn *j-m von j-m Grüße bestellen, ausrichten:* Monsieur Lamarine m'a chargé de vous donner le ~ de sa part.

bonté f *Güte*
la ~ **incarnée** *die Güte in Person* / ~ **infinie, suprême** *(rel) unendliche Güte*
avoir la ~ de ... *die Güte besitzen, haben zu ...:* Le directeur Larmonier a eu la ~ d'appuyer notre demande.

boom m *Boom*
connaître un ~ *einen Boom erleben:* Notre région connaît en ce moment un ~ touristique qui ne sera pas forcément tout à son avantage.

boomerang m *Bumerang (auch fig)*
faire ~ *sich als Bumerang erweisen:* Cette accusation a fait ~. Maintenant l'accusateur est devenu l'accusé.

bord[1] m *(mar) Bord*
charger à ~ *laden, verschiffen:* Les moteurs ont été chargés à ~ le 15 novembre au Havre. / **descendre** de ~ *von Bord gehen:* Nous vous déconseillons de descendre de ~ à Port-au-Prince; votre sécurité personnelle ne peut actuellement pas être garantie. / **jeter** par-dessus ~ *über Bord werfen (auch fig):* Jetez par-dessus ~ tous les scrupules que vous avez à

ce sujet. / **monter** à ~ *an Bord gehen:* Il nous faut maintenant monter à ~. Le navire quittera le port dans une demi-heure. / **prendre** à ~ *an Bord nehmen:* Le capitaine du «Marseille» a refusé de prendre à ~ la famille de réfugiés. / **virer** de ~ *wenden, (fig) umschwenken:* Méfiez-vous de cette personne. Elle a l'habitude de virer de ~ dès qu'elle le juge opportun.

bord² m *Rand*
être au ~ de qc *am Rande von etw stehen:* Après cette transaction, le commerçant était au ~ de la faillite.

borne f *Grenzstein, (fig) Grenze*
~ **kilométrique** *Kilometerstein*
(ne pas) **connaître** ses ~s *seine Grenzen (nicht) kennen:* Marcel est un gamin très difficile. Il ne connaît pas ses ~s. / **dépasser** les ~s *zu weit gehen:* Vous avez dépassé les ~s. J'exige que vous présentiez vos excuses. / **planter, poser** une ~ *einen Grenzstein setzen:* Le grand terrain à l'entrée du village a été parcellisé. On a déjà planté les nouvelles ~s.

botte f *Stiefel*
~s **fourrées** *Pelzstiefel; gefütterte Stiefel*
chausser, mettre des ~s *Stiefel anziehen:* Chausse tes ~s par le temps qu'il fait. / **cirer** les ~s *die Stiefel wichsen:* Vos ~s ont besoin d'être cirées.

bouc émissaire m *Sündenbock*
servir de ~ *als Sündenbock herhalten, den Sündenbock abgeben (müssen):* Je n'ai pas envie de servir de ~.

bouche f *Mund*
~ **béante** *weit aufgerissener Mund* / avoir la ~ **pâteuse** *einen pappigen Geschmack im Mund haben* / ~ **pincée** *verkniffener Mund* / avoir la ~ **sèche** *einen trockenen Mund haben* / ~ **sensuelle** *sinnlicher Mund*
fermer la ~ à qn *(fig) j-n zum Schweigen bringen;* (F) *j-m das Maul stopfen:* Notre raisonnement lui a fermé la ~. / **fermer** sa ~ (F) *den Mund halten:* Comme je voyais que le gendarme ne vous croyait pas, j'ai fermé ma ~. / **fondre** dans la ~ *auf der Zunge zergehen:* Ces petits fours sont délicieux. Ils fondent dans la ~. / **ouvrir** la ~ *den Mund aufmachen, auftun:* Dès qu'il ouvre la ~, il dit une sottise. / **rester, demeurer** ~ **bée** *Mund und Augen (vor Staunen) aufreißen:* Jeanine, en voyant son ex-mari l'attendre avec un bouquet de fleurs, resta ~ bée.

bouchon m *Stöpsel, Korken*
retirer, ôter le ~ *den Korken, Stöpsel herausziehen:* Je n'arrive pas à retirer le ~. / **faire sauter** le ~ (de champagne) *einen (Sekt)Korken knallen lassen:* À minuit, on fit sauter les ~s de champagne.

boucle f *Schleife, Schnalle*
boucler la ~ *wieder am Ausgangspunkt ankommen (auch fig):* Après deux ans d'études, nous avons bouclé la ~. Tout notre travail a été inutile. / **décrire** une ~ *eine Schleife machen, ziehen:* L'avion prit de l'altitude, décrivit une large ~ et disparut dans le ciel en direction du sud. / **défaire** une ~ *eine Schnalle lösen, aufmachen:* Jean n'arrive pas à défaire la ~; tu peux l'aider, s'il te plaît?

boue f *Schmutz, Dreck*
couvrir qn de ~ *(fig) j-n mit Schmutz, Dreck bewerfen:* Monsieur Delagarve n'a pas mérité qu'on le couvre de ~. / **éclabousser** de ~ *mit Dreck bespritzen:* J'aime bien aller à pied, mais hier c'était vraiment désagréable, chaque auto qui passait m'éclaboussait de ~. / **s'enliser** dans la ~ *im Dreck steckenbleiben:* Impossible d'aller plus loin, la voiture s'est enlisée dans la ~. / **patauger** dans la ~ *im Dreck waten:* La neige, c'est bien joli à la montagne; mais en ville, on patauge dans la ~ noire. / **ramener** de la ~ *Dreck hereintragen:* Qui a ramené cette ~ avec ses chaussures? / **remuer** la ~ *(fig) Schmutz aufwühlen:* Le procès a remué beaucoup de ~. / **traîner** qn, qc dans la ~ *(fig) j-n, etw in den Schmutz zerren, in den Dreck ziehen:* Je n'admets pas qu'on traîne dans la ~ le souvenir de mon père. / se **vautrer** dans la ~ *sich im Dreck suhlen, wälzen (auch fig):* Il y a des gens qui, comme les sangliers, adorent se vautrer dans la ~.

bouffée f *Zug, Hauch*
une ~ d'air (de gaz, de parfum) s'**échappe**, s'**exhale** de ... *ein Lufthauch (ein Gasschwaden, eine Duftwolke) strömt aus ...:* Lorsque Legris ouvrit la porte de la cave, une ~ d'air vicié s'en échappa. / **tirer** une ~ (de la pipe) *einen Zug (aus der Pfeife) tun:* Le berger tirait de longues ~s de sa pipe en racontant lentement son histoire.

bougie¹ f *Kerze*
allumer une ~ *eine Kerze anzünden:* J'ai fait un court-circuit. Jacques, va allumer une ~. / **éteindre** une ~ *eine Kerze löschen:* N'oublie pas d'éteindre la ~ avant de quitter le salon. / **souffler** une ~ *eine Kerze ausblasen:* La vieille servante souffla la ~ et s'endormit immédiatement.

bougie² f *Zündkerze*
changer les ~s *die Zündkerzen (aus)wechseln:* Après vingt mille kilomètres, il faut systématiquement changer les ~s.

boule f *Kugel*
jouer aux ~s *Boccia spielen:* Nous avons joué aux ~s tout l'après-midi. / se **mettre** en ~ *sich zusammenrollen:* Le chat s'est mis en ~ sur la chaise.

boulot m (F) *Arbeit*
aller au ~ *zur Arbeit,* (F) *Maloche gehen:* Je vois chaque matin lorsqu'il va au ~. / **chercher**

du ~ *Arbeit suchen:* Vous cherchez du ~? Alors, venez demain matin dans mon bureau.

boum f (F) *Party*
donner une ~ *eine Party geben:* Accompagnez-nous ce soir chez les Legras; ils donnent une ~ qui sera sans doute du tonnerre.

bouquet m *Strauß*
faire un ~ (de qc) *(etw) zu einem Strauß binden:* Mireille cueillit les chrysanthèmes et en fit un ~. / **offrir** un ~ à qn *j-m einen Strauß schenken:* Monsieur Rimbaud m'a offert un ~ de roses pour mon anniversaire.

bourde f *Schnitzer, Fehler*
grosse ~ *grober Fehler; Riesenschnitzer*
commettre, faire une ~ *einen Schnitzer machen; einen Fehler begehen:* Vous avez commis une ~ en oubliant d'inviter le professeur Duclos. / **lâcher** une ~ *etw Dummes von sich geben, sagen:* Renier était insupportable hier soir. Il a lâché une ~ après l'autre.

bourgeon m *Knospe*
jeter des ~s *Knospen treiben; ausschlagen:* As-tu vu le hêtre que j'ai planté au mois de février? Il a jeté des ~s.

bourse¹ f *Kasse*
faire ~ **commune** *(eine) gemeinsame Kasse führen, haben, machen:* Lors du voyage, nous avons fait ~ commune. / **faire** ~ **à part** *getrennte Kassen haben, führen:* Mon ami et moi, nous entreprenons bien des choses ensemble, mais nous faisons toujours ~ à part.

bourse² f *Stipendium*
accorder une ~ à qn *j-m ein Stipendium gewähren:* Je ne sais pas si cette ~ vous sera accordée, car vos notes ne sont pas très brillantes. / **renouveler** une ~ *ein Stipendium verlängern:* Vous devez faire renouveler votre ~ chaque année scolaire.

Bourse f *Börse*
coter en ~ *an der Börse notieren:* Ces valeurs ne sont pas cotées en ~. / **spéculer** en ~ *an der Börse spekulieren:* À force de spéculer en ~, il s'était ruiné.

bouteille f *Flasche*
~ **consignée** *Pfandflasche* / ~ **entamée** *angebrochene Flasche*
coucher les ~s *die Flaschen liegend aufbewahren:* Pour conserver le vin, il faut coucher les ~s. / **déboucher** une ~ *eine Flasche entkorken:* Donnez-moi la ~, je vais la déboucher. / **mettre** en ~s *in Flaschen abfüllen, abziehen:* Ce vin est mis en ~s chez le producteur. / **reboucher** une ~ *eine Flasche wieder verkorken, zustöpseln:* N'oublie pas de reboucher la ~, sinon on risque d'abîmer le tapis si on la renverse.

boutique f *Laden*
fermer ~ *den Laden zumachen:* Si vous ne surveillez pas mieux votre comptabilité, vous pourrez bientôt fermer ~. / **ouvrir** une ~ *einen Laden, eine Boutique eröffnen:* Cendrine vient d'ouvrir une ~ de modes rue des Merles. / **tenir** ~ *einen Laden haben:* Monsieur Cardan tient ~ à Limoges.

bouton¹ m *Knopf*
appuyer sur, **presser** (sur) un ~ *auf einen Knopf drücken:* Il suffit d'appuyer sur ce ~ pour que la machine se mette en marche. / un ~ s'est **décousu;** j'ai **perdu** un ~ *ich habe einen Knopf verloren:* Tiens, j'ai perdu un ~ de mon manteau. / **recoudre** un ~ *einen Knopf (wieder) annähen:* Chérie, pourrais-tu me recoudre le ~ de manteau que j'ai arraché hier? / **faire sauter** un ~ *einen Knopf absprengen:* Ouvre ta veste, sinon tu vas faire sauter un ~. / **tourner** un ~ *an einem Knopf drehen:* J'ai tourné le ~ de la porte. Elle est fermée.

bouton² m *Knospe*
un ~ **éclate, éclot** *eine Knospe springt, bricht auf:* Regarde la rose. Le ~ est sur le point d'éclater.

bouton³ m *Pickel*
criblé de ~s *mit Pickeln übersät:* Le voleur avait un visage tout criblé de ~s.

brancard m *Tragbahre*
être **étendu** sur un ~ *auf einer Tragbahre liegen:* La victime de l'accident était étendue sur un ~.

branche f *Zweig, Ast*
~ **morte** *dürrer Ast*
les ~s s'**agitent** *die Zweige bewegen sich:* Le vent d'ouest soufflait et les ~s des pins s'agitaient fortement. / être **perché** sur une ~ *(Vogel) auf einem Ast sitzen:* Les merles étaient perchés sur les ~s du cerisier et s'en donnaient à cœur joie. / se **percher** sur une ~ *(Vogel) sich auf einen Ast setzen:* Une mésange était venue se percher sur une ~ tout près de la fenêtre. / **secouer** les ~s *die Äste, Zweige schütteln:* Notre voisin secoue les ~s de ses pommiers pour faire tomber les dernières pommes. / **tordre** les ~s *die Äste biegen:* La tempête tordait les ~s, arrachant les pommes qui tombaient à terre.

bras m *Arm*
croiser les ~ *die Arme verschränken:* Maître Guignon croisa les ~ et écouta avec attention. / se **jeter** dans les ~ de qn *sich j-m in die Arme werfen:* Elle se jeta dans ses ~ et laissa couler ses larmes. / **lever** les ~ au ciel *die Hände über dem Kopf zusammenschlagen:* Le médecin, en me voyant, leva les ~ au ciel, ce qui ne me rassura pas. / **offrir** le ~ à qn *j-m seinen Arm (an)bieten:* Henri Pyron offrit le ~ à sa belle voisine. / **passer** les ~ autour du cou de qn *j-m die Arme um den Hals legen:* L'enfant passa les ~ autour du cou de sa mère. / **plier** les ~ *die Arme anwinkeln:* Pliez les ~ et mettez-vous sur

la pointe des pieds. / **prendre** le ~ de qn *sich bei j-m einhängen, unterhaken:* Philippe prit le ~ de Mademoiselle Chassier et tous les deux s'en allèrent. / **présenter** le ~ à qn *j-m den Arm reichen, anbieten:* Monsieur Chardonnier présenta le ~ à la comtesse de la Girondelle. / **serrer, prendre, presser** qn dans ses ~ *j-n in die Arme schließen:* La mère, heureuse, serra son fils dans ses ~. / **tendre, ouvrir, écarter** les ~ *die Arme ausbreiten:* La grand-mère tendit les ~ et fit la bise à chacun de ses petits-enfants. / **tendre** les ~ vers ... *die Arme ausstrecken nach ...:* Le malade tendit les ~ vers le médecin en signe d'espoir. / **tomber** dans les ~ de qn *j-m in die Arme sinken:* Françoise eut le vertige et tomba dans les ~ de son voisin. / **tordre** le ~ de qn *j-m den Arm verdrehen:* Les agents de police ont tordu le ~ de l'automobiliste fautif et l'ont conduit au commissariat. / **se tordre** les ~s (*vor Verzweiflung*) *die Hände ringen:* La pauvre veuve se tordait les ~ et se lamentait à haute voix.

brebis f *Schaf*
~ **égarée** (*fig*) *verlorenes Schaf* / ~ **galeuse** *räudiges Schaf;* (*fig*) *schwarzes Schaf*

brèche f *Bresche*
faire, ouvrir une ~ dans ... *eine Bresche schlagen in ...:* Les assaillants firent une ~ dans les remparts et prirent le premier fossé à l'assaut.

brevet m *Patent*
délivrer un ~ *ein Patent erteilen:* Le ~ sera délivré au mois de septembre. / **demander, déposer** un ~ *ein Patent anmelden:* C'est à mon avis une invention pour laquelle vous pouvez demander un ~. (*...die Sie zum Patent anmelden können.*)

bribes de conversation fpl *Gesprächsfetzen*
attraper, saisir quelques ~ *einige Gesprächsfetzen aufschnappen:* Malheureusement, je ne saurais pas vous dire ce qu'ils se sont raconté; je n'ai pu attraper que quelques bribes de leur conversation.

bricole f *Kleinigkeit*
s'**occuper** à des ~s *sich mit Kleinigkeiten, Nebensächlichkeiten befassen:* Je ne dis pas que tu es fainéant, mais tu t'occupes à des ~s au lieu de faire les choses les plus importantes.

bride f *Zügel, Zaum*
lâcher la ~ à qc, à qn (*fig*) *einer Sache, j-m die Zügel schießen lassen:* Ceci dit, il lâcha la ~ à sa colère. / **passer** la ~ à un cheval *einem Pferd das Zaumzeug anlegen:* Daniel, va passer la ~ à mon cheval. Je reviendrai tout de suite. / **tenir** qc en ~ (*fig*) *etw im Zaum halten:* Il fait un grand effort pour tenir sa passion en ~. Mais il n'y arrive guère. / **tourner** ~ *die Zügel herumreißen; rasch umkehren:* À la tombée de la nuit, nous décidâmes de tourner ~.

brise f *Brise*
belle, bonne ~ *frische Brise* / ~ **carabinée** *steife Brise* / **faible, petite** ~ *schwache Brise* / ~ **rafraîchissante** *erfrischende Brise*

broche f *Spieß*
mettre à la ~ *auf den Spieß stecken, schieben:* Si tu veux m'aider, mets le poulet à la ~; entretemps je m'occuperai des frites. / **rôtir** qc à la ~ *etw am Spieß braten:* Pour notre fête d'été, nous allons rôtir un cochon de lait à la ~.

brouillard m *Nebel*
~ **dense, épais** *dichter Nebel* / ~ **flottant** *Nebelschwaden* / ~ **léger** *leichter Nebel* / ~ **opaque** *dichter Nebel;* (F) *Waschküche* il **y a,** il **fait** du ~ *es herrscht Nebel; es ist neblig:* Fais attention sur la route, il y a du ~. / le ~ se **dissipe,** s'**éclaircit,** se **lève** *der Nebel wird lichter, löst sich auf:* Le ~ se dissipera dans la matinée. / le ~ s'**épaissit** *der Nebel wird dichter:* Il n'est guère possible que le ~ s'épaississe davantage. / le ~ **monte** *Nebel steigt auf:* Un ~ laiteux montait des prairies humides. / le ~ **tombe** (*der*) *Nebel senkt sich, sinkt:* Le ~ s'est épaissi et est tombé, de sorte qu'on ne voit plus rien.

brouille f *Zwietracht*
jeter, mettre, semer la ~ *Zwietracht säen:* Méfiez-vous de lui; il a l'art de jeter la ~ entre les gens dès qu'il les connaît un peu.

brouillon m *Konzept*
faire le ~ de qc *das Konzept von etw verfassen; etw aufsetzen:* Je vais d'abord faire le ~ de mon discours et vous le montrer avant de le taper.

bruit[1] m *Geräusch, Lärm*
~ **assourdi, mat, sourd** *dumpfes Geräusch* / ~ **assourdissant, étourdissant** *ohrenbetäubender Lärm* / ~ **confus** *undefinierbarer Lärm* / ~ **étouffé** *gedämpftes Geräusch* / ~ **infernal** *Heidenlärm, Höllenlärm* / ~ **léger** *schwaches Geräusch* / ~ **métallique** *metallisches Klang; Klirren* / ~ **perçant** *durchdringender Lärm* / ~ **sec** *kurzes, heftiges Geräusch* / **violent** *wilder Lärm; Getöse*
assourdir, amortir, étouffer le ~ *den Lärm dämpfen:* C'est étonnant comme la nouvelle moquette assourdit le ~. / **couvrir** le ~ *den Lärm übertönen:* La voix de l'orateur, qu'il enflait vainement, n'arrivait pas à couvrir le ~ infernal venant de la rue. / un ~ s'**éloigne** *ein Geräusch verliert sich in der Ferne;* Le ~ de la machine s'éloignait peu à peu. / **faire entendre** un ~ *ein Geräusch von sich geben:* Lorsqu'on appuie sur cette figurine, elle fait entendre un drôle de ~. / **faire** du ~ *Lärm machen;* (*fig*) *Aufsehen erregen, viel Staub aufwirbeln:* Le mariage de ma cousine avec le comte du Berry a fait du ~. / **faire, mener** grand ~ autour de qc (*fig*) *viel Lärm um etw machen:* Nos voisins ont mené grand ~ autour

bruit

de cette affaire. / le ~ **grandit** *der Lärm nimmt zu:* Le ~ grandissait au fur et à mesure que nous approchions.

bruit² m *Gerücht*
accréditer un ~ *ein Gerücht bestätigen:* Le porte-parole du gouvernement a accrédité les ~s sur la démission du chef du gouvernement. / **colporter** un ~ *ein Gerücht verbreiten:* Ils ont colporté le ~ que Renault allait licencier des ouvriers. / un ~ **court, circule** *ein Gerücht geht (um):* Ce n'est pas une nouvelle sûre, ce n'est qu'un ~ qui court. / **faire circuler** un ~ *ein Gerücht in Umlauf bringen:* Il semble que ce soit Monsieur Liège qui ait fait circuler ce ~. / **démentir** un ~ *ein Gerücht dementieren:* On vient de démentir le ~ de la mort du Premier ministre. / **semer** de faux ~s *falsche Gerüchte verbreiten:* On ne sait pas qui a semé les faux ~s. / **faire taire** les ~s *die Gerüchte zum Verstummen bringen:* Son démenti n'a pas fait taire les ~s qui courent au sujet de sa femme.

brûlure f *Verbrennung*
se **faire** une ~ *sich eine Verbrennung zuziehen:* Je ne peux pas travailler, je me suis fait une ~ à la main droite.

brume f *Dunst, Nebel*
~ **dense** *dichter Nebel* / ~ **flottante, légère** *Nebelschwaden* / ~ **ouatée** *(etwa:) Nebelschwaden*

brute f *brutaler Mensch*
~ **épaisse; sombre** ~ *total verrohter Mensch* / **sale** ~ *gemeiner Kerl* / ~ **sanguinaire** *abscheuliche Bestie*

budget m *Budget, (finanzielle) Mittel*
un **petit** ~ *bescheidene Mittel*
boucler son ~ *mit seinem Geld auskommen:* Charles est très économe. Il ne dispose que de mille francs par mois, mais il arrive à boucler son ~. / **consacrer** un ~ de ... à qc *Mittel in Höhe von ... für etw aufwenden:* Un ~ de trois millions de francs suisses sera consacré à la modernisation du pont. / **dépasser** le ~ de qn *j-s Mittel übersteigen; für j-s Geldbeutel zuviel sein:* Quoi, 3700 francs pour ce fauteuil? Cela dépasse mon ~. / **établir, préparer, dresser** le ~ *das Budget, den Haushalt erstellen, aufstellen:* Le conseil financier a fini par établir le ~ de l'année prochaine. / **voter** le ~ *das Budget, den Haushalt verabschieden:* Hier, le Parlement a voté le ~ des six mois à venir.

bulletin (de vote) m *Stimmzettel*
bulletin **blanc** *leerer Stimmzettel* / bulletin **nul** *ungültige Stimme*
dépouiller les bulletins de vote *die Stimmzettel auszählen:* Les bulletins de vote ne seront dépouillés qu'après-demain. / **mettre** le bulletin de vote dans l'urne *den Stimmzettel in die Urne stecken, legen:* On a photographié le président de la République au moment où il mettait le bulletin de vote dans l'urne.

bureau¹ m *Büro*
aller au ~ *ins Büro gehen:* Je vois chaque matin Mademoiselle Reynaude aller au ~.

bureau² m *Schreibtisch*
s'**installer, se mettre** à son ~ *sich an den Schreibtisch setzen:* Le ministre s'installa à son ~ pour étudier le dossier.

bus m *Bus*
aller en ~ *mit dem Bus fahren:* Tout ce que nous savons de l'auteur du crime, c'est qu'il est allé en ~ jusqu'à la place Pigalle. / **attraper** le ~ (F) *den Bus erwischen:* Nous nous sommes longtemps attardés en ville, mais heureusement, nous avons attrapé le ~ de six heures moins le quart. / **manquer,** (F) **rater** le ~ *den Bus versäumen,* (F) *verpassen:* Je ne comprends pas pourquoi Michel n'arrive pas. Il a peut-être manqué le ~. / **prendre** le ~ *mit dem Bus fahren; den Bus nehmen:* Pour aller à Fontainebleau, il vaut mieux prendre le ~.

buste m *Brust*
redresser le ~ *sich in die Brust werfen:* Sa honte fut de courte durée; redressant le ~, il regarda son interlocuteur droit dans les yeux d'un air de défi.

but¹ m *Ziel*
~ **coupable, criminel** *verbrecherische Absichten* / ~ **final** *Endziel* / ~ **inaccessible** *unerreichbares Ziel*
approcher d'un ~ *sich einem Ziel nähern:* La réalisation du projet signifie un travail fou. Mais maintenant, nous approchons du ~. / **atteindre, toucher** un ~; **arriver, parvenir** à un ~ *ein Ziel erreichen:* Il a maintenant atteint le ~ qu'il s'était fixé. / **dépasser** le, **aller au-delà** du ~ *übers Ziel hinausschießen:* François Degoulange a la tête près du bonnet. Sa critique dépasse toujours le ~. / se **donner** pour ~ de ... *sich zum Ziel setzen zu ...:* Francine s'est donné pour ~ d'apprendre l'arabe; je suis sûr qu'elle le fera. / **frapper** le ~ *das Ziel treffen:* L'habileté de ce tireur à l'arc est étonnante. Sur 150 mètres, il a cinq fois de suite frappé le ~. / **manquer,** (F) **rater** son ~ *das Ziel verfehlen (auch fig):* La mesure du gouvernement a nettement manqué son ~. / **poursuivre** un ~ *ein Ziel, eine Absicht verfolgen:* Monsieur Zignol a l'habitude de poursuivre un ~ jusqu'à la complète réussite. / **viser** un ~ *ein Ziel anvisieren (auch fig):* Je vise ce ~ depuis sept ans. Maintenant, je l'ai atteint.

but² m *Tor (Fußball usw.)*
gagner (perdre) par 3 ~s à 2 *mit 3 zu 2 Toren gewinnen (verlieren):* Notre équipe a gagné le match par 3 ~s à 2. / **manquer** le ~ *vorbeischießen, -werfen usw.:* Rinaldo s'est trouvé seul

devant le gardien de but, mais il a manqué le ~ par nervosité. / **marquer** un ~ *ein Tor schießen, erzielen:* Marc Lawrence était une fois de plus le meilleur joueur. Il a marqué trois ~s dans la rencontre avec Iuventus Turin. / **refuser** un ~ *ein Tor nicht geben, nicht anerkennen:* L'arbitre a refusé le premier ~. / **tirer** au ~ *auf das Tor schießen:* Aujourd'hui, nous allons nous entraîner à tirer au ~.
buveur m *Trinker*
 grand ~ *starker Trinker* / ~ **invétéré** *Gewohnheitstrinker*

C

câble m *Kabel*
 dénuder un ~ *von einem Kabel die Isolierung entfernen:* Il faut dénuder le ~ avant de le passer par l'orifice. / **poser** un ~ *ein Kabel verlegen:* Le ~ est posé à une profondeur d'un mètre vingt.
cache-cache m *Verstecken*
 jouer à ~ *Verstecken spielen (auch fig):* Philippe joue à ~ avec mes enfants.
cachet m *Siegel, Stempel*
 ~ **officiel** *Dienstsiegel*
 briser le ~ *das Siegel erbrechen, lösen:* Le gouverneur brisa le ~ royal et lut le message avec inquiétude. / **mettre** un ~ sur qc *einen Stempel, ein Siegel auf etw drücken:* La poste a oublié de mettre le ~ sur les timbres. On peut les réutiliser.
cachette f *Versteck*
 sortir d'une ~ *aus einem Versteck hervorkommen:* Albert est sorti le dernier de sa ~.
cadeau m *Geschenk*
 ~ **royal** *fürstliches, großartiges Geschenk*
 faire ~ de qc à qn *j-m etw zum Geschenk machen, schenken:* Ce roman est à moi. Yves m'en a fait ~. / **faire** un ~ à qn *j-m ein Geschenk machen:* À l'occasion de mon cinquantième anniversaire, mon chef m'a fait un grand ~.
cadence f *Takt, Rhythmus, Tempo*
 ~ **endiablée** *toller Rhythmus* / ~ **folle, infernale** *irrsinniges, höllisches Tempo*
 augmenter, forcer la ~ *das (Arbeits)Tempo erhöhen:* La rationalisation permet d'augmenter la ~ sans employer de personnel supplémentaire. / **marquer** la ~ *den Takt schlagen, angeben:* Le chef d'orchestre n'avait même pas besoin de marquer la ~. L'harmonie était parfaite. / **perdre** la ~ *aus dem Takt kommen, geraten:* Ma fille joue assez bien du violon, mais elle perd souvent la ~. / **suivre** la ~ *dem Takt folgen:* Mais suivez donc la ~ des instruments!
cadre m *Rahmen*
 qc **entre** dans le ~ de ... *etw gehört zu ...:* Cette investigation n'entre pas dans le ~ des obligations de Monsieur Labonté. / s'**inscrire** dans le ~ de qc *im Rahmen einer Sache erfolgen:* L'enquête s'inscrit dans le ~ d'une vaste analyse du marché. / **sortir** du, **déborder** le ~ de qc *über etw hinausgehen:* La discussion de cette question sortirait du ~ de nos débats.
café m *Kaffee*
 ~ **arrosé** *Kaffee mit Schnaps* / ~ **complet** *Kaffeegedeck; komplettes Frühstück* / ~ **décaféiné** *koffeinfreier Kaffee* / ~ **fort, serré** *starker Kaffee* / ~ **glacé, liégeois** *Eiskaffee* / ~ **léger** *schwacher Kaffee* / ~ **noir** *schwarzer Kaffee; Kaffee ohne Milch* / ~ **soluble** *Instantkaffee; löslicher Kaffee* / ~ **bien tassé** (F) *sehr starker Kaffee* / ~ **vert** *ungebrannter Kaffee*
 faire du, le ~ *Kaffee kochen:* Je vais faire du ~. / **moudre** le, du ~ *Kaffee mahlen:* Pouvez-vous me moudre le ~, s'il vous plaît? / **prendre** un, du, le ~ *Kaffee trinken:* Venez-vous prendre un ~ avec moi? / **inviter** qn à **prendre** le ~ *j-n zum Kaffee einladen:* Monsieur Marcellin m'a invitée à prendre le ~ avec lui. / **torréfier, griller** le ~ *Kaffee rösten:* Le ~ français est en général plus fortement torréfié que le ~ allemand.
cage f *Käfig*
 mettre en ~ *in einen Käfig sperren (auch fig):* Yvonne a un tempérament indépendant; malgré tous tes cadeaux, tu n'arriveras pas à la mettre en ~.
cahier m *Heft*
 ramasser les ~s *die Hefte einsammeln:* Aujourd'hui, l'institutrice a ramassé nos ~s de mathématiques pour les corriger. / **remettre, rendre** les ~s *die Hefte abgeben:* J'aimerais que vous remettiez les ~s.
caillou m *(Kiesel)Stein*
 casser des ~x *Steine klopfen:* À l'âge de vingt ans, il fut condamné à casser des ~x; mais il réussit à s'enfuir au bout de quelques jours. / **lancer** des ~x *Steine werfen:* Les enfants lancèrent des ~x dans la rivière.
caisse f *Kasse*
 ~ **enregistreuse** *Registrierkasse*

calamité

faire la, sa ~ (*comm*) *Kasse machen:* Le magasin ferme à six heures, mais moi, je n'ai fini qu'à six heures trente parce que je dois faire la ~. / **partir** avec la ~ *mit der Kasse durchbrennen:* Le secrétaire général de cette association est parti au Brésil avec la ~. / **passer, se présenter** à la ~ *zur Kasse gehen:* Passez à la ~ sept, s'il vous plaît. / **tenir** la ~ *die Kasse führen:* C'est Madeleine qui a tenu la ~ pendant le voyage.

calamité f *Unheil*
une ~ s'**abat** sur, **frappe** qn, qc *ein Unheil bricht über j-n, etw herein:* Inondations, tremblement de terre et maintenant la guerre: toutes ces ~s s'abattent sur ce petit pays déjà si peu favorisé par la nature.

calcul m (*Be*)*Rechnung*
~ **approché, approximatif** *Überschlagsrechnung* / **mauvais** ~ *Fehlkalkulation* / ~ **mental** *Kopfrechnen*
faire des ~s *Berechnungen anstellen; rechnen:* Ne dérangez pas Monsieur Duriez. Il est en train de faire des ~s délicats. / **faire le** ~ de qc *etw (voraus)berechnen:* C'est une affaire dont il est difficile de faire le ~. / **faire** à qn le ~ de qc *j-m etw vorrechnen:* Mon mari m'a fait le ~ d'un appartement-vacances à Nice. Ce n'est pas infaisable. / se **tromper** dans ses ~s *sich verrechnen (auch fig):* Madame Lanterre a dû abandonner ses projets ambitieux. Elle s'est trompée dans ses ~s. / **vérifier** un ~, les ~s *nachrechnen:* Pourriez-vous vérifier les ~s, s'il vous plaît?

calembour m *Kalauer*
dire, faire des ~s *Kalauer von sich geben:* Jacques est très amusant en société. Il dit sans cesse des ~s.

calendrier m *Kalender, Zeitplan*
~ **chargé** *voller Terminkalender* / ~ **perpétuel** *immerwährender Kalender*
consulter le ~ *im Kalender nachsehen:* Attendez un instant, il faut que je consulte mon ~ avant de fixer une date. / **dresser, établir** un ~ *einen Zeitplan aufstellen:* Les discussions au sommet se déroulent suivant un ~ dressé avec le plus grand soin par les experts. / **respecter** le ~ *den Zeitplan einhalten:* Ne respectant pas le ~ établi par les services protocolaires, le ministre a renoncé à inaugurer la nouvelle usine et a regagné Paris un jour plus tôt que prévu.

calme m *Ruhe*
~ **imperturbable** *unerschütterliche Ruhe:* Dans n'importe quelle situation, il garde un ~ imperturbable. / ~ **stoïque** *stoische, unerschütterliche Ruhe* / ~ **trompeur** *trügerische Ruhe, Stille*
se **départir** de son ~ *seine Ruhe verlieren:* En entendant cette accusation, elle se départit de son ~. / **garder, conserver** son ~ *Ruhe bewahren:* C'est un homme étonnant. Il garde son ~ dans la situation la plus difficile. / **perdre** son ~ *seine Ruhe, die Beherrschung verlieren:* En voyant tous les documents mélangés sur son bureau, il perdit son ~. / **ramener, rétablir** le ~ *die Ruhe wiederherstellen:* L'orateur réussit à ramener le ~. / le ~ **règne** *es herrscht Ruhe:* Actuellement, le ~ règne dans la province en révolte. / **troubler** le ~ *die Ruhe stören:* Tout le quartier dormait tranquillement quand un coup de feu vint troubler le ~ de la nuit.

calomnie f *Verleumdung*
basse, infâme, noire, odieuse ~ *gemeine, schändliche Verleumdung*

caméra f *Kamera*
la ~ **ronronne** *die Kamera surrt:* Dans le studio, les ~s ronronnaient déjà, mais la vedette principale se faisait attendre. / **tourner** la ~ *die Kamera schwenken:* À la fin de la scène, il vaut mieux tourner la ~ vers l'entrée de la salle.

camp m *Lager (auch fig)*
~ **fortifié, retranché** *befestigtes Lager*
changer de ~ *ins andere Lager überwechseln:* Méfiez-vous de ce monsieur. Il a déjà changé de ~ à plusieurs reprises. / se **diviser** en deux ~s *sich in zwei Lager spalten:* L'opposition risque de se diviser en deux ~s. / **dresser, établir** un ~ *ein Lager errichten, aufschlagen:* Les deux alpinistes ont dressé le deuxième ~ à une altitude de 5500 mètres. / **faire** un ~ (F) *an einem Lager teilnehmen:* Philippe vient de faire un ~ de trois semaines près de Bayonne. / **lever** le ~ *das Lager abbrechen; das Feld räumen:* Au bout de quinze jours, nous avons dû lever le ~ à cause du mauvais temps. / **passer** au ~ **adverse** *ins gegnerische Lager überwechseln, überlaufen:* On ne peut plus compter sur Monsieur Labuche, car il est passé au ~ adverse. / se **ranger** dans le ~ de qn *sich in j-s Lager schlagen:* Le délégué s'est rangé dans le ~ des Européens.

campagne[1] f *Land*
en **rase** ~ *auf dem flachen Land; auf freiem Feld* / ~ **riante** *heitere Landschaft*
aller à la ~ *aufs Land fahren, gehen:* Pour les vacances d'été, nous avons l'intention d'aller à la ~. / **battre** la ~ *1. kreuz und quer durchs Land streifen; 2. das Land, eine Gegend durchkämmen:* Dans ma jeunesse, j'avais l'habitude de battre la ~ pendant les semaines d'été. La police battit la ~ sans retrouver les enfants disparus.

campagne[2] f *Feldzug*
~ **électorale** *Wahlkampf* / ~ **publicitaire** *Werbefeldzug*
entrer en ~ *ins Feld ziehen:* En 1942, Ariel Bartez entra en ~. / **être** en, **faire** ~ *im Feld*

stehen: Comme la quasi-totalité de l'effectif de la fabrique était à cette époque en ~, l'usine dut fermer ses portes. / **faire** une ~ *einen Feldzug mitmachen*: Mon arrière-grand-père a fait la ~ de 1870/71. / **faire** une ~ (publicitaire) *einen (Werbe)Feldzug veranstalten*: Pour lancer cette nouvelle marque, on a fait une ~ à tout casser qui a dû coûter une fortune. / **lancer** une ~ (publicitaire) *einen (Werbe)Feldzug starten*: Pour introduire notre nouveau produit sur le marché espagnol, nous devons lancer une ~ publicitaire.

camping m *Camping, Zelten*
~ **sauvage** *wildes Zelten*
faire du ~ *zelten, campen*: Les hôtels sont devenus très chers; on fera du ~ cette année.

canaille f *Schuft*
franche, vieille ~ *Erzschuft, Erzkanaille*

cancans mpl *Klatsch*
dire, raconter, colporter des ~ sur qn *über j-n Klatsch verbreiten*: Je vous défends de continuer à dire des ~ sur ma femme!

cancer m (*méd*) *Krebs*
~ **généralisé** *Krebs, der Metastasen gebildet hat*
être **atteint, souffrir** d'un ~ *an Krebs leiden*: Madame Gautier est condamnée. Elle est atteinte d'un ~ des poumons.

candidat m *Kandidat*
admettre un ~ à qc *einen Kandidaten zu etw zulassen*: Le jury a admis tous les ~s aux examens préliminaires. / être ~ (à) *kandidieren (für)*: Nous n'avons trouvé personne qui veuille bien être ~ au poste de trésorier de la société. / se **porter** ~ (à) *sich bewerben (um); kandidieren (für)*: Martine Duclos s'est portée candidate au poste de directrice adjointe. / **refuser** un ~ *einen Kandidaten durchfallen lassen*: Le jury a refusé trois ~s. / **repêcher** un ~ (F) *einen Kandidaten gerade noch durchkommen lassen*: Les examinateurs ont repêché deux ~s, deux autres ont échoué.

candidature f *Bewerbung*
appuyer la ~ de qn *j-s Bewerbung unterstützen*: Le directeur Daneau lui-même appuie la ~ de mon neveu. / **poser, présenter** sa ~ (à) *sich bewerben (um); kandidieren (für)*: Gustave Bossi posera sa ~ au poste de secrétaire général. / **retirer** sa ~ *seine Bewerbung zurückziehen*: Lorsque Jacques Giroux apprit que Paul Vernier se porterait également candidat, il retira sa ~.

canon[1] m *Kanone*
braquer, pointer un ~ sur ... *eine Kanone richten auf ...*: Les artilleurs braquèrent leur ~ sur le navire ennemi. / **décharger** un ~ (sur) *eine Kanone abfeuern (auf)*: Au lever du jour, les artilleurs déchargèrent leurs ~s sur le village. / **tirer** le ~, un coup de ~ *einen Kanonenschuß*

abgeben: À l'arrivée du souverain, on tira le ~ à titre de salut.

canon[2] m *Kanon*
chanter en ~ *im Kanon singen*: On pourrait essayer de chanter cet air en ~; ce n'est pas difficile et cela ferait beaucoup d'effet.

canot m *Boot*
~ **pliant** *Faltboot* / ~ **pneumatique** *Schlauchboot*
mettre un ~ à l'eau, à la mer *ein Boot zu Wasser lassen*: L'équipage du navire mit en toute hâte les ~s de sauvetage à l'eau.

canular m *Fopperei*
monter un ~ à qn *j-m einen Bären aufbinden*: Le nouveau professeur de latin est très naïf. Les étudiants en profitent pour lui monter un ~ dès que l'occasion se présente.

cap[1] m *Kap*
dépasser, doubler, franchir un ~ *ein Kap umfahren, umschiffen*: Le cinquième jour de notre voyage, nous dépasserons le ~ de Bonne-Espérance.

cap[2] m *Kurs*
changer de ~ *den Kurs ändern*: À la hauteur du Groenland, l'avion changea de ~ et se dirigea vers le sud. / **maintenir** le ~ (*den*) *Kurs halten*: Par cette tempête, le bateau ne peut pas maintenir le ~. / **mettre** le ~ sur ... *Kurs nehmen auf ...*: Après dix jours de croisière, notre navire mit le ~ sur Casablanca.

capital m *Kapital*
~ **improductif** *totes Kapital* / ~ **productif** *arbeitendes, zinsbringendes Kapital*
augmenter le ~ *das Kapital aufstocken, erhöhen*: Nous avons l'intention d'augmenter le ~ social de 100 000 F. / **engager** des capitaux dans ... *Geld stecken in ...*: Il a engagé des capitaux très importants dans cette affaire. / **entamer, écorner** son ~ *sein Kapital angreifen*: Pour payer ses dettes, elle a dû entamer son ~. / **immobiliser** son ~ *sein Kapital fest anlegen*: Ils ont très peu de liberté de mouvement en ce moment parce que la majeure partie de leur ~ est immobilisée. / **investir** des capitaux dans ... *Geld investieren in ...*: Ma firme a investi des capitaux importants à Haïti. / **manger** son ~ *sein Vermögen aufbrauchen*: Cinq ans lui ont suffi pour manger tout le ~ qu'il avait hérité de ses parents. / **mettre** des capitaux dans ... *Geld stecken in ...*: Mon père a mis des capitaux dans cette affaire. / faire **valoir** son ~ *sein Kapital arbeiten lassen*: Je ne comprends pas que vous ne fassiez pas valoir votre ~.

capitaliste m *Kapitalist*
gros ~ *Großkapitalist*

capitulation f *Kapitulation*
~ **déshonorante, honteuse** *schmachvolle Kapitulation* / ~ **honorable** *ehrenvolle Kapitulation*

capot m *Motorhaube*
  soulever, ouvrir le ~ *die Motorhaube aufklappen, aufmachen, öffnen:* Le chauffeur de taxi s'est arrêté et s'est précipité hors de la voiture; puis il a soulevé le ~ pour détecter l'origine de la fumée noire.

caprice m *Laune*
  avoir, faire des ~s *Launen haben; launisch sein:* Florisse est une fille difficile. Elle a des ~s sans arrêt. / **céder** aux ~s de qn *j-s Launen nachgeben:* Je ne comprends pas pourquoi vous cédez à tous les ~s de votre fils. / **passer** tous ses ~s à qn *j-m alle Launen durchgehen lassen:* Pierrot est très gâté; ses parents lui passent tous ses ~s. / **suivre** son ~ *einer Laune nachgeben:* Il suivit son ~ et alla dire bonjour à Madame Panon.

caractère m *Charakter, Wesen*
  avoir bon ~ *ein verträglicher Mensch sein* / ~ **bouillant** *aufbrausender Charakter* / **avoir un** ~ **émotif** *überempfindlich sein* / ~ **enjoué** *sonniges, heiteres Gemüt* / ~ **facile** *verträgliches Wesen* / **fichu, foutu, sale** ~ (F) *schlechter Charakter;* (F) *mieser Charakter* / **heureux** ~ *Frohnatur* / ~ **indécis, irrésolu** *schwankender Charakter* / ~ **instable, versatile** *labiler Charakter* / **avoir mauvais** ~ *einen schlechten Charakter haben* / ~ **rassis** *Gesetztheit; Besonnenheit* / ~ **renfermé** *verschlossener Charakter* / ~ **sauvage** *ungeselliges, menschenscheues Wesen* / ~ **sociable** *umgänglicher Charakter*
  avoir du ~ *Charakter haben:* Bien que Pelouse n'ait que dix-huit ans, il a du ~. / **manquer** de ~ *keinen Charakter haben; willensschwach sein:* Henri de Boeur n'est pas l'homme qu'il faut à ce poste, en effet il manque de ~. / **présenter, avoir, revêtir** un certain ~ (*Sache*) *einen gewissen Charakter haben; ein gewisses Aussehen haben; nach etw Bestimmtem aussehen:* La solution proposée ne présente aucun ~ d'originalité.

carence f *Unzulänglichkeit, Mangel*
  dénoncer les ~s *die Unzulänglichkeiten anprangern:* C'est un journal très engagé qui, depuis des années, dénonce sans se lasser les ~s de l'administration et du régime. / **pallier** des ~s *Mängel beseitigen:* Ces mesures aideront à pallier les ~s dans le domaine des transports urbains.

caresse f *Liebkosung*
  couvrir qn de ~s *j-n mit Liebkosungen überschütten:* La mère, rendant la première visite à son enfant hospitalisé, le couvrit de ~s. / **donner, faire** des ~s à qn, à un animal *j-n, ein Tier streicheln:* Mon fils n'a que deux ans, mais il fait des ~s à tous les chiens sans la moindre peur.

carnet m *Notizbuch*
  inscrire qc sur le ~ *etw ins Notizbuch eintragen:* J'ai inscrit votre adresse sur mon ~.

carreau m *Fensterscheibe*
  faire les ~x *Fenster putzen:* Madeleine, avez-vous déjà fait les ~x?

carrefour m *Kreuzung*
  aborder un ~ *an eine Kreuzung heranfahren:* C'est un ~ dangereux. Abordez-le avec prudence.

carrière f *Karriere, Laufbahn*
  ~ **brillante** *erfolgreiche Laufbahn; glänzende Karriere:* Il a fait une brillante ~ politique. / ~ **encombrée** *überlaufener Beruf* / ~ **rapide** *steile Karriere*
  briser la ~ de qn *j-s Karriere ein Ende bereiten:* Ce scandale brisera sans doute sa ~. / **compromettre** sa ~ *seine Karriere aufs Spiel setzen:* Ce scandale a compromis sa ~. / **embrasser, suivre** la ~ de (+ *Subst*) *den Beruf eines* (+ *Gen*) *ergreifen:* Mon frère embrasse la ~ de médecin. / **entrer** dans une ~ *in eine Laufbahn eintreten:* Jacques Dutertre est entré dans la ~ diplomatique. / **faire** ~ *Karriere machen:* Elle a fait ~ dans une société foncière. / **faire une** ~ (+ *adj*) *eine* (+ *adj*) *Karriere machen:* Paul Maurelin est un juriste qui a fait une ~ fulgurante dans les ministères. / **faire** une **belle** ~ *es (ganz schön) weit bringen.*

carte[1] f (*Spiel*)*Karte*
  ~s **biseautées** *gezinkte Karten*
  abattre les ~s *die Karten aufdecken (auch fig):* N'abattez pas encore vos ~s. La décision n'est pas encore mûre. / **battre, mêler** les ~s *die Karten mischen:* Cette fois, bats les ~s sans tricher. / **couper** les ~s *die Karten abheben:* Si vous oubliez de me faire couper les ~s, le jeu sera nul. / se **défaire** d'une ~ *eine Karte abwerfen:* Vous vous êtes défait trop tôt de cette ~. / **distribuer** les ~s *Karten geben:* Étant manchot, il ne peut pas distribuer les ~s. / **jouer aux** ~s *Karten spielen:* Je n'aime pas jouer aux ~s. / **jouer une** ~ *eine Karte ausspielen:* Quelle ~ avez-vous jouée la première? / **jouer** sa dernière ~ *seinen letzten Trumpf ausspielen (bes. fig):* L'agent immobilier, pour éviter la faillite, joua sa dernière ~ en vendant deux immeubles de rapport. / **lire** (l'avenir) dans les ~s *Karten lesen:* La vieille gitane m'a lu dans les ~s et m'a prédit mon mariage imminent. / **prendre** une ~ *eine Karte aufnehmen:* Vas-y, à toi de prendre une ~! / **tirer, faire** les ~s à qn *j-m (die) Karten legen, schlagen:* La vieille gitane m'a tiré les ~s: je me marierai l'année prochaine.

carte[2] f (*Land*)*Karte*
  ~ **générale** *Übersichtskarte* / ~ **météorologique** *Wetterkarte* / ~ **muette** *Umrißkarte* / ~ **routière** *Straßenkarte* / ~ **touristique** *Wanderkarte*
  déployer, déplier une ~ *eine Landkarte aus-*

einanderfalten, ausbreiten: Déployez la ~, sinon vous risquez de vous tromper de chemin. / **dresser** une ~ *eine Landkarte zeichnen, erstellen:* L'expédition d'exploration en Amazonie a permis de dresser pour la première fois une ~ exacte de la région étudiée.

carte³ f *(Speise)Karte*
manger à la ~ *à la carte essen, speisen:* Je mangerai à la ~, car le menu proposé me paraît trop copieux.

carte⁴ f *(Visiten)Karte*
faire **graver** des ~s de visite *Visitenkarten drucken lassen:* Il faut que je fasse graver des ~s de visite. / **laisser** sa ~ *seine (Visiten)Karte dalassen, abgeben:* Monsieur le directeur n'est pas là? Alors permettez que je laisse ma ~.

carte⁵ f *Ausweis(karte)*
établir une ~ de qc *eine Ausweiskarte für etw ausstellen:* Je me suis fait établir une ~ de lecteur à la bibliothèque municipale.

carte d'identité f *Personalausweis*
délivrer une ~ *einen Personalausweis ausstellen:* C'est la préfecture qui vous délivrera votre ~. / **présenter** sa ~ *den Personalausweis vorzeigen:* Nous avons dû présenter à trois reprises notre ~ avant d'être admis à l'ambassade de Chine.

cas m *Fall*
~ **désespéré** *aussichtsloser, hoffnungsloser Fall* / ~ **douteux** *Zweifelsfall* / ~ **isolé** *Einzelfall* / ~ **rare** *seltener Fall* / ~ **urgent** *Notfall*
un ~ **arrive** *ein Fall tritt ein:* La bombe n'a pas éclaté. C'est un ~ qui arrive assez souvent. / **exposer** son ~ *seinen Fall vortragen, darlegen:* Nous avons exposé notre ~ au commissaire de police. / **mettre** qn dans le ~ de ... *j-n in die Lage versetzen zu ...:* Je n'aimerais pas être mis dans le ~ de devoir prononcer un discours.

casier judiciaire m *Strafregister*
avoir un ~ **chargé** *bereits vorbestraft sein* / avoir un ~ **vierge** *nicht vorbestraft sein*

casse f *Scherben, Schrott*
il **y a** eu de la ~ *es hat Scherben gegeben:* La police est intervenue dans la dispute, alors il y a eu de la ~. / **mettre** qc à la ~ *etw zum Verschrotten, auf den Schrottplatz bringen:* Après cet accident, il ne nous reste qu'à mettre notre voiture à la ~. / **payer** la ~ *den Schaden bezahlen:* Ce n'est pas à moi de payer la ~. / **vendre** qc à la ~ *etw zum Schrottwert verkaufen:* Les machines de construction de l'entrepreneur en faillite ont été vendues à la ~; c'est un scandale!

cassette f *Kassette*
~ **vierge** *Leerkassette*
enregistrer sur ~ *auf Kassette aufnehmen:* Cette émission intéressante sur les dolmens, je l'ai enregistrée sur ~. / **mettre** une ~ *eine Kassette einlegen:* Pour mettre la ~ dans l'appareil, tu dois d'abord appuyer sur la touche rouge. / **passer** une ~ *eine Kassette spielen, auflegen:* Monsieur Sémard, passez-nous donc la ~ que vous avez enregistrée cet été aux Antilles.

catastrophe f *Katastrophe*
conjurer une ~ *eine Katastrophe abwenden:* Ils ont tout mis en œuvre pour conjurer la ~. / **courir** à la ~ *einer Katastrophe entgegengehen:* Si vous continuez à négliger la concurrence, vous courrez à la ~. / **éviter** une ~ *eine Katastrophe verhindern:* Il a pu éviter une ~ à la dernière minute.

catéchisme m *Religionsunterricht*
aller au, **suivre** le ~ *zum Religionsunterricht gehen:* Il ne veut pas que ses enfants aillent au ~. / **faire** le ~ *den Religionsunterricht erteilen:* C'est sœur Christine qui fait le ~ dans la classe de ma fille.

catégorie f *Kategorie*
classer, ranger qc, qn dans une ~ *etw, j-n in eine Kategorie einordnen:* Ce roman, je le classerais dans la ~ des romans policiers. / **entrer** dans une ~ *zu einer Kategorie gehören:* Cet alliage entre dans la ~ des alliages légers.

catholique m *Katholik*
~ **pratiquant** *praktizierender Katholik*

cauchemar m *Alptraum*
avoir, faire un ~ *einen Alptraum haben:* Oh, mon Dieu! Je viens d'avoir un ~ horrible. / qc **donne** des ~s à qn *jemand bekommt von etw Alpträume:* L'idée de la fin des vacances me donne des ~s.

cause¹ f *Ursache, Grund*
sans ~ **apparente** *ohne ersichtlichen Grund* / ~s **extrinsèques** *äußere Ursachen* / ~ **immédiate** *unmittelbarer Anlaß* / ~s **intrinsèques** *immanente Ursachen* / ~ **profonde** *tieferer Grund; tieferliegende Ursache*
avoir qc pour ~ *etw zur Ursache haben:* La chute du niveau de la nappe souterraine a pour ~ le drainage des marais. / **être** la ~ de qc *der Grund, die Ursache für etw sein:* Son fils est la ~ de son chagrin.

cause² f *Sache*
bonne ~ *gute Sache; guter Zweck* / ~ **désespérée** *ausweglose Sache* / **juste** ~ / ~ **légitime** *gerechte Sache*
faire ~ **commune** *gemeinsame Sache machen:* Dans cette affaire, les deux commerçants ont fait ~ commune. / **plaider** la ~ de qn *j-s Sache vertreten:* Le directeur lui-même a plaidé ma ~, mais en vain. J'ai dû quitter le lycée. / **soutenir** la ~ de qn *j-s Sache unterstützen:* Dans son discours, Pierre Laudet a soutenu la ~ des gauchistes.

caution f *Kaution, Bürgschaft*
déposer une ~ *eine Kaution hinterlegen:* Nous

cautionnement

avons dû déposer une ~ d'un montant de 5000 francs pour qu'on nous loue cet appartement. / se **porter,** se **rendre** ~ pour qn *für j-n Bürgschaft leisten:* Mon père se portera ~ pour moi.
cautionnement m *Kaution, Bürgschaft*
déposer qc en ~ *etw als Kaution hinterlegen:* Je crois que nous pouvons lui remettre l'ordinateur. Il a déposé un chèque de 10 000 francs en ~. / **fournir** un ~ *eine Kaution stellen, beibringen; Bürgschaft leisten:* Êtes-vous disposé à fournir un ~? / **verser** un ~ *eine Kaution bezahlen:* Je vous remettrai la machine dès que vous aurez versé le ~ convenu.
cave f *Keller*
descendre, aller à la ~ *in den Keller gehen:* Où est Robert? – Il est descendu à la ~ pour ranger les bouteilles vides. / **remonter** sa ~ *seinen Weinkeller auffüllen:* Avez-vous déjà remonté votre ~?
ceinture f *Gürtel, (Sicherheits)Gurt*
attacher, boucler sa ~ *den Gürtel zumachen:* J'ai pris du poids, je n'arrive plus à attacher ma ~. / **attacher** la ~ *den (Sicherheits)Gurt anlegen; sich anschnallen:* Messieurs les passagers, vous êtes priés d'attacher vos ~s. / **déboucler** sa ~ *den Gürtel aufmachen:* J'ai tellement mangé qu'il faut que je déboucle ma ~. / **détacher** sa ~ *den (Sicherheits)Gurt öffnen:* La pauvre victime n'arriva pas à détacher sa ~ de sorte qu'elle brûla vive. / **mettre** sa ~ *den (Sicherheits)Gurt anlegen:* Henri vient d'avoir un accident de la route. Heureusement pour lui, il avait mis sa ~; sinon, il aurait pu être grièvement blessé. / **mettre** une ~ *einen Gürtel umschnallen, anlegen:* Mets ta ~ marron, elle va mieux avec ton pantalon. / **se mettre, serrer** la ~ *(fig) den Gürtel enger schnallen:* Si nous achetons cette maison, nous devrons nous mettre la ~.
célébrité f *Berühmtheit, Ruhm*
acquérir la ~ (avec qc) *(mit etw) Berühmtheit erlangen:* L'auteur n'a acquis la ~ qu'avec son dernier roman publié après sa mort. / **jouir** d'une grande ~ *sehr berühmt sein:* Ce tableau de Léonard de Vinci jouit d'une très grande ~. / **parvenir** à la ~ *Berühmtheit erlangen; zu Ruhm gelangen:* À l'âge de vingt-cinq ans déjà, cet auteur était parvenu à la ~. / **viser** à la ~ *nach Ruhm streben:* Ce n'est pas à cause de l'argent qu'il a accepté la direction de cette association; il vise à la ~, c'est tout.
célibataire m *Junggeselle*
un ~ **endurci** *ein eingefleischter Junggeselle*
cendre f *Asche*
couver sous la ~ *unter der Asche (fig: Oberfläche) schwelen:* La haine du peuple a couvé plusieurs années sous la ~ avant de tourner en révolte ouverte. / faire **cuire** qc sous la ~ *etw in (der) Asche braten:* Venez nous voir ce soir, nous allons boire un coup de rouge au coin du feu et faire cuire quelques châtaignes sous la ~. / être **réduit** en ~s *eingeäschert werden; ein Raub der Flammen werden:* La vieille ferme a été réduite en ~s en moins d'une heure par ce terrible incendie. / laisser **tomber** de la ~ (sur) *(Zigaretten- usw.) Asche streuen (auf)* Attention! Tu as laissé tomber de la ~ sur ta belle chemise!
censure f *Zensur*
~ **préalable** *Vorzensur* / ~ **rigoureuse, sévère** *strenge Zensur*
abolir la ~ *die Zensur abschaffen:* La ~ n'a toujours pas été abolie dans ce pays.
centenaire m *hundertster Jahrestag*
fêter, célébrer le ~ (de) *das hundertjährige Bestehen (+ Gen) feiern; die Hundertjahrfeier begehen:* La ville se prépare à fêter le huitième ~ de sa fondation.
centrale f *Kraftwerk*
~ **atomique, nucléaire** *Atom-, Kernkraftwerk* / ~ **électrique** *Elektrizitätswerk, Kraftwerk* / ~ **hydraulique, hydro-électrique** *Wasserkraftwerk* / ~ **marémotrice** *Gezeitenkraftwerk* / ~ **solaire** *Solarkraftwerk, Sonnenkraftwerk* / ~ **thermique, thermo-électrique** *Wärmekraftwerk*
centre m *Zentrum, Mittelpunkt*
être au ~ (de) *1. im Zentrum (+ Gen) liegen; 2. im Mittelpunkt (+ Gen) stehen:* La ville de Madrid est au ~ de l'Espagne. Les problèmes didactiques ont été au ~ des discussions. / se **trouver, être, être situé** dans le ~ (de la ville) *im Stadtzentrum liegen:* Notre école se trouve dans le ~; c'est très commode pour s'y rendre en métro.
cercle m *Kreis, Zirkel (fig)*
~ **étroit** *kleiner Kreis:* Il ne fréquente qu'un ~ étroit de personnes. / ~ **fermé** *geschlossene Gesellschaft* / ~ **littéraire** *literarischer Kreis, Klub* / ~ **magique** *Zauberkreis, Bannkreis* / ~ **politique** *politischer Zirkel*
agrandir, élargir, étendre le ~ *den Kreis erweitern:* Depuis qu'il fréquente le club hippique, il a élargi d'un coup le ~ de ses relations. / un ~ se **constitue** *ein Zirkel, ein Kreis bildet sich:* Autour de Michèle Batam s'est constitué un ~ de jeunes écrivains. / **décrire** des ~s *Kreise ziehen:* Le vautour décrivait de grands ~s dans le ciel. / **entourer** qc d'un ~ *etw mit einem Kreis markieren, umranden:* J'ai entouré d'un ~ tous les articles qu'il nous faudrait immédiatement. / faire ~ autour de qn *sich um j-n scharen:* Les élèves de toute la classe firent ~ autour du nouveau venu. / **former** un ~ (autour de qn, qc) *einen Kreis bilden (um j-n, etw):* Les soldats formèrent un ~ autour du capitaine. / **imprimer, laisser** un ~ (sur qc)

einen Ring hinterlassen (auf etw): Regarde! Ta bouteille a imprimé un ~ sur la table! / le ~ se **resserre** *der Kreis wird enger:* La ville assiégée paraît perdue. Le ~ des assaillants se resserre. / **tracer** un ~ *einen Kreis zeichnen:* Il vaut mieux que vous traciez vos ~s avec un compas et non pas à la main.

cercle vicieux m *Teufelskreis*
être **pris** dans un ~ *sich in einem Teufelskreis befinden:* Sans permis de travail, pas de carte de séjour; sans carte de séjour, pas de permis de travail: en tant qu'étranger, on est parfois pris dans un ~ dont il est difficile de sortir. / **sortir** d'un ~ *aus einem Teufelskreis herauskommen:* De cette manière vous ne sortirez jamais de ce ~. / **tomber** dans un ~ *in einen Teufelskreis geraten:* Si nous agissons de la sorte, nous risquons de tomber dans un ~.

cercueil m *Sarg*
descendre le ~ *(dans la tombe) den Sarg (ins Grab) hinablassen:* Lorsque les quatre soldats descendirent le ~ du général dans la tombe, la musique commença à jouer sa marche favorite. / **mettre** qn dans un ~ *j-n in einen Sarg legen:* Deux messieurs d'une entreprise de pompes funèbres sont venus mettre le corps de la pauvre enfant dans un ~.

cérémonie f *Zeremonie*
~ **solennelle** *feierliche Zeremonie* une ~ est **célébrée** *eine Zeremonie findet statt:* La ~ religieuse *(kirchliche Trauung)* fut célébrée en l'église Sainte-Madeleine.

cerf m *Hirsch*
le ~ **brame** *der Hirsch röhrt:* C'est la première fois de ma vie que j'ai entendu bramer un ~.

cerf-volant m *(Papier)Drachen*
lancer un ~ *einen Drachen steigen lassen:* Au mois d'octobre, le grand-père allait régulièrement lancer des cerfs-volants avec ses petits-fils. C'était une tradition sacrée.

certificat m *Zeugnis*
délivrer un ~ *ein Zeugnis ausstellen:* Il faut que vous vous fassiez délivrer un ~ de nationalité à joindre à votre demande. / **présenter, produire, fournir** un ~ *ein Zeugnis vorlegen:* Si vous êtes absente plus de trois jours, vous devez présenter un ~ médical.

certitude f *Gewißheit*
~ **absolue; entière** ~ *absolute, völlige Gewißheit* / ~ **navrante** *schmerzliche Gewißheit* **avoir** la ~ (de) *sicher sein (zu):* Avez-vous la ~ d'avoir vu Monsieur Terme rue des Capucins?

cerveau m *(Ge)Hirn*
se **creuser,** se **pressurer,** se **fatiguer** le ~ *sich das Hirn zermartern; sich den Kopf zerbrechen:* Je me suis creusé le ~ pour trouver une solution, mais en vain. / cela lui a **détraqué** le ~ (F) *das hat ihn um den Verstand gebracht:* Le médecin lui a dit qu'il souffrait d'un cancer. Cela lui a détraqué le ~.

cervelle f *Hirn, Kopf (fig)*
se **brûler,** se faire **sauter** la ~ *sich eine Kugel durch den Kopf jagen, schießen:* Émile était aux abois lorsqu'il s'est brûlé la ~. / se **creuser** la ~ (F) *sich das Hirn zermartern, den Kopf zerbrechen:* Nous nous sommes creusé la ~ pendant trois jours, mais nous n'avons pas trouvé de solution. / qc me **trotte** dans la ~ (F) *etw geht mir im Kopf herum:* Cette idée lui trotte depuis longtemps dans la ~.

cessez-le-feu m *Waffenstillstand*
négocier un ~ *einen Waffenstillstand aushandeln:* Les deux parties ont négocié un ~ qui entrera en vigueur samedi à minuit. / **observer** le ~ *den Waffenstillstand einhalten:* Malheureusement, les troupes indiennes n'ont pas observé le ~. / **violer** le ~ *den Waffenstillstand brechen:* Les insurgés ont de nouveau violé le ~.

chacal m *Schakal*
le ~ **jappe** *der Schakal heult:* La nuit, nous avons entendu japper les ~s dans la prairie.

chagrin m *Kummer*
avoir un **grand, gros** ~ *tiefbetrübt, tiefbekümmert sein* / **petit** ~ *kleiner Kummer; pl kleine Nöte* / plonger qn dans un **profond** ~ *j-n sehr bekümmern* **causer, faire, donner** du ~ à qn *j-m Kummer bereiten, machen:* La nouvelle lui a causé du ~. / se **consumer,** se **ronger** de ~ *sich vor Kummer verzehren:* Depuis que son mari est mort, elle se consume littéralement de ~. / le ~ **consume, dévore, ronge** qn *der Kummer verzehrt j-n:* Après la mort de sa femme, le ~ le rongeait. / **être dévoré** de ~ *vom Kummer aufgezehrt werden:* La pauvre femme était dévorée de ~. / **mourir** de ~ *vor Kummer sterben:* Mon mari est mort, mort de ~. / **noyer** son ~ *seinen Kummer ersäufen:* Tu viens boire un verre avec moi? Je veux noyer mon ~. / **remplir** qn de ~ *j-n mit Trauer, Kummer erfüllen:* La nouvelle de sa mort m'a remplie de ~.

chahut m (F) *Krawall*
faire du ~ *Krawall machen:* Je n'ai pu noter les noms des trois gars qui ont fait tant de ~ dans le couloir.

chaîne[1] f *Kette*
briser, rompre ses ~s (fig) *die Ketten sprengen:* C'était une révolte désespérée. Le peuple ne réussit pas à briser ses ~s. / **faire** une ~ *eine Kette bilden:* «Faites la ~», cria le chef des pompiers. / **mettre** un animal à la ~ *ein Tier an die Kette legen:* Mettez cette bête à la ~, pour que je puisse entrer. / **tenir** un animal à la ~ *ein Tier an der Kette halten:* Les chiens qu'on tient constamment à la ~ deviennent méchants.

chaîne² f *Fließband*
travailler à la ~ *am Fließband arbeiten:* Mademoiselle Menuisier a travaillé à la ~ pendant vingt ans.
chaîne³ f *Programm (Fernsehen)*
capter une ~ *ein Programm empfangen:* Avec cette antenne, vous ne pourrez jamais capter plus de deux ~s.
chair f *Fleisch (bes. beim Menschen)*
~ **ferme** *festes Fleisch* | ~ **flasque, molle** *schlaffes Fleisch*
entrer, pénétrer dans les ~s *ins Fleisch eindringen:* Jacques s'est blessé en coupant du bois. La hache lui est profondèment entrée dans les ~s. | **labourer** les ~s *eine (große) Fleischwunde reißen:* La balle a labouré les ~s, mais la blessure n'est pas dangereuse.
chair de poule f *Gänsehaut*
avoir la ~ *eine Gänsehaut haben:* Couvre-toi, tu as la ~! | **donner** la ~ à qn *jemand bekommt, kriegt eine Gänsehaut (von):* La pensée de cette rencontre suffit pour me donner la ~.
chaise f *Stuhl*
~ **bancale, boiteuse** *wackeliger Stuhl* | ~ **électrique** *elektrischer Stuhl* | ~ **haute** *Kinderstuhl* | ~ **longue** *Liegestuhl* | ~ **paillée** *Stuhl mit Strohsitz* | ~ **pivotante** *Drehstuhl* | ~ **rembourrée** *Polsterstuhl* | ~ **roulante** *Rollstuhl*
approcher la ~ *den Stuhl näher rücken:* Approchez votre ~ qu'on corrige le texte ensemble. | être **assis** entre deux ~s *(fig) sich zwischen zwei Stühle gesetzt haben:* Mauricette a deux amoureux et ne sait pas lequel choisir: elle est assise entre deux ~s. | une ~ **boite** *ein Stuhl wackelt:* Attendez, cette ~ boite. Je vais mettre une cale sous le pied. | **offrir** une ~ à qn *j-m einen Stuhl anbieten:* Il ne m'a même pas offert de ~.
chaleur f *Hitze, Wärme*
~ **accablante, écrasante, étouffante, oppressante, suffocante** *drückende Hitze* | ~ **caniculaire** *Gluthitze; Hundstage* | **douce** ~ *angenehme Wärme* | ~ **éprouvante** *schwer zu ertragende Hitze* | les **fortes, grandes** ~s *die heißen Tage, hochsommerliche Hitze* | ~ **intense** *starke Hitze* | ~ **modérée** *mäßige Hitze* | ~ **moite** *feuchte Hitze* | ~ **torride** *glühende, brennende, sengende Hitze* | ~ **tropicale** *tropische Hitze* | ~ **vive** *große, starke Hitze*
conserver sa ~ *warm, heiß bleiben:* Dans les nouvelles casseroles en acier spécial, les mets conservent longtemps leur ~. | **craindre** la ~ *hitzeempfindlich sein; keine Hitze vertragen:* C'est un matériau qui craint la ~. | **crever** de ~ (F) *vor Hitze umkommen:* Les premiers jours au Maroc, j'ai cru crever de ~, mais on s'y habitue. | **dégager, donner, fournir** de la ~ *Hitze, Wärme abgeben:* Le nouveau radiateur dégage assez de ~ pour chauffer la chambre, même en plein hiver. | la ~ **endort** *die Hitze macht schläfrig:* La ~ l'endormait de sorte qu'il n'arrivait plus à se concentrer sur son travail. | **étouffer** de ~ *vor Hitze umkommen:* Ne pouvez-vous pas arrêter le chauffage? J'étouffe de ~. | **manquer** de ~ *(fig) es an Wärme fehlen lassen:* La dernière lettre de mon fils manquait de ~; c'est sans doute l'influence de cette femme. | **supporter** la ~ *(die) Hitze vertragen:* Je supporte très bien la ~, plus encore, je l'aime.
chambre f *Zimmer*
~ **gaie** *freundliches Zimmer* | ~ **indépendante** *Zimmer mit eigenem Eingang* | ~ **spacieuse** *geräumiges Zimmer*
arpenter la ~ *im Zimmer auf und ab gehen:* Le curé, après avoir reconduit la femme à la porte, retourna dans sa ~ et l'arpenta une heure entière. | **arranger** une ~ *ein Zimmer einrichten:* J'aimerais arranger ma ~ avec des meubles modernes. | **balayer** une ~ *ein Zimmer kehren, fegen:* Va balayer ta ~ avant de passer l'aspirateur! | **faire** ~ **à part** *getrennt schlafen:* Ma femme souffre d'insomnies; aussi avons-nous préféré faire ~ à part. | **faire** ~ *das Zimmer aufräumen:* Je ne peux pas encore sortir. Il faut d'abord que je fasse ma ~. | **garder** la ~ *das Zimmer hüten müssen:* Le médecin a ordonné à mon mari de garder la ~ trois jours. | **monter** dans sa ~ *aufs Zimmer gehen:* Madeleine monta dans sa ~ et s'enferma à clé. | **ranger** sa ~ *sein Zimmer aufräumen:* As-tu déjà rangé ta ~? | **retenir** une ~ *ein Zimmer bestellen:* Est-ce que vous vous chargerez de me faire retenir une ~?
champ m *Feld*
en **plein** ~ *auf freiem Felde*
couper à travers ~ *über die Felder gehen (um den Weg abzukürzen); querfeldein gehen:* Pour avancer plus vite, Pierre coupa à travers ~. | **labourer** un ~ *ein Feld pflügen:* Je n'ai pas encore pu labourer mes ~s. | **tomber, mourir** au ~ d'honneur *auf dem Feld der Ehre fallen:* Le président évoqua par des paroles touchantes le souvenir des camarades tombés au ~ d'honneur.
champagne m *Champagner, Sekt*
~ **brut** *sehr trockener, herber Champagner* | ~ **demi-sec** *halbsüßer Champagner* | ~ **frappé** *eisgekühlter Champagner* | ~ **sec** *trockener Champagner*
frapper le ~ *Sekt kaltstellen:* Nous avons frappé le ~. Restez encore un peu.
champignon¹ m *Pilz*
~ **comestible** *eßbarer Pilz; Speisepilz* | ~ **toxique, vénéneux** *giftiger Pilz; Giftpilz*
aller aux ~s (F) *Pilze sammeln gehen:* Pendant les vacances, nous sommes allés aux ~s pres-

que chaque jour. / les ~s **poussent** *die Pilze wachsen, schießen aus dem Boden:* Après les pluies abondantes du week-end, les ~s ont poussé partout dans la forêt. / **pousser** comme des ~s *wie Pilze aus der Erde schießen:* Il y a cinq ans, la vallée était tranquille. Maintenant, les hôtels poussent comme des ~s. / **ramasser, cueillir** des ~s *Pilze sammeln:* Il a plu cette nuit. Allons ramasser des ~s.

champignon[2] m (F) *Gaspedal*
appuyer sur le ~ *auf die Tube drücken* (F): Il faut que tu appuies sur le ~, sinon on arrivera tard. / **enfoncer** le ~; **appuyer à fond** sur le ~ *das Gaspedal durchtreten:* Jules enfonça le ~ pour se débarrasser de ses poursuivants, mais ceux-ci s'approchaient petit à petit.

champion m *Vorkämpfer*
se **faire** le ~ de qc *sich für eine Sache einsetzen; für eine Sache kämpfen:* Madame Dubocq s'est faite la championne du mouvement féministe.

championnat m *Meisterschaft*
remporter, gagner un ~ *eine Meisterschaft gewinnen:* Boris Koutskoff a remporté le ~ du monde.

chance f *Glück, Chance*
bonne ~! *viel Glück!* / ~ **insolente** *unverschämtes Glück* / **mauvaise** ~ *Pech* / une **sacrée** ~ *ein verdammtes Glück*
avoir de la ~ *Glück haben:* On vous a vendu le terrain pour un million? Vous avez eu de la ~. / il **y a** de fortes, beaucoup de, de grandes ~s (pour) que ... *es bestehen gute Aussichten, Chancen, daß ...:* La décision n'est pas encore prise, mais il y a de fortes ~s que votre projet passe. / il **y a** peu de ~s (pour) que ... *es besteht wenig Aussicht, daß ...:* Il y a peu de ~s que son projet obtienne la majorité nécessaire. / il **y a** une ~ sur deux *die Chancen stehen gleich, fifty fifty:* On ne peut pas encore dire comment l'affaire sera décidée. Il y a une ~ sur deux en notre faveur. / **calculer, évaluer** ses ~s *seine Chancen ausrechnen:* Après avoir calculé nos ~s, nous avons retiré notre offre. / **donner, laisser** sa ~ à qn *j-m eine Chance geben:* Je ne crois pas que Claude Chamalier réussisse. Mais il faut quand même lui donner sa ~. / **mettre** la ~ de son côté *das Glück auf seine Seite bringen:* Monsieur Fourrier a mis la ~ de son côté et obtenu le poste contre toute attente. / **porter** ~ à qn *j-m Glück bringen:* Cette saloperie ne lui portera pas ~. / **profiter** d'une ~ *eine Chance nutzen, wahren, wahrnehmen:* Pourquoi n'avez-vous pas profité de cette ~ unique? / **souhaiter** bonne ~ à qn *j-m (viel) Glück wünschen:* Je vous souhaite bonne ~ dans la solution de ces problèmes. / la ~ lui **sourit** *ihm lacht das Glück; das Glück ist ihm hold:* Toute sa vie, la ~ lui a souri. / **tenter,**

courir sa ~ *sein Glück versuchen:* Allez, Mesdames, Messieurs, du courage! Tentez votre ~! / la ~ a **tourné** *das Blatt, Glück hat sich gewendet:* Philippe croit toujours qu'il peut compter sur l'appui de son patron, mais il se trompe. La ~ a tourné. / la ~ a **voulu** que ... *der Zufall wollte, fügte es, daß ...:* La ~ a voulu que nous tombions sur cette villa en Bretagne.

change m *Tausch*
gagner au ~ *einen guten Tausch machen:* Nous avons un nouveau locataire et j'ai l'impression que nous avons gagné au ~. / **perdre** au ~ *einen schlechten Tausch machen:* J'ai vendu ma Peugeot et acheté une Toyota. Mais je crois avoir perdu au ~.

changement m *(Ver)Änderung, Abwechslung*
de **profonds** ~s *tiefgreifende Veränderungen* / ~ **radical** *radikale, durchgreifende Veränderung* / ~ **subit** *schlagartige Änderung*
aimer le ~ *die Abwechslung lieben:* Claude-Pierre aime le ~. Il se mariera demain pour la quatrième fois. / **apporter** un ~ *zu einer Veränderung führen:* La dernière crise économique a apporté de profonds ~s. / **subir** des ~s *Veränderungen erfahren:* Votre projet a été adopté, mais il a subi d'importants ~s.

chanson f *Lied*
~ **bachique** *Trinklied* / ~ **égrillarde, grivoise** *freches, anzügliches Lied* / **vieilles** ~s **folkloriques** *alte Volksweisen* / ~ **populaire** *Volkslied* / ~ **satirique** *Chanson*
chanter une ~ *ein Lied singen:* En approchant de la maison, il chantait une vieille ~ presque oubliée. / comme **dit** la ~ *wie es im Lied heißt:* «Maman a pleuré, huit longs jours entiers, ...»; comme dit la ~. / **être** toujours la même ~ (fig) *die alte Leier, das alte Lied sein:* J'ai proposé une solution, mais puisqu'elle ne vient pas du patron, elle sera sans doute inacceptable. C'est toujours la même ~. / **siffler** une ~ *ein Lied pfeifen:* Écoute la belle ~ que le merle siffle.

chant m *Gesang, Lied*
~ **choral** *mehrstimmiger Gesang; Chorgesang* / ~ **patriotique** *vaterländisches Lied* / ~ **populaire** *Volkslied* / ~ **religieux, sacré** *Kirchenlied*
apprendre le ~ *Gesang studieren:* Notre fille apprend le ~ au Conservatoire.

chantage m *Erpressung*
céder au ~ *sich erpressen lassen:* Si vous cédez au ~, l'auteur de cette lettre anonyme recommencera son jeu. / **faire** du ~ à qn; se **livrer** à un ~ sur qn *j-n erpressen:* Cet individu a essayé de me faire du ~.

chaos m *Chaos*
semer, créer le ~ *ein Chaos verbreiten:* Dès que Lagarriage arrive avec ses projets de

réorganisation du service, il sème le ~ autour de lui.

chapeau m *Hut*
un ~ **va** à qn *ein Hut steht j-m:* Je trouve que le ~ vert ne te va pas tellement. / **donner** un coup de ~ (à qn) *(vor j-m) seinen Hut ziehen, lüften:* Rencontrant le maire, il lui donna un coup de ~, mais ne dit rien. / **enfoncer** son ~ sur ses yeux, sur sa tête *den Hut tief ins Gesicht ziehen:* Il prit son ~, l'enfonça sur ses yeux et partit. / **garder** son ~ *seinen Hut aufbehalten:* Permettez que je garde mon ~, j'ai mal aux oreilles. / **mettre** un, son ~ *einen, seinen Hut aufsetzen:* Mets ton ~ de paille, sinon tu attraperas un coup de soleil. / **ôter, enlever, retirer** son ~ *seinen Hut abnehmen:* Ôtez votre ~ pour que j'examine la plaie. / **saluer** (qn) ~ bas *sich tief verneigen (vor j-m):* Le préfet salua ~ bas et se retira. / **tirer** son ~ à qn *vor j-m den Hut ziehen (bes. fig):* Il faut tirer son ~ à cette courageuse jeune fille qui a sauvé ses deux frères de l'incendie.

chapelet m *Rosenkranz*
dire, réciter son ~ *den Rosenkranz beten:* La pauvre femme récitait son ~ en pleurant. / **égrener** son ~ *seinen Rosenkranz herbeten:* Sans bruit, la vieille religieuse égrenait son ~.

charbon m *Kohle*
abattre, extraire du ~ *Kohle abbauen, fördern:* Le ~ qu'on abat dans cette région est d'une qualité exceptionnelle. / **être** sur des ~s (ardents) *(fig) wie auf (glühenden) Kohlen sitzen:* Je suis sur des ~s ardents, car je ne sais pas si j'ai réussi à mon examen.

charge¹ f *Last (auch fig), Belastung*
~ **accablante** *drückende Last* / ~ **admissible** *höchstzulässige Belastung* / ~ **excessive** *zu hohe Last* / ~ **fiscale** *Steuerlast* / **lourde** ~ *schwere Belastung; drückende Last* / ~ **pesante** *schwere, drückende Last* / ~s **sociales** *Soziallasten* / ~ **utile** *Nutzlast*
alléger une ~ *eine Last, Belastung verringern:* En rationalisant rigoureusement, nous sommes parvenus à alléger les ~s qui pèsent sur les coûts de fabrication. / **crouler** sous la ~ *unter der Last zusammenbrechen:* Le toit croule sous la ~ de la neige. / **être à** ~ à qn *j-m zur Last fallen:* Ses enfants lui avaient proposé de la prendre chez eux; mais elle refusait toujours, ayant peur de leur être à ~. / **être à la** ~ de qn *1. j-m zur Last fallen; von j-m unterhalten werden;* 2. *zu j-s Lasten gehen:* Il ne voulait pas être à la ~ de ses enfants, c'est pourquoi il entra dans une maison de retraite. Les frais de transport seront à votre ~. / **fléchir** sous une ~ *unter einer Last nachgeben:* Le mineur, secoué par des tremblements, fléchit sous la ~ énorme. / une ~ **pèse** sur, **alourdit** qc *eine Last, Belastung liegt auf etw:* Les ~s sociales qui pèsent sur notre budget nous obligent à majorer nos tarifs.

charge² f *Amt*
~ **honorifique** *Ehrenamt*
appeler qn à une ~ *j-n in ein Amt berufen:* Le général Abier a été appelé à la ~ d'inspecteur de l'armée de terre. / se **démettre** de ses ~s *seine Ämter niederlegen:* Le directeur Finet s'est démis de ses ~s.

charge³ f *Aufgabe, Auftrag*
s'**acquitter** d'une ~ *sich einer Verpflichtung entledigen:* J'aimerais m'acquitter de cette lourde ~ si possible avant la fin de cette année. / **avoir** (la) ~ de ... *den Auftrag haben zu ...:* Monsieur Lanterre a ~ d'examiner l'ensemble du dossier. / **confier** à qn la ~ de ... *j-m die Aufgabe übertragen zu ...:* Nous avons confié à notre secrétaire général la ~ d'organiser le congrès. / **prendre** qc en ~ *etw übernehmen; sich einer Sache annehmen:* Je prendrai en ~ le transport et le dédouanement. / **prendre** qn en ~ *1. j-n mitnehmen (z. B. im Taxi); 2. sich j-s annehmen:* Vous devez absolument prendre en ~ ce pauvre gamin qui n'a ni parents ni amis.

charme m *Charme, Reiz, Zauber, Bann*
~ **acide** *herber Charme* / ~ **enchanteur** *berückender Charme* / ~ **indéfinissable** *unerklärlicher Reiz* / ~ **invincible, irrésistible** *unwiderstehlicher Charme* / ~ **naturel** *angeborener Charme* / ~ **secret** *verborgener Reiz*
avoir du ~ *Charme haben:* Cette jeune fille a vraiment du ~. / **avoir son** ~ *seinen Reiz haben:* Un voyage en groupe peut aussi avoir son ~. / **être sous le** ~ **de** qn; **subir le** ~ **de** qn *in j-s Bann stehen; j-n anhimmeln:* Mauricette est complètement sous le ~ du moniteur de ski. / **faire** du ~ à qn *j-n bezirzen wollen* (F): Inutile de faire du ~ à Robert. Il est déjà pris. / **ne pas manquer** de ~ *nicht ohne Reiz sein:* Ce roman ne manque quand même pas de ~. / **rompre** le ~ *den Zauber brechen:* Philippe et Doris se sont disputés sérieusement. Je crois qu'entre eux le ~ est rompu. / **succomber** au ~ de qn, qc *j-s Charme, dem Charme einer Sache erliegen:* Il avait bien décidé de rester indifférent, mais sa compagne était si séduisante qu'il ne tarda pas à succomber à son ~. / **tenir** qn sous son ~ *j-n in seinem Bann halten, in seinen Bann schlagen:* Le professeur tient tous les étudiants sous son ~.

chasse f *Jagd, Verfolgung*
donner la ~ à (un avion, etc.) *sich an die Verfolgung (eines Flugzeugs usw.) machen:* Deux avions ennemis ont donné la ~ à l'avion de reconnaissance. / **faire** la ~ à (un animal) *auf (ein Tier) Jagd machen:* Pendant des semaines, les paysans avaient en vain fait la ~ à cet animal étrange qu'on disait être un loup monstrueux. / **faire** la ~ à qn *j-n jagen, ver-*

folgen: Tous les flics de Paris ont fait la ~ au meurtrier de la fille publique. / se **mettre** en ~ (pour trouver qc, qn) *sich auf die Suche (nach etw, j-m) machen:* Tous ses amis se sont mis en ~ pour lui trouver une voiture bon marché. / la ~ est **ouverte** *die Jagd geht, ist auf ...:* La ~ au chevreuil sera ouverte à partir du premier août. / **partir, aller** à la ~ *auf die Jagd gehen:* En automne, mon mari va tous les dimanches à la ~ au lapin. / **pratiquer** la, **faire** de la ~ sous-marine *unter Wasser jagen:* Pendant les vacances, j'ai l'intention de faire de la ~ sous-marine; il paraît que c'est un sport passionnant. / **prendre** qn, qc en ~ *j-n, etw verfolgen:* Les agents de police prirent la Fiat blanche en ~.

chat m *Katze, Kater*
   châtrer un ~ *einen Kater kastrieren:* Nous avons fait châtrer notre ~. Maintenant il reste à la maison. / le ~ **miaule** *die Katze miaut:* Je hais ces ~s qui miaulent chaque nuit sous ma fenêtre. / le ~ **ronronne** *die Katze schnurrt:* Le ~ sauta sur mes genoux et commença immédiatement à ronronner.

château m *Burg, Schloß*
   ~ **fort, fortifié** *Burg* / ~ **hanté** *Spukschloß*

châtiment m *Züchtigung, Strafe*
   ~ **corporel** *körperliche Züchtigung; Prügelstrafe*

chauffage m *Heizung*
   ~ **central** *Zentralheizung* / ~ **urbain** *Fernheizung*
   arrêter le ~ *die Heizung abdrehen, abstellen:* Si vous arrêtez le ~ avant de partir, vous économiserez de l'énergie. / **baisser** le ~ *die Heizung zurückdrehen, kleiner stellen:* Permettez-vous que je baisse le ~? Il fait très chaud ici. / **mettre** le ~ *die Heizung anstellen, anmachen:* Vous avez froid? Alors, mettez le ~.

chaussée f *Fahrbahn, Straße*
   ~ **bombée** *gewölbte Fahrbahn* / ~ **défoncée** *Fahrbahn mit Schlaglöchern* / ~ **empierrée** *Schotterstraße* / ~ **glissante** *rutschige, glatte Fahrbahn* / ~ **goudronnée** *Teerstraße* / ~ **pavée** *gepflasterte Straße*
   traverser la ~ *die Fahrbahn überqueren:* J'ai failli me faire écraser par une moto en traversant la ~.

chaussure f *Schuh*
   ~s **basses** *Halbschuhe* / ~s **déformées, éculées** *ausgetretene, schiefgetretene Schuhe* / ~s **étroites** *enge Schuhe* / **grosses** ~s *derbe Schuhe; grobes Schuhwerk* / ~s **montantes** *hohe Schuhe* / ~s **percées** *durchlöcherte Schuhe* / ~s **usées** *abgetragene Schuhe*
   astiquer, briquer des ~s *Schuhe polieren:* Laissez sécher le cirage avant d'astiquer vos ~s. / les ~s **brillent** *die Schuhe glänzen:* En Argentine, les ~s des caballeros doivent briller, même si elles sont en lambeaux. / **brosser** des ~s *Schuhe bürsten:* Dis donc, tu as ciré tes ~s avant de les brosser? / **cirer** les ~s *die Schuhe eincremen, wichsen:* Pelouse était en train de cirer ses ~s, lorsque son ami Pelletier vint le chercher. / **délacer** ses ~s *die Schuhe aufschnüren, aufmachen:* Mon père souffre d'un rhumatisme tel qu'il est incapable de délacer lui-même ses ~s. / **enlever** ses ~s *seine Schuhe ausziehen:* Pouvez-vous enlever vos ~s, s'il vous plaît? / **essayer** des ~s *Schuhe (an)probieren:* Essayez encore ces ~s-là. / **faire** ses ~s *die Schuhe putzen:* Les enfants, faites vos ~s. / les ~s me **gênent** *die Schuhe drücken:* J'ai mal aux pieds, mes nouvelles ~s me gênent. / **lacer** ses ~s *sich die Schuhe binden:* Hélène laça ses ~s, prit son sac à dos et se mit en route vers la montagne. / **mettre** des (ses) ~s *(seine) Schuhe anziehen:* Elle mit ses ~s, prit son manteau et s'en alla sans mot dire.

chemin m *Weg (auch fig)*
   ~s **battus**, tout **tracés** *(fig) eingefahrene Wege* / ~ **boueux** *schmutziger Weg* / ~ **cahotant, raboteux** *holp(e)riger Weg* / ~ **caillouteux, pierreux, rocailleux** *steiniger Weg* / ~ **carrossable** *Fahrweg* / ~ **creux** *Hohlweg* / ~ **défoncé** *grundloser Weg* / ~ **détrempé** *aufgeweichter Weg* / ~ **forestier** *Waldweg* / ~ **fréquenté** *stark befahrener, belebter Weg* / ~ **impraticable (praticable)** *ungangbarer, unpassierbarer (gangbarer, passierbarer) Weg* / ~ **malaisé** *unbequemer Weg* / **mauvais** ~ *falscher Weg* / ~ **pénible** *beschwerlicher Weg* / ~ **sinueux, tortueux** *gewundener Weg* / ~ **transversal** *Seitenweg* / ~ **vicinal** *Gemeindeweg*
   abréger le ~ *den Weg abkürzen:* Nous pouvons abréger le ~ par ce petit sentier. / **aller, passer** son ~ *(unbeirrt) seines Weges gehen (bes. fig):* Son fils est étonnant. Il va son ~ sans s'occuper de toutes les critiques. / **s'arrêter, rester** en ~ *auf halbem Weg stehenbleiben (auch fig):* Henri ne termine jamais ce qu'il commence. Il s'arrête toujours en ~. / **baliser** un ~ *einen Weg markieren:* Il faudrait que le ~ soit balisé de ces catadioptres. / **continuer** son ~ *seinen Weg fortsetzen (auch fig):* Bien que malade, Paul Brice continua son ~ comme si de rien n'était. / son ~ **croise** le mien *unsere Wege kreuzen sich:* En 1967, son ~ croisa de nouveau le mien. / **demander** le, son ~ à qn *nach dem Weg fragen:* J'ai demandé le ~ à une dizaine de personnes avant d'être renseigné valablement. / **s'écarter** du ~ *vom Weg abweichen:* Ne vous écartez pas du ~ entre le col des Suisses et le refuge, car vous risquez de vous égarer. / **s'écarter** du **droit** ~ *(fig) vom rechten Weg abweichen:* J'ai l'impression que le fils aîné de ma cousine s'écarte de plus en plus du droit ~. / **être** en ~ *unterwegs sein:* Votre

chemin de fer

perceuse est déjà en ~ et arrivera vers le 15 en vos usines. / **être** sur le **bon** ~ *auf dem richtigen Wege sein* (*bes. fig*): Avec vos recherches, vous êtes sur le bon ~. / **faire du** ~ *vorwärts kommen* (*bes. fig*): Jean a fait du ~ en ces quelques années. / **faire son** ~ (*fig*) *seinen Weg machen:* Agnès fera son ~. Elle sait ce qu'elle veut. / **faire** un ~ **à pied** *einen Weg zu Fuß gehen:* J'ai fait tout le ~ à pied. / **un** ~ **mène à** ... *ein Weg führt nach* ...: Tous les ~s mènent à Rome. / **se mettre en** ~ *sich auf den Weg machen:* Il faut qu'on se mette en ~. Il se fait tard. / **se mettre sur le** ~ **de qn; barrer** le ~ **à qn** *sich j-m in den Weg stellen* (*auch fig*): Si Monsieur Cavalier réalise ce projet, je me mettrai sur son ~. / **montrer** le, son ~ **à qn** *j-m den Weg zeigen, weisen:* Ève, veux-tu montrer le ~ du marché à ce monsieur, s'il te plaît? / **s'ouvrir, se frayer** un ~ (à travers) *sich einen Weg bahnen* (*durch*): Elle s'est ouvert un ~ avec peine à travers la foule des manifestants. / **passer** par, **prendre** un autre ~ *einen anderen Weg gehen, nehmen:* Au retour, nous sommes passés par un autre ~. / **un** ~ **passe** par (un lieu) *ein Weg führt, geht über* (*einen Ort*): Ce ~ passe par Luruns. / **perdre** son ~ *sich verirren:* Dites, vous savez où se trouve le refuge de Montluc? J'ai perdu mon ~. / **prendre** un ~ *einen Weg einschlagen* (*auch fig*): C'est Monsieur Hernandez qui m'a conseillé de prendre ce ~. / **prendre** le ~ **de** ... *den Weg nach* ... *einschlagen:* Sans savoir pourquoi, Marius prit le ~ d'Amboise et allongea le pas. / **prendre** le **mauvais** ~ *den falschen Weg einschlagen* (*auch fig*): C'est sans doute au carrefour du Bois de Vincennes que nous avons pris le mauvais ~. / **rentrer** dans le **droit** ~ (*fig*) *wieder auf den rechten Weg kommen:* Je suis sûr que le jeune accusé rentrera dans le droit ~. / **rester** dans, **suivre** le **droit** ~ (*fig*) *auf dem rechten Weg bleiben:* Dans les grandes villes, il n'est pas facile pour nos jeunes gens de rester dans le droit ~. / **retrouver** son ~ *auf den Weg zurückfinden* (*auch fig*): Nous avons retrouvé notre ~ après de nombreuses difficultés. / **suivre** un ~ *einen Weg beschreiten* (*auch fig*): Elle a toujours suivi le ~ de la vertu. / **tracer** le ~ **à qn** (*fig*) *j-m einen Weg vorzeichnen, weisen, zeigen:* Votre père vous a tracé le ~, vous n'avez qu'à le suivre.

chemin de fer m *Eisenbahn*

prendre le, **aller** en ~ *mit der Eisenbahn fahren:* Est-ce que vous prendrez le ~ ou l'avion?

cheminée f *Kamin*

ramoner une ~ *einen Kamin kehren; einen Schornstein fegen:* Les ~s doivent être ramonées quatre fois par an. / **une** ~ **tire** *ein Kamin zieht:* Il y a quelque chose qui ne va pas dans notre ~. Elle ne tire pas du tout.

chemise f *Hemd*

amidonner une ~ *ein Hemd stärken:* Dis donc, les ~s modernes, tu n'as pas besoin de les amidonner! / **changer** de ~ *ein anderes Hemd anziehen:* Je ne suis pas encore prêt, j'aimerais changer de ~ avant de repartir. / **donner** sa dernière ~ (*fig*) *sein letztes Hemd herschenken:* Cet homme, c'est vraiment une bonne nature. Il donnerait sa dernière ~. / **mettre** une ~ *ein Hemd anziehen:* Mets une ~ bleu clair, elle ira mieux avec ton costume marine. / **ôter, quitter** sa ~ *sein Hemd ausziehen:* Ôtez votre ~ pour que je puisse vous ausculter. / **rentrer** sa ~ dans son pantalon *das Hemd in die Hose stecken:* Marcel, rentre ta ~ dans ton pantalon!

chèque m *Scheck*

~ **bancaire** *Bankscheck* / ~ **postal** *Postscheck* **accepter** un ~ *einen Scheck annehmen:* Malheureusement, nous n'acceptons pas de ~. / **barrer** un ~ *einen Scheck zum Verrechnungsscheck machen:* Il est préférable de barrer un ~ qu'on joint à une lettre. / **encaisser** un ~ *einen Scheck einlösen:* Nous ne pouvons pas encaisser votre ~ étant donné qu'il ne porte pas de date. / **faire, émettre, tirer** un ~ (sur qn) *einen Scheck* (*auf j-n*) *ausstellen:* Vous n'avez pas assez d'argent sur vous? Alors, faites un ~, je l'accepterai volontiers. / **payer** par ~ *per, durch Scheck bezahlen:* Nous préférons que vous payiez par ~ et non pas en espèces. / **présenter** un ~ *einen Scheck vorlegen:* N'oubliez pas de présenter le ~ à la banque avant la fin de la semaine.

cheval m *Pferd*

~ **blanc** *Schimmel* / ~ **doux** *sanftes, frommes Pferd* / ~ **étique** *magerer Klepper* / ~ **fougueux, fringant** *feuriges Pferd* / ~ **gris pommelé** *Apfelschimmel* / ~ **noir** *Rappe* / ~ **ombrageux** *scheues Pferd* / ~ **poussif** *kurzatmiger alter Klepper* / ~ **racé** *Rassepferd* / ~ **rétif** *störrisches Pferd*
aller, monter à ~ *reiten:* Pour pouvoir participer à cette expédition en Amérique du Sud, il faut que vous appreniez à monter à ~. / **atteler** un ~ *ein Pferd einspannen:* Tu as déjà attelé les chevaux. Alors mettons-nous en route! / **brider** un ~ *ein Pferd aufzäumen:* Angélique, va brider les chevaux, j'arriverai dans un quart d'heure. / **un** ~ **se cabre** *ein Pferd steigt, bäumt sich auf:* Le ~ de ma fille s'est cabré et elle est tombée sur la chaussée. / **descendre** de ~ *absitzen; vom Pferd steigen:* Pas la peine de descendre de ~. On continue dans quelques minutes. / **un** ~ **écume** *ein Pferd schäumt:* Le cavalier éperonna son ~ jusqu'à ce que celui-ci écume. / **un** ~ **s'effarouche, s'effraie** *ein Pferd scheut:* Faites attention, ce ~ s'effarouche facilement. / **élever** des chevaux *Pferde züchten:* Jean-

Claude Leclanché a abandonné l'élevage des bovins. Il ne fait plus qu'élever des chevaux, ce qui est bien plus rentable pour lui. / un ~ s'**emballe** *ein Pferd geht durch:* Henri Penaud a été grièvement blessé la semaine dernière lorsque son ~ s'est emballé au Bois de Boulogne. / **enfourcher** un ~ *aufsitzen:* Le baron sortit solennellement du château, enfourcha son ~ et quitta la cour. / **éperonner** un ~ *einem Pferd die Sporen geben:* N'éperonnez pas trop votre ~, il va se fatiguer trop tôt. / **étriller, panser** un ~ *ein Pferd striegeln:* Chaque soir, il étrillait le ~ de son frère comme si c'était le sien. / **faire** du ~ *reiten* (= *Reitsport betreiben*): Joëlle fait du ~ en été et du ski en hiver. / **ferrer** un ~ *ein Pferd beschlagen:* Le paysan mena ferrer ses deux chevaux chez le forgeron. / un ~ **hennit** *ein Pferd wiehert:* Soudain, elle entendit hennir le ~ de son mari à l'entrée du château. / **monter** un ~ *reiten:* Je n'ai jamais monté un ~. / **parcourir** qc à ~ *etw abreiten:* Chaque jour, l'hidalgo andalou parcourait ses terres à ~, fier de ce qu'il avait réussi. / un ~ **part** au galop *ein Pferd galoppiert los:* Tout à coup, mon cheval partit au ~. / **passer** à ~ *vorbeireiten:* Deux officiers viennent de passer à ~ devant notre maison. / un ~ **rue** *ein Pferd schlägt aus:* Ne t'approche pas trop de ce ~, car il rue quand il est énervé.

chevalier m *Ritter*
armer qn ~ *j-n zum Ritter schlagen:* Edmund Hillary, après avoir vaincu le premier le mont Everest, fut armé ~ par la reine d'Angleterre. / être **nommé** ~ *zum Ritter ernannt werden:* À la fin de sa vie diplomatique, Charles Potier fut nommé ~ de la Légion d'honneur.

cheveu m *Haar*
~x **abondants** *üppige Haare* / ~x **blonds** *blondes Haar* / ~x **bouclés** *lockiges Haar; Lockenhaar* / ~x **brillants, lustrés** *glänzende Haare* / ~x **bruns** *braunes Haar* / ~x **carotte** *feuerrote Haare* / ~x **cendrés** *aschblondes Haar* / ~x **clairsemés** *schütteres, spärliches Haar* / ~x **crépus** *Kraushaar* / ~x **défaits** *lose Haare* / ~x **dociles** *schmiegsames Haar* / ~x **drus, épais** *dichtes Haar* / ~x **ébouriffés** *zerzauste, wirre Haare* / ~x **embroussaillés, emmêlés** *struppige Haare* / ~x **épars** *wirres Haar* / **faux** ~x *falsche Haare* / ~x **fins** *feine Haare* / ~x **flottants** *wehende Haare* / ~x **fourchus** *gespaltene Haarspitzen* / ~x **frisés** *lockiges Haar; Kraushaar* / ~x **gras** *fettiges Haar* / ~x **gris** *graues Haar* / ~x **grisonnants** *graumeliertes, leicht ergrautes Haar* / ~x **hirsutes** *wirre, struppige, zottelige Haare* / ~x **indisciplinés** *widerspenstige Haare* / ~x **ondulés** *welliges, gewelltes Haare* / ~x **plaqués** *angeklatschte Haare* / ~x **plats, raides** *glatte Haare* / ~x **rares** *dünnes, spärliches, schütteres Haar;* avoir le ~ **rare** (*auch:*) *wenig Haare haben* / ~x **ras, rasés** *kurzgeschorene Haare* / ~x **roux** *rote Haare* / ~x **secs** *trockene, spröde Haare* / ~x **souples** *weiches Haar* / ~x **soyeux** *seidenweiches Haar* / ~x **ternes** *glanzlose Haare* / ~x **vigoureux** *kräftiges, starkes Haar* / ses **vrais** ~x *ihre eigenen Haaren*
les ~ s'**argentent** *die Haare werden grau:* Dis donc, tes ~x commencent déjà à s'argenter. / s'**arracher** les ~x *sich die Haare raufen:* Il s'est arraché les ~x en voyant que le train était déjà parti. / **arranger** les ~x *die Haare richten:* J'aimerais me faire arranger les ~x avant d'aller au bal. / les ~x **blondissent** *die Haare werden heller:* En été, mes ~x blondissent beaucoup. / **couper** les ~x *die Haare schneiden:* Il faut absolument que tu te fasses couper les ~x. / **couper** les ~x en quatre (*fig*) *Haare spalten:* Je n'aime pas qu'on coupe les ~x en quatre. / se **crêper** les ~x *sich die Haare toupieren:* Je trouve qu'elle se crêpe les ~x de manière excessive. / se faire **décolorer** les ~x *sich die Haare bleichen lassen:* As-tu vu Madame Lavigne? Elle s'est fait décolorer les ~x! / faire **dresser** les ~x sur la tête de qn (*fig*) *j-m die Haare zu Berge stehen lassen:* Le bras humain accroché à la locomotive me fit dresser les ~x sur la tête. / les ~x s'**éclaircissent** *die Haare lichten sich:* Tiens, mon vieux, tes ~x commencent à s'éclaircir. / il s'en **faut** d'un, cela ne **tient** qu'à un ~ (*fig*) *um ein Haar:* Il s'en est fallu d'un ~ que le bateau ne chavire. / **lisser** les ~x de qn *j-s Haar(e) glattstreichen:* En sortant de l'eau, elle lissa ses ~x des deux mains. / **peigner** ses ~x *sich die Haare kämmen:* Yvonne, chaque matin, passe une demi-heure à peigner ses ~x. / les ~x **poussent** *die Haare wachsen:* Après cette maladie, elle avait perdu ses ~x; mais maintenant, ils commencent à repousser. / **relever** ses ~x (*sich*) *die Haare hochstecken, aufstecken:* Moi, à ta place, je relèverais mes ~x. / **teindre** les ~x (en blond, roux, etc.) *sich die Haare (blond, rot usw.) färben:* T'as vu Madame Rotonde? Elle s'est teint les ~x! / être **tiré** par les ~x (*fig*) *an den Haaren herbeigezogen sein:* Les prétextes qu'il a invoqués pour ne pas se rendre à cette soirée étaient vraiment tirés par les ~x. / les ~x **tombent** *die Haare fallen aus:* Zut! Mes ~x commencent déjà à tomber. / **toucher** un ~ de la tête de qn *j-m ein Haar krümmen:* Si vous touchez un ~ de sa tête, vous aurez affaire à moi.

cheville f *Knöchel*
arriver à la ~ de qn *j-m bis zum Knöchel reichen; knöchellang sein:* Je me suis acheté une jupe qui m'arrive à la ~. / se **fouler** la ~ *sich den Knöchel verstauchen:* Il a trébuché dans l'escalier et s'est foulé la ~. / se **tordre** la ~ *sich*

chèvre

den Knöchel verrenken: Tu ne devrais pas mettre ces chaussures à talons hauts pour cette promenade; tu risques de te tordre la ~ car le chemin est cailouteux.

chèvre f *Ziege*
la ~ **bêle, béguète** *die Ziege meckert:* Je n'ai pas fermé l'œil la première nuit dans le chalet, à cause des ~s qui bêlaient.

chic m *Schick*
avoir du ~ *Schick haben:* Madame Lolin a du ~, c'est vrai. Mais à y regarder de plus près, elle est laide. / ne pas **manquer** de ~ *recht schick sein:* Ce costume ne manque pas de ~.

chien m *Hund*
~ **abandonné** *herrenloser Hund* / ~ **bâtard** *Mischlingshund; Mischrasse* / ~ **enragé** *tollwütiger Hund* / ~ **errant, vagabond** *streunender Hund* / ~ **méchant** *bissiger Hund* / ~ **perdu** (sans collier) *herrenloser Hund* / ~ **savant** *abgerichteter, dressierter Hund* / ~ **trouvé** *zugelaufener Hund*
le ~ **aboie** *der Hund bellt:* Chien qui aboie ne mord pas. (*Hunde, die bellen, beißen nicht.*) / **dresser** un ~ *einen Hund abrichten, dressieren:* J'ai essayé de dresser mon ~, mais il n'obéit toujours pas. / **enchaîner** un ~ *einen Hund an die Kette legen:* Va enchaîner le ~ pour que l'agent commercial puisse entrer. / un ~ **gronde** *ein Hund knurrt:* J'ai peur de ce ~, il a une manière menaçante de gronder. / un ~ **hurle** *ein Hund jault, heult:* Le ~ hurle à la lune. Faisle rentrer dans la maison. / un ~ **jappe** *ein Hund kläfft:* Je ne pouvais pas dormir, le jeune ~ du voisin a jappé toute la nuit. / **lâcher, détacher** un ~ *einen Hund von der Kette lassen:* Si vous ne quittez pas immédiatement notre jardin, je vais lâcher le ~! / **lâcher, lancer** son ~ sur, contre qn, un animal *seinen Hund auf j-n, ein Tier hetzen:* Le paysan, me voyant approcher de la ferme, lâcha son ~ sur moi. / faire **piquer** son ~ *seinen Hund einschläfern lassen:* Nous avons dû faire piquer notre ~. / **siffler** son ~ *seinem Hund pfeifen:* Mais sifflez donc votre ~ avant qu'il ne tue le lièvre! / **sortir, promener** son ~ *seinen Hund aus-, spazierenführen:* Notre voisin sort son ~ chaque jour avant de se rendre au travail.

chiffre m *Ziffer, Zahl*
~s **arabes** *arabische Zahlen* / ~ **comparatif** *Vergleichszahl* / ~ **lumineux** *Leuchtziffer* / ~s **romains** *römische Zahlen* / en ~s **ronds** *rund gerechnet*
écrire en ~s *in Ziffern schreiben:* Écrivez le montant en ~s et non pas en lettres, s'il vous plaît. / faire **valser** des ~s *mit Zahlen jonglieren:* L'orateur a fait valser des ~s que personne n'a compris.

chimère f *Hirngespinst*
se **créer** des ~s *Luftschlösser bauen:* Roland n'a toujours pas compris ce qu'il faut faire dans la vie pour réussir. Il se crée des ~s, il ne poursuit pas de but réaliste. / **poursuivre** des ~s *Hirngespinsten nachjagen:* Arrête de poursuivre des ~s et contente-toi des réalités.

chimie f *Chemie*
~ **alimentaire** *Nahrungsmittelchemie* / ~ **minérale** *anorganische Chemie* / ~ **organique** *organische Chemie*

chinoiseries fpl *Spitzfindigkeiten*
~ **administratives** *Formularkram; Amtsschimmel*

chirurgie f *Chirurgie*
~ **esthétique** *kosmetische Chirurgie; Schönheitschirurgie* / ~ **plastique** *plastische Chirurgie; Wiederherstellungschirurgie*

choc[1] m *Schlag, Stoß*
un **rude** ~ *ein harter Schlag*
amortir un ~ *einen Stoß, Schlag abfangen, dämpfen:* Il a trébuché, est tombé et a failli se casser quelque chose; heureusement le tapis a amorti le ~.

choc[2] m *Schock*
~ **nerveux** *Nervenschock*
faire, produire, causer, donner un ~ à qn *ein Schock für j-n sein:* L'apparition inattendue de son ex-mari lui a fait un ~. / se **remettre** d'un ~ *sich von einem Schock erholen:* Mireille ne s'est pas encore remise du ~ qu'elle a reçu dans l'accident. / **rester** sous le ~ *unter Schockeinwirkung stehen:* Après l'accident, elle est restée sous le ~ une journée entière.

choc[3] m *Ansturm*
plier sous le ~ *unter dem Ansturm weichen:* L'avant-garde plia sous le ~ des chars blindés. / **résister** au ~ *dem Ansturm, Angriff standhalten:* Les défenseurs du village résistèrent au premier ~ des troupes ennemies.

choix m *Wahl, Auswahl*
~ **arbitraire** *willkürliche Auswahl* / (faire) un **bon (mauvais)** ~ *eine gute (schlechte) Wahl (treffen)* / **grand** ~ (de marchandises) *reiche Auswahl (an Waren):* Ce magasin offre un grand ~ de pullovers. / **heureux** ~ *glückliche Auswahl* / de **premier** ~ (*Waren*) *auserlesen* / de **second** ~ (*Waren*) *zweiter Wahl*
arrêter, fixer, porter son ~ sur qn, qc *j-n, etw auswählen, aussuchen:* J'avais espéré que le chef du personnel tiendrait compte de ma candidature pour le poste en Amérique, mais il a arrêté son ~ sur mon collègue. / **avoir** le ~ *die Wahl haben:* Vous avez le ~: ou vous payez ou je porte plainte. / **ne pas avoir** le ~ *keine andere Wahl haben:* Il faut que j'accepte. Je n'ai pas le ~. / **faire** ~ de qc *etw wählen:* J'ai fait ~ de la même voiture que mon frère. / **faire son** ~ *seine Wahl treffen:* Ne faites votre ~ qu'après mûre réflexion. / **laisser** à qn le ~ de qc *j-m die Wahl* (+ *Gen*) (*über*)*lassen:* Je vous

laisse le ~ du mode de paiement. / **ne pas laisser** le ~ à qn *j-m keine andere Wahl lassen:* Notre situation financière ne nous laisse pas le ~. / **opérer** un ~ *eine Wahl treffen:* Le ~ que vous avez opéré s'est révélé mauvais.

chômage m *Arbeitslosigkeit*
~ **accidentel** *betrieblich bedingte Arbeitslosigkeit* / ~ **cyclique** *konjunkturelle Arbeitslosigkeit* / ~ **partiel** *Kurzarbeit* / ~ **saisonnier** *saisonbedingte Arbeitslosigkeit* / ~ **structurel, technologique** *strukturbedingte Arbeitslosigkeit* **être** au ~ *arbeitslos sein;* (F) *stempeln gehen:* Notre voisin est tout le temps à la maison. J'ai l'impression qu'il est au ~. / **réduire** qn au ~ *j-n arbeitslos machen:* L'automation réduira beaucoup de nos concitoyens au ~. / **résorber** le ~ *die Arbeitslosigkeit beseitigen:* Une série de mesures d'urgence vont être prises pour tenter de résorber le ~ dans la région.

chose f *Sache, Ding*
une ~ **infaisable** *ein Ding der Unmöglichkeit* être ~ **faite** *eine abgeschlossene Sache sein; schon geschehen sein:* L'introduction de ce produit sur le marché allemand est ~ faite. / **accomplir, faire** de grandes ~s *große Dinge vollbringen:* Il y a vingt ans, Monsieur Ternier a accompli de grandes ~s; mais maintenant, il est épuisé et ne vaut plus rien. / **appeler** les ~s par leur nom *die Dinge beim (rechten) Namen nennen:* Il faut appeler les ~s par leur nom quand on veut avancer dans les négociations. / voilà où en **sont** les ~s *so stehen (also) die Dinge:* Maintenant vous savez où en sont les ~s. / les ~s se **gâtent, tournent** mal, **vont** mal *die Sache läuft schief:* Vous aurez intérêt à vous retirer de cette affaire. J'ai l'impression que les ~s se gâtent. / **laisser aller** les ~s *den Dingen ihren Lauf lassen:* Quelquefois il est préférable de laisser aller les ~s qui alors s'arrangent d'elles-mêmes. / **parler** de ~s et d'autres *über dieses und jenes sprechen, reden:* D'abord, nous avons parlé de ~s et d'autres, et ce n'est qu'à la fin de la conversation qu'il a présenté ses exigences. / **prendre** bien (mal) la ~ *die Sache gut (schlecht) aufnehmen:* Madame Maquereau a bien pris la ~, mais ma mari a été choqué. / **regarder** les ~s en face *den Dingen ins Gesicht sehen:* Alors, docteur, dites-moi la vérité. J'aime regarder les ~s en face.

chrétien m *Christ*
~ **fervent** *eifriger, frommer Christ* / ~ **zélé** *eifriger Kirchgänger*

chute f *Sturz*
entraîner qn dans sa ~ *j-n im Fallen, im Sturz mitreißen (auch fig):* Le Premier ministre a entraîné dans sa ~ les cinq ministres qui appartiennent à son parti. / **faire** une ~ *stürzen, fallen:* Ma mère a fait une ~ grave et s'est cassé le bras.

cible f *Ziel(scheibe)*
atteindre, toucher une ~ *ein Ziel treffen:* C'est un tireur extraordinaire. Il a tiré cinq fois et a cinq fois atteint la ~ à une distance de trois cents mètres. / **être** la ~ de qc *Zielscheibe* (+ *Gen*) *sein:* Joëlle est depuis toujours la ~ des railleries dans sa classe. / **être** une ~ **facile** pour qn *für j-n ein gutes Ziel sein:* Le gangster en fuite a été une ~ facile pour les agents de police. / **prendre** qn, qc pour ~ *j-n, etw aufs Korn nehmen:* Après la faillite, les journalistes prirent pour ~ l'administration publique en l'accusant d'une grave négligence. / **tirer** à la ~ *auf Scheiben schießen:* Viens cet après-midi. On va tirer à la ~ dans le jardin.

cicatrice f *Narbe*
~ **indélébile** *bleibende Narbe*
garder une ~ *eine Narbe zurückbehalten:* Elle a gardé une grande ~ de son accident. / **laisser** une ~ *eine Narbe zurücklassen, hinterlassen:* La balle du gangster a laissé une ~ énorme sur le visage de l'agent de police.

ciel[1] m *Himmel (konkret)*
~ **bas, lourd** *verhangener Himmel* / ~ **bleu** *blauer Himmel* / ~ **bouché, brouillé, couvert, nuageux, voilé** *bedeckter, bezogener, verhangener, bewölkter, trüber Himmel* / ~ **brumeux** *dunstiger, nebliger Himmel* / ~ **clair, limpide** *klarer Himmel* / ~ **dégagé** *wolkenloser Himmel* / ~ **étoilé** *Sternenhimmel; sternbesäter, gestirnter Himmel* / ~ **gris** *grauer Himmel* / ~ **immaculé** *wolkenlos blauer Himmel* / ~ **lumineux** *strahlender Himmel* / ~ **moutonné** *Himmel mit Schäfchenwolken* / ~ **orageux** *stürmischer, gewittriger Himmel* / ~ **plombé** *bleigrauer Himmel* / ~ **pur** *wolkenloser Himmel* / ~ **serein** *wolkenloser, heiterer Himmel* / ~ **variable** *wechselnd bewölkt*
le ~ **s'assombrit** *der Himmel verdüstert sich:* Lorsque la nuée de sauterelles arriva audessus du village, le ~ s'assombrit. / **assombrir** le ~ *den Himmel verdüstern:* Des nuages noirs assombrirent le ~. / le ~ est **chargé** de nuages *der Himmel ist wolkenverhangen:* À l'horizon le ~ était chargé de gros nuages lourds, annonciateurs de l'orage. / le ~ se **découvre,** se **dégage** *es klart auf:* Vous verrez, le ~ va se découvrir ce soir. / le ~ s'**éclaircit** *das Wetter hellt, heitert sich auf:* Nous pouvons risquer l'escalade, le ~ s'éclaircit. / **planer** dans le ~ *am Himmel schweben:* Une aigle plane haut dans le ~.

ciel[2] m *Himmel (rel und fig)*
aller au ~ *in den Himmel kommen:* Je ne doute pas que son âme soit allée au ~. / **bénir** le ~ *dem Himmel danken:* Béni soit le ~! (*Dem Himmel sei Dank!*) / c'est le ~ qui **t'envoie** *dich schickt der Himmel:* Tu es le seul qui puisse m'aider. C'est le ~ qui t'envoie. / **être** au septième ~

cigale

(*fig*) *im siebten Himmel sein:* Luc a réussi à l'examen. Il est au septième ~. / **monter** au ~ *gen Himmel fahren:* Sœur Thérèse était convaincue que le père Radiou, à sa mort, monterait droit au ~. / **remuer** ~ et terre *Himmel und Hölle, alle Hebel in Bewegung setzen:* Sa femme remuera ~ et terre pour que son mari fasse carrière. / **tomber** du ~ *vom Himmel geschickt werden; wie gerufen kommen:* Cet argent me tombe du ~!

cigale f *Zikade*
la ~ **chante** *die Zikade zirpt:* J'adore le Midi à cause des ~s qui chantent toute la journée.

cigarette f *Zigarette*
~ **blonde** *leichte Zigarette* / ~ **dénicotinisée** *nikotinarme Zigarette*
éteindre une ~ *eine Zigarette ausdrücken, ausmachen:* C'est incroyable! Quelqu'un a éteint sa ~ sur la nappe! / **fumer**, (F) **griller** une ~ *eine Zigarette rauchen:* Allons dehors griller une ~. / **rouler** une ~ *eine Zigarette drehen:* Je préfère rouler mes ~s plutôt que de les acheter toutes faites.

cigogne f *Storch*
la ~ **claquette** *der Storch klappert:* Cette année, un couple de ~s est revenu et s'est installé sur le toit du moulin. De temps à autre, on les entend claqueter.

cil m *Wimper*
faux ~s; ~s **postiches** *falsche, künstliche Wimpern*
battre des ~s *blinzeln, zwinkern:* Quand il est nerveux, il bat constamment des ~s.

cinéma m *Kino, Filmkunst*
~ **permanent** *Nonstopkino*
aller au ~ *ins Kino gehen:* S'il fait mauvais demain, j'irai au ~. / **faire** du ~ *beim Film sein:* Cet acteur fait à la fois du théâtre et du ~.

circonstance f *Umstand*
~s **aggravantes** *erschwerende Umstände* / ~s **atténuantes** *mildernde Umstände* / ~s **défavorables** *ungünstige Umstände* / ~s **exceptionnelles** *außergewöhnliche Umstände* / une ~ **particulière** *ein besonderer Umstand*
dépendre des ~s *von den Umständen abhängen:* Nous ne savons pas encore s'il obtiendra la permission. Cela dépendra des ~s. / **être** de ~ *den Umständen angemessen sein, entsprechen:* Votre zèle dans cette phase des études est de ~. / les ~s **exigent, demandent** que ... *die Umstände verlangen, daß ...:* Les ~s exigent que nous imposions le silence aux témoins. / se **montrer** à la hauteur des ~s *sich den Umständen gewachsen zeigen:* Maintenant vous avez l'occasion de vous montrer à la hauteur des ~s. / **profiter** de la ~ pour ... *sich einen Umstand zunutze machen, um zu ...:* Monsieur Lutèche a profité de la ~ pour demander sa mutation à Paris.

circuit[1] m *Stromkreis*
couper le ~ *den Strom(kreis) abschalten:* L'interrupteur A 1 permet de couper le ~ en cas d'urgence. / **mettre en** ~ *(in den Stromkreis) einschalten:* Lorsqu'on appuie sur ce bouton-poussoir, l'appareil est mis en ~. / **mettre hors** ~ *(aus dem Stromkreis) ausschalten:* Pour changer la pièce, il faut mettre la machine hors ~. / **rétablir** le ~ *den Strom(kreis) einschalten:* L'interrupteur B 1 permet de rétablir le ~ après la réparation.

circuit[2] m *Rundreise*
~ **aérien** *Rundflug* / ~ **touristique** *Rundreise, -fahrt*
faire le ~ de qc *eine Rundreise zu etw machen:* La deuxième semaine de notre séjour en Italie, nous ferons le ~ des monuments grecs en Sicile.

circulation[1] f *Verkehr*
~ **automobile** *Autoverkehr* / ~ **dense** *dichter Verkehr* / la ~ est **difficile** *man kommt (wegen des Verkehrs) schlecht voran* / ~ **ferroviaire** *Eisenbahnverkehr* / ~ **fluide** *fließender Verkehr* / ~ **intense** *dichter, lebhafter, starker Verkehr*
il **y a** beaucoup de ~ *es herrscht reger, dichter Verkehr:* Les vendredis, il y a beaucoup de ~ sur cette route. / **entraver, gêner** la ~ *den Verkehr behindern:* Une voiture en deuxième file entravait la ~. / **ouvrir** qc à la ~ *etw für den Verkehr freigeben:* Le nouveau pont sera ouvert à la ~ début mai. / qc **paralyse** la ~ *etw legt den Verkehr lahm:* La grève des conducteurs d'autobus a paralysé la ~. / **réglementer** la ~ *den Verkehr (mit technischen Mitteln) regeln:* On est perdu dans cette multitude de panneaux qui réglementent la ~. / **régler** la ~ *den Verkehr regeln (Polizei):* Comme les feux de signalisation étaient en panne, un agent de police a réglé la ~ au carrefour.

circulation[2] f *Umlauf, Verkehr*
avoir **disparu** de la ~ (*fig*) *von der Bildfläche verschwunden sein:* Monsieur Rossi ne travaille plus ici. Il a disparu de la ~. / **mettre** qc en ~ *etw in Umlauf bringen:* Une nouvelle monnaie de dix francs sera mise en ~ vers le début de l'année prochaine. / **retirer** qc, qn de la ~ *etw, j-n aus dem Verkehr ziehen:* Cette vieille bagnole devrait être retirée de la ~.

citadelle f *Zitadelle,* (*fig*) *Bastion*
~ **imprenable, inexpugnable** *unbezwingbare, uneinnehmbare Bastion*

citation f *Zitat*
~ **fidèle** *wortgetreues Zitat* / ~ **historique** *berühmtes Zitat* / ~ **textuelle** *wörtliches Zitat*
faire une ~ *ein Zitat bringen:* Permettez-moi de faire ici une courte ~ à l'appui de mes dires. / **prendre** une ~ dans ... *ein Zitat entnehmen aus ...:* Où avez-vous pris cette ~?

citron m *Zitrone*

presser un ~ *eine Zitrone auspressen, ausdrücken:* Dis, Jacques, tu peux me presser les trois ~s, s'il te plaît? / **presser** qn comme un ~ *j-n auspressen, ausquetschen wie eine Zitrone:* Au commissariat de police, ils l'ont pressé comme un ~, mais il n'a pas avoué.

civière f *Tragbahre*
 installer, mettre, coucher, étendre qn sur une ~ *j-n auf eine Tragbahre legen:* Les infirmiers ont installé le blessé sur une ~ et l'ont transporté en courant dans la salle d'opération.

clair de lune m *Mondschein*
 il **y a** un (+ *adj*) ~ *es ist* (+ *adj*) *Mondschein:* Allons faire une promenade, il y a un beau ~.

clandestinité f *Verborgenheit*
 passer dans la ~ *untertauchen:* Après l'attentat, l'auteur est passé dans la ~. / **vivre** dans la ~ *im Untergrund leben:* Le terroriste semble avoir réussi à passer la frontière. On suppose qu'il vit maintenant en Belgique dans la ~.

clarté[1] f *Helle, Licht*
 ~ **diffuse** *diffuses Licht* / ~ **éblouissante** *blendende Helle* / **faible** ~ *schwacher Schein* / à la **pâle** ~ (d'une bougie) *beim schwachen Schein (einer Kerze)* / très **vive** ~ *blendendes Licht* **répandre** de la ~, une ~ (+ *adj*) *Licht, ein* (+ *adj*) *Licht spenden:* Une ampoule suspendue au plafond répandait une ~ trouble dans la petite pièce.

clarté[2] f *Klarheit*
 s'**exprimer** avec ~ *sich klar ausdrücken:* Malheureusement mon nouveau professeur de chimie n'a pas le don de s'exprimer avec ~.

classe[1] f (*Schul*)*Klasse*
 ~ **élémentaire, primaire** *Grundschulklasse* / **grandes** ~s *obere Klassen* / **petites** ~s *Unterklassen* / ~s **terminales** *Oberstufe*
 dédoubler une ~ *eine Klasse teilen:* Avec les deux nouveaux élèves, cette ~ compte quarante élèves. Il faut la dédoubler. / **entrer** en ~ de première (de seconde, etc.) *in die Prima (Sekunda usw.) kommen:* Mon fils cadet entrera en automne en ~ de première. / **redoubler** une ~ *eine Klasse wiederholen:* Ma fille a dû redoubler une ~, car elle a été malade pendant sept mois. / **sauter** une ~ *eine Klasse überspringen:* Gil a sauté une ~. Il est d'une intelligence extraordinaire.

classe[2] f *Unterricht, Schule*
 aller, partir en ~ *in die, zur Schule gehen:* Depuis que Michèle va en ~, elle est devenue beaucoup plus raisonnable. / **être** en ~ *in der Schule sein:* Philippe n'est pas là, il est en ~. / **faire** (la) ~ *Unterricht erteilen:* Ma femme ne peut pas faire ~ aujourd'hui, elle a la grippe. / **bien faire** la ~ *guten Unterricht geben, halten:* Monsieur Trompe est jeune, mais il sait bien faire la ~, mieux que la plupart de ses collègues. / **sécher** la ~ (F) *den Unterricht schwänzen:* Philippe a séché la classe à plusieurs reprises. / la ~ se **termine** à 4 heures *die Schule ist um 4 Uhr aus:* Aujourd'hui, la ~ se terminera à midi.

classe[3] f *Klasse, Stand, Volksschicht*
 la ~ **agricole** *die landwirtschaftliche Bevölkerung* / la ~ **dirigeante, dominante, gouvernante** *die herrschende Klasse, Führungsschicht* / la ~ **industrielle** *die Industriebevölkerung* / la ~ **laborieuse, ouvrière** *die Arbeiterklasse* / les ~s **moyennes** *der Mittelstand* / les ~s **populaires** *die unteren Volksschichten* / la ~ **possédante** *die besitzende Klasse* / les ~s **sociales** *die sozialen Schichten*

classe[4] f *Klasse, Format*
 de **grande** ~ *von großem Format* / de ~ **internationale** *von internationalem Format* / de **première** ~ *erstklassig*
 avoir de la ~ (*große*) *Klasse haben, sein:* Ce vin est exquis. Il a vraiment de la ~.

classement m *Wertung*
 avoir un bon ~ *zu den Besten gehören:* Marius fait de l'escrime. Il a un bon ~ dans notre ville. / **être** premier (second, etc.) au ~ *an erster (zweiter usw.) Stelle stehen:* Fanny est, après la première manche, seconde au ~. / **terminer** premier (second ... dernier) au ~ général *in der Gesamtwertung den ersten (zweiten ... letzten) Platz belegen:* Notre équipe a terminé deuxième au ~ général.

clause f *Klausel*
 une ~ **stipule** que ... *eine Klausel legt fest, daß ...:* Une ~ de notre contrat stipule que la marchandise reste notre propriété jusqu'à son paiement intégral.

clé (clef) f *Schlüssel*
 la **bonne** ~ *der richtige, passende Schlüssel* / **fausse** ~ *Nachschlüssel* / ~ **universelle** *Universalschraubenschlüssel* / la **mauvaise** ~ *der falsche Schlüssel*
 une ~ (ne) **va** (pas) *ein Schlüssel sperrt, paßt* (*nicht*): Cette ~-là ne va pas. Essaie l'autre. / **donner** un tour de ~ *den Schlüssel herumdrehen:* Je ne comprends pas que la porte soit ouverte. Je me rappelle avoir donné un tour de ~. / **engager** la ~ dans la serrure *den Schlüssel ins Schloß stecken:* Mon mari a engagé doucement la ~ dans la serrure, parce que je m'étais déjà endormie. / la ~ n'**entre** pas *der Schlüssel paßt nicht:* C'est la mauvaise ~. Elle n'entre pas. / la ~ **est** sur la porte *der Schlüssel steckt:* Le voleur a pu entrer facilement, la ~ était sur la porte. / **fermer** qc à ~ *etw abschließen:* Attendez, la porte est fermée à ~. / qc **ferme** à ~ *etw ist abschließbar:* Vous ne pouvez pas garder les documents dans cette armoire parce qu'elle ne ferme pas à ~. /

garder qc sous ~ *etw unter Verschluß halten:* Étant donné l'importance des documents, je vous prie de les garder sous ~. / **introduire, mettre** la ~ dans la serrure *den Schlüssel ins Schloß stecken:* Il introduisit la ~ dans la serrure et la tourna lentement. / **laisser** la ~ sur la porte *den Schlüssel stecken lassen:* Vous pouvez entrer, j'ai laissé la ~ sur la porte. / **mettre** qc sous ~ *etw wegsperren:* Ce médicament est dangereux. Je l'ai mis sous ~ pour que les enfants n'y touchent pas. / **remettre** une ~ *einen Schlüssel aushändigen, übergeben:* La ~ de la nouvelle école fut remise au directeur au cours d'une cérémonie solennelle. / **retirer** la ~ (de la serrure) *den Schlüssel abziehen:* Tu as oublié de retirer la ~ de la serrure. / **tenir** la ~ de qc (*fig*) *den Schlüssel zu etw in der Hand haben, halten:* Avec ce diplôme, vous tenez la ~ de votre succès. / **tourner** la ~ *den Schlüssel herumdrehen:* Je te dis que tu as bien fermé la porte; je t'ai vu tourner la ~.

client m *Kunde*
bon ~ *guter Kunde* / **fidèle** ~ *Dauerkunde, Stammkunde*
arranger ses ~s *seinen Kunden entgegenkommen:* La clé du succès de Monsieur Cassis est qu'il essaie d'arranger ses ~s tant qu'il peut. / **se faire** un nouveau ~ *einen neuen Kunden gewinnen:* Aujourd'hui, je me suis fait deux nouveaux ~s absolument sûrs. / **prendre** un ~ *einen Kunden, Fahrgast aufnehmen* (*Taxi*): J'ai pris deux ~s place Pigalle. Ils m'ont demandé de les déposer à la gare de l'Est.

clientèle f *Kundschaft*
une **grosse** ~ *viele Kunden*
se créer une ~ *sich einen Kundenstamm aufbauen:* Monsieur Tézenas s'est créé, en une année, une énorme ~.

climat m *Klima* (*auch fig*)
~ **chaud** (**froid**) *warmes* (*kaltes*) *Klima* / ~ **continental** *Kontinentalklima* / ~ **débilitant** *auszehrendes Klima* / ~ **doux** *mildes Klima* / ~ **éprouvant** *hartes Klima* / ~ **glacial** *eisiges Klima* / ~ **humide** *feuchtes Klima* / ~ **insalubre, malsain** (**sain, salubre**) *ungesundes* (*gesundes*) *Klima* / ~ **maritime** *Seeklima* / ~ **océanique** *Meeresklima* / ~ **pluvieux** *regnerisches Klima* / ~ **pourri** *ungutes, ungesundes Klima* / ~ **rigoureux, rude** *rauhes Klima* / ~ **sec** *trockenes Klima* / ~ **semi-aride** *Steppenklima* / ~ **sévère** *strenges Klima* / ~ **subtropical** *subtropisches Klima* / ~ **tempéré** *gemäßigtes Klima* / ~ **torride** *heißes Klima* / ~ **tropical** *tropisches Klima*
empoisonner le ~ *das Klima vergiften:* Cette mesure du directoire a empoisonné le ~ social (*Betriebsklima*). / un ~ **règne** *ein Klima herrscht:* Un ~ social incomparable règne dans cette entreprise suédoise.

clin d'œil m (*Augen*)*Zwinkern*
~ **amusé** *belustigtes Augenzwinkern* / ~ **complice, entendu** *verständnisinniges Augenzwinkern*
échanger des clins d'œil complices *sich verständnisinnig zuzwinkern:* Les deux garçons, se croyant inobservés, échangèrent des clins d'œil complices. / **faire** des clins d'œil à qn *j-m zublinzeln, zuzwinkern:* J'ai bien vu que tu as fait des clins d'œil à ce vieux coureur de jupons!

clinique f *Klinik*
entrer en ~ *in die Klinik, ins Krankenhaus gehen, kommen:* Mon mari entrera en ~ le 24 pour se faire opérer.

cloche f *Glocke*
couler une ~ *eine Glocke gießen:* Les ~s de notre église ont été coulées vers la fin du siècle dernier. / la ~ **égrène** les ... *coups die Glocke schlägt* ... (*mal*): J'attendais depuis trois heures. Je n'entendais rien. Puis la ~ égrena les douze coups. / une ~ **retentit** *eine Glocke ertönt:* Les ~s retentirent dans la vallée. / **sonner** une ~ *eine Glocke läuten:* Le bedeau sonna les ~s de toutes ses forces. / une ~ **sonne** *eine Glocke läutet:* Entendez-vous sonner les ~s?

clochette f *Glöckchen*
une ~ **tinte** *ein Glöckchen bimmelt:* On entendit soudain tinter la ~ du portail. Quel visiteur pouvait bien venir à cette heure?

cloque f *Blase*
faire des ~s *Blasen ziehen, bilden:* Tu vois, la peinture ne tient pas sur cette matière plastique. Elle fait des ~s.

clôture f *Schließung*
demander la ~ (d'un débat, etc.) *die Schließung* (*einer Debatte usw.*) *beantragen:* Je demande la ~ des débats et le renvoi des décisions à la semaine prochaine.

clou m *Nagel*
arracher un ~ *einen Nagel* (*heraus*)*ziehen:* C'est bien embêtant, ce vieux ~, je n'arrive pas à l'arracher. / **enfoncer, planter** un ~ *einen Nagel einschlagen:* Roseline enfonça plusieurs ~s autour de la porte. / **taper** sur un ~ *auf einen Nagel schlagen:* J'ai voulu taper sur un ~ et me suis tapé sur le doigt.

clous mpl *Fußgängerüberweg*
prendre les ~s; **traverser** aux, dans les ~s *die Straße am Fußgängerüberweg überqueren:* Faites attention à la circulation, mes enfants, et prenez les ~s!

clown m *Hanswurst*
faire le ~ *den Hanswurst spielen:* Didier, finis de faire le ~!

club m *Klub, Verein*
~ **sportif** *Sportverein*
entrer dans, s'**inscrire** à un ~ *einem Verein*

beitreten: Martine est entrée dans notre ~ il y a une dizaine d'années déjà. / **faire partie** d'un ~ *einem Verein angehören; Klubmitglied sein:* Je ne fais pas partie du ~ de football. / **quitter** un ~ *aus einem Verein austreten:* Trois membres ont quitté le ~ dans le courant de l'année dernière.

coalition f *Koalition*
former une ~ *eine Koalition bilden, eingehen:* Le gouvernement a pu être constitué après que les sociaux-démocrates se sont mis d'accord pour former une ~ avec les libéraux.

cobaye m (F) *Versuchskaninchen*
servir de ~ *Versuchskaninchen sein, spielen:* Monsieur Medelin dit qu'il ne prendra pas ces pilules parce qu'il ne veut pas servir de ~.

cochon n *Schwein*
élever des ~s *Schweine züchten:* Pierre Labiche a abandonné la culture du blé. Il ne fait plus qu'élever des ~s. / **engraisser** un ~ *ein Schwein mästen:* Avec quoi est-ce que vous engraissez vos ~s? / le ~ **grogne** *das Schwein grunzt:* C'est terrible! On ne peut pas dormir dans ce sale bled. Les ~s n'arrêtent pas de grogner toute la nuit! / **saigner, tuer** le ~ *ein Schwein abstechen, schlachten:* Le voisin a saigné le ~ ce matin.

cocktail m *Cocktail*
préparer un ~ *einen Cocktail mixen:* Veux-tu que je nous prépare un ~ au gin?

cœur¹ m *Herz (konkret)*
le ~ **bat** *das Herz schlägt, pocht:* Oh, le pauvre chaton; comme son ~ bat! / le ~ **bondit, tressaille, saute** de joie, de bonheur *das Herz hüpft vor Freude, Glück im Leib:* En entendant cette voix si chère, elle sentit son ~ bondir de joie. / **serrer, presser** qn contre, sur son ~ *j-n an sein Herz, an seine Brust drücken:* Roseline, heureuse que Jean fût enfin de retour, le serra vivement contre son ~.

cœur² m *Herz (fig), Seele, Gemüt*
~ **ardent, embrasé, enflammé** d'amour *glühendes, feuriges, in Liebe entbranntes Herz* / avoir **bon** ~ *gutherzig sein; ein gutes Herz haben* / de **bon** ~; de **grand** ~ *von Herzen gern; bereitwillig* / un **brave** ~ *eine treue Seele* / ~ **compatissant** *mitfühlendes Herz* / ~ **dur, endurci** *hartes Herz* / un ~ **fidèle** *ein treues Herz* / un **grand, noble** ~ *ein hochherziger Mensch* / il a le ~ **gros** *ihm ist schwer ums Herz* / un ~ **intraitable** *ein unnachgiebiger, hartherziger Mensch* / d'un ~ **léger** *leichten Herzens* / j'ai le ~ **léger** *mir ist so leicht ums Herz* / ~ **racorni** *verbittertes Herz* / ~ **sec** *hartes Herz* / ~ **sensible** *empfindsames Herz* / ~ **tendre** *weiches Herz, Gemüt*
aller droit au ~ *zu Herzen gehen:* Le Prêtre a prononcé des paroles qui me sont allées droit au ~. / n'**avoir** pas le ~ de ...; le ~ me **manque** de ... *es nicht übers Herz bringen, zu ...; ich bringe es nicht übers Herz, zu ...:* Nous n'avons pas eu le ~ de lui dire la vérité. / **briser, crever, déchirer, fendre, percer** le ~ à qn *j-m das Herz brechen, zerreißen:* La nouvelle de la mort de son mari, quinze jours après leur mariage, lui a brisé le ~. / **décharger, vider, épancher, ouvrir** son ~ (à qn) *(j-m) sein Herz ausschütten:* Excusez-moi de vous avoir ennuyé avec mes histoires, mais j'avais besoin de vider mon ~. / **dilater** le ~ *das Herz weit machen:* C'est une nouvelle qui m'a dilaté le ~, je n'imaginais pas qu'on puisse éprouver une telle joie. / son ~ **se dilate** de ... *das Herz wird ihm weit vor ...:* En entendant le chant des oiseaux dans le pré, son ~ se dilata de joie. / **donner** son ~ à qn *j-m sein Herz schenken:* Berthe a donné son ~ à un jeune pianiste. / **écouter** son ~ *auf sein Herz hören; seinem Herzen gehorchen:* Si vous doutez du bienfondé de votre décision, écoutez votre ~ et la décision ne pourra jamais être fausse. / **faire mal** au ~ (à qn) *(j-m) in der Seele weh tun:* Les souffrances de ces réfugiés me font mal au ~. / qc **glace** le ~ *etw schnürt das Herz zusammen:* Elle resta là, incapable de bouger, clouée par l'effroi qui lui glaçait le ~. / **prendre** qc à ~ *sich etw zu Herzen nehmen; etw sehr ernst nehmen:* Son échec à l'examen, il le prend très à ~. / **rester, peser** sur le ~ *auf die Seele drücken:* Son attitude si mesquine à notre égard m'est restée sur le ~. Je ne suis pas près de l'oublier. / **serrer** le ~ *ans Herz greifen:* Les images que la télévision a montrées hier soir sur la guerre dans ce pays ont dû serrer le ~ de tous les téléspectateurs. / **sonder** les ~s *in die Herzen, Seelen blicken:* Tel un confesseur, il pratique à la perfection l'art de sonder les ~s. / cela me **tient** à ~; j'**ai** cela à ~ *das liegt mir am Herzen:* C'est un problème qui me tient à ~. / **toucher** le ~ de qn *j-s Herz bewegen, rühren; an j-s Herz rühren:* Le malheur de ces enfants lui a touché le ~. / **venir** du ~ *von Herzen kommen:* Acceptez mon offre, elle vient du ~.

coexistence f *Koexistenz*
~ **pacifique** *friedliche Koexistenz*

coffre-fort m *Geldschrank*
enfoncer, éventrer un ~ *einen Geldschrank aufbrechen,* (F) *knacken:* Les gangsters ont enfoncé le ~ de la succursale.

coiffure f *Frisur*
~ **apprêtée** (etwa:) *gekünstelte Frisur* / ~ **négligée** *nachlässige Frisur*
arranger, ajuster sa ~ *sein Haar richten:* Lorsqu'on sonna, elle se dépêcha d'arranger sa ~. / **changer** de ~ *sich eine neue Frisur zulegen:* As-tu vu Mademoiselle Ducharme? Elle a changé de ~. J'ai eu de la peine à la reconnaître. / **rajuster, refaire** sa ~ *sein Haar,*

coin

seine Frisur wieder in Ordnung bringen: Le boulot terminé, elle rajusta sa ~, se lava les mains et partit.
coin m *Ecke, Winkel*
~ perdu *entlegener Winkel* | **~ retiré** *abgelegener, abgeschiedener Winkel*
chercher qc dans tous les ~s *etw überall suchen:* J'ai perdu un billet de mille francs. J'ai cherché dans tous les ~s, mais je ne l'ai pas retrouvé. Je l'aurai perdu dans la rue. / **faire** le ~ de la rue X et de la rue Y *an der Ecke X- und Y-Straße stehen, liegen:* Les Établissements Lagadec et Frères font le ~ de la rue d'Amboise et de l'avenue du Quatorze-Juillet. / **jeter, mettre** qc dans un ~ *etw weglegen:* Mon cadeau, il l'a simplement mis dans un ~. / **mettre** qn au ~ *j-n in die Ecke stellen (als Strafe):* Si tu n'obéis pas, tu seras mis au ~. / **se retirer** dans son ~ *(fig) sich in seinen Schlupfwinkel zurückziehen:* Dès qu'on lui fait la moindre critique, elle se retire dans son ~ pour bouder. / **soulever** un ~ du rideau *den Vorhang etw anheben:* Maigret souleva un ~ du rideau et regarda dehors. / **tourner** le ~ de la rue *um die Ecke biegen:* J'ai vu la jeune femme tourner le ~ de la rue.

coin de l'œil m *Augenwinkel*
regarder du ~ *aus den Augenwinkeln betrachten:* Gilbert s'arrêta et regarda la fenêtre du ~.

coïncidence f *Zusammentreffen, Zufall*
curieuse ~ *seltsamer Zufall* | **heureuse ~** *glückliches Zusammentreffen, glücklicher Zufall* | **une pure, simple ~** *reiner Zufall*

col[1] m *(Gebirgs)Paß*
passer un ~ *über einen Paß fahren:* Nous avions passé le ~ de la Schlucht peu avant qu'il ne fût barré par des masses de neige.

col[2] m *Kragen*
~ cassé *Kragen mit umgebogenen Ecken* | **~ demi-souple** *halbsteifer Kragen* | **~ droit** *Stehkragen* | **~ dur, empesé** *steifer, gestärkter Kragen* | **faux ~** *(loser) Kragen; abknöpfbarer Kragen* | **~ gras** *speckiger Kragen* | **~ marin** *Matrosenkragen* | **~ montant** *Stehkragen; hoher Kragen* | **~ mou, souple** *weicher Kragen* | **~ ouvert** *offener Kragen* | **~ rabattu** *Umlegekragen* | **~ relevé** *hochgestellter, hochgeschlagener Kragen* | **~ rond** *Bubikragen* | **~ roulé** *Rollkragen*
rabattre son ~ *seinen Kragen wieder herunterschlagen:* En entrant dans la gare, il rabattit son ~, retira ses gants et se dirigea vers les guichets. / **relever, remonter** son ~ *seinen, den Kragen hochschlagen:* Le commissaire releva son ~, fourra les mains dans les poches de son imperméable et se dirigea vers l'entrée de la maison numéro 56.

colère f *Zorn, Wut*
~ aveugle *blinde Wut* | **~ blanche, bleue,** **noire** *heftiger Zorn; helle Wut:* Il est (entré) dans une ~ noire. (*Er kocht vor Wut; er wird fuchsteufelswild.*) | **~ contenue** *unterdrückter Zorn* | **~ divine** *Zorn Gottes; Zorn des Himmels* | **~ épouvantable** *furchtbarer Zorn* | **~ froide** *verhaltener Zorn* | **~ impuissante** *ohnmächtiger Zorn* | **juste, légitime ~** *gerechter Zorn* | **~ rentrée** *unterdrückte Wut* | **sainte ~** *heiliger Zorn* | **~ sourde** *dumpfe Wut* | **~ violente** *heftiger, wilder Zorn*
s'abandonner à sa ~ *sich seinem Zorn überlassen, hingeben:* Lorsque sa mère fut sortie, il s'abandonna à sa ~ et cogna du poing sur la table. / **apaiser, calmer** la ~ de qn *j-s Zorn besänftigen:* Ces mots rassurants apaisèrent la ~ de Madame Tantin. / **s'attirer** la ~ de qn *sich j-s Zorn zuziehen:* Avec ces paroles imprudentes, il s'est attiré la ~ de tous ses collègues. / **attiser, exciter** la ~ de qn *j-s Zorn entflammen:* L'intervention de Monsieur Garnier, au lieu de calmer l'auditoire, attisa la ~ des délégués. / **céder** à sa ~ *sich von seinem Zorn hinreißen lassen:* Le petit bonhomme de bedeau céda à sa ~ et cria à pleins poumons. / **cuver** sa ~ *seinen Zorn verrauchen lassen:* Dans trois jours, il aura cuvé sa ~. (... *wird sein Zorn verraucht sein.*) | **laisser éclater** sa ~ *seinem Zorn freien Lauf lassen:* À cette remarque de Marcel, elle laissa éclater sa ~. / **entrer** dans une ~ terrible *in helle Wut geraten:* Elle est entrée dans une ~ terrible en constatant que son mari était déjà parti. / **être** en ~ contre qn *wütend auf j-n sein:* Il est en ~ contre tout le monde sans trop savoir pourquoi. / **faire, piquer, prendre** une ~ *einen Wutanfall bekommen, kriegen:* Jean fait des ~s pour rien. / **mettre** qn en ~ *j-n zornig, wütend machen:* Ne le mettez pas en ~, il est dangereux. / **se mettre** en ~ *wütend werden:* Margot s'est mise en ~ en voyant que le travail n'était pas terminé. / **passer** sa ~ sur qn, qc *seinen Zorn an j-m, etw auslassen:* C'est un signe de mauvais caractère que de passer sa ~ sur les autres. / **provoquer, soulever** la ~ de qn *j-s Zorn erregen:* Ce scandale inouï a provoqué la ~ des électeurs et le gouvernement risque fort de tomber aux prochaines élections. / **ravaler, retenir, rentrer, réprimer, refouler** sa ~ *seinen Zorn zügeln,* (F) *runterschlucken:* Elle avait du mal à retenir sa ~. / **trembler** de ~ *vor Wut zittern:* Mireille tremblait de ~. Elle dut s'asseoir, car ses genoux fléchissaient.

collaborateur m *Mitarbeiter*
~ bénévole *ehrenamtlicher, freiwilliger Mitarbeiter*

collaboration f *Mitarbeit, Zusammenarbeit*
étroite ~; **étroite ~** *enge Zusammenarbeit*
apporter sa ~ à ... *seinen Beitrag leisten zu ...:* Je suis heureux de pouvoir constater que tous

les membres de notre association ont apporté leur ~ à la réalisation du projet commun. / s'**assurer** la ~ de qn *sich j-s Mitarbeit sichern:* Heureusement, j'ai pu m'assurer la ~ de deux éminents spécialistes en la matière.
colle f *(Schülersprache) knifflige Frage*
poser une ~ *eine knifflige Frage stellen:* Monsieur Bertin est dégueulasse. Il ne m'a posé que des ~s.
collecte f *(Geld)Sammlung*
organiser, faire une ~ *eine Sammlung veranstalten:* Nous allons organiser une ~ en faveur des réfugiés cambodgiens.
collection f *Sammlung*
faire ~ de timbres *etc. Briefmarken usw. sammeln:* Je fais ~ de timbres africains. / (se) **constituer** une ~ *(sich) eine Sammlung anlegen:* Marcel est en train de se constituer une ~ d'autocollants.
collège m *Gesamtschule*
aller au ~ *auf die Gesamtschule gehen:* Gil Bertin est allé au ~ Saint-Martin avant de faire des études de droit. / **entrer** au ~ *auf die Gesamtschule kommen:* Ma fille aînée entrera en automne au ~.
collision f *Zusammenstoß*
entrer en ~ *zusammenstoßen:* Deux voitures sont entrées en ~ sur le boulevard Saint-Germain.
colloque m *Kolloquium*
tenir, organiser un ~ *ein Kolloquium abhalten:* L'Association suisse d'Acupuncture tiendra au mois de mai un ~ sur la médecine biologique.
colonie (de vacances) f *Ferienlager*
partir en ~ *in ein Ferienlager fahren:* Est-ce que vos enfants partiront cette année en colonie?
coma m *Koma, tiefe Bewußtlosigkeit*
entrer dans le ~ *in tiefe Bewußtlosigkeit versinken:* La fièvre monta et monta et je finis par entrer dans le ~. / **être** dans le ~ *in tiefer Bewußtlosigkeit liegen; im Koma sein:* Monsieur Salabert est dans le ~ depuis trois jours. / **sortir** du ~ *aus dem Koma erwachen:* Cinq jours plus tard, il sortit du ~.
combat m *Kampf (auch fig), Gefecht*
~ **acharné** *erbitterter Kampf* / ~ **aérien** *Luftkampf* / ~ **âpre** *erbitterter, heißer Kampf* / ~ **défensif** *Abwehrkampf* / ~ **isolé** *Einzelkampf* / ~ **meurtrier** *mörderischer Kampf* / ~ **naval** *Seeschlacht* / ~ **offensif** *Angriff* / ~ **opiniâtre** *zäher Kampf* / **rude** ~ *harter, schwerer Kampf* / ~ **sanglant** *blutiger Kampf* / ~ **singulier** *Zweikampf, Duell* / ~ **terrestre** *Erdkampf* **accepter** le ~ *den Kampf nicht scheuen:* Si on continue à nous discriminer de la sorte, je serai prêt à accepter le ~ à tous les niveaux. / s'**apprêter,** se **préparer** au ~ *sich zum Kampf bereit machen:* Les troupes britanniques s'apprêtèrent au ~. / **cesser** le ~ *den Kampf einstellen:* Faute de munition, les troupes durent cesser le ~. / **engager** le ~ (contre) *den Kampf aufnehmen (gegen):* Le gouvernement engagera le ~ contre l'inflation par tous les moyens. / **être hors** de ~ *außer Gefecht sein:* Pratiquement toute l'aviation ennemie est hors de ~. / **livrer** (un) ~ *ein Gefecht liefern:* L'avant-garde livra les premiers ~s. / **livrer** ~ à qc *etw bekämpfen:* Tant que je vivrai, je livrerai ~ au gaspillage des ressources nationales. / **marcher** au ~ *in den Kampf ziehen:* Des milliers et des milliers de soldats passèrent par notre village pour marcher au ~. / **mener, conduire** un ~ *einen Kampf führen:* Le commandant Schlugg, remplaçant le colonel blessé, mena les ~s avec une habileté étonnante. / **mettre** qn, qc **hors** de ~ *j-n, etw außer Gefecht setzen:* Une trentaine de chars blindés ont été mis hors de ~. / **ouvrir** le ~ *die Redeschlacht eröffnen:* Dès le début de la séance, le chef de l'opposition ouvrit le ~ par un discours critiquant violemment la politique du gouvernement.
combine f *Trick*
connaître la ~ *den Trick kennen:* Pour ouvrir la fenêtre, il suffit de cogner fortement contre la vitre. Je connais la ~. / **faire** une, se **livrer** à une ~ *sich einen Trick einfallen lassen:* Pour passer toutes ces devises en fraude, il a dû faire de drôles de ~s. En tout cas, la police a eu vent de l'affaire et il a été arrêté.
comble m *Höhepunkt*
être à son ~ *den Höhepunkt erreichen:* Dans cette phase de la discussion, son excitation était à son ~. / **être** au ~ du désespoir *zutiefst verzweifelt sein:* Ce jour-là, elle était au ~ du désespoir. / **être** au ~ de la joie *selig, überglücklich sein:* Laisse-le, il est au ~ de la joie. / **mettre** un ~ à la confusion *die Verwirrung vollständig machen:* Et, pour mettre un ~ à la confusion, le chef d'entreprise licencia le fondé de pouvoir. / **mettre, porter** qn au ~ de l'exaspération *j-n aufs äußerste reizen:* Cette remarque le mit au ~ de l'exaspération.
comédie f *Komödie, Theater (auch fig und péj)*
~ **attendrissante, larmoyante** *Rührstück* / ~ **lyrique** *komische Oper* / ~ **musicale** *Musical* / ~ **pure** *(fig) reines Theater:* Tout cela est pure ~. *(Das ist doch alles nur Theater.)*
cesse tes ~s *hör auf mit dem Theater:* Arrête de faire l'innocent! Cesse tes ~s! / **être** de la ~ *nur Theater sein:* Mais ne voyez-vous pas que ses sentiments ne sont que de la ~? / **faire** toute une ~ *ein Affentheater aufführen, machen:* Lorsque je lui ai annoncé mon départ, il a fait toute une ~. / **jouer** la ~ *1. Theaterschauspieler sein; 2. (fig) Komödie spielen:* Cet acteur ne fait

comité

pas seulement du cinéma, il joue aussi la ~. Ne le croyez pas, il joue la ~, c'est tout. / **bien jouer** la ~ *sich gut verstellen können:* À l'époque, je ne savais pas que tu étais malheureux. Tu as bien joué la ~.

comité m *Ausschuß, Komitee*
~ **consultatif** *Beirat; beratender Ausschuß* / ~ **électoral** *Wahlausschuß* / ~ **exécutif** *Vollzugsausschuß* / ~ **paritaire** *paritätischer Ausschuß* / en **petit** ~ *in engerem Kreise:* Ce soir, nous serons en petit ~. (... *werden wir ganz unter uns sein.*) / ~ **secret** *geheime Ausschußsitzung*
constituer un ~ *einen Ausschuß bilden:* Les deux partis ont constitué un ~ pour régler les différends. / un ~ **se constitue** *ein Ausschuß wird gebildet:* À la fin de la réunion, un ~ consultatif s'est constitué pour élaborer les détails de la résolution.

commande f *Bestellung*
grosse ~; ~ **importante** *großer Auftrag*
annuler une ~ *eine Bestellung widerrufen, stornieren:* Si les marchandises n'arrivent pas avant la fin de ce mois, nous serons obligés d'annuler la ~. / **enregistrer** une ~ *eine Bestellung aufnehmen:* Avez-vous enregistré notre ~? / **exécuter** une ~ *eine Bestellung ausführen:* Votre ~ en date du 20 juillet a été exécutée hier. / **passer, faire** une ~ (auprès de) *eine Bestellung aufgeben (bei):* Nous avons passé une ~ importante auprès des Établissements Merlin. / **prendre** une ~ *eine Bestellung entgegennehmen:* Attendez, je vais vous passer M. Lagier. C'est toujours lui qui prend les ~s au téléphone.

commandement m *Kommando, Befehl*
assumer, prendre le ~ (de) *das Kommando, den Befehl übernehmen (über):* Qui assumera le ~ du deuxième corps de l'armée? / **être** sous le ~ **de qn** *unter j-s Kommando, Befehl stehen:* Le premier bataillon est sous le ~ du colonel Winter. / **exercer, avoir, assurer** le ~ (de) *das Kommando haben (über):* C'est le général Clerc qui exerce le ~ de l'armée de l'air.

commentaire m *Kommentar*
s'**abstenir** de tout ~ *sich jeder Stellungnahme enthalten:* Monsieur Lebrun s'est abstenu de tout ~. / **faire** un ~ *einen Kommentar abgeben:* Le chef du gouvernement n'a fait aucun ~ à ce sujet. / **faire** le, un ~ de qc à qn *j-m etw kommentieren:* Le porte-parole a fait aux journalistes le ~ des mesures gouvernementales. / cela se **passe** de ~ *Kommentar überflüssig:* Il ne m'a même pas répondu. Cela se passe de ~.

commérages mpl *Klatsch*
alimenter les ~ *dem Klatsch, Geschwätz Nahrung, Auftrieb geben:* Cette arrestation alimentera sans aucun doute les ~. / **faire,** se **livrer** à des ~ *klatschen, tratschen:* L'occupation favorite des deux femmes était de faire des ~ sur tout le voisinage.

commerçant m *Händler, Geschäftsmann*
~ **ambulant** *Straßenhändler* / ~ **honnête** *reeller Geschäftsmann* / **petit** ~ *Kleinhändler* / ~ **scrupuleux** *gewissenhafter Geschäftsmann*

commerce[1] m *Handel*
~ **ambulant** *Straßenhandel; ambulantes Gewerbe* / ~ **extérieur** (**intérieur**) *Außenhandel (Binnenhandel)* / ~ **florissant, prospère** *blühender, florierender Handel* / ~ **illicite** *Schwarzhandel* / ~ **interlope** *Schleichhandel, Schiebung* / ~ **intermédiaire** *Zwischenhandel* / ~ **international, mondial** *Welthandel* / ~ **lucratif** *einträglicher Handel* / **petit** ~ *Kleinhandel*
encourager le ~ *den Handel fördern:* Les mesures gouvernementales visent à encourager le ~ international. / **être** dans le ~ *im Handel tätig sein:* L'un de mes deux neveux est dans le ~, l'autre est militaire. / **faire du** ~ (avec qn) (*mit j-m*) *Handel treiben:* C'est en faisant du ~ avec les populations indigènes que les premières expéditions d'exploration jetèrent les bases de la future colonisation. / **faire (le)** ~ (de qc) (*mit etw*) *handeln:* Jacques Yvelin fait le ~ d'antennes de télévision. / **tenir** un ~ *ein Geschäft haben:* Madame Drudin tient un petit ~, rue de Marseille. / se **trouver** dans le ~ *im Handel erhältlich sein:* Cet appareil ne se trouve plus dans le ~.

commerce[2] m *Umgang*
être d'un ~ **agréable** *umgänglich sein* / être d'un ~ **facile (difficile)** *ein (kein) umgängliches Wesen haben:* Méfiez-vous de ces gens, ils sont d'un ~ difficile. / le ~ **intime** de ... *der vertraute Umgang mit* ...

commission[1] *Auftrag, Besorgung*
s'**acquitter** d'une ~ *einen Auftrag erledigen:* Vous vous êtes acquitté de la ~ à notre entière satisfaction. / **donner** une ~ à qn; **charger** qn d'une ~ *j-m einen Auftrag erteilen:* C'est Monsieur Hoesch qui m'a donné cette ~. / **exécuter, remplir** une ~ *einen Auftrag ausführen:* Malheureusement, je ne peux pas exécuter cette ~ faute d'un moyen de transport approprié. / **faire** une ~ à qn *j-m etw bestellen, ausrichten:* Voudriez-vous faire une ~ à Madame votre mère? Vous lui direz que les articles commandés sont arrivés. / **faire** une ~ pour qn *für j-n etw besorgen:* Si vous voulez, je pourrai faire cette ~ pour vous. / **faire les** ~s *die täglichen Besorgungen, Einkäufe machen, tätigen:* Marcel, peux-tu me faire les ~s ce matin?

commission[2] f *Kommission, Ausschuß*
une ~ **se constitue** *ein Ausschuß wird gebildet:* Le résultat des débats fut une ~ qui n'a pu se constituer qu'après des discussions acharnées.

/ **constituer, former** une ~ *einen Ausschuß ins Leben rufen, bilden:* Les députés ont formé une ~ d'enquête à l'issue de la session. / **désigner** une ~ *eine Kommission einsetzen:* Le chancelier fédéral a désigné une ~ de recherche. / une ~ est **saisie** de qc *etw wird einer Kommission übergeben:* La ~ financière a été saisie des problèmes budgétaires de l'année à venir.

communauté f *Gemeinschaft*
~ **conjugale** *eheliche Gemeinschaft* / ~ **conventionnelle, légale** *vertragliche, gesetzliche Gütergemeinschaft* / ~ **linguistique** *Sprachgemeinschaft* / ~ **religieuse** *Religionsgemeinschaft*

communication[1] f *Mitteilung, Kenntnis*
~ **confidentielle** *vertrauliche Mitteilung* / ~ **officielle** *amtliche Verlautbarung*
avoir ~ de qc *von etw Kenntnis haben:* Malheureusement, je n'ai pas eu ~ de la mise en adjudication. / **donner** ~ de qc (à qn) *(j-m) etw mitteilen, bekanntgeben:* On m'a donné ~ de la date du procès, il commencera le 2 avril. / **prendre** ~ de qc *Einsicht nehmen in etw:* Nous n'avons pas pu prendre ~ du dossier. / **recevoir** ~ de qc *von etw Kenntnis erhalten:* C'est seulement le 15 novembre que j'ai reçu ~ de cette lettre.

communication[2] f *Verbindung*
~ **téléphonique** *Fernsprechverbindung* / ~ **transversale** *Querverbindung*
couper la ~, les ~s *die Verbindung(en) unterbrechen:* L'armée japonaise avait réussi à couper les ~s des Américains. / **entrer** en ~ avec qn *mit j-m in Verbindung treten, kommen:* Madame Grisey est entrée en ~ avec un pasteur hollandais, missionnaire en Corée. / **être** en ~ avec ... *in Verbindung sein mit ...:* Êtes-vous en ~ avec votre oncle aux USA? / **mettre** (deux personnes) en ~ *(zwei Personen) in Verbindung bringen:* C'est moi qui ai mis en ~ les deux hommes d'affaires. / **se mettre** en ~ avec ... *sich in Verbindung setzen mit ...:* Mettez-vous en ~ avec les frères Tissot. / **obtenir** une ~ *eine Verbindung bekommen:* Je n'ai obtenu la ~ avec New York que deux heures plus tard.

communication[3] f *(Telefon)Gespräch*
~ **gratuite** *gebührenfreies Gespräch* / ~ **internationale** *Auslandsgespräch* / ~ **interurbaine** *Ferngespräch* / ~ **locale, urbaine** *Ortsgespräch* / ~ **ordinaire** *gewöhnliches Gespräch* / ~ **suburbaine** *Vorortsgespräch* / ~ **taxée** *gebührenpflichtiges Gespräch* / ~ **urgente** *dringendes Gespräch*
demander une ~ *ein Gespräch anmelden:* Nous avons demandé une ~ avec Bastia. / **prendre** une ~ *ein Gespräch entgegennehmen:* Mademoiselle Chassier, c'est vous qui avez pris la ~?

communion f *(rel) Kommunion*
~ **solennelle** *Erstkommunion* / **faire** sa **première** ~ *zur Erstkommunion gehen:* Danielle va faire sa première ~ dimanche prochain. / **recevoir** la ~ *die Kommunion empfangen:* Avant le concile, il n'était pas usuel de recevoir la ~ tous les dimanches.

compagnie f *Gesellschaft*
en **bonne** ~ *in guter Gesellschaft* / une **joyeuse** ~ *eine fröhliche Runde;* (F) *ein vergnügter Verein* / **mauvaise** ~ *schlechte Gesellschaft*
aller de ~ *zusammen (hin)gehen:* Ils allèrent de ~ à la fête. / **être** d'une ~ **agréable** *ein angenehmer Gesellschafter sein:* Monsieur Furtier est d'une ~ extrêmement agréable. / **fausser** ~ à qn *j-m entkommen, entwischen:* J'ai voulu parler à Monsieur Tannebiche, mais il m'a faussé ~. / se **plaire** en la ~ de qn *gern mit j-m zusammen sein:* Je me plais beaucoup en la ~ des Merdou. / **rechercher** la ~ de qn *j-s Gesellschaft suchen:* J'ai l'impression que Madame Durvin recherche la ~ du colonel Lebrun. / **tenir** ~ à qn *j-m Gesellschaft leisten:* J'étais seule, à l'exception d'une vieille commère qui m'a tenu ~.

compagnon m *Gefährte*
dangereux ~ *gefährlicher Bursche* / **fin, rusé** ~ *schlauer Fuchs; alter Fuchs; Schlaumeier; Pfiffikus* / **hardi** ~ *Draufgänger* / **joyeux** ~ *lustiger Bruder*

comparaison f *Vergleich*
~ **boiteuse** *hinkender Vergleich* / ~ **forcée** *an den Haaren herbeigezogener Vergleich* / ~ **juste** *treffender Vergleich* / ~ **parlante** *anschaulicher, treffender Vergleich*
une ~ **boite** *ein Vergleich hinkt:* J'avoue que ma ~ boite quelque peu. / qc **échappe** à, **défie** toute ~ *es gibt für etw keinen Vergleich; etw ist unvergleichlich:* Impossible de décrire ici la pièce que vient de monter le théâtre du Sorbier! C'est un spectacle qui échappe à toute ~. / **établir** une ~ entre ... *einen Vergleich ziehen zwischen ...:* On pourrait établir une ~ entre ces deux villages. / **faire** la ~ avec ... *einen Vergleich ziehen mit ...:* Faites la ~ avec les prix des autres magasins et vous verrez que mes articles sont vraiment bon marché. / **mettre** qc en ~ avec qc *etw mit etw vergleichen:* On ne peut pas mettre en ~ deux choses aussi différentes. / **soutenir** la ~ (avec) *jeden Vergleich (mit) aushalten können; jedem Vergleich standhalten:* Ce roman soutient la ~ avec tous les romans écrits à notre siècle.

compère m *Bursche*
fin, rusé ~ *schlauer Fuchs; gerissener Bursche* / **joyeux** ~ *Bruder Lustig*

compétence f *Zuständigkeit, Sachkenntnis*
avoir des ~s en la matière *Sachkenntnis besitzen:* Il n'a pas de ~s en la matière, demandez plutôt à Mademoiselle Charrot. / **contester** la ~ de qn *j-m die Kompetenz abstreiten:* Je

compétition

conteste sa ~ en la matière. / **décliner** la ~ d'un tribunal *ein Gericht wegen Befangenheit ablehnen:* L'avocat de l'accusé a en vain tenté de décliner la ~ du tribunal. / **dépasser** les ~s de qn *über j-s Zuständigkeit hinausgehen:* Cela dépasse mes ~s. / **entrer** dans les ~s; **relever,** **être** de la ~ de qn *in, unter j-s Zuständigkeit fallen:* Le recyclage entre dans les ~s de Monsieur Bottin. Cette question ne relève pas de notre ~. / **faire appel** à la ~ de qn *j-n hinzuziehen:* Ne constatant aucune amélioration dans l'état du malade, on dut faire appel à la ~ d'un spécialiste. / **outrepasser** ses ~s *seine Kompetenzen überschreiten:* Vous exigez de moi que j'outrepasse mes ~s.

compétition[1] f *Wettbewerb*
~ **ardente** *heißer Wettbewerb* / ~ **déloyale** *unlauterer Wettbewerb* / ~ **loyale** *fairer Wettbewerb*
entrer en ~ (avec) *in Wettbewerb treten (mit):* Deux sociétés japonaises sont entrées en ~ avec les Américains dans le domaine des piles solaires. / **être** en ~ avec qn *mit j-m konkurrieren, im Wettbewerb stehen:* Plusieurs sociétés sont en ~ pour obtenir l'adjudication.

compétition[2] f *Wettkampf*
~ **acharnée** *mit Verbissenheit geführter Wettkampf*
organiser une ~ (sportive) *einen Wettkampf austragen, ausrichten:* Le club d'athlétisme de Grenoble organisera l'année prochaine une ~ internationale en décathlon.

complaisance f *Gefälligkeit*
basse, lâche ~ *Kriechertum, Schöntuerei*
avoir la ~ **de** ... *so liebenswürdig sein zu ...:* Auriez-vous la ~ de m'aider à monter dans le train? / **avoir des** ~s **pour qn** *j-m willfährig sein:* On raconte que Mademoiselle Lantier ne doit son avancement qu'aux ~s qu'elle aurait eues pour son patron.

complet m *Anzug*
~ **sombre** *dunkler Anzug:* Complet sombre de rigueur. (*Einlaß nur im dunklen Anzug.*)

complexe m *Komplex*
avoir (F), **faire** des ~s *Komplexe haben:* On sent très bien qu'il a des ~s. / être **bourré** de ~s *voller Komplexe stecken, sein:* Elle est très maladroite en société; j'ai l'impression qu'elle est bourrée de ~s. / **ça me donne** des ~s *davon bekomme ich Komplexe:* Je n'aime pas qu'on me mette mes faiblesses sous le nez; ça me donne des ~s.

complication f *Komplikation*
chercher, aimer les ~s *die Dinge unnötig komplizieren:* C'est vous qui cherchez les ~s, pas moi. / **faire** des ~s *Schwierigkeiten machen:* Allons, tu ne vas pas faire de ~s à la dernière minute!

complice m *Komplize*

donner un ~ *einen Komplizen verraten:* René Toussaint a donné ses deux ~s.

complicité f *geheimes Einverständnis*
agir en ~ *in geheimem Einverständnis handeln:* Le gouvernement a agi en ~ avec les gouvernements des pays voisins. / **être** de ~ avec qn *in geheimem Einverständnis mit j-m stehen; mit j-m unter einer Decke stecken:* Les deux criminels sont de ~ avec un troisième, j'en suis sûr. / **jouir** de nombreuses ~s *viele Helfershelfer, Mitwisser haben:* Mireille Danonot jouit de nombreuses ~s, mais on ne peut pas le prouver.

compliment m *Kompliment*
~ **détourné** *verstecktes Kompliment* / ~ **fade** *abgeschmacktes Kompliment* / ~ **flatteur** *schmeichelhaftes Kompliment* / de **lourds** ~s *plumpe Komplimente* / ~ **bien tourné** *gut formuliertes Kompliment*
accabler, couvrir qn de ~s *j-n mit Komplimenten überschütten:* Le comité de directeurs a couvert mon mari de ~s. / **faire** ~ à qn de, pour qc *j-m über etw ein Kompliment machen:* Je vous fais ~ pour la manière dont vous avez réglé l'affaire. / **faire des** ~s à qn *j-m Komplimente machen:* Vous lui ferez quelques ~s et il acceptera!

complot m *Verschwörung*
noir, sombre ~; ~ **ténébreux** *finstere Verschwörung*
découvrir, déjouer, éventer un ~ *eine Verschwörung aufdecken:* Le dictateur prétend avoir découvert un ~ tramé contre sa personne et son gouvernement. / **entrer** dans un ~ *sich an einer Verschwörung beteiligen:* Six généraux ont refusé d'entrer dans le ~ contre le gouvernement. / **être** dans le, du ~ *in ein Komplott verwickelt sein:* Le ministre de la défense a été dans le ~. / **tramer, faire, former, ourdir, fomenter, machiner, monter** un ~ *eine Verschwörung anzetteln:* Le service secret lui-même a tramé un ~ contre le dictateur.

composition f *Klassenarbeit*
faire une ~ *eine Klassenarbeit, Schulaufgabe schreiben:* La semaine dernière, nous avons fait trois ~s; je trouve que c'est beaucoup.

compresse f *Kompresse*
appliquer une ~ *eine Kompresse auflegen:* Il s'était appliqué une ~ d'eau fraîche sur son nez tuméfié qui, malgré tout, avait énormément enflé.

comprimé m *Tablette*
prendre un ~ *eine Tablette (ein)nehmen:* Vous prenez trop de ~s.

compromis m *Kompromiß*
~ **branlant, chancelant** *wack(e)liger Kompromiß* / ~ **imparfait** *fauler Kompromiß*
faire un ~ *einen Kompromiß schließen:* Nous préférons faire un ~ plutôt que de continuer le

procès à l'infini. / **parvenir** à un ~ *einen Kompromiß zustande bringen:* Après trois jours de discussions, les délégués sont enfin parvenus à un ~.

comptabilité f *Buchhaltung*
tenir, gérer la ~ *die Bücher führen:* C'est Monsieur Foch qui tient la ~; adressez-vous à lui.

compte[1] m *Konto*
~ **courant** *laufendes Konto; Girokonto; Kontokorrent*
alimenter, approvisionner un ~ *ein Konto auffüllen:* Veuillez alimenter votre ~, s'il vous plaît. / **arrêter** un ~ *ein Konto abschließen:* À la fin de l'année, nous avons l'habitude d'arrêter nos ~s. / **avoir** un ~ chez qn *bei j-m anschreiben lassen:* J'ai un ~ chez Monsieur Latanier. / **bloquer** un ~ *ein Konto sperren:* Nous ne pouvons pas bloquer ce ~ sans raison évidente. / **créditer** un ~ (d'une somme) *einem Konto (eine Summe) gutschreiben:* Faites-nous parvenir le chèque et nous créditerons votre ~ de la somme correspondante. / **débiter** un ~ (d'une somme) *ein Konto belasten (mit einer Summe, einem Betrag):* Je ne comprends pas pourquoi mon ~ a été débité de 135 francs le 16 janvier. / **débloquer** un ~ *ein Konto freigeben:* Les ~s de la fabrique furent débloqués après l'intervention du ministre de l'économie. / **liquider** un ~ *ein Konto auflösen:* Nous devrons liquider notre ~ en Allemagne. / **ouvrir** un ~ *ein Konto eröffnen:* Nous aimerions ouvrir un ~ chez vous. / **passer** (une somme) en, sur le ~ *(einen Betrag) auf dem Konto verbuchen:* La somme de cinq cents francs suisses a été passée sur votre ~.

compte[2] m *Rechnung, Rechenschaft*
~ **ouvert** *laufende, offene Rechnung* / ~ **rond** *glatte Rechnung; runde Summe*
avoir un ~ **à régler** avec qn *(fig) mit j-m ein Hühnchen zu rupfen haben:* Dites-lui que j'ai un ~ à régler avec lui. / **avoir** des ~s **à rendre** à qn *j-m Rechenschaft schuldig sein:* Laissez-moi tranquille! Je n'ai pas de ~s à rendre à / **avoir à rendre** ~ à qn de qc *j-m Rechenschaft für etw ablegen müssen:* Je n'ai pas à vous rendre ~ de mes intentions. / **demander** des ~s à qn *von j-m Rechenschaft verlangen, fordern:* N'oubliez pas que je vous demanderai des ~s à la fin du voyage. / **devoir** des ~s à qn *j-m Rechenschaft schuldig sein:* Vous me devez des ~s au sujet de l'acquisition de ces actions. / **dire** qc sur le ~ de qn *von j-m etw sagen, behaupten:* Qu'est-ce qu'ils ont dit sur mon ~? / **entrer** en ligne de ~ *in Frage kommen; eine Rolle spielen:* Cette solution ne peut pas entrer en ligne de ~. / **s'établir, s'installer** à son ~ *sich selbständig machen:* Au bout de cinq ans, Mireille Denier s'est établie à son ~. / **faire** le ~ (de qc à qn) *(j-m etw) vorrechnen, berechnen, zusammenzählen:* Attendez que je vous fasse le ~ des dépenses. / **liquider** un vieux ~ avec qn *(fig) eine (alte) Rechnung mit j-m begleichen:* J'ai toujours un vieux ~ à liquider avec Monsieur Sabtal. / **mettre** qc sur le ~ de qc *etw auf etw schieben:* Je mets l'échec sur le ~ de sa maladie. / **prendre** qc **sur** son ~ *etw auf seine Kappe nehmen; für etw die Verantwortung übernehmen:* Je prends la régression du chiffre d'affaires sur mon ~. / **prendre** qc **à** son ~ *die Kosten für etw übernehmen:* Je prends à mon ~ les frais de voyage. / **régler** son ~ avec qn *(fig) mit j-m abrechnen:* Maintenant, c'est le moment de régler mon ~ avec Frédéric! / **régler** ses ~s *seine Schulden bezahlen, begleichen:* Avez-vous déjà réglé vos ~s? / **rendre** ~ de qc (à qn) *(j-m) über etw berichten:* Vous devez rendre ~ de vos démarches. / **se rendre** ~ de qc *sich über etw klar sein:* Vous rendez-vous ~ de ce que vous avez fait? / **rendre des** ~s à qn *j-m Rechenschaft ablegen:* Vous devrez me rendre des ~s au sujet de votre comportement de l'autre jour. / **tenir, faire ses** ~s *über seine Ausgaben Buch führen:* Nous avons pris l'habitude de tenir nos ~s. / **tenir** ~ de qc *etw berücksichtigen:* Décidez sans tenir ~ de mon opinion. / **travailler, être** à son ~ *selbständig sein:* Mon père travaille à son ~. / **y trouver** son ~ *auf seine Rechnung, Kosten kommen:* Somme toute, nous y avons trouvé notre ~.

compteur m *Zähler*
relever le ~ *den Zähler ablesen:* Bonjour, je viens relever le ~.

conception[1] f *Vorstellung, Anschauung*
~s **arriérées, périmées, surannées** *altmodische, überholte, antiquierte Vorstellungen, Anschauungen* / ~ **claire** *klare Vorstellung* / ~ **hardie** *kühne Vorstellung* / ~ **originale** *origineller Gedanke* / **se faire une** ~ **personnelle** (d'une chose) *eine eigene Vorstellung (von einer Sache) haben*

conception[2] f *Auffassungsgabe*
~ **dure, lente** *Begriffsstutzigkeit:* Il a la ~ lente. (*Er ist schwer von Begriff.*) / ~ **facile** *leichte Auffassungsgabe* / ~ **vive** *rasche Auffassungsgabe*

concert m *Konzert*
aller au ~ *ins Konzert gehen:* Samedi, nous irons au ~. / **donner** un ~ *ein Konzert geben:* Le Boston Philharmonic Orchestra donnera un ~ à Paris.

concession f *Konzession, Zugeständnis*
de **larges** ~s *weitgehende Zugeständnisse*
accorder une ~ (à qn) *(j-m) eine Konzession erteilen:* Les autorités ne m'ont pas accordé la ~ pour distiller de l'alcool. / **faire** des ~s à qn *j-m Zugeständnisse, Konzessionen machen:* Je suis prêt à vous faire des ~s.

conclusion

conclusion f *Schluß(folgerung)*
∼ **erronée; fausse** ∼ *falscher Schluß; Trugschluß*
en **arriver** à la ∼ que .... *zu dem Schluß kommen, daß ...:* Le tribunal en est arrivé à la ∼ que l'accusé n'est qu'un comparse. / **tirer** une ∼ (de) *einen Schluß ziehen (aus):* C'est un enseignement dont il faut tirer des ∼s.

concordance f *Übereinstimmung*
mettre qc en ∼ avec qc *etw mit etw in Übereinstimmung bringen:* Il est difficile de mettre en ∼ les dépenses possibles avec les exigences des partenaires.

concorde f *Eintracht*
rétablir la ∼ *die Eintracht wiederherstellen:* Vers la fin de la Révolution, bien des gens aspiraient à la venue d'un homme fort qui rétablirait la ∼ à l'intérieur de la nation déchirée. / **vivre** dans la ∼ *einträchtig zusammenleben:* Chez mes parents, les chiens et les chats vivent dans la ∼.

concours[1] m *Wettbewerb*
s'**inscrire** à un ∼ *sich zu einem Wettbewerb (an)melden:* Est-ce que vous vous êtes déjà inscrit à ce ∼? / se **présenter** à un ∼ *an einem Wettbewerb teilnehmen:* Mylène s'est présentée au ∼ d'agrégation. / être **reçu** à un ∼ *einen (Aufnahme- oder Einstellungs-)Wettbewerb erfolgreich bestehen, mit Erfolg mitmachen:* Jean-Louis Fumet a été reçu au ∼ d'entrée à l'École Normale.

concours[2] m *Beitrag, Mitwirkung*
apporter, prêter son ∼ à qc *seinen Beitrag leisten, seinen Teil beitragen zu etw:* Tous ont apporté leur ∼ à l'organisation de la cérémonie. / s'**assurer** le ∼ de qn *sich j-s Mitwirkung sichern:* Nous avons pu nous assurer le ∼ de deux éminents chercheurs.

concubinage m *wilde Ehe*
vivre en ∼ *in wilder Ehe leben:* Mon fils vit en ∼ avec une femme qui a dix ans de plus que lui.

concurrence f *Konkurrenz, Wettbewerb*
∼ **acharnée** *erbitterte Konkurrenz* / **âpre** ∼; ∼ **serrée, sévère** *scharfe Konkurrenz* / ∼ **déloyale, illicite (loyale)** *unlauterer (fairer) Wettbewerb* / **libre** ∼ *freier Wettbewerb* / ∼ **ouverte** *offene Konkurrenz* / ∼ **redoutable** *gefährliche Konkurrenz*
couler la ∼ *die Konkurrenz ausbooten:* Avec cette invention, nous pourrons éventuellement couler la ∼. / **défier** toute ∼ *konkurrenzlos sein; außerhalb jeder Konkurrenz stehen:* Venez à l'hypermarché XY. Vous y trouverez des appareils électroménagers à des prix défiant toute ∼! / **entrer** en ∼ avec qn, qc *mit j-m, etw in Wettbewerb treten:* Avec ce produit, nous entrerons en ∼ avec une grande société allemande. / **être** en ∼ *miteinander im Wettbewerb stehen, in Wettstreit liegen:* Les deux tendances littéraires ont été en ∼ durant des décennies. / **faire** ∼ à qn *j-m Konkurrenz machen:* Nous ne pouvons pas nous permettre de faire ∼ à IBM. / se **faire** ∼ *sich Konkurrenz machen:* Les deux firmes se font ∼ sur le marché italien. / **soutenir** la ∼ *konkurrenzfähig sein:* Je ne sais pas si nous pourrons dès lors soutenir la ∼.

concurrent m *Konkurrent*
dominer, surclasser, surpasser ses ∼s *seinen Konkurrenten überlegen sein:* Ce sprinter domine nettement ses ∼s. / **éclipser** un ∼ *einen Konkurrenten ausstechen:* Elle a éclipsé toutes ses concurrentes.

condamnation f *Verurteilung*
infliger, prononcer une ∼ à qn *gegen j-n eine Strafe verhängen; j-n verurteilen:* La ∼ infligée à Madeleine Furtier a provoqué de vives protestations. / **porter** une ∼ contre qn, qc *(fig) j-n, etw verurteilen:* Je ne trouve pas très légitime que vous portiez une telle ∼ contre cette jeune fille que vous connaissez à peine et contre laquelle vous n'avez aucune preuve. / avoir **subi** une ∼ (plusieurs ∼s) *vorbestraft sein:* L'accusé, qui a déjà subi plusieurs ∼s pour délits divers, n'a pu bénéficier du sursis et a été condamné à dix ans de prison ferme.

condition[1] f *Bedingung*
∼s **avantageuses, intéressantes** *günstige Bedingungen* / ∼ **formelle** *ausdrückliche Bedingung* / ∼ **nécessaire** *unabdingbare Voraussetzung* / ∼ **préalable** *Vorbedingung*
faire, consentir, accorder des ∼s à qn *j-m Bedingungen einräumen:* Ce commerçant fait des ∼s avantageuses à sa clientèle. / **poser** des ∼s (à qn) *(j-m) Bedingungen stellen:* Ils m'ont posé des ∼s inacceptables; donc, j'ai refusé. / **remplir** des ∼s; **satisfaire, répondre** à des ∼s *Bedingungen erfüllen, nachkommen:* Les candidats remplissant les ∼s requises sont priés de déposer leur dossier dûment rempli avant le 31 mai, dernier délai. / **réunir** toutes les ∼s *alle Bedingungen erfüllen:* Le candidat réunit toutes les ∼s pour être admis aux derniers examens.

condition[2] f *Kondition, Verfassung*
la ∼ **physique** (d'un athlète) *die körperliche Verfassung, Kondition (eines Sportlers)*
être en bonne ∼ *eine gute Kondition haben:* Les skieurs de l'équipe nationale sont en très bonne ∼ cette année. / **mettre** qn en ∼ *j-n fit machen:* Les boxeurs seront mis en ∼ lors d'un stage de fin de semaine.

condition[3] f *Stand, Stellung*
c'est une personne de **basse** ∼ (de ∼ **élevée**) *er kommt aus einfachen Verhältnissen (er ist eine hochgestellte Persönlichkeit)* / ∼ **humaine** *Stellung des Menschen im Universum*

conditions fpl *Lage, Verhältnisse*
∼s **atmosphériques** *Wetterlage, Witterungs-*

verhältnisse
condoléances fpl *Beileid*
   sincères ~ *aufrichtiges Beileid*
   présenter, exprimer, faire, offrir ses ~ à qn *j-m sein Beileid aussprechen, bezeigen:* Permettez que je vous présente mes ~.
conduite[1] f *Verhalten, Benehmen, Lebenswandel*
   bonne (mauvaise) ~ *guter (schlechter) Lebenswandel* / ~ **coupable** *schuldhaftes, pflichtwidriges Verhalten* / ~ **déréglée (réglée)** *liederlicher (geordneter) Lebenswandel* / ~ **exemplaire** *musterhaftes, vorbildliches Benehmen* / ~ **innommable** *sehr häßliches, scheußliches Benehmen* / ~ **irréprochable** *untadeliges Benehmen* / ~ **relâchée** *lockerer Lebenswandel*
   adopter, observer une certaine ~ *ein gewisses Verhalten zeigen, an den Tag legen:* Je déteste la ~ qu'il a adoptée dans cette affaire. / **approuver** la ~ de qn *j-s Verhalten gutheißen:* Est-ce que vous approuvez sa ~? / **régler** sa ~ sur les circonstances *sein Verhalten nach den Umständen richten:* Il faut toujours régler sa ~ sur les circonstances.
conduite[2] f *Fahrweise*
   ~ **saccadée** (d'un automobiliste) *ruckartiger Fahrstil (eines Autofahrers)*
confection f *Konfektion*
   s'**habiller** en ~ *Konfektionskleidung tragen:* Il est trop gros, il ne peut pas s'habiller en ~.
conférence[1] f *Konferenz*
   être en ~ *in einer Sitzung sein:* Monsieur Corneau est en ~, pouvez-vous rappeler demain, s'il vous plaît? / **tenir** une ~ *eine Konferenz abhalten:* Le 13 mai, le département des finances tiendra une ~ pour faire le point de la situation. / une ~ **se tient, a lieu** *eine Konferenz findet statt:* La ~ annoncée se tiendra le 25 novembre à Munich.
conférence[2] f *Vortrag*
   donner, faire une ~ *einen Vortrag halten:* Le professeur Hardley donnera une ~ sur les relations internationales.
conférence de presse f *Pressekonferenz*
   tenir, donner une ~ *eine Pressekonferenz geben, abhalten:* Le président donna une ~ à l'issue des pourparlers sino-américains.
confession[1] f *Beichte*
   entendre qn en ~ *j-m die Beichte abnehmen:* Le curé entendit le gamin en ~.
confession[2] f *Geständnis*
   ~ **complète, entière** *volles Geständnis* / ~ **sincère** *offenes Geständnis*
   faire une ~ *ein Geständnis ablegen:* L'accusé a fait une ~ complète à son avocat.
confiance f *Vertrauen*
   ~ **absolue** *absolutes Vertrauen* / ~ **aveugle** *blindes Vertrauen; Vertrauensseligkeit* / **entière** ~; **totale** *volles Vertrauen* / ~ **excessive**

Leichtgläubigkeit / ~ **illimitée, infinie** *grenzenloses Vertrauen* / ~ **inconditionnelle** *unbedingtes Vertrauen* / ~ **inébranlable, imperturbable** *unerschütterliches Vertrauen* / ~ **naïve** *kindliches Vertrauen* / avoir **pleine** ~ en qn *volles Vertrauen zu j-m haben* / une ~ **pleine et entière** *unbegrenztes, schrankenloses Vertrauen*
   accorder de la, **donner** sa ~ à qn *j-m sein Vertrauen schenken:* Je ne sais pas si vous pouvez accorder de la ~ à cet individu. / **avoir** ~ en, dans qn, qc *in j-n, etw Vertrauen haben:* Je n'ai pas ~ en l'avenir. / **capter** la ~ de qn (sich) *j-s Vertrauen erwerben, erschleichen:* J'ai l'impression que cet homme a capté la ~ de notre mère. / se **concilier** la ~ de qn; **mettre** qn en ~ *j-s Vertrauen gewinnen:* Elle s'est conciliée la ~ de ses élèves. / **ébranler** la ~ de qn *j-s Vertrauen erschüttern:* Votre action a ébranlé ma ~ en vous. / **faire** ~ à qn *j-m vertrauen:* Nous vous faisons entière ~. / s'**insinuer** dans la ~ de qn *sich j-s Vertrauen erschleichen:* Mademoiselle Juliette s'est insinuée dans la ~ du président Lagadecque. / **inspirer, donner** ~ à qn *j-m Vertrauen einflößen:* Cette voiture ne m'inspire pas ~. / **manquer** de ~ *kein Vertrauen haben:* Ma femme manque de ~ à l'égard de la médecine. / **perdre** ~ (en) *das Vertrauen verlieren (in):* J'ai perdu ~ en vous. / **redonner** ~ à qn *j-s Vertrauen wiederherstellen:* Ce nouvel échec n'est malheureusement pas fait pour lui redonner ~. / **regagner** la ~ de qn; **remettre** qn en ~ *j-s Vertrauen zurückgewinnen:* Il sera difficile de remettre Jean-Pierre en ~. / **répondre** à la ~ de qn *j-s Vertrauen rechtfertigen:* Je suis absolument certain qu'il répondra à votre ~. / **reprendre** ~ en soi *wieder Selbstvertrauen bekommen:* Après ce succès inattendu, il a enfin repris ~ en lui-même. / **retirer** sa ~ à qn *j-m sein Vertrauen entziehen:* Cette firme n'a pas respecté ses engagements et nous avons été dans l'obligation de lui retirer notre ~. / **trahir, décevoir, tromper** la ~, **abuser** de la ~ de qn *j-s Vertrauen mißbrauchen:* Je lui en veux avant tout parce qu'il a trahi ma ~. / **voter** la ~ à qn *j-m das Vertrauen aussprechen:* L'assemblée a voté la ~ au président.
confidence f *vertrauliche Mitteilung*
   fausse ~ *Lüge; falsche Mitteilung*
   être dans la ~ *eingeweiht sein:* N'ayez pas peur de Monsieur Lambert, il est dans la ~. Il sait tout. / **faire** une ~ à qn *j-m im Vertrauen etw mitteilen:* Je vais vous faire une ~: c'est mon frère qui a écrit la lettre. / **mettre** qn dans la ~ *j-n ins Vertrauen ziehen, in ein Geheimnis einweihen:* Il faut que vous attendiez encore une semaine avant que je puisse vous mettre dans la ~.

confident m *Vertrauter*
~ **discret** *Vertrauensperson, auf deren Verschwiegenheit man sich verlassen kann* **prendre** qn pour ~ *sich j-m anvertrauen:* Vous avez pris pour ~ la personne la moins digne de cet honneur.

confirmation f *Bestätigung*
donner ~ de qc *etw bestätigen:* Maître Cabot m'a donné ~ de son accord. / **recevoir** ~ de qc *die Bestätigung für etw bekommen:* J'ai reçu ~ de mon paiement.

confiture f *Marmelade*
étaler la ~ (sur la tartine) (*die*) *Marmelade* (*aufs Brot*) *streichen:* Cette ~ ne se laisse pas bien étaler.

conflit m *Konflikt*
~ **aigu** *zugespitzter Konflikt* / ~ **armé** *bewaffneter Konflikt* / **grave** ~ *schwerer, ernster Konflikt* / ~ **irréductible** *unlösbarer Konflikt* / ~ **larvé** *schwelender Konflikt* / ~ **ouvert, déclaré** *offener Konflikt* / ~ **sanglant** *blutige Auseinandersetzung*
entrer en ~ avec qn *mit j-m in Streit geraten:* Au bout de trois mois, il était entré en ~ avec tout le bureau. / un ~ se **généralise** *ein Konflikt weitet sich aus:* Notre préoccupation principale est que le ~ ne se généralise. / **régler** un ~ *einen Konflikt, Streit beilegen:* La France a proposé sa médiation pour tenter de régler le ~ qui oppose les deux peuples depuis si longtemps.

conformité f *Übereinstimmung*
être en ~ avec qn, qc *mit j-m, etw übereinstimmen:* Vous êtes en entière ~ avec les idées de votre prédécesseur.

confort m *Komfort, Bequemlichkeit*
~ **moderne** *moderner Komfort*
aimer son ~ *die Bequemlichkeit lieben:* Ce qu'il aime avant tout, c'est son ~. / **avoir** tout le ~ *mit allem Komfort ausgestattet sein:* C'est un appartement qui a tout le ~. / **offrir** un grand ~ *sehr bequem sein:* Ces fauteuils offrent un très grand ~.

confusion[1] f *Verwirrung, Durcheinander, Verlegenheit*
~ **indescriptible** *unbeschreibliches Durcheinander* / ~ **générale, totale** *heilloses Durcheinander* / ~ **mentale** *geistige Verwirrung*
il **y a, il règne** une ~ (+ *adj*) *es herrscht* (+ *adj*) *Verwirrung:* Dans la salle, il y a une ~ indescriptible. / **mettre, jeter** la ~ dans qc *große Verwirrung anrichten in etw:* Votre remarque a mis la ~ dans l'auditoire. / **prêter** à ~ *Verwirrung hervorrufen können:* Votre lettre prêtera à ~. / **remplir** qn de ~ *j-n in Verlegenheit bringen:* Ma lettre les a remplis de ~. / **rougir** de ~ *vor Verlegenheit erröten, rot werden:* Devant ces compliments auxquels elle ne s'attendait pas, elle rougit de ~, à la fois fière et embarrassée.

confusion[2] f *Verwechslung*
~ **fatale** *folgenschwere Verwechslung* / **grossière** ~ *grobe Verwechslung*

congé[1] m *Urlaub*
~ **annuel** *Jahresurlaub* / ~ **exceptionnel** *Sonderurlaub* / ~s **payés** *bezahlter Urlaub*
avoir (trois jours de) ~ (*drei Tage*) *freihaben:* J'aurai trois jours de ~ la semaine prochaine. / **demander** un ~ *um Urlaub bitten:* Vous avez demandé un ~ de trois semaines, n'est-ce pas? / **donner** ~ à qn *j-m freigeben:* Madame Hertz avait l'air très malade. Je lui ai donné ~. / **être** en ~ *in, auf Urlaub sein:* Mademoiselle Palier est en ~. / **obtenir** un ~ *Urlaub bekommen; freibekommen:* Je ne suis pas sûr d'obtenir le ~ que j'ai demandé pour pouvoir me rendre au Salon de l'automobile. / **prendre** un ~ *Urlaub nehmen:* Comme mon père était mort, j'avais dû prendre un ~ pour me rendre à Grenoble.

congé[2] m *Abschied, Entlassung*
donner son ~ à qn *j-n entlassen:* Il n'y avait plus assez de travail pour cinq personnes. On m'a donc donné mon ~, parce que je suis le plus jeune. / **prendre** ~ *sich verabschieden:* Philippe prit ~ de ses collègues et descendit l'escalier en courant. / **recevoir** son ~ *entlassen werden:* Le même soir, il reçut son ~.

congrès m *Kongreß*
inaugurer un ~ *einen Kongreß eröffnen:* Le professeur Michelin a inauguré le ~ des acupuncteurs. / un ~ **a lieu, se tient** *ein Kongreß findet statt, wird abgehalten:* Notre ~ annuel aura lieu à Naples. / **tenir** un ~ *einen Kongreß abhalten:* Les libéraux tiendront leur ~ annuel entre le 5 et le 7 mars à Hambourg.

conjecture f *Vermutung*
se **perdre** en ~s *nur Vermutungen haben:* Les policiers se perdent en ~s sur les motifs des assassins. / en être **réduit** aux ~s *auf Vermutungen angewiesen sein:* Dans l'affaire Bistout, nous en sommes réduits aux ~s.

conjoncture f *Konjunktur, Lage*
~ **économique** *Wirtschaftslage* / **haute** ~ *Hochkonjunktur*
profiter de la ~ *sich die Umstände zunutze machen:* La clé de son succès, c'est qu'il sait toujours profiter de la ~.

conjuration f *Verschwörung*
étouffer, réprimer une ~ *eine Verschwörung niederschlagen:* L'arrestation de quelques officiers suspects a permis d'étouffer rapidement la ~. / **monter, fomenter** une ~ *eine Verschwörung anzetteln:* On suppose que l'attentat est le résultat d'une vaste ~ montée par les nombreux ennemis du régime.

connaissance[1] f *Kenntnis, Bekanntschaft*
~s **approfondies, solides** *vertiefte, fundierte*

Kenntnisse; gründliches Wissen / ~s **élémentaires** *Grundkenntnisse, Anfangskenntnisse* / ~s **éparses, fragmentaires, incomplètes** *lückenhafte Kenntnisse; lückenhaftes Wissen* / des ~s **étendues;** de **vastes** ~s *umfassende Kenntnisse; umfassendes Wissen* / avoir la ~ **intime** de qn *j-n sehr genau kennen* / ~s **professionnelles** *Fachkenntnisse* / une **profonde** ~ *gründliches Wissen* / ~s **rudimentaires** *(bescheidene) Grundkenntnisse* / ~s **superficielles** *oberflächliche Kenntnisse*
approfondir, enrichir ses ~s *seine Kenntnisse vertiefen:* Vous devez encore approfondir vos ~s. / **avoir** ~ de qc *Kenntnis haben von:* Avez-vous ~ de cette lettre? / **donner** ~ de qc *etw bekanntmachen:* Le ministre donnera ~ ce soir à la presse des nouvelles mesures envisagées pour lutter contre le chômage. / **élargir** ses ~s *sein Wissen, seine Kenntnisse erweitern:* Le stage m'a aidé à élargir mes ~s. / **faire** ~ avec qn; **faire la** ~ de qn *j-n kennenlernen:* Lors de mon voyage, j'ai fait ~ avec un Suisse très intéressant. / **faire faire la** ~ de qn à qn *j-n mit j-m bekannt machen:* Si vous voulez, je vous ferai faire la ~ de Madame Timbale. / **faire faire** ~ à qn avec qn, qc *j-n mit j-m, etw bekannt machen:* Faites confiance à Jurat, il vous fera faire ~ avec les meilleurs restaurants du coin. / **lier** ~ avec qn *mit j-m Bekanntschaft schließen:* À ce congrès, j'ai pu lier ~ avec un confrère de Londres. / **porter** qc à la ~ de qn *j-n von etw in Kenntnis setzen; j-m etw zur Kenntnis bringen:* Par la présente, je porte à votre ~ le licenciement de cinq cents ouvriers spécialisés. / **posséder, avoir** des ~s de, sur qc *Kenntnisse besitzen, haben über etw:* Madame Chêneau a des ~s profondes sur la peinture néerlandaise. / **prendre** ~ de qc *etw zur Kenntnis nehmen:* Veuillez prendre ~ de ce rapport. / **renouer** ~ avec qn, qc *die Bekanntschaft mit j-m, etw auffrischen:* L'autre jour, j'ai rencontré ma vieille amie Mireille que je n'avais pas vue depuis quinze ans; nous en avons profité pour renouer ~. / qc **vient** à la ~ de qn *j-m kommt etw zu Ohren:* Une rumeur disant que le président va divorcer est venue à ma ~.
connaissance² f *Bewußtsein*
avoir toute sa ~ *bei vollem Bewußtsein sein:* Pierre est très malade; je doute qu'il ait toute sa ~. / **perdre** ~ *das Bewußtsein verlieren:* Au moment du choc, j'ai perdu ~. / **reprendre** ~ *wieder zu sich kommen:* Il ne reprit ~ que trois heures plus tard. / **tomber, rester** sans ~ *bewußtlos werden:* Le sang lui monta à la tête et il tomba sans ~.
connaissance³ f *Bekannter*
une **vieille** ~ *ein langjähriger, alter Bekannter*
connaisseur m *Kenner*
un **fin** ~ *ein hervorragender Kenner* / un **grand** ~ *ein guter Kenner*
connivence f *heimliches Einverständnis*
agir, être de ~ avec qn *mit j-m unter einer Decke stecken:* Je suis absolument sûr que les deux marins ont agi de ~.
conquête f *Eroberung*
faire la ~ de qn *j-n erobern:* Hier soir, Jean-Paul a fait la ~ d'une jeune Italienne.
conscience¹ f *Bewußtsein*
~ **claire** *klares Bewußtsein* / ~ **morale** *sittliches Bewußtsein* / ~ **professionnelle** *Berufsethos, Berufsehre*
avoir ~ de qc *sich einer Sache bewußt sein:* Il n'a pas ~ de ce qu'il fait. / **perdre** ~ *das Bewußtsein verlieren; ohnmächtig werden:* Le choc lui fit perdre ~ pour quelques instants. / **prendre** ~ de qc *sich einer Sache bewußt werden:* Elle a pris ~ de la nécessité d'efforts communs. / **reprendre** ~ *wieder zu sich kommen:* Je crois qu'il a subi un choc grave; malgré tous nos efforts, il n'a pas encore repris ~.
conscience² f *Gewissen*
avoir **bonne (mauvaise)** ~ *ein gutes (schlechtes) Gewissen haben* / avoir la ~ **chargée** *ein schlechtes Gewissen haben* / ~ **droite, intègre, pure** *reines Gewissen* / avoir la ~ **élastique, large** *ein weites Gewissen haben; es nicht so genau nehmen* / avoir la ~ **nette** *ein reines Gewissen haben* / avoir la ~ **tranquille** *ein ruhiges Gewissen haben*
apaiser sa ~; se **donner** bonne ~ *sein Gewissen beruhigen:* Il essaya longtemps en vain d'apaiser sa ~. Enfin, il alla à la police se déclarer coupable. / **avoir** qn, qc sur la ~ *j-n, etw auf dem Gewissen haben:* C'est vous qui avez cette erreur sur la ~. / **charger** sa ~ *sein Gewissen belasten:* Ne prenez pas cette décision. Elle chargera votre ~. / **donner** bonne (mauvaise) ~ *ein gutes (schlechtes) Gewissen verursachen:* Et vos agissements ne vous donnent pas mauvaise ~? / **écouter** sa ~ *auf sein Gewissen hören:* Je te conseille d'écouter ta ~. / **interroger, consulter** sa ~ *sein Gewissen befragen:* J'ai consulté ma ~ avant d'agir. / **mettre** beaucoup de ~ à (faire) qc *etw sehr gewissenhaft tun:* Jeanne a mis beaucoup de ~ à rédiger ce rapport. / **soulager, décharger, libérer** sa ~ *sein Gewissen erleichtern:* La confession a bien soulagé ma ~.
consciences fpl *Meinungen*
acheter les ~ *durch Bestechung Meinungen beeinflussen:* On dit que le président actuel a gagné les élections après avoir acheté les ~. / **opprimer, étouffer** les ~ *die Meinungsfreiheit unterdrücken:* Dans ce pays, les ~ sont terriblement opprimées. / **sonder** les ~ *die Meinungen erforschen:* Avant de commencer la campagne électorale, il importe de sonder les ~.

conseil

conseil[1] m *Rat (Ratschlag)*
~ **désintéressé (intéressé)** *uneigennütziger (eigennütziger) Rat* / ~ **judicieux, prudent, sage** *kluger Rat*
demander (un) ~ à qn *j-n um Rat fragen:* Permettez que je vous demande un ~. / **donner** un ~ à qn *j-m einen Rat geben, erteilen:* Nous lui avons donné le ~ de vendre la maison. / **écouter, suivre** le ~ de qn *j-s Rat befolgen; auf j-s Rat hören:* Il n'a pas écouté votre ~. / **négliger** un ~; **passer outre** à un ~ *einen Rat nicht befolgen:* Je lui avais pourtant dit de ne pas vendre sa maison, mais il a passé outre à mes ~s; maintenant, il le regrette bien. / **porter** ~ *Rat bringen:* L'avenir portera ~. / **prendre** ~ de qn *j-s Rat einholen; sich bei j-m Rat holen:* Avez-vous pris ~ de vos parents? / **prodiguer** ses ~s à qn *j-m (zu viele) gute Ratschläge erteilen:* Madame Lafargue est une bonne âme; elle prodigue ses bons ~s à toutes ses connaissances qu'elle ennuie ainsi prodigieusement.
conseil[2] m *Rat (Ratgeber, beratende Versammlung)*
~ **administratif** *Verwaltungsrat* / ~ **consultatif** *Beirat* / ~ **économique et social** *Wirtschafts- und Sozialrat* / ~ **juridique** *Rechtsbeistand* / ~ **municipal** *Stadtrat, Gemeinderat* / ~ **supérieur, suprême** *Oberster Rat*
conseil de guerre m *(mil) Kriegsgericht*
passer en ~ *vor ein Kriegsgericht kommen, gestellt werden:* Il a eu la chance que la guerre se soit terminée peu avant qu'il ne passe en ~.
conseil de révision m *(mil) Musterungskommission*
passer devant le ~ *gemustert werden:* Le mois prochain, je passerai devant le ~.
consentement m *Einverständnis, Einwilligung*
arracher le ~ à qn *j-m das Einverständnis abringen:* J'ai dû arracher le ~ à mon chef. / **donner, accorder** son ~ (à qc) *seine Einwilligung geben (zu etw):* Mon père n'a pas donné son ~ à mon mariage.
conséquence f *Folge, Konsequenz*
~s **désastreuses** *verhängnisvolle Konsequenzen* / ~ **fatale** *schicksalhafte, unvermeidliche Folge* / ~ **forcée, nécessaire** *zwangsläufige Folge* / ~s **graves, sérieuses** *ernste, schwerwiegende Folgen* / ~ **immanquable, infaillible** *unausbleibliche Folge* / ~s **incalculables** *unabsehbare Folgen* / ~ **inéluctable, inévitable** *unweigerliche Folge* / ~ **logique** *logische Folge* / ~s **regrettables** *bedauerliche Folgen*
accepter les ~s *die Folgen in Kauf nehmen:* Si vous prenez cette décision, vous devez accepter les ~s. / **agir** en ~ *die Konsequenzen daraus ziehen:* J'ai compris mon erreur et je vais agir en ~. / **avoir** pour ~ *zur Folge haben:* Votre annulation a pour ~ l'arrêt de notre production. / **entraîner** des ~s *Konsequenzen, Folgen haben:* Cette imprudence de votre part risque d'entraîner de graves ~s pour toute la firme. / ne pas s'**inquiéter, se soucier, se préoccuper** des ~s *sich um die Folgen nicht kümmern:* Il le fera sans s'inquiéter des ~s. / **subir, supporter** les ~s de qc *die Folgen von etw zu spüren bekommen:* Je vous avais bien dit que vous subiriez les ~s de votre acte. / **tirer les** ~s de qc *aus etw die Konsequenzen ziehen:* Quelles ~s comptez-vous tirer de votre échec? / cela ne **tire** pas à ~ *das hat nichts zu bedeuten:* Mon chef m'a donné mon congé, mais cela ne tire pas à ~, car on m'a offert un autre emploi tout près de chez moi.

conserve f *Konserve*
faire des ~s *einwecken, einmachen:* J'ai décidé de faire des ~s avec la première récolte de petits pois de mon jardin. / **mettre** qc en ~ *etw eindosen; etw zu Konserven verarbeiten:* Au maximum de sa capacité, cette usine peut mettre en ~ 30 000 tonnes de fruits et légumes.

considération[1] f *Erwägung, Überlegung*
émettre des ~s *sich äußern:* Monsieur Daladier, dans son allocution, n'a émis que des ~s générales. / **entrer** dans des ~s *Erwägungen folgen:* Je ne peux pas entrer dans ces ~s. / **mériter** ~ *einer Überlegung wert sein:* Cette analyse mérite ~. / se **perdre** en ~s (+ *adj*) *sich in (+ adj) Erwägungen verlieren:* Elle s'est perdue en ~s philologiques. / **prendre, faire entrer** qc en ~ *etw in Betracht ziehen:* La situation sur le marché pétrolier est une chose qu'il faudra dès lors prendre en ~.

considération[2] f *Achtung*
avoir la, **jouir** de la ~ de qn *j-s Achtung genießen:* Je crois avoir la ~ de Maître Tchaco. / **avoir** beaucoup de ~ **pour** qn *j-m große Achtung entgegenbringen:* Nous avons beaucoup de ~ pour le professeur Gabinel.

consigne[1] f *Anweisung, Vorschrift*
brûler, manquer à, **forcer** une ~ *sich über eine Anweisung hinwegsetzen:* Ce faisant, il a froidement brûlé la ~. / **donner** la ~ (de) *Weisung erteilen (zu):* Le patron a donné la ~ d'ouvrir le magasin à huit heures déjà. / **observer, respecter, appliquer** la ~ *die Vorschriften befolgen:* Nous ne pouvons pas ne pas observer la ~. / **avoir reçu** la ~ **formelle** de ... *strikte Anweisung haben zu ...:* J'ai reçu la ~ formelle de ne pas ouvrir les lettres adressées au chef de service.

consigne[2] f *Gepäckaufbewahrung*
~ **automatique** *Schließfächer*
mettre des bagages à la ~ *Gepäck zur Aufbewahrung geben:* Je crois qu'il vaut mieux mettre nos valises à la ~. / **retirer** des bagages

de la ~ *Gepäck bei der Aufbewahrung abholen:* N'oublie pas que je dois d'abord passer à la gare pour retirer ma valise de la ~.

consigne³ f *Pfand(betrag)*
se faire **rembourser** la ~ *sich den Pfandbetrag zurückzahlen lassen:* N'oublie pas de te faire rembourser la ~.

consolation f *Trost*
piètre ~ *schwacher Trost*
adresser quelques mots de ~ à qn *j-m Worte des Trosts übermitteln:* Le chef lui-même m'a adressé quelques mots de ~. / **apporter** de la ~ à qn *j-m Trost spenden:* Vos paroles m'ont apporté de la ~. Je vous en remercie. / **chercher** une, la ~ (dans qc) *(in etw) Trost suchen:* Il cherche la ~ dans la boisson. / **être** la seule ~ de qn *j-s einziger Trost sein:* Depuis qu'elle a perdu son mari, sa fille est sa seule ~. / **trouver** de la ~ à penser que ... *Trost in, bei dem Gedanken finden, daß ...:* Je trouve de la ~ à penser qu'il y a des gens bien plus pauvres que moi.

consommateur m *Verbraucher*
gros ~ *Großverbraucher* / le ~ **moyen** *Otto Normalverbraucher*

consommation¹ f *Verbrauch, Konsum*
~ **privée, propre** *Eigenbedarf, Selbstverbrauch*
faire une grande ~ de ... *viel ... verbrauchen:* La voiture fait une grande ~ d'huile. / **pousser** à la ~ *zum Konsum veranlassen:* En poussant le public à une ~ toujours accrue, l'économie ferme délibérément les yeux sur les conséquences inévitables d'un tel gaspillage.

consommation² f *Getränk (das man zu sich nimmt)*
prendre une ~ *ein Getränk zu sich nehmen:* J'ai pris trois ~s. *(Ich hatte drei Glas Wein, Tassen Kaffee usw.)*

conspiration f *Verschwörung*
fomenter, machiner, ourdir, tramer une ~ *eine Verschwörung anzetteln:* Une poignée de conjurés avait ourdi une ~ dans le but d'assassiner le jeune prétendant au trône.

constance f *Ausdauer, Standhaftigkeit*
avoir beaucoup de ~; **être** d'une grande ~ *große Ausdauer haben:* Elle a vraiment beaucoup de ~ dans tout ce qu'elle fait. / **ébranler** la ~ de qn *j-s Standhaftigkeit erschüttern:* Les humiliations qu'on lui avait fait subir n'avaient pas réussi à ébranler sa ~.

constat m *Protokoll*
dresser, établir un ~ *ein Protokoll aufnehmen:* L'avocat a dressé un ~. / **faire** le ~ de qc *etw (protokollarisch) aufnehmen:* L'agent de police fit ensuite le ~ de l'accident.

consternation f *Bestürzung*
profonde ~ *tiefe Bestürzung*
frapper qn de ~ *j-n bestürzt machen:* En entendant la nouvelle à la radio, elles furent frappées de ~. / **jeter** la ~ *Bestürzung hervorrufen:* La nouvelle jeta la ~.

constitution f *Konstitution*
~ **chétive, débile, malingre** *schwache, schwächliche Konstitution* / **forte** ~; ~ **robuste**; ~ **saine** *kräftige Konstitution*

construction¹ f *Bau*
~ **ancienne** *Altbau* / ~ **navale** *Schiffsbau* / ~ **nouvelle, récente** *Neubau*
être en ~ *im Bau sein:* Quinze centrales nucléaires sont déjà en ~ et seront terminées avant la fin de cette décennie.

construction² f *Satzbau*
~ **boiteuse, vicieuse** *fehlerhafter, nicht ganz richtiger Satzbau*

consultation f *Sprechstunde, Konsultation, Beratung*
aller à la ~ du docteur X *in die Sprechstunde von Dr. X gehen:* Si mes douleurs d'estomac continuent, j'irai demain à la ~ du docteur Lenoir. / **appeler** qn en ~ *j-n zur Beratung hinzuziehen, beiziehen:* J'aimerais qu'on appelle un orthopédiste en ~. / **donner** des ~s *Sprechstunde halten:* Mon mari ne donne plus de ~s cette semaine. / **entrer** en ~s *Konsultationen aufnehmen:* Les deux gouvernements sont entrés en ~s pour faire avancer les problèmes communs. / **être** en ~ *gerade einen Patienten untersuchen:* Je ne peux pas vous passer le docteur Benoît, il est en ~. Rappelez plus tard, s'il vous plaît.

contact m *Kontakt, Verbindung*
~ **étroit, intime** *enger Kontakt* / ~ **fugitif** *flüchtige Berührung; flüchtiger Kontakt* / **mauvais** ~ *(techn) Wackelkontakt*
avoir des ~s avec qn *mit j-m in Verbindung stehen:* Le président américain a des ~s permanents avec son homologue français. / **couper** le ~ *den Kontakt unterbrechen; die Zündung ausschalten; die Maschine abschalten:* Ne coupez pas le ~ avant que la température de l'eau de refroidissement ne soit tombée en dessous de quatre-vingts degrés. / **entrer** en ~ (avec) *1. in Berührung kommen (mit); 2. Fühlung aufnehmen (mit):* Il faut absolument éviter que les deux fils entrent en ~. Entrez en ~ avec le service après-vente. / **établir** le ~ *den Kontakt herstellen; die Maschine einschalten:* On établit le ~ en fermant la porte de protection. / **être** en ~ (avec) *Kontakt, Verbindung haben (mit):* Les deux lames métalliques sont en ~ l'une avec l'autre. / **maintenir** le ~ *in Fühlung, Verbindung bleiben:* Nous avons toujours maintenu le ~ avec l'ambassade chinoise. / **mettre** le ~ *den Zündschlüssel umdrehen; die Zündung einschalten:* Introduisez la clé, mettez le ~ et démarrez. / **mettre** qn **en** ~ avec qn *j-n mit j-m in Verbindung bringen:* Si vous le dési-

rez, je vous mettrai en ~ avec Monsieur Lapadier. / **perdre** le ~ avec qn, qc *keinen Kontakt mehr haben mit, zu j-m, etw:* Depuis qu'il n'habite plus la même ville, j'ai perdu tout ~ avec Jean-Paul. / **prendre** ~ avec qn *mit j-m Kontakt aufnehmen:* Je vous recommande de prendre ~ avec Monsieur Lubertin. / **prendre des** ~s *Verbindungen (an)knüpfen:* Le congrès m'a servi à prendre des ~s divers. / **prendre des** ~s avec qn *sich mit j-m ins Benehmen setzen:* Il a déjà pris des ~s avec le chef du personnel. / **rester** en, **garder** le ~ (avec) *in Verbindung bleiben (mit)*: Restez en ~ avec mon bureau. / **rompre** les ~s *die Kontakte abbrechen:* Les deux États ont rompu leurs ~s officiels.

conte m *Erzählung*
~ **bleu** *Ammenmärchen* / ~ **fantastique, merveilleux** *Märchen* / ~ **populaire** *Volksmärchen*

conte de fées m *Märchen*
lire un ~ à qn *j-m ein Märchen vorlesen:* Marie-Claire te lira un ~.

contemplation f *Betrachtung*
être **perdu,** être **plongé** dans la ~ de qc *in die Betrachtung von etw versunken sein:* Le peintre était perdu dans la ~ du paysage. / **rester** en ~ devant qc *etw lange betrachten:* Elle est restée longtemps en ~ devant le tableau.

contenance f *Haltung, Auftreten*
~ **assurée, ferme** *sicheres Auftreten* / ~ **embarrassée** *Unbeholfenheit* / ~ **empruntée, étudiée, forcée** *gekünstelte, unnatürliche Haltung*
adopter, prendre une ~ *sich (irgendwie) verhalten:* Je crois vraiment qu'il a mauvaise conscience; quand tu l'as accusé d'avoir menti, il ne savait plus quelle ~ prendre. / se **donner** une ~ *sich gelassen geben; Haltung bewahren:* Pour se donner une ~, il regarda fixement les photos. / **faire bonne** ~ *Haltung bewahren:* Il fait bonne ~ dans toutes les situations. / **perdre** ~ *die Fassung verlieren:* Après treize heures d'interrogatoire, l'auteur présumé du crime perdit ~.

contours mpl *Umrisse*
~ **estompés, flous, fondus, indécis, voilés** *verschwommene Umrisse* / ~ **nets, précis** *deutliche Umrisse* / ~ **purs** *klare Konturen*

contradiction f *Widerspruch*
~s **apparentes** *scheinbare Widersprüche* / ~ **flagrante** *krasser Widerspruch*
il y a ~ entre ... *es besteht ein Widerspruch zwischen ...:* Il y a ~ entre ses paroles et ses actes. / **être** en ~ avec ... *im Widerspruch stehen zu ...:* Son comportement est en ~ avec ce qu'il dit. / **mettre** qn en ~ *j-m Widersprüche nachweisen:* Le juge a mis l'accusé en ~. / **porter** la ~ dans une discussion *in einer Diskussion Gegenargumente anführen:* Après qu'un délégué a porté la ~ dans la discussion, cette dernière a pris un tour très animé. / **tomber** dans les ~s *sich immer selbst widersprechen; sich in Widersprüche verwickeln:* Ne le croyez pas, il tombe sans cesse dans les ~s.

contrainte f *Zwang*
agir sous (la) ~ *unter Zwang handeln:* Je ne crois pas qu'il ait fait cela sans obligation. Il doit avoir agi sous la ~. / être **soumis** à des ~s *Zwängen unterworfen sein:* Dans nos sociétés civilisées, chacun est soumis à de nombreuses ~s. / **user** de ~ envers qn *j-m Zwang antun; auf j-n Zwang ausüben:* Si c'est nécessaire, on usera de ~ envers Monsieur Malgrave pour obtenir qu'il se plie à notre volonté.

contraire m *Gegenteil, Gegensatz*
les ~s s'**attirent** *Gegensätze ziehen sich an:* Jacques est très calme, sa fiancée a beaucoup de tempérament; les ~s s'attirent. / **concilier, ménager** les ~s *die Gegensätze ausgleichen:* Ce fut le grand mérite de ce chef d'État d'avoir si bien su ménager les ~s. / **soutenir** le ~ *das Gegenteil behaupten:* Georges Milan soutient maintenant le ~ de ce qu'il avait prétendu l'an dernier.

contraste m *Gegensatz, Kontrast*
~ **criant** *krasser, schroffer Gegensatz* / ~ **frappant** *auffallender Gegensatz* / ~ **saisissant, violent** *sehr starker Kontrast*
adoucir les ~s *(konkret) die Kontraste mildern:* La lumière du soir adoucissait les ~s de ce paysage grandiose. / **atténuer** les ~s *(fig) die Gegensätze abbauen, mildern:* Une sage politique devrait tenter d'atténuer les ~s entre les régions défavorisées du monde et les zones industrialisées. / **faire, former** ~ avec... *einen Gegensatz bilden zu ...:* Ce bâtiment fait ~ avec les bidonvilles qui l'entourent. / **offrir** un ~ (+ *adj*) avec ... *in* (+ *adj*) *Gegensatz stehen zu ...:* La chambre bien arrangée offre un ~ criant avec sa vie déréglée. / **faire ressortir** le ~ entre X et Y *den Gegensatz zwischen X und ~ hervortreten lassen:* La discussion a fait ressortir le ~ entre les jeunes et les plus âgés.

contrat m *Vertrag*
~ **valide** *rechtsgültiger Vertrag*
annuler un ~ *einen Vertrag widerrufen:* Nous aimerions annuler le ~ conclu le 2 novembre 1980. / **conclure, passer** un ~ *einen Vertrag (ab)schließen:* Comme notre partenaire n'a pas rempli nos conditions, nous n'avons pas encore conclu le ~. / **dénoncer** un ~ *einen Vertrag kündigen:* Vous ne pouvez pas dénoncer le ~ avant la fin de l'année. / se **désister** d'un ~ *von einem Vertrag zurücktreten:* Il ne peut pas se désister du ~ sans en informer ses partenaires. / **dresser** un ~ *einen Vertrag abfassen:* C'est Maître Bloch qui a dressé le ~ de vente.

Adressez-vous à lui. / **prolonger, renouveler** un ~ *einen Vertrag verlängern:* Le ~ sera prolongé automatiquement d'un an. / **réaliser, exécuter** un ~ *einen Vertrag erfüllen:* Vous n'avez pas encore réalisé le ~. / **résilier** un ~ *einen Vertrag auflösen:* Étant donné le changement profond de la situation immobilière, nous sommes malheureusement obligés de résilier le ~ conclu le 15 octobre 1981. / le ~ **stipule** que ... *der Vertrag sieht vor, daß ...:* Le ~ stipule que les deux parties contractantes règlent tout différend à l'amiable. / qc est **stipulé** par ~ *etw ist vertraglich festgelegt:* Mes droits sont stipulés par ~. / **violer** un ~ *einen Vertrag brechen:* C'est l'autre partie qui a violé le ~.

contravention f *Übertretung, (gebührenpflichtige) Verwarnung, Strafzettel*
attraper, (F) **récolter** une ~ *sich einen Strafzettel einhandeln:* Hier, j'ai attrapé une ~ pour excès de vitesse. / **dresser** (une) ~ à qn *j-n gebührenpflichtig verwarnen:* Un policier m'a dressé une ~ parce que j'avais dépassé la vitesse autorisée. / **être** en ~ *sich einer Übertretung schuldig gemacht haben:* Vous ne savez pas que vous êtes en ~ avec votre clôture qui est trop près de la route? / **infliger** une ~ à qn *j-m eine Verwarnung erteilen, ein Bußgeld auferlegen:* On m'a infligé une ~ pour stationnement interdit.

contre-attaque f *Gegenangriff*
passer à la ~ *zum Gegenangriff übergehen:* Si Monsieur Vaurier n'arrête pas de m'attaquer en public, je n'hésiterai pas à passer à la ~.

contrebande f *Schmuggel*
qc **entre** en ~ *etw wird (ein)geschmuggelt:* La quantité de marchandises qui entrent en ~ dans notre pays augmente chaque année. / **faire** de la ~ *Schmuggel treiben:* Les habitants de ce village frontalier ont pendant des siècles fait de la ~. / **faire** la ~ de qc; **passer** qc en ~ *etw schmuggeln:* Il est accusé d'avoir fait la contrebande du tabac.

contrepoids m *Gegengewicht*
faire (le) ~ *das, ein Gegengewicht bilden:* Pour faire ~, elle prit un sac dans chaque main.

contretemps m *widriger Umstand*
fâcheux ~ *widriger Umstand*
il **y a eu** (un) ~ *es kam etw dazwischen:* Je ne pouvais pas venir, il y a eu (un) ~. / **j'ai eu** un ~ *mir ist etw dazwischengekommen:* Excusez-moi d'arriver si tard, j'ai eu un ~.

contribution f *Beitrag*
apporter sa ~ à qc *seinen Beitrag leisten zu etw:* Chacun a apporté sa ~ à la réussite. / **mettre** qn à ~ *j-n (zu etw) heranziehen, hinzuziehen:* Puis-je vous mettre à ~ pour que le travail avance plus vite?

contrôle m *Kontrolle, Herrschaft*

~ **relâché** *locker gehandhabte Kontrolle* / ~ **sévère, vigilant** *strenge Kontrolle*
exercer un ~ sur qn, qc *eine Kontrolle über j-n, etw ausüben:* Lorsque je vivais chez ma tante et mon oncle, ce dernier exerçait un ~ sévère sur ma conduite. / **perdre** le ~ de qc *über etw die Herrschaft verlieren:* Didier a provoqué un accident grave. Il a perdu le ~ de sa voiture sur le verglas.

controverse f *Meinungsverschiedenheit, Kontroverse*
vive ~ *heftige Kontroverse*
une ~ **oppose** qn à qn *es gibt eine Meinungsverschiedenheit zwischen j-m und j-m:* Lors des débats, une vive ~ a opposé le délégué communiste au délégué socialiste. / **susciter, soulever, provoquer** une ~, des ~s *eine Kontroverse, Kontroversen hervorrufen:* Cette critique a suscité de vives ~s dans les milieux compétents.

convalescence f *Genesung*
être, entrer en ~ *sich auf dem Weg der Genesung, Besserung befinden:* Ma femme a été bien malade pendant quinze jours. Heureusement, elle entre peu à peu en ~.

convenances fpl *Anstand, Konventionen*
blesser, heurter, violer les, **manquer** aux ~ *gegen die guten Sitten verstoßen:* Sa conduite blesse les ~. / **observer, respecter** les ~ *die Konventionen (be)achten:* Il a été élevé très librement et il lui est très difficile de respecter les ~ qu'il juge parfois ridicules. / les ~ **veulent** que ... *der Anstand verlangt, daß ...:* Les ~ voudraient que vous aidiez cette personne dans ses difficultés.

convention f *Abkommen, Vereinbarung*
~ **collective** *Tarifvertrag* / ~ **tacite** *stillschweigende Vereinbarung*
signer une ~ *ein Abkommen unterzeichnen:* Les syndicats ont refusé de signer la ~ proposée par les patrons.

conversation f *Unterhaltung, Gespräch*
~ **animée** *angeregte, lebhafte Unterhaltung* / ~ **enjouée** *zwanglose Unterhaltung* / ~ **familière** *ungezwungene, zwanglose Unterhaltung* / ~ **fastidieuse, insipide** *langweilige Unterhaltung* / ~ **fructueuse** *ergiebiges Gespräch* / ~ **languissante** *schleppende Unterhaltung* / ~ **nourrie** *vielseitige Unterhaltung; Unterhaltung, die viele Themen berührt, die nicht abreißt*
amener la ~ sur qc *das Gespräch auf etw lenken:* Malheureusement nous n'avons pas réussi à amener la ~ sur les questions budgétaires. / **avoir** une ~ avec qn *mit j-m ein Gespräch führen:* Nous avons eu une longue ~ avec le directeur de l'entreprise. / **avoir de la** ~ *gesprächig sein:* Elle est bien gentille, mais un peu ennuyeuse en société, car elle n'a pas

conviction

beaucoup de ~. / **détourner** la, **changer** de ~ *vom Thema ablenken*: Allez, ne détournez pas la ~. Revenons à nos moutons. (*Zurück zur Sache.*) / **engager, entamer, commencer** la, une ~ (sur) *ein Gespräch beginnen (über)*: Il faut que nous engagions la ~ sur les problèmes actuels. / une ~ **s'engage** *ein Gespräch kommt zustande, in Gang*: Hier soir, une ~ très spirituelle s'est engagée entre Monsieur Leton et Madame Selva. / **entretenir** la ~ *die Unterhaltung in Fluß, Gang halten*: Il n'est pas facile d'entretenir la ~ avec Monsieur Lebon; il est tellement timide! / **faire** la ~ avec, à qn (F) *mit j-m ein Schwätzchen halten*: Avez-vous quelques minutes pour faire la ~ avec moi? / **intercepter** une ~ téléphonique *ein Telefongespräch abhören*: Les policiers ont intercepté une ~ téléphonique très importante. / **lier** ~ avec qn *mit j-m ins Gespräch kommen*: Lui qui, autrefois, n'était pas très bavard, voilà que maintenant il cherche à lier ~ avec tout le monde et n'importe qui. / laisser **mourir** la ~ *die Unterhaltung einschlafen lassen*: Peu à peu, Henri laissait mourir la ~. / **ranimer** la ~ *die Unterhaltung wieder aufleben lassen*: Votre objection a fortement ranimé la ~. / **relancer** la ~ *die Unterhaltung wieder in Gang bringen*: L'arrivée de Madame Corbusier vers minuit a relancé la ~. / **soutenir** la ~ (avec qn) (*mit j-m*) *im Gespräch bleiben*: L'Est et l'Ouest doivent absolument soutenir la ~ sur le désarmement. / la ~ **tourne, roule, porte** sur ... *das Gespräch geht über ..., dreht sich um ...*: Pendant toute la soirée, la ~ n'a tourné que sur la petite aventure de Gisèle.

conviction f *Überzeugung*
~ **inébranlable** *felsenfeste Überzeugung* / ~ **profonde** *tiefe Überzeugung* / ~ **sincère** *ehrliche Überzeugung*
acquérir la ~, en **venir** à la ~ que ... *zu der Überzeugung gelangen, daß ...*: Peu à peu elle acquérait la ~ que son mari la trompait. / **avoir** la ~ que ... *der festen Überzeugung sein, daß ...*: J'ai la ~ que la situation de notre entreprise évoluera favorablement. / **ébranler** la ~ de qn *j-s Überzeugung erschüttern*: Tous les beaux raisonnements ne pourront ébranler ma ~. / **emporter** la ~ *überzeugen*: Ses arguments ont emporté la ~. / **partager** la ~ de qn *j-s Überzeugung teilen*: Ils sont très différents en ce qui concerne le caractère. Pourtant, ils sont faits pour s'entendre car ils partagent les mêmes ~s.

convocation f *Vorladung*
se **rendre, répondre** à une ~ *einer Vorladung Folge leisten*: Est-ce que vous vous rendez à cette ~?

convoitise f *Begehrlichkeit*
allumer, attiser, exciter la ~ *die Begehrlichkeit wecken*: Tous les objets luxueux et inutiles qui s'étalent dans les vitrines sont bien propres à allumer la ~.

convulsion f *Krampf*
être **pris** de ~s *von Krämpfen geschüttelt werden*: De temps en temps, il était pris de ~s si violentes qu'il croyait ne pas pouvoir les supporter. / être **secoué** de ~s (*fig*) *von Wirren heimgesucht werden* (*Land*): Le malheureux pays commence tout juste à se remettre des ~s de la guerre qui l'ont tant secoué.

coopération f *Mitarbeit*
apporter sa ~ à qc *an etw mitarbeiten*: Monsieur Cornéliau nous a offert d'apporter sa ~ à notre projet.

copain m (F) *Freund, Kumpel*
être ~s *Freunde sein; sich gut vertragen*: Vous savez, on est ~s, nous deux.

copie^1 f *Kopie, Abschrift*
~ **certifiée conforme** *beglaubigte Abschrift*
délivrer une ~ *eine Kopie ausstellen*: Faites-vous délivrer une ~ et gardez l'original. / **garder** une ~ *eine Kopie behalten*: Nous garderons une ~ de votre lettre.

copie^2 f *Abbild*
~ **exacte, fidèle** *getreues Abbild* / **pâle** ~ *schwacher Abklatsch*

copie^3 f (*Schul*)*Arbeit*
corriger des ~s (*Schul*)*Arbeiten korrigieren*: Corriger des ~s toute sa vie, voilà le triste sort du professeur. / **ramasser** les ~s *die* (*Schul-*)*Arbeiten einsammeln*: Le prof de maths a ramassé les ~s à la fin du cours. / **rendre** (une) ~ **blanche** *ein leeres Blatt abgeben*: La moitié de la classe a rendu ~ blanche.

coq m *Hahn*
le ~ **chante** *der Hahn kräht*: Le jour va bientôt se lever, les ~s chantent déjà.

coquin m *Schurke, Gauner*
~ **achevé** *Erzgauner* / **fieffé** ~ *abgefeimter, ausgemachter Schurke*

corbeau m *Rabe*
le ~ **croasse** *der Rabe krächzt*: J'ai eu un drôle de rêve: Un ~ est venu se poser et croasser sur ma table de nuit.

corde^1 f *Seil*
grosse ~ *dickes, starkes Seil* / ~ **lisse** *Kletterseil* / ~ **raide** *Drahtseil* (*der Seiltänzer*) / ~ **tendue** *gespanntes, straffes Seil*
passer, mettre à qn la ~ au cou (*fig*) *j-m die Schlinge um den Hals legen*: Ma faute, dans cette affaire, c'est que je n'ai pas remarqué qu'ils m'ont peu à peu passé la ~ au cou. / il **pleut**, il **tombe** des ~s (F *fig*) *es regnet Bindfäden*: Je ne sortirai pas aujourd'hui, parce qu'il pleut des ~s. / **sauter** à la ~ *Seil springen*: Et pour terminer la gymnastique, nous allons sauter à la ~ pendant cinq minutes. / **tendre** une ~ *einen Strick, ein*

Seil spannen: Tendons une ~ entre les deux arbres.

corde² f *Saite*
frapper une ~ *eine Saite anschlagen:* On joue du tympanon en frappant les ~s avec deux petits maillets. / **frotter** une ~ *eine Saite streichen:* L'archet, en frottant les ~s, les fait vibrer, ce qui produit les sons. / **gratter** une ~ *auf einer Saite herumkratzen:* Il chantait un vieil air folklorique en grattant avec entrain les ~s de son banjo. / **pincer** une ~ (avec les doigts) *eine Saite zupfen:* Regarde donc la virtuosité avec laquelle ce guitariste pince les ~s de son instrument!

corps¹ m *Körper, Leib*
~ **chétif** *schwächlicher, schmächtiger Körper* / ~ **décharné** *abgezehrter, abgemagerter Körper* / ~ **difforme** *mißgestalteter Körper* / ~ **efflanqué** *magerer, spindeldürrer Körper* / ~ **élancé** *schlanker Körper* / ~ **fluet** *zarter, schmächtiger, schwächlicher Körper* / ~ **frêle** *feingliedriger, zarter Körper* / ~ **inanimé** *lebloser Körper* / ~ **replet** *dicker, feister Körper* / ~ **vigoureux** *kräftiger Körper*
se **donner, appartenir,** se **vouer** ~ et âme à qc, qn *sich einer Sache, j-m mit Leib und Seele hingeben, verschreiben:* Renaud s'est donné ~ et âme à l'association locale des handicapés. / **fléchir** le ~ en avant (en arrière) *sich nach vorne (nach hinten) beugen:* J'ai tellement mal aux reins que je ne peux pas fléchir le ~ en avant. / **lutter, combattre** au ~ à ~ *Mann gegen Mann kämpfen:* Pendant la Première Guerre mondiale, on se battait encore souvent au ~ à ~. / **passer** sur le ~ de qn *j-n überfahren, überrollen:* Un autobus est passé sur le ~ de la jeune fille. C'est un miracle qu'elle n'ait pas été tuée.

corps² m *Leiche*
exposer un ~ *eine Leiche aufbahren:* Le ~ du défunt sera exposé en l'église Saint-Jean. / **passer** sur le ~ de qn *(fig) über j-s Leiche gehen:* C'est un homme d'affaires qui passe sans scrupules sur le ~ de ceux qui pourraient le gêner dans ses intentions.

corps³ m *Körper, Gegenstand, Gestalt*
~ **céleste** *Himmelskörper* / ~ **étranger** *Fremdkörper* / ~ **gazeux** *gasförmiger Körper* / ~ **liquide** *flüssiger Körper* / ~ **solide** *fester Körper*
avoir du ~ *(Wein) Körper haben; vollmundig sein:* Ce bourgogne a vraiment du ~! / **faire** ~, **former** un ~ (avec) *eine Einheit bilden (mit):* La nouvelle aile de la fabrique fait ~ avec les autres ateliers. / **prendre** ~ *Gestalt annehmen:* Peu à peu, leurs projets prennent ~.

corps⁴ m *Körperschaft, Korps*
les ~ **constitués** *die Staatsorgane* / ~ **diplomatique** *diplomatisches Korps* / ~ **électoral** *Wählerschaft* / ~ **enseignant** *Lehrkörper; Lehrerschaft* / ~ **législatif** *gesetzgebende Körperschaft* / ~ **médical** *Ärzteschaft*
entrer dans le ~ diplomatique (enseignant, médical, *etc.*) *Diplomat (Lehrer, Arzt usw.) werden:* Son rêve était de devenir écrivain, mais en attendant, il entra dans le ~ diplomatique, carrière tout indiquée pour un fils de bonne famille.

correction¹ f *Korrektur*
faire les ~s *Korrektur lesen:* L'auteur s'engage à faire les ~s d'épreuves le plus tôt possible. / **faire des** ~s *korrigieren:* J'ai passé tout mon dimanche à faire des ~s d'examen. / **procéder** à une ~ *eine Korrektur vornehmen:* L'ennemi a procédé à une ~ de tir.

correction² f *Züchtigung, Prügel (pl)*
donner, administrer, infliger une ~ à qn *j-n verprügeln:* Si je le rencontre, ce voyou, je lui infligerai une ~ dont il se souviendra! / **recevoir** une ~ *Prügel bekommen, beziehen:* Autrefois, les élèves recevaient régulièrement une ~ à la moindre incartade.

corrélation f *Wechselbeziehung*
être en ~ avec ... *in einer Wechselbeziehung stehen mit ...:* Le taux de naissance d'une nation est en ~ avec le niveau de vie de la population.

correspondance¹ f *Briefwechsel, Korrespondenz*
~ **commerciale** *Handelskorrespondenz* / ~ **scolaire** *Schülerbriefwechsel, Briefpartnerschaft* / ~ **suivie** (avec qn) *reger Briefwechsel (mit j-m)*
avoir, entretenir une ~ avec qn *einen Briefwechsel mit j-m führen; mit j-m korrespondieren:* Nous avons eu une ~ suivie avec les Établissements OTOU au sujet de cette réclamation. / **entrer** en ~ avec qn *mit j-m in Briefwechsel treten:* Je suis entrée en ~ avec la traductrice de ce roman. / être **chargé** de la ~; **faire** la ~ *die Korrespondenz führen:* C'est Mademoiselle Tricot qui est chargée de la ~.

correspondance² f *Übereinstimmung*
~ **étroite** *weitgehende Übereinstimmung* / ~ **parfaite** *völlige Übereinstimmung*

correspondance³ f *Anschluß*
un autocar **assure** la ~ pour ... *mit dem Omnibus fährt man weiter nach ...:* Vous arrivez à Toulouse à dix heures vingt. Un autocar assure alors la ~ pour Albi. / **attendre** la ~ *auf den Anschluß warten:* En attendant la ~, nous pourrons dîner à Bordeaux. / **faire** ~ avec ... *Anschluß haben nach ...:* Vous ne risquez pas de manquer votre train à Lyon, il fait ~ avec celui de Paris et l'attend donc obligatoirement. (... *er hat Anschluß nach Paris ...*) / **manquer,** (F) **rater** la ~ *den Anschluß verpassen:* Nous avons manqué la ~ à Nîmes. / **prendre** la, une ~ *umsteigen:* Nous prendrons la ~ à Bruxelles.

cortège

cortège m *Zug (von Menschen)*
se **former** en ~ *sich zu einem Zug aufstellen:* Les manifestants se formèrent en ~ place de Nice et se mirent en marche en direction du boulevard de la République. / **suivre** un ~ *in einem Zug mitgehen:* Le chef du parti social-démocrate a, lui aussi, suivi le ~.

corvée f *lästige Arbeit*
(F) s'**appuyer**, (F) se **taper** une ~ *eine lästige Arbeit aufgeladen bekommen:* Dans la famille, quand il y a une ~ à faire, c'est toujours moi qui me l'appuie, naturellement! / **échapper** à une ~ *sich einer undankbaren Arbeit entziehen:* Marie échappe à toutes les ~s possibles. / **être** de ~ de vaisselle *Geschirrspüldienst haben:* Aujourd'hui, je suis de ~ de vaisselle.

costume m *Anzug, Tracht*
~ **folklorique, national, régional** *Volkstracht, Landestracht, Heimattracht* / ~ **marin** *Matrosenanzug*

côte[1] f *Küste*
~ **accidentée, déchiquetée, découpée, échancrée** *zerklüftete Küste* / ~ **basse, plate** *Flachküste* / ~ **escarpée** *Steilküste* / ~ **rocheuse** *Felsküste*

côte[2] f *Steigung, Hang, Gefälle*
~ **raide** *steiler Hang*
descendre une ~ *eine Gefällstrecke hinunterfahren:* La voiture endommagée descendit la ~ à très faible vitesse. / **dévaler** une ~ *ein Gefälle hinabsausen:* Arrivés au sommet du col, nous dévalâmes la ~ de l'autre côté de la montagne. / **gravir** une ~ *einen Hang hinaufgehen, erklimmen:* Un homme gravissait péniblement la ~ menant au hameau des Arbelles. / **monter** une ~ *eine Steigung überwinden:* Nous étions à bout de souffle après avoir monté les trois ~s à bicyclette.

côte[3] f *Rippe*
~ **froissée** *geprellte Rippe*
se **tenir** les ~s (de rire) *sich den Bauch vor Lachen halten:* Toute la soirée, je me suis tenu les ~s de rire. / on lui **voit, compterait** les ~s *man kann bei ihm die Rippen zählen:* Ton chien est bien maigre. On lui voit les ~s.

côté m *Seite*
être **couché** sur le ~ *auf der Seite liegen:* Le camion a été renversé et est maintenant couché sur le ~ en attendant la grue qui le retirera du fossé. / **dormir** sur le ~ *auf der Seite schlafen:* Je ne peux pas dormir sur le ~. / on **entre** par le ~ droit (gauche) *der Eingang ist rechts (links):* Les vitrines du magasin se trouvent en face de l'église, mais on entre par le ~ droit. / **être** du ~ de qn *auf j-s Seite stehen:* Vous pouvez compter sur moi, je suis de votre ~. / **laisser** qc, qn de ~ *etw, j-n beiseite, unbeachtet lassen:* Laissons de ~ ces petits détails qui n'intéressent personne. / **mettre** qc de ~ *etw auf die Seite legen; (Geld) auf die hohe Kante legen:* Ma mère a mis de ~ la somme de vingt mille francs. / **mettre** qn **de son** ~ *j-n auf seine Seite ziehen, bringen:* Mes adversaires ont réussi à mettre le chef du personnel de leur ~. / **passer, ranger** du ~ de qn *sich auf j-s Seite stellen:* Monsieur Fradin est passé du ~ de mes ennemis. / **prendre** qc du **bon** ~ *etw von der guten Seite nehmen; von etw nur die guten Seiten sehen:* Mon père a le don de prendre tout du bon ~. / **regarder** qn, qc de ~ *j-n, etw von der Seite betrachten:* Luc Brel a feint de ne pas me reconnaître, mais il ne pouvait pas se passer de me regarder de ~. / ne **voir** que le **mauvais** ~ des choses *die Dinge nur von ihrer schlechtesten Seite sehen:* J'ai essayé de l'égayer un peu, mais il est très déprimé en ce moment, il ne voit que le mauvais ~ des choses.

cou m *Hals*
allonger, tendre le ~ *den Hals strecken, recken:* Gilbert allongea le ~ pour mieux voir ce qui se passait. / se **casser**, se **rompre** le ~ *sich das Genick, den Hals brechen:* L'un des deux alpinistes est tombé de cent mètres et s'est cassé le ~. / se **jeter, sauter** au ~ de qn *j-m um den Hals fallen:* Retournée du Brésil, elle sauta au ~ de son mari. / se **pendre** au ~ de qn *sich an j-s Hals hängen (auch fig):* Ma fille, je n'aime pas que tu te pendes au ~ de ce freluquet. / **tordre** le ~ à un animal *einem Tier den Hals umdrehen:* Il saisit le pigeon et lui tordit le ~ d'un mouvement rapide.

couche f *Schicht*
~ **isolante** *Isolierschicht* / ~ **protectrice** *Schutzschicht* / ~ **sociale** *Gesellschaftsschicht*

coucou m *Kuckuck*
le ~ **chante** *der Kuckuck ruft:* Le ~ chante sur deux notes.

coude m *Ell(en)bogen*
appuyer les ~s sur qc *die Ellenbogen auf etw stützen:* Il regarda par la fenêtre, appuyant ses ~s sur le rebord. / **enlever, retirer** les ~s de la table *die Ellenbogen vom Tisch nehmen:* Enlève tes ~s de la table, René! / **jouer** des ~s *die Ellenbogen gebrauchen (auch fig):* Pour avancer dans la foule, il nous fallut jouer des ~s. / **pousser, cogner** qn du ~; **donner** un coup de ~ à qn *j-n (mit dem Ellenbogen) anstoßen:* Roger poussa son ami du ~ pour attirer son attention sur la jeune fille aux cheveux blonds.

couleur[1] f *Farbe*
~ **brillante** *glänzende Farbe* / ~ **changeante, chatoyante** *schillernde Farbe* / ~ **chaude** *warme Farbe* / ~ **claire** *helle Farbe* / ~s **complémentaires** *Komplementärfarben* / ~s **contrastées** *Kontrastfarben* / ~ **criarde** *grelle, schreiende Farbe* / ~ **crue** *grelle Farbe* / ~s **délavées** *verwischte, verwaschene Farben* / ~s **discordantes, heurtées** *sich beißende Farben*

| ~ **éclatante, vive** *leuchtende Farbe* | ~ **éteinte, passée** *verblichene, verschossene Farbe* | ~ **fade, mate, terne** *glanzlose, matte Farbe* | ~ **fanée** *verblichene Farbe* | ~ **foncée** *dunkle Farbe* | ~s **fondamentales** *Grundfarben* | ~ **fraîche** *frische Farbe* | ~ **franche** *klare, reine Farbe* | ~ **gaie** *helle, lebhafte Farbe* | ~ **locale** *Lokalkolorit* | ~ **pâle** *blasse, fahle, matte Farbe* | **les** ~s **primitives** *die Grundfarben des Sonnenspektrums* | ~ **sombre** *düstere Farbe* | ~ **soutenue** *kräftige, intensive Farbe* | ~s **tapageuses** *grelle, schreiende Farben* | ~ **tendre** *zarte Farbe* | ~s bien **tranchées** *scharf gegeneinander abgegrenzte Farben; sich voneinander abhebende Farben* | ~ **violente** *aufdringliche, knallige Farbe* | ~ **voyante** *auffällige, grelle Farbe* **assortir** deux ~s *zwei Farben aufeinander abstimmen:* Les deux ~s sont très bien assorties. | **aviver** les ~s *die Farben auffrischen:* Nous avons lavé le tableau au savon, ce qui a avivé les ~s de manière étonnante. | une ~ **domine** *eine Farbe überwiegt:* Cette ~ un peu étrange domine dans tous les tableaux de ce peintre. | deux ~s **jurent** entre elles *zwei Farben beißen sich:* Ces deux ~s jurent entre elles. | **passer** par toutes les ~s *abwechselnd rot und blaß werden:* Lorsque je lui ai montré la lettre, elle est passée par toutes les ~s. | **perdre** ses ~s; **changer** de ~ *blaß werden:* Lorsqu'il apprit la nouvelle, il perdit ses ~s. | **reprendre** des, ses ~s *wieder Farbe bekommen:* Je suis content que nous ayons passé cette semaine en montagne; notre petite fille reprend peu à peu ses ~s. | une ~ **va** avec qc *eine Farbe paßt zu etw:* Cette ~ ne va pas avec vos chaussures. | deux ~s **vont** ensemble *zwei Farben passen zusammen:* Ces deux ~s vont très bien ensemble.

couleur[2] f *Farbe (beim Kartenspiel)*
annoncer la ~ *die Farbe ansagen:* Cette fois, c'est toi qui annonces la ~. | **jouer** dans la ~ *Farbe bekennen, bedienen:* Non, pas de trèfles, vous devez jouer dans la ~.

couleurs fpl *Flagge*
baisser, amener, rentrer les ~ *die Flagge einholen, streichen:* Arrivé en haute mer, le navire baissa les ~. | **hisser, lever, envoyer** les ~ *die Flagge hissen:* Il faut hisser les ~ avant d'entrer dans le port.

coulisse f *Kulisse*
connaître les ~s de qc *wissen, was sich bei, in etw hinter den Kulissen abspielt:* Croyez Monsieur Valanche, il connaît les ~s de la politique.

coup[1] m *Schlag, Stoß, Hieb*
~ **bas** (*Boxsport*) *Tiefschlag;* (*fig*) *Gemeinheit* | (faire) ~ **double** *zwei Fliegen mit einem Schlag, mit einer Klappe (schlagen)* | un ~ **dur,** un **rude** ~ (*fig*) *ein schwerer, harter Schlag* | (porter le) ~ **fatal** (den) *Todesstoß (versetzen)* | ~ **franc** (*Sport*) *Freistoß* | ~ **imparable** *Schlag, dem man nicht ausweichen kann* | ~ **manqué** *Fehlschlag; Fehlschuß* | ~ **mortel** *Todesstoß* | ~ **sec** *kurzer und heftiger Schlag* | ~ **sensible** *empfindlicher Schlag* | ~ **sérieux, sévère** *schwerer Schlag* | ~ **violent** *gewaltiger Schlag* **des** ~s s'**abattent** sur qn *Schläge prasseln auf j-n nieder:* Les ~s du père dénaturé s'abattirent sur le pauvre gamin. | **administrer** des ~s à qn (F) *j-m Prügel verabreichen:* Lorsqu'il rentrait tard le soir, son grand-père lui administrait des ~s. | **allonger, envoyer, asséner, porter** un ~ à qn *gegen j-n einen Schlag führen; j-m einen Schlag versetzen:* Le gangster porta plusieurs ~s à sa victime. | **bourrer, rouer** qn de ~s (F) *j-n (ver)dreschen:* Qu'Albert soit timide, cela ne m'étonne pas. Il a été bourré de ~s dans son enfance. | **échanger** des ~s *sich prügeln:* À la fin de la discussion, les deux hommes commencèrent à échanger des ~. | **encaisser** des ~s *Schläge hinnehmen, einstecken (müssen):* Philippe a encaissé des ~s dans une bagarre devant le café Merlin. | **esquiver** un ~ *einem Schlag ausweichen:* Le pauvre Pierre a pu esquiver le premier ~, mais le deuxième l'a atteint au menton. | **frapper** trois ~s à la porte *dreimal klopfen:* Comme convenu, il frappa trois ~s à la porte. | **parer** le ~ *den Schlag abwehren* (*auch fig*): On l'a attaqué sur la gestion de son service, mais il a paré le ~. | le ~ a **porté** *der Hieb hat gesessen:* Oh, Jean-René Monon est knock-out. Le dernier ~ de son adversaire a porté. | **rendre** le ~ *zurückschlagen* (*auch fig*): Ne vous y trompez pas: la concurrence rendra le ~. | **tenir** le ~ *standhalten:* Le tremblement de terre de la semaine passée a bien secoué notre maison, mais elle a tenu le ~.

coup[2] m (*fig*) *Streich, Coup, Sache*
~ **fourré** *heimtückischer Streich* | ~ **magistral** *Meisterstück:* réussir un ~ magistral *ein Meisterstück vollbringen;* | **mauvais** ~; (F) **sale** ~ *gemeiner, hinterhältiger Streich:* faire un mauvais ~ (*ein Ding drehen*); faire un mauvais ~ à qn (*j-m übel mitspielen*) | ~ **monté, prémédité** *abgekartetes Spiel; abgekartete Sache* **calculer** son ~ *sich die Sache genau ausrechnen:* Nous avons décidé d'acheter une caravane. À la longue, c'est meilleur marché que l'hôtel. Nous avons calculé notre ~. | **être** dans le ~ *1. im Bilde sein; 2. in die Sache verwickelt sein:* Renseignez-moi en détail, je ne suis pas dans le ~. Je suis sûr que Jacques Mirel est lui aussi dans le ~. | **faire** les quatre cents ~s *tolle Streiche verüben, machen:* À l'internat, nous étions un groupe de cinq garçons et avons fait les quatre cents ~s. | **mettre** qn dans le ~ *1. j-n ins Bild setzen; 2. j-n in die Sache hineinziehen:* Monsieur Germain m'a déjà mis dans le ~. Je

coup

ne veux pas qu'on me mette dans le ~. / **monter** un ~ *einen Coup aushecken:* C'est sans doute Jean-Pierre Legrand qui a monté ce ~. / il a **raté** son ~ *das ist (ihm) danebengegangen:* Il a voulu monter une entreprise, mais il a raté son ~. / il a **réussi** son ~ *die Sache ist ihm gelungen:* Croyez-vous qu'il réussira son ~? / **tenter, risquer** le ~ *es wagen:* Voyons, n'hésitez plus, tentez le ~! Vous verrez que vous ne le regretterez pas.

coup³ m *Schluck*
un **petit** ~ *ein Schlückchen*
boire un ~ *einen Schluck, ein Gläschen trinken:* Alors, tu viens boire un ~ avec moi? / **boire** un ~ de trop *einen über den Durst trinken:* Régulièrement, Alain boit un ~ de trop le jour de la paie.

coup d'accélérateur m *Gasgeben*
donner un ~ *aufs Gaspedal treten; Gas geben:* Au lieu d'arrêter, il a donné un ~.

coup d'envoi m *(Sport) Anstoß*
donner le ~ *den Anstoß ausführen:* Michel Mester donnera le ~. / **donner** le ~ à qc *(fig) etw einleiten, eröffnen:* Monsieur Mégail a donné le ~ à la discussion. / **siffler** le ~ *das Spiel anpfeifen:* L'arbitre a sifflé le ~ à six heures précises.

coup de feu m *Schuß*
un ~ **retentit** *ein Schuß kracht:* Soudain, un ~ retentit dans la forêt. / **tirer, lâcher** un ~ *einen Schuß abgeben:* Quelqu'un a tiré un ~.

coup de fil m *Telefonanruf*
passer, donner un ~ à qn *j-n anrufen:* Passez-moi un ~ dès que vous serez chez vous. / **recevoir** un ~ *einen Anruf bekommen:* Hier, j'ai reçu le ~ attendu depuis si longtemps.

coup de grâce m *Gnadenstoß*
donner le ~ à qn *j-m den Gnadenstoß geben, versetzen (auch fig):* Le torero donna le ~ à ce magnifique taureau.

coup de main m *Handreichung*
donner un ~ (à qn) *j-m zur Hand gehen; mit Hand anlegen:* Ton fils est très gentil. Il m'a donné un ~ dans mon jardin.

coup de matraque m *Knüppelhieb*
assommer qn à coups de matraque *j-n niederknüppeln:* Les journaux disent que la police a assommé les manifestants à coups de matraque.

coup d'œil m *Blick*
embrasser d'un ~ *mit einem Blick umfassen:* Il embrassa d'un ~ la foule sous sa fenêtre. / **jeter** un ~ (sur, dans, *etc.*) *einen Blick werfen (auf, in usw.):* Jetez un ~ sur ces signes.

coup de pied m *Fußtritt*
donner, (F) **flanquer** un ~ à qn, qc *j-m, etw einen Fußtritt versetzen, geben:* Pierre était si furieux qu'il a donné des coups de pied à sa bicyclette.

coup de poignard m *Dolchstoß*
frapper qn d'un ~ *j-m einen Dolchstoß versetzen:* Le garde devant le bureau du Premier ministre a été frappé d'un ~.

coup de poing m *Fausthieb*
donner, distribuer des coups de poing à qn *j-m Fausthiebe versetzen:* Le gangster, avant d'être arrêté, a distribué quelques coups de poing aux agents de police. / **renverser** qn d'un ~ *j-n mit einem Fausthieb niederstrecken:* Le directeur de la banque a renversé le gangster d'un ~.

coup de revolver, de pistolet m *Pistolenschuß*
abattre qn à coups de revolver, de pistolet *j-n (mit dem Revolver, der Pistole) niederschießen:* Le directeur de la firme a été abattu à coups de revolver.

coup de soleil m *Sonnenbrand*
attraper un ~ *einen Sonnenbrand bekommen:* Fais attention! Lorsqu'on n'a pas l'habitude du soleil, on risque d'attraper un ~ le premier jour à la plage.

coup de téléphone m *siehe* **coup de fil**
coupable m *Schuldiger*
le **grand** ~ *der Hauptschuldige*

coupe¹ f *Pokal*
gagner une ~ *einen Pokal gewinnen:* Notre équipe vient de gagner la ~ de Zurich. / **jouer** en ~ *du monde um die Fußballweltmeisterschaft spielen:* Il reste encore deux équipes qui jouent en ~ du monde.

coupe² f *Schnitt, Kürzung*
bonne ~ *(Kleidung) guter Schnitt* / ~ **longitudinale** *Längsschnitt* / ~ **sombre** *einschneidende Kürzung, Reduzierung:* pratiquer des ~s sombres *(den Rotstift ansetzen)* / ~ **transversale** *Querschnitt*

coupe³ f *Haarschnitt*
se faire **faire** une ~ (+ *adj) sich die Haare (+ adj) schneiden lassen:* Je me suis fait faire une ~ ultramoderne.

couple m *(Ehe)Paar*
~ **bien** (mal) **assorti** *Ehepaar, das gut (nicht gut) zusammenpaßt* / ~ **uni** *Paar, das sich gut versteht*

coupure f *Streichung, Abschaltung*
il **y aura** une ~ d'eau (de courant) *das Wasser wird abgestellt (der Strom wird abgeschaltet):* Il y aura une ~ d'eau entre une heure et quatre heures de l'après-midi. / **faire** des ~s (dans un texte) *(in einem Text) Streichungen vornehmen:* Il faudrait faire des ~s dans ce scénario. / **se faire** une ~ à ... *sich schneiden an, in ...:* Je me suis fait une ~ au bras.

cour f *Hof*
avoir, tenir sa ~ *Hof halten (auch iron):* Pendant l'été, le roi a sa ~ dans une petite ville de montagne. / **faire** la ~ à une femme *einer*

Frau den Hof machen: N'avez-vous pas encore remarqué que Monsieur Séroussi fait la ~ à Antoinette? / **faire** sa, la ~ à qn *j-n hofieren:* Alain Fellot, pour faire carrière, n'hésite pas à faire sa ~ à tous ses supérieurs.

courage m *Mut*
~ **civique** *Zivilcourage* / ~ **héroïque** *Heldenmut* / ~ **inébranlable, invincible** *unerschütterlicher Mut* / ~ **intrépide** *kühner Mut; Unerschrockenheit* s'**armer** de ~ *seinen Mut zusammennehmen:* Armez-vous de ~ pour cette entreprise! / **avoir** le ~ de ... *den Mut haben zu ...:* Elle a eu le ~ de me dire la vérité. / **avoir** le ~ de ses opinions *zu seiner Meinung stehen:* Gérard Herbaux est un homme qui a le ~ de ses opinions. / **briser** le ~ de qn; **enlever, ôter** le ~ à qn *j-m den Mut nehmen:* Cet échec a brisé son ~. / n'**écouter** que son ~ *die Gefahr mißachten:* N'écoutant que son ~, il se jeta dans les eaux glacées du canal où l'enfant se débattait. / **perdre** ~ *den Mut verlieren:* Allons, cet échec ne doit pas vous faire perdre ~. Vous avez tout l'avenir devant vous! / **rassembler** tout son ~; **prendre** son ~ à deux mains *seinen ganzen Mut zusammennehmen; sein Herz in die Hand nehmen:* Elle rassembla tout son ~ pour dire la vérité à son ami. / **(re)donner, rendre** ~ à qn *j-m (wieder) Mut machen:* Les paroles du chef de service ont redonné ~ à la secrétaire. / **reprendre** ~ *wieder Mut fassen:* Après cette réussite, si petite soit-elle, il reprendra ~ sans aucun doute.

courant[1] m *(elektrischer) Strom*
~ **alternatif** *Wechselstrom* / ~ **continu** *Gleichstrom* / ~ **triphasé** *Drehstrom* **couper** le ~ *den Strom abschalten:* Coupez le ~ avant de procéder à la réparation. / un ~ **passe** *ein Strom fließt:* Lorsque le ~ passe, l'aiguille est déviée.

courant[2] m *Strömung*
~ **ascendant** *Aufwind* / ~ **descendant** *Abwind, Fallbö* / ~ **marin** *Meeresströmung* / ~ **rapide** *starke Strömung* se **débattre** contre le ~ *gegen die Strömung ankämpfen:* Comme il avait plu, le fleuve avait grossi et nous avions de la peine à nous débattre contre le ~. / le ~ **emporte** qn, qc *die Strömung reißt j-n, etw mit (sich):* Le canot s'est renversé et le ~ a emporté les deux garçons. / **remonter** le ~ *1. stromaufwärts fahren; 2. (fig) gegen eine Tendenz reagieren:* Le chaland remonta péniblement le ~. Il faut remonter le ~ et éviter le gaspillage des ressources. / **suivre** le ~ *1. stromabwärts fahren; 2. (fig) mit dem Strom schwimmen:* Jean Ligelli est un homme qui suit toujours le ~.

courant d'air m *Luftzug*
il **y a** un ~ *es zieht:* J'ai froid, il y a un ~. / **faire** un ~ *es durchziehen lassen:* Faites un ~ pour aérer la salle.

courbe f *Kurve*
~s **palpitantes** *(bei einer Frau) aufregende Kurven*
décrire une ~ *(Straße) eine Kurve machen; (Flugzeug) eine Kurve beschreiben, ziehen:* Après la ferme, la route décrit une ~ vers la gauche.

couronne[1] f *Kranz*
déposer une ~ *einen Kranz niederlegen:* À l'occasion de sa visite officielle en France, le chancelier fédéral a déposé une ~ sur le tombeau du soldat inconnu.

couronne[2] f *Krone*
aspirer, prétendre à la ~ *die Krone beanspruchen:* Quoi, ce jeune parvenu aspirerait à la ~? C'est ridicule! / **renoncer** à la ~ *auf die Krone verzichten:* Il renonça à la ~ en faveur de son fils.

courrier m *Post*
dépouiller le ~ *die Post durchsehen:* Avez-vous déjà dépouillé le ~, Mademoiselle Mercier? / **expédier** le ~ *die Post aufgeben:* Je n'ai pas encore expédié le ~. / **faire, écrire** son ~ *seine Korrespondenz erledigen:* Cet après-midi, je ferai mon ~. / **lever** le ~ *den Postkasten leeren; die Post (zur Weiterbeförderung) abholen:* Ta lettre ne partira plus ce soir; ici, on lève le ~ à 17 heures. / **porter, distribuer** le ~ *die Post austragen:* Le facteur est malade et personne d'autre ne porte le ~, c'est un scandale! / **retirer** le ~ *die Post abholen:* Madame Vernier n'est pas encore venue retirer le ~. / **faire suivre** le ~ *die Post nachsenden lassen:* Pense à passer à la poste pour qu'on nous fasse suivre le ~ pendant les vacances.

cours[1] m *Kurs, Unterricht(sstunde)*
donner des ~ *Unterricht geben; (Universität) Vorlesungen halten:* Le professeur Dubost donnera en été des ~ de théologie à l'université de Toulouse. / **faire** un ~ *eine Stunde geben; einen Kurs abhalten:* La semaine prochaine, je ferai un ~ spécial sur la culture des vignes au Maroc. / s'**inscrire** à un ~ *sich zu einem Kurs anmelden; einen Kurs belegen:* Je me suis inscrit à un ~ d'arabe. / **sécher** un ~ (F) *eine Stunde schwänzen:* Bernis n'est pas malade, il a séché les ~, c'est tout. / **suivre, fréquenter** un ~ *einen Kurs besuchen; an einem Kurs teilnehmen:* Avez-vous suivi le ~ d'introduction?

cours[2] m *Gang, Lauf*
~ **inférieur (supérieur)** *(Fluß) Unterlauf (Oberlauf)* / ~ **rapide** *starke Strömung* **donner, laisser** (libre) ~ à qn *einer Sache freien Lauf lassen:* Après cette remarque de son interlocuteur, il donna libre ~ à sa colère. /

cours

être en ~ *in Gang sein:* Les essais sur le prototype sont en ~. / **prendre** un ~ (+ *adj*) *einen* (+ *adj*) *Verlauf nehmen:* Le syndicat est pessimiste. Il trouve que les affaires prennent un ~ inquiétant. / **reprendre** son ~ *seinen Lauf nehmen:* L'affaire reprit son ~. / **suivre** son ~ *den gewohnten Gang gehen:* Ne vous inquiétez pas. L'affaire suivra son ~.

cours³ m (*Aktien- usw.*)*Kurs*
~ **ferme** *fester Kurs* / ~ **légal** *gesetzlicher Kurs* **avoir** ~ *gültig sein:* Cette monnaie n'a plus ~. / les ~ s'**effondrent** *die Kurse brechen ein:* On craint que les ~ de l'or ne s'effondrent après la hausse abusive enregistrée ces derniers mois. / les ~ **fléchissent** *die Kurse geben nach:* La semaine passée, les ~ de nos actions ont fléchi de vingt points. / les ~ **montent** (**baissent**) *die Kurse steigen* (*fallen*): Le ~ de nos actions a encore monté cette semaine.

course¹ f *Wettlauf, Rennen*
~ **effrénée, folle** *wildes Rennen* / ~ **éperdue** *verzweifelter Wettlauf*
chronométrer une ~ *einen Wettlauf stoppen:* C'est moi qui chronométrerai la ~. / **faire** la ~ (*Kindern*) *einen Wettlauf machen;* um die Wette *laufen:* J'ai fait la ~ avec Amélie. C'est moi qui ai gagné.

course² f *Besorgung*
être en ~s *unterwegs sein* (*um Besorgungen zu machen*): Non, Monsieur Tubœuf n'est pas là, il est en ~s. / **faire** des ~s *Besorgungen machen:* Je n'ai pas encore fait mes ~s aujourd'hui.

couteau m *Messer*
~ **affilé** *gut abgezogenes Messer* / ~ **émoussé** *stumpfes Messer* / **inoxydable** *rostfreies Messer* / ~ **pliant** *Taschenmesser, Klappmesser* / ~ **tranchant** *scharfes Messer*
affûter, aiguiser, repasser un ~ *ein Messer schleifen:* Il faut que j'affûte mon ~. / **jouer** du ~ *das Messer locker sitzen haben:* Méfie-toi de Raymond, il joue du ~ pour un oui ou pour un non. / **mettre** le ~ sous, sur la gorge de qn *j-m das Messer an die Kehle setzen* (*auch fig*): Je ne pouvais pas agir autrement, on m'avait mis le ~ sur la gorge. / **planter, enfoncer, plonger** le ~ dans le ventre de qn *j-m das Messer in den Bauch usw. stoßen, rennen:* L'un des deux querelleurs sortit tout à coup un ~ à cran d'arrêt et le planta dans le ventre de son interlocuteur.

coutume f *Sitte, Gewohnheit, Brauch*
~ **établie** *alter Brauch*
adopter une ~ *eine Gewohnheit annehmen:* Nous avons adopté la ~ allemande de ne faire le soir qu'un repas froid. / **avoir** ~ de ... *die Gewohnheit haben zu ...:* Madame Larrue a ~ de battre ses tapis entre midi et une heure. / une ~ se **maintient** *ein Brauch hält sich:* Cette ~ s'est maintenue depuis plusieurs siècles. / faire **revivre** une ~ *einen Brauch wieder zu Ehren bringen:* Cette association a été fondée pour faire revivre les vieilles ~s. / la ~ **veut** que ... *es ist Sitte, daß ...:* La ~ veut que le nouveau venu paie une tournée.

couture f *Naht*
une ~ a **craqué** *eine Naht ist geplatzt:* Tiens, une ~ de ma chemise a craqué. / **défaire** une ~ *eine Naht auftrennen:* Tu dois défaire ces deux ~s et intercaler un ruban.

couvert m *Gedeck*
mettre un ~ *ein Gedeck auflegen:* Mettez un quatrième ~, s'il vous plaît. / **mettre le** ~ *den Tisch decken:* Françoise, va mettre le ~! / **ôter** le ~ *den Tisch abdecken, abräumen:* Dépêchez-vous d'ôter le ~, nous ne voulons pas arriver en retard.

couvre-feu m *Ausgangssperre*
décréter le ~ *eine Ausgangssperre verhängen:* Le gouvernement militaire a décrété le ~ entre huit heures du soir et six heures du matin.

crainte f *Befürchtung*
~ **chimérique** *grundlose Befürchtung*
justifier, confirmer, vérifier une ~ *eine Befürchtung bestätigen:* Les événements ont justifié mes ~s.

crampe f *Krampf*
être **atteint** d'une ~ *einen Krampf haben:* Le nageur, atteint d'une ~, appela au secours. / **donner** des ~s à qn *bei j-m Krämpfe verursachen:* J'ai essayé de me baigner, mais l'eau était si froide qu'elle m'a donné des ~s.

crâne m *Schädel, Kopf*
~ **chauve, dénudé, pelé,** (F) **déplumé** *kahler Schädel; Glatzkopf;* (F) *Platte*
se **fendre** le ~ *sich ein Loch in den Kopf schlagen, stoßen:* Yves, en tombant du cheval, s'est fendu le ~. / qc **martèle** le ~ de qn *etw dröhnt in j-s Kopf:* Ce vacarme me martèle le ~. / se **mettre** qc dans le ~ (F) *sich etw in den Schädel, Kopf setzen:* Il s'est mis dans le ~ de gagner le tournoi et il le fera.

crâneur m *Angeber*
faire le ~ *angeben, aufschneiden:* N'avez-vous pas remarqué qu'il fait le ~?

cravate f *Krawatte*
défaire sa ~ *die Krawatte abnehmen:* Il ôta son veston, défit sa ~ et se mit à l'aise. / **mettre** une ~ *eine Krawatte umbinden:* Je n'ai pas envie de mettre une ~. / **nouer** une ~ *eine Krawatte binden:* Comme j'ai la main blessée, je ne peux pas nouer ma ~.

crawl m *Kraulen*
faire, nager le ~ *kraulen:* Sais-tu nager le ~?

crayon m *Bleistift*
~ **épointé** *stumpfer Bleistift* / ~ **gras** *weicher Bleistift*
tailler un ~ *einen Bleistift spitzen:* Philippe, taille ton ~, tu écris comme un cochon!

créance f *Glauben (in Wendungen)*
donner ~ à qc *1. einer Sache Glauben schenken;* *2. eine Sache glaubhaft machen:* On ne peut pas donner ~ à ce qu'il dit. Votre statistique donnera ~ à mon hypothèse. / **mériter** ~ *glaubwürdig sein:* Ses paroles méritent ~. / **trouver** ~ *Glauben finden:* Je ne crois pas que vous trouviez ~ auprès du consul.

créance² f *Schuld, Forderung*
~ **exigible** *fällige Schuld* / ~ **irrécouvrable** *uneinbringliche Forderung* / ~ **recouvrable, récupérable** *eintreibbare Forderung*
recouvrer une ~ *eine Forderung eintreiben:* Pour éviter tout ennui, notre firme a confié à une entreprise spécialisée le soin de recouvrer toutes ses ~s.

crédit m *Ansehen, Glaubwürdigkeit*
accorder du ~ à qn, aux paroles, affirmations *etc.* de qn; **faire** ~ à qn *j-m, j-s Worten, Behauptungen usw. Glauben schenken; j-m vertrauen:* Je ne sais pas si l'on peut accorder du ~ aux déclarations de ce monsieur. / **acquérir** du ~ *an Ansehen gewinnen:* Depuis les deux années qu'il travaille chez nous, il a acquis beaucoup de ~. / **avoir** du ~ (auprès de qn) *(bei j-m Ansehen genießen, angesehen sein:* Monsieur Bresson a du ~ auprès du directeur. / **connaître** un grand ~ *sehr glaubwürdig sein:* Pendant deux années, cette théorie a connu un grand ~. / **donner** du ~ à qc, qn *einer Sache, j-m Glaubwürdigkeit verleihen:* Les indications du dernier témoin ont donné du ~ aux déclarations de l'accusé. / **jouir** de beaucoup de ~ *sehr angesehen sein; hohes Ansehen genießen:* Madame Droguet jouit de beaucoup de ~ dans notre ville. / **perdre** son, tout ~ *seine Glaubwürdigkeit einbüßen:* Depuis le scandale de Marly, le député socialiste a perdu tout ~ auprès de ses électeurs. / **trouver** (du) ~ (auprès de qn) *(bei j-m) Glauben finden:* Êtes-vous sûr de trouver du ~ auprès des jurés? / **user** de son ~ (auprès de qn) *seinen Einfluß (bei j-m) geltend machen:* Ne pourriez-vous pas user de votre ~ auprès du patron?

crédit² m *Kredit*
~ **bancaire** *Bankkredit* / ~ **dépassé** *Überziehungskredit* / ~ **foncier, hypothécaire** *Bodenkredit(anstalt)* / ~ **provisoire** *Zwischenkredit*
accorder, consentir, allouer, octroyer un ~ à qn; **faire** ~ à qn *j-m einen Kredit gewähren, einräumen, bewilligen:* Malheureusement, nous ne sommes pas à même de vous accorder le ~ demandé. / **acheter** à ~ *auf Kredit kaufen:* La boutique a fait faillite parce que son propriétaire a trop acheté à ~. / **avoir** du ~ (chez) *Kredit haben (bei):* Vous savez bien que vous avez du ~ chez moi. / **bloquer** un ~ *einen Kredit sperren:* Votre ~ a été bloqué jusqu'à nouvel ordre. / **débloquer** un ~ *einen Kredit freigeben:* Le ~ des Établissements Laugier Frères sera débloqué le premier janvier. / **obtenir** un ~ *einen Kredit erhalten:* Nous avons pu obtenir un ~ très favorable. / **prendre** un ~ *einen Kredit aufnehmen:* Pour pouvoir acheter la nouvelle voiture, j'ai dû prendre un ~ important.

crédits mpl *Haushaltsmittel*
attribuer des ~ à qc *Haushaltsmittel einer bestimmten Verwendung zuweisen:* Les ~ qui restent seront attribués à la construction de logements. / **débloquer** des ~ *Haushaltsmittel freigeben:* Les ~ en question ne seront pas débloqués avant la fin de l'année. / les ~ sont **épuisés** *die Mittel sind erschöpft:* Les ~ de cette année sont épuisés. / **geler, bloquer** des ~ *Haushaltsmittel einfrieren, sperren:* Ces ~ seront gelés jusqu'à nouvel ordre.

crème¹ f *Sahne*
~ **épaisse** *steife Sahne* / ~ **fouettée** *Schlagsahne* / ~ **fraîche** *(dicke) süße Sahne*

crème² f *Hautcreme*
~ **dépilatoire, épilatoire** *Enthaarungscreme* / ~ **grasse** *Fettcreme* / ~ **hydratante** *Feuchtigkeitscreme* / ~ **solaire** *Sonnencreme*

cri m *Schrei*
~ **aigu** *spitzer, gellender, durchdringender Schrei* / ~ **angoissé** *Angstschrei* / ~ **déchirant** *markerschütternder Schrei* / le **dernier** ~ *(fig) der letzte Schrei; die allerneueste Mode* / ~ **effrayant** *fürchterlicher Schrei* / ~ **étouffé** *(halb) unterdrückter Schrei* / **grand** ~ *lauter Schrei* / ~s **inarticulés** *unartikulierte Schreie* / ~s **lamentables** *jämmerliches Geschrei* / **long** ~ *langgezogener Schrei* / ~s **plaintifs** *klägliches Geschrei* / ~ **perçant, strident** *gellender, durchdringender, schriller Schrei* / ~ **sourd** *dumpfer Schrei*
pousser un ~ *einen Schrei ausstoßen:* La demoiselle voyant la souris poussa un ~ strident. / **pousser** des ~s de joie *in ein Freudengeschrei, -geheul ausbrechen:* Les enfants, lorsqu'ils virent les petits chevaux, poussèrent des ~s de joie. / **réprimer** un ~ *einen Schrei unterdrücken:* En la voyant, Joseph ne put réprimer un ~ de surprise.

crime m *Verbrechen*
~ **abominable, affreux, atroce, exécrable, monstrueux, odieux** *scheußliches, verabscheuungswürdiges, grausames, grauenhaftes, abscheuliches Verbrechen* / ~ **capital** *Kapitalverbrechen* / ~ **crapuleux, infâme, noir** *schändliches, gemeines, scheußliches Verbrechen* / ~ **passionnel** *im Affekt begangenes Verbrechen* / ~ **prémédité** *geplantes Verbrechen* / ~ **sordide** *gemeines Verbrechen*
commettre, *(jur)* **perpétrer,** (F) **faire** un ~ *ein Verbrechen begehen:* Je ne comprends pas

criminel

comment un homme qui, pendant la guerre, a commis tant de ~s puisse accéder au poste de président de cette association. / **couvrir** un ~ *ein Verbrechen decken:* Vous rendez-vous compte que, ce faisant, vous couvrez un ~? / **imputer** un ~ à qn *j-m ein Verbrechen anlasten:* Le ~ fut d'abord imputé à un concierge. / **poursuivre** un ~ *ein Verbrechen verfolgen:* Les ~s commis pendant la guerre continuent à être poursuivis, malgré les difficultés croissantes, dues au fait que beaucoup d'années se sont écoulées depuis. / **reconstituer** un ~ *ein Verbrechen rekonstruieren:* La police a essayé de reconstituer le ~.

criminel m *Verbrecher*
~ **endurci** *abgebrühter, hartgesottener Verbrecher; Gewohnheitsverbrecher*

crise[1] f *Krise*
~ **aiguë** *akute Krise* / ~ **économique** *Wirtschaftskrise* / ~ **ministérielle** *Regierungskrise* **connaître, traverser** une ~; **passer** par une ~ *eine Krise durchmachen:* Notre pays connaît en ce moment une dure ~, mais ce n'est pas la première du genre et nous ne devons pas nous abandonner au pessimisme. / **dénouer** une ~ *eine Krise lösen:* Les représentants des nations industrialisées vont se réunir à New York pour tenter de dénouer cette nouvelle ~ internationale. / **enrayer** une ~ *eine Krise in den Griff bekommen:* Le gouvernement essayera d'enrayer la ~ par des mesures monétaires. / **surmonter** une ~ *eine Krise überwinden:* C'est seulement par la solidarité que nous réussirons à surmonter la ~ qui menace notre région.

crise[2] f (*méd*) *Anfall*
~ **cardiaque** *Herzanfall* / ~ **nerveuse** *Nervenzusammenbruch*
avoir une ~ (d'asthme, de goutte, d'épilepsie, etc.) *einen (Asthma-, Gicht-, Epilepsie- usw.) Anfall haben:* En ce moment, Joseph a une ~ de goutte. Je ne crois pas qu'il puisse vous accompagner. / **piquer, prendre** une ~ (F) *einen (Tobsuchts)Anfall kriegen:* Ne lui dites pas ce que vous pensez de ses projets, sinon il va piquer une ~.

critique f *Kritik*
~ **acerbe, féroce, violente, virulente; vive** ~ *heftige, scharfe Kritik* / ~ **acérée, incisive, mordante** *schneidende, beißende, bissige Kritik* / ~ **bienveillante** *wohlmeinende Kritik* / ~ **constructive** *konstruktive Kritik* / ~ **dramatique** *Theaterkritik* / ~ **dure** ~ *harte Kritik* / ~ **excellente** ~ *hervorragende Kritik* / ~ **fondée** *begründete, berechtigte Kritik* / ~ **indirecte** *versteckte Kritik* / ~ **judicieuse** *scharfsinnige Kritik* / ~ **justifiée** *berechtigte Kritik* / ~ **littéraire** *Buchbesprechung* / ~ **musclée** *handfeste Kritik* / ~ **objective** *sachliche Kritik* / ~ **partiale** *nicht objektive Kritik* / ~ **rosse** (F) *erbarmungslose*, (F) *hundsgemeine Kritik* / ~ **sereine** *leidenschaftslose Kritik* / ~ **serrée** *strenge Kritik* / ~ **sévère** *harte, schonungslose, unnachsichtige Kritik* / ~ **venimeuse** *boshafte, bissige Kritik*
accepter la ~ *Kritik annehmen:* Inutile de lui montrer les fautes qu'il a faites, il n'accepte pas la ~. / **avoir** une bonne (mauvaise) ~ *eine gute (schlechte) Kritik haben:* La pièce de théâtre a une très bonne ~. / **élever** une ~ *Kritik vorbringen:* Monsieur Lodier a élevé une ~ sévère au sujet de la construction du barrage. / une ~ **s'élève** *Kritik wird laut:* À la fin de la réunion, des ~s se sont élevées parmi l'opposition. / **encourir** la ~ *sich der Kritik aussetzen:* Je n'ai pas peur d'encourir la ~. / **essuyer** des ~s *Kritik über sich ergehen lassen:* En tant qu'homme politique, on prend l'habitude d'essuyer les ~s les plus diverses. / **faire** la ~ de qc *etw kritisch prüfen:* Il importe de faire la ~ de tous les documents que vous avez utilisés. / **faire** la ~ d'un livre *ein Buch rezensieren, besprechen:* Je ferai la ~ de ce livre dans une revue de langues modernes. / **formuler** des ~s *Kritik üben:* Monsieur Arnould ne souffre pas qu'on formule des ~s. / **prêter** à la ~ *die Kritik herausfordern:* Son article va prêter à la ~. / **soulever** des ~s *Kritik hervorrufen:* Son silence a soulevé des ~s parmi les membres de l'association.

critique m *Kritiker*
~ **autorisé** *maßgeblicher Kritiker* / ~ **dramatique** *Theaterkritiker* / ~ **éclairé** *kompetenter, sachkundiger Kritiker* / ~ **exigeant** *strenger Kritiker* / ~ **indulgent** *milder, nachsichtiger Kritiker* / ~ **littéraire** *Rezensent, Literaturkritiker* / ~ **sévère** *strenger, schonungsloser Kritiker*

croisade f *Kreuzzug*
lancer, entreprendre une ~, **partir** en ~ contre ... *einen Kreuzzug starten, führen gegen ...:* Trois professeurs de notre lycée ont décidé de lancer une ~ contre les cigarettes fumées pendant les récréations.

croisière f *Kreuzfahrt*
partir en ~ *eine Kreuzfahrt machen; auf Kreuzfahrt gehen:* Cet été, nous avons décidé de partir en ~ pour passer des vacances vraiment reposantes.

croix f *Kreuz*
~ **funéraire** *Grabkreuz* / ~ **gammée** *Hakenkreuz*
disposer qc en ~ *etw über Kreuz anordnen:* Il faut absolument que vous disposiez les vis en ~. / **marquer** qc d'une ~ *etw ankreuzen:* Je vous prie de marquer les fautes d'une ~ en marge de la page. / **mettre** qn en ~; **attacher, clouer** qn sur la ~ *j-n ans Kreuz schlagen,*

heften; j-n kreuzigen: Beaucoup de martyrs chrétiens ont été mis en ~. / **porter, avoir** sa ~ (fig) sein Kreuz zu tragen haben: Chacun porte sa ~ sur notre globe.
croquis m Skizze
faire un rapide ~ de qc etw kurz skizzieren, umreißen: J'aimerais que vous me fassiez un rapide ~ de la situation financière.
croyance f Glaube
~ **erronée** Irrglaube / ~ **inébranlable** unerschütterlicher Glaube / ~ **populaire** Volksglaube / ~ **superstitieuse** Aberglaube
cruauté f Grausamkeit
~ **mentale** seelische Grausamkeit
cuisine f Küche
~ **bourgeoise** gutbürgerliche Küche; Hausmannskost / ~ **fine, soignée** feine, gepflegte Küche / ~ **légère** leichte Kost / ~ **très pimentée** pikante Küche
aimer la bonne ~ gern gut essen: Il aime la bonne ~, cela se voit. / **faire** la ~ kochen: J'aime beaucoup faire la ~. / **faire** la ~ au beurre mit Butter kochen: Chez nous, on fait la ~ au beurre. / **faire** de la bonne, grande ~ eine gute Küche haben: Ce restaurant est recommandable. Il fait de la bonne ~.
culbute f Purzelbaum
faire une ~ einen Purzelbaum schlagen, machen: L'enfant, heureux que sa mère soit de retour, fit une ~ après l'autre. / **faire** une ~, des ~s dans l'escalier die Treppe hinunterpurzeln: Ce matin, j'ai trébuché au premier étage et j'ai fait des ~s jusqu'au rez-de-chaussée.
culot m (F) Frechheit
un **rude, sacré** ~ eine Mordsfrechheit
avoir du ~ ganz schön frech sein: Dis donc, ce Monsieur Ménard, il a vraiment du ~! / (se) **payer** de ~ frech, kaltschnäuzig sein; sich dumm stellen: Si le contrôleur passe, nous payerons de ~ et dirons que nous avons perdu les billets.
culotte f (kurze) Hose

faire dans sa ~ (F) (fig) die Hosen voll haben: Lorsqu'il a vu Monsieur Besnard, il a littéralement fait dans sa ~. / **porter** la ~ (F fig) die Hosen anhaben: Dans ce ménage, c'est elle qui porte la ~.
culture[1] f Anbau
~ **extensive (intensive)** extensive Bodenbewirtschaftung (intensive Bodenbewirtschaftung, Intensivanbau) / ~ **forcée** ertragsintensiver Anbau / ~ **maraîchère** Gemüseanbau / ~ **triennale** Dreifelderwirtschaft
faire la ~ de qc etw anbauen: Dans cette région, on fait surtout la ~ de la vigne. / **mettre** en ~ (Land) bewirtschaften: Il a fallu drainer les terrains de la plaine avant de pouvoir les mettre en ~.
culture[2] f Bildung
~ **générale** Allgemeinbildung / **grande, solide, vaste** ~ umfassende, gediegene Bildung
cure f Kur
~ **miraculeuse** Wunderkur / ~ **thermale** Badekur bzw. Trinkkur / ~ **uvale** Traubenkur
faire une ~ eine Kur machen: Je suis en train de faire une ~ de fruits. / **ordonner** une ~ à qn j-m eine Kur verordnen: Le médecin a ordonné une ~ à ma femme.
curiosité f Neugier
~ **ardente, dévorante** brennende Neugier / ~ **inépuisable, insatiable** unersättliche, unstillbare Neugier / ~ **invincible** unbezwingbare Neugier / ~ **malsaine, morbide** krankhafte Neugier / **vive** ~ lebhafte Neugier
assouvir sa ~ seine Neugier befriedigen: Avez-vous pu assouvir votre ~? / **exciter, piquer** la ~ die Neugier erregen: Ce roman est bien fait; l'auteur a bien de don de piquer la ~ du lecteur et de le tenir en haleine.
curriculum vitae m Lebenslauf
établir son ~ seinen Lebenslauf schreiben: Tout candidat doit établir un ~ détaillé et le joindre à sa demande.

D

dada m Steckenpferd
enfourcher son, **partir** sur son ~ sein Steckenpferd reiten: Laissez-le, il a enfourché son ~, inutile de l'interrompre.
dame f Dame
grande ~ vornehme, feine Dame
faire la, **jouer** à la grande ~ die vornehme Dame spielen: Je la connais. Elle a beau faire la grande ~, elle ne m'impressionne pas.
damnation f Verdammnis
~ **éternelle** ewige Verdammnis
danger m Gefahr
~ **imminent** drohende Gefahr / ~ **mortel** Lebensgefahr / ~ **public** gemeingefährlicher Mensch: Cette personne est un ~ public. (... ist gemeingefährlich.)

danse

accepter le ~ *die Gefahr nicht scheuen:* Yves Legay est un homme qui accepte le ~. / **affronter, braver** un ~ *einer Gefahr trotzen:* Lors de leur expédition en Afrique centrale, ils ont dû affronter bien des ~s. / il **y a** du ~ à ... *es ist gefährlich zu ...:* Il y a du ~ à entamer cette question. / il **n'y a pas** de ~ que ... (F) *es ist unwahrscheinlich, daß ...:* Il n'y a pas de ~ qu'il accepte votre proposition. / il **n'y a aucun** ~ à faire qc *man kann unbesorgt etw tun:* Il n'y a aucun ~ à écrire ce rapport. / **constituer, représenter** un ~ *eine Gefahr darstellen:* Cette évolution ne constitue aucun ~ pour notre société. / **côtoyer** des ~s *sich großen Gefahren aussetzen:* Ils ont dû côtoyer bien des ~s lors de leur expédition sous-marine. / **courir** un ~ *sich einer Gefahr aussetzen:* Dans ce voyage, il a couru un grand ~: le froid. / **courir le** ~ de ... *Gefahr laufen zu ...:* Si vous n'acceptez pas sa proposition, vous courez le ~ de perdre sa confiance. / **défier** le ~ *der Gefahr trotzen; die Gefahr herausfordern:* Pierre Maydieu est homme à défier le ~. / **écarter** un ~ *eine Gefahr abwenden:* Grâce à une intervention rapide, tout ~ d'infection a pu être écarté. / **échapper** à un ~ *einer Gefahr entrinnen, entgehen:* J'ai échappé à un gros ~ sans m'en rendre compte. / **être en** ~ *in Gefahr schweben, sein:* Calmez-vous, votre fils n'est pas en ~. / **être hors** de ~ *außer Gefahr sein:* Heureusement, le malade est hors de ~ depuis ce matin. / **s'exposer** à un ~ *sich einer Gefahr aussetzen:* En allant le trouver chez lui, vous vous exposez à un grand ~. / **mettre** en ~ *in Gefahr bringen:* Vous avez mis en ~ la vie de soixante personnes. / **parer** à un ~; **conjurer** un ~ *eine Gefahr abwenden:* Votre manœuvre habile a paré au ~. / **préserver** qn d'un ~ *j-n vor einer Gefahr bewahren:* Vous m'avez préservé d'un grand ~, je vous en remercie infiniment.

danse f *Tanz*
~ **classique** *klassisches Ballett* / ~ **échevelée, endiablée** *wilder Tanz* / ~ **folklorique** *Volkstanz* / ~ **guerrière** *Kriegstanz* / ~ **macabre** *Totentanz* / ~ **rythmique** *tänzerische Gymnastik*
entrer dans la ~ 1. *mittanzen;* 2. *(fig) sich einschalten; mitmischen:* Comme tous dansaient la sardane, nous entrâmes aussi dans la ~. N'attendez pas que Gualtiero Rimoni entre dans la ~. / **exécuter** une ~ *einen Tanz aufführen:* La ~ sera exécutée par un groupe portugais très célèbre. / **ouvrir** la ~ *den Tanz eröffnen:* Monsieur le Président Canivas et son épouse ont ouvert la ~. / **solliciter** qn pour une ~ *j-n zum Tanz auffordern:* Monsieur Béguin m'a déjà sollicitée pour la prochaine ~.

date f *Datum, Zeitpunkt, Termin*

~ **fatidique** *schicksalhaftes Datum* / ~ **fixe** *bestimmtes Datum; fester Termin*
une ~ **approche** *ein Zeitpunkt rückt näher:* La ~ de mon départ approche. / **arrêter, fixer** une ~ *einen Zeitpunkt festlegen; einen Termin anberaumen:* Veuillez arrêter une ~ pour la visite de l'usine, s'il vous plaît. / **avancer** une ~ *einen Termin vorverlegen:* Je recommande d'avancer d'un mois la ~ du congrès. / **différer** une ~ *einen Termin verschieben:* Nous sommes obligés de différer la ~ de l'assemblée générale. / **faire** ~ *einen bedeutenden Einschnitt darstellen:* Cette pièce de théâtre a fait ~ dans l'art dramatique. / **indiquer, mettre** la ~ *das Datum einsetzen, angeben:* N'oubliez pas d'indiquer la ~ sur la lettre. / **porter** la ~ du ... *das Datum vom ... tragen:* La facture porte la ~ du 3 septembre. / **prendre** ~ *einen Termin vereinbaren:* Avez-vous déjà pris ~ avec Monsieur Fèvre?

dé m *Würfel*
couper en ~s *in Würfel schneiden:* Elle a coupé les carottes en ~s. / **jouer** aux ~s *würfeln:* Toute la nuit ils jouèrent aux ~s. / les ~s **sont jetés** *(fig) die Würfel sind gefallen:* La décision est prise, les ~s sont jetés.

débat m *Debatte*
~ **animé** *lebhafte Debatte* / ~ **chaud** *hitzige Debatte* / ~ **orageux** *stürmische Debatte* / ~ **passionné** *hitzige, leidenschaftliche, erregte Debatte* / **vif** ~ *lebhafte, hitzige Debatte*
clore, clôturer le ~ *die Debatte schließen:* Les ~s furent clos vers six heures du soir. / **échauffer** le ~ *die Debatte anheizen:* Sa remarque a échauffé le ~. / un ~ **s'engage** *es kommt zu einer Debatte:* Un vif ~ s'est engagé à la suite de son intervention. / **mener** le ~ *die Debatte leiten:* Le président lui-même mènera les ~s. / **ouvrir** le ~ *die Debatte eröffnen:* Les ~s seront ouverts après le discours inaugural. / le ~ **porte, roule** sur ... *die Debatte geht über, befaßt sich mit ...:* Les ~s reprendront demain matin et porteront sur les mesures à prendre pour lutter contre le chômage. / **soulever** un ~ *eine Debatte auslösen:* Sa question a soulevé de vifs ~. / **trancher** un ~ *einen Streit beenden:* Et pour trancher le ~, il donna un bout de chocolat à chacun des deux enfants qui s'en allèrent, satisfaits.

débauche f *Ausschweifung*
s'adonner, se livrer à la ~ *sich Ausschweifungen hingeben:* Retourné à Berlin, il se livrait de plus en plus à la ~. / **sombrer, tomber** dans la ~ *einen immer liederlicheren Lebenswandel führen:* Il s'était retrouvé tout seul dans la grande ville et était tombé peu à peu dans la ~. / **vivre** dans la ~ *ein ausschweifendes Leben führen:* Dans sa jeunesse, Monsieur Giret a vécu dans la ~.

débilité f *Schwäche*
　~ **mentale** *Geistesschwäche, Schwachsinn*
débit m *Redeweise*
　~ **facile** *flüssige Redeweise* / ~ **saccadé** *abgehackte, stockende Redeweise*
débouché m *Absatzmarkt*
　créer, ouvrir de nouveaux ~s *neue Absatzmärkte erschließen:* La perte du marché américain nous oblige à nous créer de nouveaux ~s.
débutant m *Anfänger*
　un **parfait** ~ *ein blutiger Anfänger*
débuts mpl *Anfang, Debüt*
　n'en **être** qu'à ses ~ (*Sache*) *noch in den Kinderschuhen stecken;* (*Person*) *noch am Anfang stehen:* Nos projets n'en sont qu'à leurs ~. / **faire** ses ~ *sein Debüt geben:* Le samedi 13 avril, Alexis Hervis fera ses ~ sur la scène du théâtre Matigny.
décadence f *Verfall*
　tomber en ~ *verfallen, in Verfall geraten:* À partir du 2ᵉ siècle, la littérature romaine commença à tomber en ~.
décence f *Anstand*
　la plus **élémentaire** ~ *die einfachsten, primitivsten Anstandsregeln*
　avoir la ~ de ... *so taktvoll sein zu ...:* Grâce à Dieu, il a eu la ~ de se taire. / **choquer, blesser** la ~ *den Anstand verletzen:* La manière dont elle s'habille choque la ~.
déception f *Enttäuschung*
　amère, cruelle ~ *bittere Enttäuschung* / ~ **brutale** *herbe, schwere Enttäuschung* / ~ **cuisante** *bittere, tiefe Enttäuschung* / **grande** ~ *tiefe, große, schwere Enttäuschung*
　causer, réserver une ~ à qn *j-m eine Enttäuschung bereiten:* Mon fils, tu m'as causé bien des ~s. / **éprouver** une ~ *eine Enttäuschung erleben:* Il a éprouvé maintes ~s au cours de sa vie. / **ruminer** sa ~ *an seiner Enttäuschung kauen:* Laissez-le tranquille. Il rumine sa ~.
décès m *Tod(esfall)*
　constater le ~ *den Tod feststellen:* Le médecin ne pouvait que constater le ~. / **déclarer** un ~ *einen Todesfall melden:* Avez-vous déjà déclaré le ~ de votre père?
déchéance f *Verfall*
　~ **physique** *körperlicher Verfall*
déchets mpl *Abfälle*
　~ **atomiques, radioactifs** *Atommüll*
　éliminer les ~ *die Schadstoffe ausscheiden:* Cette eau minérale extra-pure permet à votre corps d'éliminer plus facilement les ~ qui l'encrassent. / **récupérer, recycler** les ~ *Abfälle wiederverwerten, -verwenden:* On pourrait bien lutter contre la pénurie de matières premières qui nous menace si on apprenait à mieux récupérer les ~ de la société de consommation.
décision f *Entscheidung, Entschluß, Beschluß*

~ **arbitraire** *willkürliche Entscheidung* / ~ **arbitrale** *Schiedsspruch* / ~ **bien arrêtée, énergique** *fester Entschluß; klare Entscheidung* / ~ **irrévocable** *unwiderrufliche Entscheidung* / ~ **réfléchie** *wohlüberlegter Entschluß*
appliquer une ~ *einen Beschluß durchführen:* C'est au comité exécutif d'appliquer la ~ de l'assemblée générale. / **brusquer** une ~ *eine Entscheidung überstürzen, vorwegnehmen:* Évitez de brusquer la ~! / **emporter** la ~ *zu einem Entschluß führen:* C'est certainement la déposition du dernier témoin à décharge qui a emporté la ~ des jurés dans cette affaire. / **forcer** une ~ *einen Beschluß, eine Entscheidung erzwingen:* Je suis décidé à forcer la ~ aujourd'hui même. / une ~ s'**impose** *es kann nur eine Entscheidung geben:* Devant la gravité de la situation, une seule ~ s'impose, c'est de renvoyer Legrand. / **prendre** une ~ *einen Entschluß, Beschluß fassen; eine Entscheidung treffen:* L'assemblée n'a pris jusqu'ici aucune ~. / se **ranger** à une ~ *einer Entscheidung zustimmen:* Monsieur le Président s'est rangé à notre ~. / se **réserver** la ~ *sich die Entscheidung vorbehalten:* Nous nous réservons la ~ définitive dans cette affaire. / la ~ **revient, appartient** à ... *die Entscheidung liegt bei ...:* Monsieur le Président, la ~ vous revient. / **revenir** sur sa ~ *eine Entscheidung zurücknehmen, widerrufen, rückgängig machen:* Ta démarche auprès de Lenoir est inutile, il n'a pas l'habitude de revenir sur ses ~s. / **soumettre** qc à la ~ de qn *j-m etw zur Entscheidung vorlegen:* Nous sommes obligés de soumettre la question à la ~ du ministre.
déclaration¹ f *Erklärung*
　~ **formelle** *ausdrückliche Erklärung* / ~ **ministérielle** *Regierungserklärung* / ~ **publique** *öffentliche Erklärung* / ~ **solennelle** *feierliche Erklärung*
　faire une ~ *eine Erklärung abgeben:* Hier soir, le gouvernement révolutionnaire a fait une première ~. / **faire sa** ~ (d'impôts) *seine Steuererklärung abgeben:* Les ~s devront être faites avant le 31 mai, dernier délai.
déclaration² f *Liebeserklärung*
　~ **enflammée** *glühende Liebeserklärung*
　faire sa ~ à qn *j-m eine Liebeserklärung machen:* Je n'ose pas lui faire ma ~.
déclin m *Niedergang*
　être sur son, en ~ *im Niedergang begriffen sein:* Cette culture indigène est sur son ~.
décolleté m *Dekolleté*
　~ **audacieux, hardi** *gewagtes Dekolleté* / ~ **plongeant, profond** *tiefes Dekolleté*
décombres mpl *Trümmer*
　être **enterré, enseveli** sous les ~ *unter den Trümmern begraben sein, werden:* Trois personnes ont été ensevelies sous les ~. / **retirer**

décompte

qn des ~ *j-n aus den Trümmern bergen:* Les pompiers ont retiré deux enfants des ~ de la maison.

décompte m *Abzug (einer Summe)*
faire le ~ de qc *etw in Abzug bringen:* Vous devez faire le ~ des frais de voyage.

déconfiture f *Pleite*
être en ~ *pleite sein:* Monsieur Porte est en ~, ne lui vendez rien. / **tomber** en ~ *pleite gehen:* Si vous achetez ces machines, vous risquez de tomber en ~.

déconvenue f *Enttäuschung*
amère ~ *bittere Enttäuschung* / **cuisante** ~ *bittere, tiefe Enttäuschung* / **grande** ~ *große, tiefe, schwere Enttäuschung* / **terrible** ~ *furchtbare Enttäuschung*

décoration f *Auszeichnung*
remettre, conférer une ~ à qn *j-m eine Auszeichnung überreichen, verleihen:* La ~ leur a été remise au cours d'un acte solennel.

découragement m *Entmutigung*
céder au ~ *völlig den Mut verlieren:* Voilà six mois qu'il est au chômage et qu'il n'arrive pas à trouver un nouvel emploi. Il est en train de céder au ~.

découverte f *Entdeckung*
~ **récente** *Neuentdeckung* / ~ **sensationnelle** *aufsehenerregende, sensationelle Entdeckung*
aller, partir à la ~ *auf Entdeckungsreise, -fahrt gehen:* Mon locataire est parti à la ~ et ne reviendra d'Afrique qu'au mois d'octobre.

décret m *Verordnung*
adopter, prendre un ~ *eine Verordnung erlassen:* Le ministre a adopté un ~ en vue d'aider les sinistrés. / un ~ **émane** de qn *eine Verordnung wird von j-m erlassen:* Le ~ émanant du chef du gouvernement concerne les bénéfices exagérés de certaines sociétés.

défaillance f *Schwäche(anfall)*
accuser une ~ *eine Schwäche aufweisen:* Depuis quelque temps, le moteur de ma voiture accuse des ~s qui m'inquiètent. (... *zeigt Ausfallserscheinungen ...*) / **avoir** une ~ einen *Schwächeanfall haben:* Lorsque je suis rentrée, ma tante venait d'avoir une ~. / **tomber** en ~ *einen Schwächeanfall bekommen (auch fig):* Au début de la semaine, le dollar est tombé en ~ à la Bourse internationale.

défaite f *Niederlage*
~ **complète, écrasante** *vernichtende Niederlage* / ~ **cuisante** *schmähliche Niederlage* / ~ **électorale** *Wahlniederlage* / ~ **humiliante** *demütigende Niederlage* / ~ **sanglante** *blutige Niederlage* / ~ **sévère** *schwere Niederlage*
infliger une ~ à qn *j-m eine Niederlage beibringen:* En se prononçant contre le projet de réforme fiscale, les députés de l'opposition ont infligé une ~ inattendue au gouvernement. / **subir, essuyer** une ~ *eine Niederlage erleiden,*

einstecken, hinnehmen müssen: Le candidat gaulliste a subi une grave ~ aux élections.

défaut[1] m *(Charakter)Fehler*
~ **caché** *verborgener Fehler* / **grand, gros** ~ *großer Fehler* / **petit** ~ *kleine Schwäche* / **vilain** ~ *schlimmer (Charakter)Fehler*

défaut[2] m *Fehlen*
faire ~ *fehlen:* Le temps m'a fait ~ pour écrire une lettre plus longue.

défaut[3] m *Unrecht*
prendre qn en ~ *j-n ins Unrecht setzen:* C'est agaçant, il a toujours raison! Vous n'arriverez jamais à le prendre en ~.

défaveur f *Ungnade*
être en ~ auprès de qn *bei j-m in Ungnade stehen:* J'ai l'impression que vous êtes en ~ auprès du ministre.

défense[1] f *Verteidigung, Widerstand*
~ **élastique** *hinhaltender Widerstand* / ~ **farouche, obstinée** *(mil) heftiger, hartnäckiger Widerstand; standhafte Verteidigung* / **légitime** ~ *Notwehr* / ~ **molle, tiède** *schwache Verteidigung; schwacher Widerstand* / ~ **nationale** *Landesverteidigung*
assurer la ~ de qn *j-s Verteidigung übernehmen:* Maître Patel assurera la ~ de Jean-Claude Sauteron. / **courir, voler** à la ~ de qn *j-n verteidigen; j-m zu Hilfe eilen:* Rue Lanterre, deux bandits ont essayé de m'arracher ma serviette. Heureusement, un passant a couru à ma ~. / **prendre** la ~ de qn *j-n beschützen, verteidigen:* Le curé Jobert se rendit en Amérique du Sud où il prit la ~ des pauvres.

défense[2] f *Verbot*
~ **absolue** *striktes Verbot* / ~ **expresse** *ausdrückliches Verbot*

défenseur m *Verfechter*
s'instituer l'ardent ~ de qc *sich zum glühenden Verfechter einer Sache machen:* Michel s'est institué l'ardent ~ des intérêts des enfants de travailleurs immigrés.

défensive f *Defensive*
être, se tenir sur la ~ *in der Defensive sein, bleiben:* Au cours de la discussion télévisée, le candidat républicain s'est tenu sur la ~.

défi m *Herausforderung*
lancer un ~ à qn *j-n herausfordern:* Nous accepterons le ~ que nos ennemis nous ont lancé. / **mettre** qn au ~ de faire qc *wetten, daß jemand etw nicht schaffen wird:* Je le mets au ~ de faire cette étude en deux semaines. / **relever, accepter** un ~ *eine Herausforderung annehmen:* Vous n'avez pas le courage de relever ce ~?

déficit m *Defizit*
accuser un ~ *ein Defizit aufweisen:* Cette année, le bilan accusera un ~ important. / **combler** un ~ *ein Defizit ausgleichen:* Les exportations vers les pays africains ont permis

de combler le ~ dû à la perte du marché afghan. / **éponger** un ~ *ein Defizit auffangen:* Le ~ de la Sécurité Sociale a pu être en grande partie épongé grâce à des mesures techniques. / **être en** ~ *defizitär sein:* La balance des paiements de ce pays est en ~ depuis des années. / **se solder** par un ~ *mit einem Defizit abschließen:* L'action s'est soldée par un ~.

dégât m *Schaden*
~s **matériels** *Sachschaden*
causer, faire des ~s *Schäden verursachen; einen Schaden anrichten:* La tempête a causé de graves ~s. / **limiter** les ~s *größere Schäden verhindern;* (par ext) *das Schlimmste verhüten:* Le conducteur du métro, en freinant brutalement, put limiter les ~s. / **réparer** les ~s *die Schäden reparieren:* Il ne sera pas facile de réparer les ~s causés par le cyclone. / **répondre** des ~s *für den Schaden aufkommen:* Monsieur Brille répondra de tous les ~s. / **subir** des ~s *Schaden erleiden, nehmen:* Dans le tremblement de terre, notre maison a également subi des ~s.

dégoût m *Ekel*
immense, profond ~ *tiefer Abscheu*
inspirer du ~ à qn *j-n anekeln:* C'est une personne qui m'inspire du ~; je ne sais même pas pourquoi. / **prendre** qn, qc en ~ *von j-m, etw angeekelt werden:* Ce travail, avec le temps, je l'ai pris totalement en ~!

degré m *Grad*
~ **éminent; haut** ~ *(sehr) hoher Grad*

déjeuner m *Mittagessen*
faire un excellent ~ *1. ausgezeichnet essen; 2.* (*Nahrungsmittel*) *ein ausgezeichnetes Essen ergeben:* Nous avons fait un excellent ~ à Burgos. Cette viande va faire un très bon ~. / **prendre** le ~ *zu Mittag essen:* Nous avons pris le ~ à Nîmes.

délai m *Frist*
les ~s **impartis** *die eingeräumten Fristen* / ~ **prescrit** *festgesetzte Frist* / ~ **serré** *knappe Frist*
accorder, consentir un ~ à qn *j-m eine Frist einräumen:* Nous vous accordons un dernier ~ de sept jours. / un ~ **court** *jusqu'à ... eine Frist läuft bis ...:* Le ~ de transfert court jusqu'au premier décembre. / un ~ **expire** *eine Frist läuft ab:* Le ~ pour les demandes d'inscription expire le 31 du mois. / **laisser expirer** un ~ *eine Frist verstreichen lassen:* Ne laissez pas expirer le ~ sans réagir. / **fixer, arrêter** un ~ *eine Frist setzen:* On nous a fixé un ~ de dix jours. / **observer, respecter** un ~ *eine Frist einhalten:* Malheureusement, nous ne sommes pas à même d'observer le ~ prévu. / **proroger** un ~ *eine Frist verlängern:* Nous vous demandons de bien vouloir proroger le ~ de paiement.

délai de paiement m *Zahlungsaufschub*
accorder un ~ *einen Zahlungsaufschub gewähren:* Pour vous être agréables, nous vous accordons le ~ que vous nous demandez.

délégation f *Delegation*
envoyer une ~ *eine Delegation entsenden:* Nous enverrons une ~ de trois personnes à cette rencontre. / **faire partie** d'une ~ *einer Delegation angehören:* Faites-vous partie de la ~ vietnamienne? / **recevoir** une ~ *eine Delegation empfangen:* La ~ néerlandaise a été reçue par le Premier ministre.

délibération f *Beratung*
mettre qc en ~ *etw zur Beratung stellen:* C'est une question qu'il faut mettre en ~ le plus tôt possible.

délit m *Delikt*
commettre un ~ *ein Delikt begehen:* Quel ~ a-t-il commis? / **prendre** qn en **flagrant** ~ *j-n auf frischer Tat, in flagranti ertappen:* La police a pris le voleur en flagrant ~.

demande[1] f *Bitte, Verlangen*
humble ~ *bescheidene Anfrage* / ~ **inadmissible, irrecevable** *unbilliges Verlangen* / ~ **instante, pressante** *dringende, inständige Bitte* / ~ **légitime** *berechtigte Bitte*
accorder une ~ à qn *j-m eine Bitte gewähren:* Je suis sûr qu'il m'accordera ma ~. / **refuser, rejeter, repousser** une ~ *eine Bitte abschlagen:* Je dois malheureusement vous dire que le patron a rejeté votre ~.

demande[2] f *Antrag, Gesuch*
accéder, donner suite à une ~ *einem Antrag stattgeben; einen Antrag genehmigen:* Malheureusement, nous ne pouvons pas accéder à votre ~. / **admettre, agréer, accorder** une ~ *einen Antrag billigen, gutheißen:* Le ministre a admis votre ~. / **appuyer** une ~ *einen Antrag unterstützen:* Monsieur Amar appuiera notre ~. / **examiner** une ~ *einen Antrag prüfen:* Monsieur Revest n'a pas encore eu le temps d'examiner votre ~. / **formuler, faire** une ~ *einen Antrag vorbringen, stellen:* Formulez votre ~ à l'occasion de l'assemblée générale. / **présenter** une ~ *einen Antrag einreichen:* J'ai présenté ma ~ il y a trois mois. / **rejeter, repousser** une ~ *einen Antrag ablehnen:* Les autorités ont malheureusement rejeté notre ~. / **transmettre** une ~ à ... *einen Antrag weiterreichen an ...:* Nous avons transmis votre ~ au service compétent pour suite à donner.

demande[3] f (comm) *Nachfrage*
grosse ~ *starke Nachfrage:* On enregistre en ce moment une grosse ~ en appareils électroniques.
satisfaire à la ~ *die Nachfrage befriedigen:* Les usines ATAVAR ne peuvent plus satisfaire à la ~.

démarche[1] f *Gang, Schritt*

démarche

~ **aisée** *leichter Schritt* | ~ **assurée** *sicherer Schritt* | ~ **chancelante, titubante, vacillante** *schwankender, taumelnder Gang* | ~ **compassée** *gestelzter Gang* | ~ **dégingandée** *schlaksiger Gang*

démarche² f *Schritt, Vorstoß*

~ **précipitée** *übereilter Schritt* | ~ **prématurée** *verfrühter, voreiliger Schritt*
entreprendre des ~s (auprès de) *Schritte unternehmen (bei):* Avez-vous déjà entrepris toutes les ~s nécessaires? | **faire** une ~ auprès de qn *bei j-m vorstellig werden:* Je vous recommande de faire une ~ auprès du secrétaire d'État. | **tenter** une ~ (auprès de qn) (*bei j-m*) *einen Vorstoß wagen:* Il est grand temps de tenter une ~ auprès du ministre.

démêlé m *Streit*

avoir des ~s avec qn *mit j-m Streit haben, im Streit liegen:* Paul Arnaud a des ~s avec tout le monde.

démence f *Wahnsinn*

tomber, sombrer dans la ~ *dem Wahnsinn verfallen:* Alcoolique incurable, il a fini par sombrer dans la ~.

démenti m *Dementi*

~ **catégorique, formel** *nachdrückliches, entschiedenes Dementi*
donner, opposer un ~ *ein Dementi geben:* Le bruit avait couru que Monsieur Morelli voulait se démettre de ses fonctions, mais je directoire a donné un ~. | **infliger** un ~ à qn *j-n zu einem Widerruf zwingen:* Il serait très gênant qu'on vous inflige un ~ public. | **infliger** un ~ à qc *etw widerlegen:* L'évolution des choses a infligé un ~ à nos prévisions.

démission f *Rücktritt*

accepter la ~ de qn *den Rücktritt, das Rücktrittsgesuch von j-m annehmen:* On ne sait pas encore si le président va accepter la ~ de son ministre. | **donner** sa ~ *seinen Rücktritt einreichen:* À la suite de ce scandale, le ministre donna sa ~.

démocratie f *Demokratie*

~ **parlementaire** *parlamentarische Demokratie* | ~ **populaire** *Volksdemokratie* | ~ **présidentielle** *Präsidialdemokratie*

démographie f *Demographie*

~ **galopante** *sprunghafte Bevölkerungszunahme*

démon m *Dämon*

exorciser un ~ *einen Dämon austreiben:* Exorciser le ~ de la jalousie, voilà qui n'est pas facile! | être **possédé** du ~ *vom Teufel, von einem Dämon besessen sein:* Ce jeune homme paraît quelquefois possédé du ~.

démonstration f *Beweisführung, Vorführung*

faire la ~ de qc *etw beweisen:* Hier, Monsieur Mester a fait la ~ du bien-fondé de ses exigences. | **faire une** ~ *etw vorführen:* Nous acceptons volontiers de vous faire une ~ de notre nouvel aspirateur industriel.

dénominateur m *Nenner*

~ **commun** *gemeinsamer Nenner (auch fig):* Malgré leurs divergences de vues, ils ont trouvé un ~ commun. | **réduire** au **même** ~ *auf den gleichen Nenner bringen (auch fig):* Il sera difficile de réduire nos deux points de vue au même ~.

dénonciation f *Anzeige*

~ **anonyme** *anonyme Anzeige* | ~ **calomnieuse** *falsche Anschuldigung*

dénouement m *Ausgang*

avoir, trouver un **heureux** ~ *einen glücklichen Ausgang nehmen:* La prise d'otages a eu un heureux ~.

denrées fpl *Lebensmittel*

~ **alimentaires** *Nahrungsmittel* | ~ **périssables** *leichtverderbliche Lebensmittel*

dent f *Zahn*

~s **artificielles; fausses** ~s *künstliche Zähne; künstliches Gebiß* | ~ **cariée, creuse** *hohler Zahn* | ~s **éclatantes** *blendendweiße Zähne* | ~ **gâtée** *fauler Zahn*
arracher (*méd:* **extraire**) une ~ *einen Zahn ziehen:* Je viens de chez le dentiste; il m'a arraché deux ~s. | se **faire arracher** une ~ *sich einen Zahn ziehen lassen:* J'ai mal aux ~s. Il faut que je m'en fasse arracher une. | se **casser** les ~s sur qc (*fig*) *sich an etw die Zähne ausbeißen:* C'est un problème sur lequel vous allez vous casser les ~s. | **claquer** des ~s *mit den Zähnen klappern:* Il avait très froid et claquait des ~s. | avoir **conservé** ses ~s *noch alle Zähne haben:* Mon grand-père a quatre-vingts ans et a conservé toutes ses ~s. | **couper** qc avec les ~s *etw abbeißen:* Au lieu de se servir de ciseaux, elle coupe toujours son fil avec les ~s. | **couronner** une ~ *einen Zahn überkronen:* Il faut que je me fasse couronner deux ~s. | se **curer** les ~s *sich die Zähne reinigen; in den Zähnen herumstochern:* Ne te cure pas les ~s en public! | ne pas **desserrer** les ~s (*fig*) *die Zähne nicht auseinander kriegen; den Mund nicht aufmachen:* On le comprend très mal. Il ne desserre pas les ~s en parlant. | **faire, percer** ses ~s (*seine*) *Zähne bekommen:* Jacqueline pleure toute la journée. Je crois qu'elle fait une ~. | **grincer** des ~s *mit den Zähnen knirschen:* Georges accomplit le travail en grinçant des ~s. | **grommeler, marmotter, murmurer, parler** entre ses ~s *in seinen Bart murmeln:* Arrête de grommeler entre tes ~s. Dis clairement ce que tu as à dire! | se **laver, se brosser** les ~s *sich die Zähne putzen:* N'oublie pas de te laver les ~s avant d'aller au lit, Philippe! | **montrer** les ~s *die Zähne zeigen (auch fig); (Tier) die Zähne*

fletschen: Si l'on continue à m'agacer de la sorte, je ne vais pas tarder à montrer les ~s. / les ~s **percent** *die Zähne kommen:* À six mois, les premières ~s percent. / **plomber** une ~ *einen Zahn plombieren:* Il faut que je me fasse plomber une ~. / **serrer** les ~s *die Zähne zusammenbeißen (auch fig):* La douleur était violente, il serra les ~s pour ne pas crier. / les ~s **tombent** *die Zähne fallen aus:* Quand les gencives ne sont pas saines, les ~s risquent de tomber.

départ[1] m *Abreise, Aufbruch*
~ **brusque** *überstürzter Aufbruch* / ~s **massifs** *Massenaufbruch* / ~ **précipité** *übereilte Abreise*
avancer son ~ *seine Abreise vorverlegen:* Le ministre a avancé son ~ de deux jours. / **différer** son ~ *seine Abreise verschieben:* Le chancelier fédéral a différé son ~ pour attendre les dernières nouvelles. / **être** sur le ~ *reisefertig sein:* Tu viens tard! Je suis sur le ~ depuis deux heures.

départ[2] m *(Sport) Start*
faux ~; ~ **manqué** *Fehlstart*
donner le ~ *das Startzeichen geben:* L'arbitre donna le ~ au pistolet. / **prendre** un bon (mauvais) ~ *einen guten (schlechten) Start haben:* L'affaire a pris un bon ~.

dépens mpl *Kosten*
apprendre qc à ses ~ *durch Schaden klug werden; für etw bezahlt haben:* Je l'ai appris à mes ~. / **vivre** aux ~ de qn *auf j-s Kosten leben:* Moi, je n'aimerais pas vivre, comme lui, aux ~ d'autrui.

dépense f *Ausgabe, Kosten*
~s **accessoires** *Nebenkosten* / ~s **courantes** *laufende Kosten* / ~s **extraordinaires** *Sonderausgaben; außerordentliche Aufwendungen* / **folle** ~ *unvernünftige Ausgabe* / **grandes, grosses** ~s *hohe Ausgaben; große Auslagen:* faire une grosse ~, de grosses ~s *(viel Geld ausgeben)* / **menues** ~s *kleine Ausgaben* / ~s **publiques** *Staatsausgaben* / ~s **ruineuses** *Ausgaben, die einen ruinieren (können)* / ~s **somptuaires** *übertriebener Aufwand* / ~s **supplémentaires** *Mehrkosten*
comprimer, restreindre les ~s *die Ausgaben kürzen:* La situation économique nous oblige à comprimer les ~s. / **engager** des ~s *Verbindlichkeiten eingehen:* Il faut veiller à ce que nous n'engagions pas trop de ~s. / **faire face** à une ~ *eine Ausgabe bestreiten:* Je ne sais pas encore comment nous pourrons faire face à cette ~. / se **lancer** dans des ~s *sich in Ausgaben stürzen:* Évitez de vous lancer dans des ~s exagérées. / **regarder** à la ~ *sparsam sein, leben:* Le nouveau gérant est un homme qui regarde à la ~. / **rentrer** dans ses ~s *auf seine Kosten kommen; seine Auslagen wieder hereinbekommen:* Dans ce marché, nous ne sommes même pas rentrés dans nos ~s. / **subvenir** aux ~s (de qn) *für j-s Ausgaben, Unkosten aufkommen:* Le secrétariat général subviendra aux ~s de la délégation italienne.

dépit m *Verdruß, Ärger*
causer du ~ à qn *j-m Verdruß bereiten:* Vous avez causé du ~ à Madame votre mère. / **concevoir** du ~ de qc *über etw verärgert sein:* Il a conçu du ~ de la dernière lettre de son partenaire. / **éprouver, avoir** du ~ *verstimmt sein:* Madame Péronnin éprouve du ~ de voir que sa rivale s'est vu décerner le prix tant souhaité. / **ravaler** son ~ *seinen Ärger herunterschlucken:* J'ai si longtemps ravalé mon ~ que j'en ai assez maintenant.

déposition f *(jur) Aussage*
fausse ~ *Falschaussage* / ~ **véridique** *wahrheitsgemäße Aussage*
maintenir sa ~ *bei seiner Aussage bleiben:* Jules Hougron maintient sa première ~.

dépression[1] f *Depression*
~ **nerveuse** *nervöse Erschöpfung; Depressionen*
faire une ~ **nerveuse** (F) *Depressionen haben:* Depuis son accident de la route, il fait de temps à autre une ~ nerveuse.

dépression[2] f *Wirtschaftskrise*
connaître, traverser une ~ *eine Wirtschaftskrise durchmachen:* La ~ actuelle n'est pas comparable à celle qu'a connue le monde pendant les années trente.

dérapage m *Schleudern*
faire un ~ *ins Schleudern geraten:* La voiture de la victime fit un ~ sur la route mouillée.

déroute f *wilde Flucht*
mettre en ~ *in die Flucht schlagen:* Ces quelques soldats mirent en ~ toute une compagnie ennemie.

désaccord[1] m *Meinungsverschiedenheit, Uneinigkeit*
grave, sérieux ~ *ernste, schwerwiegende Meinungsverschiedenheit*
il **y a** (un) ~ entre ... *es herrscht, besteht Uneinigkeit zwischen ...:* Il y a un ~ entre les actionnaires. / un ~ s'**élève** *es kommt zu einer Verstimmung:* À l'occasion des pourparlers sur le financement, un grave ~ s'est élevé entre les membres de l'association. / **être** en ~ avec qn *mit j-m uneins sein:* Je suis en ~ avec mon chef sur la suite à donner à l'affaire.

désaccord[2] m *Mißverhältnis, Diskrepanz*
~ **choquant, flagrant** *krasser Widerspruch; große Diskrepanz*

désagrément m *Unannehmlichkeit*
causer, attirer, occasionner du ~ à qn *j-m Unannehmlichkeiten bereiten:* Vous me causez du ~ avec votre histoire.

désapprobation f *Mißbilligung*

désarroi

~ **muette, silencieuse** *stummer, unausgesprochener Tadel*
manifester, marquer de la ~ *seine Mißbilligung zeigen, kundtun:* Le public manifestait sa ~ par des murmures et des sifflets.

désarroi m *Verwirrung, Bestürzung*
être en plein, grand ~ *in großer Verwirrung, Bestürzung sein:* L'ensemble du personnel est en grand ~ depuis le revirement du directoire. / **plonger** qn dans un ~ *j-n in Verwirrung stürzen:* La mort du général plongea la troupe dans un profond ~.

désastre m *Katastrophe*
conjurer le ~ *die Katastrophe abwenden:* En vain quelques hommes politiques s'étaient-ils efforcés de conjurer le ~, la guerre était imminente, il n'était plus possible de l'éviter. / **courir** au ~ *auf eine Katastrophe zutreiben:* Si nous poursuivons cette politique financière insensée, la firme court au ~. / **périr** dans un ~ *in einer Katastrophe umkommen:* De nombreux habitants ont péri dans le ~.

désavantage m *Nachteil*
qc **tourne** à son ~ *etw gereicht ihm zum Nachteil:* Cette lettre tournera à son ~.

description f *Beschreibung, Schilderung*
~ **colorée, vivante** *farbige, lebendige Schilderung* / ~ **détaillée** *detaillierte Beschreibung* / ~ **fidèle** *(original)getreue Schilderung, Wiedergabe* / ~ **méticuleuse, minutieuse** *peinlich genaue Schilderung* / ~ **précise** *genaue Beschreibung*
défier toute ~ *jeder Beschreibung spotten:* La situation financière de cette société défie toute ~. / **faire** la ~ de qc *eine Beschreibung von etw geben:* Auriez-vous la bonté de nous faire la ~ de la maison en question? / **répondre** à une ~ *auf eine Beschreibung passen; einer Beschreibung entsprechen:* L'individu arrêté la nuit dernière répond à la ~ donnée par la victime.

désespoir m *Verzweiflung*
s'abandonner au ~ *sich der Verzweiflung überlassen:* Après son licenciement, il s'est abandonné au ~. / **être** au ~ (de ...) *untröstlich sein (, daß ...):* Je suis au ~ de ne pas être à même de vous aider. / **être, faire** le ~ de qn *j-n zur Verzweiflung bringen:* Cet élève fait mon ~.

désir m *Wunsch, Verlangen*
~ **ardent** *sehnlicher Wunsch* / ~ **charnel, physique** *Fleischeslust; fleischliche Begierde* / ~s **comprimés, refoulés** *verdrängte Wünsche* / ~s **exacerbés** *heftiges Verlangen* / ~ **immodéré** *unmäßiges Verlangen* / ~ **impérieux** *unwiderstehliches Verlangen* / ~ **inassouvi** *ungestilltes Verlangen* / ~ **incoercible** *unstillbares, unbändiges Verlangen* / ~ **irréalisable** *nicht zu verwirklichender Wunsch* / ~ **irrésistible** *unwiderstehliches Verlangen* / ~ **insatiable** *unersättliches Verlangen* / **pressant** ~ *sehnlicher Wunsch* / **profond** ~ *starkes Verlangen* / ~s **troubles** *uneingestandene Wünsche* / **vif** ~ *lebhafter Wunsch*
assouvir ses ~s *sein Verlangen befriedigen:* Ce voyage me permit d'assouvir les ~s que j'avais caressés depuis plus de vingt ans. / **brûler** de ~ *den brennenden, dringenden Wunsch haben:* Je brûle du ~ de lui parler. / **éprouver, caresser** un ~ *einen Wunsch haben, hegen:* Depuis ma plus tendre enfance, j'éprouve le ~ de voir le Sahara. / **exprimer, formuler** un ~ *einen Wunsch äußern, aussprechen:* Vous avez beau exprimer vos ~s, l'argent nécessaire à leur réalisation fait défaut. / un ~ **se réalise** *ein Wunsch geht in Erfüllung:* L'année passée, un ~ que j'ai éprouvé depuis longtemps s'est réalisé: j'ai fait un voyage en Afrique. / **réaliser, combler, satisfaire** un ~ *einen Wunsch erfüllen:* L'héritage lui a permis de réaliser bien des ~s. / **réprimer** ses ~ *seine (geheimen) Wünsche unterdrücken:* Pendant des années, il avait réprimé ses ~s d'aventures, consacrant tous ses efforts à sa réussite sociale.

désordre[1] m *Unordnung*
mettre qc en ~ *etw in Unordnung bringen:* Qui a touché à mes papiers et les a mis en ~? / **traîner** en ~ *unordentlich herumliegen:* Des papiers traînaient en ~ sur son bureau. / **vivre** dans le ~ (fig) *ein ungeregeltes, ausschweifendes Leben führen:* Son fils aîné vit en Espagne dans le ~.

désordre[2] m *Unruhe, Verwirrung*
jeter, semer le ~ *Unruhe verbreiten, stiften:* Son livre a semé le ~ dans les associations d'étudiants.

dessein m *Absicht, Plan*
~s **ambitieux** *hochfliegende Pläne* / de **coupables, de noirs** ~s *finstere Absichten* / ~s **criminels** *verbrecherische Absichten* / de **grands** ~s *große Pläne* / les ~s **impénétrables** (de la Providence) *die unerforschlichen Pläne (der Vorsehung)* / **avoir** des ~ **secrets** *geheime Pläne haben; etwas im Schilde führen* / ~s **ténébreux** *geheime, finstere Absichten*
avoir le ~ de ... *die Absicht haben, hegen zu ...:* Je n'ai pas le ~ de vous licencier. / **contrecarrer** le ~ de qn *j-s Absichten durchkreuzen:* Grâce à l'appui de quelques amis, il put contrecarrer les ~s de son rival. / **former** le ~ de ... *den Plan fassen, schmieden zu ...:* À l'âge de vingt ans, il formait le ~ de partir aux USA. / **nourrir** des ~s (+ adj) (+ adj) *Absichten hegen:* J'ai l'impression que, dans cette affaire, Monsieur Béasse nourrit de noirs ~s. / **réaliser** un ~ *eine Absicht wahr machen, in die Tat umsetzen:* Je doute qu'elle réalise son ~.

dessin m *Zeichnung*
~ **soigné, fignolé, léché** *saubere, sorgfältig ausgeführte Zeichnung*

destin m *Schicksal*
~ **cruel, impitoyable, inexorable** *grausames, unerbittliches Schicksal* | ~ **inéluctable** *unabwendbares Schicksal* | ~ **tragique** *tragisches Schicksal, Ende*
prendre son ~ en main *sein Schicksal selbst in die Hand nehmen*: Je crois qu'il vaut mieux que nous prenions notre ~ en main plutôt que d'attendre à l'infini. | se **révolter** contre le ~ *sich gegen das, sein Schicksal auflehnen*: Inutile de se révolter contre le ~. | il faut **suivre** son ~ *man kann das Schicksal nicht ändern*: Il est inutile de se révolter. Il faut suivre son ~.

destination f *Bestimmung(sort), Ziel*
arriver à ~ *am Bestimmungsort, Ziel ankommen*: Ce n'est qu'après trois jours de voyage épuisants que nous sommes arrivés à ~. | se **mettre en route, partir** pour une ~ inconnue *mit unbekanntem Ziel aufbrechen*: Les trois alpinistes se sont mis en route pour une ~ inconnue. | **rendre** qc à sa ~ *etw wieder seiner ursprünglichen Bestimmung zuführen, zurückgeben*: Après la guerre, l'école transformée en hôpital fut rendue à sa ~.

désuétude f *Veraltetsein*
tomber en ~ *aus der Mode kommen; veralten*: Il s'agit d'une loi du XVIIe siècle, tombée en ~ depuis longtemps, mais que personne n'avait songé à abroger.

détail[1] m *Einzelheit, Detail*
de plus **amples** ~s *nähere Einzelheiten* | ~s **croustillants** *pikante Details* | ~ **insignifiant; petit** ~ *unbedeutende Einzelheit* | de **menus** ~s *kleinste Einzelheiten* | les **moindres** ~s *die geringsten Kleinigkeiten* | ~ **savoureux** *amüsantes Detail; pikantes Detail* | ~ **troublant** *störendes Detail*
s'**arrêter** à des ~s *sich mit Einzelheiten aufhalten*: Ne vous arrêtez pas à des ~s. | **entrer** dans les ~s *ins Detail gehen; auf Einzelheiten eingehen*: Je ne veux pas entrer dans les ~s. | **faire** le ~ de qc *etw einzeln erfassen*: Je vous ferai le ~ de votre compte. (*Ich werde Ihnen eine detaillierte Kontenaufstellung anfertigen.*) | se **perdre** dans les ~s *sich in Einzelheiten verlieren; sich verzetteln*: Évitez de vous perdre dans les ~s.

détail[2] m *Einzelhandel*
faire le ~ *Einzelhandel betreiben*: Nous ne faisons que le ~.

détention f *Inhaftierung*
~ **arbitraire, irrégulière** *willkürliche Inhaftierung* | ~ **préventive** *Untersuchungshaft*

détour m *Umweg*
faire un ~ *einen Umweg machen*: Nous n'avons pas le temps de faire un ~. | **valoir** le ~ *einen Umweg wert sein*: C'est un site très pittoresque qui vaut absolument le ~.

dette f *Schuld*
~s **criardes** *drückende Schulden(last)* | ~ **exigible** *einklagbare, eintreibbare, fällige Schuld* | ~ **publique** *Staatsschulden*
s'**acquitter** de, **rembourser, payer, régler** ses ~s *seine Schulden begleichen, zurückzahlen*: Pour l'instant, je ne suis pas à même de m'acquitter de cette ~. | **amortir** une ~ *eine Schuld tilgen*: Nos ~s seront amorties en l'an 2020. | **avoir** une ~ envers qn *in j-s Schuld stehen*: Je sais très bien que j'ai une ~ envers vous. | **contracter, faire** des ~s *Schulden machen*: Nous avons dû contracter des ~s pour payer notre voiture. | être **criblé, accablé** de ~s *völlig verschuldet sein*: Ne lui prêtez pas d'argent, il est déjà criblé de ~s. | **décharger** qn d'une ~ *j-m eine Schuld erlassen*: Nous vous déchargeons de vos ~s à condition que vous signiez ce papier. | s'**enfoncer** dans les ~s *immer tiefer in Schulden geraten*: Il s'est suicidé parce qu'il s'était trop enfoncé dans les ~s. | **liquider** une ~ *eine Schuld (endgültig) tilgen*: Il nous faudra des années avant d'avoir liquidé notre ~.

deuil m *Trauer, Trauerfall*
~ **cruel, poignant** *schmerzlicher Trauerfall*: Sa mort fut un ~ cruel. (... *ein schmerzlicher Verlust*) | être en **grand** ~ *Volltrauer tragen* | ~ **national** *Staatstrauer* | ~ **récent** *noch nicht lange zurückliegender Trauerfall*: À cause d'un ~ récent dans la famille, nous ne pouvons pas participer à la fête. (*Wegen eines Trauerfalls in der Familie ...*)
avoir un ~ dans la famille *einen Trauerfall in der Familie haben*: Je ne peux pas venir parce que j'ai un ~ dans la famille. | **être** en ~ *in Trauer sein*: As-tu vu Madame Normand? Elle est vêtue de noir. Est-ce qu'elle serait en ~? | **plonger** qn dans le ~ *j-n in Trauer versetzen*: La nouvelle de la mort du grand-père plongea la famille dans le ~. | **porter** le ~ *Trauer tragen*: Oh, Madame de Treichon porte le ~. Alors son mari est mort. | **prendre** le ~ *Trauerkleidung anlegen*: Pour un cousin que je connais à peine, je ne prendrai pas le ~! | **quitter** le ~ *die Trauer ablegen*: Au premier anniversaire de la mort de son mari, elle quitta le ~ et invita ses amis.

développement m *Entwicklung*
être en **plein** ~ *eine bedeutende Aufwärtsentwicklung nehmen, erleben*: Il s'agit là d'une société qui est en plein ~.

déviation f *Umleitung*
suivre une ~ *eine Umleitung fahren*: Nous sommes en retard parce que nous avons dû suivre une ~.

devinette f *Rätsel*
jouer aux ~s *ein Ratespiel machen*: Les enfants ont été très sages. Tout l'après-midi, ils ont joué aux ~s. | **poser** une ~ *ein Rätsel aufgeben*: J'aimerais vous poser une ~.

devis m *Kostenvoranschlag*
établir un ~ *einen Kostenvoranschlag aufstellen, machen:* Veuillez nous établir un ~ relatif à tous les travaux d'entretien que vous jugez nécessaires.

devoir[1] m *Pflicht*
accomplir, remplir, s'acquitter de son ~ *seine Pflicht erfüllen:* Est-ce que vous avez accompli tous vos ~s envers la société? / le ~ **appelle** (qn) *die Pflicht ruft (j-n):* Je ne peux pas m'attarder, le ~ m'appelle. / **croire** de son ~ de ... *es für seine Pflicht halten zu ...:* J'ai cru de mon ~ de l'aider. / se **dérober** à son ~ *sich seiner Pflicht entziehen:* Vous ne pouvez pas vous dérober comme ça, sans façon, à votre ~. / **écarter** qn de son ~ *j-n von seiner Pflicht abhalten:* Je vous défends de venir chaque jour écarter mon fils de son ~. / il **est** de mon ~ de ... *es ist meine Pflicht zu ...:* Il est de notre ~ de garantir la continuité des négociations. / **faire** son ~ *seine Pflicht tun:* Vous n'avez pas à me remercier, je n'ai fait que mon ~. / se **faire** un ~ de ... *es sich zur Pflicht machen zu ...:* Il s'est fait un ~ de lui dire la vérité. / **manquer** à, **faillir** à son ~ *seine Pflicht verletzen, versäumen:* Dites-lui que je n'aime pas qu'elle manque à son ~.

devoir[2] m *(Haus)Aufgabe*
donner un ~ à qn *j-m eine Aufgabe stellen, eine Hausaufgabe aufgeben:* Je vais vous donner un ~ difficile. / **expédier, bâcler** son ~ *seine Hausaufgabe hinschludern:* Enrico expédie régulièrement ses ~s en dix minutes. / **faire** ses ~s *seine Hausaufgaben machen:* Robert, as-tu déjà fait tes ~s?

dévouement m *Ergebenheit*
~ **absolu, aveugle** *blinde Ergebenheit*

diable m *Teufel*
allez au ~ *scheren Sie sich zum Teufel:* Je vous le dis pour la dernière fois: allez au ~! / que le ~ l'**emporte** *der Teufel soll ihn (sie, es) holen:* C'est la troisième fois qu'il me promet de venir et ne vient pas. Que le ~ l'emporte! / le ~ m'**emporte** si ... *der Teufel soll mich holen, wenn ...:* Le ~ m'emporte si ce n'est pas la vérité. / **envoyer** qn au ~ *j-n zum Teufel jagen, schicken:* S'il recommence à m'embêter, je l'enverrai au ~. / le ~ s'en **mêle** *hier hat der Teufel die Hand im Spiel:* Rien ne fonctionne comme prévu dans cette affaire. Le ~ s'en mêle.

diagnostic m *Diagnose*
émettre un ~ *eine Beurteilung abgeben:* Je ne risquerais pas d'émettre un ~ sur l'évolution de notre situation financière. / **faire** un ~ *eine Diagnose stellen:* C'est le docteur Selva qui fait le meilleur ~.

dialogue m *Dialog*
établir le ~ *den Dialog eröffnen:* Ce qui importe, c'est d'établir en tous cas le ~. / le ~ se **poursuit** *der Dialog geht weiter, wird fortgeführt:* Heureusement, le ~ entre les camps adverses se poursuit. / **renouer** le ~ *den Dialog wieder in Gang bringen:* La visite du président de la République a aidé les deux pays à renouer le ~.

diamant m *Diamant*
~ **brut** *Rohdiamant; ungeschliffener Diamant* / ~ **taillé** *geschliffener Diamant*
tailler un ~ *einen Diamanten schleifen:* Le ~ est si dur qu'il ne peut être taillé qu'à l'aide de sa propre poudre.

dictée f *Diktat*
écrire sous la ~ *nach Diktat schreiben:* Savez-vous écrire sous la ~? / **faire** une ~ *ein Diktat schreiben:* Nous devons faire des ~s en français. Que c'est ennuyeux!

dictionnaire m *Wörterbuch*
~ **bilingue** *zweisprachiges Wörterbuch* / ~ **encyclopédique** *Enzyklopädie, Lexikon* / ~ **étymologique** *etymologisches Wörterbuch* / ~ **monolingue** *einsprachiges Wörterbuch* / ~ **polyglotte** *mehrsprachiges Wörterbuch* / ~ **spécialisé** *Fachwörterbuch*
consulter un ~ *in einem Wörterbuch nachschlagen:* Les élèves n'ont pas le droit de consulter un ~ à l'examen.

Dieu m *Gott*
le **bon** ~ *der liebe Gott* / ~ **compatissant** *der barmherzige Gott* / ~ **éternel** *der ewige Gott* / **grand** ~! *allmächtiger Gott! du lieber Gott! (Ausrufe)* / ~ **miséricordieux** *der barmherzige, gnädige Gott* / ~ **tout-puissant** *der allmächtige Gott*
adorer un dieu *einen Gott verehren:* Les Mayas adoraient Chaac, le dieu de la pluie. / ~ vous **entende** *Gott geb's:* Je ne crois pas qu'il pleuve demain. – ~ vous entende! / **implorer, invoquer** ~ *zu Gott flehen:* Vous implorerez en vain si vous ne regrettez pas vos péchés. / **plaise** à ~ que ... *gebe Gott, daß ...:* Plaise à ~ qu'il fasse beau demain. / **prier** le bon ~ *zum lieben Gott beten:* Priez le bon ~ que vous ne tombiez pas malade! / ~ l'a **rappelé** à lui *Gott hat ihn zu sich genommen, gerufen:* Malheureusement, ~ l'a rappelé à lui bien trop tôt pour nous. / se **recommander** à ~ *sein Schicksal in Gottes Hände legen:* Mon fils, recommandez-vous à ~ et attendez avec patience. / ~ vous le **rendra** *vergelt's Gott:* Je vous remercie infiniment de votre aide. ~ vous le rendra! / ~ **sait** quand (comment, combien, etc.) *Gott weiß wann (wie, wieviel usw.):* Il reviendra ~ sait quand. / si ~ le **veut** *so Gott will:* Cette année, mon fils passera son baccalauréat, si ~ le veut.

différence f *Unterschied*
~ **essentielle, radicale** *grundlegender Unterschied* / ~ **importante** *großer, bedeutender*

Unterschied / ~ **imperceptible, insaisissable, insensible** *kaum wahrnehmbarer Unterschied* / **légère** ~ *feiner Unterschied* / ~ **notable, sensible** *spürbarer, beachtlicher Unterschied* / ~ **profonde** *krasser, gewaltiger Unterschied* / ~ **subtile** *feiner Unterschied* / ~ **totale** *himmelweiter Unterschied* il y a une ~ entre ... *es besteht ein Unterschied zwischen ...:* Il y a une très grande ~ entre son premier roman et son deuxième. / **faire** la ~ (entre) *einen Unterschied machen, feststellen (können) (zwischen):* Je ne fais pas de (*oder* la) ~ entre cette lettre-ci et celle-là. / ne pas **faire** de ~ *keinen Unterschied machen:* Qu'il vienne ou qu'il ne vienne pas, cela ne fait pas de ~. / **sentir** la ~ *einen Unterschied merken:* Ne sentez-vous pas la ~ entre ces deux étoffes?
différend m *Meinungsverschiedenheit, Streit* **arbitrer** un ~ *einen Streit (schiedsgerichtlich) schlichten:* Le ~ sera arbitré par la Chambre de Commerce de Paris. / **régler, arranger, accorder** un ~ *eine Differenz, eine Meinungsverschiedenheit schlichten, beilegen:* Heureusement, nous avons pu régler le ~ avec nos partenaires. / **régler** un ~ par les armes *einen Streit mit den Waffen austragen:* Espérons que le ~ ne sera pas réglé par les armes. / un ~ **surgit** *es kommt zu einer Meinungsverschiedenheit:* Un ~ a surgi entre mon collègue et moi sur la façon dont il faut traiter ce problème. / **vider** un ~ *Meinungsverschiedenheiten austragen:* Choisissez un autre lieu que ma maison pour vider vos ~s!
difficulté f *Schwierigkeit* ~s **financières, matérielles** *finanzielle Schwierigkeiten* / ~ **insurmontable, infranchissable** *unüberwindliche Schwierigkeit* des ~s **apparaissent, surgissent** *Schwierigkeiten treten auf:* Des ~s sont apparues dès le stade de l'étude. / **aplanir, éliminer, lever** les ~s *die Schwierigkeiten beheben:* Mon chef a promis d'aplanir toutes les ~s possibles. / **attaquer** une ~; **s'attaquer** à une ~ *eine Schwierigkeit angehen:* Jusqu'ici, je n'ai pas encore osé attaquer ces ~s. / **avoir, éprouver** de la ~, des ~s à ... *Schwierigkeiten haben zu ...; es fällt j-m schwer zu ...:* J'éprouve de la ~ à comprendre son ignorance. / **cerner** une ~ *eine Schwierigkeit umreißen, einkreisen:* Nous devons d'abord cerner la ~ avant d'essayer de la résoudre. / **chercher** des ~s à qn *j-m Schwierigkeiten machen:* J'ai l'impression qu'on me cherche ici des ~s. / **créer** des ~s *Schwierigkeiten mit sich bringen:* L'exécution des plans nous créera certaines ~s. / **faire, poser** des ~s *Schwierigkeiten bereiten, machen:* La traduction de ce passage ne m'a pas fait de ~s. / **c'est** là que **gît** la ~ *hier, darin liegt die Schwierigkeit:* Nous n'avons pas assez de crédit. C'est là que gît la ~. / se **heurter** à, contre de grosses ~s *auf große Schwierigkeiten stoßen:* Le projet de construction d'une route à travers la montagne s'est heurté à de grosses ~s. / **présenter, soulever** des ~s *Schwierigkeiten bereiten:* C'est une question grave qui soulève des ~s presque insurmontables. / des ~s **se présentent** *es treten Schwierigkeiten auf:* De nombreuses ~s se sont présentées pendant les travaux préparatoires. / la ~ **réside** dans ... *die Schwierigkeit liegt in, an ...:* La ~ réside dans le manque d'information, dû à l'interruption des liaisons téléphoniques. / **résoudre** une ~ *eine Schwierigkeit lösen:* Je suis curieux de savoir comment il résoudra cette ~. / **surmonter, vaincre** les ~s *die Schwierigkeiten überwinden:* Nous sommes sûrs de pouvoir également surmonter les dernières ~s. / **tourner, contourner** une ~ *eine Schwierigkeit umgehen:* C'est une ~ que nous ne pouvons guère tourner. / **trancher** une ~ *eine Schwierigkeit ausräumen, aus dem Weg räumen:* Le président a tranché la ~ en licenciant une dizaine d'ouvriers.
digestion f *Verdauung* ~ **difficile, laborieuse, pénible** *träge Verdauung; Verdauungsschwierigkeiten:* souffrir d'une, avoir une ~ pénible (*eine träge Verdauung haben, unter Verdauungsschwierigkeiten leiden*) / aliment qui est d'une ~ **pénible** *schwerverdauliche Nahrung* / livre qui est d'une ~ **pénible** (*fig*) *schwerverdauliches Buch*
dignitaire m *Würdenträger* **grand** ~ *hoher Würdenträger*
dignité f *Würde* ~ **humaine** *Menschenwürde* **avoir** de la ~ *Würde besitzen:* Il faut avouer que le nouveau pape a de la ~. / **élever** qn à, **installer** qn dans une ~ *j-n in eine Würde einsetzen:* Monsieur de Crayancourt a été élevé à la ~ de grand-croix de la Légion d'honneur. / **manquer** de ~ *der Würde entbehren:* Son comportement ne manquait pas de ~.
digression f *Abschweifung* **tomber**, se **perdre**, se **lancer** dans des ~s *zu sehr vom Thema abweichen:* Malheureusement, le conférencier tombait sans cesse dans des ~s interminables.
dilemme m *Dilemma, Zwickmühle* **enfermer** qn dans un ~ *j-n in eine Zwickmühle bringen:* En le mettant devant l'alternative, vous l'enfermez dans un ~ dont il lui sera bien difficile de sortir. / **être** dans, devant un ~ *in einem Dilemma, in der Zwickmühle sein:* Je me trouve devant un grand ~: rester là ou partir. / **sortir** d'un ~ *aus der Zwickmühle herauskommen:* Comment sortir de ce ~?
dimanche m *Sonntag* s'**habiller** en ~ (F) *den Sonntagsstaat anzie-*

dimension

hen: Pour la promenade, je vais m'habiller en ~. / **passer** le ~ à, en, chez ... *den Sonntag in, bei ...verbringen:* Généralement, je passe le ~ chez mes parents.

dimension f *Maß, Ausmaß*
être à la ~ de qc *einer Sache angemessen sein:* Sa réaction a été à la ~ du défi. / **prendre la ~** de qc *das Ausmaß von etw annehmen:* L'inondation commence à prendre la ~ d'une catastrophe. / **prendre les ~s** de qc *etw ab-, vermessen:* Avez-vous pris les ~s exactes du terrain?

dindon m *Truthahn*
le ~ **glougloute** *der Truthahn kollert:* Entendez-vous les ~s glouglouter?

dîner m *Abendessen*
faire un bon ~ *gut zu Abend essen:* Hier, nous avons fait un bon ~ pour fêter l'anniversaire de ma femme.

diplomatie f *Diplomatie*
déployer de la ~; **user** de ~ *diplomatisch vorgehen:* C'est une affaire épineuse pour laquelle il faudra déployer beaucoup de ~. / **entrer, s'engager** dans la ~ *die Diplomatenlaufbahn einschlagen:* Après avoir terminé ses études de droit, il entra dans la ~.

diplôme m *Diplom, Zeugnis*
décerner un ~ *ein Diplom verleihen:* Le ~ de l'école est décerné à l'issue de quatre ans d'études. / **obtenir** un ~ *ein Diplom machen:* Il a fini par obtenir son ~ d'interprète, mais cela n'a pas été sans mal. / **présenter** ses ~s *seine Zeugnisse einreichen, vorlegen:* Les candidats au poste sont priés de présenter leurs ~s.

direction f *Richtung*
bonne (mauvaise) ~ *richtige (falsche) Richtung* **changer** de ~ *die Richtung ändern:* Au-dessus du Sahara, l'avion changea subitement de ~. / **imprimer** une ~ à qc *einer Sache eine Richtung geben:* Il faudrait imprimer à l'enquête une autre ~. / **indiquer** la ~ *die Richtung angeben:* L'aiguille de la boussole indique la ~ nord-sud. / **prendre** une ~ *eine Richtung einschlagen (auch fig):* Avec cette argumentation, vous prenez une ~ tout à fait nouvelle. / **prendre** la ~ du sud *nach Süden fahren, fliegen usw.:* À la hauteur de Nuremberg, l'autoroute prend la ~ du sud. / **suivre** une ~ *einer Richtung folgen:* Vous n'avez qu'à suivre la ~ de la rivière, vous arriverez facilement à la ferme.

directive f *Weisung*
donner des ~s *Weisungen erteilen:* Avez-vous donné des ~s à vos collaborateurs?

discipline f *Disziplin, Zucht*
~ **exacte, rigoureuse, sévère** *strenge Zucht, Disziplin* / ~ **relâchée** *lockere Disziplin* / ~ **stricte** *straffe Disziplin*
s'**astreindre** à une ~ *Disziplin wahren:* Au cours de leur stage d'entraînement, les athlètes devront s'astreindre à une ~ sévère. / **enfreindre** la ~ *gegen die Ordnung verstoßen:* En rentrant au collège après six heures du soir, vous avez enfreint la ~. / **observer** la ~; se **plier** à la ~ *sich der Disziplin beugen:* Il a eu beaucoup de difficulté à se plier à la ~ militaire. / **relâcher** la ~ *die Disziplin lockern:* Trois semaines plus tard, le général relâchait quelque peu la ~. / la ~ se **relâche** *die Disziplin läßt nach:* On peut déjà constater que la ~ commence à se relâcher. / **restaurer, rétablir** la ~ *die Disziplin wiederherstellen:* Le nouveau directeur a pu restaurer la ~.

discorde f *Zwietracht*
semer la ~ *Zwietracht säen:* Roger a semé la ~ dans le club.

discours m *Rede*
~ **ampoulé, pompeux** *hochtrabende, schwülstige Rede* / ~ **élaboré** *gefeilte Rede* / ~ **éloquent, enflammé, fougueux, véhément, vibrant** *zündende, flammende, mitreißende Rede* / ~ **grandiloquent** *hochtrabende Rede* / ~ **impromptu** *Rede aus dem Stegreif* / ~ **inaugural** *Antrittsrede, Eröffnungsansprache, Einweihungsrede* / ~ **incendiaire** *Hetzrede* / ~ **laudatif** *Lobrede* / ~ **pathétique** *ergreifende Rede* / ~ **percutant** *Rede von durchschlagender Wirkung* / ~ **préliminaire** *Vorrede, Einleitung* / ~ **prolixe** *weitschweifige Rede* / ~ **radiodiffusé** *Rundfunkansprache* / ~ **soporifique** *stinklangweilige Rede* / ~ **télévisé** *Fernsehansprache* / ~ **virulent** *heftige, scharfe Rede*
adresser un ~ à qn *vor j-m eine Rede halten:* Le maire adressa un bref ~ aux nouveaux venus. / **assaisonner** son ~ de qc *seine Rede würzen mit etw:* Monsieur Rabaste avait assaisonné son ~ de quelques allusions ironiques. / **enregistrer** un ~ *eine Rede aufnehmen, mitschneiden:* Avez-vous enregistré le ~ du président de la République? / **prononcer, faire, tenir** un ~ *eine Rede halten:* Vous devez prononcer un ~ à l'occasion de l'inauguration du congrès.

discrédit m *Mißkredit, Verruf*
jeter le ~ sur qn *j-n in Mißkredit, Verruf bringen:* Le scandale a jeté le ~ sur maint sénateur. / **tomber** dans le ~ *in Mißkredit, Verruf geraten:* Monsieur Coze et son frère sont tombés dans le ~ à cause de la faillite de leur entreprise.

discrimination f *Diskriminierung*
~ **raciale** *Rassendiskriminierung*

discussion f *Diskussion*
~ **âpre, échauffée, véhémente, violente** *heftige, hitzige, erregte Diskussion* / ~ **brutale** *harte, schonungslos geführte Diskussion* / ~ **byzantine** *ermüdende, haarspalterische Auseinandersetzung* / **libre** ~ *Recht der freien Mei-*

nungsäußerung; freie Diskussion / **~ oiseuse** *nutzlose Diskussion* / **~ orageuse** *stürmische Auseinandersetzung* / **~ serrée** *harte Diskussion* / **~ stérile** *unergiebige Diskussion* / **~ terne** *uninteressantes, eintöniges Gespräch* / **~ vaine** *fruchtlose Diskussion* / **vive ~** *lebhafte, heftige Diskussion*
aiguiller la ~ sur ... *die Diskussion lenken auf ...:* Son argument avait aiguillé la ~ sur le côté social de la question. / la ~ **cafouille** (F) *die Diskussion gerät ins Stocken:* Au bout d'une heure, la ~ a cafouillé. / **entamer, engager** la ~ *die Aussprache, Diskussion eröffnen, einleiten:* C'est Madame Brachet qui a entamé la ~. / **mettre** qc en ~ *etw zur Diskussion stellen:* La question de l'alimentation en eau potable sera mise en ~ la semaine prochaine. / **soulever, provoquer** une ~, des ~s *eine Diskussion auslösen:* Le raisonnement de Madame Lambertin a soulevé de vives ~s. / **trancher** la ~ *die Diskussion beenden:* L'argument du maire mit fin aux hésitations et trancha enfin la ~.

disgrâce f *Ungnade*
encourir la ~ de qn *sich j-s Ungnade zuziehen:* J'ai peur d'encourir sa ~. / **tomber** en ~ *in Ungnade fallen:* Monsieur Priollet est tombé en ~ auprès du ministre.

disparition f *Verschwinden*
être **menacé** de ~ *vom Aussterben bedroht sein:* Certains genres de chauves-souris sont menacés de ~. / **signaler** la ~ de qn *j-n als vermißt melden:* On signale la ~ de deux garçons de sept ans.

dispositif m *Vorrichtung*
~ astucieux, ingénieux *raffinierte Vorrichtung*

disposition[1] f *Verfügung*
avoir qc à sa ~ *etw zur Verfügung haben:* Quels moyens avez-vous à votre ~? / **être** à la ~ de qn *j-m zur Verfügung stehen:* Je suis entièrement à votre ~. / **mettre** qc à la ~ de qn *j-m etw zur Verfügung stellen:* Si vous voulez, je mets une voiture à votre ~ personnelle. / **tenir** qc à la ~ de qn *etw für j-n zur Verfügung halten:* Nous tenons à votre ~ le dossier correspondant. / **se tenir** à la ~ de qn *sich zu j-s Verfügung halten:* Monsieur Massac se tiendra à votre ~.

disposition[2] f *Bestimmung, Vorschrift*
~ facultative *Kannvorschrift* / **~ impérative** *Mußvorschrift* / **~ transitoire** *Übergangsbestimmung*

disposition[3] f *Veranlagung*
fâcheuse ~ à ... *bedauerliche Veranlagung zu ...:* Il a une fâcheuse ~ à mentir. (*Leider lügt er gern.*) Ma voiture a une fâcheuse ~ à vibrer à 100 à l'heure. (*Mein Auto neigt leider dazu, bei 100 km/h zu vibrieren.*) / d'**heureuses** ~s *glückliche Veranlagung; glückliches Naturell* / **~**

innée, naturelle *angeborene Fähigkeit; natürliche Veranlagung*
avoir des ~s pour qc *für etw begabt sein:* Elle a des ~s pour la musique.

dispositions fpl *Vorbereitungen, Vorkehrungen*
prendre ses ~ *(alle nötigen) Vorbereitungen, Vorkehrungen treffen; disponieren:* Nous avons pris nos ~ pour pouvoir partir dès que cela sera nécessaire.

dispute f *Streit*
~ acharnée *erbitterter Streit* / **chaude ~** *lebhafte Auseinandersetzung*
apaiser, régler une ~ *einen Streit beilegen, schlichten:* La ~ a pu être apaisée. / **attiser** une ~ *einen Streit schüren:* Ses remarques n'ont fait qu'attiser la ~. / une ~ s'**élève, éclate** *ein Streit bricht aus; es kommt zu einem Streit:* Une ~ s'élève au sujet de la succession à la présidence. / une ~ se **rallume** *ein Streit flammt wieder auf:* Tout à coup, la ~ s'est rallumée.

disque[1] m *(Schall)Platte*
changer de ~ *eine andere Platte auflegen (auch fig):* Dis donc, tu ne peux pas changer de ~? / **enregistrer, graver** un ~ *eine Schallplatte aufnehmen:* Le chanteur a gravé son premier ~ en 1979. / **mettre, passer** un ~ *eine Platte auflegen:* Je ne connais pas le ~ que vous avez mis là. / **passer, jouer, faire entendre, écouter** un ~ à qn *j-m eine Platte vorspielen:* Est-ce que je t'ai déjà joué mon nouveau ~ de jazz?

disque[2] m *(Sport)Diskus*
lancer le ~ *Diskus werfen:* Dans ma jeunesse, j'ai lancé le ~.

distance f *Entfernung, Abstand, Distanz*
faible ~ *geringer Abstand; geringe Entfernung* / **~ infranchissable** *(fig) unüberbrückbare Kluft* / **longue ~** *großer, weiter Abstand; große, weite Entfernung* / **rester à ~ respectueuse** *respektvollen Abstand halten*
apprécier une ~ *eine Entfernung schätzen:* À combien appréciez-vous la ~ entre l'église et la ferme? / **garder, conserver, tenir** ses ~s *Distanz, den nötigen Abstand wahren:* Pierre Mazot sait toujours garder ses ~s. / **parcourir, couvrir** une ~ *eine Entfernung, Strecke zurücklegen:* La ~ qu'il a parcourue en deux jours est énorme.

distinction[1] f *Auszeichnung*
décerner une ~ à qn *j-m eine Auszeichnung verleihen:* Cette médaille est une ~ qui n'a été décernée jusqu'ici qu'à une dizaine de personnes. / **obtenir, recevoir** une ~ *eine Auszeichnung erhalten:* Son père a obtenu beaucoup de ~s.

distinction[2] f *Unterschied*
~ subtile *feiner Unterschied*

distraction f *Abwechslung, Zeitvertreib* ~s **futiles** *nutzloser Zeitvertreib*

apporter de la ~ *Abwechslung bieten:* Les circuits organisés ont apporté de la ~ dans nos vacances en Tunisie.
dividende m *Dividende*
distribuer des ~s *Dividenden ausschütten:* La société ENA a distribué cette année 20% plus de ~ que l'année précédente.
division f *(math) Division*
faire des ~s *dividieren:* À l'école, cette semaine, les enfants ont commencé à apprendre à faire des ~s. Mais certains trouvent cela encore bien difficile.
divorce m *Scheidung*
demander le ~ *die Scheidung einreichen:* Maintenant, j'en ai assez. Je vais demander le ~. / **être** en instance de ~ *in Scheidung leben:* Albert et sa femme sont depuis plusieurs années en instance de ~. / **prononcer** le ~ *die Scheidung aussprechen:* Ne vous mettez surtout pas dans votre tort tant que le ~ n'a pas été prononcé.
doctrine f *Doktrin, Lehre*
~ **erronée** *Irrlehre* / ~ **pernicieuse** *gefährliche Doktrin*
document m *Dokument, Urkunde, Beweisstück*
~ **authentique** *echtes Dokument* / ~ **original** *Originalurkunde, Urschrift* / ~ **précieux** *wertvolles Beweisstück*
le ~ **atteste** que ... *das Dokument bestätigt, bescheinigt, daß ...:* Ce ~ atteste qu'il a acquis la nationalité égyptienne. / **certifier, authentifier** un ~ *eine Urkunde beglaubigen:* Qui a certifié ce ~? / **produire** un ~ *(jur) ein Dokument, eine Urkunde vorlegen:* Je n'avais pas cru qu'il pourrait produire les ~s nécessaires en si peu de temps.
documentation f *Dokumentation, Unterlagen*
riche, vaste ~ *reichhaltige Dokumentation*
où **puise**-t-il sa ~? *wo hat er seine Unterlagen her?:* Dans son livre, Monsieur Hamelin s'appuie sur des données bien contestables. On se demande où il est allé puiser sa ~. / **réunir** une ~ *Unterlagen zusammentragen:* Pour faire sa thèse, il a réuni une ~ de première main vraiment impressionnante.
doigt m *Finger*
~s **boudinés** *Bratwurstfinger* / ~s **crochus** *krumme, verkrümmte Finger* / ~s **fuselés** *schlanke Finger* / avoir les ~s **gourds** *klamme, steifgefrorene Finger haben* / ~s **noueux** *knotige Finger; Gichtfinger*
claquer des ~s *mit den Fingern schnalzen:* La lune brillait, on ne voyait personne. Soudain, quelqu'un claqua des ~s. / **compter** qc sur les ~s *etw an den fünf Fingern abzählen (können):* Les vrais amis, on peut les compter sur les ~s. / **compter** sur ses ~s *mit Hilfe der Finger zählen:* À l'âge de trois ans, les enfants commencent à compter sur leurs ~s. / se **couper** le ~ *sich in den Finger schneiden:* Je ne peux pas écrire, car je me suis coupé le ~. / les ~s de qn **courent** (sur les touches) *j-s Finger gleiten (über die Tasten):* Elle se mit au piano et fit courir ses ~s sur les touches. / se **lécher** les ~s *sich die Finger ablecken:* Le ministre, après avoir mangé quelques olives, se léchait les ~s comme s'il était en famille. / **lever** le ~ *den Finger heben; sich melden:* Si tu veux dire quelque chose, lève le ~. / **montrer, désigner** qc, qn du ~ *auf etw, j-n mit dem Finger zeigen (auch fig):* Veux-tu qu'on nous montre du ~? / **promener** ses ~s sur le piano *die Finger über die Tasten gleiten lassen:* Le pianiste, avant de commencer à jouer, promenait ses ~s sur le piano. / ne pas **remuer, bouger, lever** le petit ~ *keinen Finger rühren, krumm machen:* Lorsque nous avons eu besoin de votre soutien, vous n'avez pas levé le petit ~. / **souffler** dans ses ~s *in die Hände blasen (um sich aufzuwärmen*): Les skieurs soufflaient dans leurs ~s pour se réchauffer les mains. / **taper** sur les ~s à qn *j-m auf die Finger klopfen (auch fig):* J'ai l'impression qu'il faudrait lui taper sur les ~s de temps à autre.
domaine m *Bereich*
être du ~ de qn *in j-s Bereich, Kompetenz fallen:* L'établissement de l'inventaire n'est pas de mon ~.
domicile m *Wohnsitz*
~ **conjugal** *gemeinsamer Wohnsitz eines Ehepaares:* abandonner le ~ conjugal *(von Tisch und Bett getrennt leben);* réintégrer le ~ conjugal *(in die eheliche Wohnung zurückkehren)* / ~ **fixe** *fester Wohnsitz* / ~ **légal** *ständiger Wohnsitz*
changer de ~ *den Wohnsitz wechseln, ändern:* Nous avons changé de ~. Veuillez noter notre nouvelle adresse: 13, rue de l'Aqueduc, 75010 Paris. / **élire** ~ *sich niederlassen:* Pour les quatre semaines que nous avons passées près de Grenoble, nous avons élu ~ dans une vieille ferme. / **établir** son ~ à ... *seinen Wohnsitz in ... aufschlagen:* En 1940, il établit son ~ à Rio de Janeiro. / **violer** le ~ de qn *gewaltsam bei j-m eindringen:* Les journalistes ont violé le ~ du directeur Leclerc.
domination f *Herrschaft*
exercer sa ~ sur qn *über j-n seine Herrschaft, Macht ausüben:* Monsieur Mourgue exerce une ~ incroyable sur tous les employés. / **passer, tomber** sous la ~ de qn *unter j-s Herrschaft, Gewalt geraten:* C'est la troisième fois au cours de notre siècle que ce peuple passe sous la ~ d'une puissance étrangère. / **rejeter, secouer** la ~ de qn, qc *die Herrschaft abschütteln:* Ce peuple s'est insurgé à maintes

reprises pour tenter de rejeter la ~ étrangère.
dommage m *Schaden*
~ **corporel** *Personenschaden* / ~ **irréparable (réparable)** *irreparabler, (reparabler, zu behebender) Schaden* / ~ **matériel** *Sachschaden* / ~ **moral** *ideeller Schaden* / ~ **pécuniaire** *Vermögensschaden*
causer un ~, des ~s *Schaden, Schäden verursachen, anrichten:* La tempête a causé de graves ~s. / **imputer** un ~ à qn, qc *einen Schaden j-m, einer Sache zuschreiben:* Les ~s ne peuvent être imputés qu'à son imprudence. / **réparer** un ~ *einen Schaden ersetzen, wiedergutmachen:* Vous êtes obligés de réparer tous les ~s qui vous sont imputés. / **subir** un ~, des ~s *Schäden bekommen; beschädigt werden:* Dans l'incendie, les bâtiments ont subi des ~s considérables.
dommages-intérêts mpl *Schadenersatz*
demander, réclamer des ~ *Schadenersatz verlangen; auf Schadenersatz klagen:* Vous avez tort de ne pas demander des ~.
don[1] m *Begabung, Gabe*
~ **oratoire** *Rednergabe*
avoir un ~, des ~s pour qc *für etw eine Bagabung haben, begabt sein:* Notre fille a un ~ pour les mathématiques. / **avoir le** ~ **de** ... *die Gabe haben zu ...:* Madame Blanchard a le ~ de convaincre tout le monde. / **cultiver** un ~ *eine Begabung fördern, nicht verkümmern lassen:* Vous avez pour la musique un ~ exceptionnel que vous devriez cultiver.
don[2] m *Schenkung*
faire ~ de qc à qn *j-m etw schenken:* Mon ancien patron m'a fait ~ d'un petit chalet. / **faire un** ~ à qn *j-m eine Schenkung machen, eine Spende zukommen lassen:* La société AMBA nous a fait un ~ très important.
donateur m *Spender*
généreux ~ *edler Spender*
données fpl *Daten*
introduire des ~ dans un ordinateur *Daten in einen Computer eingeben; einen Computer mit Daten füttern:* Nous avons déjà introduit toutes les ~ nécessaires dans l'ordinateur. / **réunir** des ~ *Daten erfassen:* Pour exclure toute erreur humaine, il est indispensable de réunir toutes les ~ disponibles. / **traiter** des ~ *Daten verarbeiten:* La machine traite automatiquement toutes les ~ qu'elle relève sur la pièce à usiner.
dos m *Rücken*
~ **courbé** *(von Last usw.) gebeugter Rücken* / ~ **rond, voûté** *Rundrücken; (von Alter oder Krankheit) gebeugter Rücken*
avoir bon ~ *(fig) einen breiten Rücken, Buckel haben:* Jacques a avalé toutes les critiques; il a vraiment bon ~. / **courber** le ~ *(fig) einen krummen Rücken, Buckel machen; katzbuk-*
keln: Devant ses supérieurs, il courbe le ~. Et ses collègues, il les agace. / **faire** le **gros** ~ *(Katze) einen Buckel machen:* Regarde le chat qui fait le gros ~ devant le chien. / **se retourner** sur le ~ *sich auf den Rücken drehen:* Retournez-vous sur le ~. / **tourner** le ~ à qn, qc *1. j-m, einer Sache den Rücken zukehren; 2. (fig) einer Sache den Rücken kehren:* Qu'est-ce qu'il est impoli; lorsque j'ai voulu lui parler, il m'a tourné le ~. Je tourne le ~ à l'université sans la moindre rancune.
dose f *Dosis*
une **bonne, fameuse, forte** ~ de (courage, paresse, etc.) *(fig) ein gerüttelt Maß, (F) eine gehörige Portion (Mut, Faulheit usw.)* / **faible** ~ *geringe Dosis* / **forte** ~; ~ **massive** *hohe Dosis* / ~ **infinitésimale** *winzige, verschwindend kleine Dosis* / ~ **mortelle** *tödliche Dosis*
augmenter la ~ *die Dosis erhöhen:* Comme le médicament n'a produit aucun effet jusqu'ici, il faut augmenter la ~. / **diminuer** la ~ *die Dosis herabsetzen:* Vous pouvez diminuer dès maintenant la ~. / **forcer** la ~ *1. zuviel von etw nehmen; 2. (fig) zuviel des Guten tun:* Je lui ai bien administré ce remède, mais il a forcé la ~. Quoi, tu as invité tante Élisabeth à rester encore quinze jours? Ça, c'est forcer la ~!
dossier m *Akte(n)*
classer un ~ *eine Akte schließen, ablegen:* Nous pouvons enfin classer ce ~ désagréable. / **constituer, établir** un ~ *eine Akte anlegen:* La police a constitué un ~ à mon sujet. / **examiner, étudier** le ~ *die Akten prüfen:* Je n'ai pas encore eu le temps d'examiner le ~. / **traiter** un ~ *eine Akte bearbeiten:* Nous n'avons pas encore eu le temps de traiter votre ~.
douane f *Zoll*
passer à la ~; (F) **passer** la ~ *den Zoll passieren:* Les marchandises ne sont pas encore passées à la ~.
douceur f *Milde*
employer la ~ *Milde walten lassen:* Je préférerais que vous employiez la ~. / **prendre** qn par la ~ *j-n mild, sanft anfassen:* C'est un garçon méchant. Inutile de le prendre par la ~.
douche f *Dusche*
passer à, sous la ~ *(vorher) duschen:* On est obligé de passer sous la ~ avant d'entrer dans la piscine. / **prendre** une ~ *sich duschen:* Je viens de prendre une ~ froide. Cela m'a rafraîchie. / **prendre, recevoir** une ~ *(F fig) einen Regenguß, eine Dusche abkriegen:* Peu avant de gagner le refuge, nous avons pris une bonne ~.
douleur f *Schmerz*
~ **accablante** *quälender Schmerz* / ~ **aiguë, fulgurante, lancinante, poignante** *stechender Schmerz* / ~s **atroces** *schreckliche Schmerzen* / ~ **cruelle, déchirante** *großer (seelischer) Schmerz* / ~ **cuisante** *brennender, quälender*

Schmerz / ~ **(in)tolérable, (in)supportable** *(un)erträglicher Schmerz* / ~ **irradiante** *ausstrahlender Schmerz* / ~ **morale** *seelischer Schmerz* / ~ **sourde, diffuse** *dumpfer Schmerz* / ~ **tenace** *hartnäckiger Schmerz* / ~ **térébrante** *bohrender Schmerz* / **vive** ~ *heftiger Schmerz* **atténuer, adoucir, apaiser, calmer, soulager** la ~ *den Schmerz lindern, stillen:* C'est un remède assez fort. Il atténue toutes les ~s. / la ~ **cesse, se calme** *der Schmerz läßt nach:* Ce ne fut qu'au bout de deux heures que la ~ cessa. / **crier, hurler** de ~ *vor Schmerz(en) schreien:* La pauvre victime cria de ~. / la **passe** *(der) Schmerz vergeht:* Avec ce médicament, les ~s vont passer. / qc **réveille** la ~ *(körperlich) durch etw bekommt man wieder Schmerzen:* Il a essayé de se lever, mais cela a réveillé la ~. / **réveiller, raviver, aggraver, exaspérer** la ~ *(seelisch) eine Wunde aufreißen (fig):* Évitez de lui parler de son fils, cela ne ferait que réveiller sa ~. / **ressentir** une ~ *Schmerzen fühlen:* Lorsque le docteur m'a appuyé sur le côté droit, j'ai ressenti une ~ fulgurante. / **supporter** ses ~s *die Schmerzen ertragen:* Madame Revault supportait courageusement ses ~s. / **supprimer, assoupir, dissiper** la ~ *den Schmerz nehmen, beseitigen:* La première piqûre a déjà supprimé les ~s.

doute m *Zweifel, Bedenken*
~s bien **fondés** *begründete Zweifel* / **juste** ~; / **justifié** *berechtigter, begründeter Zweifel* / **léger** ~ *leiser Zweifel* / le **moindre** ~ *der leiseste, geringste Zweifel*
avoir, éprouver des ~s *Bedenken, Zweifel haben, hegen:* J'ai des ~s en ce qui concerne son honnêteté. / il n'**y a** pas de ~ *es besteht kein Zweifel (daran):* Il n'y a pas de ~ qu'il dit la vérité. / **confirmer** un ~ *einen Zweifel bestätigen:* L'enquête n'a pas pu confirmer les ~s du commissaire. / **dissiper, éclaircir, lever** des ~s *Zweifel zerstreuen, ausräumen:* J'espère pouvoir dissiper vos ~s. / **élever** des ~s *Zweifel, Bedenken äußern:* Le député de l'extrême droite a élevé des ~s à ce sujet. / un ~ **s'élève** *Zweifel kommt auf, regt sich, wird laut:* Un ~ s'est élevé quant à la nécessité des dépenses en question. / **être** dans le ~ *im Zweifel sein:* Elle est dans le ~ au sujet des intentions de son ami. / **être hors** de ~; ne **faire** aucun ~ *außer Zweifel stehen:* Sa sincérité est hors de ~. / cela ne **fait** aucun ~ *es besteht (gar) kein Zweifel (daran):* Qu'il ait menti, cela ne fait aucun ~. / des ~s s'**installent** *Zweifel kommen auf, nisten sich ein:* Peu à peu, des ~s se sont installés dans la tête des participants. / **jeter** le ~ *sur qc etw zweifelhaft erscheinen lassen:* Sa lettre a jeté le ~ sur la nécessité de cette mesure. / **laisser** qn **dans le** ~ *j-n im Zweifel lassen:* Pendant deux années entières, on m'a laissé dans le ~ au sujet de mon avancement. / **mettre** qc en ~ *etw in Zweifel ziehen:* Je ne mets pas son intelligence en ~. / **nourrir** les ~s *Zweifel nähren:* Mille indices venaient nourrir les ~s du mari jaloux. / un ~ **plane** *ein Zweifel bleibt bestehen:* Malgré tous les démentis, un ~ continue à planer sur cette affaire.

drame m *Drama*
~ **passionnel** *Eifersuchtsdrama* / ~ **sanglant** *blutiges Drama*
faire un ~ de qc *aus etw ein Drama machen:* Ce n'est qu'un petit incident. N'en fais pas un ~! / **tourner** au ~ *plötzlich dramatisch werden:* La brusque chute de température fit tourner au ~ cette excursion qui avait si gaiement commencé.

drapeau m *Fahne, Flagge*
~ **blanc** *weiße Fahne* / ~x **déployés** *mit wehenden Fahnen*
agiter, brandir des ~x *Fahnen schwenken:* Quelques jeunes gens parmi la foule agitaient des ~x. / **amener** le ~ *die Fahne einholen:* Régulièrement à six heures du soir, l'officier faisait amener le ~. / **arborer** un ~ *eine Fahne zeigen; Flagge zeigen:* La façade du palais gouvernemental arbore ces jours-ci le ~ de la nation amie. / le ~ **flotte** au (gré du) vent *die Fahne weht im Wind:* Les ~x flottaient au gré du vent. / **hisser** le ~ *die Fahne hissen:* Deux soldats hissèrent le ~ sur la tour de l'église. / **mettre** un ~ **en berne** *eine Flagge auf halbmast setzen:* Dès l'annonce du décès du chef d'État, tous les ~ furent mis en berne. / **planter** un ~ *eine Fahne aufziehen:* Les soldats britanniques plantèrent leur ~ sur la forteresse.

droit[1] m *Recht*
~ **civil** *bürgerliches Recht; Zivilrecht* / les ~s **civiques** *die bürgerlichen Ehrenrechte* / ~ **coutumier** *Gewohnheitsrecht* / ~ **imprescriptible, inviolable, intangible** *unantastbares Recht* / ~ **inaliénable** *unveräußerliches Recht* / ~ **incontesté** *unbestrittenes Recht* / ~ **international** *Völkerrecht* / ~ **pénal** *Strafrecht* / ~ **sacré** *geheiligtes Recht* / ~ **usurpé** *angemaßtes Recht*
s'**arroger** un ~ *sich ein Recht herausnehmen:* Depuis qu'il se considère comme le bras droit du patron, il s'arroge certains ~s absolument abusifs. / **avoir** le ~, **être** en ~ de ... *das Recht haben, berechtigt sein zu ...:* J'ai le ~ de demander la liste des participants. / **combattre** pour, **lutter** pour son ~ *um sein Recht kämpfen:* N'abandonnez pas ce qui vous est dû. Il faut combattre pour son ~. / **concéder** un ~ à qn *j-m ein Recht einräumen:* Le conseil municipal m'a concédé le ~ d'utiliser gratuitement la carrière communale. / cela lui **confère, donne** le ~ de ... *das gibt ihm das Recht zu ...:* Monsieur Bresson a acquis 51% des actions.

Cela lui confère le ~ de fixer les directives de la société. / **contester, dénier** à qn le ~ de ... *j-m das Recht abstreiten zu ...:* On nous conteste le ~ de monter des piles solaires sur notre toit. / **exercer** un ~ *von einem Recht Gebrauch machen:* Monsieur Samaran a exercé son ~ de revente. / **faire** ~ à qc *einer Sache stattgeben:* Nous sommes tenus de faire ~ à cette demande. / **investir** qn d'un ~ *j-m ein Recht verleihen:* Le comité directeur vous a investi du ~ de représenter notre firme en Amérique. / **jouir** d'un ~ *ein Recht besitzen, genießen:* Il ne sait même pas de quels ~s il jouit. / **léser** les ~s de qn *j-s Rechte verletzen; in j-s Rechte eingreifen:* Nous sommes d'avis que votre action a lésé nos ~s. / **priver** qn de ses ~s *j-n entrechten:* La junte militaire n'a pas hésité à priver les paysans de leurs ~s. / **réintégrer** qn dans ses ~s *j-n wieder in seine Rechte einsetzen:* Le roi fut réintégré dans ses ~s. / **rentrer** dans ses ~s *wieder zu seinem Recht kommen, gelangen:* Il lui a fallu plusieurs procès pour rentrer enfin dans ses ~s et récupérer son héritage. / **rétablir** qn dans ses ~s *j-n wieder in seine Rechte einsetzen:* Ce jugement le rétablit dans ses ~s.
droit² m *Anspruch*
avoir ~ à qc *Anrecht, Anspruch haben auf etw:* Vous avez ~ à une indemnité. / **avoir** des ~s sur qc *Ansprüche auf etw haben:* Ma femme a des ~s sur une partie de ce terrain. / faire **valoir** des ~s sur qc *Ansprüche auf etw geltend machen:* Monsieur et Madame Matringue font valoir des ~s sur l'héritage de Madame Thibier.
droit³ m *Jura*

faire son ~ *Jura studieren:* J'ai fait mon ~ à Paris.
droit⁴ m *Gebühr*
acquitter, payer un ~ *eine Gebühr entrichten:* Avez-vous déjà acquitté les ~s exigibles? / **percevoir** un ~ *eine Gebühr erheben:* Un ~ de douane sur la marchandise sera perçu à la frontière.
duel m *Duell*
~ **oratoire** *Wortgefecht, Rededuell*
se **battre** en ~ *sich duellieren:* Ma grand-mère m'a raconté que son père s'était battu en ~ avec un lieutenant de l'artillerie. / **provoquer** qn en ~ *j-n zu einem Duell herausfordern:* Le capitaine provoqua en ~ un jeune officier de la garde royale. / **tuer** qn en ~ *j-n im Duell töten:* Yves de la Sauvigne fut tué en ~ en 1769.
duo m *Duett*
chanter en ~ *im Duett singen:* Charles Brachet et sa sœur chantent agréablement en ~.
dupe f *Geprellter*
être (la) ~ de qn, qc *von j-m, bei etw geprellt werden:* Monsieur Rangier a été la ~ d'une escroquerie.
durée f *Dauer*
courte, brève ~ *kurze Dauer* / ~ **illimitée** *unbegrenzte Dauer*
excéder la ~ de ... *länger als ... laufen, dauern:* Le contrat n'excède pas la ~ de six ans.
durée du temps de travail f *Arbeitszeit*
réduire, diminuer, raccourcir la ~ *die Arbeitszeit verkürzen:* Ces dernières décennies, on a progressivement réduit la ~.

E

eau f *Wasser*
~ **bénite** *Weihwasser* / ~ **boueuse, vaseuse** *Schmutzwasser* / ~ **chaude** *warmes, heißes Wasser* / ~ **claire, limpide, transparente** *klares Wasser* / ~ **contaminée** *verseuchtes Wasser* / ~ **courante** *fließendes Wasser* / ~ **croupie** *fauliges, brackiges Wasser* / ~ **dormante, morte, stagnante** *stehendes Gewässer* / ~ **douce** *Süßwasser* / ~ **dure** *hartes Wasser* / ~ **fraîche** *frisches Wasser* / ~ **froide** *kaltes Wasser* / ~ **gazeuse** *(kohlensäurehaltiger) Sprudel* / ~ **glacée** *eiskaltes Wasser* / ~ **minérale** *Mineralwasser* / ~ **pétillante** *sprudelndes, prickelndes (Selters)Wasser* / ~ **plate** *Mineralwasser ohne Kohlensäure* / ~ **pluviale** *Regenwasser* / ~ **polluée** *verunreinigtes Wasser* / ~ **potable** *Trinkwasser* / ~ **non potable** *kein Trinkwasser* / ~ **profonde** *tiefes Wasser* / ~ **pure** *reines Wasser* / ~ **ridée** *gekräuseltes Wasser* / ~ **salée** *Salzwasser, Meerwasser* / ~ **tiède** *lauwarmes Wasser* / ~ **trouble** *trübes Wasser* / ~ **vive** *Quellwasser; lebhaft sprudelndes Wasser; Wildwasser*
apporter de l'~ au moulin de qn *(fig) Wasser auf j-s Mühle sein:* Ces bavardages ont apporté de l'~ à son moulin. / faire **bouillir** de l'~ *Wasser abkochen:* Dans les pays tropicaux, il est recommandé de faire bouillir l'~ avant de la boire. / **couper** l'~ *das Wasser abstellen:* L'~ sera coupée cet après-midi entre deux heures et quatre heures. / **craindre** l'~ 1. (Person) wasserscheu sein; 2. (Werkstoff) wasserempfind-

ébullition

lich sein: C'est drôle: mon fils craint l'~, ma fille l'adore. – Évitez de mouiller le sac; le matériau craint l'~. / l'~ **descend,** se **retire** *das Wasser fällt:* Le danger diminuera au cours de la nuit prochaine. L'~ commence à descendre. / **faire** ~ *leck sein; ein Leck haben:* À la suite d'une havarie, le bateau fit ~ de toute part. / se **jeter** à l'~ *1. sich ins Wasser stürzen;* 2. *ins Wasser gehen; sich ertränken:* Lorsqu'elle vit l'enfant sur le point de se noyer, elle se jeta à l'~ et le sauva. À la fin du film, le protagoniste, désespéré, se jeta à l'~. / se **laver** à l'~ froide (chaude) *sich kalt (warm) waschen:* :Même en plein hiver, il se lave à l'~ froide. / **mettre** (de) l'~ (à chauffer) *Wasser aufsetzen:* Je vais mettre de l'~ pour mon café. / **mettre** un canot à l'~ *ein Boot zu Wasser lassen, bringen:* Le capitaine, voyant que le navire était perdu, ordonna de mettre les canots de sauvetage à l'~. / se **mettre** à l'~ *ins Wasser gehen (beim Baden):* Elle ne s'est pas encore mise à l'~ car celle-ci est très froide. / **ouvrir** l'~ *das Wasser aufdrehen:* Peux-tu m'ouvrir l'~ du tuyau d'arrosage, s'il te plaît? / il **passera** de l'~ sous les ponts *(fig) da wird noch viel Wasser den Rhein (die Donau usw.) hinunterfließen:* Il passera de l'~ sous les ponts avant qu'il ne se marie. / **prendre** l'~ *undicht sein (Schuhe usw.):* Zut! Ces chaussures ont coûté bien cher, mais elles prennent l'~ quand même. / **tomber** à l'~ *ins Wasser fallen (auch fig):* La rencontre est tombée à l'~. / cela me fait **venir,** me **met** l'~ à la bouche; j'en **ai** l'~ à la bouche *das Wasser läuft mir im Munde zusammen:* Ah, cette odeur! Cela me fait venir l'~ à la bouche.

ébullition f *Kochen, Sieden*
entrer en ~ *zu sieden, kochen beginnen:* Dès que la bouillie entre en ~, arrêtez le feu. / **porter** qc à ~ *etw zum Kochen, Sieden bringen:* Évitez de porter le potage à ~.

échafaud m *Schafott*
périr, finir sur l'~ *auf dem Schafott sterben, enden:* Ce film ne correspond pas à la réalité historique, puisque le protagoniste finit sur l'~.

échafaudage m *Gerüst*
dresser un ~ *ein Gerüst aufstellen:* Les ouvriers ont déjà commencé à dresser l'~.

échange m *(Aus)Tausch*
~s **commerciaux** *Handelsaustausch* / ~s **intenses** *reger Austausch (z. B. von Gedanken, Waren usw.)* / **scolaire** *Schüleraustausch* **donner** qc en ~ *etw gegen etw anderes eintauschen:* Donne-moi ce livre, je te donne mon couteau en ~.

échantillon m *Muster, Probe*
acheter sur ~ *nach Muster kaufen:* Je n'avais pas vu la marchandise. J'avais acheté sur ~. / **donner** un ~ de son talent *eine Probe seines Könnens geben:* Élisabeth se mit au piano et donna un ~ de son talent. / **prélever** des ~s *(Stich)Proben entnehmen:* Les géologues ont prélevé des ~s d'eau de la nappe souterraine.

écharde f *(Holz)Splitter*
se **planter** une ~ dans (le doigt, *etc.*) *sich einen Splitter einziehen in (den Finger usw.):* Ne touche pas ces vieilles planches! Tu vas te planter une ~ dans le doigt. / **retirer, extraire** une ~ *einen Splitter herausziehen:* Je dois prendre la pince à épiler pour te retirer cette ~.

écharpe^1 f *Schärpe*
ceindre une ~ *die Schärpe umbinden; eine Schärpe tragen:* Le maire avait ceint l'~ tricolore.

écharpe^2 f *Schlinge (für den Arm)*
porter le bras en ~ *den Arm in der Schlinge tragen:* Savez-vous pourquoi Madame Lucanier porte le bras en ~?

échasse f *Stelze*
monter, marcher sur des ~s *auf Stelzen gehen, laufen:* Quoi, tu n'es jamais monté sur des ~s?

échéance f *Fälligkeit*
proroger, reporter l'~ *die Fälligkeit verlängern:* L'~ a été reportée au 30 juin. / **venir, arriver** à ~ *fällig werden:* La traite vient à ~ le premier mars.

échec^1 m *Mißerfolg, Scheitern, Fehlschlag,* (F) *Schlappe*
~ **complet, total** *totales Fiasko; völliger Fehlschlag* / **cuisant** *schwere Schlappe; schmähliche Niederlage*
courir à un, **aller** au-devant d'un ~ *einer Niederlage entgegengehen:* L'équipe de Saint-Raphaël court droit à un ~. / **essuyer, subir** un ~ *eine Schlappe erleiden; einen Fehlschlag hinnehmen (müssen):* Monsieur Einer a essuyé cet ~ sans la moindre réaction. / **faire** ~ aux projets de qn *j-s Pläne zunichte machen, vereiteln:* L'incendie a fait ~ à nos projets. / se **solder** par un ~ *mit einem Mißerfolg enden:* Notre campagne publicitaire s'est malheureusement soldée par un ~. / qc est **voué** à l'~ *etw ist zum Scheitern verurteilt:* Son plan est voué à l'~.

échec^2 m *Schach*
jouer aux ~s *Schach spielen:* J'aime beaucoup jouer aux ~s. / **mettre** qn ~ et mat *j-n schachmatt setzen (auch fig):* Au bout de quinze actions, il m'avait déjà mis ~ et mat. / **tenir, mettre** qn en ~ *(fig) j-n in Schach halten:* Il faut que vous le teniez en ~, sinon il risquerait de devenir trop arrogant.

échelle f *Leiter*
appuyer, dresser, poser une ~ contre ... *eine Leiter gegen, an ... stellen:* N'appuie pas l'~ contre cette branche. Elle risque de casser. / **dresser** une ~ *eine Leiter aufstellen:* Le jeune

homme dressa une ~ devant la fenêtre de la jeune fille. / **grimper** à l'~ *auf die Leiter steigen:* Avec ma main blessée, je ne peux pas grimper à l'~. / **tirer** une ~ *eine Leiter einziehen:* Quand les soldats sont venus, Robert s'est réfugié au grenier et a tiré l'~.

écho m *Echo (auch fig)*
il **y a** de l'~; ça **fait** (de l')~ *es gibt ein Echo; es hallt wider:* Lorsque la salle est vide, il y a de l'~ et ça, c'est désagréable. / **éveiller, trouver, rencontrer** un vif ~ *ein lebhaftes Echo finden, auslösen:* Son nouveau roman a éveillé un vif ~ dans les milieux littéraires. / **faire** l'~ de qc *etw verbreiten:* Madame Levin s'est faite l'~ de la bonne nouvelle. / se **faire** l'~ de qn *nachplappern, was jemand sagt:* Quand elle dit cela, elle se fait l'~ de son patron. / **rester** sans ~ *kein Echo finden:* J'ai avancé la même proposition il y a un an, mais elle est restée sans ~.

éclair m *Blitz (auch fig)*
avoir un ~ (de génie, d'intelligence, *etc.*) *einen Geistesblitz haben:* Espérons qu'il aura un ~ de bon sens et comprendra que, dans cette affaire, on s'est moqué de lui. / il **y a des** ~**s** *es blitzt:* Dépêchons-nous, un orage approche, il y a des ~s à l'horizon. / **jeter** des ~s *blitzen, glitzern:* Le cristal jetait des ~s comme si c'était un diamant. / **lancer** des ~s (*Augen*) *blitzen, funkeln, sprühen vor Zorn:* Son visage devint tout rouge et ses yeux lancèrent des ~s.

éclairage m *Beleuchtung, Licht*
~ **artificiel** *künstliche Beleuchtung* / ~ **doux** *mildes Licht* / ~ **fantomatique** *gespenstische Beleuchtung* / ~ **tamisé** *gedämpftes Licht*

éclaircissement m *Aufschluß*
donner, fournir des ~s *Aufschluß geben:* Allons trouver le patron. Il faudra bien qu'il nous fournisse des ~s sur cette entreprise douteuse.

éclat[1] m *Splitter*
faire voler en ~s qc *etw zersplittern:* Le choc fit voler en ~s la double vitre de la fenêtre. / **voler** en ~s *zersplittern:* Un caillou a été projeté contre mon pare-brise, qui a tout de suite volé en ~s.

éclat[2] m *Skandal*
provoquer, faire un ~ *einen Skandal hervorrufen:* L'intervention du président dans le débat provoqua un ~ énorme.

éclat[3] m *Glanz*
faux ~; ~ **trompeur** *trügerischer Glanz* / ~ **soyeux** *seidiger Glanz; Seidenglanz* / **vif** ~ *strahlender Glanz*
aimer l'~ *den Prunk lieben:* La femme qu'il a épousée lui coûtera cher parce qu'elle aime l'~. / **donner** de l'~ à qc *etw auf Glanz bringen; einer Sache Glanz verleihen:* Il suffit de polir la surface avec un chiffon pour lui donner de l'~. / **perdre** son ~ *seinen Glanz verlieren; matt werden:* Avec l'âge, son teint avait perdu son ~ autrefois si charmant.

éclat de rire m *schallendes Gelächter*
partir d'un ~ *in schallendes Gelächter ausbrechen:* Sa mine était si grotesque que toute l'assistance partit d'un grand ~.

école f *Schule*
~ **commerciale** *Handelsschule* / **dure, rude** ~ (*fig*) *harte Schule; harte Lehre* / ~ **laïque** *öffentliche Schule* / ~ **libre** *Konfessionsschule* / ~ **maternelle** *Kindergarten* / ~ **primaire** *Grundschule*
aller à l'~ *zur, in die Schule gehen:* Est-ce que votre fille cadette va déjà à l'~? / **conduire** un enfant à l'~ *ein Kind zur Schule bringen:* Madame Conac conduit ses deux enfants chaque matin à l'~. / **entrer** à l'~ *zur, in die Schule kommen:* Mon fils cadet entrera cette année à l'~. / **faire** ~ (*fig*) *Schule machen:* Si son exemple fait ~, nous aurons ce genre d'ennuis de manière continue. / **fréquenter** une ~ *eine Schule besuchen:* Quelles ~s avez-vous fréquentées? / **manquer,** (F) **sécher** l'~ *die Schule schwänzen:* Son père ne savait pas qu'il avait manqué l'~ pendant une semaine entière. / **mettre** un enfant à l'~ *ein Kind einschulen:* J'hésite à mettre notre fils à l'~ cette année, sa santé est encore un peu délicate. / **passer** par la dure ~ de ... (*fig*) *durch die harte Schule (+ Gen) gehen:* Dans sa jeunesse, il a passé par la dure ~ de la pauvreté. / **renvoyer** qn de l'~ *j-n der Schule verweisen:* Le fils de nos voisins a été renvoyé de l'~ parce qu'il avait volé mille francs. / **retirer** de l'~ *aus, von der Schule nehmen:* Nous avons retiré notre fils de cette ~, car la majorité des professeurs étaient mauvais.

économie[1] f *Ersparnis*
sérieuse ~ (de temps) *große (Zeit)Ersparnis*
faire l'~ de qc *sich etw (er)sparen:* Si vous, vous ne tenez pas à ce voyage, moi, je suis volontiers d'accord pour qu'on fasse l'~ de ce déplacement. / **faire, réaliser** des ~s *sparen:* En trois ans, il a réalisé des ~s considérables. / **manger** les ~s de qn *j-s Ersparnisse aufzehren:* Le procès avait mangé ses ~s. / **vivre** de ses ~s *von seinen Ersparnissen leben:* Mon grand-père s'est retiré en Bretagne où il vit de ses ~s.

économie[2] f *Wirtschaft*
~ **dirigée, planifiée** *Planwirtschaft* / ~ **libérale** *freie Marktwirtschaft* / ~ **nationale** *Volkswirtschaft* / ~ **politique** *Volkswirtschaftslehre*
l'~ s'est **redressée** *die Wirtschaft hat sich erholt:* Ces derniers mois, l'~ s'est redressée. / **relancer** l'~ *die Wirtschaft ankurbeln:* Les mesures du gouvernement sont destinées à relancer l'~ nationale.

écoute f *Hören, Abhören*
être à l'~ *Radio hören:* Tous ceux qui ont été à l'~ entre neuf heures et dix heures auront

écriture

entendu la nouvelle. / vous **êtes** à l'~ de ... *Sie hören ...:* Vous êtes à l'~ de radio Abidjan. / se **mettre** à l'~ *(Funk) auf Empfang stellen:* Je n'ai pas capté ce message parce que j'avais oublié de me mettre à l'~. / **prendre** l'~ *(Funk) auf Empfang gehen:* Entre dix heures et dix heures trente, le radio de notre navire a pris l'~. / ne **quittez** pas l'~ *schalten Sie nicht ab:* Ne quittez pas l'~, dans quelques instants nos informations. *(Nach einer kurzen Pause hören Sie Nachrichten.)* / **rester** à l'~ *am Apparat bleiben; auf Horchposten bleiben:* Restez à l'~, s'il vous plaît.

écriture¹ f *Schrift*
~ **déliée** *dünne, feine Schrift* / ~ **dilatée (serrée)** *weite (enge) Schrift* / ~ **droite** *Steilschrift* / ~ **fine** *sehr kleine Schrift* / **grosse (petite)** ~ *große (kleine) Schrift* / ~ **illisible, indéchiffrable (lisible)** *unleserliche (leserliche) Schrift* / ~ **moulée** *gestochen schöne Schrift* / ~ **nette** *saubere Schrift* / ~ **penchée** *schräge Schrift* / ~ **renversée** *nach links geneigte Schrift* / ~ **tremblée** *zittrige Schrift* **contrefaire** une ~ *eine Schrift fälschen:* L'accusé avoue avoir contrefait l'~ de son patron. / **déguiser** son ~ *seine Schrift verstellen:* Vous avez beau déguiser votre ~, les graphologues la reconnaîtront.

écriture² f *Buchung*
passer une ~ *eine Buchung vornehmen:* Comme nous avons déjà passé l'~ correspondant à notre marché, nous ne pouvons plus vous rembourser la somme sans y ajouter la TVA. / **tenir** les ~s *die Bücher führen; die Buchführung machen:* C'est Monsieur Puybasset qui tient les ~s.

écueil m *Klippe*
se **briser** sur, contre un ~ *an einer Klippe zerschellen:* Lorsque la tempête se déchaîna, le bateau se brisa sur un ~ et sombra. / **éviter** un ~ *eine Klippe umschiffen (auch fig):* C'est un ~ qu'il faut éviter à tout prix.

écume f *Gischt*
~ **bouillonnante** *brodelnde Gischt*

édifice m *Gebäude*
~ **délabré** *verfallenes Gebäude* / ~ **public** *öffentliches Gebäude* / ~ **somptueux** *Prachtbau*

édit m *Edikt*
rendre un ~ *ein Edikt erlassen:* Le roi a rendu un ~. / **révoquer** un ~ *ein Edikt widerrufen:* C'est Louis XIV qui révoqua l'~ de Nantes.

édition f *Ausgabe, Auflage*
~ **augmentée** *vermehrte, ergänzte, erweiterte Auflage* / ~ **brochée** *broschierte Ausgabe* / ~ **compacte** *kleingedruckte Ausgabe* / ~ **complète** *Gesamtausgabe* / ~ **critique** *kritische Ausgabe* / ~ **épuisée** *vergriffene Auflage* / ~ **expurgée** *zensierte Ausgabe (in der die anstößigen Stellen beseitigt sind)* / ~ **intégrale** *ungekürzte Ausgabe* / **nouvelle** ~ *Neuauflage* / ~ **originale** *Erstausgabe* / ~ **populaire** *Volksausgabe* / ~ **refondue** *überarbeitete Auflage* / ~ **reliée** *gebundene Ausgabe* / ~ **revue et corrigée** *durchgesehene und verbesserte Auflage*
une ~ **paraît** *eine Auflage erscheint:* La cinquième ~ vient de paraître.

éducation f *Erziehung*
avoir eu une ~ **négligée** *in der Erziehung vernachlässigt worden sein* / ~ **rigide** *strenge Erziehung* / ~ **solide** *diegene, sorgfältige Erziehung*
avoir de l'~ *gut erzogen sein:* Il faut dire que Jean a de l'~. / **ne pas avoir** d'~; être sans ~ *kein Benehmen haben:* Marguerite n'a vraiment pas d'~. / **donner** une bonne ~ à qn *j-m eine gute Erziehung zuteil werden lassen:* Sa tante lui a donné une meilleure ~ que sa mère n'aurait pu le faire. / **faire** l'~ de qn *(fig) j-n erziehen, prägen:* C'est la misère qui a fait son ~. / **recevoir** une bonne ~ *eine gute Erziehung genießen:* On voit qu'elle a reçu une bonne ~.

effervescence f *Aufbrausen*
entrer en ~ *aufbrausen (auch fig):* À quatre-vingts degrés environ, le mélange entre en ~.

effet m *Wirkung, Effekt, Eindruck*
~ **durable** *nachhaltige Wirkung* / ~ **infaillible** *absolut sichere Wirkung* / ~s **secondaires** *Nebenwirkungen*
couper ses ~s à qn *j-n um seine Wirkung bringen:* Son discours m'a coupé mes ~s. / **être sous** l'~ de qc *unter der Wirkung von etw stehen:* Lorsqu'il a commis le crime, il était sous l'~ de la morphine. / **faire** l'~ de ... *wirken wie ...; den Eindruck (+ Gen) hinterlassen:* Le petit choc a fait l'~ d'un tremblement de terre. / **faire** l'~ d'une bombe *wie eine Bombe wirken, einschlagen:* La nouvelle a fait l'~ d'une bombe. / **faire de** l'~ *wirksam sein:* Le remède n'a pas fait d'~. / **faire** (un) **bon (mauvais)** ~ *einen guten (schlechten) Eindruck machen, hinterlassen:* Avec son rapport, Monsieur Delatre a fait bon ~ sur l'auditoire. / **faire son** ~ *seine Wirkung tun:* Au bout de trois heures, le médicament faisait peu à peu son ~. / **manquer, (F) rater** son ~ *(Person) keinen Eindruck (mehr) machen können; (Sache) seine Wirkung verfehlen:* Quand tu es entré, elle venait de partir. Tu as manqué ton ~! / **ménager** ses ~s *seine Wirkung wohl berechnen:* Cet acteur sait très bien ménager ses ~s. / **produire, avoir, faire** un ~ *eine Wirkung erzielen, haben:* Votre remarque a produit un ~ inattendu. / **rechercher** l'~; **viser** (à) l'~ *auf Effekt aussein; Effekthascherei treiben:* Tout ce qu'elle dit prouve qu'elle recherche l'~. / **rester** sans ~ *wirkungslos (auch: unbeantwortet) bleiben:* Ma lettre est jusqu'ici restée sans ~.

effort m *Anstrengung, Bemühung, Mühe*

~s **conjugués** *vereinte Bemühungen* | ~s **continuels** *ständige Bemühungen* | *~* **cyclopéen, herculéen** *Riesenanstrengung* | *~* **désespéré** *verzweifelte Anstrengung* | *faire des* ~s **désordonnés** *eine völlig unsystematische Betriebsamkeit entwickeln* | **grand, violent** *~ große, heftige Anstrengung* | ~s **impuissants, infructueux** *vergebliche Bemühungen* | *~* **soutenu** *gleichbleibende, unermüdliche Anstrengung* | *~* **stérile** *nutzlose, vergebliche Anstrengung* | **suprême** *~ verzweifelte Anstrengung* | *~* **surhumain** *übermenschliche Anstrengung* | *faire de* **vains** ~s *sich umsonst, vergeblich bemühen* **conjuguer, unir** *ses* ~s *(pour) gemeinsame Anstrengungen unternehmen (um zu):* Ils ont conjugué leurs ~s pour trouver une solution au problème. / **demander, coûter** *des* ~s *à qn j-n Mühe kosten:* La solution de cette question vous demandera de grands ~s. / *se* **dépenser en, déployer** *de vains* ~s *sich vergeblich (ab)mühen:* Ils se sont dépensés en vains ~s pour obtenir l'autorisation tant souhaitée. / **disperser** *ses* ~s *sich verzetteln:* Il n'est pas bon de disperser ses ~s. / *n'*épargner* aucun *~ keine Mühe scheuen:* Monsieur Revest n'a épargné aucun ~ pour rendre notre séjour le plus agréable possible. / **faire** *un* ~ *1. sich anstrengen; eine Anstrengung machen; 2. sich einen Ruck geben:* Dites, vous ne pouvez pas faire un ~ pour vaincre les difficultés? Allez, faites encore un ~. / **faire** *un* ~ *de mémoire, d'imagination, etc. sein Gedächtnis, seine Phantasie usw. anstrengen:* Allez, faites un ~ de mémoire, je suis sûr que vous vous souviendrez. / **faire** *(un)* ~ *sur soi-même sich (selbst) überwinden:* En écrivant cette lettre, il a dû faire un ~ sur lui-même. / **fournir** *un* ~ *sich anstrengen; eine Anstrengung machen:* Si vous voulez progresser, vous devez fournir un ~ sérieux. | *s'*imposer* *l'*~ *de ... sich der Mühe unterziehen, zu ...:* Vous devez absolument vous imposer l'~ d'étudier cette documentation. / **multiplier, redoubler** *ses* ~s *seine Anstrengungen verdoppeln:* Il a multiplié ses ~s en vain pour obtenir le poste convoité. / *cela vous* **paie** *de vos* ~s *das ist der Lohn für Ihre Mühe:* Cette rente vous paie de vos ~s. / *des* ~s **paient** *Mühe(n) zahlt (zahlen) sich aus:* Les ~s que nous avons faits pendant cinq ans paieront sans aucun doute. / **porter** *son* ~ *sur, vers qc seine Bemühungen auf etw richten:* Ils ont porté tous leurs ~s sur ce voyage en Australie. / **relâcher** *son* ~ *(in seiner Mühe, seinem Eifer) nachlassen:* La réussite est en vue, ce n'est pas le moment de relâcher nos ~s. / **soutenir** *son* ~ *in seinen Anstrengungen nicht nachlassen:* Si vous soutenez votre ~, vous réussirez sans aucun doute à terminer l'analyse de marché en temps voulu.

effraction f *Einbruch*
pénétrer par *~ dans ... einbrechen in ...:* Le gangster a pénétré par ~ dans l'appartement de Monsieur Pierrucci.

égards mpl *Rücksicht, Aufmerksamkeit*
être plein d'~, **avoir** de grands ~ pour qn; **entourer** qn d'~ *j-m gegenüber rücksichtsvoll sein:* Monsieur Lacombe est plein d'~ pour sa femme. Mais elle ne le mérite pas. / **manquer** d'~ envers qn *auf j-n keine Rücksicht nehmen; rücksichtslos sein gegenüber j-m:* Jean Grandin manque d'~ envers tout le monde. / **témoigner** des ~ à qn *j-m Aufmerksamkeit entgegenbringen:* Il est vexé parce qu'on ne lui a pas témoigné les ~ auxquels il s'attendait.

église f *Kirche*
aller à l'~ *in die, zur Kirche gehen:* Elle va à l'~ tous les dimanches. / *se* **marier** à l'~ *sich kirchlich trauen lassen:* Albert s'est refusé à se marier à l'~.

égoïsme m *Egoismus*
~ **sordide** *krasser Egoismus*

égoïste m *Egoist*
~ **endurci** *krasser Egoist* | **grand, parfait** *~ ausgemachter Egoist*

égratignure f *Kratzer, Schramme*
avoir, recevoir des ~s *Kratzer, Schrammen (ab)bekommen:* Monsieur Bernadou a eu un accident, mais il n'a reçu que quelques ~s. / *se* **faire** des ~s *sich zerkratzen, aufkratzen:* Paul, en courant dans le maquis, s'est fait des ~s. / *s'en* **tirer** sans une *~ nicht einmal eine Schramme abbekommen:* Son avion de sport s'est abattu en pleine campagne; lui, il s'en est tiré sans une *~*.

élan m *Schwung*
~ **fougueux, impétueux** *mitreißender Schwung* | *~* **irrésistible** *unwiderstehlicher Drang*
briser, couper l'~ de qn *j-m den Schwung nehmen:* Cet échec a brisé son ~. / l'~ est **donné** *der Anfang ist gemacht:* Le chantier est ouvert, l'~ est donné. / **perdre** son ~ *den Schwung verlieren:* Mon oncle a déjà quatre-vingts ans, mais il n'a toujours pas perdu son ~. / **prendre** de l'~, son ~ *(einen) Anlauf nehmen; Schwung holen:* Il recula de deux ou trois pas, prit de l'~ et traversa la haie en sautant. / **reprendre** de l'~ *wieder in Schwung, Fahrt kommen:* Arrivé à la hauteur du col, le petit train reprit de l'~.

élection f *Wahl*
invalider, annuler une *~ eine Wahl für ungültig erklären:* La commission électorale a invalidé les ~s dans trois communes. / *se* **présenter** aux ~s *(bei einer Wahl) kandidieren:* Je me présenterai aux prochaines ~s.

électricité *Elektrizität, Strom*
allumer l'~ *das Licht anmachen, einschalten:*

élégance

N'allumez pas l'~! / **conduire** l'~ *ein elektrischer Leiter sein*: Il s'agit d'un corps qui conduit bien l'~. / **couper** l'~ *den Strom abschalten*: Nous sommes obligés de couper l'~ entre neuf heures et midi. / **éteindre, fermer** l'~ *das Licht ausmachen, ausschalten*: N'oubliez pas d'éteindre l'~. / **payer** son ~ *seine Stromrechnung bezahlen*: Je suis à sec. Je ne peux même plus payer mon ~. / **relever** l'~ *den Strom ablesen*: Personne n'est venu jusqu'ici relever l'~.

élégance f *Eleganz*
~ **raffinée, recherchée** *ausgesuchte Eleganz* / ~ **sévère, sobre** *schlichte Eleganz* / ~ **tapageuse, voyante** *auffallende Eleganz*

élément[1] m *Element*
~ **chimique** *chemisches Element* / les ~s **déchaînés** *die entfesselten Elemente, Naturgewalten*
apporter un ~ **nouveau** *ein neues Element, einen neuen Gesichtspunkt, Faktor (ein)bringen*: Les investigations ultérieures n'ont apporté aucun ~ nouveau. / **être** dans son ~ *in seinem Element sein*: Avez-vouz vu Auguste Charpentier hier soir? Il était dans son ~ parmi tant de belles femmes. / se **retrouver** dans son ~ *wieder in seinem Element sein*: Lorsque le jury a posé des questions sur les pays d'Afrique noire, il s'est retrouvé dans son ~.

élément[2] m *Bestandteil*
~ **constituant** *Bestandteil* / ~s **constitutifs** *Grundbestandteile*

éléphant m *Elefant*
l'~ **barrit** *der Elefant trompetet*: Lorsque la jeep s'approcha du troupeau, les ~s se mirent à barrir.

élevage m *Tierzucht*
faire de l'~ *Tierzucht betreiben*: Mon père ne fait plus que de l'~. / **faire** l'~ de poules, porcs, etc. *Hühner, Schweine usw. züchten*: François Dubus fait l'~ de porcs. Actuellement, il en a cinq cents.

élève m *Schüler*
~ **appliqué, studieux** *fleißiger, strebsamer Schüler* / ~ **attentif** *aufmerksamer Schüler* / ~ **distrait** *zerstreuter, unaufmerksamer Schüler* / ~ **docile** *folgsamer Schüler* / ~ **irrégulier (régulier)** *Schüler mit schwankenden (gleichbleibenden) Leistungen* / ~ **sérieux** *fleißiger, gewissenhafter Schüler*

éloge m *Lob*
~ **dithyrambique, enthousiaste** *überschwengliche Lobrede*
couvrir, combler qn d'~s *j-n mit Lob überschütten*: À l'occasion du trentième anniversaire de la société, on a couvert d'~ le fondateur, Monsieur Bresson. / **faire** l'~ de qc, qn *etw, j-n sehr loben; des Lobes voll sein über etw, j-n*: Toute la soirée, Madame David a fait l'~ du nouveau secrétaire général. / ne pas **tarir** d'~s sur qc, qn *etw, j-n nicht genug loben können*: Le docteur Timsit ne tarit pas d'~s sur l'analyse faite par le professeur Vigné.

éloquence f *Redegabe*
~ **entraînante, persuasive** *mitreißendes, überzeugendes Redetalent* / avoir l'~ **facile** *redegewandt sein*

émanation f *Ausdünstung*
~s **fétides, pestilentielles, puantes** *widerlicher Gestank*

embargo m *Embargo*
frapper d'~ *mit einem Embargo belegen*: Le gouvernement a frappé d'~ les armes lourdes. / **lever** l'~ *das Embargo aufheben*: Le chef du gouvernement a levé l'~ relatif à l'uranium enrichi. / **mettre, décider** l'~ (sur) *ein Embargo verhängen (über)*: Le Conseil des ministres a mis l'~ sur toutes les exportations vers le Mexique.

embarras m *Verlegenheit; schwierige, peinliche Lage*
~ **cruel** *tödliche Verlegenheit* / ~ **financiers** *Geldnöte; finanzielle Schwierigkeiten*
n'**avoir** que l'~ du choix *nur zu wählen brauchen*: De quoi vous plaignez-vous? Vous n'avez que l'~ du choix. / **être** dans l'~ *in einer unangenehmen Lage sein; in der Zwickmühle stecken*: C'est de votre faute si je suis dans l'~. / **faire** des ~ *sich anstellen, zieren*: Roland est bien sympathique, mais sa femme fait vraiment trop d'~. / **faire, créer** des ~ à qn *j-m Umstände machen*: Je ne veux pas vous créer d'~. / **jeter, plonger** qn dans l'~ *j-n in Verlegenheit bringen*: C'est une question qui le plongera dans l'~. / **mettre** qn dans l'~ *j-n in eine heikle Lage bringen*: Votre rapport m'a mis dans l'~. / **tirer** qn d'~ *j-m aus der Klemme helfen*: Il doit avoir oublié que nous l'avons souvent tiré d'~. / se **tirer** d'~ *sich aus einer Notlage befreien, aus der Affäre ziehen*: Ce n'est pas la première fois qu'il a réussi à se tirer d'~.

embonpoint m *Körperfülle*
avoir de l'~ *korpulent, füllig sein*: Monsieur Ruche a vraiment de l'~. / **perdre** de son ~ *Gewicht verlieren*: Le régime lui a permis de perdre de son ~. / **prendre** de l'~ *dick werden*: Vous avez vu Madame Debus? Elle a pris de l'~.

embouteillage m *Verkehrsstauung*
être **pris** dans un ~ *in einen Stau geraten*: Je suis en retard parce que j'ai été pris dans un ~.

embrayage m *Kupplung*
appuyer sur l'~ *die Kupplung (nieder)treten*: Appuyez à fond sur l'~. / **lâcher** l'~ *die Kupplung loslassen*: Le moteur a calé parce que tu as lâché trop vite l'~. / l'~ **patine** *die*

Kupplung schleift, rutscht (durch): Il faut que je fasse échanger l'~, car il patine. / **faire patiner** l'~ *die Kupplung schleifen lassen:* Ne faites pas toujours patiner l'~!

embuscade f *Hinterhalt*
être, se tenir en ~ *im Hinterhalt liegen, lauern:* Toute la journée, nous nous sommes tenus en ~ sous un soleil impitoyable. / **tendre** une ~ à qn *j-m auflauern; j-n in einen Hinterhalt locken:* Les Américains avaient tendu une ~ à la compagnie allemande. / **tomber** dans une ~ *in einen Hinterhalt geraten:* Les trois soldats qui étaient en reconnaissance sont tombés dans une ~ et ont été tués.

émetteur m *Sender*
~ **clandestin** *Geheim-, Schwarzsender*
un ~ **couvre** une région *ein Sender kann in einer Gegend empfangen werden:* L'~ de Quillabamba couvre tout le bassin de l'Amazone supérieur.

émeute f *Aufruhr*
déclencher, provoquer une ~ *einen Aufruhr auslösen:* Avec son discours, il provoqua une véritable ~ parmi les étudiants.

émission f *Sendung*
~ **radiophonique** *Rundfunksendung* / ~ **télévisée** *Fernsehsendung*
brouiller une ~ *eine Sendung stören:* Cette machine n'est pas déparasitée. Lorsqu'on la met en marche, elle brouille ~s de télévision. / **couper** une ~ *eine Sendung unterbrechen (techn. Störung):* L'~ a été coupée par suite d'une panne technique. / **diffuser** une ~ *eine Sendung bringen, ausstrahlen:* Cette ~ sera diffusée sur modulation de fréquence. *(auch: Die Sendung kommt auf UKW.)* / **enregistrer** une ~ *eine Sendung aufzeichnen:* Comme je n'ai pas le temps de regarder le match à la télé, j'ai prié mon ami d'enregistrer l'~ sur vidéo. / **interrompre** une ~ *eine Sendung unterbrechen:* Nous devons interrompre notre ~ pour une information d'une extrême urgence. / **présenter** une ~ *durch eine Sendung führen; eine Sendung moderieren:* C'est Michèle Semionier qui présentera cette ~. / **réaliser** une ~ *eine Sendung machen:* J'ai l'intention de réaliser une ~ sur la vie des Esquimaux. / **voir** une ~ *eine Sendung sehen:* J'aimerais voir l'~ sur les indigènes d'Australie.

émotion f *Rührung, Gefühlsregung, Gemütsbewegung*
~ **contenue** *kaum zu verbergende Gemütsregung:* Il prononça son discours d'une voix qui tremblait d'une ~ contenue. *(... und konnte seine Gefühle kaum verbergen.)* / **douce, tendre** ~ *zarte Gefühlsregung* / ~ **forte, intense starke Gefühlsregung** / **violente** *heftige Gefühlsregung*
ne pouvoir **cacher** son ~ *seine Rührung nicht verbergen können:* Même le général Delavigne ne pouvait cacher son ~. / **causer** une vive ~ à qn *j-m einen Schock versetzen:* La réapparition de son mari après tant d'années lui causa une vive ~. / ça m'a **donné** des ~s (F) *ich hab' Ängste ausgestanden:* Lorsque j'ai vu le serpent se dresser devant moi, je t'assure, ça m'a donné des ~s. / **parler** avec ~ *mit bewegter Stimme sprechen:* Le président sortant parla avec ~ devant l'assemblée qui avait favorisé sa carrière. / ne **ressentir** aucune ~ *nichts empfinden:* Quand j'ai appris, deux ans plus tard, qu'il était mort, je n'ai ressenti aucune ~.

empêchement m *Hinderungsgrund*
J'ai **eu** un ~ *es ist mir etwas dazwischengekommen:* Je ne suis pas venu parce que j'ai eu un ~. / être **retenu** par un ~ *verhindert sein:* Monsieur Revault se fait excuser. Il est retenu par un ~.

empire[1] m *(Welt)Reich*
bâtir, fonder, édifier, créer un ~ *ein Reich begründen:* L'~ qu'avait fondé Alexandre le Grand ne lui survécut pas. / un ~ s'**écroule, s'effondre** *ein Reich bricht zusammen:* L'~ qu'Abd el-Kader était sur le point de créer s'écroula par suite de la défaite des troupes marocaines en 1844.

empire[2] m *Einfluß*
avoir de l'~, **exercer** un ~ (+ *adj*) sur qn (*einen*) (+ *adj*) *Einfluß auf j-n haben; j-n in der Hand haben:* Vous ne le convaincrez pas, car son idole, le professeur Dubus, a trop d'~ sur lui. / **être** sous l'~ de qc, qn *unter dem Einfluß einer Sache, einer Person stehen:* Quand il a dit cela, il était certainement sous l'~ de la boisson. / **prendre** de l'~ sur qn *Einfluß auf j-n gewinnen:* Ses professeurs ont réussi à prendre un certain ~ sur lui.

emplette f *Einkauf*
faire des ~s *Einkäufe, Besorgungen machen:* Elle est sortie faire quelques ~s.

emploi[1] m *Verwendung, Gebrauch*
~ **abusif** *Mißbrauch* / ~ **abusif, impropre** (d'un mot) *fälschlicher, falscher Gebrauch (eines Wortes)* / **double** ~ *unnütze Wiederholung:* Cela fait double ~. *(Das ist doppelt gemoppelt.)*
faire un bon ~ de (son argent, son temps, ses connaissances, *etc.*) *sinnvollen Gebrauch von (seinem Geld, seiner Zeit, seinen Kenntnissen usw.) machen:* Par son achat d'actions, elle a fait un bon ~ de son argent, je crois. / **justifier** l'~ de qc *über die Verwendung (+ Gen) Rechenschaft ablegen:* Les Logier élèvent leur fille de façon très stricte. Elle doit toujours justifier l'~ de son temps.

emploi[2] m *Anstellung, Stelle, Posten*
~ **occasionnel** *Gelegenheitsarbeit* / ~ **peinard** (F) *bequemer Posten:* Mon ami Claude a un ~ peinard. (... *schiebt eine ruhige Kugel.*) /

emploi du temps

~ **stable, fixe** *fester, sicherer Posten* | ~ **subalterne** *untergeordneter Posten*
assigner un ~ à qn *j-m eine Arbeit, Stelle zuweisen:* Il est malheureux depuis qu'on lui a assigné cet ~. | **avoir, occuper** un ~ *eine Stelle (inne)haben:* Dans cette société, deux travailleurs à temps partiel (*Teilzeitkräfte*) se partagent un ~. | **briguer** un ~ *sich um eine Stelle bemühen:* Il brigue l'~ de sous-directeur et je crois qu'il a des chances. | **chercher** un ~ *eine Anstellung suchen:* Je cherche un ~ dans l'industrie chimique. | **être** sans ~ *stellenlos, arbeitslos sein:* Actuellement, plus de deux millions de personnes sont sans ~. | **perdre** son ~ *seine Arbeit, seinen Posten verlieren:* Il a peur de perdre son ~, c'est pour cela qu'il ne proteste jamais. | **solliciter, postuler** un ~ *sich um eine Stelle bewerben:* J'ai l'honneur de solliciter l'~ de commis vacant à compter du 1er octobre.

emploi du temps m *Zeitplan, Terminkalender*
~ **chargé** *voller Terminkalender*
organiser, aménager son ~ *seine Zeit (gut) einteilen:* Il travaille de manière très efficace et sait très bien organiser son ~.

empreinte[1] f (*Finger*)*Abdruck*
~ **digitale** *Fingerabdruck* | ~ **ineffaçable** (*fig*) *unauslöschliche Spur*
effacer les ~s *die Fingerabdrücke wegwischen:* Avant de quitter la villa, le gangster effaça toutes les ~s. / **laisser** des ~s *Fingerabdrücke hinterlassen:* Le voleur a laissé des ~s partout dans l'appartement. / **prendre** les ~s digitales de qn *j-s Fingerabdrücke abnehmen:* Au commissariat de police, on a pris mes ~s digitales. | **relever** les ~s *die Fingerabdrücke aufnehmen:* La police s'est rendue sur les lieux pour relever les ~s laissées par les malfaiteurs.

empreinte[2] f *Gepräge*
marquer qc de son ~ *einer Sache ihr Gepräge geben:* Le christianisme a marqué notre civilisation de son ~. | être **marqué** de l'~ de qc *von etw geprägt sein:* Mademoiselle Matringue est marquée de l'~ de sa formation philosophique.

emprunt m *Anleihe, Darlehen*
contracter, réaliser un ~ *eine Anleihe, ein Darlehen aufnehmen:* Pour la construction du hall municipal, nous devrons contracter des ~s d'un montant global de trois cents millions de francs. | **couvrir** un ~ *eine Anleihe (voll) zeichnen:* L'~ lancé par l'État a été couvert en l'espace de 48 heures. | **émettre, lancer** un ~ *eine (Staats)Anleihe ausgeben, auflegen:* Le gouvernement vient d'émettre un nouvel ~. | **recourir** à un ~ *ein Darlehen aufnehmen:* Pour financer ce projet, il faudra recourir à un ~. | **rembourser** un ~ *ein Darlehen zurückzahlen:* Nous devrons rembourser l'~ au cours de cette année. | **souscrire** à un ~ *eine Anleihe zeichnen:* Un bon placement pour votre argent! Souscrivez à l'~ national! | **vivre** d'~s *auf Pump leben:* Je me demande comment il s'arrange. Il doit vivre d'~s.

enchantement m *Zauber*
briser, rompre l'~ *den Zauber brechen:* Nous étions tous sous le charme de la musique lorsqu'un vacarme épouvantable vint rompre l'~.

enchère f (*höheres*) *Angebot* (*bei der Versteigerung*)
couvrir l'~ *ein höheres Angebot machen; mehr bieten:* Malheureusement je me vois hors d'état de couvrir l'~. | **faire** une ~ *ein Angebot machen:* Faites une ~, Mesdames, Messieurs! | **mettre** qc aux ~s *etw versteigern* (*lassen*): La maison sera mise aux ~s. | **porter** l'~ la plus élevée *am meisten bieten:* Monsieur Bernard a porté l'~ la plus élevée. | **pousser** les ~s *den Preis (bei einer Versteigerung) hochtreiben:* Le collectionneur Legras avait donné pour mission à son homme de paille de pousser les ~s. | **vendre** qc aux ~s *etw meistbietend verkaufen, versteigern:* Les tableaux de la collection devront être vendus aux ~s.

encyclopédie f (*Konversations*)*Lexikon*
consulter une ~ *in einem Lexikon nachschlagen:* Si vous n'êtes pas sûr que la date de la bataille de Waterloo soit correcte, consultez une ~.

endroit m *Stelle*
toucher qn à l'~ **sensible** *j-n an seiner schwachen Stelle treffen:* Le fait qu'il se soit mis en colère après votre remarque prouve que vous l'avez touché à l'~ sensible.

énergie[1] f *Energie* (*techn*)
~ **atomique, nucléaire** *Atom-, Kernenergie* | ~ **hydraulique, hydro-électrique** *Wasserkraft* | ~ **solaire** *Sonnen-, Solarenergie*
économiser l'~ *Energie sparen:* Une brochure éditée par l'Association des consommateurs vous donne des quantités de conseils pratiques sur la façon d'économiser l'~. | **libérer** de l'~ *Energie freisetzen:* La réaction libère beaucoup d'~. | **produire** de l'~ *Energie gewinnen, erzeugen:* Les techniciens ont déjà trouvé plusieurs procédés pour produire de l'~ à partir du rayonnement solaire.

énergie[2] f *Energie, Tatkraft*
~ **farouche, indomptable** *unbändige Energie*
dépenser de l'~ *Energie aufwenden:* J'ai déjà dépensé trop d'~; je ne peux pas abandonner mon projet comme cela. | **manquer** d'~ *keine Energie haben:* Depuis sa maladie, il manque d'~.

enfance f *Kindheit*
~ **choyée, comblée** *behütete Kindheit* | ~ **heureuse** (**malheureuse**) *sorglose, unbe-*

schwerte (schwere, unglückliche) Kindheit / **petite, première, prime** ~ frühe Kindheit / dès sa plus **tendre** ~ von Kindesbeinen an **retomber** en ~ (wieder) kindisch werden (bes. im Alter): Je ne te comprends pas! J'ai l'impression que tu commences déjà à retomber en ~.

enfant m, f Kind
~ **adoptif** Adoptivkind / ~ **chéri** (fig) Lieblingskind, Günstling / ~ **espiègle** schalkhaftes, schelmisches Kind; kleiner Schelm / ~ **éveillé** aufgewecktes Kind / ~ **facile** fügsames, leicht lenkbares Kind / ~ **farouche** schüchternes, ängstliches Kind / ~ **gâté** verzogenes, verwöhntes Kind; Muttersöhnchen / ~ **insupportable** unleidliches Kind / ~ **légitime** eheliches Kind / ~ **naturel, illégitime** uneheliches Kind / ~ **odieux** widerwärtiges Kind / ~ **précoce** frühreifes Kind / ~ **prodige** Wunderkind / ~ **trouvé** Findelkind / ~ **turbulent** wildes, lebhaftes Kind; kleiner Wildfang / ~ **unique** Einzelkind **abandonner** un ~ ein Kind aussetzen: Quelqu'un a abandonné un ~ dans le couloir de l'immeuble numéro 13 du square La Fontaine. / **attendre** un ~ ein Kind erwarten: Madeleine a grossi ces dernières semaines. Je crois qu'elle attend un ~. / elle va **avoir** un ~ sie bekommt ein Kind: Emilie doit interrompre ses études. Elle va avoir un ~. / les ~s **babillent** die Kinder schnattern: À l'heure de la récréation, les ~s babillent sous ma fenêtre. / se **charger,** s'**occuper** des ~s sich um die Kinder kümmern: Le week-end qui vient, je me chargerai des ~s. / **choyer** un ~ ein Kind verhätscheln: Si tu continues à choyer ton ~ de la sorte, il ne sera jamais capable d'affronter les vicissitudes de la vie. / **corriger** un ~ ein Kind züchtigen: Je ne souffre pas qu'on corrige mon ~ au jardin d'enfants! / **élever** des ~s Kinder auf-, erziehen: Ma grand-mère a élevé douze ~s. / **endormir** un ~ (en le berçant, en lui chantant une chanson) ein Kind in den Schlaf wiegen, singen: Les larmes aux yeux, la mère essayait d'endormir son ~ malade en lui chantant une chanson. / **faire** l'~ sich kindisch, albern aufführen: Ne fais pas l'~! / **faire un** ~ à une femme (F) einer Frau ein Kind machen: Quel scandale! Monsieur Artaud a fait un ~ à sa secrétaire. / **faire des** ~s Kinder in die Welt setzen: Je ne comprends pas les Cipolin. Ils font des ~s et après ne s'en occupent pas. / **garder** un ~ ein Kind hüten; auf ein Kind aufpassen: La fille de mon voisin vient régulièrement garder mes ~s. / **gâter** un ~ ein Kind verwöhnen, verziehen: Vous gâtez vos ~s d'une manière exagérée. / **mettre** un ~ au monde ein Kind zur Welt bringen: Ma grand-mère avait mis au monde une dizaine d'~s dont sept seulement ont atteint l'âge adulte. / **traiter** qn en ~ j-n wie ein Kind behandeln: Maman, arrête de me traiter en ~, je te prie!

enfer m Hölle
aller en ~ in die Hölle kommen: Continuez cette vie et vous irez en ~. / **faire** son ~ sur terre (fig) die Hölle auf Erden haben: Quoi, Virginie a vraiment épousé cet homme? Elle fera son ~ sur terre.

engagement m Verpflichtung
s'**acquitter** d'un ~ einer Verpflichtung nachkommen: Vous ne vous êtes toujours pas acquitté de votre ~. / **décharger, délier** qn de ses ~s j-n aus seinen Verpflichtungen entlassen: Monsieur Dardenne m'a déchargé de mes ~s. / **faillir** à, ne pas **tenir** ses ~s seinen Verpflichtungen nicht nachkommen: C'est un homme d'affaires qui n'a jamais failli à ses ~s. / **faire face** à ses ~s (comm) seinen Verpflichtungen nachkommen: La société Elvir a toujours fait face à ses ~s. / **manquer** à ses ~s seinen (Zahlungs)Verpflichtungen nicht nachkommen: Vous pouvez avoir confiance. La firme Reynier n'a pas l'habitude de manquer à ses ~s. / **prendre, contracter** un ~ eine Verpflichtung übernehmen, eingehen: J'ai pris l'~ d'assurer le transport des invités. / **rompre** ses ~s; **violer** des ~s (seine) Verpflichtungen nicht einhalten: En refusant de livrer les quantités prévues de marchandises, ce pays viole ses ~s de façon flagrante. / **tenir, observer, respecter, remplir** ses ~s; **satisfaire** à ses ~s seine Verpflichtungen einhalten; seinen Verpflichtungen nachkommen: Il a toujours tenu ses ~s.

engrenage m Räderwerk
être **pris, entraîné** dans un ~ in ein Räderwerk geraten (bes. fig): J'ai quitté cette association avant d'être définitivement pris dans l'~.

énigme f Rätsel
~ **indéchiffrable, inextricable** unlösbares Rätsel / ~ **inexplicable** unerkläliches Rätsel **parler** par ~s in Rätseln sprechen: Vous parlez par ~s. / **poser** une ~ à qn j-m ein Rätsel aufgeben: Je vais te poser une ~. / **résoudre, déchiffrer** une ~ ein Rätsel lösen: Avez-vous tous résolu l'~ que je vous avais posée? /se **trouver** devant une ~ vor einem Rätsel stehen: La police se trouve devant une ~.

ennemi m Feind
~ **acharné, farouche** erbitterter Feind / ~ **déclaré, juré** erklärter Feind, geschworener Feind / ~ **héréditaire** Erbfeind / ~ **impitoyable** unerbittlicher Feind / **d'implacables** ~s; ~s **irréconciliables** unversöhnliche Feinde / ~ **irréductible** unnachgiebiger Feind / ~ **mortel** Todfeind / ~ **redoutable** (sehr) gefährlicher Feind
affronter son ~ sich einem Feind stellen: Le singe, voyant qu'il ne pouvait plus s'enfuir, se retourna et affronta son ~. / **amuser** l'~ den

ennui

Feind hinhalten: Nous ne pourrons pas amuser l'~ à l'infini. / **battre** un ~ *einen Feind schlagen:* L'~ sera battu dès qu'il osera pénétrer dans le pays. / **culbuter** l'~ *den Feind überrennen:* Par une attaque surprise, le colonel réussit à culbuter l'~. / **se faire** des ~s *sich Feinde machen:* Avec ce discours, il s'est fait beaucoup d'~s. / **se faire** un ~ de qn *sich j-n zum Feind machen:* Évitez de vous faire un ~ de Monsieur Dardenne! / **passer** à l'~ *(zum Feind) überlaufen:* Toute une compagnie de nos troupes est passée à l'~. / **repousser** un ~ *einen Feind zurückwerfen:* Nos troupes ont réussi à repousser l'~ sur toute la longueur du front. / **terrasser** un ~ *einen Feind vernichtend schlagen:* L'aviation aidant, les troupes gouvernementales n'ont pas eu de peine à terrasser l'~.

ennui m *Langeweile*
~ **mortel** *tödliche Langeweile*
chasser, tromper son ~ *sich die Langeweile vertreiben:* Par toutes sortes de jeux, les enfants essayèrent de chasser leur ~. / **mourir, consumer, périr,** (F) **crever** d'~ *vor Langeweile vergehen, umkommen; sich zu Tode langweilen:* Seule dans cette petite ville de province, elle mourait d'~. / **faire mourir** qn d'~ *j-n zu Tode langweilen:* Avec ses vieilles histoires, il me fait mourir d'~.

ennuis mpl *Ärger, Unannehmlichkeiten*
de **graves** ~ *ernste, ernstliche Schwierigkeiten* / (avoir des) ~ **mécaniques** (F) *(einen) Motorschaden, (eine) Panne (haben)*
attirer, causer, faire, créer, occasionner des ~ à qn *j-m Ärger, Unannehmlichkeiten bereiten:* Cette mesure va vous causer des ~. / **s'attirer, se créer,** (F) **récolter** des ~ *Ärger bekommen; sich Schwierigkeiten einhandeln:* Évitez de vous attirer des ~ dont vous ne mesurez pas la portée. / **avoir** des ~ *(eine Menge) Ärger haben, bekommen:* Épargnez-moi une réponse. J'ai déjà assez d'~ sans cela. / **avoir** des ~ d'argent (de santé, *etc.*) *Geldschwierigkeiten (gesundheitliche Probleme usw.) haben:* Si je n'avais pas d'~ d'argent, j'achèterais une nouvelle voiture. / **s'épargner** des ~ *sich Ärger ersparen:* Si vous aviez dit un seul mot, vous auriez pu vous épargner bien des ~. / **éviter** des ~ à *j-m Unannehmlichkeiten vom Leibe halten:* Je vous ai engagé pour que vous m'évitiez ce genre d'~. / **ne retirer** que des ~ *nur Unannehmlichkeiten haben:* Vous ne retirerez que des ~ de cette affaire. / **risquer** des ~ *Gefahr laufen, Unannehmlichkeiten zu bekommen:* Avec cette lettre, vous risquez des ~.

enquête f *Untersuchung, Ermittlungen, Umfrage, Erhebung*
~ **approfondie** *gründliche Untersuchung* / ~ **judiciaire** *gerichtliche Untersuchung* / ~ **serrée, sévère** *strenge Untersuchung*
être **chargé** d'une ~ *mit einer Untersuchung beauftragt sein:* C'est le commissaire Labonté qui est chargé de l'~ sur ce vol. / l'~ **conclut** à ... *den Ermittlungen zufolge ...:* L'~ de la police conclut à la mort par strangulation. (*Den polizeilichen Ermittlungen zufolge trat der Tod durch Erwürgen ein.*) /**faire, mener, effectuer, conduire** une ~; se **livrer** à une ~ *eine Erhebung durchführen; eine Umfrage machen:* Les résultats d'une ~ menée récemment par le ministère du travail montrent que la moitié des femmes sans emploi recherchent un travail à mi-temps. / **faire** sa petite ~ auprès des gens *sich (bei den Leuten) umhören:* Il dit qu'il a fait sa petite ~ auprès des gens et qu'il est maintenant sûr qu'on acceptera sa proposition. / **ouvrir** une ~ *eine Untersuchung eröffnen; Ermittlungen aufnehmen:* La commission parlementaire vient d'ouvrir l'~ sur la sécurité des piles atomiques.

enseignement[1] m *Unterricht, Schulwesen, Schuldienst*
~ **audio-visuel** *audiovisueller Unterricht* / ~ **laïque** *staatliches Schulwesen* / ~ **libre, privé** *Privatschulwesen* / ~ **pratique** *praktischer Unterricht* / ~ **primaire** *Grundschulunterricht; Grundschulwesen* / ~ **professionnel** *Berufsschulunterricht; Berufsschulwesen* / ~ **programmé** *programmierter Unterricht* / ~ **public** *öffentlicher Schuldienst* / ~ **secondaire** *Gymnasialunterricht; höheres Schulwesen* / ~ **supérieur** *Hochschulunterricht; Hochschulwesen* / ~ **théorique** *theoretischer Unterricht*
dispenser un ~ *Unterricht erteilen:* L'~ dispensé dans cette école n'est pas purement théorique; on y insiste beaucoup sur la formation pratique. / **entrer** dans l'~ *in den Schuldienst gehen:* Joëlle aime beaucoup les enfants, c'est pourquoi elle a l'intention d'entrer dans l'~. / **être** dans l'~ *im Schuldienst sein:* M. Laurin pourra vous donner des conseils utiles pour l'orientation scolaire de votre fils; il est dans l'~.

enseignement[2] m *Lehre*
tirer des ~s de qc *aus etw eine Lehre ziehen:* J'espère que vous tirerez des ~s de vos mauvais résultats.

ensemble m *Ganzes*
un ~ **cohérent** *ein harmonisches Ganzes*

entendement m *Verständnis*
(dé)**passer** l'~ *unbegreiflich sein:* Ce phénomène dépasse l'~ même des spécialistes.

entente f *Einverständnis, Einvernehmen, Einigung*
bonne ~ *gutes Einvernehmen* / ~ **parfaite** *völlige Übereinstimmung (der Ansichten)* / ~

secrète *heimliches Einverständnis* / ~ **tacite** *stillschweigendes Einverständnis*
arriver, parvenir à une ~ *(eine) Einigung erzielen:* Les deux ambassadeurs ne sont pas arrivés à une ~. / **vivre** en bonne ~ *in gutem Einvernehmen leben:* Mes parents vivent chez mon frère en bonne ~ avec leur belle-fille.

enthousiasme m *Begeisterung*
~ **ardent** *flammende Begeisterung* / ~ **aveugle, irréfléchi** *blinde Begeisterung* / ~ **débordant** *überschwengliche Begeisterung* / ~ **délirant** *tobende Begeisterung; Taumel der Begeisterung* / ~ **mitigé** *gedämpfte Begeisterung*
brûler, déborder d'~ *vor Begeisterung brennen, überströmen:* Lorsqu'à l'âge de 20 ans, il a pris la firme en mains, il brûlait d'~, rêvant de tout réformer. / se laisser **emporter, gagner** par l'~ *sich von der allgemeinen Begeisterung mitreißen, anstecken lassen:* Il criait à pleins poumons, se laissant emporter par l'~. / **refroidir, calmer,** (F) **doucher** l'~ *die Begeisterung dämpfen, abkühlen:* Il s'est rendu compte qu'il s'était fait beaucoup d'illusions et cela a refroidi son ~. / son ~ se **relâche** *seine Begeisterung läßt nach:* Dès la première difficulté, son ~ se relâcha. / **soulever** l'~ *Begeisterung hervorrufen:* Son discours a soulevé l'~ de ses adeptes. / **transporter** qn d'~ *j-n hinreißen:* Ce n'est pas un spectacle de nature à transporter d'~ les spectateurs.

entorse f *Verstauchung*
se **faire** une ~ *sich eine Verstauchung zuziehen:* Il s'est fait une ~ dimanche en jouant au volley.

entrain m *Schwung*
manquer d'~ *keinen Schwung, kein Temperament haben:* Lui, il est très agréable, mais elle, je trouve qu'elle manque d'~. / **mettre** de l'~ *Leben, Schwung hineinbringen:* Mademoiselle Cotounou a mis de l'~ dans notre bureau. / **retrouver** son ~ *den alten Schwung wiederfinden, -gewinnen:* Si votre enfant a retrouvé son ~, cela signifie qu'il est bien guéri de sa rougeole.

entraînement m *Training, Übung*
avoir de l'~ *Übung haben; trainiert sein:* Paul Bosse gagnera le tournoi. Il a plus d'~ que tous ses adversaires. / **manquer** d'~ *keine Übung haben; nicht trainiert, untrainiert sein:* Oui, je joue du piano, mais je manque d'~. / **soumettre** qn à un ~ *j-n einem Training unterwerfen; j-n trainieren:* Pendant tout l'hiver, notre équipe de natation a été soumise à un ~ sévère. / **se soumettre** à un ~ *sich einem Training unterziehen; trainieren:* Dès l'été, les skieurs vont sur les glaciers pour se soumettre à un dur ~.

entrave f *Fessel, Hindernis*
se **dégager** de, se **libérer** de, **briser** ses ~s *sich von seinen Fesseln befreien:* Notre économie doit enfin se libérer des ~s du dirigisme pour devenir vraiment concurrentielle. / **mettre** des ~s *Hindernisse in den Weg legen:* Par peur de la concurrence, il met toutes sortes d'~s à nos projets.

entrée f *Eintritt, Auftritt*
~ **gratuite** *freier Eintritt* / ~ **libre** *kein Kaufzwang (in einem Geschäft)*
faire une ~ **bruyante, discrète,** *etc. polternd, unauffällig usw. hereinkommen:* L'oncle Louis, un peu gris, fit une ~ bruyante dans la salle. / **faire** une ~ **remarquée** *bei seinem Kommen Aufsehen erregen; einen vielbeachteten Auftritt haben:* Partout où il arrive, il fait une ~ remarquée. / **faire** son ~ dans l'histoire *in die Geschichte eingehen:* Lorsqu'il mourut, le 10 novembre 1970, il avait déjà fait son ~ dans l'histoire. / **faire** son ~ dans le monde *zum ersten Mal in Gesellschaft auftreten, erscheinen:* Le fils du célèbre Jean-Paul Altin a fait son ~ dans le monde à l'occasion du bal d'hier. / **faire** son ~ dans le stade *ins Stadion einziehen:* Les participants ont fait leur ~ dans le stade vers neuf heures du matin. / **manquer,** (F) **rater** son ~ *seinen Auftritt, Einsatz verpassen, verpatzen:* Au début, elle a manqué son ~, mais après elle a joué si bien que le public le lui a pardonné et a applaudi avec frénésie.

entreprise[1] f *Unternehmen*
~ **audacieuse, téméraire** *Wagnis; kühnes Unterfangen* / **folle** ~ *wahnwitziges Unternehmen* / ~ **hasardeuse, risquée** *gewagtes, riskantes Unternehmen* / ~ **périlleuse** *gefährliches Unternehmen*

entreprise[2] f *Unternehmen, Betrieb*
~ **artisanale** *Handwerksbetrieb* / ~ **nationalisée** *verstaatlichtes Unternehmen* / ~ **privée** *Privatunternehmen* / ~ **subventionnée** *Zuschußbetrieb*
diriger, mener une ~ *ein Unternehmen leiten, führen:* À notre connaissance, Monsieur Ludier a dirigé l'~ pendant la guerre. / **implanter** une ~ *ein Unternehmen ansiedeln:* Ce serait une erreur d'implanter une ~ artisanale dans cette région.

entretien[1] m *Unterredung, Gespräch*
~ **confidentiel** *vertrauliches Gespräch; Gespräch unter vier Augen* / ~ **particulier** *Privatgespräch*
accorder un ~ à qn *j-m eine Unterredung gewähren:* Le comte de la Rochelle m'a accordé un ~ pour lundi prochain. / **avoir** un ~ avec qn *mit j-m eine Unterredung haben, ein Gespräch führen:* J'ai eu un ~ très intéressant avec Madame Amer.

entretien[2] m *Unterhalt*
assurer l'~, **pourvoir** à l'~ de qn *für j-s Unterhalt aufkommen, sorgen:* Je ne veux pas que mes enfants doivent plus tard assurer mon ~. / **exiger** trop d'~ *im Unterhalt zu teuer,*

entrevue

aufwendig sein: Nous avons vendu le château, il exigeait trop d'~.
entrevue f *Unterredung, Treffen*
 arranger, ménager une ~ (avec qn) *ein Treffen (mit j-m) arrangieren:* Je vous serais très reconnaissant si vous pouviez arranger pour moi une ~ avec Monsieur Alexandre. / **avoir** une (longue) ~ avec qn *mit j-m eine (lange) Unterredung haben:* La reine d'Angleterre a eu une longue ~ avec l'ambassadeur du Mali.
énumération f *Aufzählung*
 ~ **interminable** *endlose Aufzählung*
 faire l'~ de qc *etw aufzählen:* Je vous prie de me faire l'~ des personnes qui seront présentes.
enveloppe f *Briefumschlag*
 ~ **affranchie, timbrée** *Freiumschlag* / ~ **autocollante** *selbstklebender Briefumschlag* / ~ **doublée** *gefütterter Briefumschlag*
 fermer, clore une ~ *einen Briefumschlag zukleben:* J'avais déjà clos l'~ lorsque je me suis rendu compte que j'avais oublié de joindre les documents à ma lettre. / **mettre** dans une, sous ~ *in einen Briefumschlag stecken:* Je mettrai la facture dans une ~ et vous l'enverrai sans commentaire.
envergure f *Format, Bedeutung*
 avoir de l'~ *Format haben:* Monsieur Cavanio semble avoir de l'~. / **manquer** d'~ *kein Format haben:* Je trouve que Monsieur Bouvar manque d'~ pour ce poste. / **prendre** de l'~ *an Bedeutung gewinnen; größeren Umfang annehmen:* Le parti politique en question, insignifiant au début, commence à prendre de l'~.
envie[1] f *Lust, Verlangen*
 ~ **féroce; furieuse** ~ *wildes Verlangen* / une **folle** ~ de qc *wahnsinnige Lust auf etw* / **forte, grande** ~ *große Lust* / ~ **irrépressible, irrésistible** *unwiderstehliches Verlangen*
 avoir ~ de faire qc *Lust auf etw haben; Lust haben, etw zu tun:* Aurais-tu ~ d'aller au cinéma? / **avoir** bien, très ~ de faire qc *gute Lust haben, etw zu tun:* J'ai bien ~ de le gifler lorsque je le rencontrerai. / **avoir** ~ de qc (= nourriture) *Appetit auf etw haben:* J'ai ~ d'un bifteck, et toi? / **brûler, mourir,** (F) **crever** d'~ de faire qc *darauf versessen sein, etw zu tun; liebend gern etw tun wollen:* Elle brûlait d'~ de passer le week-end à la plage. / **contenir, refréner, réprimer** son ~ de rire *sein Lachen verbeißen:* Robert ne réussit pas à contenir son ~ de rire. / cela me **donne** ~ de ... *dabei bekomme ich Lust auf ...:* Le fait de le voir manger me donne ~ d'un bon repas. / **éprouver** l'~ de faire qc *das Verlangen verspüren, etw zu tun:* Depuis longtemps il éprouvait l'~ de dire la vérité à son patron, mais jusqu'alors il n'avait pas osé le faire. / **faire** ~ à qn *j-n reizen:* La pêche en mer me fait ~. / l'~ lui en a **passé**, est passée *ihm ist die Lust dazu vergangen:* Il a toujours voulu voir l'Espagne, mais après ce film, l'~ lui en est passée. / **faire passer** l'~ de qc à qn *j-m die Lust zu, an etw nehmen:* Votre lettre m'a fait passer l'~ de venir chez vous. / l'~ lui **prend** de faire qc *es verlangt ihn danach, etw zu tun:* De temps à autre, l'~ lui prend de voir la mer. / il faut qu'il **satisfasse** ses ~s *er muß alles bekommen, was er will:* Il ressemble à un enfant gâté: il faut qu'il satisfasse à tout prix la moindre de ses ~s.

envie[2] f *Neid*
 s'**attirer** l'~ de qn *sich j-s Neid zuziehen:* Si tu te paies cette grosse voiture, tu vas t'attirer l'~ de tout le voisinage. / être **dévoré, rongé** d'~ *grün, gelb, blaß vor Neid sein; von Neid zerfressen werden:* Si tu obtiens cette situation, ton ancien chef sera dévoré d'~. / **pâlir** d'~ *vor Neid erblassen:* À cette nouvelle, il pâlit d'~. / c'est l'~ qui le fait **parler** *aus ihm spricht der Neid:* N'écoute pas ce qu'il dit, c'est l'~ qui le fait parler. / **porter** ~ à qn *j-n beneiden:* Elle est si ambitieuse! Elle porte ~ à toutes ses collègues qui ont plus de succès qu'elle. / **susciter, provoquer** l'~ de qn *j-s Neid erregen:* Son succès aux élections a suscité l'~ de tout son entourage.

épaule f *Schulter*
 ~s **carrées** *kräftige, breite Schultern* / ~s **étroites** *schmale Schultern* / ~s **puissantes, robustes** *kräftige Schultern* / ~s **tombantes** *hängende Schultern*
 arriver à l'~ *bis zur Schulter reichen:* Mon fils m'arrive déjà à l'~. / se **déboîter** l'~ *sich die Schulter ausrenken:* Depuis mon accident de ski, je me déboîte l'~ au moindre choc. / **hausser, lever** les ~s *mit den Schultern, Achseln zucken:* Ne sachant pas que répondre, il se contenta de hausser les ~s. / **peser, reposer** sur les ~s de qn (fig) *auf j-s Schultern lasten:* Toute la responsabilité repose sur mes ~s. / **rouler** des ~s *die Schultern hin und her bewegen:* Il s'avança vers son adversaire, roulant des ~s d'un air provoquant. / **saisir** qn aux ~s *j-n bei den Schultern packen, greifen, fassen:* Il saisit son ami aux ~s et le secoua avec véhémence. / **taper** sur l'~ de qn *j-m auf die Schulter klopfen, schlagen:* Le guide indigène me tapa sur l'~ en me félicitant du tir que je venais d'effectuer.

épée f *Schwert*
 ~ **flamboyante, fulgurante** *blitzendes Schwert* / ~ **nue** *blankes, gezücktes Schwert*
 croiser l'~ *die Klingen kreuzen:* Dans la deuxième scène, les deux protagonistes croisent l'~ et l'un doit blesser l'autre. / **remettre** l'~ au fourreau *das Schwert (wieder) in die Scheide stecken:* Yvain, voyant que c'était un

ami qui s'approchait, remit son ~ au fourreau.

éperon m *Sporn*
piquer un cheval des ~s; **donner** un coup d'~ à un cheval; **donner** des ~s *einem Pferd die Sporen geben*: Évitez de trop piquer César des ~s. Il marche sans cela.

épidémie f *Epidemie*
~ **meurtrière** *verheerende Epidemie* une ~ **éclate** *eine Epidemie bricht aus*: Une ~ de choléra vient d'éclater au Cameroun. / **enrayer, circonscrire, localiser** une ~ *eine Epidemie eindämmen*: Grâce à l'aide de la Croix-Rouge, le gouvernement du pays a réussi à enrayer l'~ en quelques jours. / une ~ s'**étend**, se **propage, progresse** *eine Epidemie breitet sich aus, greift um sich*: L'~ s'étendit rapidement sur toute la partie nord du pays. / une ~ **sévit** *eine Epidemie grassiert, wütet*: Une ~ de grippe sévit à présent en Grande-Bretagne.

épilogue m *Nachspiel*
trouver son ~ *ein Nachspiel haben*: L'affaire du trafic de diamants qui tenait le public en haleine depuis des mois vient de trouver son ~ par la condamnation des principaux acteurs.

éponge f *Schwamm*
passer un coup d'~ sur qc *etw (mit einem Schwamm) abwischen*: Madeleine, passez un coup d'~ sur la table. / **presser** une ~ *einen Schwamm ausdrücken*: Pressez l'~ avant de nettoyer le tableau noir.

époque f *Zeit(alter), Epoche*
~ **éloignée, lointaine** *weit zurückliegende Zeit* / ~ **tourmentée, troublée** *unruhige, wirre Zeit* être de son ~; **vivre** avec son ~ *mit der Zeit gehen*: Monsieur Bouquet n'est pas encore vieux, mais il ne vit plus avec son ~. / **faire** ~ *Epoche machen*: La pile solaire est une invention qui, sans aucun doute, fera ~.

épouvante f *Entsetzen*
jeter, semer l'~ (parmi) *Entsetzen verbreiten (unter)*: Ces dernières années, le dictateur a semé l'~ parmi la population. / être **saisi, frappé, pris** d'~ *von Entsetzen gepackt sein, werden*: Lorsqu'elle vit dans la ruelle cette silhouette noire s'approcher d'elle, elle fut saisie d'~. / **rester cloué, glacé, pétrifié** d'~ *vor Entsetzen starr sein*: En entendant la porte s'ouvrir, il resta glacé d'~.

époux m, **épouse** f *(Ehe)Mann, (Ehe)Frau*
prendre qn pour époux (épouse) *j-n zum Mann (zur Frau) nehmen*: Mon arrière-grand-père avait pris pour épouse une fille riche de Bordeaux.

épreuve[1] f *Probe, Prüfung*
mettre qn, qc à l'~ *j-n, etw auf die Probe stellen; etw erproben*: Avez-vous déjà mis à l'~ sa loyauté envers notre société? / **mettre** la patience (la bonté, l'indulgence, la fidélité, etc.) de qn à **rude** ~ *j-s Geduld (Gutmütigkeit, Nachgiebigkeit, Treue usw.) auf eine harte Probe stellen*: Avec votre refus catégorique, vous avez mis sa patience à rude ~. / **passer** par, **essuyer, subir** de dures, rudes ~s *schwere Prüfungen durchmachen; durch eine harte Schule gehen*: Les dix premières années de sa carrière, il est passé par de dures ~s. / **résister** aux ~s *den Prüfungen standhalten*: Le matériau n'a pas résisté aux ~s. / **soumettre** qn à une ~; **infliger** une ~ à qn *j-m eine Prüfung auferlegen*: Pourquoi voulez-vous à tout prix le soumettre à cette pénible ~? / **soumettre** qn, qc à une ~ *j-n, etw einer Prüfung unterziehen*: Nous soumettrons vos propositions à une ~ attentive. / **surmonter** une ~ *eine Prüfung bestehen (fig)*: Avec ton soutien, je suis sûr que je serai capable de surmonter cette nouvelle ~.

épreuve[2] f *Prüfung(sarbeit)*
~s **écrites, orales** *schriftliche, mündliche Prüfungen*
passer une ~ *eine Prüfung machen, ablegen*: Je passerai les ~s écrites la semaine prochaine, mais l'oral n'aura lieu que dans un mois.

épreuve[3] f *Abzug (Fotografie)*
faire **tirer** des ~s *Abzüge machen lassen*: Veux-tu que je fasse tirer des ~s pour toi aussi?

épreuve[4] f *Druckfahne*
corriger, revoir, relire des ~s *Korrektur lesen*: L'auteur s'engage à corriger les ~s dans le délai d'un mois. / **tirer** une ~ *eine Fahne abziehen; einen (Probe)Abzug herstellen*: Nous allons tirer quelques ~s de cette page avant de la faire imprimer définitivement.

épreuve de force f *Kraftprobe*
engager une ~ *eine Kraftprobe herbeiführen, eingehen*: Certains pensent que le temps des négociations est passé et qu'il faut maintenant engager une ~.

équilibre m *Gleichgewicht*
~ **instable** *labiles Gleichgewicht* / ~ **mental** *Ausgeglichenheit* / ~ **moral, psychique** *seelisches Gleichgewicht* / ~ **stable** *stabiles Gleichgewicht*
déranger, rompre, perturber, troubler l'~ de qc, qn *etw, j-n aus dem Gleichgewicht bringen*: Évitez de rompre l'~ de l'échafaudage. – La nouvelle augmentation du prix du pétrole brut risque de perturber l'~ de notre balance commerciale. / **être** en ~ *im Gleichgewicht sein*: La balance des paiements a été en ~ pendant le premier trimestre de cette année. / **garder, conserver** son, l'~ *das Gleichgewicht halten*: Essaie de garder l'~ sur la poutre. / **manquer** d'~ *unausgeglichen sein*: Je ne sais pas pourquoi Michel manque d'~ depuis les vacances. / **perdre** l'~ *das Gleichgewicht verlieren*: Lorsque le voilier s'est penché sous un coup de vent, Pierre a

équipe

perdu l'~ et est tombé à l'eau. / **perdre son** ~ *sein inneres Gleichgewicht verlieren:* Après la mort de sa femme, il a perdu son ~. / **rétablir** l'~ *das Gleichgewicht wiederherstellen:* Les efforts d'armement de mon pays ont pour seule tâche de rétablir l'~ dans notre région. / **retrouver** son ~ *sein inneres Gleichgewicht wiederfinden, zurückgewinnen:* Heureusement, elle semble avoir retrouvé son ~. / **tenir, porter** qc en ~ *etw balancieren:* C'est étonnant comme le garçon tient six plats en ~.

équipe f *Mannschaft, Team*
~ **médicale** *Ärzteteam* / ~ **nationale** *Nationalmannschaft*
entraîner une ~ *eine Mannschaft trainieren:* Frédéric Czuvic entraîne l'~ de Caen. / **faire** ~ avec qn *mit j-m zusammenarbeiten, im Team arbeiten:* Robert Muller et moi, nous avons fait ~ à l'Institut Pasteur. / **former** une ~ *eine Mannschaft aufstellen; ein Team zusammenstellen:* Il faut d'abord que je forme une ~ valable. / **rencontrer** l'~ de ... *auf die Mannschaft von ... treffen:* En demi-finale, l'~ de France rencontrera l'~ d'Italie. / **travailler** en ~ *in einem Team arbeiten:* Pour préparer l'examen, nous allons travailler en ~.

équivoque f *Zweideutigkeit, Mißverständnis*
dissiper, lever une ~ *ein Mißverständnis ausräumen:* Je vous remercie de cette déclaration grâce à laquelle les ~s pesant sur nos relations ont été dissipées. / pour **éviter** toute ~ ... *um Mißverständnissen vorzubeugen ...:* Pour éviter toute ~, nous vous faisons savoir que les frais de séjour ne seront remboursés qu'en cas d'accord préalable de notre service de comptabilité. / laisser **planer** une ~ *einen Zweifel lassen:* Dans son discours, le ministre n'a laissé planer aucune ~ sur ses projets. / **prêter** à ~ *Anlaß zu Mißverständnissen geben; zweideutig sein:* Cette circulaire prête à ~.

ère f *Zeitalter*
ouvrir une ~ *ein neues Zeitalter einläuten:* La mise au point des microprocesseurs est-elle en train d'ouvrir une ~ totalement nouvelle de notre civilisation?

erreur f *Irrtum, Fehler*
~ **capitale, fondamentale** *grundlegender Irrtum* / ~ **choquante,** **grosse** ~ *grober Fehler;* (F) *dicker Fehler* / ~ **commune, courante, fréquente** *häufiger Fehler* / ~ **ennuyeuse, fâcheuse** *peinlicher Irrtum* / ~ **excusable, pardonnable (inexcusable, impardonnable)** *verzeihlicher (unverzeihlicher) Fehler* / ~ **fatale, funeste** *verhängnisvoller, folgenschwerer Fehler* / ~ **flagrante** *offensichtlicher Irrtum* / ~ **grave** *gravierender, schwerer Fehler* / ~ **grossière** *grober Irrtum* / ~ **indéracinable, inextirpable** *unausrottbarer Fehler* / ~ **irréparable** *nicht wiedergutzumachender Fehler* / une **mal-** **heureuse petite** ~ *ein harmloser kleiner Irrtum* / ~ **manifeste** *offenkundiger Fehler* / ~ **monumentale** *kolossaler, kapitaler Fehler, Irrtum* / ~ facilement **rectifiable** *leicht zu beseitigender Irrtum* / ~ **regrettable** *bedauerlicher Irrtum* / ~ **tenace** *hartnäckiger Fehler*
il n'**y a** pas d'~ *da ist jeder Irrtum ausgeschlossen:* C'est lui l'auteur de la lettre. Il n'y a pas d'~. / **avouer** une, **convenir** d'une, **reconnaître** une ~ *einen Fehler eingestehen, zugeben:* Avouez votre ~ et nous passerons l'éponge! (... *und Schwamm drüber!*) / **commettre, faire** une ~ *einen Fehler begehen, machen; einen Irrtum begehen:* Madame Humeau a commis l'~ de croire en sa sincérité. / **déceler** une ~ *einen Fehler entdecken:* C'est vous qui avez décelé l'~? / **éliminer** une ~ *einen Fehler beseitigen, ausmerzen:* Il faut absolument que cette ~ soit éliminée avant que le chef du service ne s'en rende compte. / **garder** qn d'une ~ *j-n vor einem Fehler bewahren:* Nous avons en vain essayé de le garder de cette ~. / **induire** qn en ~ *j-n irreleiten:* Une faute dans le programme m'a induit en ~. / **laisser** qn dans l'~ *j-n im falschen Glauben lassen:* Je trouve ignoble que vous l'ayez laissée dans l'~. / **persévérer, persister** dans son ~ *in seinem Irrtum verharren; hartnäckig an seinem Irrtum festhalten:* Je ne comprends pas qu'il persiste dans son ~. / les ~s **pullulent, fourmillent** dans un texte *in einem Text wimmelt es von Fehlern:* Les ~s pullulent dans sa composition. / **rectifier, corriger** une ~ *einen Fehler verbessern:* Vous rectifierez vos ~s et recopierez le texte. / **réparer** une ~ *einen Fehler, Irrtum wiedergutmachen:* C'est une ~ qu'il vous sera difficile de réparer. / **tirer** qn d'~ *j-n aufklären (über einen Irrtum):* Vos explications m'ont tiré d'~. / **tomber** dans l'~ *in einen Fehler verfallen:* Elle est encore tombée dans l'~ de le croire.

érudition f *Gelehrsamkeit, Wissen*
~ **livresque** *reines Bücherwissen; Bücherweisheit; Stubengelehrsamkeit* / **profonde, solide** ~ *gründliches, solides Wissen* / **vaste** ~ *umfangreiches Wissen*
avoir de l'~ *gelehrt sein:* Ne vous laissez pas tromper par son extérieur. C'est un homme qui a de l'~.

escalade f *Besteigung, Einsteigen*
faire l'~ d'une montagne *einen Berg besteigen:* Olivier Weber a été le premier alpiniste à faire l'~ du CB 16 au Karakorum. / **pénétrer** par ~ dans ... *einsteigen in ... (bes. verbotener Weise):* Le cambrioleur doit avoir pénétré par ~ dans la villa.

escale f *Zwischenlandung*
faire ~ à ... *zwischenlanden in ...; (einen Hafen) anlaufen:* Nous allons faire ~ à Moscou.

escalier m *Treppe*
~ **dérobé, secret** *Geheimtreppe* / ~ **étroit** *enge Treppe, Stiege* / ~ **extérieur** *Freitreppe* / **grand** ~ *Haupttreppe* / **petit** ~ *Nebentreppe* / ~ **monumental** *Prachttreppe* / ~ **raide** *steile Treppe, Stiege* / ~ **roulant** *Rolltreppe* **descendre** l'~ *die Treppe hinabgehen, -steigen, herabkommen:* Il descendit l'~ sans faire de bruit. / **monter** l'~ *die Treppe hinaufgehen, -steigen, heraufkommen:* Mourante, elle monta l'~.

esclandre m *Szene, Skandal*
causer, faire un ~ *eine Szene machen; einen Skandal geben:* La faillite des établissements Levèbre a causé un ~.

esclavage m *Sklaverei*
emmener qn en ~ *j-n in die Sklaverei führen:* Toute la tribu fut pratiquement emmenée en ~. / **réduire** qn en ~ *j-n versklaven:* Cette minorité a été réduite en ~ par les classes dominantes. / **tenir** dans l'~ *in Sklaverei halten:* Quoi d'étonnant à ce que ce peuple, si longtemps tenu dans l'~, se soit insurgé tout à coup avec violence!

escompte m (*comm*) *Skonto*
accorder, consentir, faire un ~ *Skonto gewähren, geben:* En cas de paiement au comptant, nous accordons un ~ de trois pour cent.

escorte f *Geleit*
faire ~ à qn *j-m das Geleit geben:* Une vingtaine de barques fit ~ au yacht royal.

espace[1] m *Raum, Platz*
laisser, ménager un ~ *Platz, Abstand, Zwischenraum lassen:* Je vous prie de laisser un plus grand ~ entre la scène et les auditeurs. / **occuper** un grand ~ *viel Raum, Platz einnehmen:* Je trouve que, sur ce petit terrain, la villa que les Dubuis ont fait construire occupe un trop grand ~.

espace[2] m *Weltraum*
lancer qc dans l'~ *etw in den Weltraum schießen:* L'URSS vient de lancer un laboratoire spatial dans l'~.

espérance f *Hoffnung, Erwartung*
~s **chimériques, trompeuses** *trügerische, falsche Hoffnungen* / **folle** ~ *törichte Hoffnung* / de **grandes** ~s *hohe Erwartungen; große Hoffnungen* / de **vaines** ~s *vergebliche Hoffnungen* **anéantir, briser, détruire** les ~s de qn *j-s Hoffnungen zunichte machen:* Sa lettre a anéanti toutes mes ~s. /**décevoir, frustrer** les ~s de qn *j-s Erwartungen, Hoffnungen enttäuschen, nicht erfüllen:* Jean-Jacques a frustré les ~s de ses parents. / **dépasser** toutes les ~s *alle Erwartungen übertreffen:* Le résultat de l'analyse du marché a dépassé toutes nos ~. / **fonder** des ~s sur ...; **mettre, placer** ses ~s dans ... *seine Erwartungen, seine (ganze) Hoffnung setzen auf, in ...:* Il avait fondé toutes ses ~s sur son deuxième fils. Le voilà maintenant bien déçu! / **répondre** aux ~s *die Erwartungen erfüllen:* Il n'a pas encore trouvé la situation qui répondrait entièrement à ses ~s.

espion m *Spion*
démasquer un ~ *einen Spion entlarven:* Un ~ a été démasqué au ministère de la Défense.

espionnage m *Spionage*
faire de l'~; se **livrer** à l'~ *Spionage treiben:* Je n'arrive pas à comprendre que Jacqueline Claewaert se soit livrée à l'~ en faveur d'une puissance de l'Est.

espoir m *Hoffnung*
~ **chimérique** *eitle Hoffnung; Wahn* / ~ **fallacieux, trompeur** *trügerische Hoffnung* / **faux** ~ *falsche Hoffnung* / **ferme** ~ *feste Hoffnung* / **fol** ~ *törichte Hoffnung* / de **grands** ~s *große Hoffnungen; hohe Erwartungen* / ~ **inébranlable** *unerschütterliche Hoffnung, Zuversicht* / **suprême** ~ *letzte, verzweifelte Hoffnung* / de **vains** ~s *vergebliche, trügerische Hoffnungen:* Il s'est longtemps nourri de vains ~s. (*Er hat sich lange trügerischen Hoffnungen hingegeben.*) **abandonner** tout ~ *jede Hoffnung aufgeben, fahrenlassen:* J'ai dû abandonner tout ~ de revoir mon frère. / s'**accrocher**, se **raccrocher** à un ~ *sich an eine Hoffnung klammern:* Elle se raccroche à ce dernier ~. / **avoir bon** ~ *zuversichtlich sein:* Nous avons bon ~ de gagner le procès. / **avoir** l'~ de ... *hoffen, daß ...:* J'ai l'~ de voir arriver ma sœur un de ces jours. /il **y a** encore de l'~ *es besteht noch Hoffnung:* Il y a encore de l'~ quant au garçon blessé, mais son père est pratiquement condamné. / **caresser** l'~ de ... *die Hoffnung hegen zu ...:* Depuis des années, elle caresse l'~ de pouvoir un jour retourner en Hongrie. / **conserver, garder** un ~ *immer noch hoffen; eine Hoffnung nicht aufgeben:* Il refuse d'accepter la vérité. Il conserve un ~. Laissez-le-lui! / **décevoir** les ~s de qn *j-s Hoffnung enttäuschen:* En quelques mois, le nouveau chef du gouvernement a déçu tous les ~s de ses partisans. / **donner** de l'~ à qn *j-m Hoffnung(en) machen:* Votre lettre lui a donné de l'~. / **enlever** l'~ à qn *j-m die Hoffnung nehmen, rauben:* Ne lui enlevez pas le peu d'~ qu'il garde encore. / **enterrer** l'~ (de) *die Hoffnung (zu ..., auf ...) begraben:* Nous devons enterrer à jamais l'~ de retourner en Australie. / **entretenir, nourrir** l'~ de ... *die Hoffnung nähren, daß ...:* Mon frère entretient toujours l'~ de voir revenir sa femme qui l'a quitté il y a six mois déjà. / les ~s s'**envolent** *die Hoffnung schwindet dahin:* Les ~s s'envolent au fur et à mesure que les jours passent. / **être** le **dernier** ~ de qn *j-s letzte Hoffnung sein:* Pierre, vous êtes mon dernier ~! / **éveiller, faire naître,**

esprit

susciter des ~s *Hoffnungen (er)wecken:* Évitez de susciter en lui de faux ~s. / **exprimer** l'~ que ... *der Hoffnung Ausdruck verleihen, daß* ...: Il a exprimé l'~ que la situation s'améliorerait. / **fonder** de grands ~s sur qn *große Hoffnungen auf, in j-n setzen:* On fonde de grands ~s sur le nouveau gouverneur, jeune et intelligent. / **justifier, confirmer** les ~s *die Hoffnungen erfüllen:* Jean-Pierre n'a pu justifier les ~s mis en lui. / **un** ~ se **matérialise** *eine Hoffnung erfüllt sich:* Ce jour-là, tous mes ~s se sont matérialisés. / **mettre** tout son ~ en qc, qn *seine ganze Hoffnung auf etw, j-n setzen:* Elle mit tout son ~ en son père. / **prendre** ~ *Hoffnung schöpfen:* À cette nouvelle, les parents commencèrent à prendre ~. / **rendre** l'~ à qn *j-m neue Hoffnung geben, die Hoffnung wiedergeben:* Il a réussi à rendre l'~ à sa femme. / **reporter** ses ~s sur qn *(nach einer Enttäuschung) alle Hoffnungen auf j-n setzen:* Déçu dans ses ambitions, il avait reporté tous ses ~s sur son unique fils. / **reprendre** (de l') ~ *wieder Mut fassen, Hoffnung schöpfen:* À cette nouvelle, Robert reprit ~. / **ruiner, détruire** tous les ~s *alle Hoffnung(en) zunichte machen, zerstören:* La nouvelle baisse du cours des actions a ruiné tous nos ~s de pouvoir sauver la société.

esprit[1] m *Geist, Verstand, Gemüt, Kopf (fig = Person)*

~ **agile, délié** *beweglicher Geist* / ~ **aigu** *scharfer Verstand* / **bel** ~ *Schöngeist* / ~ **biscornu** *verschrobener Mensch; Kauz* / ~ **borné** *kleiner Geist* / ~ **brillant** *sprühender Geist* / ~ **brouillon, confus** *Wirrkopf* / ~ **changeant, papillonnant** *flatterhafter, unbeständiger Geist* / ~ **clair, clairvoyant, lucide, lumineux, pénétrant, perçant, perspicace, sagace** *klarer, scharfer Verstand; scharfsinniger Geist; heller Kopf* / ~ **combatif** *Kampfgeist* / ~ **communautaire** *Gemeinschaftsgeist* / ~ **compliqué** *Umstandskrämer* / ~ **corporatif** *Korpsgeist* / ~ **curieux** *wißbegieriger Mensch* / avoir l'~ **dérangé** *nicht ganz richtig im Kopf sein; geistesgestört sein* / ~ **ébranlé** *getrübter Verstand* / ~ **échauffés** *erregte Gemüter* / ~ **endormi, engourdi** *träger Geist* / ~ **étriqué, étroit** *kleinkarierter, engstirniger Mensch* / ~ **éveillé** *wacher Kopf* / ~ **faible** *Schwachkopf* / ~ **fort** *Freigeist, Freidenker* / **grand (petit)** ~ *großer (kleiner) Geist* / ~ **grégaire, moutonnier** *Herdentrieb* / ~ **ingénieux, inventif** *einfallsreicher Mensch* / ~ **judicieux** *kluger Kopf* / avoir l'~ **large** *großzügig sein* / ~ **lent, lourd** *schwerfälliger Geist; langsamer Denker* / avoir l'~ **libre** *unbefangen, unbelastet sein; den Kopf frei haben* / ~ **mercantile** *Krämerseele* / ~ **mordant** *scharfer Verstand* / ~ **naturel** *Mutterwitz* / avoir l'~ **ouvert** *aufgeschlossen sein* / ~ **pratique** *nüchterner Mensch* / ~ **prévoyant** *Weitblick* / c'est un ~ **profond** *er ist ein Mensch mit Tiefgang; er geht den Dingen auf den Grund* / ~ **railleur** *Spötter* / ~ **rationnel** *Verstandesmensch* / ~ **remuant** *unruhiger Geist* / ~ **rigoureux** *scharfer Denker* / ~ **romanesque** *Schwärmer, Romantiker* / ~ **rusé** *Schlaukopf* / ~ **subtil** *subtiler Geist* / avoir l'~ **mal tourné** *immer gleich Schlechtes denken* / avoir l'~ **tranquille** *ein ruhiges Gewissen haben* / ~ **universel** *Universalgenie* / ~ **vif** *reger Geist* / ~ **vigoureux** *scharfer, wacher Verstand*

abrutir l'~ *den Geist töten, abstumpfen:* Si tu regardes trop souvent la télé, tu vas t'abrutir l'~. / **absorber, occuper** l'~ de qn *j-n ganz beschäftigen, beanspruchen:* C'est un travail qui absorbe tout mon ~. / **avoir de** l'~ *geistreich sein:* Monsieur Gedot a vraiment de l'~. / **avoir** l'~ *critique, etc. einen kritischen usw. Verstand haben; ein kritischer usw. Geist sein:* Paul trouve toujours à redire, il a l'~ critique. / **avoir** l'~, le bon ~ de faire qc *die gute Idee haben, etw zu tun:* Madame Gerbet a eu le bon ~ de parer les tables de fleurs. / ne pas **avoir** l'~ à ... *keine Lust zu ... haben; nicht zu ... aufgelegt sein:* Je n'ai pas l'~ à la chanson en ce moment. / ne pas **avoir tous ses** ~s *nicht ganz richtig im Kopf sein:* J'ai l'impression que Mademoiselle Dédale n'a pas tous ses ~s. / **calmer** les ~s *die Gemüter beruhigen:* Le président Grisey réussit enfin à calmer les ~s. / se **creuser** l'~ *sich das Hirn, den Kopf zermartern:* Depuis des jours, nos collaborateurs se creusent l'~ pour trouver une solution au problème. / **embrumer** l'~ *den Geist benebeln:* Le vin m'a embrumé l'~. / **enrichir** son ~ *seinen Horizont erweitern:* Laissez votre fils partir aux USA. Le voyage lui enrichira l'~. / **c'est** un ~ critique, *etc. er ist ein kritischer usw. Geist:* Le maire avait du mal à persuader les conseillers municipaux, ce sont des ~s critiques. / **faire** de l'~ *geistreich sein:* Arrêtez de faire de l'~, le problème est trop sérieux. / les ~s sont **montés** contre qn *die Stimmung ist gegen j-n:* Il ne gagnera pas les élections; les ~s sont montés contre lui. / **pacifier** les ~s *die Gemüter beruhigen, besänftigen:* Le directeur lui-même a dû venir pacifier les ~s. / **perdre** l'~ *den Verstand verlieren:* On dirait qu'il a perdu l'~. / **perdre ses** ~s *den Kopf verlieren:* En voyant son chien écrasé par une voiture, elle perdit ses ~s et gifla l'automobiliste. / **reprendre, retrouver, rassembler** ses ~s *sich wieder fassen; wieder zu sich kommen:* L'eau froide qu'on versa sur lui fit reprendre peu à peu ses ~s. / **retourner** qc dans son ~ *etw überdenken:* Mille fois il avait retourné la proposition dans son ~. / qc me **sort** de l'~ *ich vergesse etw:* Sa secrétaire a dû lui rappeler le rendez-vous qui lui était totalement sorti de l'~. / **traverser** l'~ *durch den Kopf gehen:* Cette idée lui avait traversé l'~ à plusieurs reprises. / qc me **trotte** dans l'~ *etw geht mir im Kopf herum:* Cette phrase me trotte dans l'~ depuis que je me suis réveillée. / **venir, revenir** à l'~ *in den Sinn kommen:* Soudain, la vieille chanson m'est revenue à l'~.

esprit² m *Geist*
~ **frappeur** *Klopfgeist, Poltergeist*
croire aux ~s *an Geister glauben:* Tu ne me diras pas que tu crois aux ~s! / **évoquer** les ~s *Geister beschwören:* Vous ne me direz pas qu'il a l'habitude d'évoquer les ~s!

esprit de contradiction m *Widerspruchsgeist*
avoir l'~ *ein Widerspruchsgeist sein:* Joseph a toujours eu l'~.

esprit d'organisation m *Organisationstalent*
avoir l'~ *Organisationstalent besitzen, haben:* La nouvelle secrétaire a l'~.

essai m *Versuch, Probe*
~ **concluant** *überzeugender Versuch* / ~ **désespéré** *verzweifelter Versuch* / ~ **malheureux** *kläglicher Versuch* / ~ **manqué** *fehlgeschlagener Versuch* / de **modestes** ~s *bescheidene Versuche* / ~**nucléaire** *Atomversuch* / **timide** ~ *schüchterner Versuch; schüchterner Ansatz*
embaucher, prendre qn à l'~ *j-n auf Probe einstellen, nehmen:* Vous serez embauché à l'~ pour trois mois. / **faire** l'~ de qc *etw ausprobieren, erproben:* Faites l'~ de cette voiture, vous serez enthousiasmé. / **faire ses** ~s *die ersten (Geh)Versuche, Schritte machen:* À 18 ans, elle a fait ses premiers ~s sur la scène dans un théâtre amateur. / **faire faire** un ~ à qn; **soumettre** qn à un ~ *j-n eine Probe (seines Könnens) ablegen lassen:* On m'a fait faire un ~ avant d'accepter ma candidature. / se **livrer** à des ~s *Versuche machen, durchführen:* Depuis plus de 30 ans, ce pays se livre à des ~s atomiques. / **mettre** qc à l'~ *etw erproben:* La nouvelle pompe sera mise à l'~ dès février.

essence f *Benzin*
~ **ordinaire** *Normalbenzin*
faire le plein d'~ *volltanken:* N'oubliez pas de faire le plein d'~ avant de vous lancer dans cette région qui est plutôt désertique. / **prendre** de l'~ *(Benzin) tanken:* L'avion a dû faire escale à Pointe-à-Pitre pour prendre de l'~.

essor m *Aufschwung*
donner un ~ à qc *den Aufschwung, die Entwicklung, Entfaltung von etw ermöglichen:* Les mesures gouvernementales ont donné un ~ à tout un nouveau secteur. / **prendre, connaître** un ~ *einen Aufschwung nehmen, erfahren:* Au moment de l'abolition des droits de douane, l'exportation de vin rouge prit un ~ considérable.

estimation f *Schätzung*
~ **approximative, rapide** *ungefähre Schätzung; Überschlag*
faire, donner une ~ *etw (ab)schätzen:* Je ne peux pas faire une ~ en ce qui concerne les frais auxquels il faut s'attendre.

estime f *(Hoch)Achtung*
grande, haute ~ *Hochachtung* / **piètre** ~ *Geringschätzung; keine besonders gute Meinung:* J'ai une piètre ~ de sa personne, de ses connaissances. *(Ich halte nicht allzu viel von ihm, von seinen Kenntnissen.)*
avoir l'~ de qn *j-s Achtung genießen:* Madame Lepinay a l'~ de son chef. / **avoir de l'**~ pour qn, qc *j-n, etw achten; j-m Achtung entgegenbringen:* Cet auteur, je ne l'aime pas, mais j'ai de l'~ pour son œuvre. / **avoir, tenir** qn en grande, haute ~; **éprouver** beaucoup d'~ pour qn *j-n sehr achten, schätzen:* Je vous assure que nous avons Madame Mester en grande ~. / **baisser** dans l'~ de qn *in j-s Achtung sinken:* Son divorce l'a fait baisser dans l'~ de tous. / **forcer** l'~ de qn *j-m Achtung abnötigen:* Sa conduite a forcé l'~ même de ses adversaires. / **gagner, s'attirer** l'~ de qn *j-s Achtung gewinnen:* Il n'a pu gagner l'~ de son beau-père. / **inspirer** l'~ *Achtung einflößen:* Au début, il m'avait inspiré beaucoup d'~; mais bientôt, je connus les revers de son caractère. / **(re)monter** dans l'~ de qn *in j-s Achtung steigen:* Cette action a eu pour résultat que les Domenge sont remontés dans l'~ de tout le village. / cela lui a **valu** l'~ de ... *das trug, brachte ihm die Achtung (+ Gen) ein:* Sa loyauté lui a valu l'~ de ses supérieurs.

estomac m *Magen*
~ **barbouillé, détraqué, embarrassé, déréglé** *verdorbener Magen* / ~ **creux** *leerer Magen:* J'ai l'~ creux. *(Mir knurrt der Magen; ich habe nichts im Magen.)* / ~ **fragile** *empfindlicher Magen* / ~ **paresseux** *träger, langsam arbeitender Magen*
alourdir l'~ *den Magen belasten; im Magen liegen:* Je ne supporte pas la viande grasse; cela alourdit l'~. / **avoir mal** à l'~ *Magenschmerzen haben:* Je n'aurais pas dû boire cette liqueur. Maintenant j'ai mal à l'~. / se **charger** l'~ *viel essen; sich den Magen (zu sehr) füllen:* Si vous faites une excursion en montagne, évitez surtout de vous charger l'~. / **creuser** l'~ *hungrig machen:* Ce travail m'a creusé l'~. / mon ~ se **dérègle** facilement *ich habe einen empfindlichen Magen:* Je dois éviter les boissons alcoolisées trop concentrées parce que mon ~ se dérègle facilement. / **détraquer, déranger** l'~ *den Magen verderben:* L'eau froide que j'ai bue m'a dérangé l'~. / se **détraquer** l'~ *sich den*

étage

Magen verderben: J'ai mal au ventre. Je crois que je me suis détraqué l'~. / il a l'~ qui **gargouille** *ihm knurrt der Magen:* Au bout de trois jours sans pain, il avait l'~ qui gargouillait. / **peser** sur l'~ *(schwer) im Magen liegen; auf den Magen drücken:* Ce rôti était bien gras. Il me pèse sur l'~. / **prendre** qn à l'~; **serrer** l'~ à qn *sich j-m auf den Magen legen, schlagen:* L'accident que je viens de voir m'a pris à l'~. / **rester** sur l'~ *schwer im Magen liegen (auch fig):* Mes dettes me restent sur l'~. / la peur lui **tordait** l'~ *vor Angst krampfte sich sein, ihr Magen zusammen:* Avant qu'on l'appelle à l'examen oral, la peur lui tordait l'~. / **tourner** l'~ à qn *j-m den Magen umdrehen:* Ce spectacle atroce m'a tourné l'~.

étage m *Stock(werk)*
  dernier ~ *oberstes Stockwerk*
  habiter au troisième ~ *im dritten Stock wohnen:* Monsieur Lacarrière habite au troisième ~.

étalage m *Zurschaustellung*
  faire un ~ **indiscret, impudique** de sa richesse, de ses connaissances, *etc. mit großem Reichtum, seinen Kenntnissen usw. protzen; sich mit ... großtun*
  faire ~ de qc *etw zur Schau stellen:* À l'occasion de l'anniversaire de la révolution, les dirigeants firent ~ de leur puissance.

état m *Zustand, Lage, Befinden*
  ~ **actuel** *derzeitiger, gegenwärtiger, jetziger Zustand* / ~ **alarmant** *besorgniserregender Zustand* / en **bon (mauvais)** ~ *in gutem (schlechtem) Zustand* / dans un ~ **déplorable, pitoyable**; dans un **triste** ~; en **piteux** ~ *in jämmerlichem, traurigem Zustand* / ~ **durable, permanent, stable** *Dauerzustand* / ~ **gazeux** *gasförmiger Zustand* / ~ **général** *(méd) Allgemeinbefinden* / ~ **intermédiaire** *Zwischenstadium, Zwischenstufe* / ~ **liquide** *flüssiger Zustand* / ~ **momentané** *augenblicklicher Zustand* / ~ **naissant** *Entstehungszustand* / ~ **passager, transitoire** *vorübergehender Zustand* / ~ **physique** *körperliche Verfassung* / ~ **primitif** *Urzustand* / à l'~ **sauvage** *im Urzustand* / ~ **solide** *fester Zustand*
  son ~ s'**aggrave, empire** *sein Zustand verschlechtert, verschlimmert sich:* Malheureusement, l'~ du malade s'est aggravé la nuit dernière. / son ~ s'**améliore** *sein Zustand bessert sich:* J'ai l'impression que son ~ s'est un peu amélioré. / **être en** ~ de faire qc *in der Lage, imstande sein, etw zu tun:* Malheureusement, nous ne sommes pas en ~ de donner suite à votre demande. / **être hors** d'~ de faire qc *außerstande, nicht in der Lage sein, etw zu tun:* Je suis hors d'~ de vous accorder le crédit désiré. / **mettre** qn, qc **dans** un ~ lamentable, pitoyable, déplorable, un bel ~, un triste ~ *(iron) j-n, etw schön zurichten:* Regarde, à force de courir dans la boue, tu as mis tes chaussures dans un ~! / **mettre** qn **hors** d'~ de faire qc *j-n außerstande setzen, etw zu tun:* Le malade mental a été mis hors d'~ de nuire. / **remettre** qc en ~ *etw instand setzen:* La machine sera remise en ~ d'ici la semaine prochaine.

état d'urgence m *Notstand*
  décréter, déclarer l'~ *den Notstand ausrufen:* L'~ a été déclaré dans les zones menacées par la marée noire. / **lever** l'~ *den Notstand aufheben:* À la fin de la nuit, la situation s'étant stabilisée, l'~ a été levé.

étau m *Schraubstock*
  serrer qc dans un ~ *etw in einen Schraubstock spannen:* L'ajusteur a serré la pièce dans un ~ et lui a donné un coup de lime.

éternité f *Ewigkeit*
  durer une ~ *eine Ewigkeit dauern:* Son discours a duré une ~.

étincelle f *Funke*
  faire des ~s *Funken geben, sprühen:* Le choc des deux lames l'une contre l'autre faisait des ~s. / **faire jaillir** des ~s *Funken schlagen:* Natoq, l'Esquimau, fit jaillir des ~s en frappant deux cailloux l'un contre l'autre. / une ~ **jaillit** *ein Funke springt (über):* Une ~ jaillit entre les deux électrodes de la bougie d'allumage.

étoffe f *Stoff*
  ~ **effilochée** *ausgefranster Stoff* / ~ **imperméable** *wasserdichter, imprägnierter Stoff* / ~ **imprimée** *bedruckter Stoff* / ~ **infroissable** *knitterfreier Stoff* / ~ **inusable** *strapazierfähiger Stoff* / ~ **lavable** *waschechter Stoff* / ~ **mince** *dünner Stoff* / ~ **pelucheuse** *fusseliger Stoff* / ~ **rêche** *rauher Stoff* / ~ **solide** *haltbarer, strapazierfähiger Stoff* / ~ **souple** *schmiegsamer Stoff* / ~ **soyeuse** *seidiger Stoff* / ~ **unie** *einfarbiger Stoff*

étoile f *Stern*
  les ~s **brillent, scintillent** *die Sterne glitzern, funkeln, schimmern:* La nuit était d'un calme absolu. Les ~s brillaient dans le ciel. / le ciel est **constellé, criblé** d'~s *der Himmel ist mit Sternen übersät:* Quelle belle nuit d'été. Le ciel est tout criblé d'~s. / **être né** sous une **bonne (mauvaise)** ~ *(fig) unter einem guten, günstigen (schlechten, ungünstigen) Stern geboren sein:* Tu vois, Philippe est né sous une bonne ~. Tout ce qu'il entreprend, il le réussit. / son ~ **pâlit** *(fig) sein Stern verblaßt:* Il a dépassé l'apogée de sa carrière politique, son ~ commence à pâlir.

étonnement m *Erstaunen, Verwunderung*
  profond ~ *tiefes Erstaunen*
  causer de l'~ *Erstaunen, Überraschung, Verwunderung hervorrufen:* La nouvelle de son départ a causé de l'~. / **frapper, remplir** qn

d'~ *Verwunderung, Erstaunen bei j-m hervorrufen:* Votre décision a frappé tout le monde d'~. / se **remettre, revenir** de son ~ *sich von seinem Erstaunen erholen:* Elle mit quelques secondes avant de revenir de son ~.

étude[1] f *Studieren, Studium*
abandonner l'~ de qc (par exemple: du piano) *etw (z. B. das Klavierspiel) aufgeben:* Aujourd'hui, je regrette beaucoup d'avoir abandonné l'~ du violon après avoir joué pendant cinq ans. / **abandonner** ses ~s *sein Studium aufgeben, abbrechen:* Ma fille a abandonné ses ~s et s'est mariée. / se **consacrer,** s'**adonner** à l'~ de qc *sich dem Studium einer Sache widmen, hingeben:* Depuis une année entière, je me suis consacré à l'~ du rôle des Indiens dans la politique péruvienne. / **continuer** ses ~s *weiterstudieren:* J'ai décidé de continuer mes ~s au-delà de la maîtrise. / **faire** ses ~s *studieren:* Berthe a décidé de faire ses ~s à l'étranger. / avoir **fait** de bonnes ~s *eine gute Schulbildung haben:* Ne vous laissez pas tromper par son extérieur. Il a fait de bonnes ~s.

étude[2] f *Studie, Untersuchung*
~ **approfondie** *eingehende Studie* / ~ **complète** *umfassende, gründliche Untersuchung* / ~ **exhaustive** *erschöpfende Studie* / **pertinente** *gut durchdachte, scharfsinnige Studie* / ~s **poussées** *gründliche, eingehende Studien* / ~ **sérieuse** *ernsthafte Untersuchung*
être à l'~ *(gerade) untersucht, geprüft werden; in Vorbereitung sein:* Les possibilités de réalisation du projet sont à l'~. / **mettre** qc à l'~ *(Akten) bearbeiten; (Plan, Projekt) eingehend prüfen:* Les documents présentés à l'appui de votre demande ont été mis à l'~.

euphorie f *Hochstimmung*
être en **pleine** ~ *in Hochstimmung sein:* Le jour où il apprit son admission à l'examen, il était en pleine ~.

Évangile f *Evangelium*
ne pas **être** parole d'évangile *(fig) kein Evangelium sein:* Ce qu'il dit, pour moi, ce n'est pas parole d'évangile. / **prêcher** l'~ *das Evangelium verbreiten, predigen:* L'oncle Marcel, le frère cadet de ma mère, s'est fait prêtre et il est parti au Brésil pour prêcher l'~ aux Indiens.

événement m *Ereignis*
~ **épisodique** *nebensächliches, vorübergehendes Ereignis* / **fâcheux** ~ *mißliches Ereignis* / **heureux** ~ *freudiges Ereignis (Geburt)* / ~ **historique** *historisches, denkwürdiges Ereignis* / ~ **marquant** *bedeutendes Ereignis* / ~ **mémorable** *denkwürdiges Ereignis*
un ~ **a lieu, arrive,** se **produit, advient, survient,** se **passe** *ein Ereignis tritt ein:* Je vais vous raconter l'~ extraordinaire qui s'est produit ici, il y a dix ans aujourd'hui. / il est **dépassé** par les ~s *die Dinge wachsen ihm über den Kopf:* J'ai l'impression que notre directeur commence à être dépassé par les ~s. / **repasser** les ~s dans son esprit *die Ereignisse im Geist an sich vorüberziehen lassen:* Ève repassait encore une fois les ~s dans son esprit.

éventualité f *Möglichkeit, Eventualität*
croire à l'~ de qc *etw für möglich halten:* Croyez-vous à l'~ du retour de Madame Mathon? / **envisager** l'~ de ... *mit der Möglichkeit (+ Gen) rechnen:* Est-ce que vous envisagez l'~ d'une guerre? / **parer** à toute ~ *jeder Eventualität vorbeugen:* J'ai emporté mon carnet de chèques pour parer à toute ~.

évidence f *Offenkundigkeit, offenkundige Tatsachen*
cela **va** contre l'~ *der Augenschein spricht dagegen:* Ce que vous prétendez est absurde, cela va contre l'~. / **apparaître** à l'~ *ganz offenkundig sein:* La fausseté de son argumentation apparaît à l'~ quand on examinera la documentation. / **démontrer** à l'~ que ... *ganz klar beweisen, zeigen, daß ...:* Sa lettre démontre à l'~ qu'il s'est réfugié au Brésil. / **c'est** l'~ **même** *das ist doch ganz klar:* Il a menti, c'est l'~ même. / **être** en ~ *ins Auge fallen, springen:* La photo était en ~ sur le rebord de la cheminée. / **mettre** qc en ~ *etw herausstellen, hervorheben:* Votre discours a mis en ~ la nécessité de freiner l'inflation. / se **mettre** en ~ *die Aufmerksamkeit auf sich lenken; sich in Szene setzen:* Il aime se mettre en ~. / **nier** l'~ *die Tatsachen leugnen:* Inutile de nier l'~. / se **refuser** à l'~ *es nicht wahrhaben wollen:* Bien que les faits soient là, il continue à se refuser à l'~. / se **rendre** à l'~ *sich den Tatsachen beugen:* Il faut se rendre à l'~: Georges a échoué.

évolution f *Entwicklung*
~ **continue** *kontinuierliche, stetige Entwicklung* / ~ **irréversible** *nicht rückgängig zu machende Entwicklung* / ~ **progressive** *fortschreitende Entwicklung* / ~ **régressive** *rückläufige Entwicklung*

exactitude[1] f *Genauigkeit*
~ **mathématique** *mathematische Genauigkeit*

exactitude[2] f *Pünktlichkeit*
être d'une **parfaite** ~ *sehr pünktlich sein; die Pünktlichkeit in Person sein:* N'ayez pas peur, Monsieur Pacotte viendra à l'heure. Il est d'une parfaite ~.

examen[1] m *Examen, Prüfung*
~ **blanc** *Probeexamen* / ~ **écrit** *schriftliche Prüfung* / ~ **oral** *mündliche Prüfung* / ~ **préalable, préliminaire** *Vorprüfung* / ~ **probatoire** *Einstufungs-, Aufnahmeprüfung*
admettre qn à un ~ *j-n zu einer Prüfung zulassen:* Cette fois non plus on ne m'a pas admis à cet ~. / **bosser, bûcher, chiader** un ~ (F) *auf, für ein Examen büffeln, ochsen, pauken:* Je n'ai pas le temps parce qu'il faut que je

examen

bosse mon ~. / **convoquer** qn à un ~ *j-n auffordern, sich zu einer Prüfung einzufinden:* Les candidats seront convoqués aux ~s oraux une semaine à l'avance. / **échouer** à un ~; (F) **rater** un ~; être **refusé**, (F) **blackboulé, collé, recalé** à un ~ *durch ein Examen, eine Prüfung fallen; bei einer Prüfung durchfallen,* (F) *durchrasseln:* Malheureusement, Charles a échoué à l'~. / **s'inscrire** à un ~ *sich zu einer Prüfung melden:* Il faut que vous vous inscriviez à l'~ avant le 3 juillet. / **passer, subir** un ~ *eine Prüfung ablegen:* Quels ~s avez-vous passés? / **préparer** un ~ *sich auf ein Examen vorbereiten; für eine Prüfung lernen:* J'aimerais bien sortir, mais il faut que je prépare mon ~. / se **présenter** à un ~ *sich einer Prüfung unterziehen, sich zu einem Examen anmelden:* Pourquoi est-ce que votre fils ne s'est pas présenté à l'~? / **réussir**, être **reçu** à un ~ *eine Prüfung bestehen:* Avez-vous réussi à votre ~?

examen² m *Untersuchung,* (*Über*)*Prüfung*
~ **approfondi** *gründliche Untersuchung* / ~ **consciencieux** *gewissenhafte Prüfung* / **~ critique, sévère** *kritische, strenge Prüfung* / (subir un) ~ **médical** (*sich einer*) *ärztliche(n) Untersuchung* (*unterziehen*) / ~ **minutieux** *gründliche, peinlich genaue Untersuchung* / ~ **scrupuleux** *peinlich genaue Prüfung* / ~ **sommaire** *kurze, summarische Untersuchung* / ~ **superficiel, rapide** *oberflächliche Prüfung*
faire l'~ de qc *etw untersuchen:* J'aimerais qu'on fasse l'~ des circonstances de l'accident. / ne pas **résister** à un ~ *einer Prüfung nicht standhalten:* Son argumentation n'a pas résisté à l'~ du comité des directeurs. / **soumettre** qn, qc à un ~ *j-n, etw einer Überprüfung, Untersuchung unterziehen:* Toutes les pièces utilisées ont été soumises au préalable à un ~ rigoureux.

examen de conscience m *Gewissenserforschung*
faire son ~ *sein Gewissen erforschen:* Faites votre ~, nous reparlerons du problème après!

examinateur m *Prüfer*
~ **indulgent** *milder, nachsichtiger Prüfer* / ~ **pinailleur** (F), **pointilleux** *pingeliger* (F), *übergenauer Prüfer* / ~ **sévère** *strenger Prüfer*

exception f *Ausnahme*
admettre, souffrir, comporter une ~ *eine Ausnahme zulassen:* Cette règle n'admet pas d'~. / c'est l'~ qui **confirme** la règle *Ausnahmen bestätigen die Regel:* Cette forme n'est pas la preuve de la fausseté de notre hypothèse. C'est l'~ qui confirme la règle. / **constituer** une, **être** une, **faire** ~ *eine Ausnahme bilden, sein:* Cette combinaison constitue une ~. / **faire** une ~ pour qc *etw ausnehmen:* Sa composition est très mauvaise. Je ne ferai une ~ que pour le dernier paragraphe.

excès m *Übermaß, Exzeß*
faire des ~ *unmäßig viel essen und trinken:* Si vous continuez à faire de tels ~, vous nuirez à votre santé. / **faire, commettre un** ~ de vitesse, *etc. die Geschwindigkeit usw. überschreiten:* Il a commis un ~ de vitesse sur la nationale et s'est vu infliger une lourde amende. / se **livrer** à des ~ *Exzesse begehen:* Les troupes de l'envahisseur se sont livrées à toutes sortes d'~. / **pousser** qc (jusqu')à l'~ *etw bis zum Äußersten, auf die Spitze treiben:* Avec cette lettre, il a poussé son insolence à l'~. / **tomber** dans l'~ inverse, d'un ~ dans un autre *ins andere Extrem* (*ver*)*fallen:* Autrefois, tu ne travaillais pas assez pour tes études. Maintenant tu tombes dans l'~ inverse.

exclamation f *Ausruf*
étouffer, réprimer une ~ *einen Ausruf unterdrücken:* En voyant Legras apparaître sur le seuil, elle étouffa une ~ de surprise. / **pousser** des ~s de joie *in Freudenrufe, -schreie ausbrechen:* Lorsque les enfants virent pour la première fois la mer, ils poussèrent des ~s de joie.

excuse f *Entschuldigung, Ausrede*
~ **inacceptable, inadmissible**, non **recevable** *Entschuldigung, die man nicht akzeptieren kann* / **mauvaise** ~ *faule Ausrede* / de **plates** ~s; de bien **pauvres** ~s *sehr fadenscheinige Entschuldigungen* / ~ **plausible, valable** *triftige, glaubhafte Entschuldigung*
alléguer, fournir une ~ *eine Entschuldigung vorbringen:* Il allègue toutes sortes d'~s pour ne pas se charger de ce travail. / **avoir** toujours une ~ toute prête *nie um eine Ausrede verlegen sein:* Monsieur Brochier n'avouera jamais que la faute lui incombe personnellement. Vous savez bien qu'il a toujours une ~ toute prête. / **être** sans ~ *unverzeihlich sein:* Votre comportement est sans ~. / **faire** des, ses ~s à qn *sich bei j-m entschuldigen:* S'il s'avérait que vous avez raison, je ne manquerais pas de vous faire mes ~s. / je vous **fais** toutes mes ~s *ich möchte mich bei Ihnen entschuldigen:* Monsieur Germain, je regrette profondément les événements et je vous fais toutes mes ~s. / **inventer** une ~ *eine Ausrede erfinden:* Inutile d'inventer des ~s. Dites la vérité! / **mâchonner, murmurer** des ~s *Entschuldigungen murmeln:* Le curé s'en alla, mâchonnant des ~s. / **présenter** ses ~s à qn *sich bei j-m* (*in aller Form*) *entschuldigen:* J'oublierai ce qu'il a fait, puisqu'il m'a présenté ses ~s. / **recevoir, accepter** une ~ *eine Entschuldigung annehmen:* J'accepte vos ~s et je vous pardonne. Mais ne recommencez pas!

exécutant m *Befehlsempfänger*
un **simple** ~ *ein einfacher Befehlsempfänger*

exécution f *Ausführung*
mettre (un plan, *etc.*) à ~ (*einen Plan usw.*)

ausführen: Il ne pouvait plus mettre son plan à ~. / **passer** à l'~ de qc *an die Ausführung (+ Gen) gehen:* La semaine prochaine, nous passerons à l'~ de notre programme.

exemplaire m *Exemplar*
taper qc en plusieurs ~s *etw mit mehreren Durchschlägen schreiben, tippen:* Vous voudrez bien taper en trois ~s la lettre destinée à la maison Chardon. / **tirer** qc à ... ~s *etw in einer Auflagenhöhe von ... drucken:* Son livre a d'abord été tiré à 10 000 ~s.

exemple m *Beispiel, Exempel*
~ **concret** *konkretes Beispiel* / ~ **édifiant** *lehrreiches Beispiel* / ~ **éloquent** *Beispiel, das für sich spricht* / ~ **mauvais** ~ *abschreckendes Beispiel* / ~ **parfait** *treffendes Beispiel* / ~ **probant** *überzeugendes Beispiel* / ~ **significatif** *bezeichnendes Beispiel*
citer, donner un ~ de qc *ein Beispiel anführen, geben für etw:* Pouvez-vous me citer un ~ de cette règle? / **citer** qn, qc **en** ~ *j-n, etw als Beispiel hinstellen:* Monsieur Brin vous a cité en ~. / **donner** l'~, **prêcher** d'~ *mit gutem Beispiel vorangehen; ein gutes Beispiel geben:* Vous êtes dans l'obligation de donner l'~. / **donner** le mauvais ~ *mit schlechtem Beispiel vorangehen; ein schlechtes Beispiel geben:* Vous ne pouvez pas vous permettre de donner le mauvais ~. / **faire** un ~ *ein Exempel statuieren:* Par son licenciement, la direction a voulu faire un ~. / **invoquer, apporter** un ~ *ein Beispiel anführen:* À l'appui de sa thèse, l'auteur invoque quelques exemples judicieux. / **offrir** un ~ de qc *ein Beispiel bieten für etw:* Ce roman offre un ~ de la vitalité de ce genre de littérature. / **prendre** ~ sur qn *sich an j-m ein Beispiel nehmen:* Prenez ~ sur votre frère. / **prendre un** ~ *ein Beispiel herausgreifen, nehmen:* Prenons un ~ concret. / **servir** d'~ de qc *als Beispiel für etw dienen:* Son cas peut servir d'~ des dangers d'une vie de débauche. / **suivre, imiter** l'~ de qn *j-s Beispiel folgen:* Je vous recommande de ne suivre que les bons ~s.

exercice m *Übung, (körperliche) Bewegung*
~s **physiques** *Leibesübungen, Gymnastik* / ~ **physique** *körperliche Bewegung*
faire des ~ *Übungen machen; üben:* Chaque jour, entre neuf heures et midi, le violoniste du troisième étage fait des ~s. / **faire,** se **donner de l'**~ *sich Bewegung verschaffen:* Le médecin lui a recommandé de faire de l'~. / **manquer** d'~ *nicht genügend Bewegung haben:* Depuis que je travaille chez Renault, je manque d'~.

exigence f *Forderung, Anspruch*
~ **abusive, exagérée;** ~s **exorbitantes** *übertriebene Forderung; übertriebene Ansprüche*
répondre aux, **satisfaire** les ~s de qn *j-s Forderungen nachkommen:* Malheureusement,

nous nous voyons hors d'état de répondre à vos ~s.

exil m *Exil, Verbannung*
aller en ~ *ins Exil gehen:* L'ex-dictateur est allé en ~ au Pérou. / **envoyer** qn en ~ *j-n ins Exil, in die Verbannung schicken:* Les nouveaux dirigeants ont envoyé en ~ toute la famille de l'ancien président. / **vivre, être** en ~ *im Exil leben:* On dit que l'ex-roi vit en ~ au Brésil.

existence f *Dasein, Leben, Existenz*
~ **manquée** *gescheiterte Existenz* / ~ **misérable** *ärmliches Dasein:* À Paris, il traînait une ~ misérable. (... fristete er ein ärmliches Dasein.) / ~ **paisible** *ruhiges Leben* / ~ **rangée** *geregeltes Leben*
se **compliquer** l'~ *sich das Leben schwermachen:* Pourquoi se compliquer l'~? / **ne pas se compliquer** l'~ *es sich (zu) leichtmachen:* Moi, je trouve que Madame Macé ne se complique pas l'~. / **mener** une ~ (+ adj) *ein (+ adj) Dasein führen:* Le petitfils du grand poète mène une ~ confortable à Paris.

expédient m *Notlösung, Trick*
recourir à des ~s *zu allerlei Tricks greifen (bes. um zu Geld zu kommen):* Il a dû recourir à des ~s pour se procurer l'argent nécessaire pour une nouvelle voiture. / **vivre** d'~s *sich so durchmogeln, durchschlagen:* Charles Daguet? Il est au chômage et vit d'~s.

expérience[1] f *Erfahrung*
les ~s **acquises** *die gemachten, gesammelten, gewonnenen Erfahrungen* / ~ **vécue** *selbstgemachte Erfahrung; eigenes Erlebnis*
acquérir de l'~ *Erfahrung(en) sammeln:* Il est allé aux USA pour acquérir de l'~. / **avoir** de l'~ *Erfahrung haben:* Bien qu'il soit jeune, il a de l'~. / **avoir** l'~ **des affaires** *Geschäftserfahrung haben:* Vous pouvez lui confier cette tâche. Il a l'~ des affaires. / **avoir** l'~ **des hommes** *Erfahrung im Umgang mit Menschen haben:* Croyez-vous qu'il ait l'~ des hommes? / **avoir** l'~ **du monde** *welterfahren sein:* Mon oncle, lui, a l'~ du monde. Il a beaucoup voyagé. / **avoir** une certaine ~ de la vie *eine gewisse Lebenserfahrung haben:* On voit bien qu'elle a une certaine ~ de la vie. / **en croire** l'~ de qn; **croire en** l'~ de qn *sich auf j-s Erfahrung verlassen:* Vous pouvez croire en l'~ de votre collaborateur. / **faire** l'~ de qc *mit etw Erfahrung machen; etw ausprobieren:* Avez-vous déjà fait l'~ de la nouvelle calculatrice? / il **manque** d'~ *es fehlt ihm an Erfahrung:* Ce sont des bêtises que l'on fait lorsqu'on est débutant, qu'on manque encore d'~. / l'~ **prouve, démontre** que ... *die Erfahrung zeigt, daß ...:* L'~ prouve qu'une telle initiative ne sert à rien. / l'~ l'**a rendu sage** *er ist durch*

expérience

Erfahrung klug geworden: Croyez-moi, l'~ les a rendus sages.

expérience² f *Versuch, Experiment*
~ **concluante, convaincante** *überzeugendes, schlüssiges Experiment* / ~ **malheureuse** *mißglückter Versuch; Fehlschlag* / ~ **manquée** *fehlgeschlagener Versuch* / ~ **nucléaire** *Atomversuch*
une ~ **échoue,** (F) **rate** *ein Versuch schlägt fehl:* Nous avons tenté l'essai, mais l'~ a échoué. / **faire** une ~ *einen Versuch, ein Experiment machen, anstellen:* Monsieur Bouresse a fait ce matin une ~ très impressionnante. / se **livrer** à des ~s *Versuche durchführen:* Cela me révolte que l'on se livre à des ~s sur des animaux! / **tenter** l'~ *den Versuch wagen:* Allez, tentez l'~!

expert¹ *Sachverständiger*
~ **agréé** *zugelassener Sachverständiger* / ~ **assermenté** *beeidigter Sachverständiger* / ~ **impartial** *unparteiischer Sachverständiger*
consulter, avoir recours à, **faire appel** à un ~ *einen Sachverständigen (hin)zuziehen:* Nous exigeons que vous consultiez un ~.

expert² m *Fachmann*
être ~ en la matière *Fachmann auf dem Gebiet sein:* Vous pouvez être sûr qu'il a raison. Il est ~ en la matière.

expertise f *Gutachten*
établir, faire une ~ *ein Gutachten erstellen:* Je me suis fait établir une ~ sur l'authenticité du tableau. / l'~ **établit que** ... *das Gutachten ergibt, daß ...:* L'~ que nous avons fait faire établit que le document est authentique. / **ordonner** une ~ *ein Gutachten in Auftrag geben:* Le tribunal a ordonné une ~ au sujet de la lettre douteuse. / **soumettre** qc à une ~ *ein Gutachten, eine Expertise über etw erstellen lassen, einholen:* Avez-vous soumis le bracelet à une ~?

explication¹ f *Erklärung*
de **longues** ~s *weitschweifige Erklärungen* / ~ **plausible** *einleuchtende, plausible Erklärung* / ~ **satisfaisante, suffisante** *ausreichende Erklärung*
demander des ~s à qn *j-n um eine Erklärung bitten, zur Rede stellen; von j-m Rechenschaft verlangen:* Sans aucun doute, on vous demandera des ~s. / **devoir** une ~ à qn *j-m eine Erklärung schuldig sein:* Monsieur Mourier, vous me devez une ~ au sujet de cette facture. / **donner, fournir, apporter** des ~s *Erklärungen abgeben; Aufschluß geben:* Sa lettre donne des ~s quant aux motifs de son suicide. / je n'ai pas d'~s à vous **donner** *ich bin Ihnen keine Erklärung, Rechenschaft schuldig:* Écoutez, Monsieur Nény, je n'ai pas d'~s à vous donner. / s'**embrouiller, s'empêtrer** dans ses ~s *sich in Widersprüche verwickeln:* L'accusé s'est bientôt embrouillé dans ses ~s. / **exiger** une ~ *eine Erklärung verlangen:* Vous vous êtes comporté de façon impossible. J'exige une ~!

explication² f *Auseinandersetzung*
chaude ~ *heftige Auseinandersetzung*

exploit m *(hervorragende) Leistung, (Groß)-Tat*
brillant ~ *Glanztat, Glanzleistung* / ~s **galants** *Erfolge bei den Damen* / **glorieux** ~ *Ruhmestat; ruhmreiche Tat* / ~ **remarquable** *beachtliche Leistung* / ~ **sportif** *hervorragende sportliche Leistung*
réaliser un ~ *eine hervorragende Leistung vollbringen:* En prenant le maillot jaune au favori du tour de France dans cette étape de montagne, le coureur belge vient de réaliser un ~ incroyable.

exposé m *Darlegung, Bericht, Referat*
~ **sommaire, succinct** *kurzer, knapper Bericht; Kurzreferat*
faire un, l'~ de qc *etw darlegen:* Il faut d'abord que vous fassiez l'~ du problème.

exposition f *Ausstellung*
~ **itinérante** *Wanderausstellung* / ~ **universelle** *Weltausstellung*
inaugurer une ~ *eine Ausstellung eröffnen:* L'~ Degas a été inaugurée la semaine dernière.

expression¹ f *Ausdruck (sprachlich)*
~ **adéquate** *passender, angemessener Ausdruck* / ~s **argotiques** *Slangausdrücke* / ~ **courante** *gängiger, geläufiger Ausdruck* / ~ **toute faite** *formelhafter Ausdruck; Klischee; stehende Redensart* / ~ **figée** *stehender Ausdruck; feststehende Wendung* / ~ **figurée** *bildhafter, bildlicher Ausdruck*, ~s **fortes** *drastische Ausdrücke* / ~s **heureuses** *treffende Ausdrücke* / ~ **obsolète, vieillie** *veralteter, ungebräuchlicher Ausdruck* / ~s **populaires** *volkstümliche Ausdrücke* / ~ **triviale** *vulgärer Ausdruck*
ménager, mesurer ses ~s *sich im Ausdruck mäßigen; sich vorsichtig ausdrücken:* Je vous recommande de ménager vos ~s. / **passez-moi** l'~ *verzeihen Sie diesen Ausdruck:* Qui est responsable de cette saloperie, ou mieux – passez-moi l'~ – de cette cochonnerie?

expression² f *Ausdruck (allgemein)*
nous vous prions de **croire** à, **d'agréer** l'~ de nos sentiments distingués *hochachtungsvoll:* Dans l'attente d'une prompte réponse, nous vous prions de croire, Messieurs, à l'~ de nos sentiments distingués. / **défier** toute ~ *jeder Beschreibung spotten:* Il se trouvait dans une fureur défiant toute ~. / **réduire** à sa plus simple ~ *auf die einfachste Form, Formel bringen (auch math):* L'ambassadeur libanais a réduit les exigences des réfugiés à leur plus simple ~. / **prendre** une ~ *einen Ausdruck annehmen:* Dès qu'on lui parle de travail, son visage prend une ~ d'ennui.

extase f *Ekstase, Verzückung*
être en ~ devant qn, qc *ganz hingerissen von j-m, etw sein*: Elle était en ~ devant le tableau. / **tomber** en ~ *in Ekstase, Verzückung geraten*: Lorsqu'il a lu la lettre, il est littéralement tombé en ~.

extension f *Ausdehnung*
prendre de l'~ *sich ausweiten; sich vergrößern, um sich greifen*: Nos affaires avec les Pays-Bas ont pris de l'~.

extérieur m *Äußeres*
juger de l'~ *nach dem Äußeren (be)urteilen*: On ne doit jamais juger quelqu'un de l'~.

extrême m *Extrem*
l'~ **opposé** *das andere Extrem*
passer d'un ~ à l'autre *von einem Extrem ins andere fallen*: Tu n'es plus assez jeune pour passer d'un ~ à l'autre. / **pousser** qc à l'~ *etw auf die Spitze treiben*: Nous n'avons pas l'intention de pousser la querelle à l'~. / **rapprocher** les ~s *extreme Standpunkte einander annähern*: Leurs attitudes sont fondamentalement opposées. Il sera bien difficile de rapprocher un tant soit peu les ~s. / les ~s se **touchent** (*Sprichwort*) *die Extreme berühren sich*: Les dictatures de gauche et de droite ont des traits communs: les ~s se touchent.

F

fabrication f *Herstellung*
qc **entre** dans la ~ de qc *etw wird zur Herstellung von etw verwendet*: Le germanium entre dans la ~ des semi-conducteurs.

face¹ f *Gesicht*
dire qc en ~ à qn *j-m etw ins Gesicht sagen*: Je lui ai dit en ~ ce que je pense de lui. / **perdre** la ~ (*fig*) *das Gesicht verlieren*: Comment pourrais-je me tirer d'affaire sans perdre la ~? / **regarder** qn (*bien*) en ~ *j-m offen ins Gesicht schauen*: Ce type, il a l'œil torve. Il n'arrive pas à vous regarder en ~. / **sauver** la ~ (*fig*) *das Gesicht wahren*: De toute façon, je dois sauver la ~. / se **trouver** ~ à ~ avec qn *j-m Auge in Auge, von Angesicht zu Angesicht gegenüberstehen*: Tout à coup, je me suis trouvé ~ à ~ avec mon plus grand ennemi. / se **voiler** la ~ (*oft iron*) *sein Antlitz, Gesicht verhüllen*: Elle devrait se voiler la ~ si elle avait un peu le sens de l'honneur. / **voir** les choses en ~ *den Dingen ins Gesicht sehen*: Nous devons voir les choses en ~.

face² f *Aussehen*
changer la ~ du monde *das Aussehen der Welt verändern*: Le chemin de fer a largement contribué à changer la ~ du monde. / **changer de** ~ *sein Aussehen (ver)ändern (abstrakt)*: Les choses ont, entre-temps, changé de ~.

facilité¹ f *Leichtigkeit*
s'**abandonner** à la ~ *es sich leicht machen; den Weg des geringsten Widerstandes gehen*: Je n'ai aucun talent pour m'abandonner à la ~. / **avoir de** la ~ *leicht lernen*: Votre fils a de la ~. Je vous conseille de le mettre au lycée. / **vivre** dans la ~ *ein sorgloses Leben haben*: Après cet héritage, Henri Beausse vit dans la ~.

facilité² f *Erleichterung*
avoir toutes ~s pour ... *völlig frei sein zu ...*: Nous avons toutes ~s pour passer la frontière. / **fournir, procurer** à qn toutes ~s pour ... *j-m jegliche Hilfe gewähren, um zu ...*: Je vous fournirai toutes ~s pour que vous obteniez ce poste. / **obtenir** des ~s de paiement *Zahlungserleichterungen eingeräumt bekommen*: Le seul moyen d'éviter la faillite est d'obtenir de nos créanciers des ~s de paiement.

façons fpl *Ziererei*
faire des ~ *sich zieren*: Allons, ne fais pas de ~!

facture f *Rechnung*
~ **non réglée** *offene Rechnung* / ~ **réglée** *bezahlte Rechnung*
une ~ s'**élève** à ... *eine Rechnung beläuft sich auf ...*: Votre ~ s'élève à 3000 francs. / **établir, dresser** une ~ *eine Rechnung ausstellen, ausschreiben, erstellen*: Je n'ai pas encore eu le temps d'établir votre ~. / **présenter** une ~ *eine Rechnung vorlegen*: Monsieur Sevin a osé nous présenter une ~ de 200 francs! / **régler, payer, acquitter** une ~ *eine Rechnung bezahlen, begleichen*: Avez-vous déjà réglé la ~ en question?

faculté¹ f *Fähigkeit*
~s **intellectuelles** *geistige Fähigkeiten*
dépasser les ~s de qn *j-s Fähigkeiten übersteigen*: L'exécution du projet dépasse ses ~s. / **jouir** d'une ~ *eine Fähigkeit besitzen*: Je l'envie. Il jouit d'une ~ de travail extraordinaire. / ne pas, ne plus **jouir** de ses ~s *nicht (mehr) im Vollbesitz seiner geistigen Kräfte sein*: Depuis ce dernier choc, il est très diminué et ne jouit plus de toutes ses ~s.

faculté² f *Fakultät*

faible

s'**inscrire** à la ~ de médecine, *etc. sich an der medizinischen Fakultät usw. immatrikulieren (lassen)*: Mon fils s'est inscrit à la ~ de droit.

faible m *Schwäche*
avoir un ~ pour qn, qc *für j-n, etw eine Schwäche, ein Faible haben*: Madame Patel a un ~ pour l'impressionnisme. / **prendre** qn par son ~ *j-n an seiner schwachen Stelle packen*: Si vous le prenez par son ~, vous obtiendrez tout de lui.

faiblesse f *Schwäche*
~ **momentanée** *Schwächeanfall*
avoir des ~s pour qn *j-m gegenüber nachgeben, schwach werden*: Monsieur Sauvaire paraît avoir des ~s pour les désirs de sa fille; maintenant elle veut un cheval et elle l'aura, j'en suis sûr. / **tomber** en, être **pris, saisi** de ~ *einen Schwächeanfall bekommen, erleiden*: Madame Grech a été prise de ~ en pleine promenade.

faillite f *Konkurs, Bankrott*
se **déclarer** en ~ *Konkurs anmelden*: Pourquoi hésitez-vous à vous déclarer en ~? Il n'y a plus d'autre solution. / **être** en, être **réduit** à la ~ *in Konkurs geraten sein*: À la suite d'affaires hasardeuses, la maison Aubert est en ~. / **faire** ~ (in) *Konkurs gehen; Bankrott, Pleite machen*: Les établissements Menier ont fait ~.

faim f *Hunger*
~ **dévorante** *Bärenhunger* / ~ **féroce** *Heißhunger* / ~ **insatiable** *unstillbarer, unersättlicher Hunger*
avoir (très) ~ (*großen*) *Hunger haben*: Avez-vous ~? / **avoir** une ~ de loup (F) *einen Bärenhunger haben*: Les enfants doivent avoir une ~ de loup après la promenade. / **calmer, apaiser, assouvir** sa ~ *seinen Hunger stillen*: Ah, cette tartine a calmé ma ~. / **couper** la ~ *den Hunger nehmen*: Je n'aurais pas dû manger ce bout de chocolat avant le repas. Il m'a coupé la ~. / qc me **donne** ~ *ich bekomme von etw Hunger*: Ces galettes-là dans les étalages me donnent ~. / **laisser** qn sur sa ~ *j-s Hunger ungestillt lassen; (fig) j-n nicht zufriedenstellen (können)*: Les bons conseils des pays industrialisés laissent les pays pauvres sur leur ~. / **manger** à sa ~ *sich satt essen*: Les enfants dans cet asile ne mangent à leur ~ qu'une fois par semaine au maximum. / **mourir**, (F) **crever** de ~ (*fast*) *verhungern; vor Hunger sterben, umkommen (auch fig)*: Les naufragés n'avaient plus rien à manger. Lorsque le «Verdun» les a pris à bord, ils mouraient de ~. / **réduire** qn par la ~ *j-n aushungern*: Les assiégeants essayèrent en vain de réduire par la ~ les habitants du château fort. / **rester** sur sa ~ *1. nicht satt werden; 2. (fig) nicht auf seine Kosten kommen*: Le pot-au-feu m'a fait du bien, mais je suis resté sur ma ~. Je suis allé voir ce film tant discuté, mais je suis resté sur

120

ma ~, je l'ai trouvé moche. / **souffrir** de la ~ *Hunger leiden*: Les prisonniers souffraient de la ~ et de la soif et étaient exposés aux intempéries. / **tromper** la ~ *den Hunger überspielen, übergehen*: Ils essayaient de tromper leur ~ en mâchonnant des feuilles.

fait m *Tatsache*
~ **accompli** *vollendete Tatsache; Fait accompli*: mettre qn devant le ~ accompli (*j-n vor vollendete Tatsachen stellen*) / ~ **authentique** *verbürgte Tatsache* / un ~ **avéré** *eine erwiesene Tatsache*: C'est un ~ avéré. (*Das steht fest.*) / ~ **brutal** *nackte Tatsache* / ~s **éloquents** *Tatsachen, die für sich sprechen* / ~ **établi** *feststehende Tatsache* / ~ **évident, manifeste, patent** *offenkundige Tatsache*: C'est un ~ patent. (*Es liegt auf der Hand.*) / ~ **incontestable, indubitable** *unbestreitbare, unwiderlegbare, unbestrittene Tatsache* / ~ **notoire** *allgemein bekannte Tatsache* / ~ **reconnu** *allgemein anerkannte Tatsache* / ~s **vrais** *wahre Tatsachen; tatsächliche Geschehnisse*

défigurer, déformer, dénaturer les ~s *die Tatsachen entstellen, verdrehen*: Jean Maître n'hésitera pas à défigurer les ~s si cela peut lui être utile. / c'est un ~ *das ist eine Tatsache*: Lucien Quesnel est intelligent, c'est un ~. Mais son caractère laisse à désirer. / le ~ **est que** ... *Tatsache ist, daß ...*: Il est difficile de juger après coup de la vérité de ce qu'il a dit; le ~ est que le tribunal lui a donné raison. / **exposer, énoncer** les ~s *den Sachverhalt darlegen*: Mon rôle est de vous exposer les ~s; je ne suis pas là pour vous convaincre. / s'**incliner** devant les ~s *sich den Tatsachen beugen*: Il ne voulait pas le croire, mais il lui a fallu s'incliner devant les ~s. / **masquer, voiler** les ~s *die Tatsachen verschleiern*: Son rapport masque les ~s, à mon avis. / **placer** qn devant les ~s *j-m die Tatsachen vor Augen halten*: Nous avons placé Letourneur devant les ~s; il a bien dû reconnaître son erreur. / s'en **rapporter** aux ~s *sich an die Tatsachen halten*: Je préfère m'en rapporter aux ~s. / **reconnaître** les ~s *die Tatsachen zugeben*: Le détenu ne veut pas reconnaître les ~s.

famille f *Familie*
de **bonne** ~ *aus gutem Hause* / ~ **désunie** *entzweite, zerstrittene Familie* / ~ **éloignée** *entfernte Verwandtschaft* / ~ **nombreuse** *kinderreiche Familie* / ~ **proche** *nahe Verwandtschaft* / ~ **unie** *einträchtig zusammenlebende Familie*

ne pas **avoir** de ~ *kein Zuhause haben*: Le jugement du tribunal devra tenir compte du fait que l'accusé n'a jamais eu de ~. / être **chargé** de ~ *eine Familie zu ernähren haben*: Je ne peux pas agir comme vous. J'ai les mains liées, je suis chargé de ~. / **entrer** dans, s'**apparenter** à une ~ *in eine Familie einheiraten:* Jean-Claude n'a plus de soucis. Il est entré dans une ~ très riche. / **être dans** la ~ *in der Familie liegen:* Guy est extrêmement ambitieux. C'est dans la ~. / **être de** la même ~ *aus derselben Familie stammen:* À entendre parler les deux cousins, on a du mal à croire qu'ils sont de la même ~. / **faire partie** de la ~ *zur Familie gehören:* Permettez que je vous présente Monsieur Trotin. Il fait partie de la ~. / **sortir** d'une ~ honorable *aus einer ehrbaren Familie stammen:* On ne dirait pas qu'il sort d'une ~ honorable.

fanfare f *Fanfare*
~ **éclatante** *schmetternde Fanfare*

fanfaron m *Aufschneider*
faire le ~ *aufschneiden, prahlen, großtun:* Ne vous laissez pas impressionner par lui. Il fait le ~, voilà tout.

fanion m *Fähnchen*
agiter des ~s *Fähnchen schwenken:* Sur le passage du président, des enfants agitaient des ~s aux couleurs du pays.

fantôme m *Gespenst*
croire aux ~s *an Gespenster glauben:* Tu ne me diras pas que tu crois aux ~s! / la maison est **hantée** par les ~s *in dem Haus spukt es:* La vieille bonne du château prétend que l'aile gauche du bâtiment est hantée par les ~s.

farce f *Farce, Streich, Schabernack*
bonne ~ *lustiger, gelungener Streich* / **grosse** ~ *plumper, grober Scherz* / **mauvaise** ~ *übler Streich*
faire une ~ à qn *j-m einen Streich spielen:* Les élèves croyaient faire une petite ~ à leur institutrice et ne pensaient pas qu'elle allait se fâcher de la sorte. / **faire des** ~s *Unsinn machen; Schabernack treiben:* Guy n'est pas un mauvais élève, mais il fait sans cesse des ~s en classe. / **tourner** à la ~ *zu einer Farce werden:* Si vous révélez aux étudiants les sujets que vous allez proposer à l'examen, celui-ci tournera à la ~.

fardeau m *Last, Bürde*
~ **écrasant** *erdrückende Last* / ~ **pesant** *drückende, schwere Last; schwere Bürde*
alléger le ~ *die Last verringern:* Ces aménagements fiscaux ont pour but d'alléger un tant soit peu le ~ des contribuables. / **plier, ployer** sous le ~ *unter der Bürde, Last ächzen, stöhnen:* Depuis qu'on lui a confié la direction de l'usine, il plie sous le ~ des responsabilités. / **soulager** qn de son ~ *j-n entlasten:* Une jeune fille s'occupe de temps en temps des enfants de Louise. Cela la soulage un peu de son ~.

fascination f *Faszination*
exercer une ~ sur qn *auf j-n eine Faszination ausüben:* Gilbert Artoux, dans cette pièce de théâtre, a exercé une très grande ~ sur son public.

fatalité f *Schicksal*
une **inéluctable** ~ *ein unabwendbares Schicksal*
la ~ a **voulu** que ... *das Schicksal wollte es, daß ...:* La ~ a voulu que je le rencontre en pleine Espagne.

fatigue f *Müdigkeit*
être **accablé, écrasé, brisé, mort** de ~ *todmüde sein; völlig erschöpft sein:* Après ces trois jours de marche à travers la jungle, nous étions accablés de ~. / **éprouver** une grande ~ *große Müdigkeit verspüren; sehr müde sein:* Après avoir écrit la lettre, il éprouva une très grande ~. / **lutter** contre la ~ *gegen die Müdigkeit ankämpfen:* Madeleine essaya en vain de lutter contre la ~. / se **reposer** de la ~, des ~s de qc *sich von den Strapazen (+ Gen) erholen:* Le premier jour à Tunis, nous nous sommes reposés des ~s du voyage. / **succomber** à la ~ *von (der) Müdigkeit übermannt werden:* À la fin de la fête, mon fils avait succombé à la ~ et s'était endormi. / **tomber** de ~ *vor Müdigkeit umfallen:* Le soir, inutile de lui demander quoi que ce soit. Il tombe de ~.

faute f *Fehler, Schuld*
~ **capitale** *kapitaler, grundlegender Fehler* / ~ **énorme** *krasser Fehler* / ~ **grave** *schwerwiegender, schwerer, gravierender Fehler* / **grosse** ~ *dicker Fehler* / ~ **grossière; lourde** ~ *schwerer, grober Fehler* / ~ **impardonnable, inexcusable, irrémissible (pardonnable)** *unverzeihlicher (verzeihlicher) Fehler* / ~ **insignifiante, vénielle** *leichter Fehler* / ~ **involontaire** *unabsichtlicher Fehler* / ~ **irrémédiable, irréparable** *nicht wiedergutzumachender Fehler* / ~ **légère** *leichter Fehler; leichte Fahrlässigkeit* / ~ **monumentale** *kolossaler Fehler*
attribuer, imputer une ~ à qn *j-m einen Fehler zuschreiben, eine Schuld zuweisen:* C'est à vous qu'on attribue cette ~. / **avouer, confesser, reconnaître** une ~ *einen Fehler eingestehen, zugeben:* Avouez votre ~! C'est un conseil que je vous donne. / **commettre** une ~ *einen Fehler begehen:* Monsieur Babey, vous avez commis là une ~ impardonnable. / **corriger, rectifier** une ~ *einen Fehler korrigieren:* Je me suis permis de corriger quelques ~s qui s'étaient glissées dans votre rapport. / se **corriger** de ses ~s *sich seiner Fehler abgewöhnen:* C'est un bon garçon un peu étourdi. Il promet toujours de se corriger de ses ~s, mais il oublie vite ses bonnes intentions. / **couvrir** une ~ *einen Fehler beschönigen, bemänteln:* Inutile de chercher à couvrir votre ~. Il vaut mieux chercher à sortir de l'impasse. / **être en** ~ *im Unrecht sein:* Il ne reconnaîtra jamais qu'il est en ~. / **c'est (de)** sa ~ *das ist seine Schuld:* Écoutez, s'il n'a pas réussi à l'examen,

fauteuil

ce n'est pas de ma ~. / **c'est par** sa ~ que ... *er ist schuld daran, daß ...:* C'est par sa ~ que le terrain de football a été vendu. / **faire** une ~ *einen Fehler machen:* Rien que dans la dernière ligne, tu as fait cinq ~s d'orthographe. / **regretter** une ~ *einen Fehler bedauern:* Nous regrettons vivement la ~ que nous avons commise. / se **renvoyer** la ~ *sich gegenseitig die Schuld zuschieben:* Les deux accusés se renvoyaient la ~. / **réparer** une ~ *einen Fehler wiedergutmachen:* Vous avez détruit sa confiance et vous vous imaginez que c'est avec de l'argent que vous pourrez réparer votre ~! / faire **retomber** la ~ sur qn *die Schuld auf j-n schieben, abwälzen:* Vous ne pouvez pas faire retomber la ~ sur Madame Pommard. / la ~ **revient, incombe** à ... *schuld ist ...:* C'est vrai, Hervé manque de caractère, mais la ~ en incombe certainement à l'éducation qu'il a reçue. / se **sentir** en ~ *sich schuldig, im Unrecht fühlen:* Moi, je n'ai pas eu l'impression qu'il se sente en ~. / **(sur)prendre** qn en ~ *j-n bei einem Fehler, Verstoß ertappen:* Je ne peux pas croire qu'on ait surpris Madame Cevin en ~.

fauteuil m *Sessel*

s'**affaler, tomber,** se **carrer** dans un ~ *sich in einen Sessel fallen lassen:* Il est entré, n'a dit bonjour à personne, s'est affalé dans un ~ et a regardé en l'air comme si de rien n'était. / s'**installer** dans un ~ *sich in einem Sessel niederlassen:* Il se déchaussa et s'installa dans un ~. / se **mettre,** s'**asseoir** dans un ~ *sich in einen Sessel setzen:* Le commissaire s'est mis dans un ~ et a regardé la télé.

faveur f *Gunst, Vergünstigung, Gefallen*

~ **insigne** *ganz besondere Gunst* / de **menues** ~s *kleine Vergünstigungen*
accorder, faire une ~ à qn *j-m eine Vergünstigung gewähren; j-n bevorzugt behandeln:* Dites que vous êtes mon ami et on vous accordera cette ~. / **accorder ses** ~s à un homme *einem Mann seine Gunst schenken:* J'adore Mademoiselle Hazael, mais elle, elle accorde ses ~s à un jeune Polonais. / **demander, solliciter** une ~ à qn *j-n um einen Gefallen bitten:* Vous me demandez là une ~ que je ne peux pas vous accorder. / **dispenser** des ~s, **accorder** une ~ à qn *j-m eine Gunst erweisen:* Monsieur le Consul, vous m'avez accordé une très grande ~ et je vous en remercie infiniment. / **être** en ~ auprès de qn; **avoir** la ~ de qn *bei j-m in Gunst stehen:* Adressez-vous à Monsieur Mallejac, il est en ~ auprès du ministre. / **faites**-moi la ~ de ... *tun Sie mir den Gefallen und ...:* Je vous en prie: faites-moi la ~ d'écrire la lettre en votre nom. / se **prononcer,** **déclarer** en ~ de qn, de qc *sich für j-n, etw aussprechen:* Le président Corbusier s'est prononcé en ~ de votre candidature.

fée f *Fee*

~ **bienfaisante; bonne** ~ *gute Fee* / ~ **malfaisante; méchante** ~ *böse Fee*

félicitations fpl *Glückwünsche*

~ **chaleureuses** *herzliche Glückwünsche*
adresser, faire, présenter des, ses ~ à qn *j-m seinen Glückwunsch, seine Glückwünsche aussprechen:* Nous vous présentons nos ~ les plus cordiales à l'occasion du cinquantième anniversaire de votre société.

femme f *Frau*

~ **acariâtre** *zänkisches Weib* / ~ **facile** *leicht herumzukriegende Frau* / ~ **bien fichue** (F) *gut gebaute Frau* / ~ **plantureuse** *vollbusige, üppige, füllige Frau* / ~ **seule** *alleinstehende Frau*
abuser d'une ~ *eine Frau mißbrauchen:* Il a été condamné pour avoir abusé d'une jeune ~. / **courir** les ~s (F) *hinter den Weibern her sein:* Il a à peine dix-huit ans et court déjà les ~s. / **devenir** ~ *(zur) Frau werden:* Pendant cette année où j'étais absent, Claire est devenue ~. / **être** ~ **à** ... *durchaus die Frau sein, die ...; ganz der Typ von Frau sein, der ...:* Ne vous trompez pas, elle est ~ à s'imposer même dans un cercle réservé jusqu'alors aux hommes. / **être très** ~ *sehr fraulich sein:* Bien qu'elle occupe un poste traditionnellement masculin, elle est très ~. / elle **fait** déjà très ~ *sie wirkt schon sehr fraulich, weiblich:* Quel âge a votre fille? – Treize ans, mais elle fait déjà très ~. / **lever** une ~ (F) *eine Frau aufreißen:* Peu après son arrivée à Bangkok, il avait déjà levé une ~. / **prendre** ~ *heiraten:* Mon oncle avait émigré au Canada et pris ~ là-bas. / **prendre pour** ~ *zur Frau nehmen:* Jean-Claude a pris pour ~ une personne très riche qui a quinze ans de plus que lui.

fenêtre f *Fenster*

~ **grande ouverte** *sperrangelweit offenes Fenster* / ~ **grillée, grillagée** *vergittertes Fenster*
calfeutrer les ~s *die Fenster abdichten:* Vous pouvez économiser de l'énergie en calfeutrant les ~s en hiver. / **entrebâiller** une ~ *ein Fenster leicht, einen Spalt öffnen; (auch) ein Fenster kippen:* Si tu laisses sans cesse la ~ entrebâillée, tu gaspilles la chaleur. / **entrer** par la ~ *(durch das, ein Fenster) einsteigen:* Le voleur doit être entré par là. / **laver** les ~s *die Fenster putzen:* Il faut que je lave les ~s cette semaine même. / la ~ **ouvre, donne** sur ... *das Fenster geht auf ... hinaus:* Les ~s des chambres donnent sur le jardin, c'est très tranquille la nuit.

fente f *Schlitz*

glisser, introduire qc dans une ~ *etw in einen Schlitz stecken:* La pièce que j'ai glissée dans la ~ du distributeur automatique est malheureusement restée coincée.

fer m *Eisen*

~ **forgé** *Schmiedeeisen* / ~ **rouge** *glühendes Eisen*

battre le ~ (*fig.*) *das Eisen schmieden:* Il faut battre le ~ pendant qu'il est chaud (*Sprichwort*).
ferme f *Bauernhof*
exploiter une ~ *einen Bauernhof bewirtschaften:* Gabriel Bayle s'est retiré à la campagne où il exploite une ~ au lieu d'écrire des livres.
fermeté f *Festigkeit*
~ **inflexible** *Unnachgiebigkeit*
fermeture f *Verschluß*
~ **étanche, hermétique** *hermetischer Verschluß*
ferraille f *Schrott, Alteisen*
être bon pour la ~ *schrottreif sein:* Les avions de cette compagnie sont bons pour la ~. / **mettre** à la ~ *verschrotten:* Malheureusement, nous avons dû mettre notre voiture à la ~. / **récupérer** de la ~ *Alteisen sammeln:* Les premières années après la guerre, j'ai récupéré de la ~ pour me faire un peu d'argent de poche.
fessée f *Prügel (auf den Hintern)*
une **bonne** ~; une ~ **magistrale** eine tüchtige Tracht Prügel
donner, administrer, appliquer une ~ à qn *j-n übers Knie legen, versohlen:* Monsieur Julot n'avait jamais battu ses enfants de sa vie; mais cette fois, il a administré une bonne ~ à son fils. / **recevoir** une ~ *ein paar auf den Hintern bekommen; versohlt werden:* Si tu n'arrêtes pas de m'agacer, tu recevras une bonne ~.
fesses fpl *Hintern* (F)
botter les ~ à qn (F) *j-n in den Hintern treten:* Billy m'a botté les ~, alors moi, je lui ai démoli la façade.
fête f *Fest, Feiertag*
~ **brillante, éblouissante** *glanzvolles Fest* / ~ **carillonnée** (*rel*) *hohes Fest* / ~ **fixe** *fester, unbeweglicher Feiertag* / ~ **intime** *Fest in kleinem Kreis* / ~ **légale** *gesetzlicher Feiertag* / ~ **mobile** *beweglicher Feiertag* / ~ **nationale** *Nationalfeiertag*
donner, offrir une ~ (en l'honneur de qn) (*j-m zu Ehren*) *ein Fest geben:* Le 16 mai, Madame Back donnera une ~ en l'honneur du président Pointeau. / **être** à la ~ *beim Fest dabeisein; mitfeiern:* Ton ami, sera-t-il de la ~ demain? / **faire** la ~ *ordentlich feiern:* À la fin du service militaire, on va faire la ~, je t'assure.
feu[1] m *Feuer*
~ **ardent** *glühendes Feuer* / à ~ **doux**; à petit ~ *auf kleiner Flamme* / ~ **pétillant** *prasselndes Feuer* / à ~ **vif** *auf großer Flamme; bei starker Hitze*
aller au ~ *feuerfest sein:* C'est une casserole qui va au ~. / **allumer** le ~ *das Feuer anzünden,* (F) *anmachen:* J'ai disposé les bûches dans la cheminée. Vers le soir, tu n'auras qu'à allumer le ~. / **attiser** le ~ *das Feuer schüren:* Peux-tu attiser le ~, s'il te plaît? Nous devons absolument éviter qu'il s'éteigne. / il y a le ~ *es brenne:* Hier soir, il y a eu le ~ au village. / j'ai la **bouche, la gorge en** ~ (*fig*) *meine Kehle, mein Mund brennt wie Feuer:* J'ai mis trop de piment dans le potage; j'ai la gorge en ~ maintenant. / **circonscrire** le ~ *das Feuer eindämmen:* Ce n'est qu'au bout de plusieurs heures que les pompiers ont réussi à circonscrire le ~. / le ~ **couve** *das Feuer schwelt* (*auch fig*): Ne vous y trompez pas, le ~ de la révolte couve. / **craindre** qc comme le ~ *etw fürchten wie die Pest:* Le gouvernement craint le chômage comme le ~. / le ~ **crépite** *das Feuer prasselt:* Dans la nuit toute calme, on entendit crépiter le ~. / **crier** au ~ *„Feuer" rufen:* Ma mère, voyant les rideaux en flammes, cria au ~. / **donner** du ~ à qn *j-m Feuer geben:* Il offrit une cigarette russe à son interlocuteur et lui donna du ~. / **entretenir** le ~ *das Feuer nicht ausgehen lassen:* Pour écarter les fauves, nous avons dû entretenir le ~ toute la nuit. / **éteindre** le ~ *das Feuer löschen:* Deux seaux d'eau versés sur le ~, et il s'éteignit. / le ~ **s'éteint** *das Feuer geht aus:* Fais attention que le ~ ne s'éteigne pas. / **être en** ~ *in Flammen stehen:* Aidez-moi, ma machine à laver est en ~! / **être tout** ~ **tout flamme** (*fig*) (*ganz*) *Feuer und Flamme sein:* Elle était tout ~ tout flamme pour son programme. / **faire** du ~ *Feuer machen:* La paysanne avait fait du ~ dans la cheminée et la marmite commençait à bouillir. / **se jeter** dans le ~ pour qn (*fig*) *für j-n durchs Feuer gehen:* Je me jetterais dans le ~ pour mon ami. / **mettre** le ~ à qc *etw in Brand setzen, stecken; anzünden:* Les paysans révoltés mirent le ~ au château. / **mettre sur** le ~ *aufs Feuer, auf den Herd stellen:* Véronique, va mettre la marmite sur le ~. / **prendre** ~ *Feuer fangen:* Le grenier prit feu avant que les pompiers n'arrivent. / le ~ **progresse,** se **propage** *das Feuer breitet sich aus, greift um sich:* Le ~ a vite progressé dans le bois desséché. / **ranimer** le ~ *das Feuer wieder anfachen* (*auch fig*): Ses publications ont ranimé le ~ de la révolution. / le ~ **se ranime** *das Feuer lodert wieder auf* (*auch fig*): Le ~ se ranima une dernière fois avant de s'éteindre définitivement. / **raviver** le ~ *das Feuer (wieder) anfachen:* Le vent a ravivé le ~. / **retirer** du ~ *vom Feuer, Herd nehmen:* Peux-tu retirer le potage du ~, s'il te plaît? / **vomir** le ~ *Feuer speien* (*Vulkan, Drache*): Notre bateau est passé au large de l'Etna qui était en éruption juste à ce moment-là, vomissant le ~ et des gerbes de lave.
feu[2] m (*Verkehrs*)*Ampel*
~ **rouge, orange, vert** *Rotlicht, gelbes Licht, grünes Licht (der Ampel)* / ~x **tricolores** *Verkehrsampel*(n)
brûler, (F) **griller** le ~ *rouge (das) Rotlicht, die*

feu

rote Ampel überfahren; bei Rot durchfahren: J'ai eu une contravention pour avoir brûlé un ~ rouge. / le ~ **passe** au rouge (au vert, à l'orange) die Ampel wird rot (grün, gelb): Vous n'aviez pas vu que le ~ était passé au rouge?

feu³ m (mil) Feuer

~ **continu, roulant** Trommelfeuer / ~ **nourri** anhaltender Beschuß
être sous le ~ de l'ennemi unter feindlichem Feuer, Beschuß stehen: Depuis ce matin, la compagnie est sous le ~ de l'ennemi. / **faire** ~ Feuer geben; feuern: Les premiers soldats commencèrent à faire ~ sur les attaquants. / **ouvrir** le ~ das Feuer eröffnen: L'ennemi avait ouvert le ~ sur notre mitrailleuse. / se **trouver, être pris** entre deux ~x (fig) zwischen zwei Feuern stehen: Mon chef a hésité trop longtemps à se décider. Maintenant, il se trouve entre deux ~x.

feu d'artifice m Feuerwerk

tirer un ~ ein Feuerwerk abbrennen: Le ~ du 14 Juillet sera tiré de l'autre côté de la rivière à partir de 10 heures.

feuillage m Laub

~ **bruissant** raschelndes Laub / ~ **épais, touffu** dichtes Laub

feuille¹ f Blatt; pl (auch) Laub

~s **caduques** abfallende Blätter / ~ **flétrie** welkes Blatt / ~s **jaunes** Herbstlaub; welke Blätter / ~s **mortes** welkes Laub / ~s **persistantes** immergrüne Blätter
les ~s (mortes) **jonchent** le sol Laub bedeckt den Boden: Les allées du parc étaient jonchées de ~s mortes. / les ~s **murmurent** das Laub säuselt; die Blätter säuseln: Les ~s des arbres de l'allée murmuraient au vent. / **ramasser, râteler** des ~s Laub zusammenrechen, -harken: Didier, peux-tu ramasser les ~s dans le jardin?

feuille² f Blatt (Papier)

~ **blanche, vierge** unbeschriebenes, leeres Blatt / ~s **détachées** lose Blätter / ~ **double** Doppelblatt / ~ **simple** einfaches Blatt / ~ **volante** loses Blatt
arracher une ~ ein Blatt herausreißen: Arrache la ~ et recommence.

fiançailles fpl Verlobung

rompre ses ~ die Verlobung lösen; sich entloben: Au bout de trois semaines déjà, ils ont rompu leurs ~.

fiasco m Fiasko

faire ~ völlig scheitern; ein Fiasko erleiden: Son premier essai a fait ~.

ficelle f Schnur, Bindfaden

attacher, lier avec une ~ zusammenbinden: J'avais attaché le paquet avec une ~ trop mince. / les ~s s'**embrouillent** die Schnüre verheddern sich: Faites attention à ce que les ~s ne s'embrouillent pas. / **défaire** la ~ die Schnur aufbinden, aufmachen: Elle n'arrivait pas à défaire la ~ du paquet. / **entourer** qc d'une ~ etw verschnüren: Le colis était entouré d'une ~ de nylon.

fiche f Zettel

inscrire qc sur une ~ etw auf einen Zettel schreiben: N'oubliez pas d'inscrire votre profession sur la ~ d'hôtel. / **remplir** une ~ einen Zettel ausfüllen: Voulez-vous remplir la ~ d'inscription, s'il vous plaît?

fichier m Kartei

constituer, établir un ~ eine Kartei anlegen: Je vous recommande de vous constituer un ~. / **tenir** un ~ eine Kartei führen: C'est vous qui tenez le ~?

fidélité f Treue

~ **éprouvée** altbewährte Treue / ~ **inaltérable, irréprochable** unverbrüchliche Treue
jurer ~ à qn j-m Treue schwören: Le petit groupe de combattants avaient juré une ~ absolue à leur chef.

fierté f Stolz

~ **indomptable** nicht zu brechender Stolz
blesser la ~ de qn j-s Stolz verletzen: Votre refus a dû blesser sa ~. / **tirer** ~ de qc stolz auf etw sein: Ce livre, il en tire ~ et ce, à juste titre.

fièvre f Fieber

forte, grosse ~ heftiges, hohes Fieber / ~ **persistante, rebelle** hartnäckiges Fieber
avoir, faire de la ~ Fieber haben: Mon mari a de nouveau de la ~. / **brûler** de ~ fieberheiß sein: Elle avait les mains qui brûlaient de ~. / la ~ a **cessé**, a **disparu** er, sie, es ist fieberfrei: Heureusement, depuis ce matin, la ~ a cessé. / être **consumé** de ~ vom Fieber verzehrt sein, werden: Il était maigre, tout consumé de ~ et ses yeux brillaient étrangement. / **couper, faire tomber** la ~ das Fieber nehmen, senken: Le médicament qu'on lui a donné a coupé la ~, mais elle reste très faible. / **donner** de la ~ Fieber verursachen: Cette piqûre vous donnera un peu de ~. / la ~ **grimpe** das Fieber steigt rasch (an): La ~ a grimpé et j'ai commencé à transpirer terriblement. / la ~ **monte** das Fieber steigt: La ~ est montée à trente-neuf trois. / la ~ l'a **pris** er bekam Fieber: Hier soir, la ~ l'a prise de sorte qu'elle a dû se mettre au lit. / la ~ **tombe** das Fieber geht zurück: Peu à peu, la ~ est tombée à trente-huit.

figure¹ f Gesicht

envoyer qc à, dans la ~ de qn j-m etw ins Gesicht schleudern: Elle prit le billet et l'envoya à la ~ de son interlocuteur. / s'**éponger** la ~ sich das Gesicht abwischen, abtrocknen: L'escrimeur soulève le masque et s'éponge la ~.

figure² f Aussehen, Figur

avoir bonne ~ gesund aussehen: Le divorce ne semble pas trop le toucher, il a bonne ~. / ne plus **avoir** ~ **humaine** völlig entstellt sein:

Après son accident, il n'avait plus ~ humaine. / **faire ~ de** qc *wirken wie etw; angesehen werden als etw:* Cette fleur fait ~ d'orchidée parmi toutes les marguerites. / **faire bonne ~** *eine gute Figur machen:* Je n'avais pas pensé qu'il ferait si bonne ~ dans le poste de directeur adjoint. / **faire piètre, triste ~** *eine klägliche, traurige Figur machen, abgeben:* Il faut avouer qu'elle a fait piètre ~ à l'examen.

fil[1] m *Faden*
~ **délié, mince, ténu** *feiner, dünner Faden* être **cousu de ~ blanc** *(fig) fadenscheinig sein:* Nous trouvons que ces arguments sont cousus de ~ blanc. / ne **tenir** qu'à un ~ *(fig) an einem seidenen Faden hängen:* Dans cette situation, notre vie ne tenait qu'à un ~.

fil[2] m *(Leit)Faden*
~ **conducteur** *roter Faden*
perdre le ~ *den Faden verlieren:* Il commence à tout oublier et à perdre sans cesse le ~ de la conversation. / **reprendre** le ~ de son discours, de ses rêves, etc. *den Faden seiner Rede, seiner Gedanken usw. wieder aufgreifen:* Dérangé un moment par un importun, Yves n'aspirait qu'à reprendre le ~ de sa songerie interrompue.

fil[3] m *Draht*
~ **conducteur** *Leitungsdraht* / ~ **isolé** *isolierter Draht* / ~ **nu, dénudé** *blanker Draht* / ~ **plastifié** *Kunststoffkabel*

file f *Reihe, Schlange*
~ **ininterrompue, interminable** *endlose Schlange*
marcher à la, en ~ **indienne; se suivre** à la ~ *im Gänsemarsch gehen; hintereinander gehen:* À la fin, nous avons dû marcher à la ~ indienne parce que le sentier était devenu très étroit. / se **mettre** à la, **prendre** la ~ *sich (hinten) anstellen:* Mets-toi à la ~ pendant que je vais chercher Antoinette. / se **ranger** en ~ *sich in einer Reihe, hintereinander aufstellen; eine Reihe bilden:* Les automobilistes se sont rangés en

filet m *Netz*
jeter, lancer le ~ *das Netz auswerfen:* Le pêcheur arrêta le moteur et lança le ~. / **lever, remonter** les ~s *die Netze einholen:* Les pêcheurs levèrent les ~s peu avant la tombée de la nuit. / **radouber, réparer, rem(m)ailler** un ~ *ein Netz flicken:* Le port était désert; seuls quelques pêcheurs étaient là, assis sur le quai, en train de remmailler leurs ~s. / **tendre** un ~ *ein Netz spannen (auch fig):* La police avait déjà tendu le ~ où le malfaiteur allait se laisser prendre. / **tomber** dans les ~s de qn *(fig) j-m ins Netz gehen:* Il est tombé dans les ~s d'un maître-chanteur qui a bien l'intention de lui extorquer sa fortune jusqu'à son dernier centime. / **travailler** sans ~ *1. (Artist) ohne Netz arbeiten; 2. (fig) große Gefahren auf sich nehmen:* Dans cette affaire, Monsieur Fray travaille sans ~. Il a du courage, je trouve.

fille[1] f *Mädchen*
~ **facile** *leichtfertiges Mädchen* / **jeune ~** *junges Mädchen* / ~ **perdue** *gefallenes Mädchen*
courir les ~s *hinter den Mädchen her sein:* Jean-Philippe, avec ses dix-sept ans, court les ~s comme le faisait son père à son époque. / **draguer** les ~s (F) *Mädchen aufreißen (wollen):* Toute la semaine, ils travaillent comme des nègres et le samedi, ils vont en ville draguer les ~s. / **fréquenter** une jeune ~ *mit einem Mädchen gehen:* Jean-Pierre fréquente une jeune ~ du village voisin. / **lâcher** une ~ (F) *ein Mädchen sitzenlassen:* C'est la troisième ~ que Gilbert a lâchée. / **lever** une ~ (F) *ein Mädchen aufreißen:* Ce soir-là, j'avais levé une très jolie ~.

fille[2] f *Tochter*
~ **aînée** *älteste Tochter* / ~ **cadette** *jüngere, jüngste Tochter* / ~ **naturelle** *außereheliche, uneheliche Tochter* / ~ **unique** *einzige Tochter*

film m *Film*
~ **documentaire** *Kulturfilm* / ~ **éducatif** *Lehrfilm* / le **grand ~** *der Hauptfilm, Spielfilm* / ~ **muet** *Stummfilm* / ~ **parlant, sonore** *Tonfilm* / ~ **policier** *Kriminalfilm* / ~ **publicitaire** *Werbefilm*
développer un ~ *einen Film entwickeln:* Pouvez-vous me développer le ~ avant jeudi? / **doubler** un ~ *einen Film synchronisieren:* Le ~ a été doublé à Marseille. / **jouer, donner** un ~ *einen Film bringen, zeigen:* Au «Palais du Cinéma» on joue le ~ «Les myopes». On y va ce soir? / **mettre** un ~ (dans l'appareil photo) *einen Film einlegen:* As-tu déjà mis un nouveau ~ dans l'appareil? / un ~ **passe** *ein Film läuft:* Le ~ «Henri IV» passe actuellement au «Roi Christophe». / **produire** un ~ *einen Film produzieren:* Ce ~ a été produit avant la guerre déjà. / **sonoriser** un ~ *einen Film vertonen:* Avez-vous l'intention de sonoriser le ~ de vos vacances en Tunisie? / **tourner** un ~ *einen Film drehen:* Le ~ sera tourné en Yougoslavie.

filou m *Spitzbub*
un **parfait ~** *ein ausgemachter Spitzbub*

fils m *Sohn*
~ **aîné** *ältester Sohn* / ~ **cadet** *jüngerer, jüngster Sohn* / ~ **dénaturé; mauvais ~** *mißratener Sohn* / ~ **indigne** *undankbarer Sohn* / ~ **naturel, illégitime** *außerehelicher, unehelicher Sohn* / je suis son ~ **spirituel** *er ist mein geistiger Vater* / ~ **unique** *einziger Sohn*
donner un ~ à son mari *seinem Mann einen Sohn schenken:* Ma tante avait donné sept ~ à mon oncle.

fin f *Ende, Tod*

fin

~ **prématurée** *verfrühtes Ende; zu früher Tod* / ~ **tragique** *tragischer Tod*
approcher de la ~ *sich seinem Ende nähern; zu Ende gehen:* La belle saison approche de la ~, on le sent bien. / la ~ de qc **approche** *das Ende (+ Gen) rückt näher; etw geht dem Ende zu:* La ~ de la dictature approche à grands pas. / **avoir, trouver** une ~ (+ *adj*) *ein (+ adj) Ende, einen (+ adj) Tod finden:* On n'aurait jamais cru qu'elle trouverait une ~ si prématurée. / **avoir, faire** une **belle** ~ *einen schönen Tod haben:* À l'âge de quatre-vingt-treize ans, mon père, tout simplement, ne s'est plus réveillé un beau matin. Il a vraiment fait une belle ~. / **mener** qc à **bonne** ~ *etw zu einem guten, glücklichen Ende führen:* Il a accepté la direction du projet et il le mènera à bonne ~, je vous le garantis. / **mettre** ~ à qc *einer Sache ein Ende bereiten, setzen:* Il faut que vous mettiez ~ à ces discussions interminables. / **mettre** ~ à ses jours *seinem Leben ein Ende bereiten; sich das Leben nehmen:* Il avait plusieurs fois essayé de mettre ~ à ses jours sans y parvenir. / **prendre** ~ *ein Ende nehmen, haben; zu Ende gehen:* Le congrès prendra ~ vendredi dans la matinée. / **siffler** la ~ du match *das Spiel abpfeifen:* Selon ma montre, l'arbitre a sifflé la ~ du match trop tôt. / **toucher, tirer** à sa ~ *zur Neige, zu Ende gehen:* Nos provisions touchent peu à peu à leur ~.

fin² f *Ziel, Zweck*
arriver, parvenir, en **venir** à ses ~s *sein Ziel erreichen; seinen Willen durchsetzen:* Je vous ai toujours dit qu'il était assez obstiné pour arriver à ses ~s. / la ~ **justifie** les moyens *(Sprichwort) der Zweck heiligt die Mittel:* Je n'ai pas à m'excuser. La ~ justifie les moyens. / se **proposer** une ~ *sich ein Ziel setzen, stecken:* Les ~s que se propose le gouvernement ne pourront être réalisées qu'au prix de certaines mesures d'austérité.

finale f (*Sport*) *Finale*
arriver en ~; se **qualifier** pour la ~ *ins Finale kommen; sich fürs Finale qualifizieren:* Figure-toi, Ariel est arrivé en ~! / **disputer, jouer** la ~ *im Finale sein, spielen:* Notre équipe disputera la ~ dans quinze jours contre Saint-Étienne. / **remporter** la ~ *das Finale gewinnen:* André Déjou a remporté la ~ pour la troisième fois.

finesse f *Feinheit*
connaître les ~s de qc *alle Feinheiten, Finessen einer Sache kennen:* N'oubliez pas qu'il connaît les ~s du métier.

fisc m *Steuerbehörde*
frauder le ~ *Steuern hinterziehen:* Madame Durvin est accusée d'avoir fraudé le ~.

flair m *Spürsinn*
avoir du ~ *den richtigen Riecher haben:* Ils ont eu du ~ d'acheter une maison dans ce quartier.

Entre-temps, les prix des terrains ont doublé.

flamme f *Flamme*
~ **dansante, vacillante** *flackernde, züngelnde Flamme*
baisser la ~ *die Flamme herunterdrehen, kleinstellen:* Marguerite, baisse la ~ sous le potage! / être **dévoré** par les ~s *niederbrennen:* Trois maisons ont été dévorées par les ~s. / des ~s s'**élèvent, montent** *Flammen lodern auf, schlagen hoch:* Les ~s de l'incendie s'élevaient droit dans le ciel. / **être** en ~s *in Flammen stehen; lichterloh brennen:* En moins d'un quart d'heure, le magasin était en ~s. / des ~s **jaillissent** *Flammen schlagen, schießen hoch:* Le bateau a explosé et, peu après, les ~s ont jailli sur toute la longueur du pont. / **lancer** des ~s (*fig*) *Funken sprühen:* Il était fou de rage. Ses yeux lançaient des ~s. / les ~s **lèchent** qc *die Flammen züngeln an etw hoch:* Peu après l'explosion, les ~s jaillirent des hublots, léchant les parois du bateau. / **passer** à la ~ *kurz über die Flamme halten:* Il suffit de passer les saucisses à la ~ avant de les servir. / **régler** la ~ *die Flamme nachstellen:* Il faut régler la ~ du réchaud. Elle est trop basse. / **tomber** en ~s *brennend abstürzen:* Un avion de la compagnie péruvienne FAUCETT est tombé en ~s dans la jungle. / une ~ **vacille, tremble** *eine Flamme flackert:* La ~ de la bougie vacillait au vent.

flaque f *Pfütze*
marcher dans une ~ d'eau *in eine Pfütze treten:* René, ne marche pas dans toutes les ~s d'eau! / **patauger** dans une ~ *in eine Pfütze steigen; durch eine Pfütze patschen:* C'est curieux comme les enfants adorent patauger dans les ~s.

flatterie f *Schmeichelei*
basse, grossière, vile ~ *niedrige Schmeichelei; Speichelleckerei* / ~ **outrée** *Lobhudelei* / ~ **servile** *Katzbuckelei*

flatteur m *Schmeichler*
vil ~ *Lobhudler, Speichellecker*

fléau m *Plage*
un ~ **sévit** *eine Plage wütet:* Le ~ de la sécheresse sévit maintenant depuis plusieurs années dans cette région.

flèche f *Pfeil*
~ **acérée** *spitzer Pfeil;* (*fig*) *spitze Bemerkung; boshafte Anspielung* / ~ **empoisonnée** *Giftpfeil*
décocher une ~ (contre qn) *1. einen Pfeil auf j-n abschießen; 2. über j-n eine spitze Bemerkung machen:* Les indiens décochaient toute une série de ~s contre les colons. – Il est connu pour décocher des ~s contre ses adversaires politiques. / **lancer** une ~ contre, sur qn *einen Pfeil auf j-n abschießen:* Les pygmées ont lancé quelques ~s contre nous.

flegme m *Gelassenheit, Fassung, Ruhe*

~ **imperturbable** *unerschütterliche Ruhe:* Il a un ~ imperturbable. (*Er ist durch nichts aus der Ruhe, Fassung zu bringen.*) **conserver** son ~ *seine Fassung bewahren; gelassen bleiben:* Cette scène était si comique qu'il avait toutes les peines du monde à conserver son ~. / faire **perdre** son ~ à qn *j-n aus der Fassung bringen:* Cette réponse lui fit perdre son ~.

flemme f (F) *Faulheit*
avoir la, **tirer** sa ~ (F) *faulenzen; keine Lust zum Arbeiten haben:* Alors, combien de temps comptes-tu tirer ta ~?

fleur[1] f *Blume*
~s **coupées** *Schnittblumen* / ~ **fanée** *verwelkte Blume* / ~ **flétrie** *welke, verblühte Blume* / ~ **odorante, odoriférante** *wohlriechende Blume* / ~ **parfumée** *duftende Blume*
cueillir des ~s *Blumen pflücken:* Où as-tu cueilli ces ~s? / **cultiver** des ~ *Blumen züchten:* Mon père est en retraite et ne fait plus que cultiver des ~s. / une ~ **éclot**, s'**épanouit** *eine Blume blüht auf, erblüht:* Regarde la ~ qui commence à s'épanouir. / une ~ se **fane**, se **flétrit** *eine Blume (ver)welkt:* Oh, les belles ~s se sont déjà flétries. / **présenter** des ~s *Blumen überreichen:* Le jeune avocat présenta des ~s à Madame de La Vigne.

fleur[2] f *Blüte*
être en ~(s) *blühen:* Partout les arbres sont en ~. / **être tout** en ~(s) *in voller Blüte stehen:* Le cerisier est tout en ~s.

fleuve m *Fluß*
~ **navigable** *schiffbarer Fluß* / ~ **rapide** *reißender Fluß*
un ~ **aboutit** à, se **jette** dans ... *ein Fluß mündet in ...:* Le rio Usumacinta est un grand ~ qui aboutit à la mer des Caraïbes. / un ~ **arrose, baigne** une ville *eine Stadt liegt an einem Fluß; ein Fluß fließt durch eine Stadt:* À Passau, le Danube est déjà un grand ~ navigable qui baigne ensuite quelques villes industrielles autrichiennes avant d'atteindre Vienne. / **descendre** un ~ *einen Fluß hinunterfahren, -paddeln usw.; flußabwärts fahren:* À la fin de l'expédition, nous avons descendu le ~ en canot pneumatique. / un ~ **grossit** *ein Fluß schwillt (an):* Les ~s ont grossi après les pluies abondantes des deux derniers jours. / **remonter** un ~ *einen Fluß hinauffahren, -paddeln usw.; flußaufwärts fahren:* Vous aurez du mal à remonter le ~ sans moteur.

flocon m *Flocke*
tomber à **gros** ~s *in dicken Flocken fallen:* Toute la nuit, la neige est tombée à gros ~s. / les ~s **voltigent** *die Schneeflocken tanzen:* Devant ma fenêtre, les ~s voltigeaient dans le vent.

flot m *Flut, Strom, Woge, Welle*

~s **agités** *stürmische Wogen* / ~s **écumeux** *schäumende Wogen* / ~s **furieux, tumultueux** *tosende, brausende Wogen, Flut* / ~s **paisibles, tranquilles** *ruhiger Wellengang*
se laisser **bercer, porter** au gré des ~s *sich von den Wellen tragen, auf dem Wasser treiben lassen:* Il fait bon se laisser bercer au gré des ~s. / **couler** à ~s *in Strömen fließen:* La révolte faisait des milliers de morts et de blessés. Surtout ce dimanche néfaste, le sang coula à ~s. / **fendre** les ~s *die Fluten (durch)teilen:* Le croiseur fendait les ~s en direction du cap de Bonne-Espérance. / **répandre** des ~s de sang *Ströme von Blut vergießen:* Les chefs de la répression n'avaient pas hésité à répandre des ~s de sang pour réprimer l'insurrection. / **soulever** les ~s *das Meer aufwühlen:* La tempête a soulevé les ~s. / **verser** des ~s de larmes *Tränenströme vergießen; heiße Tränen weinen:* Le roi, en apprenant la défaite de ses troupes, versa des ~s de larmes.

foi f *Glaube, Vertrauen*
~ **aveugle** *blinder Glaube* / **bonne** ~ *guter Glaube; Treu und Glauben; Redlichkeit:* abuser de la bonne ~ de qn (*j-s Gutgläubigkeit ausnutzen*); agir de bonne ~, en toute bonne ~ (*in gutem Glauben handeln*); être de bonne ~ (*gutgläubig sein*) / ~ **chancelante** *schwankender Glaube* / ~ **inébranlable** *unerschütterlicher Glaube* / **mauvaise** ~ *Böswilligkeit; Unehrlichkeit:* être de mauvaise ~ (*böswillig, unaufrichtig sein*) / ~ **robuste** (*auch iron*) *unerschütterlicher Glaube* / (avoir une) ~ **totale** (en qc) *grenzenloses Vertrauen (in etw haben)* / ~ **vivace** *beharrlicher Glaube*
abjurer sa ~ *seinem Glauben abschwören:* Le pape exigea qu'il abjurât sa ~. / **ajouter** ~ à qc *einer Sache Glauben schenken:* Quant à moi, j'ajoute ~ à ses déclarations. / **avoir** ~ en qn *j-m vertrauen:* Vous pouvez avoir ~ en Madame Colonna. / **avoir** ~ en qc *an etw glauben:* N'avez-vous pas ~ en l'avenir? / **avoir la** ~ *gläubig sein:* Malgré toutes les vicissitudes de sa misérable vie, il a toujours la ~. / **ébranler** la ~ de qn *j-s Glauben erschüttern:* La guerre a ébranlé sa ~. / **mettre** (toute) sa ~ en, dans, qn, qc *in j-n, etw sein (ganzes) Vertrauen setzen:* La nation avait mis toute sa ~ dans son nouveau chef. / **perdre** la ~ *den Glauben verlieren:* Il a abandonné ses études théologiques. Il y a eu un événement qui lui a fait perdre la ~. / **professer** la ~ chrétienne *sich zum christlichen Glauben bekennen:* Il ne professe pas la ~ chrétienne. / **propager** la ~ *den Glauben verbreiten:* Au dix-septième siècle, beaucoup de religieux ont propagé la ~ chrétienne un peu partout dans le monde. / **renier** sa ~; **renoncer** à sa ~ *sich von seinem Glauben lossagen:* Il a renié sa ~ depuis longtemps. / il n'y a que la ~

foin

qui **sauve** (*iron*) *wer's glaubt, wird selig:* Quoi, tu crois ce qu'elle dit? Il n'y a que la ~ qui sauve. / la ~ **soulève, transporte** les montagnes *der Glaube versetzt Berge:* Moi, je ne doute pas que ses vœux se réaliseront. Vous savez bien: la ~ soulève les montagnes.

foin m *Heu*
étaler, retourner, rentrer le ~ (*das*) *Heu* (*aus*)*breiten, wenden, einfahren:* Il faut que j'étale le ~ derrière la grange avant de le rentrer. / **faire** les ~s *heuen; Heu machen:* Les prévisions météorologiques sont mauvaises. J'aime mieux qu'on ne fasse pas encore les ~s.

folie f *Wahnsinn, Verrücktheit*
~ **douce** *Spinnerei, Spleen* / ~ **furieuse** *Tobsucht:* avoir une crise de ~ furieuse *einen Tobsuchtsanfall bekommen* / (c'est de la) **pure** ~ (*das ist*) *reiner Wahnsinn* / une **véritable** ~ *heller Wahnsinn*
aimer qn à la ~ *j-n wahnsinnig lieben:* Paul dit qu'il aime Françoise à la ~. / être **atteint** de, **sombrer** dans la ~ *dem Wahnsinn verfallen* (*sein*): À la fin de ses jours, le grand artiste fut atteint de ~. / **avoir** la, être **pris** par la ~ des grandeurs *größenwahnsinnig sein:* Il a la ~ des grandeurs, me semble-t-il. / **ne pas avoir** la ~ de ... *nicht so töricht sein zu ...:* Vous n'aurez pas la ~ de vendre la maison! / **faire** une ~ *1. eine große Dummheit machen;* 2. (*par ext*) *unsinnig viel Geld ausgeben:* En écoutant cet individu, vous avez fait une très grande ~. Monsieur Breitel, en achetant ce tableau, a fait une ~; il l'a payé trois mille dollars. / **simuler** la ~ *sich verrückt stellen:* Il a réussi à échapper à l'interrogatoire de ses ennemis en simulant la ~.

fonction[1] f *Amt*
~ **honorifique** *ehrenamtliche Tätigkeit* / ~ **subalterne** *untergeordneter Posten*
abandonner, quitter ses ~s; **se démettre** de ses ~s; **résigner** ses ~s *sein Amt niederlegen:* Monsieur de Fries a quitté ses ~s à la fin de l'année. / **s'acquitter** d'une ~ *ein Amt ausfüllen:* Giraud s'est toujours acquitté de ses ~s à la satisfaction générale. / **appeler** qn à une ~ *j-n in ein Amt berufen:* Madame Adam sera appelée à la ~ de directrice du rayon de la chemiserie. / **assumer** une ~; **remplir** des ~s *ein Amt bekleiden:* Pendant les trois dernières années, il a assumé la ~ de directeur adjoint. / **charger** qn d'une, **confier** une ~ à qn *j-m ein Amt übertragen:* Monsieur Lecornu sera chargé de cette nouvelle ~. / **cumuler** des ~s *Ämter anhäufen; mehrere Posten bekleiden:* Je ne veux pas que les membres du conseil d'administration cumulent des ~s. / **démettre, destituer, relever** qn de ses ~s *j-n seines Amtes entheben:* Le sous-secrétaire à la Défense a été destitué de ses ~s. / **demeurer,**

rester en ~ *im Amt bleiben:* Malgré le scandale, le ministre est demeuré en ~. / **entrer** en ~(s); **prendre** ses ~s *das Amt, die Amtsgeschäfte übernehmen:* Est-ce que Monsieur Thibier est déjà entré en ~? / **être** en ~ *im Amt sein; amtieren:* Le secrétaire d'État n'est en ~ que depuis l'automne. / **exercer** la ~, les ~s de ... *das Amt eines ... ausüben:* Depuis peu de temps, elle exerce également les ~s de maire adjoint. / être **promu, appelé** à une ~ *in ein Amt berufen werden:* Odile Pirollet a été promue à la ~ de gérante. / **réintégrer, rétablir** qn dans ses ~s *j-n wieder in sein Amt einsetzen:* Le général a été réintégré dans ses ~s. / **reprendre** ses ~s *seine Amtsgeschäfte wieder aufnehmen:* Vu son état de santé, on ignore si le ministre pourra reprendre ses ~s avant l'été. / **suspendre** qn de ses ~s *j-n vom Dienst suspendieren, beurlauben:* Le ministre a suspendu le sous-secrétaire d'État de ses ~s.

fonction[2] f *Funktion*
être ~ de qc *eine Funktion von etw sein; von etw abhängig sein:* La migration des nomades est ~ des pluies dans cette région. / **faire** ~ de ... *fungieren, dienen als ...:* Ce levier fait ~ de démarreur.

fonctionnaire m *Beamter*
haut ~ *hoher Beamter* / ~ **subalterne** *Beamter in untergeordneter Stellung* / ~ **titulaire** *Beamter, der eine Planstelle innehat*
muter, déplacer un ~ *einen Beamten versetzen:* Il est difficile de muter un ~ sans le consentement de celui-ci. / **réintégrer** un ~ *einen Beamten zurückversetzen (nach Frankreich):* Après dix ans passés à l'étranger, le ~ a demandé à être réintégré en métropole. / **révoquer, casser** un ~ *einen Beamten entlassen:* Les ~s reconnus coupables de corruption ont été révoqués.

fond m *Boden, Grund* (*auch fig*), *Hintergrund*
aller au ~ des choses *den Dingen auf den Grund gehen:* Le professeur Blanquie a l'habitude d'aller au ~ des choses. / **avoir** (un) **bon** ~ *einen guten Kern haben:* Robert n'est pas foncièrement méchant. Il a bon ~. / **changer** de ~ en comble *sich grundlegend* (*ver*)*ändern:* Depuis que nous l'avons vue la dernière fois, la maison a changé de ~ en comble. / **confier** à qn le ~ de sa pensée *j-m seine geheimsten Gedanken anvertrauen:* Je vous confie le ~ de ma pensée. N'en abusez pas! / **connaître** qc à ~ *etw von Grund auf kennen:* Odette connaît son métier à ~. / **découvrir** à qn le ~ de son cœur *j-m sein Innerstes offenbaren:* Hier soir, il avait un peu trop bu; alors, il m'a découvert le ~ de son cœur. / se **détacher, se découper** sur un ~ (+ *adj*) *sich von, auf einem* (+ *adj*) *Hintergrund abheben, abzeichnen:* Deux points clairs se détachaient sur le ~ sombre. / **précipiter** au

~; **envoyer** par le ~ *(Schiff) versenken:* L'avion a pu à lui seul précipiter au ~ deux croiseurs ennemis. / **regarder** qn au ~ des yeux *j-n durchdringend ansehen:* Il me regardait au ~ des yeux. / **rester** au ~ de la gorge *im Hals, in der Kehle steckenbleiben:* Les mots lui sont restés au ~ de la gorge. / **toucher** le ~ *Grundberührung haben:* À la hauteur de Casablanca, notre bateau a touché le ~. Mais il a pu continuer le voyage. / **toucher** le ~ de l'horreur, du désespoir, de la misère, *etc. den ganzen Schrecken, die ganze Hoffnungslosigkeit, das ganze Elend usw. erkennen:* En lisant le reportage sur les camps de réfugiés, on a vraiment l'impression de toucher le ~ de la misère humaine.

fondations fpl *Fundament*
faire, creuser, jeter les ~ *das Fundament legen, errichten:* Je ne crois pas que la maison soit terminée avant l'année prochaine. On est juste en train de faire les ~. / **reposer** sur de **solides** ~ *auf festem Fundament stehen (auch fig):* La paix entre nos deux pays repose sur de solides ~.

fondements mpl *Fundament, Grundlage(n) (fig)*
~ **solides** *feste Grundlage*
jeter, poser les ~ de qc *den Grund, das Fundament zu etw legen; die Grundlagen für etw schaffen:* C'est le professeur Duvallier qui a posé les ~ de cette nouvelle méthode d'investigation stylistique. / **saper** les ~ de qc *etw in den Grundfesten erschüttern:* Le terrorisme est en train de saper les ~ des États démocratiques.

fonds mpl *Geld(mittel)*
affecter des ~ à qc *Geldmittel einer Bestimmung zuweisen:* Les ~ resteront seront affectés à la construction du jardin d'enfants. / **détourner** des ~ *Gelder veruntreuen, unterschlagen:* Yves Millet a été condamné pour avoir détourné des ~. / **emprunter** des ~ *Fremdkapital aufnehmen:* Nous devons emprunter des ~ pour pouvoir financer les investissements nécessaires. / **être** en ~ (F) *gut bei Kasse sein:* Je vous invite, je suis en ~ en ce moment. / **gérer** des ~ *Gelder verwalten:* Monsieur Cyrille gère des ~ internationaux. / **placer** des ~ *Geld anlegen:* J'ai placé des ~ au Canada. / **réunir** des ~ *Geld zusammenbringen:* Les trois amis se sont associés et ont réuni des ~ pour ouvrir une petite entreprise qu'ils exploitent en commun.

football m *Fußball*
jouer au ~, au (F) foot *Fußball spielen:* Les enfants sont allés jouer au ~.

force[1] f *Kraft, Stärke, Macht*
les ~s **aveugles, mystérieuses, occultes** du destin *die blinde, geheimnisvolle Macht des Schicksals* / ~s **déclinantes** *schwindende Kräfte* / ~ **herculéenne** *Bärenkräfte* / ~ **irrésistible, obscure** *unwiderstehliche Macht, Kraft* / ~ **prodigieuse** *ungeheure Kraft*
les ~s **abandonnent, trahissent** qn *die Kräfte verlassen j-n:* Au bout de quelques heures passées dans l'eau froide de la mer du Nord, les naufragés sentirent leurs ~s les abandonner. / les ~s **baissent, déclinent, diminuent, s'épuisent, fléchissent** *die Kräfte lassen nach:* L'âge venant, il sent ses ~s qui déclinent. / **concentrer** toutes ses ~s *alle Kräfte anspannen, konzentrieren:* Ce travail ne pourra se réaliser que si les personnes concernées concentrent toutes leurs ~s sur le problème. / **conjuguer** ses ~s pour faire qc *mit vereinten Kräften etw tun:* Les partenaires ont conjugué leurs ~s pour arriver au but fixé. / qc **dépasse, excède** mes ~s *etw übersteigt meine Kräfte:* C'est un travail qui dépassera probablement mes ~s. / **dépenser, déployer** ses ~s *seine Kräfte einsetzen, entfalten:* C'est dans des conditions difficiles qu'il déploie ses ~s. / **économiser, ménager** ses ~s *seine Kräfte schonen; mit seinen Kräften sparsam umgehen:* Nous devons veiller à économiser nos ~s. / **faire** ~ de ... *aus Leibeskräften etw tun:* Ils faisaient ~ de rames et atteignirent la côte avant minuit. *(Sie ruderten aus Leibeskräften ...)* / ce qui **fait** sa ~, c'est ... *seine Stärke ist ...:* Ce qui fait sa ~, c'est son humour qu'il ne perd dans aucune situation de la vie. / **mobiliser** toutes ses ~s *alle seine Kräfte aufbieten, zusammennehmen:* Tu dois mobiliser toutes tes ~s si tu veux éviter d'échouer. / **ôter** ses ~s à qn *j-m seine Kräfte rauben:* La maladie lui a ôté ses ~s. / **perdre, gaspiller** ses ~s *seine Kraft vergeuden:* Vous perdez vos ~s dans un projet qui n'a pas d'avenir. / **présumer** trop de ses ~s *seine Kräfte überschätzen:* Il me semble qu'elle a trop présumé de ses ~s. / **rassembler** ses ~s *seine Kräfte sammeln:* J'ai besoin de quelques jours de vacances pour rassembler mes ~s. / **récupérer, recouvrer, refaire, réparer, rétablir** ses ~s; **reprendre** des ~s *wieder zu Kräften kommen:* Il faut d'abord que vous refassiez vos ~s. / **rendre** des, ses ~s à qn *j-m neue Kraft verleihen; j-n wieder zu Kräften kommen lassen:* Le remède que vous avez administré à ma mère lui a vraiment rendu ses ~s. / ne pas **sentir** sa ~ *seine (eigene) Kraft nicht kennen:* C'est un véritable hercule qui ne sent pas sa ~; quand il veut vous serrer la main, il vous fait grincer des dents. *(manque "des dents" - pardon)* vous fait la brise.

force[2] f *Gewalt, Zwang*
~ **brutale** *rohe Gewalt* / cas de ~ **majeure** *höhere Gewalt*
accepter par ~ *gezwungenermaßen einwilligen, zustimmen:* J'ai accepté par ~. La décision

forces

n'est pas valable. / **céder** à, s'**incliner** devant la ~ *der Gewalt weichen:* La petite poignée de rebelles a finalement dû céder à la ~ et se rendre. / **employer** la, **recourir** à la ~ *Gewalt anwenden:* Si tu ne le fais pas volontairement, nous serons obligés d'employer la ~. / **opposer** la ~ à la ~ *Gewalt mit Gewalt begegnen:* Nous jugeons utile d'opposer la ~ à la ~. / la ~ **prime** le droit *Gewalt geht vor Recht:* Dans ce pays, la ~ prime le droit depuis le coup d'État des militaires.

forces fpl *Streitkräfte*
~ **aériennes** *Luftstreitkräfte, Luftwaffe* / ~ **armées** *Streitkräfte* / ~ **ennemies** *feindliche Streitkräfte* / ~ **navales** *Seestreitkräfte, Kriegsmarine* / ~ **terrestres** *Landstreitkräfte*

forêt f *Wald*
~ **dense, impénétrable** *dichter, undurchdringlicher Wald* / ~ **épaisse, touffue** *dichter Wald* / ~ **luxuriante** *üppiger Wald* / ~ **profonde** *tiefer Wald* / **sombre** ~ *finsterer Wald* / ~ **vierge** *Urwald*

formalité f *Formalität*
accomplir, remplir une ~ *eine Formalität erledigen:* Nous avons passé trois heures à l'aéroport pour accomplir toutes les ~s nécessaires. / **être** une **pure, simple** ~ *nur eine, eine reine Formsache sein:* Mettez votre nom sur la liste. C'est une pure ~.

formation f *Ausbildung*
~ **accélérée** *Kurzausbildung* / ~ **continue** *Fortbildung* / ~ **permanente** *(ständige) Weiterbildung* / ~ **professionnelle** *Berufsausbildung*
une école, *etc.* **assure** la ~ de qn *jemand wird in einer Schule usw. ausgebildet:* Autrefois, la ~ des futurs instituteurs était assurée exclusivement par les écoles normales. / **donner, dispenser** une ~ *eine (Aus)Bildung vermitteln:* Ce lycée est réputé pour dispenser une excellente ~ classique à ses élèves. / **recevoir** une ~ *eine Ausbildung erhalten:* Jean-Yves a reçu une solide ~ technique grâce à des stages effectués dans plusieurs usines.

forme[1] f *Form, Gestalt*
en **bonne (et due)** ~ *formgerecht; in aller Form; in gehöriger Form*
affecter, prendre une ~ *eine Form annehmen:* La révolte affecta bientôt la ~ d'une révolution. / **changer** de ~ *eine andere Form, Gestalt annehmen:* Ses propositions ont changé de ~. / **épouser** une ~ *eine Form annehmen; sich einer Form anpassen, anschmiegen:* La guirlande épousait la ~ de l'entrée. / **prendre** ~ *(feste) Gestalt, Form annehmen:* Peu à peu, notre projet prend ~. / **présenter, revêtir** une ~ *in einer Form auftreten:* C'est une maladie difficile à diagnostiquer, car elle revêt les ~s les plus diverses. / **respecter** les ~s *die Form* *wahren; sich korrekt benehmen:* Tout ce que vous pouvez lui reprocher, c'est qu'il ne respecte pas toujours les ~s.

forme[2] f *Form, Kondition*
entretenir sa, **garder** la, se **maintenir** en ~ *sich in Form, fit halten; seine Kondition halten:* J'essaie d'entretenir ma ~ même en hiver. / **être** en (pleine) ~; **tenir** la (grande) ~ *in Hochform sein:* André Dadoux semble être en pleine ~. / **mettre** qn en ~ *j-n in Form, Kondition bringen, fit machen:* Je vais vous mettre en ~ pour le match de dimanche. / **se mettre** en ~ *sich in Form bringen:* Pour se mettre en ~ avant le championnat, les athlètes de l'équipe nationale effectueront un stage de quinze jours aux Grisons. / **retrouver** la ~ *wieder in Form kommen:* Une cure à Vichy m'a permis de retrouver la ~. / **surveiller** sa ~ *zusehen, daß man in Form bleibt:* Si tu veux que nous t'emmenions en montagne, tu as intérêt à surveiller ta ~.

formes fpl *(Körper)Formen, Gestalt*
~ **arrondies** *rundliche Gestalt* / avoir des ~ **dodues, potelées** *drall, mollig sein* / ~ **élancées, sveltes** *schlanke Gestalt* / avoir des ~ **épanouies** *(Mädchen) schon voll entwickelt sein* / ~ **lourdes** *(Frau) plumpe Gestalt* / ~ **pleines** *üppige Formen; Fülle* / avoir des ~ **replètes** *(Mann) wohlbeleibt sein*
épouser, mouler les ~ (du corps) *eng anliegen:* Cette robe épouse les ~ du corps.

formulaire m *Formular*
remplir un ~ *ein Formular ausfüllen:* Avez-vous rempli tous les ~s que je vous ai donnés?

formule f *Formel, Formulierung*
~ **chimique** *chemische Formel* / ~ **consacrée** *feststehende Wendung* / ~ **creuse** *leere Phrase* / ~ **évasive** *ausweichende Formulierung* / ~ **lapidaire** *kurze Formel* / ~ **magique** *Zauberformel* / ~ **mathématique** *mathematische Formel*
prononcer une ~ *eine Formel sprechen:* Le guérisseur prononça une ~ incompréhensible en faisant des gestes bizarres au-dessus du malade.

forteresse f *Festung*
~ **inexpugnable, imprenable** *uneinnehmbare Festung*
raser, démanteler une ~ *eine Festung schleifen:* L'empereur donna l'ordre de raser la ~.

fortune[1] f *Vermögen*
~ **colossale, fabuleuse** *Riesenvermögen; gewaltiges Vermögen* / **grosse** ~ *großes Vermögen* / **honnête** ~ *ganz nettes Vermögen* / ~ **honorable** *ansehnliches Vermögen* / ~ **modeste** *bescheidenes Vermögen* / ~ **rondelette** *ansehnliches, stattliches Vermögen*
amasser une ~ *ein Vermögen machen:* La spéculation sur les terrains a permis à Vadois d'amasser une belle ~. / **arrondir** une ~ *ein*

Vermögen ergänzen: Un héritage inattendu est venu arrondir la ~ des Levesque. / **avoir, posséder** de la ~ *vermögend sein, reich sein; Vermögen haben, besitzen:* On ne dirait pas qu'il a de la ~. / **bâtir, échafauder** une ~ *ein Vermögen begründen, schaffen:* Toute sa ~ était bâtie sur les relations commerciales entre la France et son empire colonial. / se **constituer** une ~ *sich ein Vermögen schaffen:* D'habiles manœuvres boursières lui ont permis de se constituer une ~ en relativement peu de temps. / **coûter** une ~ *ein Vermögen kosten:* La villa au bord du lac nous plaisait beaucoup; malheureusement elle coûte une ~. / **délester** qn de sa ~ *j-n um sein Vermögen bringen:* L'escroc a délesté plusieurs retraités de toute leur ~. / **dévorer, engloutir** une ~ *ein Vermögen verschlingen:* La construction de leur maison sur la Côte Vermeille a dévoré une ~. / **écorner** une ~ *ein Vermögen angreifen:* Les dettes de jeu de Norbert ont peu à peu écorné la ~ de la famille. / **engloutir, dilapider** une ~ *ein Vermögen durchbringen:* Au bout de trois ans, il avait englouti la ~ dont il avait hérité. / **faire** ~ *reich werden; ein Vermögen erwerben:* Mon grand-père a émigré aux USA où il a fait ~. / cela a **fait** sa ~ *damit hat er ein Vermögen gemacht; damit ist er reich geworden:* Après la guerre, il a commencé à acheter et revendre des terrains. Cela a fait sa ~. / **gérer** une ~ *ein Vermögen verwalten:* Il n'a pas su gérer sa ~, qui lui a fondu entre les mains. / **manger** la ~ de qn *j-s Vermögen durchbringen:* Au bout de deux ans, il avait mangé la ~ de sa femme.

fortune² f *Glück*
  avoir la **bonne (mauvaise)** ~ de ... *das große Glück (das Pech) haben zu ...:* J'ai eu la bonne ~ de trouver à temps un médecin. / **chercher** ~ *sein Glück (ver)suchen:* Le frère de mon grand-père a cherché ~ en Argentine. / **connaître** des ~s diverses *gute und schlechte Zeiten kennen:* Il a passé six ans au Mexique, où il a connu des ~s diverses. / **courir** après la ~ *dem Glück nachlaufen:* Un beau jour, vous reconnaîtrez qu'il est insensé de courir après la ~.

fosse f *Grube*
  creuser une ~ *eine Grube ausheben:* À quoi servira la ~ que vous creusez là?

fossé m *Graben*
  ~ **infranchissable** *unüberwindlicher Graben*
  aller dans le ~ *in den Straßengraben fahren:* Jean-Paul s'est engagé à une vitesse trop élevée dans le virage, de sorte qu'il est allé dans le ~. / **combler** un ~ *(auch fig) einen Graben zuschütten:* Le ~ ménagé jadis au pied des remparts a été comblé depuis longtemps et remplacé par une promenade. / un ~ se **creuse**, s'**élargit** *(fig) ein Graben wird tiefer:* On ne peut plus espérer que les deux groupes politiques refassent l'unité avant les élections: le ~ entre eux s'élargit tous les jours un peu plus.

foudre f *Blitz(schlag)*
  la ~ **frappe** qc, qn *der Blitz trifft etw, j-n:* En flânant sur les Champs-Elysées, elle est tombée comme si elle avait été frappée par la ~. / la ~ **tombe** sur ... *der Blitz schlägt ein in ...:* L'été dernier, la ~ est tombée sur notre chalet. / être **tué** par la ~ *vom Blitz erschlagen werden:* Un paysan a été tué par la ~.

fouet m *Peitsche*
  faire **avancer** à coups de ~ *mit der Peitsche antreiben:* Arrêtez de faire avancer le pauvre cheval à coups de ~. Vous ne voyez pas qu'il est à bout de souffle? / **cingler** qn avec le, du ~ *j-n auspeitschen:* Dans ce film, quelques Blancs extrêmement brutaux cinglent sans cesse du ~ les esclaves noirs. Je trouve cela dégoûtant. / faire **claquer** son ~ *mit der Peitsche knallen:* Le cocher fit claquer son ~ et les chevaux se mirent en marche. / **donner** un coup de ~ *einen Peitschenhieb versetzen; (fig) aufpeitschen:* Ce médicament m'a donné un coup de ~. / **donner** le ~ à qn *mit der Peitsche züchtigen; j-m die Peitsche geben:* Ses méthodes d'éducation sont plus qu'archaïques: il donne le ~ à ses enfants!

fougue f *Schwung*
  être **emporté** par la ~ *vom Schwung hingerissen sein:* Emporté par la ~ de son discours, l'orateur s'est laissé aller à dire des vérités assez fâcheuses. / **modérer, tempérer** sa ~ *seinen Schwung bremsen:* Le pianiste a modéré la ~ de ses débuts. Il y a gagné en classicisme, mais certains de ses admirateurs ont été déçus.

fouillis m *Durcheinander*
  ~ **inextricable** *unentwirrbares Durcheinander*

foule f *(Menschen)Menge*
  ~ **bigarrée, composite** *bunt durcheinandergewürfelte Menge* / il n'y avait qu'une ~ **clairsemée** *es waren nur wenige Menschen da:* Il a prononcé son discours devant une ~ clairsemée. / ~ **compacte, dense** *dichtgedrängte Menge* / ~ **délirante** *tobende, rasende Menge* / ~ **fourmillante, grouillante** *Gewimmel, Gewühl* / ~ **immense, innombrable** *riesige, unübersehbare Menge* / ~ **prodigieuse** *unerhörte Menge* / ~ **recueillie** *andächtige Menge* / ~ **tumultueuse** *lärmende Menge*
  il **y a** ~ *es herrscht (ein) Gedränge:* Lorsque nous sommes arrivés devant l'immeuble, il y avait ~. / **contenir** la ~ *die Menge zurückhalten:* Le service d'ordre avait toutes les peines du monde à contenir la ~ qui se pressait derrière les barrières. / la ~ **déferle**, s'**écoule** sur, envahit la place, *etc. das Volk, die Menge strömt auf den Platz usw.:* La ~, prise d'une fureur incroyable, déferla sur la place. / la ~ s'**écarte**, s'**ouvre** *die Menge teilt sich:* La ~,

four 132

silencieuse, s'écarta pour laisser le passage à Zandel qu'escortaient deux gendarmes. / la ~ s'**égaille**, se **disperse** *die Menge läuft auseinander, verläuft sich:* Les manifestants commencent à rentrer. La ~ s'égaille. / **fendre** la ~ *sich einen Weg durch die Menge bahnen:* Le général, après avoir regardé autour de lui, fendit la ~ pour se diriger vers le boulevard Saint-Michel. / se **fondre** dans la ~ *in der Menge untertauchen:* Les gangsters ont arraché au chef de succursale la serviette avec l'encaisse de toute la journée, puis ils se sont fondus dans la ~. / la ~ **grouille** sur la place, etc. *auf dem Platz usw. wimmelt es von Menschen:* Lorsque nous sommes arrivés place Médin, la ~ y grouillait. / se **mêler** à la ~; **prendre un bain** de ~ *sich unters Volk mischen:* Malgré les réticences du service de sécurité, le président a pris un bain de ~ prolongé, serrant les mains qui se tendaient vers lui.

four[1] m *Backofen*
cuire qc au ~ *etw (im Backofen) braten:* Servez-moi un gigot cuit au ~. / **mettre** qc au ~ *etw in den Backofen schieben:* Mettez le pain surgelé au ~ et réglez la température sur 250 degrés. / **repasser** qc au ~ *etw noch einmal in den Ofen schieben:* La viande n'est pas tout à fait cuite; il faut que je la repasse au ~. / **sortir** du ~ *aus dem (Back)Ofen nehmen:* Paul, va sortir le gâteau du ~.

four[2] m *Durchfall, Fiasko (Theaterstück usw.)*
~ **complet** *glatter Durchfall*
faire un ~ *durchfallen:* La nouvelle pièce de l'auteur vient de faire un ~ à Rome.

fourchette f *Gabel*
piquer sa ~ dans qc *etw mit der Gabel aufspießen:* Lorsqu'il a vu la guêpe sur son assiette, il a piqué sa ~ dans l'insecte et l'a jeté derrière lui.

fourmi f *Ameise*
les ~s **piquent** *die Ameisen beißen:* Zut! Des ~s m'ont piqué.

fourré m *Dickicht*
~ **impénétrable** *undurchdringliches Dickicht*
fourrure f *Pelz*
~ **pelée** *abgewetzter, abgeschabter Pelz* / ~ **soyeuse** *seidenweicher Pelz*

foyer m *Haus(stand)*
le ~ **conjugal** *der häusliche Herd*
fonder un ~ *eine Familie, einen Hausstand gründen:* Après avoir terminé ses études de droit, René Delorme a fondé un ~ à Rennes. / **renvoyer** qn dans ses ~s *j-n nach Hause schicken:* L'armistice était signé. Les soldats atteindaient impatiemment qu'on les renvoie dans leurs ~s. / **rester** au ~ *"nur" Hausfrau sein:* De moins en moins, les femmes veulent rester au ~. / **retourner, rentrer** dans ses ~s *in*

die Heimat, nach Hause zurückkehren: Jean-Yves Dalomin a été assistant au Togo. Il vient de retourner dans ses ~s.

fraction f *(math) Bruch*
~ **décimale** *Dezimalbruch* / ~ **ordinaire, simple** *gemeiner Bruch; echter Bruch* / ~ **réductible (irréductible)** *kürzbarer (nicht mehr zu kürzender) Bruch*
convertir une ~ *einen Bruch umwandeln:* Il faut convertir la ~ en un nombre entier. / **réduire** des ~s au même dénominateur *Brüche auf den gleichen Nenner bringen:* Voyons, avant d'additionner ces ~s, tu dois les réduire au même dénominateur. / **simplifier** une ~ *einen Bruch kürzen:* Commencez par simplifier la ~. Le problème sera ensuite tout simple.

fracture f *(Knochen)Bruch*
~ **compliquée** *komplizierter Bruch* / ~ **ouverte** *komplizierter, offener Bruch* / ~ **simple** *einfacher, glatter Bruch*
se **faire** une ~ (+ *adj*) *sich einen* (+ *adj*) *Bruch zuziehen:* Il est tombé sur le verglas et s'est fait une ~ compliquée de la cheville. / **réduire** une ~ *einen Bruch einrichten:* Le médecin de l'expédition a dû réduire la ~ à la jambe de Roger Votant sans anesthésie.

frais mpl *Kosten, Unkosten*
~ **accessoires** *Nebenkosten* / ~ **écrasants**, très **lourds** *gewaltige, enorme Kosten* / ~ **fixes** *feste Kosten* / de **gros** ~ *hohe Unkosten* / de **menus** ~ *kleine Ausgaben*
assumer les ~ de qc; **prendre** les ~ de qc à sa charge *die Kosten für etw übernehmen, tragen:* C'est le fournisseur qui devra assumer les ~ de déplacement des monteurs. / **couvrir** les ~ *die Kosten decken; die Kosten wieder hereinbringen:* Les commandes enregistrées lors de l'exposition ont à peine couvert les ~. / **faire** les ~ de qc *für etw bezahlen müssen (auch fig):* Une fois de plus, ce seront les enfants qui feront les ~ de la politique d'économie du ministre de l'Éducation. / les ~ vous **incombent** *die Kosten gehen zu Ihren Lasten; Sie haben für die Kosten aufzukommen:* Nous tenons à vous faire savoir que les ~ de déplacement vous incombent. / se **mettre** en ~ *sich in Unkosten stürzen:* Vous voyez bien que Madame Bonnefoy s'est mise en ~ pour vous plaire. / **partager** les ~ avec qn *sich mit j-m die Kosten teilen:* Je partagerai les ~ avec Monsieur Langevin. / **pourvoir** aux ~ de qc *das Geld für etw aufbringen:* Il n'arrive pas à pourvoir aux ~ du ménage. / **rembourser** ses ~ à qn, qn de ses ~ *j-m die Kosten erstatten:* La société Sinclair vous remboursera vos ~ de voyage. / **rentrer** dans ses ~ *auf seine Kosten kommen:* Dites-moi: est-ce que la foire vous permettra de rentrer dans vos ~? / **subvenir** aux ~; **supporter** les ~ *für die Kosten aufkommen:* Je ne sais

pas si notre établissement sera désormais en mesure de subvenir aux ~ de fabrication.
franchise f *Offenheit*
une ~ **brutale** *schonungslose Offenheit*
frein m *Bremse*
appuyer sur le ~ *auf die Bremse treten; die (Fuß)Bremse betätigen:* N'appuyez pas sur le ~ si ce n'est pas nécessaire, car cela vous coûte de l'énergie. / les ~s sont **bloqués** *die Bremse blockiert:* Il a dérapé, car ses ~s étaient bloqués. / **bloquer** les ~s *scharf bremsen:* Elle a bloqué les ~s pour arrêter la voiture, mais c'était trop tard. / **donner** un coup de ~ *kurz abbremsen:* L'agent de police a donné un coup de ~, puis il a accéléré de nouveau. / les ~s ont **lâché** *die Bremsen haben versagt:* L'autobus est sorti du virage parce que les ~s avaient lâché. / **mettre** le, **serrer** le, **tirer** sur le ~ *die Bremse, Handbremse anziehen:* N'oubliez pas de serrer le ~ avant de quitter l'autobus. / les ~s **répondent** *die Bremsen sprechen an:* Le car s'est renversé dans un virage parce que les ~s n'ont pas répondu.
fréquentation f *Umgang*
avoir de **bonnes (mauvaises)** ~s *guten (schlechten) Umgang haben:* Je me fais des soucis à cause de Jean-Paul. Il a de mauvaises ~s. / **choisir** ses ~s *sich seinen Umgang gut aussuchen:* Monsieur et Madame Lemoine n'ont invité que les gros bonnets de la ville. Bien sûr, ils choisissent leurs ~s. / ce n'**est** pas une ~ pour lui *das ist kein Umgang für ihn:* Ce groupe de joueurs de cartes, ce n'est pas une ~ pour lui.
frère m *Bruder*
~ **aîné** *älterer, ältester Bruder* / ~ **cadet** *jüngerer, jüngster Bruder* / ~s **jumeaux** *Zwillingsbrüder*
être un ~ pour qn *wie ein Bruder für j-n sein:* Jérôme est un ~ pour notre fils. / **partager** en ~s *brüderlich teilen:* Le troisième jour, les scouts n'avaient plus beaucoup à manger, mais ce qui leur restait, ils l'ont partagé en ~s.
frisette f *Löckchen*
se **faire** des ~s *sich Löckchen drehen:* Qu'en penses-tu de l'idée de me faire des ~s?
frisson m *Schauder*
délicieux ~ *angenehmes Schaudern; freudiger Schauder* / **grand, violent** ~ *heftiges Schaudern* / **léger** ~ *leichter Schauder*
donner le ~ à qn *j-n erschaudern lassen:* Les photos m'ont donné le ~. / cela me **donne** le ~; j'en **ai** des ~s *dabei läuft es mir kalt über den Rücken:* Quand je pense que cette situation dangereuse aurait pu coûter la vie à une vingtaine de personnes, cela me donne le ~. / qn est **parcouru** d'un ~ *ein Schauder durchläuft j-n:* Elle pensa à la promesse de Lucien et fut parcourue d'un grand ~ de bonheur. / qc fait

passer, courir un ~ dans ... *bei etw geht ein Schauder durch ...:* Les paroles de l'orateur avaient fait passer un ~ dans la foule.
froid m *Kälte*
~ **âpre, cruel, noir** *grimmige Kälte* / ~ **cuisant, piquant** *schneidende Kälte* / ~ **glacial** *eisige Kälte* / **grand** ~ *starke Kälte* / ~ **intense** *scharfe, beißende, strenge Kälte* / ~ **mordant** *beißende, schneidende Kälte* / ~ **mortel** *bittere Kälte, schneidende Kälte* / ~ **pénétrant, perçant** *durchdringende, schneidende Kälte* / ~ **polaire, sibérien** *sibirische Kälte* / ~ **rigoureux** *strenge, grimmige Kälte* / ~ **vif** *empfindliche Kälte*
attraper un coup de ~; **attraper, prendre** ~ *sich eine Erkältung holen; sich erkälten:* Je ne suis pas très malade, j'ai seulement attrapé (un coup de) ~. / **avoir** ~ *frieren:* Vous avez ~? / cela me **donne, fait** ~ *davon wird mir (ganz) kalt; davon fröstelt mich:* Il y a un courant d'air ici. Cela me donne ~ dans tout le corps. / cela me **donne** ~ dans le dos *dabei läuft es mir kalt über den Rücken:* Arrête ces histoires! Elles me donnent ~ dans le dos. / il **fait** ~ *es ist kalt:* Est-ce qu'il fait ~ dehors? / **jeter** un ~ dans ... *wie eine kalte Dusche wirken auf ...:* Sa remarque a jeté un ~ dans l'assemblée. / on **meurt**, (F) **crève** de ~ ici *hier ist's eis-, saukalt:* Impossible de travailler dans cette salle. On meurt de ~ ici. / le ~ **pique** (le visage, *etc.*) *die Kälte beißt (im Gesicht usw.):* Le ~ m'a piqué le visage. / le ~ le **saisit** *die Kälte ließ ihn erschauern:* Le ~ dans l'église le saisit. / **supporter** le ~ (*die*) *Kälte vertragen:* Je ne supporte pas bien le ~. / **trembler** de ~ *vor Kälte zittern:* La pauvre enfant tremblait de ~.
fromage m *Käse*
~s **assortis** *verschiedene Käsesorten* / ~ **(bien) fait** *reifer, weicher Käse* / ~ **frais** *Frischkäse* / ~ **gras** *Fettkäse* / ~ **maigre** *Magerkäse* / ~ **mou** *Weichkäse*
râper le ~ *Käse reiben:* Madeleine, peux-tu me râper le ~, s'il te plaît?
front[1] m *Stirn*
~ **assombri** (*fig*) *umwölkte Stirn* / ~ **bas** *flache, niedere Stirn* / ~ **bombé** *gewölbte Stirn* / ~ **dégagé** *freie Stirn* / ~ **dégarni** *Stirnglatze* / ~ **élevé, haut** *hohe Stirn* / ~ **fuyant** *fliehende Stirn* / ~ **majestueux** (*fig*) *würdevolle, imponierende Stirn* / ~ **proéminent** *vorspringende Stirn* / ~ **ridé** *zerfurchte Stirn* / ~ **soucieux** (*fig*) *sorgenvolle Stirn* / ~ **sourcilleux** (*fig*) *gestrenge Stirn*
avoir le ~ de faire qc (*fig*) *die Stirn haben, sich erdreisten, etw zu tun:* Figure-toi qu'elle a eu le ~ de me demander le remboursement de tous les frais. / **baisser** le ~ *den Kopf, die Stirn senken:* En entendant ces accusations, elle baissa le ~, toute honteuse. / son ~ **se déride** *seine Stirn glättet sich:* Il reposa l'écouteur du

front

téléphone. Son ~ s'était tout à coup déridé. / s'**essuyer**, s'**éponger** le ~ *sich die Stirn abwischen, abtrocknen; den Schweiß von der Stirn wischen:* Le cycliste descendit de son vélo et s'essuya le ~. / **faire** ~ *(fig) j-m, einer Sache die Stirn bieten:* Devant cette situation difficile, il nous faut faire ~. / se **frapper** le ~ du doigt *sich an die Stirn tippen:* L'automobiliste devant moi s'est frappé le ~ du doigt. / **plisser** le ~ *die Stirn runzeln:* À mesure qu'il lisait la lettre de son fils, il plissa le ~ et prit un air soucieux. / son ~ se **ride** *er zieht die Stirn in Falten:* À la moindre contrariété, son ~ se ride.

front[2] m *Front*
aller, monter au ~ *an die Front gehen:* Et voici une photo sur laquelle nous sommes en train de monter au ~. / **faire** ~ **commun, offrir** un ~ **commun** contre qc; **opposer** un ~ **commun** à qc, qn *(fig) gemeinsame Front machen, eine Front bilden gegen etw, j-n:* Ils ne sont pas arrivés à faire ~ commun contre le gouvernement. / **mourir, tomber** au ~ *an der Front fallen:* Son père est tombé au ~.

frontière f *Grenze*
abolir, supprimer, abattre les ~s *die Grenzen abschaffen, niederreißen:* Au lendemain de la guerre, beaucoup ont rêvé d'abolir à tout jamais les ~s entre les nations européennes. / **constituer, former** une ~ *eine Grenze bilden:* C'est le Druc, une petite rivière, qui constitue, au nord, la ~ naturelle du pays. / **fixer** une ~ *eine Grenze festlegen:* Les ~s du pays ont été fixées par le traité de 1971. / **passer, franchir** la ~ *die Grenze überschreiten:* Nous allons passer la ~ près de la Junquera. / **reconduire** qn à la ~ *j-n (über die Grenze) abschieben:* Les gendarmes suisses ont reconduit les deux garçons à la ~. / **reculer** les ~s *(fig) die Grenzen verschieben:* La science parvient chaque jour à reculer un peu plus les ~s du possible. / **violer** une ~ *eine Grenze verletzen:* Les troupes ennemies n'ont pas hésité à violer les ~s de ce pays qui se réclamait de sa neutralité.

frousse f (F) *Heidenangst*
avoir la ~ (de faire qc) *eine Heidenangst (davor) haben (etw zu tun):* J'ai l'impression qu'il a la ~ de vous dire la vérité. / **flanquer** la ~ à qn *j-m eine Heidenangst einjagen:* Ce n'était pas dans mon intention de lui flanquer la ~.

fruit m *Frucht*, pl *(auch) Obst*
~s **avancés** *überreifes Obst* / ~s **confits** *kandierte Früchte* / ~s **juteux** *saftiges Obst* / ~s **mûrs** *reifes Obst* / ~s **pourris** *faules Obst* / ~s **secs, séchés** *Dörrobst, Trockenobst* / ~s **tombés** *Fallobst* / ~s **traités** *behandeltes, (auch) gespritztes Obst* / ~s **véreux** *wurmstichiges Obst* / ~s **verts** *unreifes Obst*
porter, donner des ~s *Früchte tragen:* Il y a des arbres qui portent des ~s pendant toute

134

l'année. / **porter ses** ~s *(fig) Früchte tragen:* Nos efforts prolongés commencent à porter leurs ~s. / **recueillir, récolter** le ~ de ses peines *(fig) die Früchte seiner Arbeit ernten:* Je suis sûr qu'il ne pourra jamais recueillir le ~ de ses peines.

fugue f *Ausreißen*
faire une ~ *ausreißen:* Le fils de nos voisins, qui n'a que onze ans, a fait une ~ au mois de mars.

fuite[1] f *Flucht*
~ **désordonnée** *wilde Flucht* / ~ **éperdue, précipitée** *überstürzte Flucht* / ~ **honteuse** *schmähliche Flucht*
être en ~ *auf der Flucht sein:* À présent, la population de toute la ville est en ~ devant l'éruption du volcan. / **mettre** qn en ~ *j-n in die Flucht schlagen:* Le coup de fusil a mis la bande d'indigènes en ~. / **prendre** la ~ *die Flucht ergreifen:* Au moment où les passants sont apparus, le voleur a pris la ~.

fuite[2] f *Leck*
colmater une ~ *ein Leck schließen, abdichten:* Les naufragés essayaient de colmater les ~s de leur canot pneumatique à l'aide d'une bande adhésive.

fumée f *Rauch*
~ **âcre, piquante** *beißender Rauch* / ~ **épaisse, opaque** *dichter Qualm* / ~ **étouffante, suffocante** *erstickender Rauch*
s'en **aller,** se **dissiper,** s'**évanouir, partir,** être **réduit** en ~ *(fig) sich in Rauch auflösen:* Tous nos projets s'en sont allés en ~. / la ~ **brûle, pique** les yeux *der Rauch beißt in den Augen:* La ~ était très épaisse et brûlait les yeux. / de la ~ se **dégage** *Rauch entwickelt sich:* Une ~ noire se dégageait du brasier. / la ~ ne vous **dérange, gêne** pas? *stört es Sie, wenn ich rauche?:* Dites, Monsieur, la ~ ne vous dérange pas? / la ~ s'**échappe** de qc *der Rauch steigt aus etw auf, entweicht aus etw:* L'épaisse ~ jaunâtre qui s'échappe des cheminées de l'usine forme ensuite un nuage qui plane sur toute la région. / la ~ s'**élève, monte** *der Rauch steigt auf:* La ~ s'élevait droit dans le ciel. / la ~ **prend** qn à la gorge *der Rauch dringt j-m in den Rachen:* Lorsqu'elle ouvrit la porte, une ~ âcre la prit à la gorge, la faisant tousser. / **rabattre** la ~ *den Rauch herunterdrücken:* Le vent rabat la ~. / la ~ **suffoque** qn *der Rauch erstickt j-n; jemand erstickt im Rauch:* Certains clients de l'hôtel en feu s'étaient appliqué des serviettes sur le visage pour ne pas être suffoqués par la ~.

fumeur m *Raucher*
grand ~ *starker Raucher* / ~ **impénitent, invétéré** *unverbesserlicher Raucher*

fureur f *Wut, Zorn*

~ **noire** *helle, blinde Wut* | **sainte** ~ *heiliger Zorn*
entrer dans une ~ noire *in blinde Wut geraten*: À ces mots, il entra dans une ~ noire. | **exciter, irriter** la ~ de qn *j-n in Wut bringen*: Tu ne gagneras rien à exciter sa ~. | **être pris** de ~ (contre qn) *wütend werden (über j-n)*: Soudain, il a été pris de ~ contre son meilleur ami.

fusée f *Rakete*
~ **éclairante** *Leuchtrakete* | ~ **intercontinentale** *Interkontinentalrakete* | ~ **porteuse** *Trägerrakete* | ~ **téléguidée** *ferngelenkte Rakete* **lancer** une ~ *eine Rakete starten*: Les Américains viennent de lancer une ~ porteuse d'un satellite de recherches.

fusible m *(elektrische) Sicherung*
un ~ **saute** *eine Sicherung brennt durch*: Il doit y avoir un court-circuit quelque part, le ~ a sauté.

fusil m *Gewehr*
armer un ~ *ein Gewehr durchladen*: Les tireurs ont armé leurs ~s. | **braquer** un ~ sur qn, qc *ein Gewehr auf j-n, etw richten*: Le notaire braqua son ~ sur l'intrus. | **charger** un ~ *ein Gewehr laden*: Chargez votre ~! | **décharger** un ~. 1. *ein Gewehr entladen*; 2. *ein Gewehr abfeuern*: Déchargez le ~ avant de monter dans la voiture. Il déchargea son ~ sur le gangster. | un ~ s'est **enrayé** *ein Gewehr hat Ladehemmung*: J'ai manqué une très bonne occasion parce que mon ~ s'était enrayé. | **épauler** un ~; **coucher, mettre** un ~ **en joue** *ein Gewehr anlegen, in Anschlag bringen*: Le chasseur mit son ~ en joue et visa le sanglier. | un ~ **part** *ein Gewehr geht los*: Soudain, le ~ du chasseur partit sans que celui-ci l'ait voulu. | **tirer** au ~ *mit dem Gewehr schießen*: Cet après-midi, nous allons tirer au ~. | **tirer, envoyer** un coup de ~ *einen (Gewehr)Schuß abgeben*: Monsieur Tartan, effarouché, a tiré un coup de ~ par la fenêtre.

fusillade f *Schießerei, Schußwechsel*
une ~ a **éclaté** *es kam zu einer Schießerei, einem Schußwechsel*: Lorsque les manifestants ont atteint la place du 14 Juillet, une ~ a éclaté entre gauchistes et partisans de l'extrême-droite.

G

gâchette f *Abzug (einer Schußwaffe)*
appuyer sur la ~ *abdrücken*: Le voleur ne voulant pas lever les mains en l'air, Monsieur Vernon, sans hésiter, appuya sur la ~.

gaffe f (F) *Fehler, Schnitzer*
une **fameuse** ~ *eine gewaltige Dummheit* **faire, commettre** une ~ *einen Schnitzer machen; einen Bock schießen*: Il est vrai qu'il a fait une ~, mais il s'en est excusé immédiatement. | **réparer** une ~ *einen Fehler wiedergutmachen*: Il faut dire qu'il a tout de suite essayé de réparer sa ~.

gage m *Pfand*
donner, laisser, mettre qc en ~ *etw verpfänden, versetzen, als Pfand hinterlassen*: J'ai laissé mon alliance en ~ au mont-de-piété. | **jouer** aux ~s *ein Pfänderspiel, Pfänderspiele machen*: Et le soir, nous allons jouer aux ~s, veux-tu? | **prêter** sur ~ *gegen Pfand leihen*: Nous ne prêtons que sur ~.

gagnant m *Gewinner*
heureux ~ *glücklicher Gewinner*

gagne-pain m *Broterwerb*
perdre son ~ *brotlos werden*: Le procès a fait perdre à Jacques Brelin sa femme en même temps que son ~. | **priver** qn de son ~; **retirer** son ~ à qn *j-n brotlos machen*: La décision du directeur a retiré leur ~ à une cinquantaine d'ouvriers.

gaieté f *Fröhlichkeit, Heiterkeit*
~ **communicative** *ansteckende Heiterkeit* | ~ **débordante** *überschäumende Heiterkeit* | ~ **factice** *gespielte Fröhlichkeit* | **folle** ~; ~ **folle** *ausgelassene Fröhlichkeit* | ~ **gamine** *schelmische Heiterkeit*
la ~ **gagne** qn *jemand wird von Fröhlichkeit erfaßt*: La ~ gagnait peu à peu toute l'assemblée. | **mettre, apporter de la** ~ dans qc *etw auflockern*: La tapisserie à grandes fleurs mettra de la ~ dans ce salon un peu sombre. | qc **met** qn **en** ~ *etw macht j-n fröhlich*: Le champagne eut tôt fait de mettre l'assemblée en ~.

gain m *Gewinn*
réaliser des ~s *Gewinn machen*: Cette année, nous avons réalisé des ~s considérables. | **(re)tirer** un ~ de qc *Gewinn ziehen aus etw*: Je suis sûr qu'il a tiré un ~ de la faillite de son entreprise, mais il sera difficile de le prouver.

gain de cause m *(auch jur) Recht (in Wendungen)*
donner ~ à qn *j-m recht geben*: Le juge

gala

d'instruction a donné ~ à ma femme. / **obtenir, avoir** ~ *recht bekommen:* Vous obtiendrez ~, soyez-en assurés!
gala m *Festveranstaltung*
organiser, donner un ~ *ein offizielles Fest veranstalten; eine Galavorstellung geben:* L'ambassadeur argentin organisera un ~ en l'honneur de son président qui est actuellement en visite officielle en France.
galipette f *Purzelbaum*
faire des ~s *Purzelbäume schlagen, machen:* Lorsqu'enfin le soleil est revenu après trois semaines de pluie, les enfants ont fait des ~s dans les prés.
galop m *Galopp*
grand ~ *gestreckter Galopp* / **petit** ~ *kurzer Galopp*
lancer son cheval au ~ *sein Pferd in Galopp setzen:* Lorsque le commandant vit approcher son général, il lança son cheval au ~. / **se mettre** au ~; **prendre** le ~ *in Galopp fallen, übergehen:* Au bout d'un quart d'heure, le troupeau se mit au ~. / **partir** au ~ *davongaloppieren (auch fig):* Le capitaine enfourcha son cheval et partit au ~.
gamme f *Tonleiter*
descendre (monter) la ~ *die Tonleiter abwärts (aufwärts) spielen, singen:* C'est énervant d'entendre notre voisine monter et descendre la ~ du matin au soir. / **faire** des, ses ~s *Tonleitern spielen, singen:* Il se mit au piano, commença par faire des ~s pendant dix bonnes minutes, puis attaqua enfin la sonate.
gant m *Handschuh,* (fig) *Fehde-, Samthandschuh*
~s **glacés** *Glacéhandschuhe* / ~s **fourrés** 1. *Pelzhandschuhe* 2. *gefütterte Handschuhe*
enlever, retirer, quitter, ôter ses ~s *die Handschuhe ausziehen, abstreifen:* Attendez que j'enlève mes ~s. / **jeter** le ~ à qn (fig) *j-m den Fehdehandschuh hinwerfen:* Hier, Monsieur Battesti m'a jeté le ~. / **mettre, enfiler** des ~s *Handschuhe anziehen:* Mettez des ~s, les enfants, il fait froid. / **prendre** des ~s avec qn (fig) *j-n mit Samthandschuhen anfassen:* Je vous recommande de prendre des ~s avec elle, car elle est extrêmement susceptible. / **relever, ramasser** le ~ (fig) *den Fehdehandschuh aufnehmen:* Nous avons essayé de provoquer une réaction de sa part, mais il n'a pas relevé le ~.
garage m *Garage*
rentrer au ~, (F) dans le ~ *in die Garage fahren:* En rentrant au ~, il a cassé le phare gauche.
garant m *Bürge*
se porter, se rendre, être ~ de ... *Bürgschaft leisten; bürgen für ...* (auch fig): Mon père se portera ~ du crédit.

garantie f *Garantie, Gewähr*
~ **périmée** *abgelaufene, erloschene Garantie*
être **couvert** par la ~ *unter die Garantie fallen:* Cette réparation est couverte par la ~. / **prendre** des ~s *sich absichern:* N'oubliez pas de prendre des ~s dans cette affaire. / **offrir, présenter** toutes les ~s *jede Gewähr bieten:* Sa renommée offre toutes les ~s pour que son action réussisse.
garde[1] f *Bewachung, Obhut*
confier à qn la ~ de qc *j-m etw zur Verwahrung geben:* Puis-je vous confier la ~ de mon collier? / **confier** un enfant à la ~ de qn *ein Kind in j-s Obhut geben:* Je ne confierai jamais mon enfant à la ~ de cette personne. / **donner, laisser** un animal en ~ à qn *j-m ein Tier zur Pflege geben:* Ils nous ont laissé leur canari en ~ pendant les vacances. / **être** sous la ~ de la police *unter Polizeiaufsicht sein, stehen:* Pendant notre séjour dans la capitale du pays, nous étions sous la ~ de la police. / **faire** bonne ~ *sehr wachsam sein (bes. bei Hunden):* N'ayez pas peur, Brutus fera bonne ~. / **mettre** qn sous bonne ~ *j-n unter strenge, scharfe Bewachung stellen:* L'exprésident a été mis sous bonne ~. / **mettre** un objet de valeur en ~ *einen Wertgegenstand hinterlegen:* Il m'a conseillé de mettre les bijoux en ~ à la banque. / **placer** qn, qc sous la ~ de qn, *j-n, etw unter j-s Aufsicht stellen:* La villa de l'ex-souverain a été placée sous la ~ de la police. / **prendre, tenir** qn sous sa ~ *j-n in seine Obhut nehmen:* Pouvez-vous prendre le malade sous votre ~?
garde[2] f *Aufmerksamkeit, Acht (in Wendungen)*
mettre qn en ~ (contre) *j-n warnen (vor):* Monsieur Jeune m'avait mis en ~ contre Jean Blanquin. / **prendre** ~ (à) *achtgeben, aufpassen (auf); sich in acht nehmen (vor):* Prenez ~ à cet individu! / **prendre** ~ que ... *darauf achten, daß ...* Prenez ~ qu'on ne vous voie pas. / **se tenir, être** en ~ contre qn, qc *sich vor j-m, etw in acht nehmen:* Tiens-toi en ~ contre ses flatteries. / **se tenir, se mettre, être** sur ses ~s *auf der Hut sein:* Si vous négociez avec Monsieur Perrin, tenez-vous sur vos ~s.
garde[3] f *Wache*
être de ~ *Wache, Nachtdienst haben:* C'est la pharmacie Veuillot qui est de ~ aujourd'hui. / **monter** la ~ *Wache halten, schieben:* Il avait monté la ~ toute la nuit devant le bâtiment sombre. / **prendre** la ~ *die Wache übernehmen:* Je prendrai la ~ à minuit. / **relever** la ~ *die Wache ablösen:* La ~ avait été relevée vers dix heures.
garde-à-vous m (mil) *stramme Haltung*
être, se mettre, rester, se tenir au ~ *strammstehen; (stramme) Haltung annehmen, einnehmen:* Dès qu'il voit son chef, il se met au ~.

garde-robe f *Garderobe (Kleidung)*
remonter, renouveler sa ~ *sich neue Kleider zulegen:* Il faut absolument que je remonte ma ~.
gare f *Bahnhof*
~ **centrale** *Hauptbahnhof* / ~ **maritime** *Hafenbahnhof* / ~ **routière** *Omnibusbahnhof*
entrer en ~ *(Zug) einfahren:* L'express n'a pas encore le droit d'entrer en ~. / **quitter** la ~ *(Zug) den Bahnhof verlassen:* Lucette déboucha sur le quai, hors d'haleine. Trop tard! Le train quittait déjà la ~. / **sortir** de la ~ *(Menschen) den Bahnhof verlassen:* Le train venait de partir. Jean sortit de la ~, tout désemparé, et se dirigea vers le métro.
garnison f *Garnison*
être en ~ *(Person) in Garnison sein:* Mon oncle est en ~ à Marseille. / **tenir** ~ *(Truppe) in Garnison sein, liegen:* Le troisième régiment tient ~ à Albi.
gars m (F) *Bursche*
beau ~ *stattlicher Bursche* / **brave** ~ *solider junger Mann*
gâteau m *Kuchen*
faire un ~ *einen Kuchen backen:* Voulez-vous que je fasse un ~ pour dimanche?
gaz^1 m *Gas*
~ **toxique** *Giftgas*
allumer le ~ *das Gas anstellen, anmachen, anzünden:* Je n'arrive pas à allumer le ~. Que faut-il que je fasse? / **baisser** le ~ *das Gas kleiner drehen, stellen:* L'eau bout, tu peux baisser le ~. / **éteindre, fermer** le ~ *das Gas abstellen, abdrehen, ausmachen:* N'oublie pas d'éteindre le ~. / le ~ **jaillit** *Gas strömt aus:* Le tuyau éclata et le ~ jaillit. / **mettre, installer** le ~ dans (une maison) *Gas legen in (ein Haus):* Je me suis fait mettre le ~ dans ma maison. / **relever** le ~ *das Gas ablesen:* Maman, un monsieur est venu ce matin relever le ~.
gaz^2 mpl *Gas (beim Autofahren)*
couper les ~ *(das) Gas wegnehmen:* Vous devez couper les ~ plus tôt dans les virages. / **rouler, marcher** (à) pleins ~ *mit Vollgas fahren:* Les deux amis roulèrent à pleins ~ jusqu'à Évian.
gazon m *Rasen*
~ **clairsemé, maigre** *spärlicher, dünngesäter Rasen*
arroser le ~ *den Rasen sprengen:* Si vous n'arrosez pas votre ~, le soleil le brûlera. / **marcher** sur le ~ *den Rasen betreten:* Il est interdit de marcher sur le ~. / **tondre** le ~ *den Rasen mähen:* Je n'ai pas encore eu le temps de tondre le ~.
gel m *Frost*
~**persistant** *anhaltender Frost* / ~ **rigoureux** *strenger Frost*
gémissement m *Stöhnen*

~s **plaintifs** *Wehklagen* / de **sourds** ~s *dumpfes Stöhnen*
la douleur lui **arrache** un ~; un ~ lui **échappe er, sie stöhnt** *(vor Schmerz) auf:* Quand la colique recommençait, la douleur lui arrachait des ~s. / **pousser** des ~s *stöhnen:* La pauvre victime de l'attentat poussait des ~s.
génération f *Generation*
la ~ **actuelle** *die heutige Generation* / les ~s **futures** *die kommenden Generationen* / la ~ **montante** *die kommende Generation* / la **nouvelle** ~ *der Nachwuchs* / les ~s **passées** *die früheren Generationen* / une ~ **sacrifiée** *eine verlorene Generation; eine Kriegsgeneration*
génie^1 m *Genie*
~ **incompris, méconnu** *verkanntes Genie*
génie^2 m *Geist*
~ **inventif** *Erfindergeist* / ~ **investigateur** *Forschergeist*
genou m *Knie*
~x **cagneux** *X-Beine* / ~x **pointus** *spitze Knie*
demander qc à ~x *kniefällig um etw bitten:* Même si vous me le demandiez à ~x, je ne pourrais pas vous embaucher. / s'**écorcher, s'érafler** les ~x *sich die Knie aufschürfen:* Va voir ton fils, il s'est écorché les ~x. / **être** à ~x *(devant) auf den Knien liegen, knien (vor):* La pauvre vieille était à ~x devant l'image de la Vierge. / **faire** du ~ à qn *j-n mit dem Knie anstoßen (als Annäherungsversuch):* J'ai bien remarqué que Monsieur Monterme t'a fait du ~! / **fléchir, plier** le ~, les ~x; **mettre** un ~ **en terre** *(devant) das Knie, die Knie beugen (vor):* Le paysan s'approcha de l'autel et plia le ~ devant la croix. / **mettre** qn à ~x *j-n in die Knie zwingen (bes. fig):* Je vais le mettre à ~x, même si cela me coûte une fortune. / **se mettre** à ~x *sich hinknien, niederknien:* Mettez-vous à ~x! / **prendre** sur ses ~x *auf den Schoß nehmen:* La jeune femme a pris l'enfant sur ses ~x et l'a caressé. / **supplier** qn à ~x *j-n kniefällig, auf den Knien bitten:* Vous n'exigez pas de moi que je vous supplie à ~x! / **tomber** aux ~x de qn; tomber à ~x devant qn *vor j-m auf die Knie fallen:* Le prisonnier tomba aux ~x du prince, implorant sa grâce. / **tomber** sur les ~x; se **jeter** à ~x *auf die Knie fallen; sich auf die Knie werfen:* Le malade tomba sur les ~x et pria avec ferveur.
gens m/f pl *Leute*
de **bonnes** ~ *brave Leute* / de **braves** ~ *anständige Leute* / les ~ **chic** *die feinen Leute* / les **honnêtes** ~ *die rechtschaffenen, biederen, ehrlichen Leute* / les **jeunes** ~ *die jungen Leute* / les **petites** ~ *die kleinen Leute* / de **vieilles** ~ *alte Leute*
gentillesse f *Liebenswürdigkeit*
avoir la ~ de ... *so nett, freundlich sein zu ...:* Madame Dumont a eu la ~ de me présenter à

gentleman

Monsieur Esterelle. / **échanger** des ~s (*iron*) *sich Liebenswürdigkeiten sagen, an den Kopf werfen:* Les deux hommes politiques n'ont pas manqué d'échanger des ~s au cours de la discussion télévisée.

gentleman m *Gentleman*
se **conduire** en ~ *sich wie ein Gentleman verhalten, benehmen:* Une chose est certaine: Boris s'est conduit en ~.

germe m *Keim*
~ **pathogène** *Krankheitskeim*
contenir, porter qc en ~ *den Keim für etw enthalten, in sich tragen:* Le traité de Versailles portait déjà en ~ la Seconde Guerre mondiale.

geste m *Geste, (Hand)Bewegung*
~ **affirmatif** *zustimmende Geste* / ~s **désordonnés** *fahrige Bewegungen* / ~s **étudiés** *einstudierte, gekünstelte Gesten* / ~ **évasif** *unbestimmte, vage Geste* / ~ **généreux** *noble Geste* / de **grands** ~s *lebhafte Gesten:* faire de grands ~s (*lebhaft gestikulieren*) / ~ **impératif** *gebieterische Geste* / ~ **prompt** *blitzschnelle Bewegung* / ~s **saccadés** *ruckartige Bewegungen*
accomplir un ~ (+ *adj*) *eine* (+ *adj*) *Geste vollführen:* Il termina son discours en accomplissant un ~ solennel. / **animer, encourager, exciter** qn du ~ *j-n (einen ängstlichen Menschen) herbeiwinken:* L'enfant restait sur la porte, n'osant entrer, pendant que sa mère l'encourageait du ~. / **composer** ses ~s *einstudierte Gesten machen:* Ce politicien n'a pas de succès auprès du public. Il a l'air trop timide, on sent qu'il compose ses ~s. / **esquisser, ébaucher** un ~ *eine Bewegung andeuten:* Elle ébaucha un ~ pour le retenir, mais c'était trop tard. / s'**exprimer** par des ~s *sich durch Gesten verständlich machen:* Chez les Indiens de la forêt vierge, on s'est exprimé par des ~s et cela a bien fonctionné. / **faire** un ~ *1. eine Geste machen; 2. (fig) seinem Herzen einen Stoß geben:* Elle fit un ~ de dédain. Alors, faites un ~, Mesdames et Messieurs, aidez-nous à construire l'école pour handicapés. / **mesurer** ses ~s *in, mit seinen Gesten sparsam sein, umgehen:* Lorsqu'il parle, il mesure ses ~s.

gestion f *Geschäftsführung*
mauvaise ~ *Mißwirtschaft* / **sage, saine, bonne** ~ *vernünftige Geschäftsführung*
assumer, assurer la ~ de qc *mit der Geschäftsführung* (+ *Gen*) *beauftragt sein:* Vendrin assume la ~ de la firme depuis trente ans déjà.

gibier m *Wild*
abattre le ~ *das Wild erlegen, zur Strecke bringen:* Ces dernières années, on a abattu trop de ~ dans notre région. / faire **lever** le ~ *das Wild aufscheuchen:* Le bruit du tracteur faisait lever le ~.

gifle f *Ohrfeige*

une **belle** ~ *eine gewaltige, saftige Ohrfeige* / une **bonne** ~ *eine kräftige, anständige Ohrfeige*
donner, (F) **flanquer, allonger, appliquer, balancer, envoyer** une ~ à qn *j-m eine Ohrfeige geben, verabreichen,* (F) *verpassen:* Tout ce qu'il se rappelle, c'est qu'un manifestant lui avait donné une ~. / **donner,** *etc.* une paire de ~s à qn *j-m rechts und links eine runterhauen; j-m ein paar runterhauen:* Dans sa colère, Madame Louvière s'est précipitée sur sa fille et lui a flanqué une paire de ~s. / **encaisser** une ~ (F) *eine Ohrfeige einstecken* (*müssen*): Comme il était à côté de Marcel, il a encaissé la ~ destinée à celui-ci. / **recevoir** une ~ *eine Ohrfeige erhalten:* Pourquoi te tiens-tu la joue? As-tu reçu une ~?

gisement m *Vorkommen (von Bodenschätzen)*
~ **pauvre (riche)** *unergiebiges (ergiebiges) Vorkommen* / ~ **pétrolifère** *Erdölvorkommen*
un ~ s'**épuise,** est **épuisé** *ein Vorkommen geht zu Ende, ist erschöpft:* On estime que le ~ de Beaucille sera épuisé d'ici la fin du siècle. / **exploiter** un ~ *ein Vorkommen abbauen, ausbeuten:* À cause des difficultés de transport dans ce coin perdu du monde, il sera difficile d'exploiter ce ~ d'uranium.

gîte f (*mar*) *Schlagseite*
donner de la ~ *Schlagseite haben:* Après la tempête, le bateau donnait de la ~, mais il put continuer son chemin.

glace[1] f *Eis*
~s **éternelles** *ewiges Eis* / ~s **flottantes** *Treibeis*
briser, rompre la ~ *das Eis brechen (auch fig: den Bann brechen):* Ces paroles chaleureuses eurent tôt fait de rompre la ~. / **casser** la ~ *das Eis brechen:* Tous les matins, il fallait casser la ~ de la fontaine pour prendre de l'eau. / être **pris** dans la ~, les ~s *im Eis festsitzen:* Le navire était pris dans les ~s et devait être libéré par un brise-glace.

glace[2] f (*Speise*)*Eis*
~ **panachée** *gemischtes Eis*

glace[3] f *Spiegel*
~ **ternie** *1. blind gewordener, trüber Spiegel; 2. beschlagener, angelaufener Spiegel*

glace[4] f (*Wagen*)*Fenster*
baisser la ~ *das Fenster herunterdrehen:* Elle avait baissé la ~ et demandé le chemin à un passant. / **remonter** la ~ *das Fenster hinaufdrehen:* En remontant la ~, j'ai coincé les doigts de Marius.

glaçon m *Eisscholle*
charrier des ~s *Eis*(*Schollen*) *führen:* Le Rhin charrie des ~s de sorte que la navigation a dû être arrêtée.

glas m *Totenglocke*
sonner le ~ *1. die Totenglocke läuten; 2. (fig) das Ende einer Epoche usw. einläuten, ankündi-*

gen: Écoute, on sonne le ~; qui est-ce qui sera mort? L'émeute sonnait le ~ de la dictature.
gloire f *Ruhm*
~ **durable, solide** *dauerhafter Ruhm* / ~ **éphémère** *vergänglicher Ruhm* / **fausse** ~ *falscher Ruhm* / ~ **impérissable, éternelle** *unvergänglicher Ruhm* / ~ **immortelle** *unsterblicher Ruhm* / ~ **naissante** *beginnender Ruhm*
acquérir la ~; se **couvrir** de ~ *Ruhm erwerben, ernten, erlangen; sich mit Ruhm bedecken:* Le romancier avait acquis la ~ avec sa première œuvre déjà. / **aspirer** à la ~; **courtiser** la ~ *nach Ruhm streben:* Jeune officier qu'il était, il aspirait à la ~, ne pensant pas au danger. / **courir** après la ~ *dem Ruhm nachjagen:* Dans ma jeunesse, j'ai couru après la ~; maintenant que je me fais vieux, tout ce que je souhaite, c'est d'être inconnu. / la ~ s'**évanouit** *Ruhm vergeht, verblaßt:* Sa ~ s'est évanouie, son œuvre est tombée dans l'oubli. / **faire** qc pour la ~ *etw aus Idealismus tun:* Monsieur Debus ne touche pas de salaire pour ce travail. Il le fait pour la ~. / **tirer** ~ de qc; se **faire** ~ de qc *sich einer Sache rühmen:* Il tire ~ d'un travail qu'il n'a pas réalisé lui-même.
gorge¹ f *Kehle, Hals, Gurgel*
~ **irritée, râpeuse** *entzündeter, rauher Hals* / ~ **sèche** *trockene Kehle:* J'ai la ~ sèche. (*Mir klebt die Zunge am Gaumen.*) / j'ai la ~ **serrée** (*mir ist die Kehle wie zugeschnürt.*)
chanter à pleine ~ *aus vollem Hals singen:* Louis est sous la douche. Tu l'entends bien chanter à pleine ~. / qc **contracte** la ~ de qn *etw schnürt j-s Kehle zusammen:* L'émotion lui contracta la ~. / **couper, trancher** la ~ à qn *j-m die Kehle durchschneiden, den Hals abschneiden:* Les révolutionnaires avaient coupé la ~ à ses parents. / **gratter, piquer** la ~ à qn (*Rauch*) *im Hals kratzen:* Je préfère un compartiment pour non-fumeurs, car la fumée me gratte la ~. / un cri lui **monta** à la ~ *ein Schrei entrang sich seiner, ihrer Kehle:* Lorsqu'elle vit son ex-mari, un cri lui monta à la ~. / un sanglot lui **monta** à la ~ *er, sie schluchzte auf:* De temps à autre, un sanglot lui montait à la ~. / **prendre** qn à la ~ (*Angreifer*) *j-n bei der Gurgel packen:* Son adversaire l'avait pris à la ~ et le secouait furieusement. / **prendre** qn à la ~ (*Geruch*) *sich auf die Brust legen:* La mauvaise odeur vous prenait à la ~. / **prendre** à la ~ (*Rauch*) *in der Kehle, im Hals kratzen:* Cette fumée me prend à la ~. / **racler** la ~ (*Getränk*) *in der Kehle kratzen:* Ce vin racle la ~. / **se racler** la ~ *sich räuspern:* C'est une manie, chez lui, de se racler constamment la ~. / **rester** dans la ~ *in der Kehle, im Hals steckenbleiben* (*auch fig*)*:* Le juron lui est resté dans la ~. / **rire** à ~ déployée *aus vollem Hals lachen:* En le voyant tout penaud, Rosalie se mit à rire à ~ déployée. / **sauter** à la ~ de qn *j-m an die Gurgel, an den Hals springen, fahren:* Tout à coup, le gorille a sauté à la ~ de son gardien et a essayé de l'étrangler. / **serrer** la ~ à qn *j-m die Kehle zudrücken:* Jules Poteau a attrapé son copain par les cheveux et lui a serré la ~. / **serrer** la ~ à qn (*Angst*) *j-m die Kehle zuschnüren:* La peur lui serrait la ~.
gorge² f *Busen*
~ **abondante, généreuse, opulente, plantureuse, rebondie** *üppiger Busen*
gorgée f *Schluck*
bonne, grande ~ *kräftiger Schluck* / **longue** ~ *tiefer Zug; kräftiger Schluck* / **petite** ~ *Schlückchen*
boire qc à petites ~s *an etw nippen:* Un cognac comme celui-ci, ça se déguste, ça se boit à petites ~s.
gosier m *Kehle*
crier, chanter à plein ~ *aus vollem Hals schreien, singen:* Les soldats sortaient de la caserne en chantant à plein ~. / **écorcher** le ~ (F) *in der Kehle kratzen* (*bes. Wein*)*:* Je trouve ce vin trop âpre. Il m'écorche le ~. / s'**humecter** le ~ (F *fig*) *sich die Kehle anfeuchten* (= *trinken*)*:* Arrivé au sommet, je me suis humecté le ~ avec les dernières gouttes d'eau qui m'étaient restées dans la gourde. / **râper** le ~ *in der Kehle kratzen:* Ce vin râpe le ~.
gosse m, f (F) *Kind, Junge, Mädchen*
être un **grand** ~ *ein großer Junge sein* (*euphemistisch*) / **sale** ~ (F) *elender Lausebengel; Rotzbengel:* c'est un **vrai** ~ *er ist noch ein richtiger Junge* / c'est une **vraie** ~ *sie ist noch recht mädchenhaft*
faire des ~s (F) *Kinder kriegen:* Faire des ~ pour les envoyer à la guerre quand ils seront grands? Non, merci! / **faire un** ~ à une femme (F) *einer Frau ein Kind machen:* Il lui a fait un ~ puis l'a abandonnée. Quel salaud!
gouffre m *Abgrund*
~ **béant** *gähnender Abgrund* / ~ **insondable** *unergründlicher Abgrund*
être au bord du ~ (*fig*) *am Rande des Abgrunds stehen:* Peu à peu, il était devenu alcoolique et il a été au bord du ~ pendant des années.
goulot m *Flaschenhals*
boire au ~ *aus der Flasche trinken:* Je n'ai pas de verre. Vous devez boire au ~.
gourmet m *Feinschmecker*
un **fin** ~ *ein richtiger Feinschmecker*
goût¹ m *Geschmack*
~ **acide** *saurer Geschmack* / ~ **âcre** *scharfer, herber Geschmack* / ~ **amer** *bitterer Geschmack* / **bon** ~ *Wohlgeschmack:* avoir bon ~ (*gut schmecken*) / ~ **douceâtre** *süßlich-fader Geschmack* / ~ **sucré** *süßer Geschmack*
affiner le ~ *den Geschmack verfeinern:* En ajoutant un peu de crème, vous pourrez affi-

goût

ner le ~ de ce potage. / **avoir** le ~ **fin** *eine feine Zunge haben:* Donnez-vous de la peine, nos invités ont le ~ fin. / **avoir** un ~ *komisch schmecken:* L'escalope a un ~, tu ne trouves pas? / ne pas **avoir** de ~ *nach nichts schmecken:* Le potage n'a pas de ~. / qc **émousse** le ~ à qn *jemand verliert durch etw den Geschmack(ssinn):* L'abus de l'alcool lui a totalement émoussé le ~. / **laisser** un ~ *einen Geschmack hinterlassen:* Ce vin laisse un drôle de ~. / **laisser** un mauvais ~ dans la bouche *einen üblen Nachgeschmack hinterlassen:* Ce remède n'est pas détestable à prendre, mais il laisse un mauvais ~ dans la bouche. / **laisser** un ~ d'amertume *einen bitteren Nachgeschmack hinterlassen (auch fig):* Le jugement de la cour d'assises a laissé un ~ d'amertume. / **prendre** un certain ~ *einen bestimmten Geschmack annehmen:* Le fromage a pris un ~ de moisi, je trouve.

goût² m *(fig) Geschmack*
le **bon** ~ *der gute Geschmack:* avoir bon ~ *(einen guten Geschmack haben)* / **dépravé** *verderbter Geschmack* / ~s **dispendieux, ruineux** *teurer Geschmack* / avoir le ~ **infaillible** *einen absolut sicheren Geschmack haben* / **mauvais** ~ *schlechter Geschmack; Geschmacklosigkeit:* avoir mauvais ~ *(einen schlechten Geschmack haben)* / ~ **raffiné, exquis** *erlesener Geschmack* / ~ **sûr** *sicherer Geschmack* / avoir des ~s **voyants** *auffallende Farben, Kleidung lieben*
corrompre, gâter le ~ *den Geschmack verderben:* Selon Rousseau, le ~ des Français avait été corrompu par le luxe et la civilisation. / **être** au, du ~ de qn *nach j-s Geschmack sein:* La promenade dans la montagne était au ~ des jeunes gens. / qc **est** de mon ~ *etw ist ganz nach meinem Geschmack:* Le programme de télé, ce soir, est de mon ~. / ce n'**est** pas du tout le ~ de tout le monde *das ist nicht (nach) jedermanns Geschmack:* Un voyage en Amazonie, ce n'est pas du tout le ~ de tout le monde. / **former** le ~ *den Geschmack entwickeln:* Pour former le ~ de leurs enfants, M. et Mme Lerrand les emmènent tous les dimanches au musée. / **mettre** qn en ~ *j-n auf den Geschmack bringen:* La première baignade de cette année m'a mis en ~. J'y retournerai demain. / **se mettre** au ~ du jour *mit der Zeit, der Mode gehen:* Elle est trop individualiste pour se mettre au ~ du jour. / **offenser, choquer, heurter** le ~ *gegen den guten Geschmack verstoßen; geschmacklos sein:* Les scènes que la télévision a montrées hier étaient vraiment de nature à choquer le ~. / **prendre** ~ à qc *Gefallen, Geschmack finden an etw:* Je commence à prendre ~ aux discussions politiques. / y **prendre** ~ *auf den Geschmack kommen:* Au début, Marcel n'a pas voulu étudier le piano. Mais à la fin, il y a pris ~. /

trouver qn, qc à son ~ *jemand, etw ist nach seinem Geschmack:* Nous avons trouvé cette petite plage tout à fait à notre ~ et y avons passé huit jours.

goût³ m *(fig) Neigung, Vorliebe, Sinn (für), Lust*
~s **bizarres** *absonderliche Neigungen* / ~ **prononcé** *(pour qc) ausgesprochene Vorliebe (für etw)* / (avoir) un ~ très **vif** *(pour qc) viel Sinn (für etw) (haben)*
avoir le ~ de qc *Sinn für etw haben:* Madame Carol a le ~ des beaux meubles. / n'**avoir**, ne **prendre**, ne **trouver** ~ à rien *zu nichts Lust haben:* Ce matin-là, je n'avais ~ à rien. / faire **passer**, faire **perdre** à qn le ~ de qc *j-m die Lust, den Spaß an etw verderben:* Son insolence m'a fait passer le ~ de la fête.

goutte f *Tropfen*
grosse, large ~ *dicker, großer Tropfen* / **petite** ~ *Tröpfchen*
il **a** la ~ au nez *ihm läuft die Nase:* Vous n'auriez pas un mouchoir? J'ai la ~ au nez. / j'en **boirai** juste une ~ *(fig) aber bitte nur ein Schlückchen:* Voulez-vous un peu de liqueur? – Volontiers, mais j'en boirai juste une ~. / **couler** à ~ *tröpfeln:* Le cidre coulait à ~ du tonneau. / c'**est** une ~ d'eau dans la mer *(fig) das ist nur ein Tropfen auf den heißen Stein:* L'argent de la collecte, c'est une ~ d'eau dans la mer. / des ~ de (sueur, de transpiration) **perlent** sur le front de qn *Schweiß rinnt von j-s Stirn:* Il tira son mouchoir et s'épongea le front où perlaient des ~s de sueur. / **prendre** ses ~s *seine Tropfen (ein)nehmen:* Prenez vos ~s sur du sucre. / il **sue** à grosses ~s *Schweißtropfen stehen ihm auf der Stirn:* Il maniait énergiquement la pelle en suant à grosses ~s. / **tomber** à grosses ~s *(Regen) in dicken Tropfen fallen:* La pluie tombait à grosses ~s de sorte que nous ne pouvions pas sortir. / il **tombe** des ~s *es tröpfelt:* L'orage va bientôt éclater. Il tombe déjà des ~s. / **verser** qc ~ à ~ *etw träufeln:* Versez le jus ~ à ~ sur la viande.

gouvernement m *Regierung*
~ **fantoche** *Marionettenregierung* / ~ **fédéral** *Bundesregierung*
confier le ~ à qn *j-m die Regierung(sgewalt) übertragen:* La junte militaire a confié le ~ à un conseil formé de trois civils. / **entrer** au ~ *in die Regierung kommen:* Deux femmes viennent d'entrer au ~. / **former, constituer** le ~ *die Regierung bilden:* Le président de la République a chargé le Premier ministre de former un nouveau ~. / **participer** au ~ *an der Regierung beteiligt werden:* M. Lateillère a déclaré qu'il participerait certainement au ~ en cas de victoire électorale de son parti. / **présenter** son ~ *seine Regierung vorstellen:* Le nouveau Premier ministre italien vient de présenter son

~. / **remanier** le ~ *die Regierung umbilden:* Le président de la République remaniera sans doute le ~. / **renverser, faire tomber** le ~ *die Regierung stürzen:* La tentative pour renverser le ~ par une motion de censure a une fois de plus échoué. / un ~ **tombe** *eine Regierung stürzt:* Au Tchad, le ~ est de nouveau tombé.

grâce[1] f *Anmut*
~ **juvénile** *jugendliche Anmut* / une ~ **nonchalante** *lässiger Charme*
avoir de la ~ *Anmut besitzen:* Cette jeune femme n'est pas sans avoir de la ~. / **déployer** toutes ses ~s *seinen ganzen Zauber entfalten:* Ce matin-là, la nature avait déployé toutes ses ~s.

grâce[2] f *Gnade, Begnadigung*
accorder la ~ à qn *j-n begnadigen:* C'est au président de la République qu'il revient d'accorder la ~ au condamné ou de la lui refuser. / **demander, crier** ~ *um Gnade bitten, flehen:* Monsieur le Juge, je demande ~ pour l'accusé! / se **pourvoir** en ~ *(jur) ein Gnadengesuch einreichen:* Son avocat lui a conseillé de se pourvoir en ~. / **refuser** la ~ *ein Gnadengesuch ablehnen:* Le dictateur a refusé la ~ aux treize condamnés à mort.

grâce[3] f *Gnade, Gunst, Gefallen*
accorder, octroyer une ~ à qn *j-m eine Gunst erweisen:* Je ne sais pas si Monseigneur Lepître pourra vous accorder cette ~. / **être** en ~ auprès de qn *bei j-m in Gunst stehen:* Le roi, à cette époque, n'était pas en ~ auprès du pape. / **faire** à qn la ~ de ... *j-m den Gefallen erweisen zu ...; (auch iron) die Güte haben zu ...:* Vous a-t-il fait la ~ d'accepter votre invitation? / **obtenir** une ~ *einen Gunstbeweis erhalten:* Il nous suffirait d'obtenir une ~ de sa part. / **rentrer** en ~ *in Gnaden wieder aufgenommen werden:* Après une longue période où il a été tenu à l'écart, Jean Tourrier semble être rentré en ~ auprès de son parti. / **trouver** ~ devant qn, aux yeux de qn *vor j-m, in j-s Augen Gnade finden:* Je ne sais pas si vous trouverez ~ aux yeux du directeur.

bonnes grâces fpl *Gunst, Wohlwollen*
se **concilier** les, **rentrer** dans les ~ de qn *j-s Gunst erwerben:* Il a su se concilier les ~ de la femme du patron. / **être** dans les ~ de qn *bei j-m in hoher Gunst stehen:* Pendant des années, Monsieur Tourrier a été dans les ~ du Premier ministre. / **gagner (perdre)** les ~ de qn *j-s Gunst, Wohlwollen gewinnen (verlieren):* Avec sa diligence extrême, il a eu vite fait de gagner les ~ du patron. / s'**insinuer** dans les ~ de qn *sich j-s Gunst erschleichen:* Il s'est insinué dans les ~ de Madame de la Rivière.

grade m *Dienstgrad*
destituer (un militaire) de son ~ *j-n degradieren:* Trois officiers ont été destitués de leur ~

pour insubordination. / **monter, avancer** en ~ *avancieren; befördert werden:* Je ne croyais pas qu'il allait si vite monter en ~. / **passer** par tous les ~s *von der Pike auf dienen:* Mon grand-père était passé par tous les ~s avant d'être nommé ambassadeur aux États-Unis.

graissage m *Abschmieren*
faire **faire** le ~ (de sa voiture) *den Wagen abschmieren lassen:* Nous avons fait faire le ~ à Madrid.

graisse f *Fett*
~s **animales** *tierische Fette* / **mauvaise** ~ *überflüssiges Fett (bei dicken Personen)* / ~s **végétales** *pflanzliche Fette*
avoir de la, être **bouffi** de, être **noyé** dans la ~ *zu dick, fett sein:* Cela ne m'étonne pas qu'il ait eu un infarctus du myocarde. Il est bouffi de ~. / **prendre** de la ~ *fett werden:* J'ai été choqué en le voyant. Il a pris de la ~.

gratitude f *Dankbarkeit*
inspirer de la ~ à qn *j-n dankbar machen:* L'aide si généreuse des Anglais pendant son exil lui avait inspiré une durable ~. / **témoigner, exprimer, manifester** sa ~ à qn *j-m (seine) Dankbarkeit zeigen, erweisen:* Je ne sais comment vous témoigner ma ~.

gravité f *Ernst*
mesurer la ~ de qc *den Ernst, das Ausmaß von etw ermessen:* Le gouvernement commence peu à peu à mesurer la ~ de la catastrophe. / **minimiser** la ~ de qc *den Ernst (+ Gen) bagatellisieren, herunterspielen:* C'est un homme qui minimise toujours la ~ de la situation pour que personne ne s'inquiète.

greffe f *Transplantation*
faire, pratiquer une ~ *eine Transplantation vornehmen:* La brûlure étant trop étendue, il a fallu pratiquer une ~ de la peau. / une ~ **prend, réussit** *eine Transplantation gelingt:* Il est encore trop tôt pour savoir si la ~ a pris.

grêle f *Hagel*
il **tombe** de la ~ *es hagelt:* Hier soir, il est tombé de la ~ chez nous.

grenade f *Granate*
~ **lacrymogène** *Tränengasgranate*
lancer une ~ *eine Granate werfen, (ab)schießen:* La police a lancé des ~s lacrymogènes contre les manifestants.

grenouille f *Frosch*
la ~ **coasse** *der Frosch quakt:* Les ~s ont coassé toute la nuit.

grève f *Streik*
~ **générale** *Generalstreik* / ~ **sauvage** *wilder Streik*
briser la ~ *den Streik brechen:* Pour briser la ~, la compagnie avait fait appel à des réfugiés qui acceptaient n'importe quel travail. / **faire** (la) ~; **être** en ~ *streiken:* Les cheminots font la ~ depuis hier soir. / **faire** la ~ de la faim *in den*

grief

Hungerstreik treten; im Hungerstreik sein: Les trois détenus font toujours la ~ de la faim. / **lancer** un ordre de ~ *den Streik ausrufen:* La CGT a lancé un ordre de ~ pour les entreprises métallurgiques. / se **mettre** en ~ *in den Streik treten:* Les cheminots ont menacé de se mettre en ~ dès lundi si leurs revendications n'étaient pas satisfaites.

grief m (*Grund zur*) *Klage*
avoir des ~s contre qn *Grund zur Klage j-m gegenüber haben:* Vous croyez avoir des ~s contre Monsieur Portevin? / **exposer, formuler** ses ~ *seine Klagen, Beschwerden vorbringen:* Je n'ai même pas eu le temps de formuler mes ~s. / **nourrir** des ~s contre qn *Klage über j-n führen:* Il nourrit toutes sortes de ~s contre ses collaborateurs, qu'il considère comme ses rivaux.

griffe f *Kralle,* (*bes. fig*) *Klaue*
~s **acérées** *scharfe Krallen*
arracher qn des ~s de ... (*fig*) *j-n aus den Klauen* (+ *Gen*) *befreien:* Trois jours après, la police a pu arracher le garçon des ~s des gangsters. / **faire** ses ~s *die Krallen wetzen:* Minou se dressait sur ses pattes arrière et faisait ses ~s sur la chaise. / **montrer** les ~s (*fig*) *die Krallen zeigen:* Son discours a sans doute été un avertissement. Il a pour ainsi dire montré les ~s. / un animal **plante** ses ~s dans qc *ein Tier schlägt seine Klauen in etw:* Le tigre a planté ses ~s dans le bras gauche du dompteur. / **rentrer** ses ~s *die Krallen einziehen;* (*fig auch*) *versöhnlich werden:* Ma lettre lui a fait rentrer ses ~s. / **tenir** qn entre ses ~s (*fig*) *j-n in seinen Klauen haben:* Lorsque Maître Jeannenin tient quelqu'un entre ses ~s, il ne le lâche plus. / **tomber** sous la ~, dans les ~s de qn (*fig*) *in j-s Klauen geraten:* Les femmes qui sont tombées sous sa ~ l'ont regretté.

grillon m *Grille*
le ~ **chante, grésille** *die Grille zirpt:* Ah, que j'aime ces nuits d'été où les ~s chantent dans les prés.

grimace f *Grimasse*
faire la ~ *ein Gesicht ziehen:* Elle a fait la ~ en apprenant qu'elle devait rester. / **faire des** ~s *Grimassen schneiden:* L'enfant faisait des ~s dans le dos de l'institutrice.

grippe f *Grippe*
~ **carabinée** (F); **bonne** ~, **mauvaise** ~ *heftige Grippe* / ~ **intestinale** *Darmgrippe*
attraper, prendre la ~ *Grippe bekommen; sich eine Grippe holen:* Mon mari a attrapé la ~. Il ne peut pas aller au travail aujourd'hui. / **repasser** la ~ à qn (F) *j-m die Grippe anhängen:* Zut! Tu m'as repassé ta ~!

griserie f *Taumel*
céder, se laisser aller à la ~ de qc *sich dem Taumel* (+ *Gen*) *hingeben:* Ne vous laissez pas aller à la ~ du succès.

grive f *Drossel*
la ~ **siffle** *die Drossel singt, flötet:* Entendez-vous siffler la ~?

gros m *Großhandel*
faire le ~ *Großhandel treiben:* Nous ne faisons pas le ~.

guêpe f *Wespe*
se faire **piquer** par une ~ *von einer Wespe gestochen werden:* Marius s'est fait piquer par une dizaine de ~s de sorte que j'ai dû appeler le médecin.

guérison f *Heilung*
~ **miraculeuse** *Wunderheilung* / ~ **radicale, complète** *vollständige Heilung*

guerre f *Krieg,* (*fig*) *Kampf*
~ **atomique** *Atomkrieg* / ~ **civile** *Bürgerkrieg* / ~ **défensive** *Verteidigungskrieg* / ~ **fratricide** *Bruderkrieg* / ~ **froide** *kalter Krieg* / la **Grande** ~ *der Erste Weltkrieg* / ~ **larvée** *heimlicher Krieg* / ~ **malheureuse** *unseliger Krieg* / ~ **meurtrière** *mörderischer Krieg* / ~ **mondiale** *Weltkrieg* / ~ **offensive** *Angriffskrieg* / ~ **ouverte** *offene Feindschaft; offener Krieg* / **petite** ~ *Geplänkel, Kleinkrieg:* jouer à la petite ~ (*Kinder:* Krieg spielen) / ~ **psychologique** *psychologische Kriegsführung* / la ~ **sainte** *der Heilige Krieg* / ~ **sanglante** *blutiger Krieg* / ~ **totale** *totaler Krieg*
aller à la ~; **partir** pour la ~ *in den Krieg ziehen:* Les hommes du village allaient à la ~, pensant qu'ils reviendraient dans quelques semaines. / **allumer** une ~ *einen Krieg entfachen:* Les initiatives du dictateur peuvent allumer une ~ avant qu'on n'y ait pris garde. / **déclarer** la ~ à qn (à un pays) *j-m* (*einem Land*) *den Krieg erklären:* Les Anglais ne pouvaient pas ne pas déclarer la ~ aux Allemands. / **déclarer** la ~ à qn, qc (*fig*) *j-m, einer Sache den Kampf ansagen:* Mon patron a déclaré la ~ à l'absentéisme du personnel. / une ~ **éclate** *ein Krieg bricht aus:* Dans la situation actuelle, une ~ peut éclater à tout instant. / **entraîner** un peuple dans une ~ *ein Volk in einen Krieg hineinziehen:* Nous ne nous laisserons pas entraîner dans une ~ contre nos voisins. / **entrer** en, dans la ~ *in den Krieg eintreten:* Terrifiés, ils avaient appris, lors de leur voyage en Amérique du Sud, que les États-Unis étaient entrés en ~. / **être** en ~ *sich im Krieg befinden; im Krieg stehen:* N'oubliez pas que nous sommes en ~. / **faire** la ~ (à un pays, *etc.*) *Krieg führen* (*mit einem Land usw.*)*:* Le gouvernement central a décidé de faire la ~ aux révoltes de cette province éloignée. / **faire** la ~ à qn (à cause, à propos de qc) (*fig*) *im ständigen Kampf mit j-m liegen* (*wegen etw*)*:* Nous faisons la ~ à nos enfants à cause de la télévision qu'ils

aimeraient regarder chaque soir. / **faire** la ~ à qc *(fig) etw (bes. ein Übel) bekämpfen:* Tant que mes moyens financiers me le permettront, je ferai la ~ aux abus de l'alcool. / **se faire** la ~ *sich bekriegen:* Les deux nations se sont fait la ~ pendant plusieurs générations. / avoir **fait** la ~ *im Krieg gewesen sein:* Mes trois frères ont fait la ~, moi pas. / **mourir, tomber** à la ~ *(im Krieg) fallen:* Mon père est mort à la ~. / **partir** en ~ contre qc *(fig) gegen etw zu Felde ziehen:* C'est une association qui part en ~ contre la faim dans le monde. / se **préparer** à la ~ *(sich) zum Krieg rüsten:* Le pays se prépara fiévreusement à la ~. / une ~ se **rallume** *ein Krieg flammt wieder auf:* La ~ s'est rallumée entre les deux pays arabes. / **revenir** de la ~ *aus dem Krieg heimkehren:* Un seul fils de cette famille est revenu de la ~; les trois autres sont morts. / **vivre, être** sur le pied de ~ avec qn *(fig) mit j-m auf Kriegsfuß stehen:* Monsieur Brinelle vit sur le pied de ~ avec tous ses supérieurs.

guet-apens m *Hinterhalt*
attirer qn dans un ~; **tendre** un ~ à qn *j-n in einen Hinterhalt locken:* Dans ce film, les Mexicains ont attiré les soldats américains dans un ~. / **échapper** à un ~ *einem Hinterhalt entgehen:* Ce n'est que par le plus grand des hasards qu'il a pu échapper au ~ que lui tendaient ses adversaires. / **tomber** dans un ~ *in einen Hinterhalt geraten:* La compagnie du capitaine Levèvre est tombée dans un ~.

gueule f *(derb) Maul, Schnauze, Fresse*
sale ~ *widerliche Fresse*
avoir, être une grande ~; **être fort** en ~ *eine große Klappe, ein großes Maul haben:* Il ne m'impressionne pas, il a une grande ~, voilà tout. / **casser** la ~ à qn *j-m in die Fresse hauen:* Arrête ou je te casse la ~! / **se casser** la ~ *auf die Schnauze fallen (auch fig):* En sortant de la gare, je me suis cassé la ~. – Avec cette spéculation, il s'est cassé la ~. / **ferme** ta ~ *halt's Maul:* Ferme ta ~ ou je te casse la figure!

guigne f (F) *Pech*
avoir la ~ *Pech haben:* Aujourd'hui, j'ai la ~. Pas la peine que je continue. / **porter** la ~ à qn *j-m Pech bringen:* Son égoïsme lui a porté la ~.

guillemets mpl *Anführungszeichen*
fermez les ~ *Anführungszeichen oben:* Fermez les ~; point; à la ligne! / **mettre** qc entre ~ *etw in Anführungszeichen setzen:* Mettez le mot «corde» entre ~, afin qu'on voie qu'il est peu habituel dans ce contexte. / **ouvrez** les ~ *Anführungszeichen unten:* Deux points, ouvrez les ~.

guillotine f *Guillotine, Schafott*
dresser la ~ *die Guillotine aufstellen:* Dans la cour de la prison, des bruits sinistres indiquaient qu'on était en train de dresser la ~ pour l'exécution qui aurait lieu à l'aube. / **envoyer** qn à la ~ *j-n aufs Schafott bringen, schicken:* Sous son règne, quelques milliers de personnes furent envoyées à la ~. / **monter** sur la ~ *aufs Schafott steigen:* Je préfère monter sur la ~ plutôt que de dénoncer mes amis.

guitare f *Gitarre*
gratter de la ~ *auf der Gitarre herumklimpern:* Le soir, Jean-Paul grattait un peu de sa ~. / **jouer** de la ~ *Gitarre spielen:* Je ne savais pas que vous jouiez de la ~.

gymnastique f *Gymnastik*
faire de la ~ *Gymnastik treiben, machen:* Je vous conseille de faire de la ~ chaque matin.

H

habitude f *(An)Gewohnheit*
douce ~ *liebe Angewohnheit* / ~ **enracinée, invétérée** *tief eingewurzelte Gewohnheit* / ~ **indéracinable** *unausrottbare Gewohnheit* / **longue, vieille** ~ *alte Gewohnheit* / **mauvaise** ~ *schlechte Angewohnheit, Unart; Unsitte* / ~s **sacro-saintes** *(iron) geheiligte, unantastbare Gewohnheiten* / **sale** ~ *gräßliche Angewohnheit* / **vilaine** ~ *üble Angewohnheit; Unart*
abandonner une ~ *eine Gewohnheit ablegen, aufgeben:* Il est très difficile d'abandonner ses vieilles ~s. / **avoir** l'~ de ... *(für) gewöhnlich ...:* J'ai l'~ de m'allonger après les repas. / **avoir** l'~ de qc, qn 1. *sich mit etw, j-m auskennen;* 2. *an etw gewöhnt sein:* Je n'ai pas l'~ des bébés. Madame Huiterol a l'~ des longues promenades. / **briser** avec ses ~s *mit seinen Gewohnheiten brechen:* Jean m'a promis de briser avec ses mauvaises ~s. / **débarrasser, défaire** qn d'une (mauvaise) ~ *j-m eine (schlechte) Angewohnheit abgewöhnen:* Je le débarrasserai de toutes ses mauvaises ~s, je vous le jure. / **se débarrasser, se défaire** d'une ~ *sich etw abgewöhnen:* Quand on a pris une mauvaise ~, il est difficile de s'en débarrasser. / **donner** à qn une ~ *j-m etw angewöhnen:* J'ai essayé de

haie

donner à Jean-Paul l'~ de ranger ses affaires, mais sans grand succès. / **de mauvaises ~s s'enracinent, s'implantent** *schlechte Gewohnheiten reißen ein:* Je dois malheureusement constater que de très mauvaises ~s se sont enracinées ces derniers temps. / **entrer dans les ~s de qn** *j-m zur Gewohnheit werden:* Il fume au moins dix pipes par jour, c'est malheureusement entré dans ses ~s. / cela n'**est** pas son ~, dans ses ~s; cela **sort** de ses ~s *das macht er gewöhnlich nicht:* Ce n'est certainement pas lui qui a écrit la lettre, cela n'est pas dans ses ~s. / **manquer** d'~ *etw nicht gewohnt sein:* Pas étonnant que tu sois fatigué après cette randonnée: tu manques d'~. / **perdre** l'~ de ... (*es*) *sich abgewöhnen zu ...:* Heureusement que mon mari a perdu l'~ de fumer. / **perdre** une mauvaise ~ *eine schlechte Gewohnheit ablegen:* Auguste a heureusement perdu la mauvaise ~ de boire un verre de rouge avant le petit déjeuner. / **prendre** l'~ de ... (*es*) *sich angewöhnen zu ...:* Il a pris l'~ de se promener après le déjeuner. / **retrouver, reprendre** une ~; **revenir** à une ~ *zu einer Gewohnheit zurückkehren:* Ah, qu'il est bon de se retrouver chez soi, de reprendre ses vieilles ~s!

haie[1] f *Hecke*
~ **vive** *grüne, lebende Hecke*
tailler une ~ *eine Hecke (be)schneiden:* Tu n'as toujours pas taillé la ~.

haie[2] f *Spalier (von Personen)*
former, faire la ~ *Spalier stehen; (ein) Spalier bilden:* Ses camarades ont formé la ~ lorsqu'il est sorti de l'église.

haine
f *Haß*
~ **acharnée, déclarée, implacable, impitoyable, irréconciliable, jurée, tenace** *erbitterter, unversöhnlicher Haß* / ~ **aveugle, irraisonnée** *blinder Haß* / ~ **concentrée** *lange aufgespeicherter Haß* / ~ **farouche** *wilder Haß* / ~ **inextinguible** *unbezwingbarer Haß* / ~ **invétérée** *tief verwurzelter Haß* / ~ **mortelle** *tödlicher Haß* / ~ **opiniâtre** *verbissener Haß* / ~ **sourde** *versteckter Haß* / ~ **virulente** *unbändiger Haß* / ~ **viscérale** *abgrundtiefer Haß* / ~ **vivace** *unausrottbarer Haß*
assouvir sa ~ *seinen Haß austoben:* Il serait capable de tout pour assouvir sa ~. / s'**attirer** la ~ de qn *sich j-s Haß zuziehen:* À force d'écrire de dures vérités dans son journal, Lebrun s'était attiré la ~ de bien des personnes en vue. / **avoir, éprouver, concevoir** de la ~ pour qn *Haß gegen j-n empfinden, verspüren, haben:* Je crois que Monsieur Écault a toujours de la ~ pour son ancien patron. / la ~ **consume, dévore** qn *der Haß verzehrt j-n:* La ~ le consume! / **exciter, fomenter, déchaîner, allumer, attiser** les ~s *Haß schüren, anstacheln:* Évitez d'exciter les ~s entre les deux parties. / **prendre** qn, qc en ~ *j-n, etw hassen:* Ce travail, j'ai fini par le prendre en ~. / **vouer** une ~ (+ *adj*) à qn; **nourrir** une ~ (+ *adj*) contre qn (*adj*) *Haß gegen j-n empfinden:* Françoise Augarde voue une ~ farouche à son ex-mari.

haleine
f *Atem*
avoir l'~ **courte** *einen kurzen Atem haben; kurzatmig sein* / avoir l'~ **forte, mauvaise** ~ *aus dem Mund riechen* / ~ **fraîche** *frischer Atem* / ~ **malodorante** *schlechter Mundgeruch*
être hors d'~ *außer Atem sein:* Les coureurs étaient hors d'~, l'un d'eux s'était même écroulé. / **reprendre** ~ *wieder zu Atem kommen:* Peu à peu, le détective reprenait ~. / **retenir** son ~ *den Atem anhalten:* Jean retenait son ~ afin qu'on ne le remarque pas. / **tenir** qn en ~ *j-n in Atem halten:* Le metteur en scène est vraiment parvenu à tenir les spectateurs en ~ jusqu'à la fin du film.

halte
f *Halt, Rast*
faire ~ *haltmachen:* L'expédition fit ~ pour quelques instants avant de commencer à passer la rivière à gué. / **faire une** ~ **de ... heures ...** *Stunden Rast machen:* Au retour, nous avons fait une ~ de deux heures à Vernon.

hameçon
m *Angel(haken)*
jeter l'~ *die Angel auswerfen:* J'avais à peine jeté l'~ qu'un gros poisson y a mordu. / **mordre, se prendre** à l'~ *anbeißen (auch fig):* Une dizaine d'investisseurs ont mordu à l'~ et investi un million de dollars environ.

hanche
f *Hüfte*
~s **épanouies, rebondies, rondes** *runde Hüften* / ~s **étroites** *schmale Hüften* / ~s **larges** *breite Hüften*
mettre les poings, les mains sur les ~s *die Arme in die Hüften, Seiten stemmen:* Madame Ruche sortit de sa cuisine et mit les poings sur les ~s. / **rouler** des, se **balancer** sur ses, **balancer** les ~s *sich in den Hüften wiegen:* Les Haïtiens dansaient au son de trois tambours, roulant des ~s et gesticulant des bras.

handicap
m *Handikap*
un **sérieux** ~ *ein schweres Handikap*

handicapé
m *Behinderter*
~ **mental** *geistig Behinderter* / ~ **physique** *Körperbehinderter*

hara-kiri
m *Harakiri*
faire ~ *Harakiri begehen, machen (auch fig):* Critiquer la direction? Autant faire ~!

haricot
m *Bohne*
~s **blancs** *weiße Bohnen* / ~s **grimpants** *Stangenbohnen* / ~s **nains** *Buschbohnen* / ~s **verts** *grüne Bohnen*
écosser des ~s *Bohnen enthülsen:* Berthe a écossé des ~s toute la journée de samedi. / **éplucher** des ~s *Bohnen putzen:* Je n'ai pas

encore épluché les ~s pour la salade.
harmonie f *Harmonie, Einklang*
~ **inaltérable** *dauerhafte Harmonie* / ~ **parfaite** *schönste Harmonie; bestes Einvernehmen*
détruire, troubler l'~ *die Harmonie (zer)stören:* Les ambitions de Roger ont détruit l'~ qui, jusqu'alors, régnait dans la famille. / **être** en ~ avec qc *mit etw in Einklang stehen:* Notre programme est en parfaite ~ avec les demandes des communes. / **mettre** qc en ~ avec qc *etw mit einer Sache in Einklang, Übereinstimmung bringen:* Avec cette maison, l'architecte a prouvé qu'il est bien possible de mettre l'architecture en ~ avec le paysage. / l'~ **règne** *es herrscht Eintracht, Harmonie:* Depuis que la belle-mère est partie, l'~ règne dans le ménage. / **rétablir** l'~ *die Harmonie wiederherstellen:* Ils ont eu une franche explication, puis ils se sont réconciliés. Depuis, l'~ est rétablie entre eux.
hasard m *Zufall*
~ **favorable** *günstige Gelegenheit* / **heureux** ~ *glücklicher Zufall* / ~ **malheureux** *unglücklicher Zufall* / ~ **obscur** *blinder, unerklärlicher Zufall* / un **pur** ~; un **vrai** ~ *reiner, bloßer Zufall*
faire la part du ~ dans qc *bei etw mit dem Zufall rechnen:* Dans une entreprise pareille, il est impossible de tout prévoir avec certitude. Il faut aussi faire la part du ~. / ne rien **laisser** au ~ *nichts dem Zufall überlassen:* Je préfère ne rien laisser au ~. / s'en **remettre** au ~ *es dem Zufall überlassen:* C'est une affaire trop grave. Vous n'avez pas le choix d'être négligent et de vous en remettre au ~. / le ~ a **voulu** que ... *der Zufall wollte, fügte es, daß ...:* Le ~ a voulu que Madame Tripes rencontre Monsieur Merle en Algérie.
hâte f *Eile, Hast*
~ **excessive** *übermäßige Hast, Eile* / ~ **fébrile** *fieberhafte Eile*
avoir ~ **de** ... *es kaum erwarten können zu ...:* Madot avait ~ de rentrer chez elle. / **faire** qc à la ~ *etw flüchtig tun:* Ce que vous me présentez là, c'est un travail fait à la ~. / **mettre** de la ~ à faire qc *etw schnell, hastig, eilig tun:* Mademoiselle Colin mettait de la ~ à se débarrasser de ses invités.
hausse f *Preisanstieg, (Börse) Hausse*
~ **abusive, illicite** *Preistreiberei* / ~ **rapide** *schneller Preisauftrieb; sprunghaftes Ansteigen der Preise*
enrayer la ~ des prix *die Preiserhöhung auffangen:* Les mesures gouvernementales ne seront pas de nature à enrayer la ~ des prix. / **être** en ~ *(an)steigen:* Les prix ont de nouveau été en ~ le mois dernier. / **jouer** à la ~ *(Börse) auf Hausse spekulieren:* Bill Rody avait joué à la ~ et perdu sa fortune en une nuit.

hauteur f *Höhe*
~ **vertigineuse** *schwindelnde, schwindelerregende Höhe*
arriver à la ~ de qn, qc *auf j-s Höhe, auf der Höhe einer Sache ankommen, anlangen:* Arrivé à la ~ de la voiture qu'il était en train de dépasser, il lui envoya un coup de klaxon furieux. / la ~ **est** de ... *die Höhe beträgt ...:* La ~ de la tour est de deux cent trente mètres. / **prendre** de la ~ *an Höhe gewinnen:* Au-dessus des Vosges, l'avion prit de la ~. / **perdre** de la ~ *an Höhe verlieren:* Un des moteurs était tombé en panne et l'avion perdait rapidement de la ~. / **sauter** en ~ *hochspringen:* Je n'ai jamais bien sauté en ~.
haut-le-cœur m *Übelkeit*
j'ai **eu** un ~ *mir wurde ganz übel:* En voyant le cheval blessé et le sang qui coulait des blessures, j'ai eu un ~. / **donner** des ~ à qn *bei j-m Übelkeit verursachen:* Ce spectacle lui a donné des ~.
haut-parleur m *Lautsprecher*
un ~ **beugle, hurle** *ein Lautsprecher plärrt:* Les ~s de la fête ont beuglé toute la nuit.
hémorragie f *Blutung*
juguler, arrêter une ~ *eine Blutung stillen:* Le médecin a mis au moins une demi-heure pour juguler l'~.
herbe f *Gras*
~ **clairsemée, rare** *spärlicher Graswuchs* / ~ **drue, épaisse** *dichtes Gras* / ~s **folles** *wilde Gräser* / **hautes** ~s *hohes Gras* / ~ **rase** *niedriges Gras* / ~ **sèche** *dürres Gras*
brouter l'~ *(das) Gras abfressen:* Les moutons n'ont pas seulement brouté l'~, mais aussi nos fleurs. / **écraser, piétiner** l'~ *das Gras zertrampeln:* Les spectateurs ont envahi le jardin et écrasé l'~. / qc est **envahi** par les ~s *etw ist von Gras überwuchert:* Les ruines du château sont envahies par les ~s. / **manger** sur l'~ *ein Picknick im Grünen machen:* Dimanche, s'il fait beau, nous irons manger sur l'~ avec les Legras. / **marcher** dans, sur l'~ *durch das Gras gehen:* On dit qu'il est bon pour les nerfs de marcher pieds nus dans l'~ humide.
hérédité f *Vererbung*
avoir une ~ **chargée**, une **lourde** ~ *erblich belastet sein*
héritage m *Erbschaft*
croquer un ~ (F) *eine Erbschaft durchbringen:* Deux ans ont suffi pour qu'il croque l'~ de ses parents. / **laisser** qc en ~ *etw vererben:* Mon grand-père a laissé à ma mère un petit vignoble en ~. / **liquider** un ~ *eine Erbschaft regeln, abwickeln:* Avez-vous déjà liquidé l'~ de votre père?
héritier m *Erbe*
constituer, instituer qn ~ *j-n zum Erben*

hernie

einsetzen: Madame Romain a constitué ~ son fils adoptif.
hernie f *(Eingeweide) Bruch*
  attraper une ~ *sich einen Bruch heben, zuziehen:* En voulant déplacer toute seule le buffet de la cuisine, ma tante a attrapé une ~.
héros m *Held*
  mourir en ~ *wie ein Held, als Held sterben:* Votre fils est mort en ~ sur le champ de bataille.
hésitation f *Zögern*
  avoir une ~ *stocken:* Soudain, au milieu de son discours, l'orateur eut une ~. / **marquer** une ~ *zögern:* Le jeune prêtre marqua une ~ avant de commencer à parler.
heure[1] f *Stunde, Zeit(punkt)*
  à l'~ **accoutumée** *zur gewohnten Stunde* / ~s **angoissantes** *bange Stunden* / à une ~ **avancée** *zu vorgerückter Stunde* / une **bonne** ~; une **grande** ~ *eine gute, reichliche Stunde* / la **bonne (mauvaise)** ~ (pour ...) *der richtige (falsche) Zeitpunkt, Augenblick (für ...)* / ~ **creuse** *Springstunde, Freistunde* / ~s **creuses** *ruhige Zeit; Flaute; Zeiten, in denen wenig Betrieb ist; verkehrsarme Zeiten* / ~s **difficiles, critiques** *schwere Stunden; schwere Zeiten* / à l'~ **dite** *zur festgesetzten Stunde* / une ~ **entière** *eine volle Stunde* / à ~ **fatidique** *Schicksalsstunde* / à ~ **fixe** *zu einer bestimmten Zeit* / à une ~ **indue** *zu unpassender Zeit; zu nachtschlafender Zeit* / ~ **matinale** *frühe Stunde* / (deux) ~s **mortelles** *(zwei) entsetzlich lange Stunden* / ~s **pénibles** *schwere Stunden* / ~s **perdues** *Mußestunden* / une **petite** ~ *eine knappe Stunde* / ~s **supplémentaires** *Überstunden* / ~ **tardive** *späte Stunde*
il a cru sa dernière ~ **arrivée** *er glaubte, sein letztes Stündchen habe geschlagen:* Tout à coup, un caïman gigantesque est apparu devant la pirogue et nous avons cru notre dernière ~ arrivée. / **attendre** son ~ *auf seine Stunde warten:* Pendant des années, le futur dictateur, attendant son ~, avait préparé dans l'ombre le coup d'État du 18 novembre. / **avancer (retarder)** l'~ *die Zeit vorverlegen (zurückdrehen):* Écoutez, ne pouvons-nous pas avancer l'~ du départ? / **avoir** ses ~s *feste Zeiten haben:* Je ne suis pas capable de travailler régulièrement toute la journée, j'ai mes ~s. / **ne pas avoir** d'~ *sich an keine festen Zeiten halten:* Vous devez tenir compte du fait que c'est un artiste. Il n'a pas d'~, c'est clair. / n'**avoir** pas une ~ à soi *keinen Augenblick Zeit haben:* Depuis que ma femme a été élue députée, elle n'a pas une ~ à elle. / il **aura** son ~; son ~ **viendra** *seine, ihre Stunde wird (noch) kommen:* C'est un homme politique relativement jeune. Il aura son ~, j'en suis sûr. / qn, qc **a eu** son ~ de gloire *die Glanzzeit von j-m, etw ist vorüber:* Ce peintre a eu son ~ de gloire. / **connaître** des ~s difficiles *schwierige Zeiten erleben:* Après la Première Guerre mondiale, ma famille a connu des ~s bien difficiles. / **être** à ... ~(s) de ... ... *(Flug-, Zug-, Auto-)Stunden von ... entfernt liegen, sein:* Notre nouveau domicile est à deux ~s de voiture de Neuilly. / c'est son ~ *das ist die Zeit, zu der er gewöhnlich kommt, etw tut:* Bébé va se réveiller d'une seconde à l'autre et réclamer son biberon. C'est son ~. / ça **fait** ... ~(s) que ... *schon seit ... Stunde(n) ...:* Dis, tu n'aurais pas pu te dépêcher? Ça fait une ~ qu'on t'attend. / les ~s **passent** vite *die Stunden eilen dahin:* Le week-end, au bord de la mer, les ~s passent vite. / son ~ est **passée** *seine Zeit ist vorbei:* Aux élections de 1976, il aurait eu des chances. Maintenant, c'est trop tard, son ~ est passée. / être **payé** à l'~; (F) **être** à l'~ *stundenweise, nach Stunden bezahlt werden:* Notre femme de ménage est payée à l'~; elle vient quand j'ai besoin d'elle. / cela m'a fait **perdre** une ~ *das hat mich eine Stunde gekostet:* La réparation de la machine à laver m'a fait perdre trois ~s. / sa dernière ~ a **sonné**, est **venue** *sein letztes Stündlein hat geschlagen, ist gekommen:* Il savait bien que sa dernière ~ avait sonné.
heure[2] f *(Uhr)Zeit, Uhr*
  l'~ **exacte, juste** *die genaue (Uhr)Zeit* / à trois ~s **justes, sonnantes, précises, tapantes** *Punkt drei Uhr; Schlag drei Uhr* / ~ **légale** *Normalzeit* / ~ **locale** *Ortszeit*
demander l'~ *nach der Uhrzeit fragen; fragen, wie spät es ist:* L'alibi de l'accusé est solide. Il y a un témoin qui jure qu'il lui a demandé l'~ ce soir-là. / **donner** l'~ *die (Uhr)Zeit angeben:* C'est un appareil universel: il indique la pression et l'humidité atmosphériques ainsi que la température ambiante et donne en même temps l'~ exacte. / **être** à l'~ *pünktlich sein:* Tâchez d'être à l'~. / ma montre **indique, marque** ... ~s *meine Uhr zeigt, auf meiner Uhr ist es ... Uhr:* Ma montre marque 8 ~s et quart, mais je crois qu'elle avance. / **(re)mettre** à l'~ *(Uhr) stellen:* Ma montre avance de dix minutes chaque jour. Il faut que je la mette à l'~ tous les matins. / **oublier** l'~ *nicht an die (Uhr)Zeit denken:* Elle aime tellement bavarder avec ses amies qu'il lui arrive souvent d'oublier l'~. / **prendre** l'~ *die Uhr stellen:* Ma montre est juste. J'ai pris l'~ ce matin à la radio. / dix ~s **sonnent** *es schlägt zehn Uhr:* Écoute, deux ~s sonnent, il est temps de partir. / se **tromper** d'~ *sich in der Zeit irren:* Lorsque je suis arrivé au rendez-vous, personne n'était là. Ce n'est qu'un moment plus tard que je me suis rendu compte que je m'étais trompé d'~.
heureux m *Glücklicher*
  faire un ~, des ~ *j-n, die anderen glücklich*

machen: Tout ce à quoi il aspire, c'est à faire des ~.

heurt m *Zusammenstoß (fig)*
~s **violents** *heftige Zusammenstöße*

hibou m *Eule*
le ~ **(h)ulule** *die Eule schreit:* On entendit un ~ ululer à travers les rafales de vent.

hilarité f *Heiterkeit*
~ **générale** *allgemeine Heiterkeit*
déchaîner, déclencher l'~ *Heiterkeit erwekken, auslösen:* Cette remarque, lancée d'un air négligent, déchaîna l'~ générale.

hirondelle f *Schwalbe*
l'~ **gazouille** *die Schwalbe zwitschert:* Et depuis mon studio, j'entends gazouiller les ~s.

histoire[1] f *Geschichte (Geschichtswissenschaft)*
~ **ancienne** *Alte Geschichte* | ~ **contemporaine** *Zeitgeschichte; Neueste Geschichte* | ~ **littéraire** *Literaturgeschichte* | ~ **moderne** *Neuere Geschichte* | ~ **naturelle** *Naturgeschichte* | ~ **sainte** *Biblische Geschichte* | ~ **universelle** *Weltgeschichte*
entrer dans l'~ *in die Geschichte eingehen:* Sa seule ambition est d'entrer dans l'~.

histoire[2] f *Geschichte (Erzählung)*
~ **cocasse** *spaßige, ulkige Geschichte* | ~ **croustillante** *pikante Geschichte* | ~ **passionnante** *spannende Geschichte* | ~ **roulante, tordante** (F) *urkomische Geschichte* | ~ **véridique, vraie** *wahre Geschichte*
c'est toute une ~ *das ist eine lange Geschichte:* Notre visite chez Monsieur Palier, c'est toute une ~; je vous la raconterai demain. / **inventer, forger** une ~ *eine Geschichte erfinden:* Au lieu d'avouer son erreur tout simplement, elle est allée forger une ~ terrible. / **raconter** des ~s *Märchen auftischen:* Croyez-vous les ~s qu'elle vous raconte? / **sortir, servir** toujours les mêmes ~s *immer dieselben Geschichten auftischen:* Monsieur Estérella devient sénile. Il sert toujours les mêmes ~s.

histoire[3] f *Geschichte (Angelegenheit)*, pl *Schereien, Streit*
~ **embêtante; vilaine** ~ *dumme Geschichte* | **sombre** ~; **ténébreuse** ~ *undurchsichtige Geschichte*
s'**attirer** des ~s *Schereien, Schwierigkeiten bekommen:* En allant trouver le directeur, tu vas t'attirer des ~s. / **avoir** des ~s avec qn *mit j-m Streit haben:* Madame Tézenas a encore des ~s avec sa locataire. / **chercher** des ~s à qn *mit j-m Streit, Händel suchen:* J'ai l'impression qu'il me cherche des ~s. / **faire** des ~s *sich zieren:* Ne faites pas d'~s, acceptez ma proposition. / **faire** des ~s **à** qn *j-m Schereien machen, Unannehmlichkeiten bereiten:* Je ne veux pas vous faire des ~s, croyez-moi. / **en faire** des ~s, toute une ~ *aus der Sache eine Riesenaffäre machen:* J'avais oublié ma clé et

lui, il en a fait toute une ~. / se **fourrer** dans une ~ (F) *in eine Geschichte (hinein)geraten:* Avec sa manie de s'occuper de tout, il s'est fourré dans une drôle d'~. / je ne **veux** pas d'~s *ich will keine Schereien, keinen Streit (haben):* Dites à Madame Soudet que je ne veux pas d'~s dans mon bureau.

hiver m *Winter*
~ **doux, tiède** *milder Winter* | ~ **dur, rigoureux, rude** *strenger Winter*
l'~ **approche** *der Winter naht, kommt, rückt näher:* Vous devez vous dépêcher avec votre travail. L'~ approche. / **nous sommes** en ~; c'est l'~ *wir haben Winter:* N'oubliez pas que nous sommes en ~. / **passer** l'~ *überwintern:* Les troupes de Frédéric le Grand avaient passé l'~ en Silésie.

hommage m *Huldigung, Ehrerbietung*
respectueux ~s; ~s **respectueux** *mit vorzüglicher Hochachtung* | **ultime** ~ *letzte Ehre:* La foule rendit un ultime ~ à la dépouille mortelle du roi. (... erwies ... die letzte Ehre.) | un ~ **vibrant** *eine mitreißende Lobrede*
présenter ses ~s à qn *j-n begrüßen, j-m seine Aufwartung machen:* Permettez que je présente d'abord mes ~s à Madame de la Routelle. / **recevoir** l'~ de qn *j-s Huldigung entgegennehmen:* Lors de son voyage au Brésil, le pape reçut l'~ de millions de catholiques. / **rendre** ~ à qn *j-m Huldigungen darbringen, huldigen:* Dans son discours, l'orateur a rendu ~ à ce grand Européen. / **rendre** ~ à qc *etw würdigen; einer Sache Anerkennung zollen:* Même l'opposition rendit ~ à l'initiative du président.

homme[1] m *Mensch*
ce n'est qu'un ~ *er ist auch nur ein Mensch:* N'exagérez pas dans votre critique envers Monsieur Plasson. Ce n'est qu'un ~.

homme[2] m *Mann*
brave ~ *Biedermann; braver Mann* | ~ **fini** *erledigter Mann:* Gilbert X? – C'est un ~ fini! (*Der Mann ist erledigt!*) | **galant** ~ *Kavalier; ritterlicher Mann* | **grand** ~ *großer, berühmter Mann* | ~ **grand** *großer, hochgewachsener Mann* | ~ **honnête** *aufrichtiger, ehrlicher Mann* | **jeune** ~ *junger Mann* | ~ **politique** *Staatsmann* | ~ **public** *Mann des öffentlichen Lebens*
être ~ à faire qc *imstande, fähig sein, etw zu tun:* Ne vous trompez pas sur lui. Il est ~ à vous faire sentir son pouvoir. / **il n'est pas** ~ à faire qc *er ist nicht der Mann, es ist nicht seine Art, etw zu tun:* Il n'est pas ~ à tromper quiconque. / **poser** un ~ *den Mann ausmachen:* Un beau costume, un air grave, voilà ce qui pose un ~. / **produire** beaucoup d'~s célèbres *viele berühmte Männer hervorbringen:* Cette ville a, au Moyen-Âge, produit beaucoup d'~s célèbres. / **trouver** son ~ *1. seinen Meister*

honnêteté

finden; 2. *den richtigen Mann für etw finden:* Monsieur Kretty a trouvé son ~ en la personne du vice-président. Arrêtez la recherche, j'ai trouvé mon ~.

honnêteté f *Ehrlichkeit*
~ **scrupuleuse** *absolute Ehrlichkeit*
ayez l'~ de ... *seien Sie so ehrlich zu ...:* Vous vous êtes trompé. Ayez l'~ de le reconnaître.

honneur m *Ehre*
les **derniers** ~s; les ~s **funèbres**; les ~s **suprêmes** *die letzte Ehre:* rendre à qn les derniers ~s (*j-m die letzte Ehre erweisen*) / ~ **insigne** *ganz besondere Ehre* / ~s **militaires** *militärische Ehren* / ~ **professionnel** *Berufsehre*
il a l'~ de ... *ihm wird die Ehre zuteil zu ...:* La réception aura lieu ce soir et j'aurai l'~ d'y participer. / **avoir** l'~ de faire part de qc *sich beehren, etw bekanntzugeben:* Monsieur et Madame Bonnet ont l'~ de faire part des fiançailles de leur fille Michèle avec Monsieur Trojas. / à qui **ai-je** l'~? *mit wem habe ich die Ehre?:* Entrez, Monsieur. À qui ai-je l'~? / **combler, couvrir** qn d'~s *j-n mit Ehren überhäufen:* Arrivé à Londres, le peintre fut comblé d'~s. / **compromettre** l'~ *die Ehre besudeln:* L'armée avait vu son ~ gravement compromis dans l'affaire Dreyfus. / **courir, briguer, rechercher** les ~s *auf Ehrungen erpicht, aus sein:* Monsieur Calvi, en vous offrant ce don, avait des arrière-pensées. Vous devez savoir qu'il court les ~s. / c'est **trop** d'~ que vous me faites là (*iron*) *Sie tun mir zuviel Ehre an:* Oh, merci de votre amabilité! C'est trop d'~ que vous me faites là. / cela **est** tout **à** son ~ *das gereicht ihm, ihr zur Ehre:* Cette action est tout à son ~. / **faillir, manquer** à l'~ *gegen die Ehre verstoßen:* Vous ne pouvez pas m'obliger à faillir à l'~. / **faire un** (grand) ~ à qn *j-m eine (große) Ehre erweisen, zuteil werden lassen:* Vous m'avez fait un grand ~ en m'accordant la parole devant un auditoire si illustre. / c'est lui **faire trop** d'~ *damit erweist man ihm zuviel Ehre:* Je suis contre une lettre officielle. Ce serait lui faire trop d'~. / **faire** à qn l'~ de ... *j-m die Ehre erweisen zu ...:* Le ministre de l'Économie m'a fait l'~ de venir m'accueillir à l'aéroport. / **faire** ~ à qn; **être** l'~ de qn *j-m Ehre machen:* Vos élèves vous font ~, Monsieur. / **jurer** sur son ~ *bei seiner Ehre schwören:* Il jure sur son ~ avoir payé cette somme. / **mettre son** (point d') ~ à faire qc; **se faire** un (point d') ~ de faire qc *seine Ehre darein-, daransetzen, etw zu tun:* Il mettra son point d'~ à vous aider, soyez-en sûr. / **(re)mettre** qc en ~ *etw (wieder) zu Ehren bringen:* Le fils cadet a remis en ~ le nom de la famille Bellanger. / **parvenir** aux plus grands ~s *zu den höchsten Würden emporsteigen, gelangen:* On n'aurait jamais cru qu'il parviendrait aux plus grands ~s. / **rendre** les ~s à qn *j-m die (gebührenden) Ehren erweisen:* Le souverain descendit de l'avion et se dirigea vers le président pendant que la garde républicaine rendait les ~s. / l'~ lui en **revient** *es kommt ihm die Ehre zu:* Le projet est sauvé et c'est à Monsieur Weiss qu'en revient l'~. / **sauver** l'~ *die Ehre retten:* En marquant un but à la dernière minute, Jeanin a sauvé l'~ du club, heureusement. / qu'est-ce qui me **vaut** cet ~? *was verschafft mir die Ehre?:* Ah, Madame Yvelin! Qu'est-ce qui me vaut cet ~?

honoraires mpl *Honorar*
verser des ~ pour qc *ein Honorar für etw bezahlen:* Je serais prêt à verser des ~ importants pour la guérison de ma fille.

honte[1] f *Schande*
il n'**y a** pas de ~ à faire cela *es ist keine Schande, das zu tun:* Il n'y a pas de ~ à demander une allocation. / **j'avoue** à ma grande ~ que ... *ich muß zu meiner Schande gestehen, daß ...:* J'avoue à ma grande ~ que j'ai oublié votre anniversaire. / **se couvrir** de ~ *sich mit Schande bedecken:* Si notre pays ne réagissait pas vigoureusement devant ces accusations, il se couvrirait de ~ aux yeux du monde entier. / **faire** ~ à qn *j-m Schande machen;* (*auch*) *j-n blamieren:* Son fils lui a fait ~. / la ~ **rejaillit, retombe** sur qn *die Schande fällt auf j-n zurück:* Je ne doute pas que la ~ ne rejaillisse sur lui.

honte[2] f *Scham*
fausse ~ *falsche Scham*
avoir ~ de (faire) qc; **éprouver** de la ~ à faire qc *sich schämen:* N'avez-vous pas ~ d'exploiter ces pauvres gens de la sorte? / **faire** ~ à qn *j-n beschämen; j-m Vorhaltungen machen:* Depuis que son instituteur lui a fait ~ de sa paresse, il s'efforce davantage de travailler.

hôpital m *Krankenhaus*
admettre qn à l'~ *j-n in ein(em) Krankenhaus aufnehmen:* Au milieu de la nuit, il a fallu transporter le blessé d'~ en ~ avant qu'il soit enfin admis à l'~ Cochin. / **envoyer** qn à l'~ *j-n ins Krankenhaus einweisen:* On ne pouvait plus le soigner à la maison; le médecin a décidé de l'envoyer à l'~. / **sortir** de l'~ *aus dem Krankenhaus entlassen werden:* Ma femme sortira après-demain de l'~.

horaire m *Zeitplan, Fahrplan*
~ **mobile, souple, variable** *Gleitzeit; gleitende Arbeitszeit*
avoir un ~ **chargé** *einen vollen Terminkalender haben:* Me Valet a un ~ très chargé! Il ne pourra pas vous recevoir avant mardi prochain. / **consulter** l'~ *im Fahrplan nachsehen:* Je crois que vous ayez un train à 18.35 heures, mais pour m'en assurer, je dois consulter l'~. /

respecter l'~ *sich an einen Zeitplan halten:* Un ~ strict a été établi pour toute la durée de la cure; les malades doivent absolument le respecter.

horizon m *Horizont (auch fig)*
avoir un ~ **borné** *(fig) einen beschränkten, begrenzten Horizont, Gesichtskreis haben* / de **grands, vastes** ~s *weiter Horizont (auch fig)* / ~s **illimités** *(fig) unbegrenzte Möglichkeiten* / ~ **immense** *sehr weiter Horizont* / ~s **insoupçonnés** *(fig) ungeahnte Perspektiven* / ~ **limité** *enger Horizont; begrenzter Gesichtskreis (auch fig)* / ~s **nouveaux** *(fig) neue Möglichkeiten, Perspektiven*
découvrir, dévoiler, révéler, ouvrir des ~s *(fig) Horizonte, Möglichkeiten eröffnen:* La lecture de ce livre lui avait découvert des ~s insoupçonnés. / qc **se dessine, se distingue** à l'~ *etw zeichnet sich am Horizont ab:* Une solution se dessine à l'~. / **distinguer** qc à l'~ *etw am Horizont erkennen:* Nous crûmes distinguer à l'~ les promontoires des Pyrénées. / **élargir** son ~ *(fig) seinen Horizont erweitern:* Laissez-la partir aux USA. Le voyage lui permettra d'élargir son ~. / **embrasser** un vaste, large, etc. ~ *einen weiten usw. Blick haben:* Du haut de la montagne, on embrasse un immense ~. / qc **s'étend** jusqu'à l'~ *etw erstreckt sich bis zum Horizont:* La plaine devant nous s'étendait jusqu'à l'~. / **scruter** l'~ *den Horizont absuchen:* Le premier officier du navire prit les jumelles et scruta l'~.

horreur f *Entsetzen, Grauen, Abscheu*
avoir ~ de qc, qn; avoir qc, qn **en** ~ *etw, j-n verabscheuen:* J'ai ~ de ses visites. / **faire** ~ à qn *bei j-m Entsetzen hervorrufen:* L'idée d'un rapprochement avec Moscou fait ~ aux partis de droite. / **frémir** d'~ *(vor Grauen) erschaudern:* En pensant à l'affreuse nuit qu'il allait devoir passer dans le cachot, il frémit d'~. / **inspirer** à qn l'~ de qc *j-m Grauen, Abscheu gegen etw einflößen:* Votre livre m'inspire l'~ des centrales nucléaires. / **prendre** qc, qn en ~ *Abscheu gegen etw, j-n bekommen:* Dès lors, il prit en ~ toute la famille Duclos. / **remplir** qn d'~ *j-n mit Abscheu erfüllen:* Dites à Monsieur Canon que sa méchanceté me remplit d'~. / être **saisi** d'~ *von Entsetzen gepackt sein, werden:* Lorsqu'il vit pour la première fois l'enfant mutilé, il fut saisi d'~.

hospitalité f *Gastfreundschaft*
donner, offrir l'~ à qn *j-m Gastfreundschaft gewähren:* Nous lui avons offert l'~ pour une nuit. / **pratiquer** l'~ *sehr gastfreundlich sein:* Elle pratique l'~ la plus généreuse envers tous les étrangers.

hostilité f *Feindschaft, Feindseligkeit*
une ~ **déclarée, ouverte**; une **franche** ~ *offene Feindschaft* / une **sourde** ~ *versteckte Feindseligkeit*
arrêter, cesser les ~s *die Feindseligkeiten einstellen:* Le 18 mars à 5 heures du matin, on arrêta les ~s. / **s'attirer** l'~ de qn *sich j-s Feindschaft zuziehen:* En manifestant ses sympathies pour les revendications radicales du syndicat, Jean Radiguet s'est attiré l'~ de toute l'aile droite de son parti. / **engager, ouvrir** les ~s *die Feindseligkeiten eröffnen:* Les historiens ne savent pas encore avec certitude quel est le pays qui, en 1755, ouvrit le premier les ~s. / **manifester** de l'~ (à l'égard de qn) *sich feindselig (j-m gegenüber) zeigen:* Vous avez vu l'~ qu'il a manifestée à mon égard? / **suspendre** les ~s *die Feindseligkeiten unterbrechen, einstellen:* Les deux camps ennemis ont décidé de suspendre les ~s jusqu'à l'ouverture des négociations.

hôtel m *Hotel*
~ **borgne** *anrüchiges, verrufenes Hotel*
coucher à l'~, dans un ~ *im Hotel, in einem Hotel übernachten:* Comme dans cette ville il n'y avait pas de camping, nous avons dû coucher à l'~. / **descendre** à l'~, dans un ~ *im Hotel, in einem Hotel absteigen:* Il est descendu à l'~ Marc, près de la gare. / **tenir** un ~ *ein Hotel führen:* Pierre Dumier tient maintenant un ~ à Monaco.

huile f *Öl*
~ **alimentaire, comestible** *Speiseöl* / ~ **minérale** *Mineralöl* / ~ **végétale** *Pflanzenöl*
l'~ **grésille** *Öl brutzelt:* Dépêchez-vous, l'~ grésille déjà dans la poêle. / **jeter, verser** de l'~ sur le feu *(fig) Öl ins Feuer gießen:* Son discours a jeté de l'~ sur le feu.

huis clos m *Ausschluß der Öffentlichkeit*
demander le ~ *Antrag auf Ausschluß der Öffentlichkeit stellen:* Le procureur général a demandé le ~. / **prononcer, ordonner** le ~ *die Öffentlichkeit ausschließen:* Devant l'agitation que provoquait le procès, le tribunal a dû prononcer le ~.

huître f *Auster*
écailler, ouvrir des ~s *Austern aufbrechen:* Les étalages en plein air où les vendeuses écaillent les ~s, cela fait partie du spectacle des rues à Paris, en hiver. / **gober** des ~s *Austern schlürfen:* Il gobait ses ~s avec un plaisir inimaginable.

humeur f *Stimmung, Laune, Lust*
~ **batailleuse, combative, querelleuse** *Streitlust* / **belle, joyeuse** ~ *rosige Stimmung* / **bonne** ~ *gute Laune* / ~ **capricieuse** *Launenhaftigkeit* / ~ **chagrine, maussade** *verdrießliche Stimmung; Mißmut* / d'~ **changeante** *launisch* / ~ **douce, égale** *ausgeglichenes Wesen; Ausgeglichenheit* / ~ **enjouée, espiègle, folâtre** *übermütige Laune; Ausgelassenheit* /

humiliation

~ **inégale** *wechselnde Laune; unausgeglichenes Wesen:* Ma patronne n'est pas méchante, mais elle est d'~ inégale. (... *aber sie ist launisch.*) | **mauvaise** ~ *schlechte Laune; Mißstimmung* | ~ **noire** *düstere Laune; trübe Stimmung; Niedergeschlagenheit* | ~ **revêche** *Kratzbürstigkeit* | ~ **sombre** *düstere Stimmung* | ~ **voyageuse** *Reiselust*
donner de l'~ à qn *j-n verstimmen:* Votre lettre lui a donné de l'~, mais cela ne fait rien. | **être** de bonne (mauvaise) ~ *gut (schlecht) gelaunt sein:* Ne lui demandez pas la permission aujourd'hui. Il est de très mauvaise ~. | **être** d'une ~ de chien (F) *eine Stinklaune haben:* Je ne comprends pas pourquoi il est d'une ~ de chien. | **mettre** qn de bonne (mauvaise) ~ *j-n in gute (schlechte) Laune versetzen:* La réussite l'avait mis de bonne ~. | l'~ m'a **pris** de ... *ich bekam (plötzlich) Lust zu ...:* Ce matin-là, l'~ m'avait pris de faire une longue promenade. | se **sentir, être** d'~ à faire qc *in der Stimmung sein, etw zu tun:* Je me sens d'~ à faire un tour en montagne. | je ne me **sens,** je ne **suis** pas d'~ à plaisanter, rire, *etc. mir ist nicht zum Scherzen, Lachen usw. zumute:* Tais-toi, je ne me sens pas d'~ à rire!

humiliation f *Demütigung*
cuisante ~ *schwere Demütigung*
infliger une ~ à qn *j-m eine Demütigung bereiten, zufügen:* Je vois mal la nécessité de lui infliger cette ~. | **subir, recevoir, essuyer** une ~ *eine Demütigung erleiden:* Le jeune écolier n'arrivait pas à se remettre de la cruelle ~ que ses camarades lui avaient fait subir.

humour m *Humor*
~ **caustique, mordant** *beißender Humor* | ~ **exquis** *feiner, köstlicher Humor* | ~ **grinçant** *galliger Humor* | ~ **imperturbable** *unverwüstlicher Humor* | ~ **macabre** *1. schwarzer Humor; 2. Galgenhumor* | ~ **noir** *schwarzer Humor* | ~ **tendre** *feiner Humor*
avoir (le sens) de l'~ *Humor haben:* Madame Treiche a vraiment le sens de l'~. | **manquer** d'~ *keinen Humor haben:* Il n'a pas compris la blague. Il manque tout simplement d'~.

hurlement m *Geheul*
pousser, lâcher un ~ *ein Geheul anstimmen:* Lorsque le médecin l'a piqué avec la seringue, il a lâché un ~ de douleur.

hypnose f *Hypnose*
mettre qn en état d'~, **provoquer** l'~ (chez qn) *j-n in Hypnose versetzen:* Je connais un dentiste qui arrache les dents à ses patients sans anesthésie, après avoir provoqué l'~.

hypocrite m *Heuchler*
faire l'~ *heucheln:* Ne fais pas l'~. Avoue que tu as participé à l'affaire!

hypothèque f *Hypothek*
grever qc d'une ~ *etw mit einer Hypothek belasten:* Notre maison est grevée d'une ~ de six cent mille francs. | une ~ **pèse** sur qc (*fig*) *etw ist mit einer Hypothek belastet:* Une ~ pèse sur nos relations avec cette nation. | **prendre** une ~ sur qc *eine Hypothek auf etw aufnehmen:* Pour payer ces dettes, Monsieur Louve a dû prendre une ~ sur ses terrains. | **rembourser** (*jur*) **purger** une ~ *eine Hypothek ablösen, tilgen:* L'héritage nous permettra de rembourser l'~ qui grève notre maison.

hypothèse f *Hypothese, Annahme, Vermutung*
~ **fragile** *auf schwachen Beinen stehende Hypothese* | ~ **gratuite** *rein willkürliche Annahme; unbegründete Hypothese* | ~ **hardie, hasardée** *kühne Hypothese* | ~ **insoutenable** *unhaltbare Hypothese* | ~ **vérifiable** *nachprüfbare Hypothese*
avancer une ~ *eine Hypothese vorbringen:* C'est la première fois que vous avancez cette ~. | **émettre, énoncer, faire, formuler, poser** une ~ *eine Hypothese aufstellen:* C'est pendant ses années à Genève que le célèbre linguiste a formulé cette ~. | **faire, échafauder des** ~s (sur qc) *Vermutungen (über etw) anstellen:* Non, il ne sait rien de précis. Il se contente de faire des ~s. | **infirmer** une ~ *eine Hypothese entkräften:* Vos arguments ne peuvent pas infirmer mon ~. | qc **repose** sur une ~ *etw beruht auf einer Hypothese:* Les résultats de votre travail sont très incertains, car ils reposent sur une ~.

hystérie f *Hysterie*
~ **collective** *Massenhysterie*
être **pris** d'une ~ *von Hysterie erfaßt werden:* Toute la nation fut prise d'une ~ guerrière.

I

idée f *Idee, Gedanke, Vorstellung, Meinung* | ~s **arriérées** *rückständige Vorstellungen* | ~s **avancées** *fortschrittliche Anschauungen* | ~s **brouillées** *konfuse Ideen* | ~s **claires et précises, nettes** *klare, feste Vorstellungen* | ~ **concrète** *konkrete Vorstellung* | ~ **déterminée** *feste Vorstellung* | ~ **directrice** *Leitgedanke* | ~s **élevées** *edle Gedanken* | ~s **étroites** *engstirnige Ansichten* | ~s **extravagantes** *verstiegene, überspannte Ideen* | n'avoir qu'une **faible** ~ de qc *nur eine vage Vorstellung von etw haben* | ~s **toutes faites** *überkommene Ansichten; Klischeevorstellungen* | ~ **farfelue** *spinnige Idee* | **fausse** ~ *falsche Vorstellung* | ~ **fixe** *fixe Idee; Zwangsvorstellung* | ~s **floues, fumeuses, confuses** *unklare, verschwommene Vorstellungen* | ~ **fondamentale** *Grundgedanke* | ~ **générale** *Grundidee* | avoir une **haute** ~ (de qn) *eine hohe Meinung (von j-m haben)* | avoir des, les ~s **larges** *großzügige, liberale Anschauungen haben* | ~s **lugubres** *trübe, traurige Gedanken* | ~ **lumineuse** *glänzende Idee* | ~ **nébuleuse** *vage Vorstellung* | avoir des ~s **noires** *trüben Gedanken nachhängen* | ~s **personnelles** *eigenständige Ideen* | ~ **préconçue** *vorgefaßte Meinung* | ~ **reçue** *überkommene Vorstellung* | ~ **très répandue** *weitverbreitete Vorstellung* | ~ **saugrenue** *ausgefallene, skurrile Idee* | ~ **séduisante** *verlockender Gedanke* | ~ **singulière** *ausgefallene Idee* | ~s **sinueuses** *verschlungene Gedankengänge* | ~s **vagues, vaseuses** *verschwommene, nebelhafte Vorstellungen*
attacher une ~ à qc *etw mit einer Vorstellung verbinden:* Il y a des gens qui attachent l'~ de révolution à n'importe quelle manifestation. | **avoir** ~ de qc *sich etw vorstellen können; sich einen Begriff machen von etw:* Vous n'avez pas ~ de sa méchanceté. | **avoir de l'~, des** ~s *erfinderisch, einfallsreich sein:* Martine a de l'~, il faut le reconnaître. | **avoir une** ~ de qc *eine Vorstellung von etw haben:* Après avoir reçu quelques renseignements sur le problème, il avait du moins une ~ de ce qui se passait. | n'**avoir aucune** ~ de qc *keine Ahnung, Vorstellung von etw haben:* Je ne vous cache pas que je n'ai aucune ~ de cette spécialité. | **avoir ses** ~s *eigene Vorstellungen haben:* Laissez-le, il a ses ~s. | **avoir** une ~ de derrière la tête *Hintergedanken haben:* S'il vous garantit cela,

c'est qu'il a une ~ de derrière la tête. | **brouiller** les ~s de qn *j-s Gedanken verwirren:* Le vin lui avait brouillé les ~s. | **caresser** une ~ *einem Gedanken nachhängen:* Elle caresse toujours l'~ d'un voyage au Portugal. | **changer d'**~ *seine Meinung, Ansicht ändern:* Vous n'avez pas encore remarqué qu'il a changé d'~ entre-temps? | **changer les** ~s à qn *j-n auf andere Gedanken bringen:* Le voyage va vous changer les ~s. | **chasser** des ~s (+ *adj*) (*adj*) *Gedanken vertreiben:* Allons au cinéma, cela chassera tes ~s noires! | **chasser** une ~ de son esprit *sich einen Gedanken aus dem Kopf schlagen:* C'est une ~ absurde. Chassez-la de votre esprit! | **donner** à qn l'~ de qc, de faire qc *j-n auf die Idee, den Gedanken zu etw bringen; j-n auf den Gedanken bringen, etw zu tun:* C'est Marcel qui m'a donné l'~ de demander à Monsieur Bernard. | **donner** à qn une ~ de qc *j-m eine Vorstellung von etw vermitteln, geben:* Cette composition vous donne une ~ de l'inattention de votre fils. | ça pourrait lui **donner** des ~s (F) *das könnte ihn auf dumme (sinnliche) Gedanken bringen:* Ne le fais pas venir chez toi, ça pourrait lui donner des ~s. | **échanger** des ~s *Gedanken austauschen:* Cette entrevue nous a permis d'échanger des ~s. | s'**entêter** dans une ~ *sich in eine Idee, einen Gedanken verrennen:* Je ne crois pas qu'il suivra vos conseils. Il s'est tellement entêté dans cette ~. | **entrer** dans les ~s de qn *j-s Gedanken verstehen, gutheißen:* Il nous a fallu du temps pour le convaincre, mais il a fini par entrer dans nos ~s. | **c'était** dans mon ~ de ... *es war meine Absicht zu ...:* C'était dans mon ~ de le rencontrer. | cela n'**est** pas (dans) mes ~s *das entspricht nicht meinen Vorstellungen, meiner Überzeugung:* Non, je ne m'affilierai pas à cette association. Cela n'est pas dans mes ~s. | **évoquer, suggérer** une ~ (de) *denken lassen (an):* Ce passage au piano suggère une ~ d'apaisement, de sérénité. | se **faire** une ~ de qc *sich eine Vorstellung von etw machen:* Je vous dis tout cela pour que vous puissiez vous faire une ~ du problème. | se **faire à** une ~ *sich an einen Gedanken gewöhnen:* Je suis sûr que vous allez vous faire à l'~ de voyager en train au lieu d'aller en voiture. | **fixer** ses ~s sur le papier *seine Gedanken zu Papier bringen:* Il est mort avant d'avoir pu fixer ses ~s sur le papier. |

identité

être **imprégné, possédé** d'une ~ *von einer Idee durchdrungen sein:* Vous ne le convaincrez pas. Il est imprégné de son ~. / **lancer** une ~ *einen Gedanken haben, vorbringen:* C'est l'adjoint au maire qui a lancé l'~ de créer des rues piétonnières dans le quartier de l'Horloge. / être **obsédé** par une ~ *von einer Idee besessen sein:* Il est obsédé par l'~ d'ouvrir une boutique à Nice. / **ôter, enlever** à qn une ~ (de la tête) *j-n von einem Gedanken abbringen:* Vous ne lui enlèverez pas cette ~. / **ôtez-**vous cette idée de l'esprit, de la tête *schlagen Sie sich diesen Gedanken aus dem Kopf:* Vous n'obtiendrez jamais qu'on vous laisse partir en vacances avant le premier juillet. Ôtez-vous cette ~ de l'esprit. / **partager** les ~s de qn *j-s Ansichten teilen:* Je ne partage pas vos ~s. / **prendre** une ~ *eine Idee hernehmen:* On se demande où il va prendre toutes ces ~s bizarres. / **présenter, exposer** ses ~s *seine Gedanken vortragen:* Je vous remercie de m'avoir donné l'occasion de présenter mes ~s devant cet auditoire. / une ~ se **propage** *eine Idee verbreitet sich:* Les ~s d'indépendance se propageaient rapidement dans les pays civilisés. / **rassembler** ses ~s *sich (geistig) sammeln; seine Gedanken ordnen:* Le week-end qui vient, je me retirerai dans un refuge en montagne pour rassembler mes ~s. / **rejeter** l'~ que ... *nicht gelten lassen, anerkennen, daß ...:* Elle rejette l'~ que son mari l'ait trompée. / **rouler** des ~s dans sa tête *Gedanken wälzen:* La nuit, elle roulait de sombres ~s dans sa tête. / **suivre** son ~, ses ~s *eine Idee ausführen:* Lorsqu'elle a une ~ en tête, elle la suit jusqu'au bout. / une ~ **trotte** par la tête de qn *eine Idee spukt in j-s Kopf herum:* Se lancer dans la politique: cela faisait longtemps que cette ~ lui trottait par la tête. / il me **vient** une ~ *mir kommt eine Idee, ein Gedanke:* D'abord, je ne voyais pas de solution, mais tout à coup, il m'est venu une ~. / l'~ lui est **venue** de ... *es kam ihm die Idee zu ...:* Je ne sais pas quand l'~ lui est venue d'écrire au pape. / il ne me **viendrait** (même) pas à l'~ de ... *ich käme nie auf den Gedanken zu ...:* Il ne me viendrait pas à l'~ de demander un crédit.

identité f *Identität*

établir, vérifier l'~ de qn *j-s Personalien feststellen:* Les agents de police ont vérifié l'~ d'une centaine de manifestants. / **découvrir** l'~ de qn *j-s Identität feststellen, herausfinden:* La police n'a toujours pas découvert l'~ de l'agresseur. / **justifier** de son ~ *sich ausweisen:* Interpellé par la police, le suspect n'a pu justifier de son ~, car il ne portait pas de papiers sur lui.

idiot m *Idiot*

sombre ~ (F) *Vollidiot*

faire l'~ *den Trottel spielen;* (auch) *Faxen machen:* Arrête de faire l'~! / **prendre** qn pour un ~ *j-n für dumm halten, verkaufen wollen:* Ils m'ont pris pour un ~, mais je ne me suis pas laissé avoir.

idole f *Idol*

faire de qn son ~ *j-n zu seinem Idol, Abgott machen, erheben:* Mes enfants ont fait de ce chanteur leur ~.

ignorance f *Unwissenheit, Unkenntnis*

~ **crasse, grossière** *krasse, grobe Unwissenheit* / **profonde** ~; ~ **profonde** *tiefe Unwissenheit*

avouer, confesser son ~ *seine Unwissenheit eingestehen:* Pressé de questions, il a bien dû avouer son ~. / **croupir** dans l'~ *in Unwissenheit dahinvegetieren:* Voulez-vous croupir dans l'~ ou apprendre quelque chose? / **être** dans l'~ de qc *in Unkenntnis über etw sein:* J'ai l'impression qu'il est dans l'~ complète de l'endroit où se trouve sa femme actuellement. / **pécher** par ~ *aus Unkenntnis handeln (und etw Dummes tun):* On ne peut lui reprocher d'avoir eu de mauvaises intentions. Il a seulement péché par ~. / **rester** dans l'~ *unwissend bleiben:* Voulez-vous tous rester dans l'~? / **tenir, laisser** qn dans l'~ de qc *j-n in Unkenntnis über etw lassen, halten:* Mon chef m'a tenu dans l'~ de ses projets.

île f *Insel*

~ **déserte** *einsame Insel*

illusion f *Illusion*

vaines, trompeuses ~s *falsche Hoffnungen; leerer Wahn*

se **bercer** d'~s *sich in Illusionen wiegen:* L'homme a besoin, de temps en temps, de se bercer d'~s. / **conserver** ses ~s *sich seine Illusionen bewahren:* Tâchez de conserver vos ~s aussi longtemps que possible. / se **dégager** d'une ~ *sich von einer Illusion freimachen, trennen:* Vous ferez bien de vous dégager de cette ~ avant qu'il ne soit trop tard. / **détruire, dissiper** les ~s de qn *j-s Illusionen zerstören:* Si vous lui dites la vérité, vous allez détruire ses ~s. / **donner** l'~ de qc *die Illusion von etw vermitteln, vorspiegeln:* La dernière majoration des salaires donne l'~ d'une augmentation du pouvoir d'achat, mais l'inflation mange le surplus. / **enlever, ôter** ses ~s à qn *j-m die Illusionen rauben, nehmen:* Votre rapport m'a enlevé toutes mes ~s. / les ~s s'**envolent, s'évanouissent, fuient** *(die) Illusionen verfliegen:* Les ~s s'envolent avec l'âge. / **entretenir** l'~ de ... *sich der Illusion hingeben, zu ...* Elle a longtemps entretenu l'~ de pouvoir un jour retourner dans son pays. / **faire** ~ *etw vorgaukeln:* Ses manières font ~: il n'est qu'un simple employé. / se **faire** des ~s *sich Illusionen, falsche Hoffnungen machen:* Croyez-moi: vous vous faites des ~s. / **perdre** ses ~s *seine*

Illusionen verlieren: Pendant son service militaire, il a perdu ses ~s.
image f *Bild, Abbild*
~ **fidèle, ressemblante** *getreues Abbild:* donner une ~ fidèle de qc (*etw wahrheitsgetreu darstellen*); être l'~ fidèle de qc (*das getreue Abbild von etw sein*) | ~ **floue** *unscharfes, verschwommenes Bild* | ~ **nette** *scharfes, klares Bild*
brouiller l'~ (*Fernsehen*) *das Bild stören:* Ne touchez pas à l'antenne, vous brouillez l'~. | **donner, offrir** une ~ de ... *ein Bild* (+ *Gen*) *bieten:* Mademoiselle Carnisé donne une ~ du désespoir. | **se forger** une ~ (+ *adj*) de qn, qc *sich ein* (+ *adj*) *Bild von j-m, etw machen:* Je crois que vous vous forgez une fausse ~ de Paul Hennessie. | une ~ se **grave** dans le cœur, la mémoire, l'esprit de qn *ein Bild gräbt sich in j-s Gedächtnis ein:* Son ~ s'est à tout jamais gravée dans ma mémoire.
image de marque f *Image*
soigner son ~ *sein Image pflegen:* Jean-Claude Bernis n'a pas réussi aux élections parce qu'il n'a pas assez soigné son ~.
imagination f *Phantasie*
~ **ardente, débordante** *blühende Phantasie* | ~ **audacieuse, aventureuse, hardie** *kühne Phantasie* | ~ **créatrice** *schöpferische Phantasie* | ~ **débridée, folle, désordonnée** *ungezügelte, zügellose Phantasie* | ~ **délirante** *irre Phantasie* | ~ **détraquée** *abartige Phantasie* | ~ **exaltée** *übersteigerte Phantasie* | ~ **exubérante, luxuriante** *rege, blühende, überschäumende Phantasie* | ~ **féconde, fertile, inventive** *reiche Phantasie* | ~ **intarissable** *unerschöpfliche Phantasie* | ~ **malsaine, morbide** *krankhafte Phantasie* | **pure** ~ *reine Phantasie; bloße Einbildung:* être pure ~ (*bloße Einbildung sein*) | ~ **romanesque** *schwärmerische Phantasie* | ~ **vagabonde** *schweifende Phantasie* | **vive** ~ *lebhafte, rege Phantasie*
avoir de l'~ *Phantasie haben:* Pierre est mauvais en composition. Il n'a pas d'~. | **laisser courir,** laisser **vagabonder,** laisser **vaguer** son ~ *seiner Phantasie freien Lauf lassen:* Dans son récit, il a laissé courir son ~. La vérité, c'est autre chose. | cela **dépasse** l'~ *das übersteigt jede Vorstellungskraft:* Les exploits de cet homme dépassent l'~. | se laisser **emporter** par son ~ *sich von seiner Phantasie fortreißen lassen:* Le discours de Monsieur Spangenberger a été très intéressant, sauf quelques passages où il s'est trop laissé emporter par son ~. | son ~ **galope** *seine Phantasie geht mit ihm durch:* Il est encore jeune, son ~ galope. | **manquer,** être **dénué** d'~ *keine Phantasie haben, besitzen:* Votre fils n'est pas bête, mais pour le dessin, il manque d'~. | l'~ de qn **travaille,** s'**échauffe** *jemand hat (zu) viel Phantasie:* Vous n'auriez pas dû lui dire cela. Vous savez à quel point son ~ travaille: très vite il fait une montagne de tout.

imbécile m *Dummkopf*
~ **heureux** *beschränkter Mensch, der mit seiner Einfalt ganz zufrieden ist* | **parfait, sinistre** ~ *Erzdummkopf*

imbroglio m *Durcheinander*
~ **invraisemblable** *unglaubliches Durcheinander*

imitation f *Nachahmung*
pâle ~ *farbloser Abklatsch* | **plate** ~ *platte Nachahmung* | ~ **servile** *sklavische Nachahmung*

immigration f *Einwanderung*
~ **illégale, sauvage** *illegale Einwanderung*

immobilité f *Regungslosigkeit, Untätigkeit*
~ **complète, totale, absolue** *völlige Regungslosigkeit* | ~ **forcée** *erzwungene Untätigkeit*
être **condamné** à l'~ *zur Untätigkeit verurteilt sein:* Avec sa jambe dans le plâtre, il est condamné à l'~ pour un bon moment.

immunité f *Immunität*
lever l'~ *die Immunität aufheben:* Le Parlement a levé l'~ de ce parlementaire impliqué dans un scandale.

impasse f *Sackgasse (auch fig)*
être dans l'~, une ~ *in einer Sackgasse stecken:* Malheureusement, les négociations sur le désarmement sont dans une ~. | se **fourvoyer,** s'**engager** dans une ~ *in eine Sackgasse geraten:* Il faut veiller à ce que l'affaire ne s'engage pas dans une ~. | **sortir** d'une ~ *aus einer Sackgasse herauskommen:* Je ne sais pas comment on peut sortir de cette ~.

impatience f *Ungeduld*
~ **fébrile** *fieberhafte Ungeduld* | ~ **grandissante** *wachsende Ungeduld* | **vive** ~ *heftige Ungeduld*
maîtriser son ~ *seine Ungeduld zähmen, zügeln, im Zaum halten:* Ne pouvez-vous pas maîtriser votre ~? | **mourir, bouillir, brûler,** être **dévoré, griller** d'~ *vor Ungeduld vergehen, umkommen:* Dépêchez-vous, je meurs d'~. | **mourir** etc. d'~ de savoir si ... *brennend gern wissen wollen, ob ...:* Elle meurt d'~ de savoir si Marc viendra ou non. | **trépigner, piaffer** d'~ *ungeduldig mit den Füßen scharren:* Dans la salle, les enfants, attendant le début du spectacle, ne tenaient plus en place, ils trépignaient d'~.

importance f *Wichtigkeit, Bedeutung*
~ **capitale** *größte, entscheidende Bedeutung* | de **première** ~ *äußerst wichtig* | ~ **primordiale** *überragende Bedeutung* | d'une ~ **vitale** *lebenswichtig*
accorder, attacher, assigner, attribuer, donner de l'~ à qc *einer Sache Bedeutung beimessen:* Nous accordons beaucoup d'~ au

impossibilité

maintien de cette taxe. / **avoir** de l'~; **être** d'~ *von Bedeutung, Wichtigkeit sein:* La discussion aura de l'~. / **avoir, offrir, présenter** une, **être** d'une ~ (+ *adj*) (+ *adj*) *Bedeutung haben; von* (+ *adj*) *Bedeutung sein:* Ce marché offre une ~ capitale pour nos projets. / **se donner** de l'~ *sich aufspielen, wichtig machen:* Soudain, il commence à se donner de l'~. / **évaluer, mesurer** l'~ de qc *das Ausmaß, die Bedeutung einer Sache ermessen:* Il est, pour l'instant, impossible d'évaluer toute l'~ de l'événement. / être **gonflé, pénétré** de son ~ *von seiner Wichtigkeit überzeugt sein:* Gauthier ne m'est pas sympathique; il est tout gonflé de son ~. / **grossir, exagérer** l'~ de qc *die Bedeutung einer Sache übertreiben, hochspielen:* N'exagérez pas l'~ de l'incident. / **minimiser** l'~ de qc *die Bedeutung einer Sache herunterspielen:* Le gouvernement essaie de minimiser l'~ de l'inflation. / **prendre** de l'~ *an Bedeutung gewinnen:* Les exportations de ce secteur ont pris de l'~ ces dernières années. / qc **revêt** une ~ particulière *einer Sache kommt besondere Bedeutung zu:* Dans la situation actuelle, cette mesure gouvernementale revêt une ~ particulière. / **souligner**, faire **ressortir** l'~ de qc *die Bedeutung einer Sache unterstreichen, hervorheben:* Inutile de souligner toute l'~ du débat parlementaire qui s'ouvrira demain.

impossibilité f *Unmöglichkeit*
~ **absolue** *völlige, absolute Unmöglichkeit* / ~ **matérielle** *praktische, faktische Unmöglichkeit:* Je suis dans l'~ matérielle de payer mes dettes. (*Es ist mir praktisch unmöglich ...*) **être** dans l'~ de ... *nicht in der Lage sein zu ...:* Monsieur Arnoux est malheureusement dans l'~ de venir ce soir. / il est **mis** dans l'~ de ... *es ist ihm unmöglich gemacht worden zu ...:* Monsieur Ebert a été mis dans l'~ de poursuivre son action néfaste.

impossible m *Unmögliches*
demander l'~ à qn *Unmögliches von j-m verlangen:* Madame Durvin, vous me demandez l'~. / **faire** l'~ *das Menschenmögliche tun:* Je vous assure que nous ferons l'~ pour vous dépanner. / **promettre** l'~ *etw Unmögliches versprechen:* J'aimerais bien vous faire plaisir, mais je ne peux vous promettre l'~. / **tenter** l'~ *alles versuchen, was nur möglich ist; das Unmögliche versuchen:* Nous avons tenté l'~, mais en vain.

impôt m *Steuer*
~s **accablants, exorbitants** (*er*)*drückende Steuerlast;* überhöhte *Steuern* / ~s **directs (indirects)** *direkte (indirekte) Steuern* / ~ **exigible** *fällige Steuer*
acquitter, payer ses ~s *seine Steuern (be)zahlen:* Nous n'avons pas encore acquitté nos ~s. / **alléger** les ~s *die Steuern senken:* Les partis de l'opposition ont promis d'alléger les ~s au cas où ils arriveraient au pouvoir. / être **assujetti** à l'~ *steuerpflichtig sein:* Dès que vous commencez à travailler dans ce pays, vous êtes assujetti à l'~. / **créer** un ~ nouveau *eine neue Steuer einführen:* Le financement du projet ne sera possible que si on crée un ~ nouveau. / **exonérer** qn, qc d'~ *j-n, etw von der Steuer befreien:* Nous avons demandé à être exonérés de l'~ foncier. / un ~ **frappe** qn, qc *eine Steuer liegt auf j-m, etw:* Le nouvel ~ nous frappe lourdement. / **frapper** qn, qc d'un ~ *j-m eine Steuer auferlegen; etw mit einer Steuer belegen:* Le gouvernement a décidé de frapper les grosses fortunes d'un ~ spécial. / **lever, percevoir, recouvrer** des ~s *Steuern erheben, eintreiben:* Les communes ne sont pas autorisées à lever ces ~s.

impression f *Eindruck*
faire (une) **bonne (mauvaise)** ~ *einen guten (schlechten) Eindruck machen* / **forte, grande, vive** ~; ~ **profonde** *tiefer Eindruck* / ~ **fugace** *flüchtiger Eindruck* / ~ **générale** *Gesamteindruck* / ~ **indestructible, indélébile, ineffaçable** *unauslöschlicher Eindruck*
atténuer une ~ *einen Eindruck abschwächen:* Sa déclaration n'a pu atténuer la mauvaise ~ qu'avait laissée son prédécesseur. / **donner une** ~ de qc *einen Eindruck von etw. vermitteln:* La carte postale vous donnera une ~ de la beauté du paysage. / **donner** l'~ de ... *den Eindruck erwecken, machen zu ...:* Mademoiselle Madou donne l'~ d'être une personne naïve, mais les apparences sont trompeuses. / **faire** (grande) ~; **produire** une (vive) ~ (*sehr*) *eindrucksvoll sein:* L'exposition a fait grande ~ sur moi. / **laisser** une ~ *einen Eindruck hinterlassen:* Lors de sa dernière visite, il avait déjà laissé une ~ de tristesse; mais je n'aurais jamais cru qu'il allait se suicider. / **retirer** l'~ que ... *den Eindruck gewinnen, daß ...* Au cours de la discussion, nous avons retiré l'~ que les représentants de la firme Amas sont très intéressés par ce marché.

imprudence f *Unvorsichtigkeit*
avoir l'~ de faire qc *so unvorsichtig sein, etw zu tun:* Nous avons eu l'~ de le croire. / **faire, commettre** une ~ *eine Unvorsichtigkeit begehen:* J'ai fait une ~: j'ai accepté sa proposition. Ne faites pas d'~s sur la route! (*Fahren Sie vorsichtig!*)

impulsion f *Drang, Impuls, Anstoß*
~ **aveugle** *Drang, dem man ohne Überlegung folgt* / ~ **irrésistible** *unwiderstehlicher Drang* / ~ **violente** *starker Impuls*
céder, obéir à une ~; **agir** par une ~ *einem Impuls nachgeben:* Je ne crois pas qu'il ait prémédité son action. Il a tout simplement cédé à une ~. / **donner** une ~ à qc *einer Sache*

einen Impuls, Anstoß geben; etw ankurbeln: Il suffirait de donner une ~ à notre projet pour qu'il soit mis en réalisation. / **recevoir** une ~ *einen Impuls, Anstoß bekommen:* Le programme a reçu une ~ décisive sous forme d'une subvention accordée par le ministère de l'Agriculture.

inaction f *Untätigkeit*
réduire qn à l'~ *j-n zur Untätigkeit verurteilen:* Sa maladie l'a réduit à l'~.

incapacité f *Unfähigkeit*
être dans l'~ de *unfähig, außerstande sein zu ...:* Nous sommes dans l'~ de donner une suite favorable à votre demande.

incendie m *Brand*
allumer un ~ *einen Brand legen, verursachen:* Ce sont deux garçons qui ont allumé l'~. / **circonscrire** un ~ *einen Brand eindämmen:* Après trois heures de lutte, les pompiers ont réussi à circonscrire l'~. / l'~ **couve** *der Brand schwelt:* L'~ a couvé une nuit entière et s'est déclaré de nouveau vers le matin. / un ~ se **déclare, éclate** *ein Brand bricht aus:* L'~ s'est déclaré à huit heures du soir. / **éteindre** un ~ *einen Brand löschen:* Les habitants de l'immeuble eux-mêmes ont pu éteindre l'~. / **maîtriser** un ~ *einen Brand unter Kontrolle bringen:* Ce n'est qu'au bout de quatre heures que les pompiers ont réussi à maîtriser l'~. / un ~ se **propage** *ein Brand breitet sich aus:* L'~ s'est vite propagé dans le quartier.

incertitude f *Ungewißheit*
être dans l'~ *im ungewissen sein:* Nous sommes toujours dans l'~ quant au nouveau domicile de notre fils. / **laisser, (main)tenir** qn dans l'~ *j-n im ungewissen lassen:* Les autorités m'ont laissé dans l'~ au sujet de l'octroi du permis de construire.

incident m *Zwischenfall*
~ **déplorable, regrettable** *bedauerlicher Zwischenfall* / ~ **futile** *belangloser Zwischenfall* l'~ est **clos** *der Zwischenfall ist beigelegt:* Heureusement, l'~ a pu être clos la semaine passée. / **créer, provoquer** un ~ *einen Zwischenfall auslösen:* La situation est tendue; si des provocateurs créent le moindre ~, cela pourrait suffire pour mettre le feu aux poudres. / un ~ se **produit, éclate** *ein Zwischenfall ereignet sich:* Un ~ fâcheux s'est produit à la frontière belge.

incognito m *Inkognito*
garder l'~ *das Inkognito wahren:* Je tiens à garder l'~.

incompréhension f *Unverständnis*
rencontrer de l'~ *auf Unverständnis stoßen:* Avec ses idées, il a rencontré l'~ de son père.

inconvénient m *Nachteil*
sérieux ~; ~ **grave** *großer Nachteil*
avoir, présenter, comporter, offrir des ~s *Nachteile haben:* Les deux solutions ont des ~s. / il n'y **a** pas d'~ à ... *es spricht nichts dagegen, daß ...:* À mon avis, il n'y a pas d'~ à payer la somme en trois tranches. / **obvier, parer, remédier** à un ~; **pallier** un ~ *einem Nachteil abhelfen:* Le sol de la région n'était pas très fertile, mais on a pu remédier à cet ~ par des amendements judicieux. / **subir, supporter** un ~ *einen Nachteil in Kauf nehmen:* Il veut bien profiter des avantages, mais il refuse de supporter les ~s de la situation. / je n'y **vois** pas d'~ *ich habe nichts dagegen:* Vous pouvez participer à notre réunion. Je n'y vois pas d'~.

indemnité f *Entschädigung*
une **forte** ~ *eine hohe Entschädigung*
accorder, attribuer, allouer, verser une ~ à qn *j-m eine Entschädigung (be)zahlen:* L'assureur nous a attribué une ~ d'un montant de deux millions de francs. / **se voir accorder,** *etc.* une ~; **recevoir** une ~ *eine Entschädigung erhalten, bekommen:* Alors qu'il ne s'y attendait plus, il s'est vu accorder une ~ considérable.

indépendance f *Unabhängigkeit*
accéder à l'~ *die Unabhängigkeit erlangen:* Ce pays a été le premier à accéder à l'~ en Afrique noire. / **proclamer** l'~ *die Unabhängigkeit verkünden, proklamieren:* C'est le 5 avril 1837 que fut proclamée l'~ de l'ex-colonie.

index m *Index*
être à l'~ *auf dem Index stehen:* Ce roman est à l'~, si je ne me trompe. / **mettre** qc à l'~ *etw auf den Index setzen (auch fig):* En URSS, cette biographie a été mise à l'~.

indication f *Angabe*
donner une **fausse** ~ *eine falsche Angabe machen:* Votre assistante m'a donné une fausse ~. / **donner, fournir** des ~s *Angaben machen:* En chemin, nous n'avons rencontré personne qui soit capable de nous fournir des ~s sur l'état de la route menant au col.

indice m *Hinweis*
faible, vague ~ *schwacher, kleiner Hinweis* / ~ **précis** *fester Anhaltspunkt*

indifférence f *Gleichgültigkeit*
~ **affectée, feinte** *gespielte Gleichgültigkeit* / ~ **royale; souveraine** ~ *völlige Gleichgültigkeit*
affecter, feindre, jouer l'~ *gleichgültig tun:* Il affectait l'~, mais nous savions bien qu'au fond il était fou de rage. / **montrer, avoir, témoigner** de l'~ pour qn, qc *j-m, einer Sache gegenüber Gleichgültigkeit zeigen:* Je ne comprends pas l'~ que vous montrez à son égard. / **rencontrer, être en butte à, se heurter** à l'~ *auf Gleichgültigkeit stoßen, treffen:* Mes projets n'ont rencontré que de l'~.

indigestion f *Magenverstimmung*
se **donner** une ~ de qc *sich mit etw den Magen*

indignation

verderben: Marie-Claire s'est donné une ~ de chocolat.

indignation f *Entrüstung*
sainte ~ *heiliger Zorn* | ~ **véhémente, violente** *heftige Entrüstung*
bondir d'~ *sich furchtbar empören:* Quand j'entends ces accusations injustes portées contre Charles, je ne peux m'empêcher de bondir d'~. / **clamer** son ~ *seiner Entrüstung lautstark Ausdruck verleihen:* Nous avons clamé notre ~, mais sans le moindre résultat. / **exciter, provoquer, soulever** l'~ *Entrüstung hervorrufen:* Ce spectacle a excité l'~ des passants. / être **rempli, transporté** d'~ *ganz entrüstet sein:* Il était transporté d'~, ses yeux lançaient des éclairs.

indiscrétion f *Indiskretion*
commettre une ~ *eine Indiskretion begehen:* Nous ne savons pas qui a pu commettre cette ~.

individu m *Individuum, Kerl*
~ **bizarre** *komischer Kauz* | **dangereux** ~ *gefährlicher Bursche* | ~ peu **fréquentable** *Person, der man aus dem Weg gehen sollte* | ~ **louche, suspect, douteux** *verdächtiges Individuum* | ~ peu **recommandable** *wenig vertrauenerweckendes Individuum* | ~ **répugnant; immonde** ~ *widerlicher Kerl* | **sale** ~; ~ **abject; ignoble, odieux** ~ *widerlicher, gemeiner Kerl* | **sinistre** ~ *finstere Gestalt* | **triste** ~ *traurige Gestalt*

indulgence f *Nachsicht*
~ **coupable** *sträfliche Milde* | **inépuisable** ~ *grenzenlose Nachsicht*
montrer, avoir de l'~ pour, envers qn, qc *mit j-m, etw Nachsicht haben:* Vous avez montré trop d'~ envers votre fils cadet.

industriel m *Industrieller*
gros, grand ~ *Großindustrieller*

inégalité f *Ungleichheit*
niveler les ~s *die Ungleichheit beseitigen:* Niveler les ~s existant entre les hommes, n'est-ce pas un faux idéal? / **réduire** les ~s *die Ungleichheit mildern, abbauen:* Dix ans de socialisme dans le pays n'ont guère réussi à réduire les ~s sociales.

inertie f *Trägheit*
arracher qn à son ~; **tirer** qn de son ~ *j-n aus seiner Trägheit reißen:* Laurent a toujours été apathique, on n'arrive guère à le tirer de son ~. / **sortir** de son ~ *seine Trägheit ablegen:* Il est temps de sortir de ton ~ si tu veux arriver à quelque chose. / **vaincre** son ~ *seine Trägheit überwinden:* En faisant la grasse matinée, tu ne vaincras jamais ton ~.

inévitable m *Unvermeidliches*
accepter l'~; se **résigner** à l'~ *sich ins Unvermeidliche schicken, fügen:* Inutile de protester, mieux vaut accepter l'~.

infidélité f *Untreue*
~ **conjugale** *Seitensprung* (F)
faire une ~ à qn *j-m untreu werden:* Madame Bernard nous fait des ~s: depuis quelque temps, je la vois aller faire ses achats au supermarché.

inflation f *Inflation*
~ **galopante** *galoppierende Inflation* | ~ **larvée** *schleichende Inflation*
l'~ **progresse** *die Inflation schreitet voran:* L'~ progresse dans le monde entier.

influence f *Einfluß*
~ **bénéfique, favorable** *günstiger Einfluß* | ~ **décisive** *maßgeblicher Einfluß* | ~ **durable** *nachhaltiger Einfluß* | ~ **funeste** *verderblicher Einfluß* | ~ **maléfique, néfaste** *unheilvoller Einfluß* | ~ **malsaine** *schädlicher Einfluß* | ~ **pernicieuse** *verderblicher, schädlicher, schlechter Einfluß* | ~ **profonde** *starker Einfluß*
avoir de l'~ *Einfluß besitzen, haben:* On ne dirait pas qu'il a tant d'~. / **exercer** une ~ sur ... *Einfluß ausüben auf ...:* Sa mère exerce une grande ~ sur lui. / **soustraire, arracher** qn à l'~ de qn, de qc *j-n j-s Einfluß, dem Einfluß einer Sache entreißen:* Ses parents ont multiplié les efforts pour le soustraire à l'~ de la secte dans laquelle il était entré. / **se soustraire, échapper** à l'~ de qn, qc *sich j-s Einfluß, dem Einfluß einer Sache entziehen:* Je ne crois pas qu'il puisse échapper si facilement à l'~ de ce groupe d'amis. / **subir** l'~, **être** sous l'~ de qn *unter j-s Einfluß stehen:* Pendant ses premières années de lycée, Michel a subi l'~ d'un jeune professeur de théologie. / **user** de son ~; **faire valoir** ~ *seinen Einfluß geltend machen:* On raconte qu'un député a usé de son ~ pour faire prolonger le sursis du fils Lacombe.

information f *Information, Nachricht*
~ **erronée** *falsche, unzutreffende Information* | ~s **partielles, incomplètes** *magere, lückenhafte Informationen*
accueillir une ~ *eine Nachricht aufnehmen:* Elle a accueilli cette ~ avec scepticisme. / les ~s **passent, sont données, diffusées** *Nachrichten kommen (im Radio, Fernsehen):* Les prochaines ~s passeront à vingt heures. / **recueillir** des ~s *Informationen einholen:* Au premier stade de l'étude, nous devons recueillir les ~s nécessaires. / **transmettre** une ~ *eine Nachricht übermitteln:* Qui est-ce qui vous a transmis cette ~?

informations fpl *Daten*
enregistrer, recueillir, rassembler, saisir des ~ *Daten erfassen:* L'Institut Pasteur a enregistré toutes les ~ relatives à la régression de la fièvre jaune. / **traiter** des ~ *Daten verarbeiten:* Le nouvel ordinateur nous permettra de traiter dix fois plus d'~ que jusqu'ici.

infraction f *Verstoß, Übertretung*
grave ~ (à) *schwerer Verstoß (gegen)*
commettre une ~ à qc *sich einer Übertretung (+ Gen) schuldig machen:* La police enregistre de plus en plus de jeunes qui commettent des ~s au code de la route. / **être** en ~ *sich einer Übertretung schuldig gemacht haben:* Vous êtes garé sur un passage pour piétons, Monsieur. Vous êtes en ~.

ingratitude f *Undank*
noire ~ *schnöder Undank*
payer qn d'~ *es j-m mit Undank lohnen:* J'ai fait valoir mon influence pour lui procurer une belle situation, mais lui, il m'a payé d'~.

inimitié f *Feindschaft*
~ **déclarée** *offene Feindschaft* / ~ **héréditaire** *Erbfeindschaft* / ~ **irréconciliable** *unversöhnliche Feindschaft* / ~ **profonde** *tiefe Feindschaft*
s'**attirer, encourir** l'~ de qn *sich j-s Feindschaft zuziehen:* Avec cette action, Monsieur Choilet a encouru l'~ de ses collègues.

initiative f *Initiative*
~ **individuelle, personnelle** *Eigeninitiative* / ~ **privée** *Privatinitiative*
applaudir à l'~ de qn *j-s Initiative begrüßen:* Moi, de toute façon, j'applaudis à l'~ de Madame Becherelle. / il a **eu** l'~ *von ihm ging die Initiative aus:* C'est Mademoiselle Bayle qui a eu l'~ de cette fête. / **prendre** l'~ (de qc) *die Initiative (zu etw) ergreifen:* C'est à vous de prendre l'~.

injure f *Beleidigung, Beschimpfung*
~s **grossières** *grobe Beschimpfungen* / ~ **sanglante** *zutiefst verletzende Beleidigung*
accabler, couvrir, abreuver, agonir qn d'~s *j-n mit Beschimpfungen, Beleidigungen überhäufen, überschütten:* Le public a accablé le député d'~s. / **cracher, lancer, proférer, vociférer** des ~s *Beschimpfungen ausstoßen:* Le clochard, à notre passage, cracha des ~s contre nous. / **dire** des ~s à qn *j-n beschimpfen:* Je ne souffre pas qu'on me dise de telles ~s. / **essuyer** des ~s *Beschimpfungen einstecken (müssen):* Monsieur Lambertin a essuyé les ~s de jeunes gauchistes. / **faire** ~ à la réputation, etc. de qn *j-n beleidigen, indem man seinen guten Ruf usw. in Zweifel zieht:* Vous avez fait ~ à ma réputation! J'intenterai un procès contre vous. / **faire l'**~ à qn de ... *j-m den Schimpf antun zu ...:* Elle m'a fait l'~ de refuser ma proposition. / **laver** une ~ *eine Beleidigung tilgen:* Nul ne pourra laver une telle ~. / s'**envoyer** des ~s *sich gegenseitig beschimpfen:* Les diplomates arabes se sont envoyé des ~s pendant la cérémonie d'ouverture. / se **répandre** en ~s *sich in Beschimpfungen, Flüchen ergehen:* Le général, en recevant le message, s'est répandu en ~s.

injustice f *Ungerechtigkeit, Unrecht*
~ **criante, révoltante** *(himmel)schreiendes, empörendes Unrecht* / ~ **énorme** *maßlose Ungerechtigkeit* / ~ **flagrante** *schreiende Ungerechtigkeit* / ~ **notoire, patente** *offenkundiges Unrecht*
commettre une ~ (à l'égard de qn) (*j-m gegenüber*) *ein Unrecht begehen:* Monsieur Perrin a commis une ~ grave à l'égard de Madame Vigneux. / **réparer** une ~ *ein Unrecht wiedergutmachen:* Vous devez du moins essayer de réparer cette ~.

innocence f *Unschuld*
abuser de l'~ de qn *j-s Naivität ausnutzen:* L'accusé a abusé de l'~ de sa victime. / **clamer** son ~ *seine Unschuld lauthals beteuern:* Il a été tellement prompt à clamer son ~ que je commence à en douter. / **établir** l'~ de qn *j-s Unschuld nachweisen:* Il n'a pas été possible aux avocats d'établir de façon incontestable l'~ de leur client. / **justifier** de son ~ *seine Unschuld beweisen:* On ne peut exiger d'un suspect de justifier de son ~. C'est plutôt à la justice de prouver qu'il est coupable. / **protester** de, **proclamer** son ~ *seine Unschuld beteuern:* J'ai en vain protesté de mon ~, on ne m'a pas cru. / **témoigner** de l'~ de qn *j-s Unschuld bezeugen:* Il n'y a personne qui puisse témoigner de l'~ de l'accusé.

inquiétude f *Unruhe, Besorgnis, Sorge*
cruelle ~; ~ **mortelle, poignante** *quälende Unruhe* / ~ **profonde, vive** *tiefe Besorgnis* / ~ **sourde** *dumpfe Unruhe*
avoir, éprouver, concevoir de l'~; être dans l'~ *besorgt sein:* Je ne vous cache pas que j'éprouve de l'~ à cause de son silence prolongé. / être **dévoré,** se **ronger** d'~ *vor Sorge vergehen:* Elle n'a pas de nouvelles de son fils et elle se ronge d'~. / **inspirer, donner, causer** de l'~ à qn *j-m Sorge bereiten, machen:* Ce qui nous donne surtout de l'~, c'est son argumentation obscure. / **remplir** qn d'~ *j-n mit Sorge erfüllen:* Votre rapport m'a rempli d'~.

inscription f *Inschrift, Aufschrift*
~ **funéraire** *Grabinschrift* / ~ **illisible** *unleserliche Inschrift* / ~ **indéchiffrable** *nicht zu entziffernde Inschrift*

insecte m *Insekt*
les ~s **bourdonnent** *die Insekten summen:* Tout à coup j'entendis bourdonner de gros ~s sans reconnaître de quelles bestioles il s'agissait. / les ~s **frémissent** *die Insekten schwirren:* La chaleur était terrible, des millions d'~s frémissaient dans l'air immobile.

insinuation f *Andeutung, Verdächtigung*
~s **fielleuses** *gehässige, boshafte Andeutungen* / ~s **perfides, mensongères** *falsche Verdächtigungen*

insomnie f *Schlaflosigkeit*

inspiration

avoir des ~s (fréquentes) (*oft*) *schlaflose Nächte haben; an Schlaflosigkeit leiden:* Depuis que j'habite en pleine ville, j'ai des ~s fréquentes.

inspiration f *Eingebung*
attendre l'~ *auf die Eingebung warten:* Je ne suis pas paresseux, j'attends l'~, voilà tout. / **avoir** une (heureuse, mauvaise) ~ *eine (glückliche, unglückliche) Eingebung haben:* Un beau matin, elle eut l'heureuse ~ d'aller voir sa tante. / **suivre** son ~; **céder** à son ~ *sich auf seine Eingebung verlassen:* Dans des cas aussi difficiles, je suis mon ~ plutôt que d'écouter ma raison.

instances fpl (*instândige, dringende*) *Bitten*
~ **réitérées** *wiederholte Bitten* / **vives** ~ *flehentliche Bitten*
céder aux ~ de qn *j-s Drängen nachgeben:* Au début, il ne voulait pas emmener Joseph en voyage, mais il a fini par céder à ses ~.

instant m *Augenblick*
~ **fugitif** *flüchtiger Augenblick*

instinct m *Instinkt, Trieb*
~ **grégaire** *Herdentrieb* / ~ **infaillible** *untrüglicher Instinkt* / ~ **maternel** *Mutterinstinkt* / **mauvais** ~s *niedere Triebe* / **nobles** ~s *erhabene Regungen* / ~s **refoulés** *verdrängte Triebe* / ~ **sexuel** *Geschlechtstrieb* / ~ **sûr** *sicherer Instinkt*
avoir l'~ de faire qc *etw instinktiv tun:* Jean a eu l'~ de noter le numéro de la voiture. / **dominer** ses ~s *seine Triebe, Instinkte beherrschen:* L'homme se distingue de l'animal entre autres par le fait qu'il sait dominer ses ~s. / **être dominé** par ses ~s *von seinen Instinkten geleitet werden:* Je n'ai jamais connu une personne qui soit dominée à ce point par ses ~s.

instruction[1] f *Anweisung*
avoir ses ~s *seine Anweisungen haben:* Le policier avait ses ~s et, malgré l'incident, poursuivit la filature. / **donner, distribuer** des ~s (*An*)*Weisungen erteilen:* Avez-vous donné toutes les ~s nécessaires? / **recevoir** des ~s *Anweisungen erhalten:* Je n'ai pas encore reçu les ~s qu'il me faut.

instruction[2] f *Bildung, Wissen*
avoir de l'~, une solide ~ *gute Kenntnisse, ein solides Wissen haben:* Je ne saurais pas vous dire si Monsieur Perrin a de l'~. / **être sans** ~ *ungebildet sein:* La pauvre femme est sans ~ et ne trouve donc pas de travail. / **répandre** l'~ *die Ausbreitung des Bildungswesens fördern:* L'ambition de la IIIe République, c'était de répandre l'~ jusqu'au fond des campagnes.

instrument m (*Musik*)*Instrument*
accorder un ~ *ein Instrument stimmen:* Accordez vos ~s, s'il vous plaît! / **jouer** d'un ~ *ein Instrument spielen:* Mireille joue de trois ~s: violon, piano et guitare.

insulte f *Beleidigung*
adresser, dire des ~s à qn *j-n beleidigen:* J'en ai assez des ~s qu'il m'adresse à chaque occasion. / **être** une ~ à qc *einer Sache hohnsprechen:* Votre proposition est une ~ au bon sens. / **proférer** des ~s *Beleidigungen ausstoßen:* L'accusé a proféré toutes les ~s qu'il savait contre l'agent de police.

intelligence[1] f *Intelligenz, Verstand*
~ **épaisse** *geistige Schwerfälligkeit* / ~ **lente** *Begriffsstutzigkeit* / ~ **logique** *logischer Verstand* / ~ **lucide, pénétrante** *scharfer Verstand* / ~ **prompte, rapide, vive** *rasche Auffassungsgabe* / ~ **subtile** *scharfer, durchdringender Verstand* / avoir une ~ **supérieure** *unglaublich intelligent sein*
cultiver son ~ *seine Begabung fördern:* Le jeune Leroy est très doué, mais les circonstances ne lui ont pas permis de cultiver son ~. / **mettre** de l'~ dans qc *etw intelligent, klug machen:* J'avoue que vous avez mis de l'~ dans la solution du problème.

intelligence[2] f *Einvernehmen*
être d'~ avec qn *sich mit j-m im Einvernehmen, in geheimem Einverständnis befinden:* Comme je suppose que Paul est d'~ avec Mademoiselle Timné, je vous conseille de ne rien lui dire de nos projets. / **vivre** en bonne (mauvaise) ~ avec qn *in gutem (schlechtem) Einvernehmen mit j-m leben:* Madame Dousseau vit en très mauvaise ~ avec sa belle-mère.

intempéries fpl *Unbilden der Witterung*
résister aux ~ *wetterfest, witterungsbeständig sein:* Ce matériau résiste aux ~.

intention f *Absicht*
~ **arrêtée, délibérée; ferme** ~ *feste Absicht* / **bonnes** ~s *gute Vorsätze* / ~s **cachées, secrètes** *Hintergedanken* / ~ **coupable, criminelle** *verbrecherische Absicht* / ~ **frauduleuse** *betrügerische Absicht* / ~ **honnête** *redliche Absicht* / ~s **malveillantes; mauvaises** ~s: *böse Absichten:* avoir de mauvaises ~s (*auch: Böses im Schilde führen*) / ~s **perfides** *arglistige Absichten* / ~s **pures** *lautere Absichten* / ~s **troubles** *zweifelhafte Absichten*
attribuer, prêter à qn des ~s *j-m Absichten unterstellen:* Monsieur, vous me prêtez de bien mauvaises ~s! / **avoir** l'~ de ... *beabsichtigen zu ...; die Absicht haben zu ...:* Je n'avais pas l'~ de vous vexer. / **camoufler, dissimuler, taire** ses ~s *seine Absichten verbergen, verheimlichen:* Heureusement, il n'est pas arrivé à camoufler ses ~s. / **contrecarrer** les ~s de qn *j-s Absichten entgegenstehen:* Nous avions prévu de nous mettre en route de grand matin, mais le mauvais temps est venu contrecarrer nos ~s. / **démasquer** les ~s de qn *j-s Absichten enthüllen:* Nous eûmes bientôt démasqué ses ~s. / **dénaturer** les ~s de

qn *j-s Absichten verfälschen:* Je trouve que le metteur en scène a dénaturé les ~s de l'auteur. / **dévoiler** ses ~s *seine Absichten zu erkennen geben:* On attendait beaucoup de la conférence de presse de lundi. Mais le président n'a pas dévoilé ses ~s. / **discerner, deviner, pénétrer, percer** les ~s de qn *j-s Absichten durchschauen:* Croyez-vous que Monsieur Burin discerne nos ~s? / il n'**est** pas, n'**entre** pas dans mes ~s de ... *es liegt nicht in meiner Absicht zu ...:* Il n'a jamais été dans mes ~s de vous offenser. / se **méprendre** sur les ~s de qn *j-s Absichten verkennen, nicht durchschauen:* Pendant des années, Monsieur Darade s'est mépris sur les ~s de son associé. / **nourrir** des ~s (+ *adj*) (+ *adj*) *Absichten hegen:* Je vous avertis: il nourrit des ~s perfides, j'en suis convaincu. / **révéler, déclarer** ses ~s *seine Absichten darlegen, enthüllen:* Monsieur Lepointe nous a révélé ses ~s hier, après la séance.

interdiction f *Verbot*
~ **absolue** *striktes Verbot* / ~ **expresse, formelle** *ausdrückliches Verbot*
lever une ~ *ein Verbot aufheben:* Nous exigeons que vous leviez l'~ de stationner ici. / **prononcer** une ~ *ein Verbot erlassen:* Quel service a prononcé cette ~?

intérêt m *Interesse, Vorteil*
~ **commun, général, public** *öffentliches Interesse* / ~s **divergents** *gegensätzliche Interessen* / ~ **légitime** *berechtigtes Interesse* / ~ **majeur** *Hauptinteresse* / ~ **marqué** *ausgeprägtes, ausgesprochenes Interesse* être d'un ~ **primordial** *von höchstem Interesse sein* / **vif** ~ *brennendes, lebhaftes Interesse* / de **vils** ~s *niedrige Interessen*
accrocher l'~ de qn *j-s Interesse fesseln:* L'orateur est parvenu à accrocher surtout l'~ des jeunes. / il **a** (tout) à ... *es liegt (ganz) in seinem Interesse zu ...:* Mademoiselle Herbez a tout ~ à faire des efforts. / il **y a** ~ à ... *es ist von Vorteil, Nutzen, zu ...:* Je crois qu'il y aurait ~ à lui dire la vérité. / ne **chercher**, ne **consulter**, ne **regarder**, ne **voir** que son ~ *nur auf seinen Vorteil bedacht sein:* Méfiez-vous de Madame Cornier. Elle ne cherche que son ~. / **concilier** les ~s *die Interessen auf einen gemeinsamen Nenner bringen:* Dans ce conflit, il sera bien difficile de concilier les ~s divergents des employeurs et des syndicats. / **défendre** les, **prendre soin** des ~s de qn *j-s Interessen, Belange vertreten, verteidigen:* C'est vous qui défendez les ~s des Établissements Granier? / des ~s **divergent** *Interessen weichen voneinander ab:* Nos ~s divergent, il est vrai, mais nous sommes encore optimistes et persuadés que nous arriverons à un accord. / **épouser** les ~s, **entrer** dans les ~s de qn *sich für j-n*

einsetzen; für j-n Partei ergreifen: Heureusement, Monsieur le Secrétaire général a, lui aussi, épousé nos ~s. / c'**est** dans votre (propre) ~ *es liegt in Ihrem eigenen Interesse:* Dites la vérité! C'est dans votre propre ~. / **éveiller, susciter, exciter** l'~ de qn *j-s Interesse (er)wecken:* Votre proposition a éveillé l'~ de Monsieur le Président. / **forcer** l'~ *das Interesse fesseln:* C'est un sujet aride, mais l'auteur arrive à forcer l'~, grâce à son style peu conventionnel. / **gêner, contrarier, contrecarrer** les ~s de qn *j-s Interessen im Wege stehen:* Votre programme gêne nos ~s. / **manifester, marquer** de l'~ pour qc *für etw Interesse zeigen, bekunden:* Monsieur Pommard a manifesté beaucoup d'~ pour notre affaire. / **manquer** d'~ *uninteressant sein:* Votre suggestion manque d'~. / **offrir, présenter, avoir** de l'~ *von Interesse sein:* Cette affaire ne présente aucun ~ pour notre maison. / **porter** de l'~ à qn *j-m Interesse entgegenbringen:* Jacques ne mérite pas l'~ que vous lui portez. / **prendre** ~, **attribuer** de l'~ à qn, qc *j-m, einer Sache Interesse entgegenbringen:* Le directeur prend un grand ~ à vos projets. / **préserver** les ~s de qn *j-s Interessen wahren:* Je suis, bien sûr, obligé de préserver les ~s de ma femme. / **soulever** un ~ (+ *adj*) (*adj*) *Interesse hervorrufen:* Votre proposition a soulevé un ~ particulier. / **soutenir** l'~ de qn *j-s Interesse wachhalten:* C'est un livre qui n'arrive pas à soutenir l'~ du lecteur au-delà de la dixième page. / **trahir** les ~ de qn *gegen j-s Interessen handeln:* Ce que je ne vous pardonne pas, c'est que vous avez trahi nos ~s. / **veiller** aux ~s de qn *j-s Interessen wahrnehmen:* Maître Bernard veillera aux ~s des orphelins.

intérêts mpl *Zinsen*
~ **composés** *Zinseszins* / ~ **dus, échus** *fällige Zinsen* / ~ **usuraires** *Wucherzinsen*
capitaliser les ~ *Zinsen zum Kapital schlagen:* Je vous recommande de capitaliser les ~. / **payer, servir** des ~ *Zinsen einräumen:* Je vous recommande un placement en bons du Trésor; on vous servira des ~ avantageux. / **produire, rapporter, donner, fournir** des ~ *Zinsen bringen, tragen:* À partir de l'année prochaine, nos fonds commenceront à produire des ~. / **toucher, percevoir** des ~ *Zinsen erhalten:* Avec ce placement, vous toucherez des ~ de 6%.

interlocuteur m *Gesprächspartner*
~ **valable** *annehmbarer, akzeptabler Gesprächspartner*

intermédiaire m *Vermittler*
servir d'~ *vermitteln:* Pourriez-vous nous servir d'~ dans cette affaire difficile?

interprétation f *Interpretation, Auslegung, Deutung*

interprète

~ **abusive** *Fehlinterpretation* | ~ **arbitraire** *eigenwillige Interpretation* | ~ **erronée** *Mißdeutung, Fehlinterpretation* | ~ **subtile** *feinsinnige Deutung*
donner une **mauvaise** ~ de qc *etw übel auslegen:* Madame Enderlein a donné une mauvaise ~ de votre conduite. | se **prêter** à, **permettre** plusieurs ~s *mehrere Deutungen zulassen:* Sa réponse permet plusieurs ~s. | qc **reçoit** une ~ *etw wird ausgelegt:* Le contrat comporte un passage ambigu, susceptible de recevoir plusieurs ~s.

interprète m *Dolmetscher*

~ **juré, assermenté** *vereidigter, beeidigter Dolmetscher*
servir d'~; **faire** l'~ *dolmetschen; den Dolmetscher machen:* Je pourrais vous servir d'~.

interrogation f *Abfragen (Schule)*

~ **écrite** *schriftliches Abfragen, Abprüfen des Lehrstoffs* | ~ **orale** *(mündliches) Abfragen des Lehrstoffs*

interrogatoire m *Verhör*

~ **serré** *strenges, scharfes Verhör*
subir un ~ *vernommen, verhört werden:* L'inculpé a subi hier soir son premier ~. | **faire subir** un ~ à qn; **soumettre** qn à un ~ *j-n ins Verhör nehmen, verhören:* Nous allons lui faire subir un ~ très sévère.

intervention f *Eingriff*

pratiquer une ~ (chirurgicale) *einen (chirurgischen) Eingriff vornehmen:* Le chirurgien a longtemps hésité, finalement il s'est décidé à risquer le tout pour le tout et à pratiquer l'~.

interview f *Interview*

donner, accorder une ~ *ein Interview geben:* Le ministre de l'Économie vient de donner une ~ à la télévision. | **solliciter** une ~ *sich um ein Interview bemühen:* Pendant six mois, j'ai sollicité une ~ de Marlon Brando.

intimité f *Vertrautheit, Privatleben*

dans la plus **stricte** ~ *im engsten (Familien-) Kreis*
s'**introduire** dans l'~ de qn *sich in j-s Privatleben einnisten:* Jaraux n'avait eu aucun scrupule à s'introduire dans l'~ des Dubreuil. | **préserver** son ~ *sein Privatleben schützen:* Je ne crois pas qu'il vous accorde cette interview. Il tient avant toute chose à préserver son ~. | l'~ se **relâche** *die Vertrautheit schwindet, läßt nach:* Peu à peu, leur ~ s'était relâchée. Ils ne se voyaient presque plus. | l'~ est **resserrée, renforcée** *die Vertrautheit nimmt zu:* Les vacances qu'ils avaient passées ensemble avaient renforcé leur ~. | **vivre** dans l'~ de qn *zu j-s Vertrauten gehören:* Madame Chaterou vit dans l'~ des De Maraichier.

intrigue f *Intrige*

~s **sourdes** *heimliche Intrigen* | ~ **ténébreuse** *dunkle Machenschaften* | **découvrir, déjouer** une ~ *eine Intrige aufdecken:* Le général avait pu déjouer au dernier moment l'~ montée contre lui. | **nouer, combiner, former, machiner, ourdir, tramer, monter** une ~ contre qn *gegen j-n intrigieren, eine Intrige spinnen:* Avez-vous eu connaissance de l'~ qu'on a nouée contre moi?

invective f *Beschimpfung*

se **répandre** en ~s contre qn; **accabler, couvrir** qn d'~s *sich in Beschimpfungen gegen j-n ergehen:* Le passant s'était répandu en ~s contre l'automobiliste qui l'avait accroché.

invention f *Erfindung*

~ **géniale** *geniale Erfindung* | ~ **ingénieuse** *sinnreiche Erfindung* | c'est **pure** ~ *das ist (eine) reine Erfindung*
attribuer une ~ à qn *j-m eine Erfindung zuschreiben:* On attribue l'~ du moulin à vent aux Phéniciens. | **breveter** une ~ *eine Erfindung patentieren:* Les Japonais n'ont pas breveté mon ~.

invitation f *Einladung*

annuler une, se **dédire** d'une ~ *eine Einladung absagen:* Je me vois malheureusement obligé d'annuler notre ~. | **décliner, refuser** une ~ *eine Einladung ablehnen, ausschlagen:* Nous sommes au grand regret de devoir décliner votre ~. | **envoyer** les ~s (de qc) *die Einladungen (zu etw) verschicken:* As-tu déjà envoyé les ~s? | **lancer** des ~s *Einladungen ausschicken, ergehen lassen:* Les Voulard n'étaient pas plus tôt installés dans la ville qu'ils ont commencé à lancer des ~s. | se **rendre** à une ~ *einer Einladung Folge leisten:* Pourquoi est-ce que vous ne vous êtes pas rendu à cette ~? | **répondre** à une ~ *einer Einladung Folge leisten; eine Einladung annehmen:* Malheureusement, je ne peux pas répondre à votre ~.

ironie f *Ironie, Spott*

~ **amère, caustique, incisive, mordante, corrosive** *beißender Spott; beißende Ironie* | ~ **fine, légère** *feiner Spott; feine Ironie* | ~ **voilée** *versteckte Ironie*

irruption f *Eindringen*

faire ~ (dans) *eindringen, stürzen (in):* Toute la bande bruyante des enfants fit ~ dans le salon de Madame Tartarin.

isolement m *Abkapselung*

se **cantonner** dans l'~ *sich absondern, abkapseln:* Ce n'est pas en te cantonnant dans l'~ que tu trouveras une solution à tes problèmes.

issue f *Ausgang, Ausweg*

~ **fatale** *verhängnisvoller, tödlicher Ausgang* | ~ **heureuse** ~ *guter Ausgang; glückliches Ende*
se **ménager** une ~ *sich einen Ausweg, ein Hintertürchen offenhalten:* Croyez-moi, il n'est pas homme à s'être engagé dans cette affaire sans se ménager quelques ~s en cas de

besoin. / ne pas **voir** d'~ *keinen Ausweg sehen:* Je ne vois pas d'~ à cette situation.
itinéraire m *Route*
   fixer, établir un ~ *eine Route festlegen:* Il a été très difficile d'établir l'~, car les cartes de la région ne sont pas très précises. / **suivre** un ~ *eine Route, einen Weg nehmen:* Nous avons suivi l'~ que vous nous aviez conseillé.
ivresse f *Rausch, Trunkenheit*
   ~ **complète, totale** *Volltrunkenheit*

l'~ se **dissipe** *der Rausch vergeht, verfliegt:* Après quelques heures de sommeil, son ~ se dissipait lentement.
ivrogne m *Säufer, Betrunkener*
   ~ **fini, invétéré** *Erzsäufer*
   un ~ **braille** *ein Betrunkener grölt:* Chaque samedi, les ~s braillent sous la fenêtre de ma chambre à coucher. / un ~ **titube** *ein Betrunkener schwankt:* L'~ tituba sur quelques mètres avant de s'écrouler.

J

jalousie[1] f *Eifersucht*
   ~ **effrénée, féroce** *rasende Eifersucht*
   concevoir de la ~ contre qn *auf j-n eifersüchtig werden:* Depuis cet événement, elle a conçu de la ~ contre son mari. / **exciter** la ~ de qn *j-s Eifersucht erregen:* Cette coquetterie a excité la ~ de son fiancé.
jalousie[2] f *Neid*
   ~s **mesquines; petites** ~s *kleinliche Mißgunst*
   crever de ~ (F) *vor Neid platzen:* Ne lui montre pas la photo, il crèverait de ~. / **exciter** la ~ de qn *j-s Neid erregen:* La nouvelle voiture a excité sa ~.
jaloux m *Neider*
   (se) **faire** des ~ *sich Neider schaffen:* Sa rapide carrière lui a fait des ~.
jambe f *Bein*
   ~s **ankylosées** *steife Beine* / ~s **arquées** *O-Beine* / ~s **cagneuses** *X-Beine* / ~ **engourdie** *eingeschlafenes Bein:* J'ai la jambe engourdie. (Mir ist das Bein eingeschlafen.) / ~s **épaisses** *dicke Beine* / ~s **fines** *schlanke Beine* / ~s **flageolantes** *schlotternde, schlotterige Beine* / ~s **fluettes** *dünne, dürre Beine* / ~s **bien galbées** *wohlgeformte Beine* / ~s **grandes** *lange Beine* / ~s **lourdes** *schwere, bleierne Beine* / ~s **minces** *dünne Beine* / ~ **plâtrée** *eingegipstes Bein; Bein in Gips* / ~s **tordues, torses** *krumme Beine*
   allonger, tendre, étendre les ~s *die Beine (aus)strecken:* Ah, qu'il fait bon allonger les ~s après cette marche! / **croiser** les ~s *die Beine übereinanderschlagen:* Le médecin croisa les ~s, alluma sa pipe et commença à parler très lentement. / se **dégourdir,** (F) se **dérouiller** les ~s *sich die Beine vertreten:* J'ai besoin de me dégourdir un peu les ~s. / les ~s se **dérobent** sous moi, **refusent** de me porter, me **manquent,** me **trahissent** *die Beine versagen mir den Dienst:* À ce spectacle, il sentit ses ~s se

dérober sous lui. / **donner** des ~s à qn *(fig) j-m Beine machen:* La peur lui a donné des ~s. / **écarter** les ~s *die Beine spreizen:* Levez les bras, écartez les ~s, pliez le dos! / les ~s **fléchissent** *die Beine geben nach:* Lorsqu'elle apprit la nouvelle, ses ~s fléchirent et elle s'écroula. / **prendre** ses ~s à son cou *(fig) die Beine in die Hand nehmen:* Mon copain a pris ses ~s à son cou et a descendu les escaliers comme une flèche. / **replier** les ~s *die Beine anziehen:* Elle se mit à l'aise sur son canapé et replia les ~s. / ne plus **tenir** sur ses ~s *sich nicht mehr auf den Beinen halten können:* Après quinze heures de marche, il ne tenait plus sur ses ~s. / **traîner, tirer** la ~ *das Bein nachziehen:* Pourquoi traînes-tu la ~? / **trembler, vaciller** sur ses ~s *schwankend auf den Beinen stehen:* La fièvre l'avait affaibli; il se leva à grand-peine, vacillant sur ses ~s.
jambon m *Schinken*
   ~ **blanc, cuit** *gekochter Schinken* / ~ **cru** *roher Schinken* / ~ **fumé** *Räucherschinken*
jardin m *Garten*
   aménager un ~ *einen Garten anlegen:* Dès que je serai en retraite, j'aménagerai un ~. / **arroser** le ~ *den Garten gießen:* Cela ne vaut pas la peine d'arroser encore le ~, il va bientôt pleuvoir. / **bêcher** le ~ *den Garten umgraben:* Je suis fatigué parce que j'ai bêché tout le ~. / **entretenir** son ~ *seinen Garten pflegen:* Le loyer est vraiment très bas, mais il faut en revanche que nous entretenions le grand ~. / **faire, cultiver** son ~ *seinen Garten bestellen:* Mon grand-père, avec ses quatre-vingt-cinq ans, fait son ~ tout seul.
javelot m *(Sport) Speer*
   lancer le ~ *(den) Speer werfen:* Sur combien de mètres a-t-il lancé le ~?
jérémiades fpl *Gejammere*
   éternelles ~; ~**continuelles** *ewiges Gejammere*

jeu¹ m *Spiel (auch fig)*
avoir **beau** ~ *leichtes Spiel haben* | ~ **loyal** *faires Spiel* | ~ **serré** *vorsichtiges Spiel*
entrer en ~ *ins Spiel kommen; zum Tragen kommen:* Dans le présent domaine, les règles du Marché commun n'entrent pas en ~. | **faire entrer** en ~ *ins Spiel bringen:* C'est vous qui avez fait entrer en ~ votre promesse de l'année passée. | ce n'**est** pas **de** ~ *das ist gegen die Spielregeln:* Ce que tu as fait là, ce n'est pas de ~. | **être en** ~ *auf dem Spiel stehen:* C'est mon honneur qui est en ~. | **jouer à** un ~ *ein Spiel spielen:* Les enfants jouent au ~ de l'oie. | **jouer le** ~ *sich an die Spielregeln halten:* Je ne peux pas agir autrement; il faut que je joue le ~. | **jouer double** ~ *ein Doppelspiel treiben:* Faites attention, il est bien possible qu'elle joue double ~. | **mener** le ~ *das Spiel in der Hand haben; überlegen spielen:* L'équipe adverse a mené le ~ pendant toute la partie. | **mettre** qc en ~ *etw aufs Spiel setzen, ins Spiel bringen:* Il avait mis en ~ toute son autorité. | **percer** le ~ de qn; **lire** dans le ~ de qn *j-s Spiel durchschauen:* Je crois percer son ~.

jeu² m *(techn) Spiel(raum)*
avoir du ~ *Spiel, Luft haben:* Le roulement *(das Lager)* a trop de ~. | **laisser** du ~ *Spielraum lassen:* Il faut laisser du ~ entre les deux pièces, à cause de la dilatation éventuelle. | **prendre** du ~ *locker werden:* Le volet a pris du ~, il faut resserrer les vis.

Jeux Olympiques mpl *Olympische Spiele*
célébrer les ~ *die Olympischen Spiele, die Olympiade abhalten:* Je ne sais pas où les ~ seront célébrés la prochaine fois.

jeunesse f *Jugend*
~ **heureuse (malheureuse)** *sorglose, unbeschwerte (schwere) Jugend* | ~ **orageuse** *bewegte Jugend* | **première, prime** ~ *frühe Jugend* | ~ **tumultueuse** *stürmische Jugend*
cueillez votre ~ *nützt die Jugend:* Je vous le conseille du haut de mon âge avancé: cueillez votre ~. | **dissiper, gaspiller** sa ~ *die Jugend vergeuden:* On dit que Paul Vernier a dissipé sa ~. | **pervertir** la ~ *die Jugend verderben:* Les dissidents sont accusés d'avoir perverti la ~.

joie f *Freude*
~ **anticipée** *Vorfreude* | ~ **bruyante** *stürmische Freude* | ~ **débordante, folle** *überschäumende Freude; Freudentaumel* | ~ **cachée, secrète** *heimliche Freude* | ~ **délirante, effrénée** *wahnsinnige, unbändige Freude; Freudenrausch* | ~ **étudiée** *gekünstelte, geheuchelte Freude* | ~ **excessive** *maßlose Freude* | ~ **exubérante** *überschwengliche Freude* | **fausse** ~ *verfrühte Freude* | **immense** ~; ~ **intense** *sehr große, riesige Freude* | ~ **indécente** *schamlose Freude* | ~ **indicible, ineffable** *unaussprechliche, unsagbare Freude* | ~ **insolente** *unverschämte Freude* | ~ **maligne;** ~ **mauvaise** *Schadenfreude; hämische Freude* | ~ **muette** *stille, innere Freude* | ~ **profonde** *innige Freude* | ~ **satanique** *teuflisches Vergnügen* | ~ **sereine** *ungetrübte Freude*
combler, remplir qn de ~ *j-n mit Freude erfüllen:* Cette nouvelle a comblé de ~ la pauvre condamnée. | **donner** de la ~ *Freude bereiten, machen:* Votre livre m'a donné de la ~. | **empoisonner, troubler** la ~ de qn *j-s Freude trüben:* Un soupçon sans fondement empoisonne sa ~ depuis un certain temps. | **éprouver, ressentir** de la ~ *Freude empfinden:* En lisant votre lettre, j'ai éprouvé une très grande ~. | **être** en ~ *vergnügt, ausgelassen sein:* Après un bon apéritif, tout le monde était en ~. | **faire** la ~, **être** la **seule** ~ de qn *j-s ganze Freude sein:* Son fils faisait sa seule ~. | **se faire** une ~ de faire qc *sich ein Vergnügen daraus machen, etw zu tun:* Elle se fait une ~ d'aller travailler une année aux États-Unis. | **mettre** qn en ~ *j-n erheitern, fröhlich stimmen:* Pierre Leclancher est très vite parvenu à mettre son auditoire en ~. | **partager** la ~ de qn *j-s Freude teilen:* Nous partageons votre ~. | **rayonner** de ~ *(vor Freude) strahlen:* Son visage rayonnait de ~. | **sauter, bondir, danser** de ~ *Freudensprünge machen:* Les enfants ont sauté de ~ en entendant que leur père avait acheté un chalet. | être **transporté** de ~ *vor Freude ganz weg sein:* Lorsqu'il a appris la nouvelle, il a été transporté de ~.

joue f *Wange, Backe*
~s **caves, creuses** *hohle, eingefallene Wangen* | ~s **dodues, rebondies** *Pausbacken* | ~s **enflammées** *glühende Wangen* | ~s **flasques** *schlaffe Wangen* | ~s **fraîches** *frische Wangen* | **grosses** ~s *dicke, runde, volle Backen* | ~s **pendantes** *Hängebacken* | ~s **pleines** *volle, runde Backen* | ~s **rentrées** *eingefallene Wangen*
caresser la ~ de qn *j-s Wange streicheln:* Le père prit sa fillette sur ses genoux et caressa la ~ de la petite. | **coucher, mettre** en ~ *(Gewehr) in Anschlag bringen:* Le chasseur s'agenouilla et coucha le fusil en ~. | **creuser** les ~s *hohlwangig machen:* Ce régime alimentaire sévère vous a creusé les ~s. | **reprendre** des ~s *wieder dicke Backen bekommen:* Tu commences à reprendre des ~s. | **tendre, présenter** l'autre ~ *auch die andere Backe hinhalten (bes. fig):* Je n'ai pas envie de tendre l'autre ~.

joueur m *Spieler*
~ **acharné** *hartnäckiger Spieler* | ~ **enragé, passionné** *leidenschaftlicher Spieler* | ~ **heureux** *einer, der Glück im Spiel hat* | ~ **malchanceux** *einer, der Pech im Spiel hat*

joug m *(fig) Joch*
briser, rompre, secouer le ~ *das Joch abschütteln:* Par une insurrection sanglante, la

tribu brisa le ~ de l'esclavage. / **être sous** le ~ de qn *von j-m unterjocht werden; unter j-s Pantoffel, Knute stehen:* Michel est sous le ~ de sa mère. / **imposer** un ~ à qn; **mettre** qn **sous** le ~ *j-n unterjochen, unter das Joch zwingen, in das Joch spannen:* Pour quelques décennies, les envahisseurs imposèrent un ~ à ce brave peuple. / **ployer, fléchir,** être **courbé** sous le ~ *unterjocht sein; sich dem Joch beugen:* Depuis un demi-siècle, ce peuple ploie sous le ~; il lui sera difficile d'accéder à nouveau à la liberté. / **tomber** sous le ~, **subir** le ~ de qn *unter j-s Gewalt geraten:* Peu à peu, les indiens de l'Amérique centrale tombèrent sous le ~ des Espagnols.

jour¹ m *Tag*
~ **faste** *Glückstag* / ~ **fatidique** *Schicksalstag* / ~ **férié** *Feiertag* / ~ **funeste, néfaste; mauvais** ~ *Unglückstag; schwarzer Tag* / les **mauvais** ~s *die schlechten Zeiten; die bösen Tage; die schlechte Jahreszeit* / ~ **naissant** *anbrechender Tag* / un ~ **ordinaire** *ein ganz gewöhnlicher Tag* / ~ **ouvrable** *Werktag*
arrêter, fixer un ~ *einen Tag festlegen:* Mademoiselle Lavalier, je vous prie de bien vouloir arrêter un ~ pour le rendez-vous avec Monsieur Lambertin. / le ~ **arrivera, viendra** (où) ... *der Tag wird kommen (, an dem* ...): Je suis absolument sûr que le ~ arrivera où il reconnaîtra sa faute. / le ~ **baisse** *der Tag neigt sich:* Dépêchez-vous, le ~ baisse déjà. / **couler** des ~s (+ *adj*) (*adj*) *Tage verbringen:* Nous avons coulé des ~s heureux et paisibles dans cette maison de Provence. / les ~s s'**écoulent** *die Tage verstreichen, vergehen:* Pendant les vacances, les ~s s'écoulent avec une rapidité incroyable. / **être** dans un, son **bon** ~ *seinen guten Tag haben:* S'il est dans son bon ~, vous obtiendrez la permission. / le ~ se **lève, apparaît** *der Tag bricht an; es wird Tag:* Réveille-toi, le ~ se lève déjà! / les ~s **raccourcissent, décroissent, baissent** *die Tage werden kürzer:* Depuis hier, les ~s raccourcissent. / les ~s **rallongent, grandissent, s'allongent** *die Tage werden länger:* Je suis bien contente: les ~s rallongent de plus en plus vite. / **vivre** des ~s **heureux** *glückliche Tage ver-, erleben:* Nous avons vécu des ~s heureux à Naples.

jour² m (*Tages*)*Licht; Licht* (*fig*)
~ **blafard** *fahles Licht* / ~ **crépusculaire** *Dämmerlicht* / ~ **douteux** *trübes Licht; Zwielicht* / ~ **éblouissant** *blendendes Licht* / ~ **éclatant** *helles Tageslicht* / ~ **faible, gris** *schwacher Schein; trübes Licht* / ~ **faux** ~ *1. Zwielicht; 2. indirektes Licht; schlechtes Licht* (*auch fig*) / sous un ~ **favorable, flatteur** (*fig*) *in günstigem Licht* / **grand, plein** ~ *heller Tag* / en **plein** ~ *am hellichten Tag* / ~ **tamisé** *gedämpftes Licht*

cacher le ~ à qn *j-m im Licht stehen:* Mets-toi de l'autre côté de la fenêtre, tu me caches le ~. / il fait ~ *es ist hell, Tag:* Lève-toi, il fait ~. / **fuir** le ~ *das Licht scheuen:* On le connaît mal ici; il semble fuir le ~. / **jeter** le ~ sur qc (*fig*) *Licht in etw bringen:* Son testament a jeté le ~ sur un crime commis il y a une trentaine d'années. / **jeter, porter** un ~ (+ *adj*) sur qc (*fig*) *etw in* (+ *adj*) *Licht erscheinen lassen:* Votre déclaration jette un ~ nouveau sur cette affaire. / **mettre** qc au ~ (*fig*) *etw an den Tag, ans Licht bringen:* L'aveu du détenu a mis au ~ un grand nombre de petits délits. / **montrer, présenter** qc sous un ~ (+ *adj*) (*fig*) *etw in einem* (+ *adj*) *Licht zeigen:* Ce livre présente l'histoire des débuts de la IIIe République sous un ~ nouveau. / **voir** le ~ (*Person*) *das Licht der Welt erblicken;* (*Idee, Mode*) *aufkommen:* Marcel Apparent a vu le ~ en Amérique du Sud.

journal¹ m *Zeitung*
être **abonné** à un ~ *eine Zeitung abonniert haben; sich eine Zeitung halten:* Êtes-vous abonné à un ~? / le ~ **annonce** *die Zeitung meldet:* Les journaux annoncent des incendies de forêt. / **crier** des journaux *Zeitungen ausrufen:* La nuit, il criait des journaux pour gagner sa vie. / **déplier, déployer** un ~ *eine Zeitung auseinanderfalten:* L'officier s'assit dans son fauteuil et déplia un ~. / le ~ **exagère, grossit** qc *die Zeitung bauscht etw auf:* Ne croyez pas tout ce que les journaux écrivent. Ils grossissent souvent les choses. / **ouvrir** un ~ *eine Zeitung aufschlagen:* Mon mari rentre si fatigué chaque soir qu'il s'endort dès qu'il a ouvert le ~. / **plier** un ~ *eine Zeitung zusammenlegen, -falten:* Mon père a plié le ~ et s'est levé pour quitter le salon, lorsque le téléphone a sonné.

journal² m *Tagebuch*
tenir un ~ *ein Tagebuch führen:* Pendant les premières années de lycée, Joëlle tenait un ~.

journée f *Tag*
une **chaude** ~ (*fig*) *ein Tag, an dem es heiß hergeht* / ~ **radieuse** *strahlender Tag* / ~ bien **remplie** *ausgefüllter, inhaltsreicher Tag*
faire des ~s de huit heures *einen Achtstundentag haben:* Jusqu'ici, j'ai fait des ~s de huit heures; maintenant, je ne travaillerai que sept heures et demie par jour. / **passer** des ~s **entières** à ... (*ganze*) *Tage damit verbringen zu* ...: Il passe des ~s entières à écrire des lettres à tout le monde. / **perdre** sa ~ *einen ganzen Tag verlieren:* J'ai perdu ma ~ à chercher les documents.

juge m *Richter*
~ **clément** *milder Richter* / ~ **équitable** *gerechter Richter* / ~ **impartial, intègre** *unbefangener, unparteiischer Richter* / ~ **incorruptible** *unbestechlicher Richter* / ~ **inexorable, impla-**

jugement

cable *unerbittlicher Richter* | ~ **infaillible** *unfehlbarer Richter* | ~ **partial** *befangener, parteiischer Richter* | ~ **rigoureux, sévère** *strenger Richter* | ~ **vénal** *bestechlicher Richter* **faire** qn ~, **prendre** qn pour ~ de, dans qc *j-n in einer Sache als Schiedsrichter anrufen:* Êtes-vous d'accord pour qu'on fasse Monsieur Babou ~ de notre différend? | **se faire** le ~; se **constituer** ~; s'**ériger** en ~ *sich zum Richter aufwerfen:* Vous n'avez pas le droit de vous faire le ~ de ce jeune homme. | se **présenter** devant le ~ *vor dem Richter erscheinen:* L'accusé ne s'est pas présenté devant le ~.

jugement m *Urteil*
~ **bien assis** *wohlbegründetes Urteil* | ~ **clément** *mildes Urteil* | ~ **dépréciatif** *abschätziges, abwertendes Urteil* | ~ **erroné** *Fehlurteil* | ~ **équitable, impartial** *gerechtes, unparteiisches Urteil* | ~ **hâtif, préconçu** *vorschnelles Urteil:* Il a formulé un ~ hâtif. (*Er hat vorschnell geurteilt. Er hat ein vorschnelles Urteil gefällt.*) | ~ **inique** *ungerechtes Urteil* | ~ **irrévocable** *unwiderrufliches Urteil* | ~ **partial** *parteiisches Urteil* | ~ **sagace** *scharfsinniges Urteil* | ~ **sévère** *hartes Urteil* **annuler,** (*jur*) **casser, infirmer** un ~ *ein Urteil aufheben:* Le tribunal de grande instance de Lyon a infirmé le premier ~. | **appeler, faire appel** d'un ~ (*jur*) *gegen ein Urteil Berufung einlegen:* Maître Dupuis m'a conseillé d'appeler de ce ~. | **attaquer** un ~ *ein Urteil anfechten:* C'est un ~ qu'on ne peut pas attaquer. | **corroborer, confirmer** un ~ *ein Urteil bestätigen:* Son attitude lors de la séance d'hier corrobore notre premier ~. | **émettre, exprimer** un ~ *ein Urteil, eine Beurteilung abgeben:* Le comité des finances a émis hier son ~. | **exécuter** un ~ *ein Urteil vollstrecken, vollziehen:* Le ~ n'a pas encore été exécuté. | **fausser, altérer** le ~ de qn *j-s Urteil beeinträchtigen:* Il est possible que la haine ait altéré son ~. | **former** des ~s téméraires *kühne Behauptungen aufstellen:* Vous formez là des ~s très téméraires. | **lire** le ~ *das Urteil verlesen:* Le juge a lu le ~ et lut le ~. | **porter** un ~ *ein Urteil fällen; sich ein Urteil erlauben:* Comment pouvez-vous porter un ~ avant d'avoir entendu les deux parties? | **prononcer, énoncer** un ~ *ein Urteil verkünden:* Le ~ sera prononcé dans une semaine. | **réformer** un ~ *1. (jur) ein Urteil abändern; 2. sein Urteil revidieren:* Le tribunal a réformé le premier ~. Nous avons dû réformer notre ~ sur Jacques Meyrieux. Il gagne à être connu. | s'en **remettre,** s'en **rapporter** au ~ de qn *sich auf j-s Urteil verlassen:* Remettons-nous-en au ~ de l'histoire. | **rendre** un ~ *ein Urteil fällen:* La cour d'assises rendra son ~ début avril. | **soumettre** qc au ~ de qn *etw j-s Urteil*

überlassen: Nous soumettrons l'affaire au ~ de Madame Barre.

jumelles fpl *Fernglas*
braquer ses ~ sur ... *sein Fernglas richten auf* ...: Le chasseur avait braqué ses ~ sur le chevreuil qui se trouvait à cinq cents mètres de son poste.

jupe f *Rock*
~ **ample, large** *weiter Rock* | ~ **étroite** *enger Rock* | ~ **plissée** *Faltenrock* | ~ **retroussée** *geschürzter Rock*
relever sa ~ *den Rock raffen:* Elle releva sa ~ pour traverser le ruisseau.

juron m *Fluch*
gros ~; ~ **grossier** *derber Fluch*
pousser, lâcher un ~ *einen Fluch ausstoßen:* Jean était plongé dans le moteur de la voiture et lâchait les ~s les plus pittoresques.

jus m *Saft*
baigner dans son ~ *im eigenen Saft schwimmen:* J'aime particulièrement les fruits de mer qui baignent dans leur ~. | **cuire** dans son ~ *im eigenen Saft schmoren (auch fig):* Lorsqu'il aura cuit dans son ~ pendant quelques heures, il sera à point. | (F) **laisser cuire, mijoter** qn dans son ~ *(fig) j-n (im eigenen Saft) schmoren lassen:* Ils n'ont pas eu honte de me laisser mijoter dans mon ~. | **exprimer** le ~ (d'un fruit) *eine Frucht auspressen:* Exprimez le ~ de trois citrons que vous mélangerez délicatement à la crème.

justice[1] f *Gericht(sbarkeit)*
appeler, assigner, citer en ~ *vor Gericht laden, vorladen:* Je ne croyais pas qu'on allait m'appeler en ~ à cause de cette erreur. | **comparaître** en ~ *vor Gericht erscheinen:* Les deux témoins n'ont pas comparu en ~. | **déférer** qn à la ~; **traduire** qn en ~, devant la ~ *j-n vor Gericht stellen, bringen:* Les coupables seront déférés à la ~. | **ester** en ~ *vor Gericht auftreten:* Notre association est une personne morale (*juristische Person*) qui peut ester en ~ tout comme un individu. | se **faire** ~ (soi-même) *1. sich selbst richten; 2. sich selbst Recht verschaffen:* L'ex-terroriste s'est fait ~ lui-même en se brûlant la cervelle. Il s'est fait ~ lui-même et a tué le meurtrier de sa femme. | **livrer** qn à la ~ *j-n dem Gericht überantworten, überstellen:* Le détenu a déjà été livré à la ~. | se **livrer** à la ~ *sich der Justiz stellen:* Le douanier, après dix ans d'activité de contrebandier, s'est enfin livré à la ~. | **passer** en ~ *vor Gericht kommen:* L'affaire passera en ~ si vous ne payez pas d'ici trois jours. | **poursuivre** qn en ~ (pour dommages-intérêts, *etc.*) *j-n (auf Schadensersatz usw.) verklagen:* Je vous recommande de poursuivre en ~ pour dommages-intérêts l'automobiliste qui a causé l'accident. | **recourir** à la ~ *vor Gericht gehen:* Nous avons

l'intention de recourir à la ~. / **relever** de la ~ d'un pays *der Gerichtsbarkeit eines Landes unterstehen:* Comme le meurtre a été commis dans un avion américain, il relève de la ~ des États-Unis. / **rendre** la ~ *Recht sprechen:* Le dictateur rend la ~ lui-même. / **représenter** en ~ *vor Gericht vertreten:* Maître Alan nous représentera en ~. / **soumettre** qc à la ~ *etw vor Gericht bringen:* Voulez-vous soumettre ce cas à la ~? / **témoigner** en ~ *vor Gericht als Zeuge auftreten, aussagen:* En tant que mari de l'accusée, vous ne pouvez pas témoigner en ~. / **traîner** qn en ~ *j-n vor Gericht bringen, zerren:* Le pauvre homme était affolé parce que son propriétaire avait menacé de le traîner en ~.

justice[2] f *Gerechtigkeit*
~ **divine** *göttliche Gerechtigkeit* / ~ **humaine** *irdische Gerechtigkeit*
demander ~ *Gerechtigkeit, sein Recht fordern, verlangen:* Vous ne pouvez pas m'interdire de demander ~ pour le tort qu'on m'a fait. / on lui **doit** cette ~; il faut lui **rendre** cette ~ *das muß man ihm zugestehen:* On lui doit cette ~ qu'il a toujours fait preuve de bonne volonté. / c'**est** ~ *das ist nur gerecht:* Pourquoi vous indigner qu'il ait reçu une forte indemnité? Ce n'était que ~. / **obtenir** ~ *Gerechtigkeit, sein Recht erlangen, erhalten:* Je suis sûr que nous obtiendrons ~. / **rendre, faire** ~ à qn *j-m Gerechtigkeit widerfahren lassen:* Il faut absolument que nous lui rendions ~.

justification f *Rechtfertigung*
fournir des ~s *Rechtfertigungen vorbringen:* Vous n'avez pas besoin de fournir toutes sortes de ~s.

K

kilo(gramme) m *Kilo(gramm)*
grossir de, **prendre** ... ~s ... *Kilo zunehmen:* Pendant mon séjour à Marseille, j'ai grossi de cinq ~s.

kilomètre m *Kilometer*
dévorer, (F) **bouffer** des ~s, du ~ *Kilometer fressen, herunterspulen:* Lorsque j'étais représentant de commerce, j'ai dû dévorer des ~s. / **faire** ... ~s ... *Kilometer laufen, gehen, fahren, zurücklegen:* Nous avons fait mille deux cents ~s en une journée. / **faire** ... ~s à l'heure *mit* ... *(Stunden)Kilometer fahren:* Entre Milan et Florence, nous avons fait en moyenne quatre-vingts ~s à l'heure.

klaxon m *Hupe*
actionner le ~; **donner**, **envoyer**, (F) **balancer** un coup de ~ *die Hupe betätigen; hupen:* Les deux commères restaient plantées au milieu de la rue; Julien, furieux, donna un coup de ~.

knock-out m *K.o.*
battre par ~ *durch K.o. besiegen:* Sammy Louis a été battu par ~ au troisième round.

L

lacune f *Lücke*
grave ~ *(fig) große Lücke* **combler**, **remplir** une ~ *eine Lücke schließen, füllen:* Aidez-moi à combler cette ~ dans mes souvenirs.

laideur f *Häßlichkeit*
~ **affreuse**, **épouvantable**, **monstrueuse**, **repoussante**, **répugnante** *abstoßende Häßlichkeit*

laisse f *Leine*
tenir en ~ *an der Leine führen, halten:* Vous êtes obligé de tenir votre chien en ~ dans le parc. / **tirer** sur sa ~ *an der Leine ziehen, zerren:* Le chien tira fortement sur sa ~.

laissez-passer m *Passierschein*
délivrer un ~ *einen Passierschein ausstellen:* Il s'était fait délivrer un ~ pour pouvoir se rendre librement dans la zone non occupée.

lait m *Milch*
~ **bourru** *kuhwarme Milch* / ~ **caillé** *dicke Milch; gestandene Milch* / ~ **concentré, condensé** *Kondensmilch* / ~ **écrémé** *Magermilch*;

lambeau 166

entrahmte Milch / ~ **entier** *Vollmilch* / ~ **frais** *Frischmilch* / ~ **tourné** *geronnene Milch* le ~ (se) **caille** *Milch wird dick, gerinnt, wird sauer:* Par cette chaleur, le ~ caille vite. / **couper, mouiller** le ~ *Milch mit Wasser verdünnen:* Il est défendu de couper le ~ pour la vente. / le ~ **déborde** *Milch geht, kocht über:* Maman, le ~ déborde! / le ~ **monte** *Milch steigt (im Topf):* Dès que le ~ montera, éteinds le gaz.

lambeau m *Fetzen*
mettre en ~x *zerfetzen; in Fetzen reißen:* Pas possible que tu aies mis en ~x ton pantalon neuf. / **tomber,** s'en **aller, partir** en ~x *in Fetzen gehen:* Le manuel de latin de Dominique commence à s'en aller en ~x.

lame[1] f *Klinge*
~ **acérée, tranchante** *scharfe Klinge* / ~ **affilée** *scharf geschliffene Klinge* / ~ **ébréchée** *schartige Klinge* / ~ **émoussée** *stumpfe Klinge* **aiguiser, affûter** une ~ *eine Klinge schleifen, schärfen:* Le chasseur avait soigneusement affûté la ~ de son couteau. / la ~ s'**ébrèche** *die Klinge wird schartig:* Ce couteau n'est plus bon à rien; la ~ s'est ébréchée. / la ~ s'**émousse** *die Klinge wird stumpf:* Il faudra faire aiguiser les couteaux, les ~s sont émoussées.

lame[2] f *Welle*
une ~ **déferle,** se **brise** (sur qc) *eine Welle bricht sich (an etw):* Les ~s déferlaient avec fracas sur les rochers au pied de la falaise.

lampe f *Lampe*
allumer une ~ *eine Lampe anmachen:* Faut-il allumer les ~s? / **brancher** une ~ *eine Lampe anschließen:* J'ai branché la ~ sur la prise du salon. / **éteindre** une ~ *eine Lampe löschen:* N'oubliez pas d'éteindre la ~ avant d'aller au lit.

langage m *Sprache, Sprechweise*
~ **châtié** *gepflegte Sprache* / ~ **choisi** *gewählte Sprache* / ~ **clair** *offene Sprache; Klartext* / ~ **courant, familier** *Umgangssprache; übliche Sprechweise* / ~ **cru** *derbe Ausdrucksweise* / ~ **ésotérique, hermétique** *schwerverständliche Sprache; nicht allgemeinverständliche Sprache* / ~ **imagé** *bilderreiche Sprache* / ~ **inintelligible, obscur** *unverständliche Sprache* / ~ **technique** *Fachsprache*
changer de ~ *einen anderen Ton anschlagen:* Si vous n'obéissez pas, je serai obligé de changer de ~. / **surveiller** son ~ *auf seine Ausdrucksweise achten:* J'espère que vous surveillerez votre ~ à l'avenir. / **tenir** un ~ (+ *adj*) à qn *j-m* (+ *adv*) *kommen:* Il m'a tenu un ~ extrêmement flatteur.

langue[1] f *Zunge*
~ **blanche, chargée, pâteuse** *belegte Zunge* / **mauvaise** ~ (*fig*) *böse Zunge; Lästerzunge* **claquer** de la ~ *mit der Zunge schnalzen:* Lorsqu'elle a vu ce bon gâteau, elle a claqué de la ~. / **délier** la ~ à qn *j-m die Zunge lösen; j-n zum Sprechen bringen:* Le vin lui avait délié la ~. / la ~ s'**empâte** *man bekommt eine schwere Zunge:* Après trois verres de cognac, sa ~ a commencé à s'empâter. / sa ~ a **fourché** *er hat sich versprochen, verhaspelt:* Elle n'a certainement pas voulu dire cette bêtise. Je suis sûr que sa ~ a fourché. / se **mordre** la ~ *sich auf die Zunge beißen (versehentlich oder um etw nicht zu sagen):* Il était sur le point de trahir le secret; heureusement, au dernier moment, il s'est mordu la ~. / **piquer** la ~ *auf der Zunge brennen, beißen:* Ce piment vert pique la ~. / **tenir** sa ~ *seine Zunge im Zaum halten:* Je vous recommande de tenir votre ~. / **tirer** la ~ *die Zunge herausstrecken* (à qn *j-m*); (*beim Arzt*) *die Zunge zeigen;* (*Hund*) *die Zunge heraushängen lassen:* Votre fils m'a tiré la ~ dans la rue.

langue[2] f *Sprache*
~ **ancienne, morte** *alte, tote Sprache* / ~ **courante** *allgemeiner Sprachgebrauch* / ~ **écrite, littéraire** *Schriftsprache* / ~ **étrangère** *Fremdsprache* / ~ **internationale, universelle** *Weltsprache* / ~ **maternelle** *Muttersprache* / ~s **modernes** *neuere Sprachen* / ~ **nationale** *Landessprache* / ~ **officielle** *Amtssprache* / ~ **parlée** *gesprochene Sprache* / ~ **populaire, vulgaire** *Volkssprache* / ~ **savante** *Gelehrtensprache* / ~ **vivante** *lebende Sprache*
une ~ s'**appauvrit** *eine Sprache verarmt:* Ne faut-il pas craindre qu'à notre époque, où la majorité des gens ne lit presque plus, la ~ s'appauvrisse? / **écorcher** une ~ *in einer Sprache radebrechen; eine Sprache vergewaltigen:* Il parle français si on peut dire, il écorche la ~ sans arrêt. / **enrichir** la ~ *die Sprache bereichern:* De nombreux emprunts aux ~s étrangères ont enrichi notre ~ au cours des siècles. / **épurer** la ~ *die Sprache reinigen:* Les grammairiens du XVIIe siècle s'étaient fixé comme objectif d'épurer la ~ française. / **étudier, apprendre** une ~ *eine Sprache (er)lernen:* J'aimerais étudier une ~ étrangère, mais je n'ai pas le temps de le faire. / **manier** la ~ *die Sprache handhaben:* Cet auteur manie la ~ avec une virtuosité extraordinaire. / **posséder** une ~ *eine Sprache beherrschen:* Mon chef possède trois ~s.

lard m *Speck*
faire du ~ (F) *Speck ansetzen:* J'avais espéré perdre quelques kilos à l'hôpital, mais au contraire, j'ai fait du ~.

large m *offenes Meer*
gagner, prendre le ~ *auf das offene Meer hinausfahren:* Le «Mexico» mit ses moteurs en marche et prit le ~.

larme f *Träne*
~s **amères** *bittere Tränen* / **pleurer** à **chaudes**

~s heiße, bittere Tränen vergießen / avoir la ~ facile *nahe ans Wasser gebaut haben* / **grosses** ~s *dicke Tränen*
arracher, tirer des ~s à qn *j-n zu Tränen rühren:* Ce spectacle nous a arraché des ~s. / **arroser, baigner, inonder** qc de ses ~s *etw mit seinen Tränen (be)netzen:* Elle arrosait de ses ~s la photo du défunt. / elle **avait** les ~s aux yeux *Tränen standen ihr in den Augen:* Elle était debout devant moi et avait les ~s aux yeux. / (s')**écraser** une ~ (au coin de l'œil) *eine Träne zerdrücken:* Jean-Paul s'écrasa une ~ au coin de l'œil, se moucha et se remit au travail. / **essuyer** ses ~s *seine Tränen abwischen:* Allons, essuie tes ~s et montre-toi raisonnable! / **être** (tout) en ~s *in Tränen aufgelöst sein:* Pauvre Marie-Claire, elle est tout en ~s. / **fondre** en ~s *in Tränen zerfließen:* À la vue de son chat écrasé, la jeune fille fondit en ~s. / les ~s **inondent** son visage *Tränen laufen ihm, ihr über das Gesicht:* Elle était assise droite sur sa chaise et les ~s inondaient son visage. / les yeux se **remplissent** de ~s *die Augen füllen sich mit Tränen:* Elle le regardait sans rien dire et, tout à coup, ses yeux se remplirent de ~s. / **rentrer, retenir, refouler** ses ~s *seine Tränen zurückhalten, unterdrücken:* Le gamin a rentré ses ~s et s'est enfui sans un mot. / **rire** aux ~s *Tränen lachen:* Yves-Claude tomba par terre et son copain en rit aux ~s. / des ~ **roulaient, coulaient** le long de ses joues *Tränen liefen, kullerten über seine, ihre Backen, Wangen:* Elle se laissa crouler sur une chaise et des ~s se mirent à rouler sur ses joues. / **sécher, essuyer** les ~s de qn *j-s Tränen trocknen:* Donnez-lui un billet de mille francs, ça va sécher ses ~s. / **verser, répandre** des ~s *Tränen vergießen:* Lorsque Jean fut pour la première fois séparé de sa mère, il versait des ~s chaque soir. / faire **venir, mettre** les ~s aux yeux de qn *j-m Tränen in die Augen treiben (bes. fig.):* Au fur et à mesure qu'il parlait, l'évocation de ses vieux souvenirs lui mettait les ~s aux yeux.

laurier m *Lorbeer*
couronner qn de ~s *j-n mit Lorbeer bekränzen:* Le meilleur poète, le meilleur chanteur furent couronnés de ~s. / se **couvrir** de ~s; **cueillir, moissonner** des ~s (fig) *Lorbeeren ernten:* Si vous arrivez à résoudre ce problème-là, vous vous couvrirez de ~s. / s'**endormir, se reposer** sur ses ~s (fig) *sich auf seinen Lorbeeren ausruhen:* Mon fils, ne t'endors pas sur tes ~s.

leçon[1] f *Lektion, (Unterrichts)Stunde*
~ **particulière** *Privatstunde, Nachhilfestunde*
apprendre sa ~ *seine Lektion lernen:* Si tu n'apprends pas bien ta ~, tu auras une mauvaise note! / **dire, réciter** sa ~ *seine Lektion hersagen, aufsagen:* Claude sait toujours réciter sa ~, mais il ne réfléchit pas à ce qu'il raconte. / **faire réciter** ses ~s à qn *j-n abfragen (zu Hause):* Sa mère lui fait réciter ses ~s tous les soirs dans l'espoir que ses notes s'amélioreront un peu. / **donner** des ~s à qn *j-m Stunden geben, Unterricht erteilen:* Madame Vaccara donne des ~s à mon fils. / **prendre** des ~s avec qn *bei j-m Stunden, Unterricht nehmen:* Ma fille prend des ~s avec Maestro Liviani. / **savoir** sa ~ *seine Lektion können:* Éric Daneau, tu ne sais pas ta ~!

leçon[2] f *Lehre, Denkzettel*
une **bonne** ~ *eine heilsame Lehre* / de **sages** ~s *weise Lehren*
dégager, tirer la ~ de qc *aus etw eine Lehre ziehen:* J'espère que vous allez dégager la ~ de votre échec. / **donner, infliger, administrer** une ~ à qn *j-m eine Lehre erteilen, einen Denkzettel verpassen:* S'il continue, je vais lui donner une ~ qu'il n'oubliera pas de si tôt. / cela lui **donnera** une **bonne** ~; il se **souviendra** de la ~ *das wird ihm eine Lehre sein:* Jean n'aura pas d'argent de poche cette semaine. Cela lui donnera une bonne ~. / **recevoir** une **sérieuse, sévère** ~ *einen Denkzettel (verpaßt) bekommen:* Elle a reçu une sévère ~.

lecteur m *Leser*
~ **assidu** (d'un journal, etc.) *eifriger Leser* / ~ **attentif** *aufmerksamer Leser* / ~ **averti** *sachkundiger Leser*

lecture f *Lektüre*
~ **assommante, fastidieuse** *langweilige Lektüre* / ~ **édifiante** *Erbauungslektüre* / ~ **favorite** *Lieblingslektüre* / ~ **frivole** *oberflächliche, leichte, seichte Lektüre* / ~ **indigeste** *unverdauliche Lektüre* / de **mauvaises** ~s *schlechte Lektüre* / ~ **prenante** *spannende Lektüre* / faire une ~ **rapide** de qc *etw überfliegen* / ~ **récréative** *Unterhaltungslektüre*
aimer la ~ *gern lesen:* Est-ce que vous aimez la ~? / **donner, faire** (la) ~ de qc *etw verlesen:* Le notaire donnera ~ du contrat. / **entamer** la ~ d'un livre *ein Buch zu lesen beginnen, anfangen:* J'avais entamé la ~ d'un roman policier lorsque Madame Vannier a téléphoné. / **faire** la ~ à qn *j-m vorlesen:* Vous n'aurez qu'à me faire la ~ entre six heures et huit heures du soir. / être **plongé, absorbé** dans la ~ *in die Lektüre versunken sein:* Quand il est plongé dans la ~, le monde entier n'existe plus pour lui.

légalité f *Legalität*
sortir de (**rester** dans) la ~ *den Boden der Legalität verlassen (auf dem Boden der Legalität bleiben):* Vous êtes libre de faire ce que bon vous semble tant que vous ne sortez pas de la ~.

légende f *Legende*
entrer dans la ~ *zur Legende werden:* L'auteur

Légion
de cette œuvre est, de son vivant déjà, entré dans la ~.

Légion (étrangère) f *Fremdenlegion*
s'engager, entrer à la ~ *in die Fremdenlegion gehen, eintreten:* Après la Deuxième Guerre mondiale, beaucoup de jeunes Allemands se sont engagés à la Légion étrangère.

Légion (d'honneur) f *Ehrenlegion*
avoir la ~; **être décoré** de la ~ *mit dem Band der Ehrenlegion ausgezeichnet sein:* C'est un monsieur décoré de la Légion d'honneur qui a fait le discours d'inauguration. / **recevoir** la ~ *das Band der Ehrenlegion verliehen bekommen, erhalten:* Le rêve de toute sa vie, c'était de recevoir la Légion.

légitimité f *Rechtmäßigkeit*
contester, mettre en doute la ~ *die Rechtmäßigkeit anzweifeln:* Je ne veux pas mettre en doute la ~ de vos revendications, mais il me semble difficile de les satisfaire.

légumes mpl *Gemüse*
cultiver des ~ *Gemüse anbauen, pflanzen:* Autrefois, j'ai cultivé des ~ dans mon jardin. Aujourd'hui, ce sont des fleurs. / **éplucher, nettoyer** les ~ *Gemüse putzen:* Je n'ai pas encore épluché les ~ pour le déjeuner. / **garnir** qc de ~ *etw mit Gemüse garnieren:* La viande était bien garnie de ~.

lendemain m *folgender Tag*
remettre qc au ~ *etw auf den nächsten Tag verschieben:* L'opération de ma femme avait été remise au ~. / **songer, penser** au ~ *an morgen, später denken:* Il vit au jour le jour, sans songer au ~, mais il est encore si jeune!

lest m *Ballast*
lâcher, jeter du ~ *Ballast abwerfen (auch fig):* Le deuxième jour des négociations, nous avons dû lâcher du ~. / **prendre** du ~ *Ballast aufnehmen:* Le voilier a dû prendre du ~ pour assurer la stabilité dans les tempêtes auxquelles on s'attendait.

léthargie f *Teilnahmslosigkeit*
arracher qn à, **tirer** qn de sa ~ *j-n aus seiner Teilnahmslosigkeit aufrütteln, aus seiner Lethargie reißen:* Le discours de René Planson arracha Claude Bitelli à sa ~. / **sortir, s'éveiller** de sa ~ *aus seiner Teilnahmslosigkeit erwachen:* Lorsqu'elle a reçu votre lettre, elle est sortie de sa ~. / **tomber** en ~ *in Teilnahmslosigkeit verfallen:* Au fur et à mesure qu'il avançait en âge, il tombait en ~.

lettre[1] f *Brief*
~ **anonyme** *anonymer Brief* | ~ **brûlante, enflammée** *glühender Liebesbrief* | ~ **dactylographiée** *maschinengeschriebener Brief* | ~ **manuscrite** *handgeschriebener Brief* | ~ **ouverte** *offener Brief* | ~ **recommandée** *Einschreibebrief*
adresser une ~ à qn *an j-n einen Brief richten:* Adressez toutes vos ~s à Mademoiselle Yolande. / **affranchir** une ~ *einen Brief freimachen, frankieren:* Avez-vous déjà affranchi toutes les ~s? / une ~ **arrive** *ein Brief trifft ein:* Votre ~ n'est pas encore arrivée. / **cacheter** une ~ *einen Brief versiegeln, (auch) zukleben, verschließen:* Le maréchal cacheta la ~ et la rendit au capitaine Lavallière. / des ~s **se croisent** *Briefe kreuzen sich:* Nous nous sommes écrit le même jour, donc nos ~s se sont croisées. / **décacheter, ouvrir** une ~ *einen Brief aufmachen, öffnen:* Elle hésitait à décacheter la ~. / **distribuer** les ~s *die Briefe austragen, zustellen:* Samedi, on ne distribuera plus que les ~s envoyées par exprès. / **échanger** des ~s *Briefe wechseln:* Nous avons échangé quelques ~s, puis nos relations en sont restées là. / **envoyer, expédier** une ~ *einen Brief schicken, aufgeben:* Il faut expédier la ~ aujourd'hui même. / **joindre** qc à une ~ *etw einem Brief beifügen:* Nous joignons à cette ~ un chèque d'un montant de mille francs. / **porter, distribuer** des ~s *Briefe austragen:* Le facteur est très lent à porter les ~s. / **poster** une ~ *Brief zur Post bringen, einstecken, einwerfen:* Je vais vite poster cette ~, elle est urgente. / **rédiger** une ~ *einen Brief abfassen:* Mademoiselle Lardois tape bien à la machine, mais elle ne sait pas rédiger une ~ convenablement. / **renvoyer, retourner** une ~ *einen Brief zurückschicken, -senden:* Figure-toi, la ~ que j'avais envoyée à mon propriétaire, il me l'a retournée sans l'ouvrir! / **répondre** à une ~ *einen Brief beantworten:* Je n'ai pas encore eu le temps de répondre à votre ~. / faire **suivre** une ~ *einen Brief nachsenden:* Faut-il te faire suivre la ~ de Jacques? / **timbrer** une ~ *einen Brief frankieren:* Tu as oublié de timbrer la ~.

lettre[2] f *Buchstabe*
~ **finale** *Endbuchstabe* | ~ **initiale** *Anfangsbuchstabe* | ~ **majuscule** *Großbuchstabe* | ~ **minuscule** *Kleinbuchstabe*

lettres de créance fpl *Beglaubigungsschreiben*
présenter ses ~ *sein Beglaubigungsschreiben überreichen:* L'ambassadeur chinois a présenté hier ses ~ au président de la République.

levier m *Hebel*
appuyer sur un ~ *einen Hebel niederdrücken:* Pour ouvrir la porte, il suffit d'appuyer fortement sur le grand ~. / **être** aux ~s de commande *(fig) an den Schalthebeln der Macht sitzen:* Depuis 15 ans que cet homme est aux ~s de commande de la nation, celle-ci a connu de grandes mutations. / **faire** ~ *als Hebel dienen:* J'ai appuyé sur le manche de la pelle qui a fait ~, et cela a permis de déplacer la pierre.

lèvre f *Lippe*
~s **charnues** *volle Lippen* | ~s **crevassées**,

gercées *aufgesprungene Lippen* | ~s bien **dessinées,** bien **ourlées** *schön geschwungene, wohlgeformte Lippen* | ~s **épaisses** *volle, wulstige Lippen* | ~s **exsangues** *blutleere Lippen* | ~s **fines, minces** *schmale Lippen* | ~s **lippues** *sehr wulstige Lippen* | ~ **pendante** *Hängelippe* | ~s **rentrées** *eingekniffene Lippen* | ~s **retroussées** *aufgeworfene Lippen* | ~s **serrées, pincées** *zusammengekniffene Lippen* | ~s **vermeilles** *rote Lippen*
appuyer, poser ses ~s sur ... *seine Lippen drücken auf ...*: La mère appuya tendrement ses ~s sur le front de sa fille. / ses ~s **bleuissent** *er bekommt blaue Lippen*: Le froid le pénétra de toute part et ses ~s bleuirent. / ne pas **desserrer** les ~s *(fig) den Mund nicht aufmachen*: Il n'a pas desserré les ~s de tout l'après-midi. / **effleurer** qc des ~s *etw leicht mit den Lippen berühren*: Il prit sa main qu'il effleura de ses ~s. / **humecter** les ~s de qn *j-s Lippen befeuchten*: L'infirmière humectait de temps à autre les ~s de la malade. / **lire** sur les ~s *von den Lippen ablesen*: Maurice lit sur les ~s de sa fiancée tous les désirs qu'elle a. / se **mordre** les ~s *sich auf die Lippen beißen*: Je devais me mordre les ~s pour m'empêcher de rire. / **pincer** les ~s *die Lippen zusammenkneifen*: Mademoiselle de Lavallière le regardait en pinçant dédaigneusement les ~s. / **porter** qc aux ~s *etw zum Munde führen*: Il porta prudemment le verre à ses ~s et prit une goutte du liquide jaunâtre. / **remuer** les ~s *die Lippen bewegen*: Le malade remua faiblement les ~s, mais aucun son n'en sortit. / **serrer** les ~s *die Lippen zusammen-, aufeinanderpressen*: Furieux, il serra les ~s et ne dit plus rien. / être **suspendu** aux ~s de qn *(fig) an j-s Lippen hängen*: L'auditoire, fasciné, était suspendu aux ~s du conférencier. / **tendre** les ~s *den Mund hinstrecken*: Elle lui tendit les ~s pour un bref baiser. / **tremper** les ~s dans qc *an etw nippen*: Il prit son verre, y trempa les ~s et le reposa avec une grimace. / qc **vient** aux ~s de qn *etw kommt über j-s Lippen*: Ce mot ne me viendra jamais aux ~s.

liaison f *Verbindung*
~ **aérienne** *Flugverbindung* | ~ **ferroviaire** *Eisenbahnverbindung* | ~ **maritime** *Schiffsverbindung* | ~ **postale** *Postverbindung* | ~ **radio** *Funkverbindung* | ~ **routière** *Straßenverbindung* | ~ **téléphonique** *Telefonverbindung*
établir une ~ *eine Verbindung herstellen*: Notre envoyé spécial n'a malheureusement pas réussi à établir une ~ téléphonique depuis le lieu de la catastrophe. / **être** en ~ avec qn *mit j-m in Verbindung stehen*: Nous sommes en ~ avec votre bureau londonien. / **rétablir** les ~s *die Verbindungen wiederherstellen*: Les ~s téléphoniques interrompues à cause du cyclone ont pu être rétablies presque partout. / **rompre** une ~ *eine Verbindung lösen*: Jean a heureusement rompu sa ~ avec Juliette. / se **tenir, rester** en ~ avec ... *in Verbindung bleiben mit ...*: L'avant-garde a en vain essayé de rester en ~ avec l'état-major. / **travailler** en ~ étroite avec qn *mit j-m eng zusammenarbeiten*: Notre service travaille en ~ étroite avec le département «recherches» des Établissements Cédinal.

liberté f *Freiheit*
~ **individuelle** *persönliche Freiheit* | ~ **religieuse** *Glaubens-, Religionsfreiheit*
aliéner, sacrifier sa ~ *seine Freiheit aufgeben, opfern*: Malheureux, vous voulez vous marier, aliéner votre ~! / **laisser une** grande ~ à qn *j-m große Freiheit(en) lassen*: Je trouve que ma sœur laisse une trop grande ~ à ses enfants. / **laisser** qn en ~ *j-n auf freien Fuß setzen*: Les policiers ont entendu Jean-Marie Loiseau qui, malgré les charges pesant sur lui, a été laissé en ~ provisoire. / **prendre** la ~ de ... *sich die Freiheit nehmen zu ...*: J'ai pris la ~ d'écrire à votre supérieur. / **prendre des** ~s avec qn *sich j-m gegenüber Freiheiten herausnehmen*: Monsieur Taines commence à prendre avec nous des ~s qu'à la longue, nous ne pourrons pas accepter. / **priver** qn de sa ~ *j-n seiner Freiheit berauben*: Les dirigeants n'ont pas hésité à priver les dissidents de leur ~. / **recouvrer** la ~ *in die Freiheit gelangen*: Après vingt ans de captivité, il n'espérait plus recouvrer un jour la ~. / **remettre** qn en ~; **rendre** la ~ à qn *j-n freilassen, in die Freiheit entlassen*: À l'occasion du cinquantième anniversaire du président, une centaine de détenus ont été remis en ~. / **reprendre** sa ~ *wieder ein freier Mensch werden (nach einer festen Bindung)*: Gilberte devenait insupportable. J'ai repris ma ~.

licence[1] f *Lizenz*
concéder, accorder une ~ à qn *an j-n eine Lizenz vergeben*: La maison Dowling a concédé une ~ aux Établissements SATO. / **prendre** une ~ *eine Lizenz nehmen*: Nous devons absolument prendre la ~ de la firme italienne.

licence[2] f *Freiheit*
~ **poétique** *dichterische Freiheit*
prendre, se permettre des ~s *sich Freiheiten herausnehmen*: Ne trouvez-vous pas que, depuis quelque temps, Grandbois se permet des ~s excessives envers ses collègues?

lien m *Band, Bindung*
~ **conjugal** *Band der Ehe* | ~s **étroits** *enge Bande; enge Bindungen* | ~s **indissolubles** *unlösbare Bande* | ~s **solides** *feste Bindungen; feste Bande*
créer des ~s *verbinden*: Courir côte à côte les mêmes dangers, cela crée des ~s. / les ~s se

lierre

desserrent, se **relâchent** *die Bindung löst sich:* Peu à peu, les ~s qui l'unissaient à la famille s'étaient desserrés. / **nouer** des ~s étroits avec qn *eine enge Bindung mit j-m eingehen:* Pendant son séjour au Mexique, Boris Javelot a noué des ~s étroits avec la belle Américaine. / **resserrer** les ~s *die Bande enger knüpfen:* Cette rencontre nous a permis de resserrer nos ~s d'amitié. / **trancher, couper** les ~s *alle Brücken (hinter sich) abbrechen:* Il était parti pour l'Afrique noire, espérant ainsi couper tous les ~s qui l'attachaient à sa famille.

lierre m *Efeu*

le ~ s'**entrelace** (autour de) *der Efeu rankt sich (um):* Des ~s s'entrelacent autour des colonnes qui bordent l'entrée du vieux château.

lieu[1] m *Ort*

~ **isolé** *abgelegener Ort* / ~ **public** *der Öffentlichkeit zugänglicher Ort* / en ~ **sûr** *an einem sicheren Ort:* mettre en ~ sûr *(an einen sicheren Ort bringen)* se **rendre** sur les ~x *sich an Ort und Stelle begeben:* Monsieur le juge se rendra sur les ~x pour se faire une image de la situation.

lieu[2] m *Grund, Anlaß*

avoir (tout) ~ de ... *(allen) Grund haben zu ...:* Elle a ~ de se féliciter de son succès. / il **y a** ~ de ... *es besteht Grund zu ...:* Il n'y a pas ~ de se fâcher. / **donner** ~ à qc *Anlaß geben zu etw:* Son discours a donné ~ à diverses critiques.

ligne[1] f *Linie, Zeile*

~ **aérodynamique** *Stromlinie(nform)* / ~ **discontinue** *gestrichelte Linie* / ~ **droite** *gerader Strich; gerade Linie* / ~ **ondulée** *Wellenlinie* / ~ **pointillée** *punktierte Linie* / ~ **sinueuse** *Schlangenlinie*
aller à la ~ *eine neue Zeile anfangen:* Voulez-vous que j'aille à la ~ pour marquer le début d'une nouvelle idée? / s'**écarter, dévier** d'une ~ *von einer Linie abweichen (bes. pol):* De plus en plus d'adhérents commencent à s'écarter de la ~ du parti. / deux ~s s'**entrecoupent,** se **croisent,** s'**entrecroisent** *zwei Linien schneiden sich:* Les deux ~s s'entrecoupent dans la partie supérieure du graphique. / **lire** les ~s de la main *aus der Hand lesen:* Ma tante a la manie de vouloir lire à tout le monde les ~s de la main. / **mordre** sur la ~ *(Sport) übertreten; (Verkehr) über die weiße Linie fahren:* Les sauteurs en longueur ont des difficultés, parce que le vent change à tout moment. Il y en a beaucoup qui mordent sur la ~. / **passer, franchir** une ~ *eine Linie passieren, überschreiten:* Il est défendu aux élèves de passer cette ~ qui marque les limites du terrain. / **rentrer** une ~ *eine Zeile einrücken:* Il faudrait rentrer la première ~. / **suivre** une ~ *eine Linie verfolgen:* Quand il s'est fixé une ~ de conduite, il la suit sans en dévier d'un pouce. / **tracer, tirer** une ~ *einen Strich, eine Linie ziehen:* Tracez une ~ horizontale à deux centimètres du bord supérieur.

ligne[2] f *Reihe*

mettre en ~ *in einer Reihe aufstellen:* L'enfant mettait en ~ toutes les noix qu'il trouvait sous le noyer. / **ranger** sur deux ~s *in Zweierreihen aufstellen (lassen):* Monsieur Lavel, rangez les candidats sur deux ~s, s'il vous plaît.

ligne[3] f *Linie (Ahnenreihe)*

~ **ascendante** *aufsteigende Linie* / ~ **collatérale** *Seitenlinie* / ~ **descendante** *absteigende Linie* / ~ **directe; droite** ~ *direkte, gerade Linie* **descendre** en ~ directe de qn *in gerader Linie von j-m abstammen:* On dit que le nouveau directeur descend en ~ directe des ducs de Villiers.

ligne (téléphonique) f *(Telefon)Leitung*

il **y a** qn sur la ~ *jemand ist in der Leitung:* Je vous entends mal, j'ai l'impression qu'il y a quelqu'un sur la ligne. / **couper** la ~ *die Telefonleitung unterbrechen:* L'ouragan de la nuit dernière a coupé toutes les lignes téléphoniques de la région. / **être** en ~ *verbunden sein:* Monsieur Barbier? Parlez! Vous êtes en ligne.

ligne d'arrivée f *Ziellinie*

franchir la ~ *durchs Ziel gehen; die Ziellinie passieren:* C'est Marcel Faillot qui a franchi la ~ le premier, suivi de l'Espagnol Casero.

ligne de chemin de fer f *Eisenbahnstrecke*

désaffecter une ~ *eine Eisenbahnstrecke stillegen:* Je crains que les petites lignes de chemin de fer ne soient désaffectées d'ici la fin de la décennie.

limite f *Grenze (fig)*

dernière ~ *letzter, äußerster Termin* / **extrême** ~ *äußerste Grenze* / ~ **maximale** *Höchstgrenze; oberste Grenze* / ~ **minimale** *unterste Grenze*
assigner, fixer des ~s à qc *einer Sache Grenzen setzen:* Nous assignerons des ~s à son égoïsme. / **franchir, dépasser** une ~ *eine Grenze überschreiten:* Ce roman dépasse les ~s du bon goût. / **reculer, étendre** les ~s *die Grenzen hinausschieben, erweitern:* La nouvelle sonde lancée dans l'espace reculera encore les ~s de l'univers exploré.

limite d'âge f *Altersgrenze*

être **atteint** par la ~; **atteindre** la ~ *die Altersgrenze erreichen:* Maintenant, il a été atteint par la ~ et doit prendre sa retraite.

linge m *Wäsche*

dépendre le ~ *die Wäsche abnehmen:* Je vais vite dépendre le ~ avant qu'il ne pleuve. / faire **égoutter** le ~ *die Wäsche abtropfen lassen:* Suspends le ~ au-dessus de la baignoire pour le faire égoutter. / **essorer** le ~ *die Wäsche schleudern:* C'est surtout quand on l'essore que le ~ s'abîme. / **étaler** le ~ *die Wäsche* *ausbreiten:* De temps en temps, en été, j'étale le ~ dans l'herbe. Cela lui donne une bonne odeur naturelle. / **étendre** le ~ *die Wäsche aufhängen:* Tu as déjà étendu le ~, Michèle? / **marquer** le ~ *die Wäsche (kenn)zeichnen:* Quand Louis est parti en pension, il a fallu marquer tout son ~. / faire **tremper** le ~ *die Wäsche einweichen:* Le ~ était si sale qu'il a fallu le faire tremper toute la nuit avant de le laver.

lion m *Löwe*
le ~ **rugit** *der Löwe brüllt:* Le troisième jour de notre safari, nous avons entendu rugir des ~s non loin de notre caravane.

liquide m *Flüssigkeit*
~ **épais** *dick(flüssig)e Flüssigkeit* / ~ **fluide** *dünn(flüssig)e Flüssigkeit* / ~ **visqueux** *zäh(flüssig)e Flüssigkeit*

liste f *Liste*
~ **alphabétique** *alphabetische Liste* / ~ **électorale** *Wählerliste* / ~ **exhaustive** *erschöpfende Aufzählung* / ~ **nominative** *Namensliste* la ~ s'**allonge** *die Liste wird länger:* La ~ des candidats à la présidence de la République s'allonge de jour en jour. / **clore** une ~ *eine Liste schließen:* Les ~s d'inscription seront closes le 31 du mois. / **dresser, établir** une ~ *eine Liste erstellen:* Quoi, vous n'avez toujours pas dressé la ~ que je vous ai demandée? / **faire** la ~ des absents *die Abwesenden notieren:* Vous ferez entre-temps la ~ des absents. / **fermer** une ~ *eine Liste abschließen; auf einer Liste ganz unten stehen:* C'est le nom du professeur Zyklas qui ferme la ~. / **figurer, être** sur une ~ *auf einer Liste stehen:* Votre nom n'est pas sur la ~. / **faire figurer, inscrire** qc sur une ~ *etw auf eine Liste setzen, in eine Liste eintragen:* Faites figurer vos désirs sur cette ~-là. / **ouvrir** une ~ *eine Liste eröffnen; auf einer Liste ganz oben stehen:* Il a eu le courage d'ouvrir la ~ des signatures par son nom. / **porter** qn sur une ~ *j-n in eine Liste eintragen, aufnehmen:* Est-ce que vous m'avez porté sur la ~? / **rayer, radier** d'une ~ *von einer Liste streichen:* Il a demandé que son nom soit radié de la ~.

lit[1] m *Bett*
~ **défait** *unordentliches, nicht gemachtes, zerwühltes Bett* / ~ **douillet** *molliges, weiches Bett* / **grand** ~ *französisches (Doppel)Bett* / ~s **jumeaux** *Doppelbett, Ehebett* / ~ **mou** *zu weiches Bett*
aller, se **mettre** au ~ *zu, ins Bett gehen:* Où est Paul? – Il est déjà allé au ~. / s'**arracher,** se **tirer** de son ~ *mühsam aufstehen:* Le lundi, il s'arrache de son ~, ne prend qu'une tasse de café et se lance dans la circulation. / **chauffer, bassiner** un ~ *ein Bett (vor)wärmen:* Chez ma grand-mère, comme les chambres n'étaient pas chauffées, on bassinait les ~s tous les soirs. / **clouer, retenir** qn au ~ *j-n ans Bett fesseln:* La grippe l'a cloué au ~ pendant une semaine entière. / **défaire** le ~ *das Bett abziehen:* Marianne, peux-tu m'aider à défaire les ~s? / s'**étendre** sur son ~ *sich auf seinem Bett ausstrecken:* Le détective s'étendit sur son ~ sans se déshabiller. / **être** au ~ *im Bett liegen, sein:* Est-ce que Monique est toujours au ~? / **faire** le ~ *das Bett machen:* Je n'ai pas encore fait les ~s. / **garder** le ~ *das Bett hüten:* Le médecin m'a conseillé de garder le ~ pendant trois jours. / le ~ **gémit, craque** *das Bett knarrt:* Grand-père ne pouvait pas dormir. Toute la nuit, j'ai entendu gémir son ~. / se **glisser,** se **couler** dans le ~ *ins Bett schlüpfen:* Elle se glissa dans son ~ pour se réchauffer. / **mettre** qn au ~ *j-n zu, ins Bett bringen, schlafen legen:* Attendez, je vais mettre les enfants au ~; il ne me faudra pas plus de dix minutes. / se **prélasser** dans son ~ *es sich im Bett bequem machen:* Pendant que toi, tu te prélasses dans ton ~, les autres travaillent. / **sauter** (hors, à bas) du ~ *aus dem Bett springen:* Son réveil sonna, il sauta du ~ et fut prêt en quelques minutes. / **sortir** du ~ *aufstehen (aus dem Bett):* Tu ne veux pas sortir du ~? / **tirer, sortir** qn de son ~ (F) *j-n aus dem Bett scheuchen, jagen:* Ah, le paresseux! Je vais le tirer de son ~. / se **tourner** (et se retourner) dans son ~ *sich im Bett wälzen:* Toute la nuit, je me suis tourné dans mon ~ sans trouver le sommeil.

lit[2] m *(Fluß)Bett*
creuser son ~ *sich eingraben:* Le torrent s'est creusé un ~ profond dans les roches tendres. / **sortir** de son ~ *über die Ufer treten:* À la suite d'orages violents, les rivières sont sorties de leur ~, inondant les basses terres.

litige m *Streit(fall)*
régler un ~ *einen Streit beilegen:* Mon voisin et moi, nous avons réglé notre ~ à l'amiable.

littérature f *Literatur*
abondante ~ *umfangreiche Sekundärliteratur* / ~ **engagée** *gesellschaftskritische Literatur* / ~ **faisandée, malsaine; mauvaise** ~ *Schundliteratur* / ~ **spécialisée** *Fachliteratur*

livraison f *Lieferung*
faire ~s *ausliefern:* Jean vient d'être engagé par l'Épicerie parisienne. Il est chargé de faire les ~s. / **prendre** ~ de qc *etw in Empfang nehmen:* C'est ma secrétaire qui a pris ~ des deux étagères.

livre m *Buch*
~ **broché** *broschiertes Buch* / ~ **captivant, passionnant** *spannendes, fesselndes Buch* / ~ **cartonné** *kartoniertes Buch* / ~ **instructif** *lehrreiches Buch* / ~ **relié** *gebundenes Buch* / ~ **spécialisé** *Fachbuch*
avaler, dévorer un ~ *ein Buch verschlingen:*

lock-out

J'ai avalé ce ~ en une soirée. / **couvrir** un ~ *ein Buch einbinden:* L'institutrice a dit que nous devions couvrir tous nos ~s d'ici demain. / un ~ est **épuisé** *ein Buch ist vergriffen:* Le ~ de Lucien Manet est épuisé, mais on projette d'en faire une réédition. / **fermer** un ~ *ein Buch zuklappen, zumachen, schließen:* Fermez vos ~s et regardez le tableau. / **mettre** un ~ **au pilon** *ein Buch einstampfen:* Un des premiers actes du nouveau régime a été de faire mettre au pilon tous les ~s des auteurs interdits. / **pâlir, sécher** sur les ~s *immer über den Büchern hocken:* Philippe n'aime pas du tout le sport. Il pâlit sur les ~s du matin au soir. / **ouvrir** un ~ *ein Buch aufschlagen:* Ouvrez le ~ à la page 50. / se **plonger** dans un ~ *sich in ein Buch vertiefen:* Dès qu'elle se plonge dans un ~, elle oublie le monde autour d'elle. / **tenir** les ~s *(Buchhalter) die Bücher führen:* Il a tenu pendant 25 ans les ~s de la maison Barret.

lock-out m *Aussperrung*
décréter le ~ *die Aussperrung verkünden; aussperren:* Les patrons, exaspérés par la dureté de la grève, menacent de décréter le ~. / **lever** le ~ *die Aussperrung aufheben, beenden:* Dès la signature de l'accord entre patrons et syndicats, les patrons ont levé le ~ des deux mille ouvriers.

locution f *Redewendung*
~ **figée** *stehende, feste Redewendung* / ~ **impropre, vicieuse** *unpassender Ausdruck* / ~ **proverbiale** *sprichwörtliche Redensart*

logement m *Wohnung; siehe auch* **appartement**
~ **exigu** *sehr kleine, winzige Wohnung* / ~ **inoccupé** *leerstehende Wohnung* / ~ **spacieux** *geräumige Wohnung*

logique f *Logik*
~ **apparente, trompeuse** *scheinbare Logik* / ~ **impeccable, implacable, inflexible, irrésistible, rigoureuse** *strenge, unerbittliche, unwiderlegbare Logik*

loi f *Gesetz*
~ **coutumière** *ungeschriebenes Gesetz* / **dure** ~ *strenges Gesetz* / les ~s **établies** *die bestehenden Gesetze* / ~ **immuable** *unveränderliches Gesetz* / ~ **inexorable** *unerbittliches Gesetz* **abroger, abolir** une ~ *ein Gesetz aufheben, außer Kraft setzen, abschaffen:* Cette mesure exigerait que le Parlement abroge la ~ sur le travail temporaire. / **adopter, approuver** une ~ *ein Gesetz verabschieden:* Les délégués ont adopté la ~ à une majorité écrasante. / **amender** une ~ *ein Gesetz ändern:* L'Assemblée nationale vient d'amender la ~ sur les eaux usées. / **appliquer** une ~ *ein Gesetz anwenden:* Les autorités ont appliqué la ~ avec toute la rigueur nécessaire. / j'**ai** la ~ **pour moi** *das Gesetz steht, ist auf meiner Seite; ich habe das Gesetz auf meiner Seite:* Je suis sûr que vous avez la ~ pour vous. / se **conformer**, se **plier** à une ~ *sich einem Gesetz beugen:* Vous aussi, vous devez vous plier à la ~! / **(con)tourner** la ~ *das Gesetz umgehen:* Il a fait fortune en contournant constamment la ~. / **déroger** à une ~ *von einem Gesetz abweichen:* En aucun cas on ne pourra déroger à la ~ qui interdit de construire à l'intérieur du périmètre protégé. / la ~ **dit, stipule** que ... *im Gesetz steht, heißt es, daß ...:* La ~ dit clairement que vous avez droit à une indemnité. / **enfreindre, violer, transgresser** une ~; **contrevenir** à une ~ *gegen ein Gesetz verstoßen:* Les directeurs de la société LELEP sont accusés d'avoir enfreint la ~ depuis une dizaine d'années. / **ériger** qc en ~ *etw zum Gesetz erheben:* Il voudrait ériger chacun de ses principes en ~ générale. / **établir, découvrir** une ~ *(Wissenschaft) ein Gesetz aufstellen; eine Gesetzmäßigkeit finden:* Quel est le physicien qui a découvert la ~ de la gravitation? / la ~ **frappe** qn *das Gesetz trifft j-n:* Il faut que la ~ frappe dans toute sa rigueur les vrais coupables. / **invoquer, alléguer** une ~ *sich auf ein Gesetz berufen:* Vous pouvez invoquer la ~ sur les sociétés à l'appui de votre demande. / se **jouer** des ~s *sich über die Gesetze hinwegsetzen:* Le dictateur s'était joué des ~s et avait imposé la puissance de l'armée. / **obéir** à une ~ *einem (Natur)Gesetz unterworfen sein:* Un objet qui tombe obéit aux ~s de la pesanteur terrestre. / une ~ **passe** *ein Gesetz geht durch:* Le mois dernier, une ~ est passée, interdisant le stationnement des voitures particulières devant les hôpitaux. / **promulguer** une ~ *ein Gesetz verkünden:* La nouvelle ~ sur la protection des animaux sera promulguée en avril. / **proposer** une ~ *eine Gesetzesvorlage einbringen:* Un groupe de l'opposition vient de proposer une nouvelle ~ sur la protection de l'environnement. / une ~ **régit** qc *ein Gesetz regelt etw; etw unterliegt einem Gesetz:* La ~ de la pesanteur régit la chute d'un corps. / **respecter, observer** une ~ *ein Gesetz (be)achten, einhalten:* C'est un homme intransigeant, qui passe pour respecter scrupuleusement les ~s. / **faire respecter** la ~ *dem Gesetz Achtung verschaffen:* Notre parti, une fois arrivé au pouvoir, ferait respecter la ~. / **subir** la ~ **du plus fort** *sich dem Recht des Stärkeren beugen müssen:* Je vous avais averti que vous subiriez la ~ du plus fort. / **tomber** **sous le coup de la** ~ *unter die gesetzlichen Bestimmungen fallen:* Comme nous tombons sous le coup de la ~ sur la protection de l'environnement, nous devons fermer l'usine. / **voter** une ~ *ein Gesetz beschließen:* Le Parlement vient de voter une nouvelle ~ sur l'assainissement des villes. / **faire voter** une ~

ein Gesetz durchbringen: La majorité socialiste a fait voter une ~ contre les abus de l'alcool. / la ~ **veut** que ... *das Gesetz schreibt vor, daß ...:* La ~ veut que vous déclariez aussi les revenus réalisés à l'étranger.

loisirs mpl *Freizeit*
~ **dirigés** *organisierte Freizeit*
meubler ses ~ *seine Freizeit füllen:* Ne traîne pas comme ça, meuble tes ~ et tu verras que ça ira mieux! / **savoir meubler** ses ~ *mit seiner Freizeit etw anfangen können:* À l'école, mon fils n'est pas très appliqué, mais il sait meubler ses ~. / **occuper** ses ~ à faire qc *seine Freizeit damit verbringen, etw zu tun:* Daniel occupe ses ~ à collectionner des papillons. / **organiser, aménager** ses ~ *seine Freizeit gestalten:* Mon fils ne sait pas du tout organiser ses ~, mais je crois que c'est une question d'âge.

longueur f *Länge*
sauter en ~ *weitspringen:* Depuis mon opération, je ne peux plus sauter en ~. / **traîner** en ~ *sich in die Länge ziehen:* La restructuration de nos usines traîne en ~. / **faire traîner** qc en ~ *etw in die Länge ziehen:* Les autorités communales font traîner en ~ tous nos projets.

loques fpl *Lumpen*
tomber en ~ *in Fetzen gehen:* Nos rideaux commencent à tomber en ~.

lot m *Los*
gagner le **gros** ~ *das Große Los gewinnen,* (fig) *ziehen:* Monsieur Junot a régulièrement joué à la loterie pendant vingt ans. La semaine dernière, il a gagné le gros ~.

loterie f *Lotterie*
gagner à la ~ *in der Lotterie gewinnen:* Moi, je n'ai jamais rien gagné à la ~; d'ailleurs, je ne joue presque jamais. / **jouer** à la ~ *Lotterie spielen:* Auriez-vous pensé que Mademoiselle Lentier, qui a l'air si raisonnable, jouait toutes les semaines de fortes sommes à la ~?

louanges fpl *Lob*
~ **dithyrambiques, hyperboliques** *übertriebenes Lob* / ~ **outrées, serviles** *Lobhudelei, Speichelleckerei*
s'**attirer, recevoir** des ~ *Lob ernten:* Mon frère a reçu des ~ à la suite de son étude sur les glaciers. / **chanter, entamer, célébrer** les ~ de qn *ein Loblied auf j-n singen; j-s Lob singen:* Toute la ville chante les ~ de ce brave garçon. / **couvrir** qn de ~; ne pas **tarir** de ~ à l'égard de qn *j-n mit Lob überschütten; voll des Lobs über j-n sein:* J'ai vu hier Monsieur Tavernier. Il vous a couvert de ~. / (ne pas) **être avare** de ~; (ne pas) **économiser, ménager** les ~ (*nicht*) *mit Lob sparen:* Monsieur Astignan n'économise pas les ~ pour motiver ses collaborateurs.

loup m *Wolf*

le ~ **hurle** *der Wolf heult:* Lors de notre voyage au Canada, nous avons plusieurs fois entendu hurler les ~s autour de notre tente. / **hurler** avec les ~s (fig) *mit den Wölfen heulen:* Monsieur Jannin a obtenu ce poste parce qu'il n'a pas honte de hurler avec les ~s.

loupe f *Lupe*
regarder, examiner qc à la ~ (fig) *etw unter die Lupe nehmen:* Votre rapport sera regardé à la ~, n'en doutez pas.

loyer m *Miete*
~ **élevé; gros** ~ *hohe Miete* / ~s **exorbitants** *Mietwucher* / ~ **modéré** *mäßige, annehmbare Miete* / **petit** ~ *niedrige Miete*
augmenter le ~ *die Miete erhöhen:* Si le propriétaire nous augmente notre ~ de plus de dix pour cent, nous aurons intérêt à chercher un autre appartement. / les ~s **augmentent** *die Mieten steigen:* Au cours de l'année passée, les ~s ont augmenté de quinze pour cent. / **payer** le, son ~ *seine Miete zahlen:* As-tu pensé à payer le ~ en passant à la banque?

lueur f (*Licht*)*Schein*
~ **blafarde, pâle** *fahler Schein* / ~ **brusque, violente** *greller Schein* / ~ **crépusculaire** *Dämmerschein* / ~ **vacillante** (d'une bougie) *Flackern (einer Kerze)*
jeter une ~ *aufblitzen:* Les dents blanches de mon compagnon africain jetèrent une ~ dans la nuit sombre.

luge f *Schlitten*
faire de la ~ *Schlitten fahren; rodeln:* L'hiver prochain, nous irons en Suisse faire de la ~, veux-tu?

lumière f *Licht*
~ **artificielle** *Kunstlicht* / ~ **aveuglante, éblouissante** *blendendes Licht* / ~ **blafarde, blême, livide** *fahles Licht* / ~ **brutale, crue** *grelles Licht* / ~ **chatoyante, irisée** *irisierendes Licht* / ~ **crépusculaire** *Dämmerlicht* / ~ **diffuse, indécise** *diffuses Licht* / ~ **douce** *mildes Licht* / ~ **éclatante, étincelante** *strahlendes Licht* / **faible** ~ *fahles, schwaches Licht* / ~ **laiteuse** *milchiges Licht* / ~ **tamisée** *gedämpfte Beleuchtung* / ~ **tremblante** *flackerndes Licht* / ~ **vive** *helles, grelles Licht* / ~ **voilée** *gedämpftes* (*Tages*)*Licht*
allumer, ouvrir la ~; **faire** de la ~ *Licht machen; das Licht anmachen, anschalten:* Allumez la ~, il commence à faire nuit. / il **y a** encore de la ~ *es brennt noch Licht:* Il y a encore de la ~ chez nos voisins. / la ~ **baigne, inonde** qc *Licht fällt auf etw, überflutet etw:* La ~ du soleil couchant baignait le paysage devant moi. / une ~ **brille** *ein Licht leuchtet:* Voyez-vous briller la ~, là-bas? / **décomposer** la ~ *das Licht zerlegen:* Le prisme qui décompose la ~ fait apparaître les couleurs du spectre. / **donner** de la ~ à qn *j-m leuchten (mit einer*

lune

Taschenlampe, Kerze usw.): Monsieur Loupe m'a donné de la ~ pour que je retrouve la clé de ma voiture. / **émettre, dispenser** de la ~ *Licht aussenden, abgeben:* Ce nouveau type d'ampoule émet plus de ~ que les ampoules classiques. / la ~ **entre, pénètre** dans ... *Licht fällt in ...:* La ~ entrait dans la grange par quelques fentes entre les planches. / **éteindre, fermer** la ~ *das Licht löschen:* Vous éteindrez la ~ à huit heures trente! / la ~ **s'éteint** *das Licht geht aus:* Tout à coup, la ~ devant moi s'éteignit. / **faire** la ~; **jeter** la ~ sur une affaire (*fig*) *Licht in eine Sache bringen; eine Sache aufklären:* La déclaration du détenu n'a pas fait la ~ sur l'affaire en question. / la ~ **se fit** dans son esprit (*fig*) *ihm ging ein Licht auf:* En entendant parler la jeune femme, la ~ se fit dans l'esprit de mon cousin. / **filtrer, tamiser** la ~ *das Licht filtern:* De légers rideaux tamisaient la violente ~ du soleil de midi. / **jeter** une ~ nouvelle sur qc (*fig*) *etw in ein anderes Licht rücken:* L'appel téléphonique de cet inconnu jette une ~ nouvelle sur le crime mystérieux. / la ~ se **joue** sur qc *das Licht spiegelt auf etw:* La ~ des bougies se jouait sur les meubles cirés, y mettant de doux reflets dorés. / la ~ **perce** l'obscurité (*das*) *Licht dringt durch die Dunkelheit:* La ~ de la bougie perçait difficilement l'obscurité de la chambre. / **réfléchir** la ~ *das Licht reflektieren:* La mer, réfléchissant la ~ du soleil, offrait une surface éblouissante. / **réfracter** la ~ *das Licht brechen:* Le prisme a la propriété de réfracter la ~.

lune f *Mond*
nouvelle ~ *Neumond* / **pleine** ~ *Vollmond:* la ~ est pleine; il y a pleine ~ (*es ist Vollmond*) la ~ **brille** *der Mond scheint:* Cette nuit-là, la pleine ~ brillait dans le ciel. / la ~ se **couche** *der Mond geht unter:* Aujourd'hui, la ~ se couchera à quatre heures de l'après-midi. / la ~ se **lève** *der Mond geht auf:* Regarde, la ~ se lève derrière les montagnes.

lunettes fpl *Brille*
~ **noires** *dunkle Brille*
les ~ se **brouillent**, se **couvrent** de buée *die Brille beschlägt* (*sich*): Quand j'entre par ce temps dans des locaux bien chauffés, mes ~ se brouillent et je ne vois plus rien. / **mettre,** **chausser** ses ~ *seine Brille aufsetzen:* Il mit ses ~ d'un mouvement incroyablement arrogant. / **porter** des ~ *eine Brille tragen:* Mon père, à soixante-dix ans, ne porte toujours pas de ~. / **retirer** ses ~ *seine Brille abnehmen:* Le professeur retira ses ~ et termina son discours.

lutte f *Kampf*
~ **acharnée, âpre** *erbitterter Kampf* / ~ **désespérée** *verzweifelter Kampf* / de **haute** ~; de **vive** ~ *nach hartem Kampf, Ringen* / ~ **héroïque** *heldenhafter Kampf* / ~ **implacable** *unerbittlicher Kampf* / ~ **inégale** *ungleicher Kampf* / ~ **sanglante** *blutiger Kampf*
abandonner la ~ *den Kampf aufgeben:* Aigri et déçu, il a décidé d'abandonner la ~. / **engager** la ~ *den Kampf beginnen:* Nous engagerons la ~ contre l'alcoolisme dans notre ville. / une ~ **s'engage** *ein Kampf beginnt, bricht aus:* Une ~ acharnée s'engagea entre les deux hommes politiques. / **entrer** en ~ avec qn *mit j-m den Kampf aufnehmen:* Je n'hésiterais pas à entrer en ~ avec Monsieur Perrin. / se **livrer** une ~ (+ *adj*) *sich einen* (+ *adj*) *Kampf liefern:* Les deux adversaires se livrent depuis des années une ~ acharnée. / **mener** la ~, une ~ (+ *adj*) contre qc, qn *einen* (+ *adj*) *Kampf gegen etw, j-n führen:* Notre association mène la ~ contre les abus de la télévision. / **poursuivre, continuer** la ~ *den Kampf fortsetzen:* La France ne doit pas accepter la défaite, elle doit continuer la ~. / **soutenir** la ~ *einen ständigen Kampf führen; den Kampf nicht aufgeben:* Mes collaborateurs et moi, nous soutiendrons la ~ contre la faim dans cette région sinistrée.

luxe m *Luxus*
~ **discret** *unauffälliger Luxus* / ~ **effréné** *maßlos übertriebener Luxus* / ~ **princier** *fürstlicher, üppiger Luxus* / ~ **ruineux** *verschwenderischer Luxus* / ~ **tapageur** *übertriebener Luxus*
se **payer** le ~ de ... *sich den Luxus leisten* (*können*) *zu ...:* Heureusement, je peux me payer le ~ de dire ce que je pense.

lycée m *Gymnasium*
aller au ~ *aufs Gymnasium gehen:* Depuis qu'il va au ~, il s'intéresse davantage à l'histoire. / **entrer** au ~ *aufs Gymnasium kommen:* Mon fils aîné entrera au ~ en automne.

M

machination f *Machenschaften, Ränke*
de **diaboliques** ~s *teuflische Machenschaften* / d'**obscures** ~s; de **ténébreuses** ~s *dunkle Machenschaften*
déjouer, démêler une ~ *Ränke, eine Intrige vereiteln:* Il leur fallut bien des ruses pour déjouer la ~. / **monter, ourdir, tramer** une ~ *Ränke schmieden:* J'ai bien reconnu la ~ qu'ils ont tramée contre moi.

machine f *Maschine*
entretenir une ~ *eine Maschine warten:* Cette ~ est entretenue par la société INVAR. / **faire** qc à la ~ *etw maschinell herstellen:* La broderie est faite à la ~, on le voit bien.

machine (à écrire) f *(Schreib)Maschine*
taper, écrire qc à la ~ *etw mit, auf der Maschine schreiben:* Mademoiselle Puybasse, tapez-moi cette lettre à la machine avant de quitter le bureau, s'il vous plaît.

mâchoire f *Kinnlade*
se **décrocher** la ~ *sich die Kinnlade ausrenken:* Il est fatigué. Il bâille à se décrocher la ~.

magasin m *Laden, Geschäft*
~ bien **achalandé** *gutgehender Laden* / **grand** ~ *Kaufhaus, Warenhaus* / ~ **spécialisé** *Fachgeschäft*
courir, faire les ~s *die Geschäfte, Läden abklappern:* Toute la matinée de samedi, j'ai couru les ~s. / **tenir** un ~ *ein Geschäft, einen Laden haben, betreiben, führen:* Madame Sautier tient un ~ à Bar-le-Duc.

maille f *Masche*
~ **filée, tombée** *Laufmasche* / ~ **fine, serrée** *enge, feste Masche* / ~ **large, lâche** *weite, lockere Masche*
une ~ **file** *eine Masche läuft:* Ces bas ne valent rien. C'est la deuxième ~ qui file depuis tout à l'heure. / **monter** des ~s *Maschen aufnehmen, aufschlagen:* Tu dois monter les ~s sur une aiguille circulaire. / **passer** à travers les ~s (d'un filet) *durch die Maschen (eines Netzes) schlüpfen (auch fig):* Le gangster est de nouveau passé à travers du filet tendu par la police. / **perdre,** laisser **échapper,** laisser **tomber** une ~ *eine Masche fallen lassen:* Zut! J'ai laissé échapper une ~ sans m'en rendre compte.

main f *Hand*
~s **calleuses** *schwielige Hände* / (avoir) la ~ **dure** *(fig) mit harter Hand (regieren usw.)* / ~s **fines** *schmale Hände* / ~s **gourdes** *klamme, steifgefrorene Hände* / (avoir) la ~ **légère** *(fig) mit leichter Hand (regieren usw.)* / il a la ~ **leste** *(fig) ihm rutscht die Hand leicht aus* / (avoir, laisser) les ~s **libres** *(fig) freie Hand (haben, lassen)* / il a les ~s **liées** *(fig) die Hände sind ihm gebunden* / ~s **moites** *feuchte Hände* / (donner, etc.) à **pleines** ~s *(fig) mit vollen Händen (geben usw.)*
attacher, lier les ~s à qn *j-m die Hände fesseln, binden:* Les bandits lui avaient attaché les ~s derrière le dos. / **avancer, allonger** la ~ vers qc *die Hand nach etw ausstrecken:* Elle avança la ~ vers le diamant et le glissa dans sa poche sans que personne ne le voie. / **baisser** la ~ *die Hand sinken lassen:* Lorsque le sous-officier vit qu'il avait un enfant devant lui, il baissa la ~ qui tenait un pistolet. / **battre** des ~s *(vor Freude) in die Hände klatschen:* En voyant le guignol, les enfants battaient des ~s. / **changer** de ~s *(fig) in andere Hände übergehen:* L'appartement d'en dessous a changé de ~s. / **conduire, guider** la ~ de qn *j-s Hand führen:* Elle était si faible que son mari dut lui conduire la ~ pour la signature. / **demander** la ~ de qn *(fig) um j-s Hand anhalten:* Jacques Michelin vient de demander la ~ de ma fille. / se **donner** la ~ *sich die Hände reichen:* Les deux hommes d'État se sont donné la ~ devant les caméras de télévision. / s'**échapper** des ~s de qn *j-m aus den Händen fallen, gleiten:* Excusez-moi. Le vase m'a échappé des ~s. / **enfoncer, enfouir** ses ~s dans ses poches *die Hände in den Taschen vergraben:* Les gens dans la rue enfoncent leurs ~s dans leurs poches tellement il fait froid dehors. / **enlever, sortir** ses ~s de ses poches *die Hände aus den Taschen nehmen:* Sors tes ~s de tes poches quand je te parle! / qc **est** entre ses ~s *(fig) etw liegt in seiner Hand:* Ma vie est entre ses ~s. / se **frotter** les ~s *sich die Hände reiben:* Il regardait le spectacle en se frottant les ~s de satisfaction. / **garder** les ~s dans ses poches *die Hände in den Taschen lassen:* On ne garde pas les ~s dans ses poches quand on parle à quelqu'un. / **imposer** les ~s sur la tête de qn *j-m die Hände auflegen:* La vieille imposa les ~s sur la tête de l'enfant et murmura des mots incompréhensibles. / **joindre** les ~s *die Hände falten:* La jeune femme s'est agenouillée et a

maison

joint les ~s. / s'en **laver** les ~s (fig) seine Hände in Unschuld waschen: Moi, je m'en lave les ~s. / **lever** la ~ die Hand heben: Lève la ~ si tu as quelque chose à dire. / **lever, porter** la ~ sur qn die Hand gegen j-n erheben: Quoi, tu oses lever la ~ sur ton père? / **manger** dans la ~ aus der Hand fressen: Dans ce parc, les écureuils mangent dans la ~ des visiteurs. / **mener, conduire** qn par la ~ j-n an der Hand führen: Le grand frère menait sa petite sœur par la ~ à travers le parc. / **mettre** la ~ sur ... die Hand (auf)legen auf ...: Le médecin lui mit la ~ sur le front. / **mettre,** (F) **fourrer** ses ~s dans ses poches die Hände in die Taschen stecken: Le gamin s'est planté devant moi, a fourré ses ~s dans ses poches et m'a regardé d'un air curieux. / **mettre** la ~ à la pâte (F fig) Hand anlegen: Mon mari a mis lui-même la ~ à la pâte. / j'en **mettrais** ma, la ~ au feu (fig) ich würde (meine) die Hand dafür ins Feuer legen: Robert Chatelin n'est pas coupable, j'en mettrais ma ~ au feu. / **mettre** la **dernière** ~ à qc (fig) letzte Hand an etw legen: Je suis en train de mettre la dernière ~ à mon livre. / **se passer** la ~ sur qc (mit der Hand) über etw streichen: Elle s'est passé la ~ sur les yeux. / **passer** par bien des ~s (fig) durch viele Hände gehen: La voiture que j'ai achetée est déjà passée par bien des ~s. / **passer** de ~ en ~ von Hand zu Hand gehen: La photo est passée de ~ en ~, mais personne n'a reconnu la jeune femme. / **poser** la ~ sur le front die Hand auf die Stirn legen: La jeune fille tremblait de fièvre. Sa mère lui posa la ~ sur le front en pleurant. / **prendre** une affaire en ~ (fig) eine Sache in die Hand nehmen: Le directeur lui-même a pris cette affaire en ~. / **prendre** qn par la ~ j-n bei, an der Hand nehmen: Le chef de la tribu m'a pris par la ~ comme si j'étais son petit frère et m'a donné à manger. / **préparer** qc de **longue** ~ (fig) etw von langer Hand vorbereiten: Nous avons préparé ce coup de longue ~. / **remettre** qc en ~(s) **propre**(s) etw dem Empfänger persönlich übergeben: Je vous prie de bien vouloir veiller à ce que la lettre soit remise en ~s propres. / se **salir** ~s sich die Hände schmutzig machen: Il préfère être en chômage plutôt que de prendre un travail où il devrait se salir les ~s. / **serrer** la ~ à qn j-m die Hand drücken: Le ministre m'a serré la ~ et m'a remercié. / **taper, frapper** dans ses ~s in die Hände klatschen: Il vous suffit de taper dans vos ~s pour que le serveur vienne voir ce que vous désirez. / **tendre** la ~ à qn j-m die Hand reichen (auch fig), hinstrecken: Marie-Louise s'approcha de son père et lui tendit la ~. / **tenir** qc de **première** ~ (fig) etw aus erster Hand haben: La nouvelle est sûre. Nous la tenons de première ~. / **tomber** des ~s aus den Händen fallen, gleiten: À 10 heures du soir, j'étais déjà mort de fatigue. Mon livre m'est tombé des ~s, alors je suis allé me coucher. / **tomber** entre les ~s de qn j-m in die Hände fallen: En Andalousie, nous sommes tombés entre les ~s de brigands. / tout ce qui lui **tombe** sous la ~ alles, was ihm, ihr in die Finger kommt: Il casse tout ce qui lui tombe sous la ~. / se **tordre** les ~s die Hände ringen (vor Verzweiflung): En apprenant que son fils avait quitté l'armée, la mère se tordit les ~s. / **travailler** de ses ~s Handarbeit ausführen; mit den Händen arbeiten: Moi, je n'ai jamais appris à travailler de mes ~s, mais je le regrette, croyez-moi! / en **venir** aux ~s handgreiflich werden: D'abord, ils se sont disputés à haute voix, puis ils en sont venus aux ~s.

maison f Haus

~ **accueillante** gastliches Haus / ~ **délabrée, branlante** baufälliges Haus / ~ **individuelle** Einfamilienhaus / ~ **natale** Geburtshaus / ~ **préfabriquée** Fertighaus / ~ bien **tenue** Haus, das gut in Schuß ist

la ~ **abrite** ... in diesem Hause wohnen, sind ...: Cette ~ abrite cinq familles. / se faire **bâtir** une ~ (sich) ein Haus bauen: Nous avons décidé de nous faire bâtir une ~ à la campagne. / **être** de la ~ zum Haus gehören: Ne vous dérangez pas, je suis de la ~. / **rentrer** à la ~ nach Hause kommen: À quelle heure comptes-tu rentrer à la ~ ce soir? / **retourner** la ~ das Haus auf den Kopf stellen: Il a retourné la ~, mais n'a pas trouvé ce qu'il cherchait. / **tenir** une ~ ein Haus in Schuß halten: On voit du premier coup d'œil que cette ~ est bien tenue.

maître[1] m Herr

être ~ de qc Herr (+ Gen) sein: Je suis, heureusement, ~ de mes décisions. / se **rendre** ~ de qc einer Sache Herr werden; etw unter Kontrolle bekommen: Au bout d'une demi-heure, les pompiers s'étaient rendus ~s de l'incendie. / **rester** ~ de qc Herr (+ Gen) bleiben: Malgré toutes les difficultés, ils sont restés ~s de la situation.

maître[2] m Meister

être **passé** ~ dans l'art de faire qc ein Meister in etw sein: Il est passé ~ dans l'art d'écouter ses interlocuteurs sans trahir ses propres intentions. / **trouver** son ~ seinen Meister finden: Jean-Claude était trop sûr de lui. Voilà qu'il a trouvé son ~ en la personne de Marilly.

maîtresse f Mätresse

faire de qn sa ~ j-n zu seiner Mätresse machen: Louis XV avait fait d'Antoinette Poisson sa ~ et lui avait conféré le titre de marquise de Pompadour. / **prendre** une ~ sich eine Freundin zulegen (als verheirateter Mann): Elle a beaucoup de griefs contre lui, car on dit qu'il a pris une ~.

maîtresse de maison f *Hausfrau*
~ **accomplie; parfaite** ~ *perfekte Hausfrau*

majorité[1] f *Mehrheit*
~ **absolue** *absolute Mehrheit* / ~ **compacte, confortable, massive** *große, kompakte, komfortable Mehrheit* / ~ **écrasante** *überwältigende, erdrückende Mehrheit* / l'**immense** ~ *die überwältigende Mehrheit* / ~ **relative** *relative Mehrheit* / la ~ **silencieuse** *die schweigende Mehrheit* / ~ **simple** *einfache Mehrheit* **obtenir** la ~ *die Mehrheit erringen*: Le candidat démocrate obtiendra la ~, j'en suis sûr. / **posséder, détenir, réunir** la ~ *die Mehrheit besitzen*: Une personne qui ne veut pas encore être nommée possède depuis hier la ~ des actions de la maison Duvalier. / **voter** qc à une ~ (+ *adj*) *etw mit* (+ *adj*) *Mehrheit beschließen, annehmen*: La loi a été votée à la ~ absolue.

majorité[2] f *Volljährigkeit*
atteindre sa ~ *volljährig werden*: Mon fils a atteint sa ~. Ce n'est plus à moi de prendre des décisions à son égard.

majuscule f *Großbuchstabe*
prendre une, s'**écrire** avec ~ *groß geschrieben werden*: Le premier mot d'une phrase prend une ~.

mal[1] m *Übel, Schlimmes, Böses*
grand ~ *Grundübel* / le **moindre** ~ *das kleinere Übel* / ~ **nécessaire** *notwendiges Übel* **quel** ~ **y a-t-il à cela?** *was ist da schon (Schlimmes) dabei?*: Il m'a écrit une lettre. Quel ~ y a-t-il à cela? / **dire** du ~ de qn *j-m Übles nachsagen*: Il ne fait que dire du ~ de ses collègues. / ce **n'est** que demi-~ *das ist halb so schlimm*: Voyons, calmez-vous. Vous êtes arrivée en retard, mais ce n'est que demi-~. / **faire** du ~ à qc *einer Sache schaden*: Votre intervention a fait du ~ à notre affaire. / **faire** du ~ à qn *j-m etw zuleide tun*: Monsieur Cagnac ne fait pas de ~ aux enfants qui lui sont confiés. Il ne ferait pas de ~ à une mouche. (*Er könnte keiner Fliege etw zuleide tun.*) / cela ne lui **ferait** pas de ~ *das könnte ihm nichts schaden*: Cela ne lui ferait pas de ~ d'être un peu plus poli. / **penser** du ~ de qn *schlecht von j-m denken*: Penserez-vous du ~ de moi si je vous laisse partir seule maintenant? / sans **penser, songer** à ~ *ohne sich Schlimmes dabei zu denken*: Mademoiselle Saunier monta dans la voiture sans penser à ~. / **réparer** un ~ *ein Unrecht wiedergutmachen*: Il vous sera bien difficile de réparer tout le ~ que vous avez fait à cette famille. / je n'y **vois** aucun ~ *ich finde nichts Schlimmes dabei*: C'est moi qui ai fait la photo, et je n'y vois aucun ~. / **vouloir** du ~ à qn *j-m übelwollen, etw Böses wollen*: Venez, approchez, je ne vous veux pas de ~.

mal[2] m *Mühe*
avoir du ~ à faire qc *Mühe haben, etw zu tun*: Avec mon pied gonflé, j'ai eu du ~ à chausser mes bottes. / **donner** du ~ à qn *j-m Mühe bereiten, machen*: Vos désirs m'ont donné bien du ~. / **se donner** du ~ *sich Mühe geben*: Les enfants se sont donné du ~ pour décorer la table pour ton anniversaire.

mal[3] m *Schmerz, Krankheit*
avoir ~ à (+ *Körperteil*) ...*weh,* ...*schmerzen haben*: J'ai ~ à la gorge et ~ aux reins. / cela me **donne** ~ à la tête *davon bekomme ich Kopfschmerzen*: Arrête ce vacarme! Cela me donne ~ à la tête! / **faire** ~ à qn *j-m weh tun*: Je vous ai fait ~? / **se faire** ~ *sich weh tun*: Aïe, je me suis fait ~. / le ~ **progresse** *die Krankheit wird schlimmer*: On a l'impression que, depuis quelques jours, le ~ ne progresse plus, mais ce n'est peut-être qu'un répit passager.

mal au cœur m *Übelkeit*
avoir ~ *Übelkeit empfinden*: Qu'est-ce qu'il y a? Avez-vous ~? (... *Ist Ihnen übel, schlecht?*)

mal de mer m *Seekrankheit*
avoir le ~ *seekrank sein*: Dans la mer de Chine, nous avons essuyé une tempête et j'ai eu le ~.

mal du pays m *Heimweh*
avoir le ~ *Heimweh haben*: Au bout de trois semaines seulement, il avait déjà le ~.

malade m *Kranker*
~ **alité** *bettlägeriger Kranker* / **grand** ~ *Schwerkranker* / ~ **imaginaire** *eingebildeter Kranker* / ~ **incurable, inguérissable** *unheilbarer Kranker* / ~ **mental** *Geisteskranker* **condamner** un ~ *einen Kranken aufgeben*: Les médecins ont condamné le ~, il n'y a plus aucun espoir. / **faire** le ~ *sich krank stellen; den Kranken spielen*: Alors, lève-toi, ne fais pas le ~! / **veiller** au chevet d'un ~ *an j-s Krankenbett wachen, sein*: Elle est à bout de forces, cela fait des nuits qu'elle veille au chevet du ~. / **visiter** un ~ *einen Kranken besuchen; Visite machen (bei einem Kranken)*: Le docteur Léopold est très consciencieux; il visite ses ~s tous les jours si c'est nécessaire.

maladie f *Krankheit*
~ **acquise** *erworbene Krankheit* / ~ **aiguë** *akute Krankheit* / ~ **bénigne** *gutartige Krankheit* / ~ **chronique** *chronische, langwierige Krankheit* / ~ **congénitale** *angeborene Krankheit* / ~ **contagieuse** *ansteckende Krankheit* / ~ **diplomatique** *Scheinkrankheit; vorgeschobene Krankheit* / ~ **générale** *Allgemeinerkrankung* / ~ **grave** *schwere Krankheit* / ~ **héréditaire** *Erbkrankheit* / ~ **incurable, inguérissable** *unheilbare Krankheit* / ~ **infantile** *Kinderkrankheit* / ~ **infectieuse** *Infektionskrankheit* / ~ **insidieuse** *heimtückische Krankheit* / ~ **maligne** *bösartige Krankheit* / ~ **mentale** *Geisteskrankheit* / ~ **mortelle** *tödliche Krankheit* / ~ **nerveuse** *Nervenleiden* / ~ **organique** *organische Erkrankung* / ~ **professionnelle** *Berufs-*

malaise

krankheit | **~ transmissible** *übertragbare Krankheit* | **~ vénérienne, honteuse; vilaine ~** *Geschlechtskrankheit*
une **~ s'aggrave** *eine Krankheit verschlimmert sich:* Le deuxième jour, la ~ s'est aggravée. | être **atteint** d'une **~** *von einer Krankheit befallen sein, werden:* Ma femme est atteinte d'une étrange ~: elle ne supporte plus le son de la télévision. | **attraper** une **~** *eine Krankheit bekommen, kriegen; sich eine Krankheit holen:* J'ai attrapé en Afrique une ~ que mon médecin n'arrive pas à identifier. | **contracter** une **~** *sich eine Krankheit zuziehen:* Vous avez contracté une ~ qui ne sera pas facile à guérir. | **couver** une **~** *eine Krankheit ausbrüten:* Je ne me sens pas très bien depuis quelques jours. J'ai l'impression de couver une ~. | une **~ se déclare** *eine Krankheit kommt zum Ausbruch:* La ~ s'est déclarée un samedi. | une **~ emporte, enlève** qn *eine Krankheit rafft j-n dahin:* Diverses ~s ont emporté un tiers des soldats. | une **~ évolue, suit son cours** *eine Krankheit schreitet voran:* La ~ de votre mari évolue comme je l'avais prédit. | **relever** d'une **~** *von einer Krankheit genesen:* Elle avait la mine pâle et défaite comme si elle relevait d'une ~ grave. | **simuler** une **~** *eine Krankheit vortäuschen, simulieren:* Il est bien difficile, avec Jeannot, de savoir s'il simule la ~ ou s'il est vraiment malade. | **souffrir** d'une **~** (+ *adj*) *an einer ... Krankheit leiden:* Il souffre d'une ~ incurable. | **transmettre** une **~** *eine Krankheit übertragen:* C'est un petit moustique qui transmet cette ~.

malaise m *Unbehagen*
~ général *allgemeines Unbehagen* | **~ indéfinissable, vague** *Gefühl der inneren Unruhe* **dissiper** le **~** *das Unbehagen zerstreuen:* Ces paroles sans détour ont dissipé le ~ qui planait depuis le début sur la réunion. | **éprouver, ressentir** un **~** *ein Unbehagen fühlen, empfinden:* Après ces discussions, j'éprouve un certain ~.

malchance f *Pech* (*Unglück*)
avoir de la **~** *Pech haben:* Tu vois bien que j'ai eu de la ~. | **jouer** de **~** *ein Pechvogel, Unglücksrabe sein:* Pauvre Albert! Toute sa vie, il a joué de ~.

malédiction f *Fluch*
appeler la **~** sur qn; **donner** sa **~** à qn *j-n verfluchen:* Avant de mourir au poteau d'exécution, il avait appelé la ~ du ciel sur le tyran. | une **~ pèse** sur qc *ein Fluch lastet auf etw:* Une ~ semble peser sur cette entreprise.

malentendu m *Mißverständnis*
~ fâcheux *peinliches Mißverständnis* | **grave ~** *schweres Mißverständnis* | **~ malencontreux** *ärgerliches Mißverständnis*
dissiper, faire **cesser, éliminer, éclaircir** un **~** *ein Mißverständnis aufklären, beseitigen:* Je crois pouvoir vous aider à dissiper ce ~. | **prêter** à (un, des) **~**(s) *zu Mißverständnissen Anlaß geben:* Vous devriez modifier cette formule dans la lettre; elle prête à ~. | qc **repose** sur un **~** *etw beruht auf einem Mißverständnis:* Notre dispute reposait sur un ~.

malfaiteur m *Verbrecher*
dangereux ~ *gemeingefährlicher Verbrecher* | **~ endurci** *abgebrühter, hartgesottener Verbrecher; Gewohnheitsverbrecher* | **vulgaire ~** *ganz gewöhnlicher Verbrecher*

malheur m *Unglück*
~ irrémédiable, irréparable *nicht wiedergutzumachendes Unglück*
un **~ arrive** (à qn) *ein Unglück geschieht, passiert, ereignet sich, trifft j-n, stößt j-m zu:* J'ai peur qu'un ~ lui soit arrivé. | **conjurer** le **~** *das Unglück abwenden:* L'entrevue entre les chefs d'État était un dernier moyen désespéré de conjurer le ~ qu'allait constituer la guerre imminente. | **faire le ~** de qn *ein Unglück für j-n sein; j-n ins Unglück stürzen:* Édith fait le ~ de toute sa famille. | **faire un ~** *ein Unglück anrichten:* Retiens-moi ou je fais un ~! *(auch:* ... oder ich vergesse mich!) | un **~ frappe** qn *jemand wird von einem Unglück getroffen; ein Unglück bricht über j-n herein:* Le grand ~ qui les a frappés s'était annoncé bien longtemps avant. | **jouer** de **~** *ein Pechvogel, Unglücksrabe sein:* Depuis qu'il a changé de profession, Monsieur Bérot joue de ~. | **porter ~** *Unglück bringen:* Ah, laissez-moi tranquille, vous me portez ~! | **précipiter** qn dans le **~** *j-n ins Unglück stürzen:* La maladie du père a précipité toute la famille dans le ~. | **prévenir** le **~** *das Unglück verhüten:* J'ai bien essayé de prévenir le ~ de la famille Pertissois en la mettant en garde, mais personne ne m'a écouté. | **supporter** un **~** *ein Unglück ertragen:* J'admire sa manière de supporter le ~. | le **~ a voulu** que ... *das Unglück wollte es, daß ...:* Le ~ a voulu que les jumeaux possèdent un niveau d'intelligence très différent.

manche f *Ärmel*
retrousser, relever ses **~s** *die Ärmel hochkrempeln:* Le concierge a retroussé ses ~s et s'est mis au boulot. | **tirer** qn par la **~** *j-n am Ärmel ziehen:* Soudain, un petit gamin m'a tiré par la ~ pour attirer mon attention.

mandat m *Auftrag*
donner ~ à qn *j-m einen Auftrag, eine Vollmacht erteilen:* J'ai donné ~ à mon notaire d'acheter la maison. | **donner, confier un ~** à qn *j-m einen* (ehrenvollen) *Auftrag anvertrauen, erteilen:* En vous chargeant de cette mission, Monsieur Labrunerie vous a confié un ~ très important. | **remplir, accomplir** un **~** *einen Auftrag erfüllen:* Je vous remercie de

votre confiance et je m'efforcerai de remplir de façon satisfaisante le ~ que vous m'avez donné.

mandat d'arrêt m *Haftbefehl*
lancer, délivrer, décerner un ~ (contre qn) (einen) *Haftbefehl (gegen j-n) erlassen*: La police exige qu'on lance immédiatement un ~ contre les deux hommes.

manette f *Hebel*
abaisser la ~, **appuyer** sur la ~ *den Hebel (nieder)drücken*: L'ouvrier abaissa la ~ et un sifflement strident se fit entendre. / **actionner** la ~ *den Hebel betätigen*: Le garçon actionna la ~ du percolateur; un jet de café bouillant tomba dans la tasse.

mangeur m *Esser*
gros ~ *starker Esser*

manières fpl *Manieren, Benehmen*
~ **avenantes, affables** *liebenswürdiges Benehmen* / ~ **affectées** *geziertes Benehmen* / **belles** ~ *Vornehmheit, Anstand* / ~ **brusques, frustes, grossières, rudes** *ungehobelte, grobe Manieren; ungeschliffenes Benehmen* / ~ **cavalières, désinvoltes** *freches, rücksichtsloses Benehmen* / ~ **courtoises** *höfliche Umgangsformen* / ~ **débraillées** *lose Manieren* / ~ **engageantes** *einnehmendes Wesen* / ~ **raffinées** *erlesene Umgangsformen* / ~ **sèches** *schroffe Art*

manifestation f *Demonstration*
~ **houleuse** *Demonstration einer erregten Menschenmenge* / ~ **pacifique** *friedliche Demonstration* / ~ **silencieuse** *Schweigemarsch; schweigende Demonstration* / ~ **tumultueuse** *Demonstration, bei der es zu Ausschreitungen kommt*

manifeste m *Manifest*
lancer un ~ *ein Manifest herausgeben*: Un groupe d'intellectuels vient de lancer un ~ pour protester contre l'action répressive du gouvernement.

mannequin m *Mannequin*
les ~s **défilent** *die Mannequins schreiten vorbei*: Les ~s défilent sous le feu des projecteurs. / un ~ **évolue** *ein Mannequin bewegt sich*: Les ~s évoluaient avec grâce sur le plateau, tandis que les photographes de mode brandissaient leurs appareils. / un ~ **présente** des modèles *ein Mannequin stellt Modelle vor*: Elle a été choisie par Saint-Laurent comme ~ pour présenter les modèles de la dernière collection.

manœuvre[1] f *Bedienung, Manöver*
exécuter une ~ *ein Manöver ausführen*: Le conducteur de la grue était en train d'exécuter une ~ extrêmement délicate. / **faire** une **fausse** ~; **manquer** sa ~ *einen Bedienungsfehler machen*: L'automobiliste, ébloui par un camion, a fait une fausse ~ et s'est écrasé contre un arbre.

manœuvre[2] f (*mil*) *Manöver*

faire des ~s *ein Manöver abhalten*: Le gouvernement turc a décidé de faire des ~s près de la frontière iranienne. / **partir** en ~ *ins Manöver ziehen*: Joyeux, les trois frères partirent en ~ en pensant qu'ils allaient rentrer sous peu.

manœuvres fpl (*péj*) *Manöver, Machenschaften*
~ **dilatoires** *Verschleppungs-, Hinhaltemanöver* / ~ **électorales** *Wahlmanipulationen* / ~ **frauduleuses** (*jur*) *betrügerische Handlungen* / ~ **tortueuses** *(undurchsichtige) Machenschaften*
déjouer les ~ **de** qn *j-m auf die Schliche kommen*: Peu à peu, Monsieur Meyer déjouait les ~ de son partenaire.

manque m *Mangel*
combler un ~ *einem Mangel abhelfen*: Je ne suis pas sûr que nous soyons à même de combler ce ~. / **présenter** un ~ *einen Mangel aufweisen*: Ce projet est très intéressant, mais il présente un ~ de taille: le financement n'est assuré qu'à 60%.

manteau m *Mantel*
accrocher, pendre son ~ *seinen Mantel aufhängen*: Accrochez votre ~ là-bas! / **débarrasser** qn de son ~ *j-m seinen Mantel abnehmen*: Joëlle, débarrasse Monsieur Legagneur de son ~. / **donner** son ~ **au vestiaire** *seinen Mantel an der Garderobe abgeben*: Je vous prie de donner votre ~ au vestiaire. / **enlever, ôter** son ~ *seinen Mantel ausziehen*: Vous ne voulez pas enlever votre ~? / **jeter** un ~ **sur ses épaules** *sich einen Mantel über die Schultern werfen*: Ève quitta la maison en se jetant un ~ sur les épaules. / **mettre** un ~ *einen Mantel anziehen*: Robert, mets ton ~, il fait très froid.

maquillage m *Make-up*
~ **discret, léger** *dezentes, leichtes Make-up*
refaire son ~ *sein Make-up auffrischen*: Attends un peu. Il faut que je refasse mon ~ avant d'y aller.

marais m *Sumpf*
assécher un ~ *einen Sumpf trockenlegen*: La nappe souterraine a baissé depuis qu'ils ont asséché le ~ de la Louvière.

marchandise f *Ware*
~ **avariée** *defekte, beschädigte Ware* / ~s **encombrantes** *Sperrgut* / ~ **invendable** *unverkäufliche Ware* / ~s **sacrifiées** *Waren zu Schleuderpreisen; spottbillige Waren*
une ~ **arrive** *eine Ware trifft ein*: Il faut que la ~ nous arrive avant le premier mai. / **débiter, écouler** une ~ *eine Ware absetzen*: Vous aurez du mal à écouler des ~s en si mauvais état. / **facturer** une ~ *eine Ware in Rechnung stellen*: Ils ont promis de facturer la ~ à moitié prix. / **livrer** une ~ *eine Ware liefern*: La ~ ne pourra être livrée dans les délais prévus. / **stocker** des ~s *Waren (ein)lagern*: Il faudrait de nouvelles chambres froides pour stocker la ~ dans des

marche

conditions satisfaisantes. / **tromper** qn sur la ~ *j-m falsche Ware andrehen:* Vous nous avez vendu un produit de qualité très inférieure. Cela s'appelle tromper les gens sur la ~.

marche[1] f *Marsch(ieren), Gehen, Gang, Fahren*
~ **forcée** *Gewaltmarsch, Eilmarsch* / ~ **silencieuse** *Schweigemarsch*
accélérer, précipiter la ~ *schneller gehen:* Accélérez la ~, les enfants! L'orage menace. / **aimer** la ~ *gern wandern, marschieren:* Est-ce que vous aimez la ~? / **faire de la** ~ (à pied) *wandern:* Nous avons profité des vacances pour faire de la ~. / **faire** ~ **arrière** *rückwärtsfahren:* L'autobus fit ~ arrière. / **faire** ~ vers ... *sich zubewegen auf ...:* Vendredi matin, le convoi fit ~ vers le centre ville. / **fermer** la ~ *als letzter marschieren (auch fig)*: Pierre, éclopé, fermait la ~. / **mettre** qc en ~ *etw in Gang setzen:* Elle n'est pas arrivée à mettre la voiture en ~. / **se mettre** en ~ *in Gang kommen; anspringen; aufbrechen:* Tout à coup, le hors-bord se mit en ~. / **monter, prendre** qc en ~ *im Fahren (auf ein Fahrzeug) aufspringen:* Les enfants, ne montez jamais en ~, je vous prie. C'est vraiment très dangereux. / **ouvrir, conduire** la ~ *an der Spitze marschieren:* Le président lui-même ouvrait la ~. / **poursuivre** sa ~ *seinen Weg fortsetzen:* Les troupes japonaises poursuivaient leur ~ vers Singapour. / **ralentir** la ~ *langsamer gehen:* La fatigue se faisait sentir, la petite troupe ralentissait la ~. / **régler** sa ~ sur celle de qn *sich j-s (Marsch)Tempo anpassen:* Il était attendrissant de le voir régler sa ~ sur celle de la petite fille.

marche[2] f *(fig) Gang, Ablauf*
la **bonne** ~ (des choses) *der reibungslose Ablauf:* Les actionnaires sont contents de la bonne ~ de l'entreprise. *(Die Aktionäre stellen mit Befriedigung fest, daß das Unternehmen floriert.)*; assurer la bonne ~ *(für einen reibungslosen Ablauf sorgen)* / la **mauvaise** ~ (des affaires) *der Rückgang*
contrarier, entraver la ~ des affaires *den Geschäftsgang stören:* Les nouvelles limitations de crédit vont certainement entraver la ~ des affaires.

marche[3] f *Stufe*
descendre les ~s *die Stufen hinunter-, heruntersteigen:* Descendez les ~s doucement avec cette vaisselle précieuse. / **manquer** une ~ *auf der Treppe stolpern:* En descendant les escaliers devant la gare, elle a manqué une ~ et s'est foulé la cheville. / **monter, enjamber** les ~s deux à deux *zwei Stufen auf einmal nehmen:* Jean-Pierre s'élança hors de sa voiture et monta les ~s de l'escalier deux à deux. / **monter, gravir** les ~s *die Stufen hinauf-,*

heraufsteigen: Pour la première scène du film, montez les trois premières ~s, puis retournez-vous.

marché[1] m *Markt*
aller au ~ *zum, auf den Markt gehen:* Quand il fait beau, j'adore aller au ~ pour faire mes provisions. / **(ap)porter** qc au ~ *etw auf den Markt bringen:* Le jeudi, les paysannes apportent au ~ les œufs et les poulets ainsi que leurs légumes. / **faire** son ~ *(auf dem Markt) einkaufen:* Il est midi moins le quart et je n'ai pas encore fait mon ~. / un ~ se **tient** *ein Markt wird abgehalten:* Le ~ se tient tous les vendredis.

marché[2] m *(comm) Markt*
~ **animé** *lebhafter Markt* / ~ **encombré, saturé** *gesättigter Markt* / ~ **extérieur** *Auslandsmarkt* / ~ **financier** *Kapitalmarkt* / ~ **gris** *grauer Markt* / ~ **intérieur** *Binnenmarkt* / ~ **monétaire** *Geldmarkt* / ~ **noir** *schwarzer Markt* / ~ **stagnant** *stockender Markt*
le ~ **absorbe** qc *der Markt nimmt etw auf:* Le ~ espagnol absorbe de plus en plus de caméras japonaises. / **accaparer** le ~ *den Markt allein versorgen:* Il n'est pas normal qu'une seule marque accapare le ~. / **alimenter** un ~ *einen Markt versorgen:* Les entreprises rizicoles italiennes alimentent surtout le ~ national. / **conquérir** un ~ *einen Markt erobern:* Quelques entreprises audacieuses rêvent de conquérir le ~ chinois. / **dominer** le ~ *den Markt beherrschen:* Ce sont les Japonais qui dominent le ~ dans ce secteur. / **inonder** le ~ *den Markt überschwemmen:* Ils ont commencé par inonder le ~ de produits vendus à des prix défiant toute concurrence. / **lancer, jeter** qc sur le ~ *etw auf den Markt bringen, werfen:* La société Béta a lancé sur le ~ une nouvelle génération d'ordinateurs.

marché[3] m *Geschäft(sabschluß), Handel*
~ **ferme, définitif** *fester Abschluß* / ~ **loyal** *ehrlicher Handel*
accepter un ~ *auf einen Handel eingehen:* Moi, à votre place, j'accepterais ce ~. / **conclure, passer** un ~ *ein Geschäft, einen Handel abschließen:* Nous ne conclurons plus aucun ~ avec l'industrie de ce pays. / **faire** un ~ avantageux *ein gutes Geschäft machen:* Je ne nie pas que vous ayez fait là un ~ extrêmement avantageux.

marécage m *Sumpf*
s'embourber, patauger dans un ~ *in einen Sumpf geraten (auch fig)*: Quand on se plonge dans les dossiers de cette affaire criminelle, on a l'impression de s'embourber dans un ~.

marée f *Ebbe und Flut*
~ **basse** *Niedrigwasser, Ebbe* / ~ **descendante** *Ebbe* / **grande** ~ *Springflut* / ~ **haute** *Hochwasser, Flut* / ~ **montante** *Flut* / ~ **noire** *Ölpest*

la ~ **baisse, descend** *die Flut fällt:* Nous devons attendre que la ~ baisse. / la ~ **monte** *die Flut steigt:* La ~ commencera à monter vers sept heures.
marge f *Spanne, Spielraum*
~ **bénéficiaire** *Gewinnspanne* / ~ **commerciale** *Handelsspanne* / ~ **étroite** *enge Spanne; enger Spielraum*
avoir de la ~ *Spielraum haben:* Le travail devra être terminé le 30 juin. D'ici là, j'ai encore de la ~. / **laisser** de la ~ à qn *j-m Spielraum lassen:* C'est un collaborateur en qui vous pouvez avoir confiance. Laissez-lui un peu de ~.
mariage m *Ehe, Heirat, Hochzeit, Trauung*
~ mal **assorti** *Mißheirat* / faire un **bon, brillant, riche, beau** ~ *eine gute, glänzende Partie machen* / ~ **civil** *standesamtliche Trauung* / **heureux** ~ *gute Ehe* / ~ **religieux** *kirchliche Trauung*
annoncer le ~ *die Hochzeit anzeigen:* Nous avons l'honneur d'annoncer le ~ de notre fille Henriette avec Monsieur Paul Martiel. / **annuler** un ~ *(rel) eine Ehe für ungültig erklären:* Depuis des années, il fait des démarches pour faire annuler son ~ en cour de Rome. / **arranger** un ~ *eine Ehe stiften:* La bonne tante Suzon était connue comme marieuse dans tout le village: elle adorait arranger des ~s. / **consommer** le ~ *die Ehe vollziehen:* Le ~, n'ayant pu être consommé, était entaché de nullité. / **contracter** ~ *heiraten:* Le baron de Leyde a contracté ~ avec la fille d'un industriel espagnol. / **demander** une jeune fille en ~ *um die Hand eines Mädchens anhalten:* On dit qu'un jeune officier a demandé Jeanne en ~. / **donner** sa fille en ~ à qn *seine Tochter j-m zur Frau geben:* Au début, mon grand-père avait refusé de donner sa fille aînée en ~ à ce riche banquier. / **faire** un ~ de raison (d'amour, d'argent) *eine Vernunftehe (Liebesheirat, Geldheirat) eingehen:* Sa sœur est restée célibataire et lui, il a fait un ~ de raison. / le ~ se **fera,** sera **célébré** à ... *die Hochzeit findet in ... statt, wird in ... gefeiert:* Le ~ de mon fils se fera à Ajaccio.
marque f *(Kenn)Zeichen*
~ **distinctive** *Unterscheidungsmerkmal, Kennzeichen* / ~ **indélébile, ineffaçable** *unauslöschliches (Kenn)Zeichen*
donner des ~s d'étonnement, *etc. sein Erstaunen usw. bekunden:* Lorsqu'il a appris la nouvelle, il a donné des ~s d'étonnement. / **porter** la ~ de qn *j-s Stempel tragen:* Ce hold-up porte la ~ des frères Cordier.
marron m *(Eß)Kastanie*
~s **glacés** *kandierte Kastanien* / ~s **grillés** *geröstete Kastanien; heiße Maroni*
tirer les ~s du feu (pour qn) *(fig) die Kastanien aus dem Feuer holen (für j-n):* Je n'ai pas envie de tirer les ~s du feu pour Jules Brachet.
martyr m *Märtyrer*
se **donner, prendre** des airs de ~ *eine Leidensmiene aufsetzen:* Dès que je lui demande de faire un travail pour moi, il se donne des airs de ~. / **jouer** les ~s *den Märtyrer spielen:* Je ne prends pas au sérieux toutes ses plaintes. J'ai l'impression qu'il joue les ~s.
martyre m *Märtyrertod*
aller, marcher au ~ *in den Märtyrertod gehen:* Mes amis et moi sommes prêts à marcher au ~ si besoin en est. / **souffrir** le ~ *(fig) Höllenqualen leiden:* Il a fallu l'opérer sans anesthésie, il a souffert le ~.
masque m *Maske*
adopter un ~ *(fig) eine Maske aufsetzen:* Il a depuis quelque temps adopté un ~ d'impassibilité qui lui va bien mal. / **arracher, lever** le ~ de qn *(fig) j-m die Maske herunterreißen:* Je vous jure que je vais arracher le ~ de ce démagogue. / **lever, ôter, jeter, poser** le ~ *die Maske abnehmen, (fig) fallen lassen:* Après les élections, le candidat de droite a levé le ~. / **mettre** un ~ *eine Maske aufsetzen:* L'escrimeur a mis le ~ et s'est mis en garde. / **porter** un ~ *eine Maske tragen, aufhaben:* Les bandits du hold-up portaient des ~s. / **prendre** le ~ de qc *(fig) die Maske (+ Gen) aufsetzen:* Il a beau prendre le ~ de la vertu, il ne trompe personne sur ses véritables intentions.
masse f *Masse*
la **grande** ~ *die breite Masse* / ~ **inerte** *träge Masse* / ~ **informe** *formlose, unförmige Masse* / ~s **populaires** *Volksmassen*
agir sur les ~s *die Massen beeinflussen:* Qui aurait cru que la publicité pourrait à ce point agir sur les ~s? / **déchaîner** les ~s *die Massen entfesseln:* Il aurait suffi à ce moment-là qu'un démagogue arrive et déchaîne les ~s populaires exaspérées pour que ce soit la révolution. / **déplacer, faire courir** les ~s *viel Volk auf die Beine bringen:* Ce film qui a déplacé les ~s aux États-Unis n'a pas chez nous le succès escompté. / **entraîner, enflammer** les ~s *die Massen begeistern, mitreißen:* Ce chef religieux a le don d'enflammer les ~s.
match m *(Wett)Kampf, Spiel*
~ **amical** *Freundschaftsspiel* / ~ **international** *Länderspiel* / faire ~ **nul** *unentschieden spielen*
arbitrer un ~ *Schiedsrichter (Ringrichter) sein bei einem Spiel, Wettkampf:* Monsieur Nouvier a déjà arbitré des ~s internationaux. / **arrêter** un ~ *einen Kampf, ein Spiel abbrechen:* Le ~ a dû être arrêté à cause de la pluie torrentielle. / **disputer** un ~ *einen Wettkampf, ein Spiel austragen:* Je suis sûr que le ~ va être disputé la dernière semaine de novembre. / **gagner, remporter** un ~ *einen (Wett)Kampf,*

matériaux

ein Spiel gewinnen: Si notre équipe gagne le ~ de dimanche, nous serons qualifiés pour la semi-finale. / un ~ **oppose** l'équipe X à l'équipe Y *in einem Spiel stehen sich die Mannschaften X und Y gegenüber, treffen die Mannschaften X und Y aufeinander:* Le ~ de dimanche opposera l'équipe de Saint-Ouen à celle de Bar-le-Duc. / **suivre** un ~ à la télévision *sich ein Spiel im Fernsehen anschauen:* J'ai suivi le ~ à la télévision.

matériaux mpl *Material*
rassembler, recueillir, réunir des ~ *Material zusammentragen:* Les ~ rassemblés par J. Lefebvre pour sa thèse sur la société languedocienne au XVIe siècle sont imposants.

matière[1] f *Thema, Stoff*
épuiser la ~ *das Thema erschöpfen:* La question de la pollution des rivières est bien trop complexe pour que je prétende avoir épuisé la ~ par cet article de quelques pages. / **fournir** la ~ *den Stoff liefern:* C'est un thème qui fournirait la ~ de plusieurs livres si on voulait le traiter sous tous ses angles. / **rouler, porter** sur une ~ *über ein Thema gehen:* Toute la soirée, la conversation a roulé sur une ~ délicate: l'éventuel mariage de Jeannette Leroy avec le fils du préfet.

matière[2] f *Anlaß*
donner, fournir ~ à ... *Anlaß geben zu ...:* Votre analyse nous a donné ~ à réflexion.

matière[3] f *(Unterrichts)Fach*
~ **facultative** *Wahlfach* / ~ **obligatoire** *Pflichtfach*

matin m *Morgen*
un **beau** ~ *eines schönen Morgens* / ~ **blême** *fahler Morgen*
le ~ se **lève** *der Morgen graut, bricht an:* La brume était si épaisse qu'on remarquait à peine que le ~ se levait.

maturité f *Reife*
arriver à ~ *(Frucht) reif werden:* Nous avons cueilli nos tomates avant qu'elles arrivent à ~, car nous craignions les premières gelées. / qn **manque** de ~ *es fehlt j-m an Reife:* Votre fils n'est pas bête, mais il manque de ~. / **venir** à ~ *(Gedanke, Plan usw.) heranreifen:* Peu à peu, le projet venait à ~.

maximum m *Maximum, Höhepunkt*
atteindre son ~ *seinen Höhepunkt erreichen:* La crue de la Seine a atteint son ~. / **donner** son ~ *sein Bestes geben:* Notre champion a sans doute donné son ~ au cours de la compétition de dimanche. / **faire** le ~ *sein möglichstes tun:* Ce n'est pas de sa faute si vous n'avez pas eu le poste. Lui, il a fait le ~ pour vous. / **porter** à son ~ *auf den Höhepunkt treiben:* L'ordre donné à l'armée de tirer sur les opposants avait porté à son ~ la colère des insurgés.

mécanisme m *Mechanismus*

le ~ se **détraque, se dérègle,** se **dérange** *der Mechanismus funktioniert nicht, klemmt, sperrt sich:* Le système d'ouverture automatique de la porte ne fonctionne plus. Le ~ a dû se détraquer.

méchanceté f *Bosheit*
~ **diabolique, satanique** *teuflische Bosheit* / ~ **noire** *Gehässigkeit* / (c'est de la) **pure** ~, ~ **gratuite** *(das ist) reine, pure Bosheit* / ~ **sournoise** *Heimtücke*

médaille f *Medaille*
décorer qn d'une ~; **décerner** une ~ à qn *j-m eine Medaille verleihen:* La ~ de la famille a été conférée à Madame Sabatier, mère de 12 enfants. / **frapper** une ~ *eine Gedenkmünze, Medaille prägen:* Une ~ d'argent vient d'être frappée pour commémorer le centenaire de la mort de Victor Hugo.

médecin m *Arzt*
aller voir le ~ *zum Arzt gehen:* Avec ces douleurs, j'irais voir le ~! / **appeler** le ~ *den Arzt rufen:* Hier, mon mari a eu une crise cardiaque, de sorte que j'ai dû appeler le ~. / un ~ **ausculte, examine** qn *ein Arzt untersucht j-n:* Le ~, après avoir ausculté l'enfant, déclara qu'il s'agissait tout simplement d'une crise de croissance. / **consulter, aller voir** un ~ *einen Arzt aufsuchen, zu Rate ziehen:* Je vous conseille de consulter bientôt un ~. / un ~ **donne** des consultations *ein Arzt hat Sprechstunde:* Les ~s de ce quartier ne donnent pas de consultations le mercredi après-midi. / **demander** un ~ *nach einem Arzt verlangen:* Arrivé à l'hôtel, j'ai tout de suite demandé un ~. / qn est **traité, soigné** par un ~ *ein Arzt behandelt j-n:* Par quel ~ avez-vous été traité auparavant?

médecine f *Medizin*
~ **douce, parallèle** *Naturheilkunde* / ~ **générale** *Allgemeinmedizin* / ~ **infantile** *Kinderheilkunde* / ~ **interne** *innere Medizin* / ~ **légale** *Gerichtsmedizin* / ~ **sociale** *Sozialmedizin* / ~ **vétérinaire** *Tiermedizin*
faire sa ~ *Medizin studieren:* Joseph Ougoudou a fait sa ~ à Strasbourg avant de rentrer à Abidjan. / **exercer** la ~ *als Arzt tätig sein:* Entre 1977 et 1980, il a exercé la ~ au Mali.

médiateur m *Vermittler*
servir de ~ *vermitteln:* Dans le conflit opposant le Tchad à la Libye, on pense que le Secrétaire Général des Nations Unies pourrait servir de ~.

médiation f *Vermittlung*
proposer sa ~ *seine Vermittlung anbieten:* Le Président de la République française a proposé sa ~ pour régler le conflit saharien.

médicament m *Medikament,* (Arznei-)*Mittel*
~ **efficace** *wirksames Mittel, Medikament* / ~

énergique *stark wirkendes Medikament* / ~ inoffensif *harmloses Medikament*
absorber un ~ *ein Medikament einnehmen:* Ce ~ doit être absorbé dilué dans un peu d'eau. / **administrer** un ~ *ein Medikament verabreichen:* Tous les quarts d'heure, vous devrez administrer au malade le ~ que je vais vous prescrire. / un ~ **opère, agit** *ein Medikament wirkt:* Le ~ que le docteur Selva m'a prescrit a opéré avec une rapidité étonnante. / **prendre** un ~ *ein Medikament einnehmen:* C'est un malade difficile à soigner; il refuse obstinément de prendre le moindre ~. / **prescrire, ordonner** un ~ *ein Medikament verschreiben:* Notre médecin n'aime pas prescrire des masses de ~s. Il pense qu'il faut faire confiance à la nature. / **supporter, tolérer** un ~ *ein Medikament vertragen:* Mon mari ne tolère pas ce ~.

meeting m *Versammlung, Veranstaltung*
organiser un ~ *eine Veranstaltung organisieren:* Un grand ~ d'aviation sera organisé sur l'aérodrome de Chateaublanc, à l'occasion duquel on pourra, entre autres, admirer les exploits des parachutistes. / **tenir, organiser** un ~ *eine (politische) Versammlung abhalten:* Des milliers de militants syndicalistes se sont rassemblés pour assister au ~ organisé par la C.G.T.

méfiance f *Mißtrauen*
dissiper la ~ *das Mißtrauen zerstreuen:* Peu à peu, il avait réussi à dissiper la ~ du vieil homme qui, maintenant, n'avait plus de secrets pour lui. / **éprouver, avoir** de la ~ à l'égard de qn *gegen j-n Mißtrauen hegen:* Madame Krys a toujours éprouvé de la ~ à l'égard de cet homme. / **éveiller** la ~ de qn *j-s Mißtrauen, Argwohn erregen:* Cette carte postale a éveillé sa ~. / **renforcer** la ~ de qn *j-n in seinem Mißtrauen bestärken:* Votre lettre n'a fait que renforcer sa ~.

mélancolie f *Schwermut*
inciter à la ~ *wehmütig stimmen:* Les souvenirs des années que j'ai passées en Italie m'incitent à la ~. / **tomber, sombrer** dans la ~ *in Schwermut verfallen:* Après la mort de son mari, elle tomba dans la ~.

mélange m *Mischung*
~ **détonant** *(fig) brisante Mischung* / ~ **intime** *innige Mischung*
doser le ~ *(fig) die richtige Mischung finden:* Tu dois être sévère avec lui, sans pourtant le décourager, il s'agit de bien doser le ~. / **opérer, effectuer** un ~ (de) *eine Mischung herstellen (aus):* Le pharmacien a opéré un ~ de plusieurs pâtes.

mêlée f *Handgemenge*
~ **générale** *allgemeines Handgemenge* / ~ **sanglante** *blutige Schlägerei*
se **jeter** dans la ~ *sich in das Getümmel stürzen:* Sans hésiter, il s'est jeté dans la ~. / **rester** en dehors, se **tenir** à l'écart de la ~ *sich (aus dem Handgemenge) heraushalten:* Tu aurais dû rester en dehors de la ~.

mélodie f *Melodie*
~ **douce, suave** *sanfte, einschmeichelnde Melodie* / ~ **entraînante** *mitreißende Melodie*
fredonner une ~ *eine Melodie trällern:* Madeleine s'activait dans la cuisine, fredonnant toutes les ~s qui lui passaient par la tête.

mémoire[1] f *Gedächtnis*
~ **auditive** *auditives Gedächtnis* / **bonne** ~ *gutes Gedächtnis* / avoir la ~ **courte** *ein kurzes Gedächtnis haben* / ~ **défaillante** *lückenhaftes Gedächtnis* / ~ **fugace, infidèle, ingrate, vacillante** *unzuverlässiges, schwaches Gedächtnis* / **mauvaise** ~ *schlechtes Gedächtnis* / ~ **prodigieuse** *ausgezeichnetes Gedächtnis* / ~ **rouillée** *eingerostetes Gedächtnis* / ~ **visuelle** *visuelles Gedächtnis*
avoir de la ~ *ein gutes Gedächtnis haben:* Il a de la ~ et cela à l'âge de quatre-vingt-cinq ans. / **charger** sa ~ *sein Gedächtnis belasten:* Vous n'allez pas charger votre ~ de tous ces chiffres. Notez-les plutôt. / **chercher, fouiller** dans sa ~ *sich zu erinnern suchen:* Cherchez dans votre ~, ce détail est important! / s'**effacer** de la ~ de qn *aus dem Gedächtnis schwinden:* Le souvenir de cette terrible nuit s'est heureusement effacé de sa ~. / **encombrer** sa ~ de qc *sein Gedächtnis mit etw vollstopfen:* Il est inutile d'encombrer sa ~ de toutes sortes de poésies apprises par cœur. / **exercer, cultiver, fortifier** sa ~ *sein Gedächtnis trainieren:* Vous devez à tout prix faire des exercices pour fortifier votre ~. / **fixer, graver** qc dans sa ~ *sich etw einprägen:* Je regardai longuement l'individu étrange pour fixer ses traits dans ma ~. / **garder** qc en ~, dans sa ~ *etw im Gedächtnis behalten:* Cette soirée, je la garderai dans ma ~ jusqu'à la fin de mes jours. / se **graver**, s'**inscrire** dans la ~ de qn *sich in j-s Gedächtnis eingraben; sich j-s Gedächtnis einprägen:* La nuit de la capitulation s'est gravée dans la ~ de tous mes camarades. / **perdre** la ~ *1. das Gedächtnis verlieren; 2. vergeßlich werden:* Mon fils a subi une commotion cérébrale qui lui a fait perdre la ~ pour toute une semaine. Je commence a perdre la ~; il faut que je note tout. / **rafraîchir** la ~ à qn *j-s Gedächtnis auffrischen:* Soyez sûrs que je vous rafraîchirai la ~. / **rayer** qc, qn de sa ~ *etw, j-n aus seinem Gedächtnis streichen:* Cet individu-là? Je ne le connais plus! Je l'ai rayé à tout jamais de ma ~. / **revenir** à la ~ *einfallen:* Cette mélodie me revient souvent à la ~. / qc **sorti** de ma ~ *etw ist mir entfallen:* Je ne me rappelle pas ce détail. Il est sorti de ma ~. / ma ~ me **trahit** *mein Gedächtnis läßt mich im Stich:* Je n'ai

mémoire

plus aucun souvenir de cet événement. Ma ~ me trahit.
mémoire² f *Erinnerung, Andenken*
chanter dans la ~ de qn *in j-s Erinnerung nachklingen:* Ces vers que nous avons appris lorsque nous étions enfants chantent encore dans la ~ de tous les Français de ma génération. / **conserver, garder** la ~ de qc, qn *die Erinnerung an etw, j-n bewahren:* Nous conserverons la ~ de ce grand homme qui a enrichi la vie culturelle de notre ville. / **remonter, revenir** à la ~ de qn; **revenir, remonter** en ~ à qn *j-m wieder in Erinnerung kommen:* Peu à peu, de vieux souvenirs effacés lui revenaient en ~. / **révérer** la ~ de qn *j-s Andenken ehren; j-m ein ehrendes An(ge)denken bewahren:* Nous révérerons la ~ de monsieur votre père. / **revivre** dans la ~ de qn *in j-s Erinnerung fortleben:* Cet homme extraordinaire revivra dans la ~ de tous les élèves. / **ternir, souiller** la ~ de qn *j-s Andenken, die Erinnerung an j-n besudeln:* Par toutes sortes de calomnies, les ennemis de la dynastie essayaient de souiller la ~ de son glorieux fondateur. / **venger** la ~ de qn *j-n rächen:* Il avait juré qu'il vengerait un jour la ~ de son père, lâchement assassiné.

menace f *Drohung, Bedrohung*
vaine ~ *leere Drohung*
céder à une ~ *angesichts einer Drohung nachgeben:* Les agresseurs ont dû céder à la ~ d'une intervention chinoise. / **conjurer, écarter** une ~ *eine Bedrohung abwenden:* Heureusement, la ~ a pu être conjurée. / **constituer** une ~ pour qn, qc *eine Bedrohung für j-n, etw darstellen:* Votre projet constitue une ~ pour toute notre région. / **mettre** ses ~s **à exécution** *seine Drohungen wahr machen:* Méfiez-vous, il est sans doute capable de mettre ses ~s à exécution. / une ~ **plane** sur qn, sur la tête de qn *eine Drohung schwebt über j-m:* Cette ~ plane sur nous depuis trois ans. / **proférer, vociférer** des ~s *Drohungen ausstoßen:* Laissez-le proférer des ~s, elles ne m'impressionnent pas. / **se répandre** en ~s *sich in Drohungen ergehen:* Il avait trop bu et se répandait en ~s.

ménage¹ m *Haushalt*
faire le ~ *(das Haus) aufräumen, putzen:* Le matin, je fais le ~, l'après-midi je m'occupe des enfants. / **monter** son ~ *sich einrichten; einen Hausstand gründen:* Les jeunes mariés profitent des vacances pour monter leur ~. / **tenir** le ~ de qn *j-m den Haushalt führen:* Ma tante tient le ~ d'un ancien officier célibataire. / **vaquer** aux soins du ~ *den häuslichen Pflichten nachkommen:* Elle chantait tout en vaquant aux soins du ~.

ménage² m *Ehe*
faux ~ *wilde Ehe* / ~ **uni** *Ehepaar, das sich gut versteht, das gut zusammenpaßt* /

se mettre en ~ *zusammenziehen:* Vous saviez que Jeannette s'était mise en ~ avec son ami? En tout cas, elle ne parle pas de se marier. / **mettre la dissension** dans un, **brouiller, désunir** un ~ *eine Ehe zerrütten:* Au début, ils s'entendaient bien, mais les tracas quotidiens, les difficultés d'argent ont fini par mettre la dissension dans leur ~.

mendiant m *Bettler*
~ **déguenillé** *zerlumpter Bettler*

mendicité f *Betteln (Bettelstab)*
être réduit à la ~ *an den Bettelstab gekommen sein:* Lui, dont l'avenir semblait si prometteur, le voilà maintenant réduit à la ~. / **réduire** qn à la ~ *j-n an den Bettelstab bringen:* Ce vieil avare! Dès qu'on vient lui demander 5 francs, il crie qu'on va le réduire à la ~.

menées fpl *Umtriebe*
~ **subversives** *subversive Umtriebe; Wühlarbeit*

menottes fpl *Handschellen*
mettre, passer les ~ à qn *j-m Handschellen anlegen:* L'agent de police lui mit les ~ et l'emmena.

mensonge m *Lüge*
~ **criminel** *frevelhafte Lüge* / ~ **éhonté, impudent** *schamlose Lüge* / ~ **épais, grossier** *faustdicke, plumpe Lüge* / **gros** ~ *grobe Lüge* / ~ **hardi** *freche Lüge* / ~ **infâme** *infame Lüge* / ~ **innocent, bénin** *harmlose Lüge* / **pieux** ~ *fromme Lüge* / **pur** ~ *glatte Lüge*
dire un ~, des ~s (à qn) *lügen; j-n belügen:* J'ai l'impression que Charles nous dit des ~s. / **s'empêtrer** dans le ~; **s'embrouiller** dans ses ~s *sich in Lügen verstricken:* Le prévenu s'est embrouillé dans ses ~s au cours de l'interrogatoire. / ces ~s ne **prennent** plus *diese Lügen glaubt kein Mensch mehr:* Arrête! Tes ~s ne prennent plus!

menteur m *Lügner*
effronté ~ *frecher, unverschämter Lügner* / ~ **éhonté, impudent** *schamloser Lügner* / **fieffé** ~; ~ **fini** *abgefeimter Lügner* / **sacré** ~ (F) *verdammter Lügner*
confondre un ~ *einen Lügner entlarven, überführen:* Je ne renoncerai pas jusqu'à ce que j'aie confondu le ~ qui a fait circuler ce bruit.

mention f *(Prüfungs)Note*
être reçu avec (la) ~ «très bien» («bien», «assez bien», «passable») *mit „sehr gut" („gut", „befriedigend", „ausreichend") bestanden haben:* Jean vient de passer son examen. Il a été reçu avec la ~ «très bien».

menton m *Kinn*
~ **avancé, proéminent, saillant** *vorspringendes Kinn* / ~ **carré** *breites Kinn* / **double** ~ *Doppelkinn* / ~ **fuyant** *fliehendes Kinn* / ~ **glabre, imberbe** *glattes, bartloses Kinn* /

pointu *spitzes Kinn* / ~ **volontaire** *energisches Kinn*

menu m *Menü*

~ **gastronomique** *Feinschmeckermenü* / ~ **touristique** *preiswertes Menü für Touristen* **composer** un ~ *ein Menü zusammenstellen:* Si vous voulez, le chef de cuisine vous composera un ~ de fête. / **préparer** un ~ *ein Menü zubereiten:* Madame Germaine, je vous félicite, vous nous avez préparé un excellent ~.

mépris m *Verachtung*

~ **profond; profond** ~ *tiefe Verachtung* / **souverain** ~ *tiefste Verachtung* **accabler, écraser** qn de son ~ *j-n mit Verachtung strafen:* Madame Berlingué écrase son fils de son ~. / **être en butte** au ~ *der Verachtung ausgesetzt sein:* Il a grandi dans un milieu misérable, sans cesse en butte au ~ général. / **tenir, avoir** qn, qc en ~ *j-n, etw verachten:* Il prétend tenir l'argent en ~.

mer f *Meer, (die) See*

~ **agitée, houleuse** *unruhige See* / ~ **basse** *Ebbe* / ~ **calme, belle, étale** *ruhige, glatte See* / ~ **creuse** *hohle See* / ~ **démontée, soulevée, tourmentée** *aufgewühlte, wild bewegte See* / ~ **forte** *hochgehende See* / **grosse** ~ *hoher Seegang; rauhe, schwere See* / **haute, pleine** ~ *hohe, offene See* / ~ **moutonneuse** *mit Schaumkronen bedecktes Meer* / ~ **plate** *spiegelglatte See* la ~ **baigne** un pays *ein Land liegt am Meer:* La ~ baigne la France sur trois côtés. / la ~ se **calme, s'assagit** *die See, das Meer beruhigt sich:* Le troisième jour après le naufrage, la ~ a commencé à se calmer. / **courir** les ~s *die Meere befahren:* Le frère de mon père a couru les ~s pendant une trentaine d'années. / la ~ se **déchaîne,** se **démonte** *das Meer wird aufgewühlt:* Quand le mistral se lève, il faut s'attendre à ce que la ~ se déchaîne sans tarder. / la ~ **descend** *die Ebbe kommt:* Nous sortirons du port quand la ~ commencera à descendre. / la ~ **écume** *das Meer schäumt:* Le vent devenait de plus en plus violent, la ~ houleuse écumait. / la ~ **grossit** *es kommt Seegang auf:* Comme la ~ grossissait, ils ont jugé plus prudent de gagner le port le plus proche. / la ~ **monte** *die Flut kommt:* Pour remettre la barque à l'eau, il a fallu attendre que la ~ monte. / la ~ **moutonne** *das Meer bekommt Schaumkronen:* Vers le soir, le vent se leva; la ~ tout entière se mit à moutonner. / **périr** en ~ *den Seemannstod erleiden:* Mon grand-père a fait la guerre comme capitaine de sous-marin. Il a péri en ~ en 1944. / **prendre** la ~ *in See stechen:* Nous prendrons la ~ dès que le moteur sera réparé. / bien **tenir** la ~ *seetüchtig sein:* Êtes-vous sûr que le «Circé» tiendra bien la ~?

mérite m *(das) Verdienst*

~s **cachés** *heimliche Verdienste* / ~ **méconnu** *nicht (richtig) gewürdigtes Verdienst* **attribuer** à qn le ~ de qc *j-m das Verdienst für etw zusprechen:* Il faut attribuer à l'ex-maire le ~ de la construction du gymnase. / **s'attribuer** le ~ de ... *für sich das Verdienst in Anspruch nehmen zu ...:* Monsieur Brin s'attribue le ~ d'avoir reconnu le premier les talents du jeune pianiste. / **avoir** du ~ *sich verdient gemacht haben:* C'est elle qui a élevé ses quatre frères et sœurs. Elle a vraiment du ~. / se **faire** un ~ de faire qc *es sich als Verdienst anrechnen, etw zu tun:* Elle se fait un ~ de coller le plus d'élèves possible. / **rabaisser, rabattre** les ~s de qn *j-s Verdienste herabwürdigen:* Il cherche constamment à rabaisser les ~s de ses collègues. / le ~ lui en **revient** *das ist sein Verdienst:* Si la centrale nucléaire n'est pas construite, c'est au comité qu'a créé mon père qu'en revient le ~. / faire **valoir,** faire **sonner** ses ~s *seine Verdienste herausstreichen:* Je ne conteste pas la valeur de Monsieur Gentil. Je trouve seulement qu'il fait un peu trop valoir ses ~s. / **vanter** les ~s de qn *j-s Verdienste loben:* Elle ne cesse de vanter les ~s du docteur Vaugirard.

merle m *Amsel*

le ~ **siffle** *die Amsel singt, flötet:* Après un orage, les ~s sifflent de manière particulièrement belle.

merveille f *Wunder*

une **pure** ~ *ein wahres Wunderwerk* **faire** ~, des ~s *Wunder tun, vollbringen; (Arznei) Wunder wirken:* Le nouveau copieur fait des ~s. / **voir** des ~s *Wunder erleben:* Entrez, Mesdames et Messieurs, vous verrez des ~s.

message m *Botschaft, Nachricht*

~ **funeste** *Hiobsbotschaft* / ~ **radio** *Funkspruch* / ~ **urgent** *eilige Nachricht* **capter, intercepter** un ~ *eine Nachricht abfangen, auffangen:* Le service de contre-espionnage a capté le ~ chiffré d'un espion. / **transmettre** un ~ *eine Botschaft übermitteln:* Avez-vous un ~ à transmettre au capitaine?

messe f *(rel) Messe*

aller à la ~ *zur Messe gehen:* Dans le village, autrefois, il y avait ceux qui allaient à la ~, les bien-pensants, et ceux qui n'y allaient pas, les «rouges». / **assister** à, **entendre** la ~ *der Messe beiwohnen; die Messe hören:* Cent mille croyants ont entendu la ~ qu'a célébrée le pape à Buenos Aires. / **dire, célébrer** la ~ *die Messe lesen, halten, zelebrieren:* Le dimanche, le curé dit la ~ à six heures et demie. / **faire dire** une ~ *pour, à la mémoire de qn für j-n eine Messe lesen lassen:* Une fois par an, la pauvre veuve fait dire une ~ pour son mari défunt. / **servir** la ~ *ministrieren:* Depuis Noël, Henri et son copain servent la ~. / **sonner** la ~ *zur Messe*

mesure

läuten: Allons, dépêche-toi, j'entends déjà qu'on sonne la ~.

mesure[1] f *Maß*
la **bonne** ~; la **juste** ~ *das rechte Maß* / dans une **faible** ~ *in geringem Maße* / dans une **large** ~ *in hohem Maße*
combler la ~ *das Maß vollmachen:* Votre récente méchanceté comble la ~. / **excéder, (dé)passer** la ~ *über das übliche Maß hinausgehen:* Le zèle de Claude dépasse la ~. / **garder** la (juste) ~ *maßhalten; das rechte Maß kennen:* Maurice sait toujours garder la juste ~. / **s'habiller** sur ~ *(nur) Maßkleidung tragen:* Je ne peux plus me permettre de m'habiller sur ~. / **prendre** la ~, les ~s de qc, qn *etw abmessen, vermessen; Maß nehmen bei etw, j-m:* Venez demain matin pour que je prenne vos ~s pour le costume.

mesure[2] f *Maßnahme*
~ **arbitraire** *Willkürmaßnahme* / ~ **coercitive** *Zwangsmaßnahme* / ~s bien **concertées** *gut abgestimmte, vorbereitete Maßnahmen* / ~ **conservatoire** *vorsorgliche Maßnahme* / ~ **disciplinaire** *Disziplinarmaßnahme* / ~s **draconiennes, radicales, énergiques** *drakonische, drastische Maßnahmen* / ~ **efficace** *wirksame Maßnahme* / ~s **exceptionnelles** *Sondermaßnahmen* / ~ **immédiate** *Sofortmaßnahme* / ~ **préventive, prophylactique** *Vorbeugungsmaßnahme; vorbeugende Maßnahme* / ~ **punitive** *Strafmaßnahme* / ~s **sévères** *strenge Maßnahmen* / ~ **transitoire** *Übergangsmaßnahme*
appliquer une ~ *eine Maßnahme in Kraft setzen:* Des ~s viennent d'être adoptées par les députés. Il faut maintenant attendre le décret qui permettra de les appliquer. / **prendre, adopter** des ~s *Maßnahmen ergreifen:* Le gouvernement devra prendre des ~s draconiennes pour pallier à l'inflation. / une ~ **vise (à faire)** qc *eine Maßnahme zielt darauf ab zu ...:* Cette ~ vise à élever le niveau de vie des paysans.

mesure[3] f *Takt*
battre, marquer, scander la ~ *den Takt schlagen, angeben:* Nous avons chanté, Arsène a battu la ~. / **jouer** en ~ *im Takt spielen:* Tu dois veiller à ce qu'il apprenne à jouer en ~. / **perdre** la ~ *aus dem Takt kommen:* Il est difficile de jouer avec Adrienne. Elle perd constamment la ~.

méthode f *Methode*
la **bonne** ~ *die richtige Methode* / ~ **impraticable** *undurchführbare Methode* / ~ **répandue** *gängige Methode*
adopter une ~ *eine Methode übernehmen:* Si vous adoptez ma ~, vous réussirez à tous les coups. / **agir** avec ~ *methodisch vorgehen:* Pour ne rien laisser au hasard, il faut agir avec ~. /

employer, utiliser une ~ *eine Methode anwenden:* La ~ employée n'a pas été la bonne.

métier m *Beruf, Handwerk*
~ **intellectuel** *geistiger Beruf* / ~ **manuel** *handwerklicher Beruf*
apprendre un ~ *einen Beruf erlernen:* Mes parents étaient si pauvres que je n'ai pas pu apprendre de ~. / **connaître** son ~ *sein Handwerk, seine Sache verstehen:* Ayez confiance en Monsieur Terloc. Il connaît son ~. / **donner, faire apprendre** un ~ à qn *j-n einen Beruf erlernen lassen:* Je vous recommande de donner un ~ à votre fille. / **embrasser** un ~ *einen Beruf ergreifen:* À l'âge de vingt ans, il avait embrassé le ~ d'horloger. / **être** du ~ *vom Fach sein:* Je peux juger de la question, je suis du ~. / **exercer** un ~ *einen Beruf ausüben:* Est-ce que vous exercez le ~ que vous avez appris? / **parler** ~ *fachsimpeln:* Ne pouvez-vous pas arrêter un moment de parler ~?

métro m *U-Bahn*
aller en, **prendre** le ~ *mit der U-Bahn fahren:* Faute de trouver un parking, j'y vais régulièrement en ~.

mets m *Gericht, Speise*
~ **appétissant** *appetitliches, leckeres Gericht* / ~ **favori** *Leibspeise, Leibgericht* / ~ **frugal** *einfaches Gericht* / ~ **relevé** *pikantes Gericht* / ~ **savoureux, succulent** *schmackhaftes Gericht*
accommoder, apprêter un ~ *ein Gericht zubereiten:* Il s'agit là d'un ~ tout simple, mais Georgette a l'art de l'accommoder de façon extraordinaire.

milieu[1] m *Mitte*
au **beau** ~ de; en **plein** ~ de *inmitten; mitten in* / le **juste** ~ *die goldene Mitte; der goldene Mittelweg;* garder le juste ~ *(die Mitte halten; maßvoll sein; maßhalten);* se tenir dans un juste ~ *(den goldenen Mittelweg gehen, beschreiten)*
couper qc par le ~ *etw in der Mitte durchschneiden:* D'un seul coup, l'indigène coupa la noix de coco par le ~. / **tenir** le ~ entre ... et ... *ein Zwischending sein zwischen ... und ...:* La nouvelle voiture tient le ~ entre un break et une jeep.

milieu[2] m *Milieu*
~ **ambiant** *Umgebung, Umwelt*
échapper à son ~ *aus seinem Milieu herauskommen:* Autrefois, il était bien difficile d'échapper à son ~.

milieux mpl *Kreise*
les ~ **autorisés** *die maßgeblichen Kreise* / ~ bien **informés** *gut unterrichtete Kreise* / ~ **louches** *fragwürdige, anrüchige Kreise* / les ~ **populaires** *die niederen Volksschichten*
fréquenter des ~ (+ *adj*) in (+ *adj*) *Kreisen verkehren:* Je suppose qu'il fréquente des ~ fascistes.

mine[1] f *Gesichtsausdruck, Miene, Aussehen*
bonne ~ *gutes, blühendes Aussehen:* avoir bonne ~ 1. *gesund aussehen;* 2. *(iron) dumm aus der Wäsche gucken* / faire bonne ~ à qn *nett zu j-m sein; j-m freundlich begegnen* / ~ **boudeuse** *Schmollmiene* / ~ **déconfite** *enttäuschte, betretene Miene* / ~ **dédaigneuse** *herablassende Miene* / avoir la ~ **défaite** *mitgenommen aussehen* / ~ **enjouée** *heitere Miene* / ~ **funèbre** *Leichenbittermiene, Trauermiene* / ~ **gênée** *verlegene Miene* / ~ **glacée, glaciale** *eisige Miene* / ~ **grave** *würdevolle Miene* / faire **grise** ~ à qn *j-m abweisend begegnen* / ~ **immobile, impassible** *unbewegte, undurchdringliche Miene* / ~ **lugubre** *düstere Miene; Trauermiene* / ~ **maussade, renfrognée** *griesgrämige, verdrossene Miene* / avoir **mauvaise** ~ *krank, schlecht aussehen* / avoir **meilleure** ~ *wieder besser aussehen* / ~ **officielle** *Amtsmiene* / ~ **patibulaire** *Galgengesicht* / faire une **piteuse** ~ (F) *ein Gesicht wie sieben Tage Regenwetter machen* / avoir une ~ **resplendissante, superbe** *glänzend aussehen* / avoir une **sale** ~ (F) *verdammt schlecht aussehen* / faire une **sale** ~ (F) *griesgrämig dreinschauen* / ~ **sinistre** *düstere, finstere Miene* / ~ **sournoise** *lauernde, hämische Miene* / faire **triste** ~ *ein trauriges Gesicht machen*
avoir, faire, prendre une ~ (+ *adj*) (+ *adj*) *aussehen, dreinschauen; ein* (+ *adj*) *Gesicht machen; eine* (+ *adj*) *Miene aufsetzen:* Lorsque je lui ai raconté la nouvelle, il a eu une ~ très étonnée. / **avoir** la ~ de qn qui ... *aussehen wie jemand, der ...:* Tu as la ~ de quelqu'un qui est aux abois. / **avoir** une ~ d'enterrement *eine Leichenbittermiene haben, machen:* Qu'est-ce qui se passe ici? Tout le monde a une ~ d'enterrement. / **faire** ~ de ... *so tun als ob ...:* Il faisait ~ de vouloir lui donner un coup. / **ne pas faire** ~ de ... *keine Anstalten machen zu ...:* Comme il ne faisait pas ~ de payer, j'ai bien dû sortir mon portefeuille. / sa ~ s'est **rembrunie, assombrie** *seine Miene verfinsterte sich:* À cette remarque de son interlocuteur, sa ~ s'est rembrunie.
mine[2] f *Bergwerk*
descendre dans la ~ *in das Bergwerk einfahren:* Le ministre est descendu dans la ~ avec le directeur de l'entreprise. / **exploiter** une ~ *eine Mine ausbeuten:* Cette ~ d'argent sera exploitée à partir de l'année prochaine. / **fermer, abandonner, désaffecter** une ~ *eine Zeche, ein Bergwerk stillegen, auflassen:* La ~ devra être fermée d'ici la fin de l'année.
mine[3] f (*mil*) *Mine*
désamorcer une ~ *eine Mine entschärfen:* Le caporal est parvenu à désamorcer les deux ~s. / **détecter** des ~s *Minen suchen:* La marine militaire fait des essais avec un nouvel appareil qui permet de détecter des ~s à une distance de plusieurs kilomètres. / **marcher** sur une ~ *auf eine Mine treten:* Son frère s'est tué au Viêt-nam en marchant sur une ~. / **poser,** (*mar*) **mouiller** des ~s *Minen legen:* Le chef de la brigade donna l'ordre de poser des ~s sur toute la longueur du chemin. / **sauter** sur une ~ *auf eine Mine fahren:* Le char a sauté sur une ~ et tout l'équipage a été tué.

minerai m *Erz*
abattre, extraire du ~ *Erz abbauen:* Ce ~ est abattu à ciel ouvert (*im Tagebau*). / **traiter** du ~ *Erz aufbereiten:*
Le ~ de cuivre qu'on abat dans cette région a besoin d'être traité à plusieurs reprises.

minimum m *Minimum*
le **strict** ~ *das Allernötigste* / le ~ **vital** *das Existenzminimum*
atteindre son ~ *den niedrigsten Stand erreichen:* Le cours des actions a atteint hier son ~ depuis le début de l'année. / **réduire** qc au ~ *etw auf ein Minimum beschränken:* Nous allons être obligés de réduire nos dépenses au ~ pendant quelque temps.

minorité f *Minderheit*
~ **infime** *verschwindende Minderheit*
être en ~ *in der Minderheit sein:* Les partisans de mesures draconiennes sont en ~. / **mettre** en ~ *überstimmen:* Les délégués du parti communiste ont été mis en ~.

minuscule f *Kleinbuchstabe*
prendre une, s'**écrire** avec ~ *klein geschrieben werden:* Dans l'expression «parlez-vous français?», français prend une ~.

minute de silence f *Schweigeminute*
observer une ~ *eine Schweigeminute einlegen:* Au début de la séance, l'Assemblée générale observa une ~.

miracle m *Wunder*
accomplir, faire des ~s *Wunder vollbringen, wirken:* Le nouveau président n'accomplira pas de ~s non plus. / **croire** aux ~s *an Wunder glauben:* Si vous espérez une amélioration de la situation, vous croyez aux ~s. / **espérer** un ~ *auf ein Wunder warten, hoffen:* Vous vous faites des illusions, vous espérez un ~. / le ~ **se produit** *es geschah ein Wunder:* Tout semblait perdu, et le ~ se produisit. / **tenir** du ~ *an ein Wunder grenzen:* Le sauvetage des trois écoliers tient du ~.

mise au point f *Klarstellung*
faire une ~ *eine Klarstellung vornehmen:* Je crois qu'il faut ici faire une ~.

mise en scène f *Regie*
faire, régler la ~ *Regie führen:* Qui est-ce qui a fait la ~ de cette pièce?

misère f *Elend, Not, Armut*
~ **dorée** *versteckte, verschämte Armut* / ~

mission

morale *seelische Verwahrlosung* | ~ **noire** *schreiendes Elend; bittere Armut*
crier, pleurer ~ *sein Elend beklagen:* Je ne trouve pas bon que nous criions ~ au lieu d'agir avec énergie. | **réduire** qn à la ~ *j-n an den Bettelstab bringen:* Ses enfants l'ont littéralement réduit à la ~. | **tomber** dans la ~ *in Not geraten:* À la mort de son père, la pauvre fille handicapée tomba dans la ~.

mission f *Auftrag, Mission*

~ **délicate** *schwieriger, heikler Auftrag* | ~ **secrète** *Geheimauftrag; geheime Mission* | ~ **spéciale** *Sonderauftrag*
s'acquitter d'une, **remplir** une ~ *einen Auftrag, eine Mission erfüllen:* Monsieur Autuche a rempli la ~ à notre entière satisfaction. | **il a (pour)** ~ **de ...** *sein Auftrag besteht darin zu ...:* Monsieur Albon a pour ~ de sonder les possibilités d'un compromis. | **charger** qn d'une ~; **assigner** une ~ à qn *j-m einen Auftrag erteilen:* La ~ dont votre père m'a chargé me comble de fierté. | **envoyer** qn en ~ *j-n mit einem Auftrag entsenden:* Le président des États-Unis a envoyé son ministre des Affaires étrangères au Proche-Orient en ~ spéciale. | **être** en ~ *einen offiziellen Auftrag haben:* Les deux délégués font semblant d'être en vacances; mais j'ai l'impression qu'en réalité, ils sont en ~. | **faillir** à sa ~ *bei der Erfüllung eines Auftrags scheitern:* Leur but était de réconcilier les deux peuples ennemis. Il leur faudra bien avouer qu'ils ont malheureusement failli à leur ~. | **partir** en ~ *in offiziellem Auftrag reisen:* Le secrétaire général est parti en ~ en Algérie.

mite f *Motte*
les ~s **mangent** qc *die Motten zerfressen etw:* Les ~s ont mangé mon chapeau.

mitrailleuse f *Maschinengewehr*
une ~ **crépite** *ein Maschinengewehr knattert:* Tout à coup, en pleine nuit, une ~ a crépité non loin de nous.

mobile m *Beweggrund*
découvrir les ~s *die Beweggründe herausfinden:* Le commissaire s'acharnait à découvrir les ~s qui avaient poussé le jeune Ranucchi à déposer la bombe. | **être poussé** par des ~s; **obéir** à des ~s *von Beweggründen geleitet werden:* On se demande à quels ~s il a obéi en s'introduisant en pleine nuit dans les appartements de la reine.

mode f *Mode*
la **dernière** ~ *die neueste Mode* | une ~ **éphémère** *eine vorübergehende Mode(-erscheinung)* | ~ **extravagante** *ausgefallene, extravagante Mode* | ~ **féminine** *Damenmode* | ~ **masculine** *Herrenmode*
être à la ~ *in Mode sein:* Le bleu est à la ~ cette année. | **faire** ~ *modisch wirken:* Son manteau fait ~, il faut le reconnaître. | **(re)lancer** une ~ *eine Mode (wieder) einführen:* Cela fait plusieurs années qu'on essaie de relancer la ~ des minijupes. | **mettre** qc à la ~ *etw in Mode bringen:* C'est le chancelier fédéral qui a mis à la ~ cette casquette en Allemagne. | **passer** de ~ *aus der Mode kommen:* Cette forme de bottes est passée de ~. | **revenir** à la ~ *wieder in Mode kommen:* Les manches larges reviennent à la ~ cette année. | **suivre** la ~ *mit der Mode gehen:* Cela coûte très cher de suivre la ~.

modèle m *Beispiel, Vorbild*
se **conformer** à un ~ *sich an einem Beispiel orientieren:* L'adolescent refuse de se conformer aux ~s que lui offre la société établie. | **donner** un ~, **servir** de ~ à qn *j-m ein Beispiel geben:* Durant toute sa vie, il a donné un ~ à la jeunesse. | s'**écarter** d'un ~ *sich von einem Vorbild lösen:* Vers la fin du XVIIIe siècle, les écrivains commencèrent à s'écarter du ~ antique qui avait inspiré le classicisme. | **prendre** qn pour ~; **prendre** ~ sur qn *sich j-n zum Vorbild nehmen:* J'aimerais que vous preniez ~ sur Charles.

modestie f *Bescheidenheit*
fausse ~ *falsche Bescheidenheit*

modification f *Änderung*
~ **infime** *winzige Änderung* | ~ **légère** *geringfügige Änderung* | **profonde** ~; ~ **profonde** *tiefgreifende Veränderung*
apporter une ~ à qc *bei, an etw eine Änderung vornehmen:* Nous avons décidé d'apporter quelques ~s au texte du contrat. | **subir** une ~ *eine Änderung erfahren:* Le texte avait subi plusieurs ~s avant de paraître.

mœurs fpl *Sitten*
~ **austères, rigides, sévères** *strenge Sitten* | **bonnes** ~ *gute Sitten* | ~ **corrompues, dissolues, dépravées** *verderbte, liederliche Sitten* | femme de ~ **faciles, légères** *Frau mit liederlichem Lebenswandel* | ~ **irréprochables** *untadeliger Lebenswandel* | ~ **licencieuses** (litt) *schamlose Sitten* | **mauvaises** ~ *schlechte Sitten* | ~ **relâchées** *laxe, lockere Sitten*
corrompre les ~ *die Sitten verderben:* La vie luxueuse de la classe régnante corrompt les ~ de ce pays. | **épurer** les ~ *die Sitten läutern:* Bien des moralistes ont tenté, en vain, d'épurer les ~ de leurs concitoyens. | **étudier** les ~ *die Sitten und Gebräuche studieren:* Il était parti en Océanie étudier les ~ des indigènes. | **offenser** les ~ *gegen die guten Sitten verstoßen:* Votre conduite, monsieur, offense les ~. | **passer, entrer** dans les ~ *Sitte werden; üblich werden:* Autrefois, il était inimaginable qu'une jeune fille entre seule dans un café. Maintenant, c'est entré dans les ~. | les ~ se **relâchent** *die Sitten werden locker:* Les ~ se sont bien relâchées dans ce pays depuis que la

classe dirigeante elle-même donne l'exemple de la corruption.

moineau m *Spatz*
le ~ **piaille** *der Spatz tschilpt, piept:* Je ne pouvais pas dormir, car les ~x piaillaient de façon assourdissante devant ma fenêtre.

moisson f *Ernte*
~ **abondante** *reiche Ernte* / **maigre** ~ *magere, dürftige Ernte* / **riche, ample** ~ *(fig) reiche Ernte:* Pour son ouvrage, il a rassemblé une ample ~ de documents. / **faire** la ~ *ernten:* Nous allons faire la ~ à partir de lundi. / **rentrer, engranger** la ~ *die Ernte einfahren:* On a annoncé des orages pour la fin de la semaine et les paysans se hâtent de rentrer la ~.

moment m *Augenblick, Moment, Zeitpunkt*
le **bon** ~ *der richtige Augenblick; eine gute Gelegenheit:* attendre, guetter le bon ~ *(den richtigen Moment abpassen)* / le ~ **crucial, important, décisif, critique** *der entscheidende Augenblick* / attendre le **dernier** ~ (pour) *bis zum letzten Moment warten (um zu)* / ~ **favorable, convenable, propice, opportun** *günstiger Augenblick* / ~ **fugitif** *flüchtiger Augenblick* / un **mauvais** ~ *ein unangenehmer Augenblick:* Une séance chez le dentiste, ce n'est qu'un mauvais ~ à passer. (... *ist nicht angenehm, aber man muß eben durch.*) / un **petit** ~ *ein Weilchen; ein kurzer Augenblick* / le ~ **présent** *dieser Augenblick; diese Stunde* / le ~ de ... **approche** *der Zeitpunkt (+ Gen) rückt näher:* Dépêchez-vous, le ~ de l'arrivée de Monsieur Kounou approche. / **choisir** le, son ~ *den Zeitpunkt, Augenblick aussuchen:* J'ai mal choisi mon ~ en allant voir hier Monsieur Legris. Il venait de se disputer avec sa femme. / **jouir** du ~ *den Augenblick, die Gegenwart genießen:* Quel homme heureux! Il jouit du ~ sans s'inquiéter en aucune façon du lendemain. / **saisir** le, **profiter** du ~ *den Augenblick nutzen:* Je vous conseille de profiter du ~ favorable.

monde¹ m *Welt*
l'**ancien** ~ *die Alte Welt* / un ~ **chimérique** *eine Traumwelt* / le ~ **connu** *das (bisher) erforschte Universum* / le ~ **entier** *die ganze Welt* / le ~ **libre** *die freie Welt* / le **nouveau** ~ *die Neue Welt (Amerika)* / c'est le ~ **renversé** *das ist eine verkehrte Welt* / le ~ **sensible** *die sinnliche, sinnlich wahrnehmbare Welt* / le **tiers** ~ *die dritte Welt* / le **vaste** ~ *die weite Welt* où **va** le ~? *wohin treibt die Welt?:* À notre époque si menaçante, on peut se demander où va le ~. / il **y a** un ~ entre ... et ... ... *und ... trennen Welten:* Il y a un ~ entre le père et le fils. / **bouleverser** le ~ *die Welt tiefgreifend verändern:* Les livres de ce philosophe ont bouleversé le ~. / **courir, parcourir** le ~ *in der Welt herumreisen:* Dans sa jeunesse, il a couru le ~. / **désespérer** du ~ *an der Welt verzweifeln:* Je commence à désespérer du ~. / **entrer, faire son entrée** dans le ~ (de) *in die Welt (+ Gen) eintreten:* Jacques Legouis a fait son entrée dans le ~ de la politique par un discours retentissant aux assises du parti. / **explorer** le ~ *die Umgebung erforschen:* Le jeune enfant commence très tôt à vouloir explorer le ~ qui l'entoure, mais il n'a pas le sens du danger. / **mettre** au ~ *zur Welt bringen:* Une jeune femme de vingt ans vient de mettre au ~ des quadruplés. / **renoncer** au ~ *sich (aus dem gesellschaftlichen Leben) zurückziehen; der Welt entsagen:* Il m'a confié qu'il avait la tentation de renoncer au ~ et de se retirer complètement. / se **retrouver, être** seul au ~ *allein auf der Welt sein:* Il se retrouva à 15 ans, orphelin, sans parenté ni amis, seul au ~. / **venir** au ~ *zur Welt kommen:* Jacques Blérot vint au ~ le 16 avril 1832.

monde² m *Leute*
un ~ **fou** *eine ungeheure Menschenmenge:* Il y a un monde fou ... *(Es herrscht ein tolles Gedränge.)* / le **grand, beau** ~ *die vornehme Welt* / le **pauvre** ~ (F) *die kleinen Leute; die armen Schlucker* / **avoir** du ~ *Gäste haben:* Excusez-moi, je repasserai demain. J'ignorais que vous aviez du ~ ce soir. / **connaître** son ~ *seine Leute,* (F) *Pappenheimer kennen:* Vous ne me tromperez pas. Je connais mon ~. / **satisfaire** tout le ~ *es allen (Leuten) recht machen:* On ne peut jamais satisfaire tout le ~.

monnaie¹ f *Wechselgeld, Kleingeld*
menue, petite ~ *Kleingeld* / ~ **métallique** *Hartgeld* **faire de la** ~ **wechseln:** Attendez un instant, il faut que je fasse de la ~. / **faire la** ~ de ... francs einen ... *Franc-Schein wechseln:* Il faut que je fasse d'abord la ~ de cent francs. / **garder** la ~ *das Kleingeld behalten (dürfen):* Va à la boulangerie m'acheter une baguette et trois croissants, petit! Pour ta peine, tu garderas la ~. / **rendre** la ~ *herausgeben:* Pourriez-vous faire l'appoint? Je n'ai pas de quoi vous rendre la ~. / **rendre** la ~ sur ... francs *auf ... Francs herausgeben:* Vous m'avez rendu la ~ sur dix francs au lieu de cinq.

monnaie² f *Währung*
~ **faible** *schwache Währung* / ~ **étrangère** *fremde, ausländische Währung* / ~ **forte** *harte Währung* / ~ **légale** *gesetzliches Zahlungsmittel* / ~ **stable** *stabile Währung*

fausse monnaie f *Falschgeld*
fabriquer de la ~ *Falschgeld herstellen:* L'accusé a fabriqué de la ~ d'un montant total de deux millions de dollars. / **faire circuler** de la ~ *Falschgeld in Umlauf bringen:* La police a

monopole

mis la main sur le gangster au moment où il essayait de faire circuler de la ~.

monopole m *Monopol*
détenir un ~ *eine Monopolstellung (inne)haben:* Notre firme détient le ~ de ces antennes sur le marché européen.

monotonie f *Eintönigkeit*
rompre la ~ *die Eintönigkeit (unter)brechen:* Elle rêvait d'une aventure qui viendrait enfin rompre la ~ de son existence.

montagne f *Berg, Gebirge*
une grande, haute ~ *ein hoher Berg* / **la haute** ~ *das Hochgebirge*
déplacer, transporter, soulever les, des ~s (*fig*) *Berge versetzen:* Après cette cure, je déborde d'énergie, je pourrais soulever des ~s. / **escalader, gravir** une ~ *einen Berg besteigen:* Depuis son plus jeune âge il rêvait d'escalader la ~ qui se dressait orgueilleusement au fond de la vallée. / **faire** de la ~ *bergsteigen:* Depuis que mon mari a eu son infarctus, il n'a plus le droit de faire de la ~.

montre f (*Armband*)*Uhr*
une ~ s'**arrête** *eine Uhr bleibt stehen:* Pourriez-vous m'indiquer l'heure? Ma ~ s'est arrêtée. / une ~ **avance** *eine Uhr geht vor:* Votre ~ avance de cinq minutes. / **avancer** une ~ *eine Uhr vorstellen:* Qui a avancé la ~ de dix minutes pour me tromper? / **consulter** sa ~, **jeter un coup d'œil** sur sa ~ *auf die Uhr schauen, sehen:* Le commissaire s'arrêta sous un réverbère et consulta sa ~. / **mettre** sa ~ **à l'heure** *seine Uhr stellen:* J'ai mis ma ~ à l'heure ce matin. C'est l'heure de la radio. / **remonter** une ~ *eine Uhr aufziehen:* Les ~s digitales n'ont plus besoin d'être remontées. / une ~ **retarde** *eine Uhr geht nach:* J'ai manqué le train parce que ma ~ retardait. / **retarder** une ~ *eine Uhr nachstellen:* Depuis cette nuit, c'est l'heure d'hiver. Il faut retarder les ~s d'une heure.

monument m *Denkmal*
classer qc ~ **historique** *etw unter Denkmalschutz stellen:* Cette vieille maison a été classée ~ historique. Les propriétaires n'ont pas le droit de la moderniser. / **élever, ériger** un ~ *ein Denkmal setzen, errichten:* La ville de Lyon vient d'élever un ~ à la mémoire de ce grand artiste.

moquerie f *Spott*
exciter les ~s de qn *j-s Spott herausfordern:* Avec ce chapeau, tu as bien sûr excité les ~s de tes camarades.

moral m *Moral (seelische Verfassung)*
il a le ~ **atteint** *seine Moral ist angeschlagen* / il a **bon (mauvais)** ~ *seine Moral ist gut (schlecht)* / **remonter, (F) regonfler** le ~ de qn *j-m wieder Mut machen:* Le discours du général a remonté le ~ de ses troupes. / **saper** le ~; **porter atteinte** au ~ *die Moral untergraben:* Le ministre reproche à ce journal de saper le ~ de la police par les accusations portées contre certains éléments douteux.

morale[1] f *Moral (Sittlichkeit)*
~ **austère, intransigeante, rigide, rigoureuse, sévère, stricte** *strenge Moral* / ~ **inflexible** *unnachgiebig strenge Moral* / ~ **relâchée** *laxe, lockere Moral* / ~ **rigoriste** *übertrieben strenge Moral*

morale[2] f *Moral (Lehre)*
une ~ se **dégage** de qc *man kann aus etw lernen(, daß):* La seule ~ qui se dégage de cette entreprise malheureuse, c'est qu'il ne faut jamais agir de façon inconsidérée.

moralité f *Moral (Sittlichkeit)*
d'une ~ **irréprochable** *von hoher, einwandfreier Moral* / la ~ **publique** *die öffentliche Moral*

morceau m *Stück*
déchirer en ~x *in Stücke reißen:* Il prit la lettre, la déchira solennellement en plusieurs ~x qu'il mit ensuite au feu. / **découper** en ~x *in Stücke schneiden, zerlegen:* Le chasseur indigène se mit tout de suite à découper en ~x les deux sangliers qu'il avait tués. / **mettre** en ~x *auseinandernehmen; in Stücke zerlegen:* L'enfant prenait souvent des crises de colère au cours desquelles il mettait ses jouets en ~x. / **réduire** en (mille) ~x *in (tausend) Stücke schlagen, zerreißen, brechen usw.:* L'ouragan a réduit en mille ~x les vitres de tout le quartier.

mort[1] f *Tod*
~ **absolue, définitive** *biologischer, endgültiger Tod* / ~ **accidentelle** *Unfalltod* / ~ **apparente** *Scheintod* / mourir de sa **belle** ~ *eines natürlichen Todes, an Altersschwäche sterben* / ~ **brutale, subite, inopinée** *plötzlicher, jäher Tod* / ~ **clinique** *klinischer Tod* / ~ **prématurée** *(zu) früher Tod* / ~ **violente, sanglante** *gewaltsamer, unnatürlicher Tod*
accepter la ~ *den Tod nicht scheuen, fürchten:* Mon père a accepté la ~ comme si c'était la chose la plus normale du monde. / **braver, défier** la ~ *dem Tod trotzen:* Dix longs jours, les sinistrés ont bravé la ~ dans la jungle bolivienne. / **constater** la ~ *den Tod feststellen:* Le médecin, appelé de toute urgence, n'a pu que constater la ~. / **donner** la ~ à qn *j-n töten; j-m den Tod geben:* Cette mère est en jugement pour avoir donné la ~ à son enfant incurable. / **se donner** la ~ *sich das Leben nehmen; sich selbst den Tod geben:* Il avait annoncé à ses proches son intention de se donner la ~. / **échapper** à la ~ *dem Tod entrinnen, entkommen:* Cela fait au moins dix fois que Julien Herbert a échappé à la ~. / la ~ **emporte, enlève, ravit** qn (à qn) *der Tod entreißt j-n (j-m):* La ~ nous a trop tôt enlevé notre cher

collègue. / **entraîner** la ~ *den Tod zur Folge haben; zum Tode führen:* Le contact avec ce câble peut entraîner la ~. / être **fauché** par la ~ *vom Tod dahingerafft werden:* Combien de jeunes gens ont été fauchés par la ~ sur les champs de bataille. / **regarder** la ~ en face *dem Tod ins Auge sehen:* Moi, je préfère qu'on me dise la vérité: J'apprendrai bien à regarder la ~ en face. / **risquer** la ~ *sein Leben riskieren, aufs Spiel setzen:* Il avait risqué la ~ pour sauver l'enfant. / **sentir venir** la ~ *den Tod herannahen fühlen:* Pierre Almorain, sentant la ~ venir, fit appeler ses enfants près de son lit.

mort² m *Toter*
un ~ **vivant** *ein Todeskandidat*
l'accident a **fait** ... ~s *bei dem Unfall kamen ... Menschen ums Leben; der Unfall hat ... Menschenleben gefordert:* Le terrible accident a fait trois ~s, l'enfant blessé étant décédé la nuit dernière. / **faire le** ~ *sich tot stellen; sich völlig ruhig verhalten:* Je fis le ~ derrière un arbre, pour que mon persécuteur ne me voie pas. / **ressusciter** les ~s *(die) Tote(n) wieder (zum Leben) erwecken:* La Bible raconte que Jésus a ressuscité les ~s. / **ressusciter d'entre** les ~s *von den Toten wieder auferstehen:* Le troisième jour, Il ressuscita d'entre les ~s. / **réveiller** un ~ (F *fig*) *einen Toten aufwecken:* Goûtez-moi un peu de cette eau-de-vie. Elle réveillerait un ~. / **veiller** un ~ *Totenwache halten:* Le ~ a été veillé toute la nuit par ses proches.

mot m *Wort*
~s **célèbres, historiques** *geflügelte Worte* / ~ **composé** *zusammengesetztes Wort* / ~ **courant, usité, usuel** *gebräuchliches, übliches Wort* / avoir le **dernier** ~ *das letzte Wort haben;* dire son **dernier** ~ *das letzte Wort sprechen* / ~ **étranger** *Fremdwort* / ~ **explétif** *Füllwort* / ~ **expressif** *ausdrucksstarkes Wort* / ~ **familier** *Wort der Umgangssprache* / de **grands** ~s *hochtrabende, große Worte* / **gros** ~ *Schimpfwort, Kraftausdruck* / **inusité** *ungebräuchliches Wort* / le ~ **isolé** *aus dem Zusammenhang gerissenes Wort* / le ~ **juste, propre, exact** *der passende, treffende Ausdruck; das richtige Wort* / ~ **savant** *gelehrtes Wort* / ~s **tendres** *Koseworte* / ~ **usé** *abgegriffenes Wort*
appuyer sur un ~ *ein Wort betonen, mit Nachdruck sprechen:* Vous devez lire la phrase en appuyant sur les ~s importants pour le sens. / **attraper, saisir** un ~ *ein Wort aufschnappen:* Je n'ai pu attraper que quelques ~s de leur conversation. / **avaler, manger** les ~s *die Wörter verschlucken:* Madame Lurac avale les ~s en parlant; il est difficile de suivre ce qu'elle dit. / **bégayer, bredouiller** quelques ~s *einige Wörter stammeln:* Le gamin a bégayé quelques ~s, puis il s'est éloigné. / **chercher** ses ~s *nach Worten suchen, ringen:* Le président, ému, restait debout sur la tribune, cherchant péniblement ses ~s. / **détacher** chaque ~ *jedes einzelne Wort betonen:* Dans sa phrase de conclusion, l'orateur a détaché chaque ~. / **employer** un ~ *ein Wort verwenden, gebrauchen:* Je n'aime pas les ~s qu'il a employés à votre égard. / un ~ est **emprunté** à ... *ein Wort stammt aus ..., ist entlehnt aus ...:* Ce ~ compliqué que je n'ai pas compris est certainement emprunté au latin. / **enchaîner** les ~s *die Wörter aneinanderreihen:* En français, on enchaîne plus les ~s qu'en allemand. / **épeler** un ~ *ein Wort buchstabieren:* Pouvez-vous épeler ce ~? Je ne sais pas comment il s'écrit. / **glisser** un ~ à (l'oreille de) qn *bei j-m eine Andeutung machen:* Pourriez-vous glisser un ~ de mon affaire à Monsieur Dumouriez? / **jouer** sur les ~s *mit (den) Worten spielen:* Ce qu'il a dit, ce n'est pas une critique sérieuse, il n'a fait que jouer sur les ~s. / les ~s me **manquent** (pour) *es fehlen mir die Worte (zu):* Les ~s me manquent pour vous remercier de ce que vous avez fait pour moi. / un ~ **passe** dans la langue *ein Wort geht in die Sprache ein:* Ce ~ étranger est passé dans la langue de tous les jours. / **passez**-moi le, ce ~ *verzeihen Sie diesen Ausdruck:* Il s'agit là d'un scandale! Passez-moi le ~! / **peser** ses ~s *seine Worte abwägen:* Il a parlé en pesant ses ~s, mais il n'a ménagé personne. / ne pas pouvoir **placer** un ~ *nicht zu Wort kommen; kein Wort anbringen können:* Lorsqu'elle parle, tu ne peux pas placer un ~. / **prendre** qn au ~ *j-n beim Wort nehmen:* Je ne crois pas qu'elle nous prenne au ~. / ne (pas) pouvoir **prononcer** un seul ~ *kein Wort herausbringen:* Lorsqu'elle se trouva en face de Robert, elle ne put prononcer un seul ~. / **sauter** un ~ (en écrivant, en lisant) *ein Wort auslassen, übersehen, überlesen:* En tapant le texte à la machine, j'ai sauté un ~ à la septième ligne. / ne (pas) **souffler, dire** ~ *kein Sterbenswörtchen verraten:* Figurez-vous qu'il n'avait pas soufflé ~ de sa réussite. / je ne **trouve** pas le ~ exact; le ~ exact ne me **vient** pas *ich finde das richtige Wort nicht:* Aidez-moi, je ne trouve pas le ~ exact pour vous décrire ce que j'ai vu.

mots croisés mpl *Kreuzworträtsel*
faire des ~ *Kreuzworträtsel lösen:* Sa passion est de faire des ~. Il trouve cela bien plus excitant que de regarder la télévision.

mot d'ordre m *Losung*
lancer, donner un ~ *eine Losung ausgeben:* Le matin, le chef de l'association estudiantine avait donné le ~ «à bas la nouvelle réforme!»

moteur m *Motor*
~ **poussif** (F) *asthmatischer Motor* / ~ **puissant** *leistungsstarker Motor*
arrêter le ~ *den Motor abstellen:* Pour arrêter

motif

le ~, il suffit de tourner la clef de contact. / le ~ **cafouille, a des ratés, tousse** *der Motor stottert:* Tout à coup, le ~ gauche de l'avion commença à cafouiller. / **caler** le ~ *den Motor abwürgen:* Arrivée au carrefour, Madame Legendre a calé le ~. / le ~ **cale** *der Motor stirbt ab:* Dès que je lève le pied de l'accélérateur, le ~ cale. / le ~ **chauffe** *der Motor wird heiß:* Le ~ chauffe anormalement. Il va falloir vérifier le radiateur. / le ~ **cogne** *der Motor klopft:* Change donc de vitesse. Tu entends bien que le ~ cogne. / le ~ **démarre, part** *der Motor springt an:* Le ~ de ma Peugeot ne démarre que difficilement. / **emballer** un ~ *einen Motor hochjagen:* Évitez d'emballer le ~ de la sorte. / le ~ **s'emballe** *der Motor heult auf:* Soudain, le ~ s'est emballé sans que Monsieur Brun appuie sur l'accélérateur. / un ~ **entraîne** qc *ein Motor treibt etw (an):* Ce ~ diesel entraîne un groupe électrogène (*ein Stromerzeugungsaggregat*). / **gonfler** un ~ *einen Motor frisieren:* Marc a gonflé le ~ de sa mobylette, cela s'entend quand il démarre. / **mettre en marche, lancer, faire démarrer** un ~ *einen Motor anlassen, anwerfen:* Il a en vain essayé de mettre en marche le ~ de sa voiture. / **pousser** un ~ *einen Motor jagen:* Évitez de pousser le ~, si vous voulez économiser l'essence. / le ~ **ronfle** *der Motor brummt:* Les deux ~s de l'avion ronflaient avec un bruit monotone. / un ~ **ronronne** *ein Motor schnurrt:* Quelle belle mécanique! Entendez-vous comme ce ~ ronronne? / un ~ **tourne rond** *ein Motor läuft rund:* Le mécano a changé les bougies et réglé l'allumage. Maintenant le ~ tourne rond.

motif m (*Beweg*)*Grund*

faux ~ *Vorwand* / ~ **honnête** *ehrliches Motiv* / ~ **inavouable** *Beweggrund, zu dem man sich nicht bekennen kann.* / ~ **intéressé** *egoistischer Beweggrund* / ~ **légitime** *berechtigter Grund* / ~ **louable** *löbliche Absicht* / ~ **plausible** *glaubhafter, einleuchtender, überzeugender Grund* / ~ **valable, sérieux** *triftiger Grund*

motion f *Antrag (Parlament)*

déposer une ~ de censure *einen Mißtrauensantrag einbringen:* L'opposition a décidé de déposer une ~ de censure contre la politique du gouvernement. / **mettre** une ~ **aux voix** *einen Antrag zur Abstimmung bringen:* La ~ a été mise aux voix. Le résultat du vote sera connu dans une heure. / **rejeter** une ~ *einen Antrag ablehnen:* Le Parlement a rejeté la ~ par 314 voix. / **voter, adopter** une ~ *einen Antrag annehmen:* La ~ déposée par le député communiste n'a guère de chances d'être votée.

moto(cyclette) f *Motorrad*

enfourcher une ~ *auf ein Motorrad steigen:* Chaque fois qu'il enfourche sa ~, je tremble qu'il n'ait un accident.

mouche f *Fliege*

la ~ **bourdonne** *die Fliege summt:* Les ~s bourdonnaient dans la chaleur torride.

mouchoir m *Taschentuch*

agiter, secouer son ~ *mit dem Taschentuch winken:* Robert Delagrave agita son ~ jusqu'à ce que son amante ait disparu à l'horizon. / **sortir** son ~ *das Taschentuch hervorholen, herausziehen:* Il a sorti son ~ et a séché les larmes de sa fille.

moustache f *Schnurrbart*

petite ~ *Schnurrbärtchen* / ~ **tombante** *herabhängender Schnauzbart*

se **lisser** les ~s (*Katze*) *sich den Schnurrbart putzen:* Regarde la chatte qui fait sa toilette: cela fait déjà cinq minutes qu'elle se lisse les ~s. / **tirailler, tortiller, retrousser** sa ~ *seinen Schnurrbart zwirbeln:* Il a le tic de tirailler constamment sa ~.

moustique m *Mücke*

le ~ **bourdonne, vrombit** *die Mücke summt:* Au dehors de la tente, les ~s bourdonnaient et essayaient de trouver une entrée. / le ~ **pique** *die Mücke sticht:* Regarde mon visage, il est tout gonflé. Une dizaine de ~s m'ont piqué la joue.

moutarde f *Senf*

~ **douce** *süßer Senf* / ~ **forte** *scharfer Senf* / ~ **piquante** *sehr scharfer, beißender Senf*

la ~ **picote** le nez *Senf kitzelt in der Nase:* C'est de la bonne ~ bien forte. Elle picote le nez.

mouton m *Schaf*

le ~ **bêle** *das Schaf blökt:* Je sais maintenant ce que c'est, le bruit qu'on entend le matin depuis le jardin des Michier: ce sont deux ~s qui bêlent. / **garder** les ~s *Schafe hüten:* L'été dernier, dans les Pyrénées, mon fils a aidé le berger à garder les ~s.

mouvement[1] m *Bewegung*

~ **automatique** *mechanische Bewegung* / ~ **brusque** *plötzliche, unerwartete Bewegung* / ~ **gauche** *linkische, unbeholfene Bewegung* / ~ **instinctif** *Reflexbewegung* / ~ **involontaire** *unwillkürliche Bewegung* / ~s **lents, endormis** *langsame Bewegungen* / ~s **lourds** *schwerfällige Bewegungen* / ~s **maladroits** *ungeschickte Bewegungen* / ~s **rythmés, cadencés** *rhythmische Bewegungen* / ~s **saccadés** *ruckartige Bewegungen* / ~s **vifs** *schnelle, schwungvolle Bewegungen*

déclencher un ~ *1. eine Bewegung auslösen; 2.* (par ext) *zu einer Bewegung führen:* Le levier, en s'abaissant, déclenche un ~ d'horlogerie. La nouvelle de la catastrophe a déclenché un vaste ~ de solidarité parmi la population. / se **donner** du ~; **prendre** du ~ *sich Bewegung verschaffen:* Chaque dimanche, il se donne du

~ en faisant une longue promenade. / **écraser** un ~ *(pol) eine Bewegung zerschlagen:* Les occupants écrasent sans pitié les moindres ~s de révolte. / **effectuer** un ~ *eine Bewegung ausführen, machen:* Elle souffre de rhumatisme et a du mal à effectuer certains ~s. / **esquisser** un ~ *eine Bewegung andeuten:* Elle esquissa un ~, comme pour tendre la main, puis s'immobilisa à nouveau. / **exécuter** un ~ *(Gymnastik) eine Bewegung ausführen:* On lui fait exécuter toutes sortes de ~s pour rééduquer sa main paralysée. / **faire** ~ vers ... *sich zubewegen auf ...:* Les troupes font actuellement ~ vers la frontière. / **faire un** ~ *eine Bewegung machen:* J'ai fait un ~ brusque et l'oiseau s'est envolé. / **imprimer** un ~ à qc *einer Sache eine Bewegung verleihen, geben:* L'eau imprime à la roue un ~ rotatif. / **mettre** qc en ~ *etw in Bewegung setzen:* Le mécanicien réussit à mettre le mécanisme en ~. / **se mettre** en ~ *sich in Bewegung setzen:* Le convoi se mit en ~ et tourna à gauche. / **opérer** un ~ *(mil) eine Bewegung ausführen, durchführen:* Le bataillon a opéré un ~ tournant. / **presser** le ~ *das Tempo beschleunigen:* Si vous voulez que nous arrivions à Nantes avant la tombée de la nuit, il faut que nous pressions le ~. / **suivre** le ~ *mit dem Strom schwimmen:* Monsieur Charrant a toujours suivi le ~.

mouvement² m *Regung*
bon ~ *gute Regung; gute Eingebung* / ~**s intérieurs** *innere Regung(en)* / ~ **soudain, violent** *plötzliche, heftige Regung*

moyen m *Mittel*
~ **efficace** *wirksames Mittel* / ~ **expéditif** *wirksames, rasch zum Ziel führendes Mittel* / ~s **illégitimes, illicites** *unerlaubte Mittel* / ~ **infaillible, immanquable, radical** *unfehlbares, absolut sicheres Mittel* / de **petits** ~s *bescheidene (finanzielle) Mittel*
avoir les ~s *die (finanziellen) Mittel haben:* Il peut se permettre de partir en croisière. Il en a les ~s. / **employer** les, **recourir aux grands** ~s *zum äußersten Mittel greifen:* Avant d'employer les grands ~s, il est préférable d'essayer des solutions plus modestes. / il a **essayé** tous les ~s *er hat nichts unversucht gelassen:* Monsieur Eisner a essayé tous les ~s pour se faire rendre justice. / **trouver** ~ de faire qc *eine Möglichkeit finden, etw zu tun:* Il a trouvé ~ de voyager à travers toute la France avec 100 francs en poche. / **utiliser** des ~s *(+ adj)(+ adj) Mittel einsetzen:* Monsieur Labile n'hésitera pas à utiliser des ~s illégitimes.

moyenne f *Durchschnitt*
calculer, faire la ~ *den Durchschnitt errechnen:* Je n'ai pas encore fait la ~, mais elle se trouvera autour de huit points. / **être au-dessus (au-dessous)** de la ~ *über (unter) dem Durchschnitt liegen:* Les résultats de votre fille sont au-dessus de la ~.

mur m *Mauer, Wand*
~ **aveugle** *geschlossene Wand; Wand ohne Fenster und Türen* / ~ **croulant** *baufällige Mauer* / ~ **décrépi** *Mauer, von der der Putz abblättert, abgeblättert ist* / ~ **extérieur; gros** ~ *Außenwand, Außenmauer* / ~ **intérieur** *Innenwand* / ~ **lépreux** *fleckige Wand* / ~ **lézardé** *rissige Wand; Wand voller Risse* / ~ **nu** *kahle Wand* / ~ **portant** *tragende Wand*
se **cogner, se heurter** à un ~ *(fig) gegen eine Mauer (an)rennen:* J'ai constaté dès le début que, dans cette affaire, je me cognais à un ~. / **coller** qn au ~ *(fig) j-n an die Wand stellen (um ihn zu erschießen):* Les deux guérilleros furent attrapés par les troupes gouvernementales et collés au ~ sur-le-champ. / s'**écraser** contre un ~ *an eine Mauer prallen:* La vedette s'est écrasée au volant de sa Jaguar contre le ~ d'un parc. / **enjamber** un ~ *über eine Mauer klettern, springen:* Nos enfants jouent toujours avec ceux des voisins, il leur suffit d'enjamber le petit ~ qui sépare les deux jardins. / **escalader** un ~ *über eine (hohe) Mauer klettern:* Des maraudeurs ont escaladé les ~s de la propriété et fait des ravages dans le ~. / **faire, former** le ~ *(Fußball) eine Mauer bilden:* Les joueurs du Real Madrid ont formé le ~, mais Giacomo Ricci a envoyé le ballon au-dessus de leurs têtes dans le coin gauche du but espagnol. / **raser** les ~s *ganz dicht an den Häuserwänden entlanglaufen:* Les deux gangsters avançaient en rasant les ~s.

mur du son m *Schallmauer*
franchir, passer le ~ *die Schallmauer durchbrechen:* Ce matin, un chasseur a franchi le ~ au-dessus de la ville; le bruit a fait éclater plusieurs vitres.

murmure m *Gemurmel*
~ **confus** *undeutliches Gemurmel* / ~ **étouffé** *dumpfes Gemurmel*

muscle m *Muskel*
~s **bandés, tendus** *gestraffte, gespannte Muskeln* / ~s **relâchés** *erschlaffte Muskeln*
avoir du ~ *Muskeln, Kraft haben:* Antoine a vraiment du ~. / **bander** ses ~s *seine Muskeln anspannen:* Jimmy, appelé «le Gros», banda ses ~s et les montra au public. / se **claquer, se froisser** un ~ *sich einen Muskel zerren:* À l'entraînement de mon équipe hier soir, je me suis claqué un ~ à la jambe gauche. / un ~ se **contracte** *ein Muskel zieht sich zusammen:* Sous l'effet du courant électrique, les ~s de son bras se sont fortement contractés. / faire **saillir**, faire **rouler**, faire **jouer** ses ~s *seine Muskeln spielen lassen:* On l'appelait «l'Apollon de la plage» parce qu'il avait

muselière

l'habitude de se promener le long de la plage, faisant fièrement saillir ses ~s sous sa peau bronzée.

muselière f *Maulkorb*
  passer, mettre une ~ *einen Maulkorb anlegen, umhängen (auch fig)*: Malheureusement, le douanier avait mis une ~ à son chien de sorte que celui-ci ne pouvait pas mordre le contrebandier.

musique f *Musik*
  ~ **classique** *klassische Musik* / ~ **discordante, grinçante** *Katzenmusik* / ~ **endiablée** *wilde Musik* / ~ **entraînante** *mitreißende Musik* / ~ **folklorique** *Volksmusik* / **grande** ~ *klassische, gute Musik* / ~ **lancinante** *aufdringliche Musik* / ~ **légère** *leichte Musik* / ~ **militaire** *Marschmusik* / ~ **populaire** *volkstümliche Musik* / ~ **sacrée, spirituelle** *geistliche Musik; Kirchenmusik* / ~ **sérieuse** *ernste, schwere Musik* / ~ **suave** *liebliche Musik*
  faire de la ~ *musizieren; Musik machen*: Je regrette d'avoir si peu de temps pour faire de la ~. / **faire, composer, écrire** la ~ d'un film *die Musik zu einem Film schreiben, komponieren*: C'est Theodorakis qui a écrit la ~ de ce beau film. / **mettre** un poème **en** ~ *ein Gedicht vertonen*: Mon beau-père a mis en ~ un bon nombre de poèmes de Rilke.

mutinerie f *Meuterei*
  mater, réduire une ~ *eine Meuterei niederschlagen*: La ~ des prisonniers a pu rapidement être matée grâce au sang-froid des gardiens.

mutisme m *Schweigen*
  ~ le plus **absolu** *hartnäckiges Schweigen*

s'**enfermer** dans le ~ *sich in Schweigen hüllen*: Le suspect s'enferme dans le ~ et refuse obstinément de répondre aux questions des enquêteurs. / **sortir** de son ~ *sein Schweigen brechen*: Il ne sortit de son ~ que pour parler à sa fille.

mystère m *Geheimnis*
  ~ **impénétrable, insondable** *unergründliches Geheimnis* / **profond** ~ *tiefes Geheimnis* / ~ **troublant** *unerklärliches Geheimnis*
  dévoiler, révéler un ~ *ein Geheimnis enthüllen, lüften, aufdecken, preisgeben*: Il est mort sans avoir révélé le ~ de l'affaire. / **éclaircir** un ~ *ein Geheimnis aufklären*: Le commissaire a pu éclaircir le ~ après trois jours d'enquête. / **entourer** qc de ~ *etw mit einem Geheimnis umgeben*: Le ministre a entouré sa visite au Brésil d'un ~ inutile. / s'**entourer** de ~ *geheimnisvoll tun*: Je sais bien: elle aime toujours s'entourer de ~. / **faire** (un)(grand) ~ de qc *aus etw ein Geheimnis machen*: Madame Lange a fait grand ~ de sa liaison avec Robert Mutin. / **percer** un ~ *hinter ein Geheimnis kommen; ein Geheimnis ergründen*: Nous n'avons toujours pas percé ce ~.

mystification f *(lustiger) Streich*
  être le jouet d'une ~ *hereingelegt werden*: C'est en voyant rire les personnes qui l'entouraient que Jules Favier comprit enfin qu'il avait été le jouet d'une ~. / **monter** une ~ *einen (lustigen) Streich inszenieren*: Les élèves des classes terminales ont monté une ~ à l'occasion de l'inauguration du nouveau bâtiment.

N

naissance f *Geburt, (fig) Entstehung*
  annoncer la ~ *die Geburt anzeigen*: Nous avons l'honneur d'annoncer la ~ de notre fils Éric. / **déclarer** la ~ *die Geburt anmelden*: Vous devez déclarer la ~ de votre enfant dans un délai de dix jours. / **donner** ~ à (une fille, un fils) *(eine Tochter, einen Sohn) zur Welt bringen*: Au cours du vol de New York à Paris, une jeune femme a donné ~ à une fille. / **donner** ~ à qc *zur Entstehung von etw führen*: Ce livre a donné ~ à un mouvement naturaliste. / **prendre** ~ *seinen Anfang nehmen*: La révolte prit ~ boulevard Saint-Germain.

naïveté f *Naivität*
  ~ **enfantine** *kindliche Unbefangenheit, Naivität*

nappe f *Tischtuch*
  mettre une ~ *ein Tischtuch auflegen*: Jocelyne, mettez une ~ propre. / **ôter** la ~ *das Tischtuch wegtun*: Zut! J'ai oublié d'ôter la ~; maintenant elle est tachée.

narines fpl *Nase(nflügel), Nüstern*
  ~ **dilatées** *aufgeblähte Nüstern*
  se **boucher** les ~ *sich die Nase zuhalten*: Il s'est bouché les ~ et a pénétré dans la chambre où le cadavre répandait une odeur infecte. / **chatouiller** les ~ *(Duft) in die Nase steigen*: Ah, quel est ce délicat parfum qui me chatouille les ~! / **dilater** les ~ *die Nüstern, Nasenflügel blähen*: Lorsqu'elle vit son ancien professeur de latin tant haï, elle dilata les ~, se retourna sur ses talons et s'en alla dans l'autre direction. /

les ~ **frémissent, palpitent** *die Nasenflügel beben:* Il leva la tête, huma l'air autour de lui; ses ~ frémissaient comme celles d'un chien aux aguets.

natation f *Schwimmsport*
faire de la ~ *Schwimmsport betreiben:* Depuis ce printemps, mon fils fait de la ~.

nation f *Nation*
~ **civilisée** *Kulturnation* / ~ **industrialisée** *Industrienation*

nationalité f *Staatsangehörigkeit*
acquérir, prendre la ~ (+ adj) *die* (+ adj) *Staatsangehörigkeit annehmen:* L'oncle Albert a pris la ~ américaine après la guerre. / **perdre** sa ~, la ~ (+ adj) *die* (+ adj) *Staatsangehörigkeit verlieren:* En acquérant la ~ allemande, je perdrais automatiquement la ~ française. / **répudier** sa ~ *die Staatsangehörigkeit ablegen:* Il a quitté son pays et a répudié sa ~ d'origine pour échapper à ses obligations militaires.

natte f *Zopf*
faire une ~ *einen Zopf flechten:* Je n'ai plus le temps de me faire des ~s. / **défaire** ses ~s *die Zöpfe aufmachen:* Il faut que je défasse mes ~s pour la nuit.

nature[1] f *Natur*
~ **luxuriante** *üppige Natur* / ~ **vierge** *unberührte Natur*
corriger, rectifier la ~ *der Natur nachhelfen:* Les spécialistes de chirurgie esthétique pourraient nous dire combien sont nombreux les gens qui souhaitent corriger la ~. / **dompter** la ~; **se rendre maître** de la ~ *die Natur beherrschen:* Un seul tremblement de terre nous rappelle que l'homme est encore loin d'avoir su dompter la ~. / **laisser faire, laisser agir** la ~ *die Natur walten lassen:* Il faut laisser faire la ~, c'est le meilleur médecin.

nature[2] f *Natur (Wesen)*
(il a, c'est) une **bonne** ~ *(er ist) gutmütig, ein guter Kerl* / une **forte** ~ *eine starke Persönlichkeit* / **heureuse** ~ *glückliches Naturell; Frohnatur* / **seconde** ~ *zweite Natur* / **vraie** ~; ~ **foncière** *wahre Natur*
ce n'est pas dans sa ~ *das ist nicht seine Art:* N'attendez pas de compliments de Monsieur Larguillier, même s'il est content de vous. Ce n'est pas dans sa ~. / **forcer sa** ~ *gegen seine Natur handeln:* Pour faire plaisir à sa femme, il a forcé sa ~ et l'a accompagnée en Afrique du Sud. / **forcer la** ~ *zuviel verlangen:* Exiger d'un chien qu'il sache distinguer un Français d'un étranger, c'est forcer la ~.

naturel m *Naturell*
avoir un **bon** ~ *gutmütig (veranlagt) sein* / un **heureux** ~ *ein glückliches Naturell*

naufrage m *Schiffbruch*
faire ~ *Schiffbruch erleiden:* Le pétrolier a fait ~ devant la côte bretonne.

nausée f *Übelkeit, Brechreiz*
avoir des ~s, la ~ *einen Brechreiz haben:* Qu'est-ce que vous avez? Vous avez l'air d'avoir des ~s. / **donner** la ~ à qn *bei j-m Übelkeit verursachen:* Cette odeur me donne la ~. / elle fut **prise** d'une ~ soudaine *plötzlich überfiel sie Übelkeit:* Comme le train entrait en gare, elle fut prise d'une ~ soudaine.

navire m *(großes) Schiff*
affréter un ~ *ein Schiff chartern:* Notre compagnie a affrété deux ~s pour réaliser le transport des motos par mer. / un ~ **appareille** *ein Schiff legt ab, läuft aus:* Le ~ appareillera demain matin à l'aube. / **arraisonner** un ~ *ein Schiff aufhalten und durchsuchen:* Le capitaine refusant de se rendre aux injonctions des douaniers, ceux-ci arraisonnèrent le ~. / un ~ **bat pavillon** (+ adj) *ein Schiff fährt unter* (+ adj) *Flagge:* Le bâtiment en difficulté a été identifié. Il s'agit d'un ~ battant pavillon panamien. / un ~ **coule, sombre** *ein Schiff geht unter, sinkt:* Au cours de la tempête, trois ~s ont coulé. / **couler** un ~ *ein Schiff versenken:* Un sous-marin inconnu a coulé un ~ mexicain. / un ~ **échoue** *ein Schiff läuft auf, strandet:* Un ~ de nationalité ivoirienne a échoué sur la plage de Perpignan. / un ~ **entre** dans … *ein Schiff läuft in … ein:* Le ~ soviétique est entré dans un port cubain. / **évacuer** un ~ *ein Schiff verlassen, aufgeben:* L'équipage a évacué le ~ échoué. / **lancer** un ~ *ein Schiff vom Stapel (laufen) lassen:* L'année passée, le Japon a lancé deux de ces ~s gigantesques de la nouvelle génération. / un ~ **met le cap, cingle** vers, en direction de … *ein Schiff nimmt Kurs auf …:* Le ~ s'était détourné de sa route et avait mis le cap vers les îles Marquises.

néant m *Nichts*
réduire à ~ *zunichte machen:* La faillite a réduit à ~ toutes nos espérances.

nécessaire m *Notwendiges*
le **strict** ~ *das unbedingt Notwendige; das Allernötigste*

nécessité f *Notwendigkeit*
~ **absolue**, zwingende *Notwendigkeit* / **dure** ~ *harte Notwendigkeit* / ~ **impérieuse** *zwingende Notwendigkeit* / de **première** ~ *unentbehrlich, lebensnotwendig* / ~ **vitale** *Lebensnotwendigkeit*
être, se trouver, se voir dans la ~ de … *sich genötigt sehen zu …:* Malheureusement, je me trouve dans la ~ de demander le paiement avant la fin du mois.

négligence f *Nachlässigkeit, Fahrlässigkeit*
~ **criminelle, coupable** *sträfliche Nachlässigkeit* / ~ **grave** *grobe Fahrlässigkeit* / ~ **impardonnable, inexcusable** *unverzeihliche, sträfliche Nachlässigkeit*
mettre, montrer de la ~ à faire qc *nachlässig*

négociations

bei etw sein: Beaucoup trouvent que le gouvernement a, jusqu'ici, mis trop de ~ à s'attaquer au problème de l'endettement public.
négociations fpl *Verhandlungen*
d'**âpres** ~ *zähe Verhandlungen*
bloquer les ~ *die Verhandlungen blockieren:* Votre veto bloque les ~. / **conduire** des ~ *Verhandlungen führen, leiten:* C'est Monsieur Royer qui conduira les ~ au nom de la France. / **entamer, engager, ouvrir** des ~ *Verhandlungen aufnehmen:* Les deux pays ont enfin entamé des ~. / les ~ se **soldent** par un accord (un succès, un échec) *die Verhandlungen enden mit einem Abkommen (Erfolg, Mißerfolg):* Après six mois de pourparlers serrés, les ~ se sont soldées par un accord provisoire. / **suspendre** les ~ *die Verhandlungen aussetzen:* Les ~ ont été suspendues sine die.
neige f *Schnee*
~ **ancienne** *Altschnee* / ~ **collante, mouillée, lourde** *Pappschnee; schwerer Schnee* / ~ **croûtée, croûteuse, tôlée** *Harsch* / ~ **damée** *festgetretener, festgefahrener Schnee (auf Pisten)* / ~ **drue** *dichter Schnee(fall)* / ~ **éblouissante** *blendend weißer Schnee* / ~ **épaisse** *hoher Schnee* / ~s **éternelles, perpétuelles;** ~ **persistante** *ewiger Schnee* / ~ **fondue** *Schneeregen* / ~ **foulée** *festgetretener Schnee* / ~ **fraîche** *Neuschnee* / ~ **petite** ~ **fine** *ganz feiner Schnee(fall)* / ~ **poudreuse** *Pulverschnee* / ~ **pourrie** *halb geschmolzener Schnee* / ~ **profonde** *Tiefschnee* / ~ **skiable** *geführiger Schnee* / ~ **vierge** *unberührter Schnee*
aller à la ~ *zum Skifahren gehen; ins Skilager fahren:* Mes enfants iront à la ~ du 8 au 10 janvier. / la ~ s'**amoncelle** (der) *Schnee türmt sich:* Il avait neigé abondamment toute la nuit, la ~ s'amoncelait autour de la ferme. / être **bloqué** par la ~ *eingeschneit sein:* Je n'ai pas pu venir parce que nous avons été bloqués par la ~ en Autriche. / la ~ **crisse** *der Schnee knirscht:* La lune brillait et la ~ crissait sous ses pas. / s'**enfoncer** dans la ~ *im Schnee einsinken:* Lorsqu'il a voulu tourner, la voiture s'est enfoncée dans la ~ et il a dû attendre qu'un paysan avec un tracteur lui vienne en aide. / être **enseveli** sous la ~ *vom Schnee, unter dem Schnee, unter den Schneemassen begraben werden, sein:* La vallée paraissait figée, ensevelie sous la ~ qui n'avait cessé de tomber depuis huit jours. / la ~ **fond** *der Schnee schmilzt:* Le vent relativement chaud a fait fondre la ~ en une seule nuit. / la ~ **forme des congères** *es bilden sich Schneeverwehungen:* La tempête s'était levée et en quelques heures, la ~ avait formé des congères sur la plupart des routes, devenues impraticables. / la ~ **tombe** *Schnee fällt:* Je ne pouvais pas sortir du chalet à cause de la ~ qui était tombée pendant la nuit.

nerf m *Nerv*
~s **détraqués** *zerrüttete Nerven* / ~s **ébranlés** *angegriffene Nerven* / (avoir les) ~s **fragiles, irritables** *schwache Nerven (haben)* / ~s **tendus** *angespannte Nerven*
contrôler ses ~s *seine Nerven in der Gewalt haben:* Vous devez apprendre à mieux contrôler vos ~s. / ses ~s ont **craqué** *er ist zusammengebrochen, hat einen Nervenzusammenbruch erlitten:* Elle a travaillé comme une folle pendant six mois, mais maintenant ses ~s ont craqué. / **passer** ses ~s sur qn *seine Erregung an j-m auslassen:* Je n'aime pas que tu passes tes ~s sur les enfants. / **porter, donner,** (F) **taper** sur les ~s de qn *j-m auf die Nerven gehen, fallen:* Ce tapage me donne sur les ~s. / les ~s **trahissent** qn *die Nerven lassen j-n im Stich:* Dans cette situation, ses ~s l'ont trahi et il est parti au Brésil.
neutralité f *Neutralität*
rigoureuse, stricte ~ *absolute, strikte Neutralität*
garantir la ~ *die Neutralität garantieren:* Les accords de 1965 garantissent la ~ du pays. / **garder, observer** la ~ *die Neutralität wahren, einhalten:* Nous garderons la plus stricte ~ dans le conflit entre ces deux pays. / **rester** dans la ~ *neutral, unparteiisch bleiben:* Je vous conseille de rester dans la ~ si l'on vous demande votre avis dans cette affaire. / **respecter** la ~ *die Neutralität respektieren:* Mon gouvernement respectera la ~ de votre pays. / **violer** la ~ *die Neutralität verletzen:* À notre avis, cet accord viole la ~ du pays.
nez m *Nase*
~ **aquilin** *Adlernase* / ~ **arqué, busqué, crochu** *Hakennase; gebogene Nase* / ~ **bourbonien** *höckerige Nase* / ~ **camard, camus, écrasé, épaté, aplati** *Sattelnase; plattgedrückte Nase; Stumpfnase* / ~ **droit, grec** *gerade, griechische Nase* / ~ **enluminé** (F) *Schnapsnase* / **faux** ~ *Pappnase* / ~ **morveux** *Rotznase* / ~ **pincé** *dünne, schmale Nase* / ~ **pointu** *spitze Nase* / ~ **proéminent** (stark) *vorspringende Nase* / ~ **recourbé** *gebogene Nase* / ~ **retroussé** *Stülpnase,* (F) *Himmelfahrtsnase, Stupsnase*
se **boucher, se pincer** le ~ *sich die Nase zuhalten:* J'ai dû me boucher le ~ pour supporter l'odeur terrible qui montait de la caisse. / se **casser** le ~ *sich das Nasenbein brechen;* (fig) *auf die Nase fallen:* Dans cette affaire, mon patron s'est cassé le ~. / son ~ **coule** *ihm läuft die Nase:* Tu as un mouchoir pour moi? Mon ~ coule par ce froid de canard. / **fourrer** son ~ (partout, dans les affaires de qn) (fig) *seine Nase (überall, in j-s Angelegenheiten) (rein)stecken:* Il faut toujours qu'elle fourre son ~ partout. / se **mettre,** (F) se **fourrer** les doigts dans le ~ *in*

der Nase bohren: Mademoiselle Lenier se comporte comme un enfant. Elle se met les doigts dans le ~ et ne s'en rend même pas compte. / **moucher** son ~ *sich die Nase putzen:* Émile, mouche ton ~! / **parler** du ~ *durch die Nase sprechen:* Le protagoniste n'a pas mal joué, mais ce qui me gêne, c'est qu'il parle affreusement du ~. / **passer** sous le ~ de qn *(fig) j-m vor der Nase wegfahren; (par ext) j-m durch die Lappen gehen:* Le bus m'est passé sous le ~. / **prendre** au ~ *(Geruch) in die Nase steigen:* Ce restaurant a un mauvais système d'aération. Il y a toujours une odeur de fumée qui vous prend au ~. / **saigner** du ~ *Nasenbluten haben:* Donne-moi vite une serviette mouillée, Josyane saigne du ~. / **tirer** les vers du ~ à qn *(fig) j-m die Würmer (einzeln) aus der Nase ziehen:* J'ai dû lui tirer les vers du ~, mais à la fin, j'ai appris toute la vérité.

nid m *Nest*
~ **douillet** *mollig weiches Nest*
faire, bâtir son ~ *ein Nest bauen:* Sous notre toit, un couple d'hirondelles est en train de faire son ~.

niveau m *Niveau, Stand, Höhe*
~ **culturel** *Kulturstufe* / ~ **intellectuel** *Bildungsstand* / ~ **maximal** *Höchstgrenze* / ~ **mental** *geistige Entwicklungsstufe* / ~ **minimal** *unterste Grenze* / ~ **social** *gesellschaftliche Stellung; soziale Stufe* / ~ **sonore** *Geräuschpegel, Lärmpegel*
abaisser, faire baisser le ~ *den (Wasser- usw.)Stand (ab)senken:* En ouvrant les écluses, l'administration des canaux a pu abaisser le ~ d'eau. / **arriver** au ~ de qn, qc *auf der Höhe von j-m, etw ankommen:* Arrivé au ~ de la jeune fille, il tourna la tête pour la dévisager. / **atteindre** un ~ *einen (Wasser- usw.)Stand, eine Höhe, ein Niveau erreichen:* Le chômage a atteint son ~ le plus élevé depuis la guerre. / le ~ **baisse** *der (Wasser- usw.)Stand, das Niveau sinkt (ab), fällt:* Attendez que le ~ baisse pour quitter le port. / **élever** le ~ *das Niveau heben:* Il faudra essayer d'élever le ~ de vos connaissances d'ici l'examen. / **être** au ~ de qn *j-s (geistigem) Niveau entsprechen; j-m ebenbürtig sein:* Sa deuxième femme est absolument à son ~. / **mettre** au même ~ *auf gleiche Höhe bringen:* Monsieur Tubœuf a réussi à mettre les connaissances de ses élèves à peu près au même ~. / le ~ **monte** *der (Wasser- usw.)Stand, das Niveau steigt:* Le ~ d'huile monte dès qu'on ouvre le clapet.

niveau de vie m *Lebensstandard*
~ **élevé** *hoher Lebensstandard*
élever le ~ *den Lebensstandard anheben:* Si l'on veut freiner l'explosion démographique des pays en voie de développement, il faut absolument élever leur ~.

noce f *Hochzeit*
aller à la ~ de qn *zu, auf j-s Hochzeit gehen:* Est-ce que tu vas à la ~ de Bernard Brice? / **convoler** en justes ~s *(iron) in den Hafen der Ehe einlaufen:* La semaine passée, Henri a convolé en justes ~s. / **fêter** ses ~s d'argent *(d'or, etc.) die silberne (goldene usw.) Hochzeit feiern:* L'année prochaine, mes beaux-parents fêteront leurs ~s d'or.

Noël m *Weihnachten*
joyeux ~! *fröhliche Weihnachten!*

nœud m *Knoten*
~ **coulant** *Schlinge* / le ~ **gordien** *(fig) der gordische Knoten:* trancher, couper le ~ gordien *(den gordischen Knoten durchhauen)* / ~ **lâche** *loser, lockerer Knoten* / ~ **serré** *fester Knoten*
défaire, desserrer, dénouer un ~ *einen Knoten lösen, aufmachen:* Aide-moi, je n'arrive pas à dénouer ce ~. / **faire** un ~ *einen Knoten binden, machen:* J'ai fait un ~ à mon mouchoir pour ne pas oublier le rendez-vous. / **filer** vingt ~s *(mar) zwanzig Knoten laufen:* Notre bateau filait vingt ~s lorsque nous sommes passés devant Haïti.

noir m *Schwarz*
~ **profond, intense, soutenu** *tiefes Schwarz*
avoir du ~ sur la joue *an der Backe schwarz sein:* Regarde-toi dans la glace, tu as du ~ sur la joue. / **se mettre** du ~ aux yeux, sur les paupières *sich einen schwarzen Lidstrich ziehen:* Mets-toi un peu de ~ aux yeux.

noisette f *Haselnuß*
croquer des ~s *Haselnüsse knabbern:* Cela ne m'étonne pas que tu prennes du poids. Ce sont les ~s que tu croques le soir, devant la télévision. / **piler, broyer** des ~s *Haselnüsse zerreiben:* Il faut d'abord piler 250 grammes de ~s et les mélanger délicatement aux œufs battus en neige.

noix f *Nuß*
~ **creuse** *taube Nuß*
casser une ~ *eine Nuß knacken:* Le grand-père était assis au coin du feu, cassant une ~ après l'autre. / **gauler** les ~ *Nüsse pflücken:* Quelle joie, autrefois, lorsque mon oncle nous emmenait gauler les ~.

nom m *Name*
affubler qn d'un ~ *j-n mit einem Namen versehen:* Hollywood, comment peut-on affubler un si joli petit chien d'un ~ si ridicule? / **appeler, nommer** qn, qc par son ~ *j-n, etw beim Namen nennen:* Vous pouvez tranquillement appeler cette sale affaire par son ~. / **connaître** qn de ~ *j-n dem Namen nach kennen:* Paul Vernier? Je le connais de ~. / **décliner** ses ~, prénoms, titres et qualités *seine Personalien angeben:* Au poste de police, j'ai dû décliner mes ~, prénoms, titres et qualités. /

nombre

donner un ~ à qn *j-m einen Namen geben:* Mon ami Amaudric n'aime pas le ~ que ses parents lui ont donné. / **donner son** ~ *seinen Namen angeben:* La personne arrêtée a refusé de donner son ~. / le ~ m'**échappe** *der Name fällt mir nicht ein:* Je connais la femme dont vous parlez, mais son ~ m'échappe. / se **faire** un ~ *sich einen Namen machen:* Peu à peu, il s'est fait un ~ dans les milieux d'initiés. / **inclure, inscrire, mettre** un ~ dans, **porter** un ~ sur une liste *einen Namen auf eine Liste setzen:* Pourriez-vous inclure mon ~ dans la liste, s'il vous plaît? / **mettre, apposer** son ~ au bas d'un document, d'une lettre *seinen Namen unter ein Dokument, einen Brief setzen:* Je ne mettrai jamais mon ~ au bas d'une telle lettre. / **mettre** un ~ sur un visage *ein Gesicht mit einem Namen verbinden:* Je n'arrive pas à mettre un ~ sur ce visage. / **porter** le ~ de qn *j-s Namen tragen, führen:* La fondation (*die Stiftung*) porte le ~ de mon père. / **prendre** le ~ de qn *j-s Namen annehmen:* Peu après le mariage de sa mère, il prit le ~ de son nouveau père. / **prendre** un faux ~, un ~ d'emprunt *einen falschen Namen annehmen; unter einem Decknamen leben:* Il avait pris un faux ~ et vivait depuis huit ans dans un village perdu sans éveiller aucun soupçon. / **prêter** son ~ à qc *seinen Namen für etw hergeben:* Elle ne prêtera jamais son ~ à cette action. / **prononcer** un ~ *einen Namen aussprechen, in den Mund nehmen:* Comment osez-vous prononcer devant moi le ~ de Wildenberg? / **répondre** au ~ de XY *auf den Namen XY hören:* Le chien répond au ~ de Bobo. / **retrouver** un ~ *wieder auf einen Namen kommen:* Cette nuit, j'ai retrouvé le ~ du premier propriétaire de la boulangerie Maino. / **tirer** son ~ de qc *seinen Namen aus etw herleiten:* Marseille tire son ~ du latin «Marsilia». / **traiter, accabler** qn de tous les ~s *j-n mit allen möglichen Schimpfnamen bedenken, belegen:* Je l'ai traité de tous les ~s, mais lui, il est resté tout calme.

nombre m *Zahl*

~ **exact** *genaue (An)Zahl*
compter qn au ~ de ses amis *j-n zu seinen Freunden zählen:* Est-ce que vous le comptez au ~ de vos amis? / **être** du ~ *dazugehören; anwesend sein:* Serez-vous du ~ des invités? / **faire** ~ *die Zahl vergrößern; zahlreich sein:* J'ai demandé à Monsieur Robertson d'amener ses amis à la conférence de samedi soir pour faire ~. / **figurer** au ~ des reçus *zu den Zugelassenen, Angenommenen gehören:* J'ai participé au concours, mais malheureusement, je ne figure pas au ~ des reçus. / **grossir, augmenter, accroître** le ~ *die Zahl vergrößern, erhöhen:* Ces nouvelles mesures risquent d'augmenter encore le ~ des chômeurs. / **porter** le ~ à ... *die Zahl auf ... erhöhen:* Ce nouveau décès porte à 13 le ~ des victimes. / **restreindre, diminuer** le ~ de qc *etw einschränken:* Je crois que nous devrions restreindre un peu le ~ de nos sorties. / **succomber** sous le ~ *der Übermacht unterliegen:* À la fin de la bataille, les Japonais succombèrent sous le ~.

non-lieu m (*jur*) *Einstellung eines (Straf-)Verfahrens*
qn **bénéficie** d'un ~ *gegen j-n wird das Verfahren eingestellt:* L'enquête n'ayant pu aboutir à des conclusions formelles, Jacques Delarue avait, à l'époque, bénéficié d'un ~. / **conclure** à, **rendre** un ~ *das Verfahren einstellen, die Strafverfolgung einstellen:* Le tribunal de Marseille avait rendu un ~.

Nord m *Norden*
le **Grand** ~ *der hohe Norden*

normale f *Normales*
revenir à la ~ *sich normalisieren:* La situation sur le marché de l'emploi tend à revenir à la ~.

norme f *Norm*
~s **strictes** *strenge Maßstäbe*
s'**écarter** de la ~ *von der Norm, der Regel abweichen:* Votre comportement s'écarte de la ~, si j'ose dire. / **rester** dans les ~s *nicht von der Norm abweichen:* Les résultats restent dans les ~s.

nostalgie f *Sehnsucht*
avoir la ~ de qc *Sehnsucht nach etw haben:* Depuis la première semaine de mon séjour ici, j'ai la ~ de ma famille. / qn **garde** la ~ de qc *jemand behält eine Sehnsucht nach etw:* Elle vit aux États-Unis depuis la fin de la guerre, mais elle a gardé la ~ de l'Europe.

note[1] f *Note, Ton*
~ **aiguë, haute** *hoher Ton* / ~ **basse, grave** *tiefer Ton* / ~s **discordantes** *Mißtöne* / **fausse** ~ *falscher Ton; Mißklang (auch fig)*
attaquer une ~ *eine Note spielen:* Ce qui est remarquable chez ce pianiste, c'est la précision avec laquelle il attaque chaque ~. / **donner** la ~ (*konkret*) *den Ton angeben:* Pouvez-vous me donner la première ~, s'il vous plaît? / **lier** les ~s *die Noten binden:* Vous devez lier ces trois ~s. / **sauter** une ~ *eine Note auslassen, weglassen:* Fais attention. Là, tu sautes toujours une ~. / **savoir lire, déchiffrer** les ~s *Noten lesen können:* Il ne sait même pas lire les ~s. / **tenir** une ~ *eine Note halten:* N'oublie pas toujours de tenir cette ~-là!

note[2] f *Note (Zensur)*
avoir une **bonne (mauvaise)** ~ *eine gute (schlechte) Note haben:* Juliette a eu une bonne ~ à sa composition de mathématiques. / **mettre** une **bonne (mauvaise)** ~ à qn *j-m eine gute (schlechte) Note geben, erteilen:* Je lui ai mis une bonne ~ pour son exposé.

note[3] f *Rechnung*

~ **salée** (F) *gesalzene, gepfefferte Rechnung*
demander la ~ *die Rechnung verlangen:* Après le déjeuner, nous passerons à la réception pour demander la ~. / **payer, régler** la ~ *die Rechnung begleichen:* Il s'achète tout ce qui lui passe par la tête et c'est sa mère qui paye la ~. / **préparer** la ~ *die Rechnung vorbereiten, schreiben:* Préparez-nous la ~ pour demain 7 heures. / **présenter** la ~ *die Rechnung vorlegen:* Lorsque le plombier nous a présenté sa ~, nous avons failli nous évanouir.

note[4] f *Notiz*
prendre des ~s *sich Notizen machen:* Avez-vous pris des ~s à ce cours? / **prendre** ~ de qc; **prendre** qc en ~ *sich etw notieren:* Nous avons pris ~ de vos intentions.

nourriture f *Nahrung*
~ **indigeste** *schwerverdauliche Nahrung* / ~ **riche, substantielle** *reichhaltige Nahrung* / ~ **saine** *gesunde Nahrung*
se **bourrer**, se **gorger** de ~ *sich vollstopfen:* Cela me dégoûte de le voir se bourrer ainsi de ~ comme s'il n'avait pas mangé depuis des jours. / **économiser** sur la ~ *am Essen sparen:* J'ai l'impression que nous pourrions encore économiser sur la ~. / **prendre, absorber** de la ~ *Nahrung zu sich nehmen:* Depuis trois semaines, elle ne prend plus aucune ~. / se **priver** de ~ *nichts essen:* Elle se prive de ~ pendant huit jours pour maigrir, mais le neuvième jour, elle dévore tout ce qui lui tombe sous la main.

nouvelle f *Nachricht, Neuigkeit*
~ **accablante** *niederschmetternde Nachricht* / ~ **alarmante** *besorgniserregende, alarmierende Nachricht* / ~ **authentique** *verbürgte Nachricht* / **bonne** ~ *1. gute Nachricht; 2.* (rel) *Frohe Botschaft* / toute **chaude** *brühwarme Neuigkeit* / **dernières** ~s *neueste Nachrichten* / ~ **effarante** *unglaubliche Nachricht* / **fâcheuse** ~; **mauvaise** ~; **malheureuse** *Hiobsbotschaft* / **fausse** ~ *Falschmeldung, Ente* / des ~s **fraîches** *neueste Nachrichten; jüngste Meldungen* / de **graves** ~s *schlimme Nachrichten* / **heureuse** ~ *freudige Nachricht, Mitteilung* / **joyeuse** ~ *Freudenbotschaft; erfreuliche Nachricht* / ~ **rassurante** *beruhigende Nachricht* / ~ **réjouissante** *erfreuliche Neuigkeit, Nachricht* / ~ **renversante** *umwerfende, unglaubliche Neuigkeit* / **triste** ~ *traurige Mitteilung*
aller aux ~s *sich erkundigen:* Je ne sais pas ce qui se passe entre Monsieur Lecomte et son secrétaire. J'ai bien envie d'aller aux ~s. / **annoncer, lancer, donner** une ~ *eine Nachricht bringen:* Les journaux ont annoncé la ~ ce matin. / **apprendre** une ~ *eine Neuigkeit erfahren:* Je n'ai appris la ~ qu'hier soir. / les ~s **arrivent, parviennent** *die Nachrichten gehen ein:* Les ~s qui nous arrivent concernant la catastrophe sont encore rares. / **carillonner,** **corner** une ~ *eine Neuigkeit ausposaunen:* Qui est-ce qui a carillonné la ~? / une ~ **circule** *eine Nachricht verbreitet sich:* La ~ des fiançailles de Mademoiselle La Hire a circulé de bouche en bouche. Finalement, toute la ville a été au courant. / **colporter** une (fausse) ~ *eine (falsche) Nachricht verbreiten:* L'opposition a colporté cette ~ dans un but précis. / **déformer** une ~ *eine Nachricht entstellen:* Les mass media ont déformé la ~. / **demander** des ~s de qn *sich nach j-s Befinden erkundigen:* Le jeune Lacunier vient de demander de vos ~s. / **diffuser, divulguer, répandre, propager** une ~ *eine Nachricht verbreiten:* Toutes les radiodiffusions ont divulgué cette ~. / **envoyer** de ses ~s *von sich hören lassen:* Dès mon arrivée, je vous donnerai de mes ~s. / **ébruiter** une ~ *eine Nachricht ausplaudern:* Vous avez la primeur de la ~, mais je vous demande de ne pas l'ébruiter. / **envoyer** qn aux ~s *j-n schicken, um Nachricht(en) einzuholen:* Il n'osait plus se présenter dans la famille de Mademoiselle Lucienne, mais il envoyait régulièrement son domestique aux ~s. / **être** sans ~ de qn *nichts gehört haben von j-m:* Trois ethnologues ont disparu au Brésil; depuis dix jours, on est sans ~s des explorateurs. / **faire, envoyer prendre** des ~s de qn *nach j-s Befinden fragen lassen:* Madame Raquin a fait prendre des ~s de votre épouse. / **rester** sans ~s de qn *ohne Nachricht von j-m sein; keine Nachricht von j-m erhalten haben:* Ils sont restés pendant trois mois sans ~s de leur fils. / **tenir** une ~ de qn *eine Neuigkeit von j-m haben:* Je tiens cette ~ de source bien informée. / une ~ **transpire** *eine Nachricht sickert durch:* Malgré les rigoureuses consignes de silence, la ~ a fini par transpirer.

nuage m *Wolke*
~s **bas** *tiefhängende Wolken* / **gros** ~ *dicke Wolke* / ~s **légers** *leichte Bewölkung* / ~s **lourds** *schwere Wolken* / ~s **moutonnés** *Schäfchenwolken* / ~ **orageux** *Gewitterwolke*
il **y a** des ~s (noirs) à l'horizon *schwarze Wolken ziehen auf* (auch fig): Le président a compris qu'il y a des ~s noirs à l'horizon. / les ~s **courent** sur la lune, le ciel *die Wolken ziehen am Mond, am Himmel vorbei:* C'était une nuit pleine de vent, les arbres agitaient leurs branches dépouillées et des ~s couraient sur la lune. / des ~s **couvrent** le ciel *der Himmel ist bewölkt:* À l'ouest, des ~s couvrent le ciel. / un ~ **crève** *es gibt einen Wolkenbruch:* Il y eut un éclair soudain et les ~s noirs crevèrent, un déluge de pluie s'abattit. / **dissiper** les ~s *die Wolken auflösen:* Le soleil dissipera bientôt les ~s. / les ~s s'**écartent** *die Wolken reißen auf:* Soudain, les ~s se sont écartés et nous avons pu admirer le panorama. / des ~s **flottent, glis-**

nuance

sent dans le ciel *Wolken ziehen am Himmel (dahin)*: Les oiseaux chantaient et des ~s blancs flottaient dans le ciel.

nuance f *Nuance, Feinheit*
~s **imperceptibles, insensibles, insaisissables** *kaum wahrnehmbare Nuancen* / ~ **subtile** *feine Nuance*
apporter quelques ~s à qc *etw differenzieren:* Je vous prie d'apporter quelques ~s à votre rapport. / **rendre** les ~s *die Feinheiten herausarbeiten, zur Geltung bringen:* Ce nouveau magnétophone rend vraiment les ~s.

nuit f *Nacht*
~ **agitée** *unruhige Nacht* / une ~ **blanche** *eine schlaflose, durchwachte Nacht* / ~ **épaisse, noire, profonde, ténébreuse** *stockfinstere, tiefe, stockdunkle Nacht* / ~ **étoilée** *sternklare Nacht* / (à la) ~ **tombante** *(bei) hereinbrechende(r) Nacht*
la ~ **approche** *es wird bald Nacht, dunkel:* Dépêchons-nous, la ~ approche. / il **fait** ~ *es ist, wird dunkel, Nacht:* À cette époque, il fait ~ dès cinq heures. / **passer** une **bonne (mauvaise)** ~ *gut (schlecht) schlafen; eine gute (schlechte) Nacht verbringen:* Le malade a passé une bonne ~. / la ~ **tombe, descend** *die Nacht bricht herein:* La ~ tombe vite sous les tropiques.

numéro[1] m *Nummer (Telefon)*
brancher qn sur un ~ *j-n mit einer Nummer verbinden:* Je ne peux pas vous brancher sur ce ~, vous devez le composer vous-même. / **composer, faire** un ~ *eine Nummer wählen:* Il entra dans le vestiaire, composa rapidement le ~ et attendit que Julien décroche. / **demander** un ~ *eine Nummer verlangen:* Elle appela l'hôpital et demanda le ~ du service de réanimation.

numéro[2] m *(Los)Nummer*
~ **gagnant, sortant** *Gewinnzahl, Gewinnlos, Treffer* / ~ **perdant** *Niete*
un ~ **sort** *eine Nummer wird gezogen, kommt vor:* C'est la cinquième semaine consécutive que le ~ 25 sort au loto. / **tirer** le **bon (mauvais)** ~ *(fig) das Große Los (nicht das Große Los) ziehen:* Je te félicite. En épousant cette fille, tu as sans aucun doute tiré le bon ~.

O

obéissance f *Gehorsam*
~ **aveugle, inconditionnelle, passive** *blinder, unbedingter Gehorsam; Kadavergehorsam* / **humble** ~ *Untertänigkeit* / ~ **servile** *sklavischer Gehorsam*
amener, réduire qn à l'~ *j-n gefügig, gehorsam machen:* Je ne pense pas que c'est par des menaces qu'on pourra amener cet enfant à l'~. / **devoir** ~ à qn *j-m Gehorsam schulden:* Monsieur Leroy part toujours du principe que la femme doit ~ à son mari. / **jurer** ~ à qn *j-m Gehorsam schwören:* Le chef rebelle peut compter sur des troupes fidèles, qui lui ont juré ~ avant de partir au combat. / **rappeler** qn à l'~ *j-n zum Gehorsam anhalten:* Le roi rappela les généraux à l'~.

objectif[1] m *Ziel*
~ **immédiat** *Nahziel* / ~ **premier** *Hauptziel*
atteindre un ~ *ein Ziel erreichen:* Nous sommes encore loin d'atteindre l'~ que nous nous sommes fixé. / (se) **fixer,** (s')**assigner** un ~ *(sich) ein Ziel setzen:* Il importe que nous nous fixions d'abord un ~. / **manquer** son ~ *sein Ziel verfehlen:* Les mesures gouvernementales ont manqué leur ~. / **repérer** l'~ *das Ziel ausmachen:* Le pilote crut avoir repéré l'~ et lâcha les bombes. / **viser** un ~ *ein Ziel anvisieren, anpeilen:* Maintenant ils ont atteint l'~ qu'ils visaient depuis si longtemps.

objectif[2] m *Objektiv*
braquer son ~ sur qn, qc *sein Objektiv, seine Kamera auf j-n, etw richten:* Les touristes braquèrent leur ~ sur l'hindou mourant.

objection f *Einwand*
~ **irréfutable** *unwiderlegbarer Einwand* / ~ **valable** *berechtigter Einwand*
balayer, pulvériser les ~s *die Einwände vom Tisch fegen:* Le chancelier a balayé les ~s de ses ministres. / **devancer, prévenir** une, **aller au devant** d'une ~ *einem Einwand zuvorkommen:* Il faut que nous devancions les ~s de nos adversaires. / **formuler, élever, faire, présenter** une ~ *einen Einwand vorbringen, erheben:* Permettez que j'élève quelques ~s au sujet de votre proposition. / **réfuter** une ~ *einen Einwand zurückweisen:* À l'aide de quelques chiffres, il ne sera pas difficile de réfuter les ~s qui viennent d'être soulevées. / ne **soulever** aucune ~ *auf keinen, keinerlei Widerstand stoßen:* Nos projets n'ont heureusement soulevé aucune ~. / si vous n'y **voyez** pas d'~ *wenn Sie nichts dagegen einzuwenden haben:* Si vous n'y voyez pas d'~, je déclare close la séance de l'assemblée générale ordinaire.

objectivité f *Sachlichkeit*
  manquer, être **dénué** d'~; **manquer à** l'~ *unsachlich sein; es an Sachlichkeit fehlen lassen:* Vos remarques manquent d'~, Monsieur.
objet m *Gegenstand, Zweck*
  avoir pour ~ *bezwecken; zum Zweck haben:* Son intervention a seulement pour ~ de jeter la confusion dans l'assemblée. / **être, faire** l'~ de qc *Gegenstand von etw sein:* Votre demande a fait l'~ de discussions acharnées. / **exposer** l'~ de qc *den Zweck einer Sache darlegen:* Il commença par exposer en quelques mots l'~ de sa visite. / **remplir, atteindre** son ~ *seinen Zweck erfüllen:* Notre demande auprès de l'ambassadeur n'a malheureusement pas atteint son ~.
obligation f *Verpflichtung, Pflicht*
  ~s **écrasantes** *Pflichten, die einen (fast) erdrücken* / ~s **fastidieuses** *lästige Pflichten* / ~ **impérieuse** *dringende Verpflichtung* / ~s **mondaines** *gesellschaftliche Verpflichtungen* / ~ **morale** *moralische Verpflichtung* / ~s **professionnelles** *berufliche Pflichten*
  contracter une ~ *eine Verpflichtung (vertraglich) eingehen:* Vous avez là contracté une ~ entraînant des conséquences graves. / **délier, dispenser** qn d'une ~ *j-n von einer Verpflichtung entbinden:* Je ne suis pas autorisé à vous délier de vos ~s. / **se dispenser** d'une ~ *sich einer Verpflichtung entziehen:* Nous trouvons malhonnête que vous vous dispensiez de cette ~. / **être,** se **voir,** se **trouver** dans l'~ de faire qc *gezwungen sein, sich gezwungen sehen, etw zu tun:* Malheureusement, nous sommes dans l'~ de rejeter votre demande. / se **faire** une ~ de faire qc *es sich zur Pflicht machen, etw zu tun:* Il s'est fait une ~ de subvenir aux besoins des orphelins. / **imposer** une ~ à qn *j-m eine Pflicht auferlegen:* Je ne me vois pas en mesure de remplir les ~s qu'on m'a imposées. / **manquer,** se **soustraire** à ses ~s *seine Verpflichtungen nicht erfüllen:* C'est un homme d'honneur, qui n'a jamais manqué à ses ~s. / **mettre** qn **dans** l'~ de faire qc *j-n zwingen, etw zu tun:* Il faut lui poser la question directement pour le mettre dans l'~ de répondre clairement. / **remplir** ses ~s; **faire honneur** à ses ~s *seinen Pflichten nachkommen:* Madame Bertine, jusqu'alors, avait toujours fait honneur à ses ~s familiales.
obligeance f *Zuvorkommenheit*
  extrême ~ *außerordentliche Zuvorkommenheit*
  avoir l'~ de faire qc *so freundlich sein, etw zu tun:* Auriez-vous l'~ de présenter votre rapport dès la semaine prochaine?
obscurité f *Dunkelheit, Finsternis*
  ~ **complète** *völlige Dunkelheit* / ~ **épaisse** *tiefe Finsternis*
  l'~ s'**éclaircit** *das Dunkel lichtet sich (bes. fig):* L'~ qui règne autour de cette affaire commence à s'éclaircir. / **émerger, sortir** de l'~ *sich aus der Dunkelheit lösen:* Le jour commençait à poindre et les détails du paysage émergeaient peu à peu de l'~. / l'~ s'**épaissit** autour de qc *(fig) etw wird immer undurchsichtiger:* L'~ s'épaissit autour du crime du boulevard Decourcelles.
observateur m *Beobachter*
  ~ **attentif** *aufmerksamer Beobachter* / ~ **averti** *vorsichtiger Beobachter* / ~ **curieux** *neugieriger Beobachter* / ~ **fin** *guter Beobachter* / ~ **lucide, perspicace, sagace** *scharfer Beobachter* / ~ **minutieux** *(peinlich) genauer Beobachter*
observation[1] f *Beobachtung*
  ~ **attentive** *aufmerksame Beobachtung* / ~ **fine** *scharfe, genaue Beobachtung* / ~ **muette** *stille Beobachtung*
  mettre un malade en ~ *einen Kranken zur Beobachtung einliefern:* On a dû mettre ma femme en ~ à la clinique du «Sacré-Cœur».
observation[2] f *Einhaltung, Beachtung*
  stricte ~; ~ **rigoureuse** *(d'un règlement, etc.) strenge Einhaltung, peinlich genaue Beachtung (einer Vorschrift usw.)*
observation[3] f *(kritische) Bemerkung*
  de **graves** ~s *ernste Einwände* / ~s **pertinentes** *sachdienliche Bemerkungen*
  qc **appelle** une ~ *zu etw ist eine Bemerkung zu machen:* La conclusion de votre exposé appelle quelques ~s. / **faire** une ~ *eine Bemerkung machen:* Avez-vous des ~s à faire à ce sujet?
obstacle m *Hindernis*
  ~ **infranchissable, insurmontable, invincible** *unüberwindliches Hindernis*
  aplanir, écarter, éliminer, lever, supprimer un ~ *ein Hindernis beseitigen, aus dem Weg räumen:* Je ne pourrai pas aplanir tous les ~s que vous rencontrerez dans cette affaire. / être **arrêté** par un ~ *durch ein Hindernis aufgehalten werden:* Il a été arrêté dans ses recherches par un ~ de taille: le manque de crédits. / qc **échoue** contre un ~ *etw scheitert an einem Hindernis:* Il est triste que ce projet ait échoué contre un ~ si ridicule. / **esquiver, éviter, tourner** un ~ *einem Hindernis ausweichen; ein Hindernis umgehen:* C'est un ~ qu'on ne peut pas franchir, il faut l'esquiver. / **faire, mettre** ~ à qc *sich einer Sache in den Weg stellen; etw durchkreuzen; einer Sache entgegenarbeiten:* Notre directeur fait ~ à toutes les initiatives de ses collaborateurs. / **franchir, surmonter** un ~ *ein Hindernis überwinden:* Je n'aurais pas cru que Monsieur Cuyinte franchisse si vite tous les ~s. / se **heurter** à, **buter** contre, sur, **rencontrer** un ~ *auf ein Hindernis stoßen:* Il a abandonné son projet au premier ~ auquel il s'est heurté. / **renverser** un ~ *sich über ein Hindernis hinwegsetzen:* Au début, il avait un

occasion

tel enthousiasme qu'il était prêt à renverser tous les ~s qu'il pourrait rencontrer sur son chemin. / **sauter** un ~ *über ein Hindernis springen:* Le cheval a sauté les ~s sans problème.

occasion f *Gelegenheit*
~ **exceptionnelle, unique** *einmalige Gelegenheit* / les **grandes** ~s *die großen, festlichen, besonderen Gelegenheiten* / ~ **manquée, perdue** *versäumte, verpaßte Gelegenheit* / ~ **propice** *günstige Gelegenheit*
chercher une ~, l'~ de faire qc *eine Gelegenheit suchen, etw zu tun:* Je suis sûr qu'il cherche une ~ pour nous créer des ennuis. / **donner, fournir, procurer** à qn l'~ de ... *j-m (die) Gelegenheit geben, bieten zu ...:* Votre intervention me donne l'~ d'expliciter mon argumentation. / laisser **échapper,** faire **passer, négliger** une ~ *sich eine Gelegenheit entgehen lassen:* Vous avez laissé échapper plusieurs ~s. / **guetter** une ~ *auf eine Gelegenheit lauern; eine Gelegenheit abwarten:* Ça, c'est l'~ que je guette depuis longtemps. / **manquer, perdre,** (F) **rater, louper** une ~ *eine Gelegenheit versäumen,* (F) *verpassen:* Malheureusement nous avons manqué cette ~. / l'~ s'**offre,** se **présente** de ... *es bietet sich die Gelegenheit zu ...:* L'~ s'est enfin offerte de lui dire la vérité. / ne jamais **perdre** l'~, ne **perdre** aucune ~ de faire qc *keine Gelegenheit versäumen, sich keine Gelegenheit entgehen lassen, etw zu tun:* Madame Bourret ne perd aucune ~ de rappeler à son mari son manque d'instruction. / **profiter** de, **saisir** l'~ pour ... *eine, die Gelegenheit ergreifen zu ...:* Je profite de l'~ pour vous montrer votre chambre. / **sauter** sur une ~ *eine Gelegenheit beim Schopfe packen:* Je ne regrette pas d'avoir sauté sur cette ~.

occupation f *Beschäftigung*
~ **futile** *nutzlose Beschäftigung* / ~ **lucrative, rémunératrice** *lohnende, einträgliche Beschäftigung*
vaquer, se **livrer** à ses ~s habituelles *seiner üblichen Beschäftigung nachgehen:* Le matin, il s'était marié, l'après-midi, il se livrait de nouveau à ses ~s habituelles.

odeur f *Geruch, Duft*
~ **âcre, violente** *scharfer, beißender Geruch* / ~ **alléchante** *verlockender Duft* / ~ **capiteuse, enivrante, entêtante** *berauschender, betörender, betäubender Duft* / ~ **chaude, lourde** *schwerer Duft* / ~ **concentrée** *starker Duft* / ~ **écœurante, nauséabonde** *widerlicher, ekelerregender Geruch* / ~ **fétide, infecte, répugnante** *übler, scheußlicher, ekelhafter Geruch* / ~ **pénétrante** *aufdringlicher Geruch*
avoir une **bonne (mauvaise)** ~ *gut (schlecht) riechen:* Ce fromage a une très mauvaise ~, mais il est bon quand même. / **chasser,** **combattre** une mauvaise ~ *schlechten Geruch beseitigen:* Ce nouveau produit à base de chlorophylle est imbattable pour chasser les mauvaises ~s. / **dégager, exhaler, répandre** une ~ *einen Duft verbreiten, ausströmen:* Le bouquet de fleurs dégage une ~ extrêmement forte. / une ~ se **dégage, émane** de qc *ein Duft geht von etw aus, entströmt einer Sache:* Une ~ douceâtre se dégageait de la boîte. / qc s'**imprègne** d'une ~ *etw nimmt einen Duft an:* Le costume s'est imprégné de l'~ de son parfum.

œil m (pl **yeux**) *Auge, (par ext) Blick*
yeux **allongés** *mandelförmige Augen* / avoir les yeux **battus** *schwarze Ringe um die Augen haben* / yeux **boursouflés, bouffis** *verquollene Augen* / yeux **bridés** *Schlitzaugen* / yeux **brillants, pétillants, resplendissants** *funkelnde, glänzende Augen* / avoir les yeux **cernés** *Ringe unter den Augen haben* / yeux **chassieux** *Triefaugen* / yeux **doux** *sanfte Augen:* faire les yeux doux à qn *(j-m schöne Augen machen)* / yeux **écarquillés, grands ouverts** *weit aufgerissene Augen* / yeux **écartés** *weit auseinanderliegende Augen* / yeux **enfoncés, caves** *eingesunkene, tiefliegende Augen* / yeux **éteints** *glanzlose Augen* / yeux **étincelants** *strahlende Augen* / œil **exercé** *geübter, geschulter Blick* / œil **favorable** *wohlwollender Blick* / œil **fureteur** *neugieriger, indiskreter Blick* / œil **hagard** *scheuer, verstörter Blick* / yeux **humides** *tränenfeuchte Augen* / yeux **injectés** de sang *blutunterlaufene Augen* / yeux **larmoyants** *tränende Augen* / œil **lucide** *klarer Blick* / yeux **luisants** *leuchtende Augen (eines Tieres);* yeux luisants d'envie, de convoitise, etc. *vor Neid, Verlangen usw. leuchtende Augen* / **mauvais** œil *böser Blick* / yeux **perçants** *leuchtende, kluge Augen* / œil **poché** *blaues Auge* / yeux **porcins** *Schweinsäuglein* / avoir les yeux **révulsés** *die Augen verdrehen* / yeux **rieurs** *lachende Augen* / yeux **ternes, mornes** *trübe, glanzlose Augen* / yeux **usés** *(altersbedingt) schlechte Augen* / yeux **vifs** *muntere, kluge Augen*
s'**abîmer,** s'**user,** (F) se **crever** les yeux *sich die Augen verderben:* Tu t'abîmes les yeux à lire par cette lumière. / ses yeux s'**allument** (de convoitise), s'**illuminent** (de joie, bonheur) *seine Augen leuchten auf:* Lorsqu'il a vu arriver Michèle, ses yeux se sont illuminés. / **arracher** les yeux à qn *j-m die Augen auskratzen:* Elle était si furieuse que je craignais qu'elle arrache les yeux à son ami. / **arrêter, fixer, attacher** ses yeux sur qn, qc *seine Augen, seinen Blick auf j-n, etw heften; j-n, etw anstarren:* Le commissaire fixa ses yeux sur l'individu qu'on venait d'arrêter. / **avoir** l'œil à tout *auf alles achten, achtgeben, ein wachsames*

Auge haben: Vous pouvez faire confiance à la nouvelle gouvernante. Elle a l'œil à tout. / **avoir** l'œil sur qn; **avoir, tenir** qn à l'œil *j-n ständig im Auge behalten:* Je trouve horrible qu'elle ait tellement l'œil sur son fiancé. / **n'avoir** d'yeux que pour qn, qc *nur für j-n, etw Augen haben:* Je la trouve injuste envers ses filles. Elle n'a d'yeux que pour son fils. / **baisser** les yeux *die Augen niederschlagen; den Blick senken:* Lorsque le professeur dirigea son regard sur lui, il baissa les yeux et se tut. / **bander** les yeux de qn *j-m die Augen verbinden:* Les guérilleros bandèrent les yeux du journaliste et le conduisirent dans leur camp. / qc **blesse** les, **fait mal** aux yeux *etw tut den Augen weh:* Cette lumière bleuâtre blesse les yeux. / se **boucher** les yeux sur qc *(fig) die Augen vor etw verschließen:* Cela ne sert à rien de se boucher les yeux sur la réalité. / les yeux **brillent** *die Augen leuchten, glänzen:* Il suffit de lui parler de vacances pour que ses yeux se mettent à briller. / ses yeux **chavirent** *(fig) er verdreht die Augen:* Elle s'assit sur un tronc d'arbre, ses yeux chavirèrent et elle gémit. / **ciller, cligner** des yeux *blinzeln:* Lorsqu'il est sorti de la maison, le soleil l'a frappé en face et il a cligné des yeux. / **cligner** de l'œil (à qn); (F) **faire** de l'œil à qn *(j-m zu)zwinkern:* T'as vu? Elle m'a cligné de l'œil. / **coller** son œil à qc *durch etw (z. B. Schlüsselloch) schauen:* Elle avait collé son œil au trou de la serrure et restait là, immobile, sans remarquer que quelqu'un l'observait. / **couver** qn, qc des yeux *j-n, etw begehrlich, zärtlich anblicken:* La jeune femme couvait son bébé des yeux en lui chantant une berceuse. / **crever** un œil à qn *j-m ein Auge ausstechen, ausschlagen:* Deux hommes se sont battus devant notre maison et finalement l'un a crevé un œil à son adversaire. / qc **crève** les yeux *(fig) etw springt ins Auge:* Comment avez-vous pu ne pas remarquer la faute? Elle crève les yeux! / ne pas en **croire** ses yeux *seinen Augen nicht trauen:* Je n'en ai pas cru mes yeux lorsque je l'ai vu nager dans le torrent. / les yeux me **cuisent;** j'ai les yeux qui **picotent,** qui **piquent,** qui me **brûlent** *meine Augen brennen:* J'ai trop longtemps tapé à la machine, les yeux me cuisent. / **dessiller** les yeux de qn *(fig) j-m die Augen öffnen:* Il est vraiment trop naïf, il va falloir lui dessiller les yeux. / mes yeux **se dessillèrent** *(fig) es fiel mir wie Schuppen von den Augen:* Quand j'ai lu la lettre, mes yeux se sont dessillés. / **détourner, détacher** les yeux *die Augen abwenden:* Je ne pouvais pas détourner les yeux de ce spectacle affreux. / **diriger, tourner, porter** ses yeux vers ... *seinen Blick richten auf ...:* Madeleine, souffrante, dirigea ses yeux vers le médecin qui la regardait. / **donner** dans l'œil à qn *(fig) j-m ins Auge stechen:* J'adore cette tapisserie. La couleur m'a donné dans l'œil dès le début. / **écarquiller** les yeux; **ouvrir** de grands yeux; **faire** des yeux **ronds** *die Augen aufreißen; (große) Augen machen:* Lorsqu'il s'est trouvé soudain en face de son ancien commandant, il a écarquillé les yeux. / **fermer** les yeux sur qc *(fig) die Augen vor etw verschließen:* Il ne sert à rien de fermer les yeux sur l'état dans lequel se trouve notre firme. / **fermer** les yeux d'un mort *einem Toten die Augen zudrücken:* Madame Langevin se mit debout à côté du lit du mort, lui ferma les yeux et alla appeler les enfants. / ses yeux **se ferment** *die Augen fallen ihm zu:* Regarde-le, il est tellement fatigué que ses yeux se ferment déjà. / **ne pas fermer** l'œil *kein Auge zutun:* Elle dit qu'elle n'a pas fermé l'œil de toute la nuit. / ses yeux **flamboient;** ses yeux **lancent** des flammes *seine Augen sprühen Flammen, Feuer:* Quand il est furieux, il ressemble à un fauve, ses yeux lancent des flammes. / **flatter** les yeux *eine Augenweide sein:* Cette image flatte les yeux après tout ce qu'on a vu jusqu'ici. / **interroger** qn des yeux *j-n fragend anblicken:* Quand le juge a commencé à lui poser des questions, elle a interrogé son mari des yeux pour savoir si elle devait parler. / **jeter** un œil sur ... (F) *einen Blick werfen auf ...:* N'oubliez pas de jeter un œil sur l'affiche du théâtre. / **lever** les yeux sur, vers qn, qc *zu j-m, etw aufblicken:* L'étudiante leva les yeux vers son professeur. / **lever** les yeux de qc *von etw aufblicken:* À ce bruit, Christine leva les yeux de dessus son livre. / **manger, dévorer** qn des yeux *j-n mit Blicken verschlingen:* Regardez Berthe Saint-Christophe! Quand son amant est là, elle le mange des yeux. / **ouvrir** l'œil *die Augen offenhalten; gut aufpassen:* Je te promets d'ouvrir l'œil lors de la traversée du glacier. / **ouvrez** bien vos yeux! *macht, sperrt eure Augen auf!:* Regardez devant vous et ouvrez bien vos yeux! / **ouvrir** les yeux à qn *(fig) j-m die Augen öffnen:* Jean Berliet m'a ouvert les yeux sur les intentions de son compagnon. / ses yeux **pétillent** *seine Augen funkeln:* Regardez cet enfant: ses yeux pétillent de malice. / qc **picote, pique, brûle** les yeux *etw beißt, brennt in den Augen:* La fumée qui s'échappait des bûches humides piquait les yeux. / **planter** ses yeux dans ceux de qn *j-m tief in die Augen schauen:* Il avait planté ses yeux dans ceux de son interlocuteur qui, gêné, finit par détourner le regard. / ses yeux **pleurent, larmoient** *seine Augen tränen:* Sophie doit avoir une légère conjonctivite. Elle a les yeux qui pleurent. / **pocher** l'œil de qn *j-m ein Auge blau schlagen:* Qui est-ce qui vous a poché l'œil? / **promener** ses yeux sur qc *seine*

œillade

Augen über etw schweifen lassen: Arrivé au sommet, il promena ses yeux sur le paysage qui s'étendait à ses pieds. / ne pas **quitter** qn, qc des yeux *j-n, etw nicht aus den Augen lassen:* L'enfant ne quittait pas des yeux sa mère en train de faire la valise en toute hâte. / **rassasier, repaître** ses yeux de qc *seine Augen, sich an etw weiden:* Il repaissait ses yeux de ce spectacle. / ne **reparais** pas devant mes yeux! *komm mir nicht mehr unter die Augen:* Je te donne ce conseil: ne reparais plus devant mes yeux! / se **rincer** l'œil (F *fig*) *Stielaugen machen; sich die Augen ausgucken (bes. nach einem Mädchen):* Les baigneuses étaient en monokini, aussi s'est-il rincé l'œil! / **sauter** aux yeux *ins Auge, in die Augen springen:* Son intention saute aux yeux: il veut obtenir un poste plus élevé. / les yeux lui **sortent** de la tête *die Augen treten ihm aus dem Kopf:* Jonny serrait la gorge du pauvre Émile. Celui-ci étouffait et les yeux lui sortaient de la tête. / **taper** dans l'œil (F *fig*) *ins Auge stechen, springen:* Cette jeune fille a regardé dans ta direction pendant toute la soirée. Je crois que tu lui as tapé dans l'œil. / **tirer** l'œil (F) *ins Auge fallen; knallig sein:* Son pull tire l'œil. / les yeux **tombent** sur qn, qc *der Blick fällt auf j-n, etw:* Ses yeux tombèrent tout à coup sur la lettre qui était restée sur le bureau.

œillade f *verliebter Blick*
décocher, jeter, lancer une ~, **faire** des ~s à qn *j-m verliebte Blicke zuwerfen:* As-tu vu Lucien qui a décoché une ~ à Mauricette?

œillère f *Scheuklappe*
avoir des ~s (*meist fig*) *Scheuklappen tragen:* Il doit avoir des ~s, car il n'a pas remarqué le danger.

œuf m *Ei*
~s **brouillés** *Rühreier* / ~ **cru** *rohes Ei* / ~ **dur** *hartes, hartgekochtes Ei* / ~ **frais** *frisches Ei* / ~s **pochés** *verlorene, pochierte Eier* / ~s **pourris** *faule Eier*
battre des ~s *Eier schaumig schlagen:* Combien d'~s as-tu battus pour la pâte? / **battre, monter** les ~s en neige *Eier zu Schnee schlagen:* Battez trois blancs d'~s en neige ferme. / **casser** un ~ *1. ein Ei aufschlagen; 2. ein zerbrechen:* Cassez trois ~s et mettez-les dans une casserole. Yves est tombé et a cassé les ~s. / faire **durcir** des ~s *Eier hart kochen:* Je me ferai durcir quelques ~s. / **gober** un ~ (cru) *ein (rohes) Ei (aus)schlürfen:* On m'a affirmé que, pour s'éclaircir la voix, on devait tous les matins gober un ou deux ~s. / **marcher** sur des ~s (*fig*) *wie auf Eiern gehen:* Par ce verglas, on marche sur des ~s. / **pondre** un ~ *ein Ei legen:* Cette poule caquette éperdument; on dirait qu'elle vient de pondre un ~.

œuvre f *Werk*
bonnes ~s *gute Werke* / ~ **capitale, maîtresse** *Hauptwerk* / ~s **choisies** *ausgewählte Werke* / ~s **complètes** *gesammelte Werke* / ~s **posthumes** *literarischer, künstlerischer Nachlaß*
faire ~ **utile** *etw Nützliches tun:* Après ce travail insensé, j'ai envie de faire ~ utile. / se **mettre** à l'~ *sich ans Werk, an die Arbeit machen:* Il est grand temps que nous nous mettions à l'~. / **mettre** qc en ~ *etw einsetzen, ins Werk setzen:* Les moyens qu'ils ont mis en ~ avaient dépassé nos possibilités. / cette ~ lui a **valu** d'être connu *durch dieses Werk wurde er berühmt:* L'auteur a écrit quelques romans avant de publier cette ~ qui lui a valu d'être connu.

offensive f *Offensive*
déclencher, lancer une ~ *eine Offensive einleiten:* Le 3 avril, les troupes japonaises ont déclenché une ~ sur toute la longueur de la presqu'île. / **passer** à l'~ *zur Offensive übergehen:* Il serait temps que nos troupes passent à l'~.

bons offices mpl *Vermittlerdienste*
offrir, proposer ses ~ *seine Vermittlung anbieten:* Madame Dessalines nous a offert ses ~. / **recourir** aux ~ de qn *j-s Vermittlung in Anspruch nehmen:* N'hésitez pas à recourir aux ~ de mon mari.

officier m *Offizier*
dégrader un ~ *einen Offizier degradieren:* Les trois ~s ont été dégradés pour s'être rendus coupables de haute trahison. / **nommer** qn ~ *j-n zum Offizier ernennen:* Le docteur Lambertin vient d'être nommé ~ de la Légion d'honneur. / **passer** ~ *Offizier werden; zum Offizier befördert werden:* Mon fils passera bientôt ~.

offre f *Angebot*
~ **avantageuse, intéressante** *günstiges Angebot* / ~ **ferme** *Festangebot; bindendes Angebot* / ~ **raisonnable** *vernünftiges Angebot* / ~ **séduisante, alléchante** *verlockendes Angebot* / ~ **sérieuse** *ernstgemeintes Angebot*
accepter une ~ *ein Angebot annehmen:* Acceptez-vous l'~ que M. Juin vient de vous faire? / **décliner, rejeter, repousser** une ~ *ein Angebot ablehnen:* Nous lui avions proposé de l'aider, mais il a décliné notre ~ sans un mot d'explication. / l'~ **dépasse** la demande *das Angebot übersteigt die Nachfrage:* Les prix sont actuellement très bas, car l'~ dépasse de loin la demande. / **enchérir** sur une ~ *ein Angebot überbieten:* Nous ne pouvons plus enchérir sur la dernière ~. / **soumettre** une ~ *ein Angebot unterbreiten:* Pourriez-vous nous soumettre votre ~ d'ici la fin de la semaine prochaine?

oie f *Gans*
l'~ **criaille, cacarde** *die Gans schnattert:* Je

trouve gênant ici que les ~s commencent à criailler dès l'aube. / **gaver** des ~s *Gänse mästen:* Si vous voulez que les ~s engraissent, vous devez les gaver.

oiseau m *Vogel*
abattre un ~ *einen Vogel schießen:* Ce matin, notre voisin a abattu un ~ très étrange. / **baguer** un ~ *einen Vogel beringen:* Mes enfants ont trouvé un ~ mort qui avait été bagué en Afrique. / les ~x **chantent** *die Vögel singen:* Entendez-vous chanter les ~x? / un ~ s'**envole** *ein Vogel fliegt auf, weg:* Chut! Faites attention que l'~ ne s'envole pas! / les ~x **gazouillent** *die Vögel zwitschern:* L'herbe pousse, les ~x gazouillent, bref, le printemps s'annonce. / **nourrir** des ~x *Vögel füttern:* En hiver, mes enfants nourrissent les ~x. / un ~ **piaille** *ein Vogel piepst, schreit:* Des moineaux ont fait leur nid sous le toit et, du matin au soir, ces ~x piaillent en faisant un bruit assourdissant. / un ~ est **perché, posé** (sur une branche, *etc.*) *ein Vogel sitzt (auf einem Zweig usw.):* Ne bouge pas! Je viens d'apercevoir un drôle d'~ perché au sommet du hêtre. / un ~ **volette, bat des ailes** *ein Vogel flattert, schlägt mit den Flügeln:* Le jeune ~ voletait maladroitement sans parvenir à s'envoler.

ombre f *Schatten*
~ **claire** *heller, leichter Schatten* / ~ **épaisse** *dunkler Schatten* / ~ **portée** *Schlagschatten*
une ~ s'**allonge** *ein Schatten wird länger:* Le soleil était déjà bas sur l'horizon, les ~s des arbres s'allongeaient démesurément. / s'**enfoncer, se perdre** (*bes. fig*) dans l'~ *im Schatten, Dunkel verschwinden:* Il courut à la fenêtre, mais n'eut que le temps de voir une silhouette qui s'enfonçait dans l'~. / l'~ s'**épaissit** *der Schatten wird intensiver, stärker:* À mesure qu'on avance sous les arbres, l'~ s'épaissit. / **faire, donner** de l'~ *Schatten spenden:* Heureusement que les arbres font de l'~. / se **mettre** à l'~ *in den Schatten gehen; sich in den Schatten stellen, setzen, legen, begeben:* J'ai besoin de me mettre à l'~. / **suivre** qn comme son ~ *j-m wie sein Schatten folgen:* Charles n'est jamais seul. Sa fiancée le suit comme son ~. / **vivre** dans l'~ de qn (*fig*) *in j-s Schatten stehen, leben:* Elle vit dans l'~ de sa sœur.

omission f *Unterlassung*
~ **grave** *grobe Unterlassung* / ~ **volontaire** *absichtliche, vorsätzliche Auslassung, Weglassung*
pécher par ~ *eine Unterlassungssünde begehen:* Dans cette affaire, toutes les personnes concernées ont péché par ~.

ongle m (*Finger, Zehen*)*Nagel*
~s **faits** *lackierte Nägel* / ~ **incarné** *eingewachsener Nagel*

se **faire** les ~s *sich die Fingernägel reinigen und schneiden; sich maniküren:* N'oublie pas de te faire les ~s ce soir. / se **nettoyer,** (F) se **curer** les ~s *sich die Fingernägel reinigen:* Arrête de te curer les ~s à table! / se **peindre** les ~s *sich die Fingernägel anmalen, lackieren:* Avant de sortir, elle se peint les ~s. / se **ronger** les ~s *an den Nägeln kauen:* Cet enfant a pris la mauvaise habitude de se ronger les ~s.

opération[1] f *Operation*
~ **chirurgicale** *chirurgischer Eingriff* / ~ **délicate** *schwierige, gefährliche Operation* / **grave** ~ *schwere Operation*
effectuer, faire, pratiquer une ~ *eine Operation durchführen:* Le chirurgien n'osait pas effectuer l'~ à cause du mauvais état général du malade. / **subir** une ~ *operiert werden:* Mon père vient de subir une très grave ~.

opération[2] f *Rechenvorgang*
~ **arithmétique** *Rechenvorgang* / les quatre ~s **fondamentales** *die vier Grundrechnungsarten*
faire une ~ *rechnen:* De quelle manière as-tu fait l'~? / **poser** une ~ *einen Rechenvorgang darlegen:* Le professeur posa d'abord l'~.

opération[3] f *Aktion*
monter, préparer une ~ *eine Aktion vorbereiten:* L'~ de police qui a abouti à l'arrestation de Julien Lérault avait été montée avec le plus grand soin.

opinion[1] f *Meinung, Ansicht*
~s **avancées** *sehr fortschrittliche Ansichten* / ~s **divergentes** *abweichende, unterschiedliche Meinungen* / ~ **divisée** *geteilte Meinung* / ~ **dominante** (*vor*)*herrschende Meinung* / **haute** ~ *hohe Meinung* / ~s **identiques** *übereinstimmende Meinungen* / ~ **insoutenable** *unhaltbare Ansicht* / ~ **nuancée** *differenzierte Meinung* / être d'~ **opposée, contraire** *abweichender Meinung sein; eine abweichende Meinung vertreten* / ~ **personnelle, subjective** *ganz persönliche, subjektive Meinung* / ~ **préconçue, toute faite** *vorgefaßte Meinung; Vorurteil* / ~ **publique** *öffentliche Meinung* (siehe auch **opinion**[2]) / ~ **reçue** *althergebrachte, überkommene Meinung* / ~ **répandue** *weitverbreitete Meinung* / ~ **sincère** *ehrliche Meinung* / ~s **subversives** *umstürzlerische Ansichten* / ~ **tranchée, arrêtée** *feste Meinung* / ~ **unanime** *einstimmige, einhellige Meinung*
adopter, épouser une ~ *sich einer Meinung anschließen:* Malheureusement, je ne peux pas adopter votre ~. / **avancer, émettre, exprimer** une ~ *eine Ansicht vorbringen, äußern:* L'~ que vous avancez là me paraît très bizarre. / **baisser** dans l'~ de qn *in j-s Achtung, Ansehen sinken:* Depuis que Jacques Amaury est passé dans le camp de la majorité, il a bien baissé dans l'~ des Français. / **changer** d'~ *seine Meinung ändern:* Du jour au lendemain,

opinion

il a changé d'~. / **défendre** une ~ *eine Meinung vertreten:* Je suis obligé de défendre l'~ de mon partenaire. / ne pas **démordre** de son ~ *auf seiner Meinung beharren; nicht von seiner Meinung abgehen:* Avez-vous réussi à le convaincre? Non, il ne démord pas de son ~. / des ~s **divergent** *Meinungen gehen auseinander:* Nos ~s divergent considérablement. / **donner** son ~ *seine Meinung sagen, vorbringen:* J'ai donné mon ~ à plusieurs reprises, mais en vain. / se **faire** une ~ *sich eine Meinung bilden:* Elle dit qu'elle n'a pas encore eu l'occasion de se faire une ~. / **manifester** son ~ *seine Meinung kundtun, zum Ausdruck bringen:* Il n'avait pas réussi à manifester son ~. / **partager** l'~ de qn *j-s Ansicht teilen; einer Meinung sein mit j-m:* Laissez-moi vous dire que je partage entièrement votre ~. / se **ranger** à, se **rallier** à l'~ de qn *sich j-s Meinung anschließen:* Après réflexion, nous nous rangeons à l'~ du groupe chrétien-démocrate. / l'~ **régnant** en, à ... *die in ... vorherrschende Meinung:* L'~ régnant en France est que la paix est en danger. / **remonter** dans l'~ de qn *in j-s Achtung, Ansehen steigen:* Cette action l'honore. Du coup, il remonte dans mon ~. / **soutenir** une ~, **persister** dans une ~, **maintenir** une ~ *an einer Meinung festhalten; auf einer Ansicht beharren; bei einer Meinung bleiben:* N'espérez pas pouvoir l'influencer. Quand il a une ~, il la soutient jusqu'au bout.

opinion[2] f *öffentliche Meinung*
alerter l'~ *die Öffentlichkeit wachrütteln, alarmieren:* Un comité de défense s'est constitué pour alerter l'~ sur les dangers qui menacent le canyon du Verdon. / **bâillonner** l'~ *die öffentliche Meinung zum Schweigen bringen:* Diverses lois sur la presse dans ce pays visent à bâillonner l'~. / **braver** l'~ *sich über die Meinung der anderen hinwegsetzen; sich um die Meinung der anderen nicht kümmern:* Il a bravé l'~ en épousant la femme de son frère. / **sonder** l'~ *die öffentliche Meinung ermitteln, sondieren:* Les techniques de l'I.F.O.P. permettent de sonder l'~ de la population avec une exactitude grandissante. / **soulever** l'~ contre qn *die öffentliche Meinung gegen j-n aufbringen:* Avec sa critique du Premier ministre, il a soulevé l'~ contre lui.

opposé m *Gegensatz*
qc **est** à l'~ de qc *etw steht im Gegensatz zu etw:* Ce que vous dites est à l'~ de ce que vous avez avancé l'année passée.

opposition[1] f *Widerstand, Opposition*
~ **irréductible** *unbeugsamer, unnachgiebiger Widerstand* / ~ **opiniâtre, obstinée, systématique** *hartnäckiger Widerstand*
briser l'~ *den Widerstand brechen:* Il n'est pas sûr que le gouvernement arrive à briser l'~ du Parlement. / **être** en ~ avec qc *zu etw in Opposition stehen:* Ses actes sont en ~ avec ses théories. / **faire** de l'~ *Opposition betreiben; Widerstand leisten:* Le groupe communiste fait de l'~ dans cette affaire. / **faire, former** ~ à qc *sich einer Sache widersetzen:* Le groupe des dix écrivains fait ~ au projet du gouvernement. / se **heurter** à, **rencontrer** une **forte** ~ *auf starken, heftigen Widerstand stoßen:* Sa proposition s'est heurtée à une forte ~ de la part des délégués. / faire **taire** l'~ *die Opposition zum Schweigen bringen:* Le dictateur n'a pas tout à fait réussi à faire taire l'~.

opposition[2] f *(jur) Einspruch*
faire ~ à qc *Einspruch gegen etw einlegen, erheben:* Madame Tessigne fera ~ à la décision du Conseil.

optimisme m *Optimismus*
~ **béat** *kindlicher Optimismus*
inciter, porter à l'~ *optimistisch stimmen:* Monsieur le Ministre, les conclusions du dernier rapport économique vous portent-elles à l'~?

option f *Option*
lever l'~ *das Optionsrecht ausüben:* La délégation espagnole a annoncé qu'elle lèverait l'~ sur trente hélicoptères. / **obtenir, prendre** une ~ sur qc *eine Option auf etw erhalten, erwerben:* Nous avons obtenu une ~ sur ce terrain.

oracle m *Orakel*
consulter un ~ *ein, das Orakel befragen:* Tous les matins, elle lit son horoscope comme si elle consultait un ~. / **rendre** un ~ *einen Orakelspruch von sich geben:* Les experts chargés d'étudier les perspectives économiques pour l'année à venir viennent de rendre leur ~ dans un rapport de 300 pages.

orage m *Gewitter*
~ **carabiné** (F); **violent** ~ *heftiges Gewitter*
un ~ **s'abat** (sur) *ein Gewitter geht nieder (auf, über):* Un ~ très violent s'est abattu sur la Savoie. / un ~ **approche** *ein Gewitter zieht auf; es kommt ein Gewitter:* L'~ était encore sur les montagnes au bout du lac, mais il approchait à toute vitesse. / il **y a**, il **fait** de l'~ *es gibt ein Gewitter:* Le temps est lourd, d'ici ce soir il fera de l'~. / un ~ **éclate** *ein Gewitter bricht los:* J'ai peur que l'~ n'éclate avant que nous ayons monté la tente. / un ~ **s'éloigne** *ein Gewitter zieht ab:* Heureusement, l'orage s'éloigne maintenant. / le temps **est** à l'~ *es herrscht Gewitterneigung:* Il est normal que, fin juin, le temps soit à l'~. / l'~ **menace** *ein Gewitter droht:* Cela fait des jours que l'~ menace sans éclater. / un ~ se **prépare** *ein Gewitter zieht herauf, braut sich zusammen:* Fais vite, un ~ se prépare.

orange f *Orange, Apfelsine*

peler, éplucher une ~ *eine Orange schälen:* Ces ~s espagnoles sont très difficiles à peler. / **presser** une ~ *eine Orange auspressen:* Ce petit appareil est très pratique pour presser les ~s.

orateur m *Redner*
~ **brillant** *brillanter Redner* / ~ **éloquent** *wortgewaltiger, überzeugender Redner* / ~ **persuasif** *überzeugender Redner* / ~ **prolixe** *wortreicher Redner* / ~ **verbeux** *weitschweifiger Redner*

orbite f *Umlaufbahn*
mettre, placer en ~, sur (son) ~ *in eine Umlaufbahn bringen:* Le satellite sera mis en ~ avant la fin du mois.

ordinaire m *Übliches*
sortir de l'~ *aus dem üblichen Rahmen fallen; vom Gewohnten abweichen:* Cette maison sort de l'~, mais je la trouve très belle.

ordinateur m *Computer*
programmer un ~ *einen Computer programmieren:* Savez-vous programmer cet ~?

ordonnance[1] f (*méd*) *Rezept*
délivrer une ~ *ein Rezept ausstellen:* C'est vous qui avez délivré cette ~? / être **délivré** seulement sur ~ *rezeptpflichtig sein:* Ce remède n'est délivré que sur ~.

ordonnance[2] f (*jur*) *Verordnung*
promulguer, rendre une ~ *eine Verordnung erlassen:* Le gouvernement a rendu plusieurs ~s.

ordre[1] m *Ordnung*
~ **économique** *Wirtschaftsordnung* / l'~ **établi** *die herrschende, bestehende Ordnung:* toucher à l'~ établi (*an der bestehenden Ordnung rütteln*) / ~ **social** *Gesellschaftsordnung*
avoir de l'~ *Ordnung halten (können):* Votre fils a de l'~, il faut l'avouer. / **ébranler, troubler** l'~ *die (öffentliche) Ordnung stören:* Ces manifestations et ces grèves répétées sont de nature à ébranler l'~ public. / **maintenir** l'~ *die Ordnung aufrechthalten:* La garde nationale a pu maintenir l'~. / **manquer** d'~ *keinen Sinn für Ordnung haben:* Mes enfants manquent d'~. / **mettre** de l'~ dans qc, qc en ~ *in etw Ordnung bringen:* Il faut que vous mettiez de l'~ dans vos affaires. / **rappeler** qn à l'~ *j-n zur Ordnung rufen:* Le président de l'assemblée a dû rappeler à l'~ le député socialiste. / faire **régner** l'~ *Ordnung schaffen:* Je vous promets de faire régner l'~ dans cette société. / **rentrer** dans l'~ *wieder in Ordnung kommen:* Après la mort du dictateur, tout est rentré dans l'~ dans ce pays. / **renverser** l'~ *die (gesellschaftliche) Ordnung umkrempeln, verändern:* Il s'agit d'une poignée d'extrémistes qui veulent renverser l'~ social. / **rétablir, restaurer** l'~ *die Ordnung wiederherstellen:* La police est vite arrivée à rétablir l'~ public.

ordre[2] m *Reihenfolge*
(par) ~ **alphabétique** (*in*) *alphabetische(r) Reihenfolge:* classer, ranger par ~ alphabétique (*alphabetisch ordnen*) / (par) ~ **chronologique** (*in*) *chronologische(r) Reihenfolge* / ~ **hiérarchique** *Rangordnung* / dans l'~ **inverse** *in umgekehrter Reihenfolge*
procéder par ~ *der Reihe nach vorgehen:* Tu dois procéder par ~ et examiner une à une les données du problème avant de proposer une solution. / **renverser** l'~ *die Reihenfolge umkehren:* Quant à moi, j'estime qu'il vaut mieux renverser l'~ des opérations et téléphoner d'abord à Paris avant de chercher à contacter M. Buchberger.

ordre[3] m *Befehl*
~ **absolu, formel** *strenger Befehl* / ~ **exprès** *ausdrücklicher Befehl* / ~ **impératif, pressant** *nachdrücklicher Befehl*
avoir qn **sous** ses ~s *j-n unter sich haben:* Monsieur Savier a vingt personnes sous ses ~s. / **avoir** ~ de faire qc *den Befehl haben, etw zu tun:* Maurice Levesque, nous avons ~ de vous conduire au commissariat. / se **conformer, obéir,** se plier aux ~s *den Befehlen Folge leisten:* Les soldats doivent apprendre à se conformer aux ~s. / **désobéir** à un ~ *sich einem Befehl widersetzen; einen Befehl verweigern:* Vous rendez-vous compte que vous désobéissez à mon ~? / **donner** un ~ *einen Befehl erteilen, geben:* Il est venu et a donné ses ~. / **donner** ~ de faire qc *den Befehl geben, etw zu tun:* Le préfet a donné ~ de disperser la manifestation. / **enfreindre, transgresser** un ~ *einem Befehl zuwiderhandeln:* Je ne souffre pas qu'on enfreigne mes ~s. / je **suis** à vos ~s *ich stehe zu Ihren Diensten:* Vous pouvez disposer de ma personne, je suis à vos ~s. / **exécuter, accomplir** un ~ *einen Befehl ausführen:* C'est un ~ qu'il m'est difficile d'exécuter. / **intimer** l'~ à qn de faire qc *j-m den Befehl erteilen, etw zu tun:* Sergent Lajoie, je vous intime l'~ d'obéir. / **mettre, placer** sous les ~s de qn *j-s Befehl unterstellen:* La troisième compagnie a été mise sous les ~s du capitaine Lagadeq. / **obtempérer** à un ~ *einem Befehl widerspruchslos gehorchen:* Je suis sûr qu'il obtempérera à vos ~s. / **prendre** un ~ *einen Befehl entgegennehmen:* Je suis là pour prendre vos ~s. / **recevoir** un ~ *einen Befehl erhalten:* Les gendarmes ont reçu l'~ de barrer la route.

ordre[4] m (*comm*) *Auftrag, Bestellung*
passer un ~ *einen Auftrag erteilen:* Nous venons de vous passer un ~ très important. / **prendre** un ~ *eine Bestellung entgegennehmen:* Nous avons pris l'~ aux conditions stipulées dans nos conditions générales de vente.

ordre du jour m *Tagesordnung*
arrêter l'~ *die Tagesordnung festlegen:* L'~

n'est pas encore arrêté. / **être** à l'~ *auf der Tagesordnung stehen:* Ce point n'est pas à l'~. / **inscrire** qc à l'~ *etw auf die Tagesordnung setzen:* Voulez-vous que j'inscrive ce point à l'~? / **procéder, passer** à l'~ *zur Tagesordnung schreiten, übergehen:* Je demande qu'on passe maintenant à l'~. / **voter** l'~ *die Tagesordnung beschließen; über die Tagesordnung abstimmen:* L'assemblée n'a pas encore voté l'~.

ordures fpl *Müll*
déposer des ~ *Müll abladen:* Défense de déposer des ~ sous peine d'amende! / **enlever** les ~ (den) *Müll beseitigen:* Les soldats détachés refusent d'enlever les ~ de toute la caserne. / **incinérer** les ~ (den) *Müll verbrennen:* La meilleure solution serait d'incinérer les ~. / **jeter, mettre** qc aux ~ *etw auf den Müll werfen:* Pourquoi gardes-tu ces vieilles boîtes? Mets-les plutôt aux ~.

oreille f *Ohr, (par ext) Gehör*
~s **décollées** *abstehende Ohren* / avoir l'~ **dure** *schlechte Ohren, ein schlechtes Gehör haben* / avoir l'~ **fine** *gute Ohren haben; ein gutes, feines, scharfes Gehör haben* / avoir l'~ **juste** *ein Gehör für Musik haben* / ~s **pendantes, tombantes** (d'un chien) *Schlappohren, Hängeohren*
appliquer, coller son ~ (sur) *sein Ohr legen (an):* Elle appliqua son ~ sur la porte pour entendre ce qu'on disait à l'intérieur. / **arriver, venir** aux ~s de qn *j-m zu Ohren kommen:* J'ai peur que cette rumeur n'arrive aux ~s de mon mari. / **avoir de l'**~ *ein gutes Gehör haben:* Jean-Pierre a de l'~, je vous l'affirme. / **avoir l'**~ de qn (fig) *bei j-m Gehör finden:* Adressez-vous à Mademoiselle Herbez, elle a l'~ du directeur. / **blesser, écorcher, offenser** l'~ *das Ohr beleidigen; eine Beleidigung fürs Ohr sein:* Ces sons blessent l'~. / **se boucher** les ~s *sich die Ohren zuhalten:* Janine se bouche les ~s pour ne pas entendre les reproches de son amie. / **casser, percer, rompre** les ~s de qn *j-s Ohren weh tun; j-m in den Ohren gellen:* La radio de mon voisin me casse les ~s. / **charmer, flatter** l'~ *den Ohren schmeicheln:* Cette valse me plaît beaucoup. Je trouve qu'elle flatte l'~. / **chuchoter, couler, souffler, glisser** qc à l'~ de qn; **dire** qc à qn dans le creux de l'~ *j-m etw ins Ohr flüstern, zuflüstern:* Qu'est-ce que tu lui as chuchoté à l'~? / j'ai les ~s qui **bourdonnent,** qui **tintent,** qui **sonnent** *ich habe Ohrensausen:* Quand je bois du café, j'ai les ~s qui bourdonnent peu après. / **corner** (qc) aux ~s de qn *j-m in die Ohren trompeten:* Je ne suis pas sourd. Vous n'avez pas besoin de me corner aux ~s. / les ~s ont dû vous **corner, siffler, tinter, sonner** (fig) *die Ohren müssen Ihnen geklungen haben:* Hier soir, nous avons parlé de vos projets toute la soirée; les ~s ont

dû vous corner. / ne pas en **croire** ses ~s *seinen Ohren nicht trauen:* C'est incroyable! C'est à ne pas en croire ses ~s. / une coiffure **dégage** les ~s *eine Frisur läßt die Ohren frei:* J'aime les coiffures qui dégagent les ~s. / **dresser, pointer** les ~s *die Ohren aufstellen, spitzen:* Soudain, mon chien a dressé les ~s. / **dresser, tendre** l'~ *die Ohren spitzen (bes. fig):* Lorsqu'il a entendu prononcer son nom, il a dressé l'~. / n'**écouter** que d'une ~ *nur mit halbem Ohr hin-, zuhören:* Vous n'avez pas compris parce que vous n'avez écouté que d'une ~. / cela lui **entre** par une ~ et lui **sort** par l'autre (fig) *das geht ihm bei einem Ohr hinein und beim anderen wieder hinaus:* Les reproches n'ont pas de sens, ils lui entrent par une ~ et lui sortent par l'autre. / **être** tout ~s *ganz Ohr sein; aufmerksam zuhören:* Allez-y, expliquez-moi la situation, je suis tout ~s. / qc **frappe** l'~ *etw trifft ans Ohr:* Un bruit aigu frappa l'~ du chasseur. / **frotter** (fig), **tirer** les ~s à qn *j-n bei den Ohren nehmen, ziehen; j-m die Ohren langziehen:* Maman, oncle Paul m'a tiré les ~s! / se **gratter** l'~ *sich hinter dem Ohr kratzen:* L'instituteur écouta toute l'histoire en se grattant l'~. / **manquer** d'~ *kein gutes Gehör haben:* À mon avis, Madeleine manque d'~. / **ouvrir** bien, grand les ~s *gut hinhören; die Ohren aufmachen,* (F) *aufsperren:* Maintenant, ouvrez bien les ~s, j'ai quelque chose d'important à vous dire. / se faire **percer** les ~s *sich die Ohren stechen lassen:* J'ai toujours eu peur de me faire percer les ~s, c'est pourquoi je ne peux porter de boucles. / **prêter** l'~ à qc, une ~ (+ *adj*) à qc, à qn *einer Sache, j-m Gehör schenken:* Racontez-lui vos soucis. Je suis sûr qu'elle vous prêtera une ~ attentive. / **rebattre** de qc les ~s de qn *j-m mit, wegen etw dauernd in den Ohren liegen:* Elle me rebat les ~s de ses projets irréalisables.

organe m *Organ*
greffer, transplanter un ~ *ein Organ verpflanzen, transplantieren:* La médecine réussit maintenant à transplanter avec succès certains ~s. / **rejeter** un ~ *ein Organ (nach einer Transplantation) abstoßen:* Le corps de l'opéré a violemment rejeté le nouvel ~.

orgie f *Orgie*
se **livrer** à une ~ *eine Orgie feiern:* Pour fêter la fin de leurs études, ils se sont livrés à une véritable ~.

orgueil m *Stolz*
~ **aveugle** *blinder Stolz* / ~ **démesuré, effréné** *maßloser Stolz* / **légitime** ~ *berechtigter Stolz* / ~ **national** *Nationalstolz* / **sot** ~ *dummer Stolz* / avoir un **vif** ~ *sehr stolz sein*
avoir l'~ de son rang *auf seinen Rang stolz sein:* Ce qui me gêne chez lui, c'est qu'il a tellement l'~ de son rang. / **blesser, froisser** l'~ de qn *j-s*

Stolz verletzen: Gardez-vous de blesser son ~, il ne vous le pardonnerait pas. / **chatouiller, flatter** l'~ de qn *j-s Stolz schmeicheln:* De voir son nom cité à la première page du livre de Louis Jumeau, cela flattait son ~ de façon incroyable. / **crever,** être **bouffi, gonflé, dévoré** d'~ *sehr hochnäsig sein:* Émilie Prude crève d'~ depuis qu'elle a épousé un médecin. / **mettre** son ~ à faire qc *seinen Stolz dareinsetzen, etw zu tun:* Il mettra son ~ à résoudre le problème. / **rabaisser, rabattre** l'~ de qn *j-m seinen Stolz austreiben:* Cette petite mésaventure rabaissera peut-être un peu son ~. / (ne pas) **tirer** (d')~ de ... *(nicht sonderlich) stolz sein auf ...:* Il vient d'une vieille famille fortunée, mais il n'en tire pas d'~.

original m *Original*
rendre bien l'~ *sehr originalgetreu sein:* La copie rend très bien l'~.

origine f *Herkunft*
être d'~ (+ *adj*) (*von*) (+ *adj*) *Herkunft sein:* Mon grand-père était d'~ belge. / on **sent** ses ~s (+ *adj*) *man merkt ihm seine* (+ *adj*) *Herkunft an:* On sent ses ~s paysannes. / **tirer** son ~ de qc *sich von etw herleiten:* Cette coutume tire son ~ d'une vieille tradition celtique.

orthographe f *Rechtschreibung*
~ **capricieuse** *eigenwillige (Recht)Schreibung* / ~ **correcte** *richtige Schreibung, Orthographie* **avoir** une mauvaise ~; **ne pas avoir** d'~ *viele Rechtschreibfehler machen:* Votre fille a une très mauvaise ~.

os m *Knochen*
de **gros** ~ *kräftige Knochen* / des ~ **saillants** *vorstehende Knochen*
se **rompre** les ~ *sich die Knochen brechen:* Elle avait grimpé sur une table pour laver ses vitres et, en tombant, elle a failli se rompre les ~. / **ronger** un ~ *einen Knochen abnagen:* Mon chien est bien dégénéré. Il ne sait même plus ronger un ~.

ossature f *Knochenbau*
~ **grêle** *zarter Knochenbau* / ~ **robuste** *kräftiger, starker Knochenbau*

otage m *Geisel*
délivrer un ~ *eine Geisel befreien:* La police a pu délivrer les trois ~s. / **prendre, retenir** qn en ~ *j-n als Geisel nehmen:* Le gangster a pris deux clients de la banque en ~s. / **prendre** des ~s *Geiseln nehmen:* La méthode consistant à prendre des ~s a fait tache d'huile à notre époque.

oubli m *Vergessen(heit)*
profond, éternel ~ *völlige Vergessenheit*
rechercher l'~ dans l'alcool *im Alkohol Vergessen suchen:* Il est très dangereux de rechercher l'~ dans l'alcool. / **tirer** de, **sortir** de, **sauver** de, **arracher** à l'~ *davor bewahren, in Vergessenheit zu geraten; aus der Versenkung*

holen: L'éditeur a pu tirer cet auteur de l'~. / **tomber, sombrer** dans l'~ *in Vergessenheit geraten:* Au dix-neuvième siècle, cette coutume est tombée dans l'~.

ours m *Bär*
l'~ **grogne** *der Bär brummt:* Quand on lui parle, au lieu de répondre normalement, il se contente de grogner comme un ~. Quel rustre!

outil m *Werkzeug*
~ **rudimentaire** *primitives Werkzeug*
manier un ~ *ein Werkzeug handhaben (auch fig):* Cet écrivain manie l'~ de la langue avec une science consommée.

outrage m *Beleidigung*
~ **sanglant** *bittere Schmach*
essuyer, recevoir, subir, souffrir un ~ *eine Beleidigung einstecken, hinnehmen (müssen):* Je n'ai pas l'habitude d'essuyer de tels ~s. / **faire** ~ à qn, qc *j-n, etw beleidigen:* Je vous interdis de faire ~ à la mémoire de mon frère. / qn lui a **fait subir** un ~ *er hat von j-m eine Beleidigung erfahren:* Après l'~ que son adversaire lui a fait subir, il est étonnant qu'il ait conservé son sang-froid. / **venger, laver** un ~ *(sich für) eine Beleidigung rächen:* Il était fermement décidé à venger l'~ qu'on lui avait fait subir.

ouverture f *Öffnung*
élargir une ~ *eine Öffnung erweitern:* Il faudra élargir l'~ pour pouvoir faire passer la conduite. / **obstruer, boucher** une ~ *eine Öffnung verstopfen, schließen:* L'~ de l'aérateur a dû être obstruée par des gravats. / **pratiquer, faire** une ~ (dans qc) *eine Öffnung (in etw) machen:* L'~ que vous avez pratiquée dans le mur est trop petite pour la porte prévue.

ouvrier m *Arbeiter*
~ **qualifié** *Facharbeiter* / ~ **spécialisé** *angelernter Arbeiter*
débaucher un ~ *einen Arbeiter abwerben:* Il paraît que la firme Moncoffre Frères débauche les ~s des maisons concurrentes. / **embaucher** un ~ *einen Arbeiter einstellen:* Les patrons déclarent ne pouvoir embaucher des ~s dans la situation actuelle. / **employer, occuper** un ~ *einen Arbeiter beschäftigen:* L'usine emploie actuellement 2800 ~s. / **licencier** des ~s *Arbeiter entlassen:* Les établissements Levier & Fils ont licencié une centaine d'~s.

ovation f *Ovation*
faire une ~ à qn *j-m eine Ovation darbringen:* Le public a fait une ~ à l'actrice.

oxygène m *Sauerstoff*
dégager de l'~ *Sauerstoff abgeben:* Les plantes vertes dégagent de l'~ sous l'effet de la lumière du jour. / **fixer** l'~ (den) *Sauerstoff binden:* Les globules rouges ont pour fonction de fixer l'~. / **insuffler** de l'~ à qn *j-n mit Sauerstoff beatmen:* Le médecin a essayé de sauver le malade en lui insufflant de l'~.

P

pacte m *Pakt, Abkommen*
conclure un ~ *einen Pakt, ein Abkommen schließen:* Les insurgés ont conclu un ~ avec le pays voisin. / **rompre, violer** un ~ *einen Pakt, ein Abkommen brechen, verletzen:* Je ne crois pas que le nouveau président de l'État rompe le ~ conclu avec les nations avoisinantes. / **sceller** un ~ *einen Pakt besiegeln:* Les deux garçons scellèrent le ~ ainsi conclu par une poignée de mains solennelle.

pagaille f (F) *Durcheinander*
être en ~ *unordentlich, unaufgeräumt sein:* Sa chambre est en ~. / **c'est la ~ complète** *es herrscht ein heilloses Durcheinander:* Depuis que Mademoiselle Larivière a pris sa retraite, c'est la ~ complète dans le bureau. / **mettre, semer** la ~ *alles durcheinanderbringen:* Quel homme! Il a le don de semer la ~ partout sur son passage.

page f *Seite*
~ blanche, vierge *unbedruckte, unbeschriebene, leere, freie Seite* | **première ~** *Titelseite (einer Zeitung)*
arracher une ~ *eine Seite herausreißen:* Je ne veux pas que tu arraches les ~s que tu fais une erreur d'orthographe. / **corner** les ~s *an den Seiten Eselsohren machen:* Range ta serviette de sorte que les ~s de tes livres ne soient pas toujours cornées. / **marquer** la ~ *die Seite kennzeichnen:* J'avais laissé la lettre dans le livre pour marquer la ~ intéressante. / **perdre** la, sa ~ *die Seite, die Stelle (im Buch) nicht wiederfinden:* Voilà, tu m'as interrompu et maintenant, j'ai perdu la ~. / **remplir** une ~ *eine Seite vollschreiben:* J'ai déjà rempli cinq ~s. / **retrouver** la ~ *die Seite wiederfinden:* Nous aurons vite fait de retrouver la ~ traitant de l'âme allemande. Elle se trouve au chapitre sur Madame de Staël. / **tourner** les ~s *die Seiten umblättern, wenden:* Tournez deux ~s et continuez à lire au bas de la page treize. / **tourner** la ~ *1. umblättern; 2. (fig) Vergangenes vergessen:* Tournez la ~, s'il vous plaît. Ne réfléchis pas toujours au passé; tourne la ~ et commence une nouvelle vie.

paiement m *Zahlung*
cesser, suspendre ses ~s *die Zahlungen einstellen, aussetzen:* La firme Villaret connaît de grandes difficultés et sera vraisemblablement obligée de cesser ses ~s. / **échelonner** des ~s *Zahlungen staffeln:* Un tiers de la somme est à verser tout de suite, le reste des ~s étant échelonné sur 10 ans. / **effectuer, faire** un ~ *eine Zahlung leisten:* Quand est-ce que vous avez effectué le ~? / **justifier** d'un ~ *eine Zahlung belegen (mit einer Quittung):* Pouvez-vous justifier du ~ que vous prétendez avoir effectué?

pain m *Brot*
~ azyme *ungesäuertes Brot* | **~ bis** *Mischbrot, Graubrot* | **~ blanc** *Weißbrot* | **~ chaud, frais** *frisches Brot* | **~ complet** *Vollkornbrot* | **~ croustillant** *knuspriges Brot* | **~ grillé** *Toast, Röstbrot* | **~ noir** *Schwarzbrot, Graubrot* | **le ~ quotidien** *das tägliche Brot:* **gagner** son ~ quotidien *(sein tägliches Brot verdienen)* | **~ rassis, dur** *altbackenes Brot* | **~ sec** *trockenes Brot* | **~ tendre** *weiches Brot*
entamer le ~ *das Brot anschneiden:* Je ne voulais pas encore entamer le ~. / **faire** son ~ *Brot backen:* Ma grand-mère faisait elle-même son ~ pendant la guerre. / **ôter, retirer, enlever** à qn le ~ de la bouche *(fig) j-n brotlos machen:* Avec vos mesures de rationalisation, vous avez ôté le ~ de la bouche à une centaine d'ouvriers. / **rompre** le ~ *das Brot brechen:* Jésus rompit le ~ et le distribua à ses apôtres.

paix f *Frieden*
~ fourrée *Scheinfrieden* | **~ honteuse** *schmachvoller Frieden* | **~ instable, boiteuse** *unsicherer, wackliger Frieden* | **~ profonde** *tiefer Frieden* | **~ sociale** *sozialer Frieden* | **~ universelle, mondiale** *Weltfrieden*
allez en ~! (rel) *gehet hin in Frieden!:* Vous avez confessé vos péchés, maintenant, allez en ~! / **conclure** la ~ *einen Friedensvertrag abschließen:* Les deux pays ont enfin conclu la ~. / **consolider, cimenter** la ~ *den Frieden festigen:* Une série d'accords commerciaux est venue cimenter la ~ entre les deux pays. / **faire** la ~ (avec qn) *(mit j-m) Frieden schließen; (auch) sich (mit j-m) aussöhnen:* À Noël, j'ai fait la ~ avec mon voisin. / **fiche-moi** la ~! (F) *laß mich in Frieden, Ruhe!:* Je n'ai pas le temps, fiche-moi la ~ avec tes questions! / **laisser** qn en ~ *j-n in Frieden, in Ruhe lassen:* Mais laissez-le donc en ~! / **maintenir, sauvegarder, préserver** la ~ *den Frieden erhalten:* Nous nous efforcerons toujours de maintenir la ~ en Europe. / **menacer** la ~; **mettre** la ~ **en danger** *den*

Frieden bedrohen, gefährden: Les multiples foyers de crise mettent en danger la ~ du monde. / **négocier** la ~ *den Frieden aushandeln; über den Frieden verhandeln:* Si, du moins, les adversaires commençaient à négocier la ~. / **faire régner** la ~ *Frieden stiften:* Les efforts du président pour faire régner la ~ dans cette partie du monde n'ont pas toujours été couronnés de succès. / **qu'il repose** en ~! *er ruhe in Frieden!:* Le pauvre Monsieur Cherrier est mort l'année passée. Qu'il repose en ~! / **respirer** la ~ *Frieden ausstrahlen:* Sa figure respire la ~. / **rétablir, ramener** la ~ *den Frieden wiederherstellen:* Vos mesures ne sont pas de nature à rétablir la ~ sociale dans vos établissements. / **rompre** la ~ *den Frieden brechen:* L'Irak est accusé d'avoir rompu la ~. / **signer, ratifier** la ~ *einen Friedensvertrag unterzeichnen:* Le ministre des Affaires étrangères et son homologue ivoirien ont signé la ~ hier à Abidjan. / **troubler** la ~ *den Frieden, die Ruhe stören:* Votre propagande trouble la ~ sociale. / **vivre** en ~ *in Frieden leben:* Tout ce qu'il demande maintenant, c'est qu'on le laisse vivre en ~.

palais m *Gaumen*
~ **délicat, fin** *feiner Gaumen*
flatter, chatouiller le ~ *den Gaumen kitzeln; dem Gaumen schmeicheln:* Cette salade mexicaine flatte le ~.

palavres fpl *Palaver*
d'interminables ~ *ein endloses Palaver*

pâleur f *Blässe*
~ **cireuse, marmoréenne** *wächserne Blässe* / ~ **maladive** *krankhafte Blässe* / ~ **mortelle** *Leichenblässe*

panique f *Panik*
jeter, semer la ~ parmi la foule *die Menge, die Leute in Panik versetzen:* L'apparition d'un avion dans le ciel avait suffi pour jeter la ~ parmi la foule. / **être pris** de, **gagné** par la ~ *in Panik geraten:* Lorsqu'ils ont vu l'orage qui montait à l'horizon, ils ont été pris de ~. / la ~ **saisit** qn, s'**empare** de qn *Panik erfaßt j-n:* Après le krach financier, une sorte de ~ s'était emparée de la population.

panne f *Panne*
être en ~; **avoir** une ~; **tomber** en ~ *eine Panne haben; nicht (mehr) gehen, funktionieren:* Le copieur est de nouveau en ~. / **rester** en ~ *mit einer Panne liegenbleiben:* La voiture «France 1» est restée en ~ peu après le départ du rallye.

panorama m *Rundblick*
vaste, immense ~ *weiter Rundblick*
découvrir, embrasser un ~ *einen Rundblick haben:* Du haut de la colline de Fourrière, on découvre un vaste ~ qui s'étend jusqu'aux Alpes.

pansement m *Verband*
appliquer, faire un ~ *einen Verband anlegen, machen:* L'infirmier m'a fait un ~ et m'a renvoyé à la maison. / **changer, renouveler** le ~ *den Verband wechseln; einen frischen Verband anlegen:* Revenez après-demain changer le ~.

pantalon m *(lange) Hose*
~ **collant** *enganliegende Hose*
enfiler un ~ *in eine Hose schlüpfen:* Enfile ton ~ et viens. / **mettre** un ~ *eine Hose anziehen:* Par ce temps de chien, il est préférable que tu mettes un ~. / **perdre** son ~ *seine Hose verlieren* (z. B. *weil man zu mager ist*): Tu es en train de perdre ton ~. Aurais-tu maigri?

papier m *Papier*
~ **blanc, uni** *unliniertes Papier* / ~ **fort** *steifes Papier* / ~ **glacé** *Glanzpapier* / ~ **quadrillé** *kariertes Papier* / ~ **rayé, réglé** *liniertes Papier*
barbouiller, noircir du ~ *Papier vollschmieren:* Il a des ambitions d'écrivain et méprise beaucoup ses collègues journalistes qui, dit-il, ne font que barbouiller du ~. / **coucher, mettre, jeter** qc sur le ~ *etw aufs Papier werfen, zu Papier bringen:* Elle jeta quelques phrases sur le ~, posa la feuille sur la table et quitta la salle à manger en toute hâte. / **gratter** du ~ *Papier bekritzeln* (*mit Unlust*): Être employé dans un bureau pour gratter du ~ du matin au soir, ce n'est pas très enthousiasmant.

papier peint m *Tapete*
poser du ~ *tapezieren:* Nous ne savons pas encore si nous poserons du ~ dans notre entrée.

papiers mpl *Papiere*
faux ~ *falsche Papiere*
classer, ranger des ~; **mettre** des ~ **en ordre** *Papiere in Ordnung bringen:* Il prétend avoir passé toute la soirée à ranger des ~. / **falsifier** des ~ *Papiere fälschen:* Dans le port d'Athènes, il existe une centaine de personnes qui falsifient tous les ~ dont on peut avoir besoin pour être engagé sur un bateau. / **fouiller** dans les ~ de qn *in j-s Papieren wühlen:* Je n'aime pas qu'on vienne fouiller dans mes ~. / **montrer, présenter** ses ~ *seine Papiere vorzeigen; sich ausweisen:* Montrez-moi vos ~, s'il vous plaît.

papillon m *Schmetterling*
attraper, prendre un ~ *einen Schmetterling fangen:* Mon père m'attrapait des ~s en les coiffant de son béret. / **épingler** un ~ *einen Schmetterling aufspießen:* Il avait épinglé les ~s dans une grande boîte en carton. / un ~ **voltige, volette** *ein Schmetterling flattert, gaukelt:* Regarde le beau ~ qui voltige autour de la glycine.

paquet m *Paket*
affranchir un ~ *ein Paket freimachen:* Vous devez affranchir le ~. / **déballer** un ~ *ein Paket*

parachute

auspacken: Les enfants ont tout de suite déballé les ~s. / **défaire** un ~ *ein Paket aufmachen, aufschnüren:* Je n'ai pas encore défait le ~. / **faire, ficeler** un ~ *ein Paket schnüren:* Moi, je n'ai pas l'art de faire les ~s.

parachute m *Fallschirm*
le ~ s'**ouvre** *der Fallschirm öffnet sich:* Le ~ s'est ouvert trop tard. / **sauter, descendre** en ~ *mit dem Fallschirm abspringen:* Le pilote de l'avion a pu sauter en ~.

parallèle¹ f *(math) Parallele*
tracer, tirer une ~ à une droite *eine Parallele zu einer Geraden ziehen:* Vous n'avez qu'à tracer une ~ à la droite horizontale pour trouver le point d'intersection recherché.

parallèle² m *Parallele, Vergleich*
établir, faire un ~ entre X et Y *eine Parallele, einen Vergleich zwischen X und Y ziehen:* On ne peut pas établir de ~ entre nos problèmes et ceux de nos voisins. / **mettre** en ~ *zueinander in Parallele setzen:* Avez-vous mis en ~ les avantages et les inconvénients de cette solution?

parapluie m *Regenschirm*
fermer son ~ *den Regenschirm zumachen:* Aide-moi, je n'arrive pas à fermer mon ~ à cause du vent. / **ouvrir** son ~ *den Regenschirm aufspannen:* Il commence à pleuvoir, ouvrez votre ~. / **retourner** un ~ *einen Schirm umdrehen:* Un coup de vent brusque s'engouffra sous le ~ et le retourna.

parcours m *Strecke*
effectuer, faire un ~ *eine Strecke zurücklegen:* Le bateau effectue le ~ en quarante minutes. / **étudier, reconnaître** le ~ *die Strecke kennenlernen:* Les concurrents ont effectué ce matin leurs premières descentes pour reconnaître le ~.

pardon m *Verzeihung, Vergebung*
accorder, donner son ~ à qn *j-m vergeben, verzeihen:* Vous ne pouvez pas ne pas accorder votre ~ à Pierre. / **demander** ~ à qn *j-n um Verzeihung bitten:* Je vous demande ~ pour l'erreur qui s'est glissée dans mes calculs. / **implorer** le ~ de qn *j-n inständig um Vergebung bitten:* Je ne vois pas d'autre solution que d'implorer le ~ du ministre. / **obtenir** le ~ *Vergebung finden, erlangen:* Vous pouvez être sûr que vous obtiendrez son ~.

parent m *Verwandter*
~ **consanguin** *Blutsverwandter* / ~s **éloignés** *entfernte Verwandte* / **proches** ~s *nahe Verwandte* / **les plus proches** ~s *die nächsten Verwandten* / un **vague** ~ *ein weitläufiger Verwandter*

parenté f *Verwandtschaft*
~ **éloignée** *entfernte Verwandtschaft (konkret und fig)* / **étroite** ~ *enge Verwandtschaft (fig)* / ~ **lointaine** *entfernte Verwandtschaft (fig)* / **proche** ~ *nahe Verwandtschaft*

parenthèse f *Klammer*
fermez la ~. *Klammer zu!:* Fermez la ~, point, à la ligne. / **mettre** entre ~s *in Klammern setzen:* Mettez entre ~s l'équivalent des sommes en francs. / **ouvrez** la ~. *Klammer auf!*

parents mpl *Eltern*
~ **dénaturés, indignes** *Rabeneltern*

paresse f *Trägheit, Faulheit*
~ **crasse** *bodenlose, unerhörte Faulheit* / ~ **incurable** *chronische Faulheit* / ~ **intellectuelle** *Denkfaulheit; geistige Trägheit*
s'abandonner à la ~ *ein Faulenzerleben führen:* Son fils a quitté une situation extrêmement avantageuse pour s'abandonner à la ~. / **croupir** dans la ~ *in stumpfer Trägheit verharren:* Les soldats, au lieu de prendre une décision, croupissaient dans la ~, ignorant le danger qui les entourait. / qc **porte, incite** à la ~ *etw macht faul, träge:* Cette chaleur porte à la ~.

parfum¹ m *Parfüm*
~ **capiteux, lourd** *schweres Parfüm* / ~ **discret** *unaufdringliches Parfüm* / ~ **doux, léger** *leichtes Parfüm* / ~ **enivrant** *betörendes Parfüm* / ~ **éventé** *verduftetes Parfüm* / ~ **violent, entêtant** *aufdringliches Parfüm*
se **mettre** du ~ *sich Parfüm auflegen; sich parfümieren:* Mademoiselle Julie se met trop de ~, je trouve.

parfum² m *Duft*
~ **délicat** *feiner Duft* / ~ **frais** *frischer Duft* / ~ **suave** *lieblicher Duft* / ~ **subtil** *feiner, einschmeichelnder Duft*
dégager, répandre, exhaler un ~ *einen Duft verbreiten:* Les fleurs dégagent un ~ très intense. / un ~ **entête**, fait **tourner la tête** *ein Duft macht benommen:* Le ~ de ces acacias est si intense qu'il fait tourner la tête.

pari m *Wette*
~ **stupide** *dumme, blödsinnige Wette*
faire un ~ *eine Wette abschließen, eingehen:* J'ai fait un ~ extraordinaire avec mon ami. / **gagner** un ~ *eine Wette gewinnen:* C'est moi qui ai gagné le ~. / **perdre** un ~ *eine Wette verlieren:* Tu as perdu le ~. / **tenir** le ~ *die Wette annehmen:* Vous tenez le ~?

parking m *Parkplatz*
~ **gardé** *bewachter Parkplatz* / ~ **payant** *gebührenpflichtiger Parkplatz* / ~ **souterrain** *Tiefgarage*

Parlement m *Parlament*
convoquer le ~ *das Parlament einberufen:* Le ~ fut convoqué en séance extraordinaire. / **dissoudre** le ~ *das Parlament auflösen:* Le président de la République se voit obligé de dissoudre le ~. / le ~ se **réunit** *das Parlament tritt zusammen:* Le ~ se réunira aujourd'hui

pour les derniers débats avant les vacances.

parole[1] f *Wort*
~s **aigres-douces** *bittersüße, herbe Worte* / de **belles** ~s *schöne, leere Worte; bloße Redensarten; leere Phrasen* / ~s **blessantes** *verletzende Worte* / voilà une **bonne** ~! *das ist ein Wort!* / de **bonnes** ~s; ~s **aimables** *freundliche Worte* / ~s **conciliantes** *versöhnliche Worte* / ~s **creuses, inutiles, oiseuses** *leere Worte* / ~s **doucereuses** *zuckersüße Worte* / de **dures** ~s *harte Worte* / ~s **électrisantes** *mitreißende, aufrüttelnde Worte* / ~s **équivoques, ambiguës** *zweideutige Worte* / ~s **fielleuses** *(gallen-)bittere Worte* / ~s **flatteuses** *Schmeicheleien* / ~s **impies** *lästerliche Worte* / ~s **incohérentes, décousues** *Worte ohne Zusammenhang; unzusammenhängendes Gerede* / ~s **malsonnantes** *ungehörige Worte* / de **mauvaises** ~s *unfreundliche Worte* / ~s **mémorables, historiques** *denkwürdige Worte* / ~s **mielleuses** *glatte, honigsüße Worte* / ~s **réconfortantes** *aufmunternde Worte* / ~s **tendres** *liebevolle Worte*
accorder, donner la ~ à qn *j-m das Wort erteilen:* J'accorde la ~ au député du groupe chrétien-démocrate. / **adresser** la ~ à qn *das Wort an j-n richten:* Nous n'avions pas osé lui adresser la ~. / vous **avez** la ~ *Sie haben das Wort:* Monsieur Joly, vous avez la ~. / **couper** la ~ à qn *j-m das Wort abschneiden:* Ne me coupez pas toujours la ~! / **couvrir** les ~s *die Worte übertönen:* Les cris des manifestants couvraient les ~s de l'orateur. / **croire** qn sur ~ *j-m aufs Wort glauben:* Je vous crois sur ~. / **demander** la ~ *ums Wort bitten; sich zu Wort melden:* N'aviez-vous pas demandé la ~? / **échanger** des ~s *Worte wechseln:* Quand nous nous rencontrons, nous échangeons quelques ~s de politesse, sans plus. / la ~ **est à** ... *das Wort hat ...:* La ~ est à Madame Yvert. / se **griser**, s'**enivrer** de ~s *sich an Worten berauschen:* Lorsqu'elle attaque son sujet favori, elle se grise de ~s; impossible de l'arrêter. / **ménager** ses ~s *wortkarg sein:* Je le connais, il ménage ses ~s. / **mesurer, peser** ses ~s *seine Worte abwägen:* Mesurez vos ~s quand vous vous adressez au public. / **obtenir** la ~ *das Wort erhalten:* Le temps pressait, je ne pouvais plus obtenir la ~. / **passer** la ~ à qn *das Wort an j-n übergeben:* Et maintenant, je passe la ~ à notre trésorier. / **prendre** la ~ *das Wort ergreifen:* Est-ce que vous prendrez la ~ à l'occasion du symposium? / **prononcer, avoir** des ~s (+ *adj*) *(adj) Worte sprechen:* Monsieur Grange a prononcé des ~s émouvantes à l'occasion de la cérémonie funèbre. / **refuser** la ~ à qn *j-m die Redeerlaubnis entziehen:* Je dois malheureusement vous refuser la ~, la liste des orateurs est déjà close. / **retirer** la ~ à qn *j-m das Wort entziehen:* Monsieur Brémond, cessez immédiatement d'injurier votre collègue, sinon nous serons obligés de vous retirer la ~.

parole[2] f *Sprache*
avoir la ~ **facile** *redegewandt sein:* Pour être un bon interprète, il ne suffit pas d'avoir la parole facile. / **perdre** la ~ *die Sprache verlieren:* Elle a perdu la ~ dans un accident de la route. / **recouvrer** (l'usage de) la ~ *die Sprache wiedererlangen:* Des électrochocs l'ont aidé à recouvrer la ~. / **retrouver** (l'usage de) la ~ *die Sprache wiederfinden:* Il était si étonné qu'il lui fallut quelques minutes pour retrouver la ~.

parole (d'honneur) f *(Ehren)Wort*
donner sa ~ *sein Wort geben:* Je vous donne ma parole. / **engager** sa ~ *sein Wort verpfänden:* Je suis prêt à engager ma parole si ça sert le sujet. / **manquer, faillir** à sa ~ *sein Wort brechen, nicht halten:* Mon partenaire n'avait jamais manqué à sa parole. / **reprendre, dégager** sa ~; **revenir** sur sa ~ *sein Wort zurücknehmen:* Je trouve ignoble que vous repreniez votre parole. / **tenir** (sa) ~ *(sein) Wort halten:* Il a toujours tenu sa parole.

part f *Teil, Anteil*
~ **active** *tätiger Anteil:* Il a toujours pris une ~ active à la vie paroissiale. (*Er hatte immer tätigen Anteil am Leben der Kirchengemeinde.*) / une ~ **importante** *ein großer Teil* / pour une **large, bonne** ~ *größtenteils, zum großen Teil*
avoir ~ à qc *an etw teilhaben, Anteil haben:* Les nouveaux embauchés n'ont pas ~ aux bénéfices. / **avoir** sa ~ de qc *seinen Anteil an etw erhalten:* Chacun aura sa ~ du gâteau. / **fournir** sa ~ de qc *seinen Beitrag zu etw leisten:* Chacun devra fournir sa ~ d'efforts. / **prendre** ~ à qc *sich an etw beteiligen:* Prendra-t-il aux débats? / **prendre** ~ au jeu *mitspielen:* Jean-Claude n'a pas pris ~ au jeu. / **prendre** ~ au vote *mitstimmen:* Le délégué socialiste n'a pas pris ~ au vote. / **réclamer** sa ~ *fordern, was einem zusteht:* Je viens réclamer ma ~. / se **tailler** la ~ **du lion** *sich den Löwenanteil sichern:* Ne t'en fais pas; ton mari saura se tailler la ~ du lion.

partage m *(Auf)Teilung*
~ **équitable** *gerechte Teilung*

parti[1] m *(pol) Partei*
~ **modéré** *gemäßigte Partei* / ~ **politique** *politische Partei* / ~ **unique** *Einheitspartei*
adhérer à, **appartenir** à, **être membre** d'un ~ *einer Partei angehören:* Il est fidèle au ~ auquel il appartient depuis sa jeunesse. / **entrer** dans, s'**enrôler** dans, s'**inscrire** à, s'**affilier** à un ~ *in eine Partei eintreten:* Gilbert Rameau est entré dans le ~ tout de suite après la guerre. / **exclure** qn d'un ~ *j-n aus einer Partei ausschließen:* Gil Ramier a été

parti

exclu du ~. / **quitter** un ~ *aus einer Partei austreten:* Peu après le scandale, Philippe Tarin a quitté le ~. / un ~ se **scinde** *eine Partei spaltet sich:* Le ~, déchiré entre ses ailes extrémistes, a failli se scinder.

parti² m *Partei (die man ergreift)*
épouser, embrasser le ~ de qn *gemeinsame Sache mit j-m machen:* Trois des officiers sont accusés d'avoir épousé le ~ des rebelles. / **prendre** ~ (pour, en faveur de, contre qn) *Partei ergreifen (für, gegen j-n):* Vous ne pouvez pas exiger de moi que je prenne ~ en sa faveur. / **prendre le** ~ de qn *für j-n eintreten:* Ce prêtre a pris le ~ des opprimés.

parti³ m *Partie (Heiratsmöglichkeit)*
un **beau, riche** ~ *eine gute Partie* / un **brillant** ~ *eine glänzende Partie*
refuser un beau ~ *eine gute Partie ausschlagen:* Moi, à sa place, je n'aurais pas refusé ce beau ~.

particularité f *Besonderheit*
qc **a, offre, présente** la ~ de ... *das Besondere an etw ist, daß ...:* Cette horloge présente la ~ d'indiquer les mois et les jours.

partie¹ f *Teil*
~ **constituante** *Bestandteil* / ~ **essentielle** *Kernstück* / faire ~ **intégrante** (de qc) *wesentlicher, integrierender Bestandteil (von etw) sein* / la **majeure** ~ *der größte Teil*
faire ~ **de** ... *gehören zu ...:* Ce livre fait partie de toute une série de publications du même genre.

partie² f *Partie, Spiel, (fig) Kampf*
~ **inégale** *(fig) ungleicher Kampf* / **rude** ~; ~ **serrée** *harte, schwierige Partie; (fig) harter, schwerer Kampf*
abandonner la ~ *(fig) das Rennen, den Kampf aufgeben:* La situation actuelle m'oblige à abandonner la ~. / **faire** une ~ *eine Partie spielen:* Tu viens faire une ~ de tennis avec moi? / **gagner (perdre)** la ~ *das Spiel, die Partie gewinnen (verlieren); (fig) das Rennen machen (verlieren):* C'est la maison Stancovics qui a gagné la ~.

partie³ f *(jur) Partei*
~ **adverse, opposante** *Gegenpartei (im Prozeß)* / ~s **belligérantes** *kriegführende Parteien, Mächte* / ~s **contractantes** *vertragschließende Parteien* / ~ **plaidante** *Prozeßpartei* / ~ **plaignante** *klagende Partei; Klägerpartei*
entendre les deux ~s *beide Seiten (an)hören (auch nicht jur):* Avant de juger, il faut entendre les deux ~s. / **être** ~ dans un traité, à une négociation *Vertragspartner, Verhandlungspartner sein:* Heureusement, nous ne sommes pas ~ dans ce traité.

partie civile f *(jur) Nebenkläger*
se **constituer,** se **porter** ~ *als Nebenkläger auftreten:* Les parents de la jeune fille se sont constitués ~ dans le procès.

partisan m *Anhänger*
chaud ~ *glühender Anhänger* / ~ **forcené** *fanatischer, leidenschaftlicher Anhänger* / ~ **passionné** *leidenschaftlicher Anhänger* / ~ **zélé** *eifriger Anhänger, Befürworter*
faire, gagner, recruter des ~s *Anhänger finden, gewinnen:* Les théories de Georges Pivot ont fait de nombreux ~s parmi la jeunesse intellectuelle.

pas m *Schritt (auch fig)*
~ **accéléré** *(mil) Geschwindschritt* / ~ **cadencé** *Gleichschritt* / **faux** ~ *Fehltritt; (fig) Fauxpas, Taktlosigkeit* / ~ **ferme** *fester Schritt* / à ~ **feutrés** *auf leisen Sohlen* / à **grands** ~ *mit großen Schritten* / d'un ~ **grave** *gemessenen Schrittes; mit würdevollem Schritt* / ~ **gymnastique** *Laufschritt* / ~ **léger** *leichter Schritt* / ~ **lourd** *schwerer Schritt* / ~ **menu; petit** ~ *kleiner Schritt* / à ~ **mesurés, comptés** *gemessenen Schrittes* / ~ **précipités** *eilige Schritte* / ~ **vif** *flotter Schritt*
accélérer, allonger, forcer, hâter, doubler, presser, précipiter le ~ *den Schritt beschleunigen:* Les deux amis devaient allonger le ~ pour ne pas manquer l'autobus. / **assourdir, amortir** les ~ *den Schritt dämpfen:* La moquette assourdit les ~. / (s')**avancer** d'un ~; **faire** un ~ **en avant** *einen Schritt vortreten:* Pierre Lutel, avancez d'un ~! / **diriger, porter** ses ~ (vers) *seine Schritte lenken (zu, auf):* Il avait machinalement porté ses ~ vers le bord de la rivière. / **esquisser** un ~ (de danse) *einen Tanzschritt machen:* Débordante d'allégresse, elle esquissa quelques ~ de danse au milieu du salon. / **faire** les premiers ~ *die ersten Schritte tun, machen; (fig) den ersten Schritt tun:* Nous avons fait les premiers ~ vers une réconciliation; c'est à lui maintenant de réagir. / **faire** ses premiers ~ *(Kind) laufen; die ersten Schritte tun:* Notre petit neveu a fait ses premiers ~ à l'âge de 9 mois déjà. / **franchir, sauter** le ~ *(fig) den entscheidenden Schritt tun:* Vous devrez un jour ou l'autre franchir le ~. / **marcher, aller** à petits (grands) ~ *kleine (große) Schritte machen:* Nous ne pouvions que marcher à petits ~ dans la foule qui nous pressait de tous côtés. / **marcher, aller au** ~ *im Gleichschritt gehen, marschieren:* Le premier groupe marchait au ~ vers les véhicules de transport. / **marquer** le ~ *auf der Stelle treten (auch fig):* Dans l'affaire Louvier, nous marquons le ~ depuis très longtemps. / **ralentir** le ~ *langsamer gehen:* La fatigue commençait à se faire sentir, le petit groupe ralentit le ~. / **reculer** d'un ~; **faire** un ~ **en arrière** *einen Schritt zurücktreten:* La rangée de policiers recula d'un ~. / **rouler** au ~ *Schritt, im Schritttempo fahren:* Je vous recommande de rouler au ~ jusqu'à la prochaine station-service.

pas de course m *Laufschritt*
aller au ~ *laufen; im Laufschritt eilen:* Les pompiers allèrent au ~ vers leurs véhicules.

passage m *Durchgang, Durchfahrt, Übergang*
~ **clouté** *Fußgängerübergang, -weg; Zebrastreifen* / ~ **non gardé** *unbeschrankter Bahnübergang* / ~ **souterrain** *Fußgängerunterführung:* emprunter le ~ souterrain (*die Unterführung benutzen*)
barrer, encombrer, boucher, embouteiller, obstruer un ~ *eine Durchfahrt, einen Durchgang versperren, verstopfen:* N'obstruez pas le ~, s'il vous plaît. / **céder** le ~ à qn *j-m die Vorfahrt lassen:* Pourquoi lui avez-vous cédé le ~? / **être** de ~ *auf der Durchreise sein:* Je l'ai rencontré alors que j'étais de ~ à Lyon. / se **frayer, s'ouvrir** un ~ *sich einen Weg bahnen:* J'avais de la peine à me frayer un ~ dans la foule. / **laisser, libérer** le ~ *den Weg, den Durchgang freilassen:* Messieurs, laissez le ~, je vous en prie! / **livrer** ~ à qn *j-m den Weg freimachen, freigeben; j-n vorbeigehen lassen:* Les étudiants s'écartèrent pour livrer ~ à l'ambulance.

passager m *Passagier*
~ **clandestin** *blinder Passagier*

passé m *Vergangenheit*
~ **éloigné, lointain** *ferne Vergangenheit* / ~ **encombrant** *belastende Vergangenheit* / ~ **équivoque** *zweifelhafte Vergangenheit* / ~ **louche** *dunkle Vergangenheit* / ~ **mouvementé** *bewegte Vergangenheit; bewegtes Vorleben* / ~ **récent** *jüngste Vergangenheit*
appartenir au ~ *der Vergangenheit angehören:* Inutile de chercher encore dans ce pays les splendides plages et la mer cristalline d'autrefois. Tout cela appartient au ~. / **avoir** un ~ *eine anrüchige Vergangenheit haben:* Madame Jausson n'est pas très bien vue dans le village. On raconte qu'elle a un ~. / **avoir** un ~ (+ *adj*) *eine* (+ *adj*) *Vergangenheit haben:* Jean-Claude Mournier a un ~ mouvementé. Maintenant, il mène une existence paisible à la campagne. / **évoquer** le ~ *die Erinnerung an die Vergangenheit wachrufen:* Ils passèrent la soirée à évoquer le ~, leurs vieux souvenirs. / **fouiller, scruter, interroger** le ~; **fouiller dans** le ~ *in der Vergangenheit suchen:* Elle scrutait anxieusement le ~ pour y découvrir les raisons de son échec présent. / **oublier** le ~; se **détacher** du ~ *die Vergangenheit, Vergangenes vergessen:* Il vous faut oublier le ~, aller de l'avant! / se **pencher** sur son ~ *sich mit der Vergangenheit beschäftigen:* Il n'est pas mauvais de se pencher de temps en temps sur son ~. / **rappeler** le ~ *an die Vergangenheit erinnern:* Le président a prononcé un exposé en rappelant le glorieux ~ de la Compagnie. / faire **renaître, revivre** le ~ *die Vergangenheit wieder aufleben lassen:* Lorsqu'il évoque ses vieux souvenirs, il a le talent de faire renaître le ~.

passeport m (*Reise*)*Paß*
~ **périmé** *abgelaufener Paß* / ~ **valide** *gültiger Paß*
délivrer un ~ *einen Paß ausstellen:* Nous vous délivrerons provisoirement un ~ libanais. / se faire **faire** un ~ *sich einen Paß ausstellen lassen:* Puisque ta carte d'identité est en règle, tu n'as pas besoin de te faire faire un ~. / **présenter** son ~ *seinen Paß vorzeigen:* Je n'ai même pas dû présenter mon ~. / faire **prolonger** son ~ *seinen Paß verlängern lassen:* La validité de mon ~ expire bientôt, mais je pense le faire prolonger. / faire **renouveler** son ~ *sich einen neuen Paß ausstellen lassen:* N'oublie pas de faire renouveler ton ~ avant les vacances.

passion f *Leidenschaft*
~ **ardente, éperdue, frénétique, tumultueuse, violente** *heftige, wilde Leidenschaft* / ~ **débridée, effrénée** *hemmungslose, ungezügelte, zügellose Leidenschaft* / ~ **déchaînée** *entfesselte Leidenschaft* / ~ **dévorante** *verzehrende Leidenschaft* / ~ **échevelée, volcanique** *glühende Leidenschaft* / ~ **éteinte, refroidie** *erloschene, abgekühlte Leidenschaft* / ~ **irrépressible, irrésistible** *nicht zu unterdrückende Leidenschaft* / ~ **malheureuse** *unglückliche Liebe*
apporter de la ~ à (faire) qc *etw mit Begeisterung tun:* J'apprécie la ~ qu'il apporte à tout ce qu'il fait. / la ~ se **calme, s'assagit** *die Leidenschaft läßt nach:* À mon âge, la ~ se calme peu à peu. / **déchaîner, exciter, attiser** les ~s *die Leidenschaften entfachen:* Le discours incendiaire que venait de prononcer l'orateur avait excité encore davantage les ~s d'une foule fanatique. / se laisser **emporter** par la ~ *sich von der Leidenschaft hinreißen lassen:* Il ne faut pas se laisser emporter par la ~. / **inspirer** de la ~ à qn *j-n begeistern:* La musique lui a toujours inspiré la plus vive ~. / **maîtriser, dominer, brider, dompter, contenir, réprimer, vaincre** ses ~s; **commander** à ses ~s *seine Leidenschaften zügeln, im Zaum halten:* Les héros cornéliens maîtrisent difficilement leurs ~s. / la ~ **mine, dévore, consume** qn *die Leidenschaft verzehrt j-n:* La ~ de l'aviation l'a miné. / se **prendre** de ~ pour qn, qc *sich für j-n, etw begeistern:* Il s'est pris de ~ pour les îles grecques. / **satisfaire, assouvir** une ~ *einer Leidenschaft nachgeben:* Il est capable de tout pour assouvir sa ~. / ne **suivre,** n'**écouter** que ses ~s; **obéir** à ses ~s *nur seinen Leidenschaften gehorchen:* Il est jeune encore et ne suit que ses ~s.

pâte f *Teig*
aplatir, étendre la ~ *den Teig auswalzen:* Pour terminer, il faut aplatir la ~. / la ~ **gonfle, lève** *der Teig geht:* Je ne comprends pas

patience

pourquoi la ~ ne gonfle pas. / **pétrir, travailler** la ~ *den Teig kneten:* J'ai pétri la ~ pendant une demi-heure.

patience[1] f *Geduld*
~ **admirable** *bewundernswerte Geduld* / ~ **angélique** *Engelsgeduld* / ~ **inépuisable** *unerschöpfliche Geduld* / ~ **infinie** *grenzenlose, unendliche Geduld* / ~ **inlassable, inaltérable** *unermüdliche, unwandelbare Geduld* s'**armer, se munir** de ~; **prendre** ~ *sich in Geduld fassen; sich mit Geduld wappnen;* Vous devrez vous armer de ~ dans cette affaire. / ma ~ commence à s'**épuiser, se lasser** *meine Geduld geht allmählich zu Ende:* Arrêtez de m'agacer, ma ~ commence à s'épuiser. / **lasser** la ~ de qn *j-s Geduld erschöpfen:* Ne lassez pas trop la ~ de vos professeurs. / **perdre** ~ *die Geduld verlieren:* Je commence à perdre ~.

patience[2] f *Patience (Kartenspiel)*
faire une ~ *eine Patience legen:* Ma femme aime faire une ~ chaque soir.

patin m *Schlittschuh*
faire du ~ *Schlittschuh laufen:* Faites-vous du ~, chez vous, en hiver? / **mettre** ses ~s *die Schlittschuhe anziehen:* Attends-moi, je n'ai pas encore mis mes ~s.

patrie f *Vaterland*
la ~ **appelle** *das Vaterland ruft:* Refuseriez-vous vos services si la ~ appelait? / **mériter** de la ~ *sich um das Vaterland verdient machen:* L'ancien maire de la ville a bien mérité de la ~. / **mourir** pour la ~ *für das Vaterland sterben:* Son père est mort pour la ~ pendant la Grande Guerre.

patrimoine m *Erbe*
~ **culturel** *Kulturerbe*
dilapider le ~ *das Erbe durchbringen:* Il eut tôt fait de dilapider le ~ que lui avaient légué ses ancêtres. / **sauvegarder** le ~ *das Erbe bewahren:* En faisant de 1980 «l'année du patrimoine», la France a tenté de sauvegarder son ~ culturel, menacé par les progrès de la civilisation technique.

patriotisme m *Vaterlandsliebe*
~ **ardent** *glühender Patriotismus*

patronage m *Schirmherrschaft*
placer qc sous le ~ de qn *etw unter j-s Schirmherrschaft stellen:* Le gala de bienfaisance en faveur des sinistrés du tremblement de terre a été placé sous le ~ de l'épouse du Président.

paume f *Handfläche*
~ **calleuse** *schwielige Handfläche* / ~ **moite** *feuchte Handfläche*

paupière f *Augenlid*
~s **baissées** *gesenkte Lider* / ~s **closes** *geschlossene Lider* / ~s **gonflées** *geschwollene Augenlider* / ~s **tombantes** *hängende Augenlider* / (a)**baisser** les ~s *die Augen(lider) niederschlagen:* Lorsque Monsieur Lanelin s'approcha d'elle, elle abaissa les ~s. / **battre** des ~s *mit den Augen zwinkern; blinzeln:* Il battit des ~s; un moustique lui était entré dans l'œil. / **fermer** les ~s d'un mort *einem Toten die Augen zudrücken:* Jean-Pierre ferma les ~s du mort. Celui-ci reposait, un sourire sur les lèvres.

pause f *Pause*
faire une ~ *eine Pause einlegen, machen:* Les trois alpinistes faisaient une ~ avant d'attaquer les trois cents derniers mètres. / **marquer** une ~ *eine Pause machen:* Arrivé à ce point de son plaidoyer, l'avocat marqua une ~. L'assistance retint son souffle.

pavillon m *Flagge*
(a)**baisser, rentrer, amener** le ~ *die Flagge einholen, streichen:* Le bateau amarra au quai et le capitaine ordonna de baisser le ~. / **battre** ~ (+ adj) *unter* (+ adj) *Flagge fahren:* Un navire battant ~ libanais vient d'entrer dans le port. / **hisser** son ~ *die Flagge hissen:* Arrivé au large de la côte bretonne, le pétrolier a hissé son ~. / **naviguer** sous un ~ *unter einer Flagge fahren:* Un grand nombre de pétroliers naviguent sous des ~s de complaisance.

payeur m *Zahler*
mauvais ~ *säumiger Zahler*

pays m *Land*
~ **limitrophe** *Grenzland* / ~ **montagneux** *Bergland, Gebirgsgegend* / ~ **natal** *Geburtsland, Heimatland*
armer un ~ *ein Land aufrüsten:* Nous n'admettrons jamais que ce petit ~ soit de nouveau armé. / **battre, courir** le ~ *das Land durchstreifen:* Pendant plus de six mois, ils battirent le ~ avant de se décider à s'installer à Caen. / qc **entre** dans un ~ *etw wird in ein Land eingeführt:* Des machines d'une valeur totale de cinq milliards de dollars sont entrées dans ce ~ au cours des deux dernières années. / qn **entre** dans un ~ *jemand reist in ein Land ein:* On ne peut entrer dans ce ~ que si l'on s'est procuré un visa. / **envahir** un ~ *in ein Land einfallen:* Les troupes des nations voisines ont envahi le ~ sans avertissement. / **voir** du ~ *viel herumkommen (im Land):* Mon frère est représentant en ordinateurs. Cela lui permet de voir du ~.

paysage m *Landschaft*
~ **champêtre** *ländliche Gegend; Szenerie* / ~ **lunaire** *Mondlandschaft* / ~ **monotone** *eintönige Landschaft* / ~ **pittoresque** *malerische Landschaft* / ~ **riant** *heitere, liebliche Landschaft* / ~ **sinistre** *düstere Landschaft* / ~ **tourmenté** *zerklüftete, wilde Landschaft* / ~ **urbain** *Stadtbild*
défigurer, enlaidir le ~ *die Landschaft verschandeln:* Je trouve que ces gratte-ciel enlaidissent le ~.

péage m *Maut, Autobahngebühr*
percevoir un ~ *eine Maut erheben:* Le ~ est perçu à l'entrée du tunnel.

peau f *Haut*
~ **basanée, bronzée, hâlée** *sonnengebräunte Haut* | ~ **claire** *helle Haut* | ~ **cuivrée** *kupferfarbene Haut* | ~ **délicate** *empfindliche, zarte Haut* | ~ **douce** *zarte, weiche Haut* | ~ **écailleuse** *schuppige Haut* | ~ **flasque** *schlaffe Haut* | ~ **flétrie** *welke, schlaffe Haut* | ~ **gercée** *rissige, schrundige, aufgesprungene Haut* | ~ **grasse** *fettige Haut* | ~ **lisse** *glatte Haut* | ~ **luisante** *(durch Fett) glänzende Haut* | ~ **mate** *matte Haut* | ~ **nette** *reine Haut* | ~ **satinée** *seidenweiche Haut* | ~ **parcheminée** *lederne, wie gegerbt aussehende Haut* | ~ **rêche** *rauhe Haut* | ~ **ridée, plissée** *faltige Haut* | ~ **rugueuse** *rauhe, runzelige Haut* | ~ **sèche** *trockene, spröde Haut* | ~ **tannée** *braungebrannte Haut* | ~ **tendre** *zarte Haut* | ~ **transparente** *sehr zarte Haut* | ~ **veloutée** *samtige, samtweiche Haut*
n'**avoir** que la ~ sur les os, la ~ et les os *(fig) nur noch Haut und Knochen sein:* Elle commence à se rétablir, mais elle n'a que la ~ sur les os. | **défendre** sa ~ (F *fig*) *sich seiner Haut wehren:* Les enfants doivent apprendre à défendre leur peau. / **être** dans la ~ de qn *in j-s Haut stecken:* Moi, je ne voudrais pas être dans sa ~. | **être bien (mal)** dans sa ~ *sich in seiner Haut wohlfühlen (nicht wohlfühlen):* J'ai l'impression qu'il est très mal dans sa ~. / **sauver** sa ~ (F *fig*) *seine Haut retten:* Le général n'avait pas d'autres idées que de sauver sa ~. | **vendre cher** sa ~ (F *fig*) *seine Haut so teuer wie möglich verkaufen:* Les Anglais qui défendaient le fort contre les attaques des Japonais vendirent cher leur ~, mais finirent par succomber sous le nombre.

pêche f *Fischfang*
une **belle** ~ *ein guter Fang* | **grande** ~; **hauturière** *Hochseefischerei* | **petite** ~; ~ **littorale, côtière** *Küstenfischerei* | ~ **sous-marine** *Unterwasserjagd* | ~ **sportive** *Angelsport, Sportfischerei*
aller à la ~ *angeln, fischen gehen:* Tous les dimanches, Monsieur Guimbart va à la ~.

péché m *Sünde*
les sept ~s **capitaux** *die sieben Hauptsünden* | ~ **mignon** *kleine Schwäche* | ~ **mortel** *Todsünde* | ~ **originel** *Erbsünde* | ~ **véniel** *läßliche Sünde*
commettre, faire un ~ *eine Sünde begehen:* Mon fils, tu as commis un ~; est-ce que tu t'en repens du moins? / **confesser** ses ~s *seine Sünden beichten:* Il ne suffit pas de confesser ses ~s. Il faut s'en repentir. / **expier** un ~ *eine Sünde abbüßen:* Il acceptait patiemment toutes ses souffrances, disant qu'il devait expier ses ~s. / **laver** les ~s *(sich) von (den) Sünden reinwaschen:* Par des prières interminables, ils essayaient de laver les ~s des années passées. / **remettre** un ~ *eine Sünde erlassen:* Le prêtre a le pouvoir de remettre les ~s. / se **repentir** d'un ~ *eine Sünde bereuen:* Il n'est pas toujours facile de se repentir de ses ~s.

pécheur m *Sünder*
~ **endurci, impénitent** *hartgesottener, verstockter Sünder* | ~ **repentant, repenti** *reuiger, reumütiger Sünder*

pécule m *Rücklage*
amasser un petit ~ *sich ein kleines Vermögen ansparen:* Avec ce petit ~ qu'elle avait amassé, elle partit un beau jour pour Paris. / se **constituer** un modeste ~ *sich eine bescheidene Rücklage schaffen:* Mes parents ont réussi à se constituer un modeste ~ qui leur permettra de mener une vie relativement tranquille à la campagne.

pédale f *Pedal*
actionner une ~ *ein Pedal betätigen:* Vous actionnez une ~ et le mécanisme se déclenche. / **appuyer** sur, **enfoncer** une ~ *ein Pedal niedertreten:* La machine se met en marche dès qu'on appuie sur la ~ de gauche.

peigne m *Kamm*
~ **édenté** *Kamm mit ausgebrochenen Zinken* | ~ **fin** *feiner, feinzinkiger Kamm; Staubkamm* | **gros** ~ *grober, grobzinkiger, weitzinkiger Kamm*
se **donner** un coup de ~ *sich rasch mit dem Kamm durch die Haare fahren; sich rasch kämmen:* Tu ne veux pas te donner un coup de ~? / **passer** qc au ~ **fin** (*fig*) *etw durchkämmen:* La police a passé le quartier au ~ fin, mais en vain.

peine[1] f *Mühe*
~ **perdue** *verlorene Liebesmüh; vergebliche Mühe*
avoir (de la) ~ à faire qc *Mühe haben, etw zu tun:* Votre fils a eu de la ~ à atteindre la moyenne. / **coûter** de la ~ *Mühe kosten:* Ce travail nous coûte des ~s inouïes, et maintenant voilà qu'il faudrait tout recommencer! / ne pas **craindre** la ~ (pour) *keine Mühe scheuen (um zu):* Il ne craindra pas sa ~ pour vous aider. / **donner** de la ~ à qn *j-m Mühe machen:* Cet enfant me donne de la ~. / se **donner** de la ~ *sich Mühe geben, machen:* Elle s'est donné de la ~, je dois l'avouer. / se **donner, prendre** la ~ de faire qc *sich die Mühe machen, etw zu tun:* Il ne s'est même pas donné la ~ de vous écouter. / s'**épargner** de la ~ *sich Mühe ersparen:* Avec ce nouveau système de chauffage, nous nous épargnons beaucoup de ~. / ne vous **mettez** pas en ~ *bemühen Sie sich nicht:* Ne cherchez pas trop, ne vous mettez pas en ~. / **perdre, en être** pour sa ~ *sich umsonst (ab)mühen:* Vous perdez votre ~ avec

peine

ces élèves! / **valoir** la ~ *der Mühe wert sein; sich lohnen:* Cette exposition vaut la ~ d'être vue *(ist sehenswert).*
peine² f *Kummer, Sorgen*
avoir de la ~ *Kummer, Sorgen haben:* J'ai l'impression qu'elle a beaucoup de ~. / **causer, faire** de la ~ à qn *j-m Schmerz, Kummer bereiten:* La nouvelle m'a causé de la ~.
peine³ f *Strafe*
~ **capitale** *Todesstrafe* / ~ **juste** *gerechte Strafe* / ~ **sévère** *strenge Strafe*
abolir une ~ *eine Strafe abschaffen:* Le Parlement vient d'abolir la ~ capitale. / qn **encourt** une ~ *gegen j-n wird eine Strafe verhängt:* Le contrevenant encourt une ~ de réclusion. / **frapper** d'une ~ *mit einer Strafe belegen; bestrafen:* Ce délit est frappé d'une ~ allant de 1 à 5 ans de prison. / **infliger** une ~ à qn *gegen j-n eine Strafe verhängen; j-m eine Strafe auferlegen:* Le tribunal a infligé une ~ sévère aux jeunes délinquants. / **prononcer** une ~ *eine Strafe verhängen:* Le tribunal a prononcé une ~ très sévère. / **purger** sa ~ *seine Strafe verbüßen, absitzen:* Le voleur purge sa ~ en prison. / **réduire** une ~ *eine Strafe herabsetzen:* La cour d'appel a quand même réduit sa ~ de moitié. / **remettre** une ~ *eine Strafe erlassen:* Sa ~ lui a été remise en partie pour raisons de santé. / **requérir** une ~ *eine Strafe beantragen:* Le procureur général requiert la ~ maximum.
peinture¹ f *Farbe, Anstrich*
~ **brillante** *glänzende Farbe* / ~ **fraîche!** *frisch gestrichen!* / ~ **lavable** *abwaschbare Farbe* / ~ **mate** *matte Farbe*
appliquer une couche de ~ *Farbe auftragen:* Appliquez une couche de ~ sur la surface auparavant nettoyée. / **délayer** de la ~ (avec de l'eau) *Farbe (mit Wasser) anrühren:* Il faut délayer la ~ avec de l'eau pour obtenir la consistance voulue. / la ~ s'**écaille** *die Farbe blättert ab:* La ~ du plafond a été mal faite, elle s'écaille déjà. / **passer, étendre** de la ~ *Farbe auftragen, verstreichen:* Il étendait de la ~ rouge sur la maquette. / **refaire** les ~s d'une pièce, *etc. ein Zimmer usw. neu streichen:* Il faut que je refasse les ~s de notre appartement.
peinture² f *Malerei*
~ **abstraite** *abstrakte Malerei* / ~ **figurative** *gegenständliche Malerei* / ~ **murale** *Wandmalerei*
faire de la ~ *malen:* Le dimanche, il fait de la ~.
pellicule f *Film*
~ **exposée** *belichteter Film* / ~ **rapide, sensible** *empfindlicher Film* / ~ **ultrarapide, ultrasensible** *hochempfindlicher Film* / ~ **vierge** *unbelichteter Film*
développer une ~ *einen Film entwickeln:* Je me suis fait développer la ~ à Paris.

peloton m *Feld (beim Radsport)*
lâcher le ~ *das Feld abhängen; dem Feld davonfahren:* Giovanni Batista a lâché le ~ sur les vingt derniers kilomètres. / **mener** le ~ *das Feld anführen; an der Spitze des Feldes liegen:* C'est Rodriguez qui a mené le ~ pendant presque toute l'étape d'aujourd'hui. / **rejoindre** le ~ *zum Hauptfeld aufschließen:* Peu avant l'entrée dans Vienne, Jean Duclos a réussi à rejoindre le ~.
penalty m *Elfmeter, Strafstoß*
siffler un ~ *einen Elfmeter, Strafstoß pfeifen:* L'arbitre a sifflé le premier ~ à la quinzième minute de jeu. / **tirer, shooter** un ~ *einen Elfmeter, Strafstoß ausführen:* C'est le joueur stéphanois Loric Jeteau qui va tirer le ~.
penchant m *Hang, Neigung*
un **fâcheux** ~ (pour) *eine fatale Neigung (zu)* / ~ **irrésistible** *unwiderstehlicher Hang* / un ~ très **vif** (pour la boisson, *etc.*) *ein starker Hang (zum Alkohol usw.).*
s'**abandonner** à, **suivre** son ~ *seinen Neigungen nachgehen:* Si tu t'abandonnes à de tels ~s, tu n'iras pas très loin dans la vie. / **avoir, manifester** un ~ à faire qc, pour qc *zu etw neigen:* Pierre a un ~ pour la gourmandise. / **lutter** contre ses mauvais ~s *gegen seine schlechten Neigungen ankämpfen:* J'ai l'impression que tu as déjà renoncé à lutter contre tes mauvais ~s.
pensée f *Gedanke, Denken*
~ **abstraite** *abstraktes Denken* / ~s **banales** *abgedroschene, triviale Gedanken* / ~ **lancinante, obsédante** *Gedanke, der einem nicht mehr aus dem Sinn geht, der einen verfolgt:* ~s **profondes** *tiefgründige Gedanken* / ~s **sinueuses** *verschlungene Gedankengänge* / de **sombres, noires** ~s *trübe, finstere Gedanken*
s'**abandonner** à une ~ *einem Gedanken nachhängen:* Ne vous abandonnez pas trop à cette ~. / être **absorbé, plongé, perdu** dans ses ~s *in Gedanken versunken sein:* Jocelyne était absorbée dans ses ~s lorsque Marc entra dans la pièce. / une ~ **va** à qn, qc *ein Gedanke gilt j-m, einer Sache:* La dernière ~ du mourant est allée à celle qu'il n'avait jamais oubliée. / **articuler, définir** sa ~ *seine Gedanken formulieren; seinen Gedanken Ausdruck verleihen:* Dans cet article, l'auteur articule sa ~ au sujet de la détente. / **balayer, chasser** des ~s *Gedanken vertreiben:* Allons, balayez vite ces ~s pessimistes. / ne pas **déguiser, dissimuler** sa ~ *aus seiner Meinung keinen Hehl machen:* Je n'ai jamais déguisé ma ~. / **deviner, pénétrer** la ~, les ~s de qn *j-s Gedanken erraten:* Vous avez deviné mes ~s. / **dévoiler, exprimer** sa ~ *seine Gedanken preisgeben, darlegen:* L'homme politique, interrogé par les journalistes, n'a certainement pas dévoilé toute sa ~. / **distraire** qn d'une ~ *j-n von*

einem Gedanken ablenken: Tu devrais sortir davantage. Cela te distrairait de tes ~s moroses. / **échanger** des ~s *Gedanken austauschen:* Les deux amis échangèrent quelques ~s banales avant de se séparer. / une ~ **effleure** qn *ein Gedanke kommt j-m in den Sinn:* La ~ que son amie pouvait le tromper ne l'avait jamais effleuré. / **expliquer** sa ~ *sich klar(er) ausdrücken:* Monsieur le Ministre, pouvez-vous expliquer votre ~ un peu plus clairement? / **hanter** les ~s de qn *j-n verfolgen (fig):* La perspective de la faillite hantait ses ~s depuis quelque temps. / **lire** dans ses ~s de qn *j-s Gedanken lesen:* Sa secrétaire le connaît très bien. Elle lit dans ses ~s et le devance dans tous ses désirs. / une ~ **obsède, hante** qn *ein Gedanke verfolgt j-n:* Il est obsédé par la ~ qu'il pourrait perdre son emploi. / qc **occupe** les ~s de qn *etw beschäftigt j-n:* Ce projet a occupé mes ~s pendant un certain temps, mais j'ai fini par y renoncer. / **porter, mûrir, nourrir** une ~ *einen Gedanken mit sich herumtragen:* Se venger, telle était la ~ qu'il avait mûrie pendant tant d'années. / **rouler, agiter** des ~s *Gedanken wälzen:* Depuis que sa femme l'a quitté, il roule souvent de noires ~s. / **trahir** la ~ *den Gedanken falsch wiedergeben:* Je me suis mal fait comprendre. Les mots ont trahi ma ~. / une ~ **trotte** par l'esprit de qn *ein Gedanke beschäftigt j-n, geht j-m durch den Kopf:* Ouvrir un petit restaurant sur la Côte d'Azur. Cette ~ lui trotte par l'esprit depuis longtemps. / laisser **vaguer, vagabonder** ses ~s *seine Gedanken schweifen lassen; seinen Gedanken freien Lauf lassen:* Ce que j'aime en vacances, au bord de l'eau, c'est de pouvoir laisser vaguer mes ~s en toute liberté. / une ~ **vient** à qn *ein Gedanke kommt j-m:* Cette ~ m'est venue hier pendant que nous regardions le reportage sur l'Amérique du Sud.

pension[1] f *Pension (Unterkunft und Verpflegung)*
~ **complète** *Vollpension*
être en ~ chez qn *bei j-m in Pension sein:* Mon frère est en ~ chez la veuve d'un notaire. / **prendre en** ~ *in Pension, in Kost nehmen:* Nous avons pris le chien de nos voisins en ~ pour trois semaines. / **prendre** ~ chez qn, dans un hôtel *Vollpension bei j-m, in einem Hotel nehmen:* Prendrez-vous ~ dans un hôtel?

pension[2] f *Rente, Pension*
allouer une ~ à qn *für j-n eine Rente festsetzen:* La ~ alimentaire qui lui a été allouée s'élève à 1800 francs par mois. / **toucher** une ~ *eine Rente, Pension bekommen, erhalten:* Il touche une ~ d'invalidité, mais elle lui permet à peine de vivre.

pente f *(Ab)Hang, Gefälle*
~ **abrupte** *steiler, schroffer Abhang* / ~ **ardue,** **escarpée** *Steilhang* / ~ **douce** *sanfter Hang; Flachhang:* descendre, monter en ~ douce *(sanft, leicht abfallen, ansteigen)* / ~ **faible** *leichtes, sanftes Gefälle* / ~ **forte** *starkes Gefälle* / ~ **raide** *steiler Hang:* descendre, monter en ~ raide *(steil, stark abfallen, ansteigen)*
descendre une ~ *einen Abhang, ein Gefälle hinunterfahren, -gehen:* Ne descendez pas trop vite cette ~. / **être** en ~ *abfallen; Gefälle haben:* Entre Sabliers et Gorge-Haute, la route est en ~. / **gravir, monter, grimper** une ~ *einen Hang, eine Steigung erklimmen, erklettern, hochfahren:* Les camions gravissaient la ~ à grand-peine.

perche f *Stab (für Stabhochsprung)*
sauter à la ~ *Stabhochsprung betreiben:* Le rêve de mon frère a toujours été de sauter à la ~, mais il n'a pas reçu l'entraînement convenable.

perfection f *Vollkommenheit, Perfektion*
atteindre, parvenir, s'élever à la ~ *(die) Vollkommenheit erreichen:* Cet artiste est vraiment parvenu à la ~. / **être épris** de ~ *ein Perfektionist sein; alles perfekt machen wollen:* Être épris de ~, c'est bien, mais il faut quand même conserver un certain réalisme. / **porter** qc à la ~ *etw zur Perfektion treiben, bringen:* Je trouve que ce pianiste a porté son art à la ~. / **pousser** qc à une certaine, à un certain degré de ~ *es mit etw zu einer gewissen Perfektion bringen:* Il a poussé son art à un degré de ~ qu'il sera difficile de dépasser. / **tendre** à la ~; **rechercher** la ~ *nach Vollkommenheit streben:* Toute sa vie, Gil Terrier a tendu à la ~.

performance f *Leistung*
belle ~ *gute Leistung* / **brillante** ~ *glänzende Leistung* / ~ **homologuée** *offiziell anerkannte Leistung* / **médiocre** ~ *mittelmäßige Leistung*
accomplir, réaliser une ~ *eine Leistung vollbringen, erbringen, erzielen:* Avec votre participation à la finale, vous avez réalisé une très belle ~.

période f *Zeit(abschnitt)*
~ **transitoire** *Übergangszeit*
connaître, traverser une ~ de (+ *subst*) *eine Zeit (+ Gen) durchmachen:* Après son échec professionnel, elle a traversé une ~ de dépression.

perle f *Perle*
~ **artificielle** *unechte Perle* / ~ **fine, naturelle** *echte Perle* / de **vraies** ~s *echte Perlen*
enfiler des ~s *Perlen aufreihen:* Elle enfilait les ~s sur un robuste fil en nylon.

permanence f *Bereitschaftsdienst*
~ **médicale** *ärztlicher Bereitschaftsdienst*
tenir, assurer la ~; **être** de ~ *Bereitschaftsdienst haben:* Ce soir, c'est moi qui tiendrai la ~.

permis de conduire m *Führerschein*

permission

délivrer le ~ *den Führerschein ausstellen:* À quelle date est-ce que votre ~ a été délivré? / **passer** son ~ *seinen Führerschein machen, ablegen:* A-t-il déjà passé son ~? / (F) **rater** le, **échouer** au ~ *durch die Fahrprüfung fallen; in der Fahrprüfung durchfallen:* Figure-toi qu'il a raté le ~. / être **reçu** au ~ *die Fahrprüfung bestehen; seinen Führerschein bekommen:* Michel n'a pas été reçu au ~. / **retirer** son ~ à qn *j-m den Führerschein entziehen:* Le préfet a retiré son ~ à ce chauffard.

permission[1] f *Erlaubnis*
avoir la ~ de faire qc *etw tun dürfen:* Je n'ai pas la ~ de vous ouvrir la porte. / **donner** une ~ à qn *j-m eine Erlaubnis erteilen, geben:* Qui est-ce qui vous a donné la ~? / **obtenir** la ~ de faire qc *die Erlaubnis, Genehmigung bekommen, etw zu tun:* Tâchez d'obtenir la ~ de sortir plus tôt ce soir.

permission[2] f *Urlaub (für Soldaten)*
~ **exceptionnelle** *Sonderurlaub*
être en ~ *auf Urlaub sein:* La moitié des soldats de la première compagnie est en ~. / **partir** en ~ *in Urlaub fahren:* Le train était plein de soldats partant en ~. / **rentrer** de ~ *aus dem Urlaub zurückkommen:* Roger Laville n'est pas rentré de ~ dimanche soir. / **venir** en ~ *auf Urlaub kommen:* Mon fils viendra en ~ le week-end prochain.

perplexité f *Ratlosigkeit*
être dans la plus **complète** ~, dans une **grande** ~ *völlig ratlos sein:* Devant cette nouvelle situation, il était dans la plus complète ~. / **jeter, plonger** qn dans la ~ *j-n (völlig) ratlos machen:* Votre question me jette dans la ~.

persécution f *Verfolgung*
être en butte aux, être victime de, subir des ~s *verfolgt werden; Verfolgungen ausgesetzt sein:* Aussi loin qu'on remonte dans l'histoire, on voit que ce peuple a toujours été en butte aux ~s. / **mener** des ~s contre qn *j-n verfolgen:* Personne dans ce pays n'oubliera les sanglantes ~s menées contre cette minorité.

personnage m *Persönlichkeit, Figur (Gestalt)*
~ **allégorique** *allegorische Figur, Gestalt* / ~ **connu** *bekannte Persönlichkeit* / **grand** ~ *prominente Persönlichkeit* / **grossier** ~ *Grobian, Rüpel, Lümmel* / ~ **haut placé** *hochgestellte Persönlichkeit* / ~ **historique** *historische Gestalt* / ~ **influent** *einflußreiche Persönlichkeit* / **inquiétant** ~ *Person, die Angst einflößt* / ~s **officiels** *Persönlichkeiten des öffentlichen Lebens* / **singulier** ~ *komischer Kauz* / c'est un **triste** ~ *er ist eine erbärmliche Kreatur* / ~ **vrai** *lebensechte Figur (z. B. eines Romans)*

personnalité f *Persönlichkeit (Eigenart)*
(avoir) une **forte** ~, une ~ **puissante, marquante, saillante** *eine starke, ausgeprägte Persönlichkeit (sein)*

développer, affirmer, épanouir sa ~ *seine Persönlichkeit entfalten:* Dans ce milieu, il ne pouvait pas développer sa ~. / **garder** sa ~ *seine Eigenart wahren:* La vallée a heureusement pu garder sa ~ malgré le barrage construit il y a une dizaine d'années.

personne f *Person*
~ **âgée** *alter Mensch* / les **grandes** ~s *die Erwachsenen; die Großen* / **jeune** ~ *junges Mädchen* / ~ **morale, civile, juridique** *juristische Person* / ~ **physique** *natürliche Person* / ~ **qualifiée** *namhafte Persönlichkeit* / une **tierce** ~ *ein Dritter, Außenstehender*

personnel m *Personal*
~ **auxiliaire** *Aushilfskräfte* / ~ **enseignant** *Lehrkörper, Lehrerkollegium* / ~ **hospitalier** *Krankenhaus-, Pflegepersonal* / ~ **intérimaire** *Zeitpersonal* / ~ **navigant** *fliegendes Personal* / ~ **qualifié** *geschultes Personal; Fachkräfte* / ~ **rampant** *Bodenpersonal* / ~ **roulant** *fahrendes Personal* / ~ **volant** *Personal, das jeweils dort eingesetzt wird, wo Bedarf besteht*
réduire son ~ *das Personal abbauen:* Nous avons été obligés de réduire notre ~.

perspective f *Perspektive, Aussicht*
~s **insoupçonnées** *ungeahnte Perspektiven* / ~ **rassurante** *beruhigende Aussicht*
ouvrir de nouvelles ~s à qn *j-m neue Perspektiven eröffnen:* Cet emploi lui ouvre de nouvelles ~s.

perte[1] *Verlust*
~ **cruelle** *bitterer Verlust* / ~ **douloureuse** *schmerzlicher Verlust* / **grosse** ~ *schwerer Verlust* / **irrémédiable, irréparable** ~ *unersetzlicher Verlust* / ~ **sèche** *(comm) reiner, glatter Verlust* / ~s **sensibles, appréciables** *empfindliche Einbußen* / ~s **sévères; lourdes** ~s *(mil) schwere Verluste*
compenser une ~ *einen Verlust ausgleichen:* La question est de savoir si les gains envisagés pourront compenser les ~s. / **essuyer, subir** une ~ *einen Verlust erleiden:* Monsieur Durand a essuyé une ~ sensible dans cette affaire. / **infliger** des ~s à l'ennemi *(mil) dem Gegner Verluste beibringen:* Les insurgés ont infligé des ~s considérables aux troupes gouvernementales. / **travailler** à ~ *mit Verlust arbeiten:* Depuis un an déjà, l'entreprise travaille à ~ et sera sans doute obligée de demander une subvention à l'État.

perte[2] f *Verderben*
causer la ~ de qn *j-s Untergang, Ruin herbeiführen:* La lettre anonyme a causé la ~ du secrétaire d'État. / **courir** à sa ~ *in sein Verderben rennen:* Ne voyez-vous pas que vous courez à votre ~? / **travailler** à la ~ de qn *j-s Verderben herbeiführen wollen:* Pendant des années, il a travaillé à la ~ de son pire ennemi.

petit m *Junges*
faire ses ~s (*Junge*) *werfen*: Minou a fait ses ~s dans la grange.

pétrin m (F) *Klemme, Patsche*
être dans le ~ *in der Klemme, Patsche, Tinte sitzen*: Il est dans le ~ jusqu'au cou. / **laisser** qn dans le ~ *j-n in der Patsche sitzenlassen*: Vous ne pouvez pas le laisser dans le ~. / **mettre** qn dans le ~ *j-m etw (Schönes) einbrocken*: Vous vous rendez compte que vous m'avez mis dans le ~ avec vos questions? / **se mettre, se fourrer** dans le ~ *sich in die Tinte setzen; sich etw (Schönes) einbrocken*: Avec sa lettre, il s'est mis dans le ~. / **sortir, tirer** qn du ~ *j-m aus der Klemme, Patsche helfen*: C'est moi qui l'ai tiré du ~.

peuple m *Volk*
le **bas** ~ *das niedere Volk* / le ~ **élu** *das auserwählte Volk* / le **petit, menu** ~ *das einfache, niedere, gemeine Volk*
agiter, soulever le ~ *das Volk aufwiegeln*: Les officiers ont essayé d'agiter le ~, mais en vain. / **assujettir** un ~ *ein Volk unterjochen*: Ce pauvre ~ fut assujetti à plusieurs reprises par ses différents voisins. / **être, sortir** du ~ *aus dem Volk stammen, kommen*: Bernis Chalutier est un homme qui sort du ~. / **exterminer** un ~ *ein Volk ausrotten*: Si nous nous croisons les bras sans protester, c'est un ~ entier qui sera bientôt exterminé dans ce coin du monde.

peur f *Angst*
belle ~; ~ **bleue** *Heidenangst, Mordsangst* / **fausse** ~ *unbegründete Furcht* / ~ **irraisonnée** *sinnlose, unsinnige Angst* / ~ **maladive, morbide** *krankhafte Angst* / ~ **panique** *panische Angst*
avoir ~ de qn, qc *Angst vor j-m, etw haben*: Pas possible que vous ayez ~ de cette personne! / **avoir** ~ de faire qc *Angst davor haben, etw zu tun*: J'ai ~ de rencontrer Marcel dans la rue. / **dominer, maîtriser, vaincre** sa ~ *seine Angst bezwingen, überwinden*: Le courage ne consiste pas à ne pas avoir ~, mais à maîtriser sa ~. / la ~ **s'empare** de qn (*die*) *Angst packt j-n*: Tout à coup, la ~ s'empara de Louise, qui se précipita vers le téléphone. / **éprouver, ressentir** de la ~ *Angst empfinden*: Depuis quelque temps, elle éprouvait une ~ indéfinissable. / **faire** ~ à qn *j-m Angst machen; j-m einen Schrecken einjagen*: Je regrette de vous avoir fait ~. / **inspirer** de la ~ à qn *j-m Angst einjagen*: Son caractère m'inspire de la ~. / **mourir** de ~ *vor Angst umkommen, sterben*: En le voyant, elle crut mourir de ~. / **prendre** ~ *Angst bekommen*: En voyant apparaître les deux individus à l'horizon, il prit ~ et s'enfuit à toutes jambes. / **être pris, saisi** de ~ *von Angst, Furcht erfaßt werden*: Soudain, elle fut prise d'une ~ atroce. / la ~ **règne** *es herrscht Angst*: La ~ règne dans la région. / **trembler,** (F) **grelotter** de ~ *vor Angst zittern, beben,* (F) *schlottern*: Inimaginable! Un général qui tremble de ~!

phare m (*Auto*)*Scheinwerfer*
allumer, mettre les ~s *die Scheinwerfer einschalten*: Il commence à faire nuit. Allumez les ~s. / les ~s **aveuglent, éblouissent** *die Scheinwerfer blenden*: Les ~s de la Peugeot m'ont aveuglé. / **baisser** les ~s (*die Scheinwerfer*) *abblenden*: Vous avez oublié de baisser vos ~s. / **éteindre** les ~s *die Scheinwerfer ausschalten*: N'oubliez pas d'éteindre les ~s à la sortie du tunnel. / **faire** un appel de ~s *die Lichthupe betätigen*: Le camion vient de nous faire un appel de ~s. / **rouler pleins** ~s *mit aufgeblendeten Scheinwerfern fahren*: Il est défendu de rouler pleins ~s dans une ville.

phase f *Stadium, Phase*
~ **critique** *kritisches Stadium* / ~ **cruciale, décisive** *entscheidendes Stadium*
entrer dans une ~ (+ *adj*) *in ein* (+ *adj*) *Stadium eintreten*: La maladie entre maintenant dans la ~ aiguë. / **passer** par, **connaître, traverser** une ~ (+ *adj*) *eine* (+ *adj*) *Phase haben*: En ce moment, notre fille traverse une ~ difficile.

phénomène m *Erscheinung*
~ **accessoire** *Nebenerscheinung* / ~ **concomitant** *Begleiterscheinung* / ~ **marginal** *Randerscheinung* / ~ **naturel** *Naturerscheinung, Naturereignis*

photo[1] f *Foto, Aufnahme*
~ **floue** *unscharfes, verwackeltes Bild* / ~ **manquée, ratée** *Foto, das nichts geworden ist* / ~ **nette** *gestochen scharfes Bild* / ~ **ressemblante** *originalgetreues Bild* / ~ **retouchée** *retuschiertes Bild* / ~ **réussie** *gelungenes Foto* / ~ **sousexposée** *unterbelichtetes Foto* / ~ **surexposée** *überbelichtetes Foto* / ~ **truquée** *Trickaufnahme*
cadrer une ~ *ein Bild einstellen*: J'ai mal cadré la ~. On ne voit que la moitié de ma femme! / **faire, prendre** une ~ *eine Aufnahme, ein Foto machen*: Regardez le tigre! Vous ne voulez-vous pas prendre une ~? / **prendre** qc, qn **en** ~ *von etw, j-m eine Aufnahme machen*: Laisse-la, elle n'aime pas qu'on la prenne en ~. / j'ai **raté, manqué** la ~ *die Aufnahme ist nichts geworden*: J'ai raté les trois dernières ~s. / **tirer** une ~ *ein Foto abziehen*: Faites-moi tirer quatre ~s de cette vue.

photo[2] f *Fotografie* (*als Hobby*)
faire de la ~ *fotografieren*: Mon mari fait de la ~.

phrase f *Satz*
~s **décousues** *abgerissene Sätze*
achever, finir une ~ *einen Satz beenden, zu Ende sprechen*: Il n'acheva pas sa ~ et resta là, la bouche ouverte. / **alourdir** une ~ *einen Satz*

phrases

schwerfällig machen: Cette expression alourdit la ~. / **construire, faire** une ~ *einen Satz bilden:* Faites une ~ à partir de ces cinq mots. / **prononcer** une ~ *einen Satz sagen, aussprechen:* Il prononça la dernière ~ de son discours d'une voix brisée d'émotion. / **tourner** des ~s *Sätze formulieren:* J'admire la façon dont cet écrivain sait tourner ses ~s.

phrases fpl *Phrasen*
grandes ~; ~ **ronflantes** *leere, hohle Phrasen* **faire** de grandes ~ *Phrasen dreschen:* Elle aime faire de grandes ~, c'est connu.

physionomie f *Gesicht(szüge)*
~ **ouverte** *offenes Gesicht* / ~ **mobile, animée** *lebhafte Mimik* / ~ **spirituelle** *durchgeistigtes Gesicht*

piano m *Klavier*
~ **désaccordé** *verstimmtes Klavier*
accompagner qn au ~ *j-m am Klavier begleiten:* Elle chante en s'accompagnant au ~. / **accorder** un ~ *ein Klavier stimmen:* Il va falloir téléphoner à l'accordeur pour qu'il vienne accorder le ~. / **être** au ~ *am Klavier sitzen:* Lorsque je suis entré dans le salon, elle était au ~. / **étudier** le ~ *Klavierspielen lernen:* Mireille a commencé à étudier le ~. / **jouer**, (F) **faire** du ~ *Klavier spielen:* Est-ce que vous jouez du ~? / se **mettre** au ~ *sich ans Klavier setzen:* Elle se mit au ~ et laissa courir ses doigts sur le clavier.

pie f *Elster*
la ~ **jacasse** *die Elster schreit:* Chaque matin, dès six heures, quelques ~s jacassent devant ma fenêtre.

pièce[1] f *Zimmer*
~ **exiguë** *winziges Zimmer* / ~ bien **exposée** *Zimmer in sonniger Lage* / **vaste** ~ *großes Zimmer*
arpenter une ~ *mit großen Schritten in einem Zimmer auf und ab gehen:* Monsieur Travier arpenta la ~, les mains dans les poches. / s'**entasser** dans une ~ *sich in einem Zimmer zusammendrängen:* Toute la famille, huit personnes en tout, s'entasse dans deux ~s sordides au fond d'une cour. / **entrer** dans une ~ *ein Zimmer betreten:* Tous se sont levés de leur siège quand Monsieur Lampé est entré dans la ~. / **occuper** une ~ *ein Zimmer bewohnen:* Les ~s situées à l'entresol sont occupées par notre sous-locataire.

pièce[2] f *Stück*
mettre en ~s; **briser** en mille ~s *in (tausend) Stücke, Fetzen reißen, hacken usw.:* Il a mis les volets en ~s pour les brûler. / **tailler** en ~s (*mil*) *zerschlagen:* L'armée des désespérés fut bientôt taillée en ~s par les troupes régulières.

pièce[3] f *Teil*
~ **détachée** *Einzelteil, Ersatzteil*
assembler les ~s *die Teile zusammenfügen, -bauen:* Il est très facile d'assembler les ~s de ce modèle téléguidé en suivant les instructions de montage.

pièce[4] f *Münze*
introduire une ~ *eine Münze einwerfen:* Introduisez une ~ de cinq francs et appuyez sur le levier.

pièce[5] f *Unterlage (Schriftstück)*
~ **jointe** *Anlage (zum Brief)* / ~ **justificative** *Beleg*
communiquer une ~ *eine Unterlage, ein Dokument zuleiten:* L'avocat n'a pas communiqué au juge toutes les ~s qu'il détenait. / **produire, fournir** les ~s (nécessaires) *die (notwendigen) Unterlagen beibringen:* Vous êtes prié de fournir toutes les ~s énumérées en annexe d'ici le 15 mars, dernier délai.

pièce (de théâtre) f *Theaterstück*
pièce **radiophonique** *Hörspiel*
créer une ~ *ein Theaterstück zum ersten Mal inszenieren:* La pièce a été créée en 1976 au théâtre du Lucernaire. / **donner** une ~ *ein Theaterstück bringen, geben:* La pièce n'a jamais été donnée dans notre ville. / une ~ **se donne, passe** *ein Theaterstück wird gegeben:* Une drôle de pièce passera bientôt sur notre théâtre. / **jouer** une ~ *ein Theaterstück spielen:* Cette pièce de Lucien Lecerf n'a plus été jouée depuis sa création en 1927. / **maltraiter, démolir** une ~ *ein Theaterstück verreißen:* Les critiques ont maltraité la pièce. / **monter** une ~; **mettre** une ~ en scène *ein Theaterstück inszenieren, zur Aufführung bringen:* Ce petit théâtre n'osera pas monter cette pièce très difficile. / **répéter** une ~ *ein Theaterstück proben:* On répétera cette pièce demain? / **reprendre** une ~ *ein Stück neu inszenieren:* La troupe du Chêne Noir reprendra la pièce pour le festival d'Avignon avec une distribution entièrement nouvelle. / une ~ **tombe** *ein Theaterstück fällt durch:* Cette pièce est déjà tombée à New York et à Rome.

pied m *Fuß*
~ **bot** *Klumpfuß* / (à) ~s **joints** *mit geschlossenen Füßen:* tenir les ~s joints *(die Füße zusammenlassen)* / être ~s **nus** *barfuß gehen, sein* / ~ **plat** *Plattfuß*
avoir ~ *Grund haben; Boden unter den Füßen haben:* Viens jusqu'à moi, j'ai ~ ici. / **avoir** un ~ dans la tombe *(fig) mit einem Bein, Fuß im Grabe stehen:* Je me rends parfaitement compte que j'ai un ~ dans la tombe. / **avoir** les ~s sur terre *(fig) mit beiden Beinen, Füßen auf der Erde stehen:* Ève a les ~s sur terre. / **comprimer** les ~s *die Füße, an den Füßen drücken:* Ces chaussures si pointues compriment les ~s et sont à déconseiller du point de vue médical. / s'**écorcher** les ~s *sich die Füße wundlaufen:* Avec mes nouvelles bottes, je me suis écorché les ~s. / s'**essuyer** les ~s *die Schuhe, Füße*

abputzen, abstreifen, abtreten: Les enfants, essuyez-vous les ~s! / **faire** du ~ à qn *mit j-m füßeln:* Toute la soirée, il a fait du ~ à Mireille, je l'ai vu. / **fouler** qc aux ~s *etw mit Füßen treten (auch fig):* Vous foulez votre chance aux ~s. / **se fouler, se tordre** le ~ *sich den Fuß verstauchen:* Je me suis foulé le ~ en descendant de la voiture. / se **jeter, tomber** aux ~s de qn *j-m zu Füßen fallen:* La mère du condamné se jeta aux ~s du prince, implorant son pardon. / **lever** les ~s *die Füße heben:* Ne peux-tu pas lever les ~s, Pierre? / **se lever** du ~ gauche *(fig) mit dem linken Fuß, Bein zuerst aufstehen:* Inutile de lui demander quoi que ce soit aujourd'hui; il s'est levé du ~ gauche. / le ~ lui **manque** *er stolpert:* Alors qu'elle descendait les escaliers, le ~ lui a manqué et elle a fait une chute assez brutale. / **marcher** sur le ~ de qn; **écraser** le ~ de qn *j-m auf den Fuß treten:* Ne me marche pas toujours sur le ~! / **mettre** le(s) ~(s) quelque part *etw betreten; wo hingehen:* Je déteste cette auberge, je n'y mettrai plus jamais les ~s. / **mettre** un ~ devant l'autre *einen Fuß vor den anderen setzen:* La maladie l'a tellement épuisé qu'il arrive à peine à mettre un ~ devant l'autre. / **mettre** le(s) ~(s) dehors *die Füße vor die Tür setzen:* Je n'ai pas envie de mettre les ~s dehors par ce temps de chien. / **mettre** ~ à terre *absitzen (vom Pferd, Rad):* Les deux cavaliers arrêtèrent leurs chevaux et mirent ~ à terre. / **mettre sur** ~ *(fig) auf die Beine stellen:* Monsieur Perrin a très vite mis sur ~ un parfait réseau de concessionnaires. / **perdre** ~ *den Boden unter den Füßen verlieren (auch fig); (im Wasser) keinen Grund mehr haben:* Tout à coup, l'enfant a perdu ~ et s'est trouvé en danger de mort. / **prendre** ~ *(fig) Fuß fassen:* Elle ne pouvait pas prendre ~ dans ce club. / **remettre** qn sur ses ~s *j-m wieder auf die Beine helfen (nach einem Sturz):* Lorsque la femme est tombée sur les marches du Palais de Justice, Jacques Nodier est accouru pour la remettre sur ses ~s. / **remettre** qn sur ~ *(fig) j-n auf die Beine bringen:* Cette cure de vitamines vous remettra sur ~ après cette mauvaise grippe. / **retomber** sur ses ~s *(fig) immer wieder auf die Füße fallen:* Il est comme les chats. Quelle que soit la situation difficile dans laquelle il se trouve, il retombe toujours sur ses ~s. / **sauter** sur ses ~s *auf die Beine springen:* Le réveil sonna, et immédiatement, elle sauta sur ses ~s, pleine d'entrain. / **taper du** ~ *mit dem Fuß aufstampfen:* L'enfant, furieux, tapa du ~ pour obtenir ce qu'il voulait. / **taper des** ~s *mit den Füßen trampeln:* L'auditoire tapait des ~s en guise d'applaudissement. / **traîner** les ~s *die Füße (beim Gehen) nicht heben; mit den Füßen schleifen; schlurfen:* Vous traînez vos ~s comme si vous étiez des grands-pères. / **vivre** sur un grand ~ *(fig) auf großem Fuße leben:* Ils ont vécu sur un grand ~ pendant quelques années, jusqu'à ce que l'argent vienne à manquer.

piège m *Falle (auch fig)*
attirer, prendre qn dans un ~; **tendre** un ~ à qn *j-n in eine Falle locken; j-m eine Falle stellen:* Avez-vous peur qu'on essaie de vous attirer dans un ~? / **dresser, tendre** un ~ *eine Falle (auf)stellen:* J'ai tendu un ~ pour attraper enfin le rat qui nous mange toutes nos provisions. / **flairer** un ~ *eine Falle wittern:* Il a émigré au Brésil; il semble qu'il ait flairé le ~. / **prendre** au ~ *mit der Falle fangen:* J'ai pris cet oiseau au ~. / être **pris** au ~ *in die Falle gegangen sein:* Prévenez-moi dès que le voleur aura été pris au ~. / **soupçonner** un ~ *eine Falle vermuten:* Paul Spénale n'a pas accepté la proposition de son interlocuteur parce qu'il soupçonnait un ~. / **tomber, donner** dans un ~; **se laisser prendre** au ~ *in eine, die Falle gehen (bes. auch fig):* L'assassin tombera sans aucun doute dans le ~.

pierre f *Stein*
~ **angulaire** *Eckstein (auch fig)* / ~ **calcaire** *Kalkstein* / ~s **concassées** *Schotter* / la ~ **philosophale** *der Stein der Weisen* / ~ **tombale, funéraire** *Grabstein* / ~s **vives** *nacktes Gestein*
concasser, broyer des ~s *Steine zerkleinern, brechen:* Cette installation permet de concasser des ~s de toutes tailles. / **dresser** une ~ *einen Gedenkstein errichten, aufstellen:* Une ~ a été dressée au bord de la route en mémoire de la victime de l'accident. / **extraire** des ~s *Steine abbauen:* Dans cette carrière, on extrait des ~s d'une excellente qualité pour la construction. / **tailler** une ~ *einen Stein behauen:* Aussitôt extraite, la ~ est taillée au moyen d'outils spéciaux.

pierre (précieuse) f *(Edel)Stein*
monter, sertir une ~ *einen Edelstein fassen:* J'ai envie de faire monter cette pierre en bague. / **tailler** une ~ *einen Edelstein bearbeiten:* Ces pierres ont été taillées par un lapidaire d'Anvers.

première pierre f *Grundstein*
poser la ~ de qc *zu etw den Grundstein legen:* C'est mon père qui a posé la ~ du gymnase.

piété f *Frömmigkeit*
~ **ardente** *inbrünstige Frömmigkeit*

pieu m *Pfahl, Pflock*
enfoncer un ~ *einen Pfahl, Pflock einschlagen, einrammen:* Il a enfoncé quelques ~x autour de sa tente et tendu une corde.

pigeon m *Taube*
lâcher des ~s *(Brief)Tauben auflassen:* Les ~s de la section trois seront lâchés à six heures trente. / le ~ **roucoule** *die Taube gurrt:* À cinq

heures du matin, les ~s de notre voisin commencent à roucouler.

pile[1] f *Stapel*
mettre en ~ *stapeln; zu einem Stapel (auf)schichten:* Mettez les bûches en ~.

pile[2] f *Batterie*
changer la ~ *die Batterie (aus)wechseln:* Il faut changer les ~s au bout d'un an au plus tard. / **user** une ~ *eine Batterie leer machen:* Ne joue pas sans arrêt avec la lampe électrique; tu vas user la ~ en un rien de temps.

pillage m *Plünderung*
livrer, mettre qc au ~ *etw plündern:* La ville une fois prise fut livrée au ~. / **se livrer** au ~ *plündern:* Le couvre-feu a été décrété de peur que des éléments incontrôlés ne se livrent au ~ des maisons abandonnées. / **mettre** qc au ~ *(fig) etw plündern, ausräumen:* Les enfants et leurs copains ont mis le frigidaire au ~.

pipe f *Pfeife*
~ bien **culottée** *gut eingerauchte Pfeife* **bourrer** sa ~ *die Pfeife stopfen:* Le commissaire, en réfléchissant, bourra sa ~ et l'alluma. / **curer, nettoyer** sa ~ *die Pfeife reinigen:* Il est très important que vous curiez votre ~ avant de la ranger. / **fumer** la ~ *Pfeife rauchen:* Est-ce que vous fumez la ~? / **tirer** sur sa ~ *an seiner Pfeife ziehen:* Il tirait sur sa ~ à petites bouffées et restait là pensif, sans dire un mot. **vider** sa ~ *die Pfeife ausklopfen:* Il vida sa ~ en la frappant contre son talon.

pique-nique m *Picknick*
aller en ~; **faire** un ~ *ein Picknick machen:* Dimanche, s'il fait beau, nous irons en ~ dans les collines de Frigolet.

piqûre f *Spritze*
~ **intramusculaire** *intramuskuläre Spritze* / ~ **intraveineuse** *intravenöse Spritze* **faire** une ~ à qn *j-m eine Spritze geben:* Le docteur me fait une ~ chaque matin.

pire m *das Schlimmste*
s'**attendre** au ~; **envisager, craindre** le ~ *auf das Schlimmste gefaßt sein; das Schlimmste fürchten:* La police m'a dit que je devais m'attendre au ~.

piste[1] f *Spur, Fährte*
être sur la **bonne (fausse)** ~ *auf der richtigen (falschen) Spur, Fährte sein (bes. fig)* / ~ **sérieuse** *heiße Spur:* La police est sur une ~ sérieuse (... *verfolgt eine heiße Spur*). **brouiller** les ~s *die Spuren verwischen:* Les gangsters ont parfaitement brouillé les ~s. / se **lancer** sur la ~ de qn *j-s Verfolgung aufnehmen:* Les deux agents de police se sont lancés sur la ~ du voleur. / **mettre** qn sur la **bonne** ~ *j-n auf die richtige Spur, Fährte bringen:* C'est moi qui l'ai mise sur la bonne ~. / **perdre** une ~ *eine Spur verlieren:* Les chiens ont perdu la ~ à l'orée de la forêt. / **prendre** une ~ *eine Spur,* *Fährte aufnehmen:* Le chien flaira un moment, puis prit la ~ du cerf blessé. / **suivre** une ~ *eine Spur verfolgen (auch fig):* C'est là une ~ qui mérite sans doute d'être suivie.

piste[2] f *(Renn-, Start)Bahn*
libérer la ~ *die Bahn freigeben:* Les curieux sont priés de libérer la ~. Le départ va être donné dans quelques instants. / **prendre** la ~ *starten:* L'avion a roulé pendant quelques instants puis s'est immobilisé, attendant son tour de prendre la ~.

pitance f *(einfache) Kost*
maigre ~ *schmale Kost*

pitié f *Mitleid*
avoir ~ de qn; **prendre** qn en ~ *j-n bemitleiden:* Je commence à avoir ~ de mon chef. / **avoir, éprouver, ressentir** de la ~ envers, pour qn *Mitleid mit j-m empfinden, haben:* Si vous le voyiez dans cet état, vous ne pourriez vous empêcher d'éprouver de la ~ pour lui. / **exciter, inspirer** la ~ de qn *j-s Mitleid erregen:* Les images télévisées de la catastrophe ont excité la ~ de milliers de téléspectateurs. / **faire** ~ *Mitleid erwecken, erregen:* Les pauvres gosses font ~ à tout le monde.

pitre m *Hanswurst*
faire le ~ *den Hanswurst spielen, machen:* Arrête de faire le ~.

place[1] f *Platz, Stelle, Ort*
céder la ~ *seinen Platz abgeben:* Jacques a un rival dangereux; je crains qu'il ne soit bientôt obligé de céder la ~. / **changer** qc de ~ *etw woanders hinstellen:* Dis, as-tu changé ton armoire de ~? / **changer** sa ~ contre, pour celle de qn *mit j-m tauschen:* Il est peut-être riche, mais je ne changerais pas ma ~ contre la sienne. / **enlever** la première ~ *den ersten Platz erringen:* C'est Françoise Martine qui a enlevé la première ~. / **être à** sa ~ *am gewohnten Platz, Ort sein, stehen usw.:* Tout semble être à sa ~. / **être en** ~ *zur Stelle sein; in Bereitschaft sein:* Dès six heures du matin, un important service d'ordre était en ~ aux abords de l'usine. / **ne pas être à** sa ~ *nicht am gewohnten Platz, stehen usw.; (auch:) fehl am Platze sein:* Mademoiselle Churiez n'est pas à sa ~. / **faire** ~ à qn, qc; **céder** la ~ à qn, qc *j-m, einer Sache Platz machen, weichen müssen:* Le garage a fait ~ à une maison. / **faire de la** ~ *Platz schaffen:* Je profiterai des vacances de Noël pour faire de la ~ dans le salon. / **faire du sur** ~ *sich nicht von der Stelle bewegen; auf der Stelle treten:* L'autoroute était tellement encombrée que, pendant plus d'une heure, nous avons fait du sur ~. / **figurer** en bonne ~ *gute Aussichten haben:* Notre équipe figure en bonne ~ pour aller en finale. / **gagner** de la ~ *Platz gewinnen:* Si on disposait le canapé autrement, je suis sûre qu'on gagnerait de la ~. / **gaspiller,**

perdre de la ~ *Platz, Raum verschwenden:* Dans cet appartement déjà si petit, on ne peut se permettre de gaspiller la moindre ~. / **laisser** ~ à qc *Platz für etw lassen:* Le nouveau programme du gouvernement ne laisse pas ~ aux initiatives privées. / **mettre** qc en ~ *etw aufstellen:* Le fournisseur devra mettre en ~ toute l'installation, y compris les accessoires. / **se mettre** à la ~ de qn *sich an j-s Stelle versetzen:* Mettez-vous à ma ~! / **occuper, tenir** la première, *etc.* ~ *den ersten usw. Platz einnehmen, belegen:* Du point de vue des exportations agricoles, notre pays occupe la troisième ~. / **occuper, tenir** beaucoup de ~ *viel Platz brauchen, wegnehmen, in Anspruch nehmen:* J'ai mis la table à la cave; elle occupait trop de ~ ici. / **reléguer** qn à la deuxième ~ *j-n auf den zweiten Platz verweisen:* Le coureur italien a pris la tête du peloton, reléguant à la deuxième ~ le Bulgare favori jusqu'alors. / **remettre** qc à sa ~ *etw wieder an seinen Platz zurücktun:* Si tu avais remis les papiers à leur ~, nous ne serions pas obligés de vider tous les tiroirs pour les retrouver. / **se rendre** sur ~ *sich an Ort und Stelle begeben:* Un expert s'est immédiatement rendu sur ~. / **rester sur** ~ *sich nicht von der Stelle rühren:* Le chien resta sur ~ jusqu'à ce que son maître revienne. / **ne pas rester, tenir en** ~ *nicht still sitzen können:* Cet enfant a beaucoup de problèmes à l'école parce qu'il ne tient pas en ~. / **rester, se tenir à** ~ *wissen, wo man hingehört, wo sein Platz ist:* Quand on est de condition modeste, il faut savoir rester à sa ~. / **se tailler** une, sa ~ *sich seinen Platz schaffen:* Elle a réussi à se tailler sa ~ dans cette société. / **tenir** sa ~ *seinen festen Platz haben:* Le chien tient sa ~ dans la famille. / **trouver** ~ *Platz finden:* Ces réflexions sur l'esthétique contemporaine trouveront ~ dans un ouvrage ultérieur.

place² f *(Sitz)Platz*
~ **assise** *Sitzplatz* | ~ **libre** *freier Platz* | ~ **occupée** *besetzter Platz* | ~ **réservée** *reservierter Platz*
céder, laisser sa ~ à qn *j-m seinen Platz überlassen:* Un jeune homme m'a cédé sa ~. / **garder** une ~ à qn *j-m einen Platz freihalten, reservieren, belegen:* Je vous garderai une ~. / **marquer** sa ~ avec qc *seinen Platz dadurch belegen, daß man etw drauflegt:* J'avais marqué ma ~ avec mes gants. / **occuper** une ~ *auf einem Platz sitzen:* Madame, vous occupez la ~ que j'avais retenue. / **prendre** ~ *Platz nehmen:* Le gros monsieur prit ~ dans le petit avion. / **prendre, réserver** une ~ *eine Eintrittskarte kaufen, vorbestellen:* J'ai déjà réservé notre ~ pour ce soir. / **prendre la** ~ de qn *j-s Platz einnehmen:* Qui a pris votre ~? / **retenir, louer, réserver** une ~ *eine Platzkarte kaufen:* Faut-il réserver les ~s?

place³ f *Stellung, Stelle*
chercher une ~ *eine Stelle suchen:* Cela fait déjà six mois qu'il cherche une ~. / **garder, conserver** sa ~ *seine Stelle behalten:* Si tu tiens à conserver ta ~, tu dois te montrer un peu plus assidu. / **perdre** sa ~ *seine Stellung verlieren:* Il a tellement peur de perdre sa ~ qu'il supporte tout sans protester. / **prendre** la ~ de qn *j-s Stelle einnehmen:* Elle se méfie de Mademoiselle Lavoisier qu'elle soupçonne de vouloir prendre sa ~. / **procurer** une ~ à qn *j-m eine Stelle verschaffen:* Son oncle a promis de lui procurer une bonne ~. / **quitter, abandonner** sa ~ *seine Stelle aufgeben:* C'est déjà la quatrième ~ qu'elle abandonne sur un coup de tête.

placement m *Geldanlage*
~ **avantageux** *günstige Geldanlage* | **bon** ~ *gute Geldanlage* | ~ **solide, sûr** *sichere Geldanlage*
faire un bon ~ *sein Geld gut anlegen:* Je suis sûr que nous avons fait un bon ~ en achetant les actions.

plafond m *Höchstgrenze*
dépasser, (F) **crever** le ~ *die Höchstgrenze überschreiten:* Les importations ont dépassé le ~ fixé par le gouvernement.

plaidoirie f *(jur) Plädoyer*
prononcer une ~ *ein Plädoyer halten:* Maître Duclamard vient de prononcer sa ~.

plaidoyer m *Plädoyer*
~ **passionné** *leidenschaftliche, glühende Verteidigungsrede*
faire un ~ pour, en faveur de qc, le ~ de qc *sich für etw einsetzen:* Dans son livre, Jacques Juvenin fait un ~ passionné pour le maintien des dernières zones naturelles de notre pays.

plaie f *Wunde*
~ **béante** *klaffende Wunde* | ~ **contuse** *Quetschwunde* | ~ **gangreneuse** *brandige Wunde* | ~ **large** *große, breite Wunde* | ~ **ouverte** *offene Wunde* | ~ **profonde** *tiefe Wunde* | ~ **purulente, suppurante** *eiternde, eitrige Wunde* | ~ **récente** *frische Wunde* | ~ **encore saignante** *noch offene, blutende Wunde* | ~ **sanglante** *(stark) blutende Wunde* | ~ **superficielle** *oberflächliche Wunde; Streifwunde* | ~ **ulcéreuse** *schwärende Wunde* | **vilaine** ~ *böse, häßliche Wunde* | ~ **vive** *offene Wunde*
aviver une ~ *eine Wunde (wieder) aufreißen (auch fig):* Le frottement du pantalon a avivé la ~ qu'il s'est faite au genou. / **bander** une ~ *eine Wunde verbinden:* Le médecin a bandé la ~ du blessé. / **se cicatrise** *eine Wunde vernarbt:* La ~ ne se cicatrise que très lentement. / **désinfecter** une ~ *eine Wunde desinfizieren:* Avant de bander la ~, il faut la désinfecter. / **laver** une ~ *eine Wunde auswaschen:* Lavez la ~ à l'eau oxygénée. / **mettre le doigt** dans, sur la ~ (*fig*) *den wunden Punkt berühren; den Finger*

plainte

auf die Wunde legen: Monsieur Reynauld a vu juste. En mettant en doute la solvabilité de Lemarchand, il a mis le doigt sur la ~. / **rouvrir** une ~ *(fig) eine alte Wunde wieder aufreißen:* La lettre qu'ont reçue mes parents a rouvert leur ~.

plainte[1] f *Klage*
justes ~s *berechtigte Klagen*
formuler une ~ *eine Klage, Beschwerde vorbringen:* Je viendrai mardi pour formuler ma ~.

plainte[2] f *(jur) (Straf)Anzeige*
déposer une ~, **porter** ~ *(contre) Anzeige erstatten, einen Strafantrag stellen (gegen):* Nous envisageons de déposer une ~ contre cette société. / **retirer** une ~ *eine Strafanzeige zurückziehen:* On a pu convaincre Madame Genêt de retirer sa ~.

plainte[3] f *(Weh)Klage*
~s **continuelles, perpétuelles, sempiternelles** *Gejammere; ständige, ewige Klagen* / ~s **déchirantes** *herzzerreißendes Wehklagen*
pousser des ~s *jammern, wehklagen:* La mère de l'enfant blessé poussa des ~s déchirantes.

plaisanterie f *Scherz, Witz, Spaß*
~ **banale** *alter Witz* / ~ **cruelle** *grausamer Witz* / ~ **éculée** *abgedroschener Witz* / ~ **émoustillante** *pikanter Witz* / ~ **épaisse** *grober, plumper Scherz* / ~ **équivoque** *zweideutiger, schlüpfriger Witz* / ~ **fine** *geistreicher Witz (auch iron)* / ~ **gauloise, rabelaisienne** *derber, frecher, deftiger Witz* / ~ **grosse** ~ *derber Scherz* / ~ **grossière, triviale** *unanständiger, nicht salonfähiger Witz* / ~ **inoffensive** *harmloser Scherz* / **lourde** ~ *plumper Scherz* / ~ **macabre** *makabrer Scherz* / ~ **mauvaise** ~ *übler, schlechter Scherz; fauler Witz* / ~ **ordurière** *Zote; unanständiger Witz* / ~ **osée, risquée** *gewagter Witz* / ~ **réchauffée** *aufgewärmter Witz* / ~ **salée** *gewagter, derber, schlüpfriger Witz* / ~ **scabreuse** *anstößiger, schlüpfriger Witz* / ~ **spirituelle** *geistreicher Witz*
comprendre la ~ *Spaß verstehen:* Je vous assure qu'il comprend la ~. / **entrer** dans la ~ *auf einen Scherz eingehen:* J'étais étonné qu'il ne soit pas entré dans la ~. / **faire** des ~s sur qc *über etw spotten:* Les enfants ont fait des ~s sur ma voiture. / il n'a pas **goûté** la ~ *er fand das gar nicht gut, lustig:* Étant donné que ses mille francs étaient perdus, il n'a pas goûté la ~. / **pousser** la ~ trop loin *den Scherz zu weit treiben:* Ne pousse pas trop loin la ~, mon vieux!

plaisir m *Vergnügen, Freude, Spaß*
un ~ **coûteux** *ein teurer Spaß* / ~ **extrême** *höchstes Vergnügen* / ~ **innocent** *harmloses Vergnügen* / (prendre un) **malin** ~ *Schadenfreude (empfinden)* / ~ **physique** *Sinneslust,*

Sinnenfreude / ~ **sadique** *sadistisches Vergnügen* / **vif** ~ *lebhaftes Vergnügen*
avoir le ~ de ... *sich freuen zu ...:* J'ai le ~ de vous annoncer la naissance de notre fille. / **donner, causer, procurer** beaucoup de ~ à qn *j-m viel Vergnügen, Freude, Spaß bereiten, machen:* Ce livre m'a donné beaucoup de ~. / **faire** ~ à qn *j-m Vergnügen, Freude bereiten:* Votre lettre m'a fait ~. / **faites-moi le** ~ de ... *tun Sie mir den Gefallen und ...:* Faites-moi le ~ de venir nous voir demain soir. / **se faire un** ~ de faire qc *sich ein Vergnügen daraus machen, etw zu tun:* Ils se sont fait un ~ de recevoir leurs amis avec un luxe inouï. / **gâcher, gâter** le ~ de qn *j-m die Freude, den Spaß verderben:* Il m'a gâché le ~ avec ses lamentations. / **prendre** ~ à qc *Vergnügen, Freude an etw haben, finden:* Peu à peu, elle a pris ~ à ce jeu. / **prendre, avoir, trouver** (du) ~ à faire qc *Freude, Vergnügen daran haben, finden, etw zu tun:* Il prenait du ~ à écrire chaque semaine une lettre à son amie.

plan m *Plan*
~ **concerté** *abgekartetes Spiel* / ~ bien **concerté** *gut eingefädelter Plan* / ~ **échelonné** *Stufenplan* / ~ **préconçu, préétabli** *feststehender, ausgearbeiteter Plan*
arrêter, combiner, concevoir, former, échafauder, élaborer un ~ *einen Plan entwerfen, aufstellen:* Les conjurés avaient conçu un ~ audacieux. / **avoir** son ~ *einen festen Plan haben:* Ne vous y trompez pas, il a certainement son ~. / **contrecarrer, déranger** les ~s de qn *j-s Pläne durchkreuzen:* De toute façon, on a essayé de contrecarrer nos ~s. / **dresser** des ~s *Pläne schmieden:* Elle dresse des ~s d'avenir. / **établir, faire** un ~ *einen Plan machen, erstellen:* Je n'ai pas encore eu le temps de faire un ~. / **exécuter** un ~; **mettre** un ~ à **exécution** *einen Plan ausführen, zur Ausführung bringen:* Il reste maintenant à trouver quelqu'un de convenable pour exécuter le ~.

premier plan m *Vordergrund*
être au ~ *im Vordergrund, an erster Stelle stehen:* La résolution de ce problème est au ~ de nos préoccupations. / **mettre** au ~ *in den Vordergrund rücken, stellen:* Le nouveau ministre met au ~ le financement du projet. / **passer** au ~ *in den Vordergrund treten, rücken:* Nos objections relatives à la fiabilité de la maison Kléber sont maintenant passées au ~.

second plan m *Hintergrund*
faire passer, reléguer au ~ *in den Hintergrund drängen:* Cette catastrophe a fait passer au ~ les préoccupations du Sénat. / **passer** au ~ *in den Hintergrund treten, rücken:* Cette question est passée au ~.

plancher m *(Fuß)Boden*

le ~ **craque** *der Boden knarrt:* Chut! J'ai entendu craquer le ~; il doit y avoir quelqu'un. / **laver** le ~ *den Fußboden (feucht) wischen:* J'aurai bientôt terminé; il faut seulement que je lave le ~.

plante f *Pflanze*
~ **aborigène, indigène** *heimische Pflanze* / ~ **annuelle** *einjährige Pflanze* / ~ **aquatique** *Wasserpflanze* / ~ **aromatique** *Gewürzpflanze* / ~ **bisannuelle** *zweijährige Pflanze* / ~ **carnivore** *fleischfressende Pflanze* / ~ **cultivée** *Kulturpflanze* / ~ **fourragère** *Futterpflanze* / ~ **grasse** *Sukkulente* / ~ **grimpante** *Kletterpflanze, Schlingpflanze* / ~ **hiémale** *winterharte Pflanze* / ~ **médicinale, officinale** *Heilpflanze* / ~ **ornementale** *Zierpflanze* / ~ **parasite** *Schmarotzerpflanze* / ~ **potagère** *Gemüsepflanze* / ~ **rampante** *Kriechpflanze* / ~ **sauvage** *wildwachsende Pflanze* / ~ **verte** *Blattpflanze, Grünpflanze* / ~ **vivace** *mehrjährige, widerstandsfähige Pflanze*
arroser une ~ *eine Pflanze gießen:* Cette ~ ne s'arrose qu'une fois par semaine. / une ~ **dépérit** *eine Pflanze gedeiht nicht, geht ein:* Je ne sais pas ce qu'ont mes ~s vertes. Elles dépérissent. / une ~ **pousse** *eine Pflanze wächst:* En quinze jours, cette ~ a tellement poussé qu'il va falloir la mettre dans un pot plus grand. / **soigner** une ~ *eine Pflanze pflegen:* Ce livre explique comment soigner les ~s d'appartement.

plat m *Gericht (Speise)*
un **bon petit** ~ *eine leckere Kleinigkeit* / ~ **corsé** *stark gewürztes Gericht* / ~ **cuisiné** *Fertiggericht* / ~ **favori** *Lieblingsgericht, Leibspeise* / ~ **garni** *Gericht mit Beilagen* / ~s **national** *Nationalgericht* / ~s **régionaux** *Spezialitäten einer Gegend*

plâtre m *Gips*
le ~ **s'effrite, tombe** *der (Gips)Putz bröckelt ab:* Le ~ de la cheminée s'effrite, il va falloir le refaire. / **enlever** le ~ à qn *j-m den Gips abnehmen:* Demain, le médecin m'enlèvera le ~. / **gâcher** le ~ *(den) Gips anrühren:* Vous devez utiliser le ~ dès que vous l'aurez gâché. / **mettre** dans le ~ *eingipsen:* On m'a mis la jambe dans le ~.

pli m *Falte*
faux, mauvais ~ *Knitterfalte*
aplatir un ~ *eine Falte glattstreichen:* Il aplatit le ~ d'un mouvement automatique et régulier. / **faire** des ~s *Falten werfen, machen:* Je ne comprends pas pourquoi ce pantalon fait des ~s.

plomb m *Sicherung*
un ~ **saute** *eine Sicherung brennt durch:* Marcel, un ~ a sauté. Peux-tu le remplacer, s'il te plaît? / attention, tu vas **faire sauter** les ~s *paß auf, sonst fliegt die Sicherung raus!*

plongeon m *Kopfsprung, Hecht(Sprung)*
faire, piquer un ~ *einen Hecht(Sprung), Kopfsprung machen:* Est-ce que tu oses faire un ~ du tremplin de trois mètres?

pluie f *Regen*
~s **abondantes** *ergiebige Regenfälle* / ~ **acide** *saurer Regen* / ~ **battante** *Platzregen; prasselnder Regen* / ~ **cinglante** *peitschender Regen* / ~ **continue, continuelle** *Dauerregen* / ~ **diluvienne, torrentielle** *Wolkenbruch* / ~ **drue** *dichter Regen* / ~s **éparses** *strichweise Regen (Wetterbericht)* / ~ **fine** *Nieselregen, Sprühregen* / ~ **grosse** ~ *heftiger, starker Regen* / ~s **intermittentes** *zeitweise Regen; Regenschauer (Wetterbericht)* / ~ **orageuse** *Gewitterregen* / ~ **pénétrante** *Regen, der durch alle Kleider dringt* / ~ **persistante** *anhaltender Regen (Wetterbericht); Landregen*
la ~ **s'abat** (sur) *Regen geht nieder (auf):* Une ~ torrentielle s'abattait sur la ville. / nous **aurons** de la ~ *wir werden Regen bekommen:* Je crains que nous ayons de la ~ demain. / la ~ **bat, fouette, cingle** qc *Regen trommelt an, auf etw, peitscht gegen etw:* Une violente ~ battait les vitres. / la ~ **cesse** *der Regen hört auf:* J'espère que la ~ va bientôt cesser. / le temps **est** à la ~ *es sieht nach Regen aus:* Dépêchez-vous, le temps est à la ~. / la ~ **giflait** son visage *der Regen peitschte sein Gesicht:* Il marchait contre le vent et la ~ giflait son visage. / **recevoir** la ~ *naß werden; in den Regen kommen:* L'après-midi, nous avons reçu la ~. / la ~ **tombe** *Regen fällt:* J'aime bien regarder la ~ tomber. / la ~ **transperce** qn, qc *der Regen durchnäßt j-n, etw:* En peu de temps, la ~ avait transpercé ses vêtements.

plume[1] f *Feder*
hérisser ses ~s *das Gefieder sträuben; die Federn aufstellen; sich aufplustern:* Les moineaux, dehors, hérissent leurs ~s; je crois qu'il fait très froid. / (y) **laisser** des ~s *(fig) Federn lassen (müssen):* Monsieur Colin a laissé des ~s dans cette affaire. / **lisser** ses ~s *sich die Federn putzen:* Voilà cinq minutes que cet oiseau ne cesse de lisser ses ~s. / se **parer** des ~s du paon *(fig) sich mit fremden Federn schmücken:* Je n'aime pas qu'on se pare des ~s du paon. / ne pas **peser** plus qu'une ~ *federleicht sein:* Ma valise ne pèse pas plus qu'une ~.

plume[2] f *(Schreib)Feder*
~ **acérée** *scharfe, spitze Feder (fig)*
avoir la ~ **facile** *die Feder zu führen wissen:* Madame Graphotin a la ~ facile. / **laisser courir** sa ~ *die Feder über das Papier laufen lassen:* Josette écrivait une lettre. Apparemment inspirée, elle laissait courir sa ~ sur le papier. / une ~ **crache** *eine Feder spritzt, kleckst:* Prends une autre ~, celle-ci crache. / **prendre** la ~ *zur Feder greifen:* À peine

rétabli de son infarctus, il prit la ~ pour écrire ses mémoires. / **supprimer** d'un trait de ~ *mit einem Federstrich auslöschen:* Cette nation a été supprimée d'un trait de ~ par le traité signé en 1946. / **vivre** de sa ~ *von der Feder, vom Schreiben leben:* Il était monté à Paris avec l'ambition de vivre de sa ~.

pneu m *Reifen*
~ **crevé, dégonflé** *Plattfuß* / ~ **increvable** *schlauchloser, pannensicherer Reifen* / ~ **plein** *Vollgummireifen*
un ~ a **crevé** *ein Reifen ist platt (geworden), hat einen Plattfuß:* À une demi-heure de Vienne, un ~ avait crevé (... *hatten wir einen Platten*). / un ~ se **dégonfle** *ein Reifen verliert Luft:* J'ai l'impression que le ~ arrière gauche se dégonfle. / un ~ **éclate** *ein Reifen platzt:* Les gangsters ont tiré dans les roues de la voiture qui les poursuivait et les deux ~s avant ont éclaté. / **gonfler** les ~s *die Reifen aufpumpen:* Ne gonfle pas trop les ~s avant. / **rechaper** un ~ *einen Reifen runderneuern:* Est-ce que cela vaut la peine de faire rechaper ces vieux ~s?

poche f *Tasche*
avoir qc en ~ *etw in der Tasche haben (bes. fig):* Elle a sa nomination en ~. / **connaître** qc comme sa ~ *(fig) etw wie seine Westentasche kennen:* Je connais la Normandie comme ma ~. / cela n'**entre** pas dans ma ~ *das geht, paßt nicht in meine Tasche:* Peux-tu prendre l'appareil photographique? Il n'entre plus dans ma ~. / **fouiller** dans les ~s de qn; (F) **faire** les ~s de qn *j-s Taschen durchsuchen*, (F) *durchwühlen:* Il prétend que sa femme lui fait les ~s. / **mettre** qc dans sa ~ *etw in die Tasche stecken:* Avez-vous mis la lettre dans votre ~? / **mettre** qn dans sa ~ *(fig) j-n in die Tasche, in den Sack stecken:* Peu après son avancement, il mettait son ancien chef dans sa ~. / **payer** de sa ~ *aus eigener Tasche bezahlen:* Ce voyage? Je l'ai payé de ma ~! / se **remplir** les ~s *(fig) in seine eigene Tasche arbeiten:* Le sénateur s'est sans doute rempli les ~s dans cette affaire. / **(re)tirer, sortir** qc de, **prendre** qc dans sa ~ *etw aus der Tasche ziehen, holen:* L'enfant fouilla dans sa ~ et en tira un bonbon poisseux. / **retourner** ses ~s *seine Taschen umdrehen:* J'ai retourné mes ~s en vain. La clef a disparu.

poêle m *Ofen*
(re)garnir le ~ *(Holz, Kohle usw.) nachlegen:* Paul, va regarnir le ~, s'il te plaît. / un ~ **ronfle** *ein Ofen ballert:* Dans le refuge, un gros ~ ronflait et répandait sa douce chaleur. / un ~ **tire** bien (mal) *ein Ofen zieht gut (schlecht):* La cheminée doit être encrassée. Le ~ tire mal et menace à tout instant de s'éteindre.

poème m *Gedicht*
composer un ~ *ein Gedicht verfassen, schreiben:* Jean-Hubert a composé des ~s dans sa jeunesse. / **dire, réciter** un ~ *ein Gedicht vortragen, aufsagen, hersagen:* Entre les morceaux de musique, un étudiant dira des ~s qu'il a composés lui-même.

poésie f *(kürzeres) Gedicht*
dire, réciter une ~ *ein Gedicht aufsagen, hersagen, vortragen:* Mon fils a récité une ~ à l'occasion du dixième anniversaire du jardin d'enfants.

poids[1] m *Gewicht, Last*
carotter (F), **tricher** sur le ~ *beim Wiegen schummeln:* Fais attention! On dit que la bouchère carotte sur le ~. / **contrebalancer** le ~ de qc *ein Gegengewicht bilden, sein zu etw:* Notre association doit contrebalancer le ~ de ses rivaux. / être **courbé, plier, ployer, fléchir** sous le ~ *unter einer Last gebeugt sein, gehen (auch fig):* Quand Monsieur Royer passe, avec son dos voûté, on dirait qu'il ploie sous le ~ des années. / **faire bon** ~ *gut wiegen:* Notre bouchère fait toujours bon ~. / **perdre** du ~ *abnehmen; Gewicht verlieren:* Vous avez perdu du ~, n'est-ce pas? / **prendre** du ~ *zunehmen:* On dirait que votre mari a pris du ~. / **surveiller** son ~ *auf sein Gewicht achten:* Comme il a tendance à l'obésité, il doit surveiller son ~. / se **vendre** au ~ *nach Gewicht verkauft werden:* Ces poissons se vendent au ~. / **vérifier** le ~ de qc *etw nachwiegen:* Les douaniers ont vérifié le ~ du tabac.

poids[2] m *Gewicht (fig)*
donner du ~ à qc *einer Sache Gewicht beimessen, verleihen:* Ces chiffres donnent du ~ à votre intervention. / être de peu de ~ *nicht ins Gewicht fallen, belanglos sein:* Les impôts, dans ce cas, sont de peu de ~.

poids[3] m *(Sport) Kugel*
lancer le ~ *(die) Kugel stoßen:* Dans sa jeunesse, il a lancé le ~ et le marteau; maintenant, il lance des nouveautés sur le marché.

poignard m *Dolch*
frapper qn d'un coup de ~ *j-m einen Dolchstoß versetzen:* Il s'écroula, frappé de plusieurs coups de ~. / un ~ **perce** le cœur, *etc. ein Dolch dringt ins Herz usw.:* Lorsqu'elle entendit l'affreuse nouvelle, ce fut comme si un ~ lui perçait le cœur. / **plonger, planter** un ~ dans la poitrine de qn *j-m einen Dolch in die Brust stoßen (auch fig):* À l'acte III, le héros jaloux plonge un ~ dans le sein de la jeune fille. / **tirer** son ~ *seinen Dolch ziehen:* Fou de colère, il tira son ~. / **tuer** qn d'un coup de ~ *j-n mit einem Dolchstoß töten, umbringen:* Il a été tué d'un coup de ~ dans le dos.

poignée de main f *Händedruck*
~ **chaleureuse, cordiale** *warmer, herzlicher Händedruck* / ~ **vigoureuse** *kräftiger Händedruck*
donner une ~ à qn *j-m die Hand drücken:*

Pouvez-vous attendre un instant? Je vais vite donner une ~ à mon ancien camarade de lycée. / **distribuer** des ~s de main *Hände schütteln:* Il adore se promener dans la foule en distribuant des poignées de main à droite et à gauche.

poil m *(Körper-, Tier)Haar, Fell*
~ **follet** *Flaumhaar; Flaumbart (des jungen Mannes)* / ~ **laineux** *gekraustes Fell* / ~ **luisant, lustré** *glänzendes Fell* / ~s **raides** *glatte Haare; Glatthaar* / ~ **ras** *kurzhaariges Fell; Kurzhaar* / ~ **soyeux** *seidiges Fell*
hérisser ses ~s *die Haare aufstellen; das Fell sträuben:* Le chien s'arrêta court, hérissa ses ~s et gronda furieusement. / **perdre** ses ~s *haaren:* Le printemps ne se fera pas attendre, les chats perdent déjà leurs ~s.

poing m *Faust*
brandir, lever le ~ *die Faust (er)heben:* L'assistance, debout, chantait l'hymne prolétarien en brandissant le ~. / **coller, mettre, envoyer** son ~ dans la figure de qn (F) *j-m die Faust ins Gesicht schlagen:* J'ai envie de lui coller mon ~ dans la figure! / **crisper, serrer** les ~s *die Fäuste ballen:* De colère, il crispait les ~s dans ses poches. / **donner, asséner** un coup de ~ *einen Faustschlag geben, versetzen:* Il a asséné à son adversaire un coup de ~ si violent que celui-ci a immédiatement roulé au tapis. / **frapper** qn avec le ~ *j-n mit der Faust schlagen:* Je jure qu'il a frappé la victime avec le ~. / **montrer** le ~ à qn *j-m mit der Faust drohen:* Vous me montrez le ~? Je n'ai pas peur. / **taper, cogner** du ~ sur la table *mit der Faust auf den Tisch hauen:* Tu devras, un jour ou l'autre, taper du ~ sur la table si tu veux qu'on te respecte.

point[1] m *Punkt (Satzzeichen)*
mettre un ~ *einen Punkt setzen:* Tu oublies toujours de mettre un ~ à la fin de tes phrases. / **mettre** un ~ **final** (à) *einen Schlußpunkt setzen (in) (bes. fig):* Ne pouvez-vous pas mettre un ~ final à cette histoire?

point[2] m *Punkt (auf der Tagesordnung usw.)*
~ **capital** *Hauptpunkt; wesentlicher Punkt* / ~ **crucial** *entscheidender, ausschlaggebender Punkt* / ~ **essentiel** *Kernpunkt* / ~ **litigieux** *Streitpunkt*
passer au ~ suivant *zum nächsten Punkt übergehen:* Je propose qu'on passe au ~ suivant de l'ordre du jour. / **traiter** un ~ *einen Punkt behandeln:* Malheureusement, le professeur a oublié de traiter un ~ à mon avis très important.

point[3] m *Punkt (Sport, Schule usw.)*
bon ~ *Pluspunkt (Schule)* / **mauvais** ~ *Minuspunkt (Schule)*
amener trois ~s *drei Augen, eine Drei würfeln:* Si tu amènes deux points, tu as gagné. / **battre** aux ~s *nach Punkten schlagen:* Le boxeur britannique a pu battre aux ~s son adversaire américain. / **gagner** aux ~s *nach Punkten gewinnen:* Le Brésilien a gagné aux ~s. / **marquer** un ~ *einen Punkt erzielen (auch fig):* Avec cette réponse, vous avez sans aucun doute marqué un ~ dans l'opinion publique. / **refuser** un ~ *einen Punkt nicht geben, nicht anerkennen:* Malheureusement, l'arbitre a refusé ce ~. / **valoir** trois ~s *drei Punkte zählen:* La troisième place vaut trois ~s.

point[4] m *Punkt (fig)*
~ **critique** *kritischer, entscheidender Punkt* / ~ **culminant** *höchster Punkt; (fig) Höhepunkt* / ~ **faible, sensible** *wunder, schwacher Punkt; schwache Stelle, Seite; Schwäche* / ~ **fixe** *fester Punkt; Bezugspunkt* / ~ **lumineux** *Lichtpunkt* / ~ **mort** *toter Punkt* / ~ **névralgique** *wunder Punkt* / ~ **précis** *(ganz) bestimmter Punkt* / ~ **stratégique** *strategisch wichtiger Punkt* / ~ **vulnérable** *wunder Punkt; Achillesferse*

point de vue m *Standpunkt*
adopter un ~ *einen Standpunkt einnehmen:* Je m'attends à ce qu'il adopte un ~ différent du nôtre. / **concilier** deux points de vue *zwei Standpunkte miteinander in Einklang bringen:* Elle n'est pas arrivée à concilier ces deux points de vue. / **donner** son ~ *seinen Standpunkt darlegen:* J'ai profité de l'occasion pour donner mon ~. / **échanger** des points de vue *einen Meinungsaustausch vornehmen:* Le chancelier fédéral et le premier ministre britannique ont échangé leurs points de vue à l'occasion de leur rencontre à Paris. / **partager** le ~ de qn *j-s Standpunkt teilen:* Madame Astène partage votre ~, Monsieur. / se **rallier** à un ~ *sich einem Standpunkt anschließen:* Je ne peux pas me rallier à votre ~. / **soutenir** un ~ *einen Standpunkt vertreten:* Il a soutenu son ~ de façon très convaincante.

pointe f *Spitze (auch fig)*
être à la ~ de qc *an der Spitze (+ Gen) stehen:* Je suis fier de pouvoir souligner que notre pays est à la ~ du progrès technologique. / **lancer, décocher** des ~s à, contre qn *gegen j-n sticheln, Spitzen austeilen:* Il ne laisse échapper aucune occasion de lancer des ~s contre son patron / se **terminer** en ~ *spitz zulaufen:* Le terrain que nous avons acheté se termine en ~.

pointe des pieds f *Zehenspitzen*
se **dresser**, se **hausser** sur la ~ *sich auf (die) Zehenspitzen stellen:* Petit-Charles dut se dresser sur la ~ pour voir ce qui se passait à l'intérieur. / **marcher** sur la ~ *auf Zehenspitzen gehen:* Durant toute la scène, l'actrice doit marcher sur la ~.

pointure f *(Schuh- usw.)Größe*
quelle ~ **chaussez**-vous? *welche Schuhgröße haben Sie?* / quelle ~ **faites**-vous, **avez**-vous?;

poire

quelle **est** votre ~? *welche Größe, Nummer haben Sie?*

poire f *Birne*

~ **blette** *teigige, überreife Birne* | ~ **farineuse mehlige** *Birne* | ~ **fondante** *weiche Birne* | ~ **pierreuse** *harte Birne* | ~ **tapée, talée** *Birne mit Druckstellen*

pois m *Erbse*

~ **cassés** *Trockenerbsen; getrocknete Erbsen* | **petits** ~ *grüne, junge Erbsen*

poison m *Gift*

~ **foudroyant** *schnell wirkendes, tödliches Gift* | ~ **lent** *schleichendes, langsam wirkendes Gift* | ~ **mortel** *tödliches Gift* | ~ **violent** *stark und schnell wirkendes Gift*

prendre du ~ *Gift (ein)nehmen:* Figure-toi que notre locataire a pris du ~, mais il a pu être sauvé.

poisson m *Fisch*

accommoder un ~ *einen Fisch zubereiten:* Elle avait accommodé le ~ au fenouil et l'avait servi avec des légumes frais. | **attraper, prendre** un ~ *einen Fisch fangen:* Émile a attrapé hier un ~ de 50 cm de long. | **écailler** un ~ *einen Fisch schuppen:* La truite est un ~ bien avantageux pour la ménagère car on n'a pratiquement pas besoin de l'écailler. | le ~ **mord** *die Fische beißen an:* Ce soir, le ~ ne mord pas. Plions les lignes et rentrons à la maison. | le(s) ~(s) **pullule(nt)** *es gibt viel(e) Fisch(e):* Autrefois, les ~s pullulaient ici. Maintenant, avec la pollution, c'est une rivière morte. | **vider** un ~ *einen Fisch ausnehmen:* Ce que je n'aime pas quand je prépare du ~, c'est de devoir le vider.

poitrine f *Brust, Busen*

belle ~ *voller Busen* | ~ **bombée** *gewölbte Brust* | ~ **étroite, creuse** *schmale Brust; Hühnerbrust* | ~ **forte, abondante, généreuse, opulente, plantureuse; grosse** ~ *üppiger Busen* | **large** ~ *breite(r) Brust(kasten)* | ~ **plate** *flacher Busen; flache Brust* | ~ **tombante** *Hängebusen, Hängebrust*

avoir beaucoup de ~ *einen üppigen Busen haben:* Janine est bien développée pour son âge. Elle a déjà beaucoup de ~. | **n'avoir pas** de ~ *flachbusig, flachbrüstig sein:* À cette époque, la mode imposait aux femmes de s'habiller de sorte qu'on ait l'impression qu'elles n'avaient pas de ~. | **bomber** la ~ *sich in die Brust werfen; die Brust (stolz) herausstrecken:* Honoré bombait la ~ en flânant à travers son village. | se **battre,** se **frapper** la ~ *sich an die Brust schlagen:* Le catcheur se battait la ~ à la manière d'un gorille. | se **frapper** la ~ *sich an die Brust klopfen:* Il confessait toutes ses fautes en se frappant la ~. | qc **tombe** sur la ~ *etw legt sich auf die Brust:* Ce temps humide vous tombe sur la ~.

poker m *Poker*

faire un ~ *eine Partie Poker spielen:* Tu viens faire un ~? | **jouer** au ~ *pokern:* Je n'aime pas jouer au ~.

polémique f *Polemik*

~ **acharnée** *heftige Polemik*

engager une ~ avec qn *mit j-m eine polemische Auseinandersetzung beginnen:* Le député socialiste engagea une ~ avec le député communiste. | **soutenir, mener** une ~ acharnée contre qn *eine heftige Polemik gegen j-n betreiben:* La presse de gauche soutient une ~ acharnée contre le nouveau ministre.

police f *Polizei*

~ **judiciaire** *Kriminalpolizei* | ~ **militaire** *Militärpolizei* | ~ **secrète** *Geheimpolizei*

la ~ **arrête** qn *die Polizei nimmt j-n fest:* La ~ a pu arrêter un gang de trafiquants de drogues. | se **faire arrêter** par la ~ *von der Polizei festgenommen werden:* Le criminel s'est fait arrêter par la ~. | **avertir, informer, prévenir** la ~ *die Polizei verständigen, benachrichtigen:* Qui est-ce qui a averti la ~? | **entrer** dans la ~ *zur Polizei gehen; Polizist werden:* Mon frère a l'intention d'entrer dans la ~. | **livrer** qn à la ~ *j-n der Polizei ausliefern:* La femme finit par livrer son mari à la ~. | se **livrer** à la ~ *sich der Polizei stellen:* Deux ans après l'assassinat, le terroriste s'est livré à la ~. | la ~ **recherche** qn *die Polizei fahndet nach j-m, sucht j-n:* La ~ recherche l'auteur du crime dans la France entière.

politesse f *Höflichkeit*

~ **distante, impersonnelle** *reservierte, zurückhaltende Höflichkeit* | ~ **exquise, raffinée** *ausgesuchte Höflichkeit* | ~ **obséquieuse** *kriecherische Höflichkeit*

avoir la ~ de faire qc *so höflich sein, etw zu tun:* Tu pourrais au moins avoir la ~ de dire «merci». | se **confondre** en ~s *vor Höflichkeit überströmen:* Monsieur Améry se confond en ~s lorsqu'il me voit. | **échanger,** se **faire** des ~s *Höflichkeiten (aus)tauschen:* Après la discussion, les trois professeurs échangèrent des ~s comme si aucune dispute ne les avait opposés auparavant. | la ~ **exige** que ... *die Höflichkeit verlangt, daß ...:* La ~ exigerait que vous lui rendiez visite sans tarder. | **manquer de** ~ *es an (der nötigen) Höflichkeit fehlen lassen:* Votre fils n'a jamais manqué de ~ envers ses professeurs. | **manquer à** la ~ *gegen die Höflichkeit verstoßen:* Je trouve qu'il a manqué à la plus élémentaire ~. | **rendre** la ~ à qn *j-s Höflichkeit (z. B. Einladung) erwidern:* Nous devrons un jour ou l'autre rendre la ~ aux Dupont.

politique f *Politik*

~ bien **assise** *solide Politik* | ~ **extérieure, étrangère** *Außenpolitik* | **haute** ~ *hohe Politik*

/ ~ **intérieure** *Innenpolitik* / ~ **musclée** *Politik der starken Hand*
faire de la ~ *1. sich politisch engagieren, betätigen; 2. sich für Politik interessieren:* Depuis quand est-ce qu'il fait de la ~? / **inaugurer** une ~ *eine Politik einleiten:* On attend du nouveau président qu'il inaugure une ~ de réconciliation avec les voisins. / se **jeter, se lancer, s'engager** dans la ~ *sich in die Politik stürzen; in die Politik gehen:* Après son divorce, il s'est jeté dans la ~. / **parler** ~ *von, über Politik reden:* Arrêtez de parler toujours ~! / **pratiquer, poursuivre, mener** une ~ *eine Politik verfolgen, betreiben:* Je ne comprends pas quelle ~ il pratique depuis quelque temps.

politique m *Politiker*
un **fin** ~ *ein geschickt taktierender Politiker*

pommade f *Salbe*
appliquer, mettre de la ~ *Salbe auftragen:* La ~ doit être appliquée matin et soir sur la partie lésée. / **frictionner, frotter** qc avec une ~ *etw mit (einer) Salbe einreiben:* Je vous conseille de frotter la peau enflammée avec cette ~.

pomme f *Apfel*
~ **cuite** *Bratapfel* / ~ **véreuse** *wurm(stich)iger Apfel*
couper une ~ en quartiers *einen Apfel in Viertel schneiden:* Coupez les ~s en quartiers et saupoudrez-les de sucre. / **croquer** une ~; **mordre** dans une ~ *(herzhaft) in einen Apfel beißen:* Le dentiste m'a fait une prothèse dentaire qui me permet de croquer une ~ comme si j'avais mes propres dents. / **entamer** une ~ *einen Apfel anbeißen:* Bernis, je te défends d'entamer les ~s et de les jeter avant de les avoir finies!

pomme de terre f *Kartoffel*
pommes de terre **bouillies** *gekochte Kartoffeln* / pommes de terre **farineuses** *mehlige Kartoffeln* / pommes de terre **sautées** *Bratkartoffeln, Röstkartoffeln*
éplucher des pommes de terre *Kartoffeln schälen:* Ce matin, j'ai épluché des pommes de terre pour trente personnes.

pommette f *Backenknochen*
~s **saillantes** *hervorstehende Backenknochen*

pompe[1] f *Prunk, Pracht*
déployer une grande ~ *große Pracht, großen Prunk entfalten:* Arrivé à son château, le prince commença à déployer une grande ~.

pompe[2] f *Pumpe*
actionner une ~ *eine Pumpe betätigen:* La ferme des Levin n'a pas tout le confort moderne. Quand ils ont besoin d'eau, ils doivent d'abord actionner la ~. / **donner** un coup de ~ *aufpumpen:* Attends-moi un instant, il faut que je donne un coup de ~ à mon vélo.

pont m *Brücke*

~ **aérien** *Luftbrücke* / ~ **suspendu** *Hängebrücke*
couper, brûler les ~s *(fig) alle Brücken hinter sich abreißen, abbrechen:* La cousine de ma mère a coupé tous les ~ et a émigré au Canada. / un ~ **franchit, enjambe** une rivière *eine Brücke führt über einen Fluß:* À l'époque de la domination romaine, un ~ de bois franchissait la rivière à cet endroit. / **jeter, lancer** un ~ *eine Brücke schlagen:* Le Génie a jeté un ~ provisoire sur la petite rivière. / **traverser** un ~ *über eine Brücke gehen, fahren:* Il traversa le ~ en courant à toutes jambes.

popularité f *Popularität*
acquérir une grande ~ *sehr bekannt, beliebt werden:* Cet acteur a très vite acquis une grande ~ en Grande-Bretagne. / **jouir** d'une ~ (+ *adj*) (*adv*) *populär sein:* Ce chanteur ne jouit plus de la même ~ qu'autrefois. / **soigner** sa ~ *alles tun, um populär zu bleiben:* Le Premier ministre a échoué parce qu'il n'a pas assez soigné sa ~.

population f *Bevölkerung*
~ **active** *erwerbstätige Bevölkerung* / ~ **civile** *Zivilbevölkerung* / ~ **rurale** *Landbevölkerung* / ~ **urbaine** *Stadtbevölkerung*
dénombrer, recenser la ~ *eine Volkszählung vornehmen:* La ~ de notre pays n'a plus été dénombrée depuis quinze ans.

port m *Hafen*
~ **fluvial** *Flußhafen, Binnenhafen* / ~ **maritime** *Seehafen* / ~ **militaire** *Kriegshafen* / ~ **pétrolier** *Ölhafen*
arriver à **bon** ~ *(fig) im sicheren Hafen landen; wohlbehalten zurückkehren:* Le pilote de l'avion de reconnaissance est heureusement arrivé à bon ~. / **entrer** au, dans le ~ *(in den Hafen) einlaufen:* Le bateau est entré au ~ à cinq heures du matin. / **quitter** le ~ *(aus dem Hafen) auslaufen:* À cause de la tempête, les navires n'ont pu quitter le ~. / **toucher** un ~ *einen Hafen anlaufen:* Notre bateau ne touchera pas le ~ de Gênes.

porte f *Tür*
~ **blindée** *Panzertür* / ~ **condamnée** *zugemauerte, vernagelte Tür* / ~ **coulissante** *Schiebetür* / ~ **dérobée** *Hintertür* / ~ **entrebâillée** *angelehnte Tür; Tür, die nur einen Spalt offensteht* / ~ **grande ouverte** *sperrangelweit offene Tür* / ~ **pliante** *Falttür* / ~ **tournante, pivotante** *Drehtür* / ~ **vitrée** *Glastür*
une ~ **bat, claque** *eine Tür schlägt:* Quelqu'un a dû oublier de fermer la ~ du jardin. Je l'entends battre. / **calfeutrer** une ~ *eine Tür abdichten:* Il va falloir calfeutrer cette ~. C'est fou ce qu'elle laisse passer le courant d'air. / **claquer** la ~ *die Tür zuschlagen:* Figure-toi que Madame Brinelle m'a donné une gifle et m'a en plus claqué la ~ au nez. / la ~ **couine**

portefeuille

die Tür quietscht: Paul, ne peux-tu pas graisser la ~ de la cuisine? Elle couine terriblement! / une ~ **donne** sur ... *eine Tür geht (hinaus) auf ...:* Cette ~ donne sur le jardin. / **écouter** à la ~ *an der Tür lauschen:* Moi, je n'ai rien dit à personne. Quelqu'un doit avoir écouté à la ~. / **enfoncer** une ~ *eine Tür eindrücken:* Le vent a soufflé si violemment qu'il a enfoncé la ~-fenêtre. / **enfoncer** une (des) ~(s) **ouverte(s)** *(fig) offene Türen einrennen:* Monsieur Mesnières, vous enfoncez des ~s ouvertes avec cette proposition. / **forcer** une ~ *eine Tür aufbrechen:* La police a dû forcer la ~ de l'appartement. / **franchir, passer** la ~ *über die Schwelle treten:* Si vous allez chez Madame Larribois dans cette tenue, elle ne vous laissera même pas franchir la ~. / **frapper, cogner** à la ~ *an die Tür klopfen:* Qui d'entre vous a frappé à la ~? / une ~ **grince** *eine Tür knarrrt:* Chut! J'ai entendu grincer une ~! / **laisser** la ~ **ouverte** à qc *(fig) die Tür für etw offenhalten:* Nous devrons laisser la ~ ouverte à des négociations ultérieures. / **mettre**, (F) **flanquer, ficher, foutre** qn à la ~ *j-n vor die Tür setzen, rausschmeißen:* Zut, le chef m'a mis à la ~ avec ma belle proposition. / **montrer** la ~ à qn *j-m die Tür weisen:* Nous lui avons plusieurs fois montré la ~, mais il est chaque fois revenu comme si de rien n'était. / **ouvrir** la ~ à qc *(fig) einer Sache Tür und Tor öffnen:* Avec cette mesure, le gouvernement a ouvert la ~ à toutes sortes de fraudes fiscales. / toutes les ~s lui sont **ouvertes** *(fig) es stehen ihm alle Türen offen:* Avec ce diplôme, toutes les ~s lui sont ouvertes. / **ouvrir, percer** une ~ dans ... *eine Tür brechen in ...:* Nous avons l'intention d'ouvrir une ~ dans le mur au fond du jardin. / **pousser** la ~ *die Tür aufstoßen (bzw. zustoßen):* Le gangster a poussé la ~ et est entré en trois grandes enjambées. / **secouer** la ~ *an der Türe rütteln:* La femme, exaspérée, a secoué la ~ et crié «au secours» d'une voix aiguë. / **trouver** ~ **close** *vor verschlossenen Türen stehen:* Lorsque je suis enfin arrivé devant la maison, à minuit, j'ai trouvé ~ close. / **verrouiller** une ~ *eine Tür verriegeln; den Riegel vor eine Tür schieben:* Mademoiselle Lerois n'omet jamais de verrouiller sa ~.

portefeuille m *Brieftasche*
faire le ~ de qn *j-m das Geld aus der Brieftasche holen; j-s Brieftasche durchsuchen:* J'ai l'impression que sa femme lui fait le ~. / **glisser** son ~ dans sa poche *seine Brieftasche einstecken:* Il glissa son ~ dans sa poche et s'en alla. / je me suis fait **piquer** mon ~ (F) *man hat mir meine Brieftasche gestohlen, geklaut:* Je me suis fait piquer mon ~ avec tous mes papiers. / **sortir** son ~ *seine Brieftasche zücken, ziehen:* Le chauffeur de taxi a sorti son ~ et lui a donné une carte de visite.

porte-parole m *Sprecher*
se **faire** le ~ de qn *sich zum Sprecher für j-n machen:* Jean Dumont s'est fait le ~ de ses camarades.

portion f *Portion*
une **bonne** ~ *eine reichliche, große Portion*

portrait m *Porträt, Bild(nis), Abbild*
~ **caricatural** *verzerrtes Bild; Zerrbild* / ~ **chargé** *karikiertes Bild* / ~ **fidèle** *genaues, getreues Abbild* / ~ **flatté** *geschmeicheltes Porträt* / ~ **parlant** *sprechend ähnliches Bildnis* / ~ **ressemblant** *originalgetreues Bild*
être (tout) le ~ de qn *j-s Abbild sein:* Il est tout le ~ de son grand-père. / **faire** le ~ de qn *1. j-n porträtieren; 2. j-n (genau) beschreiben:* Monsieur François a fait faire le ~ de sa femme par un célèbre portraitiste. Je vais vous faire le ~ de Jules Yvain. / **tracer, brosser** le ~ de qn *j-s Charakterbild zeichnen:* Dans son livre, Paul Chamotte trace le ~ du général Leclerc.

portrait-robot m *Phantombild*
dresser, établir un ~ *ein Phantombild anfertigen, erstellen:* La police a en toute hâte dressé un ~ du terroriste.

pose f *(Körper)Haltung*
~ très **étudiée, affectée** *gesuchte, unnatürliche Haltung* / ~ **nonchalante** *lässige Haltung*
garder la ~ *in dieser Stellung, Haltung verharren, bleiben:* Très bien, gardez la ~, c'est ainsi que je vais vous photographier. / **prendre** une ~ (+ adj) *eine (+ adj) Haltung einnehmen:* À l'arrivée du président Herbault, le secrétaire général prit une ~ respectueuse.

position[1] f *Stellung (im Raum)*
~ **accroupie** *Hocke* / en ~ **assise** *im Sitzen* / en ~ **couchée** *im Liegen* / ~ **inclinée** *Schrägstellung* / ~ **inconfortable, incommode** *unbequeme Stellung* / ~ **initiale** *Ausgangsstellung* / ~ **instable** *unsicherer Stand* / ~ **stable** *fester Stand*
changer de ~ *seine Stellung verändern:* Après une heure passée à l'affût dans l'immobilité complète, le chasseur éprouvait un besoin irrésistible de changer de ~. / **mettre** qc en ~ de marche, etc. *in Betriebsstellung usw. schalten:* Lorsque le voyant lumineux s'allume, mettez le levier en ~ de marche.

position[2] f *Stellung, Stelle, Position (in einer Hierarchie)*
haute ~ **sociale** *hohe soziale Stellung*
améliorer sa ~ *seine Position, seinen Platz verbessern:* Il serait prêt à tout pour améliorer sa ~. / **arriver** en première, etc. ~ *als erster usw. ankommen, eintreffen, durchs Ziel gehen:* C'est Gustave Manille qui est arrivé en première ~. / **être** en troisième, etc. ~; **occuper** la troisième, etc. ~ *an dritter usw. Stelle liegen:* Après la

deuxième manche, elle est en troisième ~. / **occuper** une ~ *eine Stellung haben, einnehmen:* Dans l'entreprise, il occupe une ~ de confiance.

position³ f (*mil*) *Stellung*
~ **défensive** *Abwehrstellung* / ~ **imprenable** *uneinnehmbare Stellung* / ~ **intenable** *unhaltbare Stellung*
prendre, enlever une ~ *eine Stellung erobern, einnehmen:* Les troupes régulières ont pris d'importantes ~s aux insurgés. / **prendre** ~ *Stellung beziehen; sich aufstellen:* Les soldats du troisième régiment prirent ~ devant le bois. / **tenir** une ~ *eine Stellung halten:* On ignore pendant combien de temps encore les troupes pourront tenir leurs ~s.

position⁴ f *Standort, Position*
déterminer la ~ *die Position, den Standort bestimmen:* Les appareils de bord étant tombés en panne, le pilote n'était plus à même de déterminer exactement la ~ de l'appareil. / **signaler** la ~ *den Standort angeben, durchgeben:* Le navire en détresse vient de signaler sa ~.

position⁵ f *Standpunkt, Haltung, Position*
définir, exposer, préciser sa ~ *seinen Standpunkt darlegen:* Je vous prie de définir d'abord votre ~. / **prendre, adopter** une ~ (+ *adj*) *einen (+ adj) Standpunkt, eine (+ adj) Position, Haltung einnehmen:* Monsieur Louvière a pris une ~ très catégorique dans cette question. / **prendre** ~ (pour, en faveur de, contre) *Stellung beziehen (für, gegen):* Je vous recommande de prendre ~ pour mon client. / **rester** sur ses ~s *auf seinem Standpunkt beharren:* Est-ce qu'elle reste toujours sur ses ~s?

possession f *Besitz*
avoir qc en sa ~; **être** en ~ de qc *im Besitz einer Sache sein:* Mon frère est en ~ d'un tableau de Manet. / **entrer** en ~ d'un héritage *eine Erbschaft antreten:* Allez-vous refuser d'entrer en ~ de l'héritage? / **être** en **pleine** ~ de ses facultés *im Vollbesitz seiner geistigen Kräfte sein:* Madame Cannebuse est toujours en pleine ~ de ses facultés. / **être** en **pleine** ~ de ses moyens *im Vollbesitz seiner Kräfte, gut in Form sein:* Les skieurs norvégiens ne sont pas encore en pleine ~ de leurs moyens. / **être en la** ~ de qn *in j-s Besitz sein:* L'original du dessin est en la ~ d'un comte autrichien. / **prendre** ~ de qc *von etw Besitz ergreifen; etw in Besitz nehmen:* L'héritière était venue promptement prendre ~ du château. / **rentrer** en ~ de qc *wieder in den Besitz von etw gelangen:* Ma famille est rentrée en ~ d'un vaste terrain en Haute-Savoie. / **tomber** en la ~ de qn *in j-s Besitz gelangen:* Le manuscrit du roman est malheureusement tombé en la ~ de la police secrète.

possibilité f *Möglichkeit*
avoir, trouver la ~ de ... *die Möglichkeit haben, finden zu ...:* Monsieur le Maire n'a malheureusement pas trouvé la ~ de vous recevoir. / cela **dépasse** mes ~s *das übersteigt meine Möglichkeiten:* Ce que vous proposez là dépasse mes ~s. / **donner** à qn la ~ de ... *j-m die Möglichkeit bieten, geben zu ...:* Monsieur Lambertin me donne la ~ de perfectionner mes connaissances au cours d'un stage de 15 jours en Allemagne. / se **réserver** la ~ de ... *sich die Möglichkeit vorbehalten zu ...:* Il s'est réservé la ~ de revendre le terrain s'il l'estimait opportun. / je ne **vois** pas la ~ de ... *ich sehe keine Möglichkeit zu ...:* Je comprends votre point de vue, mais je ne vois pas la ~ de réaliser vos idées.

poste f *Post*
aller à la ~ *zur Post gehen:* Il est allé à la ~ pour expédier son télégramme. / **envoyer** qc par la ~ *etw mit der Post schicken:* Nous enverrons le livre par la ~. / **mettre** une lettre à la ~ *einen Brief zur Post bringen:* Puisque vous sortez, auriez-vous la bonté de mettre ma lettre à la ~?

poste¹ m *Posten, Stellung, (Arbeits)Stelle, Arbeitsplatz*
~ **assuré** *gesicherte Stellung; sicherer Posten* / ~ **élevé** *leitende Stellung; leitender Posten* / ~ **vacant** *freie Stelle*
s'**absenter** de, **quitter** son ~ *seinen Arbeitsplatz verlassen:* Vous n'avez pas le droit de vous absenter de votre ~. / **appeler, nommer** qn à un ~ *j-n auf einen Posten berufen:* Monsieur Beaux a été appelé au ~ de président-directeur général d'une société d'assurances. / **confier** un ~ à qn *j-m einen Posten geben:* On hésite à confier ce ~ à Joël Dufresne. / **démettre, destituer** qn d'un, **enlever** un ~ à qn *j-n eines Postens entheben:* Le ministre a enlevé à Monsieur Tubernin le ~ de chef de cabinet qu'il occupait depuis trois ans. / **occuper** un ~ *eine Stelle, Stellung innehaben, bekleiden:* Je crois qu'il occupe un ~ élevé dans l'industrie aéronautique. / se **présenter** pour un ~; **solliciter** un ~ *sich um eine Stelle, einen Posten bewerben:* Deux candidats seulement se sont présentés pour ce ~. / **réintégrer** son ~ *auf seinen Posten zurückkehren:* Le directeur commercial n'a pas réintégré son ~ à la fin de son congé. On le soupçonne d'avoir fui en Amérique du Sud. / **rejoindre** son ~ *seine Arbeit aufnehmen:* Il est parti rejoindre son ~ en Nouvelle-Calédonie.

poste² m (*mil*) *Posten*
~ **avancé** *vorgeschobener Posten*
abandonner, quitter, déserter son ~ *seinen Posten verlassen:* Pourquoi avez-vous quitté votre ~? / **être** à son ~ *auf seinem Posten sein* (*auch allgemeinsprachlich*): Monsieur Chau-

poste

don est toujours à son ~. / **prendre** son ~ *Posten beziehen:* Le caporal prit son ~ devant l'ambassade. / **rester** à son ~ *auf seinem Posten bleiben (auch allgemeinsprachlich):* Je resterai à mon ~ jusqu'à nouvel ordre.

poste³ m *(Telefon)Apparat*
passez-moi le ~ cent trois *geben Sie mir Apparat einhundertdrei*

poste (de radio) m *Radio(gerät, -apparat)*
poste **portatif** *Kofferradio*
allumer, ouvrir le ~; **mettre** le ~ **en marche** *das Radio anmachen, einschalten:* Allume le poste, j'aimerais écouter les informations. / **baisser** le ~ *das Radio leiser stellen, drehen:* Je vous prie de baisser votre poste de radio! / le ~ **beugle, hurle** *das Radio plärrt:* Chez nos voisins, le poste de radio beugle toute la journée. / le ~ **craque** *das Radio kracht:* Le poste de radio craque terriblement; il doit y avoir un orage pas loin d'ici. / **éteindre, fermer** le ~ *das Radio ausmachen, ausschalten, abstellen:* N'oublie pas de fermer le poste quand tu iras au lit. / **mettre** le ~ **plus fort** *das Radio lauter stellen:* Vous pouvez mettre le poste plus fort, s'il vous plaît?

postérité f *Nachwelt*
laisser qc à la ~ *etw der Nachwelt hinterlassen:* Le comte Delorme a laissé à la ~ une collection très précieuse d'oiseaux tropicaux. / **passer** à la ~ *auf die Nachwelt kommen; in der Nachwelt lebendig bleiben:* Ses idées sont passées à la ~. / **transmettre** qc à la ~ *etw der Nachwelt überliefern:* Vous devez absolument écrire vos mémoires pour transmettre vos idées à la ~.

pot-de-vin m *Schmiergeld*
distribuer des pots-de-vin *Schmiergeld(er) (be)zahlen:* C'est en distribuant des pots-de-vin qu'il a réussi à obtenir le permis de construire sur son terrain.

potence f *Galgen*
dresser la ~ *einen Galgen errichten:* Dans la cour de la prison, on avait dressé une ~. / **mériter d'être envoyé** à la ~ *an den Galgen gehören:* Les ravisseurs mériteraient d'être envoyés à la ~.

poterie f *Töpferei*
faire de la ~ *töpfern:* Mon amie s'est retirée dans un village de Provence pour faire de la ~.

potins mpl *Klatsch*
alimenter les ~ *dem Klatsch (neue) Nahrung geben:* Ce scandale a alimenté les ~ qui courent sur Madame Fève. / des ~ **courent** sur qn *es wird über j-n geklatscht; über j-n wird Klatsch verbreitet:* Que dites-vous? Il y a des ~ qui courent sur ma femme et moi?

poubelle f *Mülleimer*
faire les ~s *im Abfall wühlen:* Il a dit qu'il était réduit à faire les ~s pour trouver de quoi manger. / **mettre, jeter** qc à la ~ *etw in den Mülleimer, auf den Müll werfen:* J'ai pris les photos de mon ex-fiancé et les ai jetées à la ~.

pouce m *Daumen*
sucer son ~ *am Daumen lutschen:* Il est tout à fait normal que votre bébé suce son ~. / se **tourner**, se **rouler** les ~s *(fig) Däumchen, Daumen drehen:* Je n'ai pas envie de me tourner les ~s pendant des heures.

poule f *Huhn, Henne*
~ **pondeuse** *Legehenne*
la ~ **caquette, glousse** *die Henne gackert:* Les coqs chantaient, les ~s caquetaient et toute la ferme respirait la paix. / se **coucher, aller au lit** avec les ~s *mit den Hühnern zu Bett, schlafen gehen:* Je n'appartiens pas à cette catégorie de personnes qui vont au lit avec les ~s. / se **lever** comme les ~s *mit den Hühnern aufstehen:* Mon père se couche à neuf heures et se lève comme les ~s. / les ~s **picorent** *die Hühner picken:* Vos ~s picorent dans mon jardin! / **tuer** une ~ *ein Huhn schlachten:* Je n'arrive pas à tuer moi-même les ~s.

poulet m *Hähnchen*
~ **rôti** *Brathähnchen*
découper un ~ *ein Hähnchen tranchieren:* Gustave, peux-tu me découper le ~, s'il te plaît?

pouls m *Puls*
~ **déréglé, inégal, intermittent, irrégulier** *unregelmäßiger Puls* / ~ **faible** *schwacher Puls* / ~ **fébrile** *jagender Puls* / ~ **filant, filiforme** *sehr schwacher, fadenförmiger Puls* / ~ **imperceptible** *kaum wahrnehmbarer Puls* / ~ **lent** *langsamer Puls* / ~ **rapide** *rascher, fliegender Puls* / ~ **régulier** *gleichmäßiger Puls*
prendre le ~ *den Puls messen, zählen:* Avez-vous déjà pris le ~ du malade? / **prendre, tâter** le ~ de qn *j-m den Puls fühlen (auch fig):* Je ne sais pas s'il acceptera votre proposition, mais je pourrai lui tâter le ~.

poupée f *Puppe*
jouer à la ~ *(mit) Puppen spielen:* Thérèse a déjà douze ans, elle ne joue plus à la ~.

pour m *das Für*
considérer, peser le ~ et le contre *das Für und Wider gegeneinander abwägen:* Il faut de toute façon peser le ~ et le contre avant de se décider.

pourboire m *Trinkgeld*
~ **copieux** *reichliches, großzügiges Trinkgeld* / ~ **facultatif** *Trinkgeld nach Ermessen; Trinkgeld, das dem einzelnen überlassen ist* / ~ **ridicule** *lächerlich niedriges Trinkgeld* / ~ **royal** *fürstliches Trinkgeld*
donner, (F) **allonger** un ~ à qn *j-m ein Trinkgeld geben:* Tu lui donneras un bon ~, n'est-ce pas? / **glisser, passer** un ~ à qn *j-m ein Trinkgeld in die Hand drücken, zustecken:* Il m'a glissé un ~ avant que je m'en rende compte.

pourparlers mpl *Verhandlungen, Gespräche* **entrer** en ~; **engager, entamer** des ~ *in Gespräche eintreten:* Il faut que nous entrions en ~ pour trancher une fois pour toutes la question litigieuse. / **être** en ~ *in Verhandlungen stehen, sein:* Nous sommes en ~ avec une société américaine.

poursuite f *Verfolgung*
échapper à la ~ *entkommen:* Dans le film, le héros échappe à la ~ de ses ennemis à l'issue d'une chevauchée fantastique. / **être** à la ~ de qn *j-n verfolgen; j-m nachjagen:* La police est déjà à la ~ de l'assassin. / se **lancer**, se **mettre**, s'**élancer** à la ~ de qn *j-s Verfolgung aufnehmen:* Le chef de la banque s'est immédiatement lancé à la ~ du gangster, mais il a bientôt perdu la piste.

poursuites fpl (*jur*) *Strafverfolgung*
~ **judiciaires** *gerichtliche Verfolgung, Ahndung* / ~ **pénales** *strafrechtliche Verfolgung* **arrêter, cesser** les ~ *die Strafverfolgung einstellen:* Le procureur a décidé d'arrêter les ~. / **engager, intenter** des ~ contre qn *die Strafverfolgung gegen j-n einleiten, aufnehmen:* Le procureur de la République a engagé des ~ contre cet homme d'affaires.

poussière f *Staub*
~ **fine** *feiner Staub* / ~ **impalpable** *feinster Staub*
avaler (de) la ~ *Staub schlucken:* La voiture de notre ami s'était engagée la première dans le chemin de terre et nous autres, qui la suivions, avalions la ~. / **balayer** la ~ (den) *Staub zusammenkehren:* Attention, n'entre pas! Il faut que je balaie d'abord la ~. / **enlever, essuyer** la ~ *Staub wischen, abstauben:* Ça fait longtemps que tu n'as plus enlevé la ~ ici. / **faire** de la ~; **soulever** la ~; faire **voler** la ~ *Staub aufwirbeln:* On voyait de loin le camion qui soulevait un nuage de ~ sur la piste. / **retourner** à la ~ *wieder zu Staub werden (nach dem Tod):* Les hommes les plus riches, eux aussi, retournent à la ~ et ils ne peuvent rien emporter de leurs richesses. / **tomber** en ~ *zu Staub zerfallen:* Dès que le squelette a été exposé à l'air libre, il est tombé en ~.

poussin m *Küken*
les ~s **éclosent; sortent** de l'œuf *die Küken schlüpfen aus:* Hier, dans l'après-midi, les ~s ont commencé à éclore. / les ~s **pépient** *die Küken piepsen:* Les ~s couraient derrière la mère poule en pépiant.

pouvoir[1] m *Macht, (Staats)Gewalt*
~ **absolu** *unumschränkte Macht* / ~ **chancelant** *wankende Macht* / ~ **dictatorial** *diktatorische Macht* / ~ **exécutif** *Exekutive; vollziehende Gewalt* / ~ **judiciaire** *richterliche Gewalt* / ~ **législatif** *Legislative; gesetzgebende Gewalt* / ~s **publics** *Behörden; Staatsorgane; öffentliche Hand* / ~ **spirituel** *geistliche Macht, Gewalt* / ~ **suprême** *oberste Gewalt* / ~ **temporel** *weltliche Macht* / ~ **tyrannique** *tyrannische Macht*
abandonner le ~ *auf die Macht verzichten:* Le souverain a abandonné le ~ et épousé une roturière. / **arriver, parvenir** au ~ *an die Macht kommen:* Les dirigeants actuels sont arrivés au ~ par un coup d'État. / **écarter** qn du ~ *j-n von der Macht ausschließen:* Son ancien protégé l'a écarté du ~ et a pris sa place. / le ~ **émane** du peuple *die Macht geht vom Volk aus:* Dans les régimes démocratiques, le ~ émane du peuple. / s'**emparer** du ~ *die Macht an sich reißen:* L'armée n'attend plus qu'une occasion favorable pour s'emparer du ~. / **être au** ~; **détenir** le ~ *an der Macht sein:* Hernando López est au ~ depuis que le gouvernement démocratique a été forcé à démissionner. / ce(la) **n'est** pas en mon ~ *das steht, liegt nicht in meiner Macht:* Je voudrais bien vous aider, mais ce n'est pas en mon ~. / **exercer** son ~ *seine Macht ausüben:* Jusqu'ici, le gouverneur n'a pas encore exercé son ~. / se **maintenir** au ~ *sich an der Macht halten:* On ne sait pas encore combien de temps le dictateur pourra se maintenir au ~. / **partager** le ~ avec qn *sich mit j-m in die Macht teilen:* Dès maintenant, le président de l'association partagera le ~ avec un adjoint. / **porter** qn au ~ *j-n an die Macht bringen:* L'insurrection a porté au ~ une bande de malfaiteurs. / **prendre** le ~ *die Macht ergreifen, übernehmen:* Une junte militaire a pris le ~ dans ce pays. / **tomber** au ~ de qn *in, unter j-s Gewalt geraten; in j-s Hände fallen:* L'évêque est tombé au ~ du gouvernement provisoire.

pouvoir[2] m *Vollmacht*
avoir (plein) ~ de ... *bevollmächtigt, ermächtigt sein zu ...:* Monsieur Toussaint, avez-vous ~ de licencier une employée de bureau? / **conférer** des ~s à qn *j-m Vollmachten übertragen:* En vertu des ~s qui lui sont conférés, le président de la République a décidé de dissoudre l'Assemblée nationale. / **déléguer** ses (pleins) ~s à qn *j-m Vollmachten erteilen, seine Befugnisse übertragen:* Je ne participerai pas aux pourparlers, mais je déléguerai mes ~s à un de mes collègues. / **donner** (plein) ~ à qn de ... *j-m Vollmacht erteilen zu ...:* Les journaux annoncent que le président a donné ~ à son ministre de la Défense de négocier des conventions nouvelles. / qc **excède, dépasse** les ~s de qn *etw übersteigt j-s Vollmacht, geht über j-s Vollmacht hinaus:* Le délégué a déclaré qu'une telle décision excédait ses ~s. / **investir** qn de ~s extraordinaires *j-n mit außerordentlichen Vollmachten ausstatten; j-m außerordentliche Vollmachten erteilen:* Le ministre déclare être

prairie

investi de ~s extraordinaires. / **outrepasser** ses ~s *seine Vollmachten überschreiten:* On ne peut pas admettre qu'il outrepasse ses ~s.

prairie f *Wiese*
de **fraîches** ~s *frische Wiesen* / de **grasses** ~s *fette Wiesen* / de **riantes** ~s *blühende Wiesen*

pratique f *Praxis*
avoir une ~ **consommée** de qc *etw (durch langjährige Praxis) meisterlich beherrschen* / c'est une ~ **courante** *das ist so üblich* / ~ **générale, universelle** *allgemein übliche Praxis* / une **longue** ~ *lange Erfahrung* / ~s **odieuses** *abscheuliche Praktiken* / ~ **répandue** *verbreitete Praxis, Praktik*
mettre en ~ *in der Praxis anwenden; in die Tat umsetzen:* C'est une théorie qu'il sera difficile de mettre en ~.

préavis m *Kündigung*
donner son ~ *(fristgerecht) kündigen:* Elle cherche à changer d'emploi, mais elle n'a pas encore donné son ~. / **recevoir** son ~ *seine Kündigung bekommen:* Vingt-cinq employés ont déjà reçu leur ~ de licenciement.

précaution f *Vorsichtsmaßnahme*
~ **élémentaire** *elementare Vorsichtsmaßnahme* / ~s **oratoires** *schonende Vorbereitung (der Zuhörer und Leser)*
s'entourer de ~s *Vorsicht walten lassen:* Il s'entoure de toutes sortes de ~s avant d'agir définitivement. / **négliger** les ~s les plus élémentaires *die elementarsten Vorsichtsmaßnahmen außer acht lassen, nicht beachten:* Il s'est engagé dans cette aventure en négligeant les ~s les plus élémentaires. / **prendre** des ~s *Vorsichtsmaßregeln treffen, ergreifen:* J'espère que vous avez pris les ~s nécessaires.

précédent m *Präzedenzfall*
créer un ~ *einen Präzedenzfall schaffen:* Monsieur le Directeur doit refuser votre demande, parce qu'il veut éviter de créer un ~. / **invoquer** un, s'**autoriser** d'un ~ *sich auf einen Präzedenzfall berufen; einen Präzedenzfall heranziehen:* Les grévistes ont refusé d'évacuer les locaux occupés en invoquant le ~ créé par la firme Mourier en 1976.

précision f *nähere Angabe*
ajouter une ~ *etw zur Klärung hinzufügen:* J'ai encore une ~ à ajouter. / **demander** des ~s (sur qc) *nähere Angaben, Auskünfte (über etw) verlangen, erbitten:* Madame Astère demande des ~s au sujet de sa prochaine mission. / **fournir, donner, apporter** des ~s sur qc *nähere Angaben zu etw machen:* Monsieur Pourron a pu donner quelques ~s intéressantes au sujet des négociations en cours.

prédilection f *Vorliebe*
sa ~ **va** à ... *seine Vorliebe gilt ...:* Sa ~ va aux voyages dans les pays tropicaux.

préférence f *Bevorzugung*

~ **marquée** *ausgesprochene Vorliebe* / témoigner une **nette** ~ à, pour qn *j-n ganz eindeutig bevorzugen*
accorder, donner la ~ à qn, qc *j-m, einer Sache den Vorzug geben:* Le président Lavallier accorde la ~ au projet numéro un. / **avoir, obtenir** la ~ sur qn *j-m vorgezogen werden:* C'est Michel Braston qui a eu la ~ sur cinquante concurrents.

préjudice m *Schaden*
~ **matériel** *Sachschaden* / ~ **moral** *seelischer Schaden*
causer un grave ~ à qn, qc *j-m, einer Sache schweren Schaden zufügen:* Votre action nous a causé un grave ~. / **porter** ~ à qn, qc *j-m, einer Sache schaden, Schaden zufügen:* Je crains que ce projet ne porte ~ à nos affaires au Brésil. / **réparer** un ~ *einen Schaden wiedergutmachen:* Il sera impossible de réparer le ~ moral subi par la victime. / **subir** un ~ *Schaden erleiden:* Ma maison a subi un ~ énorme par suite de la faillite des établissements Mecner.

préjugé m *Vorurteil*
~s **enracinés, établis, indéracinables, vivaces** *(tief) eingewurzelte, unausrottbare Vorurteile* / ~ **répandu** *weitverbreitetes Vorurteil* / ~ **tenace** *hartnäckiges Vorurteil*
avoir un ~ contre qn, qc *gegen j-n, etw voreingenommen sein:* Je n'ai pas de ~ contre votre fille. / **bénéficier** d'un ~ **favorable** *einen guten Ruf haben:* Chez nous, votre pays bénéficie d'un ~ favorable. / **extirper** un ~ *ein Vorurteil ausrotten:* Il est très difficile d'extirper ces ~s. / **heurter, braver** les ~s *sich nichts aus Vorurteilen machen:* En portant des pantalons et en menant une vie indépendante, George Sand heurtait les ~s de son époque. / être **imbu** de ~s *voller Vorurteile sein:* Ne comptez pas sur sa compréhension. C'est un homme imbu de ~s. / se **libérer** d'un ~ *sich von einem Vorurteil freimachen:* Il a voyagé un peu partout dans le monde et s'est libéré de beaucoup de ~s. / **passer** par-dessus les, **passer** outre aux ~s *sich über (die) Vorurteile hinwegsetzen:* Elle avait décidé de passer par-dessus les ~s de son entourage et s'était mise en ménage avec un homme marié.

préoccupation f *Sorge*
sa ~ **majeure** *seine Hauptsorge, größte Sorge*

préparatifs mpl *Vorbereitung(en)*
faire ses ~ *(seine) Vorbereitungen treffen:* Monsieur Chavallez est en train de faire ses ~ en vue de son voyage en Chine.

préparation f *Vorbereitung*
~ **consciencieuse** *gewissenhafte Vorbereitung* / ~ **minutieuse** *gründliche, äußerst sorgfältige Vorbereitung* / ~ **soigneuse** *sorgfältige Vorbereitung*

faire sa ~ (+ adj) ein Fach vorbereiten: Est-ce que tu as déjà fait ta ~ latine?

présage m *Vorzeichen*
bon, heureux ~ *gutes Vorzeichen, Omen* | ~ **infaillible** *untrügliches Vorzeichen* | **mauvais** ~ *schlimmes Vorzeichen; böses Omen*
tirer un ~ de qc *etw als ein Vorzeichen deuten*: Le vieux pharmacien tira un ~ de la mort de son locataire.

prescription f *Vorschrift*
contrevenir à, **enfreindre** une ~ *einer Vorschrift zuwiderhandeln*: Vous avez enfreint les ~s en vous absentant de l'assemblée. / **décréter** des ~s *Vorschriften erlassen*: Le ministère de l'Éducation vient de décréter des ~s selon lesquelles ces examens seront répétés. / **obéir** à, **observer, respecter** une ~ *eine Vorschrift beachten*: Je vous recommande d'observer strictement les ~s.

présence f *Anwesenheit*
~ **assidue** *ständige Anwesenheit* | ~ **encombrante** *störende Anwesenheit* | ~ **importune** *lästige Anwesenheit*
faire acte de ~ *sich kurz blicken lassen (bei einer Versammlung usw.)*: Monsieur Gondeau a seulement fait acte de ~, hier soir, car il a dû partir tôt ce matin. / **honorer** qn de sa ~ *j-n mit seiner Anwesenheit beehren*: Madame de la Motte nous a également honorés de sa ~. / **mettre** deux personnes en ~ *zwei Personen einander gegenüberstellen*: La police l'a mise en ~ de l'auteur présumé du crime, mais elle ne l'a pas reconnu. / se **trouver** en ~ de qn *j-m gegenüberstehen*: L'été dernier, en plein Madrid, je me suis trouvé tout à coup en ~ de mon patron.

présentation f *(äußere) Erscheinung*
excellente ~ *sehr gute Erscheinung*
avoir une **bonne** ~ *eine gute Erscheinung sein*: Cette jeune fille a une très bonne ~. / **soigner** la ~ de qc *auf die Form (+ Gen) achten*: Mademoiselle Larrivière, je vous recommanderai de soigner davantage la ~ de vos lettres.

présidence f *Vorsitz*
assumer la ~ *den Vorsitz führen*: C'est Monsieur Girardet qui assume provisoirement la ~. / être **nommé** à la ~ *zum Vorsitzenden ernannt werden*: Mon patron vient d'être nommé à la ~ de l'association des apiculteurs.

presse f *Presse*
~ **écrite** *Presse* | ~ **féminine** *Frauenzeitschriften* | la **grande** ~ *die auflagenstärksten Tageszeitungen* | ~ **parlée** *Rundfunkberichterstattung* | ~**périodique** *Periodika* | ~**quotidienne** *Tagespresse* | ~ **régionale** *Lokalpresse* | ~ **spécialisée** *Fachzeitschriften, Fachpresse* | ~ **télévisée** *Fernsehberichterstattung*
museler la ~ *der Presse einen Maulkorb anlegen*: Le nouveau régime a essayé de museler la ~ du pays par plusieurs lois renforçant la censure.

pressentiment m *Vorahnung*
de **noirs** ~s *dunkle Vorahnungen* | de **sinistres, funestes** ~s *düstere, dunkle Vorahnungen*
avoir le ~ de qc *etw (voraus)ahnen*: Ce malheur ne m'étonne pas, j'en ai eu le ~.

pression f *Druck*
~ **continue** *ständiger Druck* | ~ **occulte** *heimlicher Druck*
céder sous la ~ *dem Druck weichen; unter dem Druck nachgeben*: Les syndicats ont cédé sous la ~ des circonstances. / **exercer** une, **faire** ~ sur qc, qn *auf etw, j-n (einen) Druck ausüben*: Nous n'avons nullement l'intention de faire ~ sur vous.

prestige m *Prestige, Ansehen*
avoir du ~ *Ansehen genießen*: La maison Duvallier a du ~. / **jouir** d'un grand ~ *hohes Ansehen genießen; in hohem Ansehen stehen*: Le ministre des Affaires étrangères jouit d'un grand ~ à l'étranger. / **perdre** de son ~ *an Ansehen verlieren; an Prestige einbüßen*: Ce scandale lui a fait perdre de son ~. / **rehausser** le ~ de qn *j-s Ansehen erhöhen*: Cette victoire diplomatique est venue rehausser le ~ de l'envoyé spécial.

prêt m *Darlehen*
~ **gratuit** *zinsloses Darlehen* | ~ **usuraire** *Darlehen zu Wucherzinsen*
accorder, consentir un ~ à qn *j-m ein Darlehen gewähren, einräumen*: J'ai le plaisir de vous faire savoir que nous pouvons vous consentir le ~ que vous désirez. / **contracter** un ~ *ein Darlehen aufnehmen*: Pour le financement de l'usine, nous devons contracter un ~ assez important. / **rembourser, restituer** un ~ *ein Darlehen zurückzahlen*: Pour le moment, nous ne pouvons pas restituer le ~. / **solliciter** un ~ *um ein Darlehen nachsuchen*: Si nos ennuis d'argent continuent, nous serons obligés de solliciter un ~.

prétention f *Anspruch*
~s **exorbitantes** *übermäßig hohe Ansprüche* | ~ **légitime** *berechtigter Anspruch*
avoir la ~ de ... *für sich in Anspruch nehmen zu ...*: J'ai la ~ de connaître à fond ce problème. / **avoir des** ~s sur qc *Ansprüche auf etw erheben, geltend machen*: Avez-vous des ~s sur cet héritage? / **rabattre** de ses ~s *seine Ansprüche herunterschrauben*: Elle a dû rabattre de ses ~s.

prétexte m *Vorwand*
~ **futile** *nichtiger Vorwand* | **mauvais** ~ *fadenscheiniger Vorwand, Ausrede* | trouver **un plausible** *einen einleuchtenden Vorwand finden* | **simple** ~ *bloßer Vorwand*
alléguer, invoquer qc comme ~ *etw als Vorwand vorbringen*: Qu'est-ce qu'elle a allégué comme ~? / **chercher** un ~ *einen Vorwand*

prêtre

suchen: J'ai bien remarqué qu'il cherchait un ~ pour se soustraire à cette obligation. / **donner** un ~ à qn; **servir** de ~ à qn *j-m als Vorwand dienen:* Votre lettre leur donnera un ~ pour vous licencier. / **forger, inventer** un ~ *einen Vorwand erfinden:* Vous ne l'attraperez pas; il forgera n'importe quel ~. / **fournir** un ~ *einen Vorwand liefern:* Cela lui fournira un ~ pour refuser votre offre. / **prendre, tirer** ~ de qc pour faire qc *etw zum Vorwand nehmen, um etw zu tun:* Il prend ~ de son travail pour ne pas venir. / **saisir** un ~ *sich eines Vorwands bedienen:* Il a saisi un ~ pour s'introduire dans l'appartement.

prêtre m *Priester*
être **ordonné** ~ *zum Priester geweiht werden; die Priesterweihe empfangen:* C'est en 1951 que Monseigneur Leroyer fut ordonné ~.

preuve f *Beweis*
~s **accablantes, écrasantes** *erdrückendes Beweismaterial* / ~s **concordantes** *übereinstimmende Beweise* / ~ **concluante** *schlüssiger Beweis* / ~ **convaincante, frappante** *überzeugender, schlagender Beweis* / ~ **évidente** *klarer, eindeutiger Beweis* / ~ **formelle** *eindeutiger Beweis* / ~ **flagrante** *ganz klarer Beweis* / ~ **incontestable, indéniable, indiscutable, indubitable, irrécusable, irréfutable** *unwiderlegbarer Beweis* / ~ **inattaquable** *unanfechtbarer Beweis* / ~ **irréfragable** *nicht von der Hand zu weisender Beweis* / ~s **matérielles, palpables, tangibles** *handfeste Beweise* / ~ **parlante** *Beweis, der für sich spricht* / la ~ **vivante** que ... *der lebende Beweis dafür, daß ...* **acquérir, recevoir** la ~ (de qc) *den Beweis (für etw) erhalten:* Jusqu'ici, je ne savais rien de précis là-dessus; mais maintenant, j'ai acquis la ~ que mes suppositions étaient justes. / **apporter, fournir, faire** la ~ (de qc) *den Beweis (für etw) liefern:* Exigez qu'il vous apporte la ~ de ce qu'il dit! / **détenir** la ~ *den Beweis in Händen halten:* Croyez-vous qu'il détienne la ~ de ce qu'il dit? / **donner** des ~s de ... *Beweise (+ Gen) erbringen, liefern:* À maintes reprises, Madame Gurges m'a donné des ~s de son amitié. / **faire** ~ de qc *etw an den Tag legen, beweisen:* Jean-Pierre a fait ~ de courage dans cette affaire. / **faire ses** ~s *sich bewähren:* Cette méthode a fait ses ~s. / **infirmer** une ~ *einen Beweis entkräften:* Ses documents n'ont pas pu infirmer nos ~s. / **manquer** de ~s *keine Beweise haben:* Je suis certaine que c'est lui le coupable, mais je manque de ~s. / **produire, administrer** une ~ (jur) *einen Beweis beibringen:* La partie adverse aura de la peine à produire les ~s nécessaires. / **réunir, recueillir** des ~s *Beweise zusammentragen:* Maître Dardanos a réuni nombre de ~s à l'appui de l'innocence de Julien Lamorin.

prévenance f *Zuvorkommenheit*
se **montrer** plein de ~s pour, à l'égard de qn; **entourer** qn de ~s *j-m gegenüber sehr zuvorkommend sein:* Mademoiselle Parize s'est toujours montrée pleine de ~s pour moi.

prévision f *Vorhersage, Voraussage, Prognose*
~s **météorologiques** *Wettervorhersage* **confirmer** une ~ *eine Prognose, Vorhersage bestätigen:* Les faits n'ont pas confirmé les ~s des experts. / **dépasser** les ~s *die Vorhersagen übertreffen:* Les résultats ont dépassé toutes nos ~s. / **établir** une ~ *eine Prognose abgeben:* Les plus grands experts financiers se sont réunis pour établir leurs ~s économiques pour les cinq prochaines années. / **faire** des ~s *Voraussagen machen:* À l'heure actuelle, je ne peux pas encore faire de ~s. / les ~s se **réalisent** *die Prognosen, Vorhersagen treten ein:* Les ~s qui annonçaient un début de printemps maussade ne se sont pas réalisées. / se **tromper** dans ses ~s *sich in seinen Prognosen, Vorhersagen irren:* Monsieur Birrot n'admet pas qu'il puisse se tromper dans ses ~s.

prière[1] f *Bitte*
~ **humble** ~ *demütige, bescheidene Bitte* / ~ **instante** *inständige, dringende Bitte* / ~ **pressante** *dringende Bitte*
accéder à une ~ *einer Bitte stattgeben, entsprechen:* Monsieur le président ne peut malheureusement pas accéder à votre ~. / **céder** aux ~s de qn *j-s Bitten nachgeben:* À la fin, elle a cédé aux ~s de sa sœur.

prière[2] f *Gebet*
~ **fervente, ardente** *inbrünstiges Gebet* **adresser** une ~ au Ciel *ein (Stoß)Gebet zum Himmel schicken:* Le marin adressa une ~ au Ciel avant de sauter dans les vagues. / **dire, faire** sa, une ~ *(s)ein Gebet sagen; beten:* La jeune paysanne dit sa ~ devant l'autel de l'église. / **être** en ~ *beten:* Vous ne pouvez pas déranger monsieur le curé, il est en ~. / **exaucer** une ~ *ein Gebet erhören:* Nos ~s ont été exaucées, rendons grâce à Dieu. / **marmotter, marmonner** des ~s *Gebete murmeln:* Tout l'auditoire commença soudain à marmotter des ~s interminables. / **réciter** une ~ *ein Gebet sprechen:* Le moine s'agenouilla devant la croix et récita une ~ à haute voix.

prime f *Prämie*
allouer, accorder, octroyer une ~ *eine Prämie gewähren:* L'État alloue une ~ aux propriétaires désireux d'accomplir dans leurs maisons des travaux destinés à économiser l'énergie.

principe m *Prinzip, Grundsatz*
~ **acquis** *allgemein anerkannter Grundsatz* / ~ **directeur** *Leitprinzip* / ~s **éternels** *unveränderliche Grundsätze* / ~ **fondamental** *Grundprinzip* / ~ **intangible** *unantastbarer Grund-*

satz / ~s **rigides** *starre, strenge Prinzipien* / ~s **stricts** *strenge Grundsätze*
  adopter un ~ *sich ein Prinzip zu eigen machen:* C'est un homme qui n'a jamais dévié des ~s qu'il avait adoptés dans sa jeunesse. / **avoir** des ~s *Grundsätze, Prinzipien haben:* Ne vous trompez pas sur Jimmy Maino. Il a des ~s, je vous le jure. / **j'ai pour** ~ **de** ... *ich habe es mir zum Grundsatz gemacht zu ...:* J'ai pour ~ de ne jamais être dépendant de qui que ce soit. / un ~ se **dégage** *ein Prinzip zeichnet sich ab:* Nous n'avons pas encore terminé nos études, mais un certain ~ commence déjà à se dégager. / **dévier** de ses ~s *von seinen Prinzipien abweichen:* Je ne suis pas homme à dévier de mes ~s. / **énoncer** un ~ *einen Grundsatz aufstellen:* Lisez la circulaire numéro trois où j'ai énoncé les ~s de notre collaboration. / **ériger** qc en ~ *etw zum Prinzip erheben:* Je ne trouve pas bien que vous vouliez ériger cette pratique en ~. / ce **n'est** pas dans mes ~s *das entspricht nicht meinen Grundsätzen:* Je ne vous dénoncerai pas auprès du chef du personnel; ce n'est pas dans mes ~s. / **partir** d'un ~ *von einem Prinzip ausgehen:* Nous partons du ~ que chacun s'occupe de son domaine à lui. / **poser** qc en ~; poser en ~ que ... *etw als gegeben annehmen; davon ausgehen, daß ...:* Je pose en ~ que tous participent à ces travaux. On verra bien si j'ai raison. / **reposer** sur un ~ *auf einem Prinzip beruhen:* Cet appareil repose sur un ~ extrêmement simple.

printemps m *Frühling*
  éternel ~; ~ **perpétuel** *immerwährender Frühling* / ~ **précoce** *früh einsetzender Frühling* / ~ **tardif** *spät einsetzender Frühling*

priorité[1] f *Vorrang, Priorität*
  avoir ~ **absolue** *absoluten Vorrang haben; absolut vorrangig sein*
  accorder la ~ à qc *einer Sache Vorrang einräumen, geben:* Le secrétaire général a accordé la ~ au projet numéro trois. / **avoir** la ~ *Vorrang, Priorität haben, genießen:* Les candidats inscrits depuis le premier octobre ont la ~. / **laisser** la ~ à qn *j-m den Vortritt lassen:* L'orateur du syndicat a laissé la ~ au représentant de l'Église. / **revendiquer** la ~ de qc *für sich in Anspruch nehmen, etw als erster getan, gefunden usw. zu haben:* C'est le professeur Bertrand qui revendique la ~ de cette découverte. / **venir** en ~ *den Vorrang haben:* Votre travail est peut-être important, mais votre santé vient quand même en ~.

priorité[2] f *Vorfahrt*
  avoir la ~ (sur) *die Vorfahrt haben (vor):* La Peugeot avait la ~ sur le camion. / **il y a** ~ à **droite** *rechts hat Vorfahrt:* Dans ce pays, il y a aussi ~ à droite. / **forcer** la ~ *die Vorfahrt erzwingen:* Au carrefour de la Croix Verte, un poids lourd a forcé la ~. Bilan: 5 blessés. / **laisser** la ~ à qn *j-m die Vorfahrt lassen:* J'ai dû laisser la ~ à l'ambulance. / **respecter** la ~ *die Vorfahrt beachten:* La voiture venant de gauche n'a pas respecté la ~.

prise f *Fang*
  une **belle** ~ *ein guter Fang (auch fig)*

prise de sang f *Blutprobe*
  faire une ~ à qn *bei j-m eine Blutprobe machen, vornehmen; j-m Blut abnehmen:* La police a ordonné que le médecin fasse une ~ au pilote de la voiture de sport.

prison f *Gefängnis*
  aller en ~ *ins Gefängnis gehen, kommen:* Il dit qu'il préfère aller en ~ plutôt que de révéler où se trouve Mireille. / **condamner** qn à ... de ~ *j-n zu ... Gefängnis verurteilen:* Le voleur a été condamné à six mois de ~. / **envoyer** qn en ~ *j-n ins Gefängnis schicken:* Les deux frères ont été envoyés en ~. / **être** en ~ *im Gefängnis sein, sitzen:* Gustave Berne? Il est en ~; ne le saviez-vous pas? / **faire**, (F) **tirer** une année, un an de ~ *ein Jahr (Gefängnis) absitzen:* Je crois qu'il a fait deux années de ~ avant de s'installer ici. / **faire** de la ~ *im Gefängnis sein;* (F) *sitzen:* On le soupçonne d'avoir fait de la ~, mais au fond personne n'en sait rien. / **jeter** qn en ~ *j-n ins Gefängnis werfen:* Les deux malfaiteurs furent enfin jetés en ~. / **mettre**, (F) **coller, fourrer** qn en ~ *j-n ins Gefängnis stecken;* (F) *j-n einlochen, einbuchten:* Après son coup raté, Bébert a été collé en ~ pour quatre ans. / **risquer** la ~ *eine Gefängnisstrafe riskieren:* Mon cher ami, savez-vous que je risque la ~ si je couvre vos affaires douteuses? / **sortir** de ~ *aus dem Gefängnis entlassen werden:* Lorsque Raymond Valais est sorti de ~, il a retrouvé ses anciens copains du milieu. / **tirer** qn de ~ (F) *j-n aus dem Gefängnis (heraus)holen:* Les terroristes voulaient tirer deux copains de ~.

prisonnier m *Gefangener, Häftling*
  ~ **évadé** *entsprungener, entflohener, flüchtiger Häftling* / ~ **politique** *politischer Häftling*
  se **constituer** ~ *sich der Polizei stellen:* L'ex-terroriste s'est constitué ~ avant Noël. / **délivrer** un ~ *einen Häftling befreien:* À peine mis en liberté, Daniel Mornes a essayé de délivrer deux autres ~s. / un ~ s'**évade** *ein Häftling bricht aus, flieht:* Six ~s de la prison centrale de la Nouvelle-Orléans ont réussi à s'évader dans la nuit du 21 au 22 novembre. / **faire** des ~s *Gefangene machen:* Le général avait ordonné de ne pas faire de ~s. / **libérer, relâcher** un ~ *einen Gefangenen freilassen:* On s'attend à ce que les ~s soient relâchés d'ici quelques jours. / **transférer** un ~ à ... *einen Häftling an, nach ... überstellen:* Trois ~s de la prison centrale ont été transférés à Perpignan.

privation f *Entbehrung*

privilège

s'**imposer** des ~s *sich Entbehrungen auferlegen:* Elle a dû s'imposer bien des ~s pour élever ses enfants avec ses maigres ressources.
privilège m *Privileg*
abolir les ~s *die Privilegien abschaffen:* Dans la nuit du 4 août 1789, les ~s de la noblesse furent abolis. / **avoir** le ~ de ... *das Privileg, Vorrecht haben, den Vorrang genießen zu ...:* Jean-Claude a le ~ de voir Janine chaque jour. / **concéder, donner** des ~s à qn *j-m Privilegien einräumen:* Je ne peux pas vous concéder des ~s que je refuse à d'autres. / **supprimer** un ~ *ein Privileg abschaffen:* Le gouvernement vient de supprimer les ~s des céréaliers. / **user** d'un ~ *ein Privileg in Anspruch nehmen:* Il a toujours renoncé à user des ~s que lui donnait son origine aristocratique.

prix[1] m *Preis*
~ **abordable, accessible** *erschwinglicher Preis* / ~ **abusif** *Wucherpreis* / ~ **avantageux** *günstiger Preis* / à **bas** ~ *spottbillig; zu einem Spottpreis* / ~ **compétitifs** *konkurrenzfähige Preise* / ~ **conseillé** *empfohlener Preis* / ~ **convenu** *vereinbarter Preis* / ~ **correct, convenable** *angemessener Preis* / ~ **courant** *handelsüblicher Preis; Marktpreis* / ~ **coûtant** *Selbstkostenpreis* / ~ **dérisoire** *Spottpreis, Schleuderpreis* / ~ **effarant, effrayant, exorbitant** *horrender Preis* / ~ **élevé** *hoher Preis* / ~ **équitable, honnête; juste** ~ *angemessener Preis* / ~ **étudié** *scharf, knapp kalkulierter Preis* / ~ **exceptionnel** *Sonderpreis* / ~ **excessif** *überhöhter Preis* / ~ **fabuleux** *phantastischer Preis* / ~ **ferme (et définitif)** *letztes, endgültiges Preisangebot* / ~ **fixe** *Festpreis* / ~ **fluctuants** *fluktuierende, schwankende Preise* / ~ **forfaitaire** *Pauschalpreis* / payer le ~ **fort** *den vollen Preis bezahlen* / ~ **fou** *wahnsinniger, horrender Preis* / ~ **garanti** *garantierter Preis* / ~ **imbattable** *nicht zu unterbietender Preis* / ~ **imposé** *festgesetzter, gebundener Preis* / ~ **imposés** *Preisbindung* / ~ **inabordable, prohibitif** *unerschwinglicher Preis* / ~ **indicatif** *Richtpreis* / ~ **libre** *unverbindlicher, nicht gebundener Preis* / ~ **marchand** *Fabrikpreis, Großhandelspreis* / ~ **marqués** *angeschriebene Preise; Auszeichnungspreise* / ~ **minime** *sehr niedriger Preis* / ~ **modéré, modique** *mäßiger, annehmbarer Preis* / ~ **net** *Nettopreis* / ~ **préférentiel** *Vorzugspreis* / ~ **raisonnable** *vernünftiger, entsprechender Preis* / ~ **réduit** *herabgesetzter Preis* / ~ **salé** *gesalzener Preis* / ~ **sacrifié** *Schleuderpreis* / ~ **scandaleux** *unerhörter, skandalöser Preis* / ~ **soutenus** *gestützte Preise* / ~ **taxés** *amtlich festgesetzte Preise* / ~ **unique** *Einheitspreis* / ~ **unitaire** *Preis pro Einheit* / ~ **usuraire** *Wucherpreis* / (vendre à) **vil** ~ (*zu einem*) *Schleuderpreis* (*verkaufen*)
augmenter, majorer le ~ *den Preis anheben,* *erhöhen:* Nous sommes malheureusement obligés d'augmenter nos ~. / les ~ **augmentent, montent** *die Preise ziehen an, steigen:* Au cours de l'année passée, les ~ ont augmenté de vingt-cinq pour cent. / **faire monter** les ~ *die Preise in die Höhe treiben:* L'augmentation des coûts de la main-d'œuvre fera augmenter les ~. / **baisser** un ~ *einen Preis senken:* Le boulanger, qui a décidé de sa propre initiative de baisser le ~ du pain, n'a pas eu beaucoup de succès auprès de ses collègues. / les ~ **baissent, fléchissent** *die Preise sinken, geben nach, fallen:* Dans le secteur agricole, les ~ baissent actuellement. / **bloquer, geler** les ~ *die Preise einfrieren; einen Preisstopp erlassen:* Le gouvernement a décidé de bloquer les ~. / **débattre** un ~ *einen Preis aushandeln:* Le ~ de la Peugeot d'occasion est à débattre entre le vendeur et l'éventuel acheteur. / **débloquer, libérer** les ~ *die Preise freigeben; den Preisstopp aufheben:* Les syndicats exigent que les ~ soient débloqués. / un ~ **dégringole** *ein Preis fällt stark:* Le ~ du sucre, qui n'avait cessé de dégringoler au cours des six derniers mois, semble maintenant se stabiliser. / nos ~ s'**entendent** ... *unsere Preise verstehen sich ..., gelten ...:* Nos ~ s'entendent CAF (= coût, assurance, fret) gare de Lyon. / **faire** un ~ à qn *j-m einen günstigen Preis machen:* Soyez assurés que je vous ferai un ~. / **fixer** un ~ *einen Preis festsetzen:* Je n'ai pas encore pu fixer le ~ définitif de la maison. / les ~ **flambent, montent en flèche** *die Preise schnellen nach oben:* En janvier, les ~ du commerce de détail ont à nouveau flambé. / y **mettre** le ~ *eine hohe Summe (dafür) bezahlen; etw teuer bezahlen:* Ce voyage était absolument fantastique, mais il faut dire que j'y avais mis le ~. / **obtenir, atteindre** un ~ *einen Preis erzielen:* Nous n'avons pas obtenu le ~ que nous avions fixé au début. / **(r)ajuster** les ~ *die Preise angleichen, korrigieren:* Les ~ seront rajustés au fur et à mesure de l'augmentation des coûts de production.

prix[2] m *Wert*
apprécier, estimer qc à son (juste) ~ *den wahren Wert von etw ermessen (können):* Elle n'appréciera pas ces tableaux à leur juste ~. / **attacher** du ~ (un grand ~) à qc *großen Wert auf etw legen:* Il attache du ~ à ce que vous veniez présenter vos excuses. / n'**avoir pas** de ~; **être sans** ~ *von unschätzbarem Wert sein:* Ce tableau n'a pas de ~. Il représente mon arrière-grand-père. / **donner** du ~ à qc *etw wertvoll machen:* Votre présence donne du ~ à ma fête.

prix[3] m *Preis (Auszeichnung)*
~ **littéraire** *Literaturpreis*
décerner, attribuer, adjuger un ~ à qn *j-m*

einen Preis verleihen, zuerkennen: Le jury a décerné le ~ avant-hier. / être **doté** d'un ~ de ... francs *mit ... Franc dotiert sein:* Le concours des «Villages fleuris» est doté d'un ~ de 50 000 francs. / **gagner, obtenir, avoir, remporter, recevoir** un ~ *einen Preis bekommen, gewinnen, davontragen, erhalten:* C'est mon plus grand adversaire qui a remporté le ~.

probabilité f *Wahrscheinlichkeit*
faible ~ *geringe Wahrscheinlichkeit* / **forte** ~ *hohe Wahrscheinlichkeit*

problème[1] m *Problem*
~ **compliqué** *schwieriges Problem* / ~ **courant** *alltägliches Problem* / ~ **crucial** *entscheidendes Problem* / ~ **délicat** *heikles Problem* / ~ **enfantin** *kinderleichtes, leicht zu lösendes Problem* / ~ **épineux** *heikles Problem* / **faux** ~ *Scheinproblem* / ~ **soluble (insoluble)** *lösbares (unlösbares) Problem*
aborder, entamer, évoquer un ~ *ein Problem anschneiden, angehen:* Je tiens à ce que le ~ soit abordé à l'occasion de la séance de mercredi. / **buter** sur un, se **heurter** à un ~ *auf ein Problem stoßen:* Nos études butent sur un très grave ~, à savoir le financement. / **cerner** un ~ *ein Problem umreißen, ausleuchten:* Permettez que je cerne d'abord le ~ pour esquisser plus tard une solution. / **éclaircir, clarifier** un ~ *ein Problem (ab)klären:* J'espère avoir éclairci le ~. / **exposer** un ~ *ein Problem darlegen:* Je vous remercie de m'avoir donné l'occasion d'exposer mes ~s devant vous. / **poser, soulever** des ~s *Probleme mit sich bringen:* La publication de l'article pose certains ~s. / **un** ~ **se pose** *ein Problem stellt sich:* Le ~ qui nous occupe depuis longtemps se pose maintenant sous un angle différent. / **poser** des ~s à qn *j-n vor Probleme stellen:* La mort du général me pose des ~s. / **résoudre** un ~ *ein Problem lösen:* C'est un ~ assez difficile à résoudre.

problème[2] m *(math) Aufgabe*
faire un ~ *eine Aufgabe lösen:* As-tu pu faire le ~ de géométrie?

procédure f *(jur) Verfahren*
~ **sommaire** *Schnellverfahren*
engager, intenter une ~ *ein Verfahren einleiten:* Le procureur de la République vient d'engager la ~ dans l'affaire Ballas.

procès m *Prozeß*
~ **civil** *Zivilprozeß* / ~ **criminel, pénal** *Strafprozeß* / ~ **pendant** *anhängiges, schwebendes Verfahren*
avoir un ~ *einen Prozeß laufen haben:* Nous avons actuellement un ~ contre les magasins Letintin. / **être en** ~ **avec** qn *gegen j-n prozessieren:* Je ne veux pas fêter en sa compagnie, je suis en ~ avec lui. / **faire** un ~ à qn *j-m einen Prozeß machen; gegen j-n prozessieren:* Il a dit qu'il ferait un ~ à la ville qui, selon lui, viole ses droits. / **intenter, engager** un ~ contre qn *gegen j-n einen Prozeß anstrengen:* La maison Lanier n'hésitera pas à intenter un ~ contre nous. / **ouvrir** le ~ *den Prozeß eröffnen:* Le premier juge ouvrit le ~ avec un soupir. / **perdre** un ~ *einen Prozeß verlieren:* On lui a déconseillé d'intenter un ~ contre son voisin, car il est très probable qu'il le perdrait.

procès-verbal[1] m *Protokoll*
dresser, rédiger le ~ *das Protokoll aufnehmen, führen:* Qui a dressé le ~ de la séance?

procès-verbal[2] m *Strafmandat*
dresser (un) ~ à qn *j-n gebührenpflichtig verwarnen:* Si vous continuez à stationner ici, je serai obligé de vous dresser ~.

procuration f *Vollmacht*
donner ~ à qn *j-m Vollmacht erteilen:* Monsieur Berthelot a donné ~ à son neveu pour que celui-ci effectue les démarches à sa place.

prodige m *Wunder*
accomplir, faire des ~s *wahre Wunder vollbringen:* Le nouveau chef de service a accompli des ~s. / **tenir** du ~ *an ein Wunder, ans Wunderbare grenzen:* Le sauvetage de vos enfants tient du ~.

profession f *Beruf*
~ **encombrée** *überlaufener Beruf* / ~ **exigeante** *Beruf mit hohen Anforderungen* / ~ **libérale** *freier Beruf*
donner, indiquer sa ~ *seinen Beruf angeben:* Donnez votre nom, votre âge et votre ~, s'il vous plaît. / **embrasser** une ~ *einen Beruf ergreifen:* Il a déjà 25 ans, mais ne semble pas très pressé d'embrasser une ~. / **exercer** une ~ *einen Beruf ausüben:* Il est journaliste, mais il n'exerce pas sa ~. / **se tourner** vers une ~ *sich einem Beruf zuwenden:* À l'âge de trente ans, elle se tourna vers une ~ moins épuisante.

profil m *Profil*
~ **anguleux** *kantiges Profil* / ~ **grec** *klassisches, griechisches Profil*

profit m *Gewinn, Nutzen*
~s **illicites** *unerlaubter Gewinn, Profit*
être d'un grand ~ à qn *für j-n ein großer Gewinn sein, sehr nützlich sein:* Votre participation est d'un grand ~ pour nous. / **faire** (son) ~, **tirer** ~ de qc *aus etw Nutzen, Vorteil ziehen:* Madame Marignier fait son ~ de tout. / **mettre** qc à ~ *etw (aus)nützen:* Je vous recommande de mettre à ~ les connaissances que vous avez acquises. / **réaliser** un ~ *einen Gewinn erzielen:* Cette année, nous avons pu réaliser un ~ considérable.

profondeur f *Tiefe*
les ~s **insondables** (de l'âme, *etc.*) *die unergründlichen Tiefen (der Seele usw.)*

programme m *Programm*
~ **chargé, serré**, bien **rempli** *volles, gedrängtes Programm* / ~ **varié** *buntes Programm*

progrès

établir un ~ *ein Programm aufstellen, erstellen:* Puis-je vous demander d'établir d'abord un ~? / **être, figurer** au ~ *auf dem Programm stehen:* La linguistique n'est pas encore au ~ de la quatrième. / **inscrire** qc au ~ *etw ins Programm aufnehmen:* J'aimerais que ce point soit inscrit au ~ de la conférence.

progrès m *Fortschritt, Fortschreiten*
~ **fulgurants** *rasante Fortschritte* | ~ **irrésistible** (d'une épidémie, du chômage, *etc.*) *unaufhaltsames Fortschreiten (einer Epidemie); unaufhaltsame Zunahme (der Arbeitslosigkeit usw.)* | ~ **notables** *beachtliche Fortschritte* | ~ **sensibles, visibles** *merkliche, spürbare Fortschritte*
arrêter le ~ *den Fortschritt aufhalten:* Que vous le vouliez ou non, vous n'arrêterez pas le ~! / **il y a du** ~ (F) *du machst Fortschritte:* C'est bien, tu ne cales plus au démarrage. Il y a du ~! / **être en** ~ *seine Leistungen verbessern:* Je peux heureusement dire que votre fille est en ~. / **faire** des ~ *Fortschritte machen:* Notre projet fait des ~. / **ne faire** aucun ~ *keinerlei Fortschritt machen:* En piano, votre fils n'a fait aucun ~.

proie f *Beute, Opfer*
une ~ **facile** pour qn *eine leichte Beute für j-n*
épier sa ~ *seiner Beute auflauern:* Le renard épiait sa ~ avec obstination. / **être** la ~ de qn *das Opfer (+ Gen) werden, sein:* La pauvre femme est la ~ d'un homme sans scrupules. / **être** la ~ de qc *einer Sache zum Opfer fallen:* La maison a été la ~ des flammes. / **sauter** sur sa ~ *sich auf seine Beute stürzen:* Le renard s'approcha tout doucement de la poule, puis, d'un seul coup, il sauta sur sa ~.

projecteur m *Scheinwerfer*
un ~ **balaie** qc *ein Scheinwerfer sucht etw ab, bestreicht etw:* Les ~s balayaient le terrain devant l'aéroport.

projet m *Plan, Vorhaben*
~ **ambitieux** *ehrgeiziger Plan* | ~ **chimérique, utopique, impraticable, irréalisable** *undurchführbarer, nicht ausführbarer Plan* | ~ **manqué** *gescheitertes Vorhaben* | de **noirs** ~s *finstere Pläne* | ~ **praticable** *durchführbarer Plan* | ~ **réfléchi** *wohlüberlegter Plan*
abandonner un ~; **renoncer** à un ~ *einen Plan aufgeben:* Nous avons abandonné ce ~ depuis longtemps. / **annihiler, réduire à néant** les ~s de qn *j-s Pläne zunichte machen:* La mort de mon frère a annihilé nos ~s de vacances pour l'année prochaine. / **avoir** des ~s sur qn *mit j-m etw vorhaben:* Jacques Danos est le protégé du directeur général qui a des ~s sur lui. / **bloquer** un ~ *ein Vorhaben blockieren:* Votre signature ne pourra pas bloquer nos ~. / **caresser** un ~ *einen Plan hegen:* Il s'agit là d'un ~ que nous caressons depuis plus d'une décennie. / **concerter** ses ~s *seine Pläne abstimmen:* Je suis venu vous trouver pour que nous concertions nos ~s. / **contrecarrer, contrarier, déjouer** les ~s de qn *j-s Pläne durchkreuzen:* Son intervention a contrecarré nos ~s. / **déranger** des ~s *Pläne durcheinanderbringen:* Nous sommes désolés d'avoir dérangé vos ~s. / **dévoiler, révéler** ses ~s *seine Pläne enthüllen, aufdecken:* Mitraillé de questions par les journalistes, le prince n'a pourtant pas dévoilé ses ~s. / **donner suite** à un ~ *ein Projekt in Angriff nehmen, weiterverfolgen:* Faute de crédits, il n'est pas question de donner suite au ~ de construction d'un nouveau stade. / un ~ a **échoué** *ein Plan ist fehlgeschlagen:* C'était un si beau ~. Il a pourtant échoué. / **échouer** dans un ~ *mit einem Vorhaben scheitern:* Monsieur Merlin a échoué dans son ~. / **élaborer** un ~ *einen Plan erstellen, ausarbeiten:* Voulez-vous que nous élaborions d'abord un ~? / **faire** des ~s *Pläne schmieden, machen:* On peut toujours faire des ~s; leur réalisation, c'est autre chose. / **former, concevoir** un ~, le ~ de faire qc *einen Plan fassen; den Plan fassen, etw zu tun:* Elle avait à cette époque formé le ~ de s'installer en Espagne. / un ~ **mûrit** *ein Plan reift heran:* Vous devez laisser mûrir le ~; ne forcez pas les choses! / **présenter** un ~ (à qn) *(j-m) einen Plan vorlegen:* Permettez que vous présente notre ~. / **réaliser, matérialiser** un ~ *einen Plan verwirklichen:* Ce ~ sera difficile à réaliser. / laisser **tomber** un ~ *einen Plan fallenlassen:* Je crois qu'il vaut mieux laisser tomber ce ~.

projet de loi m *Gesetzentwurf*
accepter, voter un ~ *einen Gesetzentwurf annehmen:* Le ~ a été adopté en première lecture avec une confortable majorité. / **présenter** un ~ *einen Gesetzentwurf vorlegen:* Le gouvernement vient de présenter le nouveau ~ sur le travail temporaire. / **rejeter, repousser** un ~ *einen Gesetzentwurf ablehnen:* Les députés viennent de repousser le ~ portant sur la taxation des plus-values.

prolongation f *Verlängerung*
accorder une ~ *eine (Frist)Verlängerung gewähren:* Le percepteur vous accordera certainement une ~ des délais de paiement. / **jouer** les ~s *(Fußballspiel) in die Verlängerung gehen:* Les deux équipes, étant à égalité à la fin du match, ont dû jouer les ~s.

promenade f *Spaziergang*
aller en ~; **faire** une ~ *einen Spaziergang machen:* Le dimanche, après le déjeuner, mes parents ont l'habitude de faire une ~.

promesse f *Versprechen*
de **belles, vaines** ~s; des ~s **fallacieuses, ronflantes** *leere Versprechungen* | **fausse** ~ *falsche Versprechung* | ~ **formelle** *bindende*

Versprechen | ~s **insidieuses** *falsche, hinterhältige Versprechungen* | ~s **mirifiques** *großartige Versprechungen* | ~ **sincère** *ehrliches Versprechen* | ~ **solennelle** *feierliches Versprechen* | ~s **trompeuses, fictives, illusoires** *falsche, irreführende Versprechungen*
arracher une ~ à qn *j-m ein Versprechen entlocken, entreißen:* Mes enfants m'ont arraché la ~ de les emmener à Lisbonne. / **bercer** qn de, **amuser** qn par des ~s *j-n mit Versprechungen hinhalten:* Ils m'ont bercé de ~s jusqu'à ce qu'il ait été trop tard. / **délier, dégager** qn d'une ~ *j-n von einem Versprechen entbinden:* Je ne suis pas autorisé à vous délier de votre ~. / **exécuter, réaliser, remplir** une ~ *ein Versprechen erfüllen:* Dès que vous aurez exécuté votre ~, je vous verserai la somme convenue. / **faire** une ~ *ein Versprechen (ab)geben; eine Zusage machen:* Il ne faut pas faire de ~s quand on n'est pas sûr de pouvoir les tenir. / **manquer, faillir** à une ~ *ein Versprechen nicht halten:* Ce n'est pas de ma faute si j'ai manqué à ma ~. / **renvoyer** qn avec des ~s *j-n mit Versprechungen abspeisen:* Ils m'ont renvoyé avec des ~s. / **retirer, reprendre, rétracter** sa ~ *sein Versprechen zurücknehmen:* Dans ces conditions, je retire ma ~. / **tenir** sa ~ *sein Versprechen halten:* Jusqu'ici, il a toujours tenu ses ~s. / **trahir** sa ~ *sein Versprechen nicht einlösen:* Il n'est pas homme à trahir ses ~s.

prononciation f *Aussprache*
bonne ~ *gute Aussprache* | **mauvaise** ~; ~ **défectueuse** *schlechte, fehlerhafte Aussprache* | ~ **négligée** *schlampige Aussprache* | il a une ~ **provinciale** *man merkt seinem Akzent an, daß er aus der Provinz kommt* | ~ **rude** *harte Aussprache*

pronostic m *Prognose, Vorhersage, Voraussage*
démentir les ~s *die Voraussagen widerlegen:* Les événements ont démenti les ~s. / **émettre** un ~ *eine Prognose abgeben:* Interrogé sur les perspectives de l'emploi, le ministre a émis un ~ réservé. / **faire** des ~s *Vorhersagen machen; Prognosen stellen:* On peut toujours faire des ~s, mais la réalité n'y correspondra certainement pas.

propagande f *Propaganda*
~ **électorale** *Wahlpropaganda*
faire de la ~ *Propaganda machen:* La ~ que fait cette association me paraît exagérée.

proportions fpl *Ausmaße*
~ **considérables** *beträchtliche Ausmaße* | ~ **cyclopéennes, colossales, monumentales** *gigantische Ausmaße*
prendre des ~ *considérables beträchtliche Ausmaße, einen beträchtlichen Umfang annehmen:* Les grèves sauvages ont pris des ~ considérables. / **ramener** qc à ses justes ~ *etw auf die wirkliche Bedeutung reduzieren:* Le lendemain, la radio a ramené la nouvelle à ses justes ~.

propos mpl *Worte, Reden, Äußerungen*
~ **badins** *Scherze; launige Reden* | ~ **déplacés** *unpassende Äußerungen* | ~ **dévergondés** *Frivolitäten* | ~ **extravagants** *ungereimtes Zeug* | ~ **fanfarons** *Prahlereien* | ~ **futiles** *leeres Geschwätz, Gerede* | ~ **impies** *gottlose Reden* | ~ **inacceptables** *Äußerungen, die man nicht durchgehen lassen kann* | ~ **inconsidérés, irréfléchis** *unbedachte, unbesonnene Worte* | ~ **injurieux** *Beschimpfungen* | ~ **licencieux** *frivole Reden* | ~ **malséants** *ungehörige, anstößige Worte* | ~ **médisants, malveillants** *üble Nachrede* | (échanger des) ~ **très vifs** *heftige, scharfe Worte (wechseln)*
on lui **attribue** des ~ (+ *adj*) *er soll etw* (+ *adj*) *gesagt haben:* On lui attribue des ~ malveillants à votre égard. / **tenir** des ~ **insensés**, *etc. Unsinn usw. reden; unsinnige usw. Reden führen; unsinnige usw. Äußerungen machen:* Hier soir, il a vraiment tenu des ~ insensés.

proposition f *Vorschlag*
~ **acceptable (inacceptable)** *annehmbarer (unannehmbarer) Vorschlag* | ~ **raisonnable** *vernünftiger Vorschlag* | ~ **séduisante, tentante** *verlockender Vorschlag*
accepter une ~ *einen Vorschlag annehmen:* Il est si désespéré qu'il accepterait n'importe quelle ~ d'emploi. / **appuyer** une ~ *einen Vorschlag unterstützen:* Monsieur le Président, appuyez-vous la ~ de Mademoiselle Lopez? / **avancer** une ~ *einen Vorschlag vorlegen, machen:* Il s'agit là d'une ~ que vous devrez avancer à l'occasion de la prochaine séance. / **faire** une ~ à qn *j-m einen Vorschlag machen, unterbreiten:* J'aimerais vous faire une ~. / **rejeter, repousser** une ~ *einen Vorschlag ablehnen, zurückweisen:* La ~ a été repoussée par 28 voix contre 15.

propreté f *Sauberkeit*
~ **irréprochable** *mustergültige Sauberkeit* | ~ **méticuleuse** *peinliche Sauberkeit*
briller, étinceler, resplendir de ~; **respirer** la ~ *vor Sauberkeit blitzen:* Dans l'appartement des Roche, tout brille de ~.

prose f *Prosa*
écrire en, **faire** de la ~ *Prosa schreiben:* Ce poète n'a pas seulement fait des vers; dans la première phase de son travail artistique, il a aussi fait de la ~.

prostitution f *Prostitution*
se **livrer** à la ~ *der Prostitution nachgehen:* Tout le monde sait que la mère et les deux filles se livrent à la ~.

protection f *Schutz*
accorder, donner sa ~ à qn *j-m (seinen)*

protestation

Schutz gewähren: Vous ne pouvez pas ne pas lui accorder votre ~. / se **placer** sous la ~ de qn *sich unter j-s Schutz stellen, begeben:* Nous nous placerons sous la ~ du cardinal. / **prendre** qn sous sa ~ *j-n in seine Obhut nehmen, unter seinen Schutz stellen:* Le ministre lui-même l'a prise sous sa ~.

protestation f *Protest*
~ **bruyante** *lauter, stürmischer Protest* / **énergique** ~ *nachdrücklicher, scharfer Protest* / ~s **indignées** *entrüstete Proteste* / ~ **molle; timide** ~ *schwacher Protest* / ~ **muette** *stummer Protest* / ~ **véhémente, violente, vigoureuse** *heftiger Protest* / **vives** ~s *heftige, lautstarke Proteste*
élever une énergique ~ *scharfen Protest erheben:* Les députés socialistes ont élevé d'énergiques ~s contre les mesures prévues. / **soulever** des ~s *Proteste auslösen:* Les décisions du gouvernement ont soulevé les ~s de toute la population.

proverbe m *Sprichwort*
comme **dit** le ~ *wie es im Sprichwort heißt:* Chacun est l'artisan de sa fortune, comme dit le ~. / **parler** par ~s *in Sprichwörtern reden:* Madame Lutingen aime parler par ~s. / **passer** en ~ *sprichwörtlich werden:* L'hospitalité des Indonésiens est passé en ~ (... *ist sprichwörtlich*).

province f *Provinz*
arriver, (F) **débarquer** de sa ~ *aus der Provinz kommen:* On voit qu'il arrive tout droit de sa ~. Il est encore bien naïf. / **exiler** qn en ~ *j-n in die Provinz verbannen, verschicken:* Le ministre a voulu m'exiler en ~, mais j'ai refusé catégoriquement. / il **fait** ~ *man merkt, daß er aus der Provinz ist, kommt:* Ne trouves-tu pas que Monsieur Bachilaqui fait très ~?

provision f *Vorrat*
entamer les ~s *die Vorräte anbrechen:* Nous avons dû entamer les ~s que nous avions faites pour l'hiver. / les ~s s'**épuisent** *die Vorräte gehen zur Neige:* Nos ~s commencent à s'épuiser. / **faire** ~ de qc; **faire des** ~s de qc *sich einen Vorrat an etw zulegen:* Cette année, nous avons fait ~ de charbon. / **faire des** ~s **pour l'hiver** *Wintervorräte anlegen:* Les marmottes font des ~s pour l'hiver.

proximité f *Nähe*
à ~ **immédiate** *in nächster, unmittelbarer Nähe*

puanteur f *Gestank*
dégager de la ~ *(einen) Gestank verbreiten:* Le cadavre dégageait une ~ épouvantable.

public m *Publikum, Öffentlichkeit, Allgemeinheit*
être **bon** ~ *ein dankbarer Zuhörer, Zuschauer sein; dankbare Zuhörer, Zuschauer sein* / le **grand** ~ *das breite Publikum* / un ~ **nombreux** *eine zahlreiche Zuhörerschaft* / un **vaste** ~ *ein breites Publikum; eine breite Öffentlichkeit* **conquérir** un vaste ~ *in der breiten Öffentlichkeit gut ankommen:* Au début, nul ne se doutait que ce produit allait conquérir un si vaste ~. / **interdire** qc au ~ *etw für die Allgemeinheit sperren:* L'accès à la pile atomique est interdit au ~. / **ouvrir** qc au ~ *etw der Allgemeinheit, Öffentlichkeit zugänglich machen:* Après sa restauration, le château a été ouvert au ~. / **saluer** le ~ *sich vor den Zuschauern verneigen:* Les acteurs ont salué le ~ qui applaudissait frénétiquement.

publicité f *Werbung, Reklame*
~ **clandestine, indirecte** *Schleichwerbung* / ~ **directe** *gezielte Werbung* / ~ **lumineuse** *Leuchtreklame* / ~ **massive** *massive Werbung* / ~ **mensongère** *irreführende Werbung* / ~ **tapageuse** *marktschreierische Reklame*
faire de la ~ (pour qc) *(für etw) werben, Werbung betreiben:* Le film ne pouvait pas être un grand succès, car on a fait trop peu de ~ en sa faveur.

puce f *Floh*
une ~ **pique** *ein Floh beißt:* J'ai l'impression qu'une ~ m'a piqué cette nuit.

pudeur f *Schamgefühl, Anstand*
avoir la ~ de faire qc *so viel Anstand haben, etw zu tun:* Vous pourriez au moins avoir la ~ de vous taire devant un tel malheur. / **blesser, offenser, outrager** la ~ *das Schamgefühl verletzen:* Cette affiche blesse la ~. / **manquer** de ~ *kein Schamgefühl haben, besitzen:* Ces jeunes actrices manquent de ~.

puissance f *Macht*
~ **belligérante** *kriegführende Macht* / **grande** ~ *Großmacht* / ~ **nucléaire** *Atommacht* / ~s **occultes** *geheime, verborgene Mächte*
avoir une grande ~ *große Macht besitzen:* Le gérant de cette maison a une très grande ~. / **fonder, asseoir** sa ~ sur ... *seine Macht stützen auf ...:* Toute la ~ du groupe est fondée sur ses établissements au Proche-Orient.

puits m *Brunnen*
creuser un ~ *einen Brunnen graben:* Les paysans ont commencé à creuser un nouveau ~ dans leur village. / **forer** un ~ *einen Brunnen bohren:* La société STIA a foré un ~ en plein Sahara.

punaise f *Reißnagel*
enfoncer, planter une ~ (dans) *einen Reißnagel eindrücken (in):* Impossible d'enfoncer une ~ dans cette cloison en briques. / **fixer** par des ~s *(mit Reißnägeln) befestigen:* Au mur, il y avait une grande affiche fixée par des ~s.

punition f *Strafe, Bestrafung*
~ **corporelle** *körperliche Züchtigung* / ~ **exemplaire** *exemplarische Bestrafung* / **juste** ~ *ge-*

rechte Strafe / **~ méritée** *verdiente Strafe* / **~ rigoureuse, sévère** *harte Strafe* **c'est** la ~ **de** ... *das ist die Strafe für* ... : Ça, c'est la ~ de sa curiosité. / **infliger, donner, imposer** une ~ à qn *j-m eine Strafe auferlegen:* Le professeur infligea une ~ très sévère aux deux élèves.

pupille f *Pupille*
la ~ se **dilate** *die Pupille wird weit:* Le chat, dont les ~s s'étaient dilatées dans l'ombre, nous regardait fixement. / la ~ se **rétrécit** *die Pupille zieht sich zusammen, wird klein:* Sous l'effet de la drogue, les ~s du toxicomane s'étaient rétrécies, réduites à un point.

putréfaction f *Verwesung*
entrer, tomber en ~ *in Verwesung übergehen:* Le cadavre était déjà tombé en ~. / **être** en état de ~ avancée *verwesen:* La souris morte que j'ai découverte dans la cave était en état de ~ avancée.

putsch m *Putsch*
tenter un ~ *einen Putschversuch unternehmen:* Un général droitiste vient de tenter un ~ militaire.

Q

quai m *Kai*
aborder au ~; **accoster** au ~; **arriver** à ~ *am Kai anlegen:* Le «Fortune» a abordé cette nuit au ~ du Havre. / **être** à ~ *am Kai liegen:* Depuis quand est-ce que ce navire est déjà à ~?

qualité[1] f *Qualität*
marchandise de **bonne (mauvaise)** ~ *gute (schlechte) Ware* / **~ douteuse** *zweifelhafte Qualität* / de **haute ~** *hochwertig* / de **inférieure** *minderwertig* / **loyale et marchande** *gute Handelsklasse* / **~ médiocre** *mittelmäßige Qualität* / de **première ~** *erstklassig* / **~ suivie** *gleichbleibende Qualität* / **~ supérieure** *Spitzenqualität*

qualité[2] f *Eigenschaft*
~s **rares; rares** ~s *ungewöhnliche Vorzüge*

quantité f *Menge*
~ négligeable *unwesentliche Menge;* Quantité négligeable / **~ respectable** *ansehnliche Menge*

quarantaine[1] f *Vierzig (Lebensalter)*
approcher de la ~; **friser** la ~ *auf die Vierzig zugehen:* Madame Dupuis approche de la ~. / **avoir** la ~ *etwa vierzig (Jahre alt) sein:* Je ne connais pas son âge exact; il me semble qu'il a la ~. / **avoir (dé)passé** la ~ *die Vierzig überschritten haben:* Son fils a déjà dépassé la ~.

quarantaine[2] f *Quarantäne*
lever la ~ *die Quarantäne aufheben:* La maladie mystérieuse ayant été identifiée, on a levé la ~. / **mettre** en ~ *in Quarantäne legen:* Le singe que j'ai rapporté d'Indonésie a été mis en ~ pour un mois.

quartier m *Viertel (Stadtteil)*
~ commercial *Geschäftsviertel* / ~s **miséreux** *Armenviertel* / **~ ouvrier, populaire** *Arbeiterviertel* / **~ perdu** (F), **retiré** *abgelegenes, entlegenes Stadtviertel* / ~s **périphériques** *Stadtrandviertel* / **~ populeux** *dichtbevölkertes,* *dichtbewohntes Stadtviertel* / **~ résidentiel** *Wohnviertel*

querelle f *Streit*
~s **byzantines** *haarspalterische Auseinandersetzungen; Streit um des Kaisers Bart* / **~ conjugale** *Ehestreit* / **mauvaise ~** *dummer Streit; Streit um des Kaisers Bart* / ~s **partisanes** *Parteikämpfe* / **~ vive, violente** *heftiger Streit*
apaiser, calmer une ~ *einen Streit nach und nach beilegen:* Seules les années ont réussi à calmer la vieille ~ qui opposait les deux familles. / **arbitrer** une ~ *einen Streit schlichten:* C'est le tribunal qui a dû arbitrer la ~ entre les deux voisins. / **attiser, aviver, envenimer** une ~ *einen Streit anfachen:* Votre intervention n'a fait qu'aviver la ~. / **chercher** ~ à qn *mit j-m Streit, Händel suchen:* Il cherche ~ à tout le monde. / une ~ **s'élève, éclate** *es kommt zu einem Streit; Streit bricht aus:* Bientôt, une ~ s'éleva au sujet du partage de l'héritage. / **enterrer** une ~ *einen Streit begraben:* Je vous conseille d'enterrer cette ~ inutile. / une ~ **s'envenime** *ein Streit wird heftig:* La ~ entre les deux hommes s'envenima si bien qu'ils failliront en venir aux mains. / **épouser, embrasser** la ~ de qn *bei einem Streit für j-n Partei ergreifen:* Nous n'aurions jamais cru qu'elle épouserait la ~ d'Antoine Le Breton. / se **prendre** de ~ avec qn *mit j-m Streit anfangen:* Ne vous prenez pas de ~ avec cette personne! / **provoquer, allumer** une ~ *einen Streit entfachen:* Un banal incident de frontière a allumé la ~ entre les deux États. / **régler** une ~ *einen Streit beilegen:* Monsieur Pumois et Madame Tannebonne ont réglé leur ~ à l'amiable. / **réveiller** une ~ *einen Streit wieder aufleben lassen, neu anfangen:* Je n'ai aucun

question

intérêt à réveiller cette vieille ~. / **vider** une ~ *einen Streit austragen:* Monsieur de Laribaudière et le marquis des Ormes avaient décidé de vider leur ~ par un duel au pistolet.

question f *Frage*
~ **brûlante** *heikle Frage; heißes Eisen* / ~ **capitale** *Kernfrage, Hauptproblem* / ~ **captieuse** *verfängliche Frage* / ~ **controversée, débattue** *umstrittene, strittige Frage* / ~ **cruciale, décisive** *entscheidende Frage; Schicksalsfrage* / ~ **délicate, épineuse, ardue** *heikle, knifflige Frage* / ~ **douloureuse** *quälende Frage* / ~ **élémentaire** *grundlegende Frage* / ~ **embarrassante** *unangenehme, heikle, lästige Frage* / ~ **fondamentale** *Grundfrage* / ~ **incidente** *Zwischenfrage* / ~ **indiscrète** *indiskrete Frage* / ~ **insidieuse** *verfängliche Frage; Fangfrage* / ~ **insoluble** *unlösbare Frage* / ~ **litigieuse** *Streitfrage* / ~ **oiseuse** *müßige Frage* / ~ **pendante** *schwebende Frage* / ~ **préalable, préliminaire** *Vorfrage, einleitende Frage* / ~ **saugrenue** *ausgefallene Frage* / ~ **scabreuse** *heikle, kitzelige, riskante Frage* / ~ **vitale** *lebenswichtige Frage*
aborder, entamer une ~ *eine Frage anschneiden, angehen:* Je tiens à ce que nous abordions cette ~ avec délicatesse. / **adresser** une ~ à qn *an j-n eine Frage richten:* Adressez vos ~s à la personne compétente. / **ajourner** une ~ *eine Frage aufschieben:* Êtes-vous d'accord pour que nous ajournions cette ~? / **assaillir** qn de ~s *j-n mit Fragen bestürmen, überhäufen, überschütten:* Les journalistes ont assailli le chancelier de ~s sur le désarmement. / **cela ne fait pas** ~ *das ist keine Frage, steht außer Zweifel:* Monsieur Jebrouni est intelligent, cela ne fait pas ~. / **cerner** une ~ *eine Frage umreißen:* Le comité d'organisation doit d'abord cerner la ~ du logement des participants avant de prendre d'autres décisions. / **creuser, approfondir** une ~ *eine Frage vertiefen; sich mit einer Frage eingehend befassen:* Il me semble que la commission juridique n'a pas encore creusé la ~. / **cribler, harceler, presser, accabler, mitrailler, bombarder** qn de ~s *j-n mit Fragen löchern, bedrängen:* Lorsque le président a quitté le palais, les journalistes l'ont criblé de ~s, mais il n'a pas répondu. / **déplacer** une, s'**écarter** d'une ~ *vom Thema abkommen:* Nous risquons de déplacer la ~ en discutant le sujet sous cet angle. / se **dérober** à une ~ *sich der Beantwortung einer Frage entziehen:* Vous ne pouvez pas vous dérober à cette ~. / **détourner** la ~ *der Frage ausweichen:* On vous demande de répondre clairement. N'essayez pas de détourner la ~. / **devancer** une ~ *einer Frage zuvorkommen:* Il a habilement devancé toutes les ~s désagréables. / **discuter, agiter, débattre** une ~ *eine Frage diskutieren:* L'assemblée extraordinaire a discuté cette ~ toute la nuit. / **éclaircir, élucider, clarifier** une ~ *eine Frage klären:* Il faudra commencer par éclaircir cette ~. / **éclairer** une ~ *eine Frage erhellen:* Ce fait éclaire la ~ sous un angle tout à fait différent. / **éluder** une ~ *einer Frage ausweichen:* Vous ne pouvez certainement pas éluder toutes les ~s sur la suite à donner à l'affaire Duclos. / la ~ **est de savoir si ...** *die Frage ist, ob ...:* Moi, je suis d'accord, mais la ~ est de savoir si mon partenaire le sera aussi. / la ~ **n'est pas** là; là n'est pas la ~ *darum geht es (hier) nicht:* Je ne parle pas de l'augmentation des coûts. La ~ n'est pas là. Je parle du recul du taux de croissance. / qc **est en dehors, à côté** de la ~ *etw gehört nicht zur Sache:* Laissons ce problème de côté; il est en dehors de la ~. / **c'est hors** de ~, il **n'en est pas** ~ *das kommt nicht in Frage:* Toi, épouser cette canaille? C'est hors de ~! / **il est** ~ de qc, qn *es handelt sich um etw, j-n:* Dans nos discussions actuelles, il est ~ d'argent. / **il est** ~ de faire qc *es ist die Rede davon, daß etw getan wird:* Il est ~ de creuser un tunnel à travers cette montagne. / **examiner, étudier** une ~; se **pencher** sur, s'**occuper** d'une ~ *eine Frage prüfen, untersuchen; sich mit einer Frage beschäftigen:* Cette ~ doit être examinée en détail avant que nous puissions prendre une décision. / **formuler** une ~ *eine Frage stellen:* Messieurs les journalistes sont priés de formuler par écrit les ~s qu'ils ont l'intention de poser pendant la conférence de presse. / **poser** une ~ (à qn) *(j-m) eine Frage stellen:* Après le discours, vous aurez l'occasion de poser des ~s. / la ~ de qc se **pose** *es stellt sich die Frage (+ Gen):* En ce moment historique, la ~ du désarmement se pose de nouveau. / la ~ se **pose** de savoir si ... *es stellt sich die Frage, ob ...:* La ~ se pose de savoir s'il tiendra sa promesse ou non. / se **poser** des ~s *sich fragen; nachdenklich werden:* Après ce scandale, je commence à me poser des ~s. / **remettre** qc en ~ *etw in Frage stellen:* Votre lettre remet en ~ les accords conclus jusqu'ici. / **répéter** une ~ *eine Frage wiederholen:* Je n'ai pas très bien compris votre ~. Pourriez-vous la répéter? / **soulever** une ~ *eine Frage aufwerfen:* Votre analyse du marché soulève des ~s qui semblent difficiles à résoudre. / **trancher** une ~ *eine Frage entscheiden:* Le comité a tranché la ~ en une demi-heure.

questionnaire m *Fragebogen*
dépouiller des ~s *Fragebögen auswerten:* Nous mettrons au moins un mois pour dépouiller tous ces ~s. / **remplir** un ~ *einen Fragebogen ausfüllen:* Remplissez ce ~, s'il vous plaît.

quête f *Sammlung (Kollekte)*
faire la ~ *sammeln:* Cette association n'a pas le droit de faire la ~ dans les rues.

queue[1] f *Schwanz*
la ~ **basse, pendante** *mit eingezogenem Schwanz (auch fig)* / ~ **touffue** *buschiger Schwanz*
agiter, remuer la ~; **frétiller** de la ~ *mit dem Schwanz wedeln:* Le chien, excité par l'odeur du repas, attendait à côté de la table, frétillant de la ~.

queue[2] f *Schlange (von Menschen)*
faire la ~ *Schlange stehen:* Dans ce pays, les gens font la ~ devant les magasins. / se **mettre** à la ~ *sich hinten anstellen:* Mettez-vous à la ~, je vous prie. / **prendre** la ~ *sich anstellen:* Peux-tu prendre la ~ jusqu'à ce que je revienne?

quille f *Kegel (Spiel)*
abattre, renverser les ~s *die Kegel umlegen:* Il a abattu sept ~s au premier essai. / **jouer** aux ~s *kegeln; Kegel schieben:* Vous venez jouer aux ~s samedi soir? / **remettre** les ~s debout *die Kegel (wieder) aufstellen:* Ici, les ~s sont remises debout automatiquement.

R

rabais m *Rabatt*
accorder, consentir, faire un ~ (sur le prix de qc) *(auf etw) Rabatt geben, gewähren:* Malheureusement, nous ne pouvons pas vous accorder le ~ demandé. / **bénéficier** d'un ~ *(einen) Rabatt (eingeräumt) bekommen:* Les employés de la maison bénéficient d'un ~ de 5% sur certaines marchandises. / **obtenir** un ~ *Rabatt erhalten:* J'ai pu obtenir un ~ assez important.

raccourci m *Abkürzung*
prendre, emprunter un ~ *eine Abkürzung nehmen, gehen, fahren:* Prenez ce ~ et vous arriverez plus vite.

racine f *Wurzel*
extraire la ~ *die Wurzel ziehen (auch beim Zahnarzt und math):* Le dentiste m'a extrait la ~ d'une molaire. / **prendre** ~ *Wurzeln schlagen (auch fig):* Ces idées ont vite pris ~ dans la population.

raclée f *Tracht Prügel*
une **bonne** ~ *eine ordentliche, tüchtige Tracht Prügel*
donner, infliger, (F) **flanquer** une ~ à qn *j-m eine Tracht Prügel verabreichen, verpassen:* Le père, furieux, a flanqué une bonne ~ à son fils. / **recevoir** une ~ *eine Tracht Prügel beziehen:* J'ai reçu ma dernière ~ à l'âge de douze ans, si je me rappelle bien.

radiation f *Strahlung*
absorber les ~s *die Strahlen absorbieren:* Des parois en plomb extrêmement épaisses absorbent intégralement les ~s. / **émettre** des ~s *Strahlen aussenden:* Les compteurs Geiger ont indiqué que les éléments découverts par hasard sur la décharge publique n'émettaient que de faibles ~s.

radio[1] f *Radio*
baisser la ~ *das Radio leiser drehen, stellen:* Dis, peux-tu baisser la ~? / la ~ **craque, grésille** *das Radio kracht, knackt:* Il y aura un orage, car la ~ craque. / **écouter** la ~ *Radio hören:* Je n'ai pas encore écouté la ~ ce matin. / **éteindre, fermer** la ~ *das Radio ausschalten, abstellen, ausmachen:* Fermez la ~, s'il vous plaît. / **mettre, ouvrir** la ~ *das Radio einschalten, anstellen:* Zut, j'ai oublié de mettre la ~ à midi pour écouter les informations. / **monter** la ~ *das Radio lauter drehen, stellen:* Monte un peu la ~, je voudrais écouter la météo. / qc **passe** à la ~ *etw wird im Radio gebracht, gesendet; etw kommt im Radio:* Ces informations vont aussi passer à la ~.

radio[2] f *Röntgenaufnahme*
passer une, **se faire faire** une ~ *sich röntgen lassen:* Vous êtes-vous déjà fait faire une ~? / **passer** à la ~ *geröntgt werden:* Je ne suis pas encore passé à la ~.

rafle f *Razzia*
faire, effectuer une ~ *eine Razzia durchführen:* La police a fait une ~ dans le quartier et a pu arrêter trois trafiquants de drogues. / être **pris** dans une ~ *bei einer Razzia erwischt werden:* Il évitait les bars louches, ne tenant pas à se faire prendre dans une ~.

rage f *Wut*
~ **impuissante** *ohnmächtige Wut* / ~ **noire, folle** *maßlose, blinde Wut*
assouvir, satisfaire sa ~ *seine Wut austoben:* Fou furieux, il brisait tout dans l'appartement pour assouvir sa ~. / **avaler, contenir, rentrer** sa ~ *seine Wut verbeißen:* Il avait du mal à avaler sa ~. / **bouillir, bouillonner** de ~ *vor Wut kochen:* Elle bouillonnait de ~ et dut se mordre les lèvres pour ne pas exploser. / **écumer** de ~ *vor Wut schäumen:* L'accusé écumait de ~ face aux déclarations du témoin. / **entrer** dans une ~ folle *in blinde Wut geraten:*

rail

À ces paroles, elle entra dans une ~ folle. / **étouffer** de ~ *vor Wut platzen, ersticken:* Laisse-moi tranquille, j'étouffe de ~. / **exciter** la ~ de qn *j-s Wut erregen:* Cette accusation a excité sa ~. / **faire** ~ (*Feuer usw.*) *wüten:* L'ouragan a fait ~ toute la nuit. / **mettre** qn en ~ *j-n wütend machen, in Wut bringen:* Ses grimaces m'avaient mis en ~. / **passer** sa ~ sur qn *an j-m seine Wut auslassen:* Il n'est pas très discipliné; quand il est furieux, il passe sa ~ sur le premier venu.

rail m *Schiene*
poser des ~s *Schienen verlegen:* La S.N.C.F. a commencé à poser des ~s sur la nouvelle ligne. / **sortir** des, **quitter** les ~s *aus den Schienen springen; entgleisen:* Entre Marseille et Toulon, un omnibus est sorti des ~s.

raillerie f *Spott*
~ **acérée, cinglante, cuisante** *beißender Spott* / ~ **féroce** *verletzender Spott* / ~ **fine** *feinsinniger Spott*
essuyer les ~s *Spott ertragen müssen; Ziel von Spötteleien sein:* Toute la soirée, il dut essuyer les ~s de ses copains.

raisin m (*Wein*)*Trauben*
~ **blanc** *weiße Trauben* / ~ **noir** *blaue Trauben* / ~s **secs** *Rosinen*
cueillir le, du ~ *Trauben ernten; Wein lesen:* Ce ~ a été cueilli très tard. / **presser, pressurer** le ~ (*die*) *Trauben,* (*den*) *Wein keltern:* La moitié du ~ cueilli aujourd'hui a pu être pressuré cet après-midi même.

raison[1] f *Vernunft, Verstand*
en appeler à la ~ de qn *an j-s Vernunft appellieren:* J'en appelle à votre ~! / **n'avoir plus toute sa** ~ *nicht mehr ganz bei Verstand sein:* Elle n'avait plus toute sa ~. / la ~ de qn **chancelle, s'égare, vacille, s'altère, s'obscurcit** *jemand kommt um den Verstand:* Le choc fut tel qu'il eut un moment l'impression que sa ~ vacillait. / **entendre** ~; **se rendre** à la ~ *Vernunft annehmen:* Comme il ne voulait pas entendre ~, les agents de police ont dû l'emmener. / **faire entendre** ~ à qn; **(re)mettre, ramener** qn à la ~ *j-n zur Vernunft bringen:* Vous pouvez être sûr que je lui ferai entendre ~. / **parler** ~ (à qn) *vernünftig reden* (*mit j-m*): Ses parents ont essayé de lui parler ~, mais en vain. Elle n'écoute que sa passion. / **perdre** la ~ *den Verstand verlieren:* J'ai l'impression qu'il a perdu la ~. / **recouvrer** la ~ *wieder zu Verstand kommen:* On ne conserve guère d'espoir qu'il recouvre un jour la ~. / **troubler** la ~ de qn *j-s Verstand verwirren:* Je crois que ce grand malheur lui a troublé la ~.

raison[2] f *Grund*
sans ~ **apparente** *ohne ersichtlichen Grund* / **bonnes, fortes** ~s *gute Gründe* / ~ **claire** *einleuchtender Grund* / ~ **concluante, convaincante, probante** *überzeugender Grund* / **fausses** ~s *Scheingründe; vorgeschobene Gründe* / ~s **graves** *schwerwiegende Gründe* / **mauvaises** ~s *Ausflüchte* / pour d'**obscures** ~s *aus unerfindlichen Gründen* / ~ **plausible** *plausibler, einleuchtender Grund* / ~ **principale** *Hauptgrund* / ~ **secrète, cachée** *heimlicher Grund* / ~s **sérieuses** ~s *gewichtige Gründe* / ~s **solides** ~s *stichhaltige Gründe* / ~ **valable, pertinente** *triftiger Grund*
alléguer, donner des ~s *Gründe angeben, vorbringen:* Les ~s qu'il allègue pour justifier sa conduite ne sont pas très convaincantes. / **avoir** de bonnes ~s de penser, croire, faire qc *gute Gründe dafür haben, etw zu glauben, zu tun:* Si je dis que Monsieur Jaquemin est un escroc, c'est que j'ai de bonnes ~s de le croire. / **se faire** une ~ *sich ins Unvermeidliche fügen:* Il faut que vous vous fassiez une ~. / **se rendre** aux ~s, **entrer** dans les ~s de qn *j-s Argumente anerkennen:* À la fin, il a dû se rendre à nos ~s.

raison[3] f *Recht*
avoir ~ *recht haben:* Croyez-vous qu'il ait ~? / **donner** ~ à qn *j-m recht geben:* Les événements me donnent ~.

raisonnement m *Argumentation, Beweisführung*
~ **captieux** *verfängliche Fehlschlüsse* / ~ **concluant** *schlüssige Beweisführung* / ~ **décousu** *wirre Argumentation* / ~ **inattaquable** *unangreifbare Argumentation* / ~ **irréfutable** *unwiderlegbare Argumentation* / ~ **obscur** *unverständliche Argumentation* / ~ facilement **réfutable** *leicht widerlegbare Argumentation* / ~ **simpliste** *vereinfachende, zu einfache Argumentation* / ~ **solide, rigoureuse** *stichhaltige, zwingende Argumentation* / ~ **spécieux, fallacieux** *Scheinargumente* / ~ **subtil** *ausgeklügelte Argumentation* / ~ **vaseux** *unklare, verworrene Argumentation*
faire des ~s; **tenir** un ~ *argumentieren:* L'orateur a fait des ~s qui, à mon sens, étaient très peu logiques. / **réfuter** un ~ *eine Beweisführung erschüttern:* Il ne sera pas très difficile de réfuter son ~, car il contient certaines preuves contestables. / **suivre** un ~ *einer Argumentation folgen* (*können*): Je regrette, mais je ne suis pas votre ~.

rampe f *Geländer*
se pencher sur la ~ *sich über das Geländer beugen:* Madame Lambert s'était penchée sur la ~ pour faire un dernier signe d'adieu aux jeunes gens qui descendaient les escaliers. / **serrer, étreindre** la ~; **s'accrocher** à la ~ *sich am Geländer festhalten, ans Geländer klammern:* S'accrochant à la ~, il gravit péniblement les escaliers.

rançon f *Lösegeld*

forte ~ *hohes Lösegeld*
exiger une ~ *(ein) Lösegeld verlangen:* Les bandits exigent une ~ de trois millions de dollars. / **payer, verser** une ~ *ein Lösegeld zahlen:* L'ouvrier, désespéré, a déclaré aux journalistes qu'il n'avait pas les moyens de payer la ~ exigée par les ravisseurs de son enfant.

rancune f *Groll*
avoir de la ~ contre qn *j-m grollen, böse sein:* A-t-il toujours de la ~ contre vous? / **garder** (de la) ~ à qn de qc *j-m etw nachtragen:* Il m'a longtemps gardé ~ de ma bêtise. / **nourrir, entretenir, concevoir** une ~ (+ *adj*) envers qn *(adj) Groll hegen gegen j-n:* J'ai l'impression qu'elle nourrit une ~ féroce envers Michel Doubey.

rang[1] m *Reihe*
admettre qn dans ses ~s *j-n in seinen Reihen aufnehmen:* Il est très difficile d'être admis dans leurs ~s. / **être, se trouver** au premier ~ *in der ersten Reihe stehen, sitzen usw.:* Tu vois Madame Lamin? Elle se trouve au premier ~, là-bas. / se **mettre** en ~(s) par trois *sich in Dreierreihe(n) aufstellen:* Mettez-vous en ~s par trois. / **serrer** les ~s *die Reihen schließen (auch fig); zusammenrücken:* Après la mort de Frédéric Louvon, ses anciens partenaires durent serrer les ~s pour affronter la concurrence. / **sortir** en ~ *in Reih und Glied hinausgehen:* Les élèves sortaient en ~ de l'église.

rang[2] m *Rang, Stellung*
~ **élevé** *hoher Rang* / de **haut** ~ *hochgestellt (Persönlichkeit)*
avoir ~ de ... *den Rang eines ... haben, einnehmen:* Madame Dreyden a ~ de secrétaire d'État. / **avoir** ~ avant (après) qn *in der Rangordnung höher (tiefer) stehen als jemand:* Je crois que Monsieur Fénelon a ~ avant son cousin bien qu'il soit moins âgé que celui-ci. / **déchoir** de son ~ *seinen Rang einbüßen, verlieren:* Serrer la main à un homme du peuple, pour Jean Palinson, cela signifierait déchoir de son ~. / **élever** qn au ~ de ... *j-n in den Rang eines ... erheben:* Le roi éleva le ministre au ~ de conseiller de la couronne. / **mettre** sur le, au même ~ *auf die gleiche Stufe stellen:* Je n'ai nullement l'intention de mettre Mademoiselle Martin au même ~ que Madame Yerre. / **occuper** un ~ *einen Rang einnehmen, bekleiden:* On dit qu'il occupe un ~ élevé dans l'armée chilienne. / **occuper** le premier ~ *an erster Stelle stehen:* Cette société occupe le premier ~ dans son secteur. / **tenir, garder** son ~ *standesgemäß leben:* Le plus grand souci de Madame de Gentilly, c'est d'avoir les moyens de tenir son ~.

rangement m *Aufräumen*
faire du ~, des ~s *aufräumen:* Je crois que je vais profiter du week-end pour faire un peu de ~.

rapport[1] m *Bericht*
~ **circonstancié, détaillé** *detaillierter, ausführlicher Bericht* / ~ **concis** *knapper Bericht*
élaborer, rédiger, dresser un ~ *einen Bericht ab-, verfassen:* Monsieur Singer a élaboré un ~ détaillé. / **faire** un ~ *einen Bericht geben; Bericht erstatten:* Je désire que vous fassiez un ~ sur cet événement. / **présenter, soumettre** un ~ (à qn) *(j-m) einen Bericht vorlegen:* Le patron demande que vous soumettiez votre ~ demain avant 10 heures.

rapport[2] m *Zusammenhang*
établir un ~ entre ... *einen Zusammenhang herstellen zwischen ...:* Les médecins établissent un ~ entre sa maladie et son séjour de l'été dernier en Afrique. / **être sans** ~ avec ... *in keinem Zusammenhang stehen mit ...:* Sa visite est sans ~ avec les élections.

rapport[3] m *Beziehung, Kontakt,* pl *(auch) Verhältnis*
~s **étroits** *innige, enge Beziehungen* / ~s **sexuels** *Geschlechtsverkehr* / ~s **suivis** *ständiger Kontakt* / ~s **tendus** *gespannte Beziehungen; gespanntes Verhältnis*
avoir des ~s tendus avec qn *ein gespanntes Verhältnis zu j-m haben:* J'ai actuellement des ~s tendus avec mon patron. / **avoir** des ~s avec qn *ein Verhältnis mit j-m haben:* On dit que Monsieur Dubel a des ~s avec sa secrétaire. / **entretenir** de bons ~s avec qn *ein gutes Verhältnis zu j-m haben:* Monsieur Labonté entretient de très bons ~s avec ses subordonnés. / **établir** des ~s (avec qn) *Beziehungen herstellen (zu j-m):* Nous cherchons à établir des ~s avec les industriels brésiliens. / **être** en ~ avec qn *mit j-m in Verbindung, Kontakt stehen:* Êtes-vous toujours en ~ avec ce banquier japonais? / **mettre** qn en ~ avec qn *Kontakte zwischen j-m und j-m herstellen:* Voulez-vous que je vous mette en ~ avec le consul haïtien? / **se mettre, entrer** en ~ avec qn *sich mit j-m in Verbindung setzen; mit j-m in Kontakt treten:* Pouvez-vous entrer en ~ avec Madame Perrin?

rapport[4] m *Ertrag*
bon ~ *guter Ertrag* / **maigre** ~ *magerer, geringer Ertrag*
être d'un bon ~ *einträglich, ertragreich sein:* Nos affaires japonaises sont d'un très bon ~.

rase-mottes m *Tiefflug*
faire du ~ *im Tiefflug fliegen:* Il est défendu de faire du ~ au-dessus des villages.

rassemblement m *Ansammlung*
disperser, disloquer un ~ *eine Menschenansammlung zerstreuen, auflösen:* La police a en vain essayé de disperser le ~. / **sonner** le ~ *zum Sammeln blasen:* Peu après midi, le chef du groupe sonna le ~.

ration

ration f *Ration*
~ **alimentaire** *tägliche Ration* / **maigre** ~ *karge, knappe Ration*
distribuer une ~ de pain *eine Brotration ausgeben:* La Croix-Rouge a distribué une ~ de pain et des couvertures.

ravage m *Verwüstung*
faire, causer des ~s *Verwüstungen anrichten:* La tempête a causé des ~s dans toute la région.

ravissement m *Entzücken*
plonger, jeter qn dans le ~ *j-n in Entzücken versetzen:* La nouvelle vaisselle que son mari lui avait achetée la jeta dans le ~. / **être plongé** dans le ~ *entzückt sein:* En regardant ces tableaux, il était plongé dans le ~.

rayon m *Strahl*
~ **lumineux** *Lichtstrahl*
émettre des ~s *Strahlen aussenden:* Cette lampe émet des ~s infrarouges. / un ~ **frappe** qc *ein Strahl trifft auf etw:* Lorsque les ~s solaires frappent un élément photo-électrique, celui-ci est le siège d'une tension électrique. / un ~ **traverse** qc *ein Strahl durchdringt etw:* Les ~s X traversent presque tous les corps.

réaction f *Reaktion*
~ **machinale** *automatische Reaktion* / ~ **violente** *heftige Reaktion* / ~ **vive** *lebhafte, rasche Reaktion*
amorcer une ~ *eine (chemische) Reaktion einleiten:* En introduisant cette poudre dans le liquide, on amorce la ~ voulue. / **avoir** de **bonnes** ~s *gute Reaktionen zeigen, haben:* Malgré sa maladie, le patient a conservé de bonnes ~s physiques. / **déclencher** une ~ *eine Reaktion auslösen, bewirken:* Je ne m'attendais pas à ce que ma remarque déclenche une ~ si violente. / **diminuer** les ~s *die Reaktionsfähigkeit herabsetzen:* Faites attention, ce médicament diminue les ~s.

réalisme m *Realismus*
~ **brutal** *schonungsloser Realismus*

réalité f *Wirklichkeit*
s'évader de la ~ *die Wirklichkeit fliehen; aus der Wirklichkeit entfliehen:* L'enfant se plongeait avec passion dans la lecture, qui lui permettait de s'évader de la triste ~. / **fausser, déformer** la ~ *die Wirklichkeit entstellen:* J'ai l'impression que l'accusé a bien déformé la ~.

rébellion f *Rebellion*
attiser la ~ *den Aufruhr schüren:* Le gouvernement accuse certains agents de l'étranger d'attiser la ~. / **étouffer, réprimer** une ~ *eine Rebellion niederschlagen:* Les troupes gouvernementales eurent vite étouffé la ~. / **fomenter** une ~ *eine Rebellion anzetteln:* C'était le sous-lieutenant de la compagnie qui avait fomenté la ~.

rebuffade f *Abfuhr*

250

essuyer, recevoir une ~ *eine Abfuhr erhalten, erleiden:* Je suis sûr que Jacques Joulet a essuyé une ~ lorsqu'il s'est adressé à la mairie.

récepteur m *(Telefon)Hörer*
décrocher (le ~) *(den Hörer) abheben, abnehmen:* Maigret décrocha le ~ et écouta sans mot dire. / **raccrocher** (le ~) *(den Hörer) auflegen:* Peu après, il raccrocha le ~ tout en laissant sa main reposer sur l'appareil.

réception[1] f *Empfang (von Personen)*
bonne ~ *freundlicher Empfang* / **mauvaise** ~ *unfreundlicher Empfang* / ~ **officielle** *offizieller Empfang* / ~ **princière** *fürstlicher Empfang*
donner une ~ *einen Empfang geben:* Les Duriez donneront samedi une ~ pour les employés de l'ambassade indonésienne.

réception[2] f *Empfang (einer Sache)*
accuser ~ de qc *den Empfang einer Sache bestätigen:* J'accuse ~ de votre lettre du trois avril.

recherche[1] f *Suche, Nachforschung*
abandonner les ~s *die Suche, Nachforschungen einstellen, aufgeben:* Les services de sauvetage ont dû abandonner les ~s à cause de la forte tempête. / **aller, se mettre** à la ~ de qn, qc *sich auf die Suche nach j-m, etw machen, begeben:* La mère se mit à la ~ de ses deux enfants. / **être** à la ~ de qc, qn *auf der Suche nach etw, j-m sein:* Nous sommes à la ~ d'un appartement *(auf Wohnungssuche).* / **faire, se livrer** à des ~s *Nachforschungen, Ermittlungen anstellen:* La police a fait des ~s, mais jusqu'ici sans le moindre résultat.

recherche[2] f *Forschung*
~ **appliquée** *angewandte Forschung* / ~ **fondamentale** *Grundlagenforschung* / ~ **scientifique** *wissenschaftliche Forschung*
faire de la ~, des ~s *Forschung betreiben:* Son mari travaille dans un institut universitaire où il fait de la ~. / **faire** des, **se livrer** à des ~s sur qc *Forschungen betreiben über etw; etw erforschen:* Henri Levallier fait des ~s sur le plasma sanguin.

rechute f *Rückfall*
faire, avoir une ~ *einen Rückfall haben, bekommen, erleiden:* D'abord, son état s'est un peu amélioré, mais samedi soir, il a fait une ~.

récit m *Erzählung, Bericht*
~ **détaillé, circonstancié** *ausführlicher, detaillierter Bericht* / ~ **fidèle, véridique** *wahrheitsgemäßer Bericht* / ~ **pimenté** *pikante Geschichte* / ~ **succinct** *knapper, kurzer Bericht*
enjoliver un ~ *einen Bericht ausschmücken:* Il me semble qu'il a enjolivé son ~ pour se présenter sous un jour très favorable. / **faire** un, le ~ de qc *(von) etw erzählen, berichten:* Peu à peu, le jeune homme commençait à faire le ~ des terribles événements qu'il avait vécus. /

poursuivre son ~ *in seinem Bericht fortfahren:* L'orateur s'arrêta, prit une gorgée d'eau minérale et poursuivit son ~.

réclamation f *Beschwerde, Reklamation*
examiner une ~ *eine Beschwerde, Reklamation prüfen:* Nous vous assurons que votre ~ sera examinée avec le plus grand soin par nos services compétents. / **faire** une ~ *eine Beschwerde, Reklamation vorbringen, einreichen:* Je n'ai pas encore pu faire ma ~. / **faire droit** à une ~ *einer Beschwerde stattgeben:* Il est très probable que le fisc fera droit à votre ~.

réclame f *Reklame*
~ **aérienne** *Himmelsschrift* / ~ **lumineuse** *Leuchtreklame* / ~ **monstre** (F) *Riesenreklame* / ~ **tapageuse** *marktschreierische Reklame*
être en ~ *zum Werbepreis angeboten werden; im Sonderangebot sein:* Ce rasoir est actuellement en ~. / **faire de la** ~ *Reklame machen:* Vous ne pouvez pas lancer un nouveau produit sans faire de la ~.

récolte f *Ernte*
~ **abondante; grosse** ~ *reiche Ernte* / une **ample, riche** ~ **de** ... *(fig) eine reiche Ausbeute an* ... / **mauvaise** ~ *Mißernte*
donner une ~ (+ *adj*) *eine* (+ *adj*) *Ernte bringen:* Avant la mise en place du système d'irrigation, les terres de la région ne donnaient que de maigres ~s. / **faire** la ~ **de** qc *etw ernten:* Dimanche prochain, je ferai la ~ des pommes. / **rentrer** la ~ *die Ernte einfahren:* La météo annonce des orages. Il va falloir rentrer la ~ au plus vite.

recommandation¹ f *Empfehlung*
~ **chaleureuse** *warme Empfehlung* / ~ **pressante** *dringende Empfehlung*

recommandation² f *Ermahnung*
faire des ~s à qn *j-m Ratschläge erteilen; j-n ermahnen:* Sa mère ne la laisse jamais partir avec ses camarades sans lui faire toute une série de ~s.

récompense f *Belohnung*
grosse ~ *hohe Belohnung* / ~ **légitime, méritée** *verdiente Belohnung*
avoir une ~ *eine Belohnung erhalten:* Si vous me mettez en contact avec Monsieur Lebon, vous aurez une ~. / **donner** une ~ à qn *j-m eine Belohnung geben:* Papa, Monsieur Lepounin m'a donné une ~ parce que je lui ai fait des commissions. / **mériter** une ~ *eine Belohnung verdienen:* Penses-tu vraiment que ta conduite mérite une ~? / **offrir** une ~ *eine Belohnung aussetzen:* La banque offre une ~ à toute personne pouvant donner des indications sur le voleur. / **recevoir** sa ~ *seine Belohnung erhalten:* Tu vois, il a reçu sa ~, tout comme je l'avais prédit.

réconfort m *Trost*
puissant ~ *starker Trost*

apporter du ~ à qn *j-m Trost spenden:* Vos paroles m'ont apporté un ~ inestimable.

reconnaissance f *Dankbarkeit*
profonde ~ *tiefe Dankbarkeit* / veuillez croire à ma **sincère** ~ *mit verbindlichem Dank (Briefschluß)* / **vive** ~ *aufrichtige, große Dankbarkeit*
avoir, éprouver de la ~ (envers, pour qn) *(j-m gegenüber) Dankbarkeit empfinden:* Nous avons beaucoup de ~ envers le docteur Aluge. / **manifester, témoigner** de la ~ (pour) *sich dankbar erweisen, zeigen (für):* Ses anciens élèves ont témoigné de la ~ pour tout ce qu'il avait fait pour eux. / **porter** une ~ éternelle à qn *j-m ewig dankbar sein:* Je porterai une ~ éternelle à Madame Chabrol. / **prouver** sa, **donner** des marques de ~ à qn *j-m seine Dankbarkeit beweisen:* Les réfugiés ont prouvé leur ~ aux soldats qui avaient facilité leur fuite.

record m *Rekord*
~ **imbattable** *nicht zu überbietender Rekord* / ~ **olympique** *olympischer Rekord*
améliorer un ~ *einen Rekord verbessern:* Boris Petioki a amélioré le ~ du monde. / **battre** un ~ *einen Rekord brechen:* Il essaiera de battre le ~ de France. / **détenir** un ~ *einen Rekord halten, innehaben:* C'est vous qui détenez le ~, n'est-ce pas? / **égaler** un ~ *einen Rekord einstellen:* Madeleine Berrier a égalé le ~ des cent mètres. / **établir** un ~ *einen Rekord aufstellen:* On n'aurait jamais cru qu'il établisse un nouveau ~. / **homologuer** un ~ *einen Rekord anerkennen:* Le ~ de Michel Verdois n'a pu être homologué. / **pulvériser, faire tomber** un ~ *einen Rekord weit übertreffen:* Cinq ~s d'Europe ont été pulvérisés à l'occasion de ce championnat.

récréation f *Pause (Schule)*
aller en ~ *zur Pause gehen:* Ma classe est allée en ~. / **être** en ~ *Pause haben:* Ils ne sont pas dans leur salle de classe, ils sont en ~. / la ~ **a sonné** *es hat zur Pause geläutet:* Est-ce que la ~ a déjà sonné?

reçu m *Quittung*
délivrer un ~ *eine Quittung ausstellen:* Pouvez-vous me délivrer un ~, s'il vous plaît?

réduction f *Ermäßigung, Preisnachlaß*
faire, accorder, consentir une ~ à qn *j-m eine Ermäßigung, einen Preisnachlaß gewähren:* Malheureusement, je ne peux pas vous faire une ~ plus importante.

référence¹ f *Referenz*
fournir de bonnes ~s *gute Referenzen beibringen, vorweisen:* Monsieur Refitte a fourni de très bonnes ~s.

référence² f *Bezug*
faire ~ à qc *auf etw Bezug nehmen:* À quel ouvrage fait-elle ~?

référendum m *Volksabstimmung*
organiser un ~ *eine Volksabstimmung durch-*

réflexe

führen lassen: Le candidat socialiste a promis, en cas de victoire électorale, d'organiser un ~ sur la régionalisation des pouvoirs. / **recourir au** ~ *einen Volksentscheid herbeiführen:* Le président de la République peut décider de recourir au ~ pour les questions fondamentales intéressant la vie de la nation.

réflexe m *Reaktionsvermögen*
avoir de bons ~s, **des** ~s **rapides** *schnell reagieren; reaktionsschnell sein; ein gutes Reaktionsvermögen haben:* Fais attention à tes attaques, ton adversaire a de bons ~s! / **avoir du** ~ *schnell reagieren:* Jacques Perrier est un bon conducteur, il a du ~. / **manquer de** ~ *zu langsam reagieren:* Toujours la même chose: mon patron manque de ~, de sorte que ses concurrents sont toujours plus rapides.

réflexion f *Überlegung, Nachdenken*
après mûre ~ *nach reiflicher Überlegung* / **de profondes** ~s *tiefschürfende Überlegungen* **s'absorber, se plonger** dans ses ~s *in Nachdenken versinken:* Il s'installa devant le feu et se plongea dans ses ~s, dont personne n'osait le tirer. / **consigner, noter** ses ~s *seine Gedanken niederlegen, niederschreiben:* Dans son Journal, l'auteur a consigné ses ~s pendant un demi-siècle. / **demander** ~ *Nachdenken erfordern:* Votre question demande ~; je ne peux pas répondre à l'improviste. / **mériter** ~ *zu überlegen sein:* Un investissement aux USA, c'est quelque chose qui mérite ~.

réforme f *Reform*
~ **complète, radicale** *durchgreifende Reform* **effectuer, réaliser** des ~s; **procéder** à des ~s *Reformen durchführen:* Il faudrait absolument que nous réalisions des ~s dans notre administration.

refroidissement m *Erkältung*
prendre un ~ *sich eine Erkältung holen, zuziehen:* Hier soir, en rentrant chez moi, j'ai pris un ~.

refuge m *Zuflucht*
chercher ~ *Zuflucht suchen:* Beaucoup de protestants avaient cherché ~ à Londres et à Genève au début du XVIIIᵉ siècle. / **trouver** ~ *Zuflucht finden:* Poursuivi par les polices du monde entier, il avait trouvé ~ pour quelque temps au Maroc.

refus m *Weigerung, Ablehnung, Absage*
~ **brusque** *schroffe Ablehnung* / ~ **catégorique, formel** *strikte Weigerung; entschiedene Absage* / ~ **clair et net** *klare, eindeutige Absage* / ~ **poli** *höfliche Absage* / ~ **pur et simple;** ~ **carré** *glatte Weigerung* / ~ **systématique** *hartnäckige Weigerung*
essuyer un ~; **se heurter** à un ~ *eine Absage bekommen:* Je ne savais pas qu'il avait essuyé un ~. / **s'obstiner, persister** dans son ~ *hartnäckig bei seiner Weigerung bleiben:* Malgré l'intervention de Madame Levi, il s'obstina dans son ~. / **opposer** un ~ à qc, à qn *etw, j-n ablehnen:* Monsieur le directeur a opposé un ~ catégorique à vos projets. / **répondre** à qn par un ~ *j-n abschlägig bescheiden:* L'administration militaire m'a répondu par un ~.

regard m *Blick*
~s **amoureux** *verliebte Blicke* / ~ **anxieux** *angsterfüllter, angstvoller Blick* / ~ **assuré** *fester Blick* / ~ **candide** *treuherziger Blick* / ~ **caressant** *zärtlicher Blick* / ~s **concupiscents** *begehrliche Blicke* / ~ **connaisseur** *Kennerblick* / ~ **cupide, avide** *gieriger Blick* / ~ **dédaigneux** *herablassender Blick* / ~ **distrait** *zerstreuter Blick* / ~ **doux** *sanfter Blick* / ~ **effronté** *dreister Blick* / ~ **égaré** *verstörter Blick* / ~ **éloquent, parlant** *vielsagender Blick* / ~s **enflammés** *feurige, glühende Blicke* / ~ **envieux** *scheeler, neidischer Blick* / ~ **éperdu** *verzweifelter Blick* / ~ **errant** *unsteter, schweifender Blick* / ~s **étincelants** *funkelnde Blicke* / ~ **farouche, féroce** *wilder Blick* / ~ **fixe** *starrer, unverwandter Blick* / ~ **flamboyant** *flammender Blick* / ~ **foudroyant** *vernichtender Blick* / ~ **franc, droit** *offener Blick* / ~ **fulminant** *wütender, drohender Blick* / ~ **furibond, furieux, furibard** (F), **furax** (F) *wütender Blick* / ~ **furtif** *verstohlener Blick* / ~ **fuyant** *ausweichender Blick* / ~ **goguenard** *spöttischer, abfälliger Blick* / ~ **hautain** *stolzer, hochmütiger Blick* / ~ **humide** *tränenfeuchter Blick* / ~ **inquiet** *besorgter, ängstlicher Blick* / ~ **inquisiteur** *prüfender Blick* / ~ **languissant** *sehnsüchtiger, schmachtender Blick* / ~ **méprisant** *verächtlicher Blick* / ~ **moqueur** *spöttischer Blick* / ~ **mourant** *schmachtender Blick* / ~ **noir** *finsterer Blick* / ~ **oblique** *Seitenblick* / ~ **pénétrant, perçant** *durchdringender Blick* / ~ **pensif** *nachdenklicher Blick* / ~ **rapide** *kurzer Blick* / ~ **réprobateur** *mißbilligender, tadelnder, vorwurfsvoller Blick* / ~ **scrutateur** *forschender Blick* / ~ **sinistre, sombre** *finsterer, düsterer Blick* / ~ **sournois** *lauernder, hinterhältiger Blick* / ~ **suppliant** *flehender Blick* / ~ **suspicieux** *argwöhnischer Blick* / ~ **tendre** *zärtlicher, liebevoller Blick* / ~ **terne** *trüber, glanzloser Blick* / ~ **torve** *scheeler Blick* / ~ **vague** *zerstreuter Blick* / ~ **venimeux** *giftiger Blick* / ~ **vif** *lebhafter, wacher Blick* / ~ **vitreux** *glasiger Blick*
appuyer son ~ sur qn, qc *j-n, etw anstarren:* Le malade appuya son ~ sur le médecin, debout devant lui. / son ~ **s'assombrit** *sein Blick verfinstert sich; er blickt (plötzlich) düster drein:* L'enfant, déçu, avait une mine boudeuse, son ~ s'assombrit. / **attirer, retenir** les ~s *die Blicke auf sich ziehen:* Ce tableau attire tous les ~s. / **se concerter** du ~ *sich durch*

Blicke verständigen: Les deux délégués se sont concertés du ~ avant de répondre. / **couler** un ~ vers qn *j-m einen verstohlenen Blick zuwerfen:* La serveuse coula un ~ vers son patron. / **couver, caresser** qn, qc du ~ *j-n, etw zärtlich, begehrlich anblicken:* Avez-vous vu comme elle le couvait du ~? / son ~ **croisa** le mien *unsere Blicke begegneten sich:* Il se retourna et son ~ croisa le mien. / **darder** un ~ (+ *adj*) sur qn; **percer, transpercer** qn du ~ *j-n mit Blicken durchbohren:* Le gamin ne dit rien, mais darda un ~ mauvais sur la femme. / **dérober, soustraire** qc, qn aux ~s de qn *etw, j-n j-s Blicken entziehen:* Il essaya en vain de dérober le petit appareil aux ~s des spectateurs. / **détourner, détacher** le, son ~, ses ~s *seinen Blick abwenden, losreißen:* Elle n'arrivait pas à détacher le ~ de ce spectacle affreux. / **dévorer** qn du ~ *j-n mit Blicken verschlingen:* J'ai remarqué que Jocelyne dévore Paul Antoche du ~. / **diriger** son ~ vers ...; **braquer, porter** son ~ sur ... *seinen Blick richten auf ...:* Pierre Sylvin dirigea son ~ vers sa fiancée. / **échanger** des ~s *Blicke tauschen:* Les deux amants échangèrent des ~s d'intelligence. / le ~ s'**éclaire, s'illumine** *die Augen leuchten auf; der Blick erhellt sich:* Avez-vous remarqué comme le ~ de Louise s'éclaire dès qu'elle aperçoit Régis Laforge? / **éviter** le ~ de qn *j-s Blick ausweichen:* J'ai voulu le contacter à l'occasion de cette réunion, mais il a fait semblant de ne pas me voir et a évité mon ~. / **fixer, arrêter, attacher, poser** son ~ sur qn, qc *seinen Blick auf j-n, etw heften:* L'enquêteur fixa son ~ sur le détenu. / **foudroyer** qn du ~ *j-m vernichtende Blicke zuwerfen:* Le professeur foudroya le pauvre élève du ~. / **fouiller, scruter** qc du ~ *etw forschend anblicken; in (auf, nach usw.) etw forschend blicken:* Le commissaire se précipita à la fenêtre et fouilla du ~ le parc où avaient retenti les coups de feu. / qc **illumine** le ~ de qn *etw erhellt j-s Blick:* À cette nouvelle, un éclair de joie illumina son ~. / **interroger, consulter** qn du ~ *j-n fragend ansehen, anblicken:* Mademoiselle Flandrin interrogea le juge du ~. / **jeter, lancer** un ~ sur qn *j-m einen Blick zuwerfen:* Elle lui a lancé un ~ furieux. / **menacer** qn du ~ *j-m einen drohenden Blick zuwerfen:* Qui est cette personne qui m'a menacé du ~? / **montrer, désigner** qc du ~ *mit Blicken auf etw aufmerksam machen:* Hercule m'a montré du ~ la porte entrouverte. / **parcourir** qc du ~ *etw überfliegen:* L'inspecteur parcourut du ~ la chambre en désordre. / **planter, plonger** son ~ dans le ~ de qn *j-m fest, tief in die Augen sehen, schauen, blicken:* Marie-Thérèse planta son ~ dans les yeux du jeune médecin et resta devant lui sans mot dire. / son ~ se **pose** sur ... *sein Blick fällt auf ...:* Soudain, son ~ se posa sur la valise ouverte. / **promener** son ~, ses ~s sur qc *seinen Blick über etw schweifen lassen:* Arrivé au sommet, elle promena son ~ sur le paysage qui s'étendait à ses pieds. / **ne pas rassasier** ses ~s de qc *sich an etw nicht sattsehen können:* Le peintre ne rassasiait pas ses ~s de la baie qui s'étendait devant lui. / **rencontrer** le ~ de qn *j-s Blick begegnen:* En parcourant les yeux la salle pleine de gens, il rencontra le ~ de Françoise Urbain. / **soutenir** le ~ de qn *j-s Blick stand-, aushalten:* Le détenu ne pouvait pas soutenir le ~ du commissaire et baissa ses yeux. / **suivre** qn du ~ *j-m nachblicken:* L'enfant s'éloigna sur sa bicyclette et sa mère le suivit du ~ jusqu'au coin de la rue. / **tourner** son ~, ses ~s vers qn, qc *zu j-m, etw (hin)blicken:* Il leva la tête et tourna lentement son ~ vers la porte.

régime[1] m *Regime*
le ~ **branle** *das Regime wankt:* Le ~ du dictateur branle depuis la fin de l'année. / **instaurer** un ~ *ein Regime einsetzen:* La junte qui vient de prendre le pouvoir a promis d'instaurer un ~ parlementaire dans un délai de cinq ans. / **renverser** un ~ *ein Regime stürzen:* Les insurgés finirent par renverser le ~.

régime[2] m *Diät*
~ **amaigrissant** *Schlankheitsdiät* / ~ **carné** *Fleischkost* / ~ **lacté** *Milchkur, Milchdiät* / ~ **sévère, strict** *strenge Diät* / ~ **végétarien** *Pflanzenkost*
enfreindre un ~ *eine Diät nicht einhalten:* Un ~ n'a pas de sens si tu l'enfreins constamment. / **être** au ~ *diät leben (müssen); auf Diät sein:* Merci, pas de bière, je suis au ~. / **être** au ~ **sec** *keinen Alkohol trinken dürfen:* Jean est au ~ sec, c'est dur pour lui. / **mettre** qn au ~ *j-n auf Diät setzen:* Je suis obligé de vous mettre au ~. / **se mettre** au ~ *sich auf Diät umstellen:* Votre foie est malade; vous devrez vous mettre au ~. / **observer** un ~ *(eine) Diät einhalten:* Pour l'instant, il observe son ~ à la lettre; espérons qu'il persévérera. / **ordonner** un ~ à qn *j-n (eine) Diät verordnen:* Le médecin a commencé par lui ordonner un ~ amaigrissant. / **suivre** un ~ *Diät halten:* Mon mari doit suivre un ~ depuis sa crise de foie.

région f *Gegend*
~ **désolée** *trostlose, öde Gegend* / ~ **sauvage** *wilde, unberührte Gegend*
battre la ~ *die Gegend absuchen:* La police a battu toute la ~ sans le moindre résultat. / **parcourir, sillonner** la ~ *in der Gegend herumfahren:* Les deux Australiens ont parcouru la ~ à la recherche de ruines romanes.

registre m *Verzeichnis*
inscrire, noter, coucher sur, dans un ~ *in ein*

Verzeichnis eintragen, aufnehmen: Un employé installé à l'entrée inscrivait sur un ~ le nom de toutes les personnes qui se présentaient. / **tenir** le ~ de qc *von, über etw ein Verzeichnis führen:* Madeleine est une femme d'ordre, elle tient un ~ exact de toutes ses sorties.

règle f *Regel*
~s **fixes** *feste Regeln* / ~ **stricte** *strenge Regel* **accepter** une ~; se **conformer**, se **plier**, s'**assujettir** à une ~ *sich einer Regel unterwerfen:* Ceux qui veulent être admis dans notre cercle doivent accepter ses ~s. / **appliquer** une ~; mettre une ~ **en application** *eine Regel anwenden:* C'est une ~ qui n'a jamais été appliquée. / être **assujetti** à certaines ~s *gewissen Regeln unterliegen:* La migration de cette espèce d'animaux est assujettie à certaines ~s qu'on ne connaît pas encore en détail. / **avoir** pour ~ de ... *als Lebensregel haben zu ...:* Monique Duriez a pour ~ de prendre le plus de vacances possible. / **échapper** à la ~ *von der Regel abweichen:* Son comportement échappe à la ~. / **enfreindre, violer** une ~; **désobéir, manquer** à une ~ *gegen eine Regel verstoßen:* Il avait violé la ~ du silence, sacrée dans ce milieu. Aussi pense-t-on qu'il a été victime d'un règlement de comptes. / **fixer, poser, formuler** une ~ *eine Regel aufstellen:* Ce n'est pas à vous de fixer ici les ~s. / une ~ **gouverne, régit** qc *etw unterliegt einer Regel; eine Regel gilt für etw:* Une seule ~ gouverne nos relations: la franchise intégrale. / **observer, suivre** une, la ~ *eine, die Regel beachten:* La faute est que vous n'avez pas suivi la ~ valable dans ce cas. / **observer** la ~, les ~s du jeu *sich an die Spielregeln halten:* J'exige que vous observiez les ~s du jeu. / **offenser** les ~s de la morale *Sitte und Anstand verletzen:* Ce roman offense les ~s de la morale.

règlement[1] m *Vorschriften*
enfreindre, tourner le ~; **contrevenir** au ~ *die Vorschriften umgehen, nicht einhalten; gegen die Vorschriften verstoßen; den Vorschriften zuwiderhandeln:* Lorsque Jacques faisait son service militaire, il considérait comme un sport le fait d'enfreindre le ~. / **obéir** au, **respecter** le ~ *sich an die Vorschriften halten:* Vous devez obéir au ~, c'est tout ce que l'on vous demande. / le ~ **prescrit, prévoit** que ... *die Vorschriften sehen vor, daß ...:* Le ~ prescrit que, les jours de sortie, les internes devront regagner l'établissement avant 18 heures.

règlement[2] m *Regelung*
~ **amiable** *gütliche Regelung* / ~ **élastique** (F) *großzügige Regelung*

regret m *Bedauern, Reue*
~s **amers** *bittere Reue* / ~s **éternels** *in tiefer Trauer (Grabinschrift)* / ~s **lancinants** *schmerzliches Bedauern* / ~s **tardifs** *späte Reue* / **vains** ~s *vergebliche Reue* / à mon **vif** ~ *zu meinem großen, lebhaften Bedauern*
avoir le ~ de ... *es bedauern zu ...:* Nous avons le grand ~ de vous faire savoir que Monsieur Ycelle ne travaille plus pour nous. / **être** au ~ *bedauern:* Je suis au ~ de vous informer que les pommes sont arrivées pourries. / **exprimer** ses ~s *sein Bedauern ausdrücken; bedauern:* Nous ne pouvons accepter votre invitation et vous en exprimons nos ~s. / **montrer, témoigner** du ~ de qc *etw bedauern:* Si du moins il témoignait du ~ de ce qu'il a fait! Mais au contraire, il en est fier. / il est **rongé** de ~s *Gewissensbisse nagen an ihm:* Laisse-le, il est déjà rongé de ~s.

relation f *Beziehung, Verbindung,* pl *(auch) Verhältnis*
~s **amicales** *freundschaftliche Beziehungen* / ~s **amoureuses** *Liaison, Liebesbeziehung* / ~ **causale** *ursächlicher Zusammenhang* / ~s **cordiales** *herzliches Verhältnis* / ~s **diplomatiques** *diplomatische Beziehungen* / ~s **épistolaires** *Briefkontakt* / ~s **réciproques** *Wechselbeziehungen* / ~s **suivies** *regelmäßige Beziehungen* / ~s **tendues** *gespanntes Verhältnis*
avoir des ~s avec qn *mit j-m (intime) Beziehungen haben:* Croyez-vous que l'accusé ait des ~s avec Monique Caravière? / il **y a** une ~ entre qc et qc *es besteht eine Verbindung, Beziehung zwischen etw und etw:* Il n'y a aucune ~ entre le coup de téléphone qu'il a reçu hier soir et son départ subit. / **cesser, interrompre** ses ~s *seine Beziehungen abbrechen, lösen:* Les deux familles ont cessé leurs ~s. / se **constituer** des ~s *sich Beziehungen schaffen, aufbauen:* L'espion a vite réussi à se constituer des ~s. / **cultiver** ses ~s (avec qn) *seine Beziehungen (zu j-m) pflegen:* Pendant une dizaine d'années, il a cultivé ses ~s avec les milieux bancaires. / **entretenir** des ~s avec qn *Beziehungen zu j-m unterhalten:* Entretient-il des ~s avec cette société? / **établir** des ~s *Beziehungen herstellen, aufnehmen:* Elle réussit tout doucement à établir de ~s amicales entre les deux rivaux. / **être** en ~(s) avec qn *mit j-m in Verbindung stehen:* Êtes-vous en ~ avec un bon avocat? / **être** en **étroite** ~ *in enger Beziehung zueinander stehen:* Ces deux événements sont en étroite ~. / **être sans** ~ avec ... *keine Beziehung haben zu ...:* Ma dernière lettre est sans ~ avec l'analyse de marché des services «Ventes». / **faire** la ~ avec qn, qc, entre qc et qc *j-n, etw mit etw in Verbindung bringen:* Lorsque j'ai vu son air bouleversé, j'ai tout de suite fait la ~ avec l'incident dont vous m'aviez parlé. / se **faire** des ~s *sich Beziehungen schaffen:* Pendant les deux années qu'il a passées dans l'industrie, il s'est fait les ~s nécessaires pour monter une

entreprise. / **mettre** qn en ~(s) avec qn *j-n mit j-m in Verbindung bringen; die Verbindung, den Kontakt zwischen j-m und j-m herstellen:* Voulez-vous que je vous mette en ~ avec Madame Perrin? / **rester** en ~(s) avec ... *in Verbindung bleiben mit* ...: Êtes-vous resté en ~ avec Justin Paillard depuis qu'il est parti pour Paris? / **rompre** les ~s (diplomatiques) *die (diplomatischen) Beziehungen abbrechen:* Les deux pays ont rompu les ~s diplomatiques.

relève f *Ablösung*
prendre la ~ (de qn) *j-n ablösen:* À six heures, d'autres ouvriers prennent la ~ de l'équipe de nuit.

religion f *Religion, Glauben*
abjurer une ~ *einer Religion abschwören:* A-t-il abjuré la ~ catholique? / **adopter** une ~; se **convertir** à une ~; **embrasser** une ~ *einen Glauben annehmen; zu einem Glauben übertreten:* Les indigènes de cette région ont adopté la ~ chrétienne. / **avoir** de la ~ *gläubig sein:* Les membres de cette famille ne vont pas souvent à l'église, mais ils ont de la ~. / **pratiquer** sa ~ *seinen religiösen Pflichten nachkommen:* Je ne crois pas qu'elle pratique sa ~. / **professer** une ~ *sich zu einer Religion bekennen:* Quelle ~ professent ces réfugiés? / **revenir** à la ~ *zum Glauben zurückfinden:* Peu avant sa mort, elle est revenue à la ~.

remarque f *Bemerkung*
~ **acerbe** *verletzende, scharfe Bemerkung* / ~ **acide, aigre** *scharfe, bissige Bemerkung* / ~ **désobligeante** *unfreundliche Bemerkung* / ~ **fine** *geistreiche, scharfsinnige Bemerkung* / ~ **incongrue** *ungehörige Bemerkung* / ~ **insolente** *freche Bemerkung* / ~ **intempestive, fâcheuse** *unpassende Bemerkung* / ~ **judicieuse** *kluge Bemerkung* / ~ **marginale** *Randbemerkung* / ~ **pénétrante, profonde** *scharfsinnige Bemerkung* / ~ **pertinente** *passende, (zu-)treffende Bemerkung* / ~ **piquante, mordante** *bissige Bemerkung* / ~ **préliminaire** *Vorbemerkung* / ~ **bien sentie** *treffende Bemerkung* / ~ **venimeuse** *bissige, giftige Bemerkung*
adresser, faire une ~ à qn *j-m gegenüber eine Bemerkung machen:* À ce sujet, il a déjà adressé une ~ à son patron. / une ~ s'**applique** à qn, qc *eine Bemerkung gilt für j-n, etw:* Cette ~ s'applique également à vous, Mademoiselle Chêne. / une ~ a **porté** *eine Bemerkung ist angekommen,* (F) *hat gesessen:* J'ai l'impression que cette ~ a porté.

remède m *(Heil)Mittel*
~ **anodin, inoffensif** *harmloses, unschädliches Mittel* / ~ **efficace, énergique** *wirksames Mittel* / ~ **inefficace, inopérant** *wirkungsloses Mittel* / ~ **infaillible, souverain** *unfehlbares Mittel* / ~ **miracle, miraculeux** *Wundermittel* / **puissant** ~ *sehr wirksames Mittel* / ~

radical *durchgreifendes Mittel* / ~ **salutaire** *heilkräftige Arznei* / ~ **universel** *Allheilmittel*
administrer un ~ à qn *j-m ein Mittel verabreichen:* Les ~s que tous les médecins lui administrent depuis des années n'ont guère eu d'effets positifs.

remerciement m *Dank*
vifs ~s *besonderer Dank*
se **confondre** en ~s *vor Dank(esbezeigungen) überströmen:* Madame Bertin s'est confondue en ~s. / **exprimer, présenter** ses ~s (à qn) *(j-m) seinen Dank aussprechen, abstatten:* Permettez que je vous présente mes ~s. / **recevez, agréez** mes ~s *haben Sie herzlichen Dank:* Recevez, chère Madame, mes plus vifs ~s.

remise f *(Preis)Nachlaß*
consentir, faire, accorder une ~ (à qn) *(j-m) einen Nachlaß gewähren:* Malheureusement, nous ne sommes pas à même de vous faire une ~ plus importante.

remords m (pl) *Gewissensbiß, -bisse*
~ **cuisants, torturants** *quälende Gewissensbisse* / ~ **tardifs** *späte Reue*
avoir des ~ *Gewissensbisse haben; sich Vorwürfe machen:* N'avez-vous pas de ~? / être **dévoré, bourrelé** de ~ *von Gewissensbissen geplagt, verzehrt sein, werden:* Comme il était responsable de cet accident, il était dévoré de ~. / **étouffer** ses ~ *seine Gewissensbisse unterdrücken:* Il essayait en vain d'étouffer ses ~. / être **hanté, harcelé, tenaillé** par le ~ *vom Zweifel, von Selbstvorwürfen geplagt werden:* Le jour, il était tranquille, mais la nuit, lorsqu'il avait des insomnies, il était hanté par le ~. / être **pris** de ~ *Gewissensbisse bekommen:* Sa première réaction a été la fuite, mais au bout de quelques minutes, il a été pris de ~ et est revenu sur les lieux de l'accident. / les ~ **tourmentent** qn *(die) Gewissensbisse plagen, quälen j-n:* Il regrette tout et les ~ le tourmentent nuit et jour.

remplacement m *Vertretung*
faire des ~s *Vertretungen übernehmen:* Je suis complètement surmené; je ne peux pas faire de ~s.

renard m *Fuchs*
un **fin** ~ (fig) *ein schlauer Fuchs* / un **vieux** ~ (fig) *ein alter Fuchs*
le ~ **glapit** *der Fuchs bellt:* Chut! J'ai entendu glapir un ~.

rencontre f *Begegnung, Treffen*
~ **accidentelle, fortuite** *zufällige Begegnung* / ~ **heureuse** ~ *glückliches Zusammentreffen; glücklicher Zufall* / ~ **inattendue** *unvermutete Begegnung* / ~ **mauvaise** ~ *verhängnisvolle Begegnung:* faire une mauvaise ~ *(eine verhängnisvolle Begegnung haben)*
aller à la ~ de qn *j-m entgegengehen:* Je vais à la ~ de nos invités. / **arranger, ménager** une ~

rendement

ein Treffen arrangieren, organisieren: C'est la tante Berthe qui avait arrangé la ~ entre les deux jeunes gens. / **envoyer** qn à la ~ de qn *j-n j-m entgegenschicken:* Le patron du bistro a envoyé son garçon à ma ~. / **éviter** la ~ de qn *j-m aus dem Weg gehen:* Vous ne pourrez pas éviter à l'infini la ~ de Marcel. / **faire** la ~ de qn *j-s Bekanntschaft machen:* Henri a fait la ~ d'une très charmante jeune fille. / **venir** à la ~ de qn *j-m entgegengehen:* Madame Phileau est venue à la ~ des passagers américains.

rendement m *Leistung, Ertrag*
augmenter le ~ *die Leistung, den Ertrag steigern:* Tâchez d'augmenter le ~ du service administratif. / **avoir** un, **être** d'un ~ (+ *adj*) *einen (+ adj) Ertrag abwerfen:* Nos actions belges sont à présent d'un ~ satisfaisant.

rendez-vous m *Verabredung, Treffen, Termin*
~ **galant, amoureux** *Rendezvous*
accorder un ~ *einem Treffen zustimmen:* L'actrice célèbre a consenti à accorder un ~ à Julien Vivier. / **annuler** un ~ *ein Treffen absagen:* Mon partenaire mexicain a annulé le ~ fixé pour des raisons que je ne connais pas. / **avoir** (un) ~ **avec** qn *mit j-m eine Verabredung haben, verabredet sein:* Avec qui as-tu ~ ce soir? / **avoir** un ~ chez un médecin, *etc. bei einem Arzt usw. einen Termin haben:* Demain dans la matinée, j'ai un ~ chez mon médecin. / **donner** ~ à qn *sich mit j-m verabreden:* Je m'étonne de ce qu'il vous ait donné ~. / **fixer** un ~ *ein Treffen vereinbaren, festlegen:* Pouvez-vous fixer un ~ avec Monsieur Dumont avant la fin de cette semaine? / **manquer** un ~ *zu einem Treffen nicht erscheinen; einen Termin versäumen:* Ce n'est pas de ma faute si j'ai manqué ce ~. / **prendre** ~ *einen Termin vereinbaren:* Je vous recommande de prendre ~ avec un spécialiste. / **avez-vous pris** ~? *sind Sie angemeldet?:* Le docteur Berneau ne vous recevra que si vous avez pris ~. / **recevoir** sur ~ *Sprechstunde nach Vereinbarung halten:* Le docteur Salou ne reçoit que sur ~.

rêne f *Zügel*
abandonner les ~s *die Zügel loslassen, fahren lassen:* Le cavalier abandonna soudain les ~s et sauta à bas de son cheval. / **lâcher** les ~s *die Zügel locker lassen (auch fig):* Lâchez maintenant un peu les ~s à vos collaborateurs. / **prendre** les ~s *die Zügel (fest) in die Hand nehmen (auch fig):* Le chef des socialistes a pris les ~s du gouvernement. / **tenir** les ~s *die Zügel in der Hand halten (auch fig):* Monsieur Chablis tient toujours les ~s de son entreprise.

renfort m *Verstärkung*
demander du ~ *Verstärkung anfordern:* Je n'arrive plus à faire ce travail tout seul. Je serai obligé de demander du ~ au chef du personnel.

/ **envoyer** du ~, des ~s *Verstärkung entsenden, schicken:* Le gouvernement central a décidé d'envoyer des ~s pour soutenir les troupes combattant aux frontières.

renommée f *(guter) Ruf*
~ **bien assise** *festbegründeter Ruf* / ~ **ébréchée** *angeschlagener Ruf*
détruire la ~ de qn *j-s Ruf zerstören, ruinieren:* Dans ce milieu très fermé, la moindre négligence peut suffire pour détruire la ~ de quelqu'un. / **faire ou défaire** la ~ de qn *j-s guten oder schlechten Ruf begründen:* C'est un critique à la plume acérée. Un mot de lui peut faire ou défaire les ~s.

renseignement m *Auskunft, Erkundigung*
de plus **amples** ~s *weitere Auskünfte* / ~s **confidentiels** *vertrauliche Mitteilungen* / ~ **erroné** *irreführende Auskunft*
aller, partir aux ~s *sich erkundigen gehen:* Nous attendons Manuel. Il est parti aux ~s, mais il ne va pas tarder à revenir. / **arracher** un ~ à qn *j-m eine Information entlocken:* À force de patience, il a fini par arracher de précieux ~s à son interlocuteur. / **communiquer, donner, fournir** des ~s à qn sur qc *j-m über etw Auskunft geben, erteilen:* Nous ne pouvons malheureusement pas vous donner de ~s plus détaillés à ce sujet. / **obtenir** un ~ *eine Auskunft erhalten, bekommen:* Il m'a été impossible d'obtenir des ~s plus précis. / **pêcher** un ~ (F) *eine Nachricht aufschnappen:* Où avez-vous pêché ce ~? / **prendre, recueillir** des ~s sur qc, qn *Erkundigungen über etw, j-n einziehen:* Avez-vous pris des ~s sur ce Jacques von Dyren? / **puiser, trouver** un ~ *eine Auskunft finden:* Vous puiserez dans ce recueil une foule de ~s de première main. / **tenir** un ~ de qn *eine Auskunft von j-m erhalten haben:* Nous tenons ce ~ d'un très bon ami.

rente f *Rente*
constituer, servir une ~ à qn *j-m eine Rente aussetzen:* Le Baron de la Motte a constitué une ~ à sa vieille bonne.

rentrée f *Comeback*
faire sa ~ *sein Comeback feiern:* Dans cette pièce de théâtre, la protagoniste a fait sa ~ sur scène.

réparation[1] f *Reparatur*
effectuer, faire une ~ *eine Reparatur durchführen:* Il faut que je fasse cette ~ le plus vite possible. / **être** en ~ *(gerade) repariert werden:* Ma voiture est en ~.

réparation[2] f *Genugtuung*
demander ~ *Genugtuung verlangen, fordern:* Il a l'intention de demander ~ car il estime que son honneur a été mis en cause. / **donner** ~ *Genugtuung geben:* Monsieur, vous me donnerez ~ pour cette offense. / **obtenir** ~ *Genugtu-*

ung erhalten: Il a juré qu'il obtiendrait ~ pour l'affront qui lui a été infligé.

repas m *Mahlzeit, Essen*
~ bien **arrosé** *Mahlzeit, zu der man guten Wein trinkt* | ~ **copieux, plantureux** *üppiges, reichliches, lukullisches Mahl* | ~ **frugal** *karges Mahl* | **léger** ~ *leichte Mahlzeit* | **maigre** ~ *dürftiges, karges Mahl* | ~ **pantagruélique, gargantuesque** *üppiges Mahl; Schlemmermahl(zeit)* | ~ **sommaire** *rasche Mahlzeit* | ~ **substantiel** *nahrhafte Mahlzeit*
aimer les bons ~ *gern gut essen:* Ce n'est pas sans raison qu'il est si gros. Il aime les bons ~. | **arroser** un ~ de ... *zum Essen ... trinken:* Le dimanche, j'aime arroser le ~ d'un bon vin rouge. | **donner** un ~ *ein Essen geben:* Les Langevin ont donné un grand ~ pour fêter la promotion de leur fils. | **expédier** le ~ *das Essen hinunterschlingen:* Le chauffeur du camion expédia le ~ et se remit en route. | **faire** trois ~ par jour *dreimal täglich (etw) essen:* Le médecin m'a conseillé de faire régulièrement trois ~ par jour. | **faire** un bon ~ *gut essen:* À Besançon, nous avons fait un bon ~. | **se farcir** un bon ~ (F) *sich eine gute Mahlzeit einverleiben:* Hier, chez les Duval, nous nous sommes farci un bon ~. | **partager** le ~ de qn *j-s (Tisch)Gast sein:* Henri Laprèche partageait souvent le ~ de son patron. | **prendre** un ~ *eine Mahlzeit einnehmen:* Où avez-vous pris votre ~? | **préparer** le ~ *das Essen (zu)bereiten:* Qui est-ce qui a préparé ce ~? | **sauter** un ~ *eine Mahlzeit auslassen, überspringen:* J'ai perdu cinq kilos en trois semaines en sautant un ~ chaque jour.

répit m *Atempause*
s'**accorder** un peu de ~ *sich eine kleine Atempause gönnen:* Tout le monde comprendra que vous vous accordiez maintenant un peu de ~.

réponse f *Antwort*
~ **adéquate** *treffende, passende Antwort* | ~ **affirmative, positive** *positive Antwort* | ~ **ambiguë, équivoque** *zweideutige, doppelsinnige Antwort* | ~ **carrée** *bündige Antwort* | ~ **catégorique** *kategorische Antwort* | ~ **dédaigneuse** *schnippische Antwort* | ~ **étourdie** *unbesonnene, vorschnelle, gedankenlose Antwort* | ~ **évasive** *ausweichende Antwort* | ~ **impertinente** *unverschämte Antwort* | ~ **laconique** *lakonische Antwort* | ~ **mordante** *spitze, scharfe Antwort* | ~ **négative** *abschlägige Antwort* | ~ **nette** *klare, eindeutige Antwort* | ~ **préméditée** *wohlüberlegte Antwort* | **prompte** ~ *schnelle Antwort* | ~ **saugrenue** *ungereimte, unsinnige Antwort* | ~ **sèche** *schroffe, barsche, abweisende Antwort* | ~ **succincte** *kurze und bündige Antwort* | ~ bien **tapée** (F), bien **envoyée** *Antwort, die sitzt*

avoir ~ à tout *auf alles eine Antwort wissen; nie um eine Antwort verlegen sein:* Elle n'est pas bête et a ~ à tout. | **bafouiller** une ~ *eine Antwort stammeln:* Mis au pied du mur, il bafouilla une ~ très peu convaincante. | **donner, fournir, faire** une ~ *eine Antwort geben, liefern:* Le président ne m'a pas donné de ~. | **laisser** qc sans ~ *etw unbeantwortet lassen:* Les établissements Tonnelier ont laissé notre demande d'informations sans ~. | **réserver** sa ~ *sich seine Antwort für später aufheben:* Permettez-moi de réserver ma ~. | **rester** sans ~ *unbeantwortet bleiben:* Notre plainte est jusqu'ici restée sans ~.

repos m *Ruhe*
~ **complet** *völlige Ruhe* | ~ **dominical** *Sonntagsruhe* | ~ **éternel** (rel) *ewige Ruhe* | ~ bien **gagné** *wohlverdiente Erholung, Ruhe*
n'**avoir** aucun ~ *keine Ruhe haben:* Je n'aurai aucun ~ jusqu'à ce que je sache qui est l'auteur de cette lettre infâme. | **ordonner** du ~ à qn *j-m Ruhe verordnen:* Le médecin a ordonné du ~ à mon mari. | **ôter** tout ~, ne **laisser** aucun ~ à qn *j-m die Ruhe rauben; j-m keine Ruhe lassen:* La nouvelle de la maladie de notre fils qui se trouve en Amérique nous a ôté tout ~, à ma femme et à moi. | **prendre** du ~ *ausspannen:* Prenez un peu de ~, vous en avez besoin. | **troubler** le ~ *die Ruhe stören:* Il est rare que le bruit d'un moteur vienne troubler le ~ de ce coin si paisible. | **trouver** le ~ *Ruhe finden:* Le malade a passé une nuit agitée, ses douleurs ne lui permettant pas de trouver le ~.

représailles fpl *Repressalien*
exercer des ~, **user** de ~ à l'égard de qn *Repressalien j-m gegenüber ergreifen:* Si l'affaire n'avance pas, je n'hésiterai pas à exercer des ~ à l'égard de mon ex-partenaire.

représentation f *Darstellung*
~ **erronée** *falsche, unrichtige Darstellung* | ~ **fidèle** *genaue, originalgetreue Darstellung* | ~ **graphique** *graphische Darstellung*

répression f *Unterdrückung*
~ **implacable** *unnachsichtige Unterdrückung* | ~ **sanglante** *blutige Unterdrückung*

réprimande f *Tadel, Verweis*
sévère ~ *strenger Verweis* | **verte** ~ *scharfer Tadel, Verweis*
faire des ~s à qn *j-m einen Verweis erteilen; j-n tadeln:* Le professeur de musique lui a fait des ~s. | **recevoir** une ~ *einen Verweis erhalten; getadelt werden:* Personne n'aime recevoir de ~s.

réprobation f *Mißfallen*
soulever la ~ **générale** *allgemeines Mißfallen erregen:* Votre action a soulevé la ~ générale parmi les délégués.

reproche m *Vorwurf*
d'**amers**, d'**âpres** ~s *bittere Vorwürfe* | ~

reproduction

détourné, indirect, voilé *versteckter Vorwurf* | ~ fondé *begründeter Vorwurf* | ~s graves; graves ~s *schwere Vorwürfe* | ~ injuste *ungerechter Vorwurf* | ~ justifié *berechtigter Vorwurf* | léger ~ *leichter Vorwurf* | muets ~s *unausgesprochene, stumme Vorwürfe* | ~ sanglant *zutiefst verletzender Vorwurf* | ~s sempiternels *dauernde Vorwürfe* | ~s véhéments; vifs ~s *heftige Vorwürfe*
accabler qn de ~s *j-n mit Vorwürfen überhäufen, überschütten:* Les joueurs ont accablé l'arbitre de ~s. | encourir des ~s *sich Vorwürfen aussetzen:* Si vous envoyez cette lettre à tous les membres de l'association, vous encourrez des ~s. | essuyer des ~s *Vorwürfe einstecken müssen:* Madame Luteau a essuyé des ~s à cause de son comportement. | faire des ~s à qn *j-m Vorwürfe machen:* Ma mère me fait des ~s. | faire ~ à qn de qc *j-m wegen etw Vorhaltungen machen:* Le directeur lui a fait ~ de son comportement. | se justifier d'un ~ *sich von einem Vorwurf reinwaschen:* Le député a annoncé son intention de se justifier publiquement des ~s qui lui ont été adressés. | se renvoyer des ~s *sich gegenseitig Vorwürfe machen:* Les deux époux, devant le juge, se renvoyaient des ~s. | qc lui a valu des ~s etw *hat ihm Vorwürfe eingetragen, eingebracht:* Son comportement lui a valu des ~s de la part des parents d'élèves.
reproduction f *Wiedergabe*
~ exacte, fidèle *getreue Wiedergabe* | ~ intégrale *ungekürzte Wiedergabe* | ~ littérale *wörtliche Wiedergabe*
répugnance f *Widerwille, Abneigung*
~ insurmontable, invincible *unüberwindliche Abneigung*
avoir, éprouver une grande ~ pour qc *großen Widerwillen gegen etw hegen, haben:* Elle a une très grande ~ pour la graisse sous toutes ses formes. | inspirer de la ~ à qn *j-n anwidern:* Cette lettre anonyme m'inspire de la ~.
répulsion f *Widerwille, Abneigung*
~ insurmontable, irrésistible *unüberwindliche Abneigung*
éprouver une ~ pour qn *Widerwillen gegen j-n empfinden:* Elle éprouve une très grande ~ pour son professeur d'anglais. | inspirer de la ~ à qn *j-n mit Widerwillen erfüllen:* Les grenouilles m'inspirent une grande ~.
réputation f *Ruf*
~ intacte, irréprochable *untadeliger, tadelloser Ruf* | ~ mondiale *Weltruf* | ~ surfaite *übertrieben guter Ruf* | vivre sur une, avoir une ~ usurpée *zu Unrecht in gutem Ruf stehen*
acquérir de la ~ *sich einen guten Ruf erwerben; bekannt werden:* Peu à peu, l'atelier Flaubert acquiert de la ~ dans toute la région parisienne. | asseoir, bâtir sa ~ sur ... *seinen Ruf begründen auf ...:* Monsieur Berlot a bâti sa ~ sur la fiabilité de ses appareils. | avoir la ~ d'être ... *in dem Ruf stehen, ... zu sein:* Madame Cornière a la ~ d'être très avare. | avoir (une) mauvaise ~ *in schlechtem Ruf stehen; einen schlechten Ruf haben:* La société P. M. a mauvaise ~ ici. | compromettre, entamer la ~; porter atteinte, porter un coup, nuire à la ~ de qn, qc *j-s Ruf, dem Ruf einer Sache schaden:* Le scandale va sans doute compromettre sa ~. | faire une mauvaise ~ à qn *j-n in Verruf bringen:* La faillite de la firme B.A.B. a fait une mauvaise ~ à Monsieur Villain, parce qu'il était le gérant de cette société. | faire à qn une ~ de ... *j-n als ... hinstellen:* Je ne tolérerai pas qu'on me fasse une ~ de menteur dans cette maison. | jouir d'une bonne, excellente ~ *einen guten, hervorragenden Ruf genießen:* La maison en question jouit d'une très bonne ~. | ruiner la ~ de qn *j-s Ruf ruinieren, zerstören:* Avec cette action, vous allez ruiner la ~ de l'institut. | salir, noircir, souiller la ~ de qn *j-s Ruf beschmutzen:* Je ne souffrirai pas que Madame Lamanière salisse la ~ de ma famille.
réseau d'espionnage m *Spionagenetz*
démanteler un ~ *ein Spionagenetz zerschlagen:* La police n'a pas réussi à démanteler les réseaux d'espionnage très actifs et bien organisés.
réservation f *Reservierung*
faire une ~ *einen Platz, ein Zimmer reservieren (lassen), vorbestellen:* Avez-vous déjà fait une ~?
réserve[1] f *Reserve, Vorrat*
avoir, tenir qc en ~ *etw vorrätig haben:* Malheureusement, nous ne tenons pas ces goupilles en ~. | (se) constituer des ~s (sich) *Vorräte anlegen:* Nous nous sommes constitué de grandes ~s de denrées alimentaires. | les ~s s'épuisent *die Vorräte gehen zur Neige:* Peu à peu, nos ~s commencent à s'épuiser. | garder en ~ *in Reserve halten, haben:* Certains prétendent que le Premier ministre garde en ~ une solution qu'il exposera en temps utile. | mettre qc en ~ *etw zurücklegen:* Cette bouteille, il l'avait mise en ~ pour arroser la réussite de son fils.
réserve[2] f *Vorbehalt*
formuler, présenter, faire des ~s *Vorbehalte anmelden, äußern:* Le délégué grec a formulé certaines ~s au sujet de ce règlement. | lever des ~s *Vorbehalte zerstreuen:* Il ne pouvait pas lever les ~s de son copropriétaire.
réserve[3] f *Zurückhaltung*
se tenir sur la ~; observer, garder une certaine ~ *zurückhaltend, reserviert bleiben:* Jusqu'ici, dans cette question, ils se sont tenus sur la ~.
résidence f *Wohnsitz*

~ **principale** *Hauptwohnsitz* / ~ **secondaire** *Zweitwohnung*
établir, fixer sa ~ à ... *seinen Wohnsitz in ... nehmen; sich in ... niederlassen:* Mes parents ont établi leur ~ à Cannes.

résistance f *Widerstand*
~ **acharnée** *erbitterter Widerstand* / ~ **active** *aktiver Widerstand* / ~ **armée** *bewaffneter Widerstand* / ~ **énergique** *energischer Widerstand* / ~ **farouche, vigoureuse** *heftiger, erbitterter Widerstand* / ~ **héroïque, intrépide** *heldenhafter Widerstand* / ~ **indomptable** *unbeugsamer Widerstand* / **molle** ~ *schwacher Widerstand* / ~ **obstinée, opiniâtre** *hartnäckiger Widerstand* / ~ **passive** *passiver Widerstand* / ~ **tenace** *beharrlicher, zäher Widerstand*
briser, réduire la ~ *den Widerstand brechen:* Les troupes gouvernementales n'ont pas pu briser la ~ des insurgés. / **écraser** la ~ *den Widerstand völlig brechen:* Le dictateur eut vite écrasé toute ~. / ne pas **faire** de ~ *keinen Widerstand leisten:* Il s'est laissé désarmer sans faire la moindre ~. / **offrir** une ~ *Widerstand leisten:* Le jeune homme se laissa emmener par les policiers sans offrir la moindre ~. / **opposer** une vive ~ (à) *heftigen Widerstand leisten (gegen):* Mon groupe opposera la plus vive ~ à ce projet. / **rencontrer, trouver** une ~ *auf Widerstand stoßen:* Lors de leur avance dans la montagne, les soldats n'ont rencontré aucune ~. / **vaincre** la ~ *den Widerstand überwinden, brechen:* Il a déjà tenté par tous les moyens de vaincre la ~ de ses parents.

résolution[1] f *Entschluß, Vorsatz*
~ **arrêtée; ferme** ~ *fester Entschluß* / **bonne** ~ *guter Vorsatz* / ~ **inébranlable** *felsenfester Entschluß* / ~ **irrévocable** *unwiderruflicher Entschluß* / **mâle** ~ *mutiger, kühner, energischer Entschluß*
prendre, former une ~ *einen Entschluß fassen:* Il faut absolument que vous preniez une ~ d'ici la fin de la semaine. / **prendre** de **bonnes** ~s *gute Vorsätze fassen:* Pour son trentième anniversaire, il a pris de bonnes ~s.

résolution[2] *Entschließung*
adopter, approuver une ~ *eine Entschließung annehmen:* L'assemblée a adopté la ~.

respect m *Respekt, Achtung*
avoir, ressentir du ~ envers, pour, à l'égard de qn *j-m Achtung entgegenbringen:* Nous ressentons du ~ envers Monsieur votre père. / **devoir** le ~ à qn *j-m Respekt schulden:* Nous devons le ~ à nos professeurs. / **forcer** le ~ de qn *j-m Achtung abnötigen:* Son comportement a forcé mon ~. / **imposer, inspirer, commander** le ~ *Achtung einflößen:* Cette personne, bien qu'elle soit très petite, inspire le ~. / **manquer** de ~ (envers qn) *es an der notwendigen Achtung fehlen lassen (gegenüber j-m):* Je trouve qu'il manque de ~ envers ses parents. / **témoigner, montrer** du ~ à, envers, pour, à l'égard de qn *j-m Respekt erweisen:* Les enfants d'aujourd'hui ne témoignent plus tellement de ~ aux personnes âgées.

respiration f *Atmung, Atem*
~ **artificielle** *künstliche Beatmung* / avoir la ~ **bruyante** *laut, geräuschvoll atmen* / avoir la ~ **courte** *kurzatmig sein* / ~ **difficile** *Atemnot* / avoir la ~ **entrecoupée** *unregelmäßig atmen* / ~ **haletante** *keuchender Atem* / ~ **pénible** *schwerer Atem* / ~ **précipitée** *keuchender, beschleunigter Atem* / ~ **sifflante** *pfeifendes Atmen*
couper la ~ à qn *j-m den Atem nehmen, verschlagen:* La température de l'eau vous coupe la ~. / **retenir** sa ~ *den Atem anhalten:* À ce bruit, il retint sa ~.

responsabilité f *Verantwortung, Haftung*
~ **illimitée** *unbeschränkte Haftung* / ~ **limitée** *beschränkte Haftung* / **lourde** ~ *schwere Verantwortung* / ~ **morale** *moralische Verantwortung* / **pleine et entière** ~ *volle Verantwortung*
assumer, accepter, prendre (sur soi) la ~ de qc; **engager** sa ~ dans qc *die Verantwortung, Haftung für etw übernehmen:* Nous ne pouvons pas assumer la ~ de cette démarche. / **attribuer** la ~ de qc à qn *j-n für etw verantwortlich machen:* Vous ne pouvez pas lui attribuer la ~ de l'échec. / **avoir** la ~ de qn *die Verantwortung für j-n haben:* Vous avez la ~ de cet enfant. / **contracter** une ~ *eine Verpflichtung übernehmen, eingehen:* Avez-vous, oui ou non, contracté cette ~? / **décliner** toute ~ *jede Verantwortung ablehnen, von sich weisen:* Si vous tentez l'entreprise, c'est à vos risques et périls. Quant à moi, je décline toute ~. / **dégager** qn de toute ~ *j-n aus der Verantwortung entlassen:* Je vous prie de me dégager de toute ~. / **fuir** les ~s *die Verantwortung scheuen; sich vor der Verantwortung drücken:* Mademoiselle Daumier n'entre pas en ligne de compte pour cet emploi; elle fuit les ~s. / **partager** la ~ avec qn *sich mit j-m in die Verantwortung teilen:* Monsieur Zébrouni partage la ~ avec son frère. / **porter** la ~ de qc *die Verantwortung für etw tragen:* Qui est-ce qui porte la ~ de cet échec? / **prendre** ses ~s *verantwortungsbewußt sein:* Madame Paumier a toujours pris ses ~s. / **rejeter** la ~ sur qn *die Verantwortung auf j-n abwälzen:* Marcel rejette la ~ sur son camarade. / toute la ~ **repose** sur lui *die ganze Verantwortung ruht, lastet auf ihm:* Je ne lui envie pas cette tâche; toute la ~ repose sur lui. / **revendiquer** la ~ de qc *die Verantwortung für etw übernehmen:* Un groupe peu connu de nationalistes revendique la ~ de l'attentat.

ressemblance f *Ähnlichkeit*
~ **confondante, hallucinante, frappante**

ressentiment

frappierende, verblüffende Ähnlichkeit | ~ **lointaine** *entfernte Ähnlichkeit* | ~ **parfaite** *täuschende, verblüffende Ähnlichkeit* | ~ **troublante** *verblüffende, unglaubliche Ähnlichkeit*

ressentiment m *Groll, Verbitterung*
vif ~ *heftiger Groll*
garder, conserver un vif ~ (de qc) *sehr verbittert sein* (*wegen, über etw*): Il conserve un vif ~ du tort qu'ils lui ont fait.

ressort m *Zuständigkeitsbereich*
être du ~ d'un tribunal *in die Zuständigkeit eines Gerichts fallen:* Cette affaire est du ~ de la cour d'appel. | **être** du ~ de ... *aus dem Gebiet* (+ *Gen*) *sein:* Cette loi est du ~ de la chimie. | cela n'**est** pas de mon ~ *dafür bin ich nicht zuständig:* Je ne peux pas vous renseigner, votre problème n'est pas de mon ~.

ressource f *Mittel, Möglichkeit*
~s **énergétiques** *Energiequellen* | ~s **financières** *Geldmittel* | ~s **inépuisables** (de) *unerschöpflicher Vorrat* (*an*) | **maigres** ~s *bescheidene Mittel*
avoir de la ~ (*viele*) *Mittel und Wege kennen:* C'est un homme qui a de la ~. Il trouve toujours un moyen pour se tirer d'affaire. | être **dénué** de, **être sans** ~s *mittellos sein:* Mon frère est au chômage et complètement sans ~s. | **déployer** toutes ses ~s *alle seine Möglichkeiten aufbieten:* Il lui fallut déployer toutes ses ~s d'éloquence pour persuader sa famille. | **épuiser** les ~s *alle Möglichkeiten ausschöpfen:* Vous n'avez pas encore épuisé toutes les ~s. | **exploiter** les ~s *die Schätze der Natur nutzen; die Ressourcen erschließen:* Ce pays n'a pas les moyens technologiques et financiers pour exploiter ses abondantes ~s.

restriction f *Einschränkung*
apporter des ~s à qc *etw einschränken:* Les décrets apportent des ~s aux pouvoirs des gouverneurs. | **faire** des ~s *Einschränkungen, Vorbehalte machen:* Quelqu'un fait-il des ~s au sujet de la proposition?

résultat m *Ergebnis*
les ~s **acquis** *die erzielten Ergebnisse* | ~ **brillant** *glänzendes Ergebnis* | ~ **concluant** *überzeugendes Ergebnis* | ~ **concret, tangible** *greifbares Ergebnis* | ~ **définitif** *Endergebnis* | ~ **dérisoire** *lächerliches Ergebnis* | ~ **honnête, honorable** *achtbares, ganz gutes Ergebnis* | ~ **inespéré** *unverhofftes Ergebnis* | ~ **lamentable, piteux** *klägliches, jämmerliches Ergebnis* | ~ **minable** (F), **maigre** ~ *dürftiges Ergebnis* | ~s **nuls** *absolut kein Ergebnis:* Tous les efforts ont donné des ~s nuls. (*Trotz aller Anstrengungen wurde absolut kein Ergebnis erzielt.*) | ~s **partiels** *Teil-, Zwischenergebnisse* (*bes. Wahlen*) | **piètre** ~ *karges, kümmerliches Ergebnis* | ~s **provisoires** *Zwischenergebnisse* | ~ **satisfaisant** *erfreuliches Ergebnis* | ~s **scolaires** *schulische Leistungen* | **tristes** ~s *jämmerliche, traurige Ergebnisse*
aboutir, conduire, mener à un ~ *zu einem Ergebnis führen:* Leurs efforts n'ont abouti à aucun ~. | **arriver** à un ~ *zu einem Ergebnis kommen, gelangen:* Le commissaire a avoué que, dans son enquête, il n'était arrivé à aucun ~. | **avoir** pour ~ que ... *zur Folge haben, daß ...:* Nos négociations ont eu pour ~ que les exportations vers la Grèce seront suspendues. | **donner** un ~ *ein Ergebnis zeitigen,* (*er*)*bringen:* Mes études n'ont donné que des ~s négatifs. | **obtenir** un ~ *ein Ergebnis erzielen:* Quel ~ avez-vous obtenu? | **proclamer** les ~s *die Ergebnisse bekanntgeben:* Les ~s du vote ne seront proclamés que demain soir.

résumé m *Zusammenfassung*
bref ~; ~ **concis** *kurze Zusammenfassung*

rétablissement m *Genesung*
prompt ~ *baldige Genesung*

retard[1] m *Verspätung*
gros, important ~ *große, erhebliche Verspätung* | **léger** ~ *leichte Verspätung*
arriver, être en ~ *sich verspäten; zu spät kommen:* Vous êtes en ~, Monsieur Langevin! | **avoir** du ~ *Verspätung haben:* Le train aura du ~. | **mettre** qn en ~ *j-n aufhalten:* Un accident de la route dont j'ai été le témoin m'a mis en ~. | **prendre** du ~ (*immer*) *nachgehen:* Ma montre prend du ~ depuis que je l'ai plongée dans l'eau. | **rattraper** un ~ *eine Verspätung aufholen, einholen:* Le train a rattrapé dix minutes de son ~. | ne pas **souffrir** de ~ *keinen Aufschub dulden:* L'affaire ne souffre pas de ~.

retard[2] m *Rückstand*
apporter du ~ *in Rückstand, in Verzug geraten:* Je n'admettrai pas que vous apportiez du ~ à l'exécution de ce travail. | **être** en ~, **avoir** du ~ *im Rückstand sein:* Notre équipe a du ~ par rapport au deuxième groupe. | **être** en ~ pour son âge *für sein Alter zurückgeblieben sein:* Michel est en ~ pour son âge. | **être** en ~ pour payer son loyer *mit seiner Miete im Rückstand sein:* Madame Junot est en ~ pour payer son loyer. | **rattraper, combler** un ~ *einen Rückstand aufholen:* Je ne sais pas si je pourrai rattraper ce ~.

retenue f *Zurückhaltung*
manquer de ~ *es an Zurückhaltung fehlen lassen:* Moi, je ne la trouve pas très sympathique. À mon avis, elle manque de ~.

retraite[1] f *Rückzug*
~ **précipitée** *überstürzter Rückzug*
battre en ~ *den Rückzug antreten;* (*fig*) *einen Rückzieher machen:* Les troupes mexicaines battirent en ~. | **couper** la ~ de qn *j-m den Rückzug abschneiden:* Le général Fischer a en vain essayé de couper la ~ de l'ennemi. |

couvrir, protéger la ~ *den Rückzug decken:* La première compagnie devra couvrir la ~ du bataillon.
retraite² f *Ruhestand*
~ **anticipée, précoce** *vorzeitiger Ruhestand* **être** en, à la ~ *im Ruhestand, pensioniert sein:* Mon père est en ~ depuis deux ans déjà. / **mettre** qn à la ~ *j-n in den Ruhestand versetzen, schicken; j-n pensionieren:* Après le scandale, le ministre a été mis à la ~. / **prendre** sa ~ *in den Ruhestand treten, gehen; sich pensionieren lassen:* J'aimerais dès maintenant prendre ma ~.
retraite³ f *Rente*
percevoir, toucher une ~ *eine Rente beziehen:* Madame Lamelin perçoit une petite ~ qui lui suffit à peine.
réunion f *Versammlung*
~ **électorale** *Wahlversammlung* / ~ **familiale** *Familientreffen* / ~ **privée** *geschlossene Gesellschaft* / ~ **publique et contradictoire** *öffentliche Versammlung mit (anschließender) Diskussion*
tenir une ~ *eine Versammlung abhalten:* Jean Villier a tenu une centaine de ~s électorales dans sa circonscription.
réussite f *Erfolg*
~ **brillante** *glänzender Erfolg* / ~ **éclatante** *großartiger Erfolg* / ~ **remarquable** *beachtlicher Erfolg* / ~ **sociale** *sozialer Aufstieg*
revanche f *Revanche*
jouer la ~; **donner** sa ~ (à l'adversaire) *(dem Gegner) Revanche geben:* Je suis prêt à jouer la ~. / **prendre** sa ~ *Revanche nehmen:* L'ancien champion a pris une éclatante ~ sur son adversaire.
rêve m *Traum, Wunschtraum*
~s **chimériques** *Hirngespinste, Phantastereien* / ~ **effrayant** *schrecklicher Traum* / ~ **éveillé** *Wachtraum*
arracher qn à un ~; **tirer** qn d'un ~ *j-n aus einem Traum, Wunschtraum reißen:* Oh! Tu m'as arraché à un beau ~. / **caresser, poursuivre** un ~ *einem Wunschtraum nachhängen:* Cela ne sert à rien de caresser des ~s sans faire la moindre chose pour les réaliser. / **faire** un ~ *einen Traum haben:* Cette nuit, j'ai fait un ~ pénible. / **fais** de **beaux** ~s! *träum was Schönes!:* Dors bien et fais de beaux ~s! / **interpréter** un ~ *einen Traum deuten:* J'aimerais me faire interpréter le ~ que j'ai fait la nuit passée. / **réaliser** son ~ *seinen Wunschtraum verwirklichen:* Dès ma mise en retraite, je réaliserai mon ~ d'une vie à la campagne. / un ~ **se réalise, se matérialise** *ein Traum wird wahr, geht in Erfüllung:* Avec ce voyage, un de mes ~s s'est matérialisé.
réveil¹ m *Erwachen*
~ **brusque, brutal** *jähes Erwachen* / avoir le ~

pénible *nur mühsam aufwachen* / le ~ est **pénible** *(fig) es gibt ein böses Erwachen*
réveil² m *Wecker*
mettre le ~ à ... heures *den Wecker auf ... Uhr stellen:* Je mets le ~ à sept heures et demie, n'est-ce pas?
révélation f *Enthüllung*
faire des ~s *Enthüllungen machen:* Pendant sa conférence de presse, le docteur Lamarier a fait des ~s extraordinaires.
revenant m *Gespenst*
il **y a** des ~s *es spukt:* On dit qu'il y a des ~s dans cette maison.
revendication f *Forderung*
~s **légitimes; justes** ~s *berechtigte Forderungen* / ~s **salariales** *Lohnforderungen* / ~ **territoriale** *Gebietsanspruch*
formuler une ~ *eine Forderung stellen:* Nos ouvriers sont satisfaits et ne formulent aucune ~. / **présenter** une ~ *eine Forderung vorlegen, präsentieren:* Une délégation d'agriculteurs s'est rendue à la préfecture pour y présenter les ~s des paysans de la région. / **satisfaire** à une ~ *eine Forderung erfüllen:* Dans la conjoncture actuelle, il sera difficile de satisfaire à toutes les ~s des travailleurs.
revenu m *Einkommen*
~s **accessoires, casuels** *Nebeneinkünfte* / ~ **fixe** *festes Einkommen* / les **gros** ~s *die hohen Einkommen* / ~ **imposable** *steuerpflichtiges Einkommen* / ~ **national** *Volkseinkommen* / **petit, faible, maigre** ~ *niedriges, geringes Einkommen* / de **solides** ~s *ein gutes Einkommen*
déclarer ses ~s *sein Einkommen (beim Finanzamt) angeben:* Faut-il que je déclare aussi mes ~s étrangers? / **retirer, tirer** un ~ de qc *ein Einkommen aus etw beziehen:* Son père possédait en Argentine une ferme dont il retire toujours un certain ~.
rêverie f *Träumerei*
s'**abandonner**, se **laisser aller**, se **livrer** à la ~ *sich Träumereien hingeben:* Pendant mes vacances, j'irai au bord de la mer, je me ferai absolument rien et m'abandonnerai à la ~. / s'**abîmer**, s'**enfoncer**, se **perdre** dans la ~ *sich in Träumereien verlieren; in Träumerei versinken:* Il a le don de perdre tout contact avec le réel pendant de longs moments, de s'enfoncer dans la ~ comme s'il était seul au monde.
révision f *(techn) Inspektion*
faire une ~ **complète** *gründlich überholen:* L'été dernier, j'ai fait faire une ~ complète de mon moteur.
révolte f *Aufstand, Revolte*
~ **armée** *bewaffneter Aufstand* / ~ **sanglante** *blutiger Aufstand*
attiser une ~ *eine Revolte schüren:* Évitez

d'attiser la ~ qui couve parmi les étudiants. / une ~ **couve** *eine Revolte schwelt:* La ~ couvait depuis longtemps parmi les paysans. / **écraser, étouffer, réprimer, mater, juguler** une ~ *eine Revolte, einen Aufstand niederwerfen, niederschlagen, unterdrücken:* Les soldats ont écrasé la ~ avec une incroyable brutalité. / **être** en ~ *in Aufruhr sein:* Toute la ville est en ~. / **exciter, inciter, pousser** (qn) à la ~ *(j-n) aufwiegeln:* Enrico Sabloni a incité tout le village à la ~. / **fomenter** une ~ *eine Revolte anzetteln:* Ce sont des groupuscules extrémistes qui cherchent à fomenter la ~.

revue[1] f *Zeitschrift*
~ **hebdomadaire** *Wochenzeitschrift* / ~ **mensuelle** *Monatszeitschrift* / ~ **savante, scientifique** *wissenschaftliche Zeitschrift* / ~ **semestrielle** *halbjährlich erscheinende Zeitschrift* / ~ **spécialisée, technique** *Fachzeitschrift* / ~ **trimestrielle** *Vierteljahreszeitschrift*
être **abonné** à une ~ *sich eine Zeitschrift halten; eine Zeitschrift abonniert haben:* Je suis abonné à trois ~s. / **collaborer** à une ~ *an einer Zeitschrift mitarbeiten:* Depuis quelques années, il collabore à diverses ~s littéraires. / **diriger** une ~ *eine Zeitschrift herausgeben:* Jean Clamart n'est pas seulement propriétaire d'une usine sidérurgique, il dirige également une ~ photographique. / **fonder** une ~ *eine Zeitschrift gründen:* En 1976, il a fondé une ~ qui, peu après, a acquis une renommée considérable.

revue[2] f *Parade*
passer les troupes en ~ *die Truppenparade abnehmen:* À l'occasion de l'anniversaire de la Révolution, les dirigeants ont passé les troupes en ~. / **passer** en ~ *die Front abschreiten:* À sa descente de l'avion, le président du Kenya a passé en ~ un détachement de l'armée.

rhume m *Schnupfen*
bon ~ *tüchtiger, anständiger Schnupfen* / ~ **carabiné** (F) *Mordsschnupfen* / **gros** ~ *starker Schnupfen* / ~ **rebelle, tenace** *hartnäckiger Schnupfen*
avoir, faire un ~ *einen Schnupfen haben:* Madeleine fait un gros ~, je l'ai laissée à la maison. / **prendre,** (F) **attraper, choper** un ~ *einen Schnupfen erwischen, kriegen, bekommen:* J'ai chopé un bon ~ hier soir. / **refiler, passer, donner** son ~ à qn (F) *j-m seinen Schnupfen anhängen:* Tu m'as refilé ton ~. / je **tiens** un de ces ~s (F) *ich hab' vielleicht einen Schnupfen:* Je ne peux pas venir ce soir, je tiens un de ces ~s.

richesse f *Reichtum*
~s **enfouies** *verborgene Schätze* / **immense** ~ *unermeßlicher Reichtum*
amasser, entasser des ~s *Reichtümer anhäufen:* Avec votre zèle, vous n'amasserez pas de ~s. / **faire** la ~ d'un pays *den Reichtum eines Landes ausmachen:* Le tourisme fait la ~ de ce pays.

ride f *(Haut)Falte*
~ **légère; fine** ~ *Fältchen* / ~ **profonde** *tiefe Falte*
se **faire** des ~s; **prendre** des ~s *Falten bekommen:* Arrête de pleurer, tu vas te faire des ~s!

rideau m *Vorhang*
baisser le ~ *den Vorhang herunterlassen:* Vite, vite, baisse le ~! / le ~ **descend, tombe** *der Vorhang senkt sich, fällt:* En pleine représentation, le ~ est tombé pour cacher l'affreux spectacle qui se déroulait sur les planches. / **enlever** les ~x *die Vorhänge abnehmen:* Peux-tu m'aider à enlever les ~x? / **fermer, tirer** les ~x *die Vorhänge zuziehen:* Voulez-vous que je ferme les ~x? / le ~ se **lève** *der Vorhang hebt sich, geht auf:* Le ~ se levait et les spectateurs se turent peu à peu. / **ouvrir, écarter, tirer** les ~x *die Vorhänge aufziehen:* N'ouvrez pas les ~x tant qu'il dort! / **poser** des ~x *Vorhänge aufhängen:* As-tu déjà posé les ~x? / **soulever** un ~ *einen Vorhang anheben, lüften:* Soulevant légèrement le ~, l'enfant guettait par la fenêtre l'arrivée de la voiture.

ridicule m *Lächerlichkeit*
braver le ~ *es nicht scheuen, sich lächerlich zu machen:* J'estime beaucoup chez cet acteur le fait qu'il brave le ~. / **côtoyer, frôler** le ~ *ans Lächerliche grenzen:* Ce rapport côtoie le ~. / se **couvrir** de ~ *sich lächerlich machen; sich blamieren:* Avec cette lettre, elle s'est couverte de ~. / se **donner** le ~ de faire qc *sich lächerlich machen, indem man etw tut:* Il s'est donné le ~ de la demander en mariage. / **tomber, donner** dans le ~ *sich lächerlich machen:* Évitez à tout prix de tomber dans le ~. / **tourner** qc, qn en ~ *etw ins Lächerliche ziehen; j-n lächerlich machen:* Il se plaint que tout le monde le tourne en ~.

rieur m *Lacher*
avoir les ~s de son côté *die Lacher auf seiner Seite haben:* À la fin de l'affaire, elle a eu les ~s de son côté. / **mettre** les ~s de son côté *die Lacher auf seine Seite bringen:* Avec cette réponse, il a mis les ~s de son côté.

rigolade f (F) *Spaß*
vaste ~ *großer Jux, Ulk*
c'est de la ~ *das kann, darf man nicht ernst nehmen:* Les promesses électorales? C'est de la ~! / **prendre** qc à la ~ *etw als Spaß auffassen:* J'ai pris sa proposition à la ~.

rigueur f *Strenge*
~ **impitoyable, implacable** *unerbittliche Strenge*

ring m *(Box)Ring*
monter sur le ~ *in den Ring steigen:* Je crains qu'il ne puisse plus jamais monter sur le ~.

rire m *Lachen, Gelächter*

~ amer *bitteres Lachen* / ~ **argentin** *silberhelles Lachen* / ~ **bête, sot, stupide** *dummes, einfältiges Lachen* / ~ **bruyant, sonore** *schallendes Gelächter* / ~ **communicatif, contagieux** *ansteckendes Lachen* / ~ **convulsif** *Lachkrampf* / ~ **étouffé** *unterdrücktes Lachen* / ~ **forcé, jaune** *gezwungenes Lachen* / **fou** ~; ~ **incoercible** *unbändiges Gelächter* / ~ **gras; gros** ~ *lautes, ordinäres Lachen* / ~ **homérique, énorme** *homerisches Gelächter* / ~ **inextinguible** *nicht enden wollendes Gelächter* / ~ **ironique, moqueur** *spöttisches, höhnisches Lachen, Gelächter* / ~ **léger** *leises Lachen* / ~ **libérateur** *befreiendes Lachen* / ~ **mauvais, sarcastique, sardonique** *hämisches Lachen* / ~ **méchant** *boshaftes Lachen* / ~ **méphistophélique, satanique** *teuflisches Gelächter* / ~ **narquois** *schelmisches, schalkhaftes Lachen* / ~ **niais** *albernes Lachen* / ~ **perlé** *perlendes Lachen* / ~ **retentissant** *dröhnendes, schallendes Gelächter* / ~ **sauvage** *wildes Gelächter* / ~ **silencieux** *stilles Lachen* / ~ **strident** *schrilles Lachen* **éclater, pouffer** de ~ *in Lachen ausbrechen*: Toute la salle éclata de ~. / des ~s **éclatent** *Lachen erschallt*: Lorsque je suis passé devant la maison, j'ai entendu des ~s éclater à l'intérieur. / **exciter** le ~ (de qn) (*j-n*) *zum Lachen bringen*: Elle a excité le ~ des spectateurs. / **mourir, se pâmer,** (F) **crever** de ~ *sich totlachen; sich kaputtlachen*: On crève de ~ quand il fait ses blagues. / **pleurer** de ~ *Tränen lachen*: Cette émission m'a fait pleurer de ~. / **retenir** un ~ (*sich*) *ein Lachen verbeißen*: Elle ne put retenir un ~. / **se tordre, se rouler** de ~ *sich vor Lachen biegen, kugeln*: La salle entière se roulait de ~, mais lui, il a continué son monologue, imperturbable.

risque m *Risiko*
gros ~ *großes, erhebliches Risiko* **accepter** le ~ (de ...) *das Risiko in Kauf nehmen* (*zu* ...): Il a accepté ce ~ en toute connaissance de cause. / **comporter** des ~s *mit Risiken verbunden sein*: Votre candidature comporte certains ~s. / **courir** un ~; s'**exposer** à un ~ *ein Risiko eingehen; sich einer Gefahr aussetzen*: Vous ne courrez aucun ~ dans cette affaire. / **courir** le ~ de ... *Gefahr laufen zu* ...: Si vous continuez de la sorte, vous courez le ~ d'être licenciée. / **couvrir** un ~ *ein Risiko (ab)decken*: On ne peut pas couvrir tous les ~s. / **prendre, assumer** un ~ *ein Risiko auf sich nehmen*: Ils n'aiment pas prendre de ~s.

rival m *Rivale*
supplanter un ~ *einen Rivalen ausstechen*: Je n'aurais jamais cru que Mireille puisse supplanter tous ses rivaux.

rivalité f *Rivalität*
~ **sourde** *heimliche, versteckte Rivalität*

rivière f *Fluß*

~ **navigable** *schiffbarer Fluß*
une ~ **arrose** qc *ein Fluß fließt durch etw.*: La ~, dans son cours inférieur, arrose une belle région fertile. / **descendre** la ~ *den Fluß hinunterfahren; flußabwärts fahren*: Ils ont descendu la ~ en pirogue. / **gonfler** une ~ *einen Fluß anschwellen lassen*: Les pluies abondantes des derniers jours ont gonflé les ~s. / une ~ se **jette** dans ... *ein Fluß mündet in ...*: Citez-moi les ~s qui se jettent dans le Rhône. / **passer, traverser** une ~ *einen Fluß überqueren; über einen Fluß fahren*: Nous avons passé la ~ sur un bac. / **faire passer** une ~ à qn *j-n über einen Fluß setzen*: Le vieux pêcheur me fit passer la ~ à la rame. / une ~ **serpente** *ein Fluß schlängelt sich*: La ~ serpente entre les prés.

robe f *Kleid*
~ **collante** *enganliegendes, hautenges Kleid* / ~ **décolletée** *ausgeschnittenes Kleid* / ~ **floue** *lose fallendes Kleid* / ~ **habillée** *Gesellschaftskleid* / ~ **montante** *hochgeschlossenes Kleid* / ~ **moulante** *Kleid, das die Formen betont* / ~ **seyante** *kleidsames Kleid*
une ~ **va** à qn *ein Kleid steht j-m*: Cette ~ vous va à merveille. / **passer, enfiler** une ~ *ein Kleid anziehen, überstreifen*: Le temps d'enfiler une ~ et je suis prête.

robinet m (*Wasser*)*Hahn*
un ~ **coule** *ein Hahn läuft*: Le ~ que nous avions mal fermé a coulé toute la nuit et causé une véritable inondation.
fermer, tourner un ~ *einen Hahn zudrehen*: Peux-tu fermer le ~, s'il te plaît? / un ~, **goutte, fuit** *ein Hahn tropft*: Le ~ goutte, il faut que je le fasse réparer. / **ouvrir, tourner** un ~ *einen Hahn aufdrehen*: Je n'arrive pas à ouvrir ce ~, peux-tu m'aider?

rocher m *Felsen*
~ **abrupt** *steiler, schroffer, jäh abfallender Felsen* / ~ **escarpé** *steil aufragender Felsen*

roi m *König*
couronner qn ~ *j-n zum König krönen*: Après la mort de Franco, Juan Carlos a été couronné ~ d'Espagne. / **sacrer** un ~ *einen König salben*: Les ~ de France se faisaient sacrer à Reims.

rôle m *Rolle*
~ **capital** *entscheidende Rolle* / ~ **épisodique** *Nebenrolle; vorübergehende Rolle* / ~ **important** *wichtige Rolle* / ~ **marginal** *Nebenrolle; unbedeutende, kleine Rolle; Nebenrolle* / **premier** ~ (*Theater*) *Hauptrolle* / ~ **primordial** *wesentliche Rolle* / ~ **principal** *Hauptrolle* / ~ **secondaire** *untergeordnete Rolle; Nebenrolle* / ~ **subalterne** *untergeordnete Rolle* (*bes. im Berufsleben u. ä.*).
avoir, remplir, jouer un ~ (+ *adj*) *eine* (+ *adj*) *Rolle spielen, haben*: Le président Leclerc a joué un ~ très important dans ce scandale. / **distribuer** les ~s *die Rollen verteilen*: Les ~s ne

roman

sont pas encore distribués. / **entrer** dans un ~ *sich in eine Rolle hineinversetzen:* Jean Paladin a même porté un uniforme américain pendant plusieurs mois, afin de mieux entrer dans le ~ de l'officier qu'il devait jouer. / **étudier, apprendre, répéter** un ~ *eine Rolle einstudieren:* Je n'ai pas encore eu le temps d'étudier mon ~. / **jouer** un ~ *eine Rolle spielen (auch fig):* Elle joue son ~ avec enthousiasme. / **renverser** les ~s *die Rollen tauschen:* Ma femme et moi, nous avons renversé les ~s: elle va travailler et moi, je m'occupe du ménage. / **savoir** son ~ *seine Rolle können, beherrschen:* Savez-vous votre ~? / bien **tenir** son ~ *seine Rolle gut spielen, ausfüllen:* Elle tient admirablement bien son ~ de maîtresse de maison.

roman m *Roman*
~ **noir** *Gruselroman* / ~ **policier** *Kriminalroman* **bâtir, composer** un ~ *einen Roman aufbauen:* Ce ~ serait assez intéressant, mais je le trouve mal composé. / **couronner** un ~ *einen Roman auszeichnen:* L'Académie française vient de couronner le dernier ~ de Francis Labâche. / **écrire** un ~ *einen Roman schreiben:* Est-ce que c'est le premier ~ qu'il a écrit? / **porter** un ~ **à l'écran** *einen Roman verfilmen:* Il y a un risque à porter ce ~ à l'écran. / cela **tient** du ~ *das klingt (ja) wie ein Roman:* Cette histoire tient du ~.

rond m *Kreis*
s'**asseoir** en ~ *sich im Kreis hinsetzen:* Asseyez-vous en ~! / **danser** en ~ *im Kreis tanzen:* Les enfants dansaient en ~. / **tourner** en ~ *sich im Kreis drehen (auch fig):* Dans cette affaire, nous tournons en ~ depuis des années.

ronde f *Runde (eines Wächters usw.)*
faire sa, une ~ *die, eine Runde machen:* Chaque soir, avant de se coucher, il faisait sa ~ autour de la maison.

rossignol m *Nachtigall*
le ~ **chante** *die Nachtigall schlägt:* Chut! Entends-tu le ~ qui chante là-bas?

rôti m *Braten*
entamer un ~ *einen Braten anschneiden:* Passe-moi le couteau pour que j'entame le ~. / **découper** le ~ *den Braten tranchieren:* C'est le rôle du maître de maison de découper le ~.

roue f *Rad*
braquer les ~s à droite, à gauche *(die Räder) nach rechts, links einschlagen:* Braquez les ~s à droite, puis à gauche, s'il vous plaît. / **équilibrer** les ~s *die Räder auswuchten:* Le volant vibre, il faut que je fasse équilibrer les ~s. / **faire** la ~ *ein Rad schlagen (Pfau; Sport):* Le paon, fier de sa beauté, fit la ~ et se présenta sous tous ses angles aux visiteurs du jardin zoologique. / les ~ **patinent** *die Räder drehen durch:* Les ~s de la voiture patinaient sur le verglas.

rouge m *Rot (auch der Verkehrsampel)*
entourer qc de ~ *etw rot umranden:* J'ai entouré de ~ les maisons qui nous intéressent. / **être** au ~ *auf Rot sein, stehen:* Le feu devant nous était au ~. / **passer** au ~ *1. (Ampel) auf Rot schalten; 2. (Auto) bei Rot durchfahren:* Le feu était déjà passé au ~ lorsque la voiture a traversé le carrefour. Mon ami, passer au ~, ça va vous coûter cher. / **virer** au ~ *rot werden (nicht Personen):* Drôle de rouge à lèvres! Il était rose et maintenant, il a viré au ~ foncé.

rouge (à joues) m *Rouge*
(se) **mettre** du ~ *Rouge auflegen:* Les acteurs se mettent du rouge entre les scènes.

rouge à lèvres m *Lippenstift*
~ **indélébile** *kußechter Lippenstift*
(se) **mettre**, *(péj)* se **coller** du ~ *sich die Lippen anmalen:* Veux-tu que je me colle du ~?

rouille f *Rost*
la ~ **ronge, mange, attaque, corrode** qc *der Rost zerfrißt etw:* La porte de fer du jardin était rongée par la ~.

roupillon m *(F) Nickerchen*
piquer, faire un ~ *ein Nickerchen machen:* Grand-maman, après le déjeuner, avait l'habitude de piquer un ~.

route f *Straße, Weg (auch fig)*
~ **asphaltée, bitumée** *Asphaltstraße* / ~ **barrée** *gesperrte Straße* / **bonne** ~ *gute Fahrt* / sur la **bonne** ~ *auf dem richtigen Weg:* (fig) mettre qn sur la bonne ~ *(j-n auf den rechten Weg bringen)* / ~ **carrossable** *befahrbare Straße* / ~ **défoncée** *ausgefahrene Straße; Straße voller Schlaglöcher* / ~ **droite** *gerade Straße* / ~ **empierrée** *Schotterstraße* / ~ **étroite** *schmale Straße* / ~ très **fréquentée** *stark befahrene Straße* / ~ **goudronnée** *geteerte Straße* / **grande** ~ *Fernverkehrsstraße* / ~ **impraticable** *unbefahrbare Straße* / ~ **pavée** *gepflasterte Straße* / ~ **poussiéreuse** *staubige Landstraße* / ~ **praticable** *befahrbare Straße* / ~ **sinueuse, tortueuse** *gewundene, kurvenreiche Straße* / ~ **toute tracée** *(fig) genau vorgezeichneter Weg* / ~ **verglacée** *vereiste Straße*
baliser une ~ *eine Straße durch Pfosten markieren, begrenzen:* L'hiver, le paysan balisait la ~ par des perches pour que le chasse-neige la retrouve. / **barrer** la ~ (à qn) *(j-m) den Weg versperren, verstellen:* Une bande de blousons noirs m'a barré la ~. / la ~ **bifurque** *die Straße gabelt sich:* À la hauteur de Chapelet, la ~ bifurque; prenez celle qui remonte à gauche. / une ~ **conduit, mène** à ... *eine Straße führt nach ...:* Cette ~ conduit directement à la ferme. / **continuer, poursuivre, reprendre** sa ~ *seinen Weg fortsetzen:* Nous ne pouvions pas continuer notre ~ à cause de la pluie. /

couper la ~ à qn *j-m den Weg abschneiden:* La police a coupé la ~ aux deux voleurs. / deux ~s se **croisent,** se **rencontrent** *zwei Straßen kreuzen sich:* Je t'attendrai là où les deux ~s se croisent. / **demander** la ~ *nach dem Weg fragen:* Tu vas demander la ~, s'il te plaît? / **emprunter** une ~ *einen Weg, eine Straße einschlagen; eine Straße fahren, gehen:* N'empruntez pas cette ~, vous feriez un détour. / **entretenir** une ~ *eine Straße instandhalten:* Dans cette région, les ~s sont très mal entretenues. / **faire** ~ **avec** qn *mit j-m reisen:* Entre Oran et Colomb-Béchar, j'ai fait ~ avec un journaliste américain. / **faire de la** ~ *ständig (mit dem Wagen) unterwegs sein:* Mon mari est représentant de commerce. C'est dire si, toute l'année, il fait de la ~! / **faire** ~ **vers** ... *auf dem Weg sein nach ...; Kurs nehmen auf ...:* Mon mari fait déjà ~ vers la Chine populaire. / **faire** toute la ~ à pied *den ganzen Weg zu Fuß zurücklegen:* Avez-vous vraiment fait toute la ~ à pied? / **faire fausse** ~ *1. vom Weg abkommen; 2. (fig) auf dem Holzweg sein:* En redescendant du sommet, nous avons fait fausse ~ et avons failli tomber dans un ravin. J'ai l'impression que vous faites fausse ~ avec votre argumentation. / se **mettre** en ~ *sich auf den Weg machen:* Allons, mettons-nous en ~! / une ~ **passe** par ... *eine Straße führt, geht über ...:* Est-ce que cette ~ passe par Saint-Denis? / **perdre** sa ~ *vom Weg, Kurs abkommen; sich verlaufen, verfliegen, verfahren:* L'avion a perdu sa ~ et a franchi la frontière sans que la police s'en rende compte. / **prendre** la ~ de ... *die Straße nach ... einschlagen:* Le lendemain, nous avons pris la ~ de Dallas. / **quitter** la ~ *von der Fahrbahn abkommen:* La voiture a quitté la ~ dans un virage et s'est renversée dans la forêt en bordure. / **rectifier** la ~ *die Straße begradigen:* Il y a trop d'accidents sur ce tronçon de ~. Il faudrait le rectifier. / la ~ **remonte** *die Straße steigt (wieder) an:* Derrière le village, la ~ remonte. / **signaliser** une ~ *eine Straße beschildern:* Méfiez-vous, la ~ départementale entre Saint-Geniers et Génolac est mal signalisée. / se **tromper** de ~ *den Weg verfehlen:* Nous n'avons pas atteint le sommet, car nous nous sommes trompés de ~.

routine f *Routine*
acquérir de la ~ *Routine bekommen:* Quand on a fait le même travail pendant des années, on a acquis une ~ qui facilite bien les choses. / **sortir,** se **dégager** de la ~ *sich von der Routine freimachen:* Nos entreprises doivent se dégager de leur ~ si elles veulent lutter avec succès contre la concurrence étrangère.

rue f *Straße*
~ **animée,** très **fréquentée, passagère, passante** *verkehrsreiche, belebte, stark befahrene Straße* / ~ **barrée** *gesperrte Straße* / ~ **borgne, mal famée** *finstere, verrufene Straße* / ~ **commerçante** *Geschäftsstraße* / ~ **déserte** *menschenleere, wie ausgestorbene Straße* / ~ **encombrée** *verstopfte Straße* / ~ **étroite** *schmale, enge Straße* / la **grande** ~ *die Hauptstraße* / ~ **large** *breite Straße* / ~ **latérale** *Nebenstraße, Seitenstraße* / ~ **parallèle** *Parallelstraße* / ~ **pavée** *gepflasterte Straße* / ~s **piétonnières** *Fußgängerzone* / petite ~ *Nebenstraße, Sträßchen, Gasse* / ~ **tortueuse** *gewundene Straße* / ~ **transversale** *Seitenstraße, Querstraße*
une ~ **aboutit** à, **débouche** sur ... *eine Straße mündet in ...:* Cette ~ aboutit au boulevard Flandrin. / **baptiser** une ~ *du nom de qn eine Straße nach j-m benennen:* Notre ~ sera baptisée du nom de Roger Salengro. / **barrer, obstruer, bloquer** une ~ *eine Straße (ver)sperren:* Les voitures engagées dans l'accident ont bloqué la ~ pendant des heures. / **descendre** dans la ~ *auf die Straße gehen (auch fig: öffentlich demonstrieren):* Si vous ne dialoguez pas avec ces gens, ils descendront dans la ~. / **donner** sur la ~ *(Fenster, Tür) auf die Straße (hinaus)gehen:* Les deux fenêtres du salon donnent malheureusement sur la ~. / s'**enfiler,** s'**engager, tourner** dans une ~ *in eine Straße einbiegen:* La voiture du policier s'enfila dans une petite ~ de la rive gauche. / s'**engouffrer** dans une ~ *in eine Straße rasen:* Le fourgon de police traversa le carrefour à toute allure en klaxonnant sans interruption et s'engouffra dans la ~ Magenta. / **être** à la ~ *(fig) auf der Straße sitzen:* Deux mois après la mort de son mari, elle était à la ~. / la ~ **grouille, fourmille** de monde *auf der Straße wimmelt es von Menschen:* Ce soir-là, la ~ grouillait de monde. / **jeter, mettre** qn à la ~ *(fig) j-n auf die Straße setzen:* Vous ne pouvez pas nous jeter à la ~ sans façon! / la ~ **mène, conduit** vers, à ... *die Straße führt nach, zu ...:* Cette ~ vous mène aux Tuileries. / **prendre, emprunter** une ~ *eine Straße (entlang-, hinauf-, hinunter-)gehen, fahren, einschlagen:* Pierre Pompin prenait chaque soir la première ~ à droite.

ruelle f *Gasse*
~ **obscure** *finstere Gasse* / ~ **tortueuse** *krummes Gäßchen*

ruine[1] f *Ruin, Untergang*
aller, courir à sa, la ~ *dem Ruin entgegengehen, -eilen:* Croyez-moi, votre entreprise va à la ~. / **conduire, mener** qn, qc à la ~; **causer** la ~ de qn, qc *j-n, etw zugrunde richten:* Cette vie vous conduira à la ~. / **consommer** sa ~ *seinen Untergang besiegeln:* Le scandale a consommé sa ~.

ruine[2] f *Ruine, Trümmer, Verfall*
être en ~ *verfallen sein:* Le petit château est en

ruisseau

~. / **fouiller** les ~s *in den Trümmern suchen:* Quinze jours après le tremblement de terre, des équipes de sauveteurs continuent à fouiller les ~s à la recherche d'improbables survivants. / **menacer** ~ *vom Verfall bedroht sein:* La maison menace ~. / se **relever, sortir** de ses ~s *(fig) aus den Ruinen wieder entstehen:* Après la guerre, le pays se releva lentement de ses ~s. / **semer** la ~ *alles in Trümmer legen:* Les armées avaient déferlé sur la région, semant la ~ sur leur passage. / **tomber** en ~; s'en **aller** en ~ *verfallen:* Le village abandonné sera vite tombé en ~.

ruisseau¹ m *Bach*
~ **limpide** *klarer Bach*
un ~ **gazouille, babille, murmure** *ein Bach murmelt:* Un ~ gazouillait là où nous reposions. / un ~ **gronde** *ein Bach tost:* Après la pluie torrentielle, le ~ derrière la maison grondait si fort qu'on l'entendait de loin.

ruisseau² m *Gosse (fig)*
ramasser qn dans le ~ *j-n aus der Gosse auflesen, holen:* Le docteur Rubis l'a ramassé dans le ~. / **tirer, sortir** qn du ~ *j-n aus der Gosse ziehen:* Tu n'arriveras jamais à le tirer du ~. / **tomber** dans le ~ *in der Gosse landen:* Marie-Claire tombera dans le ~ si elle continue cette vie.

rumeur¹ f *Gerücht*
des ~s **circulent, courent** *Gerüchte gehen um, kursieren:* Avez-vous déjà entendu les ~s qui circulent au sujet du fils du président de la République?

rumeur² f *Lärm*
~ **confuse, vague** *undeutliches Geräusch* / ~ **sourde** *dumpfes Geräusch*
la ~ **grossit** *der Lärm schwillt an:* La ~ de la manifestation grossissait peu à peu. Bientôt, on entendit les slogans scandés par la foule.

rupture f *Bruch*
consommer la ~ *den Bruch vollziehen:* En publiant ce violent article dans le journal, Victor Chaban a consommé sa ~ avec le parti.

ruse f *List*
~ **adroite** *raffinierte List* / ~ **démoniaque, diabolique, infernale, satanique** *teuflische List* / ~ **grossière** *plumpe List*
employer une ~; **user** de ~; **recourir** à la ~ *zu einer List greifen; eine List gebrauchen, anwenden:* Il a dû recourir à la ~ pour triompher de son adversaire. / **déjouer** une ~ *nicht auf eine List hereinfallen:* Il n'est pas sûr qu'il soit assez intelligent pour déjouer les ~s de ses rivaux.

rythme m *Rhythmus, Tempo*
~ **accéléré** *beschleunigter, schneller Rhythmus; beschleunigtes, schnelles Tempo* / ~ **endiablé** *wilder, toller Rhythmus* / ~ **entraînant** *beschwingter Rhythmus* / ~ **lent** *langsamer Rhythmus; langsames Tempo* / à un ~ **ralenti** *langsamer; in verlangsamtem Tempo* / ~ **traînant** *schleppendes Tempo* / ~ **trépidant** *lebhafter Rhythmus* / ~ **vif** *flotter Rhythmus*
accélérer, accroître le ~ *das Tempo steigern:* L'année passée, nous avons pu accroître le ~ de production des biens d'équipement. / **imposer** son ~ à qn *j-m sein Tempo aufzwingen:* Je ne me laisserai pas imposer votre ~ de vie. / **marquer** le ~ *den Takt schlagen:* Quelqu'un doit marquer le ~, sinon on n'arrivera jamais à commencer la chanson en même temps. / **ralentir** le ~ *das Tempo verlangsamen:* Vous devez absolument ralentir un peu le ~ si vous voulez préserver votre santé. / **suivre** le ~ *im Tempo mithalten (können):* Notre pays s'essouffle et n'arrive plus guère à suivre le ~ imposé par les exigences de la concurrence internationale.

S

sable m *Sand*
~ **fin** *feiner Sand* / **gros** ~; ~ **grossier** *grober Sand* / ~s **mouvants** *Treibsand*

sac m *Sack*
mettre en ~s *in Säcke abfüllen:* Le maïs, après avoir été séché, a été mis en ~s pour être expédié vers le chef-lieu de la région.

sacrement m *Sakrament*
administrer un ~ à qn *j-m ein Sakrament spenden:* Seul l'évêque est autorisé à administrer ce ~.

sacrifice m *Opfer*
~ **expiatoire** *Sühneopfer* / **gros, grand** ~ *großes Opfer* / ~s **humains** (rel) *Menschenopfer*
consentir un ~ *bereit sein, ein Opfer zu bringen:* Si les autres font de même, je serai disposé à consentir ce ~. / **exiger** un ~ *ein Opfer verlangen:* La réalisation de ce projet exigera de grands ~s de votre part. / **faire, offrir** des ~s *Opfer bringen (auch fig):* Les indigènes de cette région font des ~s à leurs divinités avant de commencer la récolte. / ne **reculer** devant

aucun ~ *kein Opfer scheuen:* Monsieur Challaz ne reculera devant aucun ~ pour assurer l'éducation de ses enfants.

sagesse f *Klugheit*
avoir la ~ de ... *so klug sein und ...:* Rentrée des USA avec une petite fortune, elle a eu la ~ d'acheter quelques appartements qu'elle a loués.

saison f *Jahreszeit, Saison*
basse ~ *Saison, in der wenig los ist* / **la belle** ~ *die warme Jahreszeit* / **haute** ~ *Hochsaison* / **la mauvaise** ~ *die kalte Jahreszeit* / **morte** (-) ~ *geschäftlich stille Zeit; Sauregurkenzeit* (F) / **en pleine** ~ *während der Hochsaison* / ~ **sèche** *Trockenzeit* / ~ **théâtrale** *Spielzeit, Theatersaison*
faire la ~ *in der Saison arbeiten; Saisonarbeit leisten:* Jacques Duval fait la ~ en été; en hiver, il fait du ski et s'amuse pendant que les autres travaillent.

salade f *Salat*
~ bien **assaisonnée** *gut angemachter Salat* / ~ **braisée, cuite** *gedünsteter Salat* / ~ **bien relevée** *pikanter Salat*
faire, accommoder, assaisonner la ~ *den Salat anmachen:* As-tu déjà accommodé la ~? / **faire, accommoder** qc en ~ *aus etw Salat machen:* Ne jette pas ces restes de viande froide. Nous les accommoderons en ~. / **fatiguer** la ~ (F) *den Salat zu lange mischen:* Tu tournes la ~ depuis dix minutes, tu vas la fatiguer. / **remuer, (re)tourner** la ~ *den Salat mischen:* Vous n'avez pas assez remué la ~. / **trier** la ~ (den) *Salat putzen:* Nadine, peux-tu trier la ~, s'il te plaît?

salaire m *Lohn, Gehalt*
les **bas** ~s *die unteren Einkommensgruppen* / ~ **convenable** *angemessener Lohn, angemessenes Gehalt* / ~ **dérisoire** *Hungerlohn* / ~ **élevé; haut** ~ *hoher Lohn; hohes Gehalt* / ~ **hebdomadaire** *Wochenlohn* / ~ **horaire** *Stundenlohn* / ~ **journalier** *Tageslohn* / **maigre** ~; ~ **misérable,** (F) **minable** *karger, kümmerlicher Lohn; karges, kümmerliches Gehalt* / ~ **mensuel** *Monatslohn, -gehalt* / ~ **royal** *fürstlicher Lohn; fürstliches Gehalt*
augmenter, relever les ~s *die Löhne, Gehälter anheben:* Nous ne sommes pas à même d'augmenter davantage les ~s. / les ~s **augmentent** *die Löhne, Gehälter steigen:* Les ~s augmenteront à nouveau de huit pour cent. / **bloquer** les ~s *die Löhne einfrieren:* Le gouvernement a tendance à vouloir bloquer les ~s. / **débloquer** les ~s *den Lohnstopp aufheben:* Les ~s seront débloqués d'ici trois mois. / **fixer** un ~ *einen Lohn, ein Gehalt festsetzen:* Au cours des négociations, les ~s ont été fixés à un niveau correspondant à peu près aux revendications des syndicats. / **précompter, préle-**

ver sur le ~ *vom Lohn einbehalten:* Cette somme sera précomptée sur votre ~; êtes-vous d'accord? / **réajuster** les ~s *die Löhne, Gehälter angleichen:* Les ~s seront réajustés automatiquement pour suivre l'augmentation du coût de la vie. / **réduire** les ~s *den Lohn senken:* Réduire le temps de travail sans réduire les ~s, dans la conjoncture actuelle, c'est impossible. / **toucher** un ~ *einen Lohn bekommen, erhalten; ein Gehalt beziehen:* Dès qu'il touche son ~, il en place automatiquement 10% sur un compte d'épargne.

saleté f *Schmutz, Dreck*
être d'une ~ **repoussante, répugnante** *vor Dreck starren*
croupir dans la ~ *im Schmutz verkommen:* La famille avait caché le fils aliéné dans la cave où il croupissait dans la ~. / **faire** des, ses ~s dans, sur ... *etw beschmutzen; (Tiere) in, auf ... machen:* Le chat a fait des ~s dans la chambre de Philippe.

salle[1] f *Saal*
~ **bondée** *gesteckt voller Saal* / faire ~ **comble** *ein volles Haus bringen*
(faire) **évacuer** une ~ *einen Saal räumen:* La police a évacué la ~ lorsque les manifestants ont commencé à tout démolir.

salle[2] f *Publikum (im Saal)*
~ **enthousiaste** *begeistertes Publikum* / ~ **houleuse** *(unzufrieden)* tobendes Publikum

salut m *Gruß*
~ **profond** ~ *tiefe Verbeugung*
dispenser, distribuer des ~s *nach allen Seiten grüßen:* Très fier de lui, l'escroc assailli par les journalistes dispensait des ~s à droite et à gauche. / **ébaucher, esquisser** un ~ *einen Gruß andeuten:* Le peintre a ébauché un ~ quand je suis passé près de lui. / **faire** le ~ **militaire** *salutieren:* Les soldats firent le ~ militaire lorsque leur capitaine s'approcha d'eux. / **rendre** un ~; **répondre** à un ~ *einen Gruß erwidern:* Hier, le voisin n'a pas répondu à mon ~. Je ne sais pas ce qu'il a.

salutation f *Gruß (bes. im Briefschluß)*
cordiales ~s *freundliche Grüße* / ~s **dévouées, distinguées, empressées; meilleures, respectueuses, sincères** ~s *mit vorzüglicher Hochachtung*
recevez, veuillez agréer, Monsieur, mes ~s (+ *adj*) *mit* (+ *adj*) *Grüßen:* Recevez, Monsieur, mes ~s très distinguées. / **transmettre** des ~s *Grüße übermitteln:* Transmettez-lui mes sincères ~s.

sanction f *Sanktion*
lever les ~s *die Sanktionen aufheben:* Les États-Unis ont décidé de lever les ~s qui avaient été prises il y a un an. / **prendre** des ~s **contre** un pays *Sanktionen gegen ein Land verhängen:* La majorité des membres de

sang 268

l'ONU demande que les pays industrialisés prennent des ~s contre ce pays.

sang m *Blut*
avoir du ~ **bleu** (*fig*) *blaublütig sein* / ~ **caillé** *geronnenes Blut* / avoir le ~ **chaud** (*fig*) *heißblütig sein* / avoir un ~ **pauvre** *blutarm sein* il **a du** ~ **sur les mains** (*fig*) *an seinen Händen klebt Blut:* Méfiez-vous de lui, il a du ~ sur les mains. / il **a cela dans** le ~ *das liegt ihm im Blut:* Il a la musique dans le ~. / **baigner** dans son ~ *in seinem Blut schwimmen:* Le couple qui s'était suicidé baignait dans son ~ quand les voisins ont enfoncé la porte de l'appartement. / le ~ (se) **caille, se coagule** *das Blut gerinnt:* Faites attention avec ce médicament, car le ~ se coagule moins bien tant que vous le prenez. / le ~ **circule** *das Blut fließt, strömt:* Après avoir pris un bain chaud, j'avais l'impression que le ~ circulait plus vite dans mes veines. / le ~ **a coulé** *es ist Blut geflossen:* On ne connaît pas encore les chiffres exacts des morts et des blessés, mais une chose est sûre: le ~ a coulé lors des troubles. / **faire couler** le ~; **répandre, verser** le ~ *Blut vergießen:* Le dictateur a fait couler le ~ de milliers de personnes, hommes, femmes et enfants. / **donner, verser, répandre** son ~ (pour) *sein Blut vergießen (für):* Les soldats ont versé leur ~ pour défendre leur patrie. / **être** tout **en** ~ *blutüberströmt sein:* Après la manifestation, quelques-uns des policiers étaient tout en ~ et ont dû être hospitalisés. / le ~ se **figea, se glaça** dans ses veines (*fig*) *das Blut stockte ihm in den Adern:* Lorsqu'il vit le fauve devant lui, le ~ se figea dans ses veines. / le ~ **jaillit** (*das*) *Blut spritzt* (*heraus*): Le ~ jaillissait de sa blessure. / **laver, venger** qc dans le ~ *etw mit Blut rächen; für etw blutige Rache nehmen:* Ce n'est que dans le ~ qu'on peut laver une telle injure. / **maculer, souiller, tacher** qc de ~ *etw mit Blut beflecken, besudeln:* Son manteau était maculé de ~. / **noyer** une révolte dans le ~ *eine Revolte blutig niederschlagen:* On redoute que l'armée ne noie la révolte populaire dans le ~. / le ~ **ruisselle** (*das*) *Blut rinnt:* Le ~ ruisselait le long de la jambe de l'enfant.

sang-froid m *Gelassenheit, Beherrschung*
conserver, garder son ~ *gelassen bleiben; kaltes Blut bewahren:* Il est connu pour conserver son ~ dans les situations les plus difficiles. / **montrer** du, **faire preuve** de ~ *Gelassenheit, sich gelassen zeigen:* Dans cette affaire, il a montré un remarquable ~. / **perdre** son ~ *die, seine Beherrschung verlieren:* Ces accusations lui ont fait perdre son ~ habituel. / **reprendre** son ~ *seine Ruhe wiedergewinnen:* Après cette crise de colère tout à fait exceptionnelle chez lui, il a repris son ~ et s'est remis à travailler comme si de rien n'était.

sanglots mpl *Schluchzen*
~ **déchirants** *herzzerreißendes Schluchzen* **contenir, retenir, étouffer** ses ~ (*s*)*ein Schluchzen unterdrücken:* Henri contenait bravement ses ~. / **éclater** en ~ *in Schluchzen ausbrechen:* Lorsque l'enfant a vu sa mère, il a éclaté en ~. / **pousser** des ~ *schluchzen:* La pauvre femme poussait des ~ comme un petit enfant. / être **secoué** de ~ *von Schluchzen geschüttelt werden:* Il resta là, tout secoué de ~, incapable de prononcer le moindre mot.

santé f *Gesundheit*
bonne ~; ~ **éclatante, florissante** *blühende Gesundheit* / ~ **débile, délicate, fragile, chancelante** *schwache, zarte, labile Gesundheit* / ~ **délabrée, ébranlée** *zerrüttete Gesundheit* / ~ **détraquée** (F) *angegriffene Gesundheit* / **mauvaise, petite** ~ *schwache, angegriffene Gesundheit:* avoir une petite ~ (*auch: anfällig sein*) / ~ **mentale** *geistige Gesundheit* / en **parfaite** ~ *bei bester Gesundheit* / ~ **précaire** *labile, zerbrechliche Gesundheit* / ~ **physique** *körperliche Gesundheit* / ~ **robuste, vigoureuse** *robuste, eiserne Gesundheit*
abîmer, (F) **détraquer** la ~ *die Gesundheit angreifen:* Les poussières dans la carrière où il travaille ont abîmé sa ~. / **avoir** une ~ (+ *adj*) *eine* (+ *adj*) *Gesundheit haben:* Ma mère a une ~ délicate. / **boire** à la ~ de qn *auf j-s Wohl trinken:* Je bois à la ~ de Madame votre mère. / **compromettre** sa ~; (F) s'**esquinter**, (F) se **détraquer**, se **délabrer** la ~ *seiner Gesundheit schaden:* La vie qu'il a menée en Afrique a compromis sa ~. / **conserver** sa ~ *sich seine Gesundheit erhalten, bewahren:* Malgré ses dix ans de Légion étrangère, il a conservé sa ~. / **être** en **bonne** ~ *gesund sein:* Est-il en bonne ~? / **jouir** d'une **bonne** ~ *sich guter Gesundheit erfreuen:* Mon père a quatre-vingt-cinq ans et jouit d'une bonne ~. / se **miner**, se **ruiner** la ~ *seine Gesundheit untergraben; sich seine Gesundheit ruinieren:* Avec ce train de vie, vous allez vous miner la ~. / **recouvrer, retrouver** la ~; se **refaire** une ~; **revenir** à la ~ *wieder gesund werden:* On n'aurait jamais cru qu'il recouvrerait la ~. / **rendre** la ~ à qn *j-n wieder gesund machen:* C'est le climat maritime qui m'a rendu la ~. / **respirer** la ~; **déborder,** (F) **crever, péter** de ~ *vor Gesundheit strotzen:* Toute la famille respire la ~. / **rester** en **bonne** ~ *gesund bleiben:* J'espère que vous resterez en bonne ~. / **surveiller** sa ~ *auf seine Gesundheit achten:* Monsieur Claire a atteint cet âge parce qu'il a toute sa vie surveillé sa ~.

satellite m *Satellit*
~ **habité** *bemannter Satellit* / ~ **inhabité, non habité** *unbemannter Satellit* / ~ **météorologique** *Wettersatellit* / ~ **scientifique** *Forschungssatellit*

lancer un ~ *einen Satelliten starten:* Les Américains viennent de lancer un nouveau ~ géostationnaire. / être **retransmis** par ~ *über Satellit übertragen werden:* Le match sera retransmis en direct par ~.

satire f *Satire*
~ **violente, virulente, mordante** *beißende Satire*

satisfaction f *Zufriedenheit*
entière, pleine ~ *volle Zufriedenheit* / **profonde** ~ *tiefe Zufriedenheit* / **réelle** ~ *echte Zufriedenheit* / **vive** ~ *große Zufriedenheit*
donner (toute) ~ à qn *j-n (völlig) zufriedenstellen:* La nouvelle sténodactylo nous donne toute ~. / **exprimer** sa ~ *sich befriedigt äußern:* Le ministre a exprimé sa ~ au sujet des résultats obtenus.

sauce f *Soße*
~ **blanche** *helle Soße* / ~ **consistante, épaisse** *dicke Soße* / ~ **corsée, épicée, relevée** *pikante, scharf gewürzte Soße* / ~ **courte** *wenig Soße* / ~ **piquante** *pikante Soße (mit scharfem Senf und Essig angemacht)*
allonger, éclaircir une ~ *eine Soße strecken:* Il faut allonger un peu cette ~. / **assaisonner** une ~ *eine Soße abschmecken:* Je n'ai pas encore assaisonné la ~; pourrais-tu le faire pour moi? / une ~ **épaissit** *eine Soße wird sämig:* Remuez bien et la ~ épaissira peu à peu. / **lier** une ~ *eine Soße binden:* Je vous recommande de lier la ~ avec un peu de farine.

saut m *Sprung*
faire un ~ *einen Satz, Sprung machen:* Essaie maintenant de faire un ~ avec élan. / **faire le** ~ *(fig) den Sprung (ins Ungewisse) wagen:* Je ne crois pas qu'il fera le ~. / **faire un** ~ chez qn *(fig) auf einen Sprung bei j-m vorbeikommen, hereinschauen:* Comme nous étions de passage à Paris, nous avons fait un ~ chez les Perrier. / **faire du** ~ en hauteur, en longueur, à la perche *hochspringen, weitspringen, stabhochspringen; Hochsprung, Weitsprung, Stabhochsprung betreiben:* Cet après-midi, on fera du ~ en hauteur et demain matin les cent mètres. / **réussir** un ~ *(Hochsprung) über die Latte kommen:* Ce n'est qu'au troisième essai que l'athlète a réussi son ~.

saveur f *Geschmack*
~ **acide, aigre** *saurer Geschmack* / ~ **âcre** *herber Geschmack* / ~ **amère** *bitterer Geschmack* / ~ **douce, sucrée** *süßer Geschmack* / ~ **fade** *fader Geschmack* / ~ **forte** *scharfer Geschmack* / ~ **piquante** *pikanter Geschmack* / ~ **salée** *salziger Geschmack*

scandale[1] m *Skandal*
~ **public** *öffentlicher Skandal* / ~ **retentissant** *aufsehenerregender Skandal*
être **compromis, impliqué** dans un ~ *in einen Skandal verwickelt sein:* Le ministre de l'Agriculture est compromis dans un ~. / **crier** au ~ *von einem Skandal sprechen; etw als Skandal bezeichnen:* Les journaux crient au ~, mais le préfet nie toute responsabilité. / **étouffer** un ~ *einen Skandal vertuschen:* Le gouverneur a en vain essayé d'étouffer le ~. / **faire** ~; **causer** un ~ *einen Skandal verursachen; Aufsehen erregen; für Wirbel sorgen:* Le discours du secrétaire d'État a causé un grand ~ dans les milieux initiés.

scandale[2] m *Krach*
faire du, un ~ *Krach schlagen:* Si on me renvoie, je ferai du ~.

sceau m *Siegel*
apposer, mettre son ~ *sein Siegel aufdrücken, anbringen:* Le duc apposa son ~ et remit la lettre à son domestique. / **briser** un ~ *ein Siegel erbrechen:* Êtes-vous autorisé à briser ce ~?

scénario m *Drehbuch*
élaborer, construire un ~ *ein Drehbuch ausarbeiten, schreiben:* Le ~ est déjà élaboré; on commencera à tourner le film début novembre. / **réaliser** un ~ *ein Drehbuch verfilmen:* Qui a réalisé ce ~?

scène[1] f *Bühne*
~ **tournante** *Drehbühne*
adapter pour la ~ *für die Bühne bearbeiten:* Ce roman sera très difficile à adapter pour la ~. / **entrer** en ~; **paraître** en ~, sur la ~ *auftreten:* Le diable ne paraît en ~ qu'au milieu de la deuxième moitié de la pièce. / **être** sur, en ~ *auf der Bühne stehen:* Vous ne pouvez pas parler à Gilbert Ange en ce moment. Il est sur ~. / **mettre** en ~ *inszenieren; Regie führen:* La pièce sera mise en ~ par Alberto Rossini dans les ateliers de Rome. / **porter** à la ~ *auf die Bühne bringen:* «La Cantatrice chauve» sera portée à la ~ en automne de cette année. / **quitter** la ~ *von der Bühne abtreten (für immer):* Ce grand acteur a définitivement quitté la ~. / **sortir** de ~ *(von der Bühne) abtreten (nach einem Auftritt):* L'acteur sortit de ~ sous un tonnerre d'applaudissements.

scène[2] f *Szene (auch par ext)*
~ **abominable, effroyable, épouvantable** *häßliche Szene* / ~ **attendrissante, émouvante, touchante** *ergreifende, rührende Szene* / ~ **bouleversante** *erschütternde Szene*
avoir une ~ avec qn *mit j-m einen heftigen Wortwechsel haben:* Elle a eu une ~ avec son chef. / **faire** une ~ à j-m *eine Szene machen:* La mère de Gabriella a fait une ~ à sa fille lorsque celle-ci a voulu s'installer à Toulouse. / la ~ se **passe** à ... *die Handlung spielt in ...:* Au premier acte, la ~ se passe à Milan, au dix-huitième siècle. / **tourner** une ~ *eine Szene drehen:* Fini pour aujourd'hui! Nous tournerons la dernière ~ demain.

schuss m *Schußfahrt*
   descendre en ~ *Schuß fahren:* Les enfants, dès qu'ils ont eu leurs skis aux pieds, sont descendus en ~; le pauvre père, avec son gros sac à dos, avait du mal à les suivre.

scrupule m *Skrupel, Bedenken*
   ne pas s'**embarrasser, s'encombrer** de ~s; être **dénué** de ~s; les ~s ne l'**étouffent** pas *keine Skrupel kennen, haben:* Philippe? Il ne s'embarrasse pas de ~s. / se **faire** ~ de (faire) qc *wegen etw Bedenken haben; Bedenken haben, etw zu tun:* Je ne suis pas sûr qu'il accomplisse cet ordre; j'ai l'impression qu'il s'en fait ~. / **lever, écarter** les ~s de qn *j-m die Skrupel nehmen:* Nous n'avons pu écarter les ~s de Madame Teynes. / **vaincre,** faire **taire** ses ~s *seine Skrupel überwinden:* Vous devrez vaincre vos ~s et agir comme convenu.

scrutin m *Abstimmung, Wahl*
   ~ **majoritaire** *Mehrheitswahl* / ~ **nominal** *namentliche Abstimmung* / ~ **proportionnel** *Verhältniswahl* / ~ **public** *offene, öffentliche Abstimmung* / ~ **secret** *geheime Abstimmung* **dépouiller** le ~ *die Stimmen auszählen:* Le ~ ne sera pas dépouillé avant ce soir. / **fermer, clore** le ~ *die Abstimmung schließen:* Le maire lui-même a fermé le ~. / **ouvrir** le ~ *die Abstimmung eröffnen:* Le ~ sera ouvert ce matin.

séance f *Sitzung*
   ~ **animée** *lebhafte Sitzung* / ~**extraordinaire** *außerordentliche Sitzung* / ~ **houleuse** *sehr lebhafte, erregt verlaufende Sitzung* / ~ **inaugurale** *Eröffnungssitzung* / ~ **mouvementée** *stürmische Sitzung* / ~ **ordinaire** *ordentliche Sitzung* / ~ **publique** *öffentliche Sitzung* **déclarer** la ~ **ouverte** *die Sitzung für eröffnet erklären:* Le maire déclara la ~ ouverte. / **lever, clore, terminer** la ~ *die Sitzung aufheben, schließen:* Le président a levé la ~ à cinq heures trente. / **ouvrir** la ~ *die Sitzung eröffnen:* La ~ n'a pu être ouverte jusqu'ici, car le quorum n'est pas atteint. / **présider** une ~ *bei einer Sitzung den Vorsitz führen, haben:* Monsieur Lamanier a présidé la première ~ de l'association nouvellement créée. / **suspendre** une ~ *eine Sitzung unterbrechen:* La ~ est suspendue pendant une heure. / **tenir** une ~ *eine Sitzung abhalten:* J'exige qu'une ~ soit tenue avant la fin du mois.

secours m *Hilfe*
   premiers ~ *Erste Hilfe* / ~ **urgents** *schnelle, sofortige Hilfe*
   (ac)courir, s'**élancer,** se **précipiter, voler** au ~ de qn *j-m zu Hilfe eilen:* Un groupe de soldats qui se trouvait par hasard près du lieu de l'accident s'est élancé au ~ de la famille en danger de se noyer. / **aller,** se **porter, venir** au ~ de qn *j-m zu Hilfe kommen:* La victime de l'agression a crié, mais personne ne s'est porté à son ~. / **appeler** qn à son ~ *j-n zu Hilfe rufen:* N'aviez-vous pas entendu quelqu'un qui vous appelait à son ~? / **appeler, crier** au ~ *(um) Hilfe rufen:* La femme, attaquée par le gangster, a appelé au ~, mais personne ne l'a entendue. / **(ap)porter** du ~ à qn *j-m Hilfe bringen:* Venez-vous nous apporter du ~? / **chercher** du ~ *Hilfe holen:* Restez là, je vais chercher du ~. / **demander** du ~ à qn; **invoquer** le ~ de qn *j-n um Hilfe bitten; bei j-m um Hilfe nachsuchen:* Je suis là pour demander du ~. / **laisser** qn sans ~ *j-m keine Hilfe gewähren:* Tu ne peux pas laisser la pauvre personne sans ~. / **porter, prêter** ~ à qn *j-m Hilfe leisten:* Un garde-chasse est venu le premier porter ~ aux victimes de l'accident.

secret m *Geheimnis*
   ~ **éventé** *offenes Geheimnis* / ~ **impénétrable, insondable** *unergründliches, unerforschliches Geheimnis* / ~ **inviolable** *unantastbares Geheimnis* / ~ **médical** *ärztliche Schweigepflicht* / ~ **professionnel** *Berufsgeheimnis, Schweigepflicht*
   arracher, dérober un ~ à qn *j-m ein Geheimnis entreißen:* Il n'est pas arrivé à leur arracher leur ~. / **avoir** le ~ de qc *hinter das Geheimnis einer Sache gekommen sein; (fig auch:) sich auf etw ausgezeichnet verstehen:* Croyez-moi, il a le ~ des analyses de marché. / **ne pas avoir** de ~ pour qn *vor j-m kein Geheimnis haben:* Approchez, nous n'avons pas de ~ pour vous. / **confier** un ~ à qn *j-m ein Geheimnis anvertrauen:* Avez-vous confié ce ~ à quelqu'un? / **découvrir** un ~ *ein Geheimnis entdecken, lüften:* C'est dans des archives irlandaises que j'ai pu découvrir le ~. / **découvrir, révéler** un ~ à qn *j-m ein Geheimnis enthüllen:* Je ne comprends pas qu'elle ait découvert le ~ à son mari. / **détenir** un ~ *im Besitz eines Geheimnisses sein:* Une poignée de savants soviétiques détient, dit-on, le ~ d'une invention qui pourrait révolutionner la science. / **deviner** un ~ *ein Geheimnis erraten:* Je commence à deviner le ~. / **divulguer, ébruiter** un ~ *ein Geheimnis ausplaudern, verbreiten:* Si vous initiez trop de gens à votre projet, vous risquez que le ~ ne soit ébruité trop tôt. / ce n'**est** un ~ pour personne *das ist ein offenes Geheimnis:* Vous pouvez dire cela à haute voix, ce n'est un ~ pour personne. / **être dans** le ~ *in das Geheimnis eingeweiht sein:* Madame Yvelin n'est pas dans le ~. / **exiger** le ~ *Geheimhaltung fordern:* Vous êtes les seuls à connaître cette affaire; vous comprendrez que j'exige le ~. / **faire** un ~ de qc *aus etw ein Geheimnis machen:* Ne faites pas de ~ de cette lettre. / **garder** un ~ *ein Geheimnis (be)wahren, hüten:* Puis-je être sûr que vous gardiez ce ~? / **garder le** ~ sur qc *etw*

geheimhalten: Il n'est pas homme à garder le ~ sur l'affaire. / **initier** qn à un ~ *j-n in ein Geheimnis einweihen:* Patientez un peu, je vous initierai à mon ~ dès que je le jugerai opportun. / **jurer** le ~ *Verschwiegenheit geloben:* Madeleine m'a juré le ~. / **livrer** un ~ *ein Geheimnis preisgeben:* Il est mort sans avoir livré son ~. / **pénétrer, percer** un ~ *hinter ein Geheimnis kommen:* C'est par hasard qu'elle a pénétré le ~ de son mari. / **promettre** à qn le ~ *j-m versprechen, nichts zu sagen:* Soyez sans crainte. Il m'a promis le ~. / **surprendre** un ~ *(zufällig) hinter ein Geheimnis kommen:* Elle a surpris involontairement leur ~ en fouillant un jour dans le secrétaire. / **trahir** un ~ *ein Geheimnis verraten:* On n'aurait jamais connu les motifs du crime, si la fiancée de l'accusé n'avait pas trahi le ~. / un ~ **transpire** *ein Geheimnis sickert durch:* Malgré les précautions dont on s'était entouré, le ~ a fini par transpirer.

secteur m *(Strom)Netz*
  brancher sur le ~ *ans Netz anschließen:* Avant de brancher la machine sur le ~, s'assurer que les fusibles sont en bon état.

sécurité f *Sicherheit*
  se **croire** en ~ *sich in Sicherheit wähnen, wiegen, glauben:* La grande faute de Marcel Merlin a été de se croire en ~. / **être** en ~ *in Sicherheit sein:* Ne t'énerve pas, les enfants sont en ~.

sein m *Brust,* pl *Busen*
  ~s **fermes** *straffe, feste Brüste; straffer Busen* / ~s **pendants, tombants** *Hängebusen* / ~s **plats** *flacher Busen*
  donner le ~ à un enfant *einem Kind die Brust geben:* La paysanne arrêta son travail et donna le ~ à son bébé. / **nourrir** au ~ *stillen:* Combien de temps avez-vous nourri votre enfant au ~?/ **serrer, presser** qn sur, contre son ~ *j-n an seine Brust drücken:* La mère serrait son fils sur son ~ avant qu'il ne parte à la guerre.

séjour m *Aufenthalt*
  faire un long (bref) ~ à, en ... *sich lange (nur kurz) in ... aufhalten:* Arrivés aux États-Unis, nous avons fait un long ~ à Washington.

sel m *Salz*
  ~ **fin** *Feinsalz; feines Salz* / **gros** ~ *Grobsalz; grobes Salz* / ~ **marin** *Meersalz*
  mettre du ~ dans qc *in etw Salz geben, tun:* Tu as oublié de mettre du ~ dans les spaghettis. / **remettre** du ~ dans qc *etw nachsalzen:* Voulez-vous que je remette un peu de ~ dans la salade niçoise?

sélection f *Auswahl*
  ~ **rigoureuse** *strenge Auswahl*
  opérer, faire une ~ *eine Auswahl treffen:* Nous avons déjà fait une première ~ parmi les candidats.

selle f *Sattel*
  être bien en ~ *fest im Sattel sitzen (auch fig):* Personne n'aurait cru que le fils du dictateur pourrait se maintenir au pouvoir; pourtant, il est bien en ~ maintenant. / se **mettre** en ~ *aufsitzen:* Les deux femmes se mirent en ~ et partirent au galop. / **sauter** en ~ *sich in den Sattel schwingen:* L'Indien sauta en ~ et s'élança vers la sortie de la vallée.

semonce f *Rüge*
  verte ~ *scharfe Rüge*
  adresser une ~ à qn *j-m eine Rüge erteilen:* Le directeur a adressé une ~ aux trois étudiants en question.

sens[1] m *Sinn, Bedeutung*
  au ~ **étroit** *im engeren Sinn* / au ~ **figuré** *im übertragenen Sinn; in übertragener Bedeutung* / au ~ **large** *im weiteren Sinn* / au ~ **littéral** *im wörtlichen Sinn* / ~ **obscur** *dunkler, versteckter Sinn* / ~ **originel, premier, primitif** (d'un mot) *Grundbedeutung; ursprünglicher Sinn* / ~ **propre** (d'un mot) *eigentliche Bedeutung* / ~ **restreint** *engere Bedeutung* / au ~ **strict** *im eigentlichen Sinn*
  attacher un ~ à qc *einer Sache eine Bedeutung beimessen:* J'attache un ~ tout à fait différent à ce qu'elle a dit. / **donner** le ~ de qc *die Bedeutung (+ Gen) angeben:* Ce dictionnaire ne se contente pas de donner le ~ général des mots. Il définit aussi leur emploi selon le contexte. / **jouer** sur le ~ d'un mot *mit einer Wortbedeutung spielen:* Il a l'art de jouer sur le ~ des mots, ce qui fait qu'on ne sait jamais très bien ce qu'il pense. / **renfermer** un ~ profond *einen tief(er)en Sinn haben:* Ses explications renferment un ~ profond. / **saisir** le ~ de qc *den Sinn (+ Gen) erfassen:* Je ne crois pas qu'il ait saisi le ~ de vos paroles.

sens[2] m *Sinn (für etw)*
  un ~ **aigu** des responsabilités *ein ausgeprägtes Verantwortungsgefühl* / ~ **artistique** *Kunstsinn, Kunstverständnis* / ~ **esthétique** *Schönheitsempfinden* / ~ **pratique** *praktische Veranlagung*
  avoir le ~ de qc *Sinn für etw haben:* Il a vraiment le ~ des affaires *(Geschäftssinn).*

sens[3] m *Richtung*
  le **bon (mauvais)** ~ *die richtige (falsche) Richtung* / en ~ **inverse** *in umgekehrter Richtung* / ~ **obligatoire** *vorgeschriebene Fahrtrichtung*

sens commun, bon sens m *gesunder Menschenverstand*
  gros bon sens *grobschlächtiger, einfacher, gerader Verstand* / **avoir, posséder** un **solide, robuste** bon sens *viel gesunden Menschenverstand haben, besitzen*
  choquer, heurter le sens commun *gegen den gesunden Menschenverstand sein, verstoßen:*

sensation

Votre manière d'agir choque le sens commun. / **retrouver** son bon sens *wieder zur Vernunft kommen:* Madeleine a enfin retrouvé son bon sens.

sensation¹ f *Empfindung, Gefühl*
~ **auditive** *Gehörsempfindung* | ~s **fortes, violentes** *Nervenkitzel* | ~ **gustative** *Geschmacksempfindung* | ~ **olfactive** *Geruchsempfindung* | ~ **tactile** *Tastempfindung* | ~ **visuelle** *Gesichtsempfindung*
j'**avais** la ~ d'étouffer *ich glaubte zu ersticken:* La fumée envahissait de plus en plus ma chambre et j'avais la ~ d'étouffer. / **éprouver** une ~ de (+ *subst*) (*subst*) *verspüren, empfinden:* Après cette longue promenade, j'éprouve une ~ de fatigue. / **produire, éveiller** une ~ *ein Gefühl hervorrufen:* La nouvelle de la naissance de son fils produisit en lui une ~ étrange.

sensation² f *Sensation*
faire ~ *Aufsehen erregen; eine Sensation sein:* Le spectacle présenté sur la scène de l'Opéra a fait ~.

sensibilité f *Empfindsamkeit*
~ **aiguë** *ausgeprägte Feinfühligkeit; hohe Empfindsamkeit* | ~ **frémissante** *hochgradige Sensibilität*
émousser la ~ *das Gefühl abstumpfen:* L'habitude des émotions fortes avait fini par émousser sa ~.

sentence f (*jur*) *Urteil(sspruch)*
casser, annuler une ~ *ein Urteil aufheben:* Le tribunal de grande instance a cassé cette ~. / **exécuter** une ~ *ein Urteil vollstrecken:* La police a reçu l'ordre d'exécuter la ~ sans délai. / **prononcer** une ~ *ein Urteil fällen:* La ~ ne sera prononcée que dans quinze jours.

sentier m *Pfad, Fußweg*
~ **balisé** *markierter Weg* | ~s **battus** (*fig*) *ausgetretene Pfade:* quitter les, sortir des ~s battus (*die ausgetretenen Pfade verlassen*); suivre les ~s battus (*ausgetretene Pfade gehen*) | ~ **bourbeux, fangeux** *morastiger Weg* | ~ **escarpé** *abschüssiger bzw. steil ansteigender Weg* | ~ **facile** *bequemer Pfad* | ~ **raboteux** *holpriger Weg* | ~s **tortueux** *verschlungene Pfade (auch fig)*
être sur le ~ de la guerre (*fig*) *auf dem Kriegspfad sein:* Elle est maquillée comme si elle était sur le ~ de la guerre.

sentiment m *Gefühl*
cela part d'un **bon** ~ *er, sie meint es gut* | avec mes ~s **cordiaux** *herzliche Grüße* | ~s **étouffés** *unterdrückte Gefühle* | ~s **exaltés, exagérés** *übersteigerte Gefühle* | ~s **généreux** *edle Gesinnung* | **grands** ~s *hehre Gefühle* | ~s **nobles** *edle, erhabene Gefühle* | ~s **refoulés** *verdrängte Gefühle* | veuillez agréer l'expression de mes ~s **respectueux;** je vous présente mes ~s **respec-** **tueux** *mit vorzüglicher Hochachtung* (*Briefschluß*)
attiédir les ~s *die Gefühle abkühlen:* La longue séparation a attiédi les ~s qu'il porte à Madeleine. / **avoir** le ~ de sa supériorité *sich überlegen fühlen:* Il n'est pas arrogant, mais il a quand même le ~ de sa supériorité. / **cacher, contenir** ses ~s *seine Gefühle verbergen:* Dans cette tribu d'Indiens, les hommes sont obligés de cacher leurs ~s. / **dompter, maîtriser** ses ~s *seine Gefühle bezwingen:* Tu dois apprendre à dompter tes ~s. / **faire** du ~ (F) *sentimental werden:* Surtout, ne fais pas de ~! / **manifester, exprimer,** faire **connaître** ses ~s *seine Gefühle zeigen, zum Ausdruck bringen:* Jean Nadier a manifesté ses ~s dans une longue lettre. / **un** ~ **naît** *ein Gefühl kommt auf, entsteht:* Au bout de quelques semaines, un ~ d'amitié est né entre les deux hommes. / **nourrir** des ~s pour, à l'égard de qn, qc *gegenüber j-m, einer Sache Gefühle hegen:* Il nourrissait des ~s de haine envers celui qu'il considérait comme son rival. / **obéir** à un ~ *einem Gefühl nachgeben:* N'obéissez pas trop à vos ~s. / **partager** les ~s *die Gefühle teilen;* (*auch:*) *gleicher Meinung sein:* Il partage entièrement vos ~s en ce qui concerne Monique. / **porter** un ~ (+ *adj*) à qn *j-m* (+ *adj*) *Gefühle entgegenbringen:* Il porte depuis toujours un ~ très tendre à sa petite cousine. / **réprimer,** faire **taire** un ~ *ein Gefühl unterdrücken:* En tant que juge, vous êtes obligé de réprimer vos ~s. / **ressentir, éprouver** un ~ (de ...) *ein Gefühl* (+ *Gen*) *empfinden:* À l'approche de la frontière, il ressentait un ~ de joie. / **susciter, exciter,** faire **naître** des ~s *Gefühle erwecken:* Partout où il passe, cet homme fait naître autour de lui des ~s extrêmes.

sentinelle f *Wache,* (*Wach*)*Posten*
être en ~ *Wache, Posten stehen:* C'est Philippe Morin qui est en ~. / **mettre** qn en ~ *j-n als Posten aufstellen:* Le commissaire a mis un de ses collaborateurs en ~ devant la maison en question. / **placer, poster** une ~ *eine Wache aufstellen:* Le général postait des ~s aux entrées du camp. / **relever** la ~ *die Wache ablösen:* On m'a ordonné de relever la ~.

séparation f *Trennung*
~ **cruelle, déchirante** *grausame Trennung* | ~ **pénible** *schmerzliche Trennung*
établir une ~ entre ... et ... ... *und ... trennen:* Il a toujours établi une nette ~ entre sa vie privée et les exigences de la vie publique.

sérénade f *Ständchen*
donner une ~ à qn *j-m ein Ständchen bringen:* Les gars du village étaient venus donner une ~ à la jeune étrangère.

série f *Serie, Folge*
~ **ininterrompue** *ununterbrochene Folge*

fabriquer qc en ~ *etw serienmäßig fertigen, herstellen:* Ces calculettes sont fabriquées en très grande ~ *(... werden in Großserie hergestellt).*

sérieux m *Ernst*
c'est du ~ *(F) die Sache ist ernst (zu nehmen):* Fais attention, c'est du ~. / **garder** son ~ *ernst bleiben:* Dans toute cette affaire un peu ridicule, il a gardé son ~. / il **manque** de ~ *es fehlt ihm am nötigen Ernst:* Bernis Lagadèque est très intelligent, mais il manque de ~. / **perdre** son ~ *nicht mehr ernst bleiben können:* À cette remarque, il a perdu son ~. / **prendre** qn, qc au ~ *j-n, etw ernst nehmen:* Je prends vos plaintes au ~.

serment m *Eid*
faux ~ *Meineid, Falscheid* / ~ **solennel** *feierlicher Eid, Schwur*
affirmer sous ~ *eidlich bestätigen; beeidigen:* Le chauffeur du taxi a affirmé sous ~ qu'un de ses clients de lundi portait un pantalon rouge. / **attester, témoigner** sous ~ *unter Eid bezeugen; beeidigen:* J'attesterai sous ~ qu'il m'a promis le mariage. / **déclarer, déposer** sous ~ *unter Eid aussagen:* Madame Lamarier a déclaré sous ~ vous avoir vue ce soir-là. / **délier** qn de son ~ *j-n von seinem Eid entbinden:* Personne ne pourra vous délier de ce ~. / **faire** (le) ~ de ... *schwören zu ...:* Il a fait le ~ de se venger. / **prêter** ~ *einen, den Eid leisten:* Dites, le témoin a-t-il prêté ~? / **faire prêter** ~ à qn *j-n vereidigen; j-m den Eid abnehmen:* Le juge fit prêter ~ aux témoins et les interrogea longuement. / **refuser de prêter** ~ *den Eid verweigern:* Vous pouvez refuser de prêter ~. / **respecter, tenir** son ~ *einen Eid halten:* Il a respecté son ~ jusqu'à la mort. / **violer** le ~ *den Eid brechen:* Vous ne pouvez pas exiger de moi que je viole le ~.

sermon m *Predigt*
prononcer, faire un ~ *eine Predigt halten:* Bien que l'église ait été quasiment vide, le prêtre a prononcé un très long ~.

serpent m *Schlange*
~ **venimeux** *Giftschlange*
charmer des ~s *Schlangen beschwören:* Avez-vous déjà vu l'Hindou qui charme des ~s devant l'hôtel? / le ~ s'**enroule** (sur lui-même) *die Schlange rollt sich zusammen:* Le ~ s'enroula sur lui-même, dressant seulement la tête contre l'agresseur. / le ~ **mord, pique** *die Schlange beißt:* Jules Banin est mort au Sénégal. On dit qu'il a été mordu par un ~. / le ~ **siffle** *die Schlange zischt:* Tout à coup, je me trouvai devant un ~ qui sifflait.

serrure f *Schloß*
crocheter une ~ *ein Schloß mit einem Dietrich öffnen:* Les cambrioleurs ont dû crocheter la ~ à l'aide d'un passe-partout, car on ne relève aucune trace d'effraction. / **forcer,** faire **sauter** une ~ *ein Schloß aufbrechen:* Les voleurs ont forcé la ~ sans que nos voisins aient entendu le moindre bruit.

service[1] m *Dienst, Gefallen*
(remercier qn de ses) **bons et loyaux** ~s *(j-m für) treue Dienste (danken)*
demander un ~ à qn *j-n um einen Gefallen bitten:* J'ai un ~ à vous demander. / **entrer, se mettre** au ~ de qn *in j-s Dienst(e) treten:* Gustave Poulain est entré au ~ d'un Libanais qui dirige une agence de voyages. / **être** en ~ chez, auprès de qn *in j-s Dienst(en) stehen:* Mireille est en ~ auprès d'un général en retraite. / je **suis à** votre ~ *ich stehe zu Ihren Diensten:* Vous pouvez compter sur moi, je serai toujours à votre ~. / **être au** ~ d'une cause *im Dienst einer Sache stehen:* Toute sa vie, elle a été au ~ de la cause des réfugiés. / **être de** ~ *Dienst haben, tun:* Ce samedi-là, je n'étais pas de ~. / **mettre** qc en ~ *etw in Dienst stellen:* Trois nouvelles locomotives seront mises en ~ sur cette ligne. / **se mettre** au ~ d'une cause *sich in den Dienst einer Sache stellen:* Êtes-vous disposé à vous mettre au ~ de cette bonne cause? / **offrir** ses ~s *seine Dienste anbieten:* Permettez que je vous offre mes ~s. / se **passer,** se **priver** des ~s de qn *auf j-s Dienste verzichten:* Nous devons malheureusement nous passer de vos ~s. / **prendre, attacher** qn à son ~ *j-n in seine Dienste stellen, nehmen:* J'ai pris un Italien à mon ~. / **prendre** son ~ *seinen Dienst antreten:* Quand prendrez-vous votre ~ à Lyon? / **rendre** (un) ~ à qn *j-m einen Gefallen erweisen, tun:* Est-ce que vous me rendrez un ~? / **rendre** de **bons** ~s *gute Dienste leisten:* Ma vieille machine à coudre rend toujours de bons ~s.

service[2] m *Bedienung*
~ **compris** *inklusive, einschließlich Bedienung* / **libre** ~ *Selbstbedienung* / ~ **rapide** *prompte Bedienung*
le ~ **est compris** *die Bedienung, der Service ist inbegriffen:* Dites-moi, est-ce que le ~ est compris dans la note? / **faire** le ~ *bedienen:* Le soir, dans le vieux bistrot, c'est le patron lui-même qui fait le ~.

service[3] m *Betrieb*
entrer en ~ *in Betrieb genommen werden:* Un nouveau type d'autobus vient d'entrer en ~. / **mettre hors** ~; **retirer** du ~ *außer Betrieb setzen, stellen:* Les avions de ce type ont tous été mis hors ~.

service (militaire) m *Militärdienst*
faire son ~ *seinen Militärdienst ableisten:* Avez-vous déjà fait votre service militaire? / **partir** pour le, au ~ *eingezogen werden:* Mon fils partira au service (militaire) en automne. / **reprendre** du service *in den Militärdienst zurückgehen; wieder zum Militär gehen:* Il

serviteur   274

envisage de reprendre du service, car il ne se sent pas fait pour la vie dans le civil.
serviteur m *Diener*
~ **dévoué** *ergebener Diener* / ~ **fidèle; loyal** ~ *treuer, treu ergebener Diener* / (votre) très **humble** et très **obéissant** ~ *(Ihr) sehr ergebener Diener*
servitude f *Knechtschaft*
réduire qn en ~ *j-n knechten:* Ce peuple a réduit presque tous ses voisins en ~. / **tenir** qn dans la ~ *j-n in Knechtschaft halten:* Jacques Morin tient sa femme dans la ~ la plus complète. / **tomber** dans la ~ *in Knechtschaft geraten:* Peu à peu, ce peuple tomba dans la ~ imposée par les tribus nouvelles venues.
seuil m *Schwelle*
franchir, *(fig)* **(dé)passer** le ~ *über die Schwelle gehen; die Schwelle überschreiten (auch fig):* Les prix de la viande de porc ont dépassé le ~ d'intervention.
sévérité f *Strenge*
~ **inflexible** *unnachgiebige Strenge* / ~ **inexorable** *unerbittliche Strenge*
sévices mpl *Mißhandlungen*
exercer des ~ sur qn *j-n mißhandeln:* Cette mère a été condamnée pour avoir exercé des ~ sur ses enfants.
sexe m *Geschlecht*
le **beau** ~ *das schöne Geschlecht* / le ~ **faible** *das schwache Geschlecht* / le ~ **fort** *das starke Geschlecht* / ~ **masculin, féminin** *männliches, weibliches Geschlecht*
shopping m *Einkaufsbummel*
faire du ~ *einen Einkaufsbummel machen:* Viens-tu faire du ~ avec moi?
siège[1] m *Sitz(gelegenheit)*
~ **basculant, escamotable, rabattable** *Klappsitz* / ~ **capitonné, rembourré** *Polstersitz* / ~ **éjectable** *Schleudersitz* / ~ **pliant** *Klappstuhl* / ~ **réglable** *verstellbarer Sitz* / ~ **transformable** *in eine Liege umwandelbarer Sitz*
avancer un ~ *einen Stuhl näherrücken:* Avancez vos ~s pour mieux y voir. / **offrir, donner** un ~ à qn *j-m einen Stuhl anbieten:* Monsieur Oriol ne m'a même pas offert de ~. / **prendre** un ~ *sich setzen; Platz nehmen:* Prenez un ~ et patientez un peu.
siège[2] m *Sitz (im Parlament usw.)*
gagner, enlever un ~ *einen Sitz erringen:* Le petit parti écologiste a gagné quelques ~s. / **perdre** un ~ *einen Sitz verlieren:* L'opposition a de nouveau perdu quelques ~s.
siège[3] m *Belagerung*
lever le ~ *die Belagerung aufheben:* Après la signature du traité, les troupes espagnoles levèrent le ~ de la ville. / **mettre** le ~ devant une ville *eine Stadt belagern:* Les troupes du roi de Suède mirent le ~ devant la ville. / **soutenir** un ~ *einer Belagerung standhalten:* La ville d'Orléans soutenait le ~ depuis six mois déjà.
sieste f *Mittagsschläfchen*
faire la ~ *ein Mittagsschläfchen halten, machen:* Depuis que je fais la ~ chaque jour, je n'ai plus de maux d'estomac.
sifflets mpl *Pfeifkonzert*
accueillir par des ~ *mit einem Pfeifkonzert empfangen; auspfeifen:* Le public a accueilli l'orateur par des ~.
signal m *Signal, Zeichen*
~ **lumineux** *Lichtsignal* / ~ **sonore, acoustique** *akustisches Signal* / ~ **visuel, optique** *optisches Signal*
brûler un ~ *ein Signal überfahren:* On ne sait pas pourquoi la locomotive a brûlé le ~. / **donner** le ~ de qc *das Signal, Zeichen zu etw geben:* Le moniteur de ski donnait le ~ du départ. / **émettre** des signaux *Signale aussenden:* La bouée émet des signaux lumineux pendant la nuit et des signaux de radio pendant la journée. / **respecter** un ~ *ein Signal beachten:* Le conducteur de la rame de métro n'a pas respecté le ~.
signal d'alarme m *Notbremse*
tirer le ~ *die Notbremse ziehen:* Quelqu'un a tiré le ~ entre Béziers et Perpignan.
signature f *Unterschrift*
~ **authentique** *echte Unterschrift* / **fausse** ~ *gefälschte Unterschrift* / ~ **illisible** *unleserliche Unterschrift*
apposer, mettre sa ~ (au bas de ...) *seine Unterschrift setzen unter ...:* N'oubliez pas de mettre votre ~ au bas du document. / **certifier conforme, légaliser** une ~ *eine Unterschrift beglaubigen:* Si le contrat est destiné à l'étranger, il faut que la ~ soit certifiée conforme. / **faire certifier conforme, faire légaliser** une ~ *eine Unterschrift beglaubigen lassen:* Faut-il que je fasse légaliser ma ~? / **contrefaire, falsifier, imiter** une ~ *eine Unterschrift fälschen, nachahmen:* La police croit que cette ~ est falsifiée. / **être à la** ~ *(vor)liegen:* Le contrat est à la ~ dans notre service juridique. / **honorer** sa ~ *seine Verpflichtung einhalten:* Monsieur Jolivet a toujours tenu ses engagements. Cette fois encore, il honorera sa ~. / **porter** la ~ de qn *j-s Unterschrift tragen:* Ce tableau porte la ~ d'un peintre peu connu du XVIIIe siècle. / **présenter** qc à la ~ *etw zur Unterschrift vorlegen:* Le courrier doit être présenté à la ~ avant 16 heures. / **revêtir** qc de sa ~ *etw mit seiner Unterschrift versehen:* Le directeur a revêtu la demande de sa ~.
signe[1] m *Zeichen*
~s **avant-coureurs, précurseurs** *Vorzeichen*

/ ~ **caractéristique** *Kennzeichen, Merkmal* / ~ **clair** *deutliches Zeichen* / ~ **distinctif** *Unterscheidungsmerkmal, Kennzeichen* / ~ **indubitable, infaillible, irrécusable** *untrügliches Zeichen* / ~s **particuliers** *besondere Kennzeichen* / ~ **réjouissant** *erfreuliches Zeichen* **donner** des ~s de ... *Zeichen (+ Gen) erkennen lassen:* Vers la fin du combat, le boxeur bulgare donnait des ~s de fatigue. / **c'est bon (mauvais)** ~ *das ist ein gutes (schlechtes) Zeichen:* Le fait qu'il accepte votre proposition est bon ~. / **c'est** ~ **que** ... *das ist ein Zeichen dafür, daß ...:* Si elle ne vous invite pas, c'est ~ qu'elle craint vos reproches. / **faire** des ~s *Zeichen geben:* Regarde ce monsieur qui fait des ~s; qu'est-ce que cela signifie? / **faire un** ~ **de (la) tête** *mit dem Kopf nicken (bzw.: den Kopf schütteln):* Il fit un ~ de la tête pour approuver ce qu'elle avait dit. / **faire un** ~ **de la main** *ein Handzeichen geben; winken:* Si l'affaire a réussi, faites un ~ de la main depuis votre fenêtre. / **faire** ~ **à qn** *j-m (zu)winken:* Les enfants faisaient ~ à leur idole qui sortait de la mairie. / **faire** ~ **à qn de venir** *j-n heranwinken:* La vieille femme m'a fait ~ de venir. / **faire** ~ **que non** *den Kopf schütteln (bzw.: mit der Hand abwinken):* Gilbert lui demanda de le suivre, mais elle fit ~ que non. / **se faire** des ~s d'intelligence *sich zuzwinkern; sich verständnisvoll zunicken:* Albert et Chantal se faisaient des ~s d'intelligence. / **marquer** qc d'un ~ *etw anzeichnen:* Marquez d'un ~ les livres qui vous intéressent. / se **parler** par ~s *sich durch Zeichen verständigen:* Les sourds-muets se parlent par ~s.

signe² m *Sternzeichen*
être né sous le ~ de ... *unter dem Sternzeichen (+ Gen) geboren sein:* Je suis né sous le ~ du Taureau.

signe de vie m *Lebenszeichen*
ne pas **donner** ~ *kein Lebenszeichen von sich geben:* Mon mari a trouvé devant la maison une femme qui ne donnait plus ~.

signification f *Bedeutung*
attacher une ~ (+ *adj*) à qc *einer Sache eine (+ adj) Bedeutung beimessen:* Maître Cannot attache une ~ particulière à la dernière lettre.

silence m *Schweigen, Stille*
~ **absolu, total** *vollkommene Stille; absolutes Stillschweigen* / ~ **approbateur** *Schweigen des Einverständnisses* / ~ **effrayant** *unheimliche Stille* / ~ **éloquent** *beredtes Schweigen* / ~ **expressif, significatif** *bedeutsames Schweigen* / ~ **gêné** *betretenes Schweigen* / ~ **glacial** *eisiges Schweigen* / ~ **hostile** *feindseliges Schweigen* / ~ **lourd** *bedrückendes Schweigen* / ~ **mortel** *Totenstille* / ~ **obstiné, opiniâtre** *hartnäckiges Schweigen* / **pieux** ~ *pietätvolles Schweigen* / ~ **profond** *tiefe Stille* / ~ **respectueux** *respektvolles Schweigen*
déchirer, percer le ~ *die Stille zerreißen:* Un coup de fusil déchira le ~. / un grand ~ se **fit** *es trat (eine) große Stille ein:* Le chef d'orchestre leva sa baguette et un grand ~ se fit. / **garder, observer** le ~ *Schweigen bewahren:* Je vous demande de garder le ~ le plus absolu. / **imposer** (le) ~ *Ruhe gebieten:* Le cheik se leva de son coussin et imposa ~. / **imposer** le ~ à qn *j-m Stillschweigen auferlegen:* Vous êtes le seul à connaître mon secret; je vous impose le ~. / se **murer, se retrancher, se renfermer** dans un, le ~ *sich in Schweigen hüllen:* Ma lettre est restée sans réponse; Marguerite Lamarnier se mure dans le ~. / **observer** une minute de ~ *eine Schweigeminute einlegen:* La population tout entière a observé une minute de ~ hier matin pour manifester son indignation devant l'odieux attentat. / **opposer** le ~ à qc *einer Sache mit Schweigen begegnen:* Je vous recommande d'opposer le ~ à ces accusations. / **passer** qc sous ~ *etw verschweigen; etw mit Stillschweigen übergehen:* La situation financière, le secrétaire général l'a passée sous ~. / **réduire** qn au ~; **imposer** ~ à qn *j-n zum Schweigen bringen:* L'opposition, dans ce pays, a été réduite au ~. / le ~ **règne** *es herrscht Schweigen:* Un ~ profond régnait dans la salle quand François Chène monta à la tribune. / **rompre** le ~ *das Schweigen brechen:* À la mort du roi, son valet de chambre rompit le ~. / **souffrir** en ~ *leiden, ohne zu klagen:* Apprenez à souffrir en ~, mon jeune ami.

silhouette f *Gestalt, Figur*
~ **épaisse** *stattliche, kräftige Figur* / ~ **lourde; lourde** ~ *plumpe, vierschrötige Gestalt*

sillon m *Furche*
tracer, creuser, ouvrir un ~ *eine Furche ziehen:* J'ai creusé un ~ autour du champ de betteraves.

simplicité f *Einfachheit*
c'est d'une ~ **enfantine** *das ist kinderleicht* / ~ **raffinée** *raffinierte Einfachheit*

sirène f *Sirene*
une ~ **hurle** *eine Sirene heult:* Savez-vous pourquoi les ~s hurlent?

site m *Landschaft, Stätte*
~ **classé, protégé** *Landschaftsschutzgebiet* / ~ **grandiose** *großartige Landschaft* / ~ **historique** *historische Stätte*

situation¹ f *Lage, Situation*
~ **délicate, épineuse** *heikle, schwierige Situation; mißliche Lage* / ~ **désespérée** *ausweglose Lage* / ~ **embarrassante** *verfängliche Situation* / ~ **grave, critique** *bedrohliche, kritische Lage* / ~ **intenable** *unhaltbarer Zustand* / ~ **menaçante** *bedrohliche, gefährliche Lage* / ~ **précaire** *bedenkliche, schwierige, brenzlige La-*

situation

ge / ~ **tendue** *gespannte Lage* / ~ **théâtrale** *bühnenreife Situation*
la ~ **s'aggrave, s'assombrit, se gâche, empire, pourrit** *die Lage verschlechtert, verschlimmert sich:* La ~ économique s'aggravera encore. / la ~ **s'arrange, s'améliore** *die Lage bessert sich, wird besser:* Peu à peu, la ~ commence à s'arranger. / **changer** la ~ *die Lage ändern:* L'intervention du délégué socialiste a changé la ~. / **clarifier** la ~ *die Lage abklären:* Votre rapport a du moins clarifié la ~. / la ~ **commande** qc *die Lage verlangt etw:* Mes chers collègues, la ~ commande le calme et la fermeté. / **compliquer, embrouiller** la ~ *die Lage komplizierter machen:* Le rapport du président Laclos n'a fait que compliquer la ~. / **dépeindre, exposer** la ~ *die Lage schildern; einen Lagebericht geben:* Le soldat a exposé la ~ telle qu'il l'avait rencontrée au village. / **dominer** la ~; **être maître** de la ~ *die Lage beherrschen; Herr der Lage sein:* Le général néerlandais dominait parfaitement la ~. / **être en** ~ **de ...** *in der Lage sein zu ...:* Malheureusement, je ne suis pas en ~ de vous aider. / la ~ **évolue** *die Lage entwickelt sich:* Ces derniers jours, la ~ a évolué favorablement. / **mettre** dans une mauvaise ~ *in eine schlechte, schwierige Lage bringen:* Votre lettre vous a mis dans une très mauvaise ~. / **redresser, améliorer** la ~ *die Lage verbessern:* Les mesures gouvernementales sont de nature à redresser la ~ financière. / **rétablir** la ~ *die Ordnung wiederherstellen:* On espère que le nouveau président, dont on connaît l'énergie, réussira à rétablir la ~. / **saisir** la ~ (d'un coup d'œil) *die Lage (auf einen Blick) erfassen:* Le commissaire Maurois saisit la ~ d'un coup d'œil et donna immédiatement ses ordres.

situation² f *Stellung, Position*
~ **brillante** *glänzende Stellung* / une **jolie** ~ (F) *eine prima Stellung* / ~ **stable** *gesicherte Position; Dauerstellung*
coûter sa ~ à qn *j-n die Stellung kosten:* Cette manœuvre financière hasardeuse a coûté leur ~ à trois cadres supérieurs. / se **faire** une ~ *sich eine Position schaffen:* Mon frère a pu se faire une ~ dans une grande banque. / **perdre** sa ~ *seine Stellung verlieren:* Monsieur Carlos a perdu sa ~ dans les établissements Muller et Cie.

ski¹ m *Ski*
détacher, déchausser ses, les ~s *die Skier abschnallen:* Ils ont déchaussé leurs ~s et se sont précipités dans la cabine du téléphérique. / **farter** ses ~s *die Ski(er) wachsen:* Cet après-midi, il va falloir farter les ~s. La neige colle déjà. / **mettre, attacher, chausser** les, ses ~s *die Skier anschnallen:* Ne mettez pas encore vos ~s.

ski² m *Skifahren, Skilaufen*
apprendre le ~ *Skilaufen, Skifahren lernen:* Elle est en train d'apprendre le ~. / **faire** du ~ *Ski fahren; Ski laufen:* Quoi, vous avez fait vos études à Grenoble et n'avez pas fait de ~? / **faire** du ~ de fond *Langlauf betreiben:* Je ne sais pas faire de ~ de fond.

slogan m *Schlagwort, Slogan*
~ **électoral** *Wahlparole* / ~ **publicitaire** *Werbespruch, Werbeslogan*
lancer un ~ *einen Slogan ausgeben, verbreiten:* Ce ~ publicitaire a été lancé par quelques sociétés américaines.

société¹ f *Gesellschaft*
la **bonne** ~ *die besseren Kreise:* fréquenter la bonne ~ (*in besseren Kreisen verkehren*) / **brillante** ~ *illustre Gesellschaft* / ~ **choisie** *exklusive Gesellschaft* / ~ **compétitive** *Leistungsgesellschaft* / la **haute** ~ *die High-Society* / ~ **mêlée** *gemischtes Publikum*
être **introduit** dans la ~ *in die Gesellschaft eingeführt werden:* Les jeunes filles des riches bourgeois sont introduites dans la ~ à l'occasion d'un bal solennel. / **rechercher** la ~ de qn *j-s Gesellschaft suchen:* L'accusé a toujours recherché la ~ de gens du milieu. / **vivre en** ~ *in Gesellschaft leben:* Les fourmis vivent en ~.

société² f (*Handels*)*Gesellschaft*
constituer, fonder une ~ *eine Gesellschaft gründen:* Pierre Benoît et ses deux frères ont constitué une ~ à responsabilité limitée. / **dissoudre, liquider** une ~ *eine Gesellschaft auflösen:* La ~ en question a été dissoute en 1981.

sœur f *Schwester*
~ **aînée** *ältere, älteste Schwester* / ~ **cadette** *jüngere, jüngste Schwester* / ~ **jumelle** *Zwillingsschwester*

soif f *Durst*
~ **ardente** *brennender Durst* / ~ **inextinguible** *unstillbarer Durst*
avoir ~ *Durst haben:* Il avait ~ et faim et était bien fatigué. / **calmer, étancher** sa ~ *seinen Durst stillen, löschen:* J'aimerais calmer ma ~ avec un litre de bière fraîche. / qc **donne** ~ *etw macht Durst, durstig:* Le rôti est trop salé, il va donner ~. / **mourir,** (F) **crever** de ~ *verdursten; vor Durst (fast) umkommen, vergehen:* Donne-moi un verre d'eau, je crève de ~. / **souffrir** de la ~ *Durst leiden:* Dans la zone du Sahel, des millions d'hommes souffrent de la ~.

soin¹ m *Sorgfalt*
~s **diligents** *große Sorgfalt* / ~ **méticuleux, minutieux, scrupuleux** *peinliche Sorgfalt*
appliquer tous ses ~s à ... *seine ganze Sorgfalt auf ... verwenden:* Je vous crois si vous dites que vous avez appliqué tous vos ~s à cette

étude. / **apporter, mettre, prendre** du ~ à (faire) qc *Sorgfalt auf etw verwenden; Sorgfalt darauf verwenden, etw zu tun:* Vous devez apporter plus de ~ à vos compositions. / **être sans ~** *keine Sorgfalt kennen; schlampig sein:* Yvonne Parrin est sans ~, son cahier est plein de taches.

soin[2] m *Sorge,* pl *Pflege*
~s **attentifs, assidus** *aufmerksame, sorgfältige Pflege*
abandonner, laisser à qn le ~ de ... *es j-m überlassen, zu ...:* Je vous abandonne le ~ de répondre à cet article. / **avoir, prendre ~** de (faire) qc *auf etw achten; dafür sorgen, daß etw getan wird:* Prenez ~ de votre santé. / **avoir, prendre ~** de qn, d'un animal *sich um j-n, um ein Tier kümmern:* Notre femme de ménage aura ~ de nos chats quand nous serons en vacances. / **confier** à qn le ~ de qc *j-n bitten, sich um etw zu kümmern:* Je n'ai personne à qui je pourrais confier le ~ de mes affaires. / **dispenser, donner, prodiguer** des ~s à qn *j-n pflegen, versorgen:* Une vieille Indienne donna des ~s au docteur Lamage lorsqu'il attrapa la fièvre jaune. / **entourer** qn de (ses) ~s *j-n umsorgen, umhegen:* Madame Lamanche entourait de ses ~s l'enfant trouvé devant la porte du monastère. / **recevoir** des ~s (*Verletzter*) *versorgt werden:* Le blessé a reçu des ~s dans l'ambulance qui l'emmenait à l'hôpital. / **vaquer** aux ~s du ménage *den häuslichen Pflichten nachkommen, nachgehen:* Chez les Dutin, c'est le mari qui vaque aux ~s du ménage, et Madame va au boulot.
soins mpl (*méd*) *Behandlung*
~ dentaires *Zahnbehandlung* / **~ médicaux** *ärztliche Behandlung; ärztliche Bemühungen* / **premiers ~** *Erste Hilfe*

soir m *Abend*
le ~ **descend, tombe** *es wird Abend; der Abend bricht an, herein:* Dépêche-toi, le ~ tombe déjà.

soirée f *Abend(stunden)*
consacrer ses ~s à qn, à faire qc *j-m seine Abende widmen; am (Feier)Abend etw tun:* Il consacre toutes ses ~s à sa femme. / **finir** la ~ *den Abend beschließen:* Nous sommes allés au cinéma, puis nous avons fini la ~ chez les Lambert. / **passer** ses ~s à faire qc *seine Abende mit etw verbringen:* Je préfère passer mes ~s à lire plutôt que d'aller dans une discothèque. / **passer** toute la ~ devant la télévision *den ganzen Abend vor dem Fernseher sitzen, hocken:* Hier, nous avons de nouveau passé toute la ~ devant la télévision au lieu de jouer aux cartes comme prévu.

soixantaine f *Sechzig (Alter)*
approcher de la ~; **friser** la ~ *auf die Sechzig zugehen:* Je n'aurais jamais cru que Madame Meunier approchait déjà de la ~. / **avoir** la ~ *etwa sechzig (Jahre alt) sein:* Elle aura la ~. / **avoir (dé)passé** la ~ *die Sechzig überschritten haben:* Je crois qu'il a déjà dépassé la ~.

sol m *Boden*
~ aride *trockener, unfruchtbarer Boden* / **~ détrempé** *aufgeweichter Boden* / **~ fertile** *fruchtbarer Boden* / **~ ingrat, pauvre, stérile** *unfruchtbarer Boden* / **~ maigre** *karger Boden* / **~ meuble** *lockerer Boden* / **~ natal** *Heimaterde* / **~ riche** *ergiebiger, fruchtbarer Boden* / **~ végétal** *Mutterboden, Muttererde*
le ~ se **dérobe** sous les pieds de qn *der Boden gibt unter j-s Füßen nach:* À cette nouvelle, elle eut l'impression que le ~ se dérobait sous ses pieds. / le ~ se **fend, se fendille** *der Boden reißt auf:* Le ~ commence à se fendre à cause de la chaleur. / **frapper** le ~ du pied (*mit dem Fuß*) *aufstampfen:* Le garçon, furieux, frappa le ~ du pied et se mit à hurler. / **joncher** le ~ *auf dem Boden herumliegen:* Après la fête, toutes sortes de détritus jonchaient le ~. / **toucher** le ~ (*Flugzeug*) *aufsetzen:* L'avion toucha le ~, mais le pilote repartit lorsqu'il vit que la piste d'atterrissage était trop courte.

soldat m *Soldat*
engager, enrôler des ~s *Soldaten anwerben:* Le dictateur a enrôlé des ~s étrangers. / **loger, cantonner** des ~s *Soldaten einquartieren:* Le plus grand problème était de loger les ~s dans le village.

soleil m *Sonne*
~ ardent *glühende, glühend heiße Sonne* / **~ aveuglant** *blendende, grelle Sonne* / **un beau ~**; **le grand ~** *strahlende Sonne* / **~ brûlant** *sengende, stechende Sonne; Abendsonne* / **~ éclatant** *helle, strahlende Sonne; strahlender Sonnenschein* / **~ levant** *aufgehende Sonne; Morgensonne* / **~ pâle, timide** *fahle Sonne* / **en plein ~** *in der prallen Sonne* / **~ radieux** *strahlende Sonne* / **~ torride** *glühend heiße Sonne* / **~ vif** *kräftiger, heller, greller Sonnenschein*
le ~ **baisse** *die Sonne sinkt:* Dépêchons-nous, le ~ baisse déjà. / le ~ **brille** *die Sonne scheint:* Pendant nos vacances en Espagne, le ~ a presque toujours brillé. / le ~ **se couche** *die Sonne geht unter:* J'aime cette saison où le ~ se couche de plus en plus tard. / le ~ **entre** dans ... *die Sonne scheint in ...:* Le ~ entrait dans la pièce et faisait briller les cheveux de Madeleine. / le ~ s'**éclipse** *die Sonne verbirgt sich:* Le ~ s'éclipsa derrière un nuage sombre. / il **fait** (du) ~ *die Sonne scheint; es herrscht Sonnenschein:* À Bolzano, il fait ~ et la température est assez élevée. / le ~ se **lève** *die Sonne geht auf:* Actuellement, le ~ se lève vers six heures. / se **mettre** au ~ *sich in die Sonne legen, setzen:* Il fait froid à l'ombre, mettons-nous au ~. / le ~ **perce** les nuages *die Sonne dringt durch*

solitude

die Wolken: Peu après l'orage, le ~ perça de nouveau les nuages. / le ~ **tape** *die Sonne brennt:* Dans cette région, vers midi, le ~ tape dur; aussi ne voit-on personne dans les rues du village.

solitude f *Einsamkeit*
~ **morale** *innere Vereinsamung* / **profonde** ~ *tiefe Einsamkeit*
troubler la ~ de qn *j-s Einsamkeit stören:* Qui est-ce qui vient troubler notre ~? / **vivre** dans la ~ *zurückgezogen leben:* Natalia vit maintenant dans la ~ d'un monastère portugais.

solution f *Lösung*
~ **élégante** *schlaue, elegante Lösung* / ~ **équitable** *gerechte Lösung* / ~ **intermédiaire** *Zwischenlösung* / ~ **provisoire** *Notlösung*
appeler une ~ **(urgente)** *eine rasche Lösung verlangen:* Ce problème appelle une ~ urgente si l'on veut éviter une catastrophe. / **envisager** une ~ *an eine Lösung denken:* Quelle ~ envisagez-vous? / une ~ s'**esquisse** *eine Lösung zeichnet sich ab:* Après six mois de négociations, une ~ commence à s'esquisser.

somme¹ f *Summe*
faire la ~ de deux nombres *die Summe zweier Zahlen bilden:* As-tu fait la ~ de ces deux nombres?

somme² f *(Geld)Summe, Betrag*
~ **astronomique** *unvorstellbar hohe Summe* / **belle** ~ *beträchtliche Summe* / **coquette, gentille, jolie** ~; ~ **rondelette** *nettes, hübsches, anständiges Sümmchen* / ~ **dérisoire, ridicule** *lächerliche Summe* / des ~s **folles** *Unsummen* / **forte, grosse** ~ d'argent *hoher Geldbetrag* / ~ **respectable** *beachtliche, ansehnliche Summe* / ~ **totale** *Gesamtbetrag*
affecter une ~ à qc *eine Summe, einen Betrag für etw verwenden:* La commune affectera cette ~ à la construction d'une route. / **verser** une ~ *einen Betrag (ein-, aus)zahlen:* Les ~s versées par l'assurance ne suffisent pas à couvrir les frais.

sommeil m *Schlaf, Müdigkeit*
~ **agité** *unruhiger Schlaf* / ~ **dur** *fester, guter, tiefer Schlaf* / ~ **léger** *leichter Schlaf:* avoir le ~ léger *(einen leichten Schlaf haben)* / ~ **léthargique, lourd, pesant** *bleierner Schlaf* / ~ **paisible** *ruhiger Schlaf* / **en plein** ~ *in tiefem Schlaf* / ~ **profond** *tiefer Schlaf* / ~ **réparateur** *erquickender Schlaf*
s'**abandonner, céder** au ~ *der Müdigkeit nachgeben:* Gabrielle s'abandonna au ~ dans le fauteuil où elle s'était blottie. / s'**arracher** au ~ *nur schwer aus dem Schlaf finden; nur mit Mühe wach werden:* Elle s'arracha au ~ avec peine. / **avoir** ~ *müde, schläfrig werden, sein:* Oh, que j'ai ~! / **dormir** d'un ~ (+ *adj*) *einen* (+ *adj*) *Schlaf haben:* Ma grand-mère dort d'un ~ très léger. Elle entend tout ce qui se passe dans la maison. / **dormir** du ~ du juste *den Schlaf des Gerechten schlafen:* Laisse-le, il dort du ~ du juste. / le ~ s'**empare** de qn, **gagne, envahit** qn *der Schlaf übermannt j-n:* Il sentait le ~ le gagner. / **mourir, tomber** de ~ *vor Müdigkeit (fast) umfallen:* Les deux enfants, enfin rentrés chez eux, tombaient de ~. / **perdre** le ~ *keinen Schlaf mehr finden:* Ses problèmes financiers le tourmentent beaucoup; il en perd le ~. / le ~ **prend, surprend** qn *jemand wird vom Schlaf überrascht:* Malheureusement, le ~ m'a surpris au moment où j'étais sur le point de trouver la solution. / **priver** qn de son ~ *j-n um seinen Schlaf bringen; j-m seinen Schlaf rauben:* Cet idiot m'a privé de mon ~! / **sombrer** dans le, **succomber** au ~ *in Schlaf sinken; vom Schlaf übermannt, überwältigt werden:* Après seize heures de marche, les soldats sombrèrent dans le ~. / **tirer** qn de, **arracher** qn à son ~ *j-n aus dem Schlaf reißen:* La sonnerie la tira de son ~. / **trouver** le ~ *Schlaf finden:* Les nuits de pleine lune, j'ai des difficultés à trouver le ~.

sommet m *Gipfel*
~ **escarpé** *steil aufragender Gipfel* / ~ **inviolé** *unbezwungener Gipfel*
monter, grimper au ~ *auf den Gipfel steigen, klettern; den Gipfel ersteigen:* Nous sommes montés au ~ avant le lever du soleil.

son m *Ton, Klang, Laut*
~ **aigu, strident** *schriller Ton* / ~s **discordants** *Mißtöne* / ~ **grave** *tiefer Ton* / ~s **harmonieux** *harmonische Klänge* / ~s **inarticulés** *unartikulierte Laute*
émettre un ~ *einen Ton von sich geben:* Ce colis émet un drôle de ~, faites attention! / **produire** un ~ *einen Ton hervorbringen, erzeugen:* Si on frappe là-dessus, on produit un ~ aigu. / **rendre** un ~ (*Instrument*) *einen Ton hervorbringen:* C'est un instrument ancien qui rend un ~ comparable à celui de la lyre crétoise. / **reproduire** un ~ *einen Ton nachahmen, wiedergeben:* Ce dispositif permet de reproduire les ~s avec la plus grande fidélité.

sondage d'opinion m *Meinungsumfrage*
faire, effectuer un, **procéder** à un ~ *eine Meinungsumfrage durchführen:* Le gouvernement a décidé de faire un ~ au sujet des centrales nucléaires.

sonnette f *Klingel, Glocke*
agiter la ~ *mit der Glocke läuten:* Le président de l'Assemblée agitait frénétiquement sa ~ pour enjoindre les députés de se taire. / **appuyer** sur la ~ *den Klingelknopf drücken; läuten:* À peine Josyane avait-elle appuyé sur la ~ qu'une femme passa la tête à une fenêtre du premier étage. / **tirer** la ~ *an der Klingel, Hausglocke*

ziehen: Il tira énergiquement la ~, deux fois, trois fois, mais personne ne se montra.

sort m *Schicksal, Los*
~ **cruel** *schweres Schicksal* | **mauvais** ~ *böses Geschick:* conjurer un mauvais ~ *(Unglück abwenden)* **abandonner** qn à son ~ *j-n seinem Schicksal überlassen:* Elle est partie au Brésil, abandonnant ses enfants à leur ~. | **accepter** son, se **résigner** à son ~ *sich in sein Schicksal ergeben, fügen:* J'admire la façon dont elle accepte son ~. | **améliorer** le ~ de qn *j-s Los, Lage verbessern:* Monsieur Perrin peut se vanter d'avoir amélioré le ~ de ses travailleurs. | **un** ~ **attend** qn *ein Los, Schicksal erwartet j-n:* Nous ne savons pas quel ~ nous attend en Argentine. | qc **connaît** le même ~ que ... *einer Sache widerfährt das gleiche Schicksal wie ...:* Ses projets ont connu le même ~ que nos suggestions. | le ~ de qn, qc se **décide** *das Schicksal (+ Gen) entscheidet sich:* Le ~ de Marcel Manqui se décide aujourd'hui. | qc **est** le ~ de qn *etw ist j-s Schicksal:* Les soucis mêlés aux joies, c'est le ~ de toute mère de famille. | **mettre** son ~ entre les mains de qn *sein Schicksal in j-s Hände legen:* Nous mettons notre ~ entre vos mains. | le ~ lui **réservait** ... *das Schicksal bescherte ihm ...:* Le ~ lui réservait une mort héroïque. | **subir** un **(triste)** ~ *ein (trauriges) Schicksal erleiden:* Les derniers soldats de la compagnie du capitaine Moinier ont subi un triste ~ au Viêt-nam. | **tirer** au ~ *auslosen:* Les deux participants au voyage seront tirés au ~. | le ~ **tombe** sur qn *das Los fällt auf j-n:* Ils ont joué aux dés pour désigner celui qui irait parler au directeur et le ~ est tombé sur Rochet.

sortie f *Ausgang*
attendre, guetter la ~ de qn *warten, bis jemand herauskommt:* Les fans guettaient la ~ de leur idole pendant des heures. | **être** de ~ *Ausgang haben:* Mon cher, dit Madame de Hauteville, nous mangerons au restaurant ce soir, la cuisinière est de ~. | **gagner** la ~ *den Ausgang erreichen; zum Ausgang gelangen:* L'assassin tira sur le président et gagna ensuite la ~ sans que personne ne réussisse à l'arrêter. | **priver** qn de ~ *j-m Stuben-, Hausarrest geben:* Tu feras ton devoir ou tu seras privé de ~!

S.O.S. m *SOS-Ruf*
envoyer, lancer un ~ *SOS senden; einen SOS-Ruf loslassen:* Le navire a lancé un ~ avant de sombrer.

sottise f *Dummheit*
avoir la ~ de faire qc *so dumm sein, etw zu tun:* N'aie pas la ~ d'acheter une voiture d'occasion. | **dire, lâcher** une ~ *eine Dummheit von sich geben:* Vous ne pouvez pas vous imaginer les ~s qu'il a lâchées. | **faire, commettre** une ~ *eine Dummheit machen, begehen:* Ne fais pas de ~! | **réparer** une ~ *eine Dummheit ausbügeln, wiedergutmachen:* C'est une ~ qu'il lui sera difficile de réparer.

souci m *Sorge*
~ **constant, perpétuel** *ständige Sorge:* René est un ~ constant pour ses parents. (... *ist für seine Eltern ein Gegenstand ständiger Sorge.*) | **délivré** de ses ~s *seiner Sorgen ledig* | ~ **dévorant, lancinant** *quälende Sorge* | **gros** ~s *schwere Sorgen* être **accablé** de ~s *von Sorgen gedrückt werden:* Vous avez l'air d'être accablée de ~s. | **avoir** le ~ de ... *auf ... bedacht sein; darauf bedacht sein zu ...:* Elle a vraiment le ~ de plaire. | **chasser** les ~s *die Sorgen vertreiben:* Venez avec nous au cinéma, cela chassera vos ~s. | **débarrasser** qn d'un ~ *j-m eine Sorge abnehmen:* Par votre proposition, vous m'avez débarrassé d'un grand ~. | **dégager** qn de tout ~ *j-n jeglicher Sorge entheben:* Le gros lot qu'il a gagné le dégage de tout ~. | les ~s **dévorent** qn *die Sorgen verzehren j-n:* Les ~s qu'il se fait au sujet de ses enfants le dévorent. | **dissiper** les ~s *die Sorgen zerstreuen:* Le curé n'a pas pu dissiper les ~s de ma mère. | **donner, causer** du ~ *Sorgen bereiten, machen:* Cette affaire lui donne bien du ~. | se **faire** du ~ *(pour qn) sich (um j-n) Sorgen machen:* Heureusement que tu es là maintenant! Je me suis fait du ~ pour toi. | **oublier** ses ~s *seine Sorgen vergessen:* Seule la musique lui permet d'oublier ses ~s. | se **ronger** de ~s *vor Sorgen vergehen:* Depuis que Louis fait de l'alpinisme, sa mère se ronge de ~s.

souffle m *Hauch, Atem*
~ **léger** *leiser, leichter Hauch*
avoir le ~ **court; manquer** de ~ *kurzatmig sein:* Depuis qu'on l'a opéré, il a le ~ court. | **avoir du** ~ *1. eine gute Lunge haben; 2. (fig) Ausdauer haben:* Dis donc, pour faire le mont Ventoux à vélo, il faut avoir du ~. Henri Toller a du ~; il vient d'achever le sixième tome de son grand roman historique. | **couper** le ~ à qn *j-m den Atem rauben, nehmen:* La course m'a coupé le ~. | **éteindre** d'un ~ *ausblasen:* Il a éteint la lampe d'un ~. | **renverser** d'un ~ *umblasen:* Il est si maigre qu'on peut le renverser d'un ~. | **reprendre** son ~ *wieder zu Atem kommen:* Peu à peu, le coureur a repris son ~. | **retenir** son ~ *die Luft anhalten (auch fig):* Lorsque le président s'avança vers le micro pour proclamer les résultats du scrutin, l'assistance retint son ~.

souffrance f *Leid(en), Schmerz(en)*
~s **atroces** *unsagbares, unsägliches Leid; unsagbare Schmerzen*
atténuer la ~ *das Leiden lindern:* Ce médicament ne pourra pas le guérir, mais il atténuera ses ~s. **aviver, exaspérer** la ~ *die Qual(en) vermehren:* Le sentiment d'avoir été trahi

exaspérait encore sa ~. / **délivrer** qn de ses ~s *j-n von seinen Leiden erlösen:* La mort l'a enfin délivrée de ses ~s. / **endurer** de grandes ~s *viel Leid ertragen:* Madame Ramier a toute sa vie enduré de grandes ~s.

souhait m *Wunsch*
exprimer, formuler, former un ~ *einen Wunsch aussprechen, zum Ausdruck bringen:* Monsieur le Président a exprimé le ~ de voir se réaliser le projet au cours de l'année prochaine. / **réaliser, accomplir** un ~ *einen Wunsch erfüllen:* Il ne pourra pas réaliser votre ~. / un ~ **se réalise** *ein Wunsch geht in Erfüllung:* Je n'aurais jamais cru que ce ~ se réalise.

soulagement m *Erleichterung*
apporter, donner, procurer du ~ *Erleichterung verschaffen; Linderung bringen:* L'opération a apporté un certain ~ à la malade. / **éprouver** du ~ *Erleichterung verspüren:* Est-ce que vous éprouvez déjà un certain ~? / **trouver** du ~ *Erleichterung finden:* Elle trouve un certain ~ à me confier ses malheurs.

soulèvement m *Erhebung*
~ **populaire** *Volkserhebung*
réprimer un ~ *einen Aufstand, eine Erhebung niederschlagen:* Le dictateur eut vite réprimé le ~ des paysans.

soulier m *Schuh*
~s **bas** *Halbschuhe* / ~s trop **étroits** *drückende, zu enge Schuhe* / **gros** ~s *derbes Schuhwerk* / ~s **montants** *hohe Schuhe* / ~s **plats** *flache Schuhe*

soumission f *Unterwerfung*
~ **aveugle** (à) *blinder Gehorsam, blinde Ergebenheit (gegenüber)* / ~ **inconditionnelle** *bedingungslose Unterwerfung*
faire sa ~ *sich unterwerfen:* Le troisième jour, les rebelles durent faire leur ~.

soupçon m *Verdacht*
faux ~ *falscher Verdacht* / ~ **fondé, légitime** *begründeter Verdacht* / ~ **mal fondé, injuste** *unbegründeter Verdacht*
concevoir des ~s *Verdacht schöpfen:* Après avoir reçu cette lettre, elle a conçu des ~s, sans trop savoir pourquoi. / **confirmer** des ~s *einen Verdacht bestätigen:* Les faits ont confirmé nos ~s. / **dissiper, détourner, écarter** des ~s *einen Verdacht zerstreuen:* Madame Jobert ne pouvait pas dissiper les ~s de son mari. / **donner prise** aux ~s *zu (einem) Verdacht Anlaß geben:* Il faut avouer que sa conduite donne prise aux ~s. / **être au-dessus** de tout ~ *über jeden Verdacht erhaben sein:* Monsieur Verlaine est au-dessus de tout ~. / **éveiller** les ~s de qn *j-s Verdacht erregen:* Son comportement aurait dû éveiller les ~s du commissaire. / **laver** qn d'un ~ *j-n von einem Verdacht reinwaschen:* Il n'y a que vous qui pourrez le laver de ce ~. / les ~s se sont **portés**, sont **tombés** sur ... *der Verdacht fiel auf ...:* Au début des investigations, les ~s sont tombés sur Jean Clamart. / **renforcer** les ~s de qn *j-n in seinem Verdacht bestärken:* Votre déclaration n'a pas dissipé ses ~s; au contraire, elle les a renforcés.

soupir m *Seufzer*
grand, gros, profond ~ *tiefer Seufzer*
un ~ lui **échappa** *er seufzte auf:* Lorsqu'il vit la photo, un ~ lui échappa. / **étouffer** un ~ *einen Seufzer unterdrücken:* Elle n'a pas pu étouffer un ~. / un ~ **gonfle** la poitrine de qn *ein Seufzer entringt sich j-s Brust:* Un profond ~ lui gonfla la poitrine; il voulut dire quelque chose, mais les mots lui manquèrent. / **laisser échapper, pousser** un ~ *einen Seufzer ausstoßen; (auf)seufzen:* En regardant l'album, elle poussait de temps en temps un profond ~. / **rendre** son **dernier** ~ *seinen letzten Atemzug, Seufzer tun:* On avait pensé qu'il rendrait cette nuit son dernier ~, mais le matin, il se sentait mieux.

source[1] f *Quelle*
~ **thermale** *Thermalquelle*
capter, exploiter une ~ *eine Quelle fassen:* Il y a une ~ à deux cents mètres. J'ai l'intention de la capter et de conduire l'eau vers le chalet. / une ~ s'**épuise, tarit** *eine Quelle versiegt:* Il n'y a pas de ~ qui ne s'épuise. / une ~ **jaillit** *eine Quelle entspringt:* À mi-hauteur de la colline, une ~ jaillit entre les arbustes. / **prendre** sa ~ (*Fluß*) *entspringen:* La Garonne prend sa ~ en Espagne.

source[2] f (fig) *Quelle, Ursprung*
~ **inépuisable, intarissable** *unerschöpfliche, nie versiegende Quelle* / ~ **lumineuse** *Lichtquelle* / de ~ **officielle** *von amtlicher Seite* / de ~ **officieuse** *von inoffizieller, halbamtlicher Seite* / ~ **sonore** *Schallquelle*
avoir sa ~ *seinen Ursprung haben:* Cette coutume a sa ~ dans une vieille tradition médiévale. / **citer** une ~ *eine Quelle angeben:* L'auteur ne cite pas ses ~s. / **émaner** de ~ **sûre** *aus einer zuverlässigen Quelle stammen:* Cette nouvelle émane de ~ sûre. / **être** une ~ de qc *Ursache für, von etw sein:* La ferme que les Lariboisier ont achetée l'année dernière est pour eux une ~ continuelle de tracas. / **remonter** à la ~ *bis zu den Ursprüngen zurückgehen:* L'auteur remonte à la ~ de la querelle entre les deux régions. / **tenir, savoir** qc de **bonne** ~ *etw aus zuverlässiger Quelle erfahren haben:* Nous tenons cette nouvelle de très bonne ~.

sourcil m *Augenbraue*
~s **arqués** *schön geschwungene Augenbrauen* / ~s **broussailleux** *buschige Augenbrauen* / ~s **épais, touffus** *dichte Augenbrauen*
s'**épiler** les ~s *sich die Augenbrauen (aus)zupfen:* Ne commence pas trop tôt à t'épiler

les ~s. / **froncer** les ~s *die Stirn runzeln:* En lisant cette nouvelle, il fronça les ~s et se mit à réfléchir. / **lever** les ~s *die Augenbrauen hochziehen:* Quand il vit le gros monsieur entrer dans la salle, il leva les ~s et se tourna vers la porte.

sourire m *Lächeln*
~ **aimable, gracieux** *liebenswürdiges, freundliches Lächeln* / ~ **angélique, béat** *seliges Lächeln* / ~ **candide** *treuherziges, naives Lächeln* / ~ **contraint, forcé, pincé** *gezwungenes Lächeln* / **doux** ~ *holdes Lächeln* / ~ **embarrassé, gêné** *betretenes, verlegenes Lächeln* / ~ **engageant** *gewinnendes Lächeln* / ~ **énigmatique** *unergründliches Lächeln* / ~ **enjoué** *heiteres Lächeln* / ~ **ensorcelant** *bezauberndes, betörendes Lächeln* / ~ **entendu** *verständnisinniges Lächeln* / ~ **épanoui** *vergnügtes Lächeln* / ~ **équivoque** *hintergründiges Lächeln* / ~ **figé** *maskenhaftes Lächeln* / ~ **fugace** *flüchtiges Lächeln* / ~ **furtif** *verstohlenes, flüchtiges Lächeln* / ~ **goguenard, ironique, moqueur** *spöttisches Lächeln* / **large** ~ *breites Lächeln* / ~ **malicieux, malin** *schelmisches Lächeln* / ~ **mielleux** *süßliches, honigsüßes Lächeln* / **pauvre, petit** ~ *schwaches Lächeln* / ~ **placide** *sanftes Lächeln* / ~ **radieux** *strahlendes Lächeln* / ~ **significatif** *vielsagendes Lächeln* / ~ **standard, stéréotypé** *stereotypes Lächeln*
adresser, faire un ~ à qn *j-m zulächeln:* En descendant de l'avion, le cardinal adressa un ~ à la belle hôtesse de l'air. / **arborer** un ~ *ein Lächeln aufsetzen, zeigen:* Le président arborait un ~ lorsqu'il se présenta sur le balcon. / **arracher** un ~ à qn *j-m ein Lächeln entlocken:* Votre lettre lui a arraché un ~. / **avoir** le ~ *ein fröhliches, zufriedenes Gesicht machen:* Après avoir acquis les actions à ce prix extrêmement avantageux, il avait le ~. / **avoir** toujours le ~ (aux lèvres) *immer (nur) lächeln, ein Lächeln auf den Lippen haben:* Madame Lemoine a l'air d'avoir un heureux caractère. Elle a toujours le ~ aux lèvres. / **distribuer** des ~s *nach allen Seiten lächeln:* Le ministre distribuait des ~s avant de monter dans la voiture. / **ébaucher, esquisser** un ~ *ein Lächeln andeuten:* Quand il vit son rival, il esquissa un ~ malin. / **échanger** un ~ *sich zulächeln:* Les deux hommes politiques ont échangé un ~ devant les caméras de la télévision. / un ~ **se fige** *ein Lächeln erstarrt:* À cette nouvelle, son ~ se figea. / **garder** le ~ *fröhlicher, guter Dinge bleiben:* Malgré ses difficultés financières, il a gardé le ~. / un ~ **naît** sur ses lèvres *ein Lächeln tritt auf seine, ihre Lippen:* Lorsqu'elle vit son fils descendre du train, un ~ naquit sur ses lèvres. / un ~ **passe, glisse** sur les lèvres de qn *ein Lächeln huscht über j-s Lippen:* Un vague ~ passa sur ses lèvres, mais elle ne dit rien. / **répondre** à un ~ *ein Lächeln erwidern:* Le malade était trop faible pour répondre au ~ de sa fille. / **réprimer, retenir** un ~ *ein Lächeln unterdrücken:* Elle avait du mal à retenir un ~.

souris m *Maus*
la ~ **couine** *die Maus piepst:* Ne serre pas trop la ~ entre tes doigts; elle couine parce que tu lui fais mal. / les ~s **mangent** qc *die Mäuse zerfressen etw:* Les ~ ont mangé mon manteau.

sous-entendu m *Andeutung*
parler par ~s *sich in Andeutungen ergehen:* Arrêtez de parler par ~s; dites clairement ce que vous en pensez.

soutien m *Unterstützung*
accorder, apporter son ~ à qn, qc *j-m, einer Sache seine Unterstützung gewähren:* Le ministre a refusé d'accorder son ~ à votre projet.

souvenir[1] m *Erinnerung*
~ **amer, douloureux** *schmerzliche Erinnerung* / ~ **confus, vague** *dunkle, vage Erinnerung* / **doux, charmant** ~ *angenehme Erinnerung* / ~s **effacés** *verblaßte Erinnerungen* / ~s **épars** *lückenhafte Erinnerungen* / ~ **fidèle** *deutliche, genaue Erinnerung* / ~ **fugace** *flüchtige Erinnerung* / ~ **impérissable, permanent** *bleibende Erinnerung* / ~ **ineffaçable** *unvergeßliche, unauslöschliche Erinnerung* / ~s **lancinants, obsédants** *quälende Erinnerungen* / ~s **lointains** *alte Erinnerungen* / ~ **poignant** *schmerzliche, quälende Erinnerung* / ~ **vif** *lebhafte Erinnerung* / garder un ~ très **vivant** de qn *sich lebhaft an j-n erinnern*
avoir ~ de qc *etw in Erinnerung haben:* Je n'ai plus ~ de l'arrivée des troupes américaines. / les ~s se **brouillent** *die Erinnerungen verwischen sich:* Les ~s de mes premières années d'études commencent déjà à se brouiller. / **échanger** des ~s *Erinnerungen austauschen:* Andrée est une amie d'enfance. Quand nous nous rencontrons, nous passons des heures à échanger de vieux ~s. / **effacer** un ~ *eine Erinnerung auslöschen, tilgen:* Le temps effacera ce ~ terrible. / un ~ **s'efface, s'évanouit, s'éloigne** *eine Erinnerung verblaßt:* Le ~ de la guerre s'efface peu à peu. / ce n'est plus qu'un mauvais ~ *das kommt mir heute wie ein böser Traum vor:* Mon service militaire, ce n'est plus qu'un mauvais ~. / **évoquer, éveiller** des ~s *Erinnerungen wachrufen:* Les photos ont évoqué en elle des ~s mélancoliques. / **fouiller** dans ses ~s; **remuer** des ~s *Erinnerungen ausgraben:* Toute la soirée, nous avons fouillé dans nos ~s d'enfance. / **garder, conserver** le ~ de qn, qc *j-n, etw in Erinnerung behalten:* Je conserverai le ~ de cette aventure. / **garder** un bon (mauvais) ~ de qn, qc *j-n, etw in guter (schlechter) Erinnerung behalten:* Elle garde un très bon ~ de son séjour en France. / **laisser** de bons ~s à qn *j-m in angenehmer*

souvenir

Erinnerung bleiben: Votre visite nous laissera de bons ~s. / **perdre** le ~ de qc *etw vergessen:* Est-il possible que tu aies perdu le ~ de ces journées extraordinaires? / **rappeler, raviver** le ~ *die Erinnerung wieder lebendig werden lassen:* Ce roman rappelle le ~ de notre enfance. / **se rappeler** au ~ de qn *(etwa:) hochachtungsvoll zeichnen (Briefschluß):* Je me permets de me rappeler à votre bon ~.

souvenir[2] m *Gruß*
~ **affectueux** *herzliche Grüße:* Je vous adresse mon ~ affectueux. / croyez à mon **fidèle, respectueux** ~ *freundliche Grüße* / **meilleurs** ~s *viele Grüße; herzliche Grüße*

souvenir[3] m *Andenken*
rapporter un ~ à qn *j-m ein Andenken, Souvenir mitbringen:* Il faut absolument que je rapporte un ~ de Marseille à mes parents.

spectacle[1] m *Anblick, Schauspiel*
~ **grandiose** *großartiges Schauspiel* / ~ **ravissant** *hinreißender Anblick* / ~ **saisissant** *erschütternder, ergreifender Anblick* / ~ **terrifiant** *grauenhafter, grauenerregender Anblick* / ~ **touchant, attendrissant** *rührender, ergreifender Anblick*
se **donner** en ~ *ein öffentliches Schauspiel bieten:* Elle n'a pas hésité à se donner en ~ et à faire une scène publique à son mari. / **offrir, présenter** un ~ de ... *ein Bild, einen Anblick (+ Gen) bieten:* Ce matin-là, les Champs-Elysées présentaient un ~ de liesse absolument inhabituel.

spectacle[2] m *Vorstellung (Theater usw.)*
aller au ~ *ins Theater gehen:* Je ne vais pas souvent au ~. / **courir, se précipiter** à un ~ *sich zu einer Vorstellung drängen:* C'est surtout la jeunesse de la ville qui a couru à ce ~. / **donner** un ~ *eine Vorstellung geben; ein Stück aufführen:* Le ~ que l'on donne en ce moment sur la scène des Mathurins vaut absolument le déplacement.

spectre m *Gespenst*
agiter le ~ de ... *das Gespenst (+ Gen) heraufbeschwören:* Cela ne sert à rien d'agiter constamment le ~ de l'inflation.

spéculation f *Spekulation*
~s **hasardeuses** *gewagte Spekulationen*
se **livrer** à des ~s *sich auf Spekulationen einlassen; (fig auch) sich in Spekulationen ergehen:* Il a fait faillite parce qu'il s'est livré à des ~s hasardeuses. / se **tromper** dans ses ~s *sich verspekulieren:* Je pensais bien qu'il se trompait dans ses ~s.

sphère d'influence f *Einflußbereich*
étendre, élargir sa ~ *seinen Einflußbereich vergrößern, erweitern, ausdehnen:* Les milieux de droite ont pu étendre leur ~ dans ce pays.

sport m *Sport*
faire du ~ *Sport treiben:* Le médecin m'a recommandé de faire du ~. / **pratiquer** un ~ *einen Sport, eine Sportart betreiben:* Jacques Millord pratique plusieurs ~s.

sprint m *(End)Spurt*
commencer, attaquer son ~ *zum Endspurt ansetzen:* Le coureur belge a attaqué son ~ trop tôt. / **faire, piquer** un ~ *(auch fig) einen Spurt hinlegen; spurten:* Lorsque je me suis rendu compte qu'il était déjà trois heures moins cinq, j'ai piqué un ~ terrible.

stabilité f *Stabilität*
ébranler la ~ *die Stabilität erschüttern:* Les récents événements sont de nature à ébranler la ~ de cette région du globe. / **rétablir** la ~ *die Stabilität wiederherstellen:* Notre premier travail sera de rétablir la ~ de la monnaie.

stage m *Praktikum*
faire un ~ *ein Praktikum absolvieren, machen:* J'ai fait un ~ de deux semaines dans une usine sidérurgique.

stationnement m *Parken*
~ **interdit** *Parken verboten* / ~ **limité** *begrenzte Parkdauer* / ~ **payant** *bewachter Parkplatz* / ~ **unilatéral** *einseitiges Parken*

statistique f *Statistik*
établir une ~ *eine Statistik erstellen, aufstellen:* Le ministère des Affaires étrangères vient d'établir une ~ sur les voyages des représentants français dans les pays d'Afrique noire.

statue f *Statue, Standbild*
~ **colossale, monumentale** *Monumentalstandbild* / ~ **équestre** *Reiterstandbild*
dévoiler une ~ *eine Statue enthüllen:* La ~ du romancier sera dévoilée dimanche prochain. / **élever, ériger, dresser** une ~ *eine Statue, ein Standbild errichten:* La municipalité a décidé d'élever une ~ à son premier maire.

sténo f *Stenographie*
prendre qc en ~ *etw mitstenographieren:* Est-ce que votre discours a été pris en ~?

stock m *(Lager)Bestand, (Waren)Vorrat*
constituer un ~ *einen (Waren)Vorrat anlegen:* Vous n'auriez pas les ennuis actuels si vous aviez constitué un ~ suffisant. / **écouler** un ~ *einen Warenbestand absetzen:* Les petits magasins n'arrivent plus à écouler leurs ~s en temps voulu. / le ~ est **épuisé** *das Lager ist geräumt:* Au bout de trois jours de soldes, le ~ était déjà épuisé. / **liquider** le ~ *das Lager räumen:* Nous sommes obligés de liquider nos ~s pour pouvoir procéder aux travaux de construction nécessaires. / **refaire, renouveler** le(s) ~(s) *die Bestände erneuern:* Je tâcherai de renouveler mes ~s avant la fin de l'année.

stop[1] m *Stoppschild*
respecter, marquer le ~ *das Stoppschild beachten; am Stoppschild anhalten:* Les agents de police m'ont arrêtée parce que je n'ai pas marqué le ~, rue des Lilas.

stop² m *Trampen, Per-Anhalter-Fahren*
aller en ~ à ... *nach* ... *trampen:* Il n'a pas mis plus de deux jours pour aller en ~ à Madrid. / **faire** du ~ *per Anhalter fahren; trampen:* Je ne permets pas que ma fille fasse du ~.

style m *Stil*
~ **abondant** *reiche Sprache* / ~ **abstrait** *abstrakter, unanschaulicher Stil* / ~ **académique** *akademischer, schulmäßig geschraubter Stil* / ~ **affecté, contourné, guindé, précieux, maniéré, alambiqué, tarabiscoté** *geschraubter, geschwollener Stil* / ~ **aisé** *lockerer, flüssiger Stil* / ~ **ampoulé, pompeux, bouffi, boursouflé** *schwülstiger Stil* / ~ **anémique, cotonneux, pâle, décoloré** *kraftloser, fader Stil* / ~ **apprêté, pompier** *gezierter, gespreizter Stil* / ~ **austère, neutre** *trockener Stil* / ~ **brillant** *brillanter Stil* / ~ **châtié, raffiné** *gepflegter Stil* / ~ **coloré** *farbiger Stil* / ~ **concis, dense, laconique, lapidaire, ramassé, serré** *knapper, gedrängter Stil* / ~ **concret** *anschaulicher, bildhafter Stil* / ~ **coulant** *flüssiger Stil* / ~ **décousu** *zerfahrener, zusammenhangloser Stil* / ~ **dépouillé** *nüchterner, sachlicher Stil* / ~ **diffus** *verschwommener Stil* / ~ **direct** *direkte Rede* / ~ **élevé, relevé, soutenu** *gehobener Stil* / ~ **emphatique** *emphatischer, salbungsvoller Stil* / ~ **entortillé, surchargé** *überladener Stil* / ~ **épistolaire** *Briefstil* / ~ **étudié** *gesuchter, überlegt wirkender Stil* / ~ **expressif** *ausdrucksvoller Stil* / ~ **familier** *familiäre Ausdrucksweise* / ~ **figuré** *bildhafter Stil* / ~ **fleuri, orné** *blumiger, bilderreicher Stil* / ~ **haché, heurté, saccadé, sautillant** *abgehackter Stil* / ~ **imagé** *bilderreicher, bildhafter Stil* / ~ **incisif** *bissiger Stil* / ~ **incohérent** *zusammenhangloser Stil* / ~ **indirect** *indirekte Rede* / ~ **limpide, clair** *klarer Stil* / ~ **narratif** *erzählender Stil* / ~ **négligé** *salopper, lässiger Stil* / ~ **nerveux, nourri, vigoureux** *kraftvoller Stil* / ~ **pâteux** *schwerfälliger Stil* / ~ **plat, terne** *farbloser Stil* / ~ **précis** *präziser, klarer und knapper Stil* / ~ **prolixe, redondant, verbeux** *weitschweifiger, ausladender Stil* / ~ **pur** *reiner, unverfälschter Stil* / ~ **raboteux, rocailleux** *holpriger Stil* / ~ **recherché** *gewählter, (auch:) gekünstelter Stil* / ~ **ronflant** *hochtrabender Stil* / ~ **sobre** *nüchterner Stil* / ~ **télégraphique** *Telegrammstil*
manquer de ~; **ne pas avoir** de ~ *keinen guten Stil haben:* Je trouve que le critique manque de ~. / **soigner** son ~ *auf seinen Stil achten:* Même dans les lettres les plus banales, ma mère a toujours soigné son ~. / **travailler** son ~ *an seinem Stil arbeiten:* On sait que Flaubert travaillait son ~ presque maniaquement.

subsistance f *Lebensunterhalt*
pourvoir à la ~ de qn *für j-s Lebensunterhalt aufkommen, sorgen:* Jean-Paul s'est séparé de sa famille, mais il pourvoit à la ~ de ses enfants. / **tirer** sa ~ de qc *seinen Lebensunterhalt mit etw bestreiten:* On se demande d'où il tire sa ~! / **trouver** sa ~ dans qc *seinen Lebensunterhalt in etw finden:* Cet oiseau aquatique trouve sa ~ dans les zones marécageuses de la côte.

subvention f *Subvention*
accorder une ~ *eine Subvention gewähren:* L'État refuse depuis des années d'accorder une ~ au théâtre des Vieux Carmes. / **couper, supprimer** les ~s *die Subventionen streichen:* Le théâtre de la Croix-des-Oiseaux a beaucoup de peine à survivre depuis qu'on lui a coupé les ~s.

succès m *Erfolg*
~ **assuré, garanti** *sicherer Erfolg* / un beau ~ *ein schöner Erfolg* / ~ **brillant; vif** ~ *glänzender Erfolg* / ~ **douteux** *zweifelhafter Erfolg* / ~ **éclatant, étourdissant, foudroyant, fulgurant** *überwältigender, durchschlagender Erfolg* / ~ **fou** *Bombenerfolg* / ~ **fracassant, retentissant** *verblüffender, aufsehenerregender Erfolg* / ~ **grisant** *berauschender Erfolg* / ~ **immanquable, infaillible** *absolut sicherer, unausbleiblicher Erfolg* / **plein, franc** ~ *voller Erfolg* / ~ **triomphal** *Riesenerfolg, Triumph*
assurer le ~ *den Erfolg sichern:* Une distribution éblouissante assure le ~ de cette pièce dont le thème, finalement, est assez banal. / **avoir** du ~ *Erfolg haben:* Cette pièce de théâtre a eu beaucoup de ~ à Broadway. / être **couronné** de ~ *von Erfolg gekrönt sein:* La tentative de Jean-Luc Taly de traverser l'Atlantique en solitaire a enfin été couronnée de ~. / **obtenir, remporter** un ~ *einen Erfolg erzielen, erringen, verbuchen:* Le délégué du parti radical-socialiste a obtenu un ~ étonnant. / **participer** au ~ *am Erfolg teilhaben:* Sa femme participe à son ~. / se **solder** par un ~ *mit einem Erfolg enden:* Le match s'est soldé par un ~ pour l'équipe française. / se **tailler** un ~ *Erfolg haben:* Bien qu'il soit nouveau dans ce métier, il s'est taillé un ~ impressionnant.

succession¹ f *Erbschaft*
accepter une ~ *eine Erbschaft annehmen:* Si vous acceptez la ~, vous devez également vous plier aux conditions stipulées dans le testament. / **recueillir** une ~ *eine Erbschaft antreten:* Mon cousin est allé aux USA recueillir la ~ de son oncle. / **répudier** une ~, **renoncer** à une ~ *eine Erbschaft ausschlagen:* Cette ~ comprend surtout des dettes. Je vous conseille d'y renoncer.

succession² f *Nachfolge*
prendre la ~ de qn *j-s Nachfolge antreten:* Il prendra la ~ de son oncle à la tête de l'usine.

sucre m *Zucker*
mettre du ~ dans ... *Zucker in ... geben, tun:* Arrête! Tu as assez de ~ dans ton cacao!

sueur f *Schweiß*
~s **abondantes** *Schweißausbrüche* / ~ **froide** *kalter Schweiß; Angstschweiß:* qc vous donne des ~s froides (*bei etw bricht einem der Angstschweiß, der kalte Schweiß aus*) être **baigné, trempé, couvert, inondé** de ~ *in Schweiß gebadet sein:* Lorsque les chevaux arrivèrent au relais, ils étaient trempés de ~. / la ~ **coule** *der Schweiß rinnt (in Strömen):* La ~ coulait sur le visage du vieux cantonnier, debout au bord de la route. / la ~ **emperle** son, perle sur son front *er hat Schweißperlen auf der Stirn:* Au bout d'un quart d'heure de travail, la ~ emperlait son front. / se **mettre** en ~ *in Schweiß geraten:* Ne cours pas comme cela. Tu vas encore te mettre en ~! / la ~ **ruisselle** *der Schweiß rinnt, perlt:* Il faisait si chaud dans la cabine de ce bateau grec qu'à chaque mouvement, on sentait la ~ nous ruisseler le long du corps.

suffrage m *Stimmabgabe, (Wahl)Stimme*
~s **exprimés** *abgegebene Stimmen* **briguer** les ~s *sich um Stimmen bemühen; auf Stimmenfang gehen:* Par sa politique ouvertement démagogique, il brigue les ~s des classes les plus basses. / **élire** au ~ **direct (indirect)** *in direkter (indirekter) Wahl wählen:* Le président de la République est élu au ~ direct. / **recueillir, rallier, remporter** la totalité des ~s *alle Stimmen auf sich vereinigen:* Le nouveau directeur de l'Institut a recueilli la totalité des ~s.

suite f *Folge*
~s **fâcheuses** *schlimme Folgen* / ~ **ininterrompue** *ununterbrochene Folge* **attendre** la ~ *warten, wie es weitergeht:* Je vous conseille d'attendre la ~ avant de prendre une décision. / **avoir** des ~s *Folgen haben:* Cette affaire aura des ~s. Nous nous reverrons devant les tribunaux. / **faire** ~ à qc *auf etw folgen:* Cette lettre fait ~ à sa plainte. / **prendre** la ~ de qn *j-s Nachfolge antreten:* Pierre Longchien a pris la ~ de son père à la tête de l'entreprise familiale.

sujet m *Thema*
ample ~; ~ **ample** *umfassendes Thema* / ~ **aride** *trockenes Thema* / ~ **brûlant** *heikles Thema; heißes Eisen* / ~ **fécond, riche** *ergiebiges Thema* / ~ **inépuisable** *unerschöpfliches Thema* / ~ **ingrat** *undankbares Thema* / ~ **périlleux, épineux** *heikles, gefährliches Thema* / ~ **rébarbatif** *trockenes, sprödes Thema* / ~ **rebattu, ressassé, usé** *abgedroschenes Thema* / ~ **stérile** *unergiebiges Thema* **aborder** un ~ *ein Thema anschneiden:* Malheureusement, le peu de temps dont nous disposons ne nous a pas permis d'aborder ce ~. / s'**appesantir** sur un ~ *sich über ein Thema verbreiten, (lang und breit) auslassen:* Je ne souffrirai pas que Madame Robertson s'appesantisse de nouveau sur ce ~. / **approfondir, creuser** un ~ *ein Thema ausführlich behandeln:* C'est un ~ qui mérite sans doute d'être creusé. / **attaquer** un ~; s'**attaquer** à un ~ *ein Thema angehen:* L'assemblée n'a pas osé attaquer ce ~ épineux. / **changer** de ~ *das Thema wechseln:* Je propose qu'on change de ~ maintenant. / **circonscrire** un ~ *ein Thema umreißen:* Au cours de la première semaine, les délégués ont circonscrit le ~. / s'**écarter, s'éloigner, sortir** du ~ *vom Thema abweichen:* Monsieur Palais, vous vous écartez du ~! / **effleurer** un ~ *ein Thema berühren, streifen, antippen:* Nous n'avons même pas effleuré le ~ en question. / **entrer** dans le cœur, dans le vif du ~ *zum (eigentlichen) Thema kommen:* Ce qui est agréable chez le professeur Lantier, c'est qu'il entre immédiatement dans le vif du ~. / **épuiser** un ~ *ein Thema erschöpfend behandeln:* Est-ce que le ~ principal a été épuisé? / **passer** d'un ~ à l'autre *von einem Thema zum andern springen:* Les délégués sont passés d'un ~ à l'autre sans en épuiser aucun. / **revenir** au ~ *auf das Thema zurückkommen:* Il est temps que nous revenions au ~ qui nous préoccupe. / **traiter** un ~ *ein Thema behandeln:* Ce ~ sera traité à l'occasion de la prochaine réunion.

supériorité f *Überlegenheit*
~ **écrasante** *haushohe Überlegenheit* / **évidente** ~; ~ **manifeste, frappante** *deutliche Überlegenheit* / ~ **numérique** *zahlenmäßige Überlegenheit; Überzahl, Übermacht* **donner, conférer** une ~ à qn *j-m eine Überlegenheit verleihen:* Sa connaissance parfaite des dossiers lui confère une grande ~ sur ses concurrents. / c'**est** une ~ qu'il a sur moi *darin ist er mir überlegen:* Ma femme sait très bien s'organiser; c'est une ~ qu'elle a sur moi. / **reconnaître** la ~ de qn *j-s Überlegenheit anerkennen, zugeben (müssen):* Je n'hésite pas à reconnaître sa ~.

supplice m *Folter, Qual*
atroces ~s *gräßliche Qualen* / ~ **chinois** *ausgeklügelte Marter, Folter* **infliger** un ~ *zur Folter verurteilen; foltern:* Dans certains pays orientaux, il arrive encore qu'on inflige des ~s en châtiment de crimes reconnus par les tribunaux. / **mettre** au ~ *auf die Folter spannen; quälen:* Ne me mettez pas au ~, dites-moi la vérité!

supposition f *Vermutung*
~ **gratuite** *grundlose Vermutung; unbegründete Annahme* / c'est une **pure, simple** ~ *das ist eine reine, bloße Vermutung* **faire** des ~s *Vermutungen anstellen:* La police, jusqu'ici, ne fait que des ~s.

sûreté f *Sicherheit*
attenter à la ~ de l'État *einen Anschlag auf die*

Staatssicherheit verüben: Les trois espions seront traduits devant les tribunaux pour avoir attenté à la ~ de l'État. / **être** en ~ *in Sicherheit sein:* Ici, vous pouvez dormir tranquille, vous êtes en ~. / **mettre** en ~ *in Sicherheit bringen:* L'ambassadeur français a mis sa famille en ~ avant de retourner dans le pays en révolte.

surface f *(Ober)Fläche*
~ **courbe** *gekrümmte Fläche* / ~ **lisse** *glatte Fläche* / ~ **plane** *ebene, plane Fläche* / ~ **raboteuse** *unebene, rauhe Fläche*
faire ~ *(U-Boot) auftauchen:* Le sous-marin a fait ~ devant la côte bretonne. / **reparaître, retourner, remonter** à la ~ *(wieder) auftauchen:* Le plongeur retourna bientôt à la ~.

surprise f *Überraschung*
~ **agréable** *angenehme Überraschung* / **bonne, heureuse, joyeuse** ~ *freudige Überraschung* / ~ **désagréable** *unangenehme Überraschung* / **mauvaise** ~ *schlimme, böse Überraschung*
aller de ~ en ~ *aus dem Staunen nicht herauskommen:* Lorsque je suis rentré des États-Unis, je suis allé de ~ en ~, car tout avait changé. / **attaquer, prendre** qn par ~; (F) **avoir** qn par la ~ *j-n überrumpeln:* J'ai dit oui parce qu'on m'avait attaqué par ~. / **cacher, déguiser** sa ~ *seine Überraschung verbergen:* Elle n'est pas parvenue à déguiser sa ~. / **causer, provoquer, susciter** une ~ *Überraschung hervorrufen:* Le mariage de Charles Arnoux a causé une grande ~ dans la ville. / **c'est** une ~ *das soll eine Überraschung sein, werden:* Ne lui dis rien, c'est une ~. / **faire** une ~ à qn *(mit einem Geschenk) überraschen:* Il ne s'attend pas à ce que vous lui fassiez une ~. / **ménager, réserver, préparer** une ~ à qn *j-m eine Überraschung bereiten; eine Überraschung für j-n haben, bereithalten:* Le sort lui a réservé maintes ~s désagréables. / **ménager** une ~ agréable à qn *j-n angenehm überraschen:* J'avoue que vous m'avez ménagé une ~ agréable. / **revenir** de sa ~ *sich von seiner Überraschung erholen:* Elle mit longtemps à revenir de sa ~.

sursaut m *Zusammenschrecken*
avoir un ~ *hochfahren, zusammenschrecken:* Lorsque le téléphone sonna, il eut un ~. / **se réveiller** en ~ *aus dem Schlaf hochfahren:* Elle se réveilla en ~, son cœur palpitait, ses mains tremblaient.

sursis m *(jur) Bewährung*
bénéficier du ~ *Bewährung erhalten, bekommen:* Maurice Richepin a été condamné à six mois de prison, mais il bénéficie du ~.

surveillance f *Aufsicht, Überwachung*
~ **attentive, inquiète** *aufmerksame, genaueste Überwachung* / être sous ~ **médicale** *unter ärztlicher Aufsicht stehen*
confier qn, qc à la ~ de qn *j-n, etw in j-s Obhut geben:* Les enfants étaient confiés pour l'après-midi à la ~ de leur grand-mère. / **échapper** à la ~ de qn *j-s Wachsamkeit entgehen:* Ses actes ont échappé à ma ~. / **exercer** une ~ sur qn *j-n überwachen:* Sa mère exerce sur lui une ~ très sévère. / **placer** qn sous la ~ de qn *j-n unter j-s Aufsicht stellen:* L'ex-ministre a été placé sous la ~ de la police. / **être placé** sous la ~ de la police *unter Polizeiaufsicht stehen:* Le général est placé sous la ~ de la police. / **rester** en ~ (à l'hôpital) *zur Beobachtung (im Krankenhaus) bleiben:* Monsieur Grandchon va mieux, mais il doit encore rester quelques jours en ~. / **tromper** la ~ de qn *j-n überlisten:* Le voleur a pu tromper la ~ du veilleur de nuit.

susceptibilité f *Empfindlichkeit*
blesser, choquer la ~ de qn *j-n (moralisch) verletzen:* Gardez-vous bien de blesser sa ~. / **être** d'une grande ~ *sehr empfindlich sein:* Mon nouveau chef est d'une grande ~. / **ménager** la ~ de qn *auf j-s Empfindlichkeit Rücksicht nehmen:* Vous auriez dû ménager la ~ de la délégation africaine.

sympathie f *Sympathie, Zuneigung*
s'aliéner la ~ de qn *sich j-s Sympathie verscherzen:* Madame Calin s'est aliéné la ~ de son patron. / **avoir** la ~ de qn *j-s Sympathie besitzen, haben:* Laissez faire Mado, elle a la ~ du directeur, elle arrangera l'affaire. / **inspirer, attirer** la ~ *sympathisch sein:* Son regard ouvert inspirait la ~. / **montrer, témoigner** de la ~ à qn *j-m Zuneigung zeigen, Anteilnahme bezeigen:* Tous les membres de la famille Danuvier m'ont témoigné beaucoup de ~. / **prendre** qn en ~ *Zuneigung zu j-m fassen:* Peu à peu, le nouveau mari d'Hélène prenait en ~ le fils du premier lit de sa femme. / **ressentir, éprouver, avoir** de la ~ pour, envers qn *j-n sympathisch finden; für j-n Sympathie empfinden:* Quand on le voit, on ne peut s'empêcher d'avoir de la ~ pour lui.

symphonie f *Symphonie*
exécuter, jouer une ~ *eine Symphonie spielen:* L'orchestre du lycée Charles de Gaulle exécutera la troisième ~ de Beethoven.

symptôme m *(An)Zeichen*
~s **aigus** *heftige Anzeichen* / ~ **grave** *bedenkliches, schlimmes Zeichen*

système m *System*
ériger qc en ~ *etw zum System erheben:* Monsieur Louvier a érigé en ~ la pratique de donner la priorité aux clients français.

T

tabac m *Tabak*
~ **blond** *heller, leichter Tabak* | ~ **brun** *dunkler Tabak* | ~ **dénicotinisé** *nikotinarmer Tabak* | ~ **fort** *starker Tabak* | ~ **gris** *schlechter Tabak* | ~ **léger** *leichter Tabak*

table f *Tisch*
~ **bancale** *wackliger Tisch* | ~ **pliante** *Klapptisch*
approcher la ~ (de) *den Tisch näherrücken (näher an ... rücken)*: Approchons un peu la ~ du mur de sorte qu'on puisse mieux passer. | **débarrasser** la ~ *den Tisch abräumen, abdecken:* Hélène, peux-tu débarrasser la ~ s'il te plaît? | **être à** ~ *bei Tisch sitzen, beim Essen sein:* Patientez un peu, Monsieur le Maire est à ~. | **mettre** la ~ *den Tisch decken:* Si tu mets la ~, nous pouvons manger dans cinq minutes. | **se mettre à** ~ *sich zu Tisch setzen:* Toute la famille se mit à ~ et fit la prière habituelle avant de commencer à manger. | **passer à** ~ *zu Tisch gehen:* On venait d'ouvrir la porte de la salle à manger et les invités rassemblés dans le salon se levèrent pour passer à ~. | **présider** la ~ *den Ehrenplatz an der Tafel einnehmen:* Venez ici, Madame Bertrand, c'est vous qui présiderez la ~ ce soir. | **quitter** la ~ *(während der Mahlzeit) vom Tisch aufstehen:* Qui est-ce qui t'a permis de quitter la ~? | **retenir** une ~ *einen Tisch bestellen:* Avez-vous retenu une ~ au restaurant? | **rouler** sous la ~ *unter dem Tisch liegen:* Vers minuit, la moitié des convives avait roulé sous la ~. | **sortir, se lever** de ~ *vom Tisch aufstehen (nach der Mahlzeit):* Je vous dérange? – Non, je viens de sortir de ~. | **bien se tenir à** ~ *sich bei Tisch ordentlich benehmen:* Lorsqu'il était petit, Roland mangeait comme un cochon, mais maintenant, il se tient bien à ~.

tableau[1] m *Bild*
accrocher, pendre un ~ *ein Bild aufhängen:* Nous n'avons pas assez de place pour accrocher ce ~. | **encadrer** un ~ *ein Bild rahmen:* J'ai encadré moi-même tous les ~x que vous voyez ici.

tableau[2] m *Bild (fig), Schilderung*
brosser, faire un ~ de qc *ein Bild von etw zeichnen; etw schildern:* Le secrétaire général a brossé un ~ détaillé de la situation politique dans la région en question.

tableau[3] m *(Schul)Tafel*
aller, passer au ~ *an die Tafel gehen, gerufen werden:* Frédéric Ronier, passez au ~. | **écrire** au ~ *an die Tafel schreiben:* Écrivez au ~ les noms des capitales des pays scandinaves. | **effacer** le ~ *die Tafel abwischen, löschen:* Michel, efface le ~.

tache f *Fleck*
~ **indélébile, ineffaçable** *nicht zu entfernender Fleck*

tâche f *Aufgabe*
~ **ardue; rude** *schwierige, knifflige Aufgabe* | ~ **ingrate** *undankbare, nicht lohnende Aufgabe* | **lourde** ~ *schwere Aufgabe*
accomplir, remplir une ~; **s'acquitter** d'une ~ *eine Aufgabe erfüllen:* Après avoir accompli cette ~, elle se retira de l'association. | **assigner** une ~ à qn *j-m eine Aufgabe zuweisen:* Il n'a aucun esprit d'initiative, mais s'acquitte parfaitement des ~s qu'on lui assigne. | **expédier** une ~ *eine Aufgabe hinschludern:* Il est connu pour expédier ses ~s. | **faciliter** la ~ à qn *j-m die Sache erleichtern:* La présence de Monsieur Janvier dans le bureau ne me facilite pas la ~.

tact m *Takt (Feingefühl)*
avoir du ~ *taktvoll sein:* Une chose est certaine: Paul Poumer a du ~. | **faire preuve** de ~ *sich taktvoll verhalten:* Dans cette affaire, Madame Stellin a fait preuve de ~. | **manquer** de ~ *taktlos sein, keinen Takt haben:* Madeleine manque tout simplement de ~.

taille[1] f *Taille, Figur*
~ **cambrée** *Hohlkreuz* | ~ **courte** *kurzer Oberkörper* | ~ **épaisse** *kräftige Taille* | ~ **étranglée, comprimée** *eingeschnürte Taille* | ~ **étroite** *schmale Taille* | ~ **fine, élancée, déliée, mince, svelte** *schlanke Taille* | ~ **flexible, souple** *biegsame Taille* | ~ **forte** *starke Taille* | ~ **longue** *langer Oberkörper* | avoir la ~ **ramassée** *untersetzt, stämmig sein*
ceindre sa ~ d'une écharpe *sich eine Schärpe umbinden (bei offiziellen Anlässen):* Le maire se ceignit la ~ de son écharpe tricolore avant de monter sur la tribune. | **dégager** la ~ *die Figur (besser) zur Geltung bringen:* Cette robe dégage la ~. | **dessiner, marquer** la ~ *die Figur betonen:* Ton nouveau pantalon dessine ta ~ de manière très favorable. | sa ~ a **épaissi** *er, sie ist dicker geworden:* Ne trouves-tu pas que sa ~ a

épaissi. / **serrer** la ~ *in der Taille eng anliegen:* Ce manteau serre trop la ~, je trouve. / se **tenir** par la ~ *sich (gegenseitig) um die Hüfte fassen:* Les deux amoureux approchaient lentement, se tenant par la ~.

taille² f *Körpergröße, Wuchs*
~ **fine** *schlanker Wuchs* / ~ **haute** *hoher Wuchs* / d'une ~ **majestueuse, imposante** *von imposantem Wuchs* / ~ **médiocre, moyenne, ordinaire** *durchschnittliche Größe* / de (très) **petite** ~ *(sehr) kleinwüchsig*
être de la même ~ *gleich groß sein:* Bien qu'ils soient jumeaux, ils ne sont pas de la même ~. / se **redresser** de toute sa ~ *sich zu seiner vollen Größe aufrichten:* Pierre se leva du tabouret et se redressa de toute sa ~.

talent m *Talent, Begabung*
~ **éclatant** *hervorragende, glänzende Begabung* / ~ **littéraire** *schriftstellerische Begabung* / ~ **méconnu** *verkanntes Talent* / ~ **naissant** *angehendes, junges Talent* / ~ **prodigieux** *ungewöhnlich großes Talent* / un ~ **prononcé** pour ... *eine ausgesprochene Begabung für ...*
avoir du ~ *Talent haben; begabt sein:* Je ne doute pas que votre fille ait du ~, mais elle est paresseuse. / **avoir** le ~ de faire qc *(iron) ein Talent haben, etw zu tun:* Il a le ~ d'ennuyer tout le monde. / **encourager** les jeunes ~s *junge Talente fördern:* De nos jours, il n'y a plus guère de mécènes qui encouragent les jeunes ~s. / **gâcher** son ~ *sein Talent vertun:* C'est dommage qu'elle gâche son ~ pour la musique. / **montrer** ses ~s *zeigen, was man kann:* Allez, montrez-nous vos ~s.

talon m *Absatz, Ferse, Hacke*
~s **éculés, usés** *abgelaufene, schiefgetretene Absätze* / ~ **haut** *hoher Absatz; Stöckelabsatz* / ~ **plat** *flacher Absatz*
claquer des ~s *die Hacken zusammenschlagen:* Le lieutenant claqua des ~s et se retira dignement. / **être** sur les ~s de qn *j-m auf den Fersen sein:* La police est sur les ~s des contrebandiers. / **marcher** sur les ~s de qn *j-m auf den Fersen folgen:* Partout où je suis allé, l'interprète chinois marchait sur mes ~s. / **pivoter** sur ses ~s *auf dem Absatz kehrtmachen:* Voyant que le cinéma était fermé, il pivota sur ses ~s et rentra chez lui.

tambour m *Trommel*
jouer du ~; **frapper** sur un ~ *trommeln; die Trommel schlagen:* Trois Haïtiens très noirs serraient entre leurs genoux un ~ sur lequel ils frappaient farouchement.

tampon m *Stempel*
~ **officiel** *Dienststempel*
apposer un ~ *einen Stempel anbringen:* Le douanier apposa le ~ officiel sur tous les passeports.

tapage m *Lärm, (par ext) Aufsehen, Wirbel*

beau ~ *Heidenlärm* / ~ **effroyable** *entsetzlicher Lärm* / ~ **infernal** *Höllenlärm* / ~ **injurieux** *(jur) Lärmbelästigung, Ruhestörung* / ~ **nocturne** *(jur) nächtliche Ruhestörung*
faire beaucoup de ~, **mener** grand ~ *autour de qc viel Aufsehen, Aufhebens von, Wirbel um etw machen:* Les journaux ont fait beaucoup de ~ autour de ce mariage. / qc **fait** beaucoup de ~ *etw erregt großes Aufsehen:* Cette affaire a fait beaucoup de ~ dans la presse espagnole.

tape f *Klaps*
~ **amicale** *freundschaftlicher Klaps* / **bonne, grande** ~ *kräftiger Klaps* / **petite** ~ *leichter Klaps*

tapis m *Teppich*
~ **épais, profond, moelleux** *dichter, dichtfloriger Teppich* / ~ **tissé** *Webteppich* / ~ **usé** *abgetretener Teppich*
battre le ~ (den) *Teppich klopfen:* Mado, va battre le ~ du salon! / **dérouler** un ~ *einen Teppich ausrollen:* À la descente de l'avion, on avait déroulé le ~ rouge pour accueillir la délégation chinoise.

tare f *Makel*
~ **indélébile** *bleibender Makel*

tarif m *Tarif*
~ **forfaitaire** *Pauschaltarif* / ~s **postaux** *Postgebühren* / ~ **préférentiel** *Vorzugstarif* / ~ **réduit** *ermäßigter Tarif*
appliquer un ~ *einen Tarif anwenden:* Le syndicat autonome des chauffeurs de taxi refuse d'appliquer les ~s fixés officiellement le mois dernier. / **travailler** au ~ *zum üblichen Preis arbeiten:* Mon ami, qui a une grande expérience, travaille au ~ et se chargera volontiers de la traduction de votre article.

tas¹ m *Haufen*
mettre en ~ *aufhäufen, aufschütten:* Le jardinier a mis en ~ les feuilles mortes et mauvaises herbes qu'il avait arrachées.

tas² m *Menschenmenge*
foncer dans le ~ *sich ins Kampfgewühl stürzen:* Les agents de police, voyant les combattants, ont tout de suite foncé dans le ~. / **taper** dans le ~ *wild um sich schlagen:* N'écoutant que sa fureur, il se jeta sur ses agresseurs et se mit à taper dans le ~. / **tirer** dans le ~ *in die Menge schießen:* Les soldats ont d'abord tiré en l'air. Puis, comme la foule ne s'était pas dissipée, ils ont tiré dans le ~.

tasse f *Tasse*
approcher la ~ de la bouche *die Tasse zum Mund führen:* Maurice approcha la ~ de sa bouche et but l'infusion à petites gorgées. / **boire** dans une, à la ~ *aus einer Tasse trinken:* Le malade n'arrive pas encore à boire dans une ~. / **finir** la ~ *die Tasse leer-, austrinken:* Les enfants, finissez votre ~! / **prendre** une ~ de ...

taule

eine Tasse ... trinken: Je propose de prendre une ~ de café à la prochaine occasion.
taule f (F) *Kittchen, Knast*
aller en ~ *ins Kittchen kommen:* C'est un délit pour lequel il va aller en ~. / **faire** de la ~ *Knast schieben:* L'année dernière, François a fait de la ~ à Bordeaux. / **mettre, fourrer** qn en ~ *j-n einbuchten:* Les flics l'ont mis en ~, mais il refuse d'avouer.
taureau m *Stier*
le ~ **mugit** *der Stier brüllt:* Dans l'arène, on entendait mugir le ~ derrière la grande porte. / **prendre** le ~ par les cornes (*fig*) *den Stier bei den Hörnern packen:* Vous verrez que le nouveau directeur prendra le ~ par les cornes et réduira l'influence du président dans notre service.
taxe f *Abgabe, Steuer*
une ~ **frappe** qc *eine Abgabe, Steuer liegt auf etw; etw ist mit einer Abgabe belegt:* Une ~ prohibitive frappe les voitures en provenance du Japon. / **frapper** qc d'une ~ *etw mit einer Steuer belegen:* C'est une marchandise de luxe, frappée de ~s très élevées.
taxi m *Taxi*
appeler, héler un ~ *ein Taxi (herbei)rufen:* Pouvez-vous m'appeler un ~, s'il vous plaît? / **enfourner, embarquer, mettre** qn dans un ~ (F) *j-n in ein Taxi verfrachten:* Comme Charles Huber était un peu gris, ses amis l'ont enfourné dans un ~ et envoyé chez lui. / **prendre** un ~ *ein Taxi nehmen; mit dem Taxi fahren:* Nous prendrons un ~ pour aller à la gare.
technologie f *Technik*
~ **avancée, sophistiquée** *hochentwickelte Technik*
teint m *Teint, Gesichtsfarbe*
~ **basané** *(sonnen)gebräunter Teint* / ~ **blafard, blême, livide** *fahler Teint* / ~ **brouillé** *unreiner Teint; fahler, blasser Teint* / ~ **cadavéreux** *leichenblasser Teint* / ~**cireux** *wächserner Teint* / avoir le ~ **coloré** *eine gesunde Gesichtsfarbe haben* / ~ **cramoisi** *hochrote Gesichtsfarbe* / ~ **délicat** *zarter Teint* / ~ **éblouissant, éclatant** *strahlender, frischer Teint* / ~ **fané, flétri** *welker Teint* / ~ **fleuri** *frischer, rosiger Teint* / ~ **florissant** *blühender Teint* / ~ **foncé** *dunkler Teint* / ~ **frais** *frischer Teint* / ~ **hâlé** *sonnen-, wettergebräunter Teint* / ~ **jaune, bilieux** *gelbliche Gesichtsfarbe* / ~ **mat** *matter Teint* / ~ **olivâtre, terreux** *fahler, aschgrauer Teint* / ~ **pâle** *blasser Teint* / ~ **transparent** *zarter, reiner Teint*
teinte f *Farbton*
~ **chaude** *warmer Farbton; warme Farbe* / ~ **vive** *leuchtender Farbton; leuchtende Farbe*
télégramme m *Telegramm*
envoyer, expédier un ~ *ein Telegramm aufgeben:* Je vais à la poste expédier un ~ à Venise.
téléphone m *Telefon*
s'abonner au ~; **se faire mettre, installer** le ~ *sich Telefon einrichten lassen:* Ma tante refuse de s'abonner au ~. / **avoir** le ~ *Telefon (im Haus) haben:* Avez-vous le ~? / **décrocher** (le ~) *(den Hörer) abnehmen:* Philippe Maras s'approcha de son bureau et décrocha le ~. / **demander** qn au ~ *j-n am Telefon verlangen:* Monsieur Perrier, quelqu'un vous demande au ~. / **installer** le ~ *das Telefon einrichten:* On vient d'installer le ~ dans cette auberge alpestre. / **joindre** qn par, au ~ *j-n telefonisch erreichen:* On ne le joint pratiquement pas au ~; il est tout le temps en route. / être **pendu** au ~ *ständig am Telefon hängen:* Francine me coûte cher. Elle est pendue au ~ du matin au soir. / **raccrocher** le ~ *(den Hörer) auflegen, einhängen:* Le commissaire raccrocha le ~ sans avoir dit un seul mot. / **répondre** au ~ *ans Telefon gehen:* Après huit heures, nous ne répondons plus au ~. / le ~ **sonne** *das Telefon läutet:* Jacques, le ~ sonne, peux-tu y aller? / **transmettre** qc par ~ *etw telefonisch durchgeben:* On m'a transmis la nouvelle par ~.
télévision, (F) **télé** f *Fernsehen, Fernseher*
il **y a,** on **donne** qc à la ~ *etw kommt im Fernsehen:* Qu'est-ce qu'on donne à la ~ ce soir? / **baisser** la ~ *den Fernseher leiser stellen:* Pouvez-vous baisser la ~, on n'entend rien ici. / se **coller** devant la ~ (F) *sich vor den Fernseher hocken:* Mon mari se colle devant la ~ dès qu'il rentre de son travail et y reste jusqu'à ce que le dîner soit prêt. / **fermer, éteindre, arrêter** la ~ *den Fernseher abstellen, ausmachen, ausschalten:* Va, ferme la ~, ce programme est incroyablement bête. / **mettre** la ~ sur ... *das Fernsehen auf ... (ein)stellen:* Mets la ~ sur la première chaîne. / **mettre, ouvrir** la ~ *den Fernseher anmachen, anstellen:* Je ne veux pas que les enfants ouvrent la ~ sans me demander la permission. / **monter** la ~; **mettre** la ~ plus fort; **augmenter** le volume de la ~ *den Fernseher lauter stellen:* Monte un peu la ~, s'il te plaît. / ~ qc **passe** à la ~ *etw wird im Fernsehen gezeigt, gebracht:* Cette expédition passera à la ~ au mois de juin. / **regarder** la ~ *fernsehen:* Ça fait quinze jours que je n'ai plus regardé la ~.
témérité f *Kühnheit*
folle ~ *Tollkühnheit*
témoignage[1] m *(Zeugen)Aussage*
~s **accablants, écrasants** *erdrückendes Beweismaterial* / ~s **concordants** *übereinstimmende Zeugenaussagen* / **faux** ~ *Falschaussage* / ~ **irrecevable** *unannehmbare Zeugenaussage* / ~ **irrécusable, irréfragable, indéniable** *unwiderlegbare Zeugenaussage* / ~ **suspect** *unglaubwürdige, anfechtbare Zeugenaussage* / ~ **véridique** *wahrheitsgemäße Aussage*

appeler qn en ~ ~ *j-n als Zeugen vorladen:* J'insiste pour qu'on appelle Monsieur Vernon en ~. / **porter** ~ *aussagen:* Mademoiselle Barnabas a consenti à porter ~. / **recevoir** un ~ *eine Aussage entgegennehmen, aufnehmen:* Le juge d'instruction a reçu son ~ sans commentaire. / **récuser** un ~ *die Aussage eines Zeugen ablehnen:* Il est pratiquement impossible de récuser le ~ du principal témoin. / **rendre** ~ à qc *Zeugnis für etw ablegen:* Le fils du défunt a rendu ~ à la probité de son père.

témoignage[2] m *Beweis, Zeichen*
accepter ce ~ de ma reconnaissance *nehmen Sie bitte diesen Beweis meiner Dankbarkeit an:* Je vous prie d'accepter, Madame, ce ~ de ma reconnaissance. / **donner** à qn des ~s d'affection, d'amitié, *etc. j-m seine Zuneigung, Freundschaft usw. bekunden, bezeigen:* Madame Palapès vous a donné bien des ~s d'affection.

témoin m *Zeuge*
~ **acheté, suborné** *bestochener, beeinflußter Zeuge* / ~ **assermenté** *vereidigter Zeuge* / ~ **auriculaire** *Ohrenzeuge* / **faux** ~ *falscher Zeuge* / ~ **involontaire** *unfreiwilliger Zeuge* / ~ **irrécusable** *glaubwürdiger Zeuge* / ~ **irréprochable** *unbescholtener Zeuge* / ~ **muet** *stummer Zeuge* / ~ **oculaire** *Augenzeuge* / ~ **principal** *Kronzeuge, Hauptzeuge* / ~ **suspect** *unglaubwürdiger Zeuge* / ~ **véridique** *glaubwürdiger Zeuge*
appeler un ~ *einen Zeugen aufrufen:* Le juge appelle le ~ de la défense. / **confronter** des ~s *Zeugen einander gegenüberstellen:* Il faudra confronter les ~s. / **entendre** un ~ *einen Zeugen anhören:* Hier, le tribunal a entendu trois ~s dans l'affaire Muller. / **être** ~ de qc *Zeuge einer Sache sein:* Les enfants ont été ~s de la cruelle scène. / **prendre** qn à ~ *j-n als Zeugen anrufen:* Je vous prends à ~ que j'ai dit la vérité. *(Auch: Sie sind mein Zeuge, daß ...)* / **produire** un ~ *einen Zeugen beibringen:* La partie défenderesse n'a pu produire aucun ~. / **servir** de ~ *Zeuge sein; den Zeugen machen:* Je vous prie de servir de ~. / **suborner** un ~ *einen Zeugen bestechen:* On dit que Marc Terrier a essayé de suborner un ~.

tempe f *Schläfe*
~s **grisonnantes, argentées** *graumelierte Schläfen*

tempérament[1] m *Temperament*
~ **ardent, bouillant, volcanique** *feuriges Temperament* / ~ **colérique, bilieux** *cholerisches, aufbrausendes Temperament* / avoir un ~ **émotif** *überempfindlich sein* / ~ **flegmatique** *ruhiges, phlegmatisches Temperament* / ~ **fougueux, vif** *ungestümes, aufbrausendes Temperament* / ~ **impétueux** *heftiges, stürmisches Temperament* / ~ **mélancolique** *melancholisches Temperament* / ~ **passionné** *leidenschaftliches Temperament* / ~ **sanguin** *sanguinisches Temperament* / ~ **volontaire** *eigenwilliges Temperament*
avoir un ~, **être** d'un ~ (+ *adj*) *ein* (+ *adj*) *Temperament haben;* (+ *adj*) *veranlagt sein:* Méfiez-vous, il a un ~ combatif.

tempérament[2] m *Konstitution*
~ **délicat** *zarte Konstitution* / ~ **robuste, vigoureux** *kräftige Konstitution*

température[1] f *Temperatur*
~ **ambiante** *(herrschende) Raumtemperatur, Umgebungstemperatur* / ~ **basse** *niedrige Temperatur* / ~ **diurne** *Tagestemperatur* / ~ **élevée** *hohe Temperatur* / ~ **glaciale** *eisige Temperatur* / ~ **nocturne** *Nachttemperatur*
la ~ **augmente, monte, s'élève** *die Temperatur steigt:* La ~ de la masse en fusion augmente peu à peu. / la ~ **baisse, tombe** *die Temperatur sinkt, fällt:* La ~ a trop baissé dans le récupérateur de chaleur. / la ~ se **radoucit** *es wird wärmer:* Les ~s se radoucissent progressivement, surtout dans les régions méditerranéennes. / la ~ se **rafraîchit;** la ~ **fraîchit** *es kühlt ab, wird kühler:* Cette nuit, la température s'est rafraîchie.

température[2] f *(Körper)Temperatur, Fieber*
avoir, faire de la ~ *Fieber, erhöhte Temperatur haben:* Crois-tu que Jean fasse de la ~? / **prendre** sa ~ *Temperatur, Fieber messen:* Prenez votre ~ avant de sortir du lit.

tempête f *Sturm*
la ~ s'**apaise, s'atténue,** se **calme** *der Sturm läßt nach:* La ~ ne s'atténua qu'au bout de trois jours. / **déchaîner, soulever** une ~ de (+ *subst*) *einen Sturm* (+ *Gen*) *auslösen:* Son intervention a déchaîné une ~ de protestation. / une ~ **éclate, se lève,** se **déchaîne** *ein Sturm erhebt sich, bricht los:* Un beau soir, une ~ éclata avant qu'ils aient pu amener les voiles. / **essuyer** une ~ *in einen Sturm kommen:* Au cours de la traversée, ils ont essuyé une terrible ~. / une ~ **fait rage** *ein Sturm wütet, tobt:* La ~ a fait rage pendant trois jours et trois nuits.

temps[1] m *Zeit*
(réaliser un) **bon** ~ *(eine) gute Zeit (laufen, schwimmen usw.)* / le **bon vieux** ~ *die gute alte Zeit* / ~ **durs, difficiles, malheureux** *schlechte, schlimme Zeit(en)* / ~ **éloigné** *weit zurückliegende Zeit* / les ~ **futurs** *die Zukunft* / les ~ **historiques** *die Vergangenheit* / de ~ **immémorial** *seit undenklichen Zeiten; seit Menschengedenken* / les ~ **modernes** *die Neuzeit* / le ~ **passé** *die vergangene(n) Zeit(en)* / ~ **perdu** *vertane, verlorene Zeit* / dans les ~ les plus **reculés** *in grauer Vorzeit* / ~ **tourmentés** *unruhige Zeiten*

temps

améliorer son ~ (*Sport*) *seine Zeit verbessern:* S'il veut être qualifié pour les championnats d'Europe, il devra améliorer sensiblement son ~. / **avoir le** ~ **de faire qc** *Zeit haben etw zu tun:* Je n'ai pas le ~ de lire ce roman. / **n'avoir** pas le ~ **keine Zeit haben:** Venez demain, aujourd'hui je n'ai pas le ~. / **j'ai** eu juste le ~ de ... *ich konnte gerade noch ...:* J'ai eu juste le ~ de me mettre à l'abri lorsque l'orage a éclaté. / **vous avez** tout le, votre ~ *Sie haben noch reichlich Zeit:* Ne vous énervez pas, vous avez tout votre ~. / il **y a beau** ~ que ... *es ist schon lange her, daß ...:* Il y a beau ~ qu'on ne s'est plus vu. / il **y a peu** de ~ que ... *seit kurzem ...:* Il y a peu de ~ que mon ami enseigne à l'Université. / qc n'**a** qu'**un** ~ *etw geht (rasch) vorbei:* La jeunesse n'a qu'un ~. / il **y a un** ~ **pour tout** *alles zu seiner Zeit:* Ne sois pas triste qu'on ne puisse pas faire de la voile cet été. Il y a un ~ pour tout. / **consacrer** son ~ à qc, à faire qc *seine Zeit mit etw verbringen; seine Zeit damit verbringen, etw zu tun:* Elle dit qu'elle en a assez de consacrer tout son ~ à son ménage. / le ~ **console** de tout, **guérit** toutes les blessures, les douleurs *die Zeit heilt (alle) Wunden:* Maintenant, tu es bien triste, mais tu verras que le ~ console de tout. / **demander** du ~ *Zeit brauchen:* Un travail soigné demande du ~. / se **donner** un certain ~ pour faire qc *sich Zeit lassen, etw zu tun:* Marcel s'est donné un certain ~ pour effectuer la réparation, mais on peut absolument compter sur sa ponctualité. / se **donner,** se **payer, prendre** du bon ~ *sich schöne Tage machen:* Mon frère s'est donné du bon ~ à Philadelphie. / **économiser** son ~ *mit seiner Zeit sparsam umgehen:* Elle ne sait pas du tout économiser son ~. / le ~ **s'envole** *die Zeit verfliegt:* Notre séjour au Brésil était passionnant, mais le ~ s'est envolé bien trop vite. / il **est** ~ de ..., que ... *es ist Zeit zu ..., daß ...:* Il est ~ que nous nous mettions en route. / il n'**est** plus ~ de ... *jetzt ist es zu spät zu ...:* Il n'est plus ~ d'acheter un appartement sur la côte méditerranéenne. / **être de** son ~ *mit der Zeit gehen:* Elle tient beaucoup à être de son ~. / **gagner** du ~ *Zeit gewinnen:* On pourra gagner du ~ en prenant le train. / **laisser** à qn le ~ de faire qc *j-m (die nötige) Zeit lassen etw zu tun:* Laissez-lui le ~ de s'adapter. / **mettre** un certain ~ à faire qc *einige Zeit brauchen, um zu ...:* Le serrurier a mis un certain ~ à forcer la serrure de la grande porte. / **organiser, répartir** son ~ *sich die Zeit einteilen:* Il se plaint d'avoir trop de travail. Moi, je crois qu'il ne sait tout simplement pas organiser son ~. / **passer** le ~ *sich die Zeit vertreiben:* Il passait le ~ en lisant un roman policier. / le ~ **passe, s'écoule** *die Zeit vergeht:* Quand on voit les enfants pousser, on se rend compte que le ~ passe trop vite. / **passer, occuper** son ~ à qc, à faire qc *seine Zeit mit etw verbringen; seine Zeit damit verbringen, etw zu tun:* Mon mari passe son ~ à cultiver des roses. / les ~ ont **passé** où ... *die Zeiten sind vorbei, in denen ...:* Les ~ ont passé où chaque ménage avait une bonne. / **perdre du** ~ *Zeit verlieren:* Nous avons perdu du ~ à cause des pluies torrentielles. / **perdre son** ~ *die Zeit vertrödeln:* Michel n'est pas bête, mais il perd son ~. / **perdre** son ~ à qc, à faire qc *seine Zeit mit etw vertun, vertrödeln, verschwenden; seine Zeit damit vertun, etw zu tun:* Ne perdez pas votre ~ à vouloir réorganiser ce service, il sera de toute façon supprimé. / **faire perdre** son ~ à qn *j-m die Zeit stehlen:* Ces demandes continuelles me font perdre mon ~. / **prendre** (tout) son ~ *sich Zeit lassen, nehmen:* Prenez votre ~, nous ne sommes pas pressés. / **prendre le** ~ **de faire qc** *sich die Zeit nehmen etw zu tun:* Pour vous, je prendrai le ~ de lire le dossier, bien que je sois très occupé. / qc **prend du** ~ *etw kostet Zeit:* Un travail soigné prend du ~, comme vous le savez. / le ~ **presse** *die Zeit drängt:* Dépêchez-vous, le ~ presse. / **réaliser** le meilleur ~ (*Sport*) *Bestzeit erzielen:* Yves Rochard a réalisé le meilleur ~ au cent mètres. / **regretter** le ~ où ... *sich nach der Zeit zurücksehnen, da ...:* Inutile de regretter le temps où nous pouvions passer toutes nos vacances en Espagne. / **retarder** sur son ~ *hinter seiner Zeit zurück sein:* Toute la direction de cette firme retarde sur son ~. Il est étonnant qu'elle n'ait pas encore fait faillite. / **trouver** le ~ de faire qc *(die) Zeit finden, etw zu tun:* Il est étonnant qu'il trouve toujours le ~ de lire. / je **trouve** le ~ **long** *mir wird die Zeit lang:* On attend depuis cinq heures le départ de l'avion. Je trouve le ~ long. / **tuer, tromper** le ~ *die Zeit totschlagen:* Les soldats jouaient aux cartes pour tuer le ~. / le ~ est **venu** de ... *jetzt ist es Zeit zu ...; die Zeit ist gekommen zu ...:* J'ai l'impression que le ~ est venu de leur dire la vérité.

temps[2] m *Wetter*

~ **abominable, épouvantable** *abscheuliches, scheußliches Wetter* / ~ **bouché** *bedecktes, trübes Wetter* / ~ **brouillé, couvert** *trübes Wetter; bedeckter Himmel* / ~ **brumeux** *dunstiges, diesiges Wetter* / ~ **calme** *ruhiges Wetter; Windstille* / ~ **clair** *klares Wetter* / ~ **changeant, variable, incertain, inconstant, indécis, instable** *unbeständiges, wechselhaftes, veränderliches Wetter* / ~ **détraqué** *mieses Wetter* / ~ **étouffant, lourd** *drückendes, schwüles Wetter* / **fichu** ~!; **sale** ~! *Sauwetter!* / **gros** ~ *stürmisches Wetter* / ~ **maussade** *unfreundliches Wetter* / ~ **nuageux** *wolkiger, bewölkter Himmel* / ~ **pluvieux** *Regenwetter* / ~ **pourri** *miserables Wetter* / ~ **printanier** *Früh-*

lingswetter | ~ **radieux, superbe** *strahlendes Wetter* | ~ **serein** *heiteres Wetter* | ~ **triste** *trübseliges Wetter* | **vilain** ~ *scheußliches Wetter*
avoir beau (mauvais) ~ *gutes (schlechtes) Wetter haben:* Je vous souhaite d'avoir beau ~ pour votre randonnée à vélo. / le ~ se **couvre,** se **barbouille** (F), se **brouille,** se **gâte,** se **gâche** *das Wetter trübt sich ein, wird schlechter; es zieht sich zu; der Himmel bedeckt sich:* Je crois qu'il faut retourner au refuge sans avoir atteint le sommet, car le ~ se brouille. / le ~ se **dégage,** s'**éclaircit,** se **lève** *es klart auf; das Wetter wird schöner:* Cette nuit, le ~ va se dégager. / le ~ se **dérange** *das Wetter spielt verrückt:* Après l'orage, le ~ s'est dérangé. / le beau ~ **durera, tiendra** *das Wetter wird halten:* La météo annonce que le beau ~ durera. / le ~ **est** au beau *das Wetter ist schön:* Je viens de téléphoner à Paris. Là-bas, le ~ est au beau. / le ~ **est** orageux, est à l'orage *es sieht gewittrig, nach Gewitter aus:* Ne sors pas sans parapluie, le ~ est orageux. / le ~ se **met au froid,** se **rafraîchit,** se **refroidit** *es wird kälter, kühlt sich ab:* Je crains que le ~ ne se mette au froid. / si le ~ le **permet** *bei gutem Wetter:* Nous irons à bicyclette si le ~ le permet. / le ~ se **radoucit,** se **réchauffe** *es wird milder, wärmer:* Nous sommes déjà à la mi-mars et le ~ ne se radoucit toujours pas. / le ~ se **remet** au beau, se **rétablit;** le beau ~ **revient** *es wird wieder schön(er):* La deuxième semaine des vacances, le ~ s'est remis au beau. / le ~ **tourne** à (+ *subst*) *es wird* (+ *adj oder Verb*): Je te dis que le ~ va tourner à la pluie.
temps d'arrêt m *Pause*
marquer un ~ *eine Pause einlegen, machen:* À ce stade des négociations, il sera nécessaire de marquer un ~ pour faire le point.
temps de travail m *Arbeitszeit*
récupérer le ~ perdu *ausgefallene Arbeitszeit hereinarbeiten, nacharbeiten:* Comment voulez-vous récupérer le ~ perdu? / **réduire** le ~ *die Arbeitszeit verkürzen:* Le ~ sera réduit à trente-six heures.
tendance f *Tendenz, Neigung, Trend*
~ (nettement) **accusée,** ~ (bien) **marquée,** ~ **nette** (à) (*stark*) *ausgeprägte Neigung, Tendenz* (*zu*); *starker Trend* (*zu*) | ~s **contradictoires, opposées** *entgegengesetzte Trends* | ~ **croissante** *steigende Tendenz* | ~ **décroissante** *rückläufige Tendenz* | ~ **fondamentale** *Grundtendenz* | ~ **générale** *Trend*
accuser une ~ à ... *eine Tendenz aufweisen zu ...:* Les cours des métaux précieux accusent une ~ à la baisse. / la ~ **s'accentue, s'accuse** *die Tendenz, der Trend verstärkt sich:* Les jeunes gens sont de moins en moins disposés à assumer des responsabilités et la ~ s'accentue.

/ **avoir** ~ à faire qc *dazu neigen etw zu tun:* Cette femme a ~ à exagérer. / **représenter** une ~ *eine Richtung vertreten:* Quelle tendance représentez-vous?
ténèbres fpl *Finsternis, Dunkelheit*
épaisses ~ *tiefe Finsternis*
les ~ se **dissipent** *die Dunkelheit verschwindet:* La lune sortit de derrière les nuages et, pendant quelques minutes, les ~ se dissipèrent. / les ~ s'**épaississent** *es wird dunkler:* À mesure qu'on s'avançait dans le souterrain délabré, les ~ s'épaississaient.
tennis m *Tennis*
faire du, **jouer** au ~ *Tennis spielen:* Depuis mon opération, je ne fais plus de ~.
tension[1] f *Blutdruck*
avoir, faire de la ~ *Bluthochdruck haben, einen hohen Blutdruck haben:* Monsieur Yssen, vous faites de la ~. / faire **monter** la ~ *den Blutdruck steigen lassen, hochtreiben:* Ce sont ces énervements qui font monter votre ~ de la sorte. / **prendre** la ~ (de qn) (*j-s*) *Blutdruck messen:* Est-ce que le médecin t'a pris la ~? / **ramener** la ~ à la normale; faire **baisser,** faire **tomber** la ~ *den Blutdruck senken:* Je vous prescris un médicament qui ramènera votre ~ à la normale.
tension[2] f *Spannung (fig, pol)*
diminuer, réduire la ~ *die Spannung(en) verringern, abbauen:* Les promesses faites par le gouvernement n'ont pas réussi à réduire la ~ qui règne dans la capitale. / la ~ **monte** *die Spannung nimmt zu:* La ~ monte dans le quartier encerclé par les forces de police. / la ~ se **relâche** *die Spannung nimmt ab:* Au cours de la dernière nuit, la ~ s'est relâchée et on recommence à espérer un règlement pacifique de l'affaire.
tentation f *Versuchung*
induire qn en ~ *j-n in Versuchung führen:* C'est mal d'induire quelqu'un en ~. / **repousser** une ~; **résister** à une ~ *einer Versuchung widerstehen:* Mireille avait longtemps résisté à la ~ d'épouser ce riche industriel, mais en fin de compte, elle y a cédé. / **succomber, céder** à la ~ *der Versuchung erliegen, nachgeben:* Jacques Deferre a succombé à la ~ et pris le poste offert par la concurrence.
tentative f *Versuch*
dernière, suprême ~ *letzter Versuch* | ~ **désespérée** *verzweifelter Versuch* | ~ **timide** *schwacher, schüchterner Versuch* | ~ **vaine, inutile; vaine** ~ *vergeblicher Versuch*
tente f *Zelt*
coucher sous la ~ *im Zelt schlafen:* Comme tous les hôtels étaient pleins, nous avons dû coucher sous la ~. / **démonter, plier** une ~ *ein Zelt abbauen:* Je démonte la ~ et toi, tu laves la vaisselle, d'accord? / **monter, dresser, plan-**

tenue

ter, installer une ~ *ein Zelt aufschlagen, aufbauen:* Voilà un bel emplacement pour dresser la ~. / **vivre** sous la ~ *im Zelt leben:* Les réfugiés ont vécu tout l'été sous la tente.

tenue f *Kleidung*
~ **débraillée** *schlampige, allzu saloppe Kleidung* / en **grande** ~ *feierlich gekleidet* / ~ **négligée** *nachlässige, saloppe Kleidung* / être en **petite** ~ (F), en ~ **légère** *sehr wenig anhaben* / ~ **printanière** *Frühlingskleidung* / ~ **soignée** *gepflegte Kleidung* / ~ **stricte, correcte, convenable, décente** *korrekte, passende Kleidung*
avoir une ~ impeccable *tadellos gekleidet sein:* Le jeune Louvallier a toujours une ~ impeccable. / **changer** de ~ *sich umziehen:* Entre six et huit heures, vous avez la possibilité de vous rafraîchir et de changer de ~. / se **mettre** en ~ *sich der Gelegenheit entsprechend anziehen:* J'espère que vous vous mettrez en ~ pour cette soirée. / **soigner** sa ~ *auf seine Kleidung achten:* Je constate avec satisfaction que ma fille commence à soigner sa ~.

terme[1] m *Ende, Abschluß, Frist*
arriver à (son) ~ *zu Ende gehen:* Notre mission arrive à son ~. / **un** ~ **échoit** *eine Frist läuft ab:* Nous devons nous hâter de soumettre notre offre, car le ~ échoit la semaine prochaine. / **mener** qc à ~ *etw zum Abschluß bringen:* Il ne pouvait plus mener les discussions à ~ avant de repartir en Israël. / **mettre** un ~ à qc *einer Sache un ende setzen, bereiten:* Je vous recommande de mettre un ~ à ses agissements. / **toucher** à son ~ *zu Ende gehen, sich seinem Ende nähern:* Le congé touche à son ~, c'est dommage.

terme[2] m *Ausdruck, Begriff*
~ **archaïque** *altertümlicher Ausdruck* / en ~s **concis** *in knappen Worten* / ~ **consacré** *üblicher, feststehender Ausdruck* / ~ **courant, usuel**, très **usité** *geläufiger, gebräuchlicher, gängiger Ausdruck* / ~ **cru** *anstößiger Ausdruck* / ~s **élogieux** *lobende Worte* / ~s **éloquents** *beredte Worte* / ~ **expressif** *drastischer Ausdruck* / ~ **familier** *Ausdruck der Umgangssprache* / ~ **impropre** *unpassender Ausdruck* / ~ **inusité** *ungebräuchlicher Ausdruck* / le ~ **juste**, **exact** *der passende, treffende Ausdruck* / le ~ **propre** *der richtige, passende Ausdruck* / ~ **savant** *gelehrter Ausdruck* / ~ **technique** *Fachausdruck, Fachwort* / ~ **trivial** *vulgärer Ausdruck* / ~ **usé** *abgegriffener Ausdruck*
s'**exprimer** en ~s choisis (clairs, *etc.*) *sich gewählt (klar usw.) ausdrücken:* Monsieur Ganabel a l'habitude de s'exprimer en ~s très clairs. / ne pas **ménager** ses ~s *sich (bei der Wahl seiner Worte) keinen Zwang antun:* Quand il a quelque chose sur le cœur, il n'a pas l'habitude de ménager ses ~s.

terrain[1] m *Gelände, Grundstück*
~ **accidenté** *hügeliges, unebenes Gelände* / ~ **bâti** *bebautes Grundstück* / ~ **clos** *eingezäuntes Grundstück* / ~ **cultivé** *landwirtschaftlich genutztes Gelände* / ~ **découvert** (mil) *offenes Gelände* / ~ **dégagé** *freies Gelände* / ~ **inculte** *brachliegendes Gelände* / ~ **plat** *flaches, ebenes Gelände* / ~ **vague** *unbebautes Gelände, Grundstück* / ~ **vallonné** *gewelltes, hügeliges Gelände* / ~ **viabilisé** *erschlossenes, baureifes Grundstück, Gelände*
un ~ est **bâti** *ein Gelände wird bebaut:* La municipalité fait savoir que ce ~ sera bâti l'année prochaine. / **lotir** un ~ *ein Gelände parzellieren:* Je n'ai pas obtenu l'autorisation de lotir ce ~. / **reconnaître** le ~ *das Gelände erkunden:* Le capitaine envoya un sous-officier avec deux soldats reconnaître le ~. / **viabiliser** un ~ *ein Gelände erschließen:* Ce ~ sera probablement viabilisé cet automne même.

terrain[2] m *Boden*
~ **argileux** *Lehmboden* / **bon** ~ ; ~ **fertile** *fruchtbarer Boden* / ~ **calcaire** *Kalkboden* / ~ **compact** *fester Boden* / ~ **détrempé** *aufgeweichter Boden* / ~ **glissant** *glitschiger Boden* / ~ **imperméable** *undurchlässiger Boden* / ~ **léger** *lockerer Boden* / ~ **lourd** *schwerer Boden* / ~ **naturel** *gewachsener Boden* / ~ **perméable** *durchlässiger Boden*

terrain[3] m (fig) *Boden, Terrain*
~ **mouvant** *schwankender, unsicherer Boden*
céder du ~ *Terrain preisgeben:* Le ministre britannique a dû céder du ~. / **déblayer** le ~ *den Weg ebnen:* Les pourparlers préliminaires ont déblayé le ~ avant la rencontre des chefs d'État. / **défricher** le ~ *das Terrain vorbereiten:* Les secrétaires d'État ont essayé de défricher le ~ pour garantir le succès des négociations à l'échelon ministériel. / **gagner** du ~ (an) *Boden gewinnen:* Les écologistes ont gagné du ~. / **perdre** du ~ (an) *Boden verlieren:* Les chrétiens-démocrates ont à nouveau perdu du ~. / **préparer** le ~ *den Boden bereiten:* Si la révolte a éclaté avec une telle violence, c'est que le chômage en avait préparé le ~. / **tâter** le ~ *das Terrain sondieren:* Le groupe d'études qui séjourne en ce moment au Maroc a pour mission de tâter le ~, avant l'envoi de toute délégation officielle.

terre[1] f *Erde, Boden*
~ **appauvrie, épuisée, fatiguée** *ausgelaugter Boden* / ~ **arable** *Ackerland, Ackerboden* / ~ **argileuse** *Lehmboden; schwerer Boden* / ~ **avare, ingrate** *undankbarer Boden* / ~ **battue** *gestampfter (Lehm)Boden* / ~ **crayeuse** *Kreideboden* / ~ **cuite** *Terrakotta* / ~ **cultivable** *(landwirtschaftlich) nutzbares Land* / ~s **cultivées** *bebautes, bestelltes Land* / ~ **curative**

Heilerde | ~ **fangeuse** *schlammiger Boden* | ~ **féconde, fertile** *fruchtbarer Boden* | ~ **friable** *lockere, sandige Erde* | ~ **glaise** *Lehm, Ton* | ~ **grasse** *fetter, schwerer Boden* | ~s **incultes** *brachliegender Boden; Ödland* | ~ **labourable** *Ackerland* | ~ **légère, meuble** *leichter, lockerer Boden* | ~ **marneuse** *Mergelboden* | ~ **pauvre** *karger Boden* | ~ **réfractaire** *Schamotte, feuerfester Ton* | ~ **riche** *ergiebiger Boden* | ~ **sablonneuse** *Sandboden* | ~ **stérile, improductive** *unfruchtbarer Boden* | ~ **végétale** *Blumenerde*
aimer la ~ *das bäuerliche Leben lieben:* Mon mari aime la ~, tandis que moi, je préfère la vie en ville. / **amender, bonifier, fertiliser** la ~ *den Boden verbessern, fruchtbar machen:* La ~ de cette région a été amendée par des apports en chaux. / **creuser** la ~ *die Erde aufgraben:* Je me demande ce que notre voisin fait dans son jardin; il creuse la ~ tout autour de sa maison. / **labourer, cultiver, travailler** la ~ *die Erde, den Boden bearbeiten; (auch) ackern:* Les pionniers abattaient la forêt et labouraient la ~. / **mettre, porter** en ~ *zu Grabe tragen:* La dépouille mortelle du défunt sera mise en ~ dans sa patrie. / **retourner, remuer** la ~ *umgraben:* Il faut que je retourne la ~ de la partie gauche du jardin. / **sortir** de ~ *(aus der Erde) sprießen:* Après la pluie, on pouvait presque voir les herbes et les fleurs sortir de ~.
terre² f (*Erd*)*Boden*
avoir les (deux) pieds sur ~ *(fig) mit beiden Beinen (fest) auf der Erde stehen:* Ce que j'estime particulièrement en elle, c'est qu'elle a les deux pieds sur ~. / se **coucher** par ~ *sich auf den Boden legen:* Les réfugiés se couchèrent par ~, car il n'y avait qu'un nombre insuffisant de lits. / **envoyer, lancer,** (F) **ficher, foutre** qc par ~ *etw auf den Boden werfen, schmeißen:* Elle avait à peine lu la lettre qu'elle l'a envoyée par ~. / **mettre** à la ~ *erden:* Est-ce que la machine à laver est mise à la ~? / **poser, mettre** qc par ~ *etw auf dem Boden absetzen, abstellen:* Mettez le poste de télévision par ~ en attendant que la table arrive. / avoir envie de **rentrer** sous ~ *(fig) (vor Scham) am liebsten im Boden versinken wollen:* Quand j'ai vu entrer mon ex-chef, j'ai eu envie de rentrer sous ~. / se **rouler** par ~ *sich am Boden wälzen:* Il avait des douleurs si atroces qu'il se roulait par ~. / **sauter** à, **mettre** pied à ~ *auf den Boden springen:* Le cavalier arrêta brusquement son cheval et sauta à ~. / **tomber** par ~ *hinfallen, umfallen:* Le directeur, en sortant de son bureau, est tombé par ~ et s'est cassé le bras. / **tomber** à ~ *auf den Boden fallen:* Le vase a culbuté et est tombé à ~.
terre³ f *Erde (als Gegensatz zum Himmel)*
être sur ~ *auf der Erde sein:* Nous ne sommes pas sur ~ pour passer notre vie comme des animaux. / **venir** sur (la) ~ *auf die Erde kommen:* Le Christ est venu sur la ~ pour sauver les hommes.

terre⁴ f *Land (im Gegensatz zum Meer)*
~ **ferme** *Festland* | ~s **vierges, inconnues, inexplorées** *unerforschtes Land; unerforschte Gebiete*
aller, descendre à ~ *an Land gehen:* Tout l'équipage, sauf le capitaine, est descendu à ~. / **toucher** ~ *anlegen:* Le bateau de l'explorateur toucha ~ un beau dimanche du mois de juillet.

terres fpl *Grundbesitz*
se **retirer** sur ses ~ *sich auf seine Ländereien zurückziehen:* Il parle d'abandonner la vie politique et de se retirer sur ses ~. / **vivre** de ses ~ *vom Ertrag seiner Güter leben:* Autrefois, ma famille vivait de ses ~.

terreur f *Schrecken, Entsetzen*
~ **folle** *wahnsinnige Angst* | ~ **irraisonnée** *blindes Entsetzen* | ~ **panique** *panischer Schrecken*
c'est sa grande ~ *davor hat er, sie besonders Angst:* Les maths, c'est sa grande ~. / **inspirer** (de) la ~ à qn *j-m Entsetzen einflößen:* Son apparition inspire partout la ~. / **semer, répandre,** faire **régner** la ~ *Schrecken verbreiten:* Les troupes du dictateur sèment la ~ dans les provinces occidentales. / **vivre** dans la ~ *in Furcht und Schrecken leben:* Toute la population vit dans la terreur.

test m *Test*
~ **éliminatoire** *Auswahlprüfung*
passer des ~s *Tests machen, absolvieren:* J'ai dû passer des ~s avant qu'on m'invite à présenter mes papiers. / **faire passer** des ~s à qn *j-n testen, Tests unterziehen:* Le chef du personnel fait passer une série de ~s à tous les candidats qui se présentent. / **procéder** à, **faire** un ~ *einen Test durchführen:* Les chercheurs ont fait des ~s en laboratoire pour mesurer l'influence de l'alcool sur la vitesse de réaction des individus.

testament m *Testament*
attaquer un ~ *ein Testament anfechten:* Attaquerez-vous ce ~? / **exécuter** un ~ *ein Testament vollstrecken:* Ce ~ sera difficile à exécuter. / **faire** son ~ *sein Testament machen:* J'ai fait mon ~ avant de commencer le tour du monde. / **invalider** un ~ *ein Testament für ungültig erklären:* Le tribunal de Varsovie a invalidé le ~. / **léguer** qc par ~ *etw testamentarisch hinterlassen, vermachen:* Mon grand-père m'a légué par ~ une petite ferme en Vendée. / **mettre, coucher** qn dans un ~ *j-n in ein Testament aufnehmen:* Mes parents ont couché dans leur ~ la vieille bonne qu'ils avaient avant la guerre. / **ouvrir** un ~ *ein Testament*

eröffnen: Le ~ de mon oncle sera ouvert le quinze mai. / **révoquer** un ~ *ein Testament widerrufen:* Peu avant sa mort, le baron révoqua son ~ et légua toute sa fortune à l'Église.

tête[1] f *Kopf (konkret)*
~ **bourdonnante** *Brummschädel* / ~ **chauve** *Glatzkopf* / ~ **couronnée** *(fig) gekröntes Haupt* / ~ **dénudée**, (F) **déplumée** *kahler Schädel* / ~ **ébouriffée** *Strubbelkopf* / **grosse** ~ *1. großer Kopf; 2. (fig) gelehrtes Haus* (F) / avoir, se sentir la ~ **lourde** *(fig) einen schweren Kopf haben*
aquiescer de la ~ *zustimmend nicken:* Albert acquiesça de la ~ en signe de consentement. / **baisser** la ~ *den Kopf senken:* Lorsque Francine lui a lancé ces reproches, il a baissé la ~ sans répondre. / j'ai la ~ qui **bourdonne** *mir brummt der Schädel:* Après dix heures de chemin au volant de ma voiture, j'ai la ~ qui bourdonne. / se **ceindre** la ~ de qc *(sich) etw um den Kopf binden:* Le joueur de tennis a l'habitude de se ceindre la ~ d'un bandeau rouge. / se **cogner**, se **taper** la ~ à, contre qc *sich den Kopf an etw anschlagen:* En se redressant, il s'est cogné la ~ contre un rocher saillant. / **couper, trancher** la ~ à qn *j-m den Kopf abschlagen; j-n köpfen:* Le dernier condamné à mort à qui on a publiquement coupé la ~ ici était Jules Barrot, appelé «l'Atroce». / **couvrir** sa ~ de qc *etw aufsetzen, auf den Kopf setzen:* En hiver, Jacques Lamarin couvre sa ~ d'un bonnet de laine. / **dépasser** qn d'une ~ *j-n um Haupteslänge überragen; einen Kopf größer sein als jemand:* Mon fils me dépasse déjà d'une ~. / **détourner** la ~ *den Kopf wegdrehen:* Quand le prof d'anglais a vu que Bernis copiait, il a détourné la ~. / **dodeliner** de la ~; **branler** la ~ *mit dem Kopf wackeln:* Il branle la ~ à la suite d'une blessure de guerre. / **donner** de la ~ contre qc *mit dem Kopf gegen etw stoßen:* Dans l'obscurité de la grotte, le pauvre Bernard a donné de la ~ contre une poutre qu'on avait mise en place pour étayer le rocher. / je ne sais plus où **donner** de la ~ *(fig) ich weiß nicht mehr, wo mir der Kopf steht:* Ma femme est malade, moi-même je suis surmené, bref: je ne sais plus où donner de la ~. / **faire non** de la ~; **hocher, secouer** la ~ *den Kopf schütteln:* Comme il avait la bouche pleine de gâteau, il fit simplement non de la ~. / **faire oui** de la ~ *(mit dem Kopf) nicken:* Le Chinois que j'avais interrogé fit oui de la ~. / se **fendre** la ~ *sich den Schädel einschlagen:* Il est tombé du deuxième étage et c'est un miracle qu'il ne se soit pas fendu la ~. / se **gratter** la ~ *sich am Kopf kratzen (auch aus Verlegenheit):* Il réfléchit longtemps en se grattant la ~. / **incliner** la ~ *den Kopf neigen:* Le moine inclina la ~ en guise de salut et nous ouvrit la porte. / **jeter** qc à la ~ de qn *j-m etw an den Kopf werfen (bes. fig):* Je ne souffre pas qu'on me jette de telles injures à la ~. / **laver** la ~ à qn *j-m den Kopf waschen (bes. fig):* Nous allons lui laver la ~ dès qu'il rentrera. / **mettre, passer** la ~ par ... *den Kopf zur, zum ... herausstrecken:* Madame Bratin a mis la ~ par la fenêtre et demandé ce qu'il y avait. / qc **monte, porte** à la ~ *etw steigt zu Kopf:* Le vin m'est monté à la ~. / **prendre, tenir** sa ~ entre, dans ses mains *den Kopf aufstützen, den Kopf in die Hände stützen:* Le soir, elle rentre si fatiguée qu'elle prend sa ~ entre ses mains et regarde dans le vide. / **(re)dresser, (re)lever** la ~ *den Kopf heben:* Le malade redressa la ~ et me regarda fixement. / **rejeter, renverser** la ~ en arrière *den Kopf zurückwerfen:* Émile se raidit, rejeta la ~ en arrière et se retourna. / **rentrer** sa ~ *den Kopf einziehen:* Lorsqu'il a entendu la mitrailleuse, il a vite rentré sa ~. / **tourner** la ~ *den Kopf wenden, sich umsehen:* N'oubliez pas de tourner la ~ avant de doubler. / la ~ me **tourne** *mir ist schwindlig; mir dreht sich alles im Kopf:* Soudain, la ~ me tourna et mes jambes fléchirent. / **faire tourner** la ~ *schwindlig machen:* Cette foule et ce bruit me font tourner la ~.

tête[2] *(fig) Kopf, Verstand, Gedächtnis, Wille*
~ **brûlée, chaude** *Hitzkopf* / avoir la ~ **dure** *ein Dickkopf sein* / ~ **folle** *unbesonnener, leichtfertiger Mensch* / **forte** ~ *Dickkopf; aufsässiger Mensch* / **mauvaise** ~ *Dickkopf, Querkopf, Eigensinn*
n'**avoir** plus sa ~ (à soi); **avoir** la ~ dérangée *verkalkt sein:* Monsieur Larin est «gaga», il n'a plus sa ~ à lui. / **avoir** toute sa ~ *völlig klar (bei Verstand) sein:* Le soir, le malade avait de nouveau toute sa ~. / ne pas **avoir** de ~ *kein Gedächtnis haben; vergeßlich sein:* Irène n'est pas méchante, mais elle n'a pas de ~, elle oublie tout. / **bourrer, farcir** la ~ de qn (F) *j-s Kopf vollstopfen:* Ce professeur bourre la ~ des étudiants de choses vraiment inutiles. / **calculer** de ~ *im Kopf rechnen:* C'est une opération que vous ne calculerez pas de ~. / se **casser,** se **creuser** la ~ à ... (F) *sich den Kopf zerbrechen, um ...:* Je me suis cassé la ~ à trouver une solution, mais en vain. / avoir **conservé, gardé** (toute) sa ~ *geistig noch frisch sein:* À quatre-vingt-quinze ans, il ne sort plus guère de chez lui, mais il a gardé toute sa ~. / **enfoncer,** faire **(r)entrer** qc dans la ~ de qn *j-m etw eintrichtern:* Je vais vous enfoncer ces chiffres dans la ~. / n'en **faire** qu'à sa ~ *nur nach seinem Kopf, Willen handeln; tun, was man will:* Mon petit-fils est bien gâté. Il n'en fait qu'à sa ~. / **mets**-toi bien cela dans la ~! *laß dir das gesagt sein!, schreib dir das hinter die Ohren!:* La prochaine fois, tu seras vraiment

puni; mets-toi bien cela dans la ~! / se **mettre** qc en ~, dans la ~; (F) se **fourrer** qc dans la ~ *sich etw in den Kopf setzen:* Quand elle s'est fourré quelque chose dans la ~, vous ne la convaincrez pas du contraire. / s'**ôter** qc de la ~ *sich etw aus dem Kopf schlagen:* Te marier avec le fils Vaurien? Ma fille, ôte-toi cette idée de la ~! / **passer** par la ~ *durch den Kopf gehen:* C'est une idée qui vient de me passer par la ~. / **perdre** la ~ *den Kopf verlieren:* À cette nouvelle, elle a perdu la ~ et s'est jetée du balcon du cinquième étage. / cela ne veut pas lui **rentrer** dans la ~ *das will ihm (einfach) nicht in den Kopf:* Il ne comprend pas pourquoi Michèle l'a trompé; cela ne veut pas lui rentrer dans la ~. / être **tombé** sur la ~ *nicht recht gescheit sein:* Me réclamer un prêt de mille francs! Ça ne va pas, tu es tombé sur la ~! / **tourner** la ~ à qn *j-m den Kopf verdrehen:* Cette jeune femme lui a tourné la ~.
tête³ f *(fig) Kopf, Gesicht, Aussehen*
avoir une **bonne** ~ *vertrauenswürdig aussehen:* Je ne le connais pas très bien, mais je crois qu'on peut lui faire confiance, il a une bonne ~. / **avoir** une **sale** ~ *schlecht aussehen:* En ce moment, il a une sale ~. / **faire** une **sale** ~ *ein saures Gesicht machen:* Quand je lui ai raconté ce que Monsieur Barnard avait dit sur lui, il a fait une sale ~. / **faire** une **drôle** de ~ *das Gesicht verziehen; ein komisches Gesicht machen:* Il a fait une drôle de ~ lorsque l'infirmière lui a dit qu'il était père de jumeaux.
tête⁴ f *(fig) Kopf, Leben*
je **donnerais** ma ~ à couper *ich wette meinen Kopf:* Je donnerais ma ~ à couper que Nathalie a une liaison avec Robert Planques. / **réclamer, demander** la ~ de qn *j-s Kopf fordern:* Le peuple réclame la ~ de l'ex-dictateur. / il **risque** sa ~ *er riskiert seinen Kopf; ihm droht die Todesstrafe:* Les journalistes qui ont franchi la frontière sans permission risquent leur ~. / **sauver** sa ~ *seinen Kopf aus der Schlinge ziehen:* La déposition de sa femme permettra peut-être à l'accusé de sauver sa ~. / les ~s **tombent, roulent** *die Köpfe rollen:* Après les résultats pitoyables aux élections, il est vraisemblable que des ~s vont tomber parmi les ministres tenus pour responsables.
tête⁵ f *erste Stelle; Spitze*
arriver, venir en ~ *an der Spitze liegen:* D'après les derniers sondages, c'est le candidat socialiste qui arrive en ~ des intentions de vote. / **être** à la ~ de sa classe *Klassenbester sein:* Charles est maintenant à la ~ de sa classe. / **être** à la ~ d'une entreprise *an der Spitze eines Unternehmens stehen:* Entre 1975 et 1982, il a été à la ~ d'une grande entreprise sidérurgique. / **monter** en ~ *vorne einsteigen:* Montez en ~, s'il vous plaît. / **passer** en ~ *in Führung* *gehen; sich an die Spitze setzen:* Le cycliste néerlandais est passé en ~. / **prendre** la ~ du cortège *sich an die Spitze des Zuges setzen:* Le chef du parti communiste a pris la ~ du cortège. / **prendre** la ~ d'un mouvement *die Führung einer Bewegung übernehmen:* Le général a pris sans hésiter la ~ du mouvement. / **venir** en ~ *an erster Stelle stehen:* L'heureuse issue de nos finances vient en ~ de nos soucis.
tête⁶ f *Kopfsprung*
piquer une ~ *einen Kopfsprung machen:* Il a piqué une ~ dans la rivière sans connaître la profondeur de l'eau.
tête⁷ f *Kopfball*
faire une ~ *köpfen:* Marc Aimy a fait une ~, mais le numéro cinq de l'équipe marseillaise a pu sauver la situation.
texte m *Text*
~ **aéré** *aufgelockerter Text* / ~ **authentique** *authentischer Text* / ~ **dense** *komprimierter Text* / ~ **intégral** *ungekürzter Text* / ~ **original** *Urtext* / ~ **serré, compact** *eng gedruckter Text*
arranger un ~ *einen Text bearbeiten:* Il faudra que vous arrangiez ce ~ avant sa publication. / **collationner** des ~s *Schriftstücke, Texte nachprüfen:* C'est en collationnant les différents ~s que nous connaissons de la légende de saint Alexis que l'auteur a pu établir son édition critique. / **coller** au ~ *zu sehr am Text hängen:* Votre traduction est lourde. Vous collez trop au ~. / **élaguer** un ~ *Streichungen in einem Text vornehmen:* Je suis furieux que la direction ait élagué mon ~. / **lire** (un auteur) dans le ~ *(einen Autor) im Original lesen:* Il prétend être capable de lire Platon dans le ~. / **mutiler, déformer, tronquer** un ~ *einen Text verfälschen, entstellen, verstümmeln:* Il est inadmissible qu'un journal dit sérieux mutile à ce point le ~ de la déclaration du président. / **revoir** un ~ *einen Text noch einmal durchgehen, durchlesen:* Je dois revoir mon ~ avant de le donner à taper.
thé m *Tee*
~ **fort** *starker Tee* / ~ **léger** *schwacher Tee* / ~ **noir** *schwarzer Tee*
faire, préparer du ~ *Tee kochen:* J'ai préparé du ~ pour les enfants. / laisser **infuser** le ~ *den Tee ziehen lassen:* Ne laissez pas infuser le ~ trop longtemps. / **prendre** le, du ~ *Tee trinken:* Venez-vous prendre le ~ avec moi?
théâtre m *Theater*
aller au ~ *ins Theater gehen:* Nous irons au ~ ce soir. / **faire** du ~ *Schauspieler sein:* Mon fils aîné fait du ~. / **faire** du, son ~ *(fig) ein Theater machen, aufführen:* Laisse-le, il fait de nouveau son ~.
théorie f *Theorie*

thermomètre

~ **insoutenable** *unhaltbare Theorie* | **bâtir, construire, édifier, échafauder** une ~ *eine Theorie aufstellen:* Il ne suffit pas de bâtir de belles ~s. Il faut les appliquer. / **mettre** une ~ en pratique, en application, en action *eine Theorie anwenden, in die Praxis umsetzen:* Il sera difficile de mettre la ~ en pratique.

thermomètre m *Thermometer*
~ **médical** *Fieberthermometer*
le ~ **baisse, descend** *das Thermometer fällt:* Ce soir-là, le ~ est descendu en dessous de zéro. / le ~ **indique, marque** ... *das Thermometer zeigt ...:* Le ~ indique cinq degrés. / le ~ **(re)monte** *das Thermometer steigt:* Attendez encore une ou deux heures; le ~ remontera sans doute et vous n'aurez pas froid.

thèse f *These*
avancer une ~ *eine These vorbringen:* C'est la première fois qu'il avance cette ~ publiquement. / **infirmer** une ~ *eine These entkräften:* Les faits ont infirmé cette ~ apparemment si séduisante. / **réfuter** une ~ *eine These widerlegen:* Dans son article, Jean Bouin présente une série d'arguments destinés à réfuter la ~ de ses contradicteurs. / **soutenir, défendre** une ~ *eine These verteidigen:* Il soutient sa ~ avec obstination et refuse d'en démordre.

thèse (de doctorat) f *Dissertation, Habilitationsschrift*
préparer une ~ *an einer Dissertation schreiben:* Le fils des Durand prépare à présent sa ~. / **présenter** sa ~ *seine Dissertation einreichen:* Avez-vous déjà présenté votre ~? / **soutenir** sa ~ *seine Habilitationsschrift verteidigen:* Jacqueline Favier soutiendra sa ~ à Montpellier le 4 avril.

ticket m *Fahrschein*
oblitérer, composter un ~ *einen Fahrschein entwerten:* Pour oblitérer le ~, il suffit de l'introduire dans cet appareil. / **poinçonner, perforer** un ~ *einen Fahrschein zwicken:* Est-ce qu'on a perforé ton ~ à l'entrée? / **prendre** un ~ *einen Fahrschein kaufen:* Je vais prendre les ~s, attendez ici. / **présenter** le ~ *den Fahrschein vorzeigen:* Je vous prie de présenter vos ~s.

timbre[1] m *Briefmarke*
~ **neuf** *ungestempelte Briefmarke* | ~ **oblitéré** *(ab)gestempelte Briefmarke*
émettre un ~ *eine Briefmarke herausbringen:* La poste vient d'émettre un ~ pour commémorer le bimillénaire de notre ville. | **mettre** un ~ sur *eine Briefmarke kleben auf:* N'oublie pas de mettre un ~ sur l'enveloppe destinée à la réponse. / **oblitérer** un ~ *eine Briefmarke entwerten, stempeln:* La poste n'a pas oblitéré ces ~s, tu peux les réutiliser.

timbre[2] m *Klangfarbe (bes. der Stimme)*
~ **argentin** *silberheller Klang* | ~ **cuivré** *volltönende Stimme* | ~ **fêlé** *brüchige Stimme* | ~ **strident** *schriller Klang* | ~ **voilé** *verschleierte Stimme*

timidité f *Schüchternheit*
s'affranchir, se libérer de sa ~; **perdre** sa ~ *seine Schüchternheit ablegen, verlieren:* Plus il a réussi dans sa profession, plus il s'est affranchi de sa ~. | **surmonter** sa ~ *seine Schüchternheit überwinden:* Surmontant sa ~, Jean s'avança vers le professeur.

tirage m *Auflage(nhöhe)*
faible ~ *kleine Auflage; geringe Auflagenhöhe* | journaux à **fort, grand, gros** ~ *auflagenstarke Zeitungen* | ~ **global** *Gesamtauflage* | **gros** ~ *hohe Auflage; Massenauflage* | ~ **limité, restreint** *beschränkte Auflagenhöhe*

tiroir m *Schublade*
pousser, fermer un ~ *eine Schublade zuschieben, zumachen:* Tu peux pousser les ~s, s'il te plaît? | **tirer, ouvrir** un ~ *eine Schublade aufmachen, aufziehen:* Le voleur a tiré tous les ~s et jeté leur contenu par terre.

tissu m *Stoff, Gewebe*
~ **aérien** *hauchdünnes Gewebe* | ~ **fragile** *empfindliches Gewebe* | ~ **indémaillable** *maschenfestes Gewebe* | ~ **infroissable** *knitterfreier Stoff* | ~ **irrétrécissable** (au lavage) *nicht einlaufender Stoff* | ~ **lâche** *lockeres Gewebe* | ~ **résistant, solide** *haltbarer, strapazierfähiger Stoff* | ~ **serré** *dichtes Gewebe*
un ~ **s'effiloche** *ein Stoff franst aus:* Ce ~ ne convient pas, il s'effiloche.

titre[1] m *Titel (einer Person)*
~ **honorifique** *Ehrentitel* | ~ **nobiliaire** *Adelstitel* | ~ **ronflant** *hochtrabender Titel* | ~ **universitaire** *akademischer Titel* | ~ **usurpé** *falscher, unbefugt geführter Titel*
s'arroger un ~ *sich einen Titel zu Unrecht zulegen, aneignen:* Il s'est arrogé le ~ de directeur général. / **s'attribuer, prendre** un ~; se **parer** d'un ~ *sich einen Titel zulegen:* Monsieur Vannier a fondé une société et s'est attribué le ~ de président. / **conférer** un ~ à qn *j-m einen Titel verleihen:* Le chef d'État a conféré aux cosmonautes le titre de «héros du socialisme». | **donner** à qn le ~ de *j-n mit ... ansprechen, tituieren:* Tout le monde lui donne le ~ de docteur. | **porter** un ~ *einen Titel führen:* Quel ~ porte-t-il?

titre[2] m (*Sport*) *Titel*
défendre un ~ *einen Titel verteidigen:* Michel Madam a pu défendre son ~. | **détenir** un ~ *einen Titel innehaben:* Elle détient le ~ depuis trois ans. / **disputer** un ~; **concourir** pour un ~ *um einen Titel kämpfen:* Soixante athlètes ont disputé le ~ de champion d'Europe. / **remporter**, (F) **décrocher** un ~ *einen Titel erringen:* Il espère bien pouvoir décrocher le ~, dimanche prochain.

titre³ m *Titel, Überschrift*
les **grands** ~s de l'actualité *Meldungen in Schlagzeilen* / **gros** ~s *fette Überschriften; Schlagzeilen*

toast m *Toast*
porter un ~ à qn *einen Toast auf j-n ausbringen:* Le président Lavallier a, hier soir, porté un ~ à toutes les femmes présentes.

toile f *Leinen*
~ **bise** *ungebleichtes Leinen* / ~ **écrue** *Rohleinen* / ~ **fine** *feines Leinen* / **grosse** ~ *grobe Leinwand; grobes Leinen* / **pleine** ~ *Ganzleinen (Buch)*
relier un livre pleine ~ *ein Buch in Ganzleinen binden:* Bernard Luche a écrit ses mémoires, les a fait relier pleine ~ et les a vendus à sa parenté.

toilette¹ f *Waschen*
faire sa ~ *sich waschen:* Elle s'est levée tôt et a fait sa ~ en toute hâte. / **faire** une grande ~ *sich gründlich waschen:* Ce soir, tu feras une grande ~, n'est-ce pas?

toilette² f *Kleidung, Toilette*
~ **pimpante** *fesche Kleidung* / ~ **tapageuse, voyante** *auffallende, auffällige Kleidung*
être en **grande** ~ *in großer Toilette sein:* Ce soir-là, elle était en grande ~. / elle **porte** bien la ~ *sie versteht es, sich elegant zu kleiden:* Moi, je trouve que Madame Duvallier porte bien la ~.

toit m *Dach*
~ **ouvrant** *Schiebedach (Auto)* / ~ **plat** *Flachdach* / ~ **pointu** *spitzes Dach*
avoir un ~ *ein Dach über dem Kopf haben:* Avec ces maisonnettes en bois, les sinistrés ont du moins un ~. / **couvrir** un ~ de ... *ein Dach mit ... decken:* Nous avons l'intention de couvrir notre ~ de tuiles provençales. / **être** sans ~ *kein Dach über dem Kopf haben; obdachlos sein:* Cinq mille sinistrés sont sans ~. / **habiter, loger** sous les ~s *in einer Mansardenwohnung hausen, wohnen:* C'est peut-être une idée un peu naïve, mais j'ai toujours rêvé d'habiter sous les ~s. / **habiter, vivre** sous le même ~ que qn *mit j-m zusammenwohnen:* Michèle vit sous le même ~ que cinq autres camarades. / **recevoir** qn sous son ~ *j-n bei sich empfangen:* Le ministre nous a reçus sous son ~.

toiture f *Dach*
enlever la ~ *das Dach abdecken:* La tempête a enlevé la ~ de la ferme, à côté de chez nous. / **refaire** la ~ *das Dach neu decken:* Il va falloir refaire la ~ de la maison, cela va coûter cher.

tôle f *Blech*
~ **cabossée** *verbeultes Blech* / ~ **ondulée** *Wellblech* / ~ **tordue** *verbogenes Blech*

tollé m *Protestgeschrei*
provoquer, soulever un ~ *Protestgeschrei hervorrufen:* Les explications du directeur ont soulevé un ~ général.

tomate f *Tomate*
bombarder qn de ~s; **recevoir** qn à coups de ~s *j-n mit (faulen) Tomaten bewerfen:* À la fin de la discussion, quelques jeunes gens ont bombardé l'orateur de ~s. / **recevoir** des ~s *mit (faulen) Tomaten beworfen werden:* Je ne prendrai pas la parole demain soir; je n'ai pas envie de recevoir des ~s.

tombe f *Grab*
aller sur la ~ de qn *j-s Grab besuchen:* Si nous passons à Lyon, j'aimerais aller sur la ~ de mes grands-parents. / **creuser** une ~ *ein Grab schaufeln:* Le croque-mort a du travail après cet accident. Il doit creuser quatre ~s. / **descendre** un cercueil dans la ~ *einen Sarg ins Grab senken:* Quatre officiers ont descendu dans la ~ le cercueil de l'amiral. / **entretenir** la ~ *das Grab pflegen:* Nous payons quelqu'un pour entretenir la ~ de nos parents en Bretagne. / **être** au bord de la ~; **avoir** un pied dans la ~ *(fig) mit einem Bein im Grab stehen:* Ce pauvre Monsieur Letellier. Il a déjà un pied dans la ~. / **fleurir** la ~ de qn *j-s Grab mit Blumen schmücken; Blumen auf j-s Grab legen:* Des mains pieuses fleurissent régulièrement la ~ du poète. / se **retourner** dans sa ~ *(fig) sich im Grabe umdrehen:* Mozart se retournerait dans sa ~ s'il entendait ce joue là. / **suivre** qn dans la ~ *j-m ins Grab folgen:* L'épouse le suivit dans la ~ quelques semaines plus tard. / **violer** une ~ *ein Grab schänden:* Une bande d'antisémites a violé les ~s du cimetière juif.

tombola f *Tombola*
organiser, tirer une ~ *eine Tombola veranstalten:* Au cours de la soirée, une ~ sera tirée au profit des sinistrés d'Algérie.

ton¹ m *Ton, Umgangston*
~ **absolu** *diktatorischer Ton* / ~ **acerbe** *strenger Ton* / ~ **âcre** *scharfer, verletzender Ton* / ~ **affable** *liebenswürdiger, leutseliger Ton* / ~ **agressif** *aggressiver Ton* / ~ **aigre** *scharfer Ton* / ~ **amical** *freundschaftlicher Ton* / ~ **arrogant** *überheblicher, anmaßender Ton* / ~ **badin** *scherzhafter Ton* / ~ **bref** *herrischer Ton* / ~ **brusque, sec, bourru** *barscher, schroffer Ton* / ~ **câlin** *schmeichelnder Ton* / ~ **cassant** *scharfer, schroffer, schneidender Ton* / ~ **catégorique** *bestimmter, kategorischer Ton* / ~ **cérémonieux** *feierlich-förmlicher Ton* / ~ **condescendant** *herablassender Ton* / ~ **coupant** *schneidender Ton* / ~ **décidé, décisif** *entschlossener, bestimmter Ton* / ~ **dédaigneux** *verächtlicher Ton* / ~ **dégagé, franc** *ungezwungener Ton* / ~ **détaché** *gleichgültiger Ton* / ~ **doctoral, pédant, professoral, sentencieux** *Schulmeisterton; belehrender Ton* / ~

ton

familier *vertraulicher, ungezwungener Ton* / ~ **ferme** *fester Ton* / ~ **froid** *frostiger, kühler Ton* / ~ **goguenard, ironique, narquois, railleur, moqueur** *spöttischer Ton* / ~ **grave** *würdevoller Ton* / ~ **impératif** *Befehlston* / ~ **impérieux** *gebieterischer, herrischer Ton* / ~ **impertinent, insolent** *frecher, unverschämter Ton* / ~ **mesuré** *gemäßigter Ton* / ~ **neutre** *unbeteiligter Ton* / ~ **onctueux** *salbungsvoller Ton* / ~ **patelin, mielleux, doucereux** *honigsüßer Ton* / parler d'un ~ **pénétré** *im Brustton der Überzeugung sprechen* / ~ **péremptoire** *entschiedener Ton; Ton, der keinen Widerspruch duldet* / ~ **plaintif** *klagender Ton* / ~ **pleurard, pleurnicheur, larmoyant** *weinerlicher Ton* / ~ **protecteur** *gönnerhafter, gnädiger Ton* / ~ **réprobateur** *vorwurfsvoller Ton* / ~ **sarcastique** *sarkastischer, bissiger Ton* / ~ **supérieur** *überlegener Ton* / ~ **tranchant** *scharfer, nachdrücklicher Ton*
baisser, modérer le ~ *einen weniger arroganten, heftigen usw. Ton anschlagen; seine Worte mäßigen:* Modérez un peu votre ~! / **changer** de ~ *einen anderen Ton anschlagen:* Quand je lui ai dit qui j'étais, il a changé de ~. / **dire, répéter** qc sur tous les ~s *etw (immer wieder) eindringlich sagen:* Je lui ai répété sur tous les ~s de se méfier de Vermeilles, mais en vain. / **élever, hausser** le ~ *die Stimme heben:* Le capitaine a élevé le ~ et fait avancer les trois malfaiteurs. / le ~ **monte** *der Ton wird heftiger:* Peu à peu, le ~ de la discussion a monté. / **prendre, adopter** un ~ (+ *adj ou* de ...) *einen (+ adj oder Gen) Ton annehmen, anschlagen:* Il prit soudain un ~ impérieux. / **radoucir** son ~ *seinen Ton mäßigen, mildern:* Dans sa dernière lettre, il a un peu radouci son ~.
ton[2] m (*guter*) *Ton*
donner le ~ *den Ton angeben:* Dans cette petite ville, c'est la famille du président Chavarier qui donne le ~. / **être de bon** ~ *zum guten Ton gehören:* Il est de bon ~ ici que le nouveau venu paie une tournée.
ton[3] m *Ton (Musik)*
~ **aigu** *hoher, spitzer Ton* / ~ **bas, grave** *tiefer Ton* / ~ **flûté** *schriller, hoher Ton* / ~ **nasillard** *näselnder Ton* / ~ **strident** *schriller Ton*
donner le ~ *den Ton angeben:* Le pianiste a donné le ~ et les autres musiciens ont accordé leurs instruments.
ton[4] m *Farbton*
~ **chaud** *warmer Farbton* / ~ **criard** *greller Farbton* / ~s **dégradés, fondus** *abgestufte Farbtöne* / ~ **franc, gai** *reine, klare Farbe* / ~ **froid** *kalter Farbton* / ~ **terne** *matter Farbton*
être dans le ~ *den gleichen Farbton haben; zu den Farben passen:* Ton pull n'est pas dans le ~. / **harmoniser** les ~s *die Farbtöne aufeinander abstimmen:* Dans leur salon, ils ont su harmoniser les ~s de façon admirable.

tonneau m *Faß*
mettre en ~(x) *in ein Faß (in Fässer) abfüllen:* Le vin sera mis en ~x à la propriété. / **mettre** un ~ **en perce** *ein Faß anstechen, anzapfen:* Ce ~ n'a pas encore été mis en perce.

tonnerre m *Donner*
le ~ **gronde, roule** *der Donner grollt, rollt:* Le soir, on entendait gronder le ~ derrière la montagne.

torpeur f *Benommenheit, Erstarrung*
secouer sa ~ *seine Benommenheit, Erstarrung abschütteln:* Soudain, il secoua sa ~, sauta à cheval et partit au galop. / **sombrer, tomber** dans la ~ *in Teilnahmslosigkeit verfallen:* Depuis la mort de son enfant, elle a sombré dans une ~ dont rien ne peut la tirer. / faire **sortir, tirer** qn de sa ~ *j-n aus seiner Erstarrung, Benommenheit reißen:* Cette lettre semble l'avoir tiré de sa ~.

torrent m *Sturzbach*
~ **corrigé** *verbauter Wildbach* / ~ **grondant, mugissant** *tosender Sturzbach* / ~ **impétueux, fougueux** *reißender Sturzbach*

torse m *Oberkörper*
bomber le ~ *sich in die Brust werfen:* Le vainqueur se redressa et bomba le ~. / se **mettre** ~ **nu** *den Oberkörper freimachen:* Mettez-vous ~ nu et attendez qu'on vous appelle.

tort[1] m *Unrecht, Fehler*
~ **irréparable** *nicht wiedergutzumachendes Unrecht*
avoir ~ *unrecht haben:* Avouez que vous avez eu ~. / il **a** ~ de ... *es ist falsch von ihm zu ...; sollte nicht ...:* Il a ~ d'insister ainsi sur ses droits. / il **a le** ~ de ... *sein Fehler ist, daß er ...:* Il a le ~ de trop parler. / il **n'a aucun** ~ *ihn trifft keine Schuld:* Son père est responsable de l'erreur; lui-même, il n'a aucun ~. / **avoir des** ~s envers qn *j-m (ein) Unrecht zufügen:* Les Denier ont eu des ~s envers leurs voisins. / **chercher des** ~s à qn *versuchen, j-m Fehler nachzuweisen:* On a en vain cherché des ~s à Maurice Vincennes. / **donner** ~ à qn *j-m nicht recht geben:* Je regrette, mais je dois vous donner ~. / **être** dans son ~ *im Unrecht sein:* C'est le motocycliste qui est dans son ~. / **c'est** un ~ de ... *es ist falsch zu ...:* C'est un ~ de vouloir toujours convaincre les autres. / **mettre** qn dans son ~ *j-n ins Unrecht setzen:* Avec votre générosité, vous l'avez mis dans son ~. / **reconnaître** ses ~s *sein Unrecht einsehen, eingestehen:* Ont-ils reconnu leurs ~s? / **réparer, redresser** les ~s *das Unrecht wiedergutmachen:* Il avait décidé très jeune de réparer un jour les ~s qu'on avait fait subir à sa famille.

tort[2] m *Schaden*
ça ne **fait** (de) ~ à personne *das schadet*

niemandem: J'ai pris un peu de bois à brûler dans la forêt, ça ne fait ~ à personne. / **il s'est fait** du ~ *er hat sich selbst geschadet:* Il s'est fait du ~ en arrivant trop tard. / **porter** ~ à qn *j-m Schaden zufügen:* Cette affaire risque de lui porter ~. / **porter** un grand ~, un ~ considérable à qn *j-m beträchtlichen Schaden zufügen:* Vous nous avez porté là un grand ~.

torticolis m *steifer Hals*
attraper un, le ~ *einen steifen Hals bekommen:* J'ai attrapé un ~, hier soir, sur le balcon. / **ça donne** le ~ *davon bekommt man einen steifen Hals:* Quand il y a un courant d'air, ça vous donne le ~.

torture f *Folter*
infliger des ~s à qn; **faire subir** la ~ à qn *j-n foltern, der Folter unterwerfen:* Les journalistes racontent que les insurgés ont infligé des ~s à tous les hommes du village qu'ils avaient pris. / **mettre** qn à la ~ *(fig) j-n auf die Folter spannen:* Dites enfin ce que vous savez et arrêtez de me mettre à la ~. / **parler** sous la ~ *unter der Folter gestehen:* Il parlera sous la ~, j'en suis sûr! / **souffrir, subir** la ~, des ~s *gefoltert werden; die Folter, Folterungen erleiden:* Les prêtres de cette station de missionnaires ont subi la ~ avant d'être tués.

total m *Gesamtbetrag*
le ~ **s'élève, se monte** à ... *der Gesamtbetrag beläuft sich auf ..., beträgt ...:* Le ~ de nos factures s'élève à trente mille francs. / **faire** le ~ *zusammenrechnen:* Faites le ~ et déduisez-en l'escompte de trois pour cent.

touche f *Taste*
appuyer sur une ~; **enfoncer** une ~ *(auf) eine Taste drücken:* Pour ouvrir le couvercle, il suffit d'appuyer sur la ~ rouge. / **glisser, courir** sur les ~s *über die Tasten gleiten:* Regarde comme les doigts du virtuose glissent sur les ~s.

toupet m (F) *Frechheit*
~ **monstre** *unglaubliche Frechheit*
avoir du ~ *frech, unverschämt sein:* La nouvelle secrétaire a du ~. / **il manque** pas de ~ *der ist ganz schön frech:* Votre fils ne manque pas de ~!

tour[1] m *Umfang*
prendre son ~ de ... *seinen ...-umfang messen:* Avez-vous pris votre ~ de hanches?

tour[2] m *Rundgang, Rundfahrt, Ausflug*
(aller) **faire** un ~ à la campagne *einen Ausflug aufs Land machen:* J'ai envie d'aller faire un ~ à la campagne; toi aussi? / **faire** le ~ de qc *um etw herumgehen, -fahren:* L'été passé, j'ai fait avec deux amis le ~ de l'île d'Elbe dans un petit bateau à voile. / **faire** le ~ du monde *eine Reise um die Welt machen:* Les Marchais ont fait le ~ du monde en trois semaines. / **faire** le ~ de la ville *einen Rundgang, eine Rundfahrt durch die Stadt machen:* Les touristes américains feront demain matin le ~ de la ville. / **faire** un ~ de piste *eine Ehrenrunde drehen:* Le vainqueur de la course fait un ~ de piste, salué par les ovations du public.

tour[3] m *(Um)Drehung*
donner un ~ de clé à qc *etw abschließen:* Il vaut mieux donner un ~ de clé à la porte. / **faire** un ~ sur soi-même *sich um sich selbst drehen:* Le commissaire a fait un ~ sur lui-même et tiré sur le gangster. / **faire** ... ~s *(Motor) mit ... Umdrehungen laufen;* ... *Umdrehungen machen:* À cette vitesse, le moteur fait deux mille ~s à la minute. / **fermer** qc à **double** ~ *den Schlüssel* (+ *Gen*) *zweimal herumdrehen:* Elle avait fermé la cassette à double ~.

tour[4] m *Wendung*
donner un nouveau ~ à qc *einer Sache eine neue Wendung geben:* Votre intervention a donné un nouveau ~ à la conversation. / **prendre** un ~ (+ *adj*) *eine* (+ *adj*) *Wendung nehmen:* La discussion prit soudain un ~ déplaisant. / **cela dépend du** ~ **que prendront les événements** *das hängt davon ab, wie die Dinge sich entwickeln:* On ne sait pas encore si UNIMEX fusionnera avec SABAS. Cela dépend du ~ que prendront les événements.

tour[5] m *Streich*
jouer un **bon, petit** ~ à qn *j-m einen Schabernack spielen* / **mauvais, méchant, vilain,** (F) **sale** ~; ~ **pendable** *übler, böser Streich*
jouer, faire un (mauvais) ~ à qn *j-m einen (üblen) Streich spielen:* Ils m'ont joué un très mauvais ~.

tour[6] m *Kunststück*
montrer des ~s *Kunststücke zeigen:* Au cours de la séance, le fameux prestidigitateur Rosselli montrera ses ~s les plus célèbres.

tour[7] m *An-der-Reihe-Sein, Dransein*
attendre son ~ *warten, bis man dran ist, an der Reihe ist:* Vous aussi, vous devez attendre votre ~. / **céder** son ~ à qn *j-n vorlassen:* J'ai mis plus longtemps que je ne le pensais, car j'ai cédé mon ~ à deux femmes qui étaient très pressées. / **c'est** mon, ton, etc. ~ *ich bin, du bist usw. dran, an der Reihe:* C'est de nouveau mon ~? / **c'est au** ~ **de X de** (+ *Infinitiv*) *X ist dran mit* (+ *subst*)*:* C'est au ~ de Paul de lire à haute voix. / **faire** un ~ de faveur à qn *j-n außer der Reihe drannehmen:* Je ne peux pas vous faire un ~ de faveur. / **votre** ~ **viendra** *Sie kommen schon noch dran:* Mais patientez! Votre ~ viendra!

tour d'horizon m *Überblick*
faire un ~ (de qc) *einen Überblick geben (über etw):* Le premier orateur a fait un ~ des relations culturelles entre nos deux pays.

tourbillon m *Wirbel*
soulever des ~s (de qc) *(etw) aufwirbeln:* Le

tourisme

vent soufflant sur la plage soulevait d'épais ~s de sable.

tourisme m *Tourismus*
faire du ~ *als Tourist, zum Vergnügen reisen:* Êtes-vous ici en voyage d'affaires? – Non, je fais du ~.

tournant m *Wende, Wendung*
être à un ~ de ... *an einer Wende (+ Gen) stehen:* Elle est à un ~ de sa vie. / **marquer** un ~ *eine Wende bedeuten:* L'attentat marque un ~ dans l'évolution de la jeune démocratie de ce pays. / **prendre** un ~ décisif *eine entscheidende Wendung nehmen:* Nos négociations prendront bientôt un ~ décisif.

tournée[1] f *Rundgang, Tournee*
être en ~ *auf Tournee sein:* Le «Théâtre de Genève» est en ~ au Canada. / **faire** sa ~ *seinen (täglichen, regelmäßigen usw.) Gang machen; seine Runde machen:* Grand-papa n'a pas encore fait sa ~ au village. / **faire** une ~ de conférences *eine Vortragsreise unternehmen:* Le président est sur le point de faire une ~ de conférences en province. / **faire** la ~ des cafés *eine Zechtour machen:* Le soir du meurtre, Alfred Lamagnier a fait la ~ des cafés de son quartier. / **faire** la ~ des grands magasins *durch die Kaufhäuser bummeln:* Je me sauve chaque fois que ma femme veut faire la ~ des grands magasins. / **partir** en ~ *auf Tournee gehen:* Le groupe partira demain en ~.

tournée[2] f *Runde (Bier usw.)*
c'est la ~ du patron *die Runde zahlt der Wirt:* Voilà, un petit pastis! C'est la ~ du patron. / **payer, offrir** une ~ *eine Runde ausgeben, spendieren,* (F) *schmeißen:* Celui qui arrivera le dernier payera une ~!

tournure[1] f *(Rede)Wendung*
~ **familière** *umgangssprachliche Wendung* / ~ **lourde, maladroite, embarrassée** *schwerfällige Wendung*

tournure[2] f *Wendung*
prendre une certaine ~ *eine bestimmte Wendung nehmen:* L'affaire a pris une mauvaise ~. / cela dépend de la ~ que **prendront** les événements *das hängt davon ab, wie sich die Dinge entwickeln:* Ma candidature dépend de la ~ que prendront les événements.

tout m *Ganzes*
un ~ **homogène** *ein einheitliches Ganzes* / un ~ **indivisible** *ein unteilbares Ganzes*
former, faire un ~ (homogène) *ein (einheitliches) Ganzes bilden:* Les trois contrats forment un ~ homogène.

toux f *Husten*
~ **continuelle** *Dauerhusten* / ~ **creuse** *tiefsitzender Husten* / ~ **grasse** *Husten mit Auswurf* / ~ **incoercible** *nicht zu unterdrückender Husten* / ~ **nerveuse** *nervöser Husten* / ~ **opiniâtre** *hartnäckiger Husten* / **petite** ~ *Hüsteln* / ~ **sèche** *trockener Husten* / ~ **violente** *schlimmer, heftiger Husten*
calmer la ~ *den Husten lindern:* Prenez un peu de ce sirop, il calmera votre ~.

trac m *Lampenfieber*
avoir le ~ *Lampenfieber haben:* J'ai le ~ avant chaque grand voyage. / **donner** le ~ à qn *bei j-m Lampenfieber verursachen:* La présence du critique des «Nouvelles musicales» dans la salle risque de donner le ~ à la jeune chanteuse.

trace f *Spur*
~s **indubitables** *eindeutige Spuren* / ~ **lumineuse** *Leuchtspur* / ~s **profondes** *tiefe Spuren* / ~ **récente** *frische Spur*
être sur la ~ de qn *j-m auf der Spur sein:* La police semble être sur la ~ des criminels qui ont incendié le grand magasin, rue Dutertre. / **laisser** des ~s *Spuren hinterlassen:* Les voleurs sont partis sans laisser de ~s. / **marcher** sur les ~s de qn; **suivre** les ~s de qn (*fig*) *in j-s Spuren, Fußstapfen treten:* Marcel semble vouloir marcher sur les ~s de son oncle. / qc **porte** encore les ~s de qc *etw weist noch die Spuren von etw auf:* Cette ville porte encore les ~s de la guerre. / **relever** les ~s *die Spuren sichern, aufnehmen:* Attendez que la police vienne relever les ~s. / il n'en **reste** plus ~ *davon ist nichts mehr übriggeblieben:* J'ai bien fait quelques années d'espagnol autrefois. Mais il n'en reste plus ~ dans mes souvenirs. / **suivre** qn, un animal à la ~ *j-s, eines Tieres Spuren, Fährte verfolgen:* Le chien du chasseur suivait la biche à la ~.

tract m *Flugblatt*
distribuer, lancer des ~s *Flugblätter verteilen:* Les manifestants ont distribué des ~s incitant la population à la révolte.

tractations fpl *Machenschaften*
se **livrer** à des ~, **mener** des ~ avec qn *mit j-m gemeinsame Sache machen, Machenschaften durchführen:* On soupçonne Monsieur Curier de s'être livré à des ~ avec l'avocat criminel.

tradition f *Tradition, Brauch*
~ **orale** *mündliche Überlieferung* / ~ **populaire** *Volksbrauch*
être dans la ~ *zur Tradition gehören:* L'individualisme est dans la ~ française. / il **est** de ~ de ... *es ist Brauch, Tradition ...:* Dans certaines tribus indiennes du Brésil, il est de ~ de ne pas marier la fille cadette tant que les autres filles de la famille n'ont pas trouvé de mari. / **maintenir, perpétuer** une ~ *eine Tradition, einen Brauch erhalten:* Notre association a pour but de maintenir les ~s de notre région. / **renouer** avec, **reprendre** une ~ *an eine Tradition anknüpfen:* La fête renoue avec une vieille ~ de ma famille.

traducteur m *Übersetzer*
~ **assermenté, juré** *beeidigter Übersetzer*

traduction f *Übersetzung*
~ **assistée** par ordinateur *computerunterstützte Übersetzung* | ~ **automatique** *maschinelle Übersetzung* | ~ **exacte, fidèle** *genaue, wortgetreue Übersetzung* | ~ **inexacte, infidèle** *ungenaue Übersetzung* | ~ **interlinéaire** *Interlinearübersetzung* | ~ **libre** *freie Übersetzung* | ~ **littérale, textuelle** *wörtliche Übersetzung* | ~ **lourde** *schwerfällige Übersetzung* | ~ **simultanée** *Simultanübersetzung*

trafic m *Verkehr*
~ **aérien** *Luftverkehr* | ~ **ferroviaire** *Eisenbahnverkehr* | ~ **intense** *starker, dichter Verkehr* | ~ **international** *grenzüberschreitender Verkehr* | ~ **maritime** *Seeverkehr, Schiffsverkehr* | ~ **routier** *Straßenverkehr*
détourner, dévier le ~ *den Verkehr umleiten*: Pendant la construction du pont, le ~ sera détourné via Amboise. | **fermer** au ~ *für den Verkehr sperren*: La place sera fermée au ~ ce soir à partir de 20 heures. | **immobiliser, paralyser** le ~ *den Verkehr zum Stehen, Erliegen bringen*: L'accident qui s'est produit au carrefour de la Concorde a immobilisé le ~ pendant plusieurs heures sur la Nationale 7.

tragédie f *Tragödie*
finir par une ~, en ~ *tragisch enden; ein tragisches Ende nehmen*: Le hold-up a fini par une ~.

tragique m *Tragik*
prendre qc au ~ *etw tragisch nehmen*: Ne prenez pas tout au ~, je vous en prie. | **tourner** au ~ *eine tragische Wendung nehmen*: L'entreprise de sauvetage a tourné au ~ et coûté la vie à trois marins.

trahison f *Verrat*
haute ~ *Hochverrat* | ~ **infâme; noire, basse** ~ *schändlicher, gemeiner Verrat*
commettre une ~ *(einen) Verrat begehen*: Vous rendez-vous compte que vous avez commis une ~ impardonnable? | **éventer, flairer** une, la ~ *(den) Verrat wittern*: L'industriel a éventé la ~ et retiré l'accord qu'il avait donné à la fusion. | **machiner** une ~ *auf Verrat sinnen*: Le général, déçu du rôle que lui avait conféré le chef de gouvernement, machinait une ~.

train[1] m *Zug*
~ **bondé** *überfüllter Zug* | ~ **complet** *vollbesetzter Zug* | ~ **régulier** *fahrplanmäßiger Zug* | ~ **supplémentaire** *Entlastungszug*
aller en ~ *mit dem Zug fahren*: Il est allé en ~ à Paris, puis de là, il a pris l'avion pour New York. | **attraper, avoir** son, le ~ *den Zug erwischen, erreichen*: Croyez-vous qu'il ait attrapé son ~? | **changer** de ~ *umsteigen*: Nous devons changer de ~ à Madrid. | **descendre** du ~ *(aus dem Zug) aussteigen*: Le gros monsieur est descendu du ~ en grommelant des injures. | **manquer,** (F) **rater, louper** le, son ~ *den Zug versäumen, verpassen*: Il n'est pas venu parce qu'il a raté son ~. | **mettre** qn dans le ~ *j-n in den Zug setzen*: Hélène a mis les enfants dans le ~ à Caen et Bernis les a pris à Paris. | **monter** dans le ~ *in den Zug einsteigen*: Comme nous sommes arrivés très tard, nous sommes montés dans le ~ sans regarder où allait le wagon. | le ~ **part** *der Zug geht, fährt (ab)*: Le ~ part peu avant neuf heures. | le ~ **passe** par ... *der Zug fährt über ...*: Le ~ passe par Bar-le-Duc et Nancy. | **prendre** le ~ de ... *den Zug um ... nehmen; mit dem Zug um ... fahren*: Nous prendrons le ~ de cinq heures trente. | **prendre** le ~; **voyager** par le ~ *mit dem Zug fahren*: Prenez-vous le ~ ou le car?

train[2] m *Gang, Tempo*
~ **rapide** *scharfes Tempo* | ~ **soutenu** *(Sport) gleichbleibend hohes Tempo*
accélérer le ~ *schneller gehen, fahren*: Il va falloir accélérer le ~ si nous voulons arriver avant l'orage. | **aller** son ~ *seinen normalen Gang gehen*: Notre affaire va son ~. | **aller** son **petit** ~ *seinen alten (gemächlichen) Gang gehen*: La vie allait son petit ~, jusqu'au moment où Jean Stimm apparut dans le village. | **aller, marcher bon** ~ *flott ausschreiten; (Arbeit) gut vorankommen*: Les alpinistes marchèrent bon ~ jusqu'au soir. | **au** ~ **où il va** ... *bei dem Tempo ...*: Au ~ où il va, il terminera son travail avant Pâques. | **filer bon** ~ *sehr schnell laufen, gehen, fahren*: Les chevaux ont filé bon ~ jusqu'au premier relais. | **mener** le ~ *(Sport) das Feld anführen; das Tempo machen*: Les coureurs américains ont mené le ~ jusque peu avant la fin des dix mille mètres. | **ralentir** son, le ~ *langsamer gehen, fahren, laufen*: L'autobus ralentit son ~ et se rangea du côté gauche. | **suivre** le ~ *mithalten; dem Tempo folgen*: Il est étonnant que Jacques Merlin arrive à suivre le ~ bien qu'il n'ait que quinze ans.

train d'enfer m *Höllentempo*
aller, rouler à un, **mener** un ~ *mit einem Höllentempo dahinrasen, -fahren*: Daniel Morasse roulait sur la Nationale 7 à un ~ en direction de Valence.

train-train m *Trott*
suivre, continuer son (petit) ~ *im alten, bisherigen Trott weitermachen, weitergehen*: Mon père est en retraite depuis un an, mais au fond, il suit son petit ~.

trait[1] m *Strich*
barrer, biffer, rayer, supprimer d'un ~ (de plume) *(einfach) (durch)streichen*: Cette clause du contrat, vous ne pouvez la supprimer d'un ~ de plume. | **marquer** qc d'un ~ *etw anstreichen*: Marquez d'un ~ les noms des étudiants que vous connaissez. | **tirer** un ~ sur qc *(fig) einen Schlußstrich unter etw ziehen*: Je vous

trait

propose de tirer un ~ sur notre querelle. / **tracer, tirer, faire** un ~ *einen Strich ziehen:* Tracez un ~ là où la pelle mécanique devra creuser le trou.

trait[2] m *Zug (beim Trinken)*
grand, long ~ *tiefer Zug; großer Schluck*
boire à longs ~s *in langen Zügen trinken:* Lorsque je lui ai tendu ma gourde, il a bu à longs ~s. / **vider** qc d'un ~ *etw auf einen Zug austrinken, leeren:* Elle vida son verre d'un ~.

trait[3] m *Merkmal, (hervorstechende) Eigenschaft*
~ **distinctif** *Unterscheidungsmerkmal* / ~ **saillant, dominant** *hervorstechender Zug* / ~ **significatif, révélateur, typique** *typische, signifikante Eigenschaft*

traits mpl *Gesichtszüge*
~ **accusés** *scharfe Gesichtszüge* / ~ **altérés** *entstelltes Gesicht* / avoir les ~ **creusés, tirés** *abgespannt aussehen* / ~ **décomposés** *verzerrtes Gesicht* / ~ **délicats, fins** *feine Gesichtszüge* / ~ **grossiers** *grobe Gesichtszüge* / ~ **irréguliers** *ungleichmäßige Gesichtszüge* / ~ **mous** *weiche Gesichtszüge* / ~ **prononcés, virils** *markante Gesichtszüge* / ~ **réguliers** *ebenmäßige Gesichtszüge*
altérer les ~ de qn *(Krankheit usw.) j-n zeichnen:* La maladie a altéré ses ~. / **creuser** les ~ de qn *j-n hohlwangig machen:* La fatigue creusait les ~ des soldats. / se **décomposent** ... *sein Gesicht verzerrt sich:* Lorsque je lui ai dit ce que je pensais de l'affaire, ses ~ se sont décomposés de colère. / qc a **éclairé, illuminé** ses ~ *bei etw leuchteten seine Augen auf:* La joie illumina soudain ses ~.

traité m *(internationaler) Vertrag*
conclure, signer un ~ *einen Vertrag schließen, unterzeichnen:* Les deux États viennent de conclure un ~ de coopération. / **dénoncer** un ~ *einen Vertrag kündigen:* L'Iran a dénoncé en 1934 le ~ qui le liait à son voisin. / **négocier** un ~ *einen Vertrag aushandeln:* Le ministre des Affaires étrangères a négocié un ~ avec son homologue polonais. / **ratifier** un ~ *einen Vertrag ratifizieren:* Le Parlement italien doit encore ratifier ce ~. / **violer** un ~ *einen Vertrag brechen:* Le Chili accuse ses voisins d'avoir violé à plusieurs reprises le ~ de neutralité.

traitement[1] m *Behandlung (die man erfährt)*
~ **indigne; indigne** ~ *unwürdige Behandlung* / ~ **préférentiel** *Vorzugsbehandlung*
infliger des **mauvais** ~s à qn *j-n mißhandeln:* La mère est accusée d'avoir infligé des mauvais ~s à ses deux enfants. / **jouir** d'un ~ de faveur *bevorzugt behandelt werden:* J'aurai vite terminé, car je jouis d'un ~ de faveur ici. / **réserver** un ~ à qn *j-n (gut, schlecht usw.) behandeln:* Les diplomates argentins se plaignent du ~ qui leur a été réservé à l'occasion de la cérémonie. (... *beklagen sich über die Art der Behandlung* ...) / **faire subir** un **mauvais** ~ à qn *j-n schlecht behandeln:* Les agents de police m'ont fait subir un mauvais ~.

traitement[2] m *(medizinische) Behandlung*
appliquer un ~ *ein Heilverfahren anwenden:* Un professeur marseillais applique un nouveau ~ pour supprimer le rejet d'organes transplantés. / **être** en ~ (chez) *in Behandlung sein (bei):* Chez qui êtes-vous en ~? / **ordonner, prescrire** un ~ *eine Behandlung verordnen:* Le médecin a ordonné à ma femme un ~ aux antibiotiques. / **suivre** un~, se **soumettre** à un ~ *sich einer Behandlung unterziehen:* Il a dû suivre un ~ dans une clinique spécialisée.

traitement[3] m *Gehalt*
toucher un ~ *ein Gehalt beziehen:* Il a été détaché auprès du ministère de la Défense, mais il continue à toucher son ~ de professeur.

traître m *Verräter*
démasquer un ~ *einen Verräter entlarven:* À la fin du film, évidemment, le ~ est démasqué.

trajet m *Strecke*
effectuer, faire, parcourir un ~ *eine Strecke zurücklegen:* Nous avons fait le ~ en deux heures.

tranche f *Scheibe (Brot usw.)*
~ **épaisse** *dicke Scheibe* / ~ **fine, mince** *dünne Scheibe*
couper en ~s *in Scheiben schneiden:* Coupez la saucisse en ~s et ajoutez un peu de vinaigre et des oignons.

tranchée f *Graben*
creuser, ouvrir une ~ *einen Graben ausheben:* Je ferai creuser une ~ autour de la maison pour assainir la cave qui est trop humide.

tranquillité f *Ruhe*
perturber, troubler la ~ *die Ruhe stören:* Aucun bruit ne vient troubler la ~ de ce coin idyllique. / **retrouver** la ~ *die, seine Ruhe wiederfinden:* Il a retrouvé la ~ depuis qu'il a la garantie de garder son emploi.

transformation f *Umbau*
faire des ~s *umbauen, renovieren:* L'année dernière, nous avons fait d'importantes ~s dans notre maison.

transition f *Übergang*
brusque ~ *unvermittelter, plötzlicher Übergang* / ~ **douce, insensible** *sanfter, (fast) unmerklicher Übergang*
il faut **ménager** une ~ *es ist eine Übergangszeit erforderlich:* Le dictateur affirme qu'il faut ménager une ~ avant de rendre au pays la totalité de ses libertés. / **passer** sans ~ d'une chose à une autre *übergangslos von einer Sache in die andere übergehen:* Le climat de cette région est assez pénible, parce qu'on passe sans ~ de températures tropicales à une fraîcheur anormale.

travail m *Arbeit*
~ **abrutissant, assommant** *stumpfsinnige, geisttötende Arbeit* | ~ **absorbant** *aufreibende Arbeit; Arbeit, die einen in Anspruch nimmt* | ~ **acharné** *verbissene, hartnäckige Arbeit* | *par un* ~ **acharné** *in zäher Arbeit* | ~ **ardu** *schwere, harte Arbeit* | ~ **assidu, soutenu** *unablässige Arbeit* | ~ **bâclé** *Schluderarbeit* | ~ **collectif** *Gemeinschaftsarbeit* | ~ **consciencieux** *gewissenhafte Arbeit* | ~ **continu** *durchgehender Arbeitsprozeß* | ~ **créateur** *schöpferische Arbeit* | ~ **délicat** *schwierige Arbeit; Arbeit, die Geschicklichkeit verlangt* | ~ **discontinu** *zeitweilig unterbrochene Arbeit* | *travaux* **domestiques, ménagers** *Hausarbeit* | ~ **éprouvant** *beschwerliche, anstrengende Arbeit* | ~ **épuisant** *kräftezehrende Arbeit* | ~ **fatigant** *ermüdende, anstrengende Arbeit* | ~ **fignolé** *sauber ausgeführte Arbeit* | ~ **fou** (F) *irrsinnige Arbeit* | ~ **fourni** *geleistete Arbeit; Arbeitsaufwand* | ~ **forcené** *verbissene Arbeit* | *travaux* **forcés** *Zwangsarbeit* | **gros** *travaux grobe Arbeiten* | ~ **harassant** *ermüdende Arbeit* | ~ **illicite, noir** *Schwarzarbeit* | ~ **intellectuel** *Kopfarbeit; geistige Arbeit* | ~ **laborieux, pénible** *mühselige Arbeit* | ~ **lucratif** *einträgliche Arbeit* | ~ **malpropre** *schludrige Arbeit; Pfuscharbeit* | ~ **manuel** *Handarbeit* | ~ **minutieux, soigné, sérieux** *sorgfältige Arbeit* | ~ **occasionnel** *Gelegenheitsarbeit* | ~ **pépère** (F) *geruhsame Arbeit* | ~ **physique** *körperliche Arbeit* | ~ **préliminaire, préparatoire** *Vorarbeit* | ~ **pressé, urgent** *eilige, dringende Arbeit* | ~ **qualifié** *Facharbeit* | ~ *peu* **ragoûtant** *schmutzige Arbeit* | ~ **rémunérateur** *lohnende, einträgliche Arbeit* | ~ **rude** *schwere, harte Arbeit* | **sale** ~ *undankbare Aufgabe* | ~ **supplémentaire** *Überstunden* | ~ **tuant** (F) *strapaziöse, sehr anstrengende Arbeit* | ~ **usant** *aufreibende Arbeit*
abattre du ~ *flink arbeiten:* Quand elle veut, elle abat du ~, mais d'ordinaire, elle est bien paresseuse. / **aborder, attaquer, entamer** un ~ *eine Arbeit angehen, anpacken, in Angriff nehmen:* Nous n'aborderons pas le ~ avant Pâques. / être **absorbé** dans son ~ *in seine Arbeit vertieft sein:* Ne le dérangez pas, il est absorbé dans son ~. / **aimer** le ~ *gern arbeiten:* Albert Marin n'aime pas du tout le ~. / **assigner** un ~ à qn *j-m eine Arbeit zuweisen:* C'est Monsieur le Directeur lui-même qui m'a assigné ce ~. / s'**atteler** à un ~ (F) *sich in eine Arbeit hineinknien:* Si tu veux terminer ce ~ en temps utile, il faut que tu t'y attelles. / **avancer** son ~ *mit seiner Arbeit vorankommen:* Ces dernières semaines, j'ai bien avancé mon ~. / **bâcler, bousiller** un ~ (F) *eine Arbeit hinschludern:* Je te déconseille de faire appel à cet artisan. Il a la réputation de bâcler son ~. /

cesser le ~ *die Arbeit niederlegen:* Comme le patronat n'a pas satisfait les revendications du syndicat, les ouvriers ont cessé le ~. / **chercher** du ~ *Arbeit suchen:* Plus de deux millions de personnes cherchent du ~ dans ce pays. / **décharger, délester** qn d'un ~ *j-m eine Arbeit abnehmen:* Personne ne peut me décharger de ce ~. / se **décharger** d'un ~ sur qn *seine Arbeit an j-n abgeben:* Mademoiselle Ernest s'est déchargée de son ~ sur la secrétaire de Monsieur Pompat. / **dégrossir** le ~ *die Vorarbeit leisten:* En établissant la liste des participants, il a déjà dégrossi le ~. / **demander, exiger** beaucoup de ~ *viel Arbeit kosten, Mühe erfordern:* Une analyse détaillée de la situation économique au Tchad demanderait beaucoup de ~. / il est **écrasé, accablé, débordé, submergé** de ~ *er ist mit Arbeit überhäuft, überlastet; die Arbeit wächst ihm über den Kopf:* En ce moment il vaut mieux ne rien lui demander, il est submergé de ~. / **effectuer, faire, accomplir, exécuter** un ~ *eine Arbeit ausführen:* Quelle firme a exécuté ce ~-là? / je me suis **envoyé** tout le ~; j'ai dû me **farcir** tout le ~ (F) *die ganze Arbeit ist an mir hängengeblieben, ist mir aufgehalst worden:* Les uns vont en excursion et les autres s'envoient tout le ~! / être sans ~ *arbeitslos sein:* Mon frère est sans ~ depuis l'été. / **fournir** un ~ *eine Arbeit liefern:* Le ~ que ce traducteur a fourni est inutilisable. / se **livrer** à un ~ *eine Arbeit leisten:* Nos policiers se sont livrés à un remarquable ~ d'investigation. / se **mettre** au ~ *sich an die Arbeit machen, begeben:* Allez, mettons-nous au ~. / **pousser, faire avancer, accélérer** les travaux *die Arbeit(en) vorantreiben:* Je vous prie de vous rendre sur le chantier pour pousser les travaux. / **soigner, fignoler** son ~ *seine Arbeit peinlich genau ausführen:* C'est un bon ouvrier, il ne travaille pas vite, mais son ~, il le fignole. / se **tuer,** (F) se **crever** au ~ *sich totarbeiten:* Je n'ai pas envie de me tuer au ~.
travailleur m *Arbeiter*
~ **acharné, forcené** *Arbeitstier* (fig) | ~ **étranger** *Gastarbeiter, Fremdarbeiter* | *un* **grand** ~ *ein unermüdlicher Arbeiter* | ~ **immigré** *Gastarbeiter (in Frankreich)* | ~ **infatigable** *unermüdlicher Arbeiter* | ~ **intellectuel** *Kopfarbeiter, Geistesarbeiter* | ~ **manuel** *Handarbeiter* | ~s **migrants** *Wanderarbeiter*
tremblement m *Zittern*
~ **convulsif** *krampfhafte Zuckungen*
être **agité, secoué** d'un ~ *von (einem) Zittern erfaßt werden:* Le pauvre malade était tout agité d'un ~ de fièvre qui ne voulait pas se calmer.
tremplin m *Sprungbrett*
plonger du (haut du) ~ *vom Sprungbrett (ins Wasser) springen:* Maman, j'ose déjà plonger

trésor

du haut du ~ de trois mètres. / **servir** de ~ à qn (fig) *ein Sprungbrett für j-n sein:* Ce poste servira de ~ à mon frère pour se faire une carrière dans l'industrie.

trésor m *Schatz*
~ **caché** *geheimer, verborgener Schatz* / **fabuleux** ~ *sagenhafter, märchenhafter Schatz* / d'**immenses** ~s *unglaubliche Schätze* / un ~ **inépuisable** de mots, d'idées, *etc. ein unerschöpflicher Wort-, Ideenreichtum usw.*

trêve f *Ruhe(pause)*
s'**accorder** une ~ *sich Erholung, eine Ruhepause gönnen:* J'ai l'impression que vous devriez vous accorder une ~. / ne pas **laisser** de ~ à qn *j-m keine Ruhe lassen; j-n nicht zur Ruhe kommen lassen:* Les douleurs d'estomac ne me laissent pas de ~.

tribunal m *Gericht*
citer qn devant un ~ *j-n vor (ein) Gericht laden:* L'avocat de Robert Molyneux demande que Madame Larochelle soit citée en tant que témoin devant le ~. / **comparaître**, se **présenter** devant un ~ *vor (einem) Gericht erscheinen:* Le témoin le plus important n'a pas encore comparu devant le ~ de grande instance. / **déférer** qc à, **porter** qc devant un ~ *etw vor Gericht bringen:* Cette affaire sera déférée au ~ compétent. / le ~ **jugera** qc, **statuera** sur qc *das Gericht wird über etw befinden:* Le ~ jugera le litige d'ici la fin de la semaine. / **saisir** un ~ de qc *ein Gericht anrufen, mit etw befassen:* Nous serons obligés de saisir le ~ de Marseille de cette affaire. / **traduire**, (F) **traîner** qn devant le ~ *j-n vor Gericht bringen:* Des rumeurs courent selon lesquelles le colonel Lefaucheux serait traduit prochainement devant le ~.

triomphe m *Triumph*
c'**est** son ~ *das ist sein Paradestück:* Cette chanson, c'est son ~. / **faire** un ~ à qn, qc *j-n jubelnd empfangen; etw begeistert aufnehmen:* Le public londonien a fait un ~ à cette pièce de théâtre. / **porter** qn en ~ *j-n auf den Schultern tragen:* Ses camarades ont porté en ~ devant la mairie le vainqueur du Giro d'Italia. / **remporter** un (vrai) ~ *einen Triumph erringen:* Avec ce drame, le jeune auteur a remporté un vrai ~. / **remporter** de nombreux ~s *Triumphe feiern:* Le groupe de jazz néerlandais a remporté de nombreux ~s au cours de sa tournée en Italie. / **remporter** un ~ sur son adversaire *über seinen Gegner triumphieren:* Le candidat républicain a remporté un ~ sur son adversaire démocrate.

tristesse f *Traurigkeit*
noire ~ *maßlose Traurigkeit* / **profonde** ~ *tiefe Traurigkeit* / ~ **vague** *unbestimmte Traurigkeit* **dissiper** la ~ de qn *j-m die Traurigkeit nehmen, vertreiben:* Nous avons essayé, en vain, de dissiper un peu sa ~. / il s'est senti **envahi** par une grande ~ *große Traurigkeit, Trauer überfiel, überkam ihn:* Lorsqu'il a vu disparaître Hélène à l'horizon, il s'est senti envahi par une grande ~.

troc m *Tauschhandel*
faire du ~ *Tauschhandel treiben:* Tout de suite après la guerre, nous avons fait du ~ pour avoir de quoi manger.

trompette f *Trompete*
sonner, jouer de la ~ *Trompete blasen, spielen:* Henri joue de la ~, son frère du saxophone.

trône m *Thron*
accéder au ~; **monter, s'asseoir** sur le ~ *den Thron besteigen:* Deux jours après l'assassinat de son père, le fils monta sur le ~. / **mettre, placer** qn sur le ~ *j-n auf den Thron heben:* Une grande partie du peuple français voulait qu'un Bourbon soit de nouveau mis sur le ~. / **prétendre** au ~ *den Thron beanspruchen:* Le prince s'est exilé et ne prétend plus au ~. / **renoncer** au ~ *auf den Thron verzichten:* Le roi a renoncé au ~ pour pouvoir épouser une roturière.

trot m *Trab*
aller au ~ *traben; im Trab reiten:* Le cheval alla au ~ jusqu'aux écuries. / **mettre** (son cheval) au ~ *(sein Pferd) in Trab setzen:* Allez, mettez votre cheval au ~ maintenant. / **partir** au ~; **prendre** le ~ *sich in Trab setzen (auch fig):* Le sous-officier, après avoir reçu son ordre, partit au ~.

trou[1] m *Loch, Lücke*
avoir un ~ (de mémoire) *eine Gedächtnislücke haben:* Au moment décisif, le pauvre candidat a eu un ~ de mémoire et s'est trouvé incapable de répondre aux questions des examinateurs. / j'**ai** un ~ dans mon emploi du temps *ich habe dazwischen etwas Zeit:* Si vous voulez me parler, j'ai un ~ dans mon emploi du temps, lundi dans la matinée. / **boire** comme un ~ (F) *saufen wie ein Loch:* Jules Buseau boit comme un ~. / **boucher** un ~ *ein Loch (ver)stopfen; (auch fig) eine Lücke schließen:* Le gouvernement n'a pas réussi à boucher les ~s du budget. / **creuser** un ~ *ein Loch graben:* À quoi servira le ~ que vous creusez dans votre jardin? / se **faire** un ~ dans, à la tête *sich ein Loch in den Kopf schlagen, stoßen:* Maman, Albert s'est fait un ~ dans la tête. / **percer** un ~ *ein Loch bohren, (in eine Mauer auch) schlagen:* Pour aérer la chambre pendant la nuit, il vous suffit de percer quelques ~s dans les volets.

trou[2] m (F) *Nest (Dorf)*
~ **perdu** *Kaff; entlegenes Nest*

trouble m *Aufregung, Verwirrung*
jeter, semer le ~ *Verwirrung stiften:* Son discours a jeté le ~ dans l'assemblée. / se **remettre** de son ~ *sich von seiner Aufregung*

erholen: Il mit plusieurs jours à se remettre de son ~.

troubles mpl *Unruhen*
~ **politiques** *politische Unruhen* / ~ **sanglants** *blutige Unruhen*
fomenter les ~ *Unruhe stiften:* On accuse le parti communiste d'avoir fomenté les ~ parmi les ouvriers de la région.

trouble-fête m *Spielverderber*
jouer les ~ *ein Spielverderber sein:* Allez, ne jouez pas toujours les ~!

troupe f *Truppe*
~s **usées** *abgekämpfte Truppen*
approvisionner les ~s *die Truppen versorgen:* Plus les ~s avançaient, plus il devenait difficile de les approvisionner. / **commander** (à) une ~ *eine Truppe befehligen:* Le général Eisenhower commandait les ~s alliées à la fin de la guerre. / **concentrer, masser, rassembler** des ~s *Truppen zusammenziehen, konzentrieren:* Les Chinois semblent concentrer des ~s à la frontière vietnamienne. / **lever** des ~s *Truppen ausheben:* L'empereur ordonna de lever des ~s fraîches. / les ~s **partent** *die Truppen marschieren ab:* Le matin du douze avril, les ~s partirent vers le nord. / les ~s se **replient** *die Truppen ziehen sich zurück:* Devant la poussée de la 5e armée, les ~s ont dû se replier derrière la rivière. / faire **replier** les ~s *die Truppen zurücknehmen:* Le général fit replier les ~s sur les anciennes positions.

trouvaille f *(glücklicher) Fund*
faire une ~ *einen Fund machen:* Dans le grenier de la maison que nous avons achetée l'année dernière, j'ai fait une ~: un tableau d'un disciple de Manet.

truc m *Kniff, Trick,* (F) *Dreh*
~ **éventé** *alter Trick*
connaître (tous) les ~s du métier *alle Kniffe kennen:* Il a l'air bête, mais il connaît tous les ~s du métier. / **connaître** le ~ *den Dreh raushaben:* Pendant longtemps, je n'ai rien compris à ce jeu, mais maintenant, je connais le ~. / **trouver** le ~ *auf den Dreh kommen:* Je me demande comment il a trouvé le ~.

tumeur f *Geschwulst, Tumor*
~ **bénigne** *gutartiger Tumor* / ~ **maligne** *bösartiger Tumor*

tumulte m *Tumult*
un ~ de protestations s'**éleva** *tumultartiger Protest erhob sich:* Lorsque l'orateur eut fini son discours, un ~ de protestations s'éleva.

tunnel m *Tunnel*
percer, creuser un ~ *einen Tunnel vortreiben, bohren:* Les Anglais avaient toujours caressé le projet de creuser un ~ sous la Manche.

tutelle^1 f *Bevormundung*
se **libérer** de la ~ de qn *sich von, aus j-s Bevormundung lösen, befreien:* Il n'a jamais réussi à se libérer entièrement de la ~ de sa mère. / **(main)tenir** qn en, sous (sa) ~ *j-n bevormunden, gängeln:* Aujourd'hui, les adolescents ne souffrent pas qu'on les tienne trop en ~.

tutelle^2 f *(jur) Vormundschaft*
être sous ~ *unter Vormundschaft stehen:* Il est sous ~ depuis quelques années, car il souffre d'une maladie mentale qui le prive de l'usage de sa raison. / **mettre, placer** qn sous ~ *j-n unter Vormundschaft stellen:* Il a fallu le mettre sous ~ à cause de ses extravagances.

tuyau^1 m *Rohr*
~ **coudé** *gebogenes, gekröpftes Rohr* / ~ **crevé** *geplatztes Rohr*
boucher, engorger, obstruer un ~ *ein Rohr verstopfen:* Le papier journal que tu as jeté aux WC a engorgé le ~. / **déboucher** un ~ *ein Rohr frei machen:* Mon voisin est venu déboucher le ~ de l'étuve.

tuyau^2 m (F) *Tip*
~ **confidentiel** *Geheimtip* / ~ **crevé** *falscher Tip*
donner, (F) **filer** un ~ à qn *j-m einen Tip geben:* Merci pour le ~ que tu m'as donné. / **obtenir** un bon ~ *einen heißen Tip kriegen:* Tu cherches un vol bon marché pour Chicago? – Je viens d'obtenir un bon ~ à ce sujet.

tympan m *Trommelfell*
crever, déchirer le ~ *das Trommelfell zerreißen:* C'est un bruit à vous crever le ~.

type^1 m *Typ*
avoir le ~ (+ adj) *ein (+ adj) Typ sein:* Madeleine a le ~ anglais.

type^2 m (F) *Kerl, Typ(e)*
brave ~ *braver Kerl* / **chic** ~ *prima Kerl; Prachtkerl* / ~ **dégoûtant,** (derb) **dégueulasse** *Ekel; widerlicher Kerl* / ~ **épatant** *toller Kerl* / **pauvre** ~ *bedauernswerter Kerl* / **sale** ~ *widerlicher Kerl*

tyrannie f *Tyrannei*
exercer sa ~ sur qn *j-n tyrannisieren:* Monsieur Chabrol exerce sa ~ sur toute sa famille, y compris ses parents. / s'**insurger** contre la ~ *sich gegen die Tyrannei erheben, auflehnen:* Plusieurs fois dans son histoire, le peuple avait tenté de s'insurger contre la ~.

U

ultimatum m *Ultimatum*
adresser, envoyer, lancer un ~ (à qn) (*j-m*) *ein Ultimatum stellen:* Les maîtres-chanteurs ont adressé un ~ au gouvernement.

union f *Verbindung*
~ **étroite** *enge Verbindung* | ~ **intime** *innige Verbindung* | ~ **solide** *feste Verbindung*

unité[1] f *Einheit, Geschlossenheit*
briser, rompre l'~ *die Einheit, Geschlossenheit zerstören:* Ce programme a brisé l'~ du parti. | **faire** l'~ *die Geschlossenheit herstellen:* Le nouveau Premier ministre n'a pas réussi à faire l'~ du cabinet.

unité[2] f (*mil*) *Einheit*
pulvériser une ~ *eine Einheit aufreiben:* Radio Hanoï annonce que plusieurs ~s cambodgiennes ont été pulvérisées. | **rejoindre, regagner** son ~ *zu seiner Einheit zurückkehren, stoßen:* Les deux soldats que le capitaine avait déjà déclarés disparus ont rejoint leur ~ deux jours plus tard.

urgence f *Dringlichkeit*
extrême ~ *höchste Eile; äußerste Dringlichkeit*
il **y a** ~ *es eilt:* Expédiez le colis en régime accéléré, il y a ~.

urne f *Urne*
~ **électorale** *Wahlurne* | ~ **funéraire** *Graburne, Aschenurne*
aller, se **rendre** aux ~s *zur Wahl gehen:* Seulement soixante-trois pour cent des électeurs se sont rendus aux ~s.

usage[1] m *Gebrauch, Verwendung*
~ **abusif** (d'un médicament, *etc.*) *übermäßiger Gebrauch (eines Medikaments usw.)* | faire un **bon (mauvais)** ~ de qc *etw richtig (falsch), vernünftig (unvernünftig) verwenden* | ~ **externe** *äußerliche Anwendung* | ~ **fréquent** *häufige Verwendung* | ~ **immodéré, excessif** *Mißbrauch* | faire **mauvais** ~ (de qc) *Mißbrauch treiben (mit)* | ~ **oral (écrit)** *mündlicher (schriftlicher) Sprachgebrauch*
entrer dans l'~ *in Gebrauch kommen:* Cet anglicisme est entré dans l'~ peu après la guerre. | **faire** ~ de qc *von etw Gebrauch machen; etw anwenden:* Je commence à croire que nous devrons faire ~ de la force pour rétablir l'ordre. | **faire un** ~ (+ *adj*) de qc *etw* (+ *adv*) *verwenden, essen, trinken usw.:* Ce qui me préoccupe, c'est qu'il fait un ~ immodéré de l'alcool. | **faire de l'**~ *dauerhaft, strapazierfähig sein; lange halten:* Ces chaussures ont fait de l'~. | **perdre** l'~ de la parole *die Sprache verlieren:* Après son accident, il avait perdu l'~ de la parole. | être **remis** en ~ *wieder in Gebrauch kommen:* Cette expression a été remise en ~ au début du siècle. | **sortir** de l'~ *außer Gebrauch kommen:* Cette locution, courante dans la langue classique, est maintenant sortie de l'~.

usage[2] m *Brauch, Sitte*
~ **établi** *eingewurzelter, herkömmlicher, überkommener Brauch*
qc est **consacré** par l'~ *etw hat sich eingebürgert:* Ce terme est consacré par l'~. | **il est d'**~ de ... *es ist üblich, Brauch zu ...:* Dans notre club, il est d'~ d'organiser une fête l'été. | **c'est** l'~ *das ist so üblich; das ist Sitte:* Les Maladou ont mis leur fils aîné à Saint-Cyr. C'est l'~ dans la famille. | l'~ **veut** que ... *es ist Brauch, daß ...:* L'~ veut que les nouveaux venus payent une tournée.

usure[1] f *Wucher*
pratiquer l'~ *Wucher treiben:* Blaise Vincennes est connu pour pratiquer l'~. | **prêter** à ~ *zu Wucherzinsen leihen:* Cette prétendue «agence de crédit» prête à ~.

usure[2] f *Abnutzung*
résister à l'~ *verschleißfest, strapazierfähig sein:* Nous vous garantissons que ce matériau résiste à l'~.

utile m *das Nützliche*
joindre l'~ à l'agréable *das Angenehme mit dem Nützlichen verbinden:* Nous joindrons l'~ à l'agréable et prolongerons notre voyage d'affaires d'une semaine pour faire le tour du Portugal.

utilité f *Nutzen*
avoir son ~ *nützlich, von Nutzen sein:* Cette prescription a son ~. | **être** d'une grande ~ *von großem Nutzen sein:* Votre lettre de recommandation m'a été d'une grande ~. | **être** sans ~; n'**être** d'aucune ~ *völlig nutzlos sein:* Cette nouvelle loi n'est d'aucune ~.

V

vacance f *freie Stelle*
  combler une ~ *eine freie Stelle neu besetzen:* Le comité de directeurs a décidé de ne pas combler les ~s pour réduire ainsi peu à peu les effectifs.
vacances fpl *Ferien, Urlaub*
  bonnes ~! *schöne Ferien!* / les **grandes** ~ *die Sommerferien; die großen Ferien* / ~ **reposantes** *erholsame Ferien* **être** en ~ *in Urlaub, Ferien sein:* Madame Lutier n'est pas là, elle est en ~. / **partir** en ~ *in Urlaub, in die Ferien fahren:* Toute la famille partira en ~ le quinze août. / **passer** ses ~ *die Ferien verbringen:* Cette année, nous passerons nos ~ dans un village des Cévennes. / **prendre** des ~ *Urlaub nehmen, machen:* Cette année, je prendrai mes ~ au mois de mai.
vacarme m *Krach (Lärm)*
  ~ **étourdissant, assourdissant** *ohrenbetäubender Krach* / ~ **infernal** *Höllenlärm*
vache f *Kuh*
  ~ **laitière** *Milchkuh* la ~ **meugle, beugle** *die Kuh muht:* Je ne pouvais pas dormir parce qu'il y avait des ~s qui meuglaient non loin de ma fenêtre.
va-et-vient m *Kommen und Gehen*
  un ~ **continuel, incessant, perpétuel** *ein ständiges Kommen und Gehen*
vague f *Welle, Woge*
  ~s **déferlantes** *sich brechende Wellen* / ~s **écumantes** *schäumende Wogen* / **grosses** ~s *große, mächtige Wellen* les ~s **déferlent, se brisent** (contre, sur) *die Wellen brechen sich (an):* Les ~s de la mer déferlaient contre les rochers en produisant un bruit de tonnerre. / les ~s **clapotent** *die Wellen plätschern:* Les ~s du lac clapotaient contre le bateau. / **faire** des ~s *Wellen schlagen:* Viens dans la piscine, mais ne fais pas de ~s! / les ~s **moutonnent** *die Wellen setzen Schaumkronen auf:* Le vent du soir se levait et les ~s moutonnaient à l'horizon.
vainqueur m *Sieger*
  sortir ~ (d'une lutte, d'une épreuve) *als Sieger (aus einem [Wett]Kampf) hervorgehen:* Contre toute attente, c'est un Norvégien qui est sorti ~ de l'épreuve.
vaisselle f *Geschirr*
  entrechoquer la ~ *mit dem Geschirr klappern:* Hélène entrechoquait la ~ comme si elle travaillait à la cuisine. / **essuyer** la ~ *Geschirr (ab)trocknen:* Vous n'avez pas besoin d'essuyer la ~; elle séchera d'elle-même. / **faire, laver** la ~ *abwaschen; Geschirr spülen:* As-tu déjà fait la ~?
valeur f *Wert*
  ~ **approchée, approximative** *Näherungswert* / ~ **empirique** *Erfahrungswert* / ~ **estimée** *Schätzwert* / avoir ~ **générale** *allgemeingültig sein* / ~ **intrinsèque** *wirklicher, wahrer Wert* / ~ **marchande** *Verkaufswert, Verkehrswert, Marktwert* / ~ **nutritive** *Nährwert* **attacher, accorder** de la ~ à qc *Wert auf etw legen:* J'attache beaucoup de ~ à ce que l'affaire soit décidée cette semaine même. / **augmenter** de ~ *im Wert steigen:* Mes actions ont de nouveau augmenté de ~. / **diminuer** de ~ *im Wert sinken; an Wert verlieren:* Le dollar a encore diminué de ~. / **donner** de la ~ à qc *einer Sache Wert verleihen:* Votre présence donne de la ~ à cette réunion. / c'est ce qui en fait la ~ *darin liegt sein Wert:* Il y a peu de touristes dans ce coin du monde; c'est ce qui en fait la ~. / **mettre** en ~ (Geld) *arbeiten lassen; (Gebiet) erschließen; (Person) herausstellen; zur Geltung bringen:* Le terrain derrière la ferme sera mis en ~ l'année prochaine. / **perdre** de la ~ *an Wert verlieren:* Notre maison a perdu de la ~ à cause de l'autoroute qu'on a construite à proximité. / **perdre** toute ~ *völlig wertlos werden:* À cause de l'inflation, mon assurance-vie a pratiquement perdu toute ~. / **prendre** de la ~ *einen gewissen Wert erhalten; an Wert gewinnen:* Comme le quartier où j'habite a été déclaré zone industrielle, mon terrain a pris de la ~.
valise f *Koffer*
  charger une ~ dans la voiture *einen Koffer ins Auto (ein)laden:* Laisse-moi charger les ~s dans la voiture. / **décharger** une ~ (de la voiture) *einen Koffer (aus dem Auto) ausladen:* Philippe, as-tu déjà déchargé les ~s? / **décharger** qn d'une ~ *j-m einen Koffer abnehmen:* Un jeune homme a voulu me décharger de ma ~, mais j'ai eu peur qu'il ne me la vole. / **défaire** la ~ *den Koffer auspacken:* Maintenant, je suis trop fatiguée pour défaire les ~s; je le ferai demain matin. / **faire, boucler** sa ~ *den Koffer packen:* Les enfants, faites votre ~, on partira dans une heure. / **faire** ses ~s *seine Koffer*

vallée

packen (auch fig): Tante Marguerite a déclaré qu'elle ferait ses ~s si tu ne t'excuses pas de ton insolence.

vallée f *Tal*
~ **encaissée** *tief eingeschnittenes Tal* / ~ **transversale** *Seitental*

vanité f *Eitelkeit, Einbildung*
être d'une ~ extraordinaire *äußerst eingebildet sein*: Le nouveau directeur du collège est d'une ~ extraordinaire. / **flatter** la ~ de qn *j-s Eitelkeit schmeicheln*: Votre proposition a flatté sa ~. / **tirer** ~ de qc *sich etw auf etw einbilden*: Ne critiquez pas ce programme; son auteur, Monsieur Gravier, en tire tellement ~ qu'il ne le supporterait pas.

vapeur f *Dampf*
cuire à la ~ *dämpfen*: Cette marmite vous permettra de cuire à la ~ vos légumes dans la moitié du temps habituel. / de la ~ se **dégage**, s'**échappe** (de) *Dampf entweicht (aus), strömt (aus)*: Une ~ rougeâtre se dégage de la tuyère. / **repasser** qc à la ~ *etw mit Dampf bügeln*: Le tissu a rétréci parce que vous l'avez repassé à la ~.

vase[1] m *Vase*
~ **fêlé** *Vase mit Sprüngen* / ~ **pansu** *bauchige Vase*

vase[2] f *Schlamm*
s'**enfoncer** dans la ~ *im Schlamm ein-, versinken*: La première jeep du convoi s'est enfoncée dans la ~, mais les conducteurs des autres véhicules ont pu la retirer.

vedette f *Star*
jouer les ~s *sich als Star aufspielen*: Je ne dis pas que Jean-Claude soit mauvais, mais je déteste sa manière de jouer les ~s.

végétation f *Vegetation, Pflanzenwuchs*
~ **exubérante, luxuriante, surabondante, touffue** *üppige Vegetation* / **maigre** ~; ~ **indigente** *dürftige, spärliche Vegetation* / ~ **tropicale** *tropische Vegetation* / ~ **vigoureuse** *kräftiger Pflanzenwuchs*

veine[1] f *Vene; Ader (auch fig)*
~s **gonflées** *angeschwollene Adern* / avoir la ~ **poétique** *eine dichterische Ader haben*
s'**ouvrir** les ~s *sich die Pulsadern aufschneiden, öffnen*: Peu avant son mariage, la jeune femme s'est ouvert les ~s.

veine[2] f (F) *Glück*
rude, sacrée ~ *Mordsglück*
avoir de la ~ *Glück haben*: Toute sa vie, il a eu de la ~. / n'**avoir** pas de ~ *Pech haben*: Zut! Ce soir, je n'ai pas de ~. / ce n'**est** pas de ~ *das ist wirklich Pech*: Il pleut, il fait trop froid. Ce n'est pas de ~! / c'**est** une ~ de ... *welch ein Glück zu ..., daß ...*: C'est une ~ de vous rencontrer ici.

vélo m *Fahrrad*
aimer le ~ *gern radfahren*: Est-ce que vous aimez le ~? / **aller** à, en ~ *mit dem (Fahr)Rad fahren*: Au mois d'août, j'irai en Espagne en ~. / **faire** du ~; **monter** à ~ *radfahren*: Le médecin m'a recommandé de faire du ~ chaque jour.

vendange f *Weinlese*
faire la ~, les ~s *Weinlese halten*: La semaine prochaine, nous commencerons à faire la ~.

vengeance f *Rache*
~ **atroce** *fürchterliche Rache*
crier ~ *nach Rache schreien*: Après l'assassinat du président de l'État, tout le peuple a crié ~. / **exercer** sa ~ sur qn *an j-m Rache üben*: Les membres de la tribu majoritaire de cette région ont exercé leur ~ sur la minorité bantoue. / **méditer,** (F) **mijoter** une ~ *auf Rache sinnen*: Il n'oubliera jamais cette insulte. Je suis sûr qu'il médite une ~. / **tirer** ~ de qn, de qc *sich an j-m, für etw rächen*: Je n'ai pas l'intention de tirer ~ de cet affront.

vent m *Wind*
~ **âpre, aigre** *scharfer Wind* / ~ **capricieux** *wechselhafter Wind* / ~ **cinglant** *schneidender Wind* / ~ **contraire** *Gegenwind* / ~s **contraires** *widrige Winde* / (petit) ~ **coulis** *Lüftchen, Luftzug* / ~ **déchaîné** *stürmischer Wind* / ~ **faible** *schwacher Wind* / ~ **frais** *frischer Wind* / ~ **glacial** *eisiger Wind* / ~ **impétueux** *heftiger Wind* / ~ **modéré** *mäßiger Wind* / ~ **tiède** *laues Lüftchen* / ~ **variable** *Wind aus wechselnden, unterschiedlichen Richtungen* / ~ **violent** *stürmischer Wind*

le ~ s'**apaise, baisse,** se **calme, faiblit,** s'**atténue, mollit** *der Wind flaut ab, läßt nach, legt sich*: Au troisième jour de notre croisière en Méditerranée, le ~ s'est apaisé et nous avons dû nous servir du moteur. / il **y a**, il **fait** du ~ *es ist windig; es geht Wind*: Prends ton pardessus, il fait du ~. / il n'**y a** pas de ~ *es ist windstill*: Inutile d'aller faire de la voile, il n'y a pas de ~. / **avoir** le ~ dans le dos *Rückenwind haben*: En rentrant de notre tour à vélo, nous avions le ~ dans le dos et roulions à toute allure. / **avoir** le ~ en poupe *(fig) Rückenwind haben*: Monsieur Hyssan a été promu officier. Il a le ~ en poupe. / **avoir** ~ de qc *(fig) von etw Wind bekommen*: J'ai eu ~ d'un complot qui s'est tramé contre le ministre. / le ~ **balaie** qc *der Wind fegt über etw*: Un ~ froid balayait la plaine. / le ~ **cesse, tombe** *der Wind legt sich*: Le ~ a complètement cessé. / **faire** trop de ~ autour de qc *(fig) viel Wind um etw machen*: Moi, je trouve qu'on fait trop de ~ autour de la réussite de notre équipe. / qc **flotte** au (gré du) ~ *etw treibt im Wind*: Quelques feuilles mortes flottaient au gré du ~ dans le parc. / le ~ **gonfle** qc *der Wind bläht etw*: Un ~ d'est gonflait les voiles de notre bateau. / le ~ **hurle** *der Wind heult*: Le ~ du nord a hurlé toute la nuit autour de la maison. / un ~ se **lève** *Wind kommt auf:* Dépêchons-nous, un ~ d'ouest se lève, ce qui signifie la pluie. / **marcher** contre le ~ *sich gegen den Wind stemmen:* Les soldats avaient rabattu les oreillettes de leur passe-montagne et marchaient contre le ~. / le ~ **murmure** *der Wind säuselt:* Un léger ~ murmurait dans le feuillage des châtaigniers. / le ~ **pousse, chasse** les nuages *der Wind (ver)treibt die Wolken:* Dans le ciel bleu de la Camargue, le ~ chassait les nuages comme des moutons. / le ~ **ride** la surface de l'eau *der Wind kräuselt die Wasserfläche:* Le ~ du soir se levait et ridait la surface du lac auparavant si calme. / le ~ **siffle** *der Wind pfeift:* Dans notre grenier, le ~ siffle à travers les tuiles. / le ~ **souffle** *der Wind weht, bläst:* Depuis trois jours, le ~ du nord souffle et apporte de gros nuages. / le ~ **tourne** *der Wind dreht sich:* Le ~ a tourné, le temps va se mettre au beau.

vente f *Verkauf*
être en ~ *verkauft werden:* Les premières cerises de cette année sont en ~ au marché. / la ~ **marche** bien *das Geschäft geht gut:* La ~ de nos pommes marche bien. / **mettre** qc en ~ *etw zum Verkauf anbieten:* La maison des Danier sera mise en ~. / **réaliser** une ~ *einen Verkauf tätigen:* Hier nous avons réalisé une ~ assez importante. / **retirer** qc de la ~ *etw aus dem Handel ziehen:* Le médicament en question a dû être retiré de la ~.

ventilateur m *Ventilator*
le ~ **bourdonne** *der Ventilator surrt:* Les ~s du grand hall de la banque bourdonnaient et répandaient une atmosphère très agréable.

ventre m *Bauch*
~ **ballonné** *aufgetriebener Bauch* / **gros** ~; ~ **bedonnant** *dicker Bauch;* (F) *Schmerbauch, Bierbauch* / ~ **rond** *dicker Bauch* / ~ **rondelet** *stattlicher Bauch*
avoir du ~ *einen Bauch haben:* Jules est chauve et a du ~; j'ai eu du mal à le reconnaître. / **avoir** le ~ **creux** *einen leeren Bauch, nichts im Bauch haben:* Je suis fatigué et j'ai le ~ creux. / **avoir** le ~ **plein** *satt sein:* C'est la première fois depuis une semaine que j'ai le ~ plein. / **coucher, se mettre** à **plat** ~ *sich (flach) auf den Bauch legen:* Les passagers on dû se mettre à plat ~ pendant que les terroristes fouillaient leurs bagages. / se **jeter** à **plat** ~ *sich flach hinwerfen:* Le policier s'était jeté à plat ~ et avait tiré sur le gangster. / **prendre** du ~ *einen Bauch ansetzen:* Mireille commence a prendre du ~. / se **remplir** le ~ *sich den Bauch vollschlagen:* Chez les Dunod, nous nous sommes bien rempli le ~. / **rentrer** le ~ *den Bauch einziehen:* Redressez-vous et rentrez le ~! / **retourner** sur le ~ *sich auf den Bauch drehen:* Retournez-vous sur le ~, Monsieur Brun! /

tomber à **plat** ~ *bäuchlings hinfallen:* Il a dérapé sur le verglas et est tombé à plat ~.

venue f *Kommen*
attendre la ~ de qn, qc j-n, etw erwarten: Nous attendons la ~ de la délégation suisse.

ver m *Wurm*
qc est **mangé** aux, **piqué** des ~s *etw ist wurmstichig, von (den) Würmern zerfressen:* Ce vieux bahut serait assez bien; malheureusement, il est tout piqué des ~s. / **tirer** les ~s du nez à qn *(fig) j-m die Würmer aus der Nase ziehen:* Nous lui tirerons bien les ~s du nez.

verbiage m *(leeres) Geschwätz*
c'est du ~ *das ist leeres Gerede:* Ne croyez pas ses promesses; tout ce qu'il dit, c'est du ~. / qn **tombe** dans le ~ *jemand verfällt in leeres Geschwätz:* Les thèses exposées dans cet essai sont intéressantes, malheureusement, l'auteur tombe trop souvent dans le ~. / qc **tourne** au ~ *etw artet in Geschwätz aus:* À la fin, l'allocution du secrétaire d'État a tourné au ~.

verdict m *Urteilsspruch*
rendre, prononcer le ~ *den Urteilsspruch fällen:* Les jurés prononceront leur ~ lundi.

vérification f *Überprüfung*
une ~ s'**impose** *es bedarf der Nachprüfung:* Son alibi n'est pas du tout sûr. Une ~ s'impose. / **soumettre** qc à une ~, des ~s *etw einer Überprüfung unterziehen:* Vos déclarations seront soumises à des ~s.

vérité f *Wahrheit*
~ **aveuglante** *in die Augen springende Wahrheit* / **dure** ~ *harte, schonungslose Wahrheit* / ~ **éclatante, évidente** *augenfällige, offenkundige Wahrheit* / l'**entière** ~ *die volle Wahrheit* / ~ **incontestable** *unumstößliche Wahrheit* / la ~ toute **nue** *die nackte, ungeschminkte Wahrheit* / ~ **première, primitive** *Binsenwahrheit* / la **stricte, pure** ~; la ~ **vraie** *die reine Wahrheit*
la ~ **apparaît** au grand jour, **émerge,** se **fait jour** *die Wahrheit kommt ans Licht, tritt zutage:* C'est seulement cinq ans après sa mort que la ~ est apparue au grand jour. / **approcher,** se **rapprocher** de la ~ *der Wahrheit nahekommen:* Vos soupçons approchent sans doute de la ~. / **cacher, taire, dissimuler** la ~ *die Wahrheit verbergen:* Vous ne pourrez plus longtemps cacher la ~. / **crier** la ~ *die Wahrheit hinausschreien:* J'aurais envie d'aller crier la ~ partout dans le village. / **démêler, découvrir** la ~ *die Wahrheit finden:* Il sera bien difficile de démêler la ~ au milieu de ce fatras d'affirmations et de racontars. / je vous **dois** la ~ *ich muß Ihnen die Wahrheit sagen:* La ~ sera dure pour vous, mais je vous la dois. / s'**écarter** de la ~ *sich von der Wahrheit entfernen:* Il promit de tout raconter sans s'écarter en rien de la ~. / c'**est** la ~ *das ist die Wahrheit:*

vernis

Ce que je vous ai dit, c'est la ~. / **farder, maquiller** la ~ *die Wahrheit beschönigen:* Les faits sont clairs, inutile de farder la ~. / **faire jaillir, surgir** la ~ *der Wahrheit zum Sieg verhelfen:* Votre intervention a fait jaillir la ~. / la ~ **sort** de la bouche des enfants (*Sprichwort*) *Kinder und Narren sagen die Wahrheit:* Moi, je crois ce que Gil a dit, car la ~ sort de la bouche des enfants. / **trahir, altérer, déformer** la ~ *die Wahrheit entstellen:* Les affirmations de l'opposition trahissent la ~, mais les citoyens ne s'y laisseront pas prendre. / **travestir, obscurcir, masquer, déguiser** la ~ *die Wahrheit verhüllen, verschleiern:* Sa déclaration n'a pu travestir la ~.

vernis m *Lack*
le ~ **craque** (*meist fig*) *der Lack blättert ab:* Soudain, tout son ~ d'homme du monde a craqué et il s'est laissé aller à dire des grossièretés. / **gratter** le ~ *den Lack abkratzen (auch fig):* Quand on gratte le ~, il ne reste plus rien de ses connaissances. / se **mettre** du ~ (à ongles) *sich die Nägel lackieren:* Elle a à peine quatorze ans et se met déjà du ~ à ongles.

verre m *Glas*
~ **blanc** *Weißglas; ungefärbtes Glas* / **dépoli** *Mattglas, Milchglas* / ~ **ébréché** *angeschlagenes Glas* / ~ **fumé** *Rauchglas* / ~ **incassable** *bruchsicheres, nicht splitterndes Glas* / ~ **laiteux** *Milchglas* / ~ **opaque** *undurchsichtiges Glas* / ~ **translucide** *durchscheinendes Glas*
boire dans un ~ *aus einem Glas trinken:* Pour les bébés, il est au début très difficile de boire dans un ~. / **finir** son ~ *sein Glas leeren, leer trinken, austrinken:* Les enfants, finissez votre ~! / **lever** son ~ *sein Glas erheben:* Je lève mon ~ à la prospérité des habitants de cette belle ville. / **licher** un petit ~ (F) *sich ein Gläschen genehmigen, zu Gemüte führen:* La vieille dame lichait de temps à autre un petit ~ de liqueur. / **offrir, payer** un ~ à qn *j-n zu einem Glas (+ subst) einladen; j-m ein Gläschen spendieren:* Louis Madin m'a offert un ~ au bistro. / **porter** un ~ à ses lèvres *ein Glas zum Munde führen:* Le colonel portait son ~ à ses lèvres lorsque son aide de camp cria: «Arrêtez!» / **prendre** un ~ *ein Glas trinken:* Venez-vous prendre un ~ avec moi? / **siffler** un ~ (F) *ein Glas zischen:* Marcel s'est précipité dans un bistro et a sifflé deux ou trois ~s.

verrou m *Riegel*
s'**enfermer** au ~ *sich einschließen:* Margot cacha son visage dans les mains et s'enferma au ~. / **être sous** les ~s (*fig*) *hinter Schloß und Riegel sitzen:* L'assassin est enfin sous les ~s. / **fermer** au ~ *ver-, zuriegeln:* Avez-vous fermé la cave au ~? / **mettre, pousser, tirer** le ~ *den Riegel vorschieben:* J'ai oublié de mettre le ~. / **mettre** qn **sous** les ~s (*fig*) *j-n hinter Schloß und Riegel bringen:* Le commissaire est certain de pouvoir bientôt mettre le malfaiteur sous les ~s. / **ouvrir, tirer** le ~ *den Riegel zurückschieben:* Ouvrez le ~, s'il vous plaît.

vers m *Vers*
~ **boiteux** *holpriger Vers*
composer, écrire, faire des ~ *Verse schreiben; dichten:* La fille des Lunod compose de très jolis petits ~. / **mettre** qc en ~ *etw in Verse, Versform bringen:* Pourriez-vous mettre les événements de l'année passée en ~ pour notre fête du mois de juillet? / **réciter** des ~ *ein Gedicht, Gedichte aufsagen:* Je n'exige pas de mes élèves qu'ils récitent des ~ par cœur.

versement m (*Ein*)*Zahlung*
~s **échelonnés** *Ratenzahlungen*
effectuer, faire un ~ *eine Einzahlung vornehmen:* Vous rappelez-vous le monsieur qui a effectué ce ~ d'un montant de mille francs?

version f *Fassung*
~ **abrégée** *Kurzfassung* / ~ **originale** (*Film*) *Originalfassung*

vertige m *Schwindel(gefühl)*
j'**ai** le ~, des ~s *mir ist schwindlig:* Il faut que je consulte un médecin, car j'ai souvent des ~s. / cela me **donne** le ~ *davon wird mir schwindlig:* Arrête de pousser, cela me donne le ~. / **être pris** de ~ *von Schwindel erfaßt, ergriffen werden:* En voyant cette foule d'Africains qui voulaient tous monter dans le train, il fut pris de ~.

vertu f *Kraft*
~ **curative, médicale, thérapeutique** *Heilkraft* / ~ **magique, occulte** *Zauberkraft; magische Kraft*

verve f *Schwung, Witz*
~ **éblouissante, étourdissante** *sprühender Witz* / d'une ~ **étincelante** *geistsprühend* / ~ **intarissable** *unerschöpflicher Schwung*
être en ~ *in Schwung sein:* Ne l'arrêtez pas, il est en ~. / **exercer** sa ~ contre qn *seinen Witz gegen j-n richten:* L'orateur a exercé sa ~ contre l'opposition.

veste f *Jacke*
~ **croisée** *zweireihige Jacke* / ~ **droite** *einreihige Jacke*
croiser sa ~ *die Jacke übereinanderschlagen:* Il croisa sa ~ parce qu'il faisait très froid dans la salle. / **endosser, mettre** une ~ *eine Jacke anziehen:* Crois-tu qu'il faille mettre une ~ pour cette visite? / **enlever, ôter** sa ~; (F) **tomber** la ~ *die Jacke ausziehen:* Permettez-vous que je tombe la ~?

vêtement m *Kleidungsstück*, pl *Kleidung*
~ **ajusté** *enganliegendes Kleidungsstück* / ~ **ample** *weites Kleidungsstück* / ~s **chauds** *warme Kleidung* / ~ **élimé** *durchgescheuertes, abgewetztes, fadenscheiniges Kleidungsstück* / ~ **étriqué** *zu enges, knappes Kleidungsstück* /

étroit *enges Kleidungsstück* / ~s **flottants** *wallende Kleider* / ~ **fripé** *zerknittertes Kleidungsstück* / ~s **habillés** *festliche Kleidung* / ~ **inusable** *unverwüstliches Kleidungsstück* / ~s **légers** *leichte Kleidung* / ~ **lustré** *blankgescheuertes Kleidungsstück* / ~ **pelé, râpé** *abgewetztes Kleidungsstück* / ~s **rapiécés** *geflickte Kleidung* / ~ **réversible** *beidseitig tragbares Kleidungsstück* / ~s **solides** *strapazierfähige Kleidung* / ~ **usagé** *schon getragenes, gebrauchtes Kleidungsstück* / ~ **usé, fatigué** *abgetragenes Kleidungsstück* / ~ **vague** *weites Kleid*
veto m *Veto*
opposer, mettre son ~ à qc *sein Veto gegen etw einlegen:* Le Premier ministre a opposé son ~ au projet de construction d'une pile atomique.
veuve f *Witwe*
~ **éplorée** *trauernde Witwe* / ~ **inconsolable** *untröstliche Witwe* / ~ **joyeuse** *lustige Witwe* quand elle s'est **retrouvée** ~ de Jean ... *als ihr Mann Hans starb ...:* Quand elle s'est retrouvée veuve de Jean-Claude, elle est allée s'installer à Londres.
viande f *Fleisch*
~ **blanche** *Geflügel-, Kalb-, Schweinefleisch* / ~ **bouillie** *Suppenfleisch; gekochtes Fleisch* / ~ **coriace** *zähes Fleisch* / ~ **crue** *rohes Fleisch* / ~ **entrelardée, persillée** *durchwachsenes Fleisch* / ~ **faisandée** *Fleisch mit Hautgout, mit einem Stich* / ~ **filandreuse** *faseriges Fleisch* / ~ **froide** *kalter Braten* / ~ **fumée** *Rauchfleisch* / ~ **hachée** *Hackfleisch* / ~ **maigre** *mageres, schieres Fleisch* / ~ **nerveuse** *sehniges Fleisch* / ~ **noire** *Wildschwein-, Reh-, Hasenfleisch* / ~ **rouge** *Rind-, Pferde-, Hammelfleisch* / ~ **salée** *gepökeltes Fleisch* / ~ **succulente** *saftiges Fleisch* / ~ **tendre** *zartes, mürbes Fleisch*
accommoder, préparer la ~ *das Fleisch zubereiten:* J'offrirai à mes invités de la ~ froide que je pourrai accommoder la veille. / **attendrir** la ~ *das Fleisch mürbe machen:* Il faut faire mariner la ~ pendant une nuit pour l'attendrir. / **dégraisser** la ~ *vom Fleisch das Fett abschneiden:* Michèle, peux-tu me dégraisser la ~, s'il te plaît?
vice m *Untugend, Laster*
s'**abandonner** à un ~ *sich einem Laster ergeben:* Après la mort de sa première femme, il s'est abandonné à toutes sortes de ~s. / **abdiquer** un ~ *einem Laster entsagen:* Elle a abdiqué tous les ~ et est entrée dans un couvent. / il a tous les ~s *er hat (aber auch) alle Untugenden:* Le fiancé de Madot boit et fume; il a tous les ~s! / **contracter** un ~ *sich eine Untugend angewöhnen:* Lors de ses études à Paris, il a contracté pas mal de ~s. / **donner, tomber** dans un ~ *einem Laster völlig verfallen:* Marcel a donné dans le ~ de l'alcoolisme. / c'**est** du ~ *das ist eine Geschmacksverirrung:*

Pour la réception, elle a mis sa robe rouge. C'est du ~. / **flatter** les ~s de qn *j-s Untugenden noch unterstützen:* En prêtant de l'argent à cet individu, vous flattez ses ~s.
victime f *Opfer*
innocente ~ *unschuldiges Opfer* / ~ **résignée** *Opfer, das sich in sein Schicksal ergibt*
on **déplore** un grand nombre de ~s *viele Opfer sind zu beklagen:* Un tremblement de terre a dévasté une grande partie de la Turquie méridionale. On déplore un nombre encore inconnu de ~s. / **être** ~ d'un accident *einen Unfall erleiden:* Monsieur Barus a été ~ d'un accident du travail. / **être** ~ d'un malaise *einen Schwächeanfall erleiden:* Le ministre de l'Éducation a été ~ d'un malaise au cours de la dernière séance du conseil des ministres. / **faire** de nombreuses ~s *zahlreiche Menschenleben fordern:* Un accident d'avion s'est produit en Corse, faisant de nombreuses ~s. / **mourir** ~ d'un accident *einem Unfall zum Opfer fallen:* La femme de mon frère est morte ~ d'un accident de la route, il y a trois ans.
victoire f *Sieg*
brillante ~; / **éclatante** *glänzender Sieg* / **complète** *voller Sieg* / ~ **coûteuse** *teuer erkaufter Sieg* / **finale** *Endsieg*
arracher la ~ à qn *j-m den Sieg entreißen:* L'équipe polonaise a pu arracher la ~ à l'équipe française au dernier moment. / **chanter, crier** ~ *den Sieg bejubeln; hurra schreien:* Les spectateurs venus des Pays-Bas ont chanté ~ lorsque leur équipe a réalisé le premier point. / **se disputer** la ~; **disputer** la ~ à qn *(mit j-m) um den Sieg kämpfen:* Une vingtaine d'athlètes se disputèrent la ~. / **jouir** de sa ~ *den Sieg auskosten:* On comprend que les joueurs jouissent de leur ~ après tant de peines et d'efforts. / **remporter** la ~ *den Sieg davontragen:* Le coureur américain a remporté la ~ pour la troisième fois consécutive.
vidange f *Ölwechsel*
faire la ~ *das Öl wechseln; den Ölwechsel vornehmen:* Il est recommandé de faire une ~ tous les dix mille kilomètres.
vide[1] m *Lücke*
combler, remplir un ~ *eine Lücke (aus)füllen (auch fig):* Avec la nomination de Monsieur Chanton au poste de vérificateur des comptes, l'assemblée a rempli un ~. / **laisser** un grand ~ *eine große Lücke hinterlassen:* Son départ a laissé un grand ~. / **laisser** un ~ *einen Zwischenraum freilassen:* Laissez un ~ entre les chaises.
vide[2] m *Vakuum*
faire le ~ *in etw ein Vakuum herstellen; etw luftleer pumpen:* Pour cette expérience, il faut d'abord faire le ~ dans un récipient de verre.

vie[1] f Leben / ~ **active** *Erwerbsleben* / ~ **agitée, mouvementée** *bewegtes Leben* / ~ **antérieure** *Vorleben* / ~ **austère** *spartanisches, karges Leben* / ~ **champêtre** *Landleben* / ~ **communautaire** *Gemeinschaftsleben* / ~ **conjugale** *Eheleben* / ~ **contemplative, méditative** *beschauliches Leben* / ~ **déréglée, désordonnée, dissipée, dissolue** *unstetes, unsolides, liederliches, ungeregeltes Leben* / ~ **dévergondée** *ausschweifendes Leben* / **double** ~ *Doppelleben* / **avoir la** ~ **dure** *ein schweres Leben haben* / ~ **errante, vagabonde** *unstetes, ruheloses Leben* / **la** ~ **éternelle** *das ewige Leben* / ~ **frugale** *einfaches Leben* / la ~ **future** *das Leben nach dem Tode* / ~ **grise, terne** *eintöniges Leben* / ~ **humaine** *Menschenleben* / ~ **intérieure** *Innenleben* / ~ **intime** *Privatleben* / ~ **itinérante** *Wanderleben* / ~ **laborieuse** *arbeitsreiches Leben* / ~ **manquée** *verpfuschtes Leben* / **femme de mauvaise** ~ *Frau mit liederlichem Lebenswandel* / ~ **médiocre** *kümmerliches Leben* / ~ **morne** *trübseliges, freudloses Leben* / ~ **obscure** *unscheinbares, bescheidenes Leben* / ~ **opulente** *üppiges Leben* / **petite** ~ **pépère** (F) *geruhsames, beschauliches Leben* / ~ **professionnelle** *Berufsleben* / ~ **quotidienne** *Alltag* / ~ **rangée, réglée** *solides, geregeltes, geordnetes Leben* / ~ (bien) **remplie** *arbeitsames, tatenreiches Leben* / ~ **retirée, casanière** *zurückgezogenes Leben* / ~ **sédentaire** *sitzende Lebensweise* / ~ **solitaire** *Einsiedlerleben* / ~ **tourmentée, tumultueuse** *bewegtes, stürmisches Leben* **attenter** à la ~, **vouloir** à la ~ **de qn** *j-m nach dem Leben trachten:* Madame Baudin prétend que la nuit dernière un inconnu aurait attenté à sa ~. / **bouleverser** la ~ **de qn** *j-s Leben völlig verändern:* La déclaration de guerre a bouleversé toute sa ~. / **connaître** la ~ *das Leben kennen:* À 15 ans, tu ne vas quand même pas prétendre connaître la ~! / **coûter** la ~ à qn *j-n das Leben kosten:* L'audace exagérée du guide a coûté la ~ à trois alpinistes. / **déborder** de ~ *vor Lebenslust überschäumen:* Le jeune Dupont déborde de ~. / **désespérer** de la ~ *am Leben verzweifeln:* Il ne faut jamais désespérer de la ~. / **détruire** la ~ **de qn** *j-s Leben zugrunde richten:* L'assassin a détruit la ~ de trois familles. / **donner** sa ~ **pour** ... *sein Leben opfern, hingeben für ...:* Il donnerait sa ~ pour sauver celle de son fils. / **engager** toute la ~ *sich auf das ganze Leben auswirken:* Cette décision engagera toute votre ~. / **être en** ~ *am Leben sein:* Votre mari est blessé, mais il est en ~. / **être entre** la ~ **et la mort** *zwischen Leben und Tod schweben:* Pendant deux ou trois jours, le pape a été entre la ~ et la mort. / **c'est la** ~ *so ist, spielt das Leben:* Que voulez-vous que je fasse? C'est la ~. On ne peut rien y changer. / **c'est sa** ~ *das ist sein Lebensinhalt:* Le tennis, c'est sa ~. / **ce n'est pas une** ~ *das ist doch kein Leben:* Du boulot du matin au soir, aucun week-end depuis des mois, ce n'est pas une ~! / **c'est la belle, grande** ~ *so läßt es sich leben:* Vacances, soleil, bouillabaisse et vin rouge – c'est la belle ~ ici. / **exposer, risquer, aventurer** sa ~ (dans) *sein Leben aufs Spiel setzen, riskieren* (bei): L'artiste expose sa ~ chaque soir dans un numéro très dangereux. / **faire sa** ~ *sein Leben aufbauen:* Mon fils est en train de faire sa ~ en Argentine. / **faire la** ~ *ein liederliches Leben führen:* On dit qu'elle a fait la ~ dans sa jeunesse, mais maintenant elle s'est bien rangée. / **gâcher** la ~ de qn *j-s Leben verpfuschen:* Son ambition a gâché sa ~. / **jouir, profiter** de sa, la ~ *sein Leben genießen:* Avant de commencer ma carrière, je veux jouir de ma ~. / **laisser sa** ~ *sein Leben lassen:* Trois soldats ont laissé leur ~ dans cette opération de sauvetage. / **laisser** la ~ **sauve** à qn *j-s Leben schonen:* Les ravisseurs ont promis de laisser la ~ sauve à leur victime si toutes leurs conditions étaient scrupuleusement respectées. / **maintenir en** ~ *am Leben erhalten:* Les subventions de l'État maintiennent en ~ des entreprises peu rentables et vétustes. / **mener** une ~ (+ *adj ou complément*) *ein* (+ *adj oder Ergänzung*) *Leben führen:* À Haïti, il avait mené une ~ de prince. / **mener** la ~ **dure** à qn *j-m das Leben schwer machen:* Les élèves mènent la ~ dure à leur professeur. / **mettre** de la ~ **dans** ... *Leben bringen in ...:* Le clown a mis de la ~ dans la représentation jusqu'alors triste. / **perdre la** ~ *ums Leben kommen:* Trois personnes ont perdu la ~ dans cet accident terrible. / **ramener, rappeler** qn à la ~ *j-n ins Leben zurückholen:* On le croyait déjà mort, mais les médecins l'ont ramené à la ~. / **rater, manquer** sa ~ *sein Leben verpfuschen, verfehlen:* Henri est si jeune et a déjà raté sa ~. / **refaire** sa ~ *(sein Leben) ganz von vorn beginnen:* Il a juré de refaire sa ~ au Canada. / **renaître, revenir** à la ~ *wieder aufleben:* Après une année remplie de préparations d'examen, Jean-Pierre est revenu à la ~. / **rendre** la ~ à qn *j-n (wieder) aufatmen lassen:* La nouvelle de la réussite de l'expédition a rendu la ~ à la femme de Michel Salou. / **rendre** la ~ **impossible, insupportable** à qn *j-m das Leben zur Hölle machen:* Mon chef me rend la ~ insupportable. / **sauver** la ~ de qn *j-m das Leben retten:* Ce jeune homme a sauvé la ~ de deux garçons qui étaient en train de se noyer dans une rivière. / **tenir à** la, **aimer** la ~ *am Leben hängen:* Il est presque aveugle et complètement sourd, mais il tient à la ~. / **vivre** sa ~ *sein (eigenes) Leben leben:* Ne vous mêlez pas trop des affaires de vos enfants. Chacun a le droit de vivre sa ~.

vie² f *Lebensunterhalt*
gagner sa ~ *seinen Lebensunterhalt verdienen:* Après la mort de son mari, la pauvre femme gagnait péniblement sa ~ comme femme de ménage.

vieillard m *Greis*
~ **débile, décrépit** *altersschwacher, hinfälliger Greis* / ~ **gâteux** *trotteliger, verkalkter, vertrottelter Greis* / ~ **respectable, vénérable** *ehrwürdiger Greis* / ~ encore **vert** *noch rüstiger Greis* / ~ **voûté** *gebeugter Greis*

vieillesse f *Alter*
respecter la ~ *das Alter ehren:* J'ai appris à mes enfants à respecter la ~.

vigilance f *Wachsamkeit*
consacrer, donner toute sa ~ à qn, qc *j-m, einer Sache seine ganze Aufmerksamkeit widmen:* Je suis obligé de donner toute ma ~ à la réalisation de notre plan. / **endormir, tromper** la ~ de qn *j-s Wachsamkeit einschläfern; j-n in Sicherheit wiegen:* Le commerçant avait peu à peu réussi à endormir la ~ des banquiers. / **redoubler** de ~ *seine Wachsamkeit erhöhen:* Face aux graves dangers qui menacent notre pays, le gouvernement doit redoubler de ~. / **relâcher** sa ~ *in seiner Wachsamkeit nachlassen:* Au fur et à mesure que la soirée avançait, il a relâché sa ~.

vigueur f *(jur) Kraft*
entrer en ~ *in Kraft treten:* La loi entrera en ~ le premier janvier de l'année à venir. / **être** en ~ *in Kraft sein:* Le règlement en question n'est plus en ~. / **mettre** en ~ *in Kraft setzen:* Le gouvernement a mis en ~ la législation pour les cas d'urgence.

village m *Dorf*
~ **perdu** *abgelegenes Dorf*

ville f *Stadt*
~s **jumelées** *Partnerstädte* / ~ **populeuse** *dichtbevölkerte Stadt*
aller en ~ *in die Stadt gehen:* Madame Perrin n'est pas là, elle est allée en ~. / **courir** la ~ *in der ganzen Stadt herumlaufen:* J'ai couru toute la ~ sans trouver le livre que je cherchais. / **partir** en ~ *in die Stadt fahren, gehen:* Est-ce que Jacques est déjà parti en ~? / **raser** une ~ *eine Stadt dem Erdboden gleichmachen:* Cette ~ a été rasée pendant la guerre.

vin m *Wein*
~ **aigre** *saurer Wein* / ~ **aigrelet** *etwas säuerlicher Wein* / ~ **âpre, râpeux** *herber Wein* / ~ **blanc** *Weißwein* / ~ **bourru** *ungegorener Wein* / ~ **capiteux** *zu Kopf steigender Wein* / ~ **chaud** *Glühwein* / ~ **clairet** *leichter, heller Rotwein* / ~ **corsé** *vollmundiger Wein* / ~ **coupé** *gespritzter, mit Wasser vermischter Wein* / ~ **courant, ordinaire** *Tischwein; einfacher Wein* / ~ **cuit** *Wein aus eingedampftem Most* / ~ **doux** *milder, lieblicher Wein* / ~ **étendu** *verdünnter, gestreckter Wein* / ~ **éventé** *schaler, abgestandener Wein* / ~s **exquis** *erlesene Weine* / ~s **fins** *auserlesene Weine* / ~ **fruité** *fruchtiger Wein* / ~ **généreux** *feuriger Wein* / **grands** ~s *berühmte Weine* / **gros** ~ *billiger, einfacher Tischwein* / ~ **léger** *leichter Wein* / ~ **liquoreux** *Likörwein* / ~ **lourd** *schwerer Wein* / ~ **médicinal** *Krankenwein* / ~ **moelleux, velouté** *voller, lieblicher Wein* / ~ **mousseux** *Schaumwein* / ~ **naturel** *naturreiner Wein* / ~ **nouveau** *neuer Wein; Heuriger* / ~ **piqué, tourné** *umgeschlagener Wein* / ~ **recoupé** *verschnittener Wein* / ~ **rosé** *Rosé* / ~ **rouge** *Rotwein* / ~ **sec** *herber, trockener Wein* / ~ **vert** *unausgereifter Wein*
chambrer le ~ *den Wein richtig temperieren:* Quel dommage! J'ai oublié de chambrer le ~. / **falsifier, frelater, trafiquer, mouiller,** (F) **baptiser** le ~ *den Wein panschen:* Deux vignerons sont soupçonnés d'avoir falsifié leur ~. / **mettre** le ~ **en bouteille** *den Wein abfüllen:* Ce ~ a été mis en bouteille dans la région de production, c'est déjà une certaine garantie de qualité. / **tenir** (bien) le ~ *viel (Wein) vertragen:* Paul Duval tient bien le ~. / **tirer** le ~ *den Wein abziehen:* Le ~ rouge a été tiré au mois d'octobre. / le ~ **tourne** *der Wein schlägt um:* Le ~ n'a pas supporté le transport, il a tourné. / **tremper, couper** le ~ *den Wein verdünnen:* Je trempe mon ~ parce que j'ai des douleurs hépatiques. / laisser **vieillir** le ~ *den Wein reifen lassen:* Si vous laissez ce ~ vieillir une ou deux années, il sera formidable.

violence f *Gewalt*
céder à la ~ *der Gewalt weichen:* Nous ne céderons pas à la ~. / **commettre** des ~s contre qn *gegen j-n Gewalttätigkeiten begehen, gewalttätig werden:* Les soldats ont commis des ~s contre la population civile. / **employer** la ~; **user** de ~; **recourir** à la ~ *Gewalt anwenden:* La police a dû user de ~ pour dissiper les manifestants. / **faire** ~ à qn *j-m Gewalt antun:* Je ne peux pas lui faire ~. / **se faire** ~ *seinen Gefühlen Zwang antun; sich zwingen:* Il dut se faire ~ pour ne pas lâcher tout ce qu'il avait sur le cœur. / **répondre** à la ~ par la ~ *Gewalt gegen Gewalt setzen:* Je ne vois pas d'autre solution que de répondre à la ~ par la ~. / **subir** des ~s *tätlich angegriffen werden:* Deux jeunes femmes ont subi des ~s rue des Capucins.

violon m *Geige*
accorder le ~ *die Geige stimmen:* Avez-vous déjà accordé vos ~s? / **écorcher, gratter, racler** son ~ *auf der Geige herumkratzen:* C'est énervant: chaque jour, entre deux et trois heures, le fils de nos voisins gratte son ~. /

virage 314

jouer du ~ *Geige spielen:* Madame Bunard joue bien du ~.
virage m *Kurve*
~ **relevé** *überhöhte Kurve*
aborder, amorcer un ~ *in eine Kurve fahren, gehen:* Vous abordez les ~s trop vite. / **couper** un ~ *eine Kurve schneiden:* La Peugeot a coupé le ~ et causé un accident. / **manquer,** (F) **rater** un ~ *aus einer Kurve getragen werden:* Émile a manqué un ~ et s'est retrouvé dans un fossé. / **négocier, prendre** un ~ *eine Kurve nehmen:* Prenez ce ~ avec prudence. / **redresser, rectifier** un ~ *eine Kurve begradigen:* Ce ~ devra être rectifié.
virement m *Überweisung*
effectuer un ~ *eine Überweisung tätigen:* J'ai effectué le ~ il y a deux semaines. / **payer** par ~ *durch Überweisung, bargeldlos zahlen:* Nous préférerions que vous payiez par ~.
virgule f *Komma*
mettre une ~ *ein Komma setzen:* Faut-il mettre une ~ entre ces deux mots?
vis f *Schraube*
desserrer une ~ *eine Schraube lösen:* Desserrer les quatre ~ et enlever le couvercle. / **serrer, bloquer** une ~ *eine Schraube festziehen:* N'oubliez pas de serrer les deux ~ hexagonales.
visa m *Visum*
délivrer un ~ *ein Visum ausstellen, erteilen:* Le consulat indonésien vous délivrera un ~. / **demander** un ~ *ein Visum beantragen:* Avez-vous déjà demandé votre ~?
visage m *Gesicht*
~ **allongé, ovale** *längliches Gesicht* / ~ **anguleux** *eckiges, kantiges Gesicht* / ~ **arrondi** *volles, rundliches Gesicht* / ~ **balafré** *Gesicht mit einem Schmiß* / ~ **basané** *sonnengebräuntes Gesicht* / ~ **blafard, blême, hâve, pâle** *fahles, bleiches Gesicht* / ~ **bouffi, empâté** *aufgedunsenes, aufgeschwemmtes Gesicht* / ~ **chafouin** *durchtriebenes, verschlagenes Gesicht* / ~ **chiffonné** *eingefallenes Gesicht* / ~ **cireux** *wächsernes Gesicht* / ~ **crispé, convulsé** *verkrampftes, verzerrtes Gesicht* / ~ **décharné, émacié** *abgezehrtes Gesicht* / ~ **décomposé** *entstelltes, verzerrtes Gesicht* / avoir le ~ **défait** *mitgenommen aussehen* / ~ **embarrassé** *verlegenes Gesicht* / ~ **empourpré** *puterrotes Gesicht* / ~ **enluminé** *hochrotes Gesicht* / ~ **épanoui** *freudestrahlendes Gesicht* / ~ **éploré** *tränenüberströmtes Gesicht* / ~ **expressif, vivant** *ausdrucksvolles Gesicht* / ~ **fané, flétri** *welkes Gesicht* / ~ **fermé, hermétique, impénétrable** *verschlossenes Gesicht* / ~ **immobile, impassible** *unbewegtes Gesicht* / ~ **irrégulier** *unebenmäßige Gesichtszüge* / ~ **joufflu** *pausbäckiges Gesicht* / ~ **marmoréen** *unbewegtes, starres, statuenhaftes Gesicht* / ~ **mobile** *wandlungsfähiges Gesicht* / ~ **morose, renfrogné** *mürrisches, griesgrämiges Gesicht* / ~ **parcheminé** *faltiges, ledernes Gesicht* / ~ **patibulaire** *Galgen-, Verbrechergesicht* / ~ **plombé** *aschfahles Gesicht* / ~ **poupin** 1. *pausbäckiges und rosiges Gesicht;* 2. *puppenhaftes Gesicht* / ~ **ratatiné** *verhutzeltes, zerknittertes Gesicht* / ~ **ravagé** *verlebtes Gesicht* / ~ **raviné** *durchfurchtes Gesicht* / ~ **rebondi** *rundes, volles Gesicht* / ~ **régulier, symétrique** *ebenmäßige Gesichtszüge* / ~ **réjoui** *freudiges Gesicht* / ~ **rembruni** *finsteres Gesicht* / ~ **ridé** *faltiges Gesicht* / ~ **tanné** *gegerbtes Gesicht*
son ~ s'**allonge** *er macht ein langes Gesicht:* À cette nouvelle, son ~ s'est allongé. / **arrondir** le ~ *das Gesicht voller machen:* Cette coiffure vous arrondit le ~. / son ~ s'**assombrit, se rembrunit** *sein Gesicht verfinstert sich:* Quand il a vu son ex-chef, son ~ s'est assombri. / un ~ **bleuit** *ein Gesicht läuft blau an:* Le ~ du malade a soudain bleui et sa respiration est devenue irrégulière. / son ~ **bourgeonne** *er bekommt Pickel im Gesicht:* Quand les enfants entrent dans la puberté, leur ~ bourgeonne. / il **change** de ~ *sein Gesichtsausdruck verändert sich:* Quand le téléphone sonna, il changea de ~. / **composer** son ~ *ein undurchsichtiges Gesicht machen:* Lorsque le chef lui a demandé de donner un rapport des événements, il a composé son ~ avant de se mettre à parler. / la douleur **contractait, décomposait, tordait** son ~ *er verzog vor Schmerz das Gesicht:* Il brûlait de fièvre et la douleur contractait son ~. / son ~ se **convulse, se crispe** *sein Gesicht verzerrt sich:* Quand il parle de Marlène, son ~ se crispe. / son ~ s'**éclaire, s'épanouit** *sein Gesicht erhellt sich, strahlt:* À l'approche du général Alan, son ~ s'éclaira. / **jeter** qc au ~ de qn (bes. fig) *j-m etw ins Gesicht schleudern:* Le chauffeur fautif a jeté des injures au ~ de l'agent de police. / **lire** qc sur le ~ de qn *j-m etw am Gesicht, an der Miene ablesen, ansehen:* Je lis son mécontentement sur son ~.
visite f *Besuch*
~ **impromptue** *unerwarteter, überraschender Besuch* / ~ **officielle** *Staatsbesuch* / **petite** ~ *kurzer Besuch* / ~ **privée** *Privatbesuch*
avoir la ~ de qn *j-n zu Besuch haben:* Nous avons eu la visite d'une vieille tante. / **avoir** une, de la ~ *Besuch haben:* Je ne peux pas sortir, on a de la visite. / **être** en ~ chez qn *bei j-m zu, auf Besuch sein:* Dimanche, j'ai été en visite chez les Durand. / **recevoir** la ~ de qn *von j-m Besuch bekommen:* Demain, nous recevrons la visite d'une famille australienne. / **rendre** ~, **faire** ~ à qn *j-n besuchen:* J'espère que vous nous rendrez bientôt visite. / **rendre sa** ~ à qn *j-s Besuch erwidern:* Dites-lui que nous lui rendrons sa ~ avant Noël.

visite guidée f *Führung (Tourismus)*
faire une ~ *eine Führung mitmachen:* Voulez-vous faire une ~ du château?
visite (médicale) f *ärztliche Untersuchung*
passer (à) la ~ *ärztlich untersucht werden:* Les employés du bureau d'études passent à la visite entre dix heures et midi.
visiteur m *Besucher*
~ **importun, malvenu** *ungebetener Gast; ungelegener Besucher*
vitesse[1] f *Geschwindigkeit*
faible ~ *geringe Geschwindigkeit* / ~ **foudroyante, fulgurante** *rasende, rasante Geschwindigkeit* / **grande** ~ *hohe Geschwindigkeit* / ~ **supersonique** *Überschallgeschwindigkeit* / ~ **vertigineuse** *schwindelerregende Geschwindigkeit*
aimer la ~ *gern schnell fahren:* Votre beau-père aime la ~, hein? / **faire** de la ~ *rasen:* Sur l'autoroute, il fait de la ~ sans regarder à la consommation d'essence. / **gagner, prendre** qn de la ~ *j-m zuvorkommen:* J'ai voulu le gagner de ~, mais il a été plus rapide. / **limiter** la ~ *die Geschwindigkeit beschränken:* Le gouvernement a décidé de limiter encore une fois la ~ sur les grandes routes. / **lutter** de ~ *um die Wette rennen:* Les deux gars luttaient de ~, car chacun voulait être le premier. / **partir** en ~ *losrasen:* Le médecin sauta dans sa voiture et partit en ~. / **prendre** de la ~ *schneller werden, fahren:* Le train sortit lentement de la gare puis, peu à peu, prit de la ~.
vitesse[2] f *Gang (beim Auto)*
changer de ~ *schalten; einen anderen Gang einlegen:* Mais changez donc de ~, vous étouffez le moteur! / **mettre** la, **passer** en troisième, etc. ~ *in den dritten usw. Gang schalten:* Mettez la troisième ~ avant de vous engager sur la pente verglacée. / **passer** les ~s *schalten:* C'est une voiture à conduite automatique, vous n'avez plus besoin de passer les ~s.
vitre f *(Fenster)Scheibe; Fenster*
~ **colorée** *Buntglasscheibe* / ~ **opaque** *undurchsichtige Fensterscheibe* / ~ **ternie** *trübe, angelaufene Scheibe*
baisser la ~ *(Auto) das Fenster herunterkurbeln, -drehen:* J'ai baissé la ~ et montré mon permis de conduire à l'agent. / **briser, casser** une ~ *ein Fenster, eine Fensterscheibe einschlagen:* Mon fils a brisé une ~. / **une** ~ **se brise, se casse** *ein Fenster, eine Fensterscheibe geht zu Bruch:* Beaucoup de ~s se sont brisées dans l'explosion. / **les** ~**s s'embuent** *die Scheiben beschlagen (sich):* Mets le chauffage, les ~s s'embuent. / **faire, laver, nettoyer** les ~s *(die) Fenster putzen:* Émilie, pouvez-vous laver les ~s, s'il vous plaît? / **mettre, poser** une ~ *eine Scheibe einsetzen:* Tu n'as toujours pas posé la ~ de la fenêtre du salon. / **remonter, relever** la ~ *(Auto) das Fenster hochkurbeln, -drehen:* Remonte la ~, il fait froid.
vitrine f *Schaufenster*
mettre qc en ~ *etw im Schaufenster ausstellen, auslegen:* Mettez ce sac à main en ~, vous le vendrez vite. / **regarder, lécher** les ~s *Schaufenster ansehen; einen Schaufensterbummel machen:* Tu viens lécher les ~s avec moi?
vocabulaire m *Wortschatz*
~ **actif** *aktiver Wortschatz* / ~ **disponible** *abrufbarer Wortschatz* / ~ **étendu, riche** *großer, reicher Wortschatz* / ~ **indigent, pauvre** *dürftiger, kleiner Wortschatz* / ~ **passif** *passiver Wortschatz* / ~ **restreint** *beschränkter Wortschatz* / ~ **technique** *Fachvokabular*
vocation f *Berufung*
avoir la ~ *(dazu) berufen sein; sich (dazu) eignen:* Prenez Mademoiselle Fischer pour ce poste. J'ai l'impression qu'elle a la ~. / **avoir** la ~ de qc *zu etw berufen sein:* Mylène semble avoir la ~ du théâtre (... *zur Schauspielerin* ...). / **contrarier** une ~ *eine Begabung ungenutzt lassen:* Si cet enfant témoigne tant de goût pour le dessin, il serait dommage de contrarier sa ~. / **manquer** sa ~ *seinen Beruf verfehlen (auch iron):* Si vous n'aimez pas vous lever tôt, vous avez manqué votre ~. / **se sentir** une ~ de ... *sich zu ... berufen fühlen:* Elle s'est toujours senti une ~ de médecin. / **suivre** sa ~ *seiner Berufung, seinen Neigungen folgen:* J'ai toujours essayé de suivre ma ~.
vœu[1] m *Wunsch*
mon ~ **le plus cher** *mein innigster Wunsch* / ~ **irréalisable** *unerfüllbarer Wunsch* / ~ **pieu** *frommer Wunsch*
adresser, présenter des ~x de bonheur à qn; **faire, former** des ~x pour le bonheur de qn *j-m Glück wünschen; j-m alles Gute wünschen:* N'oublie pas d'adresser des ~x de bonheur aux Lagadeq à l'occasion du mariage de leur fille. / **combler** des ~x; **répondre** à un ~ *einen Wunsch erfüllen; einem Wunsch entsprechen:* Nous aurons des difficultés à combler vos ~x. / **émettre, exprimer, formuler** un ~ *einen Wunsch äußern:* Permettez que je formule un ~. / **exaucer** un ~ *einen Wunsch erhören, erfüllen:* Mon ~ le plus cher a été exaucé. / **faire** un ~ *sich etw wünschen:* Vous pouvez faire un ~.
vœu[2] m *Gelübde*
faire ~ de (faire) qc *etw geloben; geloben, etw zu tun:* À l'âge de trente ans, elle fit ~ de se consacrer aux pauvres. / **prononcer** ses ~x *(rel) die Gelübde ablegen:* Le fils des Nadier prononcera bientôt ses ~x. / **relever** qn de ses ~x *(rel) j-n von seinen Gelübden entbinden:* Le père Bernard a demandé à être relevé de ses ~x pour pouvoir se marier.
vogue f *Beliebtheit*

voie

connaître une grande ~ *sich großer Beliebtheit erfreuen; groß in Mode sein:* La planche à voile connaît à présent une grande ~. / **être** en ~ *sehr beliebt, in Mode sein:* Cette mélodie est actuellement en ~. / **mettre** qc en ~ *etw in Mode bringen:* Un groupe de jazz américain a mis cette musique en ~ en Europe.

voie[1] f (*Verkehrs*)*Weg*
~ **express** *Schnellstraße* / ~ **privée** *Privatweg* / ~ **publique** *öffentliche Straße*
dégager la ~ *den Weg, die Straße freimachen:* Les pompiers ont réussi à dégager la ~ au bout d'une heure. / **emprunter** une ~ *einen Weg einschlagen* (*auch fig*): Quelle ~ est-ce que les manifestants vont emprunter? / **frayer** une ~ à qn *j-m einen Weg bahnen:* Les agents de police ont dû frayer une ~ au chef du gouvernement.

voie[2] f *Gleis*
fermer la ~ (*Signal*) *auf „Halt" stehen:* Le signal avait fermé la ~, mais le mécanicien ne l'avait pas vu. / **ouvrir** la ~ (*Signal*) *auf „Fahrt" stehen:* Le signal ouvre la ~, vous pouvez continuer. / **traverser** les ~s *die Gleise überschreiten, überqueren:* Il est interdit de traverser les ~s.

voie[3] f (*fig*) *Weg*
la **bonne** (**mauvaise**) ~ *der richtige* (*falsche*) *Weg* / par des ~s **détournées** *auf Umwegen* / ~ **diplomatique** *diplomatischer Weg* / (suivre la) ~ **hiérarchique** (den) *Dienstweg, Instanzenweg* (*einschlagen*)
boucher la ~ (à qn) (*j-m*) *den Weg versperren:* Il voulait faire des études de médecine mais, pour l'instant, la ~ semble bouchée. / **continuer, poursuivre** dans une, **suivre** une ~ *so weitermachen:* Je vous recommande de continuer dans cette ~. / **être** dans, sur la **bonne** ~; **suivre** la **bonne** ~ *auf dem richtigen Weg sein:* Je crois qu'avec votre demande, vous êtes maintenant sur la bonne ~. / **être** en **bonne** ~ *gut vorankommen:* La construction du gymnase est en bonne ~. / **être** en ~ de (+ *subst*) *auf dem Wege* (+ *Gen*) *sein:* Le pont est en ~ d'achèvement (... *geht der Vollendung entgegen*). / **mettre** qn sur la ~ *j-m auf die Sprünge helfen:* Monsieur Berliot nous a généreusement mis sur la ~. / **ouvrir, tracer, jalonner** la ~ (à qn, qc) (*j-m, für etw*) *den Weg aufzeigen:* Monsieur Ternier, avec sa donation, a ouvert la ~ à la construction du terrain de football. / **préparer, frayer, aplanir** la ~ *den Weg bereiten, bahnen, ebnen:* Les extrémistes prépareront la ~ à la dictature. / **remettre** qn dans, sur la **bonne** ~ *j-n wieder auf den rechten Weg bringen:* Le curé semble avoir réussi à remettre Janine Badot sur la bonne ~. / il a **trouvé** sa ~ *er hat seinen Weg, das Richtige für sich gefunden:* Mon fils a enfin trouvé sa ~: il se fera pharmacien. / **trouver** la **bonne** ~ *den rechten Weg finden:* Jean-François travaille maintenant régulièrement et semble avoir trouvé la bonne ~.

voile[1] m *Schleier* (*auch fig*)
(**a**)**baisser** son ~ *den Schleier vors Gesicht ziehen:* Lorsque je m'approchai d'elle, Madame Unimas baissa son ~. / **couvrir** qc d'un ~ *etw verhüllen, verschleiern* (*auch fig*): L'opposition a essayé de couvrir d'un ~ le scandale. / **déchirer** le ~ (*fig*) *den Schleier zerreißen; die Wahrheit ans Tageslicht bringen:* Le procureur d'État a enfin pu déchirer le ~ qui recouvrait cette affaire. / **jeter** le ~ sur qc (*fig*) *einen Schleier über etw breiten:* Le gouvernement a jeté le ~ sur cette affaire d'exportation d'armes. / **lever, ôter** le ~ (sur un mystère) *den Schleier* (*eines Geheimnisses*) *lüften:* Personne, jusqu'ici, n'est parvenu à lever le ~ sur ce mystère. / **relever** son ~ *den Schleier hochschlagen:* Brigitte, en voyant son amant, releva son ~ et se fit embrasser en pleine rue. / **soulever** un coin du ~ (*fig*) *den Schleier etwas lüften:* Les déclarations de Jossy ont soulevé un coin du ~ qui couvre ce mystère irritant.

voile[2] f *Segel*
amener les ~s *die Segel einholen, streichen:* Amène les ~s et mets le moteur en marche! / les ~s **claquent** *au vent die Segel knattern im Wind:* Le bateau avançait à grande vitesse et les ~s claquaient au vent. / **être** sous ~s; **naviguer** à la ~ *segeln:* Entre Haïti et la Jamaïque, nous étions sous ~s bien que le vent soit très fort. / **faire de la** ~ *segeln; Segelsport* (*be*)*treiben:* Cet été, nous ferons de la ~ en Normandie. / **faire** ~ en direction de ... (*ab*)*segeln nach ...:* Pendant dix jours, la caravelle fit ~ en direction de la Guadeloupe. / le vent **gonfle** les ~s *der Wind bläht die Segel:* Un vent d'est se leva soudain et gonfla les ~s de manière inquiétante. / **hisser** les ~s *Segel setzen:* Le vent est trop fort, vous ne pouvez pas encore hisser les ~s. / **mettre** toutes ~s dehors *alle Segel setzen:* Le capitaine ordonna de mettre toutes ~s dehors.

voisinage m *Nachbarschaft*
dans le ~ **immédiat** *in nächster Nähe*
être, vivre en **bon** ~ avec qn *mit j-m gute Nachbarschaft halten:* Nous sommes en bon ~ avec tout le monde.

voiture f *Auto, Wagen*
~ **décapotable** *Cabriolet* / **grosse** ~ (F) *dicker Wagen* / ~ **nerveuse** *spritziges Auto* / ~ **officielle** *Dienstwagen* (*für hochgestellte Persönlichkeiten*) / ~ **particulière** *Privatwagen* / ~ **puissante** *starker Wagen* / ~ **robuste** *robustes Auto* / ~ **bien** (**mal**) **suspendue** *gut* (*schlecht*) *gefederter Wagen*
aller en ~ *mit dem Auto, Wagen fahren:* Est-ce que vous allez en ~ à Paris? / la ~ **cahote,**

secoue les passagers *der Wagen rüttelt die Insassen durch:* La ~ avançait à toute vitesse sur la piste africaine et cahotait les passagers. / **caramboler** une ~ *gegen ein Auto prallen:* L'automobiliste a carambolé une autre ~ et s'est enfui. / **conduire, piloter** une ~ *einen Wagen lenken, fahren:* Qui a conduit la ~? / la ~ **culbute** *der Wagen stürzt um:* La ~ a culbuté dans un virage surélevé. / la ~ **démarre, part** *der Wagen fährt los:* La ~ des Duclos démarra à toute vitesse. / une ~ **dérape** *ein Wagen gerät ins Schleudern:* La ~ qui roulait devant moi a dérapé et carambolé un camion qui venait en sens inverse. / **descendre** de la ~ *aus dem Wagen aussteigen:* L'amiral est descendu avec peine de la ~. / **doubler, dépasser** une ~ *einen Wagen überholen:* Mais vous ne pouvez pas doubler cette ~ à une telle vitesse. / **écraser, aplatir** sa ~ contre ... *mit dem Wagen an, gegen ...fahren, prallen:* Philippe a écrasé sa ~ contre un pont. / **se faire écraser** par une ~ *von einem Auto überfahren werden:* Mon chien s'est fait écraser par une ~. / **emboutir, télescoper** une ~ *auf einen Wagen auffahren; einen Wagen verbeulen:* Mon père vient d'emboutir une ~ sur l'autoroute de Marseille. / **entretenir** sa ~ *seinen Wagen pflegen:* Monsieur Chamard entretient sa ~ avec beaucoup de soin. / **éviter** une ~ *einem Wagen ausweichen:* Pour éviter la ~ qui fonçait droit sur moi, j'ai dû donner un coup de volant et ma ~ a dérapé. / **garer** la ~ *den Wagen parken:* Essayez de garer la ~ derrière l'église. / **immatriculer** une ~ *einen Wagen zulassen:* Trois mille ~s ont été immatriculées en janvier. / **mener** la, sa ~ au garage *den, seinen Wagen in die Werkstatt bringen:* Le moteur fait un drôle de bruit; il faut que je mène ma ~ au garage. / **monter** en, dans la ~ *in den Wagen (ein)steigen:* Les enfants sont déjà montés dans la ~. / **passer** sous une ~ *unter ein Auto kommen:* Mon fils est passé sous une ~, mais heureusement, il n'a été que légèrement blessé. / la ~ **patine** *die Räder des Wagens drehen durch:* Sur la route verglacée, notre ~ patinait. / **pousser** une ~ *ein Auto (an)schieben:* Pouvez-vous m'aider à pousser ma ~, s'il vous plaît? / **remorquer** une ~; **prendre** une ~ **en remorque** *einen Wagen (ab)schleppen:* Notre ~ est restée en panne au beau milieu du carrefour. Heureusement, nos amis ont pu la remorquer. / **rentrer, mettre** la, sa ~ au garage *den, seinen Wagen in die Garage fahren:* Tu as oublié de rentrer la ~ au garage. / la ~ s'est **renversée** *der Wagen hat sich überschlagen:* J'ai manqué un virage et ma ~ s'est renversée. / faire **réviser** sa ~ *seinen Wagen zur Inspektion bringen:* Il faut que nous fassions réviser notre ~. / **roder** une ~ *einen Wagen einfahren:* Les ~s modernes n'ont plus besoin d'être rodées sur plus de deux mille kilomètres. / **sortir** la, sa ~ du garage *den Wagen aus der Garage fahren, holen:* Peux-tu sortir la ~ du garage en attendant que je descende les valises? / **sortir** en ~ (*im Auto*) *aus-, spazierenfahren:* Le soir, je sors souvent en ~ pour me détendre. / **tamponner, télescoper** une ~ *auf ein Auto auffahren:* Monsieur Quilini arrivera en retard; il vient de téléphoner qu'il avait tamponné une ~, rue des Capucins. / **se tuer** en ~ *mit dem Wagen tödlich verunglücken:* Deux gendarmes se sont tués en ~.

voix[1] f *Stimme*

~ **aiguë** *gellende, schrille Stimme* / ~ **assurée** *feste Stimme* / ~ **basse** *tiefe Stimme* / à ~ **basse** *leise; mit leiser Stimme* / ~ **blanche** *tonlose Stimme* / ~ **cassée, fêlée** *heisere, brüchige Stimme* / ~ **caverneuse, sépulcrale** *Grabesstimme* / ~ **chaude** *warme Stimme* / ~ **chevrotante** *zittrige Stimme* / ~ **claire** *helle, klare Stimme* / ~ **claironnante** *durchdringende Stimme* / ~ **coupante, tranchante** *schneidende Stimme* / ~ **creuse** *hohle Stimme* / ~ **criarde** *gellende, keifende Stimme* / ~ **cuivrée** *volltönende, klangvolle Stimme* / d'une ~ **défaillante** (d'émotion) *mit versagender Stimme* / ~ **discordante** *mißtönende Stimme* / ~ **dolente** *klagende Stimme* / ~ **douce** 1. *sanfte Stimme;* 2. *leise Stimme* / ~ **doucereuse** *zuckersüße Stimme* / ~ **éclatante** (laut) *schallende Stimme* / ~ **enrouée** *heisere Stimme* / ~ **éplorée, mouillée** *tränenstickte Stimme* / ~ **éraillée** *heisere, krächzende Stimme* / ~ **éteinte** *tonlose, erloschene Stimme* / ~ **étouffée** (tränen)*erstickte Stimme* / ~ **étranglée** (halb)*erstickte Stimme* / ~ **expirante, mourante** *ersterbende Stimme* / ~ **fatiguée** *matte Stimme* / ~ **ferme** *feste, sichere Stimme* / ~ **fluette** *zarte, schwache Stimme* / ~ **flûtée** *hohe, schrille Stimme* / ~ **forte** *kräftige, laute Stimme* / ~ **glapissante** *kreischende Stimme* / ~ **grasse** *laute und etwas ordinäre Stimme* / ~ **grave** *tiefe, dunkle Stimme* / ~ **grêle** *dünne, piepsige Stimme* / ~ **grosse** ~ *dröhnende, laute und tiefe Stimme* / à ~ **haute**; à ~ **haute** *laut; mit lauter Stimme* / à **haute et intelligible** ~ *laut und deutlich* / ~ **hésitante** *stockende Stimme* / ~ **lamentable, plaintive** *klägliche Stimme* / ~ **larmoyante** *weinerliche Stimme* / ~ **lente** *schleppende Stimme* / ~ **mâle, virile** *männliche, kraftvolle Stimme* / ~ **mélodieuse, harmonieuse** *klangvolle Stimme* / ~ **métallique** *metallische Stimme* / ~ **moelleuse** *schmelzende Stimme* / ~ **monocorde** *monotone monotone Stimme* / ~ **nasale, nasillarde** *näselnde Stimme* / ~ **neutre** *unbeteiligte Stimme* / ~ **perçante** *durchdringende Stimme* / ~ **profonde** *tiefe Stimme* / ~ **puissante** *mächtige Stimme* / ~ **rauque, rude, rocailleuse** *rauhe*

voix

Stimme | ~ **retentissante** dröhnende Stimme | ~ **sèche** schroffe, barsche Stimme | ~ **sonore** volltönende, wohlklingende Stimme | ~ **sourde** gedämpfte Stimme | ~ **stridente, aigre** schrille, gellende Stimme | ~ **ténue** zartes, dünnes Stimmchen | ~ bien **timbrée** klangvolle Stimme | ~ **tonitruante, tonnante** Donnerstimme; dröhnende Stimme | parler d'une ~ **traînante** in schleppendem Tonfall, gedehnt sprechen | ~ **tremblante, tremblotante** (vor Angst) zitternde Stimme | ~ **veloutée** samtweiche Stimme | ~ **vibrante** (vor Begeisterung usw.) bebende Stimme | de **vive** ~ mündlich | ~ **voilée** belegte, heisere Stimme
sa ~ **s'affermit** seine Stimme wird fester: D'abord il balbutia pendant quelques secondes, mais très vite, sa ~ s'affermit et il exposa sa requête avec assurance. | **avoir** de la ~ eine gute Stimme haben: Votre fille a de la ~. | **baisser** la ~ die Stimme senken: Le commissaire baissa la ~ et glissa quelques mots à l'oreille de l'inspecteur Duvier. | se **casser** la ~ seine Stimme überanstrengen: Comme le micro ne fonctionnait pas, j'ai forcé ma ~ et finalement, je me la suis cassée. | **changer, déguiser, contrefaire** sa ~ seine Stimme verstellen: J'ai changé ma ~ au téléphone pour que Claude ne me reconnaisse pas. | **contrefaire, imiter** la ~ de qn j-s Stimme nachahmen: Philippe réussit parfaitement à contrefaire la ~ de son père. | **couvrir** la ~ de qn j-s Stimme überschreien, übertönen: Les manifestants couvraient la ~ de l'orateur. | **donner** de la ~ (Hund) anschlagen: Le chien, voyant que l'inconnu avançait sur le chemin, a donné de la ~ pour alerter les habitants de la ferme. | s'**éclaircir** la ~ (sich) räuspern: Le matin, le directeur Fanin s'éclaircit la ~ avant de s'adresser à sa secrétaire. | **enfler, grossir** sa ~ seiner Stimme mehr Gewicht verleihen, geben: L'enfant essayait de grossir sa ~ pour impressionner son interlocuteur. | **être** en ~ gut bei Stimme sein: Je ne suis pas en ~ aujourd'hui. | **forcer** sa ~ seine Stimme überanstrengen: Il y a un passage dans cet opéra où tous les chanteurs doivent pratiquement forcer leur ~. | la ~ me **manque** mir versagt die Stimme: Il était si ému que la ~ lui manqua à plusieurs reprises. | sa ~ **mue** er ist im Stimmbruch: Il a bien grandi et sa ~ commence déjà à muer. | une ~ **porte** loin eine Stimme trägt weit: Sa ~ porte bien loin. | **rester** sans ~ keinen Ton hervorbringen: Paralysée par l'émotion, elle est restée sans ~. | **travailler** sa ~ Stimmübungen machen: Si vous travaillez votre ~ régulièrement, vous l'améliorerez certainement.

voix² f (pol) Stimme
~ **consultative** beratende Stimme | **donner** sa ~ à qn j-m seine Stimme geben: J'ai donné ma ~ à Madame Justin. | **briguer** des ~ sich um Stimmen bemühen: Le candidat va certainement essayer de briguer des ~ parmi les membres de l'ancienne majorité. | **gagner** des ~ Stimmen (dazu)gewinnen: Le député socialiste a gagné beaucoup de ~. | **mettre** qc aux ~ etw zur Abstimmung stellen: Je préfère mettre la question aux ~ à la prochaine réunion. | **perdre** des ~ Stimmenverluste hinnehmen müssen: Le parti des libéraux a perdu des ~. | **recueillir, totaliser, réunir** ... ~ ... Stimmen auf sich vereinigen: Le projet d'amendement déposé par Monsieur Chapus n'a recueilli que 96 ~.

volant m Steuer, Lenkrad
donner un coup de ~ das Lenkrad herumreißen: Le conducteur de la Citroën a donné un coup de ~ pour éviter une voiture roulant sur le côté gauche. | **être** au, **tenir** le ~ am Steuer sitzen: Qui était au ~ lorsque l'accident s'est produit? | se **mettre** au, **prendre** le ~ sich ans Steuer setzen: Ne vous mettez jamais au ~ en état d'ivresse. | se **relayer, se remplacer** au ~ sich am Steuer ablösen: Nous nous sommes relayés au ~ et avons roulé toute la nuit. | se **tuer** au ~ mit dem Wagen tödlich verunglücken: Un soldat s'est tué au ~ la nuit dernière.

volcan m Vulkan
~ **éteint** erloschener Vulkan
un ~ **crache, vomit** de la lave ein Vulkan speit Lava: Depuis des jours, le ~ est en éruption et crache une lave épaisse. | un ~ **entre en éruption** ein Vulkan bricht aus: Lorsque, au matin du 8 août, le ~ entra en éruption, la population affolée quitta la ville. | un ~ se **réveille** ein Vulkan erwacht zu neuem Leben, wird wieder tätig: Le ~ de l'île, que l'on croyait définitivement éteint, est en train de se réveiller.

volontaire m Freiwilliger
se **porter** ~ sich freiwillig melden: Quatre hommes se sont portés ~s pour la mission de reconnaissance vers les lignes ennemies.

volonté f Wille
bonne ~ guter Wille; Bereitwilligkeit | ~ **déclarée** erklärter Wille | les **dernières** ~s der Letzte Wille: exécuter les dernières ~s de qn (j-s Letzten Willen erfüllen) | ~ **farouche, indomptable, inflexible, irréductible** unbeugsamer Wille | ~ **ferme** fester Wille | **mauvaise** ~ böser Wille; böse Absicht: c'est de la mauvaise ~ (er, sie will bloß nicht); ce n'est pas de la mauvaise ~ (es ist kein böser Wille) | ~ **obstinée, tenace** zäher, beharrlicher Wille | ~ **tendue** angespannter Wille; Willensanspannung
avoir la ~ de ... den festen Willen haben zu ...: J'ai l'impression qu'il a la ~ de guérir. | **avoir** beaucoup de ~ einen starken Willen haben: Cet

élève a beaucoup de ~. / **briser** la ~ de qn *j-s Willen brechen:* Évitez de briser la ~ de vos enfants. / **contrarier** la ~; **aller contre** la ~ de qn *sich gegen j-s Willen stellen:* Il prend des colères folles dès qu'on contrarie un tant soit peu sa ~. / **mettre** de la **bonne** ~ à faire qc *guten Willen bei etw zeigen:* Il a mis de la bonne ~ à exécuter ce travail (*... bei der Ausführung dieser Arbeit*). / **mettre** de la **mauvaise** ~ à faire qc *absichtlich etw schlecht, langsam usw. tun:* Je suis convaincu qu'elle a mis de la mauvaise ~ à exécuter votre ordre. / **prouver** sa **bonne** ~ *seinen guten Willen beweisen, unter Beweis stellen:* Je crois avoir déjà prouvé ma bonne ~. / **respecter, suivre** les ~s, la ~ de qn *sich nach j-s Willen, Wünschen richten:* Vous devez toujours respecter les ~s de nos clients.
vote m *Abstimmung*
avoir le droit de ~ *stimmberechtigt sein:* Dix délégués n'ont qu'une voix consultative; ils n'ont pas le droit de ~. / **compter** les ~s *die Stimmen (aus)zählen:* Les ~s ne sont pas encore comptés. / **procéder** au ~ *zur Abstimmung schreiten:* Mesdames, Messieurs, je propose que nous procédions maintenant au ~.
voyage m *Reise*
bon ~! *gute Reise!; gute Fahrt!* / ~ **circulaire** *Rundreise* / ~ **fatigant** *beschwerliche Reise* / ~ **organisé, collectif** *Gesellschaftsreise*
aller, partir en ~ *auf Reisen, auf die, eine Reise gehen:* Quand je serai en retraite, la première chose que je ferai, c'est d'aller en ~. / **être en** ~ *auf Reisen, verreist sein:* Madame Brune est en ~ et ne retournera que lundi. / **être** en ~ **d'affaires** *auf Geschäftsreise sein:* Monsieur le Président est en ~ d'affaires. / **être du** ~ *die Reise mitmachen:* Serez-vous du ~? / **faire un** ~ à ... *nach ... reisen; eine Reise nach ... machen:* Le ministre vient de faire un ~ au Proche-Orient. / **faire** un ~ **organisé** *mit einer Reisegesellschaft fahren:* Cet été, nous ferons un ~ organisé en Égypte. / **faire bon** ~ *eine gute Reise haben:* Faites bon ~ et téléphonez-nous quand vous serez arrivés (*Gute Reise und ...*) / **valoir** le ~ *eine Reise wert sein:* Ce musée est une sensation. Il vaut vraiment le ~.
voyante f *Hellseherin*
~ **extra-lucide** *Wahrsagerin, Hellseherin*
voyou m *Strolch*
pâle ~! *erbärmlicher Schuft* / **petit** ~ *Schlingel, Lausbub*
vue[1] f *Sehen, Augen, Blick*
avoir la ~ **basse, courte** *kurzsichtig sein* / avoir une **bonne** ~ *gute Augen haben; gut sehen* / ~ **perçante** *scharfe Augen; durchdringender, scharfer Blick*
s'**abîmer,** s'**user** la ~ *sich die Augen verderben:* En lisant sous cette lumière, tu t'abîmes la ~. /

sa ~ **baisse** *seine Augen lassen nach:* Il est toujours en bonne santé, sauf que sa ~ baisse. / **blesser, choquer** la ~ *den Augen wehtun:* Ces couleurs blessent la ~. / sa ~ se **brouillait** *ihm wurde schwarz vor Augen:* Il avait le vertige et sa ~ se brouillait. / **connaître** qn de ~ *j-n vom Sehen kennen:* Je la connais de ~. / **dérober** qc à la ~ *den etw j-s Blicken entziehen:* Elle baissa son voile et déroba ainsi ses larmes à la ~ du public. / **être exposé** à la ~ de qn *j-s Blicken ausgesetzt sein:* Dans cet appartement, vous êtes exposés à la ~ de tout le monde. / **être** en ~ *in Sicht sein:* La côte est déjà en ~. / **fatiguer** la ~ *die Augen anstrengen, ermüden:* Cet éclairage flou fatigue la ~. / s'**offrir,** se **présenter** à la ~ de qn *sich j-s Blicken darbieten:* Lorsqu'ils tournèrent le coin, un spectacle bien intéressant s'offrit à leur ~. / **perdre** la ~ *das Augenlicht verlieren:* Monsieur Madalek a perdu la ~ pendant la guerre. / **perdre** qn, qc **de** ~ *j-n, etw aus den Augen verlieren:* Depuis qu'il a passé son baccalauréat, je l'ai perdu de ~. / **ne pas perdre** qn, qc **de** ~ *j-n, etw nicht aus den Augen lassen:* Mireille ne perd jamais de ~ ses intérêts personnels. / **porter, jeter** la ~ sur *... seinen Blick richten auf ...:* Le général porta la ~ sur le caporal qui se tenait devant lui. / **rassasier** sa ~ de qc *seine Augen an etw weiden; sich an etw sattsehen:* Je ne pouvais rassasier ma ~ de ce spectacle. / **recouvrer** la ~ *wieder sehen können:* Après l'opération, il a peu à peu recouvré la ~. / **réjouir** la ~ *das Auge erfreuen:* Le spectacle de ces enfants pleins de santé réjouit la ~. / **rendre** la ~ à qn *j-m das Augenlicht wiedergeben:* L'opération effectuée par le professeur Bigois lui a rendu la ~.
vue[2] f *Aussicht, (Aus)Blick*
~ **dégagée** *freier Ausblick* / ~ **étendue** *weiter Blick* / ~ **imprenable** *unverbaubare Aussicht* / ~ **panoramique** *Rundblick, Rundsicht* / ~ **plongeante** *Blick von oben (herab)*
avoir ~ sur ... *Ausblick auf ... haben:* De cette chambre d'hôtel, on a ~ sur un magnifique jardin. / une maison **a, possède une belle** ~ *von einem Haus hat man einen schönen Blick:* Cette maisonnette possède une très belle ~ sur le golfe de Saint-Florent. / **boucher, cacher** la ~ *die (Aus)Sicht versperren:* Si on construit une maison sur le terrain avoisinant, la ~ risque d'être bouchée.
vues fpl *Ansichten*
~ **bornées** *kleinkarierte Ansichten* / ~ **chimériques** *Hirngespinste* / ~ **étroites** *engstirnige Ansichten* / **larges** ~ *freie Auffassungen, Ansichten*
vue d'ensemble f *Überblick*
donner une ~ *einen Überblick geben:* Pour commencer, j'aimerais vous donner une ~ de la situation.

W

wagon m (*Eisenbahn*)*Wagen*
~ **couvert** *gedeckter Güterwagen* / ~ **découvert** *offener Güterwagen* / ~ **plombé** *plombierter Waggon*
atteler un ~ *einen (Eisenbahn)Wagen, Waggon anhängen:* Les ~s seront attelés au train de Saint-Étienne, au quai numéro 3. / **décrocher, dételer** un ~ *einen (Eisenbahn)Wagen, Waggon abhängen:* Les trois ~s de queue seront décrochés à Lyon.
week-end m *Wochenende*
partir en ~ *übers Wochenende verreisen, wegfahren:* Les Dorron sont partis en ~.

Y

yeux *siehe* **œil**
yoga m *Joga*
faire du ~ *Joga treiben:* Ma femme fait du ~ et cela semble lui faire du bien.

Z

zèle m *Eifer*
~ **ardent, brûlant** *glühender Eifer; Feuereifer* / ~ **inconsidéré, maladroit, intempestif blinder Eifer** / ~ **indiscret** *aufdringliche Beflissenheit* / ~ **infatigable** *unermüdlicher Eifer* / ~ **mitigé** *erlahmter Eifer* / ~ **outré, excessif** *Übereifer*
déployer du ~ *Eifer an den Tag legen; mit Eifer bei der Sache sein:* J'ai constaté que Mademoiselle Gravier a déployé du ~ dans ce travail. / **faire** du ~ *übereifrig sein:* Je trouve qu'il fait du ~ en tout. / **mettre** du ~ à faire qc *etw mit viel Eifer tun:* J'admets que vous avez mis du ~ à dresser ce bilan. / **réchauffer** le ~ de qn *j-n anspornen:* La promesse d'une prime de 800 francs a bien réchauffé le ~ des travailleurs sur le chantier. / son ~ s'est **refroidi,** s'est **relâché** *sein Eifer hat nachgelassen, ist erlahmt:* Nous avons dû constater que son ~ s'était refroidi.
zéro[1] m *Null*
compter pour ~ *nicht zählen:* Et tout le travail que j'ai fait pour toi, cela compte pour ~? / **partir** de, **repartir** à ~ *(wieder) bei Null anfangen, von vorne anfangen:* Après la faillite de notre firme, je dois repartir à ~. / **réduire** à ~ *zunichte machen:* La lettre du conseil municipal a réduit nos espoirs à ~.
zéro[2] m *Sechs (Schulnote)*
attraper un ~ *eine Sechs kriegen:* Elle a attrapé un ~ en anglais. / **avoir** ~ en ... *eine Sechs in ... haben:* Quoi, tu as ~ en maths? / **collectionner** les ~s *sehr viele Sechsen einheimsen, kassieren:* Cette année, j'ai collectionné les ~s.
zone f *Zone, Gebiet*
~ **climatique** *Klimazone* / ~ **dangereuse** *Gefahrenzone* / ~ **déformable** *Knautschzone (Auto)* / ~ **démilitarisée** *entmilitarisierte Zone* / ~ **dénucléarisée** *atomwaffenfreie Zone* / ~ **franche** *Freizone* / ~ **industrielle** *Industriegebiet* / ~ **interdite** *Sperrgebiet, Sperrbezirk* / ~ **littorale** *Küstengebiet* / ~ **monétaire** *Währungszone* / ~ **occupée** *Besatzungszone; besetzte Zone* / ~ **polaire** *Polarzone* / ~ **sinistrée** *Katastrophengebiet* / ~ **tempérée** *gemäßigte Zone* / ~ **torride** *heiße Zone* / ~ **tropicale** *tropische Zone*